D1674411

Peter Norton und
Paul Yao

C++ Programmierung
unter Windows

Wolfram's Verlag
Attenkirchen

Die Deutsche Bibliothek - CIP-Einheitsaufnahme

Norton, Peter:

Borland C++ : Programmierung unter Windows 3; das offizielle
Referenzwerk für die Entwicklung von Windows-Applikationen mit
Borland C++ 3.1 / Peter Norton; Paul Yao. - Attenkirchen: Wolfram's
Verl., 1993
  (Wolfram's Anwender- und Programmierhandbücher)
  ISBN 3-86033-119-1
  NE: Yao, Paul:

Titel der englischen Originalausgabe:
Borland C++ Programming for Windows
Copyright © 1992 by Peter Norton and Paul Yao
Published by arrangement with Bantam Books,
a division of Doubleday Dell Publishing Group, Inc.
Translation Copyright © 1993 by Wolfram's Verlag
All rights reserved / Alle Rechte vorbehalten
Der Verlag macht darauf aufmerksam, daß die genannten Firmen- und Markennamen sowie
Produktbezeichnungen in der Regel marken-, patent- oder warenzeichenrechtlichem Schutz unterliegen.

1. Auflage 1993
Übersetzung: Technische Dokumentation Gronau & Urbanek
Satz und Endbearbeitung: Wolfram's Verlag
Belichtung: Wolfram's Doku-Werkstatt
Druck: Freiburger Graphische Betriebe
Printed in Germany

ISBN: 3-86033-119-1

Vorwort

Eine der Hauptherausforderungen bei der Entwicklung von Windows-Anwendungen liegt in der Notwendigkeit, die unzähligen Aufrufe des API (Applications Program Interface) zu meistern. Wir bei Borland sind davon überzeugt, daß unsere OWL (ObjectWindows Library - ObjectWindows-Bibliothek) in großem Maße die Aufgabe erleichtert, erfolgreich mit der API umzugehen. Man muß aber auch wissen, wie sich Windows zusammensetzt und den Windows-Jargon kennen, um gut funktionierende Anwendungen zu erstellen, die sich vollständig an die Windows-Standards halten.

Wir freuen uns sehr, daß wir für diese Aufgabe zwei wohlbekannte PC-Experten, Peter Norton und Paul Yao, als offizielle Bantam/Borland-Autoren gewinnen konnten. Peter Norton ist berühmt für seine Fähigkeit, die Grundlagen für den Einstieg in die praktische Arbeit in einfacher und verständlicher Form zu erklären, und Paul Yao steuert ein tiefergehendes Verständnis der Feinheiten von Windows beisteuert, wie es nur wenigen gegönnt ist. Urteilen Sie selbst.

Dieses Buch richtet sich vor allem an Programmierer, wie ein kurzer Blick auf die umfangreichen Programmlistings beweist. Es stellt aber weit mehr als die lose Aneinanderreihung von Programmlistings dar, da es auch die Konzepte und Zielsetzungen von Windows in allen Einzelheiten beleuchtet. Borland C++ gibt Ihnen die Werkzeuge an die Hand, um Windows meistern zu können. Peter Norton und Paul Yao vermitteln Ihnen das handwerkliche Rüstzeug und die Kenntnisse, um diese Werkzeuge effektiv einzusetzen. Mit besonderem Augenmerk auf die OWL zeigen die beiden Autoren, wie Sie schnell und wirksam Ihre eigenen, maßgeschneiderten Anwendungen erstellen und dabei die ganze Palette der Möglichkeiten von Windows - Text, Grafiken, Menüs, Dialogfelder, Bildlaufleisten usw. - nutzen können.

Wir sind überzeugt davon, daß Sie dieses Buch beim Programmieren für Windows als nützlichen Ratgeber schätzen werden.

Philippe Kahn
CEO, Borland International

Vorwort des Übersetzers

Die Übersetzung des vorliegenden Titels (englischer Originaltitel "Borland C++ Programming for Windows") stellte eine Herausforderung für uns dar, die wir gerne angenommen haben. Die Übersetzung schließt sowohl die abgedruckten Beispielprogramme als auch die Begleitdiskette mit ein: Die Kommentare und die Textausgaben/-anzeigen wurden übersetzt.

Nicht übersetzt wurden die Windows-eigenen Abkürzungen, so bleibt zum Beispiel die Abkürzung für den Gerätekontext: DC (**d**evice **c**ontext) bestehen. Sollten zu den Fachbegriffen bei der Lektüre Fragen auftreten, möchte ich Sie auf Anhang C verweisen, in dem Sie die entsprechenden Erläuterungen finden. Unser Dank gilt der Firma Borland GmbH, Starnberg und dort besonders Herrn Peitner für die freundliche Unterstützung unserer Arbeit.

Dipl.-Ing. Dirk Urbanek

Einleitung

Einige Monate, nachdem wir die C-Version von Peter Norton's Windows 3.0 Power Programming Techniques herausgaben, stellte Borland International den Borland C++ Compiler für Windows vor. Da für die Windows-Entwicklung heute größtenteils die Sprache C eingesetzt wird, gehen wir davon aus, daß C++ schon bald die Entwicklungslandschaft beherrschen wird. Für C-Entwickler bietet C++ einen eleganten Weg, Elemente der objektorientierten Programmierung in bereits bestehende, in C geschriebene Systeme aufzunehmen. Aus diesem Grund haben wir eine C++ Version unseres Buches herausgegeben. Wir haben den Borland C++ Compiler und die ObjectWindows-Bibliothek von Borland ausgewählt, da wir glauben, daß diese einen guten Rahmen für die Erstellung von Anwendungen bieten.

Die Grundlagen des Programmierens für Windows bleiben immer dieselben, unabhängig davon, welche Programmiersprache Sie verwenden. Aus diesem Grund ist vieles in diesem Buch nahezu mit der C-Version identisch. Ausnahmen betreffen im wesentlichen die folgenden Punkte:

- Die Kapitel 2, 3, 4 und 5 sind für die C++ Ausgabe vollständig neu verfaßt worden. Dies trägt der Tatsache Rechnung, daß ein in C geschriebenes "kleinstmögliches" Programm sich in wesentlichen Punkten von einem entsprechenden Programm unterscheidet, das unter Verwendung der OWL in C++ geschrieben wurde. Neben anderen Themen beschreiben diese Kapitel den grundlegenden Aufbau zweier Grundobjekte der OWL: das Anwendungsobjekt und das Fensterobjekt.

- Alle Beispielprogramme sind in C++ geschrieben. Sie zeigen, wie man C++ und das Programmieren für Windows harmonisch miteinander verbinden kann.

Dieses Buch wurde geschrieben, um erfahrenen C++ Programmierern beim Erlernen der Programmierung für Windows zu helfen. Es gibt einige wenige Quellen, die sich beim Kennenlernen einer neuen Umgebung als unschätzbare Hilfe erweisen. Eine dieser Hilfen besteht in kurzen Beispielen in Programmtext. Sie vermitteln Ihnen die grundlegenden Programmiertechniken, die Sie brauchen, um die Vorteile der von dieser Umgebung gebotenen Leistungsmerkmale voll auszunutzen. Eine weitere Stütze ist der erfahrene Ratgeber, der die Umgebung in- und auswendig kennt. Dieses Buch bietet Ihnen beides.

Wir haben Dutzende von Programmen geschrieben, um die Einsatzweise verschiedener Leistungsmerkmale in Windows zu veranschaulichen. Eine komplette Auflistung dieser Programme ist beigefügt, um Ihnen ein vollständiges Bild über die einzelnen Teilstücke zu liefern, mit denen Sie arbeiten werden. Ein Programmierer sagte einmal, daß eigentlich nur ein einziges Windows-Programm geschrieben worden ist. Alle anderen Windows-Programme seien von diesem ursprünglichen Programm abgeleitet und weiterentwickelt worden. Nutzen Sie den Programmtext also ruhig für Ihre Windows-Entwicklungsprojekte. Und da wir nicht davon ausgehen, daß Sie gerne Listings abtippen, liegen die Programmtexte auf Diskette bei.

Um mit dem Programmieren für Windows beginnen zu können, benötigen Sie folgendes:

- Eines der drei Borland-Produkte für die Programmierung. Entweder: (1) Turbo C++ für Windows, (2) Borland C++ für Windows oder (3) Borland C++ und Application Frameworks.

Windows Version 3.0 oder höher

Obwohl es nicht unbedingt erforderlich ist, werden Sie, wenn Sie den Turbo Debugger laufen lassen wollen, die folgende Hardware benötigen, damit der Turbo Debugger über sein eigenes Ausgabegerät verfügt:

- Auf Rechnern, die mit AT-Bus ausgestattet sind, eine MDA-Karte und einen Monochrom-Bildschirm. Häufig kann anstelle einer MDA-Karte auch eine Hercules-kompatible Grafikkarte eingesetzt werden.

- Auf Rechnern mit MCA-Bus benötigen Sie einen 8514/a-Adapter und einen dazu kompatiblen Bildschirm, sowie einen VGA-Monitor.

Dieses Buch gliedert sich in sechs Teile. Im Zusammenhang mit den Erläuterungen zum Programmieren für Windows beschreibt es auch die Architektur von Windows. Für die erste Ausgabe haben wir eng mit den an der Entwicklung von Windows beteiligten Programmierern zusammengearbeitet, um mehr über die inneren Arbeitsabläufe von Windows zu erfahren. Desgleichen haben wir uns mit den Entwicklern der OWL zusammengesetzt, um ein sicheres Verständnis der Gestaltung der OWL-Klassenbibliotheken zu erhalten.

Teil 1 gibt Ihnen eine kurze Zusammenfassung der geschichtlichen Entwicklung von Windows und beschreibt die drei Herausforderungen, mit denen sich Neulinge beim Programmieren für Windows konfrontiert sehen: nachrichtengesteuerte Programmierung, das Erstellen und Steuern der grafischen Ausgabe und das Einsetzen der zahlreichen Benutzerschnittstellenobjekte.

Teil 2 gliedert ein kleinstmögliches Windows-Programm genau auf und erforscht mehrere grundlegende Themen, die das Programmieren für Windows betreffen. Das Hauptaugenmerk dieses Teils liegt auf dem Verständnis der Grundstrukturen, die allen Windows-Programmen gemeinsam sind. Wie Sie noch sehen werden, besteht ein OWL-Windows-Programm aus mindestens zwei Teilen: einem Anwendungsobjekt und einem Fensterobjekt.

Teil 3 führt Sie in das Windows Graphics Device Interface (GDI) ein. Ihre Programme werden das GDI verwenden, um geräte-unabhängige Grafikausgaben auf Bildschirmen, Druckern und Plottern zu ermöglichen. Kapitel 6 beschreibt die grundlegenden Konzepte der Grafikprogrammierung, wie etwa das Zeichnen von Koordinaten, das Umfeld der GDI-Ausgabegeräte und das Clipping. Die nachfolgenden Kapitel behandeln die Erstellung von Bildpunkten, Linien, ausgefüllten Flächen und Text mit Hilfe des GDI.

Teil 4 behandelt drei Schlüsselelemente der Benutzerschnittstellenobjekte: Menüs, Fenster und Dialogfelder. Wir beschreiben die Arbeitsabläufe, die innerhalb jedes einzelnen Objektes dieser Art stattfinden und alle notwendigen Grundlagen, um diese funktionsfähig zu machen.

Teil 5 widmet sich der Fragestellung, wie man den Anwender zur Eingabe von Daten auffordert. Windows ist eine nachrichtengesteuerte Betriebsumgebung. Deshalb verwundert es nicht, wenn Eingaben in Form von Nachrichten eintreffen. Wir beschreiben den Weg des Datenflusses von der Eingabe über die jeweilige Hardware durch die Pufferspeicher des Systems bis in ein Windows-Programm.

Teil 6 behandelt einige Betriebssystemfragen. Hier finden Sie zwei grundlegende Themenbereiche: Speicher und dynamisches Binden. Eine der wesentlichsten Neuerungen seit Windows 3.0 ist die Verbesserung hinsichtlich der Speicherverwaltung. Um Ihnen die Windows-Speicherkonzepte zu veranschaulichen, erläutern wir die interne Arbeitsweise der einzelnen Betriebsmodi von Windows.

Danksagung

Das Zusammentragen und Sichten der für ein Buch dieses Umfangs notwendigen Informationen ist ohne die Hilfe anderer Personen unmöglich. Wir schätzen uns glücklich, einem Kreis von Personen verbunden zu sein, denen ein maßgeblicher Anteil am Erfolg von Windows gebührt.

Wir möchten uns als erstes bei den Entwicklungsteams von Windows 1.x, 2.x und 3.x bedanken. Im besonderen danken wir den Entwicklern und Verantwortlichen, die Zeit und Mühe dafür geopfert haben, uns die feinen Nuancen in der Arbeitsweise von Windows zu vermitteln: Peter Belew, John Butler, Mark Cligget, Clark Cyr, Rick Dill, Marlin Eller, Ron Gery, Bob Gunderson, Paul Klinger, Scott MacGregor, Ed Mills, Walt Moore, Gabe Newell, Chris Peters, John Pollock, Rao Remala, Lin Shaw, Charles Simonyi, Tandy Trower, Manny Vellon, David Weise und Steve Wood.

Unser Dank gilt allen Mitarbeitern bei Microsoft, die uns bei der Verwirklichung dieses Buches geholfen und unterstützt haben. Ein besonderer Dank geht an David Durant, dem wir als unseren ersten Lehrmeister für das Programmieren für Windows viel verdanken. In der Abteilung für die Entwicklung von Anwendungsprogrammen möchten wir uns bei Jim Cash bedanken, der uns bei der Lösung der schwierigen Aufgabe geholfen hat, das Programmieren für Windows verständlich darzulegen, sowie bei Paul Klemond, einem Entwickler von Windows-Anwendungen, der uns bei der Lösung zahlreicher Fragen behilflich war.

Weiterhin geht unser Dank an Eugene Wang, Nan Borreson und Charles Dickerson bei Borland International für ihre Unterstützung während dieses Projekts. Vielen Dank an Glenn Cochran für die sorgfältige Durchsicht des Buches im Hinblick auf technische Fehler und an Peter Eden und Eric Swenson für ihr Bemühen, uns einige der Entwicklungsdetails zu erklären, die hinter dem Borland C++ Compiler und den Borland OWL-Bibliotheken stecken.

Bei International Systems Design gelten besondere Worte des Dankes Rebecca Brocard und Jim Treacy, die ihr Bestes für dieses Projekt geleistet haben.

Bei Bantam Electronic Publishing möchten wir unserem Verleger und dem Vizepräsidenten des Verlages, Kenzi Sugihara, danken. Weiterhin danken wir Stephen Guty, unserem Lektor, für seinen nimmermüden Eifer und seine sorgfältige Arbeit. Unser Dank gebührt auch Lauralee Butler, Jeff Rian und Tom Szalkiewicz, welche die eigentliche Buchherstellung durchgeführt haben. Ein Lob gebührt auch Katie DuBois, Sally A. Buck und dem Rest des Produktionsteams bei Electric Ink, Ltd.

Schließlich möchten wir uns noch bei Nancy und Helen vom Pogocha Restaurant bedanken, den offiziellen Lieferanten für Speisen und Getränke während der Verwirklichung dieses Buches.

Und der Wolfram's Verlag bedankt sich bei Herrn Anatol Gardner, dessen intensive und detaillierte fachliche Beratung wesentlichen Anteil am Gelingen dieses Buches hatte.

Inhaltsverzeichnis

Teil 1: Eine Einführung in Windows

Kapitel 1
Eine Einführung in Windows   3

Die Geschichte von Windows   4
Windows NT   10
Die Herausforderung an das Programmieren für Windows   12
Nachrichten und Programmablaufplanung   18

Teil 2: Ein kleinstmögliches Windows-Programm

Kapitel 2
Ein kleinstmögliches Windows-Programm   31

Wie MIN.EXE kompiliert und gelinkt wird   39
Das MAKE-Hilfsprogramm   40
Compilerschalter   42
Die Ressourcendatei   44
Der Linker   46
Der Linker und die Modul-Definitionsdatei   48

Kapitel 3
Konventionen beim Programmieren für Windows und OWL   53

Ungarische Namensgebung   54

OWL-Namenskonventionen 58
Handles 59
Die OWL-Definitionsdateien 60
Die Windows-Definitionsdatei 61
Ein veraltetes Verfahren: Typenumwandlung 65
Nachrichten 67

Kapitel 4
Das Application-Objekt 69

Deklaration der WinMain-Prozedur 70
Die TModule-Klasse 72
Die TApplication-Klasse 75
Die TMinApplication-Klasse in MIN 81
Nachrichten: Eingabemechanismen und Zeitscheiben im Multi-
tasking 82
Die Standard-Nachrichtenschleife 85
Die OWL-Nachrichtenschleife 88

Kapitel 5
Die Fensterobjektklassen der OWL 91

Die TWindowsObject-Klasse 92
Die TWindow-Klasse 97
Die TMinWindow-Klasse in MIN 99
Die Fenstererstellung in MS Windows 100
Fenstererstellung 104
Fenstererstellung und OWL 108
Die Deklaration der Fensterprozedur 109
Funktionen zur Behandlung der OWL-Nachrichten 111
Programmbeendigung 115
Standard-Nachrichtenbehandlung 118
Eine Bewertung der Nachrichten 119

Teil 3: Einführung in die grafische Schnittstelle

Kapitel 6
Ein Überblick über das GDI 137

Ein Überblick über das GDI 137
Die Programmierschnittstelle 140
Koordinaten zeichnen 141
Logische Zeichenobjekte 143
Der Gerätekontext 143
Clipping und der Fenster-Manager 152

Kapitel 7
Bildpunkte und Marker 155

PIXEL 155
Die BeginPaint-Routine 160
Die GetClientRect-Routine 162
Die SetPixel-Routine 163
Die EndPaint-Routine 165
Die Programmierschichten in Windows 166
Erstellen von Markern 169

Kapitel 8
Linien zeichnen 179

Grundfunktionen für das Zeichnen von Linien 180
DC-Attribute 189
Stifte 191
Zeichenarten und Linien 202

Kapitel 9
Ausgefüllte Formen zeichnen   **207**

Die GDI-Routinen   207
GDI-Routinen für ausgefüllte Flächen   217
DC-Attribute   224
Über Pinsel   226
Pinsel erstellen und einsetzen   227

Kapitel 10
Textdarstellung   **239**

GDI-Grundschriftarten   240
Grundfunktionen für die Textdarstellung   242
DC-Attribute für die Textdarstellung   259
GetTextExtent   269
GetTextMetrics   269
Logische Schriften erstellen und einsetzen   270

Teil 4: Benutzer-Schnittstellenobjekte

Kapitel 11
Befehle - Grundlagen zu Menüs / Schnelltasten   **283**

Normen für Benutzerschnittstellen   284
Aspekte der Menüprogrammierung   289
Die Menüschablone   290
Ein Programmbeispiel: STANMENU   296
Routinen zur Menüunterstützung   303
Schnelltasten   325
Schnelltasten-Übersetzung   333

Kapitel 12
Menüs mit Grafiken ausgestalten   341

Benutzerdefinierte Menübefehle   341
Bitmaps in Menüs einsetzen   360
Eigene Menühäkchen erstellen   372

Kapitel 13
Fenstertechnik   387

Der Vorgang der Fensterstellung   388
Überlegungen zu übergeordneten Fenstern   417
Ein nachfolgendes Fenster erstellen   430

Kapitel 14
Dialogfelder   447

Normen für die Benutzerschnittstelle Dialogfeld   449
Modale Dialogfelder   454
Die DialogBoxParam-Routine   461
Nicht-modale Dialogfelder   472
Datei-öffnen- und Speichern-unter-Dialogfelder   489

Teil 5: Nachrichtengesteuerte Eingabe

Kapitel 15
Tastatureingabe   503

Wie ein Windows-Programm Tastatureingaben erhält   503
Zeichensätze und internationale Unterstützung   527
Themen zum Multitasking   533

Kapitel 16
Mauseingabe 553

Der Nutzen der Maus 555
Wie ein Windows-Programm Mauseingaben erhält 557
Ein Beispiel für die Mauseingabe: CARET2 569
Verschiebbare Objekte und dehnbare Rechtecke 587
Dynamische Zeiger erstellen 605
Ein einfacherer dynamischer Zeiger 622

Teil 6: Überlegungen zum Betriebssystem

Kapitel 17
Speicher, Teil I –
Speicherverwaltung des Systems 629

Die Familie der Intel-86-Prozessoren 630
Im Real-Modus arbeiten 634
Standard- und erweiterter Modus 643
Der Protected-Modus 644
Die Unterstützung virtuellen Speichers unter Windows 649
Wie Windows das zu verwerfende Segment bestimmt 651
Der private Speichereinsatz des KERNEL 653

Kapitel 18
Speicher, Teil II –
Speicherbenutzung der Anwendungen 659

Überblick über die Speicherbenutzung von Anwendungen 661
Belegung von globalen Heaps 677
Aufbau des Codes und Speicherbenutzung 701
Belegung des lokalen Heap 707

Ein Programmierbeispiel für die Belegung des lokalen/
  globalen Heap: SUBSEG   724
Eigene Ressourcen   737

Kapitel 19
Dynamisches Binden   751

Der Mechanismus der dynamischen Bindung   752
Dynamische Bindung und verwerfbare Codesegmente   754
Dynamische Bindung und feste Codesegmente   757
Dynamische Bindung im Real-Modus   758
Dynamische Bindung und Modul-Datensegmente   760
Der Exemplar-Thunk   763
Vor Beenden der Arbeit aufräumen   765

Anhang

Anhang A: Eine Bewertung der Nachrichten   769
Die acht Nachrichtenarten   769

Anhang B: Die Standard-Fensterprozedur   783

Anhang C: Glossar   797

Anhang D: Inhalt eines Gerätekontextes   823

Anhang E: Die virtuellen Tastaturcodes   825

Anhang F: Einrichtung des IDE   829
Options.Compiler.Code generation...   830
Options.Compiler.Advanced code generation...   831
Options.Compiler.Entry/Exitcode...   833
Options.Make...   835

Options.Linker.Settings...   836
Options.Linker.Libraries   837
Options.Directories   838

Anhang G: Das MAGNIFY-Programm   **839**

Index   **851**

Teil 1
Eine Einführung
in Windows

Kapitel 1

Eine Einführung in Windows

Microsoft Windows ist eine grafische Erweiterung zum Betriebssystem MS-DOS. Windows erweitert DOS in vielerlei Hinsicht. Unter DOS kann zu einem Zeitpunkt nur ein einzelnes Programm betrieben werden, während Windows den Lauf mehrerer Programme gleichzeitig unterstützt. Die Möglichkeiten der grafischen Ausgabe von DOS sind sehr begrenzt. Windows dagegen unterstützt anspruchsvolle, hochwertige Grafiken. Unter DOS ist es erforderlich, daß jedes Programm seine eigene Benutzerschnittstelle bereitstellt. Das bedeutet, daß der Anwender zu jedem DOS-Programm einen eigenen, individuellen Befehlssatz erlernen muß. Eine unterschiedliche Befehlsstruktur in verschiedenen Programmen ist etwa mit der unterschiedlichen Art der Lenkung und Gangschaltung in verschiedenen Automodellen zu vergleichen: Individualität ist schön, aber eine standardisierte Schnittstelle erlaubt es dem Anwender, jedes beliebige Windows-Programm mit einem Minimum an Übungsaufwand zu betreiben. Windows stellt einen Standardsatz von Benutzerschnittstellenobjekten wie Fenstern, Menüs und Symbolen bereit. Ein allen Windows-Programmen gemeinsamer Satz von Benutzerschnittstellenobjekten gewährleistet ein einheitliches Erscheinungsbild, wodurch die Programme leicht erlernbar und einfach zu bedienen sind.

Windows stellt eine multitasking-fähige, grafische Benutzeroberfläche (**GUI**, Graphical User Interface) zur Verfügung, welche die Erstellung von interaktiven Programmen begünstigt. Windows stellt einen relativ neuen Typ einer Betriebsumgebung dar, die speziell für die Wechselwirkung zwischen Mensch und Computerprogramm ausgelegt ist. Windows-Programme unterscheiden sich in ihrer Struktur von Programmen, die in traditionelleren Systemumgebungen eingesetzt werden. Die Windows-Struktur weist viele Gemeinsamkeiten mit Programmen auf, die auch für andere Systeme mit grafischen Benutzeroberflächen geschaffen wurden (wie z.B. den Apple Macintosh oder den OS/2 Presentation Manager). Programme, die in diesen Umgebungen ausgeführt werden, sind ereignisgesteuert. Genauer gesagt, die Struktur und der Ablauf dieser Art von Programmen läßt sich von Ereignissen bestimmen, die vom Anwender erzeugt wurden (wie zum Beispiel ein Tastendruck oder ein Mausklick). Die Architektur solcher Programme weist im Hinblick auf Betriebssystem-Software und Routinen zur Interruptverwaltung mehr Gemeinsamkeiten auf als die herkömmlicher Anwendungssoftware.

3

Traditionell sind Anwendungsprogramme sequenzgesteuert und nicht ereignisgesteuert. Das heißt, *das Programm* schreibt die Reihenfolge vor, die der Anwender befolgen muß, um das eigentliche Ziel des Programmes zu erreichen. Ereignisgesteuerte Programme dagegen geben *dem Anwender* die Möglichkeit, die Schritte selbst vorzugeben, die zur Erfüllung einer gestellten Aufgabe notwendig sind. Der Wechsel von der sequenzgesteuerten zur ereignisgesteuerten Programmierung erfordert ein Umdenken des Programmierers. Dieses Buch wird Sie dabei unterstützen.

Die Geschichte von Windows

Alle Systeme mit grafischen Benutzeroberflächen finden ihre Wurzeln in Arbeiten, die bei Xerox geleistet wurden. Im Jahr 1970 gründete Xerox das Palo *Alto Research Center* (PARC). Dieses Forschungszentrum bekam den Auftrag, eine neue Architektur für die Handhabung von Informationen zu entwickeln. Unter anderem hat sich PARC durch seine Leistungen bei der Entwicklung auf dem Gebiet des Laserdrucks, lokaler Netzwerke, grafischer Benutzeroberflächen und der objektorientierten Programmierung einen Namen gemacht.

Die Forscher bei PARC bauten mehrere Versionen einer Maschine, die sie "Alto" tauften. Im Laufe der Jahre wurden mehrere Hundert dieser internen Versuchsmuster gebaut und fanden weitläufig Verwendung. Aufbauend auf den Erfahrungen mit Alto schuf Xerox ein kommerzielles GUI-System: die Workstation Star 8010. Xerox führte den Star im April 1981 der Öffentlichkeit vor, vier Monate bevor der IBM-PC eingeführt wurde. Dieses Multitasking-System war mit einer Maus und einer grafischen Oberfläche ausgestattet, auf der Symbole, Fenster und Text in Proportionalschrift angezeigt wurden. Obwohl sein hoher Preis einen kommerziellen Erfolg verhinderte, markiert Star doch einen bedeutenden Meilenstein als das erste käuflich erhältliche GUI-System.

Man erzählt die Geschichte, daß Steve Jobs, einer der Mitbegründer von Apple Computer, um das Jahr 1979 an einer Betriebsbesichtigung bei Xerox PARC teilnahm. Er war so beeindruckt von den zahlreichen Alto-Systemen, daß er nach seiner Rückkehr in sein Unternehmen Apple sofort die Forschungsarbeit für die Entwicklung eines ähnlichen Systems einleitete. Apple führte sein erstes GUI-System 1983 unter dem Namen Apple Lisa ein, und ließ sein zweites GUI-System folgen, den Apple Macintosh. Für dessen Weltpremiere kaufte Apple einen Werbeblock während des Super Bowl-Endspieles im Januar 1984. Die ausgestrahlte Werbesendung stellte den Macintosh als Computer vor, der die Menschheit vor der alptraumhaften Vision des Großen Bruders, wie sie in George Orwells Roman "1984" beschrieben wird, bewahren würde. Eine der wesentlichen Bedeutungen des Apple Macintosh liegt darin, daß er das erste kommerziell erfolgreiche System mit grafischer Benutzeroberfläche war.

Microsoft begann mit der Arbeit an Windows im Frühjahr 1983. Acht Jahre waren vergangen, seit die beiden Microsoft-Gründer, Bill Gates und Paul Allen, einen BASIC-Interpreter für das erste Computerpaket der Welt, den MITS Altair, geschrieben hatten. Und es waren zwei Jahre vergangen, seit IBM seinen Personal Computer vorgestellt hatte, der zusammen mit zwei Microsoft-Produkten geliefert wurde: DOS und BASIC. Microsoft war gerade im Begriff, die DOS-Version 2.0 auszuliefern, die ein hierarchisches Dateisystem ermöglichte. Damit konnten auch Festplatten betrieben werden. Die Zeit des IBM PC/XT begann.

Zu diesem Zeitpunkt war bei Microsoft davon die Rede, eine grafische Benutzeroberfläche für den IBM Personal Computer zu entwickeln, doch wurden keine festen Planungen getroffen. Der Hauptgrund hierfür war, daß der typische PC von damals mit zwei Diskettenlaufwerken, 64 KB Arbeitsspeicher und einem 8088-Prozessor ausgestattet war. Man war der Meinung, daß für eine grafische Benutzeroberfläche mit akzeptablem Bedienungskomfort zunächst leistungsfähigere Hardware vorhanden sein müßte. Es wären Festplatten erforderlich, die kurze Zugriffszeiten ermöglichen, und es würde mehr Speicherplatz benötigt, um den anspruchsvollen Programmcode sowie die speicherzehrenden Grafikdaten aufzunehmen, die solche Systeme erfordern. Doch dann geschah etwas, das Microsoft zur Entwicklung einer grafischen Benutzeroberfläche anspornte.

Im Februar 1983 kündigte VisiCorp, Hersteller der später populären Tabellenkalkulation VisiCalc, ein GUI-Produkt für den IBM PC an, das den Namen "VisiOn" bekam. Dies spornte Microsoft an, mit der Entwicklung eines eigenen GUI-Systems zu beginnen. Microsoft fürchtete: falls VisiOn Anklang finden sollte, bestand die Gefahr, daß sich die Software-Entwickler vom MS DOS-Standard abwenden würden. Eines war für Microsoft von Anfang an stets klar: Software-Standards und Kompatibilität würden immer ausschlaggebend für den Erfolg der Microcomputerbranche sein.

Bei Microsoft wurde eine Gruppe von Entwicklern, die als "Interactive Systems Group" oder kurz ISG bekannt wurde, zusammengestellt. Unter den Mitgliedern dieses Arbeitskreises befand sich auch ein ehemaliger Xerox PARC-Schüler, Scott MacGregor. Ein anderer Windows-Entwickler, Neil Konzen, hatte an der Übertragung von Microsofts Tabellenkalkulation Multiplan auf den Macintosh gearbeitet. Als die erste Version von Windows im November 1985 herauskam, wies diese einige Merkmale auf, die den Einfluß von Xerox PARC und Apple Macintosh widerspiegeln. Doch Windows an sich war ein typisches Microsoft-Gewächs, mit Merkmalen, welche die Leistungsfähigkeit eines Betriebssystems erahnen ließen, das erst später das Licht der Welt erblicken sollte: OS/2.

Die Version 1.01 von Windows wurde im November 1985 ausgeliefert. Wie in Abbildung 1.1 dargestellt, boten die ersten Versionen von Windows die automatische Unterteilung von Programmfenstern. Man war der Meinung, daß die automatische Anordnung der Fenster den vom Anwender erforderlichen Arbeitsaufwand minimieren würde. Die erste Version unterstützte auch überlappende Fenster bzw. "Pop-up"-Fenster, die vorwiegend dem Zweck dienten, Dialogfelder zu öffnen.

Die erste Version von Windows war für einen IBM PC mit zwei Diskettenlaufwerken, 256 KB Arbeitsspeicher und einem 8088 Intel-Prozessor konzipiert. Dies war, nebenbei bemerkt, die Konfiguration, die den Mitgliedern des ISG-Teams seit den Anfängen der Windows-Entwicklung zur Verfügung stand. Erst später waren Werkzeuge erhältlich, die heute für Entwickler alltäglich sind: Festplatten und hochentwickelte lokale Netzwerke mit Datei- und Druck-Servern. Obwohl eine Berücksichtigung zukünftiger Geräte die Entwicklung von Windows deutlich verlangsamte, erkannte man bei Microsoft, daß diese Ausrüstung eines Tages von Anwendungsentwicklern eingesetzt werden würde, um Windows-Software zu erstellen. Die Windows-Entwicklung in dieser Umgebung war zudem ein ausgezeichneter Test für die Zweckmäßigkeit und Eignung von Windows für die Entwicklung von zukünftigen Anwendungen.

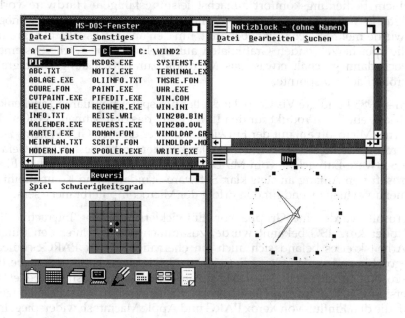

Abbildung 1.1: *Windows Version 1.01*

Die nächste größere Überarbeitung von Windows erschien mit der Version 2, deren Auslieferung im September 1987 begann. Das Hauptmerkmal von Windows 2, das in Abbildung 1.2 gezeigt wird, sind überlappende Fenster. Der Hauptgrund für die Abkehr von der ursprünglichen automatischen Unterteilung war der Unmut vieler Anwender, die die automatische Unterteilung lediglich als Hindernis empfanden. Die Abkehr von der automatischen Unterteilung war weiterhin ein Teil der Bemühungen,

Windows mit einer weiteren grafischen Umgebung zu harmonisieren, die im April des gleichen Jahres angekündigt worden war: dem OS/2 Presentation Manager.

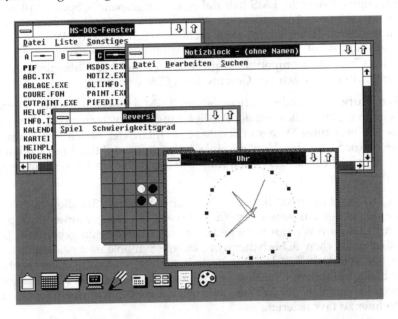

Abbildung 1.2: Windows Version 2

Die Ähnlichkeit zwischen den Benutzeroberflächen Windows und OS/2 zielt darauf ab, dem Anwender den Wechsel von einer Umgebung in die andere zu erleichtern. Tatsächlich ist diese von beiden Umgebungen verwendete Benutzerschnittstelle nur Teil einer groß angelegten IBM-Strategie, um die Softwarekonsistenz vom kleinsten Personalcomputer bis zur größten Rechenanlage herzustellen. Diese Strategie wird auch **Systems Application Architecture** oder SAA genannt. Ein Hauptziel der SAA liegt darin, die leichte Portierbarkeit eines auf einer bestimmten Systemplattform geschrieben Programmes in eine andere Umgebung zu erlauben. Ein Beispiel: Wenn der SAA-Standard eines Tages voll entwickelt ist, können Sie den OS/2 Presentation Manager gleichermaßen auf IBM-Großrechenanlagen, Minicomputern und natürlich auf Personalcomputern betreiben. Der Teil der SAA, der sich mit Fragen der Benutzeroberflächen befaßt, wird als **Common User Access** oder CUA bezeichnet.

Neben einer neuen Benutzerschnittstelle lag ein Schlüssel der mit Windows 2 eingeführten Neuerungen in der besseren Ausnutzung des Speichers in Form der Unterstützung des zusätzlichen Speichers, der gemäß der **Expanded Memory Specification (EMS)** verfügbar ist. EMS beschreibt eine Umschalttechnik, die es erlaubt, zusätzlichen Speicherplatz verfügbar zu machen, obwohl dieser Speicher nicht *gleichzeitig* zur

7

Verfügung steht. EMS unter Windows 2 erlaubte es, mehrere Windows-Programme zur gleichen Zeit im Speicher resident zu laden, da jedem Programm seine eigene EMS-Bank zugeteilt wurde. EMS half dabei, die angespannte Speicherplatzsituation zu mildern, welche die Anwender von Windows 1 kennengelernt hatten. Aber auch EMS konnte das Speicherplatzproblem nicht gänzlich lösen, da Windows 2 nur im Real-Betriebsmodus lief. Selbst auf den leistungsfähigen Prozessoren 80286 und 80386 gab Intel den Chips aus Kompatibilitätsgründen den gleichen 1 Megabyte-Adreßraum wie seinen leistungsschwächeren Geschwistern 8088 und 8086.

Mit großem Aufwand kündigte Microsoft am 22. Mai 1990 die Version Windows 3.0 an und begann unverzüglich mit der Auslieferung des Softwarepakets. Innerhalb von sechs Wochen verkaufte Microsoft 500.000 Exemplare der neuen Version und brach damit alle Rekorde für den Verkauf eines Softwareproduktes. Vom Verkaufsstandpunkt her haben Wirtschaftsexperten rund um die Welt Windows 3.0 als durchschlagenden Erfolg gefeiert.

Abbildung 1.3 zeigt die neue Benutzeroberfläche Windows 3.0, die Windows für die 90er Jahre ein neues Aussehen verleiht. Es weist als Neuerung eine proportionale Systemschrift auf, um Windows ein gediegeneres Aussehen zu geben und Text noch besser lesbar zu machen. 3D-Schattenwurf, farbige Symbole und neugestaltete Anwendungen sollen Windows für den Durchschnittsverbraucher attraktiver machen. Windows 3.0 bietet außerdem eine bessere Unterstützung der DOS-Anwendungen, was viele Anwender veranlaßt hat, Windows als bevorzugte Benutzeroberfläche für DOS-gestützte Rechner zu favorisieren.

Vom Standpunkt des Programmierers aus hat Microsoft einen wesentlich umfassenderen Satz von Fähigkeiten in der Benutzeroberfläche verwirklicht: Unterstützung eigenhändig entworfener Menüs, Listenfelder und Schaltflächen gibt Programmierern die Möglichkeit, Windows so stark wie nie zuvor den eigenen Erfordernissen anzupassen. Im neuen Windows können Menüs so tief verschachtelt werden, wie Programmierer dazu in der Lage sind. Abreiß-Menüs geben ihnen die Freiheit, Menüs an jeder gewünschten Stelle zu plazieren. Die MS DOS-Befehlsebene, die den Anwendern von älteren Versionen so vertraut war, ist durch eine Reihe von Softwaremodulen ersetzt worden, die jetzt Programme und Dateien verwalten: dem Programm-Manager, der Task-Liste und dem Datei-Manager.

Intern ist das bedeutendste Merkmal von Windows 3.0 die Unterstützung von Extended Memory. Unter Windows 3.0 können Windows-Programme bis auf 16 MB Arbeitsspeicher zugreifen. Wenn ein 80386 oder höherer Prozessor vorhanden ist, verwendet Windows die Möglichkeiten der Speicherverwaltung dieser Chips, um virtuellen Speicher bereitzustellen. Im 386-Erweiterungs-Modus kann das Vierfache des tatsächlich installierten Speichers als virtueller Speicherplatz zur Verfügung gestellt werden. Das heißt, wenn Sie 16 MB an Speicher (und genug Speicherplatz auf dem Auslagerungsmedium) haben, bietet Ihnen Windows einen 64 MB großen Adreßraum!

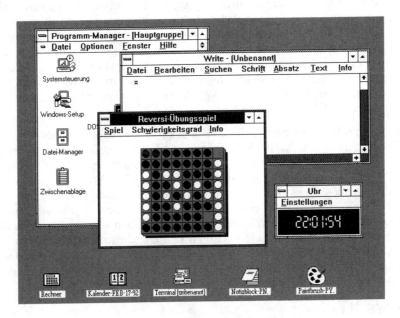

Abbildung 1.3: Windows Version 3.0

Windows 3.0 bietet außerdem eine bessere Unterstützung von Netzwerken als die früheren Versionen und erleichtert die Einbindung von Datei- und Druck-Servern für Netzwerke. Es unterstützt ein geräteunabhängiges Bitmap-Format, das unter den Ausgabegeräten einen einheitlichen Standard für farbige Bitmapgrafiken einführt. Auf Geräten, die mehr als 256 Farben unterstützen, wird den Anwendungen sogar der Zugriff auf die hardwaremäßig unterstützte Farbenpalette ermöglicht. Dies bedeutet, daß die Unterstützung von fotorealistischen Bildern, wie sie zum Beispiel bei einem Multimedia-System Verwendung finden, jetzt auch unter Windows verfügbar ist. Ein anderes neues Leistungsmerkmal ist ein integriertes, ausgereiftes Hilfesystem, das den Anwendern schnell benötigte Hilfetexte liefert.

Im Frühling 1992 erschien die Windows-Version 3.1. Diese Version stellt eine ausgereifte, vervollkommnete Fassung der Version 3.0 dar. Die wesentlichen Merkmale gegenüber der Vorgängerversion 3.0: Windows 3.1 hat Abschied genommen vom Real-Modus der 8086/88 Systeme. Das bedeutet, daß Windows 3.1 nicht mehr auf den Rechnern vom Typ XT, der ersten Generation des PC, lauffähig ist. Windows 3.1 ist nur noch geeignet für Rechner der AT-Klasse (80286, 80386, 80486 etc.). Die Konzentration auf diese moderneren PC-Typen bringt eine wesentlich bessere Speicherverwaltung mit sich, was sich unter anderem in einer erfreulichen Steigerung der Verarbeitungsgeschwindigkeit bemerkbar macht. Weitere Funktionsmerkmale von Windows 3.1 sind eine Erweiterung der Schriftpalette durch die Verwendungsmöglichkeit von TrueType-Schriften, sowie die Möglichkeit des Einbindens von Multimedia-Geräten (z.B. CD-ROM und MIDI-Schnittstelle). Verschiedene Medienarten, zum Beispiel Klang, Grafiken, Animation und Video lassen sich jetzt mit Windows problemlos im System Ihres PC vereinigen. Des weiteren sind in Windows 3.1 Funktionen zum Arbeiten mit Netzwerk und Modem integriert. Datenkommunikation ist für Windows kein Fremdwort mehr. Dennoch dürfte Windows 3.1 die letzte Version von Windows sein, die sich unter DOS installieren läßt.

Zum Zeitpunkt der Drucklegung dieses Buches trat Microsoft mit der Ankündigung an die Öffentlichkeit, daß für 1993 die Premiere eines neuen Betriebssystems vorgesehen ist: Windows NT (New Technology). Dieses Betriebssystem wird eine ganze Reihe verschiedener Programmarten unterstützen: Windows 3.x-Programme, MS-DOS-Programme und Posix-gemäße Programme (Posix ist eine Unix-ähnliche Programmierschnittstelle). Es wird auch eine 32 Bit-Version von Windows bereitstellen. Programme, die für das 32 Bit-Windows API geschrieben wurden, werden über eine Vielzahl neuer Leistungsmerkmale verfügen können, darunter den Zugriff auf einen unteren Adreßraum und eine leistungsfähigere GDI (Graphics Device Interface). Nehmen wir einige Auswirkungen dieses neuen Betriebssystems näher in Augenschein.

Windows NT

Offensichtlich bemüht sich jede Firma, die ein GUI-System entwickelt, stets neue und verbesserte Versionen zu erstellen. Xerox baute zuerst den Alto, dann ging es mit der Entwicklung des Star weiter. Apple begann mit Lisa und entwickelte später den Macintosh. Nach Windows trieben Microsoft und IBM mit vereinten Kräften die Entwicklung des OS/2 Presentation Manager voran.

Eine Zielvorstellung von OS/2 war es, einen Weg für die Portierbarkeit bereits bestehender Windows-Anwendungen zu ebnen. Während bei einigen Windows-Anwendungen der Schritt zu OS/2 gelang, blieb dieses Unterfangen bei vielen anderen Anwendungen erfolglos. Wo liegt der Grund? Obwohl der Presentation Manager in seiner Architektur Windows sehr ähnlich ist, weist er ein völlig neues API auf. Jeder Funktionsname ist anders. Beispielsweise verwendet der Presentation Manager WinCreateWindow als Ersatz für das unter Windows übliche CreateWindow. Parameter ähnlicher Funktionen werden in unterschiedlicher Reihenfolge aufgeführt oder fehlen vollständig. Der Presentation Manager führte einen völlig neuen Satz von Symbolkonstanten ein. Wenn ein Windows-Entwickler mit dem Gedanken spielte, den Programmcode in ein neues Betriebssystem zu übertragen, war der Arbeitsaufwand für das Portieren nach OS/2 etwa gleich groß wie beim Portieren in jede andere GUI-Umgebung: Macintosh, X-Windows usw.

Windows NT stellt Microsofts Eingeständnis dar, daß man mit OS/2 einen Fehler gemacht hat. Obwohl das API von Windows einige Schwächen aufweist, ist genug Anwendungssoftware erschienen, um mit diesen Schwächen *leben* zu können. Wenn auch das 32 Bit-API von Windows NT einige Schwächen des alten Windows beseitigt, stellt es im Großen und Ganzen doch ein API dar, das auf dem 16 Bit-API von Windows 3.x aufbaut und von dieser abgeleitet ist. Das neue API wurde unter dem Gesichtspunkt der Portierbarkeit geschaffen und behält dieselben Funktionsnamen, Symbolkonstanten und Datenstrukturen wie das alte API bei.

Ein Unterschied zwischen den beiden APIs ist z.B. die Tatsache, daß jedes Element anstatt früher 16 Bit nun 32 Bit breit ist. Mag sich dies zunächst nach einem radikalen Einschnitt anhören, so ist dies nicht zutreffend. Wie Sie sehen werden, ist jeder Datentyp in Windows unter Verwendung portierbarer Typen definiert. Mit anderen Worten, statt **short int** oder **long int** zu verwenden, werden in Großbuchstaben geschriebene Typen wie **HWND** und HDC verwendet. Wenn Sie ein Programm für eines der beiden APIs übersetzen, ist es eine leichte Übung, die passende Definitionsdatei für das Ziel-API auszuwählen. Der Compiler sortiert dann die Unterschiede zwischen 16 Bit- und 32 Bit-Werten heraus.

Was bedeutet dies alles für Sie als Windows-Programmierer? Wenn Sie damit beginnen, den Borland C++ Compiler und die OWL für die Erstellung von Windows-Programmen einzusetzen, können Sie sicher sein, daß Ihre Software für lange Zeit einsetzbar sein wird. Die Programme, die Sie für Windows 3.x schreiben, werden binär kompatibel zu Windows NT sein - selbst wenn Windows NT auf nicht von Intel stammenden Prozessoren laufen sollte. Der jetzige Stand der Dinge ist, daß die Entwicklung von Windows NT mehrgleisig verläuft. Momentan werden Rechner unterstützt, die auf den Intel-Chips ab 80386, auf dem MIPS RISC-Chip oder auf dem Alpha-Chip von DEC basierenden.

Nachdem Sie nun einen kurzen Einblick in Entwicklungsgeschichte und Zukunftsperspektiven von Windows erhalten haben, ist es an der Zeit, einige Schwierigkeiten beim Namen zu nennen, auf die Sie beim Erlernen der Windows-Programmierung höchstwahrscheinlich stoßen werden. Es ist sehr wichtig, sich der erhöhten Anforderung der Windows-Programmierung bewußt zu werden, da ein Blick auf die flexible Benutzeroberfläche von Windows allzuleicht zu dem Trugschluß verleiten kann, daß die Programmierschnittstelle genau so leicht zu handhaben ist.

Tatsächlich liegt die Herausforderung für Windows-Programmierer darin, die grundlegenden Prinzipien und Modelle zu verstehen, die in der Windows-Architektur stecken. Wenn Sie erst einmal die typische "Windows-Denkart" begriffen haben, werden Sie sicherlich feststellen, daß das Programmieren für Windows genau so leicht in den Griff zu bekommen ist wie jede andere Art der Programmierung, die Sie ausgeübt haben. Nebenbei gesagt, wenn Sie schon mit anderen GUI-Systemen Erfahrungen beim Programmieren gesammelt haben, wie zum Beispiel dem Apple Macintosh, dem

OS/2 Presentation Manager oder den zahlreichen X-Windows-Systemen, werden Sie in Windows vieles finden, das Ihnen vertraut ist. Nehmen wir nun die vor uns liegenden Herausforderungen in Angriff.

Die Herausforderung an das Programmieren für Windows

Stellen Sie sich bitte das folgende Szenarium vor: Es ist Freitagnachmittag. Beim Verlassen Ihres Büros treffen Sie auf Ihren Chef. Er hat gute Nachrichten: Der Kostenvoranschlag, den Sie für das Windows-Entwicklungsprojekt gemacht haben, wurde angenommen. Das bedeutet, daß Sie und das für Sie arbeitende Spitzenteam von Programmierern nun vor der Aufgabe stehen, das erste Windows-Programm Ihrer Firma zu erstellen. Als erstes müssen Sie nun dafür sorgen, daß alle am Projekt Beteiligten in Hinblick auf Windows auf dem laufenden sind. Welche Herausforderungen stellen sich den für Sie tätigen Programmierern, die noch keine Erfahrung beim Programmieren für Windows haben?

Wenn ein Programmierer bereits im Umgang mit C erfahren ist, dann liegen die drei Hauptherausforderungen im Verständnis der nachrichtengesteuerten Programmierung, der Steuerung der grafischen Ausgabe und dem Einsatz der zahlreichen Benutzerschnittstellenobjekte, wie zum Beispiel Fenster, Menüs, Dialogfelder usw. Nebenbei erwähnt, wenn ein Programmierer bereits mit mehreren dieser Themenbereiche konfrontiert wurde, erleichtert dies den Einstieg in das Programmieren für Windows.

Bevor wir diese Themen in allen Einzelheiten besprechen, möchten wir Ihnen den Rat geben, Windows auch als Vollzeit-Anwender zu nutzen. Es gibt Feinheiten in der Windows-Benutzerschnittstelle, die nur dem *Endbenutzer* bewußt werden. Als Beispiel möchten wir das Zusammenspiel von Tastatur und Maus, die Funktionsweise von Menüs im Zusammenhang mit den Schnelltasten und die Arbeitsweise der zahlreichen Dialogsteuerelemente anführen. Wenn Sie ein Vollzeit-Anwender von Windows sind, dann sind Sie auch ein besserer Windows-Programmierer. Sie sollten zumindest ein Windows-Programm als tägliche Übung einsetzen. Dabei kann es sich um ein Textverarbeitungsprogramm, ein Zeichenpaket, eine Software für eine Bildschirmemulation oder auch ganz einfach um ein Spiel handeln.

Werfen wir einen Blick auf die drei Herausforderungen, die jeden Windows-Programmierer erwarten, beginnend mit der nachrichtengesteuerten Programmierung.

Herausforderung 1: Nachrichtengesteuerte Programmierung

Die meisten Programmierer sind es gewohnt, Programmcode zu schreiben, der in sequentieller, prozedurengesteuerter Art und Weise abläuft. Solche Programme haben einen klar festgelegten Anfang, eine Mitte und ein Ende. Stellen Sie sich einmal ein Programm vor, das eine Reihe von Dateneingabeschirmen anzeigen soll, um die Erstellung eines Textdokuments, wie zum Beispiel eines Flugscheines oder eines Bestellscheines, zu ermöglichen. Das Ablaufdiagramm in Abbildung 1.4 veranschaulicht die strikte Reihenfolge, in der solch ein Programm ablaufen würde.

Um diese Erläuterungen anschaulich zu gestalten, stellen wir uns vor, daß dieses Ablaufdiagramm ein Programm darstellt, das von Reisebüros zur Ausstellung von Flugscheinen eingesetzt wird. Der erste Eingabeschirm nimmt Informationen zum Passagier auf: Name, Adresse usw. Der zweite Eingabeschirm erlaubt die Eingabe von Fluginformationen und stellt Informationen über Flugpreise sowie Abflug- und Landezeiten bereit. Der dritte Eingabeschirm schließlich nimmt Eingaben zum Flugpreis auf, die sich an den Tarifen des vorhergehenden Schirms orientieren. Jeder Eingabeschirm muß korrekt ausgefüllt werden, bevor der Mitarbeiter zur nächsten Stufe weitergehen kann. Alle drei Bildschirme müssen korrekte Informationen aufweisen, um einen Flugschein auszugeben.

Auf den ersten Blick ist dies ein vernünftiger Weg für die Vorgehensweise eines solchen Programmes. Die Arbeit des Computerprogrammes besteht aber nicht nur darin, Flugscheine auszugeben, sondern gleichzeitig sicherzustellen, daß die korrekten Passagierdaten aufgenommen wurden und daß der angegebene Flugpreis mit den tatsächlichen Flugtarifen übereinstimmt. Dieser Ansatz unterliegt einigen Beschränkungen, die sich als eine direkte Folge aus dieser sequenzgesteuerten Orientierung ergeben.

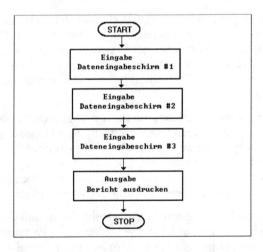

Abbildung 1.4: Ein sequenzgesteuertes Programm

Beispiel: Da das Programm die Reihenfolge des Arbeitsablaufes bestimmt, kann der Angestellte nicht zum zweiten Schirm - für die Informationen über Flugtarife und den

13

Flugplan - gelangen, bevor er nicht vollständig die Passagierdaten eingegeben hat. Während ein Reisebüro dieses Merkmal vielleicht erfreulich findet, da es die Heraus-gabe von kostenlosen Informationen ohne Gegenleistung des Kunden verhindert, bietet es per Saldo nur eine Anhäufung unnötiger Schritte.

Indem das Programm erfordert, daß alle nötigen Informationen eingegeben wurden, ignoriert es die Belange des täglichen Lebens. Wenn ein Angestellter des Reisebüros beispielsweise eine ganze Reihe von Fahrkarten verkaufen soll - vielleicht an eine Familie, die in Urlaub fahren will - muß der Angestellte für jeden ausgegebenen Fahrschein alle drei Bildschirme durchlaufen. Jedesmal aufs Neue verrichtet das Pro-gramm seine Arbeit und stellt der Reihe nach sicher, daß alle notwendigen Informatio-nen vorhanden sind - letztlich nur auf Kosten des Mitarbeiters, für den diese (prinzipell unnötige) Wiederholung eine Menge zusätzlicher Arbeit bedeutet.

Ein ereignisgesteuertes Programm dagegen erlaubt dem Reisebüroangestellten, die Daten in der jeweils geeignet erscheinenden Reihenfolge einzugeben. Vielleicht wird ein Angestellter die gleiche Reihenfolge wählen, die vom sequenzgesteuerten Pro-gramm vorgeschrieben wurde. Der Mitarbeiter hätte jetzt aber die Freiheit, selbst zu entscheiden, wie er die notwendigen Aufgaben in einer Reihenfolge erledigt, die den Anforderungen verschiedener Kunden gerecht wird. Abbildung 1.5 gibt eine grobe Vorstellung davon, wie ein ereignisgesteuerter Ansatz das herkömmliche, sequenzge-steuerte Programm verändern würde, das wir vorher beschrieben haben.

Dies ist aber nur ein Aspekt der Art und Weise, in der sich ein ereignisgesteuertes Programm von einem sequenzgesteuerten Programm unterscheidet. Ein ereignisge-steuertes Betriebssystem wie Windows geht noch viel weiter, so daß der Angestellte unseres Beispiels durch die verschiedenen, gleichzeitig zur Verfügung stehenden Da-teneingabefenster eine immense Flexibilität bei der Reihenfolge genießt, in der er die einzelnen Daten eingibt.

Ein sequenzgesteuertes Programm ist eine plump angeordnete Reihe von **Modi**. Ein Modus ist ein Betriebszustand eines Programms, in dem Handlungen des Anwenders in spezieller Weise interpretiert werden und eine bestimmte Reihe von Ergebnissen erzeugt wird. Einige GUI-Programmierer erklären ihre ablehnende Haltung gegen-über sequenziell gesteuerten Programmen damit, daß sie Modi für unflexibel halten. Dies ist eine etwas übertriebene Vereinfachung der Wirklichkeit.

Ein Hauptproblem beim Umgang mit Modi besteht darin, daß der Anwender oft nur schwer oder umständlich von einem Modus in den anderen wechseln kann. In unse-rem sequenzgesteuerten Fahrschein-Programm ist zum Beispiel jeder der vier Schritte ein eigener Modus. Da aber das Programm vorschreibt, daß der Anwender die Modi in strikter, vorgegebener Reihenfolge zu durchlaufen hat, wird er eingeschränkt. Er kann das Programm nicht so verwenden, wie es die Situation von ihm eigentlich verlangt.

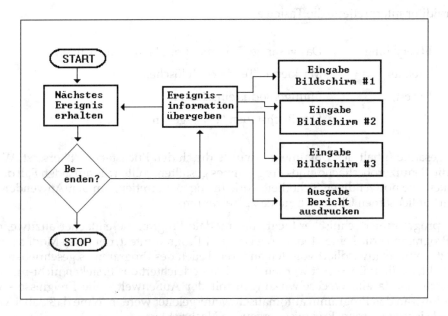

Abbildung 1.5: Ein ereignisgesteuertes Programm

Ein anderes Problem mit Modi taucht in Programmen auf, die auf der Annahme basieren, daß der Anwender weiß, in welchem Modus er sich gerade befindet. Ein Programm sollte dem Anwender stets eine visuelle Orientierung bieten, damit dieser jederzeit darüber informiert ist, in welchem Modus das Programm sich gerade befindet. Windows bietet diesbezüglich viele Benutzerschnittstellenobjekte, die genau dieser Tatsache Rechnung tragen. Beispielsweise kann die Form des Mauszeigers anzeigen, wann sich ein Zeichenprogramm im Modus "Rechtecke zeichnen" befindet und wann es im Modus "Schreibschrift" ist. Sie werden bald sehen, daß modale Dialogfelder eine weit verbreitete Möglichkeit darstellen, um Eingaben vom Anwender zu erhalten, die für die Vervollständigung eines Befehls notwendig sind.

Die Modi in einem Programm sollten sorgfältig gestaltet werden, um den Verlust von Daten zu verhindern, wenn der Anwender ungewollt in einen anderen Modus gerät. Eine Geschichte, die häufig in diesem Zusammenhang erzählt wird, betrifft einen Texteditor mit Namen Bravo, der bei Xerox PARC in den 70er Jahren entwickelt wurde. Bei diesem Editor werden einfache Tastaturschlüssel als Befehle eingesetzt. Beispielsweise versetzt der Buchstabe "i" das Programm in den Einfügemodus, "d" wird für den Löschmodus verwendet usw. Ein Anwender wollte das Wort "edit" in einem Dokument einfügen, doch leider vergaß er, vorher in den Einfügemodus umzuschalten.

Der Editor interpretierte die Tasten als:

E(verything)	Das gesamte Dokument markieren (auswählen).
D(elete)	Markierten Textbereich löschen.
I(nsert)	Einfügemodus einschalten.
T	Den Buchstaben "t" ausgeben.

Der gesamte Inhalt des Dokumentes wurde durch den Buchstaben "t" ersetzt. Wenn Sie die Benutzeroberfläche eines Programmes gestalten, sollten Sie auf jeden Fall daran denken, die notwendigen Sicherheitsvorkehrungen zu treffen, um den Anwender vor derart unliebsamen Überraschungen zu bewahren.

Aus programmiertechnischer Sicht sind modale Programme einfacher anzuwenden als Programme, die keine Modi aufweisen. Der Programmtext, der jeden Modus unterstützt, kann relativ isoliert von den anderen Teilen des Programmes geschrieben und auf Fehlerfreiheit überprüft werden. Windows erleichtert das Erstellen nicht-modaler Programme, da alle Wechselwirkungen mit der Außenwelt - alle Ereignisse - von Windows an das Programm automatisch weitergeleitet werden, ohne daß dabei Modi berücksichtigt werden. Ereignisse erzeugen Nachrichten.

Was versteht man unter einer Nachricht? Eine Nachricht (message) ist eine Information über eine Änderung in der Benutzeroberfläche, wie zum Beispiel das Verschieben eines Fensters oder ein Tastendruck. Nachrichten weisen ein Programm auch darauf hin, daß z.B. eine Zeitschaltuhr abgelaufen ist. Nachrichten werden für Abläufe bei der gemeinsamen Nutzung von Daten eingesetzt.

Aus programmiertechnischer Sicht ist eine Nachricht ein vorzeichenloser 16 Bit-Wert, dem aus Gründen der besseren Lesbarkeit eine Symbolkonstante zugewiesen wird, die mit den Buchstaben WM_ (Kurzform für "Window Message") anfängt. Ein Beispiel: Die Nachricht **WM_LBUTTONDOWN** teilt einem Programm mit, daß ein Anwender die linke Maustaste gedrückt hat. Eine weitere Nachricht, die gesendet wird, nachdem die linke Maustaste losgelassen wurde, lautet **WM_LBUTTONUP**. Im gesamten Buch werden wir Nachrichten innerhalb des Kontextes der jeweils angeschnittenen Themenbereiche einführen. Wenn Sie ungeduldig sind und nicht warten möchten, bis alle verschiedenen Nachrichtentypen im Verlaufe dieses Buchs besprochen wurden, können Sie zum Anhang A vorblättern, der die zahlreichen Typen von Windows-Nachrichten zusammenfaßt.

Nachrichten sind für einen Windows-Programmierer von entscheidender Bedeutung. Der Hauptteil der Arbeit, die Sie als Windows-Programmierer leisten werden, schließt den Entscheidungsprozeß ein, welche Nachrichten weiterbearbeitet und welche ignoriert werden sollen. Eine Tatsache, die man sich merken sollte, ist die, daß die Nachrichten nicht in einer vorgegebenen Reihenfolge eintreffen. Wenn Sie an sequenz-orientierte Programme gewöhnt sind, wird Ihnen dieser Umstand zuerst ungeordnet und chaotisch vorkommen. Es wirkt zunächst so, als ob die Nachrichten von allen Seiten auf Sie einstürmen. Um Ihnen zu helfen, den Nachrichtenfluß im System zu verstehen, bietet Borland das Programm WinSight. Abbildung 1.6 zeigt WinSight beim Abfragen der Nachrichten vom Programm-Manager.

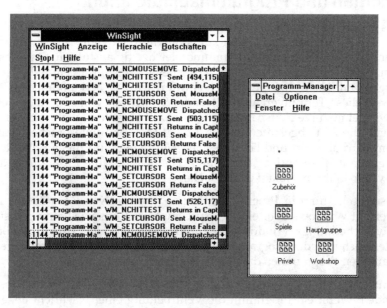

Abbildung 1.6: WinSight beim Abfragen von Nachrichten, die zum Programm-Manager gehören

Die nachrichtenorientierte Arbeitsweise von Windows eignet sich besonders gut für Programme, die ein hohes Maß an Interaktion mit dem Anwender erfordern. Deshalb bringt die Ausführung von Programmen mit nur geringer Anwender-Interaktion unter Windows nur wenig Vorteile. Spiele und Textverarbeitungsprogramme sind unter Windows jedoch sehr gut aufgehoben, da diese beiden Programmsparten allemal ein hohes Maß an Interaktion mit dem Anwender erfordern. Tabellenkalkulationen und Datenbankprogramme sind weitere geeignete Kandidaten für interaktive, ereignisgesteuerte Anwendungen.

Ein nachrichtengesteuertes Betriebssystem wie Windows verleiht dem Einfluß des Anwenders auf das Programmgeschehen an jedem Punkt des Arbeitsprozesses hohe Priorität. Ein sequenzgesteuertes Programm hält sich dagegen an die vorgeschriebene Rangfolge, in der bestimmte Arbeitsgänge auszuführen sind. In einem sequenzgesteuerten Programm ist es allzu verlockend für den Programmierer, nach eigenem Gutdünken über die Rangfolge zu entscheiden, in der die Arbeitsschritte auszuführen sind. Obwohl es auch in Windows möglich ist, sequenzgesteuerte Programme zu erstellen, bietet der erforderliche Mehraufwand eigentlich die Gewähr dafür, daß solche Beschränkungen nur dort auferlegt werden, wo sie wirklich gebraucht werden.

Nachrichten und Programmablaufplanung

Windows ist ein Multitasking-System. Für den Anwender bedeutet das, daß mehrere Programme zur gleichen Zeit laufen können. Natürlich kann eine einzelne zentrale Recheneinheit (CPU) nicht alle Programme gleichzeitig ausführen. Statt dessen wird jedem einzelnen der Programme eine "Zeitscheibe" zugeordnet, innerhalb derer ihm allein Zugriff auf das Rechnergeschehen gewährt wird. In herkömmlichen Betriebssystemen wird diese Terminvergabe mittels der Systemzeit vorgenommen. Jedem Programm wird eine kurze Zeitspanne an Rechenzeit reserviert, während der es laufen kann. Wenn die Zeit abgelaufen ist, wird das Programm unterbrochen. Ein anderes Programm wird aktiviert und läuft ab. Dieser Vorgang wird preemptive Rechenzeitvergabe genannt (preemptive scheduling). Hier werden die Programme durch das Betriebssystem in ihrem Ablauf unterbrochen.

Windows erstellt für die Programme keinen preemptiven Ablaufplan. An Stelle dessen verfügt Windows über ein nicht-preemptives Rechenzeitvergabesystem (nonpreemptive scheduling). Windows-Programme werden nicht durch das Betriebssystem unterbrochen. Jedes Programm unterbricht hier seine Ausführung eigenständig, um den anderen Programmen die Möglichkeit zur Fortsetzung ihrer Arbeit zu geben.

Das Planungssystem von Windows ist in sein System zur Nachrichtenauslieferung eingebunden. Wenn ein Programm die Verarbeitung einer Nachricht abgeschlossen hat, fragt es nach einer anderen Nachricht. Ein auf Nachrichten basierendes Rechenzeitvergabesystem bedeutet, daß der Anwender die letztendliche Entscheidung für den Ablauf der Programme in Händen hält. Wenn der Anwender mit einem Programm arbeiten will, so richtet er den Schwerpunkt seines Interesses auf ein Fenster des Programmes, vielleicht durch einen Mausklick oder durch die Auswahl über die Tastatur. Jede dieser Handlungen bewirkt, daß Nachrichten an ein Programm fließen, das ihm die Zeitspanne reserviert, die es zum Abarbeiten des Befehls benötigt.

Nachrichten versorgen ein Programm mit Eingaben. Das ist allerdings nur die halbe Wahrheit. Eine zweite Art von Nachrichten bezieht sich auf die Ausgabe, die ein Programm produziert. Ausgabe bedeutet in Windows immer nur eines: grafische Ausgabe. Dies ist die zweite Herausforderung, mit der sich Neulinge unter den Windows-Programmierern auseinandersetzen müssen.

Herausforderung 2: Grafische Ausgabe

Alle Ausgaben, die von Windows-Programmen erzeugt werden, sind grafischer Natur. Abbildung 1.7 zeigt einen kurzen Ausschnitt aus dem Angebot von Linien, ausgefüllten Formen und Text, welche das GDI zur Verfügung stellt. Programmierer, die es gewohnt sind, in einer zeichenorientierten Umgebung zu arbeiten, werden feststellen, daß die grafische Ausgabe eine neue Denkweise erfordert. Wie Sie vielleicht ganz richtig vermuten, bedeutet grafische Ausgabe, daß man geometrische Formen zeichnen kann - Linien, Kreise, Vierecke usw. Zusätzlich wird aber auch Text als grafisches Objekt behandelt. Dies erleichtert es zum Beispiel, Text und geometrische Figuren nach Belieben miteinander zu kombinieren. Während grafische Systeme die Ausgabe geometrischer Figuren erleichtern, erschweren sie im Gegenzug paradoxerweise die Ausgabe von Text.

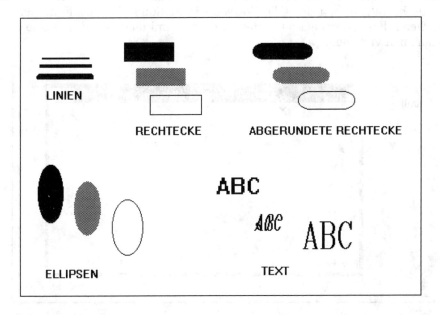

Abbildung 1.7: Ein Beispiel für Linien, ausgefüllte Elemente und Text des GDI

Die Ausgabe geometrischer Formen stellt sich einfacher dar, weil Ihr Programm nicht jeden einzelnen Bildschirmpunkt berechnen muß. Durch den einfachen Aufruf der Routine **Rectangle** zeichnet das GDI zum Beispiel ein ausgefülltes Rechteck für Sie. Die Textausgabe ist schwieriger, weil die GDI-Grafikoperatoren es erfordern, Text als grafisches Objekt zu behandeln. Text wird hier unter Verwendung von Bildpunktkoordinaten positioniert und nicht wie in zeichenorientierten Umgebungen durch die Position der Zeichenelemente.

Geräteunabhängige Grafiken

Das GDI bietet geräteunabhängige Grafiken. Das bedeutet, daß ein Windows-Programm auf jedem Gerät unter Verwendung desselben Befehlssatzes Grafiken zeichnen kann. Zum Beispiel wird die Routine **Rectangle** aufgerufen, um sowohl auf dem Bildschirm als auch auf dem Drucker Rechtecke zu zeichnen. Das GDI gibt sich alle Mühe, damit aus Sicht des Programmes alle Geräte gleich wirken. Dies umfaßt sowohl Geräte, die nur in der Lage sind, einzelne Bildpunkte ein- und auszuschalten - wie die CGA-Grafikkarte - als auch hochentwickelte Geräte wie etwa PostScript-Drucker, die auch komplexe Grafiken erstellen. Jedes Gerät hat einen Gerätetreiber, der für die Ausführung der tatsächlichen Zeichnung verantwortlich ist. Für Geräte, die zusätzliche Hilfe benötigen, hält das GDI **Softwaresimulationen** bereit, die die leistungsschwächeren Funktionen eines Gerätes aufwerten und diesem dadurch eine erhöhte Funktionalität verleihen.

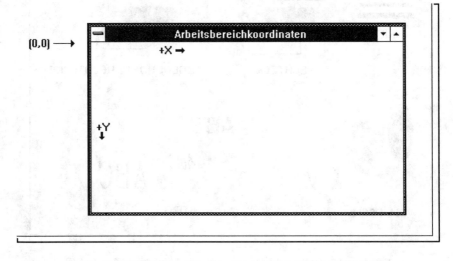

Abbildung 1.8: Vorgegebener Koordinatenursprung in Arbeitsbereichkoordinaten

Das GDI kennt vier Arten von Ausgabegeräten: Bildschirme, Hard-Copy-Geräte (wie Drucker und Plotter), Bitmaps und Metadateien. Bildschirm und Druckgeräte sind Hard-Copy-Geräte. Die anderen beiden, Bitmaps und Metadateien, nennt man Pseudogeräte. Ein Pseudogerät stellt neben der Möglichkeit, ein Bild im Speicher oder auf der Festplatte zu speichern, weiterhin einen üblichen Weg dar, grafische Bilder zwischen verschiedenen Anwendungsprogrammen auszutauschen. Wenn das GDI Informationen auf dem Bildschirm anzeigt, stellt es an Fenstern orientierte Grafiken dar. Das bedeutet, jedes Fenster wird als eine separate Zeichenfläche behandelt. Wenn ein Programm in einem Fenster zeichnet, wird die Vorgabe für die Zeichenkoordinaten so gesetzt, daß sich der Koordinatenursprung (0,0) in der linken oberen Ecke des Arbeitsbereiches des Fensters befindet (siehe Abbildung 1.8).

An Fenstern orientierte Grafiken bedeuten weiterhin, daß Zeichnungen automatisch auf ein Fenster beschränkt werden. Diese Funktion heißt Clipping und bedeutet, daß die für jedes Fenster ausgeführte Zeichnung auf die Grenzen des Fensterrahmens beschränkt bleibt. Selbst wenn Sie versuchen sollten, über einen Fensterrahmen hinaus zu zeichnen, würde es nicht gelingen. Ein Fenster ist automatisch vor unkontrollierten Bildpunkten geschützt, die von anderen Fenstern stammen. Dieser Schutzmechanismus funktioniert auch umgekehrt. Wenn Sie also zeichnen, müssen Sie nicht befürchten, versehentlich das Fenster eines anderen Programmes zu überschreiben.

Herausforderung 3: Benutzerschnittstellenobjekte

Windows bietet Ihnen eine integrierte Benutzerführung für eine Reihe von Benutzerschnittstellenobjekten: Fenster, Symbole, Menüs, Dialogfelder usw. Eine integrierte Benutzerführung bedeutet, daß der erforderliche Arbeitsaufwand für das Erstellen und Warten dieser Objekte möglichst gering ist. Wenn Sie etwa Ihren eigenen Programmtext schreiben würden, um diese Objekte zu unterstützen, würde das von Ihrer Seite einen enormen Arbeitsaufwand erfordern, und die Ergebnisse wären wahrscheinlich weder so flexibel noch so robust wie die Benutzerschnittstellenobjekte, die Windows zu bieten hat.

Um die Vorteile zu nutzen, die Ihnen diese Benutzerschnittstellenobjekte bieten, müssen Sie verstehen, wie jedes einzelne angewendet wird. Während wir die verschiedenen Typen von Benutzerschnittstellenobjekten betrachten, werden wir Ihnen einen Einblick in die Gestaltung und Anwendung dieser Objekte geben. In vielen Fällen ist dazu die Erläuterung der mit einem bestimmten Benutzerschnittstellenobjekt in Verbindung stehenden Nachrichten notwendig. In anderen Fällen ist eine nähere Ergründung der zahlreichen Windows-Bibliotheksroutinen erforderlich, die jeden Objekttyp steuern. Zunächst aber wollen wir uns darauf beschränken, Sie mit den Benutzerschnittstellenobjekten bekannt zu machen und ihre Funktion zu beschreiben.

Unter den Benutzerschnittstellenobjekten ist das Fenster das wichtigste Objekt. Jedes Programm, das durch Interaktion mit dem Anwender arbeitet, muß ein Fenster haben, da ein Fenster Maus- und Tastatureingaben aufnimmt und die Ausgabe eines Programmes anzeigt. Alle anderen Benutzerschnittstellenobjekte, wie etwa Menüs, Bildlaufleisten und Zeiger, spielen nur eine unterstützende Rolle für das Hauptelement das Fenster.

Das Fenster

Das Fenster ist die wichtigste Benutzerschnittstelle. Aus der Perspektive eines Anwenders stellt ein Fenster einen Blick auf ein bestimmtes Datenobjekt innerhalb des Rechners dar. Aber es ist noch mehr, da für den Anwender ein Fenster eine Anwendung *ist*. Wenn ein Anwender ein Anwendungsprogramm startet, erwartet er das Erscheinen des zur Anwendung gehörigen Fensters. Um eine Anwendung zu beenden, schließt der Anwender das entsprechende Fenster. Um zu entscheiden, mit welcher speziellen Anwendung gearbeitet werden soll, wählt ein Anwender das betreffende Fenster der Anwendung aus. Abbildung 1.9 zeigt die Standardteile des Hauptfensters eines typischen Programmes.

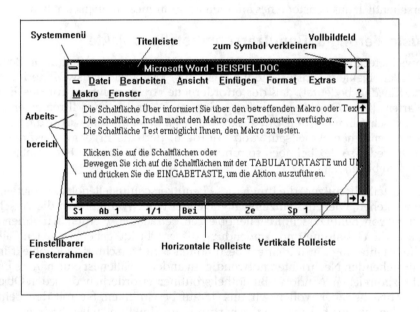

Abbildung 1.9: Die grundlegenden Bestandteile eines Fensters

Aus der Warte des Programmierers präsentiert sich ein Fenster anders. Es dient dazu, die anderen Benutzerschnittstelleobjekte zu einer Einheit zusammenzufassen und es lenkt den Fluß der Nachrichten innerhalb des Systems. Ein Fenster bietet einen Anzeigebereich, der für die Kommunikation mit dem Anwender eingesetzt werden kann. Die Eingabe wird über ein Fenster kanalisiert und dadurch an die richtige Stelle im Programm dirigiert. Fenster dienen auch dazu, andere Fenster weiter zu unterteilen. Zum Beispiel werden Dialogfelder als eine Art Ansammlung kleinerer Fenster innerhalb eines größeren Fensters angewendet.

Jedes Fenster wird aus einer Fensterklasse erstellt. Diese stellt eine Vorlage zur Verfügung, mit der man Fenster erstellen kann. Verbunden mit jeder Fensterklasse - und dadurch mit jedem Fenster - ist ein spezielles Unterprogramm, das Fensterprozedur genannt wird. Die Aufgabe einer Fensterprozedur besteht darin, Nachrichten zu verarbeiten. Sie können sich bestimmt vorstellen, daß diese Aufgabe in einem nachrichtenorientierten Betriebssystem wie Windows sehr wichtig ist. Tatsächlich besteht die Hauptarbeit des Windows-Programmierers in der Entscheidung, wie die eine oder andere Nachricht behandelt werden soll, die in einer Fensterprozedur empfangen wird. Die Fensterprozedur empfängt die Maus- und Tastatureingaben, die an ein bestimmtes Fenster gerichtet sind und die in Form von Nachrichten ankommen. Sie empfängt Meldungen über andere Ereignisse, die von Bedeutung sind, wie etwa Änderungen in der Größe und Position eines Fensters. Eines der ersten Themengebiete, das wir in den nächsten Kapiteln untersuchen werden, ist die Art und Weise, in der Nachrichten von den Fensterprozeduren empfangen werden und wie sie von diesen weiterbearbeitet werden.

Symbole

Symbole (Piktogramme) dienen dem Anwender als Gedächtnisstützen. GUI-Systeme beruhen auf dem einfachen Prinzip, daß alles, was konkret und sichtbar ist, leichter zu verstehen ist als das, was abstrakt und unsichtbar ist. Symbole stellen ein konkretes, sichtbares Sinnbild eines Befehles, eines Programmes oder von Daten dar. Dadurch, daß es solche Dinge sichtbar macht, kann ein Windows-Programm darauf zugreifen. Außerdem verringern Windows-Programme, dadurch, daß sie alle Wahlmöglichkeiten des Anwenders sichtbar machen, die Abhängigkeit des Anwenders von auswendig gelerntem Wissen.

Ein Beispiel für Symbole sind die Sinnbilder in Standardfenstern: das Systemmenüfeld, das Verkleinerungsfeld und das Vergrößerungsfeld. Wie in Abbildung 1.10 gezeigt, liegt eine der gebräuchlichsten Einsatzformen für Symbole in der Darstellung von Programmen. Im Fenster "Programm-Manager" erinnern die Symbole den Anwender an alle zur Verfügung stehenden, lauffähigen Programme. Auf dem Desktop dient ein Symbol dazu, den Anwender an die Programme zu erinnern, die augenblicklich laufen, deren Fenster aber geschlossen wurden. Symbole können auch verwendet werden, um Befehle darzustellen. Abbildung 1.11 gibt zum Beispiel Symbole wieder, die vom Paintbrush-Programm angezeigt werden, um dem Anwender den Satz der in diesem Programm verfügbaren Zeichenoperationen als auch der verfügbaren Füllmuster aufzuzeigen.

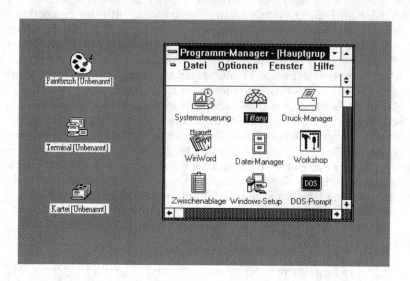

Abbildung 1.10: Symbole im Programm-Manager und auf dem Desktop

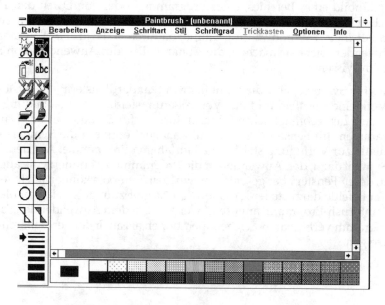

Abbildung 1.11: Symbole als Befehle im Paintbrush-Programm

Menüs

Ein Menü ist eine Auswahlliste von Befehlen und Programmoptionen. Windows verfügt über fünf Arten von Menüs: Systemmenüs, Menüleisten, Pull-down-Menüs, Untermenüs und Abreiß-Menüs (Tear-Off-Menüs). Das in Abbildung 1.12 gezeigte Systemmenü stellt eine Reihe von Grundoperationen bereit, die man an einem Fenster vornehmen kann. Diese Operationen werden als "Systembefehle" bezeichnet. Der Anwender sieht dieses Systemmenü zu jedem Programm im übergeordneten Fenster (Top-Level-Fenster). Die Systembefehle erfordern von Seiten des Programmierers nur wenig Arbeit, da Windows selbsttätig dafür sorgt, daß die Systembefehle im gesamten System einheitlich gestaltet sind und auf gleiche Weise funktionieren.

Abbildung 1.12: Das Systemmenü

Abbildung 1.13 zeigt die drei miteinander in Verbindung stehenden Menüarten: Die Menüleiste bildet den oberen Rand eines Fensters, Popup-Menüs erscheinen, wenn ein Punkt der Menüleiste ausgewählt wird und UntermenüsUntermenüs werden angezeigt, wenn ein Punkt des Popup-Menüs ausgewählt wird, der mit einem Pfeil versehen ist. Diese Menüs können in Anwendungen beliebig tief verschachtelt sein. Programmierer sollten es allerdings im allgemeinen vermeiden, Menüs zu tief zu verschachteln, da eine zu tiefe Verschachtelung den Anwender nur verwirrt.

Abbildung 1.14 zeigt ein Abreiß-Menü, das in der Mitte eines Fensters positioniert ist. Abreiß-Menüs können überall in einem Fenster auftauchen, ja sogar auf der gesamten Bildschirmfläche. Sie stellen eine weitere Alternative für Programme bereit, die sich nicht allein auf Menüs aus der Menüleiste stützen sollen. Ein solches Menü kann zum Beispiel dann erscheinen, wenn ein ganz bestimmtes Objekt angeklickt wird oder als Reaktion auf ein vom Anwender über die Tastatur eingegebenes Befehlskürzel.

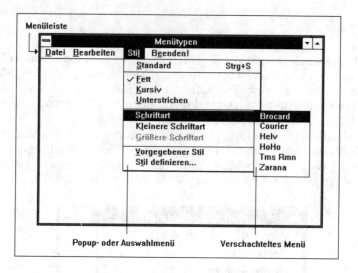

Abbildung 1.13: Drei Arten von Menüs

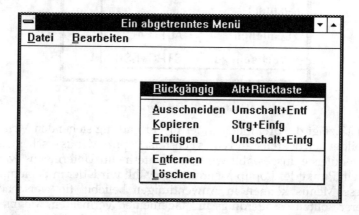

Abbildung 1.14: Ein Abreiß-Menü

Bildlaufleisten

Wenn eine Bildlaufleiste in einem Fenster gezeigt wird, kann der Anwender daraus schließen, daß das Datenobjekt größer als das Fenster ist. Bildlaufleisten bieten dem Anwender eine Möglichkeit, die Anzeige solcher Objekte selbst zu bestimmen und auf den ersten Blick die relative Position eines Objekts zu erkennen, das man sich anschaut. Abbildung 1.15 zeigt die zwei Arten von Bildlaufleisten: vertikal und horizontal.

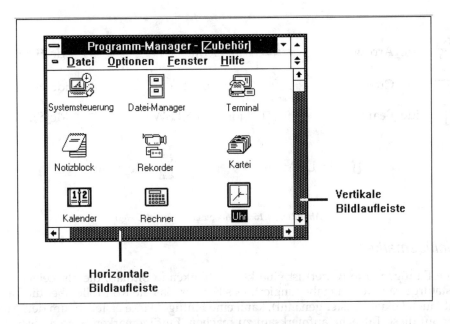

Abbildung 1.15: Vertikale und horizontale Bildlaufleisten

Zeiger

Ein Zeiger (Cursor) ist eine Bitmap, die sich in Abhängigkeit von der Bewegung einer Maus oder eines anderen Eingabegeräts auf dem Bildschirm bewegt. Programme können die Form dieses Zeigers individuell verändern, um auf eine Änderung im System aufmerksam zu machen. Beispielsweise verwandelt sich in vielen Programmen der Cursor häufig in das Symbol einer Sanduhr, um dem Anwender einen Hinweis darauf zu geben, daß gerade eine etwas länger dauernde Operation abläuft. Programme können den Zeiger ebenfalls wechseln, um den Anwender darauf hinzuweisen, daß das Programm in einen speziellen Arbeitsmodus gewechselt hat. Zeichenprogramme verwandeln den Zeiger zum Beispiel oft, um die Art des Objektes wiederzugeben, das gezeichnet werden kann.

Unter Verwendung des im Turbo C++ Compilers enthaltenen Hilfsprogrammes Resource Workshop kann der Programmierer Zeiger nach seinen eigenen Maßgaben erstellen. Zeiger können auch "auf die Schnelle" erstellt werden. Dieses Verfahren werden wir im Kapitel 16 erläutern. Natürlich brauchen Sie nicht Ihre eigenen Zeiger zu entwerfen, wenn die von Windows bereitgestellten Zeiger Ihren Ansprüchen gerecht werden. Alle in Windows bereits integrierten Zeiger werden in Abbildung 1.16 gezeigt.

27

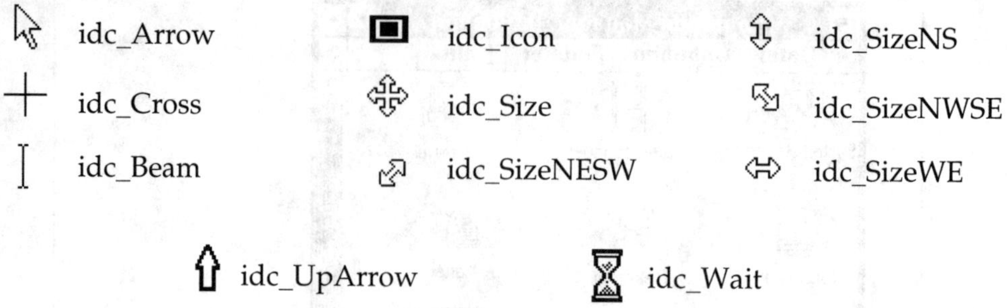

↖ idc_Arrow	◼ idc_Icon	⇕ idc_SizeNS
✛ idc_Cross	✥ idc_Size	⬉ idc_SizeNWSE
I idc_Beam	⬋ idc_SizeNESW	⬌ idc_SizeWE

⇧ idc_UpArrow   ⌛ idc_Wait

Abbildung 1.16: In Windows vordefinierte Zeiger

Einfügemarken

Eine Einfügemarke (Caret) ist eine kleine, blinkende Bitmap, die als Zeiger bei der tastaturgesteuerten Eingabe fungiert. Das Fenster, das die Kontrolle über die Tastatur hat (auch Fokus-Fenster genannt), kann eine Einfügemarke erstellen, um den Anwender auf diese Tatsache aufmerksam zu machen. Einfügemarken weisen zwei Besonderheiten auf: den Namen sowie die Art der Steuerung. Der Name ist eigenartig, weil die meisten anderen Umgebungen den Ausdruck "Zeiger" oder "Cursor" für den blinkenden Tastaturzeiger verwenden. In der Windows-Terminologie wird der Begriff "Zeiger" aber bereits für den Mauszeiger verwendet.

Die zweite Besonderheit betrifft die Art, mit der Programme die Einfügemarken behandeln müssen. Die Windows-Benutzeroberfläche unterstützt nur eine einzige Einfügemarke zur selben Zeit. Deshalb müssen Sie bei Programmen, bei denen Sie eine Einfügemarke einsetzen wollen, diese erst bei Erhalt des Tastaturfokus erstellen und sie bei Verlust des Tastaturfokus wieder löschen. In Kapitel 15, in dem wir die Probleme zur Tastatureingabe erörtern, werden wir untersuchen, wie ein Programm funktionieren muß, um eine Einfügemarke ordnungsgemäß zu handhaben.

Dialogfelder

Dialogfelder, die häufig auch als Dialog oder Dialogbox bezeichnet werden, stellen einen standardisierten Weg für die Eingaben eines Anwenders dar. Genauer gesagt, wenn ein Anwender einen Befehl eingegeben hat, der weitere Angaben erfordert, stellen Dialogfelder den üblichen Weg dar, diese Eingabedaten vom Anwender zu erlangen. Wenn Sie sich ein Windows-Programm ansehen, wird Ihnen häufig der Klammerausdruck (...) als Teil eines Menünamens auffallen. Dieser Klammerausdruck weist darauf hin, daß ein Dialogfeld erscheint, wenn der Menübefehl ausgewählt wird.

Ein relativ bekanntes Dialogfeld erscheint zum Beispiel immer dann, wenn der Anwender eine Datei öffnen will. Es ist das Datei-öffnen-Dialogfeld, welches in Abbildung 1.17 gezeigt wird. Dieses Dialogfeld bietet dem Anwender Gelegenheit, einen Dateinamen einzutippen. Es zeigt außerdem zwei Listen an: eine mit Dateinamen und eine weitere mit den Verzeichnisnamen und den Laufwerken. Wenn der Anwender sich nicht an den gewünschten Dateinamen erinnert, kann er durch die Verzeichnisse blättern, bis er den gewünschten Dateinamen findet.

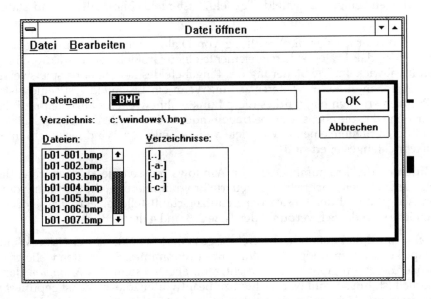

Abbildung 1.17: Ein Datei-öffnen-Dialogfeld

Beachten Sie, daß dieses Dialogfeld zwei Schaltflächen aufweist, von der die eine mit "OK" und die andere mit "Abbrechen" gekennzeichnet ist. Im allgemeinen werden Schaltflächen in einem Dialogfeld eingesetzt, um eine Aktion zu bestätigen. Für dieses Dialogfeld gibt es zwei mögliche Aktionen. Die Schaltfläche OK weist das Programm an, die vom Anwender eingegebenen Werte zu akzeptieren. Die Schaltfläche Abbrechen weist das Programm an, die im Dialogfeld eingegebenen Werte zu ignorieren. Im allgemeinen sollte ein Programm, wo immer es möglich ist, dem Anwender gestatten, eine getroffene Entscheidung zu widerrufen, ohne eine Beschädigung von Dateien oder Daten zu verursachen.

Steuerelemente eines Dialogfeldes

Wie alle Dialogfelder stellt der Datei-öffnen-Dialog ein Fenster dar, das wiederum verschiedene Fenster enthält, die entweder Informationen anzeigen oder eine Eingabe durch den Anwender aufnehmen. Jedes dieser kleinen Fenster wird als Steuerelement eines Dialogfeldes bezeichnet. Beispielsweise enthält das Datei-öffnen-Dialogfeld neun Steuerelemente: Zwei Schaltflächen (OK und Abbrechen), zwei Listenfelder, ein Eingabefeld für Text und vier feststehende Textfelder. Windows hat sechs vordefinierte Fensterklassen, aus denen Steuerelemente für Dialogfelder geschaffen werden: Schaltfläche, einzeiliges Listenfeld, Textfeld, Listenfeld, Bildlaufleiste und statisches Textfeld.

In Kapitel 14 werden wir die Erstellung von Dialogfeldern näher untersuchen. Sie werden sehen, daß Dialogfeldsteuerelemente einen Großteil der Interaktion mit dem Anwender abwickeln. Die Steuerung des Eingabefeldes handhabt beispielsweise alle Tastatureingaben ohne Ihr weiteres Zutun. Wenn ein Listenfeld erst seine Liste mit allen Punkten erhalten hat, wird es diese Punkte ohne weiteres anzeigen und durchblättern, ohne daß Sie etwas dazu beitragen müßten. Sie werden sehen, daß Dialogfelder und deren Steuerelemente, wie viele andere Teile von Windows auch, in erster Linie nachrichtengesteuert sind.

Beim Erlernen des Programmierens für Windows müssen Sie also im wesentlichen drei Hürden nehmen: nachrichtengesteuerte Programmierung, die Steuerung der grafischen Ausgabe und der Einsatz der Benutzerschnittstellenobjekte. Diese drei Themenbereiche sind der Schwerpunkt der Teile 2, 3 und 4 dieses Buches.

Die nächsten Kapitel erläutern die ereignisgesteuerte Funktionsweise von Windows am Beispiel eines kleinstmöglichen Windows-Programmes. Sie werden vielleicht über die Größe dieses Programms überrascht sein, aber es stellt das *Minimum* dar, das erforderlich ist, um sowohl Nachrichten zu beantworten, die zunächst gepuffert werden, als auch auf Nachrichten einzugehen, die sofort in Aktion treten. Das kleinstmögliche Windows-Programm erzeugt ein einzelnes Fenster und veranschaulicht Ihnen, wie der Nachrichtenverkehr in einem Windows-Programm gehandhabt werden muß. Während wir uns jedes Teilstück des Programms ansehen, werden wir auch beschreiben, unter welchem Aspekt dieses Element in die Gesamtarchitektur von Windows einzuordnen ist.

Teil 2
Ein kleinstmögliches
Windows-Programm

Kapitel 2

Ein kleinstmögliches Windows-Programm

In diesem Kapitel führen wir ein minimales Windows-Programm, MIN.EXE, ein. Es dient als Grundlage für jedes andere in diesem Buch angeführte Programm. Abbildung 2.1 zeigt das Fenster, das MIN erstellt. Das Fenster kann verschoben, in der Größe verändert, geschlossen, zum Symbol verkleinert oder als Vollbild dargestellt werden. Für einen erfahrenen Windows-Anwender heißt das mit anderen Worten: Das von diesem Programm erstellte Fenster kann alles Notwendige ausführen.

Abbildung 2.1: Das von unserem kleinstmöglichen Windows-Programm erstellte Fenster

Die sieben Dateien, aus denen sich unser kleinstmögliches Windows-Programm zusammensetzt, werden in Tabelle 2.1 aufgeführt. Fünf davon sind Textdateien (MAKE-FILE.MAK, MIN.INK, MIN.CPP, MIN.RC und MIN.DEF) und erscheinen in den Listings, die dieses Kapitel begleiten. Die anderen beiden Dateien enthalten grafische Abbildungen (MIN.CUR und MIN.ICO). Abbildung 2.2 zeigt den Inhalt dieser Dateien auf dem Arbeitsschirm des Resource Workshop von Borland. MIN.CUR enthält

33

Kapitel 2: Ein kleinstmögliches Windows-Programm

einen Mauszeiger in Form einer Hand. MIN.ICO enthält das Symbol, das angezeigt wird, wenn das Programm als Symbol auf dem Desktop dargestellt wird.

Tabelle 2.1: *Dateien, aus denen sich das kleinstmögliche Windows-Programm zusammensetzt*

MAKEFILE.MAK	Make-Datei, automatisiert Verfahren zum Programmaufbau.
MIN.LNK	Linker-Befehlszeilendatei.
MIN.CPP	C++ Quelltext.
MIN.RC	Ressourcendatei für Benutzerschnittstellenobjekte.
MIN.DEF	Modul-Definitionsdatei, die vom Linker verwendet wird.
MIN.ICO	Symboldatei, eine Ressource.
MIN.CUR	Zeigerdatei, eine weitere Ressource.

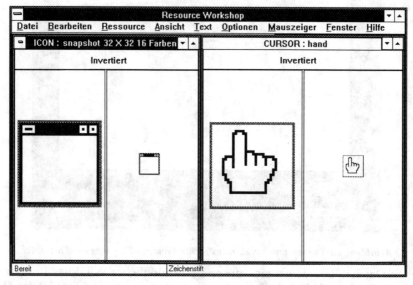

Abbildung 2.2: Das Symbol und der Zeiger unseres kleinstmöglichen Windows-Programms

34

MAKEFILE.MAK

```
.AUTODEPEND

#   Compilerdefinitionen

INC=C:\BORLANDC\OWL\INCLUDE;C:\BORLANDC\CLASSLIB\INCLUDE;C:\BOR-
LANDC\INCLUDE

CC = bcc -c -D_CLASSDLL -H -ml -WS -w -I$(INC)


#   Implizite Regeln

.c.obj:
  $(CC) {$ }
.cpp.obj:
  $(CC) {$ }


#   Explizite Regeln

Min.exe: Min.res Min.def Min.obj
    tlink /c/C/n/P-/Twe/x @Min.LNK
    RC Min.res Min.exe


#   Einzelne Dateiabhängigkeiten

Min.obj: Min.cpp
Min.res: Min.rc Min.cur Min.ico
    RC -R -FO Min.res Min.RC
```

MIN.LNK

```
c:\borlandc\lib\c0wl.obj+
min.obj
min,min
\borlandc\owl\lib\owl.lib+
crtll.lib+
cwl.lib+
```

```
import.lib+
mathl.lib+
cl.lib
min.def
```

MIN.CPP

```
/*-------------------------------------------------------------*\
| MIN.CPP   Ein minimales C++ Windows-Programm. MIN zeigt ein |
|           Fenster, das verschoben, maximiert, minimiert     |
|           und in seiner Größe verändert werden kann.        |
\*-------------------------------------------------------------*/
#include <owl.h>


/*-------------------------------------------------------------*\
|                    Klassendeklarationen.                    |
\*-------------------------------------------------------------*/
class TMinApplication : public TApplication
  {
  public:
    TMinApplication (LPSTR lpszName, HANDLE hInstance,
                     HANDLE hPrevInstance, LPSTR lpszCmdLine,
                     int nCmdShow);
    virtual void InitMainWindow ();
  };

class TMinWindow : public TWindow
  {
  public:
    TMinWindow (PTWindowsObject pwParent, LPSTR lpszTitle,
                PTModule pmModule);
```

```
   virtual LPSTR GetClassName ();
   virtual void  GetWindowClass (WNDCLASS&);
 };


/*------------------------------------------------------------*\
|                  Hauptfunktion:  WinMain.                    |
\*------------------------------------------------------------*/
int PASCAL WinMain (HANDLE hInstance, HANDLE hPrevInstance,
                 LPSTR lpszCmdLine, int nCmdShow)

   {
   TMinApplication Min ("MIN", hInstance, hPrevInstance,
                  lpszCmdLine, nCmdShow);
   Min.Run();
   return Min.Status;
   }


/*------------------------------------------------------------*\
|                Komponente der Application-Klasse.            |
\*------------------------------------------------------------*/
TMinApplication::TMinApplication (LPSTR lpszName, HANDLE hInstance,
                 HANDLE hPrevInstance, LPSTR lpszCmdLine,
                 int nCmdShow)
            :TApplication (lpszName, hInstance, hPrevInstance,
                 lpszCmdLine, nCmdShow)

   {
   /*  Die besondere Initialisierung der Anwendung erfolgt hier.  */
   }


/*------------------------------------------------------------*\
|                Komponente der Application-Klasse.            |
```

37

```
\*------------------------------------------------------------*/
void TMinApplication::InitMainWindow ()

    {

    MainWindow = new TMinWindow (NULL, "Minimum", NULL);

    }


/*------------------------------------------------------------*\
|                 TMinWindow-Komponentenfunktion.             |
\*------------------------------------------------------------*/
TMinWindow::TMinWindow (PTWindowsObject pwParent,
              LPSTR lpszTitle, PTModule pmModule)
         :TWindow (pwParent, lpszTitle, pmModule)

    {

    /* Die besondere Initialisierung des Fensters erfolgt hier.  */

    }


/*------------------------------------------------------------*\
|                 TMinWindow-Komponentenfunktion.             |
\*------------------------------------------------------------*/
LPSTR TMinWindow::GetClassName ()

    {

    return "MIN:MAIN";

    }


/*------------------------------------------------------------*\
|                 TMinWindow-Komponentenfunktion.             |
\*------------------------------------------------------------*/
void TMinWindow::GetWindowClass (WNDCLASS& wc)

    {

    TWindow::GetWindowClass (wc);
```

```
    wc.hIcon=LoadIcon (wc.hInstance, "snapshot");

    wc.hCursor=LoadCursor (wc.hInstance, "hand");

    }
```

MIN.RC

```
snapshot icon min.ico


hand cursor min.cur
```

MIN.DEF

```
NAME MIN


EXETYPE WINDOWS


DESCRIPTION 'Min -- Minimales Windows-Programm'


CODE MOVEABLE DISCARDABLE

DATA MOVEABLE MULTIPLE


HEAPSIZE  512

STACKSIZE 5120
```

Die Quelltextdateien dieses Programms werden von Borlands Befehlszeilencompiler, BCC.EXE, kompiliert. Borland stellt darüber hinaus mit seiner IDE (Integrated Development Environment) eine integrierte Programmierplattform bereit, in der sämtliche Entwicklungsarbeiten, wie z.B. das Editieren, Testen, Kompilieren und Linken Ihrer Quelltextdateien menügesteuert ausgeführt werden können. Darüber hinaus können Sie hier alle zu einem Programm benötigten Dateien unter dem Menübefehl "Projekte" in einer Projektdatei (.PRJ) zusammenfassen. Make-Dateien werden dadurch überflüssig. Leider sind die durch dieses Programm erstellten Projektdateien Binärdateien und können deshalb nicht in diesem Buch abgedruckt werden. Für weitere Einzelheiten, die das Einrichten der Borland-IDE, der Programmiererplattform zur Konstruktion von Windows-Programmen, betreffen, verweisen wir auf Anhang G.

Sie werden vielleicht über die Größe unseres kleinstmöglichen Programms überrascht sein. Mit über 80 Zeilen Quelltext stellt MIN.CPP vermutlich das umfangreichste kleinstmögliche Programm dar, dem Sie je begegnet sind. Die Größe spiegelt den Arbeitsaufwand wider, der zur Einbindung des Programms in die Windows-Benutzerschnittstelle notwendig ist. Nachdem ein Programm aber erst einmal die notwendigen Verbindungen geknüpft hat, übernehmen die in Windows eingebauten Steuermechanismen einen beträchlichen Teil der Arbeit.

Beispielsweise stellt Windows für die verschiedenen Teile unseres Fensters Standardvorgaben zur Verfügung. Denken Sie einmal über das Systemmenü nach, das die sieben Befehle *Wiederherstellen, Verschieben, Größe ändern, Symbol, Vollbild, Schließen* und *Wechseln zu...* aufweist. Windows führt alles Notwendige aus, um diese Befehle einsatzfähig zu machen, wobei von unserem Programm nur ein minimaler Aufwand gefordert wird. Die OWL-Bibliotheken sind wiederum so strukturiert, daß die durch die Auswahl dieser Menüs erzeugten Nachrichten an die richtigen Stellen weitergeleitet werden, um die richtigen Maßnahmen zu ergreifen.

Jedes *Teil* dieses kleinstmöglichen Programmes wird benötigt, um den OWL-Objekten das reibungslose Zusammenspiel mit Windows zu erlauben. Die *Struktur* dieses Programmes ist erweiterbar, so daß wir MIN im weiteren Verlauf dieses Buches als Ausgangspunkt bei der Erstellung anspruchsvollerer Programme verwenden können. Die Struktur dieses Programmes ist von großer Bedeutung, da es die Struktur eines jeden Windows-Programmes verkörpert, das unter Verwendung der OWL-Bibliotheken erstellt wird.

Damit Sie dieses Programm kompilieren und starten können, werden wir mit der Erläuterung der Werkzeuge beginnen, die Sie für die Erstellung von Windows-Programmen benötigen. Wir arbeiten in diesem Buch ausschließlich mit dem Borland-Befehlszeilen-Compiler BCC.EXE. Damit Windows-kompatibler Programmcode erzeugt werden kann, müssen Sie den Compilerschaltern besondere Aufmerksamkeit widmen. Für den Linker ist zudem eine spezielle Eingabedatei notwendig: die **Modul-Definitionsdatei**. Andere Werkzeuge, die wir beschreiben werden, sind ausschließlich in der Windows-Entwicklungsumgebung verfügbar, wie etwa dem Ressourcen-Compiler und dem Resource Workshop.

Nach Erklärung der Entwicklungswerkzeuge werden wir im nächsten Kapitel einige der für die Windows-Programmierung üblichen Vereinbarungen erläutern. Dies beinhaltet die **Ungarische Namensgebung,** welche bei der Benennung von Datenstrukturen und Variablen Anwendung findet. Weiterhin werden wir die zahlreichen Headerdateien (z.B. WINDOWS.H und OWL.H) beschreiben, die erforderlich sind, um die Vorteile der Windows- und OWL-Bibliotheken nutzen zu können. Diese Dateien enthalten die erforderlichen Symbolkonstanten, Datenstrukturen, Funktionsprototypen und C++ Klassendefinitionen.

Die nachfolgenden Kapitel werden sich mit dem Programmtext unseres kleinstmöglichen Windows-Programmes befassen. Wir beginnen dabei mit einer näheren Betrachtung des Anwendungsobjektes, wie es durch die Klasse **TApplication** definiert wird. Ein

Exemplar dieser Klasse wird in **WinMain** erstellt. Dabei handelt es sich um die Funktion, die als Ausgangspunkt für jedes Windows-Programm dient. WinMain erstellt in der Regel ein Fenster und springt anschließend in eine (fast) endlose Schleife, um hardware-bezogene **Nachrichten** zu empfangen. Eine Nachricht ist eine Einheit von Eingaben an ein Windows-Programm, gleichzeitig aber auch die "Zeitscheibe", die Windows zu einem nicht-preemptiven Multitasking-System macht.

In Kapitel 5 werden wir uns mit **TWindow** und **TObjectWindow** beschäftigen, den zwei Klassen, die die Stammväter des Fensterklassenobjektes von MIN sind. Die drei Komponentenfunktionen des Fensterklassenobjektes in MIN scheinen auf den ersten Blick wenig zu bewirken, jedoch spielen sie in jedem Windows-Programm eine wichtige Rolle. Wir werden uns ansehen, auf welche Weise MIN die Klassen **TWindow** und **TWindowObject** verwendet, um ein Fenster mit den Windows-Bibliotheken zu verbinden. Im besonderen werden wir die **Standard-Fensterprozedur** (default window procedure) untersuchen. Dies ist eine Windows-Bibliotheksroutine, die den bis zur Einsatzbereitschaft eines Fensters erforderlichen Aufwand auf ein Mindestmaß beschränkt. Wir werden weiterhin die Komponentenfunktionen betrachten, mit Hilfe derer Sie interessante und nützliche Windows-Programme erstellen können.

Wir werden diesen Abschnitt des Buches mit einer tiefergehenden Betrachtung der verschiedenen Arten von Nachrichten abschließen, die Ihnen im Verlauf Ihrer Karriere als Windows-Programmierer begegnen werden. Wie Sie sehen werden, sind in WINDOWS.H über 250 verschiedene Nachrichten definiert. In unserer "Bewertung der Nachrichten" unterscheiden wir acht Kategorien.

Beginnen wir jetzt mit einem Blick auf die Entwicklungswerkzeuge, die für die Erstellung unseres kleinstmöglichen Windows-Programmes verwendet werden.

Wie MIN.EXE kompiliert und gelinkt wird

Wenn Sie ein Windows-Programm schreiben, verwenden Sie Entwicklungswerkzeuge, mit denen Sie vielleicht bereits aus anderen Umgebungen vertraut sind, wie etwa den **Ressourcen-Compiler** und den Resource Workshop. Diese Werkzeuge werden eingesetzt, um Benutzerschnittstellenobjekte zu erstellen und sie in die ausführbare Datei eines Programmes einfließen zu lassen. Fast jedes Windows-Programm, das Sie schreiben werden, macht den Einsatz von Ressourcen erforderlich. In den Kapiteln 11 und 14 zum Beispiel werden Sie sehen, wie man Ressourcen zum Erstellen von Menüs und Dialogfeldern einsetzt. MIN beinhaltet lediglich zwei Ressourcen: Einen Zeiger und ein Symbol.

Hinweis an Apple-Programmierer: Windows-Ressourcen sind weitgehend mit Macintosh-Ressourcen vergleichbar. Im Gegensatz zu einem Macintosh-Programm kann ein Windows-Programm aber nicht die Daten seiner Ressourcen auf der Festplatte ändern. Mit anderen Worten: Windows-Ressourcen beinhalten Daten, die nur lesbar sind.

Wenn Sie die Integrierte Entwicklungsumgebung von Borland, die Programmierer-plattform IDE anwenden, brauchen Sie sich über die Compiler- und Linkerschalter keine weiteren Gedanken zu machen. In diesem Fall sollten Sie sich dem Anhang G zuwenden, in dem das Einrichten der Programmiererplattform beschrieben wird.

Wenn Sie aber, wie wir, auf die "altmodische" Form angewiesen sind, Programme unter Verwendung des Befehlszeilencompilers BCC.EXE aufzubauen, sollten Sie weiterlesen. Das erste Werkzeug, das wir besprechen wollen, ist das MAKE-Hilfspro-gramm, welches die Arbeit des C++ Compilers, des Linkers und des Ressourcen-Com-pilers koordiniert.

Das MAKE-Hilfsprogramm

Das **MAKE**-Hilfsprogramm von Borland stammt von dem Unix-Hilfsprogramm gleichen Namens ab. Im allgemeinen automatisieren MAKE-Hilfsprogramme das Program-merstellungsverfahren, um unnötige Bearbeitungsschritte zu vermeiden: MAKE kom-piliert oder linkt lediglich die Programmdateien, die sich geändert haben. Um dies zu erreichen, verwendet MAKE eine Eingabedatei (die auch **Make-Datei** genannt wird), die die Beziehung jeder Programmdatei zur Ausgabedatei klärt. Borlands **MAKE**-Hilf-sprogramm verfügt weiterhin über die Fähigkeit, die Zusammengehörigkeit von Quelltextdateien (.CPP) und Definitionsdateien (.H) anhand von Informationen in den kompilierten Objektdateien (.OBJ) nachzuweisen. Es folgt die Make-Datei, die MIN verwendet, nämlich MAKEFILE.MAK:

```
.AUTODEPEND


#    Compilerdefinitionen
INC=C:\BORLANDC\OWL\INCLUDE;C:\BORLANDC\CLASSLIB\INCLUDE;C:\BOR-
LANDC\INCLUDE
CC = bcc -c -D_CLASSDLL -H -ml -WS -w -I$(INC)


#    implizite Regeln
.c.obj:
  $(CC) {$< }


.cpp.obj:
```

```
 $(CC) {$< }


#    Explizite Regeln
Min.exe: Min.res Min.def Min.obj
     tlink /c/C/n/P-/Twe/x @Min.LNK
     RC Min.res Min.exe


#    Einzelne Dateiabhängigkeiten
Min.obj: Min.cpp


Min.res: Min.rc Min.cur Min.ico
     RC -R -FO Min.res Min.RC
```

In der Make-Datei wird auf eine bestimmte Datei Bezug genommen. Dabei handelt es sich um die hier gezeigte Linker-Befehlszeilendatei MIN.LNK:

```
c:\borlandc\lib\c0wl.obj+
min.obj
min,min
\borlandc\owl\lib\owl.lib+
crtll.lib+
cwl.lib+
import.lib+
mathl.lib+
cl.lib
min.def
```

Die Anweisung .AUTODEPEND zu Beginn der Make-Datei weist MAKE an, die vom Compiler in die .OBJ-Dateien geschriebenen Informationen über die Zusammengehörigkeit zweier Dateien zu lesen. Diese Maßnahme erhöht die Gewähr dafür, daß Programme problemlos neu kompiliert werden, wenn sich irgendwelche Definitionsdateien (.H) geändert haben, auf die im Programm Bezug genommen wird. Dies verringert für Sie die Notwendigkeit, ständig darauf zu achten, daß Ihre Make-Datei fehlerfrei ist und dem neuesten Stand entspricht.

Bestimmte Symbole in der Make-Datei haben eine ganz besondere Bedeutung. Ein Doppelkreuz (#) markiert den Anfang eines Kommentars, der sich bis zum Ende der Zeile fortsetzt. Der Gegenschrägstrich (auch Backslash genannt) (\) setzt eine Programmzeile fort (dies gilt allerdings nicht für Kommentarzeilen!).

Allgemein gesagt legt MAKE die Regeln fest, die beim Lesen einer Make-Datei zu befolgen sind. Manchmal können Regeln auch als **implizite Regeln** ausgedrückt werden.

```
.cpp.obj:

$(CC) {$< }
```

Diese Anweisung besagt, daß Dateien mit der Endung .OBJ von Dateien mit der Endung .CPP abhängig sind, vorausgesetzt, daß die zwei Dateien denselben Namen tragen. Der in der Variablen CC niedergelegte Befehl ist wie folgt definiert:

```
CC = bcc -c -D_CLASSDLL -H -ml -WS -w -I$(INC)
```

Eine implizite Regel tritt auf den Plan, wenn in der Make-Datei eine Anweisung wie die folgende gefunden wird:

```
Min.obj: Min.cpp
```

Implizite Regeln sind beispielsweise dann sehr nützlich, wenn Sie sehr viele C++ Quelltextdateien haben, die alle unter Verwendung derselben Befehlszeile(n) kompiliert werden. Manchmal erweist es sich als sinnvoll, **explizite Regeln** zu verwenden. Sie werden für Abhängigkeitsverhältnisse verwendet, die nur einmal in einer Make-Datei auftauchen, wie etwa der Aufruf eines Linkers. Es folgt eine explizite Regel aus unserer Make-Datei:

```
Min.exe: Min.res Min.def Min.obj

     tlink /c/C/n/P-/Twe/x @Min.LNK

     RC Min.res Min.exe
```

Wenn an einer der drei abhängigen Dateien (MIN.RES, MIN.DEF oder MIN.OBJ) eine Veränderung vorgenommen wird, wird MIN.EXE durch die Ausführung der zwei Befehle in der zweiten und dritten Zeile dieser Regel auf den neuesten Stand gebracht. Die Befehle führen den Linker (TLINK.EXE) und den Ressourcencompiler (RC.EXE) aus.

Compilerschalter

Lassen Sie uns jetzt einen näheren Blick auf die Schalter werfen, die wir am Compiler einstellen. Der Name des von uns verwendeten Befehlszeilen-Compilers lautet BCC.EXE. Dieser Compiler verwendet das DOS Protected Mode Interface (DPMI).

DPMI ermöglicht Programmen den Zugriff auf das Extended Memory (den Speicher-bereich oberhalb der 1 Megabyte-Grenze bei Intel 80286 und höheren Prozessoren). Betrachten wir jetzt die eigentlichen Compilerschalter genauer.

Der Schalter -c weist den Compiler an, den Quelltext zu kompilieren, aber nicht zu linken. Der entscheidende Nutzen dieses Schalters liegt darin, daß er Ihnen erlaubt, Ihr Programm in mehreren C-Quelltextdateien zu verwenden. Er ist aber auch deswegen nötig, weil Windows-Programme besondere Anweisungen an den Linker erfordern.

Der Schalter -D legt ein Symbol für den Präprozessor des Compilers fest. Im vorliegen-den Fall erstellt -D_Classdll das Symbol _Classdll. Wie Sie vielleicht wissen, eröffnet Ihnen die Definition eines solchen Symbols die Möglichkeit, Programmtext für eine bedingte Compilierung zu schreiben. Zum Beispiel wird der zwischen den Anweisun-gen #if und #endif stehende Quelltext nur dann eingefügt, wenn **_CLASSDLL** definiert wird:

```
#if defined (_CLASSDLL)

x = 15;

TextOut (hdc, x, y, "Nur anzeigen, wenn _CLASSDLL definiert ist", 36);

#endif
```

Hinweis: Um Begriffsverwirrungen zwischen Linkvorgängen mit dem Borland-Linker TLINK.EXE und den DLL-Linkvorgängen der Borland Object Window Library (OWL) zu vermeiden, ersetzen wir in in diesem Buch bei den Beschreibungen des dynami-schen Linkings den englischsprachigen Begriff "Linking" durch den deutschsprachi-gen Begriff "Binden".

Die Anweisung **_CLASSDLL,** die in der OWL-Hauptdefinitionsdatei, OWL.H, belegt wird, erstellt ein Windows-Programm, das die Bibliothek zum dynamischen Binden (OWL.DLL) verwendet. Zu genaueren Einzelheiten über die Vor- und Nachteile des dynamischen Bindens im Vergleich zum statischen Binden sehen Sie bitte im Kapitel 19 nach.

Der Schalter -h weist den Compiler an, von vorkompilierten Definitionsdateien (.H) Gebrauch zu machen. Diese Fähigkeit trägt dazu bei, den Kompiliervorgang zu be-schleunigen, besonders dann, wenn große Definitionsdateien Verwendung finden. Der Compilerbefehl

```
#pragma hdrstop
```

ermöglicht es Ihnen, eine Trennlinie zwischen unveränderlichen Definitionsdateien und gelegentlich geänderten Definitionsdateien zu ziehen. Alle Definitionsdateien vor dieser Anweisung werden in die vorkompilierte Definitionsdatei eingefügt. Definitionsdateien, die nach diesem Pragma aufgelistet sind, werden jedesmal neu kompiliert, wenn Sie eine Quelldatei kompilieren.

Der Schalter **-ml** veranlaßt den Wechsel in das große (large) Speichermodell. Ein Speichermodell beschreibt die Vorgaben, die benutzt werden, um Speicher zu adressieren. Das große Speichermodell bedeutet, daß als Vorgabe sowohl für Programme als auch Daten *far*-Zeiger erzeugt werden. Um Windows-Programme zu erstellen, die die OWL-Bibliotheken zum dynamischen Binden (OWL.DLL, BCRTL.LL und BWCC.DLL) benutzen, müssen Sie in jedem Fall das große Speichermodell festlegen.

Laut Dokumentation bewirkt der Schalter **-ws** "Schnellexporte". Dies bezieht sich auf die Art, in der *far*-**Funktionen** das Datensegmentregister für den von Ihnen verwendeten Programmtext einrichten. Es gibt viele Fälle, in denen die Windows-Bibliotheken in Ihren Programmtext eingreifen. Um zum Beispiel Fenster oder Dialogfelder zu unterstützen, wird den Windows-Bibliotheken die Adresse einer besonderen Rückruffunktion mitgeteilt. Wenn die Windows-Bibliotheken mit Ihren Fenstern oder Dialogfeldern in Verbindung treten möchten, wird eine Rückruffunktion aufgerufen. Es ist ein Mechanismus erforderlich - wie zum Beispiel der Schnellexport -, um die Lücke zwischen Ihrem Programmtext und Ihren Daten zu schließen. Wir werden uns in Kapitel 19 eingehender mit Schnellexporten befassen, wenn wir die Arbeitsweise des dynamischen Bindevorgangs von Windows beschreiben.

Der Schalter **-w** aktiviert alle Warnmeldungen. Er hilft Ihnen beim Schreiben eines ausgereifteren Programmtextes. Eine Reihe von Warnmeldungen sind bereits von vornherein aktiviert. Dieser Schalter aktiviert alle weiteren Warnmeldungen.

Der Schalter **-I** legt den Suchpfad fest, auf dem nach Definitionsdateien (.H) gesucht werden soll. Die Einstellung dieser Schalter wird natürlich davon abhängen, wo Sie die Compiler- und OWL-Bibliotheksdateien installiert haben. In unserem Fall verwenden wir den vorgegebenen Installationspfad sowohl für die Compiler- als auch die OWL-Klassenbibliotheksdateien.

Die Ressourcendatei

MIN.RC listet die Ressourcen auf, die in MIN.EXE eingegliedert werden sollen. Für die Windows-Speicherverwaltung ist eine Ressource ein nur lesbares Datenobjekt. Ein spezielles Windows-Speicherverwaltungsprogramm hilft dabei, den Speicher zu optimieren, indem es die nur lesbaren (read only) Daten eines Programmes von den beschreibbaren Daten trennt. Da fast alle Benutzerschnittstellenobjekte als Ressourcen gespeichert werden, trägt jedes Windows-Programm (wissentlich oder nicht) zu einer optimalen Nutzung des Speichers bei. Tabelle 2.2 führt die acht Typen von vordefinierten Ressourcen auf. Für vordefinierte Ressourcen existieren Windows-Funktionen, die diese Objekte erstellen und kontrollieren. Wenn Sie große Blöcke von nur lesbaren Daten verwenden, können Sie eigene Ressourcentypen erstellen, die die Speichernutzung weiter optimieren.

Ressourcen werden üblicherweise dann in den Speicher eingelesen, wenn sie benötigt werden. Sie können eine Ressource allerdings bereits beim Programmstart resident in den Speicher laden (**preload**). Wenn sie in den Speicher geladen wird, belegt eine Ressource für gewöhnlich einen verwerfbaren (**discardable**) Speicherblock. Derart belegter Speicher kann frei gemacht werden, wenn die Windows-Speicherverwaltung ihn zur Aufnahme anderer Datenobjekte benötigen sollte.

Tabelle 2.2: *Die vordefinierten Ressourcen von Windows*

Ressourcentyp	*Eingehend erläutert in*
Schnelltastentabelle	Kapitel 11
Bitmap	
Zeiger	Kapitel 16
Dialogfeldschablone	Kapitel 14
Schriftarten	Kapitel 10
Symbole	
Menüschablone	Kapitel 11
Zeichenkettentabelle	Kapitel 18

Unser kleinstmögliches Windows-Programm besitzt zwei Arten von Ressourcen: Ein Symbol und einen Zeiger. Um Ihre eigenen Symbole und Zeiger zu erstellen, können Sie das Whitewater Resource Toolkit oder den Resource Workshop von Borland verwenden. Wir haben für unsere Symbole und Zeiger den Borland Resource Workshop eingesetzt.

Zeiger sind Bitmaps, die auf die Bewegungen der Maus reagieren. Sie erlauben es dem Anwender, auf dem Bildschirm auf verschiedene Objekte zu "zeigen". Für unser kleinstmögliches Windows-Programm haben wir einen Zeiger in Form einer Hand erzeugt. Wir haben **Paintbrush** (in Verbindung mit Windows) verwendet, um dieses Bild zu erstellen und haben das Bild anschließend über die Windows-Zwischenablage in den Resource Workshop übertragen.

Bei der Erstellung des Symbols für MIN haben wir einen etwas anderen Weg beschritten. Da ein Symbol den Anwender an das Vorhandensein eines Programmes erinnern soll, haben wir unser Symbol aus einer Momentaufnahme von MIN entwickelt, die während des Programmlaufs aufgenommen wurde. Dieser Schnappschuß wurde mit Hilfe einer eingebauten Funktion von Windows erzeugt. Wenn Sie die Druck-Taste

(PrtSc=Print Screen) drücken, legt Windows einen Schnappschuß des *gesamten Bild-schirminhalts* in der Zwischenablage ab. Wenn Sie Alt-Druck drücken, begrenzt Windows diesen Schnappschuß auf das gerade aktive Fenster.

Wir verwenden die Tastenkombination Alt-Druck, um einen Schnappschuß von MIN.EXE zu erhalten. Dann übertragen wir ihn in den Resource Workshop. Nach einigen Nachbesserungen haben wir ein gebrauchsfertiges Symbol. Als nächstes sichern wir das Symbol und den Zeiger in eigenenständigen Dateien und setzen in MIN.RC entsprechende Einträge, die unseren Namen für die Ressource, den Ressourcentyp und den Ressourcendateinamen angeben:

```
snapshot icon min.ico

hand cursor min.cur
```

Wird unser Programm aufgebaut, kopiert der Ressourcen-Compiler jede Ressource in MIN.EXE. Dies geschieht, damit jedes Windows-Programm für sich allein eine ausführbare Datei sein kann, deren Abhängigkeit von externen Dateien so gering wie möglich ist.

Hinweis: Die Fähigkeit von Windows, Bildschirm-Schnappschüsse zu machen, kann sich bei der Dokumentation Ihres Windows-Programmes als sehr nützlich erweisen. Tatsächlich haben wir alle für dieses Buch gemachten Screenshots mit dieser Methode angefertigt. Wir verwendeten einen monochromen VGA-Bildschirmtreiber und einen HP LaserJet II Drucker. Wir haben die Screenshots anschließend in Microsoft Word für Windows weiterverarbeitet, wodurch wir das Endergebnis ausdrucken konnten.

Der Linker

Die Arbeit des Linkers besteht darin, aus den Objektdateien (.OBJ) und den Bibliotheksdateien (.LIB) eine ausführbare Programmdatei (.EXE) zu bilden. Der Borland-Befehlszeilen-Linker, den wir einsetzen, heißt TLINK.EXE. Er wird in MAKEFILE.MAK mit folgender Befehlszeile aufgerufen:

```
tlink /c/C/n/P-/Twe/x @Min.LNK
```

Der Schalter /c bewirkt, daß die Groß-/Kleinschreibung während des Bindevorganges beachtet wird. Der Borland-Linker beachtet die Groß-/Kleinschreibung unter normalen Umständen nicht. Der Grund hierfür ist, daß Borlands Flaggschiff unter den Produkten - der Pascal-Compiler - dies auch nicht tut. Damit die üblichen Konventionen von C/C++ eingehalten werden können, muß der Schalter /c gesetzt werden.

Der Schalter /c behandelt importierte und exportierte Symbole unter Beachtung der Groß-/Kleinschreibung. Dies ist notwendig, weil C++ Programme Symbole erzeugen, die sowohl Groß- und Kleinbuchstaben enthalten, während der Linker selbst der Groß-/Kleinschreibung normalerweise keine Beachtung schenkt.

Der Schalter /n weist den Linker an, die vorgegebenen Link-Bibliotheken zu ignorieren. Stattdessen versorgen wir den Linker mit den Namen der erforderlichen Bibliotheken.

Der Schalter /P- schaltet die automatische Anordnung der Codesegmente aus. Standardmäßig kombiniert der Linker Codesegmente miteinander. Wie wir in Kapitel 18 beschreiben, wollen Sie die Segmentierung Ihres Programmes wahrscheinlich selbst bestimmen - in diesem Fall empfehlen wir diesen Schalter.

Der Schalter /Twe weist den Linker an, eine unter Windows ausführbare Datei (.EXE) zu erstellen. Dieser Schalter wird benötigt, da der Linker sowohl Windows-DLLs als auch unter DOS ausführbare Dateien erstellen kann.

Der Schalter /x verhindert, daß der Linker eine Symbolplan-Datei erstellt. Eine Symbolplan-Datei führt alle in Ihrem Programm vorkommenden Symbole auf und kann eine nützliche Referenz für die aktuelle Nutzung des Speichers durch das Programm sein. Bisher verwenden wir diesen Schalter, um auf der Festplatte Speicherplatz zu sparen und den Zugriff auf unsere Symbolplan-Datei vorzubereiten.

Die Linker-Befehlszeilendatei MIN.LNK verweist auf die folgenden Dateien:

COWL.OBJ	Diese Datei enthält den für den Start und das Beenden notwendigen Programmtext für die Vollversion eines Windows-Programmes. Die Datei führt einige Initialisierungen aus und ruft WinMain auf. Nachdem ein Programm abgeschlossen wurde, veranlaßt der in dieser Objektdatei befindliche Programmtext die erforderlichen "Aufräumarbeiten".
OWL.LIB	Diese Import-Bibliothek teilt dem Linker Informationen über Funktionen in OWL.DLL mit, der OWL-Bibliothek für die dynamische Bindung. Diese Datei muß vorhanden sein, wenn Ihr Programm abläuft, und wird mit der PATH-Variablen gesucht.
CRTLL.LIB	Diese Import-Bibliothek teilt dem Linker Informationen über Funktionen in BCRTL.DLL mit, dem Teil der Borland C-Laufzeitbibliothek, der in eine Windows-Bibliothek für das dynamische Binden portiert worden ist.
CWL.LIB	Diese Bibliothek enthält die statisch gebundenen Funktionen aus der Borland C-Laufzeitbibliothek. (Sie muß vor CL.LIB angegeben werden.)

IMPORT.LIB	Diese Import-Bibliothek teilt dem Linker Informationen über Funktionen in den Windows 3.0-Bibliotheken für das dynamische Binden (KERNEL.LIB, USER.EXE und GDI.EXE) mit.
MATH.LIB	Diese Bibliothek enthält die Vollversion der Borland-Mathematikbibliothek.
CL.LIB	Diese Bibliothek enthält die reguläre Vollversion der Borland C-Laufzeitbibliothek (für Funktionen, deren Wirkung *nicht* durch CRTLL.LIB oder CWL.LIB aufgehoben wird).

Der Linker und die Modul-Definitionsdatei

Zusätzlich zu den .OBJ- und .LIB-Dateien erhält der Linker auch noch Eingabedaten von einer **Modul-Definitionsdatei** (.DEF), wenn Windows-Programme erstellt werden. Eine Modul-Definitionsdatei dient dazu, die Struktur und den Organisationsaufbau eines Programmes zu beschreiben. Sie können sich die .DEF-Datei als eine Reihe von Linkerschaltern vorstellen. Lassen Sie uns jetzt die einzelnen Anweisungen in unserer Modul-Definitionsdatei MIN.DEF ansehen.

Die erste Zeile in MIN.DEF lautet

```
NAME MIN
```

In Windows werden der Programmtext und die Daten in ein System von **Modulen** unterteilt. Es gibt zwei verschiedene Modularten: ausführbare Programme und Bibliotheken für dynamisches Binden. Das Schlüsselwort **NAME** kennzeichnet ein Modul als ein ausführbares Programm. (Für eine Bibliothek für dynamisches Binden verwenden Sie dagegen das Schlüsselwort **LIBRARY**.) Der Modulname wird hinter dem Schlüsselwort NAME (oder LIBRARY) plaziert. Der Modulname unseres Programms lautet MIN. Obwohl die Vorläuferversionen von Windows den Modulnamen dazu verwendeten, ein Modul vom anderen zu unterscheiden, genießt in Windows 3.x der Dateiname den Vorrang bei der Art, wie Windows die einzelnen Module auseinanderhält.

Diese Anweisung weist den Linker an, ein Windows-Programm zu erstellen:

```
EXETYPE WINDOWS
```

Diese Anweisung ist optional, da bereits der Schalter **/Twe** den Linker anweist, ein Windows-Programm zu erstellen. Trotzdem werden wir diesen Schalter einsetzen, um für die zukünftige Version eines Linkers gewappnet zu sein, der auch OS/2-Programme erzeugen kann. Wir müssen dann lediglich **WINDOWS** durch **OS2** ersetzen.

Die Anweisung **DESCRIPTION** fügt Text in eine ausführbare Datei ein:

```
DESCRIPTION 'Min -- Kleinstmögliches Windows-Programm.'
```

50

In der Regel wird diese Möglichkeit dazu genutzt, Informationen über die Versions-nummer oder den Urheberrechtshinweis eines Programmes aufzunehmen. Um die Informationen zu einem Windows-Programm (oder einer Bibliothek für dynamisches Binden) zu betrachten, verwenden Sie das Hilfsprogramm EXEHDR.EXE.

Die Anweisung **CODE** setzt das standardmäßige Attribut der Speicherbelegung für die Programmcode-Segmente in einem Windows-Programm:

```
CODE MOVEABLE DISCARDABLE
```

Wie wir in Kapitel 18 erläutern werden, erlaubt die Anweisung **SEGMENTS** die Festlegung der Speicherbelegung für einzelne Codesegmente. Im Moment reicht die Anweisung **CODE** allein vollkommen aus. **MOVEABLE** (das Gegenteil ist fixed) erlaubt die Verschiebung eines Segments im Hauptspeicher. Die Bezeichnung **DISCAR-DABLE** besagt, daß das Codesegment bei geringer, verbleibender Restspeicherkapazi-tät aus dem Systemspeicher entfernt werden kann. Der Mechanismus des dynamischen Bindens erlaubt es, den Code auf eine Art und Weise im Speicher zu verschieben als auch aus dem Speicher zu entfernen, die für Ihr Programm vollständig nachvollziehbar ist.

Die Anweisung **DATA** ist der Anweisung code recht ähnlich mit der Ausnahme, daß sie das Speicherbelegungs-Attribut für das Datensegment eines Programmes setzt:

```
DATA MOVEABLE MULTIPLE
```

MOVEABLE ermöglicht, das Datensegment im Speicher zu bewegen. (Wenn einem Programm eine Nachricht übermittelt wird, wird das Datensegment für das Verschie-ben gesperrt, um unerwartete Ergebnisse zu vermeiden. Dies ist nur im Real-Modus von Windows von Belang. Da aber der Borland-Compiler 3.x nur Anwendungen für den Protected-Modus erzeugt, brauchen Sie sich nicht weiter darum zu kümmern.) Die **MULTIPLE**-Deklaration ist der Standard für Windows-Programme. Sie ermög-licht das Betreiben mehrerer Exemplare eines einzigen Programmes zur gleichen Zeit.

STACKSIZE setzt die Größe eines Programmstapels fest:

```
STACKSIZE 5000
```

Der Stapel erfüllt drei Aufgaben: das Speichern lokaler Variablen, die Übergabe von Parametern an aufgerufene Funktionen und das Sichern von Rückgabeadressen, um den "anonymen Aufruf" zu erlauben. Windows-Programme müssen eine minimale Stapelspeichergröße von 5 KB aufweisen. (Wenn eine kleinere Größe festgelegt wird, weist die Windows-Ladedatei automatisch einen 5 KB großen Stapelspeicher an.) 2 KB des Stapels sind für Ihr Programm vorgesehen. Die anderen 3 KB sind für die Benut-zung durch Windows reserviert. Wenn ein Programm eine Windows-Bibliotheksrou-tine aufruft, werden die Argumente für die Routine an den Stapel des Programmes übergeben. Bei Programmen mit einer großen Zahl von lokalen Variablen oder mit rekursiven Operationen sollten Sie in jedem Fall einen größeren Stapel definieren.

Die Anweisung **HEAPSIZE** setzt die Anfangsgröße des lokalen Heap eines Programmes fest. Unser kleinstmögliches Programm verwendet den folgenden Wert:

```
HEAPSIZE 512
```

Der lokale Heap ist einer von zwei möglichen Stellen, von denen aus eine dynamische Speicherbelegung erfolgen kann. (Der andere ist der globale Heap des Systems). Der lokale Heap ist auf ein Programm beschränkt und im Datensegment des Programmes angesiedelt. Abbildung 2.3 zeigt den Aufbau des Datensegmentes eines Programmes. Die **HEAPSIZE**-Anweisung setzt die Anfangsgröße des lokalen Heap. Ein Heap kann über seine Anfangsgröße hinauswachsen. Begrenzt wird dieses Wachstum nur durch die Einschränkung, daß ein Segment nicht größer als 64 KB werden kann.

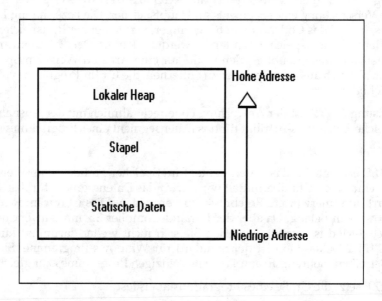

Abbildung 2.3: Aufbau des Datensegments eines Programmes

Mit den bisherigen Informationen sollten Sie in der Lage sein, unser kleinstmögliches Windows-Programm MIN zu erstellen. Wir empfehlen Ihnen, dies zu tun. Das gibt Ihnen die Gelegenheit, sich mit diesem Programm gründlich vertraut zu machen, bevor wir daran gehen, seine innere Arbeitsweise genauer zu untersuchen.

Zunächst wollen wir uns im nächsten Kapitel mit den in der Windows-Programmierung üblichen Schreibkonventionen auseinandersetzen. Erst eine Kenntnis dieser Konventionen ermöglicht es, die Eigenheiten von MIN oder anderen Windows-Programmen richtig zu verstehen.

Kapitel 3

Konventionen beim Programmieren für Windows und OWL

Von allen Dingen, um die sich ein Programmierer zu kümmern hat, hätten Sie der Vergabe von Variablennamen sicherlich relativ wenig Beachtung geschenkt. Im Bereich der Windows-Programmierung hat sich die **Ungarische Namensgebung** (Hungarian Naming) durchgesetzt. Auf den ersten Blick mag diese Art der Benennung von Variablen sicherlich verwirren. Bei genauerem Hinsehen jedoch enthalten die einzelnen Namen eine Fülle von Informationen. Dieses Kapitel erläutert Ihnen zunächst Aufbau und Methodik der Ungarischen Namensgebung.

Anschließend werden wir über die zahlreichen Definitionsdateien sprechen, die Ihre Windows-Programme benötigen werden. Sie werden sicherlich bemerkt haben, daß eine der ersten Zeilen in unserem Windows-Programm folgendermaßen lautet:

```
#include <owl.h>
```

Die Definitionsdatei wl.h bindet die meisten der erforderlichen OWL-Bibliotheksdateien ein - unter anderem auch WINDOWS.H.

WINDOWS.H ist eine 120 KB große Datei, die alle Elemente beschreibt, die in Windows eingebunden werden können. Sämtliche Benennungen innerhalb dieser Datei folgen den Regeln der Ungarischen Namensgebung. Es ist durchaus empfehlenswert, sich den Inhalt dieser wichtigen Datei einmal unter die Lupe zu nehmen. Sie enthält sozusagen die elementaren Definitionen der Windows-API.

Des weiteren werden wir über **Handles** sprechen, einen Datentyp, dem Sie in Ihrer Laufbahn als Windows-Programmierer ständig begegnen werden. Ein Handle ist zunächst nichts weiter als eine Nummer. Sie stellt eine "**Kennzahl**", "**Kennung**" oder "**Prüfziffer**" dar. Handles identifizieren Objekte, die von verschiedenen Teilen des Systems erstellt wurden. Ein Handle ist eine Zahl, doch die Bedeutung dieser Zahl ist nur dem Teil des Systems bekannt, das dieses Objekt erstellt und das Handle ausgegeben hat.

Schließlich werden wir ein Thema aufgreifen, das vornehmlich für älteren Windows-Code von Bedeutung ist: die **Typenumwandlung**. Während die Typenumwandlung in der Anfangszeit der Windows-Programmierung unumgänglich war, wurde diese

Praxis durch die Weiterentwicklung der C-Compiler inzwischen weitgehend überflüssig. Wie wir noch erklären werden, kann der Einsatz von Umwandlungsoperatoren geradezu gefährlich sein und schwer zu findende Fehler in Ihren Programmtext einschleusen.

Beginnen wir jetzt mit einem Blick auf die Ungarische Namensgebung.

Ungarische Namensgebung

Die Ungarische Namensgebung ist eine allgemeine Vereinbarung zur Benennung von Variablen und Funktionen. Sie wird von den meisten Windows-Programmierern eingesetzt, weil der Programmtext damit leichter zu lesen und zu warten ist. Die Ungarische Namensgebung verdankt ihren Namen der Nationalität ihres ursprünglichen Entwicklers, Charles Simonyi. Simonyi entwickelte diese Konvention in seiner Doktorarbeit über die Produktivität des Programmierers. Während Simony diese Konvention entwickelte, war er bei Xerox PARC angestellt. Sein System setzte sich hier weitgehend durch. Als Simony zu Microsoft überwechselte, wurde die Ungarische Notation auch dort aufgegriffen und ist seither unter Windows-Programmierern so etwas wie ein Standard geworden.

Die Erzeugung von *nützlichen* Variablennamen kann eine wirkliche Herausforderung bedeuten. Sollen Sie kurz und bündig sein? Kurze Variablennamen sind leicht zu tippen, aber sie können Ihren Programmtext unverständlich machen. Sie wissen sicherlich, was wir meinen, wenn Sie schon einmal versucht haben, ältere BASIC-Programme mit ihren typischerweise sehr kurzen Variablennamen zu lesen. Was können Sie schon über die beiden Variablen **A** und **B** in diesen Programmzeilen in BASIC aussagen?

```
20 LET B=10
30 FOR A=1 to 10
40 LET B=B+A
50 NEXT A
```

Wenn kurze Namen zu rätselhaft sind, sind nützlichere Variablennamen vielleicht lang und beschreibend? Gibt es irgendeinen Zweifel daran, wofür eine Variable mit dem Namen **loopindex** eingesetzt wird? Allerdings führt dieser Ansatz wiederum zu langen, umständlichen Variablennamen. Betrachten Sie die Namen in dieser Liste:

```
countofcharacters
numberoffiles
temporaryfilename
windowhandle
pointertoarrayofcharacters
```

Wenn solche Namen den Programmtext auch verständlicher machen, so bedeuten sie für den Programmierer, der sie einzugeben hat, nur eine zusätzliche Last. Unter anderem erhöht der Einsatz langer Namen die Wahrscheinlichkeit von Tippfehlern.

Mit der Ungarischen Namensgebung wählt man den goldenen Mittelweg zwischen diesen beiden Extremen. Hier werden Variablennamen erstellt, indem man ein kurzes Präfix vor einen längeren, näher beschreibenden Namen setzt. Das Präfix beschreibt den *Datentyp*, dem die Variable angehört. In einigen Fällen beschreibt ein Präfix auch die *Gebrauchsweise einer Variablen*. Unter Umständen kann auch das Präfix allein als Variablenname dienen.

Es folgen einige Beispiele der Ungarischen Namensgebung:

```
char        ch;

char        achFile[128];

char far  * lpszName;

int         cbName;
```

Bitte merken Sie sich, daß Präfixe stets in Kleinbuchstaben angegeben werden und längere Bezeichnungen aus einer Kombination von Groß- und Kleinbuchstaben bestehen. Die erste Variable unseres Beispiels, **ch**, besteht nur aus einem Präfix für Zeichendaten. Das Präfix der Variablen **achFile** ist aus zwei Komponenten zusammengesetzt: **a** steht für **array** und drückt aus, daß es sich hier um einen Vektor handelt. **ch** steht für **character** und verrät uns, daß hier der Datentyp Zeichen vorliegt. Das Präfix für **lpszName** besteht ebenfalls aus zwei Teilen: **lp** wie long pointer deutet einen long-Zeiger an und **sz** (wie string zero) beschreibt die Daten, auf die gezeigt wird. In diesem Fall handelt es sich um eine mit einer Null endenden Zeichenkette. Die Variable **cbName** enthält das Präfix **cb** (wie count of bytes). Dies weist darauf hin, daß die Variable einen Byte-Zähler enthält.

Das Verständnis der Ungarischen Namensgebung hilft uns, Klarheit in die folgenden Programmzeilen zu bringen, die ohne Ungarische Notation weit weniger aussagekräftig wären:

```
LPSTR       lpszName;

LPSTR       lpsz;

int         cbName;


for  (lpsz = lpszName, cbName=0;

      lpsz != '\0';

      lpsz++, cbName++);
```

Das Präfix **cb** sagt uns, daß die Variable **cbName** einen Byte-Zählerstand enthalten *muß*. Dadurch wird klar, daß der Zweck dieses Programmtextes darin besteht, die Anzahl der Zeichen in der mit einer Null abgeschlossenen Zeichenkette zu berechnen, die durch den Zeiger **lpszName** angegeben wird. Die Verwendung eines Ungarischen Präfixes alleine wird übrigens sehr häufig bei temporären Variablen eingesetzt (in unserem Beispiel **lpsz)**.

Ein Vorteil der Ungarischen Namensgebung besteht darin, daß sie den Programmcode verständlicher macht. Darüber hinaus hilft sie Ihnen auch bei der Vermeidung versehentlicher Programmierfehler. Wenn Sie erst einmal mit der Ungarischen Namensgebung vertraut sind, werden Sie verstehen, daß

```
lpszName = achFile;
```

eine gültige Anweisung ist, während die folgende Zeile nicht nicht richtig sein kann:

```
lpszName = cbName;
```

Es ergibt einen Sinn, die Adresse eines Vektors einem Zeiger zuzuweisen, aber es macht keinen Sinn, einen Byte-Zählerstand einem Zeiger zuzuweisen.

Der wesentliche Trick beim Verständnis der Ungarischen Namensgebung liegt in der Kenntnis der Bedeutung der Präfixe. Es folgt eine Liste der allgemein üblichen Präfixe für die Windows-Programmierung:

Präfix	*Datentyp*
a	Vektor (zusammengesetzter Typ)
ch	Zeichen
cb	Byte-Zähler
dw	Vorzeichenlos lang, (WINDOWS.H typedef: DWORD)
h	Handle - 16 Bit-Name
hdc	Handle zu einem Gerätekontext
hwnd	Handle zu einem Fenster
i	Index (zusammengesetzt)
l	Lange Ganzzahl, (WINDOWS.H typedef: LONG)
lp	Langer (oder far) Zeiger (zusammengesetzter Typ)
n	Ganzzahl
np	Naheliegender (oder kurzer) Zeiger (zusammengesetzter Typ)
pt	Ein x,y-Punkt (WINDOWS.H typedef:POINT)

Präfix	Datentyp
r	Rechteck-Struktur (WINDOWS.H typedef:RECT)
sz	Mit einer Null abgeschlossene Zeichenkette
w	Vorzeichenlose Ganzzahl (WINDOWS.H typedef:WORD)

Beachten Sie bitte, daß einige dieser Präfixe "zusammengesetzte Typen" sind. Dies bedeutet, daß sie als Präfixe für andere Präfixe verwendet werden. Der folgende Ausschnitt von Programmtext zeigt, wie zwei Verbundpräfixe, a und i, Variablen definieren, die zusammen eingesetzt werden können:

```
char       ch;

int        ich;           /* Index für einen Zeichenvektor. */

char       achName[64];   /* Zeichenvektor. */

...

ch = achName[ich];
```

Es sollte hier erwähnt werden, daß es keine "offizielle" Liste der Präfixe gibt. Da jedes gegebene Programmierprojekt auf seine eigenen, einzigartigen Datentypen angewiesen ist, sollten Präfixe erstellt werden, die diese Datentypen verdeutlichen. Im allgemeinen ergibt sich die Zweckmäßigkeit der Ungarischen Namensgebung aus der relativ kleinen Zahl von Typen und der übereinstimmenden Kenntnis der Mitglieder eines Entwicklungsteams über die Bedeutung jedes Typs.

Die Ungarische Namensgebung wird auch für Funktionsnamen angewendet. Wir können hier allerdings mehrere "Dialekte" entdecken. Eine Einsatzweise kombiniert ein Verb und ein Substantiv, um eine Funktion zu beschreiben. Ein Beispiel: Es gibt drei Windows-Bibliotheksroutinen namens **CreateWindow**, **DrawText** und **LoadIcon**. Innerhalb der Windows-Bibliotheken können Sie weitere Dialekte entdecken. Einige Bibliotheksroutinen bestehen aus einem reinen Substantiv, wie etwa **DialogBox**. Dagegen ist für Routinen, die von einem Typ in einen anderen umformen, die Form XtoY üblich. So zum Beispiel wandelt die Windows-Bibliotheksroutine **DPtoLP** Gerätepunkte in logische Punkte um.

Eine spezielle Routine, auf die man in OWL-Programmen trifft, ist der Nachrichtenbetreuer (message handler). Windows sendet Nachrichten an Ihr Programm, wenn ein Ereignis von Interesse eintritt. Zum Beispiel gibt die Nachricht **WM_PAINT** die Anweisung, ein Fenster neu zu zeichnen. Eine **WM_LBUTTONDOWN**-Nachricht teilt mit, daß die linke Maustaste gedrückt wurde. Alle Nachrichten werden an eine Fensterprozedur gesandt. Die OWL leitet diese Nachrichten an die Nachrichtenbetreuer weiter, die Sie definiert haben. Der Name eines Nachrichtenbetreuers ist vom Namen der Nachricht abgeleitet. Beispielsweise behandelt eine Komponentenfunktion mit Namen **WMPaint** eine **WM_PAINT**-Nachricht und eine Komponentenfunktion namens **WMLButtonDown** eine **WM_LBUTTONDOWN**-Nachricht.

Wenn Sie sich entschließen, die Ungarische Namensgebung zu übernehmen, wird sie Ihnen dabei helfen, Programmtext zu schreiben, der leichter zu lesen und leichter zu warten ist. Selbst, wenn Sie diese Konvention nicht übernehmen, werden die hier gewonnenen Kenntnisse der Ungarischen Namensgebung dazu beitragen, die Programmbeispiele dieses Buches und anderer Quellen leichter zu begreifen. Es wird Ihnen weiterhin leichter fallen, die Definitionen in der Windows-Definitionsdatei **WINDOWS.H** zu lesen und zu verstehen.

OWL-Namenskonventionen

Die OWL-Bibliotheken von Borland folgen bis auf einige Abweichungen weitgehend den Konventionen der Ungarischen Namensgebung. Die Abweichungen lassen sich fast alle damit erklären, daß diese Bibliotheken von Pascal nach C++ portiert wurden. Ein gewisser Stileinfluß von Pascal ist hier nicht zu verleugnen. Obwohl dieser Unterschied auf den ersten Blick etwas verwirren kann, trägt er dennoch dazu bei, die OWL-Teile eines Programmes von den reinen Windows-Teilen eines Programmes zu unterscheiden.

Die OWL-Bibliotheken verwenden einen Großbuchstaben als Präfix, um einen Klassennamen zu kennzeichnen: **T**, was für "Typ" steht. Es folgen einige der Klassen, die in der OWL definiert sind:

```
TApplication

TControl

TDialog

TWindow

TWindowsObject
```

Wir werden diese Konvention in allen unseren Beispielprogrammen einhalten. MIN enthält beispielsweise die zwei Klassendefinitionen: **TMinApplication** und **TMinWindow**.

OWL-Komponentenfunktionen einer Klasse folgen den Vereinbarungen der Ungarischen Namensgebung und mischen Groß- und Kleinbuchstaben dementsprechend miteinander. Sie werden bemerken, daß die OWL bei der Namensvergabe an Klassendatenkomponenten von der reinen Ungarischen Namensgebung abweicht. Durch das gesamte Buch haben wir einheitlich die Ungarische Namensgebung für Klassendatenkomponenten übernommmen, da dies hilft, OWL-Datenkomponenten von den eigenen zu unterscheiden. Wir empfehlen Ihnen, dasselbe zu tun.

Handles

Ein Handle ist ein Bezeichner. Handles sind vorzeichenlose 16 Bit-Ganzzahlen (unsigned integer). Auf die gleiche Weise, in der MS-DOS Datei-Handles ausgibt, wenn Dateien geöffnet werden, gibt Windows Handles aus, um Objekte zu bezeichnen. Merken Sie sich, daß die einzige Funktion eines Handles in der Verwendung als Bezeichner besteht. Ein Handle ist nur eine Zahl, die außerhalb des Kontexts, für den sie ausgegeben wurde, keinerlei Bedeutung hat. Sie können zum Beispiel ein Handle nicht in einen Zeiger umformen und irgendwelche vernünftigen Operationen damit durchführen. Viele Windows-Bibliotheksroutinen geben Handles zurück. Im Falle eines Fehlers geben sie ein "Null-Handle" zurück (**handle == NULL**).

> **WARNUNG:** Seien Sie vorsichtig - während der Wert NULL ein ungültiges Handle von Windows anzeigt, hat ein ungültiges *Datei*-Handle den Wert-1. Der Grund liegt darin, daß Datei-Handles von MS-DOS und nicht von Windows ausgegeben werden.

Die zwei wichtigsten Handle-Typen für einen Windows-Programmierer sind das **Fenster-Handle** und das **Gerätekontext-Handle**.

Ein Fenster-Handle bezeichnet ein Fenster. Jedes Fenster im System besitzt ein eigenes Handle. Alle Fenstermanipulationsroutinen verwenden ein Fenster-Handle als Parameter. Wenn Ihnen das Handle eines Fensters bekannt ist, können Sie es bewegen, in der Größe verändern, unsichtbar machen - kurz: alles was Sie wollen.

Gerätekontext-Handles werden für die Steuerung der grafischen Ausgabe eingesetzt. Alle GDI-Routinen zum Zeichnen nehmen ein Handle zu einem Gerätekontext als ersten Parameter. Wenn Sie die GDI-Grafikbibliothek verwenden wollen, um in einem Fenster zu zeichnen oder eine Ausgabe an einen Drucker zu senden, müssen Sie zuerst das Handle zu einem Gerätekontext für das gewünschte Gerät abfragen.

Handles werden aber auch verwendet, um andere Objekte zu identifizieren. Benutzerschnittstellenobjekte wie Menüs, Symbole und Zeiger haben Handles. Zeichenobjekte werden ebenfalls durch Handles gekennzeichnet: Stifte, Pinsel, Schriftarten, Bereiche und Bitmaps. Selbst dynamisch belegter Speicher wird durch die Verwendung eines Handles gekennzeichnet.

Lassen Sie uns einen Blick auf die Definitionsdatei werfen, auf die jedes OWL-Programm Bezug nimmt: owl.h.

Die OWL-Definitionsdateien

Eine einzige Definitionsdatei, owl.h, führt alle Definitionsdateien zusammen, die für die grundlegende Funktionstauglichkeit der OWL sorgen. Diese Datei beginnt mit zwei Zeilen, die auf den ersten Blick vielleicht verwirrend erscheinen:

```
#ifndef __OWL_H
#define __OWL_H
```

Schließlich befindet sich am Ende dieser Datei die folgende Anweisung:

```
#endif
```

Diese Anweisungen stellen sicher, daß eine Definitionsdatei nur ein einziges Mal aufgerufen wird. Andernfalls würde der Compiler irritiert werden und eine entsprechende Fehlermeldung ausgeben. Sie finden derartige Anweisungen in allen OWL-Definitionsdateien. Sie werden diese Definitionsmethode vielleicht in Ihre eigenen Definitionsdateien aufnehmen wollen, da sie es Ihnen erspart, sich Gedanken über die Vermeidung überflüssiger Einfüge-Anweisungen zu machen.

Es folgt eine Liste der Definitionsdateien, auf die OWL.H verweist (sowohl direkt als auch indirekt):

Definitionsdatei	*Beschreibung*
Applicat.H	Definiert **TApplication**, die OWL-Anwendungsklasse. Enthält weiterhin den Prototyp für **WinMain**, den Einstiegspunkt für jede Windows-Anwendung.
Dialog.H	Definiert **TDialog**, die Dialogfeld-Klasse der OWL.
MDI.H	Definiert die Unterstützungsklassen der Mehrfachdokumentenschnittstelle (Multiple Document Interface = MDI) **TMDIClient**, **TMDIWindow**.
Module.H	Definiert **TModule**, die Basismodulklasse der OWL und der Stammvater von **TApplication**.
Object.H	Definiert die abstrakte Basisklasse Object für die OWL-Klassenbibliotheken. Object ist die Wurzel (root) der Klassenhierarchie.
OwlDefs.H	Definiert zahlreiche symbolische Konstanten für den Gebrauch durch die OWL-Klassenbibliotheken.
WindObj.H	Definiert die **TWindowsObject**-Klasse, die Basisfensterklasse der OWL und Stammvater von **TWindow** und **TDialog**.

Definitionsdatei	Beschreibung
Window.H	Definiert **TWindow**, die in Unterklassen aufgeteilt werden kann, um die Hauptfensterklasse einer Anwendung zu erstellen.
Windows.H	Die Windows-Bibliotheksdefinitionsdatei. Diese Datei (Beschreibung folgt später) enthält die notwendigen Typendefinitionen, symbolischen Konstanten und Datenstrukturdefinitionen, um ein Programm mit dem Windows-API zu verbinden.

In späteren Kapiteln werden wir einen näheren Blick auf die Klassen werfen, die in den OWL-Definitionsdateien definiert sind. Jetzt wollen wir aber zunächst einmal den Inhalt der Definitionsdatei untersuchen, der das Windows-API beschreibt, nämlich WINDOWS.H.

Die Windows-Definitionsdatei

Während die C und C++ Sprachbibliotheken in viele kleine Definitionsdateien (STDIO.H, STRING.H, usw.) unterteilt geliefert werden, kommen die Windows-Bibliotheken mit einer einzigen, ca. 120 KB großen Definitionsdatei aus: **WINDOWS.H**. Auf diese Datei muß wegen der darin enthaltenen Definitionen jede Quelldatei - direkt oder indirekt - Bezug nehmen, die auf das Windows-API zugreift. Es gibt drei grundlegende Typen von Definitionen in WINDOWS.H: Symbolische Konstanten, Datentypen und Prototypen für Bibliotheksfunktionen. Untersuchen wir jeden dieser Definitionstypen etwas genauer:

Symbolische Konstanten

Es gilt als ausgesprochen schlechter Programmierstil, blanke Zahlenwerte (sog. "magic numbers") wie 15 oder 400 direkt im Programmcode zu plazieren. Der Programmtext wird dadurch schwer nachvollziehbar. Anstelle unmittelbarer Zahlenwerte verwendet man bessser symbolische Konstanten. Per Definition werden symbolische Konstanten in Großbuchstaben geschrieben, damit sie von Variablennamen leicht zu unterscheiden sind. In C dient die Präprozessoranweisung **#define** der Erstellung symbolischer Konstanten:

```
#define MAXOPENFILES 15
```

Da WINDOWS.H sowohl für C als auch für C++ Programme geeignet ist, werden anstelle der fortschrittlicheren **const**-Anweisung von C++ ausschließlich **define**-Anweisungen eingesetzt.

In jedem Fall verbessern symbolische Konstanten die Lesbarkeit eines Programmes und erleichtern die Programmwartung. Statt einen Wust von Quelltext zu durchstreifen, wenn sich ein einzelner Zahlenwert ändert, braucht man nur noch die einzelne Programmzeile zu aktualisieren, die den Wert definiert.

In WINDOWS.H sind über 1500 symbolische Konstanten definiert. Eine Unterteilung dieser Konstanten wird durch die Ungarische Namensgebung erleichtert. Zum Beispiel beginnen die Symbole für Fensternachrichten mit dem Präfix **WM_** für Window Message (wie in wm_create und wm_destroy). Wenn eine Konstante nur mit einer einzigen Bibliotheksfunktion verwendet wird, leitet man den ungarischen Präfix vom Funktionsnamen ab. Beispiel: Sie können die Konstante cw_userdefault nur mit der Funktion **CreateWindow** verwenden.

Datentypdefinitionen

In WINDOWS.H sind ziemlich viele Datentypen definiert. Einige davon stellen einen bequemen Weg dar, auf häufig eingesetzte C-Typen zurückzugreifen. Die folgende Anweisung taucht in WINDOWS.H auf:

```
typedef char far * LPSTR;
```

Diese Definition macht es leicht, einen far-Zeiger auf eine Zeichenkette zu definieren, da

```
LPSTR lpszName;
```

gleichbedeutend ist mit

```
char far * lpszName;
```

Drei Datentypen werden als *vorzeichenlose* Ganzzahl (*unsigned int*) definiert: **HANDLE**, **HDC** und **HWND**. Jeder definiert ein Handle. Zu Beginn dieses Kapitels haben wir das Handle als Methode zur Identifizierung von Windows-Objekten vorgestellt. Der Gebrauch von Handle-Typen ermöglicht es, die Komplexität eines Objektes vor Ihrem Programm zu verbergen. (Mit anderen Worten: Windows beherrscht die Datenverkapselung.) Objekte und Objekt-Handles sind für Windows-Programmierer sehr wichtig. Wenn zum Beispiel Ihr Programm ein Fenster erstellt, wird ein Handle ausgegeben, der das Fenster eindeutig kennzeichnet. Der Datentyp des Handles ist HWND.

Obwohl es verlockend ist, die "rohen" Datentypen zu verwenden, sollten Sie die mit Großbuchstaben versehenen WINDOWS.H-Typen so oft wie möglich einsetzen. Der Grund dafür liegt darin, daß im Falle einer Portierung des Windows-API auf ein anderes System das Programm ebenso leicht portierbar ist. Sie können mit hoher Wahrscheinlichkeit erwarten, daß Borland die OWL-Bibliotheken in das neue System portiert, so daß Ihre Programme schnell angepaßt werden können und einsatzbereit sind, welchen Weg Windows und die OWL auch immer gehen werden.

Es folgt eine Liste der am häufigsten verwendeten Datentypen:

Name in Windows.H	C-Definition
BOOL	int
BYTE	unsigned char
DWORD	unsigned long
HANDLE	unsigned int
HDC	unsigned int
HWND	unsigned int
LONG	long
LPSTR	char far *
NPSTR	char near *
WORD	unsigned int

Zusätzlich zu den einfachen Datentypen hält WINDOWS.H noch eine Anzahl von Strukturdefinitionen bereit. Es leuchtet sicher ein, daß in einer Umgebung, die rechteckige Fenster erstellt, eine Rechteck-Struktur sehr von Nutzen sein kann. Es folgt die Rechteck-Datenstruktur von WINDOWS.H:

```
typedef struct tagRECT

{

    intleft;

    inttop;

    intright;

    intbottom;

}RECT;
```

Da Windows dem Anwender erlaubt, die Objekte mit einem Mauszeiger auszuwählen, werden Sie auch erwarten, eine Datenstruktur vorzufinden, die die Position des Mauszeigers aufzeichnet. Mit dieser Vermutung liegen Sie mal wieder goldrichtig. Hier folgt die point-Datenstruktur:

```
typedef struct tagPOINT

{

    intx;

    inty;

}POINT;
```

63

Funktionsprototypen

Ein bedeutendes Leistungsmerkmal von C++ ist die Fähigkeit, **Funktionsprototypen** zu erstellen. Durch sie kann Ihnen der Compiler einige schwierige Fehlerüberprüfungen abnehmen. Ein Funktionsprototyp weist den Compiler an, wie eine Routine aufgerufen werden soll. Betrachten Sie diesen Prototyp von WINDOWS.H:

```
BOOL FAR PASCAL TextOut(hDC, int, int, LPSTR, int);
```

Diese Deklaration weist den Compiler an, daß die Routine TextOut mit fünf Parametern aufgerufen werden *muß*. Ein Compilerfehler wird erzeugt, wenn die Funktion mit zu wenig (oder zu vielen) Parametern aufgerufen wird. Allein diese Fähigkeit macht den Einsatz von Prototypen zu einer empfehlenswerten Praxis. Wieviele Male haben Sie schon eine Funktion geschrieben, später einen Parameter zur Funktionsdefinition hinzugefügt und dann vergessen, eine Programmzeile zu ändern, die diese Funktion aufruft? Dadurch hat sich ein Fehler in Ihr Programm eingeschlichen. (Natürlich treten solche Fehler meist erst dann in Erscheinung, wenn Sie Ihre Arbeit gerade dem Chef vorführen wollen ...) Ein Prototyp veranlaßt den Compiler, ein Problem dieser Art zu beanstanden, so daß Sie es finden und frühzeitig korrigieren können.

Ein Prototyp gibt dem Compiler darüber Auskunft, welcher *Typ* für jedes Argument erwartet wird. Wenn der Compiler auf eine Typenunverträglichkeit stößt, wird ein Compilerfehler erzeugt. Betrachten Sie diesen Aufruf an **TextOut**. Es ist offensichtlich, daß der vierte Parameter falsch ist:

```
TextOut (hDC, 10, 20, 30, 2);
```

Der Prototyp von TextOut aus WINDOWS.H zeigt, daß der vierte Parameter ein Long-Zeiger auf eine Zeichenkette (**char far** *) sein müßte. Wenn der Compiler auf den Zahlenwert 30 stößt, beanstandet er dies, da der Datentyp unkorrekt ist. Wir können unser fehlerhaftes Beispiel berichtigen, indem wir den Wert 30 in Anführungszeichen setzen:

```
TextOut (hDC, 10, 20, "30", 2);
```

Bei Verwendung von Prototypen kann ein C oder C++ Compiler auch die korrekte Einsatzweise des Rückgabewertes einer Funktion überprüfen. Das heißt, der Compiler fahndet nach Unverträglichkeiten unter den eingesetzten Datentypen. Der Prototyp für **TextOut** in WINDOWS.H definiert z.B. den Rückgabewert als Typ `bool`. Folgender Code führt zu einer Beanstandung durch den Compiler:

```
char far * lpch;

lpch = TextOut (hDC, 10, 10, "Hallo", 5);
```

Zu jeder Windows-Funktion gibt es in WINDOWS.H einen entsprechenden Prototyp, so daß der C-Compiler alle Aufrufe in Ihrem Programm auf ihre Richtigkeit überprüfen kann. Das Prototyp-Verfahren (prototyping) erweist sich für Windows-Bibliotheksfunktionen als nützlich. Sie sollten auch für Ihre selbstgeschriebenen Funktionen stets Prototypen erstellen. Manchmal kombinieren Entwickler C und C++ Programmtext miteinander. Dies trifft besonders dann zu, wenn bereits ein großer Teil des Programmes als C-Programmtext vorliegt. Wenn Sie selbst C und C++ Programmtext miteinander kombinieren wollen, schlagen wir Ihnen vor, für Ihren C-Programmtext Prototypen zu erstellen, selbst wenn der Compiler dies nicht fordert. Dadurch ersparen Sie sich eine Menge Ärger.

Die Verfügbarkeit von Funktionsprototypen läßt eine Verfahrensweise als überholt erscheinen: die Typenumwandlung (casting). Allerdings wurden viele Programme bereits zu Zeiten geschrieben, in denen Funktionsprototypen noch nicht zur Verfügung standen. Aus diesem Grund sollten Sie ältere Windows-Programme stets kritisch daraufhin überprüfen, ob die explizite Typenumwandlung hier nicht allzu häufig eingesetzt wurde.

Ein veraltetes Verfahren: Typenumwandlung

Einer der besten Wege, eine neue Programmierumgebung kennenzulernen, besteht immer noch darin, den Programmtext eines anderen Programmierers genauer zu betrachten. Dabei müssen Sie besonders darauf achten, sich nicht von einer längst überholten Praxis irreführen zu lassen, auf die Sie in einigen älteren Windows-Programmen treffen werden: die **Typenumwandlung von Zeigern**. Diese Praxis ist veraltet, da Compiler neueren Datums Funktionsprototypen unterstützen, die es dem Compiler erlauben, automatisch den richtigen Programmtext zu erzeugen.

Kurz zuvor haben wir uns den Funktionsprototyp für die Funktion **TextOut** angesehen:

```
BOOL FAR PASCAL TextOut(HDC, int, int, LPSTR, int);
```

Die Programmierer früherer Windows-Versionen mußten ihren Programmtext wie folgt schreiben:

```
TextOut (hDC, 10, 10, (LPSTR) "Hallo Welt", 12);
```

Beachten Sie bitte die Umwandlung zu **LPSTR**. Hierdurch wird die Erstellung eines *far-Zeigers* erzwungen. In einem Programm, welches das Speichermodell Small oder Medium verwendete, würde der Ausdruck "Hallo Welt" eigentlich die Erzeugung eines near-Zeigers bewirken. Doch die Funktion TextOut erfordert einen Long-Zeiger, so daß ein Umwandlungsoperator erforderlich wurde.

Auf den ersten Blick erscheint diese Typenumwandlung als harmlos. Das einzige Problem scheint darin zu bestehen, daß eine Menge zusätzlicher Tipparbeit notwendig ist. Die Typenumwandlung birgt aber eine wirkliche Gefahr in sich. Wenn Sie der veralteten Methode folgen und die Typenumwandlung für jeden Zeiger durchführen, werden dadurch einige Fehler im Verborgenen bleiben, die der Compiler ansonsten selbsttätig aufspüren würde. Betrachten Sie die folgende Programmzeile:

```
TextOut (hDC, 10, 10, (LPSTR)30, 2);
```

Vielleicht war vom Programmierer die Zeichenkette **30** als vierter Parameter gedacht. Ohne den Umwandlungsoperator macht uns der Compiler auf die ungeeignete Typenwahl aufmerksam. Ein Umwandlungsoperator aber zwingt den Wert in den korrekten Datentyp und verbirgt somit diesen Fehler vor dem Compiler. Der Umwandlungsoperator sagt dem Compiler sinngemäß: "Vertrauen Sie mir! Ich weiß, was ich tue."

Die sich daraus ergebende Konsequenz: Vermeiden Sie die Typenumwandlung! Sie setzt die automatische Fehlerüberprüfung des Compilers außer Gefecht und kann Ihnen Probleme vorenthalten.

Das soll nicht etwa heißen, daß Typenumwandlungen nie wieder gebraucht werden. Zum Beispiel werden sie häufig benötigt, wenn man mit den Windows-Routinen für die dynamische Speicherbelegung arbeitet. Diese Routinen sind dafür ausgelegt, Zeichenzeiger zurückzugeben. Wenn Sie dem Rückgabewert irgendeinen anderen Datentyp zuweisen, wird dies vom Compiler beanstandet. Die Routine **GlobalLock** ist beispielsweise so definiert, daß sie einen Wert der Form **LPSTR(char far *)** zurückgibt:

```
LPSTR FAR PASCAL GlobalLock (HANDLE);
```

Die folgenden Programmzeilen werden vom Compiler beanstandet:

```
int far * lpint;      /* Definiert einen Ganzzahlzeiger. */

lpint = GlobalLock(hMem); /* Compiler beschwert sich */
```

Die zweite Programmzeile wäre erforderlich, wenn wir ein Array aus Ganzzahlen in einem Speicherblock gespeichert hätten, auf den im Handle **hMem** verwiesen wird. Selbst wenn der Compiler diese Zeile beanstandet, erzeugt diese Programmtextzeile ein korrektes Ergebnis. Derartige Fehlermeldungen sollten der Übersichtlichkeit halber vermieden werden. Der Umwandlungsoperator in der folgenden Programmzeile erzielt dasselbe Ergebnis. Allerdings beschwert sich der Compiler diesmal nicht über eine Typenunverträglichkeit:

```
lpint = (LPINT)GlobalLock(hMem);
```

(Natürlich sollten Sie lpint anstelle von **int far *** verwenden, da es Ihren Programmtext portierbarer gestaltet.)

Sie sehen also, daß es Situationen gibt, bei denen die Typenumwandlung durchaus sinnvoll ist. Im allgemeinen wird der Compiler Sie wissen lassen, wann eine solche Situation gegeben ist.

Die Grundregel gilt aber weiterhin: Vermeiden Sie die Typenumwandlung! Sollte der Compiler dann eine Fehlermeldung ausgeben, können Sie selbst entscheiden, ob ein Umwandlungsoperator für die Lösung Ihres Problems geeignet erscheint.

Nachrichten

Bevor Sie damit anfingen, objektorientierten Programmtext in C++ zu schreiben, waren Sie sicherlich an eine sequentielle, prozedurgesteuerte Art und Weise des Programmierens gewohnt. Windows nimmt sehr viele Anleihen aus der Welt der objektorientierten Programmierung. Besondere Aufmerksamkeit sollten Sie dem Begriff "Nachricht" (message) schenken. Hier läßt sich einiges durcheinanderbringen. Im Zusammenhang mit einem C++ Programm bedeutet eine Nachricht den Aufruf der Komponentenfunktion eines Objektes. Der Windows-Programmierer versteht unter einer Nachricht etwas anderes:

Windows-Nachrichten werden als Antwort auf eine Veränderung in der Benutzerschnittstelle erzeugt. Typische Beispiele sind das Verschieben eines Fensters oder das Betätigen einer Taste. Nachrichten werden auch verwendet, um dem Programm mitzuteilen, daß eine Zeitspanne abgelaufen ist. Ebenso werden Nachrichten für Operationen der gemeinsamen Nutzung von Daten verwendet (z.B. durch die Zwischenablage (clipboard) und den Dynamischen Datenaustausch (DDE = Dynamic Data Exchange)).

Vom programmiertechnischen Standpunkt aus handelt es sich bei einer Nachricht um einen vorzeichenlosen 16 Bit-Wert, dem zum leichteren Verständnis ein Parametername zugewiesen wird, der mit **WM_** (Window Message) beginnt, wie zum Beispiel **WM_LBUTTONDOWN**. Die Nachricht **WM_LBUTTONDOWN** bedeutet, daß die linke Taste der Maus heruntergedrückt wurde. Ein andere Nachricht wird ausgesandt, wenn die linke Maustaste wieder losgelassen wird: **WM_LBUTTONUP**.

Nachrichten sind für den Windows-Programmierer von wesentlicher Bedeutung. Ein Großteil der Arbeit eines Windows-Programmierers betrifft den Entscheidungsprozeß, welche Nachrichten weiterverarbeitet und welche ignoriert werden sollen. Wie bei C++ Nachrichten gibt es auch für Windows-Nachrichten keine vordefinierte Rangfolge.

Bis zu einem gewissen Grad ist dies ganz einfach eine Sache der Implementierung. Konzeptionell sind eine C++ Nachricht und eine Windows-Nachricht dasselbe. Der einzige Unterschied liegt darin, daß jede C++ Funktion wirklich nur eine einzige Nachricht handhabt. In einem Windows-Programm dagegen handhabt eine einzelne Funktion (Fensterprozedur) alle Nachrichten, die an sie gerichtet sind. Wenn Sie mit einer C++ Klassenbibliothek zu arbeiten beginnen, werden Sie etwas über die öffentlichen Funktionen (Nachrichten) in den verschiedenen Klassen lernen. Damit Sie mit Windows-Fenstern sinnvoll arbeiten können, müssen Sie auch mit den öffentlichen Nachrichten vertraut sein, die Sie erhalten werden. Um Ihnen den Einstieg zu erleichtern, haben wir sowohl am Ende von Kapitel 5 als auch im Anhang A eine "Bewertung der Nachrichten" angefügt.

Nachdem wir nun einige der grundlegenden Konventionen der Windows- und C++ Programmierung eingehend betrachtet haben, ist es an der Zeit, den Quelltext von MIN näher zu untersuchen. Wir werden mit einer Betrachtung der einzelnen Teile beginnen, aus denen sich die Anwendungsobjekt-Klasse von MIN, **TMinApplication,** zusammensetzt, einschließlich zweier Klassen, die durch die OWL definiert werden: **TModule** und **TApplication**.

Kapitel 4

Das Application-Objekt

Sie werden bemerkt haben, daß MIN zwei Objektklassen hat: **TMinApplication** und **TMinWindow**. In diesem Kapitel werden wir unser Hauptaugenmerk auf **TMinApplication** konzentrieren, dem Anwendungsobjekt von MIN. Im nächsten Kapitel werden wir die Einzelheiten der Fensterobjekt-Klasse in MIN, **TMinWindow**, erforschen.

Um das Wesen von **TMinApplication** zu ergründen, werden wir die Rolle zweier Klassen klären, auf die sich die Anwendungsklasse in MIN gründet: **TApplication** und deren Basisklasse **TModule**. Im allgemeinen bewirken diese zwei Klassen, daß die Anwendung aufgerufen und beendet wird. Sie stellen weiterhin Komponentenfunktionen bereit, die den Nachrichtenfluß von Windows auf einen Standardweg umleiten. Abbildung 4.1 zeigt den Platz von **TMinApplication** in der Klassenhierarchie.

Jede Windows-Anwendung - ob sie nun in C++, C, Pascal oder Assembler geschrieben ist - hat einen Einstiegspunkt namens **WinMain**. Da dies der Ort ist, an dem ein typisches OWL-Programm sein Anwendungsobjekt aufbaut, werden wir uns zunächst ansehen, was uns **WinMain** über Windows-Applikationen zeigen kann.

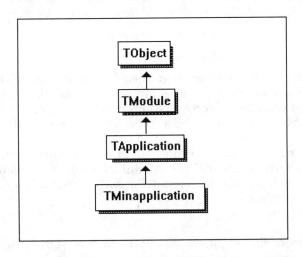

Abbildung 4.1: Die Hierarchie der Application-Objekte von MIN

Deklaration der WinMain-Prozedur

WinMain braucht vier Parameter, die wie folgt definiert sind

```
int PASCAL WinMain (HANDLE hInstance,

                    HANDLE hPrevInstance,

                    LPSTR lpszCmdLine,

                    int nCmdShow)
```

Wenn ein Programm startet, teilt ihm Windows Informationen darüber mit, "wer" es ist und "mit wem" es in Beziehung steht. Der Parameter **hInstance** sagt, "wer" das Programm ist. Wenn Sie wollen, können Sie sich darunter den Namen eines Programmes vorstellen. Windows gibt jedem Programm im System einen unverwechselbaren Namen. Natürlich handelt es sich dabei nicht um Namen wie "Fred" oder "Joe", sondern um ein **Handle**, eine vorzeichenlose 16 Bit-Ganzzahl (der Datentyp, für den `handle` in WINDOWS.H definiert ist).

Windows vergibt einem Programm einen Namen (ein Handle), weil bestimmte Windows-Bibliotheksroutinen ihn als Parameter benötigen. Dadurch weiß Windows immer, mit welchem Programm es gerade in Verbindung steht. Im Application-Objekt von MIN wird dieser Parameter nicht verwendet. Er wird aber von der **TWindow**-Komponentenfunktionen **hInstance** eingesetzt, um das Hauptfenster unseres Programmes zu erstellen. Ebenso wird er von Komponentenfunktionen verwendet, die in MIN Unterklassen für das MIN-Symbol und den Zeiger erzeugen.

```
wc.hIcon=LoadIcon (wc.hInstance, "snapshot");

wc.hCursor=LoadCursor (wc.hInstance, "hand");
```

Der zweite Parameter, **hPrevInstance**, sagt einem Programm, mit welchen weiteren Programmen es in Beziehung steht. Wenn es mit keinem aktuell laufenden Programm in Zusammenhang steht, ist der Wert von **hPrevInstance NULL**. Wie entscheidet Windows, ob zwei Programme miteinander in Beziehung stehen? Windows richtet sich nach den Namen. Genau wie zwei Personen mit demselben Nachnamen häufig verwandt sind, stehen zwei Programme miteinander in Beziehung, wenn entweder (1) die Dateinamen dieselben sind oder (2) die **Modulnamen** übereinstimmen. Erinnern Sie sich daran, daß die Modul-Definitionsdatei in MIN mit dem Namen MIN.DEF den folgenden Eintrag enthält:

```
NAME MIN
```

Wenn ein Anwender ein Programm auswählt, um es zu starten, sieht sich Windows zuerst den Dateinamen an, um festzustellen, ob es sich mit dem Namen eines gerade laufenden Programmes deckt. Dann wird überprüft, ob der Modulname - der sich in der ausführbaren Datei verbirgt - irgendeinem Namen eines gerade laufenden Programmes entspricht. Wenn bei einer dieser beiden Schritte eine Übereinstimmung gefunden wird, startet Windows ein zweites Exemplar des gerade ablaufenden Programmes. Es teilt dem Programm mit, daß bereits ein verwandtes Programm anwesend ist, indem es den Namen des verwandten Exemplares in den Parameter **hPrevInstance** übergibt.

Abbildung 4.2 zeigt vier Exemplare von MIN, drei Exemplare von UHR, zwei Exemplare von REVERSI und ein Exemplar von PAINTBRUSH mit einer Zeichnung eines Rebhuhns in einem Birnbaum. Wenn das jeweils nachfolgende Exemplar eines Programmes startet, weist **hPrevInstance** den Namen des vorhergehenden Familienmitgliedes aus.

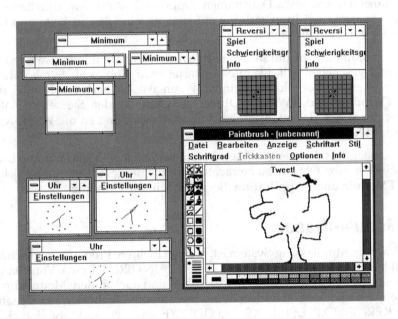

Abbildung 4.2: Vier Exemplare von MIN, drei von CLOCK, zwei von REVERSI und eines von Paintbrush

Warum möchte ein Programm wissen, ob verwandte Exemplare anwesend sind? Verwandte Exemplare haben - wie echte Verwandte - eine Menge gemeinsam. Zum Beispiel teilen sich alle Exemplare eines Programmes den gemeinsamen Programmtext und die Ressourcen. Das spart Speicherplatz ein. Das einzige, was sich nicht teilen läßt, sind natürlich die Daten eines jeden Exemplares. Wenn ein Windows-Programm auf seine Verwandten aufmerksam gemacht wird, kann es diese ansprechen (das heißt, ihnen Nachrichten senden), um noch weitere Informationen mit ihnen zu teilen. Natürlich ist ein Teilen der Programmressourcen nicht zwingend vorgeschrieben. Sie wissen aber, wie Sie dieses verwandte Programm erreichen können, da Sie seine Adresse kennen.

Der dritte Parameter von **WinMain** namens **lpszCmdLine** teilt uns die Befehlszeilenargumente für unser Programm mit. Es gibt eine ganze Anzahl verschiedener Methoden, wie Befehlszeilenargumente erstellt werden können. Die einfachste besteht darin, im Eigenschaften-Dialogfeld des Programm-Managers hinter dem Namen eines Programms die entsprechenden Argumente aufzuführen. Wie der Parameter **argv** in der üblichen Einstiegsfunktion eines C oder C++ Programms

```
main (int argc, char **argv)
```

erlaubt der Parameter **lpszCmdLine** einem Programm, seine aufrufende Befehlszeile nach Argumenten, wie etwa Dateinamen, Optionsschaltern usw. durchzusehen. Im Gegensatz zu **argv** zeigt **lpszCmdLine** auf eine einzelne Zeichenkette und nicht auf einen Vektor von Zeichenzeigern.

Der letzte Parameter, **nCmdShow**, teilt einem Programm mit, was mit seinem Hauptfenster geschehen soll, wenn es gestartet wird. Soll es als Symbol dargestellt werden? Soll es als Vollbild erscheinen? Wenn wir im nächsten Kapitel über die Klassen **TWindow** und **TWindowObject** sprechen, werden Sie sehen, daß dieser Parameter durch das Hauptfensterobjekt einer Anwendung an die Windows-Bibliotheksroutine **ShowWindow** übergeben wird.

Mit dem Verständnis der vier WinMain-Parameter im Gepäck sind wir nun bereit, das Wesentliche der zwei Objekte zu betrachten, auf die unser Anwendungsobjekt aufgebaut ist: **TModule** und **TApplication**. Beginnen wir mit **TModule**:

Die TModule-Klasse

Da Windows ein Multitasking-System ist, können mehrere Programme gleichzeitig im System ablaufen (z.B. MIN, CLOCK, REVERSI, PAINTBRUSH, etc.). Vom Standpunkt der OWL aus ist jedes Programm ein Modul. Es sind auch andere Module im System vorhanden, einschließlich der drei Windows-Hauptbibliotheken zur dynamischen Bindung KERNEL.EXE, USER.EXE und GDI.EXE sowie der OWL-Bibliothek zur dynamischen Bindung, OWL.DLL. Weiterhin enthalten andere Module die Gerätetreiber-Bibliotheken zur dynamischen Bindung: DISPLAY.DRV, MOUSE.DRV, KEYBOARD.DRV usw.

Windows kennt zwei Arten von Modulen: Anwendungsprogramme und Bibliotheken zur dynamischen Bindung (DLLs). Die **TModule**-Klasse spiegelt die Art wider, in der die OWL-Klassenbibliothek ein Windows-Modul darstellt. Wenn Sie beide Modularten mit der OWL erstellen, beginnen Sie mit der Erzeugung eines **TModule**-Objektes. Betrachten wir jetzt die **TModule**-Klasse etwas genauer. Wie in MODULE.H definiert, folgen hier die Datenkomponenten von **TModule**:

Datentyp	Name	Beschreibung
HANDLE	hInstance	Eine Kopie des **WinMain**-Parameters für das Anwendungsexemplarhandle.
LPSTR	lpCmdLine	Eine Kopie des **WinMain**-Parameters für die Zeichenkette der Anwendungsbefehlszeile.
INT	Status	Fehlersteuerzeichen (error flag)
LPSTR	Name	Anwendungsname

Um auf eines dieser Datenelemente zuzugreifen, müssen Sie sich zuerst einen Zeiger auf Ihr Anwendungsobjekt (welches immer noch ein Abkömmling der **Module**-Klasse ist) beschaffen. Sie können dies durch Aufruf von **GetApplicationObject**() tun. Hier folgt ein Beispiel, wie man das Instanz-Handle erhält:

```
HANDLE hInstance;

PTApplication ptApplication;


ptApplication = GetApplicationObject();

hInstance = ptApplication->hInstance;
```

Sie werden versuchen, eine Kopie von **hInstance** zu erhalten, um auf Ressourcen zuzugreifen oder Benutzerschnittstellenobjekte zu erstellen, die als Ressourcen gespeichert sind - Menüs, Dialogfelder, Zeiger, Symbole usw.

Die Datenkomponente **lpCmdLine** ist eine Kopie des an **WinMain** übergebenen dritten Parameters.

Status wird vom Anwendungsobjekt eingesetzt, um während der Initialisierung aufgetretene Fehlerbedingungen sowie den Rückgabecode einer Anwendung nach Abschluß der Bearbeitung zu speichern.

Die Datenkomponente **Name** hält einen Zeiger auf eine ASCII-Zeichenkette, den unser Programm an den **Konstruktor** des Anwendungsobjektes liefert. Da diese für jeden Teil unserer Anwendung verfügbar ist, stellt dieses Feld eine Zeichenkette bereit, die in Nachrichtenfeldern und Dialogfeldern Verwendung finden kann. Der mehrmalige Gebrauch einer einzelnen Kopie des Anwendungsnamens minimiert den Speicherbedarf für Zeichenketten in einem OWL-Programm.

TModule hat 15 Komponentenfunktionen. Eine vollständige Besprechung würde den Rahmen dieses Buches sprengen, da sie hauptsächlich dazu dienen, die inneren Arbeitsabläufe eines Modulobjektes zu unterstützen.

Funktionsname	Beschreibung
TModule()	TModule-Konstruktor
~TModule()	TModule-Destruktor
Error()	Fehlernachrichtenfunktion
ExecDialog()	Erstellt ein modales Dialogfeld
GetClientHandle()	Teil der MDI-Unterstützung von OWL. Gibt das Fenster-Handle eines MDI-Arbeitsfensters zurück.
GetParentObject()	Gibt einen Zeiger auf ein OWL-Fensterobjekt von einem Windows-Fenster-Handle zurück. Wenn nicht verfügbar, erstellt es eines.
hashValue()	Virtuelle Objektklassenfunktion zur Ermittlung des Hash-Wertes der Klasse.
isA()	Virtuelle Objektklassenfunktionen zur Ermittlung der Klasse eines Objekts.
isEqual()	Virtuelle Objektklassenfunktion zur Prüfung, ob zwei Referenzen auf dasselbe Objekt zeigen.
LowMemory()	Prüft, ob die Sicherheitsreserven des Speichers angegriffen wurden.
MakeWindow()	Erstellt ein Fenster oder ein nicht-modales Dialogfeld
nameOf()	Virtuelle Objektklassenfunktion zur Ermittlung des Klassennamens in ASCII-Text.
printOn()	Virtuelle Objektklassenfunktion zur Anzeige von Objektinformationen zum Zwecke der Fehlerbeseitigung.
RestoreMemory()	Erhöht die Größe des Heap.
ValidWindow()	Bestätigt einen Zeiger auf ein Fensterobjekt.

Die **MakeWindow**-Routine stellt den Hauptmechanismus der OWL für die Erstellung von Windows-Fenstern dar. Wir werden diese Komponentenfunktion im nächsten Kapitel noch eingehender erläutern, wenn wir uns mit der Arbeitsweise der **TWindow**-Klasse beschäftigen. **MakeWindow** erstellt auch nicht-modale Dialogfelder. Eine verwandte Funktion ist **ExecDialog**, welche modale Dialogfelder erstellt. Sie werden in Kapitel 14 mehr über beide Erstellungsfunktionen für Dialogfelder erfahren.

Ein Großteil der Arbeit der Anwendungs-Aktivitäten wird durch eine Klasse ausgeführt, die von **TModule** abgeleitet ist, nämlich die **TApplication**-Klasse. Wir werden diese Klasse als nächstes untersuchen.

Die TApplication-Klasse

Die **TApplication**-Klasse der OWL ist die unmittelbare Vorfahrenklasse für die Anwendungsobjekt-Klasse in MIN. **TApplication** erfüllt alle wesentlichen Aufgaben, die eine typische Windows-Anwendung auszuführen hat: Sie initialisiert, erstellt ein Hauptfenster und befragt das System nach Nachrichten. Wir wollen jetzt **TApplication** etwas näher betrachten, um zu sehen, welche Arbeit sie - neben den anderen Windows-Bibliotheksfunktionen - für Sie verrichtet.

Die Datenkomponenten in **TApplication**, wie sie in APPLICAT.H definiert sind, lauten wie folgt:

Typ	Name	Beschreibung
HANDLE	**hPrevInstance**	Eine Kopie des **WinMain**-Parameters für das vorhergehende Anwendungsexemplar-Handle.
int	**nCmdShow**	Eine Kopie des **WinMain**-Parameters, der beschreibt, wie das Hauptfenster der Anwendung geöffnet werden soll. Wird an die **ShowWindow**-Routine von Windows übergeben.
PTWindowsObject	**MainWindow**	Ein Zeiger zum OWL-Fensterobjekt, welches das Hauptfenster der Anwendung ist.
HANDLE	**HaccTable**	Handle für Schnelltastentabelle, wenn die Anwendung eine hat.
PTWindowsObject	**KBHandlerWnd**	Zeigt auf das **TWindowsObject**, welches die Tastatureingaben aufnimmt.

Die ersten beiden Datenelemente in der Liste, **hPrevInstance** und **nCmdShow**, sind Kopien des zweiten und vierten an WinMain übergebenen Parameters. Eine Anwendung verwendet diese beiden Parameter bezeichnenderweise im Augenblick des Starts und dann nie wieder.

Die Datenkomponente **MainWindow** ist ein Zeiger auf ein Fensterobjekt. Vom Standpunkt der Windows-Programmierung aus betrachtet ist dies sinnvoll, da fast jedes Windows-Programmm sein eigenes "Hauptfenster" hat. Der Anwender erwartet, daß eine Anwendung endet, wenn ihr Hauptfenster geschlossen wird. Die **TApplication**-Datenkomponente gewährleistet, daß sich OWL-Programme an diese Handlungsweise halten.

Die Datenkomponente **HAccTable** ist für das Handle einer Schnelltastentabelle zuständig. Eine Schnelltastentabelle enthält Tastaturbefehle. Zum Beispiel kann ein Eintrag in der Schnelltastentabelle eine Tastenkombination aus [Umschalt]+[Einfg] in einen **Bearbeiten: Einfügen**-Befehl für den Einsatz in der Zwischenablage umformen. Wenn wir in Kapitel 11 Schnelltastentabellen eingehender erläutern, werden Sie erkennen, wie die **TApplication**-Vorfahrenklasse die Unterstützung von Schnelltasten erleichtert.

Die Datenkomponente **KBHandlerWnd** zeigt auf das aktive OWL-Fensterobjekt. Das aktive Fenster ist dasjenige, an dem der Anwender augenblicklich arbeitet. Es kann sich dabei um ein nicht-modales Dialogfeld, das Hauptfenster einer Anwendung oder ein MDI-Rahmenfenster handeln. Ein Fenster zeigt dem Anwender, daß es aktiv ist, indem es die Farbe seiner Überschrift oder seiner Begrenzung verändert. Die OWL-Bibliothek verwendet diese Datenkomponente, um die Tastatureingabe zu unterstützen. Beispiel: Unter Verwendung der Taste [Tab] kann sich ein Anwender innerhalb des gerade aktiven Hauptfensters nach Belieben zwischen den einzelnen "Unterfenstern" (child windows) bewegen. Es folgen hier die **TMinApplication**-Komponentenfunktionen:

Funktionsname	Beschreibung
PUBLIC:	
`TApplication()`	**TApplication**-Konstruktor.
`~TApplication()`	**TApplication**-Destruktor.
`CanClose()`	Nachfrage, ob Anwendung geschlossen werden kann. CanClose vereinheitlicht Nachfragen, die ein typisches Windows-Programm erfordert, um zwei Windows-Nachrichten zu überwachen: **wm_close** und **wm_queryendsession**. Das Anwendungsobjekt fragt beim Hauptfenster der Anwendung nach, welches wiederum jedes seiner nachfolgenden Fenster befragt, um - unter anderem - sicherzustellen, daß keine Daten des Anwenders verloren gehen.
`isA()`	Virtuelle Objektklassenfunktionen zur Ermittlung der Klasse eines Objekts.
`nameOf()`	Virtuelle Objektklassenfunktion zur Ermittlung des Klassennamens in ASCII-Text.

Funktionsname	Beschreibung
Run()	Hauptfunktion einer Anwendung, welche das Anwendungsobjekt veranlaßt, alle Initialisierungen und Arbeitsabläufe durchzuführen, die zum Ablauf eines Windows-Programms benötigt werden.
SetKBHandler()	Bestimmt das Fensterobjekt, welches die Tastatureingabe handhaben wird.
PROTECTED:	
IdleAction()	Unterfunktion einer Nachrichtenschleife für die Verarbeitung im Hintergrund.
InitApplication()	Initialisierungsroutine für das erste Exemplar einer Anwendung.
InitInstance()	Initialisierungsroutine für jedes Anwendungsexemplar.
InitMainWindow()	Initialisierungsroutine für das Hauptfenster einer Anwendung.
MessageLoop()	Anwendungs-Nachrichtenschleife.
ProcessAccels()	Unterfunktion einer Nachrichtenschleife zur Behandlung der Tastenkürzel.
ProcessAppMsg()	Unterfunktion einer Nachrichtenschleife zur Behandlung anwendungsspezifischer Aufgaben.
ProcessDlgMsg()	Unterfunktion einer Nachrichtenschleife zur Behandlung von Tastatureingaben in nicht-modalen Dialogfeldern.
ProcessMDIAccels()	Unterfunktion einer Nachrichtenschleife zur Behandlung von Tastatureingaben bei Fenstern von Mehrdokumentenschnittstellen.

Die Arbeit von **TApplication** wird in einer einzelnen Komponentenfunktion zusammengebunden: **TApplication::Run**, die wie folgt definiert ist:

```
void TApplication::Run()

{

  if ( !hPrevInstance )

   InitApplication();

  if (Status == 0 )

   InitInstance();

  if (Status == 0 )
```

```
   MessageLoop();
else
   Error(Status);
}
```

In seiner Kürze zeigt **Run** die vier Hauptteile, die notwendig sind, um eine Windows-Anwendung laufen zu lassen:

1. Durchführen der Initialisierung auf Anwendungsebene - d.h. Initialisieren des ersten Exemplares von MIN.

2. Durchführen der Initialisierung auf Exemplarebene - d.h. Ausführen aller Schritte, die jedes Exemplar von MIN erforderlich macht.

3. Eintritt in eine passende Nachrichtenschleife, um nach Eingabedaten des Anwenders zu fragen. Wenn die Initialisierung einmal abgeschlossen ist, wird das Programm die restliche Zeit seines Bestehens innerhalb dieser Nachrichtenschleife verbringen.

4. Im Falle eines Initialisierungsfehlers: Beenden.

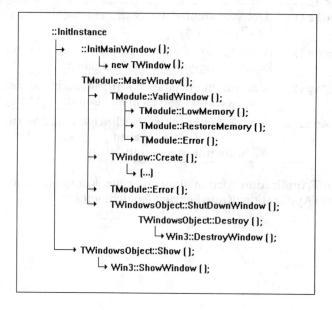

*Abbildung 4.3: Initialisierung des Anwendungsobjektes durch **TApplication::InitInstance***

Von diesen vier Komponentenfunktionen sind die zweite und dritte die interessantesten Funktionen, so daß wir sie eingehender erforschen werden. Die erste Funktion, **InitApplication()**, ist ein leerer Platzhalter, den Sie definieren können, um Initialisierungscode für das erste Exemplar aufzunehmen. Die letzte Funktion, **Error()**, stellt ein Nachrichtenfeld mit dem angezeigten Fehlercode auf und beendet dann die Ausführung. Dies genügt zwar bei der Entwicklung eines OWL-Programmes, aber Sie werden die von Ihnen vertriebene Software sicherlich mit einer eigenen, raffinierteren Fehlerbehandlung ausstatten wollen.

Abbildung 4.3 zeigt die Hierarchie der Funktionen, die von **TApplication::InitInstance** aufgerufen werden. Dieses Diagramm wird Ihnen dabei helfen, herauszufinden, was sich tatsächlich ereignet, da Aufrufe kreuz und quer durch die Objekthierarchie erfolgen - selbst an ein Objekt in einer anderen Objektklassenhierarchie (ein **TWindow/TWindowsObject-Objekt**). In diesem Diagramm wird der Aufruf einer Windows-Bibliotheksfunktion als der einer Komponentenfunktion an eine imaginär gewählte Klasse **Win3** dargestellt.

InitInstance beginnt mit dem Aufruf von **InitMainWindow**. Die meisten OWL-Anwendungen übergehen diese Komponentenfunktion, da sie als Vorgabeeinstellung ein leeres TWindow-Objekt erstellt. Um Ihre Anwendung zum Leben zu erwecken, müssen Sie eine Klasse als Nachfahre von **TWindow** definieren. Diese Rolle übernimmt in MIN die **TMinWindow**-Klasse. Danach erstellt MIN ein Exemplar dieses neuen Fensterobjektes in seiner Funktion **InitMainWindow**:

```
void TMinApplication::InitMainWindow ()

  {

  MainWindow = new TMinWindow (NULL, "Minimum", NULL);

  }
```

Nachdem das OWL-Fensterobjekt aufgebaut worden ist, erstellt die Komponentenfunktion **TModule::MakeWindow** ein Windows-Fenster. Diese Modulkomponentenfunktion arbeitet wie ein Schaltpult, das die Aufrufe zwischen den zahlreichen Fensterobjekt-Komponentenfunktionen und den Windows-Bibliotheken vermittelt. Nebenbei übernimmt sie auch einige grundlegende Funktionen der Fehlerbehandlung, um sicherzustellen, daß genug Speicherplatz vorhanden ist und daß ein Fenster ordnungsgemäß erstellt wird. Die Komponentenfunktion **Create** des Fensterobjektes übernimmt dann die tatsächliche Ausführung des Fensters.

Nachdem ein Fensterobjekt und ein Fenster erstellt wurden, besteht der letzte Schritt des Initialisierungsverfahrens darin, das Fenster sichtbar zu machen. Diese Aufgabe übernimmt die Komponentenfunktion **TWindowsObject::Show()**. Wie im Diagramm gezeigt, ruft diese Komponentenfunktion eine Windows-Bibliotheksroutine namens **ShowWindow** auf und übergibt dieser den **nCmdShow**-Parameter aus der **WinMain-**

Funktion unseres Programmes. Dies ermöglicht eine ordnungsgemäße Öffnung des Hauptfensters von MIN, ungeachtet dessen, ob es nun in verkleinerter, vergrößerter oder normaler Anfangsfenstergröße dargestellt wird.

Abbildung 4.4 zeigt die Hierarchie der Funktionen, die von der Nachrichtenverarbeitungsroutine unseres Anwendungsobjektes, **TApplication::MessageLoop**, aufgerufen werden. Wie bereits in Abb. 4.3 werden die Windows-Bibliotheksroutinen dargestellt, als würden sie der für dieses Beispiel angenommenen Objektklasse **Win3** angehören.

Sobald sich ein Windows-Programm in seiner Nachrichtenschleife befindet, liest es kontinuierlich Nachrichten und sendet diese an die richtige Empfangsstelle. Typischerweise legt eine Nachrichtenschleife kein besonderes Augenmerk auf den Inhalt einer Nachricht, sondern überläßt die Weiterverarbeitung der Nachrichten lieber dem jeweiligen Fensterobjekt. Eine Ausnahme von dieser Regel besteht für drei Arten von Benutzerschnittstellenobjekten: nicht-modale Dialogfelder, MDI-Fenster und Schnelltasten. Diese werden durch die drei Unterfunktionen der Nachrichtenschleife von **TApplication** dargestellt: **ProcessDlgMessage**, **ProcessMDISysAccels** und **ProcessAccels**. Wir werden die Unterfunktion **ProcessDlgMessage** in Kapitel 14 näher betrachten, wenn wir die nicht-modalen Dialogfelder besprechen. Die Schnelltastenverarbeitung werden wir in Kapitel 11 erläutern.

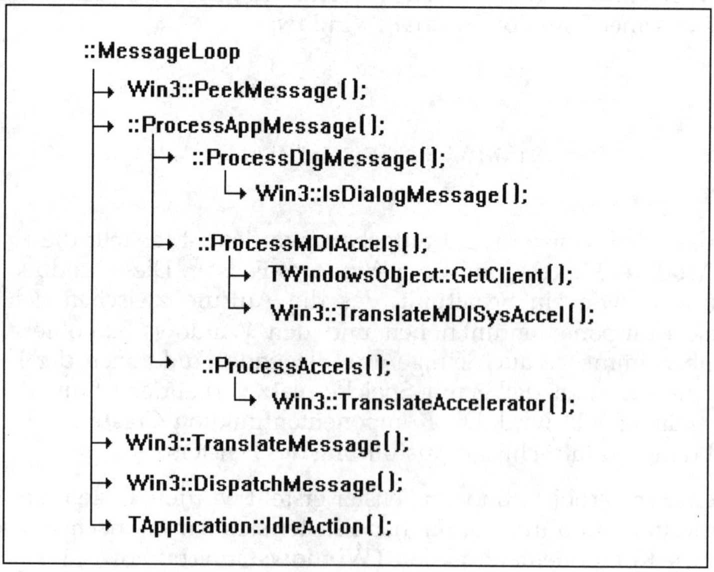

```
::MessageLoop
 ┌→ Win3::PeekMessage( );
 ├→ ::ProcessAppMessage( );
 │        ┌→ ::ProcessDlgMessage( );
 │        │        └→ Win3::IsDialogMessage( );
 │        │
 │        ├→ ::ProcessMDIAccels( );
 │        │        ┌→ TWindowsObject::GetClient( );
 │        │        └→ Win3::TranslateMDISysAccel( );
 │        │
 │        └→ ::ProcessAccels( );
 │                 └→ Win3::TranslateAccelerator( );
 ├→ Win3::TranslateMessage( );
 ├→ Win3::DispatchMessage( );
 └→ TApplication::IdleAction( );
```

Abbildung 4.4: Nachrichtenschleife eines Anwendungsobjektes in TApplication::MessageLoop

Bevor wir unser Wissen über die Weiterleitung von Nachrichten, wie sie sich aus der weiteren **MessageLoop**-Funktion ergibt, vertiefen, wollen wir zunächst einen Blick auf die verschiedenen Einsatzweisen der **TApplication**-Klasse werfen, die MIN verwendet, um sein eigenes Anwendungsobjekt zu erstellen.

Die TMinApplication-Klasse in MIN

Das Leben eines Windows-Programmes beginnt mit der Funktion **WinMain**. Die meisten OWL-Programme werden eine **WinMain**-Funktion haben, die der in MIN gleicht:

```
int PASCAL WinMain (HANDLE hInstance, HANDLE hPrevInstance,

       LPSTR lpszCmdLine, int nCmdShow)

   {

   TMinApplication Min ("MIN", hInstance, hPrevInstance,

       lpszCmdLine, nCmdShow);

   Min.Run ();

   return Min.Status;

   }
```

Ein Anwendungsobjekt wird erstellt und gestartet.

MIN verwendet die **TApplication**-Klasse als Grundlage für seine **TMinApplication**-Klasse. Diese Klasse besitzt zwei Komponentenfunktionen: Einen Konstruktor und eine Funktion, mit der eine Funktion ihrer Vorfahrenklasse überschrieben wird:

```
class TMinApplication : public TApplication

   {

   public:

     TMinApplication (LPSTR AName);

     virtual void InitMainWindow ();

   };
```

Die Konstruktorfunktion, **TMinApplication**, bewirkt nichts. Sie ist lediglich ein Platzhalter für Programme, die MIN als Ausgangspunkt verwenden.

In nahezu jedem OWL-Programm wird die Funktion **InitMainWindow** überschrieben werden. In unserem kleinstmöglichen Windowsprogramm MIN wird InitMainWindow wie folgt überschrieben:

```
void TMinApplication::InitMainWindow()

{

MainWindow = new TMinWindow (NULL, "Minimum");

}
```

InitMainWindow erstellt ein Fensterobjekt. Wenn wir **InitMainWindow** nicht überschreiben, würde die Originalversion ein **TWindow**-Objekt erstellen. Ein derartiges Fenster wäre leer, wenn auch seine sonstigen Funktionen ordnungsgemäß arbeiten würden: Das Systemmenü würde funktionieren, genau wie die in der Größe einstellbaren Fenstergrenzen und das Verkleinerungs- und Vergrößerungsfeld.

Wenn sich das MIN-Anwendungsobjekt selbst erstellt, erzeugt es ein Fensterobjekt, zeigt das Fenster an und tritt in eine Nachrichtenschleife ein. Wenn die Initialisierung abgeschlossen ist, besteht die hauptsächliche Arbeit des Anwendungsobjektes darin, den Fluß der Nachrichten zwischen dem Anwender und dem Fensterobjekt zu gewährleisten.

Werfen wir jetzt einen Blick auf die Nachrichten, die ein Windows-Programm zum Leben erwecken. Hierbei werden wir ein Thema näher behandeln, das auf den ersten Blick etwas fehl am Platze erscheint: die Multitasking-Fähigkeit von Windows. Die zwei Themen sind miteinander verwandt, weil diese Fähigkeit eng mit dem Mechanismus zur Nachrichtenbeförderung verflochten ist. Werfen wir also einen Blick auf die Beziehung zwischen Nachrichten und Multitasking.

Nachrichten: Eingabemechanismen und Zeitscheiben im Multitasking

In Kapitel 1 haben wir Sie mit der Vorstellung vertraut gemacht, daß Windows ein Multitasking-Betriebssystem ist. Im Gegensatz zu anderen Multitasking-Systemen unterbricht Windows aber kein Programm, um ein anderes zu aktivieren. Ein auf Interrupts basierendes Verfahren für das Multitasking wird als **preemptives Multitasking** bezeichnet. Windows ist dagegen ein **nicht-preemptives System**. Das bedeutet, daß Programme nicht von Betriebssystem-Interrupts unterbrochen werden. Sie unterbrechen ihren Ablauf selbsttätig, um anderen Programmen Rechenzeit zur Verfügung zu stellen. Wie kann ein derart kooperatives System funktionieren?

Der Multitasking-Schalter von Windows ist in das System zur Verteilung der Nachrichten integriert. Windows-Programme sind auf Nachrichten angewiesen, um Eingabedaten vom Anwender und von den Benutzerschnittstellenobjekten zu erhalten. Einige Nachrichten sind hardwarebezogen und teilen einem Programm mit, daß der Anwender etwas mit der Maus ausgewählt oder eine Taste gedrückt hat. Andere Nachrichten kommen von Benutzerschnittstellenobjekten, wie etwa Fenstern, Menüs und Bildlaufleisten. Um Zugang zum Nachrichtenfluß zu erhalten, ruft ein Programm das Nachrichtenübermittlungssystem auf. Es bekommt pro Aufruf eine Nachricht geliefert. Wenn ein Programm keine weiteren Nachrichten zu bieten hat, wird das Nachrichtenübermittlungssystem sein Augenmerk auf ein anderes Programm richten, das *noch* Nachrichten *hat*, die übermittelt werden sollen.

Aus dieser Erläuterung wird deutlich, daß eine Windows-Nachricht umfassendere Aufgaben hat, als eine Nachricht in der realen Welt. Sie bewirkt mehr, als nur etwas mitzuteilen. Für ein Windows-Programm stellen Nachrichten Verarbeitungseinheiten dar. Sie bewirken die Erstellung von Zeitscheiben, während derer ein Programm ablaufen kann. Um ein besseres Verständnis der Doppelrolle zu gewinnen, die Nachrichten spielen, werden wir uns das Nachrichtenübermittlungssystem genauer ansehen.

Ein Windows-Programm empfängt Nachrichten auf zwei Arten. Die erste Möglichkeit ist das Lesen von Nachrichtenpufferspeichern. Windows gestattet uns nicht den direkten Zugriff auf seine internen Pufferspeicher, doch liest es diese für uns ein, wenn unser Programm eine der beiden folgenden Windows-Bibliotheksroutinen aufruft: **GetMessage** oder **PeekMessage** (Es gibt einige feine Unterschiede zwischen diesen zwei Funktionen, aber aus praktischen Gründen nehmen wir für diese Betrachtung an, daß sie sich gleich verhalten.) Wie Sie sich erinnern werden, wird diese Funktion in der Komponentenfunktion **MessageLoop** von **TApplication** aufgerufen.

Zwei Systempufferspeicher werden gelesen: die Warteschlange für **Hardware-Ereignisse** und die Warteschlange für **Anwendungsnachrichten**. Die **Warteschlange für** Hardware-Ereignisse nimmt systemweit alle Maus- und Tastaturereignisse auf. Die **Warteschlange für** Anwendungsnachrichten nimmt anwendungsspezifische Nachrichten auf. Jedes Programm hat eine Nachrichtenwarteschlange. Genaugenommen besitzt jedes *Exemplar* eines Programmes eine Warteschlange. Wenn die Funktion ˙GetMessage eine Nachricht für ein Programm findet, befördert **GetMessage** diese Nachricht in das Programm.

Wenn **GetMessage** keine Nachrichten für ein Programm findet, setzt sie das Programm außer Betrieb. An diesem Punkt übernimmt der Windows-Umschalter die Kontrolle und aktiviert ein anderes Programm, das Nachrichten zur Weiterverarbeitung hat. Die **GetMessage**-Routine hat also die Aufgabe, das nachrichtengesteuerte Multitasking-System von Windows reibungslos funktionieren zu lassen.

Der zweite Weg, auf dem ein Programm Nachrichten empfangen kann, liegt im direkten Aufruf einer seiner Fensterprozeduren. In der Terminologie von C++ versteht man unter einer Fensterprozedur eine Komponentenfunktion für jede Nachricht, die an eine Klasse von Fenstern gesendet wird. Eine Fensterprozedur wird aufgerufen, als wenn es sich um ein echtes Windows-Unterprogramm handeln würde. Tatsächlich können Sie sich eine Fensterprozedur als eine installierbare Erweiterung von Windows vorstellen. Nachrichten, die durch diesen Mechanismus übermittelt werden, warten nicht in einer Schlange, sondern werden sofort nach einem Aufruf weiterverarbeitet.

Betrachten wir kurz die Konsequenzen aus diesen beiden Ansätzen. Die erste Methode, bei der **GetMessage** (oder **PeekMessage**) die Nachrichtenpufferspeicher für uns liest, wird als Zugverarbeitungsmodell (pull-model processing) bezeichnet. Dieser Name beschreibt die aktive Rolle, die unser Programm beim Abarbeiten einer Nachricht aus dem Pufferspeicher spielt. Die zweite Methode wird Schubverarbeitungsmodell (push-model processing) genannt. Dieser Name spielt auf die passive Rolle unseres Programmes an, das auf den Aufruf wartet und es Windows überläßt, die Nachricht in die Fensterprozedur zu *schieben*.

Es wird Ihnen vielleicht merkwürdig vorkommen, daß Windows *zwei* Mechanismen zur Nachrichtenübermittlung aufweist. Es gibt andere Systeme, die strikt nach dem Zugverarbeitungsmodell (wie Apple Macintosh) oder dem Schubverarbeitungsmodell (wie Xerox Star) arbeiten. Warum verwendet Windows zwei Mechanismen? Ein Blick auf die Geschichte wird dies klären.

Bevor Microsoft im November 1985 mit der Auslieferung von Windows begann, hatte man zwei Jahre in die Entwicklung des Systems investiert. Die ersten betriebsinternen Versionen von Windows (1983-1984) waren vollständig auf die Schubverarbeitung ausgelegt. Zu jener Zeit war ein Windows-Programm lediglich ein Paket von Unterprogrammen. Für jede Fensterklasse hatte man zehn Komponentenfunktionen festgelegt, jeweils eine für jeden der zehn verschiedenen Typen von Benutzerschnittstellenereignissen. Beispielsweise wurde eine Routine aufgerufen, um ein Fenster zu erstellen, eine andere, um Maus- und Tastatureingaben zu übermitteln und wiederum eine andere, um in einem Fenster zu zeichnen.

Dies funktionierte wunderbar mit Ausnahme der Maus- und Tastatureingaben. Die Ingenieure bei Microsoft bekamen Probleme damit, interrupt-gesteuerte Hardware in das Schubverarbeitungsmodell einzubinden. Die Schubverarbeitung arbeitet auf eine ziemlich starre, genau einzuhaltende Art und Weise. Interrupt-gesteuerte Hardware ist dagegen reichlich unberechenbar. Abhängig davon, mit wieviel Anschlägen pro Minute der Anwender die Tastatur bearbeitet oder wie er die Maus traktiert, kommen die Eingabedaten in völlig zufälliger Reihenfolge und zu unvorhersehbaren Zeitpunkten an.

In einem reinen Schubverarbeitungssystem erfordert jede Anwendung einen zeitbegrenzenden Code zur Interrupt-Verwaltung, denn wenn eine Anwendung zu lange mit der Bearbeitung einer Maus- oder Tastatureingabe beschäftigt wäre, könnten andere Maus- oder Tastaturereignisse verloren gehen. Oder aber sie unterbrechen die Anwendung mit einem neuen Hardware-Ereignis, bevor die Verarbeitung des vorhergehenden Hardware-Ereignisses abgeschlossen werden konnte. In beiden Fällen werden Maus- und Tastaturereignisse nicht korrekt behandelt. Wie löst man dieses Problem? Windows wendet sowohl das Schub- als auch das Zugverarbeitungsmodell an.

Der Vorteil der Schubverarbeitung liegt darin, daß dabei Benutzerschnittstellenobjekte, die Teil des Betriebssystems sind, direkt mit Anwendungsprogrammen in Aktion treten können. Können Sie sich eine direktere Verbindung zum Betriebssystem vorstellen, als ein *Unterprogramm* des Betriebssystems selbst?

Mit der Zugverarbeitung wiederum meistert man die unvorhersehbaren Hardware-Ereignisse, die in einem Systempuffer gespeichert werden. Übrigens erlaubt das Zug-verarbeitungsmodell von Windows auch die Erstellung von **modalen Schleifen**, die dem Programm Zeit zur Verfügung stellen, Nachrichten auszufiltern, die es nicht behandeln will. Ein einfaches Beispiel für eine modale Schleife kennen Sie sicher aus zahlreichen Nicht-Windows-Programmen. Auf dem Bildschirm erscheint die Meldung:

```
Drücken Sie eine beliebige Taste, um fortzufahren...
```

Die gesamte Verarbeitung wird unterbrochen, bis der Anwender eine Taste auf der Tastatur drückt.

Der gleichzeitige Einsatz von Zug- und Schubverarbeitung schafft in Windows ein einzigartiges Mischsystem. Kehren wir jetzt zum Quelltext der **TApplication**-Nachrichtenschleife zurück, um die Einzelheiten der Implementierung dieses Mischsystems zu verstehen.

Die Standard-Nachrichtenschleife

Jedes Windows-Programm hat eine Nachrichtenschleife, die es ihm erlaubt, Nachrichten zu empfangen. Auf diese Weise bleibt ein Programm ständig mit der Nachrichtenversorgung in Kontakt, die für seine ordnungsgemäße Arbeitsweise so lebenswichtig ist. Eine Standard-Nachrichtenschleife in einem Windows-Programm sieht etwa so aus:

```
while  (GetMessage (&msg, 0, 0, 0))

       {

       TranslateMessage(&msg);   /* Tastatureingabe */

       DispatchMessage(&msg);

       }
```

Diese Schleife ist während der gesamten Lebensdauer des Programmes aktiv. Jeder Schleifendurchlauf stellt den Empfang einer einzelnen Nachricht von einem Nachrichtenpuffer dar. Mit Ausnahme der **WM_Quit**-Nachricht bewirkt jede Nachricht, daß **GetMessage** den Wert **true** (wahr) zurückgibt. Bei Empfang von **WM_Quit** steigt ein Programm aus der Schleife aus und beendet seine Ausführung. Wenn wir das Fensterobjekt von MIN in Kapitel 5 erläutern, werden Sie sehen, wie der Quelltext in der

TWindowsObject-Klasse veranlaßt, daß eine **WM_Quit**-Nachricht ausgesandt wird, wenn das Hauptfenster der Anwendung geschlossen wird. Ohne diese Nachricht würde ein Programm nicht ordnungsgemäß beendet werden und den von ihm belegten Speicherplatz auf Dauer blockieren.

Lassen Sie uns die einzelnen Routinen in dieser kurzen Nachrichtenschleife betrachten. Kurz zuvor erläuterten wir, daß **GetMessage** Nachrichten aus Systempufferspeichern - der Warteschlange für Hardware-Ereignisse und einer Warteschlange für Anwendungsnachrichten - in unser Programm übermittelt. Wir können **GetMessage** veranlassen, bestimmte Nachrichten herauszufiltern, indem wir im zweiten, dritten und vierten Parameter Filterinformationen bereitstellen. Da wir an *allen* Nachrichten interessiert sind, wird die Filterung außer Kraft gesetzt, indem diese Parameter auf Null gesetzt werden.

Der für uns interessanteste Parameter ist der erste Parameter, ein Zeiger auf eine Struktur, die **GetMessage** mit Nachrichtendaten auffüllt. Beachten Sie, daß ein Zeiger auf diese Struktur der einzige Parameter für die anderen Routinen in unserer Nachrichtenschleife ist.

Die Komponentenfunktion **MessageLoop()** von **TApplication** definiert eine lokale Variable, um Nachrichtendaten wie folgt zu halten:

```
MSG Message;
```

Zur Definition von **MSG** können wir in WINDOWS.H nachsehen und folgendes entdecken:

```
typedef struct tagMSG
 {
  HWND hwnd;
  WORD message;
  WORD wParam;
  LONG lParam;
  DWORD time;
  POINT pt;
 } MSG;
```

Sehen wir uns jedes dieser sechs Elemente in dieser Struktur genauer an:

- **hwnd**, eine vorzeichenlose Ganzzahl, enthält ein Fenster-Handle. Jedem Fenster im System wird ein unverwechselbares Handle gegeben. Wie das früher besprochene Exemplar-Handle ist das Fenster-Handle nichts anderes als ein eindeutiger Name, der einem Fenster gegeben wird. Der Grund dafür, daß ein Fenster-Handle mit einer Nachricht verbunden ist, liegt darin, daß jede Nachricht an ein ganz bestimmtes Fenster gerichtet ist.

- **message**, eine weitere vorzeichenlose Ganzzahl, enthält die *Art* der Nachricht, die als 16 Bit-Wert verschlüsselt ist. Später werden wir einen Blick auf alle verschiedenen Arten von Nachrichten in Windows werfen.

- **wParam** und **lParam** enthalten Nachrichtendaten. Die Bedeutung hängt von der Nachrichtenart ab. Ein Beispiel: Die Menübefehlsnachricht verwendet **wParam**, um den ausgewählten Menübefehl zu kennzeichnen. Mausnachrichten bringen die Position des Mauszeigers in **lParam** unter. Soweit diese Variablen definiert sind, handelt es sich bei **wParam** um eine vorzeichenlose Ganzzahl und bei **lParam** um eine vorzeichenlose Long-Variable. Dies stellt uns sechs Byte für jede Nachricht zur Verfügung.

- Die letzten beiden Punkte, **time** und **pt**, werden nur selten von Windows-Programmen eingesetzt. Beide beschreiben die Systembedingungen, unter denen die Nachricht in die Nachrichtenwarteschlange eingereiht wurde: **time** nimmt den Zeitpunkt auf und **pt** behält die Position des Mauszeigers.

TranslateMessage ist die zweite Funktion, die in der Regel innnerhalb einer Nachrichtenschleife aufgerufen wird. Diese Routine ruft den Windows-Tastaturtreiber auf, um die in Rohform vorliegenden Tastendruck-Nachrichten (**WM_keydown**) in eindeutige ASCII-Werte umzuwandeln, die in der Warteschlange für Anwendungsnachrichten als **WM_char**-Nachrichten angeordnet werden. Dies macht es unserem Programm leicht, den Unterschied zwischen "A" und "a" festzustellen, ohne dafür den Schaltzustand der Umschalt-Taste als Bedingung berücksichtigen zu müssen.

TranslateMessage unterstützt auch internationale Tastaturen. Ein britischer Ladenbesitzer würde beispielsweise das Pfundsymbol £ verwenden, um den Preis als £35 darzustellen. Wenn der Ladenbesitzer ein Windows-Textverarbeitungssystem verwendet hätte, um Ihnen eine Rechnung mit dieser Preisdarstellung zu senden, hätte das Textverarbeitungssystem **TranslateMessage** aufgerufen, um den Tastendruck in das richtige Symbol umzuwandeln. Als Teil dieses Übersetzungsverfahrens macht es **TranslateMessage** möglich, über diakritische (unterscheidende) Zeichen zu verfügen. Es erlaubt Windows-Programmen, französische Wörter wie *voilà*, spanische Redewendungen wie "*Hablo español*" oder auch deutsche Städtenamen wie *München* darzustellen.

Die letzte Routine in dieser Schleife, **DispatchMessage,** nimmt Nachrichten aus der Struktur **msg** und verwendet sie, um die richtige Fensterprozedur aufzurufen. Sie *schiebt* die Nachricht zur Verarbeitung in die Fensterprozedur.

Sie werden sich vielleicht fragen, ob Sie den Ablauf nicht beschleunigen können, wenn Sie eine Fensterprozedur direkt aufrufen, anstatt **DispatchMessage** aufzurufen. Die

Antwort darauf lautet: Nein. Windows muß alle Aufrufe unserer Fensterprozeduren selbst ausführen.

Der Grund dafür hat mit der Art und Weise zu tun, wie Daten adressiert werden. Ein Windows-Programm hat normalerweise sein eigenes Datensegment. Die Bibliothek zum dynamischen Binden, USER, die die Windows-Benutzeroberfläche steuert, hat ebenfalls ihr eigenes Datensegment. Wenn USER eine Fensterprozedur aufruft, plaziert sie den Datensegmentnamen der Fensterprozedur an einen speziellen Ort: das AX-Register der CPU.

Der Compiler erzeugt den folgenden Code am Anfang unserer Fensterprozedur:

```
PUSH DS          ; Sichern des Datensegmentwertes von USER

MOV DS, AX       ; Installieren unseres Datensegmentes
```

Zum Schluß der Fensterprozedur, unmittelbar bevor Sie sie verlassen, wird das Datensegment des USER-Moduls an seinen alten Platz zurückversetzt. Dazu dient die Zeile:

```
POP DS           ; Wiedereinsetzen des Datensegments von USER
```

Damit ein Windows-Programm direkt in eine Fensterprozedur springen kann, muß es das AX-Register mit dem passenden Datensegmentwert versehen. Andernfalls wäre die Fensterprozedur nicht in der Lage, auf seine Daten zuzugreifen.

Die OWL-Nachrichtenschleife

Wir haben Ihnen zuerst die Standard-Nachrichtenschleife vorgestellt, da Sie diese auch in vielen anderen Windows-Programmen finden werden. Die OWL jedoch setzt diese Nachrichtenschleife nicht ein. Sie stellt Ihnen Möglichkeiten zur Verfügung, mit deren Hilfe Sie weitaus komplexere Anwendungen erzeugen können. Es folgt die **MessageLoop()**-Komponentenfunktion aus der **TApplication**-Klasse:

```
void TApplication::MessageLoop()

{

  MSG Message;


  while ( TRUE )

  {

  if ( PeekMessage(&Message, 0, 0, 0, PM_REMOVE) )

  {

  if ( Message.message == WM_QUIT )
```

```
  break;
 if ( !ProcessAppMsg(&Message) )
  {
   TranslateMessage(&Message);
   DispatchMessage(&Message);
  }
 }
 else   // Keine Nachricht in der Warteschlange.
  IdleAction();
 }
 Status = Message.wParam;
}
```

Obwohl diese Funktion etwas komplexer aussehen mag als die normale Nachrichten-schleife, sind doch viele Komponenten dieselben. Die Nachrichten werden mit einem Aufruf von **PeekMessage** abgeholt, die Unterstützung der Tastatur wird durch **Trans-lateMessage** gewährleistet. Ferner werden die Nachrichten durch **DispatchMessage** an die richtige Fensterprozedur weitergeleitet. Wie wir bereits früher erwähnten, unterstützt **ProcessAppMsg** nicht-modale Dialogfelder, Schnelltasten und MDI-Fenster.

Diese Schleife der OWL-Basisklasse **TApplication** unterscheidet sich von der Win-dows-Standard-Nachrichtenschleife im Aufruf von **IdleAction**. Diese virtuelle Kom-ponentenfunktion der Basisklasse **TApplication** ist lediglich ein Platzhalter (idle = "nicht in Betrieb"). Sie können diese Funktion überschreiben und dem System damit im Hintergrund laufende Arbeitszyklen ersparen. Wie wir früher erwähnt haben, handelt es sich bei Windows um ein **nicht-preemptives** Multitasking-System. Deshalb sind Sie (vorläufig noch) nicht in der Lage, Kanäle (threads) zur Hintergrundarbeit des Systems einzurichten. Doch wenn eine Anwendung die Nachrichten mit **PeekMessa-ge** erlangt, wird sie speziell behandelt. Wenn alle Warteschlangen leer sind, gibt diese Funktion den Wert *FALSE* (unwahr) zurück. Zu Windows-Programmen, die viel Hin-tergrundarbeit zu erledigen haben, werden häufig Nachrichtenschleifen konstruiert, die dem Muster des aufgezeigten Beispielprogrammes weitgehend entsprechen. Beachten Sie, daß die Nachrichtenschleife der OWL eine spezielle Bearbeitung der **WM_Quit**-Nachricht erfordert, da **PeekMessage** diese Nachricht nicht auf dieselbe Art und Weise erledigt wie **GetMessage**.

Um Ihre eigene Leerlaufverarbeitung zu gestalten, beginnen Sie damit, eine **IdleAction**-Routine zu definieren. Innerhalb dieser Routine können Sie z.B. eine Tabellenkalkula-tion neu berechnen lassen, ein Gerät auswählen, ein Dokument formatieren - kurz:

alles ausführen lassen, was ohne direktes Zutun des Anwenders erledigt werden kann. Da die Ablaufplanung nicht-präemptiv ist, sollten Sie darauf achten, diese Routine nicht zu zeitraubend zu gestalten. Unterteilen Sie die Leerlaufverarbeitung lieber in kleine, handliche Einheiten. Nicht jedes Windows-Programm erfordert die Leerlauf-verarbeitung. Sie können diese Fähigkeit auch ignorieren und Programme erstellen, die ihre Zeitscheiben ausschließlich über reguläre Nachrichten erhalten.

An dieser Stelle wollen wir den Rundgang durch unser Anwendungsobjekt MIN abschließen. Wir haben einige der Grundlagen der Windows-Architektur erforscht, aber unsere Reise ist noch nicht beendet. Wir haben noch ein weiteres Objekt zu untersuchen: das Fensterobjekt unseres Programmes. Dies ist der Gegenstand des nächsten Kapitels.

Kapitel 5

Die Fensterobjektklassen der OWL

Zusätzlich zu den Anwendungsobjekten benötigt die OWL Fensterobjekte. Die OWL unterstützt Fensterobjekte durch erweiterbare Klassen, die die Interaktion mit den MS Windows-Bibliotheken vereinfachen. In diesem Kapitel untersuchen wir die OWL-Fensterobjektklassen und erklären dabei, wie unser kleinstmögliches OWL-Programm, MIN, diese Klassen verwendet.

Die OWL stellt zwei Fensterklassen bereit: **TWindow** und ihre Vorfahrenklasse **TWindowsObject**. Diese Klassen handhaben die Erstellung, Zerstörung und Wartung der Fenster. Ein Großteil Ihrer OWL-Entwicklung ist auf dem Fundament aufgebaut, das Ihnen diese beiden Basisklassen bereitstellen. Abbildung 5.1 zeigt den Rang der Fensterobjektklasse von **TMinWindow** in der Klassenhierarchie von MIN.

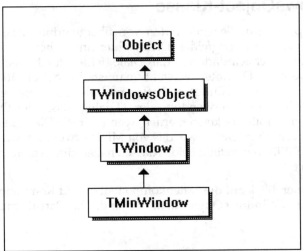

Abbildung 5.1: *Die Fensterobjekthierarchie in MIN*

Die grundlegenden Fensterobjekte der OWL enthalten eine Funktion, die von den Windows-Bibliotheken aufgerufen wird: eine **Fensterprozedur**. Windows setzt Fensterprozeduren ein, um sich mit Ihnen über Ihre Fenster zu verständigen. Die OWL vereinfacht dieses Verfahren, indem sie Ihnen die Definition einer Reihe von Klassenkomponentenfunktionen erlaubt, um ankommende Nachrichten zu handhaben. Anstatt einer einzigen Funktion die ganze Arbeit aufzubürden, übernehmen mehrere Nachrichtenfunktionen die Verteilung der Aufgaben zur Unterstützung eines Fensters. Dieser Vorgang läßt sich etwa mit einer Gruppe von Telefonvermittlern vergleichen, die eine Vielzahl eingehender Anrufe zu beantworten hat. Zur Not könnte vielleicht ein einziger Vermittler die ganze Arbeit bewerkstelligen. Wenn sich aber mehrere Spezialisten die Arbeit teilen, erzielt jeder einzelne auf seinem Gebiet bessere Ergebnisse.

Die Fensterprozedur selbst bleibt in der OWL verborgen. Sie können damit allerdings eigene **Funktionen zur Abarbeitung der Nachrichten** erstellen. Mit einer Funktion pro Nachricht wird zudem das Schreiben des Programmtextes erleichtert. Dadurch, daß die OWL Ihnen zahlreiche Schwierigkeiten abnimmt, verwehrt sie Ihnen andererseits einen tieferen Einblick in die Funktionsweise von Windows. Aus diesem Grund werden wir noch etwas weiter in das Windows-System vorstoßen, als Sie es vielleicht für nötig erachten. Das zusätzlich gewonnene Verständnis sollte es Ihnen erlauben, die Möglichkeiten der OWL und von Windows bis an die Grenzen auszuschöpfen.

Beginnen wir mit einem Blick auf die **TWindowsObject**-Klasse.

Die TWindowsObject-Klasse

Windows kennt zwei grundlegende Arten von übergeordneten Fenstern: normale Anwendungsfenster und Dialogfelder. Dialogfelder unterscheiden sich von Anwendungsfenstern hauptsächlich dadurch, daß Dialogfelder durch eine Dialogfeldschablone erstellt werden. Darunter versteht man statische Definitionen, die zum Zeitpunkt der Programmerstellung geschaffen und als Ressourcen gespeichert werden. Dialoge werden unter Verwendung der **TDialog**-Klasse der OWL erstellt. Sie werden **TDialog** in Kapitel 14 kennenlernen, wenn wir die Dialogfelder besprechen. Ein normales Anwendungsfenster, wie das von MIN verwendete, wird als Nachfahre der OWL-Klasse **TWindow** erstellt. Beide Klassen haben eine gemeinsame Basisklasse: **TWindowsObject**.

Lassen Sie uns einen Blick auf die Datenkomponenten und Komponentenfunktionen werfen, welche in **TWindowsObject** definiert sind. Die Datenkomponenten lauten folgendermaßen:

Datentyp	Name	Beschreibung
PUBLIC:		
HWND	HWindow	Handle zum verwandten Windows-Fenster.
PTWindowsObject	Parent	Zeigt auf das Vorfahren-Fensterobjekt - Ein Hauptfenster hat keine Vorfahren.
int	Status	Fehlerflag.
LPSTR	Title	Kopie des Textes der Überschrift.
PROTECTED:		
FARPROC	DefaultProc	Die vorgegebene Nachrichtenbehandlung des Fensterobjektes, die für alle Windows-Nachrichten aufgerufen wird, die nicht anderweitig behandelt werden.
Pvoid	Transfer-Buffer	Zeigt auf einen Pufferspeicher für die Übertragung von Dialogfelddaten.
PRIVATE:		
PTApplication	Application	Zeigt auf das **TApplication**-Objekt, das dieses Fenster erstellt hat.
PTWindowsObject	ChildList	Zeigt auf ein Nachfolge-Fensterobjekt, das sich am Anfang der Nachfahrenliste befindet. Das Hauptfenster von MIN hat keine Nachfahren.
WORD	CreateOrder	Für Nachfolgefenster. Eine Ganzzahl, die den Rang des Fensters in der Geschwisterliste beschreibt.
WORD	Flags	Fensterattributflag, das besondere Merkmale beschreibt, wie etwa die automatische Erstellung von Nachfolgefenstern (für Dialogfelder), ob es sich beim Fenster um ein MDI-Fenster handelt, ob Daten vorhanden sind, die übertragen werden sollen (für Dialogfelder) und ob die Tastaturhandhabung aktiviert/deaktiviert werden soll.

Datentyp	Name	Beschreibung
`FARPROC`	`Instance`	Zeiger auf den Exemplarblock des Fensterobjektes, der Teil des dynamischen Nachrichtenabfertigungssystems ist (nicht zu verwechseln mit dem **hInstance**-Parameter, der an **WinMain** übergeben wird). Weitere Einzelheiten in Kapitel 19.
`PTModule`	`Module`	Zeiger auf ein Modulobjekt.
`PTWindowsObject`	`SiblingList`	Zeiger auf das nächste Geschwisterfenster (wobei die Geschwisterfenster ein gemeinsames Vorfahrenfenster haben).

TWindowsObject enthält 84 Komponentenfunktionen: Davon sind 51 als public (öffentlich) gekennzeichnet, 25 protected (geschützt) und 8 private (privat). Anstatt jede Komponentenfunktion separat aufzuführen, fassen wir sie hier in zwei kurzen Listen zusammen. Die eine Liste enthält die üblicherweise aufgerufenen Komponentenfunktionen. Die zweite gibt die üblicherweise überschriebenen Komponentenfunktionen an. Weitere Einzelheiten finden Sie in der OWL-Dokumentation. Eine andere Möglichkeit ist das Studium der OWL-Quelltextdateien.

Üblicherweise aufgerufene Komponentenfunktionen:

Funktionsname	Beschreibung
`TWindowsObject()`	Konstruktor.
`~TWindowsObject()`	Destruktor.
`CloseWindow()`	Schließt ein Fenster, nachdem zuerst die **CanClose()**-Komponentenfunktion aufgerufen wurde, um sicherzustellen, daß das Schließen des Fensters erlaubt ist.
`GetApplication()`	Enthält einen Zeiger auf das mit einem Fensterobjekt in Beziehung stehende Anwendungsobjekt.
`GetModule()`	Gibt einen Zeiger auf das Modulobjekt zurück.
`SetCaption()`	Ersetzt den alten Text der Titelzeile eines Fensters durch eine neue Überschrift.
`SetTransferBuffer()`	Liefert einen Zeiger auf einen Pufferspeicher, der für den Datentransfer zwischen den Fenstern eingesetzt wird.

Funktionsname	Beschreibung
Transfer()	Überträgt Daten zu oder von einem Fenster, wie zum Beispiel einem Dialogfeld.
TransferData()	Setzt das Richtungsflag für die **Transfer-**Komponentenfunktion.

Üblicherweise überschriebene Komponentenfunktionen:

Funktionsname	Beschreibung
DefChildProc()	Standard-Behandlung für die **WM_COMMAND**-Nachrichten des Nachfolgefensters.
DefCommandProc()	Führt die vorgegebene Behandlung der **WM_COMMAND**-Nachrichten durch.
DefWndProc()	Standard-Behandlung für ein Fenster. Der Vorgabewert ist die Windows-Routine **DefWindowProc().** Wenn Sie diese Funktion überschreiben, müssen Sie sicherstellen, daß im Falle von unerwünschten Nachrichten **DefWindowProc()** aufgerufen wird.
Destroy()	Eliminiert ein Fensterobjekt und dessen beigeordnetes Windows-Benutzerschnittstellenobjekt. Wenn Sie diese Funktion überschreiben, müssen Sie sichergehen, die überschriebene Funktion *am Schluß* aufzurufen, um die notwendigen Aufräumarbeiten zu leisten.
GetClassName()	Wird eingesetzt, um unverwechselbare Namen für die Windows-Fensterklassen Ihrer Anwendung bereitzustellen. Rufen Sie *niemals* die überschriebene Funktion auf.
GetWindowClass()	Überschreiben, um einen Wert in der Datenstruktur **WNDCLASS** für die Windows-Fensterklasse zu ändern. Rufen Sie die überschriebene Funktion *zuerst* auf, um die Klassendaten zu initialisieren.

Zusätzlich zu diesen Komponentenfunktionen unterstützt die **TWindowsObject**-Klasse eine besondere Art der Komponentenfunktion, die **Funktion** zur Nachrichtenbehandlung genannt wird. Dies bezieht sich auf eine Funktion, die eine einzige Nachrichtenart behandelt. Ein Beispiel: Sie haben vielleicht eine Funktion zur Nachrichtenbehandlung für die **wm_paint-Nachricht**, eine weitere für die **wm_lbutton-down**-Nachricht und noch eine dritte für die **wm_keydown**-Nachricht. Funktionen zur Nachrichtenbehandlung werden unter Verwendung des Borland C++ Compilers mit Hilfe der **Dynamic Dispatch Virtual Tables** (DDVTs) erstellt. Diese Tabellen bestehen aus Vektoren, die Paare von Funktionsindex- und Funktionsadreßwerten enthalten. Das Versenden von Windows-Nachrichten mittels DDVT geht recht schnell vor sich. Es funktioniert schneller als die umfangreichen **switch**-Anweisungen, die so typisch für ein in C geschriebenes Windows-Programm sind. Eine winzige Routine in Maschinensprache durchsucht die Tabelle der Indizes. Im Falle einer Übereinstimmung sendet sie die Nachricht an die geeignete Nachrichtenbehandlungsroutine. Wenn Sie mehr über den DDVT-Mechanismus wissen möchten, sollten Sie sich den Quelltext zum Abfertigungsmechanismus in DD.ASM ansehen.

Zur Definition einer Funktion zur Nachrichtenbehandlung geben Sie der Klassendefinition eine Indexnummer. Ein Beispiel: Hier folgt die Definition, wie sie im Programm PIXEL in Kapitel 7 für die Funktion zur Nachrichtenbehandlung für die wm_paint-Nachricht eingesetzt wird:

```
class TPixelWindow : public TWindow
  {
  public:
...
    virtual void WMPaint(TMessage& Msg) = [WM_FIRST + WM_PAINT];
  };
```

Da der Wert von **WM_FIRST** Null ist, erhält man dieselben Ergebnisse durch diese Definition:

```
virtual void WMPaint(TMessage& Msg) = [WM_PAINT];
```

Wie dieser Programmtext zeigt, ist die Fensterklasse von PIXEL, **TPixelWindow**, nicht direkt auf **TWindowsObject,** sondern auf **TWindow** aufgebaut, einem Nachkommen von **TWindowsObject**. Das Prinzip ist aber für beide Klassen gleich.

Funktionen zur Nachrichtenbehandlung können auch auf andere Weise verwendet werden. Sie können zum Beispiel die Handhabung von Nachrichten für Menüs und Schnelltastenbefehle (**WM_COMMAND**) vereinfachen. An Stelle einer Komponentenfunktion für jedes Menü und jeden Schnelltastenbefehl können Sie eine Behandlungsfunktion pro Befehl erstellen. Die OWL definiert die symbolische Konstante **CM_FIRST**, die Sie als Anfangswert für eine Reihe von **WM_COMMAND**-Befehlsindizes benutzen können. Wir werden dieses Thema bei der Besprechung der Menüs in Kapitel 11 genauer erörtern.

Wenn für eine spezielle Nachricht keine Funktion zur Nachrichtenbehandlung erstellt wurde, übergibt die **TWindowsObject**-Klasse die Nachricht an eine vorgegebene Nachrichtenbehandlungsroutine. Die Klasse ist mit ihrer eigenen, vorgegebenen Nachrichtenbehandlung, **DefWndProc**(), ausgestattet. Wie andere Klassenkomponentenfunktionen können Sie diese Funktion aber auch überschreiben, um den Fluß unbearbeiteter Nachrichten durch ein Fenster zu beobachten. Natürlich werden Sie die meisten Nachrichten weiterhin an die überschriebene Funktion senden wollen. Diese wird dann die vorgegebene Windows-Nachrichtenbehandlung **DefWindowProc**() aufrufen, die jedem Fenster im System ein einheitliches Erscheinungsbild verleiht.

Wie wir früher erwähnt haben, ist **TWindowsObject** eine Basisklasse sowohl für die Dialogfeldklasse der OWL, **TDialog**, als auch für die normale Anwendungsfensterklasse, **TWindow**. Dialoge unterscheiden sich von normalen Anwendungsfenstern in einer ganzen Anzahl von Eigenschaften. Um eines zu nennen: Dialoge werden für gewöhnlich aus bereits zuvor bestehenden Fensterklassen erstellt und bilden ein einzelnes Popup-Fenster, das eine Gruppe von Nachfolgefenstern enthält. Ein Dialog wird normalerweise aus einer Ressourcendefinition erstellt. Dialoge gibt es in zwei Ausführungen: modal und nicht-modal. Ein modaler Dialog macht es unmöglich, Eingaben in das Vorfahrenfenster vorzunehmen, während ein nicht-modaler Dialog dem Vorfahrenfenster die normale Funktionsweise gestattet. Da ein Dialogfeld dem Anwender die Möglichkeit gibt, auf Anwendungsdaten zuzugreifen, brauchen wir schließlich noch einen Mechanismus, der die Datenwerte zu Beginn des Dialoges initialisiert und die Ergebnisse sammelt, nachdem der Anwender einen Dialog beendet hat.

Ein Anwendungsfenster dagegen wird normalerweise aus einer anwendungsspezifischen Fensterklasse erstellt. Sein Leben ist nicht so kurz wie das eines Dialoges, es dauert so lange, wie der Anwender Zugriff auf die Anwendung haben möchte. Anwendungsfenster werden niemals aus Ressourcendefinitionen erstellt, sondern vielmehr auf Grundlage der von den Anwendungen gestellten Erwartungen, die sie gerade benötigen. Obwohl ein Anwendungsfenster Nachfahrenfenster haben kann, müssen diese von Grund auf neu erstellt werden - etwa mit Hilfe irgendeiner vordefinierten Ressourcendefinition.

Wir werden **TDialog** in Kapitel 14 besprechen, wenn wir uns mit der Arbeitsweise der OWL- und Windows-Dialogfeldunterstützung beschäftigen. Jetzt wollen wir damit fortfahren, MIN zu erklären, indem wir die **TWindow**-Klasse näher untersuchen.

Die TWindow-Klasse

Da **TWindow** von der Klasse **TWindowsObject** abgeleitet ist, hat es auch eine Reihe von Datenkomponenten und Komponentenfunktionen geerbt. Zusätzlich handhabt **TWindow** einige der Prozesse, die jede Windows-Anwendung für ein Fenster erledigen muß: die Eintragung einer MS Windows-Fensterklasse, den Bildlauf, das Neuzeichnen, das Verschieben und Verändern der Größe. **TWindow** erschließt Ihnen auch die Unterstützung der Mehrdokumentenschnittstelle (Multiple Document Interface - MDI) von Windows. Wenn Sie Ihre eigenen Fensterobjekte erstellen, wird Ihr Bestreben darin liegen, diese Basisklassen voll für Ihre Zwecke auszunutzen. Betrachten wir nun die Datenkomponenten von **TWindow**:

Datentyp	Name	Beschreibung
PUBLIC:		
`TWindowAttr`	`Attr`	Enthält die Fenstererstellungsparameter, die an den Aufruf von Windows **Create-WindowEx** übergeben werden: **Style, ExStyle, X, Y, W, H, Menu, Id** und **Param**.
`PTScroller`	`Scroller`	Zeigt auf ein Bildlaufobjekt.
`HANDLE`	`FocusChildHandle`	Speichert das Handle des Fensters, auf dem der Tastaturfokus ruht. Dies ist das Nachfolgefenster, an das alle Tastaturnachrichten gesendet werden.

TWindow beinhaltet die relativ bescheidene Anzahl von insgesamt 26 Komponentenfunktionen: 10 öffentliche, 15 geschützte und 1 private. Da ein Großteil Ihrer Arbeit mit einem Fenster die Erstellung von Funktionen zur Nachrichtenbehandlung einschließt, folgen hier einige der üblicherweise aufgerufenen und üblicherweise überschriebenen Komponentenfunktionen:

Üblicherweise aufgerufene Komponentenfunktionen:

Funktionsname	Beschreibung
`TWindowsObject()`	Konstruktor.
`~TWindowsObject()`	Destruktor.
`AssignMenu()`	Ersetzt das bestehende Menü durch ein neues Menü. Von dieser Routine gibt es zwei Varianten: eine für Menüressourcen mit ASCII-Textnamen und eine für Menüressourcen mit numerischen Ressourcen-Kennzahlen.

Üblicherweise überschriebene Komponentenfunktionen:

Funktionsname	Beschreibung
`Create()`	Erstellt ein MS Windows-Fenster, trägt, wenn nötig, eine Fensterklasse ein. Diese Funktion kann sowohl MDI-Dokumentenfenster als auch MDI-Rahmenfenster erstellen. **TModule::MakeWindow** ruft diese Funktion für Sie auf, deshalb sollten Sie niemals selbst direkt **Create** aufrufen. Wenn Sie diese Funktion überschreiben, sollten Sie sicherstellen, daß Sie das Original aufrufen, da es eine Menge Arbeit für Sie erledigt.
`GetClassName()`	Verwenden Sie diese Funktion, um die Windows-Fensterklasse Ihrer Anwendung mit einem unverwechselbaren Namen zu versehen. Wenn Sie überschreiben, dürfen Sie nicht die überschriebene Funktion aufrufen.
`GetWindowClass()`	Überschreiben, um einen Wert in der **WNDCLASS**-Struktur für die Windows-Fensterklasse zu ändern. Rufen Sie die überschriebene Funktion *zuerst* auf, da sie die Struktur mit den benötigten Vorgabewerten füllt.

Bevor wir die vordefinierten Fensterklassen der OWL detailliert besprechen, sollten Sie sich zunächst ein Programm ansehen, in dem sie eingesetzt werden. Aus diesem Grund werden wir erläutern, wie unser kleinstmögliches OWL-Programm, MIN, diese Klassen in seiner eigenen Fensterklasse einsetzt.

Die TMinWindow-Klasse in MIN

Nahezu jedes OWL-Programm, das Sie erstellen werden, wird zumindest eine Klasse enthalten, die von **TWindow** abgeleitet ist. MIN definiert seine **TMinWindow**-Klasse mit nur wenigen Änderungen auf der soliden Grundlage, die die OWL zur Verfügung stellt. Hier folgt die Klassendeklaration von MIN:

```
class TMinWindow : public TWindow

   {

   public:

      TMinWindow (PTWindowsObject pwParent, LPSTR lpszTitle,

             PTModule pmModule);

      virtual LPSTR GetClassName ();

      virtual void  GetWindowClass (WNDCLASS&);

   };
```

Das ist alles: Ein Konstruktor und zwei Funktionen, die die Vorfahrenklasse über-schreiben. Tatsächlich ist es noch einfacher, da der Konstruktor leer ist. Wir haben ihn eingeschlossen, weil MIN uns später als Schablone für komplexere Programme dienen soll.

Die anderen beiden Klassenfunktionen, **GetClassName** und **GetWindowClass**, spie-len eine Rolle bei der Ausstattung von MIN mit einer privaten Fensterklasse, die vollständig mit Symbol und Zeiger vorliegt. Zahlreiche Teile der OWL rufen diese Funktionen auf, um alles Notwendige für die Erstellung eines MS Windows-Fensters für uns zu veranlassen. Um dies genauer zu verstehen, werden wir noch tiefer in das Fenstererstellungsverfahren eindringen.

Die Fenstererstellung in MS Windows

Die Erstellung eines Fensters unter Verwendung der angestammten MS Windows-Funktionen ist ein zwei oder drei Schritte umfassendes Verfahren. Als erstes wird eine Fensterklasse definiert. Dann wird ein Fenster erstellt. Schließlich wird das Fenster sichtbar gemacht.

Eine Windows-Fensterklasse ist ungefähr mit einer C++ Klasse zu vergleichen. Code-und Datenwerte werden kombiniert, um eine Klasse zu definieren. Die Klasse dient als Schablone für die Erstellung aktueller Objekte. Doch die Ähnlichkeiten enden recht schnell, da C++ Klassen in einer Art und Weise erweiterbar und wiederverwendbar sind, die für Fensterklassen nicht besteht. Weiterhin stellen C++ Klassen in puncto Dateneinkapselung, Polymorphismus und Vererbung mehr Fähigkeiten bereit.

Eine Fensterklasse wird definiert, indem eine **WNDCLASS**-Struktur gefüllt wird. Folgender Programmtext zeigt, was ein typisches Windows-Programm für sich selbst erledigt. Andererseits wird die Klasseneintragung für Sie unsichtbar durch die OWL gehandhabt:

```
WNDCLASS wc;


    wc.lpszClassName = "MIN:MAIN";

    wc.hInstance     = hInstance;

    wc.lpfnWndProc   = MinWNDProc;

    wc.hCursor       = LoadCursor (hInstance, "hand");

    wc.hIcon         = LoadIcon (hInstance, "snapshot");

    wc.lpszMenuName  = NULL;

    wc.hbrBackground = (HBRUSH)COLOR_WINDOW+1;

    wc.style         = NULL;

    wc.cbClsExtra    = 0;

    wc.cbWndExtra    = 0;



RegisterClass( &wndclass);
```

Jedes OWL-Fensterobjekt ist ausschließlich mit einer Fensterklasse verbunden. Beim Überschreiben der **GetClassName**-Funktion bleibt es Ihnen überlassen, der OWL den Namen dieser Klasse mitzuteilen. Wurde er nicht registriert, ruft die OWL die **GetWindowClass**-Funktion auf, um ihn in die **WNDCLASS**-Struktur einzutragen. Die OWL besitzt eine Funktion, die bereits eine ganze Reihe von Standardvorgaben enthält. Wenn Sie diese jedoch überschreiben, wie MIN es tut, können Sie jeden Wert einsetzen, der Ihren Erfordernissen genügt.

RegisterClass erstellt einen Eintrag in der **Fensterklassendatei** von MS Windows. Zum Zeitpunkt der Fenstererstellung nimmt die Funktion **CreateWindow** auf einen Eintrag in dieser Datei Bezug. Diese Information wird ein Teil der Identität dieses Fensters. Um dieses Verfahren besser zu verstehen, wollen wir uns jetzt die einzelnen Elemente in **WNDCLASS** ansehen.

Jede Klasse hat einen Namen. Sie erstellen diesen Namen, plazieren ihn in einer Zeichenkette und setzen einen Zeiger auf diese Zeichenkette im **lpszClassName**-Element der Struktur **WNDCLASS**. Dies ist der Schlüssel oder Nachschlagewert für einen Eintrag in die Klassendatei. Die von **TMinWindow** definierte Funktion **GetClassName** stattet die OWL mit unserem Fensterklassennamen aus:

```
LPSTR TMinWindows::GetClassName ()

{

return "MIN:MAIN";

}
```

Wenn Sie Mehrfachfensterklassen in Ihrem OWL-Programm erstellen, sollten Sie sicherstellen, daß jede Klasse einen *unverwechselbaren* Klassennamen aufweist.

Der **hInstance**-Wert teilt Windows mit, wer die Klassendefinition erstellt hat. Dies wird für die interne Haushaltsführung von Windows benötigt. Wenn das letzte Exemplar eines Programmes endet, beseitigt Windows alle damit verbundenen Klassendefinitionen.

Der **lpfnWndProc**-Wert übergibt Windows die Adresse an eine Funktion, die mit einer Fensterklasse verbunden werden soll. Diese Funktion wird Fensterprozedur genannt. Die Funktion einer Fensterprozedur kann auf einen einfachen Nenner gebracht werden: Sie verarbeitet Nachrichten. In einem in C geschriebenen Windows-Programm behandelt eine einzige Funktion die abertausend Nachrichten, die an ein Fenster gerichtet sind. Wie wir es bereits besprochen haben, definieren Sie in OWL-Programmen eine separate Funktion zur Nachrichtenbehandlung für jede Nachricht, die Sie handhaben wollen. Die OWL-Bibliotheken enthalten eine Fensterprozedur, da dies eine Forderung von MS Windows ist. Diese Prozedur achtet aber darauf, die richtige Funktion zur Nachrichtenbehandlung aufzurufen, abhängig davon, wie wir unsere Objektfensterklasse definiert haben.

Der **hCursor**-Wert kennzeichnet den vorgegebenen Mauszeiger für eine Fensterklasse. Jedesmal, wenn der Zeiger über unser Fenster bewegt wird, ändert sich seine Form in die von uns festgelegte Form. Wie wir früher erwähnten, wurde der Zeiger in MIN mit Hilfe des Resource Workshop erstellt. Auf die Datei MIN.CUR, die die Zeigerdefinition enthält, wird in unserer Ressourcedatei MIN.RC mit der Zeile **hand cursor min.cur** Bezug genommen.

Die Komponentenfunktion **TMinWindow::GetWindowClass** installiert das Zeiger-Handle in **WNDCLASS**. Sie ruft **LoadCursor** auf, eine MS Windows-Funktion, die MIN mit dem erforderlichen Zeiger-Handle ausstattet:

```
wc.hCursor=LoadCursor (wc.hInstance, "Hand");
```

Das Handle wird dem **hCursor**-Element der **WNDCLASS**-Struktur zugewiesen. Beachten Sie, daß der zweite Parameter für **LoadCursor**, "Hand", der Name der Ressource in MIN.RC ist.

Das **hIcon**-Element von **WNDCLASS** wird in ähnlicher Weise behandelt. Wir erstellen ein Symbol unter Verwendung des Resource Workshop und speichern es in MIN.ICO.

Auf diesen Dateinamen nimmt wiederum die Ressourcedatei MIN.RC Bezug, wie es hier gezeigt wird:

```
snapshot icon min.ico
```

Diese Deklaration bewirkt, daß die Symbol-Ressourcedaten (neben der Zeigerressource, die wir früher besprochen haben) zum Zeitpunkt der Programmerstellung in MIN.EXE eingebunden werden. MIN lädt die Ressource in den Speicher, indem es eine spezielle Routine aufruft:

```
wc.hIcon=LoadIcon (hInstance, "snapshot");
```

Die Klassendefinitionen stellt den Platz zur Definition eines Menüs für ein Fenster zur Verfügung. Innerhalb der OWL setzt ein Programmtext, wie der nun folgende, die Vorgabe. Die Vorgabe ist hier, kein Klassenmenü zu haben:

```
wc.lpszMenuName = NULL;
```

Das Feld **hBrBackground** von WNDCLASS fragt nach der einen Sache und bekommt eine andere! Dies erfordert eine kurze Erklärung. Dieses Feld legt die Hintergrundfarbe für ein Fenster fest. Wenn wir die Hintergrundfarbe für diese Druckseite festlegen sollten, würden wir Weiß auswählen (da das Buch in schwarzer Schrift auf weißem Papier gedruckt ist). Bevor irgendwelche Zeichnungen in einem Fenster gemacht werden, wird ein Fenster häufig mit der Hintergrundfarbe ausgefüllt. Dadurch erhalten wir eine saubere Fläche zum Zeichnen.

Das Präfix `hbr` sagt aus: "Dies ist ein Handle zu einem Pinsel" (Pinsel gleich *Brush*) Im nächsten Kapitel, in dem wir die grafische Geräteschnittstelle einführen (Graphics Device Interface = GDI), werden wir über Pinsel sprechen. Kurz gesagt handelt es sich bei einem Pinsel um eine Methode, mit der ein Windows-Programm die Farbe festlegt, mit der ein Bereich ausgefüllt werden soll. Unser Beispiel verwendet aber keinen Pinsel für die Hintergrundfarbe (obwohl man einen hätte einsetzen können).

Statt dessen stellt die OWL - wie die meisten anderen Windows-Programme auch - eine Kennzahl bereit, die Windows mitteilt, daß wir die Standard-Hintergrundfarbe des Systems wünschen. Der Anwender wählt die Hintergrundfarbe unter Verwendung des Mischpultprogrammes aus. Um die Standard-Hintergrundfarbe zu einem Teil unserer Fensterklassendefinition zu machen, verwenden wir den speziellen Wert **COLOR_WINDOW+1**:

```
wc.hbrBackground = COLOR_WINDOW+1;
```

Die Definition, die in WINDOWS.H erscheint, lautet

```
#define COLOR_WINDOW        5
```

Dies ist eine von 19 festgelegten Farbkonstanten des Systems. Sie werden sich vielleicht darüber wundern, warum wir zu dieser Konstante den Wert 1 hinzuzählen. Es stellt sich heraus, daß der erste Wert in dieser Gruppe den Wert Null hat. Null ist aber ein ungültiger Wert für ein Pinsel-Handle (oder jedes andere Handle). Um diese Konstanten an Stelle eines Handles einsetzen zu können, fügen wir den Wert 1 hinzu. Auf diese Weise können wir dem gesamten Bereich der Systemfarben Gültigkeit verleihen.

Die nächste **WNDCLASS**-Strukturkomponente, die wir betrachten, ist das **style**-Feld. In der Welt der Windows-Programmierung bezieht sich der Ausdruck Style (Ausführrung) auf eine Sammlung von Optionen, die jeweils durch ein oder zwei Bit gesteuert werden. Um Speicherplatz zu sparen, kombinieren Style-Felder diese Optionen in einem 2 Byte- (oder 4 Byte-) Feld. In Kapitel 13, das alle Gesichtspunkte zur Erstellung von Fenstern behandelt, werden wir die Bedeutung der einzelnen Ausführungsbits eingehend erörtern. Standardmäßig setzt die OWL (wie die meisten Windows-Programme) alle Style-Felder auf *aus*:

```
wc.style        = NULL;
```

Die letzten beiden Felder in **WNDCLASS, cbClsExtra** und **cbWndExtra**, dienen der Belegung zusätzlichen Speicherplatzes in der Klassendatei (**cbClsExtra**) und in einer verwandten Datei, der **Fensterdatei (cbWndExtra)**. Sie enthält für jedes Fenster des Systems einen Eintrag. Dies erlaubt es Ihnen, Ihre eigenen, privaten Daten an eine Klasse oder ein Fenster anzubinden. Im Moment erscheinen Ihnen diese Handlungsweise vielleicht merkwürdig. Doch in der gleichen Weise, in der ein C++ Programm Daten in einem Klassenexemplar einkapselt, kann ein Fenster Daten in einem Fensterexemplareintrag in der Fensterdatei einkapseln.

Fenstererstellung

Wir haben erwähnt, daß die Fenstererstellung ein mehrere Schritte umfassendes Verfahren ist. Nachdem eine Fensterklasse erst einmal definiert ist, besteht der nächste Schritt in der Erstellung eines Fensters. Dies ist die Aufgabe der Funktion **CreateWindowEx**. Hier folgt ein Beispiel, wie die Funktion in einer C-Version von MIN aufgerufen werden könnte:

```
hwnd = CreateWindowEx (0L,                    /* Extra-Ausführung */

                       "MIN:MAIN",            /* Klassenname      */

                       "Minimum",             /* Titel            */

                       WS_OVERLAPPEDWINDOW,   /* Ausführungsbit   */

                       CW_USEDEFAULT,         /* x - Vorgabe      */

                       0,                     /* y - Vorgabe      */
```

```
CW_USEDEFAULT,          /* cx - Vorgabe */

0,                      /* cy - Vorgabe */

NULL,                   /* Kein Vorfahre */

NULL,                   /* Klassenmenü */

hInstance,              /* Urheber */

NULL);                  /* Params. */
```

Zusätzlich zu **CreateWindowEx** hat Windows eine zweite Fenstererstellungsroutine: **CreateWindow**. Die zwei Routinen sind identisch, bis auf die Ausnahme, daß **CreateWindowEx** einen zusätzlichen Parameter aufweist (das Ex steht für "extended" = erweitert). Dieser Zusatzparameter steht in der Parameterliste an erster Stelle - nicht etwa, weil er der wichtigste Parameter wäre, sondern weil es die Implementierung der alten Routine durch den Aufruf der neuen Routine vereinfacht. Lassen Sie uns die Parameter betrachten, die diese beiden Routinen aufnehmen.

Der erste Parameter, der nur bei **CreateWindowEx** vorkommt, enthält Ausführungsbits. Sie erinnern sich sicher an unsere Besprechung der Klassenausführungsbits: Ausführungsfelder kombinieren mehrere ein oder zwei Bit breite Felder zu einem einzigen, zwei oder vier Byte enthaltenden Wert. Der Zusatzparameter von **CreateWindowEx** wurde notwendig, weil der ältere **CreateWindow**-Aufruf nicht mehr mit dem Platz in seinem Ausführungsfeld auskam. Das ursprüngliche Ausführungsfeld ist der dritte Parameter im Aufruf von **CreateWindow** und der vierte Parameter in **CreateWindowEx**. Die OWL setzt setzt diese auf 0L, weil ein typisches Hauptfenster keines dieser Ausführungsdetails benötigt.

Der zweite Parameter zu **CreateWindow** legt die Klasse eines Fensters fest, das wir erstellen wollen. In unserem Beispiel ist der Klassenname **MIN:MAIN**.

Der dritte Parameter ist der Fenstertitel. Der Fenstertitel erscheint sowohl in der Titelleiste eines geöffneten Fensters, als auch unmittelbar neben dem Fenstersymbol, wenn ein Fenster verkleinert wird. Nachdem ein Fenster erstellt wurde, kann ein Programm den Titel ändern, indem es die Routine **SetWindowText** aufruft. In **TMin-Window** ist der Fenstertitel als zweiter Parameter zum Konstruktor festgelegt:

```
MainWindow = new TMinWindow (NULL, "Minimum", NULL);
```

Der vierte Parameter ist für Ausführungsbits vorgesehen. Die OWL verwendet die normale **WS_OVERLAPPEDWINDOW**-Definition für das Hauptfenster einer Anwendung. Diese Definition kombiniert sechs einfachere Ausführungswerte miteinander:

```
#define WS_OVERLAPPEDWINDOW (WS_OVERLAPPED |

    WS_CAPTION | WS_SYSMENU | WS_THICKFRAME |

    WS_MINIMIZEBOX | WS_MAXIMIZEBOX)
```

Der bitorientierte OR-Operator von C faßt diese einfacheren Bitdefinitionen zusammen:

```
#define WS_OVERLAPPED      0x00000000L

#define WS_CAPTION         0x00C00000L

#define WS_SYSMENU         0x00080000L

#define WS_THICKFRAME      0x00040000L

#define WS_MINIMIZEBOX     0x00020000L

#define WS_MAXIMIZEBOX)    0x00010000L
```

In der Definition von **WS_OVERLAPPED** sind alle Bits auf Null gestellt. Dieses Feld hat keine Wirkung, wenn es durch den OR-Operator mit den anderen Bitwerten verbunden wird. Das Ausführungsflag ist verfügbar, damit Sie die drei Fensterarten, die Sie erstellen können, leichter voneinander unterscheiden können. Die anderen zwei Arten werden unter Verwendung der folgenden Ausführungsflags erstellt:

```
#define WS_POPUP           0x80000000L

#define WS_CHILD           0x40000000L
```

WS_OVERLAPPED ist lediglich ein Platzhalter, der Ihnen mitteilen kann, welche Art von Fenster erstellt wurde.

Die anderen Ausführungsbits, die Teil der Definition von **WS_OVERLAPPEDWIN-DOW** sind, dienen dazu, die verschiedenen Teile eines Fensters zu erstellen. Abbildung 5.2 zeigt die Beziehung von Fensterausführungsbits zu den Fensterteilen. Eine vollständige Besprechung der Fensterausführungsbits finden Sie in Kapitel 13.

Der fünfte, sechste, siebente und der achte Parameter werden eingesetzt, um die Anfangsgröße und Position unseres Fensters zu bestimmen. Die X- und Y-Werte geben die Position der unteren linken Ecke des Fensters relativ zur oberen linken Ecke des Bildschirms an. Die Einheit, in der alle vier Parameter angegeben werden, ist Bildpunkte (Pixel). Wie die meisten Windows-Programme wählt die OWL den einfachsten Weg, indem sie Windows auffordert, anhand des **CW_USEDEFAULT**-Flags selbständig eine geeignete Größe und Position für unser Fenster zu wählen. Dieses Flag muß in den Feldern **x** und **cx** von **CreateWindow** gesetzt werden. Wenn es eingesetzt wird, werden die Werte **y** und **cy** ignoriert.

Der neunte Parameter legt die Vorfahren eines Fensters fest. Man kann auch den Ausdruck "Eltern" (parent) verwenden, der sowohl im wirklichen Leben als auch in der Welt der objektorientierten Programmierung vielfältige Begriffsinhalte widerspiegelt. Dieser Parameter beschreibt, wo sich ein Fenster befindet (für ein **WS_CHILD**-Fenster) und ob ein Fenster automatisch gezeigt/verborgen/zerstört werden soll (für alle Fensterarten). Wenn ein Fenster gezeigt, verborgen oder zerstört wird, teilen dessen Nachkommen dieses Schicksal. Wie bei den meisten Programmen wird das Hauptfenster in MIN von der OWL ohne einen Vorfahren erstellt.

Der zehnte Parameter erlaubt uns die Einrichtung eines Menüs in einem Fenster. Das ist die zweite Möglichkeit der Errichtung von Menüs - die erste bot sich in der Klassendefinition. Die **WNDCLASS**-Datenstruktur ermöglicht uns die Definition eines Menüs, das von jeder Komponente einer Klasse benutzt werden kann. Wenn unsere Klassendefinition einen Menünamen hätte, würden wir automatisch das Klassenmenü erhalten, indem wir diesen zehnten Parameter mit NULL festlegen. Wenn ein Fenster mit einem privaten Menü ausgestattet ist, kann dieser Parameter zur Festlegung des privaten Charakters verwendet werden. Standardmäßig definiert die OWL das Hauptfenster von MIN ohne Menü und setzt den neunten Parameter zu **CreateWindow** ebenfalls auf Null.

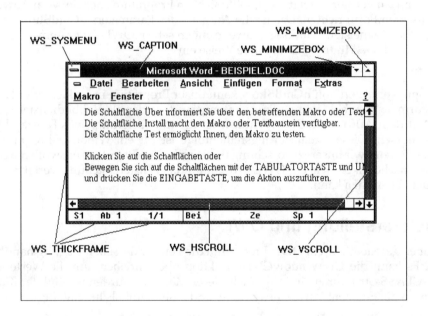

Abbildung 5.2: Die Ausführungsbits und die Teile eines Fensters

Der elfte Parameter, ein Instanz-Handle, kennzeichnet den Eigner des Fensters. Dieses Handle gibt Windows darüber Auskunft, welches Exemplar unseres Programmes das Fenster erstellt hat. Die Begründung für diesen Parameter leuchtet nicht sofort ein. Er trägt aber wesentlich dazu bei, daß Windows das Datensegmentregister korrekt festlegt, wenn die Fensterprozedur aufgerufen wird. Eine tiefergehende Erläuterung des Datensegmentaspekts der dynamischen Bindung finden Sie in Kapitel 19.

Der zwölfte Parameter ermöglicht uns, einen Datenzeiger an unsere Fensterprozedur zu übergeben. Der Zeiger wird an unsere Fensterprozedur mit der allerersten Nachricht, **WM_CREATE**, übergeben. Damit werden die Initialisierungsdaten des Fensters bereitgestellt. Die OWL setzt diesen Wert auf Null, um anzuzeigen, daß keine Initialisierungsdaten zu übergeben sind.

Die Funktion **CreateWindowEx** gibt an das erstellte Fenster einen Namen, ein Fenster-Handle, zurück. Die OWL speichert diesen Wert pflichtgemäß in der **HWindow**-Datenkomponente unseres Fensterobjektes.

Nach der Rückkehr von **CreateWindowEx** hat Windows alle internen Informationen erzeugt, die für die Unterstützung des Fensters benötigt werden. Das bedeutet: Windows hat einen Eintrag in der Fensterdatei erstellt. Unser Fenster ist aber bisher noch nicht auf dem Bildschirm zu sehen. Dazu ist ein Aufruf von **ShowWindow** erforderlich. Wenn ein Fenster gezeigt wird, sollte sich ein Programm nach der vom Anwender gewünschten Form richten. Das ist die Aufgabe des Parameters **nCmdShow** in **WinMain**. Wie die meisten Windows-Anwendungen setzen OWL-Programme diesen Parameter in **ShowWindow** auf folgende Weise ein:

```
ShowWindow (hwnd, nCmdShow);
```

Abhängig vom Wert von **nCmdShow** kann unser Programm in verkleinerter Darstellungsform als Symbol, als reguläres Anfangsfenster oder als Vollbildfenster erscheinen. Mit dem Aufruf von **ShowWindow** ist die Initialisierung eines Fensterobjektes abgeschlossen. Diese Initialisierungsreihenfolge ist für ein Windows-Programm typisch. Während wir unsere Erforschung des Windows-API fortsetzen, wollen wir kurz darüber nachdenken, wie ein OWL-Programm das Fenstererstellungsverfahren noch genauer abstimmen kann.

Fenstererstellung und OWL

Sie haben gesehen, wie ein OWL-Programm die Fensterklasseneintragung handhaben kann. Es kann die **GetWindowClass**-Funktion überschreiben, um die Werte in der **WNDCLASS**-Struktur zu ändern. Nach dieser Methode wurden in MIN der Klassendefinition die Eigenentwürfe eines Zeigers und eines Symbols hinzugefügt.

Das Überschreiben der Parameter von **CreateWindowEx** ist genauso einfach. Erinnern Sie sich daran, daß eine der **TWindow**-Datenkomponenten **Attr** lautet. Diese Datenkomponente ist eine Struktur vom Typ **TWindowAttr**. Wenn Sie sich die OWL-Quelldateien ansehen, werden Sie die Struktur folgendermaßen definiert finden:

```
struct _CLASSTYPE TWindowAttr {

   DWORD Style;

   DWORD ExStyle;
```

```
    int X, Y, W, H;

    LPSTR Menu;    // Menüname

    int Id ;       // Nachfahrenname

    LPSTR Param;

};
```

Dies sind die Parameter, die beim Aufruf von **CreateWindowEx** einzusetzen sind.

Der Konstruktor von **TWindow** füllt diese Struktur mit einer entsprechenden Reihe von Vorgabewerten. Da der Konstruktor einer abgeleiteten Klasse nach dem Konstruktor der Basisklasse aufgerufen wird, können Sie jeden Wert in Ihrem Konstruktor ändern. Diese Werte werden dann im Aufruf zur Fenstererstellung verwendet.

Beispiel: MIN würde ein Fenster erstellen, das 200 Bildpunkte hoch und 300 Bildpunkte breit ist, wenn man den Konstruktor von **TMinWindow** folgendermaßen ändern würde:

```
TMinWindow::TMinWindow (PTWindowsObject pwParent,
            LPSTR lpszTitle, PTModule pmModule)
        :TWindow (pwParent, lpszTitle, pmModule)
    {
    Attr.H = 200;
    Attr.W = 300;
    }
```

Durch Änderung der anderen Werte in der **Attr**-Datenkomponente können Sie die Art und Weise ändern, auf die Ihre Fenster erstellt werden.

Einer der an die **RegisterClass**-Routine übergebenen Werte ist die Adresse einer Funktion, die als Fensterprozedur fungiert. Wenn Sie unter Einsatz der OWL programmieren, definieren Sie diesen Funktionstyp nicht selbst, da er in der OWL bereits zur Verfügung steht. Die Fensterprozedur der OWL ruft die Komponentenfunktionen Ihrer Fensterobjekte auf. Da Fensterprozeduren in der Windows-Programmierung eine zentrale Stelle einnehmen, werden wir sie Ihnen jetzt näher vorstellen.

Die Deklaration der Fensterprozedur

Jede Fensterprozedur - ob nun in der OWL oder in einem in C geschriebenen Windows-Programm - muß folgendermaßen definiert werden:

```
long FAR PASCAL MinWndProc (HWND hWnd,

                            WORD msg,

                            WORD wParam,

                            LONG lParam)
```

Der Prozedurname und der Name jedes Parameters bleibt natürlich Ihnen überlassen. Anzahl und Typ der Parameter aber müssen, wie hier gezeigt, angegeben werden. Sie brauchen den Programmtext, der diese Routine aufruft, nicht selbst zu schreiben. Diese Aufgabe übernimmt eine Windows-interne Fensterprozedur, die als Schubverarbeitungsteil eines Windows-Programmes fungiert. Das bedeutet, daß diese Routine direkt von Windows aufgerufen wird.

Der Rückgabewert für alle Fensterprozeduren hat den Typ Long. Die Bedeutung des Rückgabewertes hängt von der Nachricht ab. Ein Beispiel: Die Nachricht **WM_QUERYENDSESSION** erwartet einen Wert wie **TRUE** (ungleich Null) oder **FALSE** (Null). Diese besondere Nachricht läßt Programme darüber enscheiden, ob Windows die Aufforderung des Anwenders, das System zu schließen, befolgen soll (Windows kann sich eben sehr demokratisch geben). Andererseits erwartet die Nachricht **WM_GETTEXT** von Ihnen einen Long-Zeiger auf eine Zeichenkette (**char far ***) als Rückgabewert.

Jede Fensterprozedur hat genau vier Parameter: ein Fenster-Handle (**hWnd**), einen Nachrichtennamen (**msg**) und zwei Parameterwerte (**wParam** und **lParam**).

Das Fenster-Handle, **hWnd**, kennzeichnet das mit einer Nachricht verbundene Fenster. Dies ist ein notwendiger Parameter, da eine einzelne Fensterprozedur mehrere verschiedene Fenster zur gleichen Zeit unterstützen kann. Das Fenster-Handle bezeichnet das Fenster, das eine Fensterprozedur "ruft". In einem OWL-Programm ist dieser Parameter natürlich nicht so interessant, da die Fensterobjekte den Wert für das Fenster-Handle bereits in der Datenkomponente **HWindow** enthalten.

Der zweite Parameter, **msg**, ist die Fensternachricht. Wenn uns also das Fenster-Handle mitteilt, "wer aufruft", dann teilt uns der Nachrichtenwert mit, "was derjenige will". Vielleicht will die Nachricht mitteilen, daß ein Fenster erstellt wurde (**wm_create**), es sich in einer neuen Umgebung befindet (**wm_move**), gewachsen (oder geschrumpft) ist (**wm_size**), einen neuen Anstrich benötigt (**wm_paint**) oder nicht mehr besteht (**wm_destroy**).

Die Parameter **wParam** und **lParam** geben weitere Informationen über eine bestimmte Nachricht. **wParam** ist als Wert vom Typ WORD definiert, der in WINDOWS.H als vorzeichenlose 16 Bit-Ganzzahl festgelegt ist. **lParam** ist als **Wert** vom **Typ** long definiert, welcher ein vorzeichenloser 32 Bit-Wert ist. Die Bedeutung von **wParam** und **lParam** hängen vom Nachrichtentyp ab. Ein Beispiel: Die **wm_command**-Nachricht, die geschickt wird, wenn ein Menübefehl ausgewählt wird, verwendet **wParam**, um den speziellen Menübefehl zu erkennen, der gewählt wurde. Mausnachrichten, wie etwa **wm_lbuttondown** und **wm_mousemove**, verwenden **lParam** zum Speichern der jeweiligen Position des Mauszeigers im Arbeitsbereich des Fensters.

Das Schlüsselwort **PASCAL** veranlaßt eine Funktion dazu, die Pascal-Aufrufvereinbarung zu verwenden. Dieses Schlüsselwort ist nicht Teil von ANSI Standard C, sondern eine C-Spracherweiterung. Sie macht sich einen Trick in der Intel-Architektur zu Nutze, der kompakteren und schnelleren Code erzeugt, als es die vorgegebene Aufrufvereinbarung des C-Compilers zuläßt. Tatsächlich nutzen alle Windows-API-Routinen (mit der Ausnahme von **wsprintf**) diese Aufrufvereinbarung.

Das Schlüsselwort **far** wird benötigt, weil eine Fensterprozedur immer durch einen Zwischensegmentaufruf aufgerufen wird. Ein verwandtes Schlüsselwort ist **near**, welches eine Referenz zu etwas definiert, das sich im selben Segment befindet. Programmierer bemühen sich oft intensiv, die Zahl der **far**-Referenzen auf ein Minimum zu beschränken, da sie einen höheren Speicherplatzbedarf als **near**-Referenzen haben. Weitere Informationen finden Sie im Anhang H.

Die OWL-Fensterobjekte stellen eine Fensterprozedur bereit, so daß Sie selbst keine eigene Fensterprozedur zu erzeugen brauchen. Allerdings erleichtert Ihnen das Verständnis einer Fensterprozedur die Orientierung im Windows-System ganz erheblich. Aus diesem Grunde ist es durchaus empfehlenswert, sich entsprechende, in C geschriebene Windows-Programmbeispiele anzusehen. Dabei werden Sie sicher anerkennend feststellen können, in welchem Maße Ihnen die OWL die Windows-Programmierung erleichtert, indem sie Ihnen eine große Anzahl komplexer Aufgaben abnimmt.

Selbst wenn Sie niemals eine Fensterprozedur erstellen müssen, bleibt es Ihnen nicht erspart, Ihre Programme mit Funktionen zur Nachrichtenbehandlung auszustatten. Sie werden sich vielleicht noch aus unserer früheren Besprechung daran erinnern, daß es sich hierbei um Funktionen handelt, die Sie als Teil Ihrer eigenen Fensterobjekte definieren können, um ganz bestimmte Nachrichten zu behandeln. Untersuchen wir nun, welche speziellen Funktionen der Nachrichtenbehandlung dienen.

Funktionen zur Behandlung der OWL-Nachrichten

Für jede Nachricht, die von einem Fensterobjekt verarbeitet werden soll, müssen Sie eine Funktion zur Nachrichtenbehandlung erstellen. Wie Sie sich vielleicht erinnern werden, ist eine Funktion zur Nachrichtenbehandlung eine Komponentenfunktion der Klasse eines Fensterobjektes. In gewissem Sinne ist jede dieser Funktionen eine winzige, spezialisierte Fensterprozedur. Man könnte die Fensterprozedur der OWL als eine Art Telefonzentrale bezeichnen, die die Nachrichten an Funktionen zur Nachrichtenbehandlung weiterleitet.

Worin sich eine Funktion zur Nachrichtenbehandlung von einer Fensterprozedur unterscheidet, ist die Art der Deklaration. Beide Funktionen bieten den Zugriff auf dieselben vier Parameter, die allerdings in unterschiedlicher Anordnung verwendet werden. Hier folgt das Beispiel einer Funktion zur Nachrichtenbehandlung aus dem GDI-Programm LINES (Kapitel 8):

```
void TLinesWindow::WMLButtonDown( TMessage& Msg )
```

Diese Neuanordnung der Parameter erfordert eine kurze Erklärung. Als erstes kopiert die OWL-Fensterprozedur **StdWndProc** die Parameter der Fensterprozedur in eine Struktur vom Typ **TMessage**, die in **WINDOBJ.H** folgendermaßen definiert ist:

```
struct TMessage  {

  HWND Receiver;

  WORD Message;

  union {

    WORD WParam;

      struct tagWP {

        BYTE Lo;

        BYTE Hi;

      } WP;

  };

  union {

      DWORD LParam;

      struct tagLP {

        WORD Lo;

        WORD Hi;

      } LP;

  };

  long Result;

};
```

Unentbehrlich ist der Standardsatz von Fensterprozedurparametern: **Receiver, Message, WParam** und **LParam**. Ein fünfter Parameter, **Result**, stellt den Platz für die Aufnahme des Rückgabewerts einer Nachricht zur Verfügung. Die Bedeutung eines Rückgabewertes hängt vom Nachrichtentyp ab. Die **WM_GETTEXT**-Nachricht erwartet beispielsweise einen far-Zeiger auf die Zeichenkette.

Wenn Sie ein Neuling in C++ sind, wird Ihnen der Gebrauch von & in dem Parameter zu **WmLButtonDown** merkwürdig vorkommen. Es ist ein "Referenzparameter". Das bedeutet, daß der Parameter den direkten Zugriff auf den aktuellen Speicherplatz ermöglicht, der vom Aufrufer belegt wird. Dies unterscheidet sich deutlich von der "Wertübergabe", wie sie den C-Programmierern vertraut ist. Die letztere Methode zur Parameterübergabe verwendet temporäre Variablen für Parameter.

Andererseits arbeitet ein Referenzparameter größtenteils wie ein übergebener Zeiger. Mit der Übergabe von Zeigern an Funktionen hat schon jeder C-Programmierer zu tun gehabt.

Beispiel: Die Standardfunktion **memcpy** erhält zwei Zeiger, wie in

```
char * pchInBuffer;

char * pchOutBuffer;

int cbBuffer;


memcpy (pchOutBuffer, pchInBuffer, cbBuffer)
```

Die Syntax für einen Referenzparameter unterscheidet sich etwas von der eines übergebenen Zeigers. Genau gesagt, wird der Operator ".." nicht verwendet. Statt dessen verwendet die aufgerufene Funktion den Punktoperator ".", als ob die Struktur von der aufgerufenen Funktion selbst deklariert würde.

Deswegen wird eine Funktion zur Nachrichtenbehandlung wie **WMLButtonDown** auf die Komponenten von **TMessage** unter Verwendung des Punktoperators zugreifen. Es folgt ein Beispiel, wie auf alle fünf Komponenten von **TMessage** zugegriffen werden kann:

```
HWND hWnd;

WORD wMessage;

WORD wParam;

LONG lParam;

hWnd     = TMessage.Receiver

wMessage = TMessage.Message

wParam   = TMessage.WParam

lParam   = TMessage.LParam


TMessage.Result = 0L;
```

Der Ausschnitt aus dem Programmtext unterstreicht den Unterschied zwischen der normalen Ungarischen Namensgebung und der Vereinbarung, die in die OWL aufgenommen wurde. Auf den ersten Blick mag dieses "Durcheinander" vielleicht ärgerlich sein. Wir sind jedoch zu der Überzeugung gelangt, daß die unterschiedliche Schreibweise dabei hilft, die OWL-Variablen von unseren eigenen Variablen zu unterscheiden.

Innerhalb einer Funktion zur Nachrichtenbehandlung gibt es zwei Möglichkeiten, auf das Fenster-Handle zuzugreifen. Dieses Handle ist zum einen in der **HWindow**-Datenkomponente von **TWindowsObject** gespeichert. Weiterhin wird es im **Receiver**-Feld der **TMessage**-Struktur bereitgestellt. Es macht keinen Unterschied, auf welches Sie sich beziehen, da beide identisch sind. Vom Standpunkt der Programmausführung aus gesehen werden dieselben Maschinenbefehle eingesetzt, um auf jede der beiden Variablen zuzugreifen. Die Auswahl hängt also von Ihrem persönlichen Geschmack ab. Allgemein neigen wir eher dazu, die **HWindow**-Datenkomponente zu wählen.

Von Zeit zu Zeit erweist es sich als notwendig, auf ein *Teilstück* eines Nachrichtenparameters zuzugreifen. Mausnachrichten kombinieren zum Beispiel die x- und y-Zeigerposition im Parameter **lParam** (y ist im oberen Wort niedergelegt, x befindet sich im unteren Wort). Auch wenn es Makros zur Trennung dieser Werte gibt - die Definition von **TMessage** ist am einfachsten. Auf folgende Weise können Sie das High-Wort des Parameters **lParam** erhalten:

```
WORD wHigh;

wHigh = Msg.LP.Hi
```

Der Hauptvorteil für den Einsatz eines Referenzparameters in Funktionen zur Nachrichtenbehandlung ist die Geschwindigkeit. Nebenbei ist zur Übergabe des Referenzzeigers (4 Byte) weniger Speicherplatz notwendig als zur Übergabe der gesamten **TMessage**-Struktur (14 Byte). Bei der großen Anzahl der Nachrichten eines Windows-Systems kann dies zu bedeutenden Speicherplatz-Einsparungen führen.

Jede Funktion zur Nachrichtenbehandlung wird wie die Funktion in unserem Beispiel definiert. Deshalb können Sie dieses Beispiel als eine Schablone für jedes OWL-Programm verwenden, das Sie schreiben. Wie Sie feststellen können, haben wir diese Schablone für alle Programmtextbeispiele in diesem Buch eingesetzt. Eine erwähnenswerte Variante finden Sie im Gebrauch von **RTMessage** an Stelle von **TMessage&**, wie in

```
void TLinesWindow::WMLButtonDown( RTMessage Msg )
```

Sie werden dieser Variante in einigen wenigen Beispielprogrammen begegnen, die Borland zusammen mit der OWL ausliefert. Die zwei Ausdrücke sind gleichbedeutend. Entscheiden Sie selbst, welche Ihren Ansprüchen besser gerecht wird.

An diesem Punkt verfügen Sie über genügend Grundlagen zur Anwendung der OWL-Fensterobjekte, um Windows-Programme zu erstellen. Einen entscheidenden Themenbereich haben wir bis jetzt noch nicht angesprochen: die ordnungsgemäße Beendigung eines Programms. Obwohl dies auf den ersten Blick die Aufgabe eines Anwendungsobjektes ist, ist die Beendigung eines Programms unter Windows ausschließlich an die Lebensdauer des Programmhauptfensters gebunden. Sehen wir uns an, wie ein OWL-Fensterobjekt die Beendigung eines Programms handhabt.

Programmbeendigung

Ein wichtiger Punkt für jedes Windows-Programm ist die ordnungsgemäße Beendigung. Sie ist notwendig, um den Speicher und andere vom Programm verwendete Ressourcen aufzuräumen und wiederherzustellen.

Bei der Besprechung des Anwendungsobjektes haben wir Ihnen die **WM_QUIT**-Nachricht vorgestellt. Wenn die Nachrichtenschleife auf diese Meldung stößt, bewirkt diese, daß die "endlose Nachrichtenschleife" (und damit unser Programm) endet. Sehen wir uns an, wie die **WM_QUIT**-Nachricht in unsere Nachrichtenschlange gelangt.

Die Beendigung des Programms tritt üblicherweise dann ein, wenn das Hauptfenster des Programmes geschlossen wird. Ein Anwender kann ein Fenster auf verschiedene Art und Weise schließen. Zwei der gebräuchlichsten Wege sind die Wahl des Schließen-Symbols im Systemmenü oder das Drücken der Tastenkombination Alt-F4. Beide Aktionen lösen einen Nachrichtenstrom aus, der an unsere Fensterprozedur gesendet wird. Es folgt eine Liste von Nachrichten, die an unsere Fensterprozedur geschickt werden, wenn das Fenster von MIN unter Verwendung der Tastenkombination Alt-F4 geschlossen wird:

Nachricht	Erläuterung
WM_SYSKEYDOWN	Die Alt-Taste wurde gedrückt.
WM_SYSKEYDOWN	Die F4-Taste wurde gedrückt.
WM_SYSCOMMAND	Der Systembefehl wird erzeugt.
WM_CLOSE	Das Fenster erhält Anweisung zum Schließen.
WM_NCACTIVATE	Ausschalten der Markierung der Titelleiste (Nichtarbeitsbereich).
WM_ACTIVATE	Das Fenster wird inaktiv (unwirksam).
WM_ACTIVATEAPP	Die Anwendung wird inaktiv (unwirksam).
WM_KILLFOCUS	Das Fenster verliert den Tastaturfokus.
WM_DESTROY	Das Fenster ist zerstört worden.
WM_NCDESTROY	Zeitpunkt zur Aufarbeitung der Daten im Nichtarbeitsbereich.

Das erste, was zu diesem Nachrichtenstrom bemerkt werden kann, ist, daß die vorgegebene Fensterprozedur einen Großteil der Aufgaben steuert, mit deren Hilfe die "richtigen Maßnahmen" ergriffen werden können.

Beispiel: Die Prozedur übersetzt die ersten beiden Nachrichten, die reine Tastendruck-Nachrichten sind, in die dritte Nachricht, einen Systembefehl. Die Systembefehl-Nachricht wird von der vorgegebenen Fensterprozedur behandelt, um Systemstufenbefehle auszuführen.

Ein Systembefehl ist eine generelle Nachfrage nach einem bestimmten Handlungsablauf (Verschieben eines Fensters, Fenstergröße verändern usw.). In der Regel verarbeitet ein Fensterobjekt diese Nachrichten nicht. Statt dessen sucht es nach spezifischeren Nachrichten, auf die es reagieren kann. In diesem Fall lautet diese Nachricht **WM_CLOSE**, eine Aufforderung, unser Fenster zu schließen.

Die Klasse **TWindowsObject** hat eine Komponentenfunktion, um diese Nachricht zu behandeln: **WMClose**. Diese Funktion fragt zunächst nach dem Einverständnis, das Fenster zu schließen. Hierbei können zwei verschiedene Komponentenfunktionen von **CanClose** aufgerufen werden. Wenn es sich um das Hauptfenster einer Anwendung handelt, wird die **CanClose**-Funktion des *Anwendungsobjektes* aufgerufen. Wenn es sich um ein anderes Fenster handelt, ruft die Funktion die **CanClose**-Funktion des *Fensterobjektes* auf. Sowohl für das Anwendungsobjekt als auch für das Fensterobjekt gibt die Komponentenfunktion einen von zwei Werten zurück: **TRUE** (wahr, ungleich Null), der das Schließen des Fensters erlaubt, oder **FALSE** (unwahr), um das Schließen des Fensters zu verhindern.

Die Standardhandlung von **TApplication::CanClose** ist der Aufruf der **CanClose**-Funktion des Hauptfensters. Aus diesem Grund ist es sinnvoll, sich diese Komponentenfunktion nur in ihrer Gestalt als Fensterobjekt vorzustellen. Die Anwendungsobjekt-Version macht es leicht, eine Anwendung an jeder beliebigen Stelle zu beenden.

Eine typische **CanClose**-Komponentenfunktion würde in unserem Fenster nach einer noch ungesicherten Datei fahnden. Wenn eine solche Datei vorhanden sein sollte, würde unser Fensterobjekt ein Nachrichtenfeld ähnlich dem in Abbildung 5.3 gezeigten Feld anzeigen, um den Anwender vor dem möglichen Verlust von Daten zu warnen. Eine **CanClose**-Komponentenfunktion stellt sicher, daß durch das Schließen des Fensters kein Schaden entsteht. Im vorliegenden Beispiel eines Nachrichtenfeldes würde **CanClose** den Wert **TRUE** (OK für das Schließen des Fensters) zurückgeben, wenn der Anwender "Ja" oder "Nein" anklickt. Klickt der Anwender dagegen "Abbrechen" an, würde **CanClose** den Wert **FALSE** zurückgeben. Das Schließen des Fensters wird dadurch verhindert. **TWindowsObject** handhabt die Nachricht **WM_Queryendsession** durch ihre Komponentenfunktion **WMQueryEndSession**. Windows sendet diese Nachricht an das Hauptfenster jedes Programms, wenn der Anwender beabsichtigt, die Systemsitzung zu beenden. Im wesentlichen erfolgt daraufhin eine Abstimmung. Damit Windows beendet werden kann, erwartet es als Rückmeldung einen einstimmigen Beschluß. Wieder einmal wird **CanClose** aufgerufen, um sich gegen den Verlust von Anwenderdaten abzusichern. Als erstes wird die **CanClose**-Funktion der Anwendung aufgerufen, die wiederum die **CanClose**-Komponentenfunktion des Hauptfensters aufruft.

Wenn **CanClose** sein OK zum Schließen des Fensters erteilt, wird die Komponentenfunktion **Destroy** aufgerufen. Dies ist eine **TWindowsObject**-Komponentenfunktion, welche die erstellten MDI-Dokumentenfenster bereinigt. Als nächstes wird die MS Windows-Routine **DestroyWindow** aufgerufen. Diese Routine eliminiert ein Fenster vollständig und unwiderruflich. Sie sendet einen "Totenschein" in Form einer **WM_DESTROY**-Nachricht.

Wiederum verfügt **TWindowsObject** über eine Komponentenfunktion, die diese wichtige Nachricht behandelt. Die Komponentenfunktion **WMDestroy** dieser Klasse übernimmt diese Aufgabe. Wenn es sich um das Hauptfenster einer Anwendung handelt, ruft sie die Windows-Routine **PostQuitMessage** auf, die der Nachrichtenschlange einer Anwendung eine **WM_QUIT**-Nachricht anfügt. Diese Nachricht ist dafür verantwortlich, daß die Nachrichtenschleife einer Anwendung endet, damit das Programm selbst beendet werden kann.

Wie Sie sehen können, wird uns der größte Teil der Programmbeendigung durch die OWL-Bibliotheken abgenommen. Natürlich können wir an jedem Punkt eingreifen,

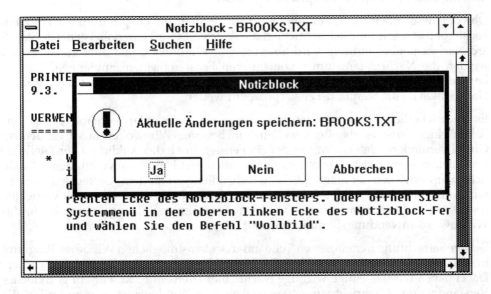

Abbildung 5.3: Sicherheitsabfrage, um den Anwender vor unbeabsichtigtem Verlust von Daten zu schützen

indem wir ganz einfach die Komponentenfunktionen der Basisklasse überschreiben. Eine andere hilfreiche Komponente ist die Standard-Fensterprozedur von Windows. Richten wir jetzt unser Interesse auf dieses wichtige Arbeitsmittel.

Standard-Nachrichtenbehandlung

Wie wir in Kapitel 1 erläutert haben, liegt einer der Hauptgründe für die Attraktivität von Windows in dem einheitlichen Erscheinungsbild der Windows-Benutzeroberfläche. Selbst dem nur gelegentlich mit Windows arbeitenden Benutzer fällt die bemerkenswerte Einheitlichkeit der Programme auf. Ein Beispiel: Die Menüs zweier sonst weiter nicht miteinander in Zusammenhang stehenden Programme arbeiten auf dieselbe Weise, und Fenster in verschiedenen Programmen reagieren in derselben Weise auf dieselben Handlungen.

Die Ursache für diesen hohen Grad der Einheitlichkeit liegt im Innern von Windows, in der Arbeit der Standardroutine für die Fensterbehandlung. Die Flut von Nachrichten, die ein Fensterobjekt an die Standard-Nachrichtenbehandlung leitet, ist der Grund für die Ähnlichkeiten zwischen Programmen. Während ein C-Programm überwiegend auf die Standard-Fensterprozedur angewiesen ist, bekommt ein OWL-Programm den Großteil dieser Dienstleistungen von den grundlegenden OWL-Objekten gestellt. Doch selbst die OWL-Programme vertrauen bis zu einem gewissen Grad auf die von der Standard-Fensterprozedur geleistete Arbeit.

Obwohl diese Arbeit für uns erledigt wird, gibt es dennoch einiges für uns zu tun. Ein Fensterobjekt spielt für die Nachrichten die Rolle eines Verkehrspolizisten. Die Standard-Nachrichtenbehandlung wird aber nie von Windows direkt aufgerufen. Zuerst werden die Nachrichten immer von unseren Fensterobjekten empfangen. Um die korrekte Arbeitsweise der Benutzeroberfläche zu gewährleisten, reicht die OWL die Nachrichten an die Standard-Fensterprozedur weiter.

Es wird sicherlich Situationen geben, in denen wir die Standardvorgabe für das Verhalten eines Fensters abändern wollen. Ein Beispiel: Wir wollen aus irgendeinem Grund verhindern, daß ein Anwender ein Fenster durch das Anklicken der Titelleiste verschieben kann. Es ist nicht schwierig, die mit dieser Handlung verbundenen Nachrichten am Erreichen der Standard-Fensterbehandlung zu hindern. Größtenteils werden wir es aber erlauben, daß die Standard-Fensterprozedur für uns die Arbeit verrichtet, so daß unser Programm vom einheitlichen Erscheinungsbild profitieren kann, das Windows so anwendungsfreundlich macht.

Bei der Betrachtung der einzelnen Teile unseres kleinstmöglichen Windows-Programmes haben wir viel über den Fluß der Nachrichten durch das System gesprochen. Dabei haben wir u.a. einige wichtige Nachrichtenarten entdeckt. Für ein gründliches Verständnis des Nachrichtentransportsystems von Windows ist es erforderlich, die Nachrichtenarten zu kennen, die durch diese Kanäle fließen. Aus diesem Grund werden wir dieses Kapitel mit einer tiefergehenden Betrachtung der Nachrichtenarten in Windows abschließen.

Eine Bewertung der Nachrichten

Windows kennt über 250 vordefinierte Nachrichten. Glücklicherweise müssen Sie nicht jede einzelne Nachricht kennen, da die meisten davon sehr speziell eingesetzt werden. Ein Beispiel: Eine große Zahl von Nachrichten ist ausschließlich für einen ganz bestimmten Fenstertypus ausgelegt. Andere Nachrichten werden für ganz besondere Aufgaben eingesetzt, wie etwa zum Daten-Sharing oder zur Implementierung des MDI-Standards (**Multiple Document Interface** - Mehrdokumentenschnittstelle). Außerdem fließen, vom Anwender unbemerkt, weitere Nachrichten durch unser Nachrichtenleitungssystem. Dabei handelt es sich um interne Nachrichten, die Windows für seine eigenen Belange erzeugt.

Damit Sie sich in dem System der Windows-Nachrichten besser zurechtfinden können, werden wir sie in acht Kategorien einteilen. Diese Einteilung soll Ihnen einen Rahmen für das Verständnis der Nachrichten bieten. Damit ist allerdings das Thema Nachrichten noch lange nicht abgeschlossen. In fast jedem Kapitel dieses Buchs finden Sie weitere Einzelheiten über die Nachrichten, die in den verschiedenen Teilen von Windows angewendet werden. Beginnen wir jetzt mit der Untersuchung der Windows-Nachrichten.

Nachrichten haben Namen. Sie werden in WINDOWS.H folgendermaßen definiert:

```
#define WM_COMMAND 0x0111
```

Das Präfix **WM_** sagt uns, daß ein Symbol eine "Fensternachricht" ist. In der gesprochenen Sprache wird das Präfix ignoriert, so daß Programmierer WM_COMMAND häufig als eine "Befehlsnachricht" bezeichnen. Diese symbolischen Namen stehen stellvertretend für den reinen Zahlenwert einer Nachricht: eine vorzeichenlose 16 Bit-Ganzzahl. Neben dem Präfix WM_ gibt es noch andere Präfixe für Nachrichten: **EM_,** **BM_, DM_, LB_** und **CB_** (wie etwa **EM_GETSEL, BM_GETCHECK** usw.). Dies sind private Nachrichten, die uns im Moment nicht weiter interessieren. Sie zeigen jedoch, daß Sie Ihre *eigenen* privaten Nachrichten nach Ihren Vorstellungen erzeugen können.

Ein nützliches Hilfsmittel zum Kennenlernen der Nachrichten bildet **WinSight**. Borland stellt dieses Hilfsprogramm ab der Version 3.0 des Borland C++ Compilers zur Verfügung. Es bietet Ihnen einen Einblick in den Nachrichtenverkehr eines Fensters - auch wenn Sie das Programm nicht selbst geschrieben haben! Wenn Sie **WinSight** verwenden, werden Sie über die Zahl der entsprechenden Nachrichten überrascht sein. Abbildung 5.4 zeigt z.B. die Nachrichten, wie sie durch die relativ einfache Handlung einer Menüauswahl erzeugt werden. Man muß nicht unbedingt ein hochgradiger Experte sein, um festzustellen, daß dies eine ganz beträchtliche Anzahl von Nachrichten ist.

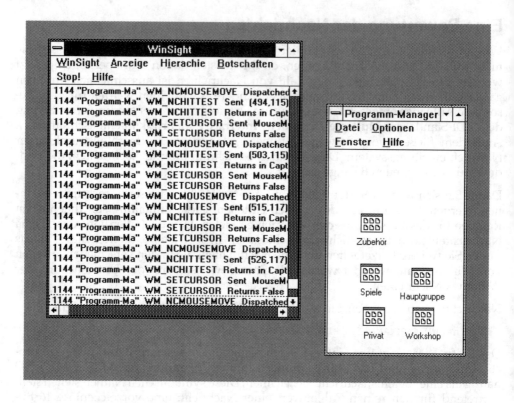

Abbildung 5.4: WinSight zeigt Nachrichten, die durch die Auswahl eines Menübefehles erzeugt wurden.

Warum sind so viele Nachrichten notwendig? Einige Nachrichten sind für den internen Gebrauch von Windows bestimmt, um Ereignisse in verschiedenen Teilen des Systems synchron aufeinander abzustimmen. Diese Nachrichten werden an die vorgegebene Fensterprozedur weitergeleitet, die wir vor kurzem kennengelernt haben. Andere Nachrichten machen die Fensterprozedur auf die vom Anwender unternommenen Handlungen aufmerksam. Nachrichten gewährleisten, daß einer Fensterprozedur immer die aktuellsten Informationen darüber vorliegen, was der Anwender gerade macht. Wenn Sie erst einmal verstehen, welcher Art die Nachrichten sind, die erzeugt werden, ersparen Nachrichten Ihnen letztendlich sehr viel Arbeit bei der Bewältigung der großen Informationsmengen, die zum reibungslosen Ablauf von Windows benötigt werden. Man könnte das Windows-Nachrichtensystem mit einer Tageszeitung vergleichen, die Ihnen an die Haustür geliefert wird: "Alle Nachrichten sind druckreif aufbereitet".

Tabelle 5.1 zeigt die acht Nachrichtenkategorien. Während wir die einzelnen Kategorien näher erläutern, geben wir Ihnen auch eine Liste der in der Kategorie enthaltenen, speziellen Nachrichten. Da einige der Kategorien recht spezialisiert sind, werden wir ihre Besprechung lediglich auf eine kurze Einführung beschränken. Einen Gesamtüberblick über die Nachrichten sämtlicher Kategorien finden Sie in Anhang A. Beginnen wir nun mit der ersten Nachrichtenkategorie: Hardware-Nachrichten.

Tabelle 5.1: *Die acht Nachrichtenkategorien*

Nachrichtenkategorie	*Beschreibung*
Hardware	Maus- und Tastatureingaben
Fensterverwaltung	Mitteilung, Aufforderung zu einer Handlung, Rückfrage
Benutzerschnittstellenverwaltung	Menü, Mauszeiger, Bildlaufleiste, Dialogfelder, Mehrdokumentenschnittstelle
Beendigung	Anwendungs- oder Systembeendigung
Privat	Dialogfeldsteuerelemente: Eingabefeld, Schaltfläche, Listenfeld, einzeiliges Listenfeld
Systemressourcenmitteilung	Farbwechsel, Schriftarten, Druckerwarteschlange, Betriebsmodi von Geräten
Gemeinsame Nutzung von Daten	Zwischenablage und dynamischer Datenaustausch (Dynamic Data Exchange, DDE)
Internes System	Nicht dokumentierte Nachrichten

Hardware-Nachrichten

Eine Fensterprozedur erhält Nachrichten, die von drei Hardware-Quellen erzeugt werden: Tastatur, Maus und Systemzeitgeber (timer). Jede dieser Quellen erzeugt Hardware-Interrupts. Da die Ablaufplanung von Windows nicht Interrupt-orientiert ist, müssen Hardware-Ereignisse in einem Zwischenspeicher gepuffert werden. Dies stellt sicher, daß Hardware-Ereignisse in der Reihenfolge ihres Auftretens bearbeitet werden.

Wenn Sie zum Beispiel die Taste "H" drücken, zeigt eine Interrupt-Nachricht dem System an, daß eine Tastatureingabe erfolgt ist. Der Tastaturtreiber von Windows fischt sich diese Eingabe heraus und erstellt einen Eintrag in der **Hardware-Ereignisschlange**. Wenn diese gelesen wird, werden Nachrichten, die "H"-Tasteninformationen tragen, an die geeignete Fensterprozedur ausgeliefert. Die Maus- und Zeitgebernachrichten werden auf ähnliche Weise gehandhabt. Tabelle 5.2 zeigt die 29 Nachrichten, die als Rückmeldung auf Hardware-Aktivitäten erzeugt werden.

Tabelle 5.2: *Hardware-Nachrichten*

Tastaturnachrichten	
WM_LBUTTONDBLCLK	Doppelklick der linken Maustaste
WM_LBUTTONDOWN	Linke Maustaste gedrückt
WM_LBUTTONUP	Linke Maustaste losgelassen
WM_MBUTTONDBLCLK	Doppelklick der mittleren Maustaste
WM_MBUTTONDOWN	Mittlere Maustaste gedrückt
WM_MBUTTONUP	Mittlere Maustaste losgelassen
WM_MOUSEMOVE	Mausbewegung
WM_RBUTTONDBLCLK	Doppelklick der rechten Maustaste
WM_RBUTTONDOWN	Rechte Maustaste gedrückt
WM_RBUTTONUP	Rechte Maustaste losgelassen
Mausnachrichten: Im Nichtarbeitsbereich eines Fensters	
WM_NCLBUTTONDBLCLK	Doppelklick der linken Maustaste
WM_NCLBUTTONDOWN	Linke Maustaste gedrückt
WM_NCLBUTTONUP	Linke Maustaste losgelassen
WM_NCMBUTTONDBLCLK	Doppelklick der mittleren Maustaste
WM_NCMBUTTONDOWN	Mittlere Maustaste gedrückt
WM_NCMBUTTONUP	Mittlere Maustaste losgelassen
WM_NCMOUSEMOVE	Mausbewegung
WM_NCRBUTTONDBLCLK	Doppelklick der rechten Maustaste
WM_NCRBUTTONDOWN	Rechte Maustaste gedrückt
WM_NCRBUTTONUP	Rechte Maustaste losgelassen
Tastaturnachrichten	
WM_CHAR	Zeicheneingabe
WM_DEADCHAR	Sonderzeichen (Umlaut, Akzent usw.)

Tastaturnachrichten	
WM_KEYDOWN	Taste ist gedrückt worden
WM_KEYUP	Taste ist losgelassen worden
WM_SYSCHAR	Systemzeicheneingabe
WM_SYSDEADCHAR	Systemtotzeichen
WM_SYSKEYDOWN	Systemtaste ist gedrückt worden
WM_SYSKEYUP	Systemtaste ist losgelassen worden
Zeitgebernachricht	
WM_TIMER	Zeitgeber ist abgelaufen

Achtung: Wie Maus- und Tastaturnachrichten werden Zeitgebernachrichten ebenfalls in Warteschlangen angeordnet. Das bedeutet, daß die Zeitgeber von Windows nicht exakt arbeiten. Dies ist notwendig, da eine interruptgesteuerte Zeitgebernachricht mit der nicht-preemptiven Natur von Windows in Konflikt geraten würde. Der Nutzen eines Zeitgebers liegt darin, daß er Ihnen mitteilt, daß eine Mindestzeitspanne vergangen ist.

Bei Mausnachrichten wird unterschieden zwischen den Mausnachrichten, die im Arbeitsbereich eines Fensters erzeugt werden und denen, die im Nichtarbeitsbereich erzeugt werden. (Merken Sie sich bitte: Der Nichtarbeitsbereich eines Fensters schließt dessen Begrenzung, das Systemmenü, die Titelleiste, die Menüs usw. ein) Im allgemeinen beachtet eine Anwendung nur die Mausnachrichten innerhalb des Arbeitsbereiches und überläßt der vorgegebenen Fensterprozedur die Bearbeitung der Mausnachrichten im Nichtarbeitsbereich.

Da wir gerade bei den Mausnachrichten sind: die **WM_MOUSEMOVE**-Nachricht verdient unsere besondere Aufmerksamkeit. Sie wird auf spezielle Art und Weise gehandhabt, um die Hardware-Ereigniswarteschlange vor dem Überlaufen zu bewahren. Wenn Sie die Maus sehr schnell bewegen, können Sie nämlich leicht Hunderte von Maus-Interrupts erzeugen. Um die dadurch mögliche Unterbrechung auf ein Mindestmaß zu beschränken, behält Windows nur *eine* Mausnachricht zur gleichen Zeit. Wenn eine neue Nachricht über eine Mausbewegung eintrifft, überprüft Windows, ob bereits eine Nachricht besteht. Wenn dies zutrifft, wird die alte Nachricht mit der neuen Information zur Mausposition überschrieben. Ein neuer Eintrag wird nur dann vorgenommen, wenn noch keine Nachricht über eine Mausbewegung vorliegt.

123

Es gibt zwei Grundarten von Tastaturnachrichten: reguläre und systembedingte Nachrichten. Im allgemeinen können Sie systembedingte Tastaturnachrichten, die Namen wie **WM_SYSCHAR** und **WM_SYSKEYDOWN** tragen, ignorieren. Die Standard-Fensterprozedur wandelt diese in die geeigneten Systembefehle um. Die regulären Tastaturnachrichten sind für den Einsatz innerhalb von Anwendungen gedacht. Wir werden die Einzelheiten aller Tastaturnachrichten in Kapitel 15 erläutern, wenn wir darüber sprechen, wie man den Anwender zur Eingabe von Daten auffordert.

Fensterverwaltungsnachrichten

Diese Gruppe umfaßt 27 Nachrichten. Sie erscheint relativ kompliziert, weil es sehr lange dauert, bis man die feinen Unterschiede zwischen den Nachrichten gelernt hat. Die Namen der Nachrichten helfen hier leider auch nicht viel weiter.

Als erstes sei darauf hingewiesen, daß es drei Arten von Fensterverwaltungsnachrichten gibt: Mitteilung, Aufforderungen zu einer Handlung und Rückfragen. Tabelle 5.3 führt alle Fensterverwaltungsnachrichten auf, geordnet nach diesen drei Typen

Tabelle 5.3: *Fensterverwaltungsnachrichten*

Fensternachrichten: Mitteilungen	
WM_ACTIVATE	Fenster ist aktiv.
WM_ACTIVATEAPP	Anwendung ist aktiv.
WM_CREATE	Fenster ist erstellt worden.
WM_DESTROY	Fenster ist zerstört worden.
WM_ENABLE	Die Dateneingabe in das Fenster ist ermöglicht worden.
WM_KILLFOCUS	Fenster verlor die Möglichkeit der Steuerung über die Tastatur.
WM_MOUSEACTIVATE	Teilt Fenster mit, daß die Aktivierung nach einem Mausklick bevorsteht.
WM_MOVE	Fenster ist bewegt worden.
WM_SETFOCUS	Fenster hat die Tastatursteuerung erlangt.
WM_SIZE	Fenster hat sich in der Größe geändert.
Fensternachrichten: Aufforderung	
WM_CLOSE	Schließen (zerstören) eines Fensters
WM_ERASEBKGND	Hintergrund löschen

Fensternachrichten: Mitteilungen	
WM_ICONERASEBKGND	Hintergrund eines zum Symbol verkleinerten Fensters löschen
WM_NCACTIVATE	Titelleiste ändern, um den Zustand "aktiv" anzuzeigen
WM_NCCREATE	Erstellen der Daten des Nichtarbeitsbereiches
WM_NCDESTROY	Zerstören der Daten des Nichtarbeitsbereiches
WM_NCPAINT	Nichtarbeitsbereich neu zeichnen
WM_PAINT	Arbeitsbereich neu zeichnen
WM_PAINTICON	Arbeitsbereich eines zum Symbol verkleinerten Fensters neu zeichnen
WM_SETREDRAW	Sperren der Neuzeichnung eines Fensters
WM_SETTEXT	Ändern des Fenstertextes
WM_SHOWWINDOW	Sichtbarkeit des Fensters ändern
Fensternachrichten: Rückfrage	
WM_GETMINMAXINFO	Was sind die minimalen/maximalen Größen eines Fensters?
WM_GETTEXT	Wie lautet der Fenstertext?
WM_GETTEXTLENGTH	Wie lang ist der Fenstertext?
WM_NCCALCSIZE	Wie groß soll der Arbeitsbereich sein?
WM_QUERYNEWPALETTE	Verwenden Sie eine neue Palette?
WM_QUERYOPEN	Kann das zum Symbol verkleinerte Fenster geöffnet werden?

Eine Mitteilungsnachricht teilt einer Fensterprozedur mit, daß sich der Status eines Fensters geändert hat. Die Fensterprozedur fordert keine weiteren Angaben, um die im Nachrichtennamen sinngemäß enthaltene Handlung durchzuführen. Beispielsweise stellt die **WM_MOVE**-Nachricht keine Aufforderung an Ihr Programm dar, irgendetwas zu verschieben. Es handelt sich hier vielmehr um eine Nachricht, die Sie vor vollendete Tatsachen stellt, indem sie Ihnen mitteilt, daß das Fenster bereits verschoben worden ist. Es ist erwähnenswert, daß nichts an dieser Nachricht darauf hinweist, wie unser Fenster verschoben wurde. Vielleicht hat der Anwender ein Fenster mit der Maus bewegt oder ein anderes Programm hat unser Fenster verschoben. Was auch immer der Fall ist, Mitteilungsnachrichten bedeuten eine einseitig gerichtete Kommunikation mit einer Fensterprozedur.

Eine Nachricht über die Aufforderung zu einer Handlung erfordert, daß die entsprechende Handlung auch stattfindet. Ohne diese Handlung würde die Benutzerschnittstelle eine Lücke aufweisen. Beispielsweise wird die **WM_PAINT**-Nachricht an eine Fensterprozedur gesendet, wenn ein Fenster beschädigt wurde und neu gestaltet werden muß. Wenn die Fensterprozedur das Fenster nicht repariert, bleibt es im beschädigten Zustand erhalten. Größtenteils stellt die Standard-Fensterprozedur die benötigte Mindesthandlung bereit. Es gibt aber auch Situationen, in denen Sie eine dieser Nachrichten selbst abfangen und bearbeiten müssen - wie es zum Beispiel bei der eben erwähnten **WM_PAINT**-Nachricht der Fall ist. Achten Sie in derartigen Fällen darauf, das Aktionsmuster der Standard-Nachrichtenbehandlung einzuhalten. Sehen Sie sich als Beispiel dazu den Quelltext von **DefWindowProc** an.

Um Ihnen die Arbeit zu erleichtern, haben wir ein Listing von **DefWindowProc** in Anhang B dieses Buches für die Version 3.0 des Windows Software Development Kit angefügt. Fragen Sie bei Ihrem Software-Händler nach der neuesten Version, da für das von uns im Anhang dieses Buches bereitgestellte Listing Änderungen vorbehalten sind.

Eine Frage-Nachricht verlangt eine Antwort. Dies betrifft selbstverständlich auch die Interaktion zwischen Windows und Ihrem Programm. Wie bei den Nachrichten für die Aufforderung zu einer Handlung erhalten Sie in den meisten Fällen eine vernünftige Antwort, wenn Sie auf die Standard-Fensterprozedur vertrauen. Sie werden sich vielleicht dazu entschließen, eine Nachricht abzufangen, wenn Sie die standardmäßige Antwort ändern möchten. Ein Beispiel: Sie werden eine WM_QUERYOPEN-Nachricht erhalten, wenn der Anwender versucht, ein zum Symbol verkleinertes Fenster zu öffnen. Wenn Sie möchten, daß ein laufendes Programm nur als Symbol gezeigt werden soll, antworten Sie ganz einfach mit FALSE an Stelle der Standard-Antwort TRUE.

Benutzerschnittstellennachrichten

Diese Gruppe enthält Nachrichten für die anderen Benutzerschnittstellenobjekte wie Anwendungsmenü, Mauszeiger, Bildlaufleisten, Dialogfelder und Dialogfeldsteuerelemente. Sie beinhaltet weiterhin eine Gruppe von Nachrichten zur Unterstützung der Mehrdokumentenschnittstelle (Multiple Document Interface, MDI). Siehe dazu Tabelle 5.4. MDI ist eine Vereinbarung für Benutzerschnittstellen, die zuerst im Tabellenkalkulationsprogramm Excel von Microsoft eingesetzt wurde. Seitdem hat sich daraus eine Art Standard entwickelt. Auch Windows unterstützt den MDI-Standard. Eine nähere Beschreibung des MDI würde den Rahmen dieses Buches sprengen. Die anderen Nachrichtenarten jedoch werden wir an geeigneter Stelle erläutern: die Menünachrichten in Kapitel 11, Mauszeigernachrichten in Kapitel 16, Bildlaufleistennachrichten in Kapitel 20 und Dialogfeldnachrichten in Kapitel 14.

Tabelle 5.4: *Benutzerschnittstellennachrichten*

Menünachrichten	
WM_COMMAND	Menübefehl ist ausgewählt worden.
WM_INITMENU	Initialisieren-Menü für die Menüleiste.
WM_INITMENUPOPUP	Initialisieren des Popup-Menü.
WM_MENUCHAR	Tastenkürzel zum Auswählen des Menüs verwendet.
WM_MENUSELECT	Anwender geht die Menüs durch.
Systembefehle: Systemmenü, Symbol/Vollbild-Schaltflächen, Titelleiste usw.	
WM_SYSCOMMAND	Systembefehl ist ausgewählt worden.
Mauszeigernachrichten	
WM_NCHITTEST	Rückfrage: Wo im Fenster befindet sich die Maus?
WM_SETCURSOR	Aufforderung: ändert Zeiger in die korrekte Zeigerform
Bildlaufleistennachrichten	
WM_HSCROLL	Horizontale Bildlaufleiste ist angeklickt worden.
WM_VSCROLL	Vertikale Bildlaufleiste ist angeklickt worden.
Nachrichten für Dialogfelder und Dialogfeldsteuerelemente	
WM_COMMAND	Steuerung steht im Datenaustausch mit Dialogfeld.
WM_COMPAREITEM	Gesendet an den Vorfahren eines selbstgezeichneten Steuerelementes eines Dialogfeldes, um zwei Punkte zum Zweck der Sortierung miteinander zu vergleichen.
WM_CTLCOLOR	Steuerelement fragt nach den einzustellenden Farben
WM_DELETEITEM	Mitteilung an Listenfeld oder ein selbstgezeichnetes einzeiliges Listenfeld, daß ein Punkt gelöscht worden ist.
WM_DRAWITEM	Aufforderung an den Vorfahren eines Steuerelementes oder selbstgezeichneten Menüs, mit dem Zeichnen zu beginnen.
WM_GETDLGCODE	Rückfrage-Steuerung: Tastatureingabe erwünscht?
WM_GETFONT	Rückfrage-Steuerung: Welche Schriftart wird verwendet?
WM_INITDIALOG	Initialisieren des Dialog.

Menünachrichten	
WM_MEASUREITEM	Aufforderung an den Vorfahren eines selbstgezeichneten Steuerelementes oder Menübefehles, die Abmessungen des Elementes anzugeben, das gezeichnet werden soll.
WM_SETFONT	Aufforderung an Steuerung: Verwende diese Schriftart.
Nachrichten für Mehrdokumentenschnittstelle	
WM_CHILDACTIVATE	Teilt einem Vorfahrenfenster mit, daß ein nachfolgendes Fenster aktiv ist.
WM_MDIACTIVATE	Teilt einem nachfolgenden MDI-Fenster mit, daß es entweder aktiviert oder deaktiviert wird.
WM_MDICASCADE	Aufforderung, die geöffneten nachfolgenden MDI-Fenster in einer kaskadenartigen Treppenform anzuordnen (überlappend).
WM_MDICREATE	Fordert ein MDI-Arbeitsfenster auf, ein nachfolgendes MDI-Fenster zu erstellen.
WM_MDIDESTROY	Aufforderung an ein MDI-Arbeitsfenster, ein nachfolgendes MDI-Fenster zu zerstören.
WM_MDIGETACTIVE	Rückfrage bei einem MDI-Arbeitsfenster, welches nachfolgende MDI-Fenster augenblicklich aktiv ist.
WM_MDIICONARRANGE	Aufforderung, die zum Symbol verkleinerten MDI-Nachfolgefenster in ansprechender Form anzuordnen.
WM_MDIMAXIMIZE	Aufforderung zum Vergrößern oder Zoomen eines nachfolgenden MDI-Fensters, so daß es den gesamten Arbeitsbereich seines Vorfahrenfensters beansprucht.
WM_MDINEXT	Aufforderung, daß nächste MDI-Nachfolgefenster zu aktivieren.
WM_MDIRESTORE	Aufforderung, den vorigen Zustand eines nachfolgenden MDI-Fensters - Symbol-, Normal- oder Vollbild-Darstellung - wiederherzustellen.
WM_MDISETMENU	Ordnet ein Menü an ein MDI-Rahmenfenster an.
WM_MDITITLE	Aufforderung, daß geöffnete, nachfolgende MDI-Fenster in unterteilter Darstellungsform im Arbeitsbereich des MDI-Vorfahrenfensters anzuordnen.

Beendigungsnachrichten

Dies ist die kleinste Gruppe der Nachrichten (Siehe Tabelle 5.5). Diese Nachrichten sind aber sehr wichtig, da sie sowohl die Beendigung eines Windows-Programmes (**WM_QUIT**) als auch das Verfahren zum Beenden der Systemsitzung (**WM_QUERYENDSESSION** und **WM_ENDSESSION**) steuern. Wir haben die **WM_QUIT**-Nachricht bereits früher erklärt.

Tabelle 5.5: *Beendigungsnachrichten*

Anwendungs- und Systembeendigung	
`WM_QUIT`	Fordert ein Programm zum Beenden auf.
`WM_QUERYENDSESSION`	Rückfrage: Bereit für die Beendigung?
`WM_ENDSESSION`	Mitteilung über die Ergebnisse der Beendigungsrückfrage.

Private Nachrichten

Private Fensternachrichten sind für den Einsatz innerhalb einer bestimmten Fensterklasse vorgesehen. Die vordefinierten privaten Nachrichten in WINDOWS.H werden bei den folgenden Fensterklassen verwendet: Arbeitsfenster, Schaltfläche, Listenfeld und einzeiliges Listenfeld.

Der Einsatz privater Nachrichten in vordefinierten Fenstertypen legt die Vermutung nahe, daß wir diese Technik auch für unsere eigenen Fenster verwenden können. Es ist nicht besonders schwierig, eigene private Nachrichtenarten zu definieren und für die Kommunikation zwischen den verschiedenen Fenstern, die Sie erstellen, zu nutzen. Auch über die Anzahl der Nachrichtenarten braucht man sich keine Sorgen zu machen - selbst wenn bereits 250 Nachrichtenarten definiert sind. Nachrichtenvariablen sind vorzeichenlose Ganzzahlen. Das bedeutet, daß der Speicher Ihres Rechners Platz für 65 535 verschiedene Nachrichtenarten bietet. Wenn Sie eine private Nachricht definieren, sollten Sie den Bereich nutzen, der bei WM_USER beginnt und in WINDOWS.H folgendermaßen definiert ist:

```
#define WM_USER    0x0400
```

Wenn wir eine Fensterprozedur für ein Fenster schreiben würden, in dem Zahlen angezeigt werden sollen, könnten wir die Erscheinungsform der Zahlen mit folgenden privaten Nachrichten bestimmen (PM_ ist das gemäß der Ungarischen Namensgebung bezeichnete Präfix für den englischen Ausdruck "private message", "private Nachricht"):

```
#define PM_DECIMAL    WM_USER + 0// Dezimalzahl
```

```
#define PM_BINARY      WM_USER + 1// Binäre Zahl

#define PM_HEX         WM_USER + 2// Hexadezimale Zahl

#define PM_OCTAL       WM_USER + 3// Oktale Zahl

#define PM_NODECIMAL   WM_USER + 4// Nicht dezimale Zahl

#define PM_DOLLARS     WM_USER + 5// Geldbetrag

#define PM_WITHCOMMAS  WM_USER + 6// Mit Kommata
```

Andere Teile unseres Programmes (oder andere Programme, die wir schreiben) könnten das Anzeigefenster für Zahlen ganz einfach durch das Senden von Nachrichten steuern.

Systemressourcenmitteilung

Es gibt acht Nachrichten zur Systemressourcenmitteilung. Siehe dazu Tabelle 5.6. Diese werden an das übergeordnete Fenster jedes Programmes gesendet, wenn an einer Systemressource eine Änderung vorgenommen wurde. Ein Beispiel: Wenn Schriftarten dem System hinzugefügt oder aus dem System entfernt werden, wird eine WM_FONTCHANGE-Nachricht ausgegeben. Wenn der Anwender die Systemfarben oder die Systemzeit aus der Systemsteuerung ändert, werden die Nachrichten WM_SYSCOLORCHANGE oder WM_TIMECHANGE ausgesandt. Die typische Antwort auf eine Mitteilung ist das Aufzeichnen der Änderung.

Tabelle 5.6: *Nachrichten zur Systemressourcenmitteilung*

Nachrichten zur Systemressourcenmitteilung	
WM_COMPACTING	Restspeicherkapazität ist niedrig und Speicherverwaltung versucht, etwas Speicherplatz frei zu machen.
WM_DEVMODECHANGE	Die Grundeinstellung des Druckers hat sich geändert.
WM_FONTCHANGE	Die im System installierten Schriftarten haben sich geändert.
WM_PALETTECHANGED	Die Hardware-Farbpalette hat sich verändert.
WM_SPOOLERSTATUS	Einige Druckaufträge sind aus der Druckerwarteschlange entfernt worden.
WM_SYSCOLORCHANGE	Eine oder mehrere Systemfarben haben sich geändert.
WM_TIMECHANGE	Die Systemzeit hat sich geändert.
WM_WININICHANGE	Die Initialisierungsdatei WIN.INI wurde geändert.

Natürlich ist nicht jede Änderung für ein Programm von Interesse. Ein Beispiel: Ein Uhrenprogramm würde voraussichtlich die neue Zeit überprüfen, wenn es eine **WM_TIMECHANGE**-Nachricht empfängt. Wenn es aber keine besonderen Schriftarten verwendet, würde es wahrscheinlich die WM_FONTCHANGE-Nachricht ignorieren.

Da die meisten Programme die Systemfarben verwenden, wird fast jedes Programm auf die **WM_SYSCOLORCHANGE**-Nachricht antworten. **WM_SYSCOLORCHANGE** teilt mit, daß sich eine oder mehrere Systemfarben geändert haben. Normalerweise werden die Systemfarben durch die Systemsteuerung von einem Anwender geändert. Wenn eine Änderung vorgenommen wurde, sendet die Systemsteuerung die Nachricht **WM_SYSCOLORCHANGE**. Beim Empfang dieser Nachricht antworten Programme, die Systemfarben verwenden, mit der Neugestaltung des Fensters unter Einsatz der neuen Farben.

Nachrichten zur gemeinsamen Nutzung von Daten

Die gemeinsame Nutzung von Daten spielt in Windows eine bedeutende Rolle. So überrascht es nicht, daß es Nachrichten gibt, die zur gemeinsamen Nutzung von Daten eingesetzt werden. Beide entsprechenden Mechanismen, die Zwischenablage und der Dynamische Datenaustausch (DDE), setzen in starkem Umfang Nachrichten ein. Eine vollständige Besprechung der gemeinsamen Nutzung von Daten würde den Rahmen dieses Buches sprengen. Die Nachrichten für die gemeinsame Nutzung von Daten von Windows sind in Tabelle 5.7 aufgelistet.

Tabelle 5.7: *Nachrichten zur gemeinsamen Nutzung von Daten*

Nachrichten zur Zwischenablage	
WM_ASKCBFORMATNAME	Fragt nach dem Namen eines Zwischenablageformats.
WM_CHANGECBCHAIN	Mitteilung einer Veränderung in der Ansichtskette.
WM_DESTROYCLIPBOARD	Inhalt der Zwischenablage wird zerstört.
WM_DRAWCLIPBOARD	Inhalt der Zwischenablage hat sich geändert.
WM_HSCROLLCLIPBOARD	Horizontaler Bildlauf eines selbstgezeichneten Zwischenablageelementes.
WM_PAINTCLIPBOARD	Fordert zum Zeichnen eines selbstgezeichneten Zwischenablageelementes auf.
WM_RENDERALLFORMATS	Aufforderung, die Daten für alle zugesagten Zwischenablageformate bereitzustellen.
WM_RENDERFORMAT	Aufforderung, die Daten für ein einzelnes, zugesagtes Zwischenablageformat bereitzustellen.

Nachrichten zur Zwischenablage	
WM_SIZECLIPBOARD	Mitteilung an den Eigner der selbstgezeichneten Zwischenablagedaten, daß sich die Größe des Ansichtfensters der Zwischenablage geändert hat.
WM_VSCROLLCLIPBOARD	Vertikaler Bildlauf eines selbstgezeichneten Zwischenablageelements.
Nachrichten zum Dynamischen Datenaustausch (DDE)	
WM_DDE_ACK	Empfangsbestätigung
WM_DDE_ADVISE	Aufforderung eines DDE-Teilnehmers, eine dauerhafte Datenverbindung zu errichten.
WM_DDE_DATA	Senden eines Datenelementes von einem DDE-Server an einen DDE-Teilnehmer.
WM_DDE_EXECUTE	Fordert einen DDE-Server auf, eine Reihe von Befehlen auszuführen.
WM_DDE_INITIATE	Logon in einen DDE-Server.
WM_DDE_POKE	Aufforderung eines DDE-Teilnehmers an einen Server, ein spezielles Datenelement zu aktualisieren.
WM_DDE_REQUEST	Einmalige Nachfrage eines DDE-Teilnehmers nach einer bestimmten Information.
WM_DDE_TERMINATE	Logoff von einem DDE-Server.
WM_DDE_UNADVISE	Beenden einer dauerhaften Datenverbindung, die mit der **WM_DDE_ADVISE**-Nachricht eingeführt wurde.

Interne Systemnachrichten

Eine umfangreiche Gruppe von Nachrichten wird zwar in WINDOWS.H definiert, aber in keiner Dokumentation beschrieben. Dabei handelt es sich um interne Systemnachrichten - die letzte Nachrichtengruppe, die wir besprechen wollen. Windows setzt diese Nachrichten für seine eigenen Belange ein. Sie funktionieren im Prinzip wie private Nachrichten, mit der Ausnahme, daß private Nachrichten für nur eine Fensterklasse gedacht sind. Interne Nachrichten tauchen im Zusammenhang mit jeder Fensterklasse auf.

Wenn wir den Grund für eine Nachricht nicht kennen, warum wird sie dann an eine Fensterprozedur gesendet? Wie alle Nachrichtenarten werden auch derartige Nachrichten an die Standard-Nachrichtenbehandlung weitergeleitet, falls die Fensterprozedur diese nicht verarbeitet. Die Standard-Nachrichtenbehandlung führt dann die richtigen Arbeitsabläufe mit dieser Nachrichtengruppe durch.

Da der Quelltext für die Standard-Nachrichtenbehandlung vorliegt, kommen Sie vielleicht auf die Idee, einige dieser Nachrichten umzustrukturieren und für Ihre eigenen Zwecke zu verwenden. Niemand hindert Sie daran. Sie sollten dabei aber sehr vorsichtig sein. Eine zukünftige Version von Windows könnte die Einsatzweise der internen Nachrichten ändern oder aber einige ganz eliminieren! Wir haben die Erfahrung gemacht, daß "undokumentierte Verbesserungen" ganz nett anzuschauen sind, aber gefährlich sein können, wenn man sie in Software einbaut, die für die Allgemeinheit bestimmt ist.

Teil 3
Einführung in die grafische Schnittstelle

Kapitel 6

Ein Überblick über das GDI

In den nächsten Kapiteln werden wir unser Augenmerk auf Themenbereiche richten, die mit der Erstellung von grafischen Ausgaben zusammenhängen. Wir werden zahlreiche Zeichenarten besprechen, die unter Verwendung des sogenannten **Graphics Device Interface (GDI)** von Windows ausgeführt werden können. Da die OWL-Klassenbibliotheken von Borland keinerlei Unterstützung des GDI-Funktionen aufweisen, werden sich die nächsten Kapitel ausschließlich auf das GDI konzentrieren. Damit Sie praktisch nachvollziehen können, wie die Aufrufe des GDI eingesetzt werden, werden wir zu diesem Thema einige C++ Beispielprogramme aufzeigen, in denen das OWL-Anwendungsgerüst angewandt wird.

In diesem Kapitel betrachten wir einige der grundlegenden Konzepte und Fähigkeiten des GDI. Die anschließenden Kapitel, in denen wir uns mit Bildpunkten, Linien, ausgefüllten Formen und der Erscheinungsform von Texten beschäftigen, werden auf diesem Grundstock aufbauen. Krempeln wir also die Ärmel hoch. Untersuchen wir die Funktionsweise der pixelorientierten "Grafik-Maschine" von Windows:

Ein Überblick über das GDI

Das GDI (manche sagen auch **die** GDI) ist die Grafikausgabebibliothek von Windows. Das GDI steuert sowohl die grafische Ausgabe auf dem Bildschirm als auch Hard-Copy-Ausgabegeräte wie Drucker und Plotter. Das GDI erzeugt sämtliche Linien, Buchstaben und Zeichen, die von einem Windows-Programm angezeigt werden. Im GDI werden alle Einzelteile zusammengesetzt, die schließlich die Gesamtheit der Benutzeroberfläche ausmachen: Fenster, Symbole, Menüs, Dialogfelder usw.

Fähigkeiten des GDI

Abbildung 6.1 zeigt einige der grafischen Objekte, die das GDI zeichnen kann: Linien, ausgefüllte Formen und Text in diversen Formen und Größen. Dieses und die folgenden Kapitel beschäftigen sich mit den grundlegenden Konzepten und Programmiertechniken, mit deren Hilfe Sie die Fähigkeiten des GDI nutzen können.

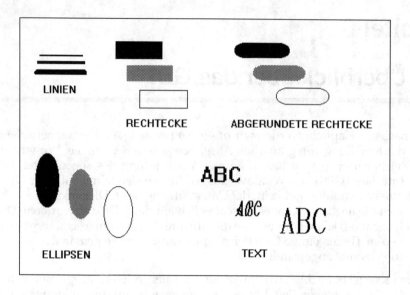

Abbildung 6.1: Ein Beispiel für Linien, ausgefüllten Formen und Text des GDI

GDI-Ausgabegeräte

Das GDI kann auf vielen unterschiedlichen Geräten zeichnen: auf Bildschirmen, Laserdruckern, Punktmatrixdruckern, Plottern usw. Damit das GDI mit einem bestimmten Gerät arbeiten kann, ist auf ein besonderes Software-Programm angewiesen: einen Gerätetreiber. Ein GDI-Gerätetreiber setzt eine Aufforderung, etwas zu zeichnen, in ganz bestimmte Signale um, die das entsprechende Gerät in die Lage versetzen, die notwendigen Schritte zur Darstellung auszuführen. Ein Beispiel: Wenn ein Windows-Programm das Bild eines Space Shuttles auf einem EGA-Bildschirm zeichnet, ruft das GDI den EGA-Gerätetreiber auf, damit die richtigen Bildpunkte angesteuert werden können. Wenn die Ausgabe des Bildes dagegen auf einem HP LaserJet-Drucker erfolgen soll, ruft das GDI einen anderen Gerätetreiber zu Hilfe: den HP-Druckertreiber. Er sorgt für die richtige Ausgabe des Bildes auf dem Laserdrucker. Darüber hinaus stellt ein GDI-Gerätetreiber aber noch eine Reihe von Gerätebits bereit. Diese Flags setzen das GDI über die eingebauten Grafikfähigkeiten eines Gerätes in Kenntnis. Es gibt fünf Flagsätze: je einen Satz für Kurven, Linien, Polygone, Bitmaps und Text. Sie geben dem GDI Auskunft darüber, wann eine komplexere Aufforderung zum Zeichnen direkt an ein Gerät weitergegeben werden kann und wann es erforderlich ist, eine solche Aufforderung in einen entsprechenden Satz von Zeichenbefehlen niederer Ebene umzuformen.

Ein GDI-Ausgabegerät muß zumindest in der Lage sein, zwei Dinge auszuführen: Bildpunkte anzusteuern und durchgehende Linien zu zeichnen. Für ein Gerät mit diesen Mindestfähigkeiten ist das GDI (mit der Hilfe eines Gerätetreibers) in der Lage, die verbleibende Arbeit zu übernehmen. Das GDI verfügt über eine Reihe von eingebauten Software-Simulationen, die eine komplexere Aufforderung, wie etwa "Zeichne ein ausgefülltes Polygon", aufnehmen und diese in eine Reihe von Linien- und Bildpunktoperationen umformen. Diese Möglichkeit der Software-Simulation ist ein Grund dafür, daß man das GDI als **geräteunabhängige** Grafikbibliothek bezeichnet. Für Geräte, deren Fähigkeiten über den Mindestanforderungen liegen, z.B. PostScript-Drucker, verwendet das GDI die Gerätebits, um zu entscheiden, wann eine komplexe Aufforderung zum Zeichnen direkt an den Gerätetreiber zu senden ist.

Zusätzlich zu den physikalisch vorhandenen Geräten, wie Bildschirm oder Drucker, unterstützt das GDI auch logische oder Pseudogeräte. Pseudogeräte werden für die Bildspeicherung eingesetzt. Im Gegensatz zu tatsächlichen Geräten, die Bilder unter Einsatz spezieller Hardware anzeigen, speichern Pseudogeräte die Bilder lediglich im RAM-Speicher oder auf der Festplatte. Das GDI unterstützt zwei Arten von Pseudogeräten: Bitmaps und Metadateien.

In Windows sind Bitmaps immer rechteckig. Eine Bitmap legt ein Bild im RAM-Speicher auf die gleiche Weise nieder, wie ein Bildschirmadapter (VGA, EGA etc.). Aus diesem Grund bietet uns der Einsatz von Bitmaps die Möglichkeit, Bilder schnell zu kopieren. Bitmaps werden auch dazu verwendet, Bilder zu speichern, die schnell auf dem Bildschirm dargestellt werden müssen. Windows selbst setzt beispielsweise Bitmaps ein, um alle möglichen Arten von Symbolen und Zeigern zu speichern (Mauszeiger, Vergrößern/Verkleinern-Felder, Teile der Bildlaufleiste, Häkchen etc.).

Ein weiterer Einsatzbereich für Bitmaps ist das Speichern von gescannten Bildern, wie zum Beispiel Firmenlogos. Ein gescanntes Bild wird erstellt, indem man eine Papiervorlage durch einen sog. Scanner abtastet. Der Scanner digitalisiert das Bild einer Papiervorlage und ermöglicht dadurch die Speicherung in einer Bitmap. Abbildung 6.2 zeigt eine Bitmap, die unter Verwendung eines Handscanners erstellt und dann in ein Pagemaker-Dokument eingefügt wurde.

Das Erstellen von Metadateien ist möglich, weil das GDI in der Lage ist, Bilder sowohl aufzunehmen, als auch zu reproduzieren. Die Speicherverwaltung einer Metadatei läßt sich einfacher handhaben, als die einer Bitmap, allerdings wird dafür deutlich mehr Zeit benötigt.

Man kann sich eine Metadatei wie eine Tonbandkassette vorstellen. Um sie zu erstellen, legen Sie eine "Kassette" in das Aufzeichnugsgerät des GDI und drücken die "Aufnahme"-Taste. Die GDI-Aufrufe werden solange in der Metadatei aufgezeichnet, bis Sie die "Stop"-Taste drücken. Nachdem eine Metadatei erstellt worden ist, kann sie auf der Festplatte gespeichert oder an ein anderes Programm übergeben werden. Häufig wird z.B. die Zwischenablage dazu benutzt, GDI-Metadateien zwischen Programmen auszutauschen. Um eine Zeichnung wieder zu erstellen, wird die "Aufzeichnung" der Metadatei an das GDI gegeben. Das GDI wird dann angewiesen, den Inhalt wiederzugeben.

Wenn Sie mit der GDI-Programmierung beginnen, wird Ihr Hauptinteresse wahrscheinlich auf das Zeichnen mit tatsächlich vorhandenen Geräten gerichtet sein. Es bleibt Ihnen allerdings nicht erspart, sich zunächst mit einigen kniffligen Problemen auseinanderzusetzen, bevor Sie Bildschirm und Drucker wirklich effektiv einsetzen können. Wenn Ihnen das Zeichnen auf diesen Geräten schließlich geläufig ist, werden Sie in der Lage sein, die Möglichkeiten der Pseudogeräte auszuloten. Die grafische Ausgabe Ihrer Programme wird dadurch weiter verbessert.

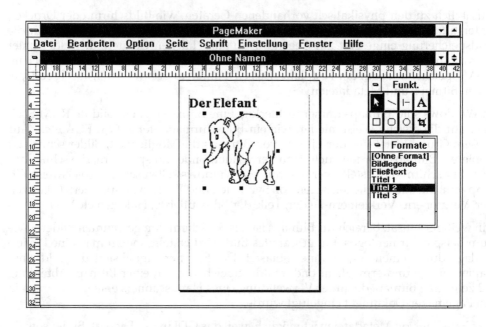

Abbildung 6.2: Ein eingescanntes Bild in einem Pagemaker-Dokument

Die Programmierschnittstelle

Bei der Vielzahl von Geräten und Pseudogeräten, die das GDI unterstützt, werden Sie vielleicht befürchten, daß die Arbeit mit dieser Grafikbibliothek zu einer komplizierten und schwierigen Angelegenheit wird. Halb so schlimm! Die Grafikbibliotheken einiger anderer Systeme beinhalten z.B. zwei unterschiedliche Sorten von Routinen: eine für Bildschirme und eine für Drucker. Wenn das GDI auf gleiche Weise konstruiert wäre, müßten Sie sich mit *vier* verschiedenen Mengen von Zeichenroutinen auseinandersetzen: je eine für Bildschirme, Drucker, Bitmaps und Metadateien.

Doch das GDI verhält sich anders: Das GDI kennt für alle Geräte nur eine einzige Sorte von Routinen. Die **SetPixel**-Routine zum Beispiel zeichnet einen einzelnen Bildpunkt auf allen Geräten, die vom GDI unterstützt werden. Die **Polyline**-Routine zeichnet eine Anzahl miteinader verbundener Linien auf jedem GDI-gestützten Gerät oder Pseudogerät. In diesem Kapitel werden wir unser Hauptaugenmerk auf die Bildschirmausgabe legen. Der Inhalt dieses Kapitels ist aber auch auf alle anderen Geräte anzuwenden, die vom GDI unterstützt werden.

Koordinaten zeichnen

Bevor Sie das GDI einsetzen können, um irgendwelche Ausgaben zu erstellen, müssen Sie verstehen, wie das GDI Zeichenkoordinaten interpretiert. Das GDI gibt Ihnen umfangreiche Möglichkeiten zur Steuerung der Zeichenkoordinaten.

Beispiel: Sie können das GDI anweisen, Zoll, Millimeter oder eine von Ihnen selbst definierte Mischeinheit zu verwenden. Für eine noch genauere Steuerung Ihrer Zeichnungen ermöglicht das GDI, Einheiten festzulegen, die sich an den Bildpunkten des jeweiligen Gerätes orientieren. Das GDI verwendet den Ausdruck **Skalierungsmodus**, um die verschiedenen Koordinatensysteme zu bezeichnen, die von der GDI unterstützt werden. Tabelle 6.1 zeigt die acht verfügbaren Skalierungsmodi des GDI.

Tabelle 6.1: *Die Skalierungsmodi des GDI*

Skalierungsmodus	*1 Logische Einheit*	*Zoll*	*Millimeter*
MM_TEXT	1 Bildpunkt	-	-
MM_HIMETRIC	0,01 mm	0,000394	0,01
MM_TWIPS	1/1440 Zoll	0,000694	0,0176
MM_HIENGLISH	0,001 Zoll	0,001	0,0254
MM_LOMETRIC	0,1 mm	0,00394	0,1
MM_LOENGLISH	0,01 Zoll	0,01	0,254
MM_ISOTROPIC MM_ANISOTROPIC	Die Skalierung beruht auf dem Verhältnis zwischen zwei Attributwerten des Gerätekontextes: Fenster- und Viewport-Ausdehnungen		

In diesem Kapitel werden wir uns auf den standardmäßigen Skalierungsmodus des GDI beschränken: nämlich **MM_TEXT**. In diesem Skalierungsmodus bezieht sich eine Einheit auf einen Bildpunkt (pixel) - d.h., auf das kleinste "Bildelement", das ein Gerät zeichnen kann. Dieser Skalierungsmodus erlaubt uns die genaueste Steuerung über die grafische Ausgabe und vermeidet Rundungsfehler, die bei anderen Skalierungsmodi auftreten können. Er wird häufig für Programme eingesetzt, die absolute Genauigkeit erfordern. Ein Beispiel: Das Seitenlayout-Programm Aldus PageMaker setzt den Skalierungsmodus **MM_TEXT** ein, um sicherzustellen, daß auf dem Bildschirm ausgerichtete Objekte diese Ausrichtung auch auf dem Drucker beibehalten.

Ein Nachteil von **MM_TEXT** liegt aber darin, daß er zusätzlichen Aufwand erfordert, um zu verhindern, daß die Programme nur für ganz bestimmte Geräte eingesetzt werden können. Das ist der Hauptvorteil der anderen Skalierungsmodi: Sie bieten einen Weg, unabhängig vom jeweiligen Gerät zu zeichnen.

Ein Vorteil der Koordinaten von **MM_TEXT** liegt darin, daß sie mit den für die Mauseingabe verwendeten Koordinaten identisch sind. Sie werden als Arbeitsbereichkoordinaten (client area coordinates) bezeichnet. In Arbeitsbereichkoordinaten liegt der Koordinatenursprung (0,0) in der oberen, linken Ecke des Arbeitsbereiches. Im Gegensatz zum kartesischen Koordinatensystem, wie Sie es vielleicht noch aus Ihrer Schulzeit kennen, nimmt der Wert von y in Abwärtsrichtung zu. Abbildung 6.3 zeigt die Position des Koordinatenursprungs und den ansteigenden Richtungsverlauf der x- und y-Werte.

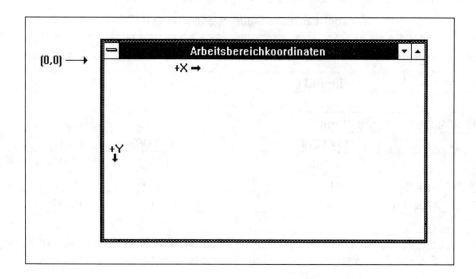

Abbildung 6.3: Das Standard-Koordinatensystem des GDI

Logische Zeichenobjekte

Eines der Mittel, welches das GDI einsetzt, um die Geräteunabhängigkeit zu erreichen, ist die Verwendung von logischen Zeichenobjekten. Ein logisches Zeichenobjekt beschreibt, wie eine grafische Ausgabe aussehen soll: Es ist eine geräteunabhängige Aufforderung höherer Ebene. Das GDI unterstützt die folgenden logischen Zeichenobjekte: Stifte (um Linien zu zeichnen), Pinsel (um Formen auszufüllen), Schriften (um Text auszugeben) und logische Farben (um Farbe zu beschreiben).

Wenn ein logisches Zeichenobjekt erstellt wird, kann es auf jedem Gerät verwendet werden. Die Ergebnisse werden aber von Gerät zu Gerät verschieden ausfallen, da die Geräte unterschiedliche Fähigkeiten aufweisen. Ein Beispiel: Ein roter Stift wird auf einem EGA-Bildschirm mit seinen 16 möglichen Farben eine rote Linie zeichnen, aber eine schwarze Linie auf einem S/W-Punktmatrixdrucker. Es ist Aufgabe des Gerätetreibers, ein logisches Zeichenobjekt so zu interpretieren, wie es den jeweiligen Fähigkeiten des Gerätes angemessen ist.

Während wir die einzelnen Gundfunktionen des GDI zum Zeichnen vorstellen, werden wir die Einsatzweise verschiedener logischer Zeichenobjekte beschreiben und Ihnen Beispiele von Programmtexten liefern, um Ihnen zu zeigen, wie diese zu gebrauchen sind.

Der Gerätekontext

Um einen Eindruck davon zu erhalten, wie das GDI mit verschiedenen Gerätetypen zusammenarbeitet, wollen wir einen Blick auf eine Zeichenroutine des GDI namens **TextOut** werfen. Diese Routine gibt auf jedem GDI-gestützten Gerät eine einzelne Zeile aus. Folgende Programmzeile schreibt das Wort "Hallo":

```
TextOut (hdc, 10, 10, "Hallo", 5);
```

Beachten Sie den ersten Parameter: **hdc**. Dies ist ein weitverbreitetes Ungarisches Präfix für einen bedeutenden GDI-Datentyp: ein Handle zu einem Gerätekontext. Erinnern Sie sich, was wir bereits über Handles gesagt haben: Sie sind vorzeichenlose 16 Bit-Ganzzahlen, die zur Benennung von Objekten verwendet werden. Das Objekt, das durch dieses Handle bezeichnet wird, spielt eine Schlüsselrolle, wann immer ein Windows-Programm auf irgendeinem Gerät zeichnen möchte: Es ist ein Gerätekontext (device context - abgekürzt DC).

Ein Gerätekontext ist eine Kombination mehrerer Elemente, die zu einem Ganzen zusammmegefaßt wurden. Ein Gerätekontext beinhaltet alle nötigen Zeichenwerkzeuge, eine Verbindung zu einem speziellen Gerät, sowie eine Entscheidungsinstanz, die dem GDI die Steuerung verschiedener Geräte durch verschiedene Programme ermög-

143

licht. Das GDI gestattet einem Programm nie den direkten Zugriff auf einen Gerätekontext. Statt dessen stellt es ein Handle bereit, um einen speziellen Gerätekontext zu
kennzeichnen. Wie die **TextOut**-Routine nimmt jede GDI-Zeichenroutine in ihrem
ersten Parameter ein DC-Handle auf.

Betrachtet man einen Gerätekontext als Werkzeugkasten, so findet man hier eine Reihe
von **Zeichengeräten**, wie z.B. einen Stift zum Zeichnen von Linien, einen Pinsel zum
Ausfüllen von Formen und eine Schriftart zum Anzeigen von Text. Sie können während des Zeichnens zu jedem Zeitpunkt die Werkzeuge in einem Gerätekontext wechseln, um zum Beispiel rote Linien, grüne Flächen oder fettgedruckten Text zu erhalten.
Alles in allem erlauben Ihnen die Zeicheneigenschaften die vollständige Einflußnah-
me auf das Erscheinungsbild und die Position Ihrer Programmausgaben.

Jeder Gerätekontext beinhaltet u.a. einen Werkzeugsatz von 20 Zeicheneigenschaften.
Durch die Unterbringung dieser Eigenschaften im Gerätekontext bleibt ihre Komplexi-
tät vor dem Programmierer verborgen. Dieses Konzept hat zwar auch einen kleineren
Nachteil, dennoch sind wir davon überzeugt, daß diese Methode die Arbeit mit dem
GDI auf lange Sicht sehr vereinfacht.

Der Nachteil liegt darin, daß die verborgenen Eigenschaften bei Ihnen leicht für Verwirrung sorgen können, solange Sie sich über ihre Bedeutung nicht genau im Klaren
sind. Ein Beispiel: Betrachten Sie einmal die **TextOut**-Routine. Wir werden einige
Kommentare hinzufügen, um die Parameter zu erklären:

```
TextOut (hdc,      /* Handle zum Gerätekontext */

         10,       /* X-Position des Textes    */

         10,       /* Y-Position des Textes     */

         "Hallo",  /* Anzuzeigender Text        */

         5);       /* Textlänge                 */
```

Können Sie anhand des Programmtextes erkennen, welche Farbe die Buchstaben
haben werden? Werden sie rot, blau oder schwarz sein? Welche Schriftart wird verwendet werden - wird es 14 Punkt Times Roman in Fettdruck oder 24 Punkt Helvetica
in Kursivschrift sein? Da diese Information Teil des Gerätekontexts ist, können Sie
diese Fragen durch das Lesen dieser Programmtextzeile nicht beantworten.

Wenn die **TextOut**-Routine zeichnet, greift sie sich die benötigten Zeicheneigenschaften aus dem Gerätekontext heraus. Diese Eigenschaften bestimmen das Erscheinungsbild und die Position des angezeigten Textes (einschließlich Textfarbe und Schriftart).
Wenn wir Ihnen die verschiedenen GDI-Zeichenroutinen vorstellen, werden wir auch
die DC-Eigenschaften beschreiben, auf die jeder Satz von Routinen angewiesen ist.

Durch das Verbergen ihrer Zeicheneigenschaften im Gerätekontext kommen GDI-Routinen mit einer sehr geringen Zahl von Parametern aus. In der Praxis bedeutet das für Sie eine Arbeitserleichterung, da Sie weniger Parameter eingeben müssen, wenn Sie Programmtext schreiben, der das GDI aufruft. Schließlich bleiben Zeicheneigenschaften in aller Regel über längere Zeit unverändert. Damit Sie einen Eindruck vom Arbeitsaufwand erhalten, der ohne Gerätekontext nötig wäre, sollten Sie sich ansehen, wie die **TextOut**-Funktion dann aussehen müßte:

```
/* Fiktives TextOut in einer Welt ohne Gerätekontext. */

TextOut (10,          /*  X-Position des Textes */

         10,          /*  Y-Position des Textes */

         "Hallo",     /*  Anzuzeigender Text     */

         5,           /*  Textlänge             */

         coFore,      /*  Vordergrundtextfarbe   */

         coBack,      /*  Hintergrundtextfarbe   */

         hClip,       /*  Clipping-Bereich       */

         hPalette,    /*  Farbpalette            */

         hFont,       /*  Textschriftart         */

         iSpace,      /*  Zeichenabstand         */

         mmMapMode,   /*  Skalierungsmodus       */

         xyViewExt,   /*  Viewport-Ausdehnung   */

         xyViewOrg,   /*  Viewport-Ursprung      */

         xyWinExt,    /*  Fensterausdehnung     */

         xyWinOrg);   /*  Fensterursprung        */
```

Auch ohne genaue Kenntnisse über die Bedeutung der einzelnen Zeicheneigenschaften braucht es nicht allzu viel Scharfsinn zu der Feststellung, daß 15 Parameter mehr als die fünf Parameter sind, die **TextOut** tatsächlich benötigt. In einer Welt ohne Gerätekontext hätten Sie eine Menge Arbeit zu bewältigen, um allein das Wort "Hallo" auszugeben.

Was ist in einem Gerätekontext untergebracht? Tabelle 6.2 listet alle Zeicheneigenschaften in einem Gerätekontext auf. Um Ihnen die Übersicht zu erleichtern, haben wir die Grundfunktion angegeben, die von der jeweiligen Eigenschaft Gebrauch macht.

Tabelle 6.2: *Zeichenattribute in einem Gerätekontext*

Zeichenattribut	Vorgabewert	Linien	Ausgefüllte Formen	Text	Raster	Kommentare
Hintergrundfarbe	Weiß	x	x	x	Schreib- stift	Schraffurpinsel
Hintergrundmodus	OPAQUE	x	x	x		Ein-/Aus-Schalter
Pinsel-Handle	Weißer Pinsel		x		x	Ausgefüllte Flächen
Pinselursprung	(0,0)		x		x	Pinsel für Schraffur und Wellenform
Handle für Clippingbereich	Gesamte Fläche	x	x	x	x	
Farbpaletten-Handle	Vorgabepalette	x	x	x		
Aktuelle Stiftposition	(0,0)	x				Für die **LineTo**-Routine
Zeichenmodus	R2_COPYPEN	x	x			Boolesche Mischung
Schriftart-Handle	Systemschriftart			x		
Zeichenabstand	0			x		
Skalierungsmodus	MM_TEXT	x	x	x	x	1 Einheit = 1 Bildpunkt
Stift-Handle	Schwarzer Stift	x	x			
Polygonfüllmodus	Abwechselnd		x			Für die **Polygon**-Routine
Dehnungsmodus	Schwarz auf Weiß				x	Für die **Stretch-Blt**-Routine
Textausrichtung	Links und oben			x		

Zeichenattribut	Vorgabe-wert	Linien	Ausge-füllte Formen	Text	Raster	Kommentare
Textfarbe	Schwarz		x	x		Vordergrundfarbe für Text und für einfarbige Musterpinsel
Text im Blocksatz	0,0			x		Zeilenumbruch und Zeichen extra
Viewport-Aus-dehnung	(1,1)	x	x	x	x	Koordinaten-aufteilung
Viewport-Ursprung	(0,0)	x	x	x	x	Koordinaten-aufteilung
Fensterausdehnung	(1,1)	x	x	x	x	Koordinaten-aufteilung
Fensterursprung	(0,0)	x	x	x	x	Koordinaten-aufteilung

Nicht jede Zeicheneigenschaft im Gerätekontext wird von jeder Zeichenroutine verwendet. Zum Beispiel wird die Textfarbe niemals eingesetzt, um Linien zu zeichnen. Statt dessen holt sich jede Zeichenroutine die von ihr benötigten Zeicheneigenschaften aus dem Gerätekontext. Betrachten wir jetzt die anderen Aufgaben des Gerätekontexts:

Die zweite Aufgabe eines Gerätekontexts liegt darin, ein Programm mit einer bestimmten Zeichenoberfläche zu verbinden. Ein Beispiel: Ein Programm, das auf dem Systembildschirm zeichnen will, muß Zugriff auf einen Gerätekontext für den Systembildschirm erlangen (wir werden gleich beschreiben, wie so etwas gemacht wird). Um auf einem Drucker oder einem Pseudogerät wie zum Beispiel einer Bitmap zu zeichnen, verschafft sich ein Programm einen Gerätekontext, um Verbindung mit diesen beiden Zeichenoberflächen zu erhalten.

Bei der Verbindung, die der Gerätekontext bereitstellt, handelt es sich um eine logische und nicht um eine physische Verbindung. Windows ist schließlich ein Multitasking-System. Wenn Programme direkten Zugriff auf das physische Gerät hätten, würde dies sowohl beim Anwender als auch bei den Windows-Programmen heillose Verwirrung stiften. Wenn jedes Programm darum kämpft, die Steuerung über ein gegebenes Gerät zu behalten, würde das Ergebnis in einem unsinnigen Wirrwarr verschiedener Grafikausgaben bestehen.

Um Ihnen verständlich zu machen, was wir unter einer physischen Verbindung verstehen, sollten Sie sich vergegenwärtigen, wie ein MS DOS-Programm (z.B. Quattro Pro) arbeitet. Wenn es auf dem Bildschirm zeichnet, schreibt es seine Ausgabedaten direkt in den Pufferspeicher auf die Videoadapterkarte. Es manipuliert die Hardware-Register direkt, damit die Hardware die notwendigen Handlungen durchführen kann, um die gewünschte Tabellenkalkulation oder das gewünschte Diagramm anzuzeigen. Zur Unterstützung dieser Fähigkeit ist ein spezieller Gerätetreiber erforderlich, der den Unterschied zwischen CGA-, VGA- und 8514/a-Grafikkarten erkennt. Lotus 1-2-3 kann auf diese Weise verfahren, weil MS DOS ein Betriebssystem ist, das nur ein laufendes Programm zur gleichen Zeit zuläßt. Es besteht also keine Gefahr, daß andere Programme ungewollt unterbrochen werden.

Windows arbeitet jedoch nach dem Multitasking-Prinzip, so daß Programme nicht auf ein physisches Ausgabegerät zugreifen können, ohne andere Programme in ihrem Ablauf zu unterbrechen.

Statt dessen muß ein Windows-Programm die logische Verbindung nutzen, die der Gerätekontext bereithält. Alle Windows-Programme verfahren nach diesem Grundsatz, so daß das GDI die Konflikte vermeiden kann, die andernfalls den Ablauf des Systems unterbrechen könnten, wenn zwei Programme auf dasselbe Gerät zugreifen wollen. Dieser Punkt führt uns zur dritten Aufgabe des Gerätekontexts: seiner Rolle als Entscheidungsinstanz.

Um Konflikte bei Geräten zu vermeiden, ist der Gerätekontext eine Entscheidungsinstanz, die ein Programm passieren muß, damit es auf irgendeinem Gerät zeichnen kann. Das Genehmigungsverfahren arbeitet auf zwei verschiedene Arten, die vom jeweiligen Gerätetyp abhängen. Bei Hard-Copy-Geräten ist dieser Vorgang unter dem Namen Spooling bekannt. Bei Bildschirmgeräten wird das Entscheidungsverfahren Clipping genannt.

Für Drucker und Plotter macht das GDI eine Anleihe bei einer auf Großrechnern eingesetzten Technik. Die Windows Druckerwarteschlange, die auch als Druck-Manager bekannt ist, spielt dabei die Rolle eines Verkehrspolizisten, der den Strom der vorbeifließenden Ausgaben an die entsprechenden Hard-Copy-Geräte regelt. Andernfalls könnte die Ausgabe eines Programmes mit der Ausgabe eines anderen vermischt werden. Um eine geordnete Ausgabe zu sichern, hilft der Gerätekontext des GDI dabei, die einzelnen Druckaufträge voneinander getrennt zu halten.

Auf dem Bildschirm setzt Windows eine andere Methode ein, um die Ausgaben verschiedener Programme voneinander zu trennen. Diese Methode wird als **Clipping** bezeichnet. Das Clipping umfaßt die Erstellung unsichtbarer Begrenzungen, die den Zeichenbereich eines Programmes einschließen - frei nach dem altbewährten Motto: "Gute Begrenzungen kennzeichnen gute Windows-Programme."

Mein Nachbar hat einen Zaun um seinen Garten, der seinen Hund davon abhält, fortzulaufen. Der Hund kann innerhalb des Gartens frei herumlaufen und überall hingelangen, aber nicht in meinen Garten laufen und dort herumstreunen. Genau wie bei diesem Beispiel arbeiten die "Zäune", die von dem GDI als Einfriedung errichtet werden. Wenn ein Programm in einem Fenster zeichnen will, bekommt es vom Fenster-Manager einen Gerätekontext, der eine eingebaute Begrenzung um den Arbeitsbereich herum aufweist. Innerhalb dieser Begrenzung ist es einem Programm freigestellt zu zeichnen, was es nur will, doch die Begrenzung verhindert, daß das Programm über den Arbeitsbereich hinaus zeichnet.

Ein Beispiel wird Ihnen klarmachen, was man unter Clipping versteht. Abbildung 6.4 zeigt zwei Programme, die sich den Bildschirm teilen: NOTIZBLOCK und UHR. Bevor eines dieser Programme zu zeichnen anfängt, wird eine Begrenzung gezogen, um es daran zu hindern, außerhalb seines Arbeitsbereiches zu zeichnen.

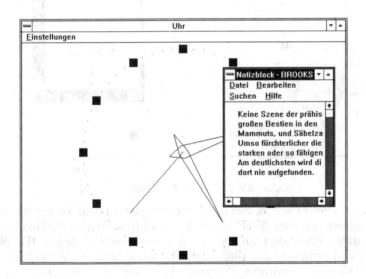

Abbildung 6.4: Die Ausgaben von Uhr und Notizblock werden durch das Clipping voneinander getrennt gehalten.

Die Begrenzung des Programmes NOTIZBLOCK bildet ein Rechteck. Beachten Sie, daß die Begrenzung das Programm NOTIZBLOCK davon abhält, auf der Fläche der UHR zu zeichnen. Außerdem verhindert sie, daß der NOTIZBLOCK im Nichtarbeitsbereich seines eigenen Fensters zeichnet. Wie die meisten Windows-Programme wartet das NOTIZBLOCK-Programm den Nichtarbeitsbereich seines Fensters nicht selbst, sondern überläßt diese Aufgabe Windows.

Das Clipping für die UHR ist ein wenig komplizierter. Doch wir sehen, daß das Clipping einwandfrei arbeitet, da der sich bewegende Sekundenzeiger der UHR den NOTIZBLOCK nicht überstreicht. Statt dessen hat es den Anschein, als ob die Uhrzeiger hinter dem NOTIZBLOCK-Fenster weiterlaufen. Abbildung 6.5 zeigt die Form der Begrenzung, die verhindert, daß der NOTIZBLOCK über seinen Arbeitsbereich hinaus zeichnet.

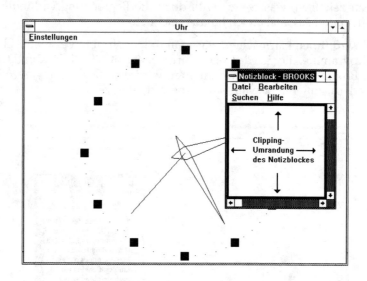

Abbildung 6.5: Die Form der Begrenzung des Notizblocks

Sie vermuten vielleicht schon, daß das Uhrenprogramm eine Menge zu beachten hat, um das Zeichnen auf den NOTIZBLOCK zu verhindern. In Wirklichkeit weiß das Uhrenprogramm überhaupt nichts von der Anwesenheit des NOTIZBLOCK-Programmes. Der Gerätekontext, den die UHR vom Fenster-Manager erhält, ist der Schlüssel zu diesem Geheimnis. Wenn die UHR verschiedene GDI-Zeichenroutinen aufruft, veranlaßt das DC-Handle (Handle des Gerätekontexts) das GDI zur Überprüfung der aktuellen Position der Begrenzung, um sicherzustellen, daß nicht außerhalb der Grenzen gezeichnet wird. Folglich hat die UHR nur wenig Arbeit zu leisten. Das GDI erledigt alles Nötige.

Wie führt das GDI die Überprüfung der Begrenzung durch? Betrachten wir einen einfacheren Fall: untersuchen wir den Weg, auf dem das GDI die Ausgabe vom NOTIZBLOCK auf das Rechteck festlegt, das den Arbeitsbereich vom NOTIZBLOCK bildet. Das GDI arbeitet mit dem Gerätetreiber, um das Rechteck einzurichten, das durch vier Koordinaten festgelegt wird: Oberseite, linke Seite, Unterseite und rechte

Seite. Die Grenzen dieser Einfriedung sind Teil einer Zeicheneigenschaft im Geräte-kontext: dem **Clippingbereich**. Jede GDI-Zeichenroutine überprüft diese Grenzen, wenn sie zeichnet. Wie Sie beim Betrachten des NOTIZBLOCK-Fensters erkennen können, ergibt sich daraus, daß einige Wörter abgeschnitten dargestellt werden. Doch dies ist zur Realisation der Fenstertechnik notwendig.

Die kompliziertere Clippingart, die wir bei der UHR beobachten können, kann an Hand dieses einfacheren Beispieles verstanden werden. Das GDI definiert das Clipping für die UHR nämlich an Hand der vier Rechtecke, die in Abbildung 6.6 gezeigt werden. Statt der vier Grenzen für ein Rechteck arbeitet das GDI jetzt mit 16 Grenzen für vier Rechtecke. Das Prinzip bleibt dasselbe, selbst wenn das GDI viermal soviel Arbeit leisten muß. Um das Clipping auf diese Art und Weise bewerkstelligen zu können, behandelt das GDI jede Zeichenoperation wie vier getrennte Zeichenoperationen, also eine für jedes Clipping-Rechteck.

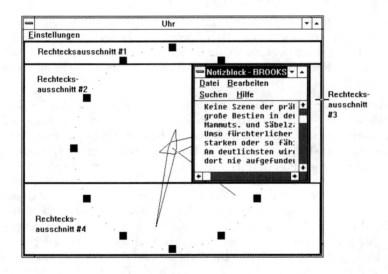

Abbildung 6.6: Die vier Clip-Rechtecke für die Uhr.

Dieses komplexe Clipping gibt uns einen Anhaltspunkt, wie das GDI Clipping-Informationen speichert. Ein Satz von einem oder mehreren Rechtecken wird in einer Datenstruktur miteinander kombiniert, die als Clippingbereich bezeichnet wird. Wie wir früher erwähnt haben, ist ein Clippingbereich eine Eigenschaft, die Teil des Geräte-kontextes ist. Das bedeutet, daß das Clipping auf jedem GDI-Gerät ausgeführt werden kann. Ein Clippingbereich kann die gesamte Zeichenoberfläche umfassen. Wie wir gesehen haben, kann er aber auch ein oder mehrere Rechtecke enthalten.

Auch wenn das Clipping auf jedem Gerät ausgeführt werden kann, handelt es sich beim Clipping auf dem Bildschirm um einen Spezialfall. Der Grund liegt darin, daß Windows die Clipping-Informationen bereitstellt, um ein Programm davon abzuhalten, die Ausgabe eines anderen Programmes ungewollt zu überschreiben. Der Teil von Windows, der für das Bildschirm-Clipping die Verantwortung trägt, ist der für die Fenstererstellung verantwortliche Teil von Windows: der Fenster-Manager.

Clipping und der Fenster-Manager

Aus unserer Besprechung der Wechselwirkung zwischen NOTIZBLOCK und UHR geht hervor, daß die Fenstertechnik erst durch die Fähigkeit des GDI zum Clipping ermöglicht wird. Erst das Clipping erlaubt es den Programmen, sich den Bildschirm aufzuteilen, ohne daß die Programme Gedanken darauf verschwenden müssen, daß sie sich gegenseitig auf die Füße treten könnten.

Obwohl das GDI Routinen für das Clipping bereitstellt, ist es selbst nicht für das Setzen der Fenstergrenzen verantwortlich. Diese Aufgabe obliegt dem Fenster-Manager. Er ist für die Benutzerschnittstelle verantwortlich. Da sich die Benutzerschnittstelle auf dem Bildschirm befindet, errichtet und wartet der Fenster-Manager alle Bildschirmbegrenzungen.

Der Fenster-Manager verfügt über eine Reihe von Gerätekontexten für das Zeichnen auf dem Bildschirm. Wenn ein Programm etwas in ein Fenster zeichnen will, leiht es sich einen dieser Gerätekontexte aus. Bevor der Fenster-Manager einen Gerätekontext an ein Programm ausleiht, installiert der Fenster-Manager einen Clippingbereich. Es existieren drei verschiedene Routinen des Fenster-Managers, die ein Programm verwenden kann, um einen Gerätekontext auszuleihen. Für jede dieser Routinen wird ein anderer Clippingbereich im Gerätekontext installiert. Tabelle 6.3 zeigt diese Routinen zusammen mit der jeweiligen Routine, die den Gerätekontext an den Fenster-Manager zurückgibt. Wenn ein Programm einen Gerätekontext vom Fenster-Manager ausleiht, muß es darauf achten, den Gerätekontext zurückzugeben, wenn es beendet ist. Wie Sie noch in Kürze sehen werden, ist dies die Aufgabe der "Schichten- oder Sandwich-Konstruktion" in Programmtexten. Abbildung 6.7 gibt ein Beispiel dafür, wie das Clipping für jede dieser drei Routinen gesetzt wird.

Die erste Routine, **BeginPaint**, erlaubt einem Programm, auf Aufforderungen zu antworten, die vom Fenster-Manager zum Zeichnen in einem Fenster oder zum Reparieren von beschädigten Teilen eines Fensters ergangen sind. Der Fenster-Manager sendet die **WM_PAINT**-Nachricht, um ein Programm darüber in Kenntnis zu setzen, daß ein Fenster eine Reparatur benötigt. Wie Sie noch sehen werden, spielt diese Nachricht eine zentrale Rolle bei der Wartung des Arbeitsbereiches eines Fensters.

Tabelle 6.3: *Routinen zum Ausleihen und zur Rückgabe von Systemanzeige-DCs*

Ausleihende Routine	Zurück-gebende Routine	Beschreibung
BeginPaint	EndPaint	Clipping auf ungültigen Teil des Arbeitsbereiches
GetDC	ReleaseDC	Clipping auf den gesamten Arbeitsbereich
GetWindowDC	ReleaseDC	Clip auf das gesamte Fenster (Arbeits- und Nichtarbeitsbereiche)

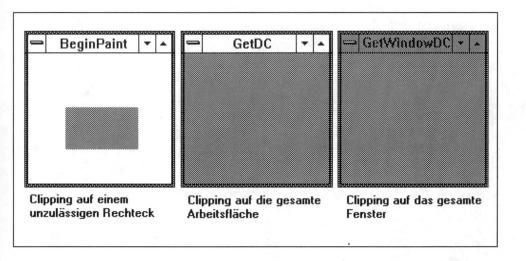

Abbildung 6.7: Drei Arten, mit denen der Fenster-Manager das Clipping setzt

Die zweite Routine, **GetDC**, erlaubt einem Programm, im Arbeitsbereich eines Fensters zu zeichnen. Der Clipping-Zaun hält die Ausgabe innerhalb des Arbeitsbereiches, selbst wenn das Fenster eines anderen Programmes über dem Arbeitsbereich liegt, wie wir es im Beispiel UHR-NOTIZBLOCK gesehen haben. Diese Routine wird für die meisten Zeichenoperationen außerhalb der **WM_PAINT**-Nachricht verwendet. Ein Beispiel: Als Antwort auf eine **WM_CHAR**- Nachricht wollen wir, daß das eingegebene Zeichen angezeigt wird.

In der dritten Routine, **GetWindowDC**, erlauben die Dimensionen des Clipping-Bereichs das Zeichnen im gesamten Fenster - einschließlich des Nichtarbeitsbereiches.

Diese Routine wird vom Fenster-Manager selbst aufgerufen, um die Nichtarbeitsbereich-Flächen eines Fensters zu zeichnen. Ein Windows-Programm führt diese Arbeit normalerweise nicht selbst aus, sondern überläßt diese Aufgabe der Standard-Fensterprozedur.

Nach dieser Einführung in das GDI haben Sie sicherlich den Wunsch, einige Programmbeispiele kennenzulernen, in denen die hier vorgestellten Begriffe angewendet werden. In unserem nächsten Kapitel werden wir ein Programm betrachten, das nur einen einzigen Bildpunkt erzeugt. Trotz der Bescheidenheit seines Resultats wird dieses Programm Sie u.a. mit einer der wichtigsten Nachrichten bekannt machen, die in Windows-Programmen eingesetzt wird: **WM_PAINT**. Weiterhin beschreiben wir, wie Windows mit Farben umgeht. Darüber hinaus werden wir die GDI-Grundfunktionen erweitern, indem wir eine eigene Funktion zum Zeichnen von Marken erstellen.

Kapitel 7

Bildpunkte und Marker

PIXEL

Das erste Programm, das wir uns in diesem Kapitel anschauen wollen, erzeugt einen einzigen Bildpunkt - ein Pixel. Wir haben es darum PIXEL genannt. Hier lernen Sie die wichtigste Nachricht kennen, die für für das Zeichnen auf dem Bildschirm verantwortlich ist: **WM_PAINT**. Abbildung 7.1 zeigt drei Exemplare von PIXEL beim Ablauf. Wie Sie sehen können, erzeugt das Programm genau im Zentrum seines Arbeitsbereiches einen Bildpunkt.

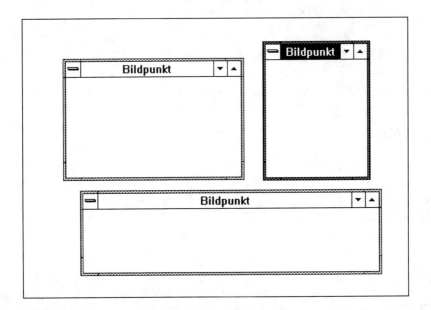

Abbildung 7.1: Drei Exemplare von PIXEL

Wie bei anderen Programmen in diesem Buch dient MIN als Ausgangspunkt für dieses Programm. Es folgt das Listing der Quelltextdateien, aus denen sich PIXEL zusammensetzt.

MAKEFILE.MAK

```
.AUTODEPEND

#    Übersetzerdefinitionen
INC=C:\BORLANDC\OWL\INCLUDE;C:\BORLANDC\CLASSLIB\INCLUDE;C:\BOR-
LANDC\INCLUDE
CC = bcc -c -D_CLASSDLL -H -ml -WS -w -I$(INC)

#    Implizite Regeln
.c.obj:
  $(CC) {$< }

.cpp.obj:
  $(CC) {$< }

#    Explizite Regeln
Pixel.exe: Pixel.res Pixel.def Pixel.obj
    tlink /c/C/n/P-/Twe/x @Pixel.LNK
    RC Pixel.res Pixel.exe

#    Einzelne Dateiabhängigkeiten
Pixel.obj: Pixel.cpp

Pixel.res: Pixel.rc Pixel.cur Pixel.ico
    RC -R -FO Pixel.res Pixel.RC
```

PIXEL.LNK

```
c:\borlandc\lib\c0wl.obj+
Pixel.obj
Pixel,Pixel
\borlandc\owl\lib\owl.lib+
crtll.lib+
cwl.lib+
import.lib+
mathl.lib+
cl.lib
Pixel.def
```

PIXEL.CPP

```
/*------------------------------------------------------------*\
  | PIXEL.CPP   Stellt eine Gruppe von Bildpunkten in der       |
  |             Mitte des Arbeitsbereiches dar.                 |
\*------------------------------------------------------------*/
```

```
#include <owl.h>

/*-------------------------------------------------------------*\
|                   Klassendeklarationen.                       |
\*-------------------------------------------------------------*/
class TPixelApplication : public TApplication
  {
  public:
    TPixelApplication (LPSTR lpszName, HANDLE hInstance,
                       HANDLE hPrevInstance, LPSTR lpszCmdLine,
                       int nCmdShow);
    virtual void InitMainWindow ();
  };

class TPixelWindow : public TWindow
  {
  public:
    TPixelWindow (PTWindowsObject pwParent, LPSTR lpszTitle,
                  PTModule pmModule);
    virtual LPSTR GetClassName ();
    virtual void  GetWindowClass (WNDCLASS&);
    virtual void  WMPaint(TMessage& Msg) = [WM_FIRST + WM_PAINT];
  };

/*-------------------------------------------------------------*\
|                   Hauptfunktion:  WinMain.                    |
\*-------------------------------------------------------------*/
int PASCAL WinMain (HANDLE hInstance,   HANDLE hPrevInstance,
                    LPSTR  lpszCmdLine, int    nCmdShow)
  {
  TPixelApplication Pixel ("Pixel", hInstance, hPrevInstance,
                           lpszCmdLine, nCmdShow);
  Pixel.Run ();
  return Pixel.Status;
  }

/*-------------------------------------------------------------*\
|                Komponente der Application-Klasse.             |
\*-------------------------------------------------------------*/
TPixelApplication::TPixelApplication (LPSTR lpszName,
                   HANDLE hInstance, HANDLE hPrevInstance,
                   LPSTR lpszCmdLine, int nCmdShow)
              :TApplication (lpszName, hInstance,
                   hPrevInstance, lpszCmdLine, nCmdShow)
  {
  /*  Die anwendungsspezifische Initialisierung erfolgt hier.  */
  }
```

```
/*-----------------------------------------------------------*\
|                 Komponente der Application-Klasse.          |
\*-----------------------------------------------------------*/
void TPixelApplication::InitMainWindow ()
    {
    MainWindow = new TPixelWindow (NULL, "Bildpunkt", NULL);
    }


/*-----------------------------------------------------------*\
|                 TPixelWindow-Komponentenfunktion.           |
\*-----------------------------------------------------------*/
TPixelWindow::TPixelWindow (PTWindowsObject pwParent,
            LPSTR lpszTitle, PTModule pmModule)
         :TWindow (pwParent, lpszTitle, pmModule)
    {
    /*  Die fensterspezifische Initialisierung erfolgt hier.  */
    }


/*-----------------------------------------------------------*\
|                 TPixelWindow-Komponentenfunktion.           |
\*-----------------------------------------------------------*/
LPSTR TPixelWindow::GetClassName ()
    {
    return "Pixel:MAIN";
    }


/*-----------------------------------------------------------*\
|                 TPixelWindow-Komponentenfunktion.           |
\*-----------------------------------------------------------*/
void TPixelWindow::GetWindowClass (WNDCLASS& wc)
    {
    TWindow::GetWindowClass (wc);
    wc.hIcon=LoadIcon (wc.hInstance, "snapshot");
    wc.hCursor=LoadCursor (wc.hInstance, "hand");
    wc.style= CS_HREDRAW | CS_VREDRAW;
    }


/*-----------------------------------------------------------*\
|                 TPixelWindow-Komponentenfunktion.           |
\*-----------------------------------------------------------*/
void TPixelWindow::WMPaint(TMessage&)
    {
    int        x, y;
    PAINTSTRUCT ps;
    RECT        rClient;

    BeginPaint(HWindow, &ps);
    GetClientRect (HWindow, &rClient);
```

```
    x = rClient.right  / 2;
    y = rClient.bottom / 2;

    SetPixel (ps.hdc, x, y, RGB (0, 0, 0));

    EndPaint(HWindow, &ps);
    }
```

PIXEL.RC

```
snapshot icon Pixel.ico
hand cursor Pixel.cur
```

PIXEL.DEF

```
NAME PIXEL

EXETYPE WINDOWS

DESCRIPTION 'Pixel -- Beispielprogramm für SetPixel'

CODE MOVEABLE DISCARDABLE
DATA MOVEABLE MULTIPLE

HEAPSIZE  512
STACKSIZE 5120
```

Die **WinMain**-Funktion von PIXEL ist im wesentlichen mit der von MIN identisch. Das Anwendungsobjekt und der Initialisierungscode für das Fensterobjekt sind im großen und ganzen ebenfalls gleich. Es gibt aber einen erwähnenswerten Unterschied. Wir haben der Definition der Fensterklasse zwei neue Ausführungsbits hinzugefügt:

```
wc.style=CS_HREDRAW | CS_VREDRAW;
```

Diese Ausführungsbits weisen den Fenster-Manager an, eine **WM_PAINT**-Nachricht zu erzeugen, wenn sich die Größe des Fensters in vertikaler (**CS_VREDRAW**) oder horizontaler Richtung (**CS_HREDRAW**) verändert. Sie bewirken, daß das gesamte Fenster neu gezeichnet wird (über die **WM_PAINT**-Nachricht), wenn sich die Fenstergröße ändert. Dadurch wird sichergestellt, daß der Bildpunkt sich stets im Zentrum unseres Fensters befindet.

Die **WM_PAINT**-Nachricht ist die wichtigste Nachricht für jedes Programm, das in einem Fenster zeichnet. Wie ein Elefant im Porzellanladen kann der Anwender eine Menge Schaden anrichten, wenn er über den Bildschirm "stapft": Fenster werden verschoben, in der Größe verändert, geöffnet und geschlossen. Dialogfelder werden aktiviert und wieder geschlossen und innerhalb zahlloser Fenster werden Daten in Listenfeldern bewegt.

Jede dieser Aktionen kann Löcher in die Benutzeroberfläche reißen. Windows tut sein Bestes, um diese Löcher zu flicken, doch in vielen Fällen ist Windows auf Hilfe angewiesen. Wenn der Arbeitsbereich eines Fensters überschrieben worden ist, sind die Möglichkeiten von Windows zur Reparatur der Schäden begrenzt.

Es gibt Gelegenheiten, bei denen Windows in der Lage ist, im voraus zu sehen, daß ein Objekt (wie etwa ein Dialogfeld oder ein Menü) ein Fenster für einen gewissen Zeitraum überschreiben wird. In diesen Fällen nimmt Windows einen Schnappschuß des Bereiches auf, der im nächsten Moment überschrieben werden soll. Wenn das vorübergehende Objekt verschwindet, stellt Windows den Bildschirm von selbst wieder her.

Solche Schnappschüsse sind jedoch recht speicherintensiv, so daß Windows nur dann auf diese Methode zurückgreift, wenn die Ablaufgeschwindigkeit der Benutzeroberfläche zu sehr beeinträchtigt wäre. Ein Beispiel: Damit Popup-Menüs blitzschnell auftauchen und verschwinden, wird von dem Bereich unter dem Menü eine Momentaufnahme gemacht. Wenn dieser kritische Teil der Benutzeroberfläche zu langsam wäre, würde er das gesamte System schwerfällig erscheinen lassen.

Die meiste Zeit ruft Windows Ihr Programm auf, damit es über die **WM_PAINT**-Nachricht beim Reparieren von Lücken hilft. Als Antwort auf **WM_PAINT** erhält Ihr Fensterobjekt einen Gerätekontext, der ihm die Zeichenwerkzeuge, den Gerätezugriff und die benötigte Erlaubnis erteilt, in einem Fenster zu zeichnen und dessen Inhalt zu reparieren.

Die BeginPaint-Routine

Die **BeginPaint**-Routine stellt den erforderlichen Gerätekontext bereit. Sie leiht sich einen Gerätekontext aus dem Vorrat aus, den der Fenster-Manager unterhält. Diese Routine ist speziell auf die Zusammenarbeit mit der **WM_PAINT**-Nachricht ausgelegt, da sie einen Clippingbereich im Gerätekontext installiert, der mit dem beschädigten Teil unseres Fensters übereinstimmt. Dieser Bereich wird manchmal als der **ungültige Bereich** oder das **ungültige Rechteck** (wenn der Bereich als einfaches Rechteck definiert ist) eines Fensters bezeichnet.

Der ungültige Bereich kann sich auf den gesamten Arbeitsbereich unseres Fensters erstrecken, doch in vielen Fällen umfaßt er nur einen Teil des Arbeitsbereiches. Ein Beispiel: Abbildung 7.2 zeigt UHR und PIXEL, die sich den Bildschirm teilen, wobei eine Ecke der UHR einen Teil des Arbeitsbereiches von PIXEL überdeckt. Wenn wir PIXEL anklicken, um das Fenster zu aktivieren, muß der überdeckte Teil des Arbeitsbereiches von PIXEL neu gezeichnet werden. Das ist die Aufgabe der **WM_PAINT**-Nachricht. Die gepunktete Linie in der Abbildung zeigt die Form des Clippingbereiches, der in dem von **BeginPaint** zurückgegebenen Gerätekontext installiert wird. Indem der Fenster-Manager den ungültigen Bereich zu einem Teilstück des gesamten Arbeitsbereiches macht, wird der für die Reparatur eines beschädigten Fensters erforderliche Arbeitsaufwand auf ein Mindestmaß reduziert.

Sie werden sich vielleicht aus unserer früheren Besprechung des Clippings daran erinnern, daß das in Abbildung 7.2 gezeigte Clipping-Rechteck nur das Zeichnen innerhalb der Grenzen der Clipping-Einfriedung erlaubt. Außerhalb der Einfriedung ist das Zeichnen nicht erlaubt. Warum wird das Clipping auf diese Weise realisiert?

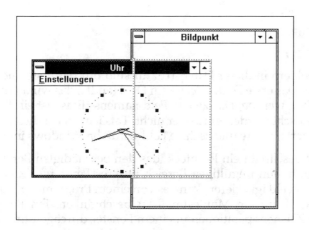

Abbildung 7.2: Die Uhr bedeckt einen Teil der Arbeitsfläche des Programmes PIXEL

Rufen Sie sich in Erinnerung, daß der Einsatzzweck einer **WM_PAINT**-Nachricht in der Reparatur des an einem Fenster entstandenen Schadens liegt. Wie im Beispiel gezeigt, umgibt die Clippingbegrenzung exakt den Teil des Fensters, der beschädigt wurde. Dies ist der einzige Bereich, in dem unser Programm zeichnen darf. Es ist auch der einzige Bereich, der neugestaltet werden muß. Das heißt: Als Erwiderung auf eine **WM_PAINT**-Nachricht brauchen wir den unbeschädigten Bereich des Fensters nicht neu zu zeichnen.

Damit Sie diesen Vorgang besser verstehen, wollen wir jetzt den Programmtext genauer untersuchen, der mit der Behandlung der **WM_PAINT**-Nachricht in Zusammenhang steht.

BeginPaint nimmt zwei Parameter auf: ein Fenster-Handle und einen Zeiger auf eine **PAINTSTRUCT**-Datenstruktur. Das Fenster-Handle kennzeichnet das Fenster, dessen Arbeitsbereich zu reparieren ist.

Die **PAINTSTRUCT**-Struktur wird in WINDOWS.H folgendermaßen definiert:

```
typedef struct tagPAINTSTRUCT
   {
   HDC    hdc;
   BOOL   fErase;
   RECT   rcPaint;
   BOOL   fRestore;
   BOOL   fIncUpdate;
   BYTE   rgbReserved[16];
   } PAINTSTRUCT;
```

Von den sechs Feldern in dieser Datenstruktur sind nur das erste und das dritte Feld wirklich nützlich. Das erste Feld, **hdc**, ist ein DC-Handle, das wir an die GDI-Zeichenroutinen übergeben werden. Das zweite Feld namens **fErase** ist ein Flag, das mitteilt, ob ein Fenster gelöscht werden muß oder nicht. Tatsächlich hat dieses Feld immer den Wert Null. Das vierte, fünfte und sechste Feld wird von Windows intern verwendet.

Das Feld **rcPaint** beschreibt ein Rechteck, das den beschädigten Bereich unseres Fensters eingrenzt (d.h. den ungültigen Bereich unseres Fensters). Obwohl die meisten Programme dieses Feld ignorieren, kann es von einem Programm genutzt werden, um die Arbeit des GDI auf ein Mindestmaß zu beschränken. Ein Beispiel: Wenn ein Programm viele Zeichenoperationen in einem Fenster durchgeführt hat, kann es dieses Feld einsetzen, um genau zu entscheiden, welche Teile reparaturbedürftig sind. Durch das Vorclipping mit diesem Feld erreicht man in zeichenintensiven Programmen eine bedeutende Steigerung ihres Leistungsvermögens.

BeginPaint gibt uns ein Handle zu einem Gerätekontext, der alles Nötige umfaßt, was wir zum Zeichnen unseres Bildpunktes brauchen. Betrachten wir jetzt die anderen Routinen, die unsere Fensterprozedur als Reaktion auf die **WM_PAINT**-Nachricht aufruft.

Die GetClientRect-Routine

In einem früheren Kapitel haben wir ein Fenster mit einer Leinwand verglichen, auf der ein Künstler malt. Im Gegensatz zur Leinwand eines Malers kann ein Windows-Fenster seine Größe beliebig ändern. Damit Sie diese Änderung durchführen können, bestimmen Sie mit der **GetClientRect**-Routine die Größe des Arbeitsbereiches eines Fensters (die Informationen der WM_SIZE-Nachricht erfüllen den gleichen Zweck). **GetClientRect** nimmt zwei Parameter auf:

• **Ein Fenster-Handle.** Wir verwenden die von unserer Fensterklasse abgeleitete Datenkomponente des Fenster-Handles **HWindow**.

- **Ein Zeiger auf eine Rechteckdatenstruktur (RECT)**. Diese Struktur gibt die Größe des Arbeitsbereiches in Bildpunkten zurück.

Die **RECT**-Struktur wird in WINDOWS.H, wie hier gezeigt, definiert:

```
typedef struct tagRECT
   {
   int  left;
   int  top;
   int  right;
   int  bottom;
   } RECT;
```

GetClientRect gibt in zweien dieser Felder - nämlich **left** und **top** - immer den Wert Null zurück. Diese Felder können also getrost außer acht gelassen werden. Zur Festlegung der Arbeitsbereichsgröße reicht es aus, wenn wir uns mit den Feldern **right** und **bottom** begnügen. Wir positionieren den Bildpunkt in der Mitte des Arbeitsbereiches unter Verwendung der Werte **r.right/2** und **r.bottom/2** für die x-y-Koordinaten.

Die SetPixel-Routine

Die *SetPixel*-Routine nimmt vier Parameter auf:

```
SetPixel (hDC, X, Y, crColor);
```

- *Handle zu einem Gerätekontext*. Wir verwenden das von **BeginPaint** bereitgestellte Handle.

- *Die Koordinaten x und y*. Wir positionieren den Bildpunkt in der Mitte des Arbeitsbereiches, indem wir die von **GetClientRect** zurückgegebenen Werte durch zwei dividiert haben.

- *Farbe*. Das GDI bietet drei Wege an, die Farbe festzulegen: ein RGB-Tripel, einen Palettenindex und ein palettenbezogenes RGB-Tripel.

Ein RGB-Tripel leitet seinen Namen von seinen drei Werten ab: einem Rotwert, einem Grünwert und einem Blauwert. Ein RGB-Tripel ist immer eine vorzeichenlose, lange Ganzzahl, d.h. ein vier Byte breiter 32 Bit-Wert (unsigned long). Drei der Bytes werden benötigt, um die Rot-, Grün- und Blau-Intensität der Farbe zu speichern, die Sie darstellen wollen. Bei einem Byte pro Farbe bedeutet das 256 Intensitäten für jede Farbe und über 16 Millionen mögliche Farbnuancen.

Das Makro **RGB** in WINDOWS.H stellt die einfachste Möglichkeit dar, ein RGB-Tripel zu erstellen. Die Syntax für dieses Makro lautet

```
rgbColor = RGB (bRed, bGreen, bBlue)
```

wobei bRed, bGreen und bBlue Ganzzahlen zwischen 0 und 255 sind. Das Makro **RGB** packt die Intensitätswerte aller drei Farben in eine einzige vorzeichenlose Ganzzahl vom Typ long.

Obwohl Sie über 16 Millionen verschiedene RGB-Farbkombinationen festlegen können, hängt die tatsächlich erzeugte Farbe vom Gerät ab. Ein Beispiel: Der EGA-Adapter mit 16 Farben wird die RGB-Werte an die nächstliegenden verfügbaren physikalischen Farben anpassen. Wenn wir über Zeichenstifte sprechen, erklären wir auch, wie das GDI **schattiert**, um noch mehr Farben auf einem Gerät zu simulieren. Doch für Bildpunkte sind die einzigen verfügbaren Farben die physikalischen oder "reinen" Farben. Zwei RGB-Tripel haben in jedem Fall eindeutige Ergebnisse: RGB(0,0,0) ist immer schwarz und RGB(255,255,255) ist immer weiß.

Eine weitere Möglichkeit der Definition von Farben liegt im Erstellen eines Palettenindex. Unter einer Palette versteht man eine Tabelle von RGB-Tripeln. Auf den ersten Blick bietet ein Palettenindex also eine weitere Möglichkeit, ein RGB-Tripel festzulegen.

Im Gegensatz zu RGB-Tripeln können Sie jedoch mit einer Palette die exakten physikalischen Farben festlegen, die dargestellt werden sollen. Ein Beispiel: Die Hardware der VGA- und 8514/a-Bildschirmadapter unterstützt 262.144 verschiedene Farben. Mit normalen Grafikadaptern können aber nur 256 dieser Farben gleichzeitig ausgegeben werden. Der Gerätetreiber wählt unter normalen Umständen eine Palette aus, deren Farben in 256 Abstufungen (von Dunkelrot bis Violett) gleichmäßig über das verfügbare Spektrum verteilt sind. Diese relativ grobe Art der Farb-Nuancierung ist jedoch für einige Zwecke nicht ausreichend. Mit der Definition einer Palette kann der Programmierer dagegen die Tönung der 256 darstellbaren Farbabstufungen selbst bestimmen.

Auf Geräten, die GDI-Paletten unterstützen, kann ein Programm sogar die Hardware-Register des Gerätes wechseln, um den gewünschten Satz von Farbnuancen zu erzeugen. Wenn ein Programm zum Beispiel die Farb-Bitmap einer Waldlandschaft darstellen will, sind vielleicht 150 Grünschattierungen erforderlich, um alle Details und Feinheiten von Gras, Bäumen und Sträuchern aufzuzeigen. Eine Farb-Bitmap von Skiläufern auf einem schneebedeckten Hang mag an die 100 Schattierungen von Weiß, 50 Schattierungen von Scharlachrot und Orange sowie 10 Schattierungen von Blau erfordern. Unter Einsatz von Paletten können Sie auf dem Bildschirm Bilder mit fast fotorealistischer Genauigkeit darstellen.

Wie die RGB-Tripel sind Palettenindizes vorzeichenlose Ganzzahlen vom Typ Long. Der einzige Unterschied liegt darin, daß im vierten, unbenutzten Byte ein Flag gesetzt wird, das anzeigt, daß es sich bei diesem Wert um einen Palettenindex und nicht um das tatsächliche RGB-Tripel handelt. Das **PALETTEINDEX**-Makro wählt einen Palettenindexwert aus. Folgende Programmzeile wählt z.B. die Farbnummer 137 aus:

```
PALETTEINDEX (137);
```

Die dritte und letzte Möglichkeit der Definition von Farben liegt in der Errichtung eines palettenbezogenen RGB-Index. Dieser Index erlaubt Ihnen - ähnlich einem RGB-Tripel - die Definition des Rot-, Grün- und Blauanteils einer Farbe. Eine palettenbezogene RGB-Farbe wird aber niemals mit Hilfe eines Farbrasters dargestellt. Statt dessen sucht das GDI in der bestehenden Palette nach dem dieser Farbe am nächsten kommenden reinen Farbton und setzt diesen ein. Der palettenbezogene GRB-Index wird durch das **PALETTERGB**-Makro erstellt:

```
PALETTERGB (0, 128, 255);
```

Die EndPaint-Routine

Nachdem alle Zeichenoperationen für die **WM_PAINT**-Nachricht ausgeführt wurden, wird die **EndPaint**-Routine aufgerufen, damit der Gerätekontext der Bildschirmanzeige an den Fenster-Manager zurückgegeben werden kann. Sobald der Fenster-Manager den Gerätekontext empfängt, setzt er die Zeichenattribute wieder auf die Standardwerte zurück. Der Gerätekontext kann wieder an das nächste Programm übergeben werden, das in einem Fenster zeichnen muß.

Darüber hinaus meldet die **EndPaint**-Routine dem Fenster-Manager, daß das beschädigte Fenster repariert worden ist. In der Sprache von Windows heißt das, daß der *ungültige* Teil eines Fensters wieder *gültig* gemacht wird. Später in diesem Kapitel werden Sie sehen, daß ein Programm die **InvalideRect**-Routine aufrufen kann, um einen Arbeitsbereich als beschädigt auszuweisen. Dies bewirkt, daß eine **WM_PAINT**-Nachricht erzeugt wird. Die **EndPaint**-Routine ruft eine weitere Windows-Routine **ValidateRect**, auf, die den Fenster-Manager auffordert, zur Kenntnis zu nehmen, daß ein Fenster wiederhergestellt worden ist.

Solange ein Programm die **EndPaint**-Routine als Antwort auf eine **WM_PAINT**-Nachricht nicht aufruft, sendet der Fenster-Manager einen ununterbrochenen Strom von **WM_PAINT**-Nachrichten. Er fordert Sie solange auf, dieses Fenster zu reparieren, bis ihm mitgeteilt wird, daß das Fenster repariert worden ist. Er versucht dies mit Hilfe der **WM_PAINT**-Nachricht zu erreichen.

Üblicherweise werden in Programmen die Routinen **BeginPaint** und **EndPaint** eingesetzt, um auf **WM_PAINT** zu antworten. Wie Sie sehen werden, ist der Einsatz eines derartigen Routinenpaares auch in anderen Bereichen der Windows-Programmierung gebräuchlich: zum Beispiel zum Sichern von Speichersegmenten, zum Lesen von Dateien sowie zum Zugriff auf die Zwischenablage. Wir nennen diese Konstruktion die **Windows-Programmierschichten** (Windows sandwich). Wir wollen diese Konstruktinonsart jetzt näher beschreiben:

Die Programmierschichten in Windows

Eine Konstruktion, auf die Sie während Ihrer Laufbahn als Windows-Programmierer häufiger stoßen werden, bezeichnen wir als Windows-Programmierschichten (Windows sandwich). In Büchern zur strukturierten Programmierung werden Sie den Begriff "Programmierschichten" kaum finden. Im Zusammenhang mit der Windows-Programmierung ist er jedoch sehr wichtig.

Man kann die Windows-Programmierschichten mit einem Sandwich vergleichen. Wie Sie sicher wissen, besteht ein Sandwich im wesentlichen aus drei Teilen: zwei Außenteile (die Brotscheiben), die den dritten Teil (die Füllung) aufnehmen. Die Anordnung dieser drei Bestandteile ist für die richtige Zubereitung eines Sandwiches äußerst wichtig.

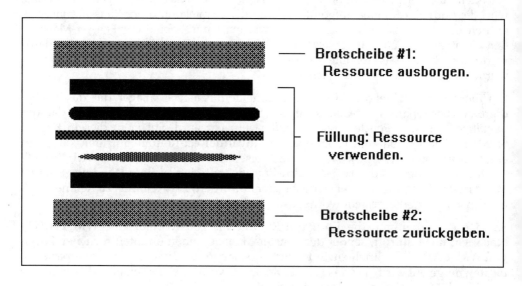

Abbildung 7.3: Die Programmierschichten in Windows - Windows-Sandwich

In Abbildung 7.3 sehen Sie die drei Teile einer Windows- Sandwichkonstruktion. Die erste Brotscheibe stellt eine Programmtextzeile dar, die auf eine Ressource zugreift. Die zweite Brotscheibe repräsentiert die abschließende Zeile des Programmtextes, in der diese Ressource wieder zurückgegeben wird. Dazwischen befindet sich die Füllung, die aus einer oder mehreren Programmtextzeilen bestehen kann.

Diese Konstruktion ist sehr wichtig, da es in Windows bestimmte Ressourcen gibt, die von mehreren Programmen gemeinsam verwendet werden. Windows ist eben ein Multitasking-System. Programme müssen sich untereinander abstimmen, um sich die knappen Ressourcen des Systems miteinander zu teilen. Die Sandwich-Konstruktion stellt eine Lösung dieses Problems dar.

Die Ressource, die wir uns borgen wollen, kann zum Beispiel eine Verbindung zu einem grafischen Ausgabegerät, einer Auslagerungsdatei auf einer Festplatte oder der Windows-Zwischenablage sein. Im allgemeinen behält eine Sandwichkonstruktion die Ressource für die Dauer einer einzelnen Nachricht. Ein Beispiel hierfür ist der Gerätekontext, den wir als Antwort auf die **WM_PAINT**-Nachricht ausleihen:

```
void TSampleWindow::WMPaint (TMessage&)
        {
        PAINTSTRUCT ps;

        BeginPaint (HWindow, &ps);  /* Obere Schicht   */
        .
        .                           /* Füllung         */
        .
        EndPaint (HWindow, &ps);    /* Untere Schicht */
        }
```

Der **BeginPaint**-Aufruf borgt den Gerätekontext vom Fenster-Manager aus. Ein Handle zu dieser Ressource wird in der Variablen **hdc** gespeichert. Von dieser Zeile bis zur **EndPaint**-Zeile verfügt das Programm über die vollständige Einsatzmöglichkeit des Gerätekontextes. In unserem PIXEL-Programm zeichnet die Füllung dieser Sandwichkonstruktion einen einzelnen Bildpunkt auf den Bildschirm. Sobald die **End-Paint**-Routine den Gerätekontext zurückgegeben hat, haben wir keinen Zugriff mehr darauf. Unser Programm sollte also nach dem Aufruf von **EndPaint** keine weiteren Zeichenvorgänge ausführen.

Im folgenden zeigen wir drei verschiedene, falsch eingerichtete Sandwich-Konstruktionen auf.

Sie müssen kein Meisterkoch sein sein, um zu erkennen, daß das Sandwich des folgenden Programms nicht richtig zusammengesetzt wurde. Das Problem bei diesem Sandwich liegt darin, daß sich die Füllung außerhalb der als Umhüllung vorgesehenen Brotschichten befindet:

```
/*  Das sollten Sie vermeiden: Füllung außerhalb der Programmier-
    schichten */
    void TSampleWindow::WMPaint (TMessage&)
        {
        PAINTSTRUCT ps;

        BeginPaint (HWindow, &ps);  // Obere Brotscheibe
```

167

```
EndPaint (HWindow, &ps);      // Untere Brotscheibe
SetPixel (ps.hdc, x, y, RGB (0, 0, 0)); // Füllung
}
```

Das folgende Sandwich ist nur mit einer (noch dazu der oberen!) Brotscheibe ausgestattet. Die untere Brotscheibe fehlt. Die Füllung kleckert höchstwahrscheinlich zu Boden:

```
/*  Das sollten Sie vermeiden: Nur eine umhüllende Schicht vorhanden
*/
    void TSampleWindow::WMPaint (TMessage&)
        {
        PAINTSTRUCT ps;

        BeginPaint (HWindow, &ps);   // Obere Brotscheibe
        SetPixel (ps.hdc, x, y, RGB (0, 0, 0)); // Füllung
        }
```

Das folgende Sandwich hat überhaupt keine Brotscheiben. Die Füllung liegt völlig offen:

```
/*  Das sollten Sie vermeiden: Überhaupt keine umhüllenden Schichten
*/
    void TSampleWindow::WMPaint (TMessage&)
        {
        PAINTSTRUCT ps;

        SetPixel (ps.hdc, x, y, RGB (0, 0, 0)); // Füllung
        }
```

Einige wenige Sandwichkonstruktionen erstrecken sich über mehrere Nachrichten. Man bezeichnet sie als Doppeldecker-Sandwich oder Dagwood-Sandwich (benannt nach einer Zeichentrickfigur, die Riesensandwiches liebt). Ein dazu passendes Beispiel betrifft das "Einfangen" des Mauszeigers. Manchmal kann es für ein Programm von Vorteil sein, wenn es den alleinigen Gebrauch des Mauszeigers anfordert. Folgendes Beispiel zeigt die Programtextstruktur für ein derartiges Doppeldecker-Sandwich:

```
    void TSampleWindow::WMLButtonDown (TMessage& Msg)
        {
        SetCapture(HWindow);  // Obere Schicht
        .
        .
        .
        }

    void TSampleWindow::WMMouseMove (TMessage& Msg)
        {
        .               // Füllung
        .
        .
        }
```

```
void TSampleWindow::WMLButtonUp (TMessage& Msg)
   {
   .
   .
   ReleaseCapture();      // Untere Schicht
   }
```

Wir werden in Kapitel 16 einen näheren Blick auf diese Doppeldeckerkonstruktion werfen, wenn wir die Mauseingabe besprechen. Kommen wir jetzt zu unserer nächsten Zeichengrundfunktion. Es handelt sich hier nicht um eine GDI-Grundfunktion, sondern um eine Zeichenfunktion auf der Grundlage der **SetPixel**-Routine.

Erstellen von Markern

Unser zweites GDI-Programm führt eine Zeichengrundfunktion ein, die nicht im GDI implementiert ist: **Marker**. Zumeist werden Marker in Grafiken eingesetzt. Ein Beispiel dazu finden Sie in Abbildung 7.4. Jedes Pluszeichen (+) stellt einen Marker dar, der eine Bevölkerungszahl für verschiedene Jahre wiedergibt.

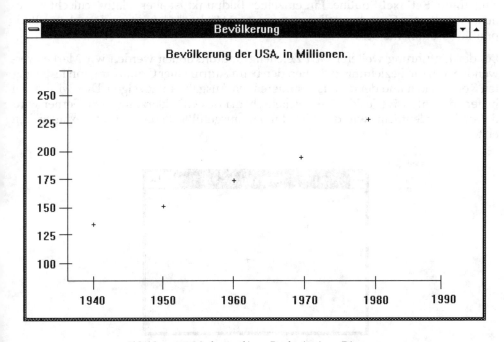

Abbildung 7.4: Marker markieren Punkte in einem Diagramm

169

Auf den ersten Blick mag es nicht ganz einsichtig sein, warum die Marker einen Sonderfall darstellen sollen. Aus dem Diagramm wird ersichtlich, daß das GDI Text anzeigen kann. Wo liegt der Unterschied zwischen einem Marker und einem Textzeichen? Wie Sie in Kapitel 10 sehen werden, erleichtern GDI-Textroutinen die Arbeit mit verschiedenen Größen und Ausführungen von Text auf einer Vielfalt von Geräten. Diese extreme Flexibilität erschwert es, daß ein bestimmter Buchstabe an einer bestimmten Stelle zentriert ausgerichtet wird.

Ein Beispiel: Wenn Sie GDI-Buchstaben benutzen würden, um die Position eines vergrabenen Schatzes auf einer Karte zu markieren, müssen Sie bei der Festlegung der Position eine gewisse Fehlerspanne in Kauf nehmen. Die genaue Position des Kreuzungspunktes eines Buchstaben hängt von der verwendeten Schriftart ab.

Mit Markern läßt sich dieser Fehler vermeiden, da ein Marker immer exakt über der angegebenen Position liegt. Das ist der Grund dafür, daß Marker in Grafiken eingesetzt werden. In den folgenden Kapiteln werden wir häufig Marker zur Unterstützung der GDI-Zeichenroutinen einsetzen.

Eine Möglichkeit, eine Position zu markieren, bietet die im vorausgehenden Kapitel eingeführte **SetPixel**-Routine. Ein einzelner Bildpunkt ist aber relativ schlecht zu sehen. Aus diesem Grund erstellen wir unseren Marker "+", indem wir mehrere Bildpunkte zusammenfassen.

Bei der Einführung weiterer GDI-Zeichengrundfunktionen werden wir Marker verwenden, um die Beziehung zwischen den beim Aufruf einer Grundfunktion festgelegten Koordinaten und der daraus resultierenden Ausgabe aufzuzeigen. Dies wird dabei helfen, das inklusive/exklusive-Zeichenschema des GDI klarzumachen. Ferner wird dadurch verdeutlicht, wie das GDI Linien, ausgefüllte Bereiche und Textausgaben erstellt.

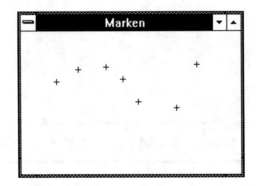

Abbildung 7.5: Beispiel für eine Ausgabe von MARKER

Abbildung 7.5 zeigt das Beispiel für eine Ausgabe, die von unserem Marker-Programm, MARKER.CPP, stammt. Dieses Programm verwendet Mauseingaben zur Plazierung der Marker.

Es folgen die Quelltextdateien von MARKER:

MAKEFILE.MAK

```
.AUTODEPEND

#    Übersetzerdefinitionen
INC=C:\BORLANDC\OWL\INCLUDE;C:\BORLANDC\CLASSLIB\INCLUDE;C:\BOR-
LANDC\INCLUDE
CC = bcc -c -D_CLASSDLL -H -ml -WS -w -I$(INC)

#    Implizite Regeln
.c.obj:
  $(CC) {$< }

.cpp.obj:
  $(CC) {$< }

#    Explizite Regeln
Marker.exe: Marker.res Marker.def Marker.obj
     tlink /c/C/n/P-/Twe/x @Marker.LNK
     RC Marker.res Marker.exe

#    Einzelne Dateiabhängigkeiten
Marker.obj: Marker.cpp

Marker.res: Marker.rc Marker.cur Marker.ico
     RC -R -FO Marker.res Marker.RC
```

MARKER.LNK

```
c:\borlandc\lib\c0wl.obj+
Marker.obj
Marker,Marker
\borlandc\owl\lib\owl.lib+
crtll.lib+
cwl.lib+
import.lib+
mathl.lib+
cl.lib
Marker.def
```

MARKER.CPP

```
/*-------------------------------------------------------------*\
| Marker.CPP - Marke als Antwort auf einen                      |
|                Maustastendruck zeichnen.                      |
\*-------------------------------------------------------------*/
#include <owl.h>

#define MOUSEX(arg) (arg.LP.Lo)
#define MOUSEY(arg) (arg.LP.Hi)


/*-------------------------------------------------------------*\
|                          Konstanten.                          |
\*-------------------------------------------------------------*/
const int MAXPOINTS  = 32;
const int MARKERSIZE = 3;


/*-------------------------------------------------------------*\
|                     Klassendeklarationen.                     |
\*-------------------------------------------------------------*/
class TMarkerApplication : public TApplication
  {
  public:
    TMarkerApplication (LPSTR lpszName, HANDLE hInstance,
                   HANDLE hPrevInstance, LPSTR lpszCmdLine,
                   int nCmdShow);
    virtual void InitMainWindow ();
  };

class TMarkerWindow : public TWindow
  {
  public:
    TMarkerWindow (PTWindowsObject pwParent, LPSTR lpszTitle,
               PTModule pmModule);
    virtual LPSTR GetClassName ();
    virtual void  GetWindowClass (WNDCLASS&);
    virtual void  WMLButtonDown(TMessage& Msg) = [WM_LBUTTONDOWN];
    virtual void  WMPaint(TMessage& Msg) = [WM_PAINT];
  private:
    int cpt;
    POINT pt[MAXPOINTS];
  };


/*-------------------------------------------------------------*\
|                     Funktionsprototypen.                      |
\*-------------------------------------------------------------*/
void DrawMarker (HDC hDC, int x, int y);
```

```
/*-------------------------------------------------------------*\
|                    Hauptfunktion:  WinMain.                    |
\*-------------------------------------------------------------*/
int PASCAL WinMain (HANDLE hInstance,    HANDLE hPrevInstance,
                    LPSTR  lpszCmdLine, int     nCmdShow)
    {
    TMarkerApplication Marker ("Marker", hInstance,
                                hPrevInstance, lpszCmdLine,
                                nCmdShow);
    Marker.Run();
    return Marker.Status;
    }

/*-------------------------------------------------------------*\
|                 Komponente der Application-Klasse.             |
\*-------------------------------------------------------------*/
TMarkerApplication::TMarkerApplication (LPSTR lpszName,
                    HANDLE hInstance, HANDLE hPrevInstance,
                    LPSTR lpszCmdLine, int nCmdShow)
                 :TApplication (lpszName, hInstance,
                    hPrevInstance, lpszCmdLine, nCmdShow)
    {
    /*  Die anwendungsspezifische Initialisierung erfolgt hier.  */
    }

/*-------------------------------------------------------------*\
|                 Komponente der Application-Klasse.             |
\*-------------------------------------------------------------*/
void TMarkerApplication::InitMainWindow ()
    {
    MainWindow = new TMarkerWindow (NULL, "Marker", NULL);
    }

/*-------------------------------------------------------------*\
|                 TMarkerWindow-Komponentenfunktion.            |
\*-------------------------------------------------------------*/
TMarkerWindow::TMarkerWindow (PTWindowsObject pwParent,
             LPSTR lpszTitle, PTModule pmModule)
          :TWindow (pwParent, lpszTitle, pmModule)
    {
    cpt = 0;
    }

/*-------------------------------------------------------------*\
|                 TMarkerWindow-Komponentenfunktion.            |
\*-------------------------------------------------------------*/
LPSTR TMarkerWindow::GetClassName ()
```

```
    {
    return "Marker:MAIN";
    }

/*------------------------------------------------------------*\
|                 TMarkerWindow-Komponentenfunktion.           |
\*------------------------------------------------------------*/
void TMarkerWindow::GetWindowClass (WNDCLASS& wc)
    {
    TWindow::GetWindowClass (wc);
    wc.hIcon=LoadIcon (wc.hInstance, "snapshot");
    wc.hCursor=LoadCursor (wc.hInstance, "hand");
    }

/*------------------------------------------------------------*\
|                 TMarkerWindow-Komponentenfunktion.           |
\*------------------------------------------------------------*/
void TMarkerWindow::WMLButtonDown( TMessage& Msg )
    {
    if (cpt < MAXPOINTS)
        {
        pt[cpt].x = MOUSEX(Msg);
        pt[cpt].y = MOUSEY(Msg);
        InvalidateRect (HWindow, NULL, TRUE);
        cpt++;
        }
    }

/*------------------------------------------------------------*\
|                 TMarkerWindow-Komponentenfunktion.           |
\*------------------------------------------------------------*/
void TMarkerWindow::WMPaint(TMessage&)
    {
    int i;
    PAINTSTRUCT ps;

    BeginPaint(HWindow, &ps);
    for (i=0; i<cpt; i++)
        {
        DrawMarker (ps.hdc, pt[i].x, pt[i].y);
        }
    EndPaint(HWindow, &ps);
    }

/*------------------------------------------------------------*\
|                      Marker-Zeichenfunktion.                 |
\*------------------------------------------------------------*/
void DrawMarker (HDC hdc, int x, int y)
```

```
    {
    DWORD dwColor;
    int i;

    dwColor = GetPixel (hdc, x, y);
    dwColor = ~dwColor;
    SetPixel (hdc, x, y, dwColor);

    for (i=1;i<MARKERSIZE; i++)
        {
        dwColor = GetPixel (hdc, x+i, y);
        dwColor = ~dwColor;
        SetPixel (hdc, x+i, y, dwColor);

        dwColor = GetPixel (hdc, x-i, y);
        dwColor = ~dwColor;
        SetPixel (hdc, x-i, y, dwColor);

        dwColor = GetPixel (hdc, x, y+i);
        dwColor = ~dwColor;
        SetPixel (hdc, x, y+i, dwColor);

        dwColor = GetPixel (hdc, x, y-i);
        dwColor = ~dwColor;
        SetPixel (hdc, x, y-i, dwColor);
        }
    }
```

MARKER.RC

```
snapshot icon Marker.ico

hand cursor Marker.cur
```

MARKER.DEF

```
NAME MARKER

EXETYPE WINDOWS

DESCRIPTION 'Marker Demo'

CODE MOVEABLE DISCARDABLE
DATA MOVEABLE MULTIPLE

HEAPSIZE   512
STACKSIZE 5120
```

Unser Marker-Programm hat eine Unterklasse der vorgegebenen Fensterklasse **TWindow** erstellt, um die beiden folgenden Nachrichten zu verarbeiten: **WM_LBUTTONDOWN** und **WM_PAINT**. Wie bei MIN und PIXEL bearbeitet die **TWindow**-Klasse die für jedes Windows-Programm notwendige Initialisierung und die Maßnahmen zum Schließen des Programmes.

WM_LBUTTONDOWN ist eine Mausnachricht. MARKER erstellt eine Nachrichtenbearbeitungsfunktion namens **WM_LButtonDown**, um diese Nachricht zu bearbeiten. Eine **WM_LBUTTONDOWN**-Nachricht wird gesendet, wenn zwei Ereignisse zur gleichen Zeit geschehen: Der Mauszeiger befindet sich in unserem Arbeitsbereich *und* der Anwender drückt die linke Maustaste. (Wenn sich der Mauszeiger außerhalb des Arbeitsbereiches Ihres Fensters befindet, können Sie diese Nachricht empfangen, sobald die Maus eingefangen wird). Weitere Einzelheiten dazu finden Sie in Kapitel 16.)

Jedesmal, wenn unser Fensterobjekt die **WM_LBUTTONDOWN**-Nachricht empfängt, zeichnet es die x- und y-Koordinaten der Position des Mauszeigers auf. Für alle Mausnachrichten wird die Zeigerposition im **LParam**-Parameter in Form von Arbeitsbereichskoordinaten bereitgestellt. Wie Sie sich vielleicht erinnern, hat dieses Koordinatensystem seinen Ursprung (0,0) in der linken, oberen Ecke des Arbeitsbereiches.

Das Fensterobjekt speichert die x- und y-Position des Mauszeigers in einem Array von **POINT**-Strukturen ab. Der Datentyp **POINT** wird in WINDOWS.H folgendermaßen definiert:

```
typedef struct tagPOINT
   {
   int   x;
   int   y;
   } POINT;
```

MARKER setzt zwei Makros ein, um die x- und y-Mauspositionen von **LParam** zu erlangen: **MOUSEX** und **MOUSEY**. Diese Makros werden in MARKER.CPP wie folgt definiert:

```
#define MOUSEX(arg) (arg.LP.Lo)

#define MOUSEY(arg) (arg.LP.Hi)
```

Der Hauptvorteil für den Einsatz dieser Makros liegt darin, daß sie die Portierung Ihrer Windows 3.x-Programme auf andere Windows-fähige Betriebssysteme erleichtern. Wie Sie im weiteren Verlauf dieses Buches sehen werden, definieren wir diesen Makrotyp immer dann, wenn wir Gebrauch von einem Nachrichtenparameterwert machen müssen.

Wenn dem Array ein neuer Punkt hinzugefügt wurde, veranlaßt unser Fensterobjekt eine Erneuerung des eigentlichen Fensters:

```
InvalidateRect (HWindow, NULL, TRUE);
```

Diese Routine bewirkt, daß eine WM_PAINT-Nachricht erzeugt wird, indem sie Windows mitteilt, daß "das Fenster vollständig beschädigt ist."

InvalidateRect nimmt drei Parameter auf:

* Handle des neu zu zeichnenden Fensters.

* Ein far-Zeiger auf ein Rechteck, das als beschädigt deklariert wird. **NULL** bedeutet, daß das gesamte Fenster neu zu zeichnen ist.

* Ein "Erst löschen"-Flag. **TRUE** bedeutet, daß vor dem Neuzeichnen zunächst der Hintergrund gelöscht wird. **FALSE** bedeutet, daß nicht gelöscht werden soll.

Als Antwort auf die **WM_PAINT**-Nachricht verwendet unser Programm MARKER die Sandwichkonstruktion **BeginPaint/EndPaint**, um den Gerätekontext vom Fenster-Manager auszuleihen. Die Füllung dieses Sandwich-Konstrukts bildet eine Schleife, die unsere Marker-Routine **DrawMarker** aufruft. Sie gibt die x- und y-Positionen jedes Punktes im Vektor **pt** an.

Die Marken-Routine **DrawMarker** wird unter Einsatz zweier GDI-Routinen gebildet: **GetPixel** und **SetPixel**. Wenn Sie keine passende GDI-Zeichenroutine finden, die exakt die benötigte Ausgabe erstellt, sollte es nicht schwierig sein, eine Routine zu schreiben, die auf existierenden GDI-Routinen aufbaut, wie wir es hier getan haben.

Unser letztes Programm, PIXEL, hat einen einzelnen Bildpunkt abgebildet, indem **SetPixel** mit folgenden Parametern nach folgendem Muster mehrmals aufgerufen wurde:

```
SetPixel (hdc, r.right/2, r.bottom/2, RGB (0,0,0));
```

Wir könnten einen schwarzen Marker zeichnen, indem wir **SetPixel** ganz einfach mehrere Male aufrufen. Doch was passiert, wenn wir versuchen, einen Marker auf einer Fläche zu zeichnen, die bereits schwarz ist? Der Marker verschwindet.

Unsere Marker-Routine löst dieses Problem mit Hilfe der Booleschen Algebra. Vor dem Schreiben eines Bildpunktes wird der betreffende Bildpunkt durch die Routine **GetPixel** gelesen. **GetPixel** gibt ein RGB-Tripel zurück, das uns die Farbe des Bildpunktes verrät. Wir führen eine bitweise Negation des RGB-Wertes durch. Dadurch wird die Farbe invertiert. Anschließend setzen wir den Bildpunkt durch den Aufruf von **SetPixel**. Folgender Programmausschnitt verdeutlicht dies:

```
dwColor = GetPixel (hdc, x, y);

dwColor = ~dwColor;

SetPixel (hdc, x, y, dwColor);
```

Durch eine Serie derartiger Aufrufe zeichnet man einen Marker, der sich von fast jeder Oberfläche abhebt, unabhängig von seiner Originalfarbe.

Der Operator "~" bildet das Einerkomplement des Operanden. Im diesem Fall handelt es sich um den Wert eines RGB-Tripels. Alle Nullen werden in Einsen umgewandelt und alle Einsen in Nullen. Obwohl ein derartige Vorgehensweise auf den ersten Blick etwas merkwürdig erscheinen mag, erweist sich diese Art der Booleschen Arithmetik bei der Ausgabe von Grafik doch als äußerst nützlich. An späterer Stelle werden wir beschreiben, wie **Zeichenmodi** mit logischen Operationen zum Zeichnen von Linien, Ausfüllen von Formen oder Kopieren von Bitmaps arbeiten.

Im Moment sollte es uns genügen, daß sich dieser Ansatz sehr gut zur Darstellung von Markern auf einem Bildschirm eignet. Ein Nachteil dieser Methode soll jedoch nicht unerwähnt bleiben: Zwei Marker, die auf derselben Position plaziert werden, löschen sich gegenseitig. Die Marker verschwinden einfach! Können Sie sich eine Lösung dieses Problems vorstellen?

Eine Möglichkeit zur Umgehung dieses Problems würde erfordern, daß Ihr Programm bei jeder Darstellung die Liste der markierten Punkte durchsucht. Falls ein Punkt bereits in der Liste verzeichnet ist, wird er einfach ignoriert. Er wird also nicht gezeichnet. Einen anderen Weg zur Vermeidung dieses Problems stellt die Überprüfung der Punkteliste bei jedem Anklicken mit der Maus dar. Wenn ein Punkt bereits markiert worden ist, könnte das Programm einen Warnton ausgeben, der dem Anwender anzeigt, daß der Punkt ungültig ist.

Wir haben die Marker-Routine vorgestellt, damit Sie mit der Arbeitsweise der GDI-eigenen Routinen vertraut werden. Thema des nächsten Kapitels sind ebenfalls Marker. Hier werden wir uns mit weiteren Fähigkeiten des GDI beschäftigen: dem Zeichnen von Linien.

Kapitel 8

Linien zeichnen

Bevor wir beginnen, Linien unter Einsatz von GDI-Routinen zu zeichnen, wollen wir eine Vorüberlegung anstellen: *Was genau ist eine Linie überhaupt?* Eine Linie ist eine geometrische Figur, die aus einer Aneinanderreihung von Punkten besteht. Linien werden als offene Formen betrachtet, was bedeutet, daß unser Interesse der Linie selbst gilt und nicht der sie umgebenden Fläche. Im nächsten Kapitel werden wir geschlossene Formen ansehen, bei denen eine Linie und die sie umgebende Fläche eine einzelne geometrische Form ausmachen.

Eine GDI-Linie ist eine von einer GDI-Zeichenroutine gezeichnete geometrische Form. Jede GDI-Linie hat einen Ausgangspunkt und einen Endpunkt. Das GDI zeichnet Linien unter Verwendung einer Berechnungsmethode, die von Programmierern als **Inklusiv/Exklusiv-Algorithmus** bezeichnet wird. Das heißt, der Ausgangspunkt wird in die Linie mit eingeschlossen, der Endpunkt aber ausgeschlossen.

Das Hilfsprogramm MAGNIFY kann Sie davon überzeugen, daß dies der Fall ist. MAGNIFY dehnt die Bildpunkte auf dem Bildschirm aus, so daß sie genauer untersucht werden können (Anhang H enthält den Quelltext zu MAGNIFY.). Abbildung 8.1 zeigt eine GDI-Linie mit Markern zur Markierung der Endpunkte. In dieser Abbildung können Sie die Wirkung des inklusiven/exklusiven Zeichnens beobachten.

Der weiße Bildpunkt am Markierungskreuz zeigt an, daß der Ausgangspunkt in die Linie mit *eingeschlossen* wird. Der Marker wird durch die Umkehrung der Bildpunkte gezeichnet. Für den Endpunkt ist der Bildpunkt am Kreuzungspunkt der Marke schwarz. Dies zeigt an, daß der Endpunkt von der Linie *ausgeschlossen* wurde.

Diese inklusive/exklusive-Methode mag auf den ersten Blick etwas umständlich erscheinen. Sie erlaubt jedoch die Darstellung komplexer Figuren durch eine einfache Aneinanderreihung von Linien. Jede neue Komponente beginnt dort, wo die andere aufhört. Wie wir noch in Kapitel 16 sehen werden, wenn wir verschiebbare Objekte für den Mauszeiger erstellen, ist diese Methode besonders bei der Verwendung verschiedener Zeichenmodi von Bedeutung.

Alle GDI-Zeichenroutinen arbeiten mit der inklusive/exklusive-Methode. Zunächst wollen wir die verfügbaren GDI-Routinen untersuchen. Dabei beschäftigen wir uns auch mit DC-Eigenschaften, die Einfluß auf das Zeichnen von Linien haben.

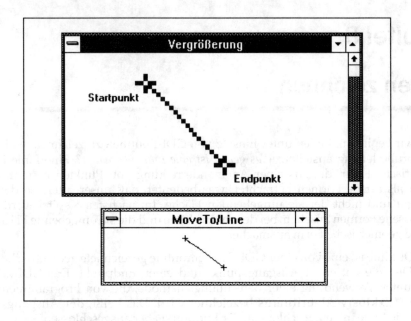

Abbildung 8.1: MAGNIFY zeigt das inklusive/exklusive Zeichnen von Linien des GDI

Grundfunktionen für das Zeichnen von Linien

Das GDI verfügt über vier Zeichenroutinen: **MoveTo**, **LineTo**, **Polyline** und **Arc**. Wir werden jede der Zeichenroutinen der Reihe nach untersuchen. Beginnen wir mit den ersten beiden Routinen, die stets zusammmen eingesetzt werden: **MoveTo** und **LineTo**.

MoveTo und LineTo

Die erste Routine, **MoveTo**, zeichnet die Linien nicht wirklich selbst. Sie speichert lediglich ein Paar von x- und y-Werten in einem Attribut des Gerätekontext, das man als **aktuelle Position** (current position) bezeichnet. Die zweite Routine, **LineTo**, verwendet diesen Wert als Ausgangspunkt und stellt den Endpunkt als Parameter zur Verfügung. Um eine Linie vom Punkt ($X1$, $Y1$) zum Punkt ($X2$, $Y2$) zu zeichnen, setzen Sie diese Routinen folgendermaßen ein:

```
MoveTo (hdc, X1, Y1);

LineTo (hdc, X2, Y2);
```

Nachdem die **LineTo**-Funktion eine Linie gezeichnet hat, aktualisiert sie im Gerätekontext den Wert der aktuellen Position. Dieser Wert bezeichnet den Endpunkt der

Linie. Folgendes Beispiel zeigt, wie Sie auf diese Weise eine Reihe von Punkten miteinander verbinden können:

```
MoveTo (hdc, X1, Y1);

LineTo (hdc, X2, Y2);

LineTo (hdc, X3, Y3);

LineTo (hdc, X4, Y4);
```

Wenn die Routinen auf diese Weise aufgerufen werden, erreichen sie dasselbe Ergebnis wie unsere nächste Routine, die **Polyline**-Funktion. Es mag Sie vielleicht verwundern, warum das GDI eine derartig redundante Alternativfunktion aufweist.

Es ist zum Teil eine Frage des Komforts. Sie werden feststellen, daß **MoveTo/LineTo** weniger Arbeitsaufwand erfordert, da jede Funktion einen einzigen (x,y)-Wert als Parameter benötigt. Die **Polyline**-Funktion erfordert dagegen, daß die (x,y)-Werte in einem Array aus Punkt-Elementen gespeichert werden.

Obwohl die **Polyline**-Funktion ein spezielles Eingabeformat ihrer Parameter verlangt, sollte sie immer dann eingesetzt werden, wenn es auf Geschwindigkeit ankommt. Der Zeitgewinn resultiert aus dem Overhead, den jeder Funktionsaufruf mit sich bringt. Ein einziger **Polyline**-Aufruf kann sehr viele Linien zeichnen. Die Funktion muß dazu nur ein einziges Mal aktiviert werden. Das bedeutet natürlich Zeitersparnis. Wenn man dagegen die Kunstruktion **MoveTo/LineTo** verwendet, sind zum Zeichnen derselben Linien viele einzelne Funktionsaufrufe erforderlich.

Wie das Paar **MoveTo/LineTo** zeichnet **Polyline** Geraden. Im Unterschied zu diesem Paar verwendet **Polyline** aber nicht den aktuellen Positionswert im Gerätekontext. Statt dessen vertraut sie ganz allein auf ein Array von Punkte-Werten, die als Parameter übergeben werden. Wenn wir die Punkte $(x1, y1)$, $(x2, y2)$, $(x3, y3)$ und $(x4, y4)$ in einem Array wie

```
POINTS pt[] = {x1, y1, x2, y2, x3, y3, x4, y4};
```

speichern, verbindet der folgende Aufruf von **Polyline** die Punkte miteinander:

```
polyline (hdc, pt, 4);
```

Die **Arc**-Funktion zeichnet eine Kurve. Die Parameter zu **Arc** definieren drei Begrenzungen: eine begrenzten Rahmen, einen Ausgangspunkt und einen Endpunkt (Siehe dazu Abbildung 8.2). Wenn der Ausgangspunkt und der Endpunkt gleich sind, zeichnet die **Arc**-Funktion eine komplette Ellipse (oder einen Kreis, wenn das Rahmenviereck ein Quadrat ist). Im anderen Fall zeichnet **Arc** einen Teilabschnitt einer Ellipse.

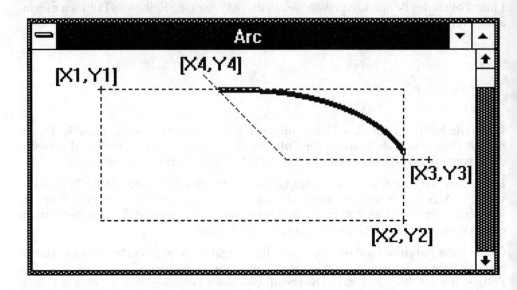

Abbildung 8.2 Die ARC-Funktion

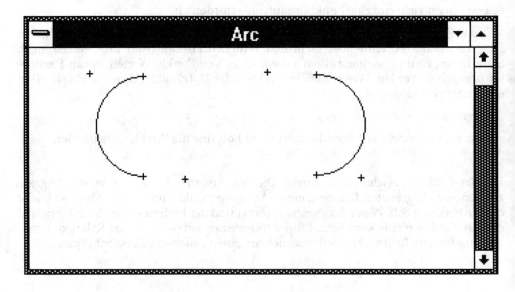

Abbildung 8.3: Kurven werden gegen den Uhrzeigersinn gezeichnet

Bei den bisher vorgestellten Zeichenfunktionen für Linien war die Beziehung zwischen Ausgangspunkt und Endpunkt sehr wichtig, da das GDI das inklusive/exklusive-Zeichenmodell verwendet. Das trifft auch auf Bögen zu. Darüber hinaus werden Bögen nur entgegen dem Uhrzeigersinn gezeichnet. Abbildung 8.3 zeigt, wie zwei verschiedene Kurven gezeichnet werden, wenn die Ausgangs- und Endpunkte vertauscht werden.

In unserem folgenden Zeichenprogramm für Linien werden alle drei Arten von Grundfunktionen zum Linienzeichnen eingesetzt. Hier können Sie die Punkte angeben, indem Sie innerhalb des Arbeitsbereiches die linke Maustaste drücken. Mit der ersten Vierergruppe von Punkten lassen sich zwei Linien unter Anwendung von **MoveTo/LineTo** zeichnen. Die Punkte der zweiten Vierergruppe erlauben das Zeichnen einer Reihe von Linien mit Hilfe der Funktion **Polyline**. Die Gruppe der letzten vier Punkte bildet die Eingabewerte für die **Arc**-Funktion.

Abbildung 8.4 zeigt die Ausgaben der verschiedenen Programmversionen. Anschließend finden Sie das vollständige Listing von LINES.

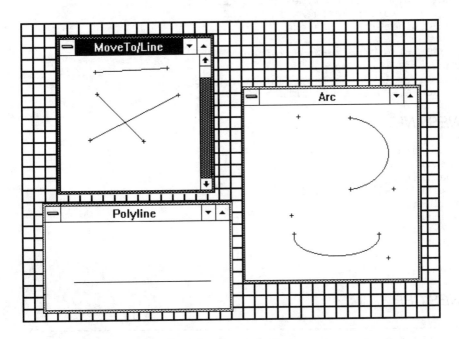

Abbildung 8.4: Die drei Grundfunktionen zum Linienzeichnen (LINES)

MAKEFILE.MAK

```
.AUTODEPEND

#    Compilerdefinitionen
INC=C:\BORLANDC\OWL\INCLUDE;C:\BORLANDC\CLASSLIB\INCLUDE;C:\BOR-
LANDC\INCLUDE
CC = bcc -c -D_CLASSDLL -H -ml -WS -w -I$(INC)

#    Implizite Regeln
.c.obj:
  $(CC) {$< }

.cpp.obj:
  $(CC) {$< }

#    Explizite Regeln
Lines.exe: Lines.res Lines.def Lines.obj
    tlink /c/C/n/P-/Twe/x @Lines.LNK
    RC Lines.res Lines.exe

#    Einzelne Dateiabhängigkeiten
Lines.obj: Lines.cpp
Lines.res: Lines.rc Lines.cur Lines.ico
    RC -R -FO Lines.res Lines.RC
```

LINES.LNK

```
c:\borlandc\lib\c0wl.obj+
Lines.obj
Lines,Lines
\borlandc\owl\lib\owl.lib+
crtll.lib+
cwl.lib+
import.lib+
mathl.lib+
cl.lib
Lines.def
```

LINES.CPP

```
/*-------------------------------------------------------------*\
| LINES.CPP   Zeichnet mit MoveTo/LineTo, Polyline und Arc     |
|            Linien.                                           |
\*-------------------------------------------------------------*/
#include <owl.h>
```

184

```
#define MOUSEX(arg) (arg.LP.Lo)
#define MOUSEY(arg) (arg.LP.Hi)

/*-----------------------------------------------------------*\
|                       Konstanten.                           |
\*-----------------------------------------------------------*/
const int MAXPOINTS  = 12;
const int MARKERSIZE = 3;

/*-----------------------------------------------------------*\
|                   Klassendeklarationen.                     |
\*-----------------------------------------------------------*/
class TLinesApplication : public TApplication
  {
  public:
    TLinesApplication (LPSTR lpszName, HANDLE hInstance,
                       HANDLE hPrevInstance, LPSTR lpszCmdLine,
                       int nCmdShow);
    virtual void InitMainWindow ();
  };

class TLinesWindow : public TWindow
  {
  public:
    TLinesWindow (PTWindowsObject pwParent, LPSTR lpszTitle,
                  PTModule pmModule);
    virtual LPSTR GetClassName ();
    virtual void  GetWindowClass (WNDCLASS&);
    virtual void  WMLButtonDown(TMessage& Msg) = [WM_LBUTTONDOWN];
    virtual void  WMPaint(TMessage& Msg) = [WM_FIRST + WM_PAINT];
  private:
    int cpt;
    POINT pt[MAXPOINTS];
  };


/*-----------------------------------------------------------*\
|                   Funktionsprototypen.                      |
\*-----------------------------------------------------------*/
void DrawMarker (HDC hDC, int x, int y);

/*-----------------------------------------------------------*\
|                 Hauptfunktion: WinMain.                     |
\*-----------------------------------------------------------*/
int PASCAL WinMain (HANDLE hInstance, HANDLE hPrevInstance,
                    LPSTR lpszCmdLine, int nCmdShow)
    {
```

```
    TLinesApplication Lines ("Lines", hInstance, hPrevInstance,
                        lpszCmdLine, nCmdShow);
    Lines.Run();
    return Lines.Status;
    }

/*------------------------------------------------------------*\
|                 Komponente der Application-Klasse.           |
\*------------------------------------------------------------*/
TLinesApplication::TLinesApplication (LPSTR lpszName,
                HANDLE hInstance, HANDLE hPrevInstance,
                LPSTR lpszCmdLine, int nCmdShow)
            :TApplication (lpszName, hInstance,
                hPrevInstance, lpszCmdLine, nCmdShow)
    {
    /* Die besondere Initialisierung der Anwendung erfolgt hier.  */
    }

/*------------------------------------------------------------*\
|                 Komponente der Application-Klasse.           |
\*------------------------------------------------------------*/
void TLinesApplication::InitMainWindow ()
    {
    MainWindow = new TLinesWindow (NULL, "Lines", NULL);
    }

/*------------------------------------------------------------*\
|                 TLinesWindow-Komponentenfunktion.            |
\*------------------------------------------------------------*/
TLinesWindow::TLinesWindow (PTWindowsObject pwParent,
            LPSTR lpszTitle, PTModule pmModule)
        :TWindow (pwParent, lpszTitle, pmModule)
    {
    cpt = 0;
    }

/*------------------------------------------------------------*\
|                 TLinesWindow-Komponentenfunktion.            |
\*------------------------------------------------------------*/
LPSTR TLinesWindow::GetClassName ()
    {
    return "Lines:MAIN";
    }

/*------------------------------------------------------------*\
|                 TLinesWindow-Komponentenfunktion.            |
\*------------------------------------------------------------*/
void TLinesWindow::GetWindowClass (WNDCLASS& wc)
```

```
      {
      TWindow::GetWindowClass (wc);
      wc.hIcon=LoadIcon (wc.hInstance, "snapshot");
      wc.hCursor=LoadCursor (wc.hInstance, "hand");
      }

/*-----------------------------------------------------------*\
|                  TLinesWindow-Komponentenfunktion.          |
\*-----------------------------------------------------------*/
void TLinesWindow::WMLButtonDown( TMessage& Msg )
      {
      if (cpt < MAXPOINTS)
          {
          pt[cpt].x = MOUSEX(Msg);
          pt[cpt].y = MOUSEY(Msg);
          InvalidateRect (HWindow, NULL, TRUE);
          cpt++;
          }
      }

/*-----------------------------------------------------------*\
|                  TLinesWindow-Komponentenfunktion.          |
\*-----------------------------------------------------------*/
void TLinesWindow::WMPaint(TMessage&)
      {
      int i;
      PAINTSTRUCT ps;

      BeginPaint(HWindow, &ps);
      /*
       * Zeichnet Linien unter Verwendung von MoveTo / LineTo.
       */
      if (cpt > 1)
          {
          MoveTo (ps.hdc, pt[0].x, pt[0].y);
          LineTo (ps.hdc, pt[1].x, pt[1].y);
          }
      if (cpt > 3)
          {
          MoveTo (ps.hdc, pt[2].x, pt[2].y);
          LineTo (ps.hdc, pt[3].x, pt[3].y);
          }
      /*
       *  Zeichnet Linien unter Verwendung von Polyline.
       */
      if (cpt > 7)
          Polyline (ps.hdc, &pt[4], 4);
```

```
    /*
     *  Zeichnet einen Bogen
     */
    if (cpt == 12)
        Arc (ps.hdc, pt[8].x,  pt[8].y,
                     pt[9].x,  pt[9].y,
                     pt[10].x, pt[10].y,
                     pt[11].x, pt[11].y);

    /*
     *  Hebt die Steuerpunkte mit Marker hervor.
     */
    for (i=0; i<cpt; i++)
      {
      DrawMarker (ps.hdc, pt[i].x, pt[i].y);
      }

    EndPaint(HWindow, &ps);
    }

/*-------------------------------------------------------------*\
|                   Marken-Zeichenfunktion.                     |
\*-------------------------------------------------------------*/
void DrawMarker (HDC hdc, int x, int y)
    {
    DWORD dwColor;
    int i;

    dwColor = GetPixel (hdc, x, y);
    dwColor = ~dwColor;
    SetPixel (hdc, x, y, dwColor);

    for (i=1;i<=MARKERSIZE; i++)
        {
        dwColor = GetPixel (hdc, x+i, y);
        dwColor = ~dwColor;
        SetPixel (hdc, x+i, y, dwColor);

        dwColor = GetPixel (hdc, x-i, y);
        dwColor = ~dwColor;
        SetPixel (hdc, x-i, y, dwColor);

        dwColor = GetPixel (hdc, x, y+i);
        dwColor = ~dwColor;
        SetPixel (hdc, x, y+i, dwColor);

        dwColor = GetPixel (hdc, x, y-i);
        dwColor = ~dwColor;
```

```
        SetPixel (hdc, x, y-i, dwColor);
        }

    }
```

LINES.RC

```
snapshot icon Lines.ico

hand cursor Lines.cur
```

LINES.DEF

```
NAME LINES

EXETYPE WINDOWS

DESCRIPTION 'Lines -- Beispiel für das Zeichnen von Linien'

CODE MOVEABLE DISCARDABLE
DATA MOVEABLE MULTIPLE

HEAPSIZE   512
STACKSIZE 5120
```

Nachdem wir die GDI-Routinen zum Zeichnen von Linien untersucht haben, wollen wir uns jetzt den DC-Attributen zuwenden, die mit diesen Linien im Zusammenhang stehen.

DC-Attribute

Das GDI verwendet fünf DC-Attribute, um Linien zu zeichnen:

Zeicheneigenschaften	Kommentare
Hintergrundfarbe	Zweite Farbe für nicht-durchgehende Stifte
Hintergrundmodus	Schaltet die Hintergrundfarbe ein/aus
Aktuelle Position	(x,y)-Position für die **LineTo**-Routine
Zeichenmodus	Boolesche Zeichenoperation
Stift	Linienfarbe, Linienbreite und Stil

Ohne Zweifel ist das wichtigste Attribut der Stift, der das Erscheinungsbild der Linie in Hinblick auf Farbe, Breite und Stil (oder Muster, wie etwa durchgehend oder punktiert) festlegt. Der Ausdruck **gestaltete Linien** (styled lines) wird häufig für Linien mit einer unterbrochenen Linienart verwendet: punktiert, gestrichelt usw.

Das zweitwichtigste Attribut ist der **Zeichenmodus**. Er erlaubt uns die Festlegung eines Booleschen Operators für den Gebrauch in einer Zeichenoperation. Einzelheiten dazu folgen später.

Von den anderen drei Attributen haben zwei Einfluß auf *gestaltete* Linien, aber nicht auf durchgehende Linien: Hintergrundfarbe und Hintergrundmodus. Das GDI verwendet die Hintergrundfarbe für die Unterbrechungen zwischen den Linien - d.h, für die Abstände zwischen den Vordergrundstrichen- oder punkten. Der Hintergrundmodus dient als Schalter dafür, ob der Hintergrundteil einer gestalteten Linie ausgefüllt oder ausgelassen werden soll. Merken Sie sich bei der Anwendung, daß diese zwei Attribute auch ausgefüllte Formen und Text beeinflussen, wenn ein schraffierter Pinsel verwendet wird.

Die Hintergrundfarbe wird mit der **SetBkColor**-Routine gesetzt, die wie folgt definiert ist:

```
SetBkColor (hDC, crColor)
```

- *hDC* ist ein Handle zu einem Gerätekontext (DC).

- *crColor* ist ein Farbreferenzwert. Es ist entweder (a) ein RGB-Tripel, (b) ein Palettenindex oder (c) ein palettenbezogener RGB-Wert.

Die folgende Programmtextzeile setzt die Hintergrundfarbe auf Blau:

```
SetBkColor (hDC, RGB(0, 0, 0xff))
```

Um den Hintergrundmodus zu setzen, wird die **SetBkMode**-Routine aufgerufen. Die Syntax von **SetBkMode** lautet

```
SetBkMode (hDC, nBkMode)
```

- *hDC* ist ein Handle zu einem Gerätekontext (DC).

- *nBkMode* ist ein Ein-/Aus-Schalter: Setzen Sie den Schalter auf **OPAQUE** (deckend), um die Hintergrundfarbe zu aktivieren und auf **TRANSPARENT**, um die Hintergrundfarbe auszuschalten.

Das letzte Attribut, die aktuelle Position, ist ein DC-Attribut, das wir bereits in Verbindung mit den **MoveTo/LineTo**-Routinen besprochen haben. Es ist ein (x,y)-Wert, der von diesen Routinen als Teil ihrer Zeichenoperation verwendet wird: **MoveTo** setzt die aktuelle Position; **LineTo** benutzt diese Position als Ausgangspunkt für die zu zeichnende Linie. **LineTo** bringt die aktuelle Position mit dem Wert des Endpunktes der von ihr gezeichneten Linie auf den neuesten Stand.

Werfen wir jetzt einen näheren Blick auf die Zeichenstifte und die Art und Weise, wie diese erstellt und bearbeitet werden.

Stifte

Unter einem Stift versteht man ein DC-Zeichenattribut, das beschreibt, wie Linien gezeichnet werden. Stifte haben drei Merkmale: Farbe, Breite und Stil. Wenn Sie wollen, können Sie sich jedes dieser Merkmale als gleichberechtigtes Zeichenattribut vorstellen. Wenn Zeichenattribute auf diese Art und Weise angeordnet werden, spricht man in der Welt der Grafikprogrammierung von dieser Gruppe als ein Attributbündel (attribute bundle). Attributbündel sind sehr praktisch, da Sie Ihnen die Bezugnahme auf mehrere, verschiedene Eigenschaften zur gleichen Zeit erlauben.

Das GDI ist sehr flexibel hinsichtlich einer gemeinsamen Verwendung von Zeichenstiften: Stifte können von Programmen und Geräten gemeinsam genutzt werden. Das GDI beinhaltet einen Satz von Serienstiften, den jedes Programm nutzen kann. Nach Bedarf kann ein Programm einen Satz von anwenderspezifischen Stiften erstellen und diese Stifte verschiedenen Geräten zur gemeinsamen Nutzung zur Verfügung stellen. Der Vernetzungseffekt dieser Datenteilung bewirkt, daß das GDI den Speicherplatzbedarf für die Speicherung von Zeicheneigenschaften auf ein Mindestmaß reduziert. Das GDI geht sehr sparsam mit dem Speicher um. Der Hauptgrund dafür liegt wohl in der Tatsache, daß frühere Windows-Versionen mit nur 640 KB RAM auskommen mußten.

Stifte und Geräteunabhängigkeit

Wie können Stifte von verschiedenen Geräten verwendet werden? Der Ausdruck **logischer Stift** beschreibt diese Möglichkeit. Ein Stift ist die Aufforderung an ein Gerät, Linien mit einem bestimmten Erscheinungsbild zu **erzeugen**. Wenn das GDI bereit ist, auf einem bestimmten Gerät zu zeichnen, richtet es an das betreffende Gerät die Aufforderung, einen Stift zu realisieren. Nur zu diesem Zeitpunkt erstellt der Gerätetreiber die Datenstrukturen, die zum Zeichnen der Linien mit den gewünschten Merkmalen benötigt werden. Dieser Aspekt verbirgt sich in der GDI-Gerätetreiberschnittstelle, doch er erlaubt einem Programm, Stifte zwischen verschiedenen Geräten zu teilen.

Stifte erstellen und einsetzen

Wenn Sie Windows starten, erstellt das GDI einen Satz von Stiften, die von allen Programmen gemeinsam genutzt werden können. Diese sind auch als Serienstifte bekannt. Die GDI hat drei Serienstifte: einen schwarzen, einen weißen und einen unsichtbaren Stift, den sogenannten Nullstift. Der Nullstift ist lediglich ein Platzhalter, da jeder Gerätekontext zumindest einen gültigen Stift enthalten muß. Die anderen zwei Stifte zeichnen durchgehende Linien mit der Linienbreite von einem Bildpunkt.

Stifte werden durch ein Handle gekennzeichnet. Um das Handle eines Serienstiftes zu erhalten, ruft man die **GetStockObject**-Routine nach folgendem Muster auf:

```
HPEN hpen;

hpen= GetStockObject (BLACK_PEN); /* oder */
hpen= GetStockObject (WHITE_PEN); /* oder */
hpen= GetStockObject (NULL_PEN);
```

Sobald Sie über das Stift-Handle verfügen, können Sie eine andere GDI-Routine aufrufen, um den Stift in den Gerätekontext zu installieren:

```
SelectObject (hdc, hpen);
```

Nachdem ein Stift für einen Gerätekontext ausgewählt wurde, wird er für alle nachfolgend gezeichneten Linien verwendet. Dies schließt auch Linien ein, die mit **MoveTo/LineTo, Polyline** und **Arc** gezeichnet werden.

Ein Gerätekontext bietet zum selben Zeitpunkt nur Raum für einen einzigen Stift. Deshalb entfernen Sie durch die Auswahl eines neuen Stiftes automatisch den alten Stift aus dem Gerätekontext. Zur Erleichterung unserer Arbeit gibt uns die **SelectObject**-Routine das Handle des Stiftes zurück, der gerade entfernt wird.

Beispiel: Die folgenden Programmzeilen lassen den Gerätekontext unverändert bestehen:

```
/* Keine Änderung des Gerätekontextes */
hpenOld = SelectObject (hdc, hpenNew);
SelectObject (hdc, hpenOld);
```

Wenn Ihnen die Zeichenfähigkeiten der drei Standard-Serienstifte nicht ausreichen, können Sie mit den beiden GDI-Routinen **CreatePen** und **CreatePenIndirect** eigene Stifte erstellen. Der einzige Unterschied zwischen diesen beiden Routinen liegt in der Art und Weise, wie die Parameter festgelegt werden. Die Syntax für **CreatePen** lautet:

```
hpen = CreatePen (nPenStyle, nWidth, crColor);
```

- *nPenStyle* wählt ein Stiftmuster aus den in Abbildung 8.5 dargestellten Flags.

- *nWidth* definiert die Breite in x-Richtung. Da wir uns vorläufig auf Bildpunkte beschränken, werden die Einheiten in Bildpunkten angegeben. Wenn wir die Umformung von Koordinaten besprechen, werden Sie jedoch sehen, daß der Wert für die Linienbreite vom jeweiligen Koordinatensystem des Gerätekontext abhängig ist, in dem der Stift installiert wurde.

- *crColor* ist ein Farbreferenzwert. Wiederum ist hier entweder (a) ein RGB-Tripel, (b) ein Palettenindex oder (c) ein palettenbezogener RGB-Wert einzusetzen.

Um also einen schwarzen Stift zu erstellen, der Linien mit einer Breite von einem Pixel zeichnet, wählt man

```
hpen = CreatePen (PS_SOLID, 1, RGB (0, 0, 0));
```

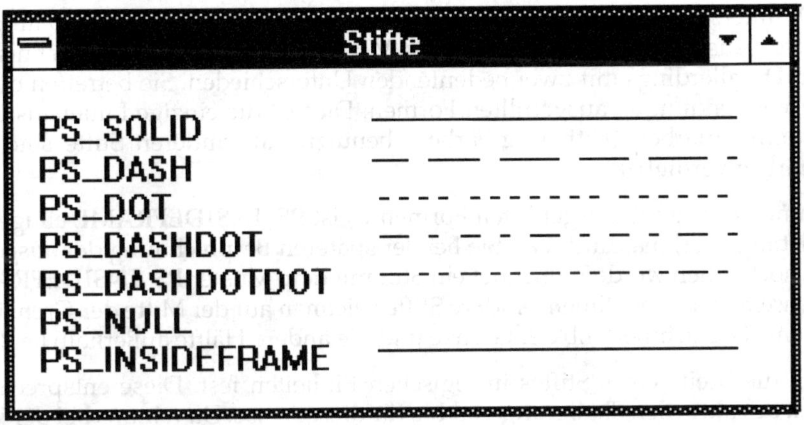

Abbildung 8.5: Die sieben Ausführungen der GDI-Stifte

Die Syntax für **CreatePenIndirect** lautet

```
LOGPEN logpen;

hpen = CreatePenIndirect (&logpen)
```

LOGPEN wird in WINDOWS.H definiert als

```
typedef struct tagLOGPEN
  {
  WORD  lopnStyle;
  POINT lopnWidth;
  DWORD lopnColor;
  } LOGPEN;
```

Ein Unterschied zwischen **CreatePen** und **CreatePenIndirect** liegt darin, daß die **LOGPEN**-Struktur eine **POINT**-Struktur verwendet, um die Stiftbreite aufzunehmen. Wie Sie sich vielleicht erinnern, hat die **POINT**-Struktur zwei Komponenten, eine für einen x-Wert und eine für einen y-Wert. Um denselben schwarzen Stift wie oben zu erstellen, schreibt man

```
LOGPEN logpen;
logpen.lopnStyle = PS_SOLID;
logpen.lopnWidth.x = 1;
logpen.lopnColor = RGB (0, 0, 0));
hpen = CreatePenIndirect (&logpen)
```

Das GDI unterstützt sieben Stiftausführungen. Sie sind in Abbildung 8.5 aufgezeigt. Die letzte Ausführung, **PS_INSIDEFRAME**, erzeugt dieselben Ergebnisse wie **PS_SOLID** - allerdings mit zwei bedeutenden Unterschieden. Sie betreffen die Farbe und die Verwendung in ausgefüllten Formen. Dies ist die einzige Linienausführung, die Rastermischfarben (Dithering-Farben) benutzt. Alle anderen Stifte sind nur in Volltonfarben verfügbar.

Im Zusammenhang mit ausgefüllten Formen weist **PS_INSIDEFRAME** einige besondere Leistungsmerkmale auf. Wie Sie bei der späteren Besprechung der ausgefüllten Formen noch sehen werden, zeichnet ein Stift mit dem Muster **PS_INSIDEFRAME** an der Innenseite der Grenzlinien. Andere Stifte zeichnen auf der Mitte der Grenzlinie, so daß die eine Hälfte innerhalb der Grenze und die andere Hälfte außerhalb liegt.

Sie legen die Breite eines Stiftes in logischen Einheiten fest. Diese entsprechen den Einheiten des aktuellen Skalierungsmodus für die x-Achse. Da wir uns bei der jetzigen Besprechung auf den **MM_TEXT**-Skalierungsmodus beschränken, ist unsere Einheit der Bildpunkt. Wenn Sie eine Stiftbreite von Null festlegen, werden Sie, unabhängig vom Skalierungsmodus, einen Stift erhalten, der exakt 1 Bildpunkt breit ist.

Die meisten GDI-Geräte unterstützen derzeit keine *breiten*, gemusterten Linien - d.h. gemusterte Linien mit einer größeren Breite als Eins. Wenn Sie einen 6 Einheiten breiten *punktierten* Stift anfordern, werden Sie zumeist einen 6 Einheiten breiten, *durchgehenden* Stift erhalten. Wenn die Hardware noch ausgeklügelter wird, werden Ihnen sicherlich auch Geräte zur Verfügung stehen, mit denen sich auch breite, gemusterte Linien darstellen lassen. Vorläufig aber müssen Sie zur Erzeugung unterbrochener Linien mit den ein-Pixel-breiten Stiften vorlieb nehmen.

Wie Bildpunktfarben werden auch Stiftfarben durch eine der drei folgenden Methoden definiert: ein RGB-Tripel, ein Wert für einen Palettenindex oder ein palettenbezogenes RGB-Tripel. Welche Methode Sie auch wählen - Stifte werden üblicherweise aus Volltonfarben erzeugt. Eine Ausnahme bilden Stifte, die mit dem **PS_INSIDEFRAME**-Flag erstellt wurden. Die Farbe derartiger Stifte kann Rastermischfarben beinhalten.

Rastermischfarben (Dithering-Farben) werden durch die Kombination zweier oder mehrerer Farben hergestellt. In unserer Alltagswelt sind Mischfarben nichts Neues. Wenn Sie eine Farbe kaufen, mischt der Verkäufer beispielsweise ein bißchen Schwarz in eine Dose mit weißer Farbe, um einen Grauton zu erzeugen.

Das GDI erstellt Rastermischfarben, indem es zwei (oder mehr) Farben in einem regelmäßigen Muster miteinander kombiniert. Auf diese Weise kann auf einem mit 16

Grundfarben arbeitenden Gerät (wie etwa einen EGA-Adapter) der Eindruck von Hunderten verschiedener Farben und Farbabstufungen erweckt werden. Auf Monochromgeräten, wie zum Beispiel Hercules- oder CGA-Grafikkarten, können durch diese Technik Dutzende von Grautönen dargestellt werden. Das Rastermischverfahren (dithering) funktioniert so gut, daß es ohne die Hilfe eines speziellen Programmes (wie z.B. MAGNIFY) häufig schwierig wird, eine Aussage darüber zu treffen, ob eine Rastermischfarbe oder eine reine Grundfarbe vorliegt.

Da Rastermischfarben mehr Arbeitsaufwand vom Gerätetreiber erfordern, unterstützt nur eine Stiftausführung dieses Rastermischverfahren: **PS_INSIDEFRAME**. In der Regel ist das Rastermischverfahren den Pinseln (brushes) vorbehalten - ein Themenbereich, den wir abdecken werden, wenn wir die Erstellung von ausgefüllten Formen erläutern.

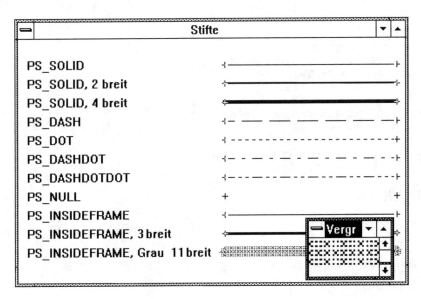

Abbildung 8.6: Unter Verwendung der GDI-Stifte gezeichnete Linien

Abbildung 8.6 zeigt die Ausgabe unseres Programmes PENS. Hier werden zehn Linien unter Verwendung aller Linienstile gezeichnet. Jede Linie ist mit Markern versehen, die ihre Endpunkte kennzeichnen. Beachten Sie bitte bei den breiten Linien, daß die Marker in der Mitte jeder Linie erscheinen. Beachten Sie auch, daß das Ende jeder Linie abgerundet ist. Für das GDI ist ein Stift ein *rundes* Zeichenobjekt. Mit Hilfe von MAGNIFY können Sie erkennen, daß die Linie, die mit dem Stift **PS_INSIDEFRAME** erstellt wurde, tatsächlich gerastert ist. Es folgt das Listing unseres Programmes PENS:

195

MAKEFILE.MAK

```
.AUTODEPEND

#    Compilerdefinitionen
INC=C:\BORLANDC\OWL\INCLUDE;C:\BORLANDC\CLASSLIB\INCLUDE;C:\BOR-
LANDC\INCLUDE
CC = bcc -c -D_CLASSDLL -H -ml -WS -w -I$(INC)

#    Implizite Regeln
.c.obj:
  $(CC) {$< }

.cpp.obj:
  $(CC) {$< }

#    Explizite Regeln
Pens.exe: Pens.res Pens.def Pens.obj
    tlink /c/C/n/P-/Twe/x @Pens.LNK
    RC Pens.res Pens.exe

#    Einzelne Dateiabhängigkeiten
Pens.obj: Pens.cpp

Pens.res: Pens.rc Pens.cur Pens.ico
    RC -R -FO Pens.res Pens.RC
```

PENS.LNK

```
c:\borlandc\lib\c0wl.obj+
Pens.obj
Pens,Pens
\borlandc\owl\lib\owl.lib+
crtll.lib+
cwl.lib+
import.lib+
mathl.lib+
cl.lib
Pens.def
```

PENS.CPP

```
/*-----------------------------------------------------------*\
|  PENS.CPP   Zeichnet unterschiedliche Arten von GDI-Stiften. |
\*-----------------------------------------------------------*/
#include <owl.h>
/*-----------------------------------------------------------*\
|                       Konstanten.                          |
\*-----------------------------------------------------------*/
const int PENCOUNT    = 11;
const int MARKERSIZE =  3;


/*-----------------------------------------------------------*\
|                 Datenstrukturdefinitionen.                 |
\*-----------------------------------------------------------*/
typedef struct tagPENDATA {
    WORD      wStyle;
    int       iWidth;
    COLORREF  crColor;
    char *    pchName;
    } PENDATA;
PENDATA pens[PENCOUNT] = {
          { PS_SOLID, 1, RGB (0,0,0), "PS_SOLID"},
          { PS_SOLID, 2, RGB (0,0,0), "PS_SOLID, 2 wide"},
          { PS_SOLID, 4, RGB (0,0,0), "PS_SOLID, 4 wide"},
          { PS_DASH, 1, RGB (0,0,0), "PS_DASH"},
          { PS_DOT, 1, RGB (0,0,0), "PS_DOT"},
          { PS_DASHDOT, 1, RGB (0,0,0), "PS_DASHDOT"},
          { PS_DASHDOTDOT, 1, RGB (0,0,0), "PS_DASHDOTDOT"},
          { PS_NULL, 1, RGB (0,0,0), "PS_NULL"},
          { PS_INSIDEFRAME, 1, RGB (0,0,0), "PS_INSIDEFRAME"},
          { PS_INSIDEFRAME, 3, RGB (0,0,0),
                            "PS_INSIDEFRAME, 3 wide"},
          { PS_INSIDEFRAME, 11, RGB (180,180,180),
                            "PS_INSIDEFRAME, Gray, 11 wide   "}};
HPEN hpen[PENCOUNT];
/*-----------------------------------------------------------*\
|                  Klassendeklarationen.                     |
\*-----------------------------------------------------------*/
class TPensApplication : public TApplication
  {
  public:
    TPensApplication (LPSTR lpszName, HANDLE hInstance,
                   HANDLE hPrevInstance, LPSTR lpszCmdLine,
                   int nCmdShow);
    virtual void InitMainWindow ();
  };
```

```
class TPensWindow : public TWindow
  {
  public:
    TPensWindow (PTWindowsObject pwParent, LPSTR lpszTitle,
               PTModule pmModule);
    ~TPensWindow();
    virtual LPSTR GetClassName ();
    virtual void  GetWindowClass (WNDCLASS&);
    virtual void  WMPaint(TMessage& Msg) = [WM_PAINT];
  };

/*------------------------------------------------------------*\
|                     Funktionsprototypen.                     |
\*------------------------------------------------------------*/
void DrawMarker (HDC hDC, int x, int y);

/*------------------------------------------------------------*\
|                  Hauptfunktion:  WinMain.                    |
\*------------------------------------------------------------*/
int PASCAL WinMain (HANDLE hInstance,   HANDLE hPrevInstance,
                LPSTR  lpszCmdLine, int    nCmdShow)
    {
    TPensApplication Pens ("Pens", hInstance, hPrevInstance,
                     lpszCmdLine, nCmdShow);
    Pens.Run();
    return Pens.Status;
    }

/*------------------------------------------------------------*\
|              Komponente der Application-Klasse.              |
\*------------------------------------------------------------*/
TPensApplication::TPensApplication (LPSTR lpszName,
               HANDLE hInstance, HANDLE hPrevInstance,
               LPSTR lpszCmdLine, int nCmdShow)
             :TApplication (lpszName, hInstance, hPrevInstance,
               lpszCmdLine, nCmdShow)
    {
    /*  Die anwendungsspezifische Initialisierung erfolgt hier. */
    }

/*------------------------------------------------------------*\
|              Komponente der Application-Klasse.              |
\*------------------------------------------------------------*/
void TPensApplication::InitMainWindow ()
    {
    MainWindow = new TPensWindow (NULL, "Stifte", NULL);
    }
```

```
/*------------------------------------------------------------*\
|                 TPensWindow-Komponentenfunktion.            |
\*------------------------------------------------------------*/
TPensWindow::TPensWindow (PTWindowsObject pwParent,
              LPSTR lpszTitle, PTModule pmModule)
          :TWindow (pwParent, lpszTitle, pmModule)
    {
    int i;
    for (i=0; i<PENCOUNT; i++)
        hpen[i] = CreatePen (pens[i].wStyle,
                             pens[i].iWidth,
                             pens[i].crColor);

    }

/*------------------------------------------------------------*\
|                 TPensWindow-Komponentenfunktion.            |
\*------------------------------------------------------------*/
TPensWindow::~TPensWindow ()
    {
    int i;
    for (i=0; i<PENCOUNT; i++)
        DeleteObject (hpen[i]);
    }

/*------------------------------------------------------------*\
|                 TPensWindow-Komponentenfunktion.            |
\*------------------------------------------------------------*/
LPSTR TPensWindow::GetClassName ()
    {
    return "Pens:MAIN";
    }
/*------------------------------------------------------------*\
|                 TPensWindow-Komponentenfunktion.            |
\*------------------------------------------------------------*/
void TPensWindow::GetWindowClass (WNDCLASS& wc)
    {
    TWindow::GetWindowClass (wc);
    wc.hIcon=LoadIcon (wc.hInstance, "snapshot");
    wc.hCursor=LoadCursor (wc.hInstance, "hand");
    }
/*------------------------------------------------------------*\
|                 TPensWindow-Komponentenfunktion.            |
\*------------------------------------------------------------*/
void TPensWindow::WMPaint (TMessage&)
    {
    DWORD dwTextBox;
    int i;
```

199

```
    int xEnd, xStart, xText;
    int yIncr, yLine, yText;
    PAINTSTRUCT ps;
    RECT r;

    BeginPaint (HWindow, &ps);

    GetClientRect (HWindow, &r);
    yIncr = r.bottom/ (PENCOUNT+2);
    yText = yIncr;
    xText = 10;
    dwTextBox = GetTextExtent (ps.hdc, pens[10].pchName,
                               lstrlen(pens[10].pchName));

    for (i=0; i<PENCOUNT; i++)
        {
        TextOut (ps.hdc, xText, yText,
                 pens[i].pchName,
                 lstrlen(pens[i].pchName));

        xStart = xText + LOWORD(dwTextBox);
        xEnd   = r.right - 10;
        yLine  = yText + HIWORD(dwTextBox)/2;
        SelectObject (ps.hdc, hpen[i]);
        MoveTo (ps.hdc, xStart, yLine);
        LineTo (ps.hdc, xEnd, yLine);

        /* Marken zeichnen. */
        DrawMarker (ps.hdc, xStart, yLine);
        DrawMarker (ps.hdc, xEnd, yLine);
        yText += yIncr;
        }

    EndPaint (HWindow, &ps);
    }

/*-------------------------------------------------------------*\
|                   Marken-Zeichenfunktion.                     |
\*-------------------------------------------------------------*/
void DrawMarker (HDC hdc, int x, int y)
    {
    DWORD dwColor;
    int i;

    dwColor = GetPixel (hdc, x, y);
    dwColor = ~dwColor;
    SetPixel (hdc, x, y, dwColor);
```

```
for (i=1;i<=MARKERSIZE; i++)
    {
    dwColor = GetPixel (hdc, x+i, y);
    dwColor = ~dwColor;
    SetPixel (hdc, x+i, y, dwColor);

    dwColor = GetPixel (hdc, x-i, y);
    dwColor = ~dwColor;
    SetPixel (hdc, x-i, y, dwColor);

    dwColor = GetPixel (hdc, x, y+i);
    dwColor = ~dwColor;
    SetPixel (hdc, x, y+i, dwColor);

    dwColor = GetPixel (hdc, x, y-i);
    dwColor = ~dwColor;
    SetPixel (hdc, x, y-i, dwColor);
    }

}
```

PENS.RC

```
snapshot icon Pens.ico

hand cursor Pens.cur
```

PENS.DEF

```
NAME PENS

EXETYPE WINDOWS

DESCRIPTION 'Pens -- Zeichnet mit unterschiedlichen GDI-Stiften'

CODE MOVEABLE DISCARDABLE
DATA MOVEABLE MULTIPLE

HEAPSIZE   512
STACKSIZE 5120
```

Dieses Programm erstellt als Antwort auf die **WM_CREATE**-Nachricht 10 Stifte und zerstört diese als Reaktion auf den Erhalt der **WM_DESTROY**-Nachricht. Das ist sehr wichtig. Jedes Windows-Programm muß darauf achten, seine Stifte (und andere Zeichenobjekte) ordnungsgemäß zu beseitigen. Das Problem ergibt sich aus einer eigentlich guten Eigenschaft der Stifte: Sie können nämlich von mehreren Programmen gemeinsam genutzt werden.

Damit GDI-Objekte gemeinsam genutzt werden können, beseitigt Windows übrigbleibende Objekte nicht. Wenn ein Programm endet und seine Stifte nicht beseitigt werden, ist der von diesen Stiften belegte Speicherplatz für die Dauer der Arbeitssitzung bis zum Abschalten des Computers verloren. Deshalb sollten Sie darauf achten, Stifte immer zu löschen, wenn sie nicht länger benötigt werden.

Wir werden jetzt das letzte DC-Zeichenattribut zur Linienbehandlung untersuchen: den Zeichenmodus. Hierbei werden wir vorab einen Blick auf unser in Kapitel 16 behandeltes Mauseingabe-Programm werfen.

Zeichenarten und Linien

Ein **Zeichenmodus** ist eine Boolesche Operation, die der GDI mitteilt, wie die Bildpunkte, Linien und ausgefüllten Formen zu zeichnen sind. Der Zeichenmodus, manchmal auch als Rasteroperation oder kurz "ROP" bezeichnet, bestimmt, auf welche Weise Quellbildpunkte mit Zielbildpunkten verknüpft werden.

Bezogen auf Linien beschreibt ein Zeichenmodus, wie sich Stifte auf Bildpunkte auswirken, die bereits auf der Bildschirmfläche vorhanden sind. In der realen Welt überschreibt ein Kugelschreiber jede Fläche, die er berührt. Obwohl einige Windows-Zeichenmodi dieselbe Wirkung haben, bieten sie doch eine weit größere Auswahl von Ausführungsmöglichkeiten, als die Kugelschreiber der realen Welt. In einem der vorangegangenen Kapitel wurde im Programm MARKER der NOT-Operator eingesetzt, um sicherzustellen, daß ein Marker stets sichtbar ist. Mit einem Zeichenmodus können Sie dieselbe Wirkung schneller und bequemer erzielen, da die Boolesche Logik bereits im Gerätetreiber integriert ist.

Eine weitere Verwendungsweise der Zeichenmodi erlaubt uns, Formen zu zeichnen, die auf dem Bildschirm "frei beweglich" erscheinen. Es handelt sich hier um eine Technik, die auch zur Bewegung des Mauszeigers eingesetzt wird. Dieser wandert ja über den Bildschirm, ohne eine Spur von verstreuten Bildpunkten zu hinterlassen. In Kapitel 16 werden wir ein Programm schreiben, in dem die Zeichenmodi eingesetzt werden, um Objekte über den Bildschirm zu verschieben. Abbildung 8.7 zeigt das Verschieben von Objekten.

Vielleicht erscheint es Ihnen etwas seltsam, daß wir die Boolesche Algebra auf die grafische Ausgabe anwenden wollen. Dennoch ergibt diese Methode einen Sinn: in einem digitalen Rechner wird jede Information als Zahl verschlüsselt. RGB-Tripel zum Beispiel sind Zahlenwerte, die Farben beschreiben. Innerhalb der Grafikeinheiten, wie zum Beispiel dem EGA-Bildschirm, werden Zahlenwerte eingesetzt, anhand derer sich die Bildpunkte einer Grafik darstellen lassen.

Zeichenmodi machen sich dieses Prinzip zunutze, indem sie die Anwendung Boolescher Operationen erlauben. Da die CPU eines Rechners die Regeln der Booleschen

Algebra voll beherrscht, ist es nicht sonderlich schwierig, Boolesche Operationen auch für grafische Ausgaben zu einzusetzen.

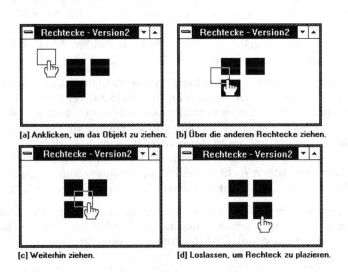

Abbildung 8.7: Ein Einsatzgebiet von Zeichenmodi: Verschiebbare Objekte

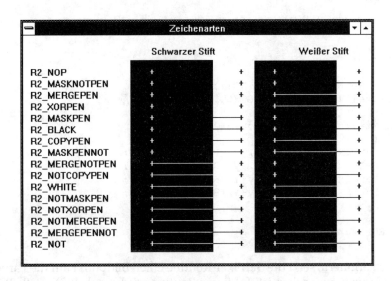

Abbildung 8.8: Die 16 Zeichenarten des GDI

Abbildung 8.8 zeigt Ihnen die 16 Rasteroperationen, die von dem GDI unterstützt werden. Daneben finden Sie die jeweils entsprechenden Linien - sowohl unter Verwendung eines weißen, als auch eines schwarzen Stiftes. Beachten Sie, daß sich alle Zeichenmodi voneinander unterscheiden. Wählen Sie den **R2_NOP**-Modus, wenn Sie die Ausgabe verhindern wollen oder den **R2_NOT**-Modus, um zu garantieren, daß etwas gezeichnet wird. Merken Sie sich, daß die beiden Modi **R2_BLACK** und **R2_WHITE** die Stiftfarbe ignorieren.

Man sollte im Auge behalten, daß Zeichenattribute nicht nur Einfluß auf Linien haben: Sie beeinflussen auch die Ausgabe von Bildpunkten (**SetPixel**-Routine) und ausgefüllten, geometrischen Formen (deren Grundfunktionen wir im nächsten Kapitel besprechen). Zur Darstellung von Text werden die Zeichenmodi vom GDI jedoch nicht eingesetzt. Der Grund dafür liegt in der relativ langsamen Ausführungsgeschwindigkeit der Zeichenmodi. Obwohl die Rasteroperationen in den Gerätetreibern integriert sind und dadurch eigentlich recht schnell sind, verlangsamen sie dennoch die Textausgabe und werden deshalb nicht von den GDI-Textroutinen eingesetzt.

Mit dem Aufruf der **GetROP2**-Routine können Sie die aktuelle Einstellung des Zeichenmodus erfahren. Zum Setzen eines neuen Wertes für den Zeichenmodus im Gerätekontext rufen Sie die **SetROP2**-Routine auf, wie folgt:

```
SetROP2 (hdc, R2_XORPEN);
```

Hier finden Sie eine neue, schnellere Version unserer Marker-Routine, die mit ROP-Codes arbeitet:

```
void DrawMarker (HDC hdc, int x, int y)
    {
    int i;
    int rop;

    rop = SetROP2 (hdc, R2_NOT);
    SetPixel (hdc, x, y, RGB(0, 0, 0));

    for (i=1;i<=MARKERSIZE; i++)
        {
        SetPixel (hdc, x+i, y, RGB(0, 0, 0));
        SetPixel (hdc, x-i, y, RGB(0, 0, 0));
        SetPixel (hdc, x, y+i, RGB(0, 0, 0));
        SetPixel (hdc, x, y-i, RGB(0, 0, 0));
        }

    SetROP2 (hdc, rop);
    }
```

Wie Sie sich erinnern, setzt die **SetPixel**-Routine einen Bildpunkt auf die Farbe, die im letzten Parameter angegeben ist. In dieser Routine wird durch **RGB (0, 0, 0)** Schwarz ausgewählt. Da wir jedoch den **R2_NOT**-Zeichenmodus benutzen, ignoriert das GDI die von uns festgelegte Farbe und invertiert das Zielpixel.

Das nächste Kapitel beschäftigt sich mit ausgefüllten Formen. Jede ausgefüllte Form hat einen Rand, der ganz einfach aus einer GDI-Linie besteht. Wie Sie sehen werden, treffen alle Regeln für das Zeichnen von Linien gleichermaßen auf die Erstellung von Umrandungen bei ausgefüllten GDI-Formen zu.

Kapitel 9

Ausgefüllte Formen zeichnen

Die GDI-Routinen

Die nächste Gruppe von GDI-Zeichenroutinen, auf die wir zu sprechen kommen wollen, dient der Erstellung ausgefüllter Formen. Eine ausgefüllte Form besteht aus zwei Teilen: einer Fläche und einer diese Fläche umgebenden Randbegrenzung. Ausgefüllte Formen werden manchmal auch als **geschlossene Formen** bezeichnet, da die Linie der Randbegrenzung in sich geschlossen ist. Das bedeutet, daß der Startpunkt der Begrenzungslinie mit ihrem Endpunkt identisch ist.

Abbildung 9.1 zeigt einige ausgefüllte Formen, die vom GDI dargestellt werden können. Beachten Sie besonders die Variationen in der Dicke und der Ausführung der verschiedenen Umrandungen. Diese Unterschiede sind das Ergebnis verschiedener Stifte. Eine Umrandung ist nichts anderes als eine Linie. Wie Sie bereits wissen, verwendet das GDI zur Darstellung von Linien Stifte.

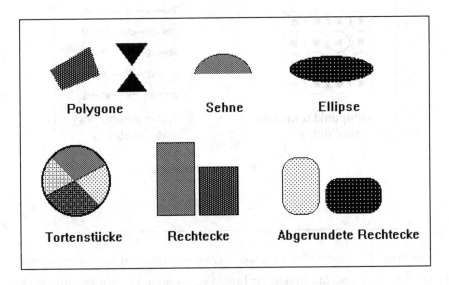

Abbildung 9.1: Beispiele für ausgefüllte GDI-Formen

Beachten Sie in der Abbildung auch das Erscheinungsbild der Innenflächen. Dies ist das Ergebnis eines anderen GDI-Zeichenobjektes: eines Pinsels. Auf dieselbe Art und Weise, wie unterschiedliche Stifte unterschiedliche Linienarten zeichnen, erzeugen unterschiedliche Pinsel unterschiedliche Innenflächen.

Um zu verstehen, wie die GDI ausgefüllte Formen erstellt, müssen wir zunächst wissen, wie die GDI das Koordinatensystem interpretiert. Bei der Erzeugung ausgefüllter Formen wird das Koordinatensystem vom GDI etwas anders interpretiert, als beim Zeichnen von Linien. Wenn Sie also in einer Darstellung beide Zeichenobjekttypen einsetzen möchten, werden Sie einige Abstimmungen vornehmen müssen, damit die Figuren in der gewünschten Weise zueinander ausgerichtet sind.

In der Grafikprogrammierung können Koordinaten auf zwei grundlegende Arten interpretiert werden: zum ersten können die Koordinaten im Zentrum der Bildpunkte liegen, zum zweiten können sie auf den Schnittpunkten eines die Bildpunkte umgebenden Gitterrasters liegen. Abbildung 9.2 zeigt beide Arten: Koordinatenschnittpunkte, die auf das Zentrum eines Bildpunkts ausgerichtet sind und Koordinatenschnittpunkte, die sich auf die Schnittstlellen des Gitterrasters beziehen.

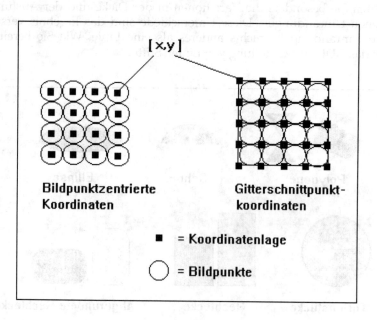

Abbildung 9.2: Koordinatenorientierung nach dem Bildpunktzentrum und dem Gitterschnittpunkt

Alle GDI-Zeichengrundfunktionen für Linien verwenden bildpunktzentrierte Koordinaten. Zwei der sieben GDI-Grundfunktionen zum Ausfüllen von Flächen verwenden ebenfalls bildpunktzentrierte Koordinaten. Die restlichen fünf Funktionen dagegen orientieren sich an den Rasterschnittstellen. Dies erscheint auf den ersten Blick etwas merkwürdig. Wie Sie aber bald feststellen können, hat jeder Koordinatentyp seinen speziellen Einsatzzweck, der diese Doppelgleisigkeit rechtfertigt. Tabelle 9.1 zeigt die sieben GDI-Grundfunktionen zum Ausfüllen von Flächen und den jeweils dazugehörigen Koordinatentyp:

Zwei der Routinen zum Ausfüllen von Flächen verwenden bildpunktzentrierte Koordinaten: **Polygon** und **PolyPolygon**. Sie können sich diese Funktionen als Erweiterung von **Polyline** vorstellen, einer der GDI-Grundfuktionen zum Zeichnen von Linien. Es ist einfach, diese Routinen zusammen mit Zeichenroutinen für Linien einzusetzen, da sie denselben Koordinatentyp verwenden.

Tabelle 9.1: *Die GDI-Routinen zum Ausfüllen von Flächen*

Routine	*Koordinaten*	*Beschreibung*
Polygon	Bildpunktzentriert	Ein ausgefülltes Vieleck
PolyPolygon	Bildpunktzentriert	Mehrfache Vielecke
Chord	Gitterschnittpunkt	Durch Sehne und Bogenstück eingeschlossene Fläche
Ellipse	Gitterschnittpunkt	Geschlossene Bogenlinie
Pie	Gitterschnittpunkt	Kreisabschnitt
Rectangle	Gitterschnittpunkt	Rechteck
RoundRect	Gitterschnittpunkt	Rechteck mit abgerundeten Ecken

Die anderen fünf Routinen verwenden Gitterschnittpunktkoordinaten. An diesen Koordinaten orientiert sich das GDI bei der Festlegung der Clippingbereiche. Aus diesem Grunde lassen sich diese Routinen problemlos zusammen mit den Clipping-Routinen des GDI einsetzen.

Die GDI verwendet bildpunktzentrierte Koordinaten, wenn das Zeichnen von Linien den Schwerpunkt einer Routine bildet und Gitterschnittpunktkoordinaten, wenn der Schwerpunkt auf dem Zeichnen von Flächen liegt. Wenn Sie beide Arten von Routinen verwenden möchten, sollte es nicht schwer fallen, die Koordinaten einer Routinenart so abzuändern, daß sie mit denen einer anderen Routinenart zusammenpassen.

Der sichtbare Effekt von Gitterschnittpunktkoordinaten ist, daß ausgefüllte Flächen um einen Bildpunkt schmaler wirken als ursprünglich erwartet. Mit Hilfe von MAGNIFY können Sie diesen Effekt in Abbildung 9.3 beobachten.

Diese Ausgabe wurde vom Programm RECT erzeugt. Den Programmtext zu RECT finden Sie im anschließenden Listing. Hier werden zwei Mausnachrichten eingesetzt, um ein Rechteck zu zeichnen: **WM_LBUTTONDOWN** und **WM_LBUTTONUP**. Jede Nachricht stellt eines der zwei Punktepaare bereit, die für die **Rectangle**-Routine erforderlich sind. Rectangle nimmt fünf Parameter auf:

```
Rectangle (hDC, X1, Y1, X2, Y2);
```

- hDC ist ein Handle zu einem Gerätekontext (DC).

- Die Koordinaten (X1,Y1) legen eine Ecke eines Rechtecks fest.

- Die Koordinaten (X2,Y2) legen die zweite Ecke eines Rechtecks fest.

Das von dieser Routine gezeichnete Rechteck hat Umrißlinien, die parallel zu den x- und y-Achsen liegen, deshalb sind auch nur zwei Punkte erforderlich (und nicht vier). Die zwei Ecken liegen sich beim daraus resultierenden Rechteck diagonal gegenüber.

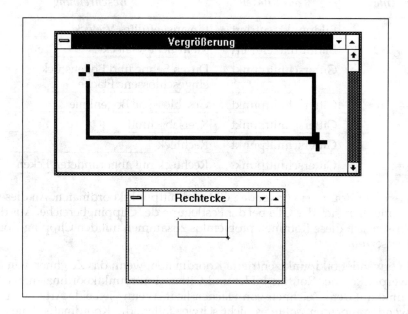

Abbildung 9.3: Koordinaten, die sich am Gitterschnittpunkt orientieren, erscheinen so, als ob sie um einen Bildpunkt zu klein sind.

Es folgt der Quelltext für unser Rechteck-Zeichenprogramm:

MAKEFILE.MAK

```
.AUTODEPEND

#   Compilerdefinitionen
INC=C:\BORLANDC\OWL\INCLUDE;C:\BORLANDC\CLASSLIB\INCLUDE;C:\BOR-
LANDC\INCLUDE
CC = bcc -c -D_CLASSDLL -H -ml -WS -w-par -I$(INC)

#   Implizite Regeln
.c.obj:
  $(CC) {$< }

.cpp.obj:
  $(CC) {$< }

#   Explizite Regeln
Rect.exe: Rect.res Rect.def Rect.obj
    tlink /c/C/n/P-/Twe/x @Rect.LNK
    RC Rect.res Rect.exe

#   Einzelne Dateiabhängigkeiten
Rect.obj: Rect.cpp

Rect.res: Rect.rc Rect.cur Rect.ico
    RC -R -FO Rect.res Rect.RC
```

RECT.LNK

```
c:\borlandc\lib\c0wl.obj+
Rect.obj
Rect,Rect
\borlandc\owl\lib\owl.lib+
crtll.lib+
cwl.lib+
import.lib+
mathl.lib+
cl.lib
Rect.def
```

RECT.CPP

```
/*--------------------------------------------------------------*\
| RECT.CPP   Zeichnet eine Gruppe von Rechtecken infolge         |
|            von Nachrichten der gedrückten Maustaste.           |
\*--------------------------------------------------------------*/
```

```
#include <owl.h>

#define MOUSEX(arg)  (arg.LP.Lo)
#define MOUSEY(arg)  (arg.LP.Hi)


/*------------------------------------------------------------*\
|                      Konstanten.                             |
\*------------------------------------------------------------*/
const int MAXRECTANGLES = 50;
const int MARKERSIZE = 3;


/*------------------------------------------------------------*\
|                  Klassendeklarationen.                       |
\*------------------------------------------------------------*/
class TRectApplication : public TApplication
  {
  public:
    TRectApplication (LPSTR lpszName, HANDLE hInstance,
                      HANDLE hPrevInstance, LPSTR lpszCmdLine,
                      int nCmdShow);
    virtual void InitMainWindow ();
  };

class TRectWindow : public TWindow
  {
  public:
    TRectWindow (PTWindowsObject pwParent, LPSTR lpszTitle,
              PTModule pmModule);
    virtual LPSTR GetClassName ();
    virtual void  GetWindowClass (WNDCLASS&);
    virtual void  Paint(HDC hdc, PAINTSTRUCT& ps);
    virtual void  WMLButtonDown(TMessage& Msg)=[WM_LBUTTONDOWN];
    virtual void  WMLButtonUp(TMessage& Msg)=[WM_LBUTTONUP];
  private:
    RECT arRectangles[MAXRECTANGLES];
    int  cRects;
  };


/*------------------------------------------------------------*\
|                  Funktionsprototypen.                        |
\*------------------------------------------------------------*/
void DrawMarker (HDC hDC, int x, int y);

/*------------------------------------------------------------*\
|                  Hauptfunktion:  WinMain.                    |
\*------------------------------------------------------------*/
int PASCAL WinMain (HANDLE hInstance, HANDLE hPrevInstance,
                LPSTR lpszCmdLine, int nCmdShow)
```

```
    {
    TRectApplication Rect ("Rect", hInstance, hPrevInstance,
                    lpszCmdLine, nCmdShow);
    Rect.Run();
    return Rect.Status;
    }

/*------------------------------------------------------------*\
|                 Komponente der Application-Klasse.           |
\*------------------------------------------------------------*/
TRectApplication::
            TRectApplication (LPSTR lpszName, HANDLE hInstance,
                HANDLE hPrevInstance, LPSTR lpszCmdLine,
                int nCmdShow)
                :TApplication (lpszName, hInstance, hPrevInstance,
                lpszCmdLine, nCmdShow)

    {
    /* Die anwendungsspezifischee Initialisierung erfolgt hier.  */
    }

/*------------------------------------------------------------*\
|                 Komponente der Application-Klasse.           |
\*------------------------------------------------------------*/
void TRectApplication::InitMainWindow ()
    {
    MainWindow = new TRectWindow (NULL, "Rectangles", NULL);
    }

/*------------------------------------------------------------*\
|                 TRectWindow-Komponentenfunktion.             |
\*------------------------------------------------------------*/
TRectWindow::TRectWindow (PTWindowsObject pwParent,
            LPSTR lpszTitle, PTModule pmModule)
        :TWindow (pwParent, lpszTitle, pmModule)

    {
    cRects = 0;
    }

/*------------------------------------------------------------*\
|                 TRectWindow-Komponentenfunktion.             |
\*------------------------------------------------------------*/
LPSTR TRectWindow::GetClassName ()
    {
    return "Rect:MAIN";
    }

/*------------------------------------------------------------*\
|                 TRectWindow-Komponentenfunktion.             |
```

```
\*------------------------------------------------------------*/
void TRectWindow::GetWindowClass (WNDCLASS& wc)
    {
    TWindow::GetWindowClass (wc);
    wc.hIcon=LoadIcon (wc.hInstance, "snapshot");
    wc.hCursor=LoadCursor (wc.hInstance, "hand");
    }

/*------------------------------------------------------------*\
|                    TRectWindow-Komponentenfunktion.          |
\*------------------------------------------------------------*/
void TRectWindow::WMLButtonDown (TMessage& Msg)
    {
    arRectangles[cRects].left = MOUSEX(Msg);
    arRectangles[cRects].top  = MOUSEY(Msg);
    }

/*------------------------------------------------------------*\
|                    TRectWindow-Komponentenfunktion.          |
\*------------------------------------------------------------*/
void TRectWindow::WMLButtonUp (TMessage& Msg)
    {
    arRectangles[cRects].right  = MOUSEX(Msg);
    arRectangles[cRects].bottom = MOUSEY(Msg);
    cRects++;
    if (cRects == MAXRECTANGLES)
        cRects = 0;
    InvalidateRect (HWindow, NULL, TRUE);
    }

/*------------------------------------------------------------*\
|                    TRectWindow-Komponentenfunktion.          |
\*------------------------------------------------------------*/
void TRectWindow::Paint (HDC hdc, PAINTSTRUCT& ps)
    {
    int i;

    for (i = 0; i<cRects ; i++ )
        {
        Rectangle (hdc,arRectangles[i].left,
                       arRectangles[i].top,
                       arRectangles[i].right,
                       arRectangles[i].bottom);

        DrawMarker (hdc,arRectangles[i].left,
                        arRectangles[i].top);
        DrawMarker (hdc,arRectangles[i].right,
                        arRectangles[i].bottom);
```

```
        }
    }
/*------------------------------------------------------------*\
|                    Marken-Zeichenfunktion.                   |
\*------------------------------------------------------------*/
void DrawMarker (HDC hdc, int x, int y)
    {
    int i;
    int rop;

    rop = SetROP2 (hdc, R2_NOT);
    SetPixel (hdc, x, y, RGB(0, 0, 0));

    for (i=1;i<MARKERSIZE; i++)
        {
        SetPixel (hdc, x+i, y, RGB(0, 0, 0));
        SetPixel (hdc, x-i, y, RGB(0, 0, 0));
        SetPixel (hdc, x, y+i, RGB(0, 0, 0));
        SetPixel (hdc, x, y-i, RGB(0, 0, 0));
        }

    SetROP2 (hdc, rop);
    }
```

RECT.RC

```
snapshot icon Rect.ico
hand cursor Rect.cur
```

RECT.DEF

```
NAME RECT

EXETYPE WINDOWS

DESCRIPTION 'Rect -- Zeichnen von Rechtecken'

CODE MOVEABLE DISCARDABLE
DATA MOVEABLE MULTIPLE

HEAPSIZE   512
STACKSIZE 5120
```

Um die Punkte zu speichern, die jedes Rechteck beschreiben, weisen wir diese Punkte einem Array vom Typ **RECT** zu:

```
RECT    arRectangles [MAXRECTANGLES];
```

RECT wird in WINDOWS.H definiert als:

```
typedef struct tagRECT
{
    int left;
    int top;
    int right;
    int bottom;
} RECT;
```

Die Elemente dieses Arrays sind so benannt, daß sie den Einsatz dieser Struktur zum Clippen von Rechtecken verdeutlichen. Die Felder **left** und **right** enthalten x-Werte und die Felder **top** und **bottom** enthalten y-Werte.

Wir verwenden das Makro **MAKEPOINT**, um die Mausposition aus dem Parameter **lParam** einer Mausnachricht in eine **POINT**-Variable zu kopieren. Wenn der Anwender die linke Maustaste drückt, wird eine **WM_LBUTTONDOWN**-Nachricht erzeugt. Wenn unser Fensterobjekt diese Nachricht empfängt, speichert es die Mausposition in den Feldern **left** und **top** von **arRectangles**. Später, wenn der Anwender die linke Maustaste wieder losläßt, wird eine **WM_LBUTTONUP**-Nachricht erzeugt. Das Fensterobjekt reagiert auf diese Nachricht, indem es die Mausposition in den Feldern **right** und **bottom** von **arRectangles** speichert.

Als Antwort auf die **WM_LBUTTONUP**-Nachricht erklärt unser Fensterobjekt mit der **InvalideRect**-Routine das gesamte Fenster als beschädigt. Wie Sie sich erinnern werden, bewirkt dieser Vorgang, daß eine **WM_PAINT**-Nachricht erzeugt wird. Auf diese Weise kann der gesamte Programmcode zum Zeichnen eines Rechtecks an einer einzigen Stelle plaziert werden.

Als Antwort auf die **WM_PAINT**-Nachricht führt die Komponente **WMPaint** von **TWindow** alle für diese Nachricht erforderlichen "Standardmaßnahmen" aus. Anschließend aktiviert sie die **Paint**-Komponentenfunktion, die unser Fensterobjekt überschrieben hat, damit wir in unserem eigenen Fenster Zeiger bewegen können. Wie Sie sich vielleicht aus dem letzten Kapitel erinnern, ruft **WM_PAINT** zumindest die Routinen **BeginPaint** und **EndPaint** auf. Zwischen diesen beiden Aufrufen kann ein Fenster nach Herzenslust zeichnen.

Unsere **Paint**-Komponentenfunktion arbeitet die Inhalte des Rechteck-Arrays der Reihe nach ab und zeichnet dementsprechend ein Rechteck nach dem anderen. Nachdem ein Rechteck gezeichnet worden ist, werden an den beiden Punkten, die das Rechteck definieren, zwei Marker gesetzt.

Diese kurze Beschreibung der **Rectangle**-Routine und der zwei verschiedenen Koordinatentypen des GDI versetzt uns jetzt in die Lage, die weiteren GDI-Routinen zur Berabeitung ausgefüllter Flächen zu betrachten.

GDI-Routinen für ausgefüllte Flächen

Wir wollen jetzt die einzelnen GDI-Routinen für ausgefüllte Flächen untersuchen. Das GDI verfügt über sieben derartige Routinen: **Polygon, PolyPolygon, Chord, Ellipse, Pie, Rectangle** und **RoundRect**.

Wir beginnen mit den zwei Routinen für bildpunktzentrierte Koordinaten.

Polygon und PolyPolygon

Die **Polygon**-Routine wird folgendermaßen definiert

```
Polygon (hDC, lpPoints, nCount)
```

- *hDC* ist ein Handle zu einem Gerätekontext.

- *lpPoints* ist ein Zeiger auf ein Array vom Typ POINT. Hierin sind die zu verbindenden Punkte gespeichert.

- *nCount* ist die Zahl der miteinander zu verbindenden Punkte.

Ähnlich wie die **Polyline**-Routine, die wir im letzten Kapitel besprochen haben, verbindet die **Polygon**-Routine zunächst eine Anzahl von Punkten unter Verwendung des Stiftes, der gerade im Gerätekontext installiert ist. Falls die Position des ersten und letzten Punkts nicht identisch sein sollte, zieht **Polygon** automatisch eine Linie zwischen beiden Punken, mit der die Figur geschlossen wird. Der Bereich innerhalb dieser Figur wird anschließend unter Verwendung des Pinsels ausgefüllt, der gerade im Gerätekontext installiert ist.

Polygon ist die flexibelste GDI-Routine für ausgefüllte Formen, da Sie mit ihr jede ausgefüllte Fläche zeichnen können. Als einfaches Beispiel zeigt Abbildung 9.4 verschiedene Rechtecke, die mit **Polygon** gezeichnet wurden. Im Unterschied zur normalen **Rectangle**-Routine kann **Polygon** auch Rechtecke zeichnen, die um 90 Grad gedreht sind.

Es folgt der Programmtextausschnitt, der die Abbildung 9.4 erstellt hat:

```
void TSampleWindow::Paint (HDC hdc, PAINTSTRUCT& ps)
    {
    SelectObject (hdc, GetStockObject (BLACK_BRUSH));

    apt[0].x =  10;  apt[0].y =  20;
    apt[1].x = 100;  apt[1].y =  20;
```

```
apt[2].x = 100;   apt[2].y = 200;
apt[3].x =  10;   apt[3].y = 200;
Polygon (hdc, apt, 4);

apt[0].x = 120;   apt[0].y =  20;
apt[1].x = 380;   apt[1].y =  20;
apt[2].x = 380;   apt[2].y =  70;
apt[3].x = 120;   apt[3].y =  70;
Polygon (hdc, apt, 4);

apt[0].x = 200;   apt[0].y = 150;

apt[1].x = 250;   apt[1].y = 100;
apt[2].x = 300;   apt[2].y = 150;
apt[3].x = 250;   apt[3].y = 200;
Polygon (hdc, apt, 4);
}
```

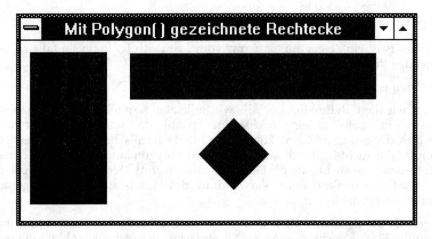

*Abbildung 9.4: Rechtecke, die mit der **Polygon**-Routine gezeichnet wurden*

Die Routine **PolyPolygon** stellt eine Erweiterung der **Polygon**-Routine dar. Sie ermöglicht mit einem einzigen Aufruf das Zeichnen mehrerer Rechtecke. Programme, in denen mehrere Polygone gezeichnet werden sollen, arbeiten unter Einsatz der **Poly-Polygon**-Routine deutlich schneller, als wenn mehrere getrennte Aufrufe von **Polygon** erfolgen. Der Geschwindigkeitsvorteil kommt durch die eingesparten Overheads zustande. Wie sie inzischen sicherlich wissen, wird mit jedem Aufruf einer Funktion ihr Overhead in den Speicher geladen. Das kostet Zeit und Speicherplatz.

PolyPolygon wird wie folgt definiert:

```
PolyPolygon (hDC, lpPoints, lpPolyCount, nCount);
```

- *hDC* ist ein Handle zu einem Gerätekontext.
- *lpPoints* ist ein Zeiger auf ein Array vom Typ **POINT**. Die Elemente dieses Arrays geben Auskunft über die Anzahl der Punkte jedes Polygons.
- *lpPolyCount* ist ein Zeiger auf ein Array vom Typ **INT**. Es sind die Punkte, die miteinander zu verbinden sind, um die zahlreichen Polygone zu erstellen.
- *nCount* ist eine Ganzzahl für die Anzahl der Punkte im **lpPolyCount**-Array. Mit anderen Worten: Es ist die Zahl der zu zeichnenden Polygone.

Es folgt der Programmtext, mit dem sich die Figuren in Abb.9.4 durch einen einzigen Aufruf von **PolyPolygon** zeichnen lassen:

```
void TSampleWindow::Paint (HDC hdc, PAINTSTRUCT& ps)
    {
    SelectObject (hdc, GetStockObject (BLACK_BRUSH));

    /* Erstes Rechteck */
    apt[0].x =  10; apt[0].y =  20;
    apt[1].x = 100; apt[1].y =  20;
    apt[2].x = 100; apt[2].y = 200;
    apt[3].x =  10; apt[3].y = 200;
    apt[4].x =  10; apt[4].y =  20;
    ai[0] = 5;

    /* Zweites Rechteck */
    apt[5].x = 120; apt[5].y =  20;
    apt[6].x = 380; apt[6].y =  20;
    apt[7].x = 380; apt[7].y =  70;
    apt[8].x = 120; apt[8].y =  70;
    apt[9].x = 120; apt[9].y =  20;
    ai[1] = 5;

    /* Drittes Rechteck */
    apt[10].x = 200; apt[10].y = 150;
    apt[11].x = 250; apt[11].y = 100;
    apt[12].x = 300; apt[12].y = 150;
    apt[13].x = 250; apt[13].y = 200;
    apt[14].x = 200; apt[14].y = 150;
    ai[2] = 5;

    Polygon (hdc, apt, ai, 3);
    }
```

Wenn wir über Polygone sprechen, denken wir normalerweise an Formen mit geraden Seiten - wie z.B. die Rechtecke, die wir in unseren Programmbeispielen gezeichnet haben. Doch wir können die **Polygon**-Routine auch dazu verwenden, Kurven zu zeichnen, wenn wir nur genügend Punkte angeben. Tatsächlich simuliert das GDI auf diese Weise Kurven: durch eine Anzahl kurzer, aneinandergefügter Linienabschnitte. Wenn wir Kurven auf diese Weise zeichnen möchten, müßten wir natürlich eine Menge Arbeit investieren. Wir müßten jeden einzelnen der vielen Punkte berechnen, die auf der Kurve liegen sollen. Das wäre sehr zeitraubend und umständlich.

Das GDI stellt uns zum Glück eine Anzahl von Routinen zur Verfügung, die uns diese Arbeit abnehmen. Mit ihrer Hilfe ist es einfach, ausgefüllte Formen mit gekrümmten Rändern zu zeichnen. Wir wollen uns diese Routinen jetzt ansehen.

Ellipse, Chord und Pie

Das GDI beinhaltet drei Routinen zum Erstellen ausgefüllter Formen mit gekrümmten Begrenzungen. Wie Sie gleich sehen werden, können Sie sich diese Routinen als Erweiterungen der **Arc**-Routine vorstellen, welche wir im letzten Kapitel besprochen haben. Jede dieser Routinen verwendet ein umgebendes Rechteck, innerhalb dessen die Kurve gezeichnet werden kann.

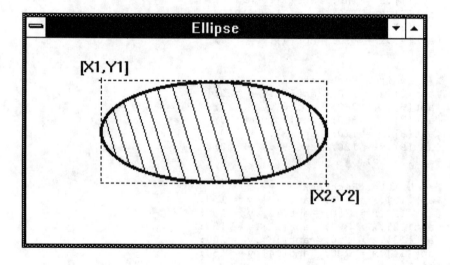

Abbildung 9.5: Eine mit der Ellipse-Funktion gezeichnete Form

Es folgt die Definition der **Ellipse**-Funktion:

```
Ellipse (hDC, X1, Y1, X2, Y2);
```

- *hDC* ist ein Handle zu einem Gerätekontext.

- *(X1,Y1)* ist eine Ecke des umgebenden Rechtecks.

- *(X2,Y2)* ist die gegenüberliegende Ecke des umgebenden Rechtecks.

Die **Ellipse**-Funktion erstellt eine Ellipse, deren Umrißlinie die Seiten des umgebenden Rechtecks berührt, wie es in Abbildung 9.5 dargestellt wird.

Die **Chord**-Funktion macht ebenfalls Gebrauch von einem umgebenden Rechteck. Sie zeichnet einen Teilbogen in Verbindung mit einem Liniensegment. Diese Funktion wird folgendermaßen definiert:

```
Chord (hDC, X1, Y1, X2, Y2, X3, Y3, X4, Y4)
```

- *hDC* ist ein Handle zu einem Gerätekontext.

- *(X1,Y1)* und *(X2,Y2)* legen das umgebende Rechteck fest.

- *(X3,Y3)* ist der Startpunkt der Linie (Sehne).

- *(X4,Y4)* ist der Endpunkt der Linie (Sehne).

Abbildung 9.6 zeigt einen mit Hilfe dieser Funktion gezeichneten Bogen mit Angabe der Punkte, um das umgebende Rahmenfeld und die Koordinaten der Linie zu zeigen.

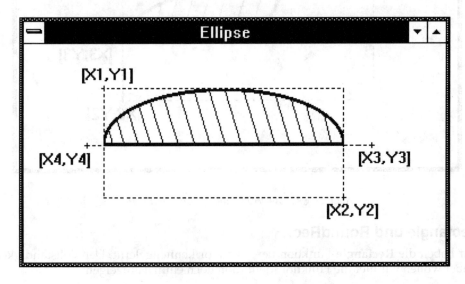

Abbildung 9.6: Mit der Chord-Funktion gezeichnete Ellipse

221

Die **Pie**-Funktion verwendet dieselben Parameter wie die **Chord**-Funktion. Diese Funktion zeichnet das keilförmige Stück eines Tortendiagramms. Die Funktion ist wie folgt definiert:

```
Pie (hDC, X1, Y1, X2, Y2, X3, Y3, X4, Y4)
```

- *hDC* ist ein Handle zu einem Gerätekontext.

- *(X1,Y1)* und *(X2,Y2)* legen das umgebende Rechteck fest.

- *(X3,Y3)* ist der Startpunkt des Keiles.

- *(X4,Y4)* ist der Endpunkt des Keiles.

Abbildung 9.7 zeigt ein "Tortenstück". Der umgebende Rahmen, der Startpunkt und der Endpunkt sind angegeben.

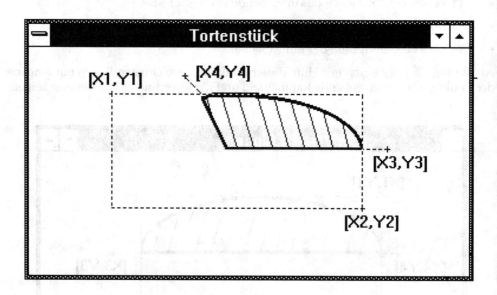

Abbildung 9.7: Mit der Pie-Funktion gezeichnete Form

Rectangle und RoundRect

Wir haben die **Rectangle**-Funktion bereits zuvor kennengelernt. Der Vollständigkeit halber wollen wir hier die Funktionsdefinition noch einmal aufzeigen:

```
Rectangle (hDC, X1, Y1, X2, Y2);
```

- *hDC* ist ein Handle zu einem Gerätekontext.

- *(X1,Y1)* ist eine Ecke des Rechtecks.

- *(X2,Y2)* ist die gegenüberliegende Ecke des Rechtecks.

Wie alle GDI-Routinen für ausgefüllte Flächen verwendet **Rectangle** den Stift aus dem Gerätekontext, um die Umrißlinie des Rechtecks zu zeichnen und den Pinsel, um die Innenfläche auszufüllen. Diese Routine zeichnet nur Rechtecke mit Seiten, die parallel zu den *x*- und *y*-Achsen sind.

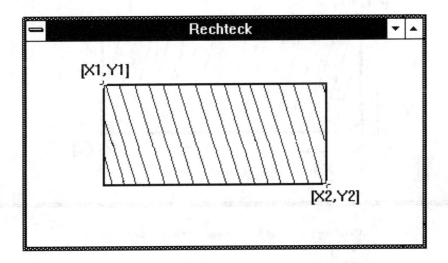

Abbildung 9.8: Mit der Rectangle-Funktion gezeichnete Form

Für gedrehte Rechtecke müssen Sie entweder die **Polygon**-Funktion oder die **PolyPolygon**-Funktion verwenden. Abbildung 9.8 veranschaulicht die Beziehung der beiden Steuerpunkte zum gezeichneten Rechteck.

Die **RoundRect**-Routine zeichnet ein Rechteck mit abgerundeten Ecken. Sie ist wie folgt definiert:

```
RoundRect (hDC, X1, Y1, X2, Y2, X3, Y3)
```

- *hDC* ist ein Handle zu einem Gerätekontext.

- *(X1,Y1)* ist eine Ecke des Rechtecks.

- *(X2,Y2)* ist die gegenüberliegende Ecke des Rechtecks.

- *(X3,Y3)* legt einen umgebenden Rahmen fest, der eingesetzt wird, um die abgerundeten Ecken zu zeichnen.

Abbildung 9.9 zeigt ein Beispiel für die Ausgabeart, die man durch Verwendung von **RoundRect** erstellen kann.

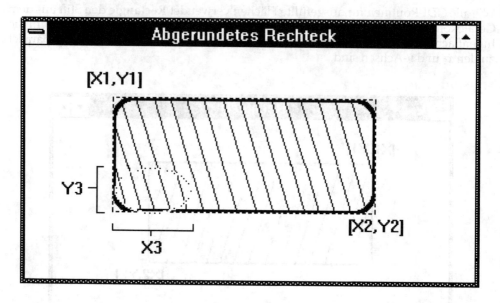

*Abbildung 9.9: Beispiel für die Ausgabe der **RoundRect**-Funktion*

DC-Attribute

Wie bei allen GDI-Zeichengrundfunktionen müssen wir den Gerätekontext näher kennenlernen, um vollständig zu verstehen, welche Steuerungsmöglichkeiten uns das GDI über die ausgefüllten Formen zur Verfügung stellt. Es folgt eine Liste der Attribute, mit deren Hilfe sich die Darstellung ausgefüllter Flächen beeinflussen läßt:

Zeicheneigenschaften	Kommentare
Hintergrundfarbe	Zweite Farbe für Schraffurpinsel und nicht-durchgehende Stifte
Hintergrundmodus	Schaltet die Hintergrundfarbe ein/aus.
Pinsel	Farbe für das Füllen der Innenfläche
Pinselursprung	Ausrichtung von Schraffurpinseln
Zeichenmodus	Boolesche Zeichenoperation

Zeicheneigenschaften	*Kommentare*
Stift	Farbe, Breite und Stil der Umrandung
Ausfüllmodus für Polygone	Für **Polygon**- und **PolyPolygon**-Routinen

Da die Begrenzungen von ausgefüllten Formen aus Linien bestehen, werden alle DC-Attribute, mit denen sich Linien beeinflussen lassen, auch für die Umrandungslinien von ausgefüllten Flächen verwendet: Hintergrundfarbe, Hintergrundmodus, Zeichenmodus und Stift. Beachtung verdient die Tatsache, daß ein Stift immer *mittig* auf der Begrenzung verläuft, wenn er zum Zeichnen von Begrenzungslinien eingesetzt wird. Ein Beispiel: Ein neun Bildpunkte breiter Stift zeichnet eine Begrenzung, bei der vier Bildpunkte innerhalb der Flächenbegrenzung liegen, vier Bildpunkte außerhalb und ein Bildpunkt auf der eigentlichen Begrenzungslinie.

Stifte, die mit einer **PS_INSIDEFRAME**-Ausführung erstellt wurden, zeichnen niemals Begrenzungslinien, die über die eigentliche Umrandung der Form hinausreichen. Ein neun Bildpunkte breiter **PS_INSIDEFRAME**-Stift zum Beispiel wird eine Umrandung zeichnen, bei der sich ein Bildpunkt genau auf der Begrenzungslinie befindet und acht Bildpunkte innerhalb der Begrenzungslinie zu liegen kommen. Das kann sehr nützlich sein, wenn man eine Form zeichnet, die einen ganz bestimmten Bereich einnehmen soll und nicht über die Bereichsgrenzen hinausreichen darf.

Drei Attribute werden auf ausgefüllte Flächen angewendet: Pinsel, Pinselursprung und Polygonfüllmodus. Bevor wir die GDI-Pinsel näher besprechen, wollen wir zunächst zwei Attribute untersuchen: den Polygonfüllmodus und den Zeichenmodus.

Die Namen der Zeichenmodi verleiten leicht zu der Schlußfolgerung, daß sie nur Linien beeinflussen. Zum Beispiel beinhaltet der Standard-Zeichenmodus **R2_COPY-PEN** das Wort "PEN" (Stift), das Zeichenattribut für Linien. Ungeachtet dieser ungünstigen Wahl der Namen haben Zeichenmodi auch Einfluß auf ausgefüllte Flächen: sowohl auf die Innenfläche als auch auf die Umrandung. Zeichenmodi beeinflussen Stifte und Pinsel gleichermaßen.

Der Polygonfüllmodus bestimmt, wie komplexe Formen auszufüllen sind, die von zwei Routinen erstellt werden: **Polygon** und **PolyPolygon**. Auf einfache Formen, wie etwa Quadrate und Rechtecke, hat der Polygonfüllmodus keine Auswirkung. Für komplexe Formen, wie zum Beispiel den Stern in Abbildung 9.10, bestimmt der Polygonfüllmodus, welche Bereiche auszufüllen sind.

Der **WINDING**-Modus füllt alle Flächen innerhalb der Umrandung. Der **ALTERNATE**-Modus füllt dahingegen nur die ungeraden Flächen. Das bedeutet, wenn Sie eine Linie durch eine geometrische Figur zeichnen würden, wird das Ausfüllen hinter ungeraden Kreuzungspunkten der Umrandungslinie (1, 3, 5 usw.) *eingeschaltet* und nach geraden

Kreuzungspunkten (2, 4, 6 usw.) *ausgeschaltet*. Das GDI kennt keine Vorrichtung zum Ausfüllen der geraden Bereiche. Sie können diesen Effekt allerdings durch zweimaliges Zeichnen derselben Form erreichen.

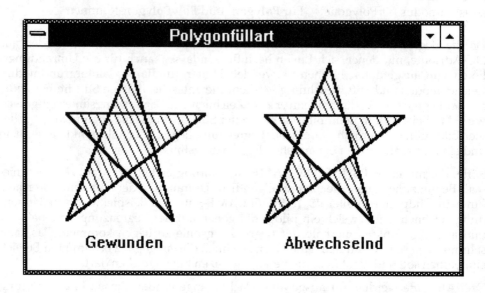

Abbildung 9.10: Die Polygonausfüllmodi beeinflussen nur komplexe Polygone

Die **SetPolyFillMode**-Routine, die dieses Zeichenattribut festlegt, ist folgendermaßen definiert:

```
SetPolyFillMode (hDC, nPolyFillMode)
```

- *hDC* ist ein Handle zu einem Gerätekontext.

- *nPolyFillMode* ist entweder **ALTERNATE** (abwechselnd) oder **WINDING** (gewunden, im Sinne von gesamt).

Wenden wir jetzt unsere Aufmerksamkeit den Instrumenten zu, die den größten Einfluß auf das Erscheinungsbild ausgefüllter Flächen hat: die GDI-Pinsel.

Über Pinsel

Ein Pinsel ist ein DC-Zeichenattribut zum Ausfüllen von Flächen. Drei Merkmale kennzeichnen einen Pinsel: Stil, Farbe und Muster. Die Größe eines Pinsels beträgt acht mal acht Bildpunkte. Als wir die GDI-Stifte besprachen, haben wir erwähnt, daß Attributbündel für ein Programm eine bequeme Möglichkeit darstellen, sich auf mehrere Attribute gleichzeitig zu beziehen. Einer der Hauptgründe für die Existenz von Pinseln ist sicherlich die mit ihnen verbundene Arbeitserleichterung.

Wir haben bereits früher erwähnt, daß Stifte von mehreren Programmen und Geräten gemeinsam benutzt werden können. Dasselbe gilt auch für Pinsel. Genauso wie uns Windows standarmäßige Serienstifte zur Verfügung stellt, sind auch Serienpinsel vorhanden. Das bedeutet, das GDI erstellt automatisch eine Anzahl von Pinseln, die in jedem Programm eingesetzt werden können. Wenn Ihnen die vorhandenen Serienpinsel nicht ausreichen, können Sie jederzeit Ihre eigenen Pinsel erstellen. Allerdings müssen Sie auch hier - wie bei den Stiften - darauf achten, daß Sie alle erstellten Pinsel aus dem Speicher entfernen, nachdem sie ihre Aufgabe erfüllt haben. Anderenfalls ist der von den Pinseln belegte Speicher für das System für die gesamte weitere Windows-Sitzung verloren. Betrachten wir jetzt einige Einzelheiten, die das Erstellen und den Gebrauch von Pinseln betreffen.

Pinsel erstellen und einsetzen

Zum Zeitpunkt des Systemstarts erstellt das GDI die folgenden Serienpinsel: schwarz, dunkelgrau, grau, hellgrau, weiß und null (oder leer). Genau wie der Nullstift fungiert auch der Nullpinsel lediglich als Platzhalter. Sie können sich einen Nullpinsel etwa als Pinsel mit transparenter Farbe vorstellen.

Die **GetStockObject**-Routine stellt ein Handle für Serienpinsel bereit. Damit sie einen Pinsel benutzen können, müssen Sie ihn zunächst mit Hilfe der **SelectObject**-Routine im Gerätekontext installieren. Folgendes Beispiel erzeugt ein Rechteck mit grauer Innenfläche:

```
brush = GetStockObject GRAY_BRUSH);

SelectObject (hdc, brush);

Rectangle (hdc, X1, Y1, X2, Y2)
```

Um das "Pinsel-Angebot" von Windows für Ihre Programme zu bereichern, können Sie Pinsel selbst gestalten. Es gibt drei Arten von selbstgestalteten Pinseln: Vollpinsel, Schraffurpinsel und Musterpinsel. Abbildung 9.11 zeigt Beispiele für diese Pinselarten. Das GDI bietet fünf Routinen zum Erstellen von Pinseln: CreateBrushIndirect, CreateDIBPatternBrush, CreateHatchBrush, CreatePatternBrush und CreateSolidBrush.

Bevor wir uns mit den drei letzten Routinen dieser Liste eingehender beschäftigen, wollen wir zunächst die beiden anderen Routinen betrachten. Die erste Routine, **CreateBrushIndirect**, ist in der Lage, die Funktionen aller anderen Routinen zu übernehmen. Sie ist insofern einzigartig, als sie als Parameter einen Zeiger auf eine Datenstruktur aufnimmt, mit der sich jeder Pinsel beschreiben läßt: einen **LOGBRUSH** (logischer Pinsel). Die zweite Routine in dieser Liste ist CreateDIBPatternBrush, die einen Pinsel aus einer geräteunabhängigen Bitmap erstellt. Eine derartige Bitmap wird auch als DIB (Device Independent Bitmap) bezeichnet. DIBs sind Bitmaps, bei denen die Farbinformationen im Standardformat gespeichert werden. Die Farben in einer DIB können auf jedem GDI-Gerät richtig dargestellt werden.

Richten wir unsere Aufmerksamkeit jetzt auf die drei Arten von Bitmaps: Vollfarbe, Schraffur und Muster. Während wir jede Bitmapart untersuchen, werden wir die drei Routinen näher in Augenschein nehmen, die wir in unserem Beispielprogramm zur Erzeugung dieser Pinselarten einsetzen: **CreateSolidBrush**, **CreateHatchBrush** und **CreatePatternBrush**.

Ein **Vollpinsel** oder deckender Pinsel (solid brush) ist ein Pinsel, der entweder aus einer reinen Farbe oder aus einer Rastermischfarbe (Dithering-Farbe) erstellt ist. Wir haben Rastermischfarben im letzten Kapitel bei der Besprechung von Rasterfarbstiften erläutert. Rastermischfarben werden durch das Mischen reiner Grundfarben erstellt.

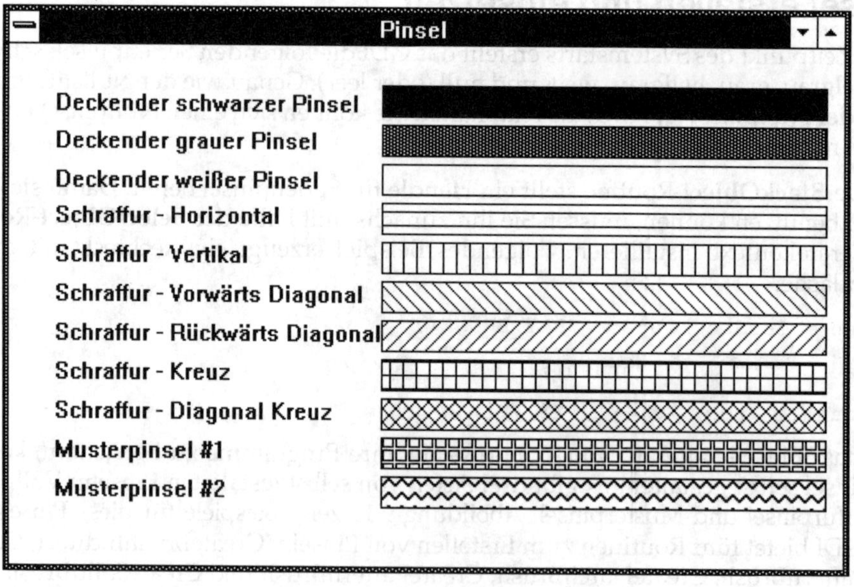

Abbildung 9.11: Elf verschiedene Pinsel

Beispiel: Das Gerät, auf dem die Abbildung 9.11 erzeugt wurde, verfügt nur über zwei Farben: Schwarz und Weiß. Durch das Rastermischverfahren können wir viele verschiedene Grauschattierungen erzeugen. Ein Beispiel dafür ist der Pinsel, der in Abb.

9.11 zum Zeichnen des Rechteckes mit der Bezeichnung "Deckender grauer Pinsel" verwendet wurde.

Die **CreateSolidBrush**-Routine erlaubt Ihnen die Erstellung derartiger Pinsel. Sie ist wie folgt definiert:

```
HBRUSH CreateSolidBrush (crColor)
```

- *crColor* ist eine Farbreferenz (Farbangabe). Dies kann ein RGB-Tripel, ein Palettenindex oder ein palettenbezogener RGB-Wert sein.

Folgende Zeile erzeugt einen weißen Pinsel:

```
HBRUSH CreateSolidBrush (RGB (255, 255, 255));
```

Ein **Schraffurpinsel** (hatch brush) füllt einen Bereich mit einem durch Schraffurmarken (hatch marks) erstellten Muster aus. Das GDI stellt sechs eingebaute Schraffurmuster bereit, wie sie in Abbildung 9.11 gezeigt werden. Die **CreateHatchBrush**-Routine ist die einfachste Methode, einen Schraffurpinsel zu erstellen (obwohl die **CreateBrushIndirect**-Routine ebenfalls eingesetzt werden kann).

Die Syntax für **CreateHatchBrush** lautet wie folgt:

```
HBRUSH CreateSolidBrush (nIndex, crColor)
```

- *nIndex* kann einer von sechs Werten sein:

```
            HS_BDIAGONAL

            HS_CROSS

            HS_DIAGCROSS

            HS_FDIAGONAL

            HS_HORIZONTAL

            HS_VERTICAL
```

- *crColor* ist eine Farbreferenz (Farbangabe). Dies kann ein RGB-Tripel, ein Palettenindex oder ein palettenbezogener RGB-Wert sein.

Ein **Musterpinsel** (pattern brush) ist ein Pinsel, der aus einem Bitmap-Muster erstellt wird. Wenn Ihnen die sechs Schraffurpinsel nicht ausreichen, können Sie einen Musterpinsel mit nahezu jedem Schraffierungsmuster selbst erstellen. Sie können natürlich auch Musterpinsel erzeugen, die einem Vollpinsel entsprechen. Hier übersteigt allerdings zumeist der Aufwand den Nutzen.

Zur Erstellung eines Musterpinsels verwenden Sie die **CreatePatternBrush**-Routine. Ihre Syntax lautet folgendermaßen:

```
HBRUSH CreatePatternBrush (hBitmap)
```

- *hBitmap* ist ein Handle zu einer Bitmap.

Damit ein Musterpinsel erstellt werden kann, benötigen Sie zunächst eine Bitmap. Es gibt viele Möglichkeiten der Erstellung von Bitmaps. Wir erörtern hier lediglich die zwei Methoden, die wir in unseren Beispielprogrammen verwenden.

Bei der ersten Methode wird ein Grafikeditor zum Zeichnen des Bitmap-Masters verwendet - etwa der Resource Workshop. Abbildung 9.12 zeigt ein auf diese Weise erstelltes Muster. Dieses Muster wird in einer Datei gespeichert (SQUARE.BMP in unserem Beispielprogramm). Zur Eingliederung dieser Bitmap in unser Programm tragen wir folgendes in die Ressourcendatei ein:

```
square bitmap square.bmp
```

Die folgenden Programmtextzeilen lesen diese Bitmap in den Speicher ein und verwenden sie zur Erstellung eines Musterpinsels.

```
hbm = LoadBitmap (hInst, "square");
hbr[9] = CreatePatternBrush (hbm);
```

Dieser Pinsel kann nun zur Füllung der Innenfläche einer ausgefüllten GDI-Form in einem Gerätekontext ausgewählt zu werden.

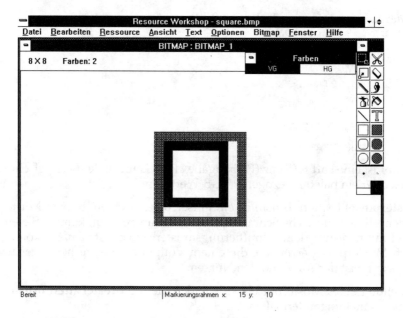

Abbildung 9.12: Einsatz des Resource Workshop zur Erstellung einer Bitmap

Eine zweite Methode der Erstellung einer Bitmap ist der Aufruf der **CreateBitmap**-Routine mit einem Zeiger auf die in die Bitmap einzuschließenden Bits. Die **CreateBitmap**-Routine ist folgendermaßen definiert:

```
HBITMAP CreateBitmap (nWidth, nHeight, nPlanes, nBitCount, lpBits)
```

- *nWidth* und *nHeight* sind die Breite und die Höhe unserer Bitmap in Bildpunkten. Da alle GDI-Pinsel acht Bildpunkte breit und acht Bildpunkte hoch sind, muß der Wert für beide Felder auf 8 gesetzt werden.

- *nPlanes* enthält die Zahl der Ebenen in einer Bitmap. Ebenen stellen ein Mittel zur Speicherung von Farbinformationen dar (zum Beispiel setzt die EGA-Grafikkarte diese Methode ein). Wir werden eine einfarbige Bitmap erstellen, deshalb verwenden wir den Wert 1.

- *nBitCount* enthält die Zahl der Bits pro Farbe. Gepackte Bildpunkte stellen eine weitere Möglichkeit dar, Farbinformationen zu speichern (einige Betriebsarten des CGA-Adapters nutzen diese Methode). Da wir eine einfarbige Bitmap erstellen, setzen wir diesen Parameter auf 1.

- *lpBits* ist ein Zeiger auf die Bits, die für die Initialisierung der Bitmap verwendet werden sollen.

Unser Programm erstellt seine zweite Master-Bitmap durch die folgenden Aufrufe:

```
hbm = CreateBitmap (8, 8, 1, 1, acPattern);
hbr[10] = CreatePatternBrush (hbm);
```

Der letzte Parameter des **CreateBitmap**-Aufrufes ist ein Zeiger auf ein Zeichen-Array. Es ist in unserem Programm wie folgt definiert:

```
static unsigned char acPattern[] =
       {0xFF, 0,   /*  1 1 1 1 1 1 1 1  */
        0xE7, 0,   /*  1 1 1 0 0 1 1 1  */
        0xC3, 0,   /*  1 1 0 0 0 0 1 1  */
        0x99, 0,   /*  1 0 0 1 1 0 0 1  */
        0x3C, 0,   /*  0 0 1 1 1 1 0 0  */
        0x7E, 0,   /*  0 1 1 1 1 1 1 0  */
        0xFF, 0,   /*  1 1 1 1 1 1 1 1  */
        0xFF, 0}; /*  1 1 1 1 1 1 1 1  */
```

Unser Array wird mit Hexadezimalwerten festgelegt. Zur besseren Übersicht zeigt der Kommentar die Werte in Binärschreibweise. Die Einsen stellen weiße Bildpunkte dar, die Nullen schwarze. Da man von Bitmap-Daten erwartet, daß sie im 16 Bit-Format ausgerichtet sind, haben wir zwischen jedem unserer Bitmap-Bytewerte ein zusätzliches Nullbyte eingefügt.

Jede dieser Routinen erstellt einen **logischen Pinsel**. Logische Pinsel sind - wie logische Stifte - Aufforderungen, die an jedes Gerät übergeben werden können. Wenn der Gerätetreiber aufgefordert wird, einen Pinsel zu benutzen, *realisiert* der Gerätetreiber den Pinsel - das heißt, er wandelt die logische Aufforderung in eine Form um, die die Fähigkeiten des entsprechenden Gerätes berücksichtigt und zu diesem paßt.

Im folgenden finden Sie den Quellcode unseres Programmes BRUSHES, mit dem sich Pinsel erstellen lassen:

MAKEFILE.MAK

```
.AUTODEPEND

#   Compilerdefinitionen
INC=C:\BORLANDC\OWL\INCLUDE;C:\BORLANDC\CLASSLIB\INCLUDE;C:\BOR-
LANDC\INCLUDE
CC = bcc -c -D_CLASSDLL -H -ml -WS -w-par -I$(INC)

#   Implizite Regeln
.c.obj:
  $(CC) {$< }

.cpp.obj:
  $(CC) {$< }

#   Explizite Regeln
Brushes.exe: Brushes.res Brushes.def Brushes.obj
    tlink /c/C/n/P-/Twe/x @Brushes.LNK
    RC Brushes.res Brushes.exe

#   Einzelne Dateiabhängigkeiten
Brushes.obj: Brushes.cpp

Brushes.res: Brushes.rc Brushes.cur Brushes.ico
    RC -R -FO Brushes.res Brushes.RC
```

BRUSHES.LNK

```
c:\borlandc\lib\c0wl.obj+
Brushes.obj
Brushes,Brushes
\borlandc\owl\lib\owl.lib+
crtll.lib+
cwl.lib+
import.lib+
mathl.lib+
```

```
cl.lib
Brushes.def
```

BRUSHES.CPP

```
/*------------------------------------------------------------*\
| BRUSHES.CPP   Zeigt verschiedene Arten von GDI-Pinseln.    |
\*------------------------------------------------------------*/
#include <owl.h>

/*------------------------------------------------------------*\
|                     Konstanten.                            |
\*------------------------------------------------------------*/
const int BRUSHCOUNT  = 11;
const int PATTERNSIZE = 16;


/*------------------------------------------------------------*\
|                Klassendeklarationen.                       |
\*------------------------------------------------------------*/
class TBrushesApplication : public TApplication
  {
  public:
    TBrushesApplication (LPSTR lpszName, HANDLE hInstance,
                   HANDLE hPrevInstance, LPSTR lpszCmdLine,
                   int nCmdShow);
    virtual void InitMainWindow ();
  };

class TBrushesWindow : public TWindow
  {
  public:
    TBrushesWindow (PTWindowsObject pwParent, LPSTR lpszTitle,
                   PTModule pmModule);
    ~TBrushesWindow();
    virtual LPSTR GetClassName ();
    virtual void  GetWindowClass (WNDCLASS&);
    virtual void  Paint(HDC hdc, PAINTSTRUCT& ps);
  private:
    HBRUSH hbr[BRUSHCOUNT];
    char * apszDesc[BRUSHCOUNT];
    unsigned char acPattern[PATTERNSIZE];
  };

/*------------------------------------------------------------*\
|                Hauptfunktion: WinMain.                     |
\*------------------------------------------------------------*/
int PASCAL WinMain (HANDLE hInstance, HANDLE hPrevInstance,
                   LPSTR lpszCmdLine, int nCmdShow)
```

233

```
         {
      TBrushesApplication Brushes ("Brushes", hInstance,
                          hPrevInstance, lpszCmdLine,
                          nCmdShow);

      Brushes.Run();
      return Brushes.Status;
         }

/*-------------------------------------------------------------*\
|              Komponente der Application-Klasse.               |
\*-------------------------------------------------------------*/
TBrushesApplication::TBrushesApplication (LPSTR lpszName,
                   HANDLE hInstance, HANDLE hPrevInstance,
                   LPSTR lpszCmdLine, int nCmdShow)
                :TApplication (lpszName, hInstance,
                   hPrevInstance, lpszCmdLine, nCmdShow)
         {
      /*  Die anwendungsspezifische Initialisierung erfolgt hier.  */
         }

/*-------------------------------------------------------------*\
|              Komponente der Application-Klasse.               |
\*-------------------------------------------------------------*/
void TBrushesApplication::InitMainWindow ()
         {
      MainWindow = new TBrushesWindow (NULL, "Brushes", NULL);
         }

/*-------------------------------------------------------------*\
|              TBrushesWindow-Komponentenfunktion.              |
\*-------------------------------------------------------------*/
TBrushesWindow::TBrushesWindow (PTWindowsObject pwParent,
            LPSTR lpszTitle, PTModule pmModule)
          :TWindow (pwParent, lpszTitle, pmModule)
         {
      HBITMAP hbm;

      /*
       *  Initialisierung eines Arrays für die
       *  dynamische Bitmap-Erzeugung.
       */
      acPattern[0]  = 0xff;
      acPattern[1]  = 0;
      acPattern[2]  = 0xe7;     /*  1 1 1 1 1 1 1 1  */
      acPattern[3]  = 0;        /*  1 1 1 0 0 1 1 1  */
      acPattern[4]  = 0xc3;     /*  1 1 0 0 0 0 1 1  */
      acPattern[5]  = 0;        /*  1 0 0 1 1 0 0 1  */
      acPattern[6]  = 0x99;     /*  0 0 1 1 1 1 0 0  */
```

```
acPattern[7]  = 0;       /*  0 1 1 1 1 1 1 0  */
acPattern[8]  = 0x3c;    /*  1 1 1 1 1 1 1 1  */
acPattern[9]  = 0;       /*  1 1 1 1 1 1 1 1  */
acPattern[10] = 0x7e;
acPattern[11] = 0;
acPattern[12] = 0xff;
acPattern[13] = 0;
acPattern[14] = 0xff;
acPattern[15] = 0;


/*
 *  Erzeugung von Pinseln.
 */
apszDesc[0] = "Deckender schwarzer Pinsel";
hbr[0]  = CreateSolidBrush (RGB (0, 0, 0));

apszDesc[1] = "Deckender grauer Pinsel";
hbr[1]  = CreateSolidBrush (RGB (64, 64, 64));

apszDesc[2] = "Deckender weißer Pinsel";
hbr[2]  = CreateSolidBrush (RGB (255, 255, 255));

apszDesc[3] = "Schraffur - Horizontal";
hbr[3]  = CreateHatchBrush (HS_HORIZONTAL , RGB(0, 0, 0));

apszDesc[4] = "Schraffur - Vertikal";
hbr[4]  = CreateHatchBrush (HS_VERTICAL , RGB(0, 0, 0));

apszDesc[5] = "Schraffur - Vorwärts Diagonal";
hbr[5]  = CreateHatchBrush (HS_FDIAGONAL , RGB(0, 0, 0));

apszDesc[6] = "Schraffur - Rückwärts Diagonal";
hbr[6]  = CreateHatchBrush (HS_BDIAGONAL, RGB(0, 0, 0));

apszDesc[7] = "Schraffur - Kreuz";
hbr[7]  = CreateHatchBrush (HS_CROSS , RGB(0, 0, 0));

apszDesc[8] = "Schraffur - Diagonal Kreuz";
hbr[8]  = CreateHatchBrush (HS_DIAGCROSS , RGB(0, 0, 0));

apszDesc[9] = "Musterpinsel #1";
hbm = LoadBitmap (GetApplication()->hInstance, "square");
hbr[9]  = CreatePatternBrush (hbm);
DeleteObject (hbm);

apszDesc[10] = "Musterpinsel #2";
hbm = CreateBitmap (8, 8, 1, 1, (LPSTR)&acPattern[0]);
hbr[10] = CreatePatternBrush (hbm);
```

```
    DeleteObject (hbm);
    }

/*-------------------------------------------------------------*\
|                TBrushesWindow-Komponentenfunktion.            |
\*-------------------------------------------------------------*/
TBrushesWindow::~TBrushesWindow()
    {
    int i;

    for (i=0;i<BRUSHCOUNT; i++)
        DeleteObject (hbr[i]);
    }

/*-------------------------------------------------------------*\
|                TBrushesWindow-Komponentenfunktion.            |
\*-------------------------------------------------------------*/
LPSTR TBrushesWindow::GetClassName ()
    {
    return "Brushes:MAIN";
    }

/*-------------------------------------------------------------*\
|                TBrushesWindow-Komponentenfunktion.            |
\*-------------------------------------------------------------*/
void TBrushesWindow::GetWindowClass (WNDCLASS& wc)
    {
    TWindow::GetWindowClass (wc);
    wc.hIcon=LoadIcon (wc.hInstance, "snapshot");
    wc.hCursor=LoadCursor (wc.hInstance, "hand");
    }

/*-------------------------------------------------------------*\
|                TBrushesWindow-Komponentenfunktion.            |
\*-------------------------------------------------------------*/
void TBrushesWindow::Paint(HDC hdc, PAINTSTRUCT& ps)
    {
    DWORD dw;
    int i;
    int xStart, xEnd, xText;
    int yIncr, yLine, yText;
    int cxWidth;
    RECT r;
    TEXTMETRIC tm;

    /* Aufteilen des verfügbaren Zeichenbereiches. */
    GetClientRect (HWindow, &r);
    yIncr = r.bottom/ (BRUSHCOUNT+2);
```

```
    yText = yIncr;

    /*  Abmessungen für Einrückung um 4 Leerzeichen ermitteln.  */
    GetTextMetrics (hdc, &tm);
    xText = tm.tmAveCharWidth * 4;

    /*  Abmessungen für die längste Zeichenfolge ermitteln.  */
    dw = GetTextExtent (hdc, apszDesc[6],
                        lstrlen(apszDesc[6]));
    cxWidth = LOWORD(dw);

    /*  Berechnen der Rechteckbreite.  */
    xStart = xText + cxWidth;
    xEnd   = r.right - 10;

    /*  Schleife über alle Pinsel.  */
    for (i=0 ; i<BRUSHCOUNT ; i++, yText += yIncr)
        {
        TextOut (hdc, xText, yText,apszDesc[i],
                 lstrlen(apszDesc[i]));

        SelectObject (hdc, hbr[i]);
        yLine  = yText + yIncr - tm.tmHeight/4;
        Rectangle (hdc, xStart, yText, xEnd, yLine);
        }
    }
```

BRUSHES.RC

```
snapshot icon Brushes.ico

hand cursor Brushes.cur

square bitmap square.bmp
```

BRUSHES.DEF

```
NAME BRUSHES

EXETYPE WINDOWS

DESCRIPTION 'Brushes - Beispiel für GDI-Pinsel'

CODE MOVEABLE DISCARDABLE
DATA MOVEABLE MULTIPLE
```

```
HEAPSIZE   512
STACKSIZE 5120
```

BRUSHES verrichtet seine Arbeit als Reaktion auf drei Ereignisse: Fenstererstellung, Fensterzerstörung und Fensterneugestaltung. In der Sprache C++ bedeutet das, daß unsere Fensterobjektklasse drei Komponentenfunktionen hat: einen Konstruktor, einen Destruktor und eine Funktion zur Behandlung der **WM_PAINT**-Nachricht.

Zum Zeitpunkt der Fenstererstellung erzeugt unser Fenster die GDI-Pinsel, die es braucht. Es ist für ein Fensterobjekt üblich, die GDI-Pinsel in seinem Konstruktor zu erstellen und sie für die gesamte Lebensdauer des Fensters beizubehalten. Auch wenn Pinsel Speicherplatz einnehmen, erlaubt diese Methode die schnellste Verarbeitung der **WM_PAINT**-Nachricht.

Nachdem Sie ein GDI-Objekt erstellt haben, müssen Sie es beseitigen. Da wir die Pinsel im Konstruktor erstellt haben, ist es sinnvoll, die Pinsel im Destruktor unseres Fensterobjektes zu zerstören. Sollten Sie irgendwelche GDI-Objekte übersehen, riskieren Sie den Verlust von verfügbarem Systemspeicher.

Als Reaktion auf die **WM_PAINT**-Nachricht ruft eine Standard-Funktion zur Nachrichtenbearbeitung die **Paint**-Komponentenfunktion unseres Fensterobjektes auf. Diese Funktion unterteilt den verfügbaren Arbeitsbereich in 11 Teile. Jedes Teil zeigt ein Rechteck an, das mit einem jeweils anderen Pinsel gezeichnet worden ist.

Im Verlauf dieses Programmes rufen wir drei GDI-Textroutinen auf: **GetTextMetrics**, **GetTextExtent** und **TextOut**. **GetTextMetrics** stellt Informationen für die aktuelle Schriftart oder eine Textmustertabelle bereit. **GetTextExtent** wird eingesetzt, um die Breite und Höhe einer ganz bestimmten Textzeile festzulegen. **TextOut** schließlich zeigt eine Textzeile an.

Im nächsten Kapitel werden wir uns diese Routinen genauer ansehen und auch einen Blick auf die anderen Fähigkeiten des GDI werfen, die es für die Erstellung von Text bereithält.

Kapitel 10

Textdarstellung

Die meisten Programme verwenden in erster Linie Textausgaben. Wir haben die Besprechung der Textausgabe bis zu diesem Zeitpunkt aufgeschoben, da die Textausgabe im GDI sich wesentlich von der Textausgabe in traditionellen Programmierumgebungen unterscheidet. Das GDI behandelt Text als eine Art grafisches Objekt.

Sicherlich kennen Sie Programme mit zeilenorientierter Ausgabe. Diese Methode wurde auf den ersten interaktiven Rechnersystemen eingesetzt, bei denen noch Schreibmaschinen zur Anzeige und Ausgabe von Text verwendet wurden. Auf Bildschirmen der heutigen Generation bewirkt diese Ausgabemethode, daß Textzeilen von der Oberkante des Bildschirmes in ein imaginäres "Auffangbecken" heruntergleiten. Wenn der Bildschirm schließlich voll ist, "rutscht" der gesamte Text um eine Zeile nach oben - in der untersten Zeile erscheint der weitere Text. Der Informationsaustausch ist hier einfach: Der Rechner zeigt eine Eingabeaufforderung an, und der Anwender antwortet darauf. Neulinge in der C-Programmierung machen ihre ersten Programmierschritte für gewöhnlich mit dieser relativ einfachen Ausgabeart, da sie Teil der C-Standardbibliothek ist. Hierzu ein Beispiel:

```
printf ("Erste Zahl eingeben:");

scanf ("%i", &iValue);
```

Der nächste Schritt ist die bildschirmorientierte Ausgabe, die den Bildschirm als ein Gitterraster von Zeichenzellen behandelt. Programme wie Textverarbeitungs- oder Bildschirmeditorprogramme verwenden typischerweise diese Methode. Eine populäre MS DOS-Datenbanksprache, dBase, verwendet Befehle dieser Art, um Text zu schreiben und Eingaben auf dem Bildschirm zu erhalten.

```
@ 10, 25 SAY "Geben Sie bitte Ihren Namen ein:"

@ 10, 49 GET NAME
```

Der GDI-Ansatz für die Bearbeitung von Text kann als bildpunktorientiert beschrieben werden, da das GDI keine festen Vorgaben für die Größe einer Zeichenzelle kennt. Statt dessen setzt das GDI zur Textpositionierung dasselbe Pixelraster ein, das auch bei der Darstellung von Linien, Rechtecken und anderen geometrischen Formen verwendet wird. Dadurch erhalten Sie weitgehende Entscheidungsfreiheit bei der Plazierung von Texten. Ferner erlaubt diese Methode ein Kombinieren von Texten mit geometrischen Formen. Sie können sogar ohne großen Aufwand verschiedene Schriftgrößen und Textausführungen nebeneinander darstellen.

Im Gegensatz zu anderen grafischen Objekten wird Text nicht mit Hilfe einfacher geometrischer Formeln gezeichnet. Zur Ausgabe von Text sind vordefinierte Schriftarten erforderlich. Unter einer Schriftart (Font) versteht man eine Datenbank, in der die Form und die Größe jedes Buchstabens, jeder Ziffer und jedes Satzzeichens in Form von Mustern beschrieben ist. Jedes GDI-Gerät unterstützt eine oder mehrere Schriftarten. Abbildung 10.1 zeigt einige der Grundschriftarten des VGA-Bildschirmadapters. Wir wollen die GDI-Grundschriften kurz erläutern:

GDI-Grundschriftarten

Jeder GDI-Bildschirmtreiber ist mit einem Satz von Grundschriften ausgestattet. In Abbildung 10.1 sehen Sie einige dieser Grundschriften. Ein einheitlicher Satz von Grundschriften gewährleistet, daß auf allen Bildschirmsystemen zumindest die standardmäßigen Grundschriften unterstützt werden und verfügbar sind.

Microsoft hat die folgenden Schrift-Sets als Teil der Grundschriften ausgewählt:

Courier: Es handelt sich hier um eine schreibmaschinenähnliche Schrift mit festen Buchstabenabständen.

Tms Rmn (Times Roman): Eine Proportionalschrift mit Serifen, die in einer ausreichenden Anzahl verschiedener Größen zur Verfügung steht. Dieser Satz kann in Programmen, die die Druckerausgabe auf dem Bildschirm nachahmen, als "Stellvertreter" für andere Schriften mit Serifen dienen.

Helv: Ein Satz von serifenlosen, helvetica-ähnlichen Proportionalschriften (im deutschen Sprachraum: "Groteskschrift" - Anm. d. Übers.), die ebenfalls in einer breiten Auswahl verschiedener Größen erhältlich sind. Wie Times Roman sind sie für den Einsatz in Programmen gedacht, die die Ausgabe eines Druckers auf dem Bildschirm simulieren wollen.

Symbol: Ein alternativer Zeichensatz kann innerhalb einer Schriftart verwendet werden. Diese Schriftart setzt die Buchstaben des griechischen Alphabets ein.

Roman, Modern und Script: Vektorschriften, in denen die Buchstabenmuster als Vektorreihen oder Linienstücke beschrieben werden.

Dieser Satz von Grundschriften kann durch zusätzliche Schriftarten (Fonts) erweitert werden. Als Benutzer können Sie Schriften kaufen und sie mit Hilfe der Windows-Systemsteuerung installieren. Programmierer können Schriften selbst entwerfen und sie in Windows-Programme einbinden. Ab der Version 3.1 ist Windows in der Lage, eine neue, ursprünglich von Apple Computer entwickelte Schriftart - die True Type-Schriften - in sein System aufzunehmen.

Das Plazieren von Text erfordert häufig die Bestimmung der Schriftmaße (font metrics). Unter Schriftarten versteht man Tabellen mit Angaben zur Höhe und Breite der einzelnen Schriften.

Falls Sie eine Darstellung bevorzugen, die auf einen 25 Zeilen/80 Spalten großen Ausgabebereich ausgelegt ist, stellt Ihnen das GDI auch hierzu die nötigen Werkzeuge bereit. Allerdings müssen Sie hier noch einige zusätzliche Punkte beachten - wie etwa die Größe Ihres Ausgabebereiches (Fenster können verkleinert oder vergrößert werden) und die Größe Ihres Textes (für jeden Bildschirm können Sie über 20 Größen und Stile auswählen). Außerdem sollten die Programme immer geräteunabhängig arbeiten, damit sie mit jedem Bildschirm oder Drucker einwandfrei funktionieren.

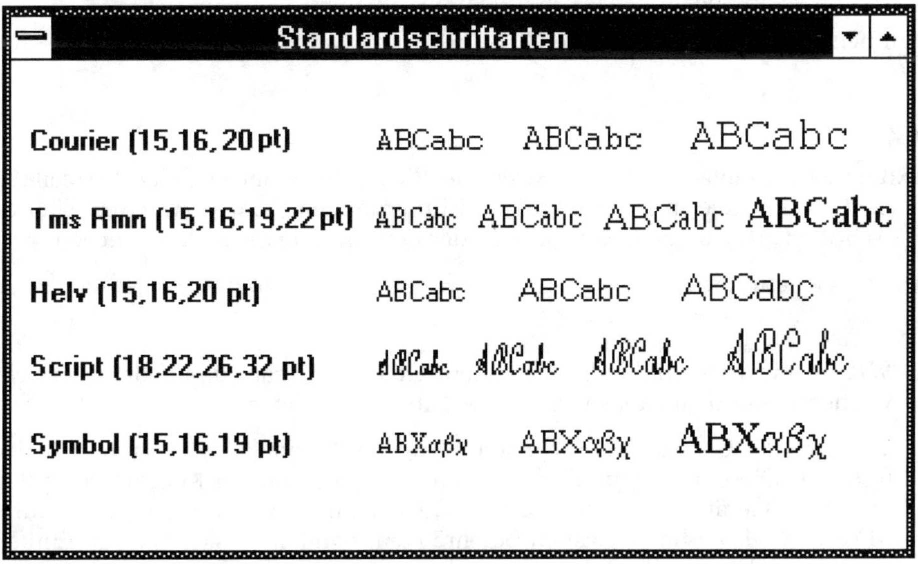

Abbildung 10.1: Ein Beispiel für VGA-Grundschriftarten

Auch wenn es zunächst etwas umständlich erscheint, Text in einem Rastergitter aus Bildpunkten zu positionieren, ist diese Methode doch notwendig, damit Sie uneingeschränkt Text mit anderen grafischen Objekten mischen können. Im GDI findet dasselbe Bildpunktgitter für die Positionierung von Text Anwendung, das wir auch für Linien, Rechtecke und andere geometrische Formen verwenden.

Zunächst wollen uns einen Überblick über die verfügbaren Textroutinen verschaffen. Danach werden wir die DC-Attribute betrachten, die Einfluß auf die Textgestaltung haben und werden dabei unsere besondere Aufmerksamkeit auf das wichtigste Attribut richten: die Schrift. Wir werden dieses Kapitel mit einer Erläuterung der Textmaße abschließen, die für die Erstellung geräteunabhängiger Textausgaben von Bedeutung sind.

Grundfunktionen für die Textdarstellung

Es gibt fünf Routinen für die Ausgabe von Text: **DrawText, ExtTextOut, GrayString, TabbedTextOut** und **TextOut**. Genaugenommen sind drei dieser Routinen nicht Teil des GDI, sondern Bestandteile des Fenster-Managers. Diese Routinen heißen **DrawText, GrayString** und **TabbedTextOut**. Obwohl diese Routinen nicht vom GDI verwaltet werden, stellen sie dennoch eine sinnvolle Ergänzung des GDI dar. Wir nehmen sie sie deshalb in unsere Besprechung mit auf.

Beginnen wir mit **TextOut**. Diese GDI-Textroutine hat wohl das breiteste Einsatzgebiet.

TextOut

TextOut ist die einfachste GDI-Textroutine. Sie zeichnet eine einzelne Textzeile. Wir haben diese Routine in einigen früheren Programmen dazu verwendet, Titel oder Überschriften zu schreiben. Nun ist es an der Zeit, sie näheren zu untersuchen.

TextOut ist definiert als

```
TextOut (hDC, x, y, lpString, nCount)
```

- *hDC* ist ein DC-Handle. Es weist dem GDI das Gerät zu, auf dem gezeichnet werden soll und gibt an, welche DC-Attribute zu verwenden sind.

- *x* und *y* sind Ganzzahlen, die einen Bezugspunkt zur Positionierung des Textes festlegen. Dieser Bezugspunkt ist eine Position innerhalb des Koordinatensystems, wie es im Gerätekontext definiert ist. Da wir uns in unseren Beispielen auf das **MM_TEXT**-Koordinatensystem beschränken, handelt es sich bei den Einheiten um Bildpunkte (um Pixel).

- *lpString* ist ein Long-Zeiger auf eine Zeichenkette. Dabei muß es sich nicht unbedingt um eine mit einer Null abgeschlossene Zeichenkette handeln, da **TextOut** die Größe der Zeichenkette vom nCount-Parameter erhält.

- *nCount* ist die Anzahl der Zeichen in der Textzeichenkette.

Standardmäßig positioniert das GDI eine Textzeile in der oberen, linken Ecke. Abbildung 10.2 veranschaulicht dies mit einem Marker. Später in diesem Kapitel, wenn wir über die DC-Eigenschaften sprechen, werden wir andere Auswahlmöglichkeiten für die Textausrichtung beschreiben.

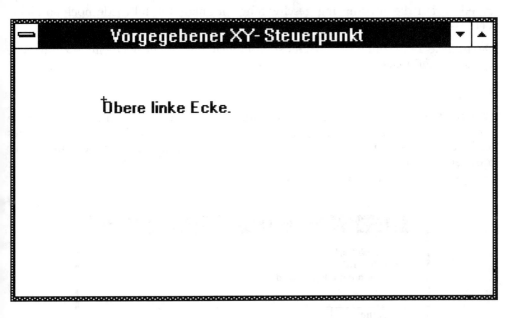

Abbildung 10.2: Standardmäßiges Verhältnis zwischen Bezugspunkt und Text

Häufig wird **TextOut** auf die folgende Weise aufgerufen:

```
static char ac[] = "Anzeige dieses Textes.";
BeginPaint (hwnd, &ps);
TextOut (ps.hdc, X, Y, ac, lstrlen(ac));
EndPaint (hwnd, &ps);
```

Dieser Programmcode berechnet die Zeichenkettenlänge "auf die Schnelle". Hierbei wird die Funktion **lstrlen** verwendet, eine Windows-Routine, die der C-Standardfunktion **strlen** nachgebildet ist.

Manche Programmierer ziehen es vor, die Berechnung der Textlänge von der eigentlichen Zeichenoperation zu trennen, wie etwa in:

```
static char ac[] = "Anzeige dieses Textes.";
static int cb = sizeof(ac) - 1;
BeginPaint (hwnd, &ps);
TextOut (ps.hdc, X, Y, ac, cb);
EndPaint (hwnd, &ps);
```

In diesem Fall wird die Textlänge während des Kompilierens und nicht während der Laufzeit des Programmes berechnet. Daraus resultiert eine höhere Zeichengeschwindigkeit. In den meisten Fällen wird die eingesparte Rechenzeit kaum bemerkt. Wenn

243

es jedoch auf die Ausführungsgeschwindigkeit ankommt, hilft jede noch so kleine Verbesserung.

Die nächste Textroutine ist **TextOut** sehr ähnlich, bietet aber noch einige zusätzliche Leistungsmerkmale.

ExtTextOut

Wie **TextOut** zeichnet **ExtTextOut** eine einzelne Textzeile, doch zusätzlich bietet sie drei weitere Optionen: Steuerung der Zeichenbreite, Clipping und ein undurchsichtiges Rechteck. Sie können diese Optionen Ihren Vorstellungen entsprechend miteinander mischen und abstimmen. Abbildung 10.3 zeigt Text, der jeweils mit einer dieser Optionen gezeichnet wurde.

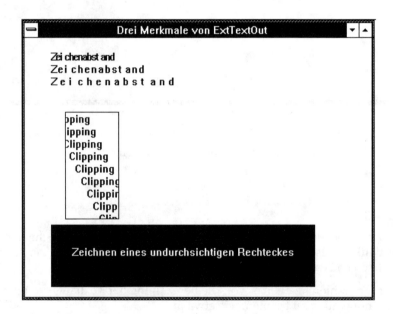

Abbildung 10.3: ExtTextOut

ExtTextOut ist wie folgt definiert:

```
ExtTextOut (hDC, X, Y, wOptions, lpRect, lpString, nCount, lpDx);
```

- *hDC* ist ein DC-Handle. Es weist dem GDI das Gerät zu, auf dem gezeichnet werden soll, und gibt an, welche DC-Attribute zu verwenden sind.

- *x* und *y* sind Ganzzahlen, die einen **Bezugspunkt** festlegen, um den Text zu positionieren. Der Bezugspunkt ist eine Position innerhalb des Koordinatensystems, wie es im Gerätekontext definiert ist. Da wir uns selbst auf das **MM_TEXT**-Koordinatensystem beschränken, handelt es sich bei den Einheiten um Bildpunkte.

- *wOptions* ist ein Flag für zwei der drei Extras, die diese Routine bereithält. Dieses Flag kann entweder den Wert **0**, **ETO_CLIPPED**, **ETO_OPAQUE** oder eine Kombination **ETO_CLIPPED** ι **ETO_OPAQUE** annehmen. Wir werden diese Optionen gleich erklären.

- *lpRect* ist ein Zeiger auf ein Rechteck. Abhängig davon, welchen Wert **wOptions** aufweist, kann **lpRect** auf ein Clip-Rechteck, ein undurchsichtiges Rechteck oder auf beide zeigen.

- *lpString* ist ein Long-Zeiger auf eine Zeichenkette. Dabei muß es sich nicht unbedingt um eine mit einer Null abgeschlossene Zeichenkette handeln, da **TextOut** die Größe der Zeichenkette vom **nCount**-Parameter erhält.

- *nCount* ist die Anzahl der Zeichen in der Textzeichenkette.

- *lpDx* zeigt auf ein Array von Werten für die Zeichenbreite.

Die erste Option, die wir besprechen, ist der Zeichenabstand, der Ihnen die Steuerung über den Zwischenraum zwischen Zeichen erlaubt. Im Gegensatz zu **TextOut**, die den in einer Schrift vorgegebenen Zwischenraum verwendet, erlaubt Ihnen **ExtTextOut**, Ihre eigenen Werte für die Zeichenabstände für jedes Zeichen festzulegen. Sie legen die Werte für die Zeichenbreite fest, indem Sie ein Array von Ganzzahlen eingeben. Der letzte Parameter, **lpDx**, zeigt auf dieses Array.

Es folgt der Quellprogrammtext für unser Programmbeispiel EXTTEXT:

MAKEFILE.MAK

```
.AUTODEPEND

#   Übersetzerdefinitionen
INC=C:\BORLANDC\OWL\INCLUDE;C:\BORLANDC\CLASSLIB\INCLUDE;C:\BOR-
LANDC\INCLUDE
CC = bcc -c -D_CLASSDLL -H -ml -WS -w -I$(INC)

#   Implizite Regeln
.c.obj:
  $(CC) {$< }

.cpp.obj:
  $(CC) {$< }
```

```
#    Explizite Regeln
ExtText.exe: ExtText.res ExtText.def ExtText.obj
    tlink /c/C/n/P-/Twe/x @ExtText.LNK
    RC ExtText.res ExtText.exe

#    Einzelne Dateiabhängigkeiten
ExtText.obj: ExtText.cpp

ExtText.res: ExtText.rc ExtText.cur ExtText.ico
    RC -R -FO ExtText.res ExtText.RC
```

EXTTEXT.LNK

```
c:\borlandc\lib\c0wl.obj+
ExtText.obj
ExtText,ExtText
\borlandc\owl\lib\owl.lib+
crtll.lib+
cwl.lib+
import.lib+
mathl.lib+
cl.lib
ExtText.def
```

EXTTEXT.CPP

```
/*---------------------------------------------------------------*\
| EXTTEXT.CPP - Das Programm zeigt die Möglichkeiten             |
|               von ExtTextOut.                                  |
\*---------------------------------------------------------------*/
#include <owl.h>

/*---------------------------------------------------------------*\
|                    Klassendeklarationen.                       |
\*---------------------------------------------------------------*/
class TExtTextApplication : public TApplication
  {
  public:
    TExtTextApplication (LPSTR lpszName, HANDLE hInstance,
                   HANDLE hPrevInstance, LPSTR lpszCmdLine,
                   int nCmdShow);
    virtual void InitMainWindow ();
  };

class TExtTextWindow : public TWindow
  {
  public:
```

```
    TExtTextWindow (PTWindowsObject pwParent, LPSTR lpszTitle,
               PTModule pmModule);
    virtual LPSTR GetClassName ();
    virtual void  GetWindowClass (WNDCLASS&);
    virtual void  Paint(HDC hdc, PAINTSTRUCT& ps);
  };

/*-------------------------------------------------------------*\
|                    Funktionsprototypen.                       |
\*-------------------------------------------------------------*/
void NEAR PASCAL ExtTextClipping(HDC hdc);
void NEAR PASCAL ExtTextOpaqueRect(HDC hdc, HWND hwnd);
void NEAR PASCAL ExtTextSpacing(HDC hdc);

/*-------------------------------------------------------------*\
|                    Hauptfunktion:  WinMain.                   |
\*-------------------------------------------------------------*/
int PASCAL WinMain (HANDLE hInstance,    HANDLE hPrevInstance,
               LPSTR  lpszCmdLine, int    nCmdShow)
    {
    TExtTextApplication ExtText ("ExtText", hInstance,
                               hPrevInstance, lpszCmdLine,
                               nCmdShow);

    ExtText.Run();
    return ExtText.Status;
    }

/*-------------------------------------------------------------*\
|                 Komponente der Application-Klasse.            |
\*-------------------------------------------------------------*/
TExtTextApplication::TExtTextApplication (LPSTR lpszName,
                     HANDLE hInstance, HANDLE hPrevInstance,
                     LPSTR lpszCmdLine, int nCmdShow)
                    :TApplication (lpszName, hInstance,
                     hPrevInstance, lpszCmdLine, nCmdShow)
    {
    /*  Die anwendungsspezifische Initialisierung erfolgt hier.  */
    }

/*-------------------------------------------------------------*\
|                 Komponente der Application-Klasse.            |
\*-------------------------------------------------------------*/
void TExtTextApplication::InitMainWindow ()
    {
    MainWindow = new TExtTextWindow (NULL,
                               "Drei Merkmale von ExtTextOut",
                               NULL);
    }
```

```
/*-------------------------------------------------------------*\
|                 TExtTextWindow-Komponentenfunktion.          |
\*-------------------------------------------------------------*/
TExtTextWindow::TExtTextWindow (PTWindowsObject pwParent,
                LPSTR lpszTitle, PTModule pmModule)
              :TWindow (pwParent, lpszTitle, pmModule)
    {
    /*  Die fensterspezifische Initialisierung erfolgt hier.  */
    }


/*-------------------------------------------------------------*\
|                 TExtTextWindow-Komponentenfunktion.          |
\*-------------------------------------------------------------*/
LPSTR TExtTextWindow::GetClassName ()
    {
    return "ExtText:MAIN";
    }


/*-------------------------------------------------------------*\
|                 TExtTextWindow-Komponentenfunktion.          |
\*-------------------------------------------------------------*/
void TExtTextWindow::GetWindowClass (WNDCLASS& wc)
    {
    TWindow::GetWindowClass (wc);
    wc.hIcon=LoadIcon (wc.hInstance, "snapshot");
    wc.hCursor=LoadCursor (wc.hInstance, "hand");
    }


/*-------------------------------------------------------------*\
|                 TExtTextWindow-Komponentenfunktion.          |
\*-------------------------------------------------------------*/
void TExtTextWindow::Paint(HDC hdc, PAINTSTRUCT& ps)
    {
    ExtTextSpacing(hdc);
    ExtTextClipping(hdc);
    ExtTextOpaqueRect(hdc, HWindow);
    }


/*-------------------------------------------------------------*\
|    ExtTextClipping: Veranschaulicht ExtTextOut-Clipping.     |
\*-------------------------------------------------------------*/
void NEAR PASCAL ExtTextClipping(HDC hdc)
    {
    static char ach[] = "Clipping";
    static int  cch  = sizeof (ach) - 1;
    int x;
    int y;
```

```
    int yHeight;
    RECT r;
    TEXTMETRIC tm;

    GetTextMetrics (hdc, &tm);
    yHeight = tm.tmHeight + tm.tmExternalLeading;
    x = tm.tmAveCharWidth * 5;
    y = yHeight * 6;

    r.top  = y;
    r.left  = x + 20;
    r.right = x + 90;
    r.bottom = y + tm.tmHeight * 8 + tm.tmHeight/2;
    Rectangle (hdc, r.left-1, r.top-1,
               r.right+1, r.bottom+1);
    while (y<r.bottom)
        {
        ExtTextOut (hdc, x, y, ETO_CLIPPED, &r, ach, cch, NULL);
        y += yHeight;
        x += 8;
        }
    }

/*-------------------------------------------------------------*\
|   ExtTextOpaqueRect: Veranschaulicht ein undurchsichtiges    |
|                      Rechteck mit ExtTextOut.                |
\*-------------------------------------------------------------*/
void NEAR PASCAL ExtTextOpaqueRect(HDC hdc, HWND hwnd)
    {
    static char ach[] = "Zeichnen eines undurchsichtigen Rechteckes";
    static int  cch  = sizeof (ach) - 1;
    int x;
    int y;
    int yHeight;
    RECT r;
    TEXTMETRIC tm;

    GetTextMetrics (hdc, &tm);
    yHeight = tm.tmHeight + tm.tmExternalLeading;
    x = tm.tmAveCharWidth * 5;
    y = yHeight * 15;

    GetClientRect (hwnd, &r);
    r.top = y;
    r.bottom = r.top + (5 * tm.tmHeight);
    r.left = x;
    r.right = x + tm.tmAveCharWidth * 50;
    SetBkColor (hdc, RGB (0, 0, 0));
```

249

```
    SetTextColor (hdc, RGB (255, 255, 255));
    SetTextAlign (hdc, TA_CENTER | TA_BASELINE);
    x = (r.left + r.right) / 2;
    y = (r.top  + r.bottom) / 2;
    ExtTextOut (hdc, x, y, ETO_OPAQUE, &r, ach, cch, NULL);
    }

/*-------------------------------------------------------------------*\
 | ExtTextSpacing: Veranschaulicht ExtTextOut-Zeichenabstand.     |
 \*-------------------------------------------------------------------*/
void NEAR PASCAL ExtTextSpacing(HDC hdc)
    {
    static char ac1[] = "Zeichenabstand";
    static int  cb1   = sizeof (ac1) - 1;
    static int  ai1[] = {6, 6, 6, 6, 6, 6, 6, 6,
                         6, 6, 6, 6, 6, 6, 6, 6};
    static int  ai2[] = {9, 9, 9, 9, 9, 9, 9, 9,
                         9, 9, 9, 9, 9, 9, 9, 9};
    static int  ai3[] = {12, 12, 12, 12, 12, 12, 12, 12,
                         12, 12, 12, 12, 12, 12, 12, 12};
    int x;
    int y;
    int yHeight;
    TEXTMETRIC tm;

    GetTextMetrics (hdc, &tm);
    yHeight = tm.tmHeight + tm.tmExternalLeading;
    x = tm.tmAveCharWidth * 5;
    y = yHeight;

    ExtTextOut (hdc, x, y, 0, NULL, ac1, cb1, ai1);
    y += yHeight;
    ExtTextOut (hdc, x, y, 0, NULL, ac1, cb1, ai2);
    y += yHeight;
    ExtTextOut (hdc, x, y, 0, NULL, ac1, cb1, ai3);
    y += yHeight;
    }
```

EXTTEXT.RC

```
snapshot icon ExtText.ico

hand cursor ExtText.cur
```

EXTTEXT.DEF

```
NAME EXTTEXT

EXETYPE WINDOWS

DESCRIPTION 'ExtText - Veranschaulichung von ExtTextOut'

CODE MOVEABLE DISCARDABLE
DATA MOVEABLE MULTIPLE

HEAPSIZE    512
STACKSIZE  5120
```

Jede der Unterroutinen - **ExtTxtSpacing, ExtTxtClipping** und **ExtTxtOpaqueRect** - veranschaulicht ein unterschiedliches Leistungsmerkmal von **ExtTextOut**.

In unserem Beispiel (Abbildung 10.3) zeigen wir die Zeichenkette "Zeichenabstand" an und benutzen dabei Vektoren mit drei verschiedenen Breiten: 6, 9 und 12 Bildpunkte. Beachten Sie, daß die dritte Zeile doppelt so breit ist wie die erste Zeile. Diese Option wird verwendet, um Text im Blocksatz darzustellen. Die Textausrichtung ermöglicht uns, die Textzeilen bis an den linken und rechten Seitenrand auszudehnen. Der Text dieser Buchseite z.B. ist im Blocksatz dargestellt. Abhängig davon, mit welchen Werten wir das Array für die Zeichenabstände füllen, können wir eine Textzeile auf fast jede beliebige Breite ausrichten. Es folgt der Programmtext für den Text in unserem Beispiel:

```
/*------------------------------------------------------------*\
| ExtTextSpacing: Veranschaulicht ExtTextOut-Zeichenabstand.   |
\*------------------------------------------------------------*/
void NEAR PASCAL ExtTextSpacing(HDC hdc)
    {
    static char ac1[]  = "Zeichenabstand";
    static int  cb1     = sizeof (ac1) - 1;
    static int  ai1[]  = {6, 6, 6, 6, 6, 6, 6, 6,
                          6, 6, 6, 6, 6, 6, 6, 6};
    static int  ai2[]  = {9, 9, 9, 9, 9, 9, 9, 9,
                          9, 9, 9, 9, 9, 9, 9, 9};
    static int  ai3[]  = {12, 12, 12, 12, 12, 12, 12, 12,
                          12, 12, 12, 12, 12, 12, 12, 12};

    int x;
    int y;
    int yHeight;
    TEXTMETRIC tm;

    GetTextMetrics (hdc, &tm);
```

```
        yHeight = tm.tmHeight + tm.tmExternalLeading;
        x = tm.tmAveCharWidth * 5;
        y = yHeight;

        ExtTextOut (hdc, x, y, 0, NULL, ac1, cb1, ai1);
        y += yHeight;
        ExtTextOut (hdc, x, y, 0, NULL, ac1, cb1, ai2);
        y += yHeight;
        ExtTextOut (hdc, x, y, 0, NULL, ac1, cb1, ai3);
        y += yHeight;
        }
```

In unserem Zeichenfeld sind 17 Zeichen enthalten. Das bedeutet, daß es 16 Zwischenräume zwischen den Buchstaben geben muß. Deshalb beinhaltet unser Zeichenbreiten-Array 16 Werte. Jeder einzelne Wert legt dabei die Breite eines Zeichens fest.
Obwohl die Arbeit mit einem Zeichenbreiten-Array einigen Mehraufwand erfordert,
ermöglicht dies doch weitgehende Steuerung bei der Plazierung jedes Buchstaben in
einer Textzeile.

Beachten Sie den Aufruf der **GetTextMetrics**-Routine. Diese stellt Maßangaben zur
augenblicklich verwendeten Schrift bereit. Wir verwenden die von dieser Routine
zurückgegebenen Werte, um die erste Textzeile eine Zeile vom oberen Fensterrand
und fünf Spalten vom linken Fensterrand entfernt zu positionieren. Wir werden diese
Routine weiter hinten in diesem Kapitel noch eingehender untersuchen.

Die zweite mit **ExtTextOut** erhältliche Option erlaubt es Ihnen, ein Clipping-Rechteck
für Text festzulegen. Bei der Erläuterung des Gerätekontextes wiesen wir darauf hin,
daß jeder Gerätekontext mit einem Clippingbereich ausgestattet ist. Mit der Option
ETO_CLIPPED können Sie durch **ExtTextOut** ein zusätzliches Clipping-Rechteck festlegen. Sie können also mit dieser Option ein Textfenster erstellen, ohne die Nachteile der
Erstellung eines tatsächlichen Fensters in Kauf nehmen zu müssen. Es folgt der Programmtext für den Clippingtext in unserem Beispiel:

```
/*------------------------------------------------------------*\
|     ExtTextClipping: Veranschaulicht ExtTextOut-Clipping.    |
\*------------------------------------------------------------*/
void NEAR PASCAL ExtTextClipping(HDC hdc)
    {
    static char ach[] = "Clipping";
    static int  cch   = sizeof (ach) - 1;
    int x;
    int y;
    int yHeight;
    RECT r;
    TEXTMETRIC tm;

    GetTextMetrics (hdc, &tm);
```

```
yHeight = tm.tmHeight + tm.tmExternalLeading;
x = tm.tmAveCharWidth * 5;
y = yHeight * 6;

r.top   = y;
r.left  = x + 20;
r.right = x + 90;
r.bottom = y + tm.tmHeight * 8 + tm.tmHeight/2;
Rectangle (hdc, r.left-1, r.top-1,
           r.right+1, r.bottom+1);
while (y<r.bottom)
    {
    ExtTextOut (hdc, x, y, ETO_CLIPPED, &r, ach, cch, NULL);
    y += yHeight;
    x += 8;
    }
}
```

Wieder einmal vertrauen wir auf die **GetTextMetrics**-Routine, damit sie uns bei der Entscheidung hilft, wo die Textzeilen zu zeichnen sind. In diesem Fall beginnen wir unsere Textausgabe sechs Zeilen vom oberen Fensterrand und fünf Spalten vom linken Fensterrand entfernt.

Wir haben unser Clipping-Rechteck willkürlich 70 Bildpunkte breit und achteinhalb Zeilen hoch gewählt. Die in einem Clipping-Rechteck verwendeten Koordinaten sind **Gitterschnittpunktkoordinaten** (siehe auch Kapitel 9 - Zeichnen von ausgefüllten Formen). Um das Clipping-Rechteck noch deutlicher abzuheben, zeichnen wir um seine Umrandung herum ein weiteres Rechteck.

Die dritte Option von **ExtTextOut** erstellt ein deckendes Rechteck. Der Aufruf entspricht in etwa dem Aufruf der **Rectangle**-Routine. Durch **ExtTextOut** wird ein Hintergrundbereich zunächst gelöscht, wenn Sie eine Textzeile zeichnen. Wie unser Programmbeispiel zeigt, wird die Hintergrundfarbe durch einen Aufruf der **SetBkColor**-Routine ausgewählt. Diese setzt einen Attribut-Wert für einen Gerätecontext, der von allen Text-Zeichenroutinen verwendet wird. Wir werden diese und andere DC-Attribute später in diesem Kapitel untersuchen.

Hier folgt der Programmtext, der das deckende Rechteck erstellt:

```
/*------------------------------------------------------------*\
 | ExtTextOpaqueRect: Veranschaulicht ein deckendes           |
 |                    Rechteck von ExtTextOut.                |
\*------------------------------------------------------------*/
void NEAR PASCAL ExtTextOpaqueRect (HDC hdc, HWND hwnd)
    {
    static char ach[] = "Zeichnen eines deckenden Rechteckes";
    static int  cch  = sizeof (ach) - 1;
    int x;
```

```
int y;
int yHeight;
RECT r;
TEXTMETRIC tm;

GetTextMetrics (hdc, &tm);
yHeight = tm.tmHeight + tm.tmExternalLeading;
x = tm.tmAveCharWidth * 5;
y = yHeight * 15;

GetClientRect (hwnd, &r);
r.top = y;
r.bottom = r.top + (5 * tm.tmHeight);
r.left = x;
r.right = x + tm.tmAveCharWidth * 50;
SetBkColor (hdc, RGB (0, 0, 0));
SetTextColor (hdc, RGB (255, 255, 255));
SetTextAlign (hdc, TA_CENTER | TA_BASELINE);
x = (r.left + r.right) / 2;
y = (r.top + r.bottom) / 2;
ExtTextOut (hdc, x, y, ETO_OPAQUE, &r, ach, cch, NULL);
}
```

Wir benutzen hier wieder die **GetTextMetrics**-Routine, um den Text und sein schwarzes, deckendes Rechteck zu plazieren. In diesem Fall ist die Oberkante des Rechteckes 15 Zeilen vom oberen Fensterrand und fünf Spalten vom linken Fensterrand entfernt plaziert.

Wir haben die Größe unseres Rechteckes mit 5 Zeichen Höhe und 50 Zeichen Breite festgesetzt. Um das deckende Rechteck sichtbar zu machen, haben wir zwei DC-Attribute geändert: die Textfarbe (wird auf Weiß gesetzt) und die Hintergrundfarbe (wird auf Schwarz gesetzt). Wir haben ein drittes DC-Attribut, die Textausrichtung, dazu benutzt, den Text innerhalb des Rechtecks zu zentrieren.

TabbedTextOut

Unsere dritte Grundfunktion zur Textdarstellung zeichnet eine einzelne Textzeile, expandiert allerdings die Tabulatoren bis an die Tabstopps. Dies bietet uns eine bequeme Möglichkeit, Datensätze spaltenweise auszurichten. Microsoft hat diese Routine in die Windows-Bibliothek für Listenfelder aufgenommen, um die Erstellung von Listen mit spaltenorientierten Daten zu erleichtern. Sie können **TabbedTextOut** aber auch in anderen Programmen zur spaltenorientierten Ausgabe nutzen.

Abbildung 10.4 zeigt ein Beispiel für einen Text, der mit dieser Routine gezeichnet wurde. Hier wurde folgendes Zeichenketten-Array verwendet:

```
#define COUNT 19
    static char *apch[]= {"Land \tHauptstadt",
                         "--------------- \t------------",
                         "Afghanistan \tKabul",
                         "Albanien \tTirana",
                         "Algerien \tAlgier",
                         "Angola \tLuanda",
                         "Antigua & Barbuda \tSt. John's",
                         "Argentinien \tBuenos Aires",
                         "Australien \tCanberra",
                         "Bahamas \tNassau",
                         "Bahrain \tManama",
                         "Bangladesch \tDacca",
                         "Barbados \tBridgetown",
                         "Belgien \tBrüssel",
                         "Benin \tPorto-Novo",
                         "Bhutan \tThimbu",
                         "Bolivien \tLa Paz",
```

Abbildung 10.4: TabbedTextOut

Es folgt der Programmtext, den die Paint-Komponentenfunktion eines Fensterobjektes verwenden würde, um die gezeigte Ausgabe zu erstellen:

```
void TSampleWindow::Paint (HDC hdc, PAINTSTRUCT& ps)
    {
    DWORD dwSize;
    int i;
```

255

```
int xTab;
int xText;
int yText;
int yHeight;

dwSize = GetTextExtent (hdc, "X", 1);
yHeight = yText = HIWORD (dwSize);
xText = 3 * LOWORD (dwSize);
xTab  = 20 * LOWORD (dwSize);

for (i=0;i<COUNT ;i++, yText += yHeight)
    {
    TabbedTextOut (hdc, xText, yText,
                   apch[i], lstrlen(apch[i]),
                   1, &xTab, xText);
    }
}
```

Dieser Programmtext ruft **GetTextExtent** auf, um die Breite und Höhe des Buchstabens "X" in der aktuell eingesetzten (System-)Schriftart festzustellen. In den vorausgegangenen Beispielen haben wir die Information über die **GetTextMetrics**-Routine erlangt. Der Abwechslung halber haben wir hier einmal diese Alternative gewählt. Beachten Sie den Einsatz der Makros **HIWORD** und **LOWORD**, welche den gewünschten Teil des Rückgabewertes dieser Routine herausfiltern.

Wir verwenden die Ergebnisse, um drei Werte zu berechnen: die x- und y-Startposition des Textes (eine Zeile vom oberen Rand und drei Zeichen vom linken Rand entfernt) und die Position des Tabulatorstopps. In diesem Fall haben wir den Tabulatorstopp ungefähr 20 Zeichen von der (x,y)-Startposition entfernt plaziert. Wenn es sich um mehr als einen einzelnen Tabulatorstopp handelte, müßten wir ein Array zur Aufnahme dieser Werte einsetzen. Im vorliegenden Fall reicht es aus, wenn wir einen einzelnen Ganzzahlwert speichern und diesen dann an unsere Routine übergeben.

DrawText

Wie **TabbedTextOut** stellt auch **DrawText** einige Formatierfunktionen bereit. Unserer Meinung nach ist eine der nützlichsten davon das Umbrechen der Wörter eines über mehrere Zeilen laufenden Textes (obwohl dies nur eines von vielen Dingen ist, die **DrawText** für Sie ausführen kann).

Abbildung 10.5 zeigt drei Exemplare eines Beispielprogrammes, das **DrawText** einsetzt, um eine lange Textzeile in einer Fläche von verschiedener Größe und Form anzuzeigen. Wenn Sie folgendes Zeichen-Array definiert haben:

```
static char *apchDesc = "Das Flag DT_WORDBREAK veranlaßt "
                        "DrawText, eine lange Zeichenkette "
                        "in mehrere Textzeilen aufzuspalten. "
```

```
        "Wie Sie sehen können, wird die "
        "Aufspaltung nur bei normalen "
        "Wortunterbrechungen durchgeführt.";
```

dann würde die **Paint**-Komponentenfunktion eines Fensterobjektes etwa so aussehen:

```
void TSampleWindow::Paint (HDC hdc, PAINTSTRUCT& ps)
    {
    DWORD dwSize;
    Rect r;

    dwSize = GetTextExtent (hdc, "X", 1);

    GetClientRect (hwnd, &r);
    r.top    += HIWORD (dwSize);
    r.bottom -= HIWORD (dwSize);
    r.left   += LOWORD (dwSize) * 2;
    r.right  -= LOWORD (dwSize) * 2;

    DrawText (hdc, apchDesc, lstrlen (apchDesc),
            &r, DT_WORDBREAK);
    }
```

Abbildung 10.5: DrawText

Wiederum verwenden wir **GetTextExtent** zur Feststellung der Breite und Höhe des Buchstabens "X". Wir verwenden diese Werte zur Definition der Abmessungen unseres Arbeitsbereiches (Client-Bereichs), damit um unseren Text herum ein Rand entsteht.

Die **GetClientRect**-Routine enthält die Abmessungen des Arbeitsbereiches in einer **RECT**-Variablen. Die Werte in dieser Struktur werden modifiziert, um an allen vier Seiten des Textes Ränder zu erzeugen. Das daraus resultierende Rechteck wird an **DrawText** übergeben. Hier werden die Werte zur Bestimmung der Textposition eingesetzt.

GrayString

Der Text, den diese Routine erzeugt, kann in etwa mit den Begriffen "grau", "schattiert" oder "gefleckt schwarz" umschrieben werden. Der Name dieser Routine beschreibt den Hauptgrund, aus dem Microsoft sie erstellt hat: die Möglichkeit zur Darstellung von Text mit grauem Erscheinungsbild.

Der Fenster-Manager verwendet diese Routine für nicht-aktivierbare Menübefehle und nicht in Funktion befindliche Dialogfeldsteuerelemente. Wenn Sie Ihre eigenen Dialogfeldsteuerelemente (erläutert in Kapitel 14) oder Menübefehle (erläutert in Kapitel 12) gestalten, kann Ihnen diese Routine sehr nützlich sein . Abbildung 10.6 zeigt ein Beispiel für eine graue Zeichenkette.

Abbildung 10.6: GrayString

Sie wurde durch folgenden Programmcode erzeugt:

```
static char acString[] = "Dies ist eine graue Zeichenkette";
static int cb = sizeof (acString) - 1;
void TSampleWindow::Paint (HDC hdc, PAINTSTRUCT& ps)
    {
    DWORD dwSize;
    int xText, yText;
```

```
TEXTMETRIC tm;

GetTextMetrics (hdc, &tm);
xText = tm.tmAveCharWidth * 3;
yText = tm.tmHeight * 2;

GrayString (hdc, GetStockObject (BLACK_BRUSH),
NULL, (DWORD) (LPSTR)acString, cb,
xText, yText, 0, 0);
}
```

Wie bei früheren Beispielen sind wir auf die Ergebnisse von **GetTextMetrics** angewiesen, um Informationen über die Größe zu erhalten und um die Positionierung des Textes zu ermöglichen. Im vorliegenden Fall plazieren wir die schattierte Zeichenkette zwei Zeilen vom oberen Fensterrand und drei Zeichen vom linken Fensterrand entfernt.

GrayString ist die einzige Textroutine, die einen Pinsel einsetzt. Die Farbe des Pinsels bestimmt die Vordergrundfarbe des schattierten Textes: In unserem Beispiel verwenden wir einen schwarzen Pinsel, der dem Text ein gräuliches Aussehen verleiht. Hätten wir einen roten Pinsel gewählt, wäre ein rotweiß gesprenkeltes Erscheinungsbild entstanden.

Hiermit schließen wir unsere Besprechung der verschiedenen GDI-Textroutinen ab. Wie Sie sehen können, gibt es recht viele unterschiedliche Wirkungen, die Sie mit dem Aufruf einer dieser Routinen erreichen können. Doch die Bibliotheksroutinen sind nur die eine Seite der Medaille. Um ein vollständiges Bild der GDI-Möglichkeiten zur Textdarstellung zu erhalten, müssen wir noch die DC-Attribute berücksichtigen, die das Erscheinungsbild des Textes beeinflussen.

DC-Attribute für die Textdarstellung

Sechs Attribute beeinflussen das Aussehen und die Position des Textes:

Attribut	Beschreibung
Hintergrundfarbe	Farbe der "leeren Zwischenräume" im Text
Hintergrundmodus	Schaltet die Hintergrundfarbe ein/aus
Schriftart	Textstil und -größe
Zwischenabstand	Zusätzliche Bildpunkte zwischen den Zeichen für Blocksatz
Textausrichtung	Verhältnis von Text zu Bezugspunkt
Textfarbe	Die Farbe der eigentlichen Buchstaben

Das wichtigste dieser Attribute ist die Schriftart, die die Form und die Größe der individuellen Zeichen festlegt. Bevor wir uns näher mit der Art und Weise beschäftigen, in der das GDI Schriften behandelt, wollen wir einige andere Textattribute untersuchen. Beginnen wir mit den Attributen zur Steuerung der Farbe.

Farbe

Drei verschiedene DC-Attribute haben Einfluß auf die Farbgestaltung des Textes: Textfarbe, Hintergrundfarbe und Hintergrundmodus. Text kann nur mit *reinen* Farben gezeichnet werden und nicht mit Rastermischfarben, wie sie für ausgefüllte Formen verfügbar sind. Wie bei den Bildpunkt-, Stift- und Pinselfarben können Sie eine der drei Methoden für die Festlegung von Farben einsetzen: ein RGB-Tripel, einen Palettenindex oder einen palettenbezogenen RGB-Wert.

Das Textfarbenattribut bestimmt die tatsächliche Farbe der Buchstaben. Wenn das GDI eingesetzt worden wäre, um die Buchstaben auf dieser Seite zu erstellen, wäre dazu die Einstellung der Textfarbe auf Schwarz gesetzt worden. Zum Einstellen der Textfarbe müssen Sie die **SetTextColor**-Routine aufrufen.

```
SetTextColor (hDC, crColor);
```

Diese hat die folgenden Parameter:

- *hDC* ist ein DC-Handle. Es weist dem GDI das Gerät an, auf dem gezeichnet werden soll, und gibt an, welche DC-Attribute zu verwenden sind.

- *crColor* ist die gewünschte Textfarbe.

Der Parameter *crColor* ist ein Farbreferenzwert, der eine der drei bekannten Methoden einsetzt. Hier ein Beispiel, wie man die Textfarbe unter Verwendung einer RGB-Dreiergruppe auf blau setzt:

```
SetTextColor (hDC, RGB (0, 0, 0xFF));
```

Das Attribut zur Hintergrundfarbe bestimmt die Farbe der Bereiche innerhalb von Zeichenzellen, die nicht von der Textfarbe berührt werden. Aus der Sicht des GDI hat der Text dieser Buchseite einen weißen Hintergrund, da dies die Farbe der Zwischenräume zwischen den Buchstaben und der Innenflächen von Buchstaben wie "O" und "Q" ist.

Wie Sie vielleicht bemerkt haben, wird das Attribut zur Hintergrundfarbe auch für Schraffurpinsel und Linienarten verwendet, um die Farbe *zwischen* den Schraffurlinien und den Zwischenräumen *innerhalb* des Linienmusters zu setzen.

Um die Hintergrundfarbe zu setzen, rufen Sie **SetBkColor** auf, welche dieselben Parameter wie **SetTextColor** aufnimmt:

```
SetBkColor (hDC, crColor);
```

- *hDC* ist ein DC-Handle. Es weist dem GDI das Gerät zu, auf dem gezeichnet werden soll, und gibt an, welche DC-Attribute zu verwenden sind.

- *crColor* ist die gewünschte Hintergrundfarbe.

Hier ein Beispiel, wie man einen grünen Hintergrund erhält:

```
SetBkColor (hDC, RGB (0, 0xFF, 0));
```

Unser drittes Farbattribut, der Hintergrundmodus, ist ein Umschalter für die Hintergrundfarbe. Die Routine **SetBkMode**, die dieses Attribut steuert, nimmt zwei Parameter auf:

```
SetBkMode (hDC, nBkMode);
```

- *hDC* ist ein DC-Handle. Es weist dem GDI das Gerät zu, auf dem gezeichnet werden soll, und gibt an, welche DC-Attribute zu verwenden sind.

- *nBkMode* ist der gewünschte Hintergrundmodus, entweder **OPAQUE** (deckend) oder **TRANSPARENT** (durchsichtig).

Wenn der Parameter **nBkMode** den Wert **OPAQUE** hat, ist die Hintergrundfarbe *einge*schaltet. Hat er den Wert **TRANSPARENT**, ist die Hintergrundfarbe *aus*geschaltet.

Abbildung 10.7 zeigt drei Textzeilen, die unterschiedliche Vordergrund- und Hintergrundfarben haben. Beachten Sie, daß die zweite Textzeile nicht lesbar ist, da wir sowohl die Vordergrund- als auch die Hintergrundfarbe auf schwarz gesetzt haben.

Die folgenden Datendefinitionen sind gegeben:

```
char acFirst[]  = "Schwarz auf Weiß (vorgegeben)";
char acSecond[] = "Schwarz auf Schwarz (unsichtbar)";
char acThird[]  = "Weiß auf Schwarz (invertiert)";
```

Hier ist der **Paint**-Programmtext, der die Ausgabe der Abbildung 10.7 erstellt:

```
void TSampleWindow::Paint (HDC hdc, PAINTSTRUCT& ps)
    {
    int X;
    int Y;
    TEXTMETRIC tm;

    GetTextMetrics (hdc, &tm);
    X = tm.tmAveCharWidth * 3;
    Y = tm.tmHeight * 2;
```

```
TextOut (hdc, X, Y, acFirst, lstrlen (acFirst));
Y += tm.tmHeight * 2;

SetBkColor (hdc, RGB (0, 0, 0));
TextOut (hdc, X, Y, acSecond, lstrlen (acSecond));
Y += tm.tmHeight * 2;

SetTextColor (hdc, RGB (255, 255, 255));
TextOut (hdc, X, Y, acThird, lstrlen (acThird);
}
```

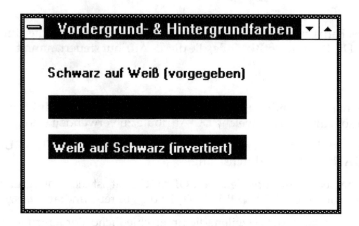

Abbildung 10.7: Drei verschiedene Vordergrund-/Hintergrund-Farben

Wenn auch unser Beispiel nur in Schwarzweiß vorliegt, ist es nicht weiter schwierig, roten oder grünen Text auf Geräten zu erstellen, die Farbdarstellung unterstützen. Stellen Sie einfach nur die geeignete Farbreferenz zur Verfügung und das GDI erledigt den Rest der Arbeit.

Textausrichtung

Das Attribut zur Textausrichtung ermöglicht die Veränderung der Relation zwischen dem angezeigten Text und dem Bezugspunkt, der durch das an jede Routine übergebene (x,y)-Paar definiert ist. Abbildung 10. 8 zeigt die neun Möglichkeiten der Textausrichtung. Dabei ist zur Verdeutlichung der Ausrichtung an jedem Bezugspunkt ein Marker angebracht.

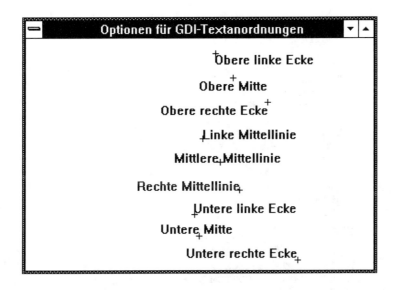

Abbildung 10.8: Neun verschiedene Textausrichtungen

Zur Textausrichtung rufen Sie die **SetTextAlign**-Routine auf, die die folgende Syntax hat:

```
SetTextAlign (hDC, wFlags);
```

Wie das Beispiel zeigt, gibt es neun mögliche Ausrichtungen. Die Ausrichtung wird durch die Kombination zweier Flags aus der folgenden Tabelle definiert, wobei von jeder Kategorie jeweils ein Flag gewählt wird:

Horizontales Flag	Vertikales Flag
TA_LEFT	TA_TOP
TA_CENTER	TA_BASELINE
TA_RIGHT	TA_BOTTOM

Die Standardausrichtung ist **TA_LEFT | TA_TOP**. Um die Ausrichtung des Textes nach rechts unten zu setzen, geben Sie folgendes an:

```
SetTextAlign (hDC, TA_BOTTOM | TA_RIGHT);
```

263

Unsere Abbildung wurde mit folgendem Programmtextausschnitt erstellt:

```
#define LINECOUNT 9
    static char * apchDesc[LINECOUNT] =
            { "Obere linke Ecke";
              "Obere Mitte",
              "Obere rechte Ecke",
              "Linke Mittellinie",
              "Mittlere Mittellinie",
              "Rechte Mittellinie",
              "Untere linke Ecke",
              "Untere Mitte",
              "Untere rechte Ecke"};
    static int  fAlign [LINECOUNT] =
            {
            TA_LEFT | TA_TOP ,
            TA_CENTER | TA_TOP ,
            TA_RIGHT | TA_TOP ,
            TA_LEFT | TA_BASELINE ,
            TA_CENTER | TA__BASELINE ,
            TA_RIGHT | TA__BASELINE ,
            TA_LEFT | TA_BOTTOM ,
            TA_CENTER | TA_BOTTOM ,
            TA_RIGHT | TA_BOTTOM };
```

Die Zeichnung wurde folgendermaßen ausgeführt:

```
void TSampleWindow::Paint (HDC hdc, PAINTSTRUCT& ps)
    {
    int i;
    int xText;
    int yText;
    int yLineHeight;
    RECT r;

    GetClientRect (hwnd, &r);
    xText = r.right/2;
    yLineHeight = r.bottom/ (LINECOUNT+1);
    yText = yLineHeight;

    for (i = 0; i<LINECOUNT; i++)
        {
        SetTextAlign (hdc, fAlign[i]);

        TextOut (hdc, xText, yText, apchDesc[i], lstrlen
(apchDesc[i]));
        DrawMarker (hdc, xText, yText);
        yText += yLineHeight;
```

```
    }
  }
```

In diesem Programmcode haben wir auf die übliche Verwendung des Zeilenabstandes verzichtet. Anstatt die **GetTextMetrics**- und **GetTextExtent**-Routinen einzusetzen, haben wir den verfügbaren Raum im Fenster in zehn Bereiche aufgeteilt, wobei jeder Zeile ein Bereich zugeordnet wurde. Da das GDI den Text als grafisches Objekt behandelt, hindert Sie nichts daran, sich interessante und nützliche Methoden wie diese auszudenken, um bei der Textdarstellung die Vorteile der verfügbaren Echtzeitbetriebsarten des Bildschirmes zu nutzen.

Zeichenabstand

Der Zeichenabstand erlaubt Ihnen das Einfügen zusätzlicher Pixel zwischen den Zeichen. Er stellt (neben der **MessageLoop**-Routine) eine weitere Möglichkeit dar, eine Zeile auf eine beliebige Textbreite auszudehnen. Abbildung 10.9 zeigt sechs Textzeilen, bei denen der zusätzlich eingefügte Zeichenabstand zwischen null und fünf Bildpunkten variiert. Die Unterschiede zwischen den einzelnen Zeilenabständen sind vielleicht nicht besonders gut zu erkennen, doch zwischen der obersten und der untersten Zeile ist der Unterschied recht deutlich.

Abbildung 10.9: Zeichenabstand (auch zusätzlicher Zwischenraum genannt)

Der Programmtext, der zur Erstellung dieser Zeichnung gedient hat, folgt weiter unten. Zunächst benötigen wir die folgenden Datenelemente:

```
#define COUNT 6
    static char acLine[] = "AaBbCcDdEeFfGgHhIiJjKkLlMm"
                           "NnOoPpQqRrSsTtUuVvWwXxYyZz";
    static char *apch[] = {"0", "1", "2", "3", "4", "5"};
    static int cbLine = sizeof (acLine) -1;
```

Es folgt der **Paint**-Programmtext zum Zeichnen dieser Zeilen:

```
void TSampleWindow::Paint (HDC hdc, PAINTSTRUCT& ps)
    {
    int i;
    int xText;
    int xText2;
    int yText;
    TEXTMETRIC tm;

    GetTextMetrics (hdc, &tm);
    xText  = tm.tmAveCharWidth * 3;
    xText2 = tm.tmAveCharWidth * 6;
    yText = tm.tmHeight * 2;
    for ( i=0 ; i<COUNT ; i++ )
        {
        SetTextCharacterExtra (hdc, i);
        TextOut (hdc, xText, yText,
                apch[i], lstrlen (apch[i]));
        TextOut (hdc, xText2, yText,
                acLine, cbLine);
        yText += tm.tmHeight;
        }
    }
```

Wir haben noch eine weiteres DC-Attribut zu beschreiben, das bei der Festlegung der Form und Größe der vom GDI gezeichneten Buchstaben eine wichtige Rolle spielt: die Schriftart.

Schriften

Eine Schrift ist eine Sammlung von Mustern, die zur Erstellung von Textausgaben verwendet werden. Schriften sind in allen Formen, Größen und Ausführungen erhältlich. Schriften weisen einige Gemeinsamkeiten mit anderen GDI-Objekten auf (wie etwa Stiften und Pinseln). Zum Beispiel können Schriften von mehreren Programmen gemeinsam genutzt werden. Wie auf andere GDI-Objekte auch, nimmt man auf Schriften unter Verwendung eines Handle Bezug. Sobald ein Programm bereit ist, eine bestimmte Schrift einzusetzen, wird das Schrift-Handle im Gerätekontext unter Verwendung der SelectObject-Routine gewählt:

```
SelectObject (hDC, hFont);
```

Intern unterscheidet das GDI zwei Arten von Schriften: **Logische Schriften** und **physische Schriften**. Eine logische Schrift beschreibt einen Text in einer standardisierten, geräteunabhängigen Form. Wie wir gleich sehen werden, besteht eine logische Schrift aus einer Anzahl von Werten in der Datenstruktur **LOGFONT**. Eine logische Schrift allein verfügt aber noch nicht über genügend Informationen zur Darstellung eines Textes auf einem Gerät. Eine logische Schrift stellt, wie andere logische Zeichenobjekte auch, lediglich eine *Anforderung* nach einem Text mit einem bestimmten Erscheinungsbild dar.

Der **Schriftgestalter** (Font Mapper) des GDI wählt eine physische Schrift aufgrund der in einer logischen Schrift enthaltenen Beschreibung aus. Die Schriftgestaltung wird ausgeführt, wenn das Handle einer logischen Schrift für einen Gerätekontext ausgewählt wird. Eine physische Schrift ist ein geräte*abhängiger* Satz von Mustern. Diese Muster werden benutzt, um Buchstaben, Ziffern und Satzzeichen, von denen wir normalerweise bei Text ausgehen, zu erstellen. Eine physische Schrift kann in der Geräte-Hardware angesiedelt sein, wie es zum Beispiel für Druckerfonts typisch ist. Alternativ kann sie auch von dem GDI im Speicher bereitgehalten sein.

physische Schriften sind geräteabhängig, da jede Schrift im Hinblick auf eine ganz bestimmte Geräteart erstellt wird. Zwei Maßeinheiten werden verwendet, um Schriften auf ein Gerät abzustimmen: die Auflösung (Bildpunkte pro Zoll) und das Seitenverhältnis (Höhe x Breite der Pixel). Standardmäßig wählt der GDI-Mapper (Schriftgestalter) nur physische Schriften aus, die mit den Maßeinheiten eines gegebenen Gerätes zusammenpassen, da sonst die Ergebnisse recht seltsam ausfallen könnten.

Ein VGA-Bildschirm hat zum Beispiel ungefähr 72 Bildpunkte pro Zoll. Ein typischer Laserdrucker hat heutzutage 300 Bildpunkte pro Zoll. Wenn Sie versuchen würden, die physischen Schriften zwischen diesen beiden Geräten auszutauschen, würde dies ein merkwürdiges Ergebnis zur Folge haben: VGA-Schriften würden auf einem Laserdrucker Text erzeugen, der zu klein ist, um überhaupt lesbar zu sein. Umgekehrt würde eine Laserdrucker-Schrift auf einem VGA-Bildschirm viel zu groß dargestellt werden.

Wenn ein Programm eine genaue Steuerung über seine Textauswahl erfordert, kann es eine Liste der verfügbaren, physischen Schriften anfordern, die von einem Gerät unterstützt werden. Dieses Verfahren wird **Schriftaufzählung** genannt. Wenn ein Gerätetreiber Schriften aufzählt, stellt er für jede physische Schrift eine logische Schriftbeschreibung bereit. Wenn ein Programm eine bestimmte Schrift verwenden will, dreht es dieses Verfahren um: Es gibt die logische Schriftbeschreibung an das GDI, welches wiederum die Verbindung zur physischen Schrift herstellt.

Viele Programme benötigen nur wenig Steuermöglichkeiten hinsichtlich des Erscheinungsbilds eines Textes. Solche Programme kommen mit den Standard-Schriften aus.

Jedes Gerät besitzt eine Standardschrift. So soll es nicht weiter überraschen, daß diese Standardschrift auch standardmäßig im Gerätekontext gewählt ist.

Auf einem Videobildschirm wird die Standardschrift auch **Systemschrift** genannt. Windows 1.x und 2.x verwendeten eine Systemschrift mit festen Buchstabenbreiten. Bei Windows 3.0 begann man damit, eine Systemschrift mit proportionalen Abständen zu verwenden: Einige Zeichen sind breiter als andere. Zum Beispiel wird dem "W" mehr Platz eingeräumt als dem "i". Microsoft hat diese Änderung vorgenommen, weil Proportionalschrift leichter zu lesen ist als Schrift mit festen Zeichenbreiten und einen besseren Gesamteindruck vermittelt.

Windows verwendet die Systemschrift für Menüs, Titelleisten, Dialogfeld-Steuerelemente und natürlich als Standardschrift in jedem Gerätekontext, auf den eine Programm zugreifen kann. Microsoft hat verfügt, daß jeder Windows-Bildschirmtreiber eine Systemschrift bereitstellen muß, die mindestens 25 Zeilen und 80 Spalten Text darstellen kann. Dies gewährleistet, daß Windows-Programme zumindest so viel Text anzeigen wie ihre MS DOS-Gegenstücke.

Um die Kompatibilität mit Programmen zu wahren, die für frühere Versionen von Windows (Versionen 1.x und 2.x) geschrieben wurden, hält jeder Bildschirmtreiber auch eine Systemschrift mit festen Zeichenbreiten bereit. Wenn das GDI feststellt, daß ein Programm für eine ältere Windows-Version geschrieben worden ist, stellt es eine Systemschrift bereit, die diese Programme akzeptieren.

Tabelle 10.1 Standard-Schriftarten

Gerät	Größe der Zeichenober- fläche (Bildpunkte)	Vorgegebene Schriftart	
		Höhe	Breite(Durchschnitt)
Bildschirm:			
CGA	640 x 200	8	7
EGA	640 x 350	12	7
VGA	640 x 480	16	7
8514/a	1024 x 768	20	9
Drucker:			
Apple Imagewriter II	2550 x 3300	42	25
Epson LQ-1050 (24 Nadeln)	3060 x 1980	25	36
HP LaserJet II	2550 x 3300	50	30
Okidata ML 320 (9 Nadeln)	1020 x 792	10	12

Wie Sie sehen, kann die Größe der vorgegebenen Schrift von einem Gerät zum anderen recht deutlich variieren. Um sicherzustellen, daß der von Ihrem Programm erstellte Text auf jedem Gerät ein gutes Erscheinungsbild hat, ist es wichtig, beim GDI die Größe einer Schrift zu erfragen, bevor mit dem Zeichnen begonnen wird. Das GDI stellt für diesen Zweck zwei Routinen bereit: **GetTextExtent** und **GetTextMetrics**.

GetTextExtent

Die **GetTextExtent**-Routine berechnet die Größe einer Textzeile unter Berücksichtigung der augenblicklich im Gerätekontext ausgewählten Schriftart. Hier folgt beispielsweise die Berechnung der Breite und Höhe des Ausdruckes "Geräteunabhängigkeit":

```
DWORD dwSize;
WORD yHeight, xWidth;

dwSize = GetTextExtent (hDC, "Geräteunabhängigkeit", 20);
yHeight = HIWORD (dwSize);
xWidth  = LOWORD (dwSize);
```

Diese Routine nimmt drei Parameter auf: ein DC-Handle, einen Long-Zeiger auf eine Zeichenkette und die Anzahl der Zeichen. Der Rückgabewert ist ein einzelner **FWORD**-Wert (**unsigned Long**), in dem die Höhe und die Breite des Textes enthalten sind. Die Makros **HIWORD** und **LOWORD** trennen diese beiden Werte voneinander.

GetTextMetrics

Einen vollständigeren Satz von Schriftart-Maßangaben hält die **GetTextMetrics**-Routine bereit. Zu jeder physischen Schrift existiert eine Definitionsdatei, die Informationen über die Schriftabmessungen enthält. Es sind 20 Felder vorhanden, die durch die Datenstruktur **TEXTMETRIC** definiert werden. Hier folgt ein Aufruf, der die Maßangaben für die augenblicklich im Gerätekontext ausgewählte Schriftart empfängt:

```
TEXTMETRIC tm;

GetTextMetrics (hDC, &tm);
```

Das Feld **TMHEIGHT** definiert die Größe der Zeichen einer Schriftart in der Einheit des augenblicklich eingesetzten Koordinatensystems (in unserem Beispiel Pixel, weil wir den **MM_TEXT**-Skalierungsmodus verwenden). Beachten Sie, daß dieses Feld zwei Komponenten hat: **tmAscent** gibt die Höhe über der Grundlinie an; **tmDescent** gibt die Höhe unterhalb der Grundlinie für Zeichen wie "g" oder "y" an.

Das Feld **tmInternalLeading** beschreibt die Größe des Bereiches für diakritische Zeichen wie zum Beispiel Akzente, Umlaute usw. Beachten Sie, daß bei zwei Zeilen die

Oberkante der diakritischen Zeichen den unteren Rand der unter die Grundlinie reichenden Zeichen berühren kann. Das ist für viele Schriften ganz normal.

Wenn ein Schriftdesigner diese Situation vermeiden will, kann er dies mit Hilfe des Feldes **tmExternalLeading** erreichen. Der Wert in diesem Feld ist der zwischen zwei Textzeilen vorgesehene Zwischenraum. Beachten Sie, daß in unserem Beispiel dieses Feld den Wert 0 hat. Der Ausdruck "Leading" (Durchschuß) stammt aus den Tagen des Bleisatzes, als die Buchstaben noch als Bleilettern gegossen und von Hand gesetzt wurden. Um zwei Textzeilen voneinander zu trennen, fügten die Schriftsetzer eine dünne Bleileiste zwischen den Buchstabenreihen ein.

Sie haben vielleicht bemerkt, daß viele unserer Beispielprogramme für die Höhe einer Zeile **tmHeight** und **tmExternalLeading** miteinander kombinieren, wie etwa in

```
int yLineHeight
TEXTMETRIC tm;
GetTextMetrics (hDC, &tm);
yLineHeight = tm.tmHeight + tm.tmExternalLeading;
```

Das ist eine verbreitete Methode, um Textzeilen voneinander zu trennen.

Die bisherigen theoretischen Erörterungen zu Schriften sind schön und gut, doch nun zur Praxis. Wir werden nun den Gebrauch verschiedener Schriften und die Anzeige von mehreren Textzeilen untersuchen.

Logische Schriften erstellen und einsetzen

Wie wir bereits bei früherer Gelegenheit besprochen haben, ist eine logische Schrift eine Nachfrage oder Anforderung. Sie stellt für ein Programm einen Weg bereit, die physische Schrift zu beschreiben, die das Programm einsetzen will. Zwei Routinen erstellen logische Schriften. **CreateFont** und **CreateFontIndirect**. Das Ergebnis der beiden Routinen ist gleich. Der Unterschied liegt lediglich in der Art und Weise, in der die Parameter übergeben werden. **CreateFont** nimmt 14 Parameter auf. **CreateFontIndirect** nimmt nur einen einzelnen Parameter auf: einen Zeiger auf eine Struktur, die mit denselben 14 Werten bestückt ist. Wir werden unsere Erläuterung auf **CreateFontIndirect** beschränken, da sie einfacher anzuwenden ist.

CreateFontIndirect nimmt einen Parameter auf: einen Zeiger auf eine **LOGFONT**-Struktur. **LOGFONT** ist in WINDOWS.H definiert als

```
typedef struct tagLOGFONT
  {
  int    lfHeight;        /* Zeichenhöhe */
  int    lfWidth;         /* Durchschnittsbreite */
```

```
int      lfEscapement;       /* Textwinkel */

int      lfOrientation;      /* Einzelzeichenwinkel */

int      lfWeight;           /* Durchschnittsbildpunkte/1000 */

BYTE     lfItalic;           /* Flag != 0, wenn kursiv */

BYTE     lfUnderline;        /* Flag != 0, wenn unterstrichen */

BYTE     lfStrikeOut;        /* Flag != 0, wenn durchgestrichen */

BYTE     lfCharSet;          /* Zeichensatz: ANSI, OEM */

BYTE     lfOutPrecision;     /* Mapping-Genauigkeit - nicht benutzt */

BYTE     lfClipPrecision;    /* Clipgenauigkeit - nicht benutzt */

BYTE     lfQuality;          /* Entwurfs- oder Schönschriftqualität */

BYTE     lfPitchAndFamily;   /* Flags für Schriftstil */

BYTE     lfFaceName[LF_FACESIZE];  /* Schrifttypenname */

} LOGFONT;
```

Eine vollständige Erläuterung dieser Felder folgt. Zunächst wollen wir lediglich die Felder begutachten, die in unserem Beispielprogramm verwendet werden: **lfFaceName, lfHeight, lfWidth, lfItalic** und **lfUnderline**.

lfFaceName ist ein 32 Zeichen breites Feld für den Schriftnamen. Ein Programm kann Schriftnamen verwenden, um dem Anwender über die verfügbaren Schriften Auskunft zu geben. Ein Anwender kann also auf diesem Weg Schriften per Namen auswählen. Hier folgt eine Liste der Schrifttypennamen für die Windows-Grundschriften:

Courier	Helv	Modern	Roman
Script	Symbol	System	Terminal	Tms Rmn

Jede Schrift ist in verschiedenen Größen und Stilen erhältlich.

Das **lfHeight**-Feld ist mit dem **tmHeight**-Feld in der **textmetric**-Datenstruktur identisch. Da wir mit dem **MM_TEXT**-Skalierungsmodus arbeiten, handelt es sich bei den Einheiten um Bildpunkte. Wenn ein anderes Koordinatensystem verwendet wird, wandelt das GDI die Werte gemäß dem aktuell im Gerätekontext ausgewählten Skalierungsmodus um.

Das **lfWidth**-Feld enthält die durchschnittliche Breite der Zeichen in der Schrift. Das Feld **tmAveCharWidth** in der **TEXTMETRIC**-Datenstruktur enthält identische Informationen.

271

Das **lfItalic**-Feld ist ein Flag. Wenn der Wert dieses Feldes ungleich Null ist, wird eine Kursivschrift angefordert. Das **lfUnderline**-Feld ist ebenfalls ein Flag: bei einem Wert ungleich Null wird eine unterstrichene Schrift angefordert.

Unser nächstes Programm zeigt Text unter Verwendung dreier Schriften an. Die erste Schrift ist die Systemschrift, die bereits im Gerätekontext installiert ist. Die anderen beiden Schriften fordern wir durch die Definition einer logischen Schrift an: eine Times Roman-Schrift (Tms Rmn) und eine Helvetica-Schrift (Helv).

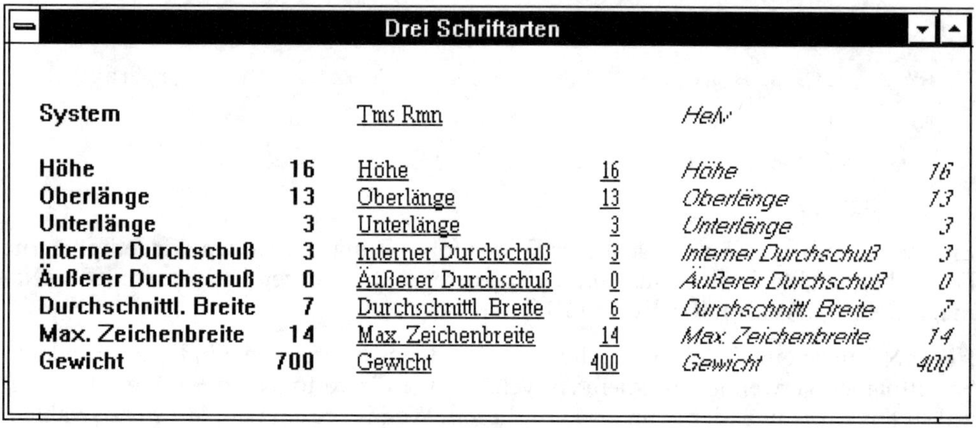

Drei Schriftarten					
System		Tms Rmn		*Helv*	
Höhe	**16**	Höhe	16	*Höhe*	*16*
Oberlänge	**13**	Oberlänge	13	*Oberlänge*	*13*
Unterlänge	**3**	Unterlänge	3	*Unterlänge*	*3*
Interner Durchschuß	**3**	Interner Durchschuß	3	*Interner Durchschuß*	*3*
Äußerer Durchschuß	**0**	Äußerer Durchschuß	0	*Äußerer Durchschuß*	*0*
Durchschnittl. Breite	**7**	Durchschnittl. Breite	6	*Durchschnittl. Breite*	*7*
Max. Zeichenbreite	**14**	Max. Zeichenbreite	14	*Max. Zeichenbreite*	*14*
Gewicht	**700**	Gewicht	400	*Gewicht*	*400*

Abbildung 10.10: Drei Schriftarten

Das Programm zeigt die ersten acht **TEXTMETRICS**-Felder für jede der Schriften an, wie es in Abbildung 10.10 gezeigt wird. Der Name jeder Schrift ist der Übersichtlichkeit halber ebenfalls angegeben.

Es folgt der Programmtext für unser Programm:

MAKEFILE.MAK

```
.AUTODEPEND

#   Übersetzerdefinitionen
INC=C:\BORLANDC\OWL\INCLUDE;C:\BORLANDC\CLASSLIB\INCLUDE;C:\BOR-
LANDC\INCLUDE
CC = bcc -c -D_CLASSDLL -H -ml -WS -w -I$(INC)
```

```
#    Implizite Regeln
.c.obj:
  $(CC) {$< }

.cpp.obj:
  $(CC) {$< }

#    Explizite Regeln
TxtLines.exe: TxtLines.res TxtLines.def TxtLines.obj
    tlink /c/C/n/P-/Twe/x @TxtLines.LNK
    RC TxtLines.res TxtLines.exe

#    Einzelne Dateiabhängigkeiten
TxtLines.obj: TxtLines.cpp

TxtLines.res: TxtLines.rc TxtLines.cur TxtLines.ico
    RC -R -FO TxtLines.res TxtLines.RC
```

TXTLINES.LNK

```
c:\borlandc\lib\c0wl.obj+
TxtLines.obj
TxtLines,TxtLines
\borlandc\owl\lib\owl.lib+
crtll.lib+
cwl.lib+
import.lib+
mathl.lib+
cl.lib
TxtLines.def
```

TXTLINES.CPP

```
/*------------------------------------------------------------*\
 | TXTLINES.CPP  Beispiel einer Textausgabe mit drei          |
 |              Schriftarten.                                  |
\*------------------------------------------------------------*/
#include <owl.h>

/*------------------------------------------------------------*\
 |                    Klassendeklarationen.                   |
\*------------------------------------------------------------*/
class TTxtLinesApplication : public TApplication
  {
  public:
    TTxtLinesApplication (LPSTR lpszName, HANDLE hInstance,
                HANDLE hPrevInstance, LPSTR lpszCmdLine,
                int nCmdShow);
```

273

```
       virtual void InitMainWindow ();
     };
class TTxtLinesWindow : public TWindow
   {
   public:
     TTxtLinesWindow (PTWindowsObject pwParent, LPSTR lpszTitle,
                 PTModule pmModule);
     ~TTxtLinesWindow ();
     virtual LPSTR GetClassName ();
     virtual void  GetWindowClass (WNDCLASS&);
     virtual void  Paint(HDC hdc, PAINTSTRUCT& ps);
   private:
     HANDLE hfontTmsRmn;
     HANDLE hfontHelv;
   };

/*----------------------------------------------------------------*\
|                       Funktionsprototypen.                       |
\*----------------------------------------------------------------*/
void NEAR PASCAL TxtWriteTextMetrics (HDC hdc, int xText,
                                      int yText);


/*----------------------------------------------------------------*\
|                    Hauptfunktion:  WinMain.                      |
\*----------------------------------------------------------------*/
int PASCAL WinMain (HANDLE hInstance,   HANDLE hPrevInstance,
                LPSTR  lpszCmdLine, int    nCmdShow)
     {
     TTxtLinesApplication TxtLines ("TxtLines", hInstance,
                                 hPrevInstance, lpszCmdLine,
                                 nCmdShow);
     TxtLines.Run ();
     return TxtLines.Status;
     }

/*----------------------------------------------------------------*\
|                  Komponente der Application-Klasse.              |
\*----------------------------------------------------------------*/
TTxtLinesApplication::TTxtLinesApplication (LPSTR lpszName,
                    HANDLE hInstance, HANDLE hPrevInstance,
                    LPSTR lpszCmdLine, int nCmdShow)
                :TApplication (lpszName, hInstance,
                    hPrevInstance, lpszCmdLine, nCmdShow)
     {
     /* Die anwendungsspezifische Initialisierung erfolgt hier.  */
     }
```

274

```
/*--------------------------------------------------------------*\
|                 Komponente der Application-Klasse.             |
\*--------------------------------------------------------------*/
void TTxtLinesApplication::InitMainWindow ()
    {
    MainWindow = new TTxtLinesWindow (NULL, "Drei Schriftarten",
NULL);
    }

/*--------------------------------------------------------------*\
|                 TTxtLinesWindow-Komponentenfunktion.          |
\*--------------------------------------------------------------*/
TTxtLinesWindow::TTxtLinesWindow (PTWindowsObject pwParent,
                  LPSTR lpszTitle, PTModule pmModule)
             :TWindow (pwParent, lpszTitle, pmModule)
    {
    LOGFONT lf;

    memset (&lf, 0, sizeof (LOGFONT));
    lf.lfHeight = 16;
    lf.lfWidth = 6;
    lf.lfUnderline = 1;
    lstrcpy ((LPSTR)&lf.lfFaceName[0], (LPSTR)"Tms Rmn");
    hfontTmsRmn = CreateFontIndirect (&lf);

    memset (&lf, 0, sizeof (LOGFONT));
    lf.lfHeight = 16;
    lf.lfWidth = 7;
    lf.lfItalic = 1;
    lstrcpy ((LPSTR)&lf.lfFaceName[0], (LPSTR)"Helv");
    hfontHelv   = CreateFontIndirect (&lf);
    }

/*--------------------------------------------------------------*\
|                 TTxtLinesWindow-Komponentenfunktion.          |
\*--------------------------------------------------------------*/
TTxtLinesWindow::~TTxtLinesWindow()
    {
    DeleteObject (hfontTmsRmn);
    DeleteObject (hfontHelv);
    }

/*--------------------------------------------------------------*\
|                 TTxtLinesWindow-Komponentenfunktion.          |
\*--------------------------------------------------------------*/
LPSTR TTxtLinesWindow::GetClassName ()
    {
    return "TxtLines:MAIN";
```

```
    }

/*---------------------------------------------------------------*\
|                  TTxtLinesWindow-Komponentenfunktion.           |
\*---------------------------------------------------------------*/
void TTxtLinesWindow::GetWindowClass (WNDCLASS& wc)
    {
    TWindow::GetWindowClass (wc);
    wc.hIcon=LoadIcon (wc.hInstance, "snapshot");
    wc.hCursor=LoadCursor (wc.hInstance, "hand");
    }


/*---------------------------------------------------------------*\
|                  TTxtLinesWindow-Komponentenfunktion.           |
\*---------------------------------------------------------------*/
void TTxtLinesWindow::Paint(HDC hdc, PAINTSTRUCT& ps)
    {
    DWORD dwSize;
    int xText;
    int yText;
    RECT r;

    GetClientRect (HWindow, &r);

    dwSize = GetTextExtent (hdc, "X", 1);
    yText = HIWORD (dwSize) * 2;
    xText = LOWORD (dwSize) * 2;
    TxtWriteTextMetrics (hdc, xText, yText);

    SelectObject (hdc, hfontTmsRmn);
    xText += r.right/3;
    TxtWriteTextMetrics (hdc, xText, yText);
    SelectObject (hdc, hfontHelv);
    xText += r.right/3;
    TxtWriteTextMetrics (hdc, xText, yText);
    }
/*---------------------------------------------------------------*\
|   TxtWriteTextMetrics - Schreibt metrische Werte der aktuell   |
|                     gewählten Schriftart.                      |
\*---------------------------------------------------------------*/
void NEAR PASCAL TxtWriteTextMetrics (HDC hdc, int xText,
                                      int yText)
    {
    char       buffer[80];
    DWORD      dwSize;
    int        nLength;
    int        yLineHeight;
```

```
int         xIndent;
TEXTMETRIC  tm;
static char *apchLabel[] =
               { "Höhe",                            /* [0] */
                 "Oberlänge",                        /* [1] */
                 "Unterlänge",                       /* [2] */
                 "Interner Durchschuß",              /* [3] */
                 "Äußerer Durchschuß",               /* [4] */
                 "Durchschnittl. Zeichenbreite",     /* [5] */
                 "Maximale Zeichenbreite",           /* [6] */
                 "Gewicht"};                         /* [7] */

GetTextMetrics (hdc, &tm);
yLineHeight = tm.tmHeight + tm.tmExternalLeading;

nLength = GetTextFace (hdc, sizeof(buffer) - 1, buffer);
TextOut (hdc, xText, yText, buffer, nLength);
yText += yLineHeight * 2;

dwSize = GetTextExtent (hdc, apchLabel[4],
                        lstrlen (apchLabel[4]));
xIndent = LOWORD (dwSize);
dwSize = GetTextExtent (hdc, "XXXX", 4);
xIndent += LOWORD (dwSize);
/* Höhe. */
TextOut (hdc, xText, yText, apchLabel[0],
         lstrlen (apchLabel[0]));
nLength = wsprintf (buffer, "%d", tm.tmHeight);
SetTextAlign (hdc, TA_RIGHT);
TextOut (hdc, xText + xIndent, yText, buffer, nLength);
SetTextAlign (hdc, TA_LEFT);
yText += yLineHeight;

 /* Oberlänge. */
TextOut (hdc, xText, yText, apchLabel[1],
         lstrlen (apchLabel[1]));
nLength = wsprintf (buffer, "%d", tm.tmAscent);
SetTextAlign (hdc, TA_RIGHT);
TextOut (hdc, xText + xIndent, yText, buffer, nLength);
SetTextAlign (hdc, TA_LEFT);
yText += yLineHeight;

 /* Unterlänge. */
TextOut (hdc, xText, yText, apchLabel[2],
         lstrlen (apchLabel[2]));
nLength = wsprintf (buffer, "%d", tm.tmDescent);
SetTextAlign (hdc, TA_RIGHT);
TextOut (hdc, xText + xIndent, yText, buffer, nLength);
```

```
SetTextAlign (hdc, TA_LEFT);
yText += yLineHeight;

/*  Interner Zwischenraum.  */
TextOut (hdc, xText, yText, apchLabel[3],
        lstrlen (apchLabel[3]));
nLength = wsprintf (buffer, "%d", tm.tmInternalLeading);
SetTextAlign (hdc, TA_RIGHT);
TextOut (hdc, xText + xIndent, yText, buffer, nLength);
SetTextAlign (hdc, TA_LEFT);
yText += yLineHeight;

/*  Externer Zwischenraum.  */
TextOut (hdc, xText, yText, apchLabel[4],
        lstrlen (apchLabel[4]));
nLength = wsprintf (buffer, "%d", tm.tmExternalLeading);
SetTextAlign (hdc, TA_RIGHT);
TextOut (hdc, xText + xIndent, yText, buffer, nLength);
SetTextAlign (hdc, TA_LEFT);
yText += yLineHeight;

/*  Durchschnittliche Zeichenbreite.  */
TextOut (hdc, xText, yText, apchLabel[5],
        lstrlen (apchLabel[5]));
nLength = wsprintf (buffer, "%d", tm.tmAveCharWidth);
SetTextAlign (hdc, TA_RIGHT);
TextOut (hdc, xText + xIndent, yText, buffer, nLength);
SetTextAlign (hdc, TA_LEFT);
yText += yLineHeight;

/*  Maximale Zeichenbreite.  */
TextOut (hdc, xText, yText, apchLabel[6],
        lstrlen (apchLabel[6]));
nLength = wsprintf (buffer, "%d", tm.tmMaxCharWidth);
SetTextAlign (hdc, TA_RIGHT);
TextOut (hdc, xText + xIndent, yText, buffer, nLength);
SetTextAlign (hdc, TA_LEFT);
yText += yLineHeight;

/*  Gewicht.  */
TextOut (hdc, xText, yText, apchLabel[7],
        lstrlen (apchLabel[7]));
nLength = wsprintf (buffer, "%d", tm.tmWeight);
SetTextAlign (hdc, TA_RIGHT);
TextOut (hdc, xText + xIndent, yText, buffer, nLength);
SetTextAlign (hdc, TA_LEFT);
}
```

TXTLINES.RC

```
snapshot icon TxtLines.ico

hand cursor TxtLines.cur
```

TXTLINES.DEF

```
NAME TXTLINES

EXETYPE WINDOWS

DESCRIPTION 'TxtLines - Beispiel für Textausgabe'

CODE MOVEABLE DISCARDABLE
DATA MOVEABLE MULTIPLE

HEAPSIZE   512
STACKSIZE 5120
```

Zur Einrichtung einer logischen Schrift setzt dieses Programm die gewünschten Felder in einer **LOGFONT**-Struktur und ruft **CreateFontIndirect** auf. Diese Routine ignoriert Nullwerte und erstellt eine Schriftanforderung unter Verwendung der von uns ausdrücklich gesetzten Felder. Aus diesem Grund rufen wir die C-Bibliotheksroutine **memset** auf, um alle Felder mit Null zu initialisieren.

Wie andere GDI-Objekte belegen logische Schriften Speicherplatz, der ausdrücklich freigemacht werden muß, damit der Systemspeicher nicht blockiert ist und anderweitig genutzt werden kann. Als Reaktion auf die **WM_DESTROY**-Nachricht beseitigt das Programm die logischen Schriften mittels Aufruf von **DeleteObject**.

Die meiste Arbeit ist für die Antwort auf die **WM_PAINT**-Nachricht nötig. Es beginnt damit, daß unter Verwendung von **GetClientRect** die Breite des Fensters eingelesen und das Fenster in drei Spalten aufgeteilt wird. Wir zeigen zunächst die Textabmessungen für die Systemschrift an, bevor wir mit den Schriften Times Roman und Helvetica fortfahren. Obwohl die logische Schrift bereits erstellt worden ist, wird die physische Schrift nicht bestimmt, bevor nicht das Handle der logischen Schrift in den Gerätekontext gewählt wurde. Das geschieht in der Zeile

```
SelectObject (hDC, hfontTmsRmn);
```

Unsere Routine **TxtWriteTextMetrics** zeigt die ersten acht Felder in der **TEXTMETRIC**-Datenstruktur für jede Schrift an. Um den Namen jedes Schrifttyps zu erhalten, rufen wir die **GetTextFace-Routine** auf, die definiert wird als

```
GetTextFace (hDC, nCount, lpFaceName);
```

279

wobei **hDC** das Handle zu einem Gerätekontext ist, **nCount** die Größe des Pufferspeichers angibt, der den Namen des Schrifttyps aufnehmen soll und **lpFaceName** ein Long-Zeiger auf einen Zeichenpufferspeicher ist.

Wir rufen **GetTextExtent** zweimal auf: das erste Mal, um die Breite des längsten Feldnamen festzustellen, das zweite Mal, um die Breite von "XXXX" zu bestimmen. Die Variable **xIndex** erhält die Summe dieser beiden Breitenwerte und wird für den Rand zwischen den Feldnamen und den Werten verwendet.

Beachten Sie, daß wir für jedes **TEXTMETRIC**-Feld den Feldnamen anzeigen und dann die **wsprintf**-Routine aufrufen, um den numerischen Wert in eine Textzeichenkette umzuwandeln, die für die Anzeige durch die **TextOut**-Routine geeignet ist. Die Funktionsweise der Routine **wsprintf** entspricht der C-Bibliotheksroutine **sprintf**, mit der Ausnahme, daß sie einige der Inkompatibilitäten dieser Routine zur Windows-Umgebung ausschaltet.

Beachten Sie weiterhin, daß wir das Attribut zur Textausrichtung (mittels **SetText-Align**) einsetzen, um eine Tabelle mit linksbündigem Text und rechtsbündig ausgerichteten Zahlenwerten zu erstellen.

Wie Sie sehen, behandelt das GDI Text als grafisches Objekt. Das bedeutet maximale Kontrollmöglichkeiten bei der Plazierung, Dimensionierung und Farbgebung des Textes. Sie können Text und grafische Formen beliebig miteinander mischen und Text in verschiedenen Größen und Stilen auf ein und derselben Seite miteinander kombinieren. Wir sind davon überzeugt, daß die geräteunabhängige Arbeitsweise des GDI bei der Texterstellung den erforderlichen Mehraufwand rechtfertigt.

Falls Ihre Programme mit einer einzigen Schriftart auskommen sollen, hält das GDI für jedes GDI-Gerät eine Standardschrift bereit. Dies ermöglicht bei minimalem Arbeitsaufwand Ihrerseits ein dennoch ansprechendes Erscheinungsbild Ihrer Textausgaben.

Teil 4
Benutzer-Schnitt-
stellenobjekte

Kapitel 11

Befehle - Grundlagen zu Menüs und Schnelltasten

Windows besitzt eine eingebaute Unterstützung für zwei Benutzerschnittstellenobjekte, die ihre Eingabekommandos vom Anwender erhalten: Menüs und Schnelltasten. Menüs erlauben es dem Programm, dem Anwender die verfügbaren Aktionen und Optionen anzuzeigen und unterstützen ihn bei der Erforschung der Leistungsmerkmale eines Programms. Menüs ersparen dem Anfänger das Erlernen langwieriger Befehle oder Befehlsfolgen. Fortgeschrittenere Anwender können Schnelltasten zur Umwandlung von Tastenanschlägen in Programmkommandos verwenden. Zur Überbrückung der Lücke zwischen Menüs und Schnelltasten nennen Programme die Schnelltastenbelegung oftmals innerhalb der Menüs. Abbildung 11.1 zeigt ein Menü mit einer Beschreibung der Schnelltastenbelegung, die dem jeweiligen Menübefehl entsprechen. Zum Beispiel kann der Anwender die Umschalt- und die Entf- Taste drücken, anstatt den *Ausschneiden*-Menübefehl anzuwählen.

Abbildung 11.1: Ein Menü mit Schnelltastenbelegung

Programme, die dem Windows-Standard entsprechen, sind für den Anwender einfacher zu erlernen, als Programme, die dies nicht tun. Deshalb ist es für Programmierer beim Entwerfen von Menüs wichtig, daß sie sich zunächst mit diesem Standard vertraut machen. Zwei Dinge helfen Ihnen dabei: Sie arbeiten mit Windows und Sie lesen den Style Guide, den Microsoft dem Software Development Kit beigefügt hat. Ein Erlernen dieser Standards bedeutet sicherlich keine Zeitverschwendung, da Sie sich dadurch in kürzester Zeit mit Ihrem Programm vertraut machen. Anwender, die mit dem Erscheinungsbild vertraut sind, das allen Windows-Programmen gemeinsam ist, werden von Programmen Abstand nehmen, die diesen weit verbreiteten und akzeptierten Standard nicht erfüllen. Beginnen wir mit einem kurzen Blick auf die Komponenten, die ein Anwender in einem Menü vorfindet.

Normen für Benutzerschnittstellen

Anwender erwarten in Menüs zwei Arten von Einträgen: **Befehle** und **Optionen**. Ein Menübefehl wird normalerweise durch ein Verb oder durch eine Substantiv-Verb-Kombination dargestellt. So zum Beispiel finden Sie in vielen Programmen innerhalb eines *Datei*-Menüs einen Menübefehl *Öffnen*. Menübefehle reagieren normalerweise auf ein bestimmtes Objekt, das der Anwender angewählt hat. Aber Menübefehle können auch zu einer Veränderung führen, die sich auf das gesamte Programm auswirkt. Zum Beispiel kann der Punkt *Beenden* im Systemmenü ein Programm beenden, wenn das zu schließende Fenster das Hauptfenster auf der übergeordneten Ebene des Programms ist.

Optionen sind Umschalter. Im Gegensatz zu Menübefehlen, die eine situationsbezogene Antwort erzeugen, haben Optionen eine längerfristige Wirkung, die normalerweise auch umkehrbar ist. Programme zeigen oftmals durch Häkchen im Menü an, ob eine Option aktiv ist oder nicht. Zum Beispiel finden Sie im Programm-Manager das Menü *Optionen*, das dem Anwender erlaubt, zwei Merkmale zu aktivieren oder zu deaktivieren: *Automatisch Anordnen* und *Symbol nach Programmstart*. Während bestimmte, wichtige Optionen innerhalb der *Menüs* gesetzt werden, ermöglichen *Dialogfelder* in den meisten Programmen die Steuerung von Programmoptionen aller Art. Mit anderen Worten: nicht jede verfügbare Option muß in einem Menü auftauchen. Selten benötigte Optionen können ebensogut in Dialogfelder aufgenommen werden. Wir werden Dialogfelder in Kapitel 14 besprechen.

Anwender erwarten in Menüs **optische Hinweise**. Derartige Hinweise können sehr sinnvoll sein, wie z.B. die Klammerausdrücke (...), die immer dann erscheinen, wenn die Auswahl eines Menübefehles ein weiteres Dialogfeld öffnen wird. Es kann sich aber auch um offensichtliche Hinweise wie z.B. die Zusammenfassung von Menübefehlen in Gruppen handeln. Hier finden Sie eine Liste der verschiedenen optischen Hinweise, die in Menüs aufgenommen werden sollten, um eine spezielle Bedeutung oder Behandlung der Menübefehle anzuzeigen:

- **Schnelltastenbelegungen** zeigen dem Anwender die Schnelltasten an, die dem gewählten Menübefehl entsprechen.

- Ein **Pfeil** zeigt an, daß ein Menübefehl ein weiteres Untermenü enthält. Es wird sichtbar, wenn der Anwender entweder mit dem Mauszeiger auf den Befehl klickt oder den Cursor mit Hilfe der Pfeiltasten auf den gewünschten Befehl plaziert.

- Ein **Trennzeichen** unterteilt längere Menüs in kleinere Gruppen von Menübefehlen.

- Ein **Häkchen** neben einer Menüoption zeigt an, daß diese Option aktiviert ist.

- Ein **Klammerausdruck** (...) hinter einem Menübefehl deutet darauf hin, daß bei der Auswahl des Menübefehls ein Dialogfeld geöffnet wird.

- Ein **Ausrufezeichen** am Ende eines Menübefehls im Hauptmenü zeigt an, daß der Menübefehl eine Handlung veranlaßt und kein weiteres Popup-Menü öffnet.

- Ein **grau** dargestellter MenübefehlGrau dargestellte Menübefehle ist nicht verfügbar. Im Systemmenü sind beispielsweise einige Menübefehle in grau dargestellt, wenn ein Fenster zum Vollbild vergrößert worden ist.

- Ein **unterstrichener Buchstabe** im Text des Menübefehls zeigt an, daß der Buchstabe verwendet werden kann, um den Menübefehl auszuwählen. Ein solcher Buchstabe wird Mnemonik genannt. Durch Betätigung der [Alt]-Taste zusammen mit dem Mnemonik-Buchstaben eines Popup-Menüs kann das betreffende Popup-Menü aktiviert werden. Ist das Popup-Menü erschienen, können die einzelnen Menübefehle durch Drücken der entsprechenden Mnemoniks ausgewählt werden.

Abbildung 11.2 zeigt ein Menü mit einem Beispiel für jeden dieser optischen Hinweise.

Anwender erwarten, daß ein Programm mit einem **Systemmenü** ausgestattet ist. Aus der Sicht des Programmierers ist dies einfach realisierbar, da Windows das Systemmenü für Sie selbsttätig erstellt und pflegt. Im allgemeinen sollten Programme den Inhalt des Systemmenüs nicht ohne guten Grund verändern. Ein Programm kann dem Systemmenü bestimmte Befehle *hinzufügen*. Insbesondere Programme, die nur im zum Symbol verkleinerten Zustand laufen, können dem Systemmenü sogenannte private Menübefehle hinzufügen. Das Systemmenü ist das einzige Menü, das erscheint, wenn ein Programm als Symbol dargestellt ist. Kleine Utility- und Spieleanwendungen können dem Systemmenü auch Punkte hinzufügen, um die Erstellung eigener Menüs einzusparen. Man sollte diese Methode so selten wie möglich einsetzen, aber unter bestimmten Voraussetzungen kann es durchaus sinnvoll sein. Bild 11.3 zeigt ein Standardsystemmenü.

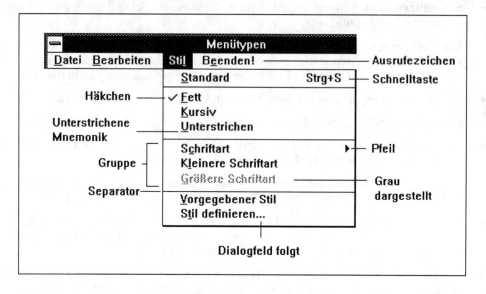

Abbildung 11.2: Ein Menü mit verschiedenen optischen Hinweisen

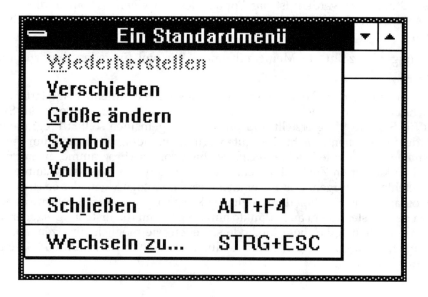

Abbildung 11.3: Das Standardsystemmenü

In Programmen, die mit Datendateien arbeiten, erwartet der Anwender ein **Datei**-Popup-Menü. Dieses Menü bietet den Zugriff auf die Befehle, die mit dem Öffnen, Schließen und Drucken von Dateien zusammenhängen. Beachten Sie, daß der *Beenden*-Menübefehl ein Standardbestandteil des Datei-Menüs ist (siehe Abb. 11.4). Wenn dieser Befehl ausgewählt wurde, wird das Programm abgebrochen. Aufmachung und Funktionsweise dieses Menübefehls sind identisch mit dem Beenden-Menübefehl des Haupt-Systemmenüs. Er entspricht voll und ganz dem Standard, mit dem der Anwender vertraut ist. Auch in einem Programm ohne eigentliches Datei-Menü sollten Sie am Ende des ersten Popup-Menüs stets den Menübefehl *Beenden* einrichten.

Ein weiteres Standardmenü, das der Anwender erwartet, ist das **Bearbeiten**-Popup-Menü. Dieses Menü listet allgemeine Befehle zum Bearbeiten auf also zur Steuerung der Zwischenablage, zum Suchen und Ersetzen, zum Widerrufen eines vorangegangenen Befehls sowie zum Wiederholen einer vorangegangenen Handlung. Ein Programm kann dem Bearbeiten-Standardmenü weitere Punkte hinzufügen, um eine für die Anwendung typische Veränderung eines Objektes zu erlauben. Zum Beispiel wäre es für ein Textverarbeitungsprogramm sinnvoll, in seinem Bearbeiten-Menü eine Aktion aufzuführen, die es dem Anwender ermöglicht, die Kopfzeile oder Fußnote eines Dokuments zu bearbeiten. Bild 11.5 zeigt ein typisches Bearbeiten-Menü. Dieses Menü ist Teil des ersten Programms, das wir in diesem Kapitel schreiben werden.

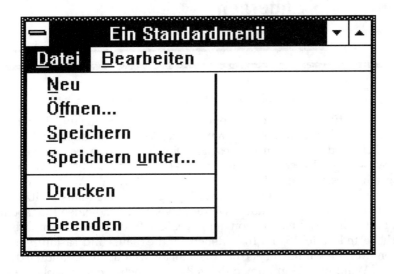

Abbildung 11.4: Ein typisches Datei-Menü

Auf Menüs kann durch jegliche Kombination von Maus- und Tastatureingaben zugegriffen werden. Beispielsweise kann der Anwender, nachdem er mit einem Maustastendruck ein Popup-Menü aufgerufen hat, mit den Pfeiltasten der Tastatur durch die Menübefehle blättern und durch Betätigung der [Enter]-Taste einen Menübefehl auswählen. Als Alternative kann der Anwender ein Popup-Menü auch durch Drücken der [Alt]- oder [F10]- Taste aktivieren. Blättern und Auswählen im Menü könnte dann mit der Maus erfolgen.

Abbildung 11.5: Ein typisches Bearbeiten-Menü

Die Möglichkeit, für die Menüoperationen frei zwischen Maus und Tastatur zu wählen, ist nur der Teil eines umfassenderen Konzeptes der Austauschbarkeit von Geräten. Sicherlich sind hier Grenzen gesetzt. Die Zeicheneingabe mit der Maus z.B. erscheint schwierig. Abgesehen von derartigen Extremen erlaubt die Wahlmöglichkeit dem Programmdesigner jedoch eine hohe Flexibilität. Einige Anwender werden sich allein auf die Tastatur beschränken, entweder weil sie keine Maus besitzen oder weil sie die Tastatur bevorzugen. Andere werden zwischen den beiden Eingabemethoden hin- und herwechseln, abhängig von der jeweiligen Situation und von ihrer persönlichen Vorliebe. In Kapitel 15 und 16, in denen wir die Maus- und Tastatureingabe näher besprechen, werden wir nochmals die Auswahl als wichtigen Bestandteil des Gesamtdesigns von Windows-Programmen darstellen. Zunächst jedoch wollen wir uns um die Programmierdetails zur Menüerstellung kümmern.

Aspekte der Menüprogrammierung

Windows verfügt über ein robustes und flexibles Menüsystem, das gleichzeitig sehr einfach zu handhaben ist. Während die Menüs für den Windows-Programmierer einfach zu erstellen sind, erwies sich die Erstellung des Menü-Unterstützungssystems (menuing system) als eine der schwierigsten Aufgaben bei der Windows-Entwicklung von Microsoft. Der Programmcode für das Menüerstellungssystem wurde, wie kein anderer Teil des Systems, von Version zu Version überarbeitet, verbessert und erneuert. Ein Grund hierfür war die Leistungsfähigkeit:

Von Anfang an mußten Menüs sehr schnell funktionieren, durften also nicht schwerfällig erscheinen. Um Menüs schnell aufzurufen, ohne dabei allzuviel an Leistung zu verlieren, wird ein Bitmap-"Schnappschuß" an der Stelle des Bildschirmes gemacht, an der das Menü erscheinen soll. Nachdem der Anwender das Menü nicht mehr benötigt, wird der Schnappschuß dazu verwendet, den Bereich wiederherzustellen, an dem sich vorher das Menü befand.

Nach der jahrelangen Arbeit, die Microsoft in die Entwicklung eines schnellen und effizienten Menüsystems investiert hat, ist die Erstellung von Menüs heutzutage für Programmierer erfreulich einfach geworden. Wie wir gleich sehen werden, ist die schnellste Art, ein Menü zu erstellen, die Beschreibung des Menüs in einer Ressourcendatei des Programms.

Bei der Registrierung der Fensterklasse nimmt ein **WNDCLASS**-Parameter einen Menünamen auf. Wird ein Fenster dieser Klasse erzeugt, so wird gleichzeitig ein Menü erzeugt. Die einzige dem Programmierer noch verbleibende Aufgabe ist, die **WM_COMMAND**-Nachrichten zu verarbeiten, die das Menü an die Fensterprozedur übergibt.

Da wir mit einem nachrichtengesteuertem System arbeiten, wird es Sie wahrscheinlich nicht erstaunen, daß unter Windows erzeugte Menüs über Nachrichten mit Ihrem Programm kommunizieren. Genauer gesagt, es werden Nachrichten verwendet, um mit Ihrer *Fensterprozedur* zu kommunizieren. Die wichtigste Menünachricht ist die **WM_COMMAND**-Nachricht, die Ihnen mitteilt, daß ein Menübefehl ausgewählt wurde.

Tabelle 11.1 zeigt die verschiedenen Schritte der Verarbeitung eines Menüs, die Maus- und Tastaturaktionen, die zu jedem Schritt gehören und die dazugehörigen Nachrichten. Beachten Sie, daß gleichlautende Nachrichten erscheinen, unabhängig davon, ob die Maus oder die Tastatur verwendet wurde. Die Einzelheiten der Interaktionen zwischen dem Anwender und ihren Menüs sind in dem Systemmenü verborgen, so daß ihr Programm lediglich auf die Nachrichten antworten muß und sich ansonsten auf das Menüsystem verläßt, das sich um den Rest kümmert.

Tabelle 11.1: *Menüoperationen und Menünachrichten*

Menüoperation	Mausaktion	Tastaturaktion	Nachricht
Menüverwendung initiieren	n.v.	F10 oder Alt-Taste	WM_INITMENU
Popup-Fenster anzeigen	n.v.	Pfeil- oder Mnemoniktasten	WM_INITMENUPOPUP
Popup-Fenster initiieren und anzeigen	Anklicken	Alt +Mnemoniktaste	WM_INITMENU und WM_INITMENUPOPUP
Menübefehl durchlaufen	Ziehen	Pfeiltasten	
Menübefehl auswählen	loslassen	Eingabetaste oder Mnemoniktaste	WM_COMMAND

Wenn der Anwender durch die Menübefehle blättert, teilt die **WM_MENUSELECT**-Nachricht dem Programm mit, welchen bestimmten Menübefehl der Anwender derzeit markiert hat. Diese Information kann dazu verwendet werden, einen "Informationsbereich" zu unterstützen, der Hinweise über die Bedeutung jedes einzelnen Menübefehles anzeigt. Hierbei könnte es sich um ein weiteres Fenster auf dem Bildschirm handeln, in dem Informationen für den Anwender angezeigt werden. Nur wenige kommerzielle Windows-Programme unterstützen dieses Leistungsmerkmal zur Menübefehlauswahl. In Kapitel 13 werden wir Themen zur Fenstertechnik besprechen. Dort werden wir Ihnen ein Programm vorführen, das ein Fenster erzeugt, und auf diese Weise die **WM_MENUSELECT**-Nachricht nutzt.

Die Menüschablone

Die einfachsten Menüs beginnen mit einer Menüschablone. Sie definiert die Popup-Menüs und Menübefehle, die ein Menü bilden. Eine Menüschablone ist eine hierarchische Datenstruktur in der Art des DOS-Dateisystems mit seinen Haupt- und Unterverzeichnissen. An der Spitze der Hierarchie, dem Hauptverzeichnis, befinden sich Punkte für die Menüleiste, auch als **Hauptmenü** bekannt. Auf dieser obersten Ebene können Punkte entweder Befehle sein, die bei ihrer Auswahl Kommandonachrichten aussenden, oder sie sind Zugänge zu Popup-Menüs. Popup-Menüs werden teilweise auch als **Pull-down**-Menüs bezeichnet.

Popup-Menüs sind wie Unterverzeichnisse, die sich eine Ebene unter dem Hauptverzeichnis der DOS-Dateihierarchie befinden. Genauso wie Unterverzeichnisse selbst wieder Unterverzeichnisse enthalten können, können auch Popup-Menüs wieder andere Popup-Menüs (Untermenüs) enthalten. Dieser Verschachtelung der Menüs sind durch das Menüuntersystem keine Grenzen gesetzt. Jedoch sollten Sie nicht mehr als drei Menüebenen, die Hauptmenüleiste und zwei weitere Popup-Menüebenen, nutzen. Eine tiefere Verschachtelung würde den Anwender nur irreführen.

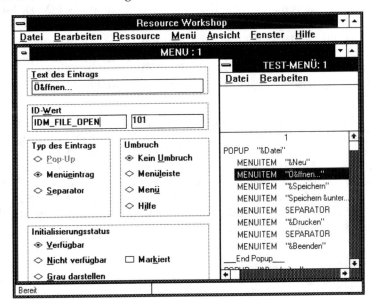

Abbildung 11.6: Ein Menü mit dem Resource Workshop definieren

Der schnellste und einfachste Weg, eine Menüschablone zu erstellen, ist die Erstellung mit dem Resource Workshop. Wie Sie in Bild 11.6 sehen, vereinfacht dieser Editor die Menüveränderung, da er Ihnen sofort die Ergebnisse einer Veränderung anzeigt. Sie können eine Menüschablone auch mit einem Texteditor erstellen. Unabhängig davon, welche Methode Sie wählen, unsere Erläuterungen werden Ihnen alle Details der Menüschablonenerstellung liefern. Eine Menüschablone in einer Ressourcedatei weist folgende Struktur auf:

```
menuID Menu [Lade-Option] [Speicher-Option]

BEGIN
MENUITEM- oder POPUP-Anweisung
MENUITEM- oder POPUP-Anweisung
.
.
.
END
```

Für die [Lade-Option] kann entweder **PRELOAD** oder **LOADONCALL** angegeben werden und für die [Speicher-Option] **FIXED, MOVEABLE** oder **DISCARDABLE**. Dies beschreibt, wie die Menüdaten ihrerseits als Speicherobjekte behandelt werden. **PRELOAD** veranlaßt, daß eine Menüressource in den Hauptspeicher geladen wird, bevor das Programm startet. **LOADONCALL** veranlaßt, daß ein Menübefehl nur geladen wird, wenn er benötigt wird. Die anderen drei Optionen, **FIXED, MOVEABLE** und **DISCARDABLE** beschreiben, wie sich das Speicherobjekt verhalten soll, wenn es sich erst einmal im Hauptspeicher befindet. In Kapitel 17 werden wir die Bedeutung dieser drei Optionen näher beschreiben. Da das Standardverhalten von **LOADON-CALL** und die Speicheroption von **DISCARDABLE** für den Moment genügen, werden wir uns in unseren Menübeispielen nicht weiter mit diesen Optionen beschäftigen.

Jede **MENUITEM**-Anweisung definiert einen Menübefehl, der bei seiner Auswahl eine **WM_COMMAND**-Nachricht veranlaßt. Jede **POPUP**-Anweisung beginnt die Definition eines Popup-Menüs mit einer **BEGIN**- und einer **END**-Anweisung, die weitere **MENUITEM**- und **POPUP**-Anweisungen einschließen. Anstelle der **BEGIN**- und **END**-Anweisungen können Sie auch die geschweiften Klammern "{" und "}" der Programmiersprache C verwenden. Sie ersparen sich auf diese Weise etwas Tipparbeit . Hier folgt nun die Menüdefinition für die Datei- und Bearbeiten-Menüs, die wir schon in diesem Kapitel besprochen haben:

```
7 MENU
{
POPUP "&Datei"
{
MENUITEM "&Neu",                    1
MENUITEM "Ö&ffnen...",              2
MENUITEM "&Speichern",              3
MENUITEM "Speichern &unter...",     4
MENUITEM SEPARATOR
MENUITEM "&Drucken",                5
MENUITEM SEPARATOR
MENUITEM "&Beenden",                6
}
 POPUP "&Bearbeiten"
 {
```

```
MENUITEM "&Rückgängig\tAlt+Rücktaste",      7
MENUITEM SEPARATOR
MENUITEM "&Ausschneiden\tUmschalt+Entf",  8
MENUITEM "&Kopieren\tStrg+Einfg",          9
MENUITEM "&Einfügen\tUmschalt+Einfg",     10
MENUITEM SEPARATOR
MENUITEM "E&ntfernen",                     11
MENUITEM "&Löschen",                       12
}

}
```

Die Menüidentifikation ist die Zahl 7. Obwohl wir hier auch eine ASCII-Zeichenkette verwenden könnten, ist die Angabe einer Zahl doch effizienter. Dieser Bezeichner ist unser Name für dieses Menü. Auf diese Weise wird das Menü für Windows eindeutig definiert. Jedes Kaufmanns-Und (&) definiert eine Mnemoniktaste, die aus einem Buchstaben besteht, der in der Tastaturschnittstelle zur Menüauswahl verwendet wird. Ein \t setzt ein Tabulatorzeichen, um eine Schnelltastenbelegung von dem Menübefehlnamen zu trennen.

Sicherlich ist der wichtigste Wert in der Definition eines jeden Menübefehls der Befehlsergebniscode. Dies ist die Nummer am Ende jeder **MENUITEM**-Anweisung, die die einzelnen Menübefehle voneinander unterscheidet. Das Menüsystem verwendet diese Ergebniscodes zur Bestimmung der Menübefehle für die **WM_COMMAND**- und die **WM_MENUSELECT**-Nachrichten.

Die allgemeine Syntax für die POPUP-Anweisung ist:

```
POPUP text [,Optionenliste]
```

Die **MENUITEM**-Anweisung hat die folgende Syntax:

```
MENUITEM text, ergebniscode [, Optionenliste]
```

Der große Unterschied zwischen diesen beiden Anweisungen ist, daß die **MENU-ITEM**-Anweisung einen Ergebniscode hat und die POPUP-Anweisung nicht. Für die [Optionenliste] stehen fünf Optionen zur Auswahl. Die ersten drei wählen den Initialisierungsstatus des Menübefehles:

- *CHECKED*. Setzt ein Häkchen neben den Popup- oder Menübefehlnamen. Dies ist nur möglich bei Punkten innerhalb eines Popup-Menüs und nicht bei Punkten in Menüs der obersten Ebene.

- *GRAYED*. Der Punkt ist abgeblendet und damit nicht wählbar.

- *INACTIVE*. Der Punkt erscheint normal, kann aber nicht ausgewählt werden. Die GRAYED-Option ist hier günstiger, da sie dem Anwender sichtbar anzeigt, daß dieser Menübefehl nicht verfügbar ist.

Die anderen beiden Optionen verändern das physikalische Layout des Menüs:

- *MENUBREAK*. Verursacht eine Menüunterbrechung. Bei horizontalen Menüs (der obersten Ebene) bedeutet dies eine Unterbrechung in vertikaler Richtung. Für vertikale Menüs (Popup-Menüs) bedeutet dies eine Unterbrechung in horizontaler Richtung. Durch eine umfassende Nutzung können Sie vertikale Menüs der obersten Ebene und horizontale Popup-Menüs erzeugen.

- *MENUBARBREAK*. Verursacht eine Menüunterbrechung. In Popup-Menüs wird die Unterbrechung durch einen vertikalen Balken angezeigt.

In einem übergeordneten Menü haben diese beiden letzten Optionen die gleiche Auswirkung, nämlich, daß ein Menübefehl in einer neuen Zeile beginnt. Betrachten Sie zum Beispiel die folgenden Menüdefinitionen:

```
7 MENU
{
MENUITEM "Punkt-1", 1
MENUITEM "Punkt-2", 2, MENUBREAK
MENUITEM "Punkt-3", 3
MENUITEM "Punkt-4", 4
MENUITEM "Punkt-5", 5, MENUBARBREAK
MENUITEM "Punkt-6", 6
}
```

Wie in Bild 11.7 dargestellt, verursachen die beiden Unterbrechungsanweisungen **MENUBREAK** und **MENUBARBREAK** einen Menüumbruch nach dem zweiten und fünften Menübefehl. Windows nimmt selbst einen Umbruch der übergeordneten Menüs vor, wenn das Fenster zu schmal ist. Wenn Sie jedoch bestimmen wollen, wann und wie dies vonstatten gehen soll, dann benötigen Sie diese beiden Optionen.

Um die Auswirkungen dieser beiden Optionen auf ein Popup-Menü zu sehen, betrachten Sie die folgende Menüschablone:

```
7 MENU
{
POPUP "Popup"
{
```

```
MENUITEM "Punkt-1", 1

MENUITEM "Punkt-2", 2, MENUBREAK

MENUITEM "Punkt-3", 3

MENUITEM "Punkt-4", 4

MENUITEM "Punkt-5", 5, MENUBARBREAK

MENUITEM "Punkt-6", 6
}

}
```

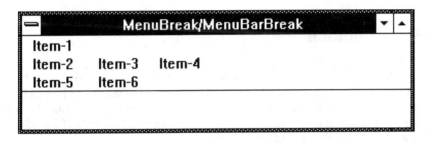

Abbildung 11.7: Ergebnisse einer MENUBREAK- und MENUBARBREAK-Option in einem übergeordneten Fenster

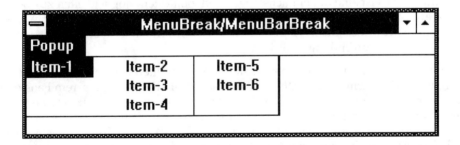

Abbildung 11.8: Ergebnisse einer MENUBREAK- und MENUBARBREAK-Option in einem Popup-Fenster

Abbildung 11.8 zeigt das resultierende Popup-Menü. Beachten Sie, daß beide Optionen das Menü veranlassen, eine neue Spalte zu beginnen, daß aber die **MENUBAR-BREAK**-Option einen vertikalen Balken hinzufügt, um die verschiedenen Spalten des Menüs, die erzeugt wurden, zu trennen.

In der Microsoft-Dokumentation finden Sie zudem noch die Option **HILFE**, Diese zählt aber nicht mehr zum Menü-Standard modernerer Windows-Versionen und hat somit keine Auswirkungen. Im früheren Standard wurde das Hilfe-Menü an die äußere rechte Seite des übergeordneten Menüs gesetzt, wobei es durch eine vertikalen Balken von den anderen Menübefehlen getrennt wurde. Der heutige Standard führt die Aufrufe so aus, daß das Hilfe-Menü als letzter Punkt im übergeordneten Menü erscheint. Wenn Sie mit dieser Option experimentieren, werden Sie sehen, daß das Systemmenü ihre Angaben ignoriert. Wenn Sie dagegen wünschen, daß Popup-Menüs auf der rechten Seite der Menüleiste erscheinen, dann müssen Sie das Menü unter Verwendung des **MF_HELP**-Flags dynamisch erzeugen.

Entwerfen wir nun ein vollständiges Programm, das mit Menüs arbeitet. Die Menüs, die wir hier verwenden wollen (das Datei- und das Bearbeiten-Standardmenü) haben wir schon erläutert.

Ein Programmbeispiel: STANMENU

Dieses Programm zeigt sämtliche Bestandteile auf, die wir benötigen, um ein funktionierendes Menü zu erstellen. Das Menü selbst ist in der Ressourcendatei STANMENU.RC definiert. Eine Ressource ist jedoch lediglich eine Datendefinition. Um sie in ein Programm einzubinden und zum Laufen zu bringen, benötigen wir noch allerhand zusätzlichen Programmtext. In der Fensterklassendatenstruktur **WNDCLASS** ist noch Platz für einen Menünamen. Fügen wir ihn ein:

```
wc.lpszMenuName = "#1";
```

Das Nummernzeichen zeigt an, daß wir einen numerischen Wert in unserer Definition verwenden. Dies ist eine der einfachsten und effizientesten Möglichkeiten zur Bezugnahme auf ein Menü. Es könnte auch ein normaler ASCII-Name verwendet werden, allerdings würde dies mehr Hauptspeicher verschwenden und mehr Zeit bei der Ausführung der Anwendung erfordern.

Falls wir dieses Menü nicht unserer Fensterklasse zuordnen wollen, könnten wir eine Referenz auf das Menü in der **Attr**-Struktur plazieren, die sich in unserem Fensterobjektkonstruktor befindet. Wie Sie sich vielleicht erinnern, ist diese Struktur eine Datenkomponente, die unsere Fensterobjektklasse von der **TWindow**-Klasse erbt. Die Menü-Komponente enthält einen **LPSTR** (char far *) -Wert des Menünamens. Wenn wir beispielsweise ein Menü namens "ShortMenus" hätten, könnten wir es unserem Fensterklassenkonstruktor während der Fensterinstallation durch folgende Zeile hinzufügen:

```
Attr.Menu = "ShortMenus";
```

Hier folgt der Programmtext für unser Beispielprogramm STANMENU:

MAKEFILE.MAK

```
.AUTODEPEND

#    Compilerdefinitionen
INC=C:\BORLANDC\OWL\INCLUDE;C:\BORLANDC\CLASSLIB\INCLUDE;C:\BOR-
LANDC\INCLUDE
CC = bccx -c -D_CLASSDLL -H -ml -WS -w -I$(INC)

#    Implizite Regeln
.c.obj:
  $(CC) {$< }

.cpp.obj:
  $(CC) {$< }

#    Explizite Regeln
StanMenu.exe: StanMenu.res StanMenu.def StanMenu.obj
     tlinkx /c/C/n/P-/Twe/x @StanMenu.LNK
     RC StanMenu.res StanMenu.exe

#    Einzelne Dateiabhängigkeiten
StanMenu.obj: StanMenu.cpp

StanMenu.res: StanMenu.rc StanMenu.cur StanMenu.ico
     RC -R -FO StanMenu.res StanMenu.RC
```

STANMENU.LNK

```
c:\borlandc\lib\c0wl.obj+
StanMenu.obj
StanMenu,StanMenu
\borlandc\owl\lib\owl.lib+
crtll.lib+
cwinl.lib+
import.lib+
mathl.lib+
cl.lib
StanMenu.def
```

STANMENU.CPP

```
/*-----------------------------------------------------------------*\
| STANMENU.CPP     Programm zeigt ein Standard Datei- und          |
|                  Bearbeiten-Menü.                                 |
\*-----------------------------------------------------------------*/
```

```
#include <owl.h>
#include "stanmenu.h"

#define COMMANDMSG(arg) (arg.WParam)

/*------------------------------------------------------------------*\
|                     Klassendeklarationen.                          |
\*------------------------------------------------------------------*/
class TStanMenuApplication : public TApplication
  {
  public:
    TStanMenuApplication (LPSTR lpszName, HANDLE hInstance,
                          HANDLE hPrevInstance,
                          LPSTR lpszCmdLine, int nCmdShow);
    virtual void InitMainWindow ();
  };

class TStanMenuWindow : public TWindow
  {
  public:
    TStanMenuWindow (PTWindowsObject pwParent, LPSTR lpszTitle,
                     PTModule pmModule);
    virtual LPSTR GetClassName ();
    virtual void  GetWindowClass (WNDCLASS&);
    virtual void  WMCommand(TMessage& Msg) = [WM_COMMAND];
  };

/*------------------------------------------------------------------*\
|                  Hauptfunktion:  WinMain.                          |
\*------------------------------------------------------------------*/
int PASCAL WinMain (HANDLE hInstance,   HANDLE hPrevInstance,
                LPSTR  lpszCmdLine, int    nCmdShow)
    {
    TStanMenuApplication StanMenu ("StanMenu", hInstance,
                                   hPrevInstance, lpszCmdLine,
                                   nCmdShow);
    StanMenu.Run ();
    return StanMenu.Status;
    }

/*------------------------------------------------------------------*\
|                  Komponente der Application-Klasse.                |
\*------------------------------------------------------------------*/
TStanMenuApplication::TStanMenuApplication (LPSTR lpszName,
                    HANDLE hInstance, HANDLE hPrevInstance,
                    LPSTR lpszCmdLine, int nCmdShow)
                  :TApplication (lpszName, hInstance,
                    hPrevInstance, lpszCmdLine, nCmdShow)
```

```
    {
    /*  Die anwendungsspezifische Initialisierung erfolgt hier.  */
    }

/*-------------------------------------------------------------*\
|                Komponente der Application-Klasse.             |
\*-------------------------------------------------------------*/
void TStanMenuApplication::InitMainWindow ()
    {
    MainWindow = new TStanMenuWindow (NULL, "Ein Standardmenü",
                                      NULL);
    }

/*-------------------------------------------------------------*\
|                TStanMenuWindow-Komponentenfunktion.           |
\*-------------------------------------------------------------*/
TStanMenuWindow::TStanMenuWindow (PTWindowsObject pwParent,
                  LPSTR lpszTitle, PTModule pmModule)
              :TWindow (pwParent, lpszTitle, pmModule)
    {
    /*  Die fensterspezifische Initialisierung erfolgt hier.  */
    }

/*-------------------------------------------------------------*\
|                TStanMenuWindow-Komponentenfunktion.           |
\*-------------------------------------------------------------*/
LPSTR TStanMenuWindow::GetClassName ()
    {
    return "StanMenu:MAIN";
    }

/*-------------------------------------------------------------*\
|                TStanMenuWindow-Komponentenfunktion.           |
\*-------------------------------------------------------------*/
void TStanMenuWindow::GetWindowClass (WNDCLASS& wc)
    {
    TWindow::GetWindowClass (wc);
    wc.hIcon=LoadIcon (wc.hInstance, "snapshot");
    wc.hCursor=LoadCursor (wc.hInstance, "hand");
    wc.lpszMenuName = "#1";
    }

/*-------------------------------------------------------------*\
|                TStanMenuWindow-Komponentenfunktion.           |
\*-------------------------------------------------------------*/
void TStanMenuWindow::WMCommand(TMessage& Msg)
    {
    char buffer[80];
```

299

```
if (COMMANDMSG(Msg) == IDM_FILE_EXIT)
    SendMessage (HWindow, WM_SYSCOMMAND, SC_CLOSE, 0L);
else
    {
    wsprintf (buffer, "Kommando = %d", COMMANDMSG(Msg));
    MessageBox (HWindow, buffer, "WM_COMMAND", MB_OK);
    }
}
```

STANMENU.RC

```
#include "stanmenu.h"

snapshot icon StanMenu.ico

hand cursor StanMenu.cur

1 MENU
    {
    POPUP "&Datei"
        {
        MENUITEM "&Neu",                    IDM_FILE_NEW
        MENUITEM "Ö&ffnen...",              IDM_FILE_OPEN
        MENUITEM "&Speichern",              IDM_FILE_SAVE
        MENUITEM "Speichern &unter...", IDM_FILE_SAVEAS
        MENUITEM SEPARATOR
        MENUITEM "&Drucken",                IDM_FILE_PRINT
        MENUITEM SEPARATOR
        MENUITEM "&Beenden",                IDM_FILE_EXIT
        }
    POPUP "&Bearbeiten"
        {
        MENUITEM "&Rückgängig\tAlt+Rücktaste",    IDM_EDIT_UNDO
        MENUITEM SEPARATOR
        MENUITEM "&Ausschneiden\tUmschalt+Entf",  IDM_EDIT_CUT
        MENUITEM "&Kopieren\tStrg+Einfg",         IDM_EDIT_COPY
        MENUITEM "&Einfügen\tUmschalt+Einfg",     IDM_EDIT_PASTE
        MENUITEM SEPARATOR
        MENUITEM "E&ntfernen",                    IDM_EDIT_CLEAR
        MENUITEM "&Löschen",                      IDM_EDIT_DELETE
        }
    }
```

STANMENU.DEF

```
NAME STANMENU

EXETYPE WINDOWS

DESCRIPTION 'StanMenu - Beispiel für ein Standardmenü'

CODE MOVEABLE DISCARDABLE
DATA MOVEABLE MULTIPLE

HEAPSIZE 512
STACKSIZE 5120
```

Wenn ein Menübefehl ausgewählt wurde, wird eine **WM_COMMAND**-Nachricht zu unserer Information an unser Programm gesendet. Ist die **WM_COMMAND**-Nachricht angekommen, so teilt uns der Ergebniscode des **wParam**-Parameters mit, welcher Menübefehl exakt ausgewählt wurde. In der Regel werden Sie verschiedene Werte verwenden, damit man die Unterschiede zwischen den einzelnen Menüs erkennt. In STANMENU passiert nicht viel, wenn die **WM_COMMAND**-Nachricht eintrifft:

```
void TStanMenuWindow::WMCommand(TMessage& Msg)
{
    char buffer[80];


    if (COMMANDMSG(Msg) == IDM_FILE_EXIT)
    SendMessage (HWindow, WM_SYSCOMMAND, SC_CLOSE, 0L)
    else
      {
        wsprintf (buffer, "Kommando = %d", COMMANDMSG(Msg));
        Messagebox (HWindow, buffer, "WM_COMMAND", MB_OK);
      }
}
```

Falls der Menüergebniscode **IDM_FILE_EXIT** ist, ein Wert des *Beenden*-Punktes im Datei-Menü, wird unser Programm durch die Übersendung einer Systemkommandonachricht beendet, welche die Schließung des Fensters der Hauptanwendung beinhaltet. Andernfalls wird ein Nachrichtenfeld angezeigt, das den Ergebniscode des Menübefehles anzeigt. Eine Möglichkeit, ein **WM_COMMAND** zu bearbeiten, ist die Einrichtung eines **switch**-Blocks mit einer entsprechenden **case**-Anweisung für jeden Befehlsergebniscode.

Als Alternative könnten Sie für jedes Kommando eine eigene Nachrichtantwortfunktion definieren. Wie Sie sich vielleicht an unsere Beschreibung in Kapitel 5 erinnern, ist eine Nachrichtantwortfunktion eine Komponentenfunktion einer **TWindowsObject**-Vererbungsklasse. Jede Antwortfunktion hat eine einzige Kennzahl (ID), mit der sie assoziiert wird. Beispielsweise ist **WM_PAINT** als 15 definiert und **WM_LBUTTON-DOWN** hat den Wert 513.

Nachrichtantwortfunktionen für spezielle **WM_COMMAND**-Kommandos sind im oberen Bereich zwischen 0xA0000 und 0xFFFF definiert. **OWLDEFS.H**, eine OWL-Datei, definiert die symbolische Konstante **CM_FIRST** am Anfang des Speicherbereiches. Hier sehen Sie beispielsweise, wie **TStanMenu** definiert werden würde, wenn wir für jeden Menübefehl eine Funktion zur Nachrichtenversendung erstellen würden:

```
class TStanMenuWindow : public TWindow
{
public:
TStanMenuWindow (PTWindowsObject pwParent, LPSTR lpszTitle,
 PTModule pmModule);
virtual LPSTR GetClassName ( );
virtual void GetWindowClass (WNDCLASS&);

void CmdFileNew(TMessage& Msg) = [CM_FIRST+IDM_FILE_NEW];
void CmdFileOpen(TMessage& Msg) = [CM_FIRST+IDM_FILE_OPEN];
void CmdFileSave(TMessage& Msg) = [CM_FIRST+IDM_FILE_SAVE];
void CmdFileSaveAs(TMessage& Msg) = [CM_FIRST+IDM_FILE_SAVEAS];
void CmdFilePrint(TMessage& Msg) = [CM_FIRST+IDM_FILE_PRINT];
void CmdFileExit(TMessage& Msg) = [CM_FIRST+IDM_FILE_EXIT];

void CmdEditUndo(TMessage& Msg) = [CM_FIRST+IDM_EDIT_UNDO];
void CmdEditCut(TMessage& Msg) = [CM_FIRST+IDM_EDIT_CUT];
void CmdEditCopy(TMessage& Msg) = [CM_FIRST+IDM_EDIT_COPY];
void CmdEditPaste(TMessage& Msg) = [CM_FIRST+IDM_EDIT_PASTE];
void CmdEditClear(TMessage& Msg) = [CM_FIRST+IDM_EDIT_CLEAR];
```

```
void CmdEditDelete(TMessage& Msg) = [CM_FIRST+IDM_EDIT_DELETE];

};
```

Da jeder Befehlsergebniscode (wie IDM_FILE_NEW) einzigartig ist, ist der Versendungstabellen-Index für jede Nachrichtantwortfunktion einzigartig. Sie können jedes Kommando behandeln, als wäre jedes eine eigene, separate Nachricht.

Das einfache Menü in STANMENU reicht für die Belange der meisten Windows-Programme aus. Was ist jedoch, wenn Sie Ihr Menü zur Laufzeit ändern möchten? Vielleicht möchten Sie einen Menübefehl hinzufügen oder grau darstellen oder mit einem Häkchen versehen? Programmen (und Programmierern), die mehr verlangen, stellt Windows 26 verschiedene Menüunterstützungsroutinen zur Verfügung. Um Ihnen einen Überblick zu verschaffen, haben wir diese Routinen in sechs Haupttypen unterteilt. Wir werden nacheinander alle Typen besprechen.

Routinen zur Menüunterstützung

Windows verfügt über 26 Routinen zur Menüunterstützung, die in sechs Kategorien unterteilt werden können. Jede Kategorie bezieht sich auf eine bestimmte Aktivität, die auf ein Menü angewandt werden kann. Die Kategorien sind Erstellung, Verbindung mit einem Fenster, Zerstörung, Veränderung, Abfrage und Nachverfolgung. Falls Sie mehr als nur die einfachsten Menüoperationen einrichten möchten, werden Sie in jeder dieser Kategorien eine oder mehrere Routinen finden, die Ihnen bei jedem Problem helfen. Tabelle 11.2 faßt die verschiedenen Kategorien der Menüfunktionen zusammen.

Tabelle 11.2: *Eine Auflistung der Menüfunktionen*

Kategorie	Routine	Beschreibung
Erstellung(4)	CreateMenu	Erstellt ein leeres Menü im Hauptspeicher.
	CreatePopup-Menu	Erstellt ein leeres Popup-Menü im Hauptspeicher.
	LoadMenu	Erstellt ein Menü aus einer Menüressource (.EXE oder .DLL-Datei), die sich auf der Festplatte befindet.
	LoadMenu Indirect	Erstellt ein Menü aus einer Menüressource, die sich im Hauptspeicher befindet.
Mit einem Fenster verbinden (1)	SetMenu	Verbindet ein übergeordnetes Menü mit einem Fenster.

Kategorie	Routine	Beschreibung
Zerstörung(2)	DeleteMenu	Entfernt einen Menübefehl aus einem übergeordneten oder Popup-Menü und zerstört jedes verbundene Popup-Menü.
	DestroyMenu	Zerstört ein bestimmtes übergeordnetes Menü oder ein Popup-Menü und alle darunterliegenden Menüs.
Veränderung (10)	AppendMenu	Fügt Punkte am Ende eines übergeordneten oder eines Popup-Menüs ein.
	ChangeMenu	Ältere Menümodifikationsfunktion für Windows 1.x und 2.x.
	CheckMenu Item	Schaltet das Häkchen im Popup-Menü aus.
	DrawMenu Bar	Erzwingt vom übergeordneten Menü die Neubildung nach einer Veränderung.
	EnableMenu Item	Aktiviert, deaktiviert oder stellt Menübefehle grau dar.
	HiliteMenu Item	Schaltet in einem übergeordneten Menü die helle Unterlegung um.
	InsertMenu	Fügt einen neuen Punkt in einem Menü ein.
	ModifyMenu	Verändert einen Punkt in einem Menü.
	RemoveMenu	Entfernt einen Menübefehl oder ein Popup-Menü. Das Popup-Menü wird nicht zerstört und kann somit weiter verwendet werden.
	Set MenuItem Bitmaps	Definiert zwei Bitmaps, die anstelle der markierten und nicht markierten Darstellung angezeigt werden.
Abfrage(8)	GetMenu	Liefert das Handle für ein übergeordnetes Menü eines Fensters.
	GetMenu CheckMark Dimensions	Liefert die Größe der vorgegebenen Häkchen, die vom einem Bildschirmtreiber gesetzt ist.
	GetMenu ItemCount	Liefert die Anzahl der Punkte in einem übergeordneten oder einem Popup-Menü.
	GetMenu ItemID	Sucht das Menükennzeichen (ID) für einen vorgegebenen Menübefehl.

Kategorie	Routine	Beschreibung
	GetMenu State	Liefert die Flags, die für einen vorgegebenen Menübefehl gesetzt sind.
	GetMenu String	Liefert die Bezeichnung eines Menübefehls.
	GetSubMenu	Liefert das Menü-Handle eines Popup-Menüs.
	GetSystem Menu	Liefert ein Handle für ein Systemmenü.
Nachverfolgung (1)	TrackPopup Menu	Erstellt ein verschiebbares Popup-Menü, das an beliebiger Stelle des Bildschirms auftauchen kann.

Betrachten wir nun jeden Typ dieser Routinen im Einzelnen. Wir beginnen mit der Routine zur Menü-Erstellung.

Menü-Erstellung

Für den Anwender sind Menüs Benutzerschnittstellenobjekte, die sich in Fenstern befinden. Die gesamte Arbeit, die Windows zur Unterstützung eines Menüs erledigt, bleibt für den Anwender verborgen. Es ist die Aufgabe des Programmierers, die Abläufe, die im Verborgenen stattfinden, zu verstehen, um sicherzustellen, daß alle Operationen reibungslos und schnell vonstatten gehen. Aus der Sicht des Programmierers erfordert die Menü-Unterstützung, daß bestimmte Datenstrukturen erstellt werden, die das Aussehen und das Verhalten eines Menüs festlegen. Die meisten Programme gehen den einfachen Weg der Menü-Erstellung, bei dem einer Fensterklasse eine Menüressource zugeordnet wird. Wird das Fenster erstellt, so wird gleichzeitig automatisch das Menü erstellt.

Ein Programm kann aber auch nachhaltiger in die internen Datenstrukturen eines Menüs eingreifen. Wir haben bereits gesehen, daß ein Programm **LoadMenu** aufrufen kann, um eine Menüressource zu laden. Sehen wir, welche weiteren Möglichkeiten uns noch verbleiben.

Unter Verwendung der **CreateMenu**- und **CreatePopup**-Routinen kann ein Programm leere Menüs erstellen, die dann mit Menükommandopunkten aufgefüllt werden und mit anderen Popup-Menüs verbunden werden können. Mit einer der vielen Modifikationsroutinen können dann Menübefehle hinzugefügt werden. In dem nun folgenden Beispiel haben wir uns zur Verwendung von **AppendMenu** entschlossen. Dieser Programmtext erstellt dasselbe Menü wie STANMENU, in dem allerdings zur Menüdefinition eine Ressourcendatei engesetzt wurde:

```
{
HMENU hSub;
HMENU hTop;
hTop = CreateMenu ();
hSub = CreatePopupMenu ();
AppendMenu (hSub, MF_STRING, 1, "&Neu");
AppendMenu (hSub, MF_STRING, 2, "&Öffnen");
AppendMenu (hSub, MF_STRING, 3, "&Speichern);
AppendMenu (hSub, MF_STRING, 4, "Speichern &unter");
AppendMenu (hSub, MF_SEPARATOR, 0, 0);
AppendMenu (hSub, MF_STRING, 5, "&Drucken");
AppendMenu (hSub, MF_SEPARATOR, 0, 0);
AppendMenu (hSub, MF_STRING, 6, "&Beenden");
AppendMenu (hTop, MF_POPUP, hSub, "&Datei");
hSub = CreatePopupMenu ();
AppendMenu (hSub, MF_STRING, 7, "&Rückgängig\tAlt+Rücktaste");
AppendMenu (hSub, MF_SEPARATOR, 0, 0);
AppendMenu (hSub, MF_STRING, 8, "&Ausschneiden\tUmschalt+Entf");
AppendMenu (hSub, MF_STRING, 9, "&Kopieren\tStrg+Einfg");
AppendMenu (hSub, MF_STRING, 10, "&Einfügen\tUmschalt+Einfg");
AppendMenu (hSub, MF_SEPARATOR, 0, 0);
AppendMenu (hSub, MF_STRING, 11, "E&ntfernen");
AppendMenu (hSub, MF_STRING, 12, "&Löschen");
AppendMenu (hTop, MF_POPUP, hSub, "&Bearbeiten");
SetMenu (hwnd, hTop);
}
```

Die **AppendMenu**-Routine fügt die verschiedenen Menübestandteile zusammen. Sie fügt Menübefehle an Menüs an und verbindet Popup-Menüs mit übergeordneten Menüs. **AppendMenu** ist definiert als

```
BOOL AppendMenu ((hMenu, wFlags, wIDNewItem, lpNewItem)
```

- *hMenu* ist ein Handle für ein Popup- oder ein übergeordnetes Menü.

- *wFlags* ist eine Kombination aus einem oder mehreren **MF_Flags**, wie es weiter unten beschrieben wird.

- *wIDNewItem* ist der Ergebniscode, der mit der **WM_COMMAND**-Nachricht ausgesendet wird, oder ein Handle zu einem Popup-Menü, wenn ein Popup-Menü angebunden ist.

- *lpNewItem* ist ein Long-Wert, der drei verschiedene Arten von Werten beinhaltet. Wird eine Zeichenkette eingefügt, ist lpNewItem ein Long-Zeiger auf eine Zeichenkette. Wird eine Bitmap eingefügt, so handelt es sich um ein Bitmap-Handle. Wenn Sie dagegen einen **benutzerdefinierten** Menübefehl erstellen, bezeichnet lpNewItem den entsprechenden Befehl, den Sie erstellen möchten.

AppendMenu hat verschiedene Verwendungszwecke, abhängig davon, ob Sie einen normalen Menübefehl oder ein Popup-Menü anbinden und ob der neue Menübefehl eine Zeichenkette, eine Bitmap oder ein benutzerdefinierter Menübefehl ist. Zur Einfügung eines Menübefehls in Form einer Zeichenkette können Sie AppendMenu wie folgt aufrufen:

```
AppendMenu (hMenu, MF_STRING. wID, "Öffnen...");
```

Der Wert von **wID** ist der Befehlsergebniscode, der mit der **WM_COMMAND**-Nachricht ausgesendet wird, wenn der Anwender den Menübefehl auswählt, der durch die Kennung "Öffnen..." bezeichnet wurde.

Alternativ hierzu kann **AppendMenu** dazu verwendet werden, ein Popup-Menü mit einem übergeordneten Menü zu verbinden (oder ein Popup-Menü mit einem anderen Popup-Menü). In solchen Fällen wird **AppendMenu** wie folgt aufgerufen:

```
AppendMenu (hMenuTop, MF_POPUP, hMenuPopup, "Datei");
```

In diesem Falle ist der Wert des dritten Parameters **hMenuPopup** kein Befehlsergebniscode, wohl aber ein Handle zu einem Popup-Menü. Es wird an das Ende des Menüs angehängt, das vom Menü-Handle **hMenuTop** bezeichnet wird. Wenn das Popup-Menü angehängt ist, wird es durch die Zeichenkette "Datei" bezeichnet.

AppendMenu kann weiterhin dazu verwendet werden, anstelle einer Zeichenkette eine Bitmap zu installieren. Wird eine Bitmap eingesetzt, so wird der letzte Parameter dazu benutzt, anstelle eines Long-Zeigers auf eine Zeichenkette das Bitmap-Handle zu verwenden. In dem nun folgenden Beispiel beinhaltet die Variable **hbm** ein Bitmap-Handle, das unter Verwendung des Makros **MAKELONG** im letzten Parameter angegeben wird:

```
AppendMenu (hMenu, MF_BITMAP, wID, MAKELONG(hbm, 0));
```

Zehn der zwölf Flags für das **wFlags**-Feld entsprechen den Merkmalen, die von einem Ressourcedateieintrag angefordert werden können. Die beiden anderen sind nur für dynamisch erzeugte Menüs verfügbar: **MF_BITMAP** und **MF_OWNERDRAW**. In Kapitel 12 finden Sie Beispielprogramme, die die Verwendung dieser beiden Menübefehltypen veranschaulichen. Tabelle 11.3 beschreibt jedes Menüflag. Um diese Flags klarer zu unterscheiden, werden sie in vier allgemeine Kategorien unterteilt: Objekttyp, Häkchen, Aktivierungsmöglichkeit und Menüunterbrechung.

Tabelle 11.4 zeigt jede dieser Kategorien mit den dazugehörigen Flags. Der oberste Wert in jeder Liste ist der Standardwert.

Tabelle 11.3: *Die MF-Menü-Erstellungsflags*

Menüflag	In einer Ressource verfügbar	Beschreibung
MF_BITMAP	Nein	Zeigt eine GDI-Bitmap anstelle einer Textzeichenkette für einen Menübefehl an. Sie ist eine Methode für die Verwendung grafischer Anzeigen in einem Menü. Eine andere Möglichkeit zur grafischen Darstellung in Menüs ermöglicht MF_OWNERDRAW-Flag.
MF_CHECKED	Ja	Setzt ein Häkchen neben einen Menübefehl.
MF_DISABLED	Ja	Deaktiviert einen Menübefehl. Die Verwendung von MF_GRAYED ist sinnvoller, da sie dem Anwender optisch anzeigt, daß ein Menü-befehl nicht aktiv ist.
MF_ENABLED	Ja	Aktiviert einen Menübefehl.
MF_GRAYED	Ja	Deaktiviert einen Menübefehl und stellt ihn grau dar.
MF_MENUBARBREAK	Ja	Erzeugt eine Menü-Unterbrechung und einen vertikalen Trennstrich zwischen den Punkten in einem Popup-Menü.
MF_MENUBREAK	Ja	Erzeugt eine Menü-Unterbrechung.
MF_OWNERDRAW	Nein	Dem Ersteller des Menüs wird eine Nachricht überbracht, WM_DRAWITEM, die ein Handle auf einen Gerätekontext enthält, der zur Darstellung benutzerspezifischer Menübezeichnungen unter Verwendung von GDI- Zeichenaufrufen verwendet wird. Dies ist für übergeordnete Menüs nicht möglich.
MF_POPUP	Ja	Ein Popup-Menü wird an ein übergeordnetes oder ein anderes Popup-Menü angehängt.
MF_SEPARATOR	Ja	Ein horizontaler Trennstrich wird in einem Menü erstellt.
MF_STRING	Ja	Eine Textzeichenkette wird als Bezeichnung für einen Menübefehl bereitgestellt.
MF_UNCHECKED	Ja	Ein Menübefehl wird ohne Häkchen dargestellt.

Tabelle 11.4: *Vier Kategorien von Flags*

Objekttyp	Häkchen	Aktiviert	Meniiunterbrechung
MF_STRING	MF_UNCHECKED	MF_ENABLED	
MF_POPUP	MF_CHECKED	MF_GRAYED	MF_MENUBARBREAK
MF_BITMAP		MF_DISABLED	MF_MENUBREAK
MF_SEPARATOR			
MF_OWNERDRAW			

Die einzige Routine zur Menüerstellung, die wir noch nicht betrachtet haben, ist **LoadMenuIndirect**. Diese Routine erstellt ein Menü aus einer speicherresidenten Menüschablone. Sie verhält sich wie **LoadMenu** mit dem Unterschied, daß **LoadMenu** ein Menü mit Hilfe einer Menüschablone erzeugt, die auf einem Datenträger gespeichert ist.

LoadMenuIndirect erzeugt ein Menü unter Verwendung speicherresidenter Daten. Somit können Sie sehr schnell eine Menüschablone erstellen und sie zur weiteren Verwendung ans Menüsystem übergeben. Dies verlangt von uns, daß wir die Funktionsweise des Ressourcencompilers nachbilden, in dem ein Hauptspeicherobjekt erstellt wird, das ein Menü beschreibt. Die Datenstrukturen, die zu diesem Zweck in WINDOWS.H definiert wurden, beinhalten die **MENUITEMTEMPLATEHEADER** und die **MENUITEMTEMPLATE**.

Die nächste Routine, die wir betrachten wollen, ist **SetMenu**. Diese Routine stellt verschiedene Möglichkeiten der Anbindung eines Menüs an ein Fenster zur Verfügung.

Mit einem Fenster verbinden

Eine einzige Windows-Funktion unterstützt die Positionierung eines Menüs in einem Fenster: **SetMenu**. Diese Funktion ist eine eigene Kategorie, weil sie als einzige Funktion erlaubt, ein übergeordnetes Menü zu ersetzen. Zudem macht ein Einsatz dieser Routine noch einige Erläuterungen zur Speicherbereinigung erforderlich. Darüber gleich mehr. Die Syntax dieser Routine sieht wie folgt aus

```
BOOL SetMenu (hWnd, hMenu)
```

- *hWnd* ist ein Fenster-Handle zu einem WS_OVERLAPPED- oder WS_POPUP-Fenster. Ein Menü kann keinem WS_CHILD-Fenster zugeordnet werden.

- *hMenu* ist ein Handle eines übergeordneten Menüs, das einem Fenster zugeordnet werden soll.

309

Ein Programm kann sowohl verschiedene Menüs erstellen, als auch unterschiedliche Menüs zu unterschiedlichen Zeitpunkten des Programmablaufs verfügbar machen. Dies ist aus mehreren Gründen notwendig. Ein Grund ist die Unterstützung unterschiedlicher Anwender-Niveaus. Ein Anfänger möchte vielleicht nur kurze Menüs angezeigt bekommen, in denen sich nur die grundlegenden Programmbefehle befinden. Fortgeschrittenere Anwender können Programmoptionen so setzen, daß umfangreichere, vollständige Menüs angezeigt werden.

Ein weiterer Grund dafür, daß Programme mehrere Menüs in sich vereinen, ist die Programmsicherheit. Unterschiedliche Menüs können für verschiedene Privileg-Ebenen eingesetzt werden. Beispielsweise könnte ein Programm beim Starten nach einem Paßwort fragen. Die Menüs, die dann verfügbar sind, hängen von der Eingabe des Paßwortes ab. Einem normalen Anwender könnte dann eine beschränkte Anzahl von Menüs zur Verfügung stehen, während einem Anwender mit höheren Privilegien mehr Menüs zur Auswahl stehen.

Ein weiterer Grund für verschiedene Menüs in einem Programm ist die Unterstützung der MDI-Norm (Multiple Document Interface). Diese Benutzerschnittstelle eröffnet ein neues Dokumentenfenster für jedes Dokument, mit dem der Anwender arbeiten möchte. Unterschiedliche Dokumente benötigen eventuell unterschiedliche Menüs. Beispielsweise kennt Excel, das Tabellenkalkulationsprogramm von Microsoft, zwei unterschiedliche Arten von Dokumenten: Arbeitsblätter und Schaubilder. Für beide Arten von Dokumenten existiert jeweils ein separates Menü. Excel kann zwischen beiden hin und her wechseln, abhängig von der Art des Dokuments, das der Anwender gerade bearbeitet.

Welchen Grund Sie auch haben mögen, SetMenu gestattet Ihnen einen schnellen Wechsel zwischen verschiedenen Menüs. Allerdings sollten Sie hierbei Vorsicht walten lassen. Wenn Sie ein Menü aus einem Fenster entfernen, vergißt Windows dieses Menü. Wird Ihr Programm nun beendet, ohne das Menü explizit zu zerstören, so ist der vom Menü belegte Hauptspeicher für die gesamte weitere Windows-Sitzung verloren. Achten Sie deshalb darauf, daß die Menüs, die keinem Fenster mehr zugeordnet sind, zerstört werden. Andernfalls verschwendet Ihr Programm Hauptspeicher (im Datensegment des USER-Moduls), sobald es aufgerufen wird. Der nächste Abschnitt beschreibt die Vorgehensweise bei der Menüzerstörung.

Hinweis: Falls Sie ein Menü durch den Aufruf von **SetMenu** ersetzen, stellen Sie sicher, daß Sie weiterhin über das Handle des alten Menüs verfügen. Spätestens bei der Beendigung Ihres Programms sollte das Menü aus dem Hauptspeicher entfernt werden, da Menüs, die keinem Fenster zugeordnet sind, nicht automatisch gelöscht werden.

Die Menüzerstörung

Windows kennt zwei Routinen, die Menüs zerstören und den dazugehörigen Speicherplatz wieder freigeben: **DestroyMenu** und **DeleteMenu**.

Die **DestroyMenu**-Routine zerstört Menüs, die *nicht* an ein Fenster gebunden sind. Falls Sie Ihr Menü-Handle an ein mit einem Fenster verbundenes Menü übergeben, führt dies zu einem Programmabsturz. **DestroyMenu** ist wie folgt definiert:

```
BOOL DestroyMenu (hmenu)
```

- *hmenu* ist das Handle eines übergeordneten Menüs, das zerstört werden soll. Das ausgewählte Menü sowie alle darin enthaltenen Menüs werden zerstört.

Hier folgt nun der Programmtext, der das derzeit installierte Menü bestimmt, es dann aus dem Fenster löscht und anschließend zerstört:

```
HMENU hmenu;

hmenu = GetMenu (hwnd); /* Menü-Handle bestimmen. */

SetMenu (hwnd, NULL) /* Menü löschen. */

DestroyMenu (hmenu); /* Menü zerstören */
```

Nicht jedes Menü muß auf diese Weise beseitigt werden, da Menüs, die einem Fenster zugeordnet sind, automatisch zerstört werden, wenn das Fenster ebenfalls zerstört wird.

Die zweite Routine zur Menüzerstörung, *DeleteMenu*, nimmt zwei Handlungen vor: Sie entfernt einen Menübefehl aus einem Menü und zerstört sämtliche Popup-Menüs, die diesem Menübefehl zugeordnet sind. Die Routine gibt den vom Menü belegten Hauptspeicher ebenso wieder frei, wie *DestroyMenu*. *DeleteMenu* ist wie folgt definiert

```
BOOL DeleteMenu (hMenu, nPosition, wFlags)
```

- *hMenu* ist das Handle zu einem übergeordneten oder zu einem Popup-Menü.

- *nPosition* bezeichnet einen Menübefehl. Die Bedeutung dieses Feldes hängt vom Wert des letzten Parameters, wFlags, ab.

- *wFlags* ist entweder MF_BYPOSITION oder MF_BYCOMMAND.

Falls **wFlags** auf **MF_BYPOSITION** geschaltet ist, wird der Menübefehl durch seine relative Position im Menü ausgewählt: Der erste Punkt in einem Menü hat den Offset 0, der folgende hat den Offset 1 und so weiter. Dies ist wichtig für die Zuordnung von Popup-Menüs, die keinen Ergebniscode besitzen. Hier sehen Sie nun einen Weg, wie man im STANMENU-Programm das *Bearbeiten*-Menü aus dem übergeordneten Menü entfernen kann:

```
HMENU hmenu;

...

hmenu = GetMenu (hwnd);

DeleteMenu (hmenu, 1, MF_BYPOSITION);

DrawMenuBar (hwnd);
```

Wie wir noch im folgenden Abschnitt besprechen werden, ist der Aufruf von **DrawMenuBar** immer dann notwendig, wenn eine Änderung im übergeordneten Menü stattfindet. Durch **DrawMenuBar** wird das Menü neu dargestellt.

Das **MF_BYPOSITION**-Flag kann auch verwendet werden, um einen Punkt aus einem Popup-Menü zu entfernen. Allerdings müssen Sie erst ein Handle auf das Popup-Menü erhalten, das den Punkt beinhaltet. Dies geschieht durch den Aufruf von **GetSubMenu**. Folgende Zeilen zeigen, wie der *Kopieren*-Befehl, der an vierter Stelle in unserem Standardmenü steht, gelöscht wird:

```
HMENU hmenu;

HMENU hmenuEdit;

hmenu = GetMenu (hwnd);

hmenuEdit = GetSubMenu (hmenu, 1);

DeleteMenu (hmenuEdit, 3, MF_BYPOSITION);
```

Menübefehle können auch mit dem Befehlsergebniscode unter Verwendung des **MF_BYCOMMAND**-Flags, das als letzter Parameter von **DeleteMenu** eingesetzt wird, gelöscht werden. Zum Löschen eines Punktes in einem Popup-Menü erweist sich die Verwendung des Befehlsergebniscodes gegenüber der relativen Position als schneller, da der Befehlsergebniscode einen Bezug auf jeden Punkt in der Menühierarchie erlaubt, indem er auf das Handle für das übergeordnete Menü Bezug nimmt. Hier eine weitere Möglichkeit, den *Kopieren*-Befehl des Bearbeiten-Menüs in STANMENU zu löschen:

```
HMENU hmenu;

...

hmenu = GetMenu (hwnd);

DeleteMenu (hmenu, 9, MF_BYCOMMAND);
```

Bei unserer Betrachtung von DeleteMenu haben wir zwei weitere Menüflags eingeführt: **MF_BYCOMMAND** und **MF_BYPOSITION**. Diese beiden Flags zusammen mit den 12 Flags, die wir bei der Beschreibung der **AppendMenu**-Routine eingeführt haben, ergeben die vollständige Anzahl von 14 Menüflags, denen wir begegnet sind. Diese 14 Flags bilden die Grundlage zu fast allen Arbeiten, die mit Menüs zu tun haben.

Die nächste Routinengruppe, die wir betrachten werden, wird zur Modifikation eines bereits erstellten Menüs benutzt.

Menüs verändern

Nachdem ein Programm ein Menü erstellt und mit einem Fenster verbunden hat, gibt es keinen Grund, daß das Menü nicht verändert werden darf. In der Tat unterstützt Windows 10 Routinen, mit deren Hilfe Sie die Menüs nach Belieben modifizieren können. Eine dieser Routinen haben wir bereits betrachtet, **AppendMenu**. Vier weitere Routinen verändern die Struktur eines bestehenden Menüs: **ChangeMenu**, **InsertMenu**, **ModifyMenu** und **RemoveMenu**. Im allgemeinen sollte die **ChangeMenu**-Routine vermieden werden, da sie für eine frühere Windows-Version entwickelt wurde und somit etwas schwerfällig und kompliziert ist. Außerdem werden ihre Leistungsmerkmale durch die anderen drei Modifikationsroutinen abgedeckt.

InsertMenu installiert einen neuen Menübefehl oder ein neues Popup-Menü in ein bestehendes Menü. Im Gegensatz zur **AppendMenu**-Routine, die Menübefehle nur am *Ende* eines Menüs erstellen kann, installiert die **InsertMenu**-Routine neue Punkte an jedem beliebigen Ort. Die **ModifyMenu**-Routine *verändert* bestehende Menübefehle. Beispielsweise kann sie dazu verwendet werden, die Menüzeichenkette oder den Befehlsergebniscode zu ändern, einen in Grau dargestellten Menübefehl zu aktivieren oder einen aktiven Menübefehl abzublenden. Die **RemoveMenu**-Routine entfernt ein Popup-Menü aus einem übergeordneten Menü oder einem anderen Popup-Menü. Diese Routine hinterläßt eine intakte interne Menüstruktur. Somit kann das Menü später wiederverwendet werden. Selbstverständlich müssen Sie vor den Verlassen Ihres Programmes daran denken, den Menübefehl zu zerstören, falls Sie ihn aus einem Menü entfernt haben. Andernfalls geht dem System Hauptspeicher verloren. Unsere erste Routine, **InsertMenu**, ist wie folgt definiert:

```
BOOL InsertMenu (hMenu, nPosition, wFlags, wID, lpNew)
```

- *hMenu* ist das Handle auf ein Popup- oder auf ein übergeordnetes Menü.

- *nPosition* kennzeichnet den Menübefehl, vor dem ein neuer Menübefehl erstellt wird. Dieser Wert kann entweder die relative Position eines Menübefehls oder der Ergebniscode eines Menübefehls sein, abhängig davon, ob das MF_BYPOSITION- oder das MF_BYCOMMAND-Flag ausgewählt wurde.

- *wFlags* ist eine Kombination der 12 Menüflags, die wir schon bei der AppendMenu-Routine besprochen haben. Zwei weitere Flags kennzeichnen, wie die neue

Position des Menübefehles ausgewählt wird: MF_BYPOSITION und MF_BY-COMMAND.

- *wID* ist der Ergebiniscode eines neuen Menübefehles. Sein Wert wird mit der WM_COMMAND-Nachricht überliefert. Falls ein Popup-Menü eingefügt wird, beinhaltet wID dagegen ein Handle für ein Popup-Menü.

- *lpNew* ist ein Long-Wert, der drei unterschiedliche Arten von Werten beinhalten kann. Wird eine Zeichenkette eingefügt, so ist lpNew ein Long-Zeiger auf eine Textzeichenkette. Wird eine Bitmap eingefügt, so ist lpNew ein Bitmap-Handle. Wird dagegen ein benutzerdefinierter Menübefehl erstellt, bezeichnet lpNew den gewünschten Punkt, den Sie darstellen möchten.

Hier sehen sie eine Möglichkeit, einen *Beenden*-Befehl einem Datei-Menü unterhalb des *Öffnen...*-Menübefehls hinzuzufügen:

```
HMENU hmenu;

HMenu hmenuFile;

...

hmenu = GetMenu (hwnd);

hmenuFile = GetSubMenu (hmenu, 0);

InsertMenu (hmenuFile, 2, MF_BYPOSITION, 13, "&Schließen");
```

Dieser Programmbestandteil verwendet zur Bestimmung der Position eines neuen Menübefehls die **MF_BYPOSITION**-Methode. Da ein Menübefehl in ein Popup-Menü eingefügt wird, benötigen wir ein Handle auf das Popup-Menü. Die **GetMenu**-Routine erhält ein Handle auf das übergeordnete Menü. Die **GetSubMenu**-Routine erhält ein Handle auf das Datei-Menü, da es der erste Punkt in dem übergeordnetem Menü ist. Ist das Handle auf das richtige Popup-Menü vorhanden, so fügt die **Insert-Menu**-Routine einen neuen Menübefehl ein, dessen Ergebniscode den Wert 13 liefert. Der zweite Parameter, 2, kennzeichnet, daß der Menübefehl *vor* dem 2. Menübefehl eingefügt wird. Beginnt man die Zählung bei 0, so bedeutet dies, daß vor dem *dritten* Punkt eingefügt wird. Bild 11.9 zeigt das Datei-Menü mit dem neu hinzugefügten *Schließen*-Menübefehl.

Ein weitere, einfachere Methode des Hinzufügens von Menübefehlen besteht in der Angabe der **MF_BYCOMMAND**-Option. Mit dieser Option kennzeichnen Sie die Position für den neuen Menübefehl. Diese Vorgehensweise ist einfacher, da sie statt des Handles auf das Popup-Menü, in das wir unseren neuen Menübefehl einfügen wollen, ein Handle auf das übergeordnete Menü erfordert:

Abbildung 11.9: Ein Datei-Menü mit einem neu hinzugefügten Schließen-Menübefehl

```
HMENU hmenu;

...

hmenu = GetMenu (hwnd);

InsertMenu (hmenu, 3, MF_BYCOMMAND, 13, "&Schließen");
```

Auch dieser Programmteil erstellt einen Schließen-Menübefehl im Datei-Menü. Diesmal legt der **MF_BYCOMMAND**-Parameter fest, daß die Position durch den Ergebniscode bestimmt wird. In unserem Fall wird der Wert 3 gewählt, da es der Ergebniscode für den *Speichern*-Menübefehl ist, vor dem wir den neuen Menübefehl einfügen wollen.

Die **ModifyMenu**-Routine, die jedes Merkmal eines Menübefehls verändern kann, verwendet die gleichen Parameter und Flags wie **InsertMenu**. Diese Routine verwendet die gleichen Methoden für die Kennzeichnung eines bestimmten Menübefehls: **MF_BYPOSITION** und **MF_BYCOMMAND**. Da die Routine keine neuen Menübefehle einfügt, sondern bestehende Menübefehle modifiziert, ist die Art, in der ein Menübefehl festgelegt wird, selbstverständlich anders. Bei **InsertMenu** wird auf den Punkt verwiesen, der dem neuen Menübefehl folgt. **ModifyMenu** verlangt, daß wir auf den zu verändernden Menübefehl selbst verweisen.

ModifyMenu kann einem Menübefehl eine neue Kennzeichnung geben, einen aktiven Menübefehl in Grau darstellen oder einen grau dargestellten Menübefehl aktivieren. Es kann dazu verwendet werden, normale Menübefehle in eine Bitmap oder einen benutzerdefinierten Menübefehl umzuwandeln. Kurz gesagt: Alles, was durch **Insert-Menu** oder **AppendMenu** in einem Menü eingefügt werden kann, kann durch **Mo-**

difyMenu verändert werden. Beispielsweise sehen Sie hier, wie Sie die Kennzeichnungen eines Menübefehls durch **ModifyMenu** verändert werden können. Wir werden die Menübefehle *Ausschneiden*, *Kopieren* und *Einfügen* im Bearbeiten-Menü verändern, so daß jeder Menübefehl in Französich ausgegeben wird. Unter Verwendung von **MF_BYPOSITION** würden wir schreiben

```
HMENU hmenu;

HMENU hmenuEdit;

...

hmenu = GetMenu (hwnd);

hmenuEdit = GetSubMenu (hmenu, 1);

ModifyMenu (hmenuEdit, 2, MF_BYPOSITION, 8, "Couper");

ModifyMenu (hmenuEdit, 3, MF_BYPOSITION, 9, "Copier");

ModifyMenu (hmenuEdit, 4, MF_BYPOSITION, 10, "Coller");
```

Wie wir in früheren Beispielen gesehen haben, erfordert die **MF_BYPOSITION**-Option ein Handle für das Menü oder Untermenü, das den zu modifizierenden Menübefehl beinhaltet. Etwas einfacher gestaltet sich der Versuch, die **MF_BYCOMMAND**-Option zu verwenden. Hier sehen Sie, wie die **MF_BYCOMMAND**-Option eingesetzt wird, um die gleichen Ergebnisse zu erzielen wie in unserem vorherigem Beispiel, allerdings ohne die **GetSubMenu**-Option aufzurufen.

```
HMENU hmenu;

...

hmenu = GetMenu (hwnd);

ModifyMenu (hmenu, 8, MF_BYCOMMAND, 8, "Couper");

ModifyMenu (hmenu, 9, MF_BYCOMMAND, 9, "Copier");

ModifyMenu (hmenu, 10, MF_BYCOMMAND, 10, "Coller");
```

Die nächste Funktion zur Veränderung eines Menüs, die wir uns ansehen wollen, ist **RemoveMenu**, die Punkte aus einem Menü entfernt. Falls es sich hier um einen Befehl handelt, so wird er entfernt und der durch ihn belegte Hauptspeicher wird freigegeben. Handelt es sich bei dem Menübefehl dagegen um ein Popup-Menü, wird er nicht zerstört und kann somit weiter verwendet werden. **RemoveMenu** ist wie folgt definiert

```
BOOL RemoveMenu (hMenu, nPosition, wFlags)
```

• *hMenu* ist ein Handle auf ein übergeordnetes oder ein Popup-Menü.

- *nPosition* kennzeichnet den zu löschenden Menübefehl. Dieser Wert ist entweder die relative Position eines Menübefehls oder der Befehlsergebniscode eines Menübefehls, abhängig davon, ob das MF_BYPOSITION- oder MF_BYCOMMAND-Flag gewählt wurde.

- *wFlags* ist entweder MF_BYPOSITION oder MF_BYCOMMAND.

Wenn wir das **MF_BYCOMMAND**-Flag einsetzen, können wir den *Entfernen*-Menübefehl löschen:

```
HMENU hmenu;

...

hmenu = GetMenu (hwnd);

RemoveMenu (hmenu, 11, MF_BYCOMMAND);
```

Falls wir das gesamte Bearbeiten-Menü entfernen wollen, müssen wir das MF_BYPOSITION-Flag wie folgt verwenden:

```
HMENU hmenu;

...

hmenu = GetMenu (hwnd);

hmenuEdit = GetSubMenu (hmenu, 1);

RemoveMenu (hmenu, 1, MF_BYPOSITION);

DrawMenuBar (hwnd);
```

Da wir hier ein Popup-Menü aus der Menühierarchie entfernen, müssen wir beachten, daß wir das Menü zerstören, bevor wir das Programm verlassen. Wir wollen das Popup-Menü ja nicht weiter verwenden:

```
DestroyMenu (hmenuEdit);
```

Somit ist der Hauptspeicherplatz, der vom Popup-Menü belegt wurde, wieder freigegeben.

Sie haben wahrscheinlich den Aufruf von **DrawMenuBar** bemerkt, nachdem wir das Popup-Menü entfernt haben. Immer dann, wenn eine Veränderung im übergeordneten Menü vorgenommen wird, sollte **DrawMenuBar** aufgerufen werden. Dies liegt darin begründet, daß die Routinen zur Menümodifikation *nur* die interen Datenstrukturen verändern, die ein Menü unterstützen. Damit der Anwender die Veränderung bemerkt, muß **DrawMenuBar** aufgerufen werden, um das soeben veränderte Menü neu darzustellen. Andernfalls würde der Anwender die Veränderungen nicht bemerken, was sicherlich einige Verwirrung stiften würde.

Die verbleibenden Routinen dieser Gruppe werden verwendet, um den bestehenden Status von Menübefehlen zu verändern. **CheckMenuItem** wird beispielsweise dazu verwendet, um ein Häkchen neben einen Menübefehl zu setzen oder um ein Häkchen zu entfernen. Falls Ihnen die Form des vorgegebenen Häkchens nicht zusagt, können Sie eine Bitmap erstellen, die Ihnen besser gefällt, und diese mit einem Menübefehl verbinden, indem Sie die **SetMenuBitmaps**-Routine aufrufen. Für den Fall, daß kein Menübefehl markiert ist, erlaubt Ihnen diese Routine auch die Auswahl einer Bitmap. In Kapitel 12 werden wir besprechen, wie Menübefehle durch die Einbindung von Grafiken erweitert werden können. Die **EnableMenuItem**-Routine erlaubt Ihnen die Auswahl eines von drei möglichen Zuständen eines Punktes: aktiviert, deaktiviert und abgeblendet. Wie wir schon vorher erwähnt haben, ist es besser, den deaktivierten Zustand zu vermeiden, da dem Anwender nicht sichtbar gemacht wird, daß der Punkt nicht ausführbar ist. Für die anderen beiden gilt: Standardmäßig ist ein Menübefehl *aktiviert*. Er kann angewählt und entsprechend manipuliert werden. Ein *abgeblendeter* Menübefehl dagegen kann vom Anwender nicht angewählt werden.

Unsere letzte Routine ist die **HiliteMenuItem**-Routine, mit der sich die Menübefehle eines übergeordneten Menüs hell unterlegen lassen. Diese Routine wird vom Programmcode der Schnelltastenunterstützung verwendet, sobald eine Schnelltaste gedrückt wird. Der Menübefehl des übergeordneten Menüs, der mit dem ausgewählten Menübefehl verbunden ist, wird für einen Moment hell unterlegt. Solange Sie nicht vorhaben, diese Funktion in eigenen Programmen nachzuvollziehen, werden Sie diese Routine wohl kaum benötigen.

Unsere nächste Routinengruppe startet eine Abfrage. Das bedeutet, daß Sie beim Menüsystem um Information nachfragen.

Abfrage

Die Abfrageroutinen erlauben Ihnen die Abfrage von Informationen hinsichtlich der Menüs. Es gibt zwei Arten von Routinen: Eine Gruppe liefert ein Handle auf ein Menü, die andere Gruppe stellt die Attribut-Informationen des Menüs bereit. Falls Sie einen Wert oder ein Flag setzen können, gibt es auch eine Abfrageroutine, die den momentan eingestellten Wert oder das Flag eines Menübefehls liefert.

Drei Abfrageroutinen liefern Ihnen Informationen über das Menü-Handle: **GetMenu**, **GetSubMenu** und **GetSystemMenu**. In Abbildung 11.10 können Sie sehen, welche Menü-Handles diese drei Routinen zurückliefern.

```
hmenuTop = GetMenu (hwnd);
```

GetMenu liefert ein Handle auf das übergeordnete Menü, das mit dem Fenster verbunden ist. Es kann durch folgendes Beispiel aufgerufen werden:

```
hmenuTop = GetSubMenu (hmenuTop, nPosition);
```

Nachdem Sie das Handle für das übergeordnete Menü besitzen, erhalten Sie ein Handle auf eine seiner Popup-Menüs durch den Aufruf

```
hmenu = GetSubMenu (hmenuTop, nPosition);
```

wobei **nPosition** ein Index des Popup-Menüs im übergeordneten Menü ist, der mit Null beginnt, oder der Index eines Popup-Menüs innerhalb eines anderen Popup-Menüs. Nachdem Sie ein Popup-Menü-Handle erhalten haben, kann es zusammen mit den Routinen zur Menümodifikation verwendet werden, um jeden beliebigen Menübefehl in dem Menü zu entfernen, zu verändern oder hinzuzufügen.

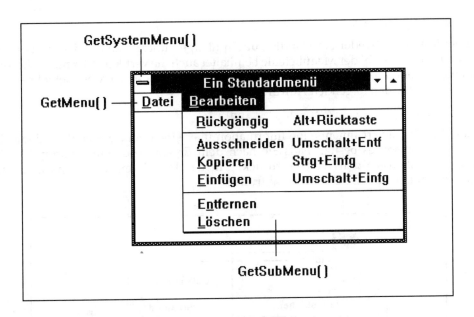

Abbildung 11.10: Drei Abfrageroutinen liefern Menü-Handles zurück

Die **GetSystemMenu**-Routine kennt zwei Einsatzbereiche, die mit der speziellen Natur des Systemmenüs zu tun haben. Die meisten Programme verwenden das Standard-Systemmenü, so daß Windows hiervon lediglich ein einzige Kopie im Hauptspeicher behält. Eine Kopie hiervon wird automatisch für ein Fenster erstellt, wenn es **GetSystemMenu** folgendermaßen aufruft:

```
hmenuSys = GetSystemMenu (hwnd, 0);
```

Durch die Angabe des Wertes Null im zweiten Parameter erkennt das Menüsystem, daß ein Handle auf ein privates Systemmenü angefordert wird, das Sie anschließend nach Belieben verändern können. Falls Sie nach der Veränderung des Systemmenüs lieber wieder zum ursprünglichen Systemmenü zurückkehren möchten, sollten Sie den folgenden Aufruf ausführen:

```
hmenuSys = GetSystemMenu (hwnd, 1);
```

Ein von Null verschiedener Wert im zweiten Parameter ordnet Ihrem Fenster das Standardsystemmenü zu, das von Ihnen nicht mehr verändert werden kann.

Die anderen fünf Abfrageroutinen liefern Informationen über die Menüattribute zurück. Bild 11.11 zeigt die speziellen Attribute für vier dieser Routinen. Um die Anzahl der Menübefehle zu erhalten, die ein Menü beinhaltet, starten Sie den folgenden Aufruf:

```
w = GetMenuItemCount (hMenu);
```

wobei **hMenu** entweder ein Handle auf ein übergeordnetes Menü oder ein Popup-Menü ist. Die Anzahl der Menübefehle beinhaltet auch die vertikalen Trennstriche, die in einem Menü erscheinen. Falls Sie den Ergebniscode für einen Menübefehl benötigen, starten Sie den folgenden Aufruf:

```
w = GetMenuItemID (hMenu, nPosition);
```

Diese Routine liefert Ihnen keine Information über einen Popup-Menübefehl, da sie keine Ergebniscodes besitzt. Falls Sie nach dem Ergebniscode eines Popup-Menüs fragen, erhalten sie den Wert -1 zurück. Um das Handle eines Popup-Menüs zu erhalten, müssen Sie **GetSubMenu** aufrufen.

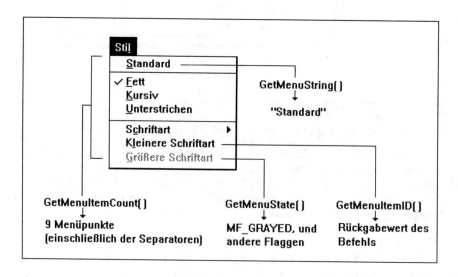

Abbildung 11.11: Menüattribute, die ein Programm abfragen kann

Eine weitere Abfrageroutine ist **GetMenuState**, die Ihnen die aktuellen Zustände der unterschiedlichen Menüflags mitteilt. Falls Sie ein bestimmtes Menüflag prüfen möchten, verwenden Sie die logische UND-Funktion (AND). Beispielsweise liefert Ihnen der nun folgende Programmtext das Flag für den Menübefehl, der den Ergebniscode 38 besitzt. Danach wird geprüft, ob der Menübefehl abgeblendet ist oder nicht:

```
WORD wFlags;

...

wFlags = GetMenuState (hmenu, 38, MF_BYCOMMAND);

if (wFlags & MF_GRAYED)

 {

 .


 .


 .
```

Beim Einsatz der Routine **GetMenuState** sollten Sie sehr umsichtig arbeiten. Jedes der Standardflags (**MF_STRING**, **MF_UNHILITE**, **MF_ENABLE** und **MF_UN-CHECKED**) besitzt den Wert Null. Sie können diese Flags nicht mit der logischen UND-Funktion prüfen, da diese Funktion auf einen Null-Wert auch immer ein Ergebnis von Null zurückgibt. Deshalb müssen Sie beim Prüfen der Standardflags auch die Flags mit gegenteiliger Bedeutung testen. Hier finden Sie ein Beispiel, wie geprüft wird, ob ein Menü aktiviert ist oder nicht:

```
WORD wFlags

...

wFlags = GetMenuState (hmenu, 38, MF_BYCOMMAND);

if (!wFlags & (MF_DISABLED | MF_GRAYED))

 {

 .


 .


 .
```

Falls die Flags für die Deaktivierung und die Graudarstellung nicht gesetzt sind, liefert diese bedingte Anweisung einen Wahr-Wert. Obwohl diese Vorgehensweise etwas merkwürdig erscheint, ist sie doch notwendig und liegt wohl in der Art begründet, in der Windows die Flaginformationen ablegt. Beachten Sie, daß die **GetMenuState**-Routine Ihnen bei der Auswahl eines bestimmten Menübefehls die Wahl läßt zwischen den **MF_BYCOMMAND**- und **MF_BYPOSITION**-Flags.

Eine Kopie einer als Menübefehl angezeigten Zeichenkette (im Gegensatz zu einem Trennzeichen, einer Bitmap oder einem benutzerdefinierten Menübefehl) kann durch folgenden Aufruf erfolgen:

```
cbSize = GetMenuString (hmenu, wID, lpBuff, bufsize, wFlag);
```

wobei **hmenu** ein Handle auf ein Menü ist, **wID** entweder ein Befehlsergebniscode oder die relative Position des Punktes, **lpBuff** ein Long-Zeiger auf einen Zeichenpuffer, **bufsize** die Puffergröße und **wFlag** entweder **MF_BYCOMMAND** oder **MF_BYPOSITION**. Der zurückgelieferte Wert **cbSize** beinhaltet die Anzahl der Bytes, die kopiert wurden.

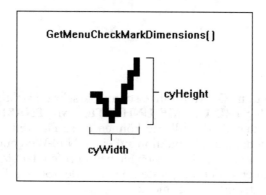

Abbildung 11.12: von GetMenuCheckMarkDimensions zurückgelieferte Größenangaben eines Häkchens

Unsere letzte Routine zur Menüabfrage hat wohl den längsten Routinennamen in Windows: **GetMenuCheckMarkDimensions**. Wie in Abbildung 11.12 veranschaulicht wird, liefert diese Routine die Breite und Höhe eines Standard-Menühäkchens. Dies ist für Programme nützlich, die das Standard-Häkchen durch ein selbsterstelltes Häkchen ersetzen wollen. Weiterhin kann ein Programm eine Markierung installieren, die angezeigt wird, wenn der Menübefehl nicht markiert ist. Diese Routine liefert einen 4-Byte-Wert, der unterteilt werden muß, um die beiden Größenangaben aufzunehmen:

```
DWORD dwCheck;

int cxWidth;

int cyHeight;

dwCheck = GetMenuCheckMarkDimensions ();

cxWidth = LOWORD (dwCheck);

cyHeight = HIWORD (dwCheck);
```

322

Wie Sie in diesem Beispiel sehen können, benötigt diese Routine keine Parameter.

Es gibt noch eine weitere Kategorie, die sich mit der Nachverfolgung beschäftigt. Es handelt sich hier um die Unterstützung eines Popup-Menüs, das außerhalb eines normalen Windows-Menüs erscheint.

Nachverfolgung

Die letzte Kategorie der Menüroutinen besteht aus einer einzelnen Routine, die zur Menüverfolgung (menu tracking) eingesetzt wird. Diese Routine, TrackPopupMenu, ermöglicht die Erstellung eines Popup-Menüs an jeder beliebigen Stelle des Bildschirms. Menüs, die keinem übergeordneten Menü zugeordnet sind, werden manchmal als Tear-Off- oder Abreiß-Menüs bezeichnet. Sie sehen wie normale Popup-Menüs aus. Der einzige Ausnahme ist, daß sie an beliebiger Stelle erscheinen können.

TrackPopupMenu ist wie folgt definiert:

```
BOOL TrackPopupMenu (hMenu, 0, x, y, 0, hWnd, 0L)
```

- *hMenu* ist ein Handle auf ein Popup-Menü.

- *x* ist der x-Wert der oberen, linken Ecke des Menüs, bezogen auf die Bildschirmkoordinaten.

- *y* ist der y-Wert der oberen, linken Ecke des Menüs, bezogen auf die Bildschirmkoordinaten.

- *hWnd* ist ein Handle auf ein Fenster, an das die WM_COMMAND- und andere Menünachrichten gesandt werden.

- der zweite, fünfte und siebte Parameter sind reservierte Werte, die auf 0 gesetzt sein müssen.

Eines sollten Sie bei der Benutzung dieser Routine beachten: Zur Positionsbestimmung des Popup-Menüs werden nicht die Arbeitsbereichkoordinaten, sondern die **Bildschirmkoordinaten** eingesetzt. Ebenso wie die Arbeitsbereichkoordinaten sind auch die Bildschirmkoordinaten pixelorientierte Systemkoordinaten. Der Ursprung (0, 0) der Bildschirmkoordinaten liegt stets in der oberen, linken Ecke des Bildschirms. Falls ein Popup-Menü im Arbeitsbereich positioniert werden soll, müssen die Arbeitsbereichkoordinaten in entsprechende Bildschirmkoordinaten umgewandelt werden. Die **ClientToScreen-Routine** erledigt Ihnen freundlicherweise diese Aufgabe. Hier sehen Sie nun, wie eine "Linke-Maustaste-Oben-Nachricht" dazu verwendet werden kann, ein Abreiß-Menü dort zu plazieren, wo der Anwender die Maustaste drückt:

```
case WM_LBUTTONUP:
  HMENU hmenu;
  HMENU hmenuEdit;
  POINT pt;
```

```
hmenu = GetMenu (hwnd);
hmenuEdit = GetSubMenu (hmenu, 1);
pt = MAKEPOINT (lParam);
ClientToScreen (hwnd, &pt);
TrackPopupMenu (hmenuEdit, /* Popup-Menü-Handle */
   0, /* Reserviert */
   pt.x, /* X-Koordinate */
   pt.y /* Y-Koordinate */
   0, /* Reserviert */
   hwnd, /* Hwnd für Nachrichten */
   0L); /* Reserviert */
}
break;
```

Dieser Programmtext läßt das Bearbeiten-Menü von STANMENU an beliebiger Stelle im Arbeitsbereich erscheinen.

Das Popup-Menü, das von der **TrackPopupMenu**-Routine erstellt wurde, verhält sich wie jedes normale Popup-Menü. Ein wichtiger Unterschied liegt jedoch darin, daß *keine* **WM_INITMENUPOPUP**-Nachricht vor der Anzeige dieses Menüs übergeben wird. Statt dessen wird als einzige Initialisierungsnachricht eines Menüs die **WM_INITMENU**-Nachricht versendet. Dies liegt darin begründet, daß ein Abreiß-Menü, das durch **TrackPopupMenu** erstellt wurde, wie ein Menü der obersten Menühierarchie behandelt wird. Aus der Sicht des Menüsystems hat es dann den gleichen Status wie die Menüleiste, die unter der Fenstertitelleiste liegt. Die **WM_INITMENU**-Nachricht ist für die Initialisierung aller übergeordneten Menüs einschließlich des Popup-Menüs, das von **TrackPopupMenu** angezeigt wird, reserviert. Soll allerdings ein von **TrackPopupMenu** erstelltes Abreiß-Menü Untermenüs enthalten, so wird eine **WM_INITMENUPOPUP**-Nachricht ausgesandt, um Ihnen mitzuteilen, welche Initialisierung für diese Untermenüs erforderlich ist, die sich auf einer niedrigeren Ebene befinden als das Abreiß-Menü.

Obwohl Menüs einem Programm erlauben, dem Anwender die verfügbaren Befehle anzuzeigen, bevorzugen einige Anwender die Befehlseingabe per Tastatur. Um dieser Vorliebe entgegenzukommen, unterstützt Windows die Erstellung von Schnelltasten. Schnelltasten (auch Tastenkürzel oder Tastaturkürzel genannt) stellen eine nahezu nahtlose Verbindung zwischen der Tastatureingabe und den Menübefehlen dar. Die Verbindung ist so gut, daß die Betätigung von Schnelltasten sogar den Menübefehl kurz zum Aufleuchten bringt, um so dem Anwender anzuzeigen, welchen Befehl er ausgewählt hat. Lassen Sie uns die Möglichkeiten untersuchen, die für die Schnelltasten verfügbar sind. Weiterhin wollen wir betrachten, wie die Schnelltasten in einem Windows-Programm eingesetzt werden.

Schnelltasten

Die Unterstützung der Schnelltasten war eines der letzten Teilgebiete, die Microsoft umsetzte, bevor die erste Version von Windows im Jahr 1985 ausgeliefert wurde. Das ursprüngliche Design von Windows enthielt eine Benutzerschnittstelle, die sich hauptsächlich auf die Maus als Eingabegerät bezog. Nachdem jedoch der relativ bescheidene Geräte-Standard der damals üblichen PC-Systeme näher analysiert wurde, mußte Microsoft umdisponieren. Die meisten PC-Systeme der damaligen Zeit besaßen keine Maus. Ein weiterer Faktor, der die Entscheidung der Schnelltastenunterstützung unter Windows beeinflußte, waren die Rückmeldungen von Softwareentwicklern, die ihre Anwendungen auch unter Windows laufen lassen wollten. Einige dieser Softwareentwickler besaßen erfolgreiche DOS-Programme, die hauptsächlich auf die Tastaturschnittstelle ausgerichtet waren. Diese Softwareentwickler waren um die Eignung von Windows für ihre eigenen Programme besorgt. Die Antwort von Microsoft hierauf war die Bereitstellung von Schnelltasten.

Schnelltasten verbinden die Tastatureingabe mit der Menübefehlsauswahl. Für Anwender, die keine Maus besitzen oder die Tastatur zur Befehlseingabe bevorzugen, verbinden die Schnelltasten Tastaturereignisse mit der Erzeugung von Nachrichten. Für Programmierer bedeutet das, daß die Einbeziehung der Schnelltasten in ein Windows-Programm nur wenig Aufwand erfordert.

Microsoft hat die Aufgabe der Schnelltastenunterstützung so exzellent ausgeführt, daß Programmierer die Schnelltasten nicht nur als Ergänzung des Menüsystems, sondern als eigenständiges Leistungsmerkmal betrachten. In der Tat sind Schnelltasten ein eigenständiger Bestandteil von Windows, der Befehle unterstützen kann, die keinen vergleichbaren Menübefehl besitzen. Im Extremfall könnten Sie sogar Programme schreiben, die zur Befehlseingabe *ausschließlich* Schnelltasten einsetzen und keinerlei Menüs verwenden. Sicherlich werden Sie so nicht vorgehen, da das Vorhandensein von Menüs *und* Schnelltasten eine sehr flexible Benutzerschnittstelle bietet.

In Kapitel 15, in dem wir die Tastatureingabe besprechen, werden Sie sehen, daß die Tastatureingabe einen *zweistufigen* Übersetzungsprozeß durchläuft. Die Tastatur-Hardware erzeugt **Scancodes**, die eine Tastaturaktivität melden. Tatsächlich hat jede Taste der Tastatur zwei Scancodes: Einer meldet, ob die Taste gedrückt ist, der andere, ob die Taste wieder freigegeben wurde. Ein Scancode ermöglicht der Tastatur-Hardware mitzuteilen, daß sich im Tastaturstatus etwas verändert hat. Für Windows-Programme sind Scancodes zumeist nicht interessant, da ihre Funktionsweise auf einer zu tiefen Ebene angesiedelt ist. Ohnehin übersetzt der Tastaturtreiber von Windows die Scancodes in (für Programme) verwertbare Informationen.

Der erste Übersetzungsprozeß wandelt die Scancodes in **virtuelle Tastencodes** um. Virtuelle Tastencodes bringen uns einen Schritt näher an die Zeicheninformationen heran, aber sie unterscheiden beispielsweise nicht zwischen einem großen "A" und einem kleinen "a". Dies liegt darin begründet, daß virtuelle Tastencodes keine Zeichen repräsentieren, sondern lediglich die Tasten der Tastatur. Im Hinblick auf Schnelltasten eignen sich die virtuellen Tastaturcodes zur Arbeit mit der Tastatureingabe am ehesten. Sobald der Anwender einen Tastaturbefehl, z.B. Strg-A, eingibt, sollte er stets die gleichen Auswirkungen haben - egal ob die CAPS LOCK-Taste gerade aktiv ist oder nicht. Mit anderen Worten, es sollte es keinen Unterschied machen, ob Strg-A oder Strg-a gedrückt wird.

Der zweite Übersetzungsprozeß wandelt die virtuellen Tastaturcodes in den erweiterten ASCII-Zeichensatz um, den Windows unterstützt. Programme, die eine Zeicheneingabe erwarten, wie zum Beispiel Textverarbeitungsprogramme, sind am ehesten an ASCII-Zeichen interessiert und ignorieren Scancodes und virtuelle Tastencodes. Dies bedeutet, daß ein Programm ASCII-Zeichen jederzeit als Schnelltasten implementieren *könnte*. Allerdings würde eine derartige Vorgehensweise z.B ein Textverarbeitungsprogramm ganz erheblich einschränken, da bestimmte Zeichen als Befehlsaufrufe interpretiert würden und nicht als Dateneingabe. Falls Sie dagegen ein Programm schreiben, das *einzig* die Tastatureingabe zur Befehlseingabe verwendet, gibt es keinen Grund, die ASCII-Zeichen nicht einzusetzen.

Windows gestattet Ihnen zur Schnelltastendefinition entweder die Verwendung der Informationen von virtuellen Tastaturcodes oder von ASCII-Zeichen. Virtuelle Tastaturcodes sind die geläufigeren Schnelltastenarten, da sie nicht vom Status der Umschalt-Tasten abhängen, wie beispielsweise der [CAPS LOCK]-Taste. Falls Sie jedoch Befehlstasten erstellen möchten, die zwischen Groß- und Kleinschreibung unterscheiden, dann müssen Sie die ASCII-Zeichen für die Schnelltasten verwenden.

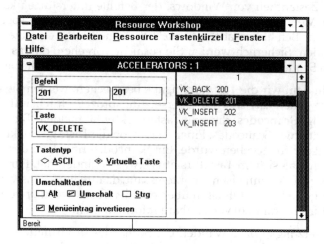

Abbildung 11.13: Der Schnelltasteneditor des Resource Workshop

Damit ein Programm Zugriff auf die Schnelltasten erlangen kann, muß zunächst eine Schnelltastentabelle erstellt werden. Programme können mehr als eine Schnelltastentabelle besitzen, aber nur eine kann zur selben Zeit aktiv sein. Schnelltastentabellen werden durch einen Eintrag in der Ressourcendatei eines Programms unter der Verwendung des Schlüsselworts **ACCELERATORS** erstellt. Wie es in Abbildung 11.13 veranschaulicht wird, besitzt der Resource Workshop einen eingebauten Schnelltasteneditor, der Ihnen die Erstellung einer Schnelltastentabelle vereinfacht. Zur Definition einer Schnelltastentabelle können Sie aber auch jeden beliebigen ASCII-Editor verwenden.

Das folgende Strukturbeispiel einer Schnelltastentabelle zeigt die beiden Grundtypen von Einträgen auf. Jede Zeile repräsentiert eine unterschiedliche Schnelltaste:

```
table-name ACCELERATORS

{

<taste>, <befehl>, VIRTKEY, [,NOINVERT] [,ALT] [,SHIFT] [,CONTROL]

<taste>, <befehl>, ASCII, [,NOINVERT] [,ALT] [,SHIFT] [,CONTROL]

}
```

- *taste* ist die Taste, entweder ein Text in Anführungsstrichen (z.B. "A"), oder eine virtuelle Tastenkonstante von WINDOWS.H, VK_F1. Es kann auch ein numerischer Wert (58 oder 0x6C) sein.

- *befehl* ist der Befehlsergebniscode, der mit der **WM_COMMAND**-Nachricht eingefügt wird, um einem Programm mitzuteilen, daß eine Schnelltastenkombination gedrückt wurde.

- *VIRTKEY* legt fest, daß der Wert von **taste** einen virtuellen Tastencode enthält.

- *ASCII* legt fest, daß **taste** ein ASCII-Tastencode ist.

- *NOINVERT* unterbindet die automatische helle Unterlegung des zugehörigen Menübefehls.

- *ALT* besagt, daß eine Schnelltaste die Alt-Taste verwendet.

- *SHIFT* besagt, daß eine Schnelltaste die Umschalt-Tasten verwendet.

- *CONTROL* besagt, daß eine Schnelltaste die Strg-Taste verwendet.

Hier folgt nun ein Beispiel einer Schnelltastentabelle, die nur ASCII-Werte beinhaltet.

```
AscKeys ACCELERATORS

{

"A", 25, ASCII
```

```
"a", 26, ASCII

"1", 27, ASCII

}
```

Der Befehlsergebniscode ist der Wert, der an die Fensterprozedur über den **wParam**-Parameter als Teil der **WM_COMMAND**-Nachricht gesandt wird. Z.B. fängt folgende Nachricht Funktionen ab und verarbeitet die Tastaturereignisse für die **AscKeys**-Schnelltastentabelle:

```
void TSampleWindow::WMCommand(TMessage& Msg)

{

switch (COMMANDMSG(msg))

  {

  case 25:

    .

    .

  case 26:

    .

    .

  case27:

    .

    .

  }

}
```

Auf diese Weise können Sie Programme entwickeln, die normale Zeichenwerte als Befehle verwenden. Beachten Sie, daß die Verwendung von **ASCII** Ihre Befehle abhängig von der Groß- und Kleinschreibung macht. Der Großbuchstabe A wird erzeugt, wenn entweder die [Umschalt]-Taste *oder* die Caps Lock-Taste aktiviert ist. Wie Ihnen sicherlich bekannt ist, heben die beiden Tasten sich gegenseitig auf, wenn beide gleichzeitig aktiv sind, und erzeugen somit einen Kleinbuchstaben.

Die meisten Pogramme verwenden statt der ASCII-Schnelltasten die virtuellen Tastencodes als Schnelltasten. Virtuelle Tastencodes erlauben eine Definition der Schnelltasten, ohne auf die Groß- oder Kleinschreibung zu achten. Weiterhin ermöglichen sie die Kombination der Tasten mit jeder Alt-, Umschalt- und Strg-Taste. Es folgt nun eine weitere Schnelltastentabelle, die veranschaulicht, wie virtuelle Schnelltasten definiert werden können:

```
VirtKeys ACCELERATORS

{

"A",  35, VIRTKEY, CONTROL

VK_F1,  36, VIRTKEY

VK_F8,  37, VIRTKEY, ALT, CONTROL, SHIFT

}
```

Diese Tabelle definiert drei virtuelle Schnelltasten: Strg-A, F1 und Alt-Strg-Umschalt-F8. Da virtuelle Tastencodes auf die *Tasten* der Tastatur bezogen sind und nicht auf ASCII-Codewerte, ignoriert die Strg-A-Schnelltaste den Zustand der Caps Lock-Taste. Aus diesem Grund sind virtuelle Tastencodes für die Schnelltasten für den Anwender weniger verwirrend. Die zweite Schnelltaste in dieser Tabelle veranlaßt die F1-Funktionstaste, eine **WM_COMMAND**-Nachricht mit dem Wert 36 an den **wParam**-Parameter zu übergeben. Die letzte Schnelltaste in dieser Tabelle zeigt, daß eine Schnelltaste unter Verwendung aller drei Umschalttasten, Alt, Strg und Umschalt, definiert werden kann. Sicherlich ist es *wenig* empfehlenswert, diese drei Umschalttasten in einer einzigen Schnelltaste zu vereinigen, da ein Anwender jetzt alle vier Tasten gleichzeitig drücken müßte, um sie zu aktivieren. Bestimmte Tastenkombinationen *sollten nicht* als Schnelltasten verwendet werden. Einige dieser Kombinationen sind in dieser Schnelltastentabelle aufgeführt:

```
AvoidThese ACCELERATORS

{

VK_TAB,      99, VIRTKEY, ALT;          Programmumschaltung

VK_SPACE,   100, VIRTKEY, ALT;          Systemmenü

VK_F10,     101, VIRTKEY;               Menü-Hot-Key

VK_F4,      102, VIRTKEY, ALT;          Fenster schließen

VK_ESCAPE,  103, VIRTKEY, CONTROL;      Task-Liste anfordern


VK_ESCAPE,  104, VIRTKEY, ALT;          Programmumschaltung

VK_MENU,    105, VIRTKEY;               Alt-Taste

VK_SHIFT,   106, VIRTKEY;               Umschalt-Taste

VK_CONTROL, 107, VIRTKEY;               Strg-Taste


VK_DELETE,  108, VIRTKEY, CONTROL, ALT; Neustart des Rechners!

}
```

Die erste Gruppe von Schnelltastendefinitionen sind Tastenkombinationen, die der Verwendung von Windows vorbehalten sind. Falls Sie für eine dieser genannten Kombinationen Schnelltasten erstellen, verhindern Sie, daß diese Tastenkombination ihre Standardaufgabe in der Benutzerschnittstelle wahrnehmen kann. Die zweite Gruppe von Schnelltasten beinhaltet die alleinige Verwendung der Alt- Umschalt- und Strg-Tasten. Das System für die Tastaturschnelltasten ignoriert diese Tasten, wenn sie alleine betätigt werden, da sie für die Nutzung mit anderen Tasten reserviert sind. Die letzte Schnelltaste in dieser Tabelle bedarf keiner näheren Erläuterung. Sie sollten diese Warmstart-Kombination niemals als Schnelltastenbefehl verwenden.

Es gibt noch weitere Gruppen von Schnelltastenkombinationen, die Sie vermeiden sollten, außer für die Aktionen, für die sie von Windows standardmäßig reserviert sind. Umschalt-Entf beispielsweise ist für den *Ausschneiden*-Punkt im *Bearbeiten*-Menü reserviert. Tabelle 11.5 faßt diese reservierten Schnelltasten zusammen und beschreibt die Verwendung jeder einzelnen. Diese Tabelle verdeutlicht, daß die Anzahl der reservierten Schnelltasten recht gering ist. Ihnen stehen somit noch genügend Tastenkombinationen zu Verfügung.

Tabelle 11.5: *Reservierte Schnelltastenkombinationen*

Tastenkombination	*Beschreibung*
Alt + Rücktaste	Bearbeiten/Rückgängig-Menübefehl.
Umschalt + Entf	Bearbeiten/Ausschneiden-Menübefehl, entfernt ein Objekt und lagert es in der Zwischenablage.
Strg + Einfg	Bearbeiten/Kopieren-Menübefehl, kopiert ein Objekt in die Zwischenablage.
Umschalt + Einfg	Bearbeiten/Einfügen-Menübefehl, fügt den Inhalt der Zwischenablage in ein Dokument ein.
Entf	Bearbeiten/Entfernen- oder Bearbeiten/Löschen-Menübefehl, entfernt Daten, ohne den Inhalt der Zwischenablage zu ändern.
F1	Hilfe.
F6	Schaltet in eine andere Hälfte um, wenn ein Fenster geteilt ist.
Strg + F6	Schaltet in ein anderes Fenster der MDI-Schnittstelle um.

Falls Sie sich mit dem Gedanken tragen, Ihr Windows-Programm eines Tages in eine andere Sprache zu übersetzen, dann sollten Sie möglichst die Erstellung von Schnelltasten unterlassen, bei denen die [Alt]-Taste mit einer Buchstabentaste kombiniert werden (z.B. [Alt]+[A]). Solche Schnelltasten können leicht mit den Mnemoniktastenbelegungen in Konflikt geraten. Wie wir schon vorher besprochen haben, wird die Mnemonik-taste durch die Kombination der Alt-Taste und einem Zeichen zum Aufruf eines Popup-Menüs definiert. Falls eine Schnelltaste für eine derartige Kombination definiert ist (z.B. Alt-A), dieser Buchstabe aber gleichzeitig von einem Popup-Menü als Mnemonik benutzt wird, so wird wird die Mnemonik nicht wirksam, da die Schnellta-stenkombinationen eine höhere Priorität haben.

Auf den ersten Blick erscheint es Ihnen vielleicht gar nicht so schwierig, Schnelltasten-kombinationen zu erstellen, die nicht mit Mnemoniks in Konflikt geraten. Stellen Sie sich ein Programm mit zwei Popup-Menüs vor: ein Datei-Menü und ein Bearbeiten-Menü. Falls Alt-D und Alt-B die einzigen Mnemonikbelegungen sind, die das Pro-gramm verwendet, könnten Sie annehmen, daß Sie die Schnelltastenkombination Alt-T ohne großes Risiko verwenden können. Doch wenn Ihr Programm eines Tages in Finnland vertrieben werden soll, wo die Bezeichnung für das Wort "Datei" auf finnisch "Tiedosto" lautet, werden Sie erkennen, daß Ihre Schnelltastenkombination, Alt-T, mit dem finnischen Menübefehl "Tiedosto" kollidiert. Betrachten Sie Abbildung 11.14 als ein Beispiel für ein mögliches finnisches Programm.

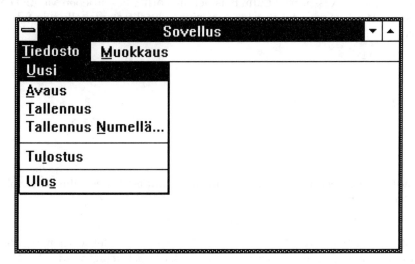

Abbildung 11.14: Ein Beispiel für ein finnisches Programm

Wie Sie sehen können, würde entweder die Schnelltastenkombination [Alt]+[T] oder [Alt]+[M] mit den Mnemoniks der finnischen Version unseres Programms mit dem Datei (Tiedosto)- oder Bearbeiten (Muokkaus)- Menü kollidieren. Der einfachste Weg zur Vermeidung solcher Probleme ist das Unterlassen der Erstellung von Schnellta-sten, die aus einer [Alt]-Taste und einem einzelnem Buchstaben bestehen.

Wurde eine Schnelltastentabelle erst einmal in einer Ressourcendatei definiert, so erfordert ihre Einfügung in ein Programm den Aufruf der **LoadAccelerators**-Routine. Sie ist wie folgt definiert

```
HANDLE LoadAccelerators (hInstance, lpTableName)
```

- *hInstance* ist ein Instanz-Handle, das einem Programm als Parameter auf **Win-Main** übergeben wird.

- *lpTableName* ist ein Long-Zeiger auf eine Zeichenkette, die den Namen einer Schnelltastentabelle aus einer Ressourcendatei des Programms beinhaltet.

Der Wert, der zurückgeliefert wird, ist ein Handle auf eine Schnelltastentabelle. Sie bezeichnet den bestimmten Satz von Schnelltasten, die verwendet werden können. Sie sollten eine Schnelltastentabelle namens VIRTKEYS wie folgt laden:

```
HANDLE hAccel;

hAccel = LoadAccelerators (hInstance, "VIRTKEYS");
```

So wie auch andere Ressourcen (zum Beispiel die vorher beschrieben Menüs) kann ein numerischer Wert verwendet werden, um eine Schnelltastentabelle wie folgt zu bezeichnen

```
23 ACCELERATORS

{

"A", 35, VIRTKEY, CONTROL

.

.

}
```

Zum Laden dieser Schnelltastentabelle in den Hauptspeicher sollten Sie folgenden Aufruf ausführen:

```
hAccel = LoadAccelerators (hInstance, "#23");
```

Es könnte auch das **MAKEINTRESOURCE**-Makro verwendet werden, um den Wert so zu übergeben, daß er als numerischer Identifikator betrachtet wird:

```
hAccel = LoadAccelerators (hInstance, MAKEINTRESOURCE (23));
```

Nachdem die Schnelltastentabelle geladen wurde, kann sie durch den Aufruf der **TranslateAccelerator**-Routine in einer Nachrichtenschleife eingesetzt werden. Da das OWL-Application-Objekt uns den Aufruf dieser Routine abnimmt, brauchen wir uns darum nicht weiter zu kümmern. Falls Sie die Einzelheiten dennoch interessieren, finden Sie im nächsten Abschnitt weitere Hinweise zur **TranslateAccelerator**-Routine.

Schnelltasten erzeugen die gleichen Nachrichten wie eine vergleichbare Menüauswahl. Genauer gesagt transportiert die **WM_COMMAND**-Nachricht den entsprechenden Befehl zu einem Fensterobjekt. Genau wie mit den Menübefehlen können Sie eine einzelne Funktion zur Nachrichtenbeantwortung erzeugen, die alle **WM_COMMAND**-Nachrichten behandelt. Sie können aber auch für jeden Befehl eine eigene Funktion zur Nachrichtenbeantwortung erstellen. Falls Sie dies tun, sollten Sie darauf achten, daß Sie den **CM_FIRST**-Wert als ersten Index der Befehlsfunktion einsetzen.

Schnelltasten-Übersetzung

Wenn Schnelltasten in der Nachrichtenschleife des Programms verankert sind, werden sie automatisch von der **TranslateAccelerators**-Routine in ihr Menü-Äquivalent übersetzt. Das OWL-Application-Objekt ruft diese Routine bereits in seiner Nachrichtenschleife für uns auf. **TranslateAccelerators** ist wie folgt definiert:

```
int TranslateAccelerators (hWnd, haccTable, lpMsg)
```

- *hWnd* ist das Handle eines Fensters, das die Befehls- und Menükontrollnachrichten empfängt, die von Schnelltasten erzeugt werden. Dieses Fenster enthält normalerweise ein Menü, so daß die Menü- und Schnelltastenunterstützung nahtlos integriert werden kann.

- *haccTable* ist ein Handle auf eine Schnelltastentabelle, die mit der **LoadAccelerators**-Routine geladen wurde.

- *lpMsg* ist ein Long-Zeiger auf eine MSG-Datenstruktur.

Üblicherweise werden Schnelltasten implemeniert, indem man die **GetMessage**-Standardschleife in ihrer WinMain-Funktion verändert. Hier folgt die **GetMessage**-Standardschleife:

```
while (GetMessage(&msg, 0, 0, 0))

{

TranslateMessage (&msg);/* Tastatureingabe */

DispatchMessage (&msg);

}
```

TranslateAccelerator kann den Nachrichtenverkehr, den sie durch **GetMessage** empfängt, prüfen und ihn in die entsprechenden Menünachrichten umwandeln. Falls eine Übersetzung erforderlich ist, empfängt sie einen Rückgabecode mit dem Wert *WAHR*. Andernfalls ist der Rückgabecode *FALSCH*. Hier nun die übliche Methode, nach der diese Routine in eine Standardnachrichtenschleife eingefügt wird:

```
while (GetMessage(&msg, 0, 0, 0))
```

```
{

if (!TranslateAccelerator(hwnd, hAccel, &msg))

{

TranslateMessage (&msg);/* Tastatureingabe */

DispatchMessage (&msg);

}

}
```

Falls **TranslateAccelerator** keine Schnelltasten findet, gibt sie den Wert *FALSCH* zurück. Dies veranlaßt **TranslateMessage** und **DispatchMessage**, die Nachrichten normal zu behandeln. Wird dagegen eine Schnelltaste gefunden, sind keine weiteren Schritte der **GetMessage**-Schleife erforderlich, da die Behandlung vollständig durch **TranslateAccelerator** erfolgt.

Hier folgt nun das komplette Programm, das die Implementierung einer Schnelltastentabelle veranschaulicht. Dieses Programm baut auf das Standardmenüprogramm STANMENU auf, das wir am Anfang dieses Kapitels besprochen haben. Wir haben vier Standardschnelltasten zu Standardoperationen der Zwischenablage hinzugefügt: *Rückgängig*, *Ausschneiden*, *Kopieren* und *Einfügen*.

MAKEFILE.MAK

```
.AUTODEPEND

#   Compilerdefinitionen
INC=C:\BORLANDC\OWL\INCLUDE;C:\BORLANDC\CLASSLIB\INCLUDE;C:\BOR-
LANDC\INCLUDE
CC = bcc -c -D_CLASSDLL -H -ml -WS -w -I$(INC)

#    Implizite Regeln
.c.obj:
  $(CC) {$ }

.cpp.obj:
  $(CC) {$ }

#    Explizite Regeln
Accel.exe: Accel.res Accel.def Accel.obj
    tlink /c/C/n/P-/Twe/x @Accel.LNK
    RC Accel.res Accel.exe

#    Einzelne Dateiabhängigkeiten
Accel.obj: Accel.cpp
```

```
Accel.res: Accel.rc Accel.cur Accel.ico
    RC -R -FO Accel.res Accel.RC
```

ACCEL.LNK

```
c:\borlandc\lib\c0wl.obj+
Accel.obj
Accel,Accel
\borlandc\owl\lib\owl.lib+
crtll.lib+
cwl.lib+
import.lib+
mathl.lib+
cl.lib
Accel.def
```

ACCEL.CPP

```
/*-------------------------------------------------------------------*\
| ACCEL.CPP Veranschaulichung der Erzeugung von Schnelltasten.     |
\*-------------------------------------------------------------------*/
#include <owl.h>
#include "Accel.H"

#define COMMANDMSG(arg) (arg.WParam)

/*-------------------------------------------------------------------*\
|                      Klassendeklarationen.                        |
\*-------------------------------------------------------------------*/
class TAccelApplication : public TApplication
   {
   public:
     TAccelApplication (LPSTR lpszName, HANDLE hInstance,
                        HANDLE hPrevInstance,
                        LPSTR lpszCmdLine, int nCmdShow);
     virtual void InitMainWindow ();
   };

class TAccelWindow : public TWindow
   {
   public:
     TAccelWindow (PTWindowsObject pwParent, LPSTR lpszTitle,
                   PTModule pmModule);
     virtual LPSTR GetClassName ();
     virtual void  GetWindowClass (WNDCLASS&);
     virtual void  WMCommand(TMessage& Msg) = [WM_COMMAND];
```

335

```
    };

/*------------------------------------------------------------*\
|                    Hauptfunktion:  WinMain.                  |
\*------------------------------------------------------------*/
int PASCAL WinMain (HANDLE hInstance,    HANDLE hPrevInstance,
                    LPSTR  lpszCmdLine, int     nCmdShow)
    {
    TAccelApplication Accel ("Accel", hInstance,
                            hPrevInstance, lpszCmdLine,
                            nCmdShow);
    Accel.Run();
    return Accel.Status;
    }

/*------------------------------------------------------------*\
|              Komponente der Application-Klasse.              |
\*------------------------------------------------------------*/
TAccelApplication::TAccelApplication (LPSTR lpszName,
                    HANDLE hInstance, HANDLE hPrevInstance,
                    LPSTR lpszCmdLine, int nCmdShow)
                :TApplication (lpszName, hInstance,
                    hPrevInstance, lpszCmdLine, nCmdShow)
    {
    HAccTable = LoadAccelerators (hInstance, "#1");
    }

/*------------------------------------------------------------*\
|              Komponente der Application-Klasse.              |
\*------------------------------------------------------------*/
void TAccelApplication::InitMainWindow ()
    {
__  MainWindow = new TAccelWindow (NULL, "Schnelltasten", NULL);
    }

/*------------------------------------------------------------*\
|                TAccelWindow-Komponentenfunktion.             |
\*------------------------------------------------------------*/
TAccelWindow::TAccelWindow (PTWindowsObject pwParent,
                LPSTR lpszTitle, PTModule pmModule)
                :TWindow (pwParent, lpszTitle, pmModule)
    {
    /*  Die fensterspezifische Initialisierung erfolgt hier.  */
    }

/*------------------------------------------------------------*\
|                TAccelWindow-Komponentenfunktion.             |
\*------------------------------------------------------------*/
```

```
LPSTR TAccelWindow::GetClassName ()
    {
    return "Accel:MAIN";
    }
/*-------------------------------------------------------------------*\
|                    TAccelWindow-Komponentenfunktion.              |
\*-------------------------------------------------------------------*/
void TAccelWindow::GetWindowClass (WNDCLASS& wc)
    {
    TWindow::GetWindowClass (wc);
    wc.hIcon=LoadIcon (wc.hInstance, "snapshot");
    wc.hCursor=LoadCursor (wc.hInstance, "hand");
    wc.lpszMenuName = "#1";
    }

/*-------------------------------------------------------------------*\
|                    TAccelWindow-Komponentenfunktion.              |
\*-------------------------------------------------------------------*/
void TAccelWindow::WMCommand(TMessage& Msg)
    {
    char buffer[80];

    if (COMMANDMSG(Msg) == IDM_FILE_EXIT)
        SendMessage (HWindow, WM_SYSCOMMAND, SC_CLOSE, 0L);
    else
        {
        wsprintf (buffer, "Kommando = %d", COMMANDMSG(Msg));
        MessageBox (HWindow, buffer, "WM_COMMAND", MB_OK);
        }
    }
```

ACCEL.RC

```
#include <Windows.H>
#include "Accel.h"

snapshot icon Accel.ico

hand cursor Accel.cur

1 MENU
    {
    POPUP "&Datei"
        {
        MENUITEM "&Neu",                    IDM_FILE_NEW
        MENUITEM "Ö&ffnen...",              IDM_FILE_OPEN
        MENUITEM "&Speichern",              IDM_FILE_SAVE
```

```
            MENUITEM "Speichern &unter...", IDM_FILE_SAVEAS
            MENUITEM SEPARATOR
            MENUITEM "&Drucken",            IDM_FILE_PRINT
            MENUITEM SEPARATOR
            MENUITEM "&Beenden",            IDM_FILE_EXIT
            }
        POPUP "&Bearbeiten"
            {
            MENUITEM "&Rückgängig\tAlt+Rücktaste",        IDM_EDIT_UNDO
            MENUITEM SEPARATOR
            MENUITEM "&Ausschneiden\tUmschalt+Entf",      IDM_EDIT_CUT
            MENUITEM "&Kopieren\tStrg+Einfg",             IDM_EDIT_COPY
            MENUITEM "&Einfügen\tUmschalt+Einfg",         IDM_EDIT_PASTE
            MENUITEM SEPARATOR
            MENUITEM "E&ntfernen",                        IDM_EDIT_CLEAR
            MENUITEM "&Löschen",                          IDM_EDIT_DELETE
            }
        }

1 ACCELERATORS
    {
    VK_BACK,    IDM_EDIT_UNDO,  VIRTKEY, ALT
    VK_DELETE,  IDM_EDIT_CUT,   VIRTKEY, SHIFT
    VK_INSERT,  IDM_EDIT_COPY,  VIRTKEY, CONTROL
    VK_INSERT,  IDM_EDIT_PASTE, VIRTKEY, SHIFT
    }
```

ACCEL.DEF

```
NAME ACCEL

EXETYPE WINDOWS

DESCRIPTION 'Accel - Beispiel für Schnelltasten'

CODE MOVEABLE DISCARDABLE
DATA MOVEABLE MULTIPLE

HEAPSIZE  512
STACKSIZE 5120
```

Die gesamte Schnelltastenverarbeitung unseres Programms wird von der Objektkonstruktor-Funktion **TAccelApplication** vorgenommen. Diese Funktion lädt die Schnelltastentabelle in den Hauptspeicher. Die Schnelltasten-Unterstützung ist in der Nachrichtenschleife des OWL-Application-Objekts bereits implemeniert. Dies bedeutet, daß die **TranslateAccelerator**-Routine automatisch nach Schnelltasten sucht und den Nachrichtenstrom gegebenenfalls umleitet.

Vielleicht ist Ihnen aufgefallen, daß statt der Verwendung numerischer Konstanten in unserer Ressourcendatei eine Vielzahl symbolischer Konstanten in einer Definitionsdatei ACCEL.H definiert wurden. Diese Methode ermöglicht die Verwendung von aussagekräftigeren Ausdrücken (wie z.B. **IDM_NEW**) anstelle blanker Zahlen, die nicht erkennen lassen, wofür Sie verwendet werden. Auf die in der Definitionsdatei angegebenen Werte kann sowohl die Ressourcendatei als auch die C-Quelltextdatei mit der folgenden Anweisung zugreifen:

```
#include "ACCEL.H"
```

Windows bietet Ihnen einen große Anzahl von Routinen zur Menü-Erstellung und Menüverwaltung und erlaubt die Erzeugung von Schnelltasten zur Definition von Tastaturkommandos. Die Kommunikation erfolgt über Nachrichten, wobei jede Menü-Aktion des Anwenders gemeldet wird. Das Menüsystem ist schnell und flexibel. Sie können statische Menüschablonen erstellen, Menüs "auf die Schnelle" erstellen oder jeden beliebigen Teil eines bestehenden Menüs verändern.

Im folgenden Kapitel werden wir sehen, wie man das Erscheinungsbild der Menüs durch grafische Maßnahmen weiter verbessern kann. Wir werden drei Techniken vorstellen, bei denen die GDI-Zeichenroutinen eingesetzt werden, um das Aussehen der Menübefehle zu verändern: Benutzerdefinierte Menübefehle, Bitmaps in Menüs und angepaßte Häkchen.

Kapitel 12

Menüs mit Grafiken ausgestalten

Zur Anzeige von Menütexten verwendet Windows standardmäßig die Systemschriftart, eine fette, Helvetica-ähnliche Proportionalschrift. Diese Standard-Schriftart wurde wegen ihrer guten Lesbarkeit und ihres modernen Erscheinungsbildes gewählt. In manchen Programmen kann es aber auch ganz sinnvoll sein, zur grafischen Ausgestaltung eines Menüs andere Menü-Schriftarten einzusetzen. Eine weitere Bereicherung des Menü-Designs wäre es, wenn Sie Ihr Menü auch mit geometrischen Figuren oder Symbolen ausstatten könnten. Für derartige Fälle erlaubt Ihnen Windows weitgehende Eingriffsmöglichkeiten in seinen Mechanismus zur Erstellung und Steuerung von Menüs. In diesem Kapitel werden wir drei Methoden zur Menügestaltung betrachten: benutzerdefinierte Menübefehle, Bitmaps in Menüs und selbsterstellte Häkchen.

Benutzerdefinierte Menübefehle

Alle Menüs, die wir bis jetzt erstellt haben, verwendeten zur Textdarstellung ausnahmslos die Systemschriftart. Für die meisten Anwendungen ist dies auch vollkommen ausreichend. Aber manchmal möchten Sie vielleicht die verwendete Schriftart ändern oder den Text durch grafische Objekte ersetzen. Benutzerdefinierte Menübefehle ermöglichen Ihnen die Erstellung grafischer Menüobjekte unter Verwendung von GDI-Zeichenaufrufen. Somit können Sie dem Anwender nicht nur über Texte mitteilen, was sich hinter einem Menübefehl verbirgt, sondern es ihm auch optisch verdeutlichen. Ein Zeichenprogramm z.B. könnte diese Möglichkeit dazu nutzen, dem Anwender die verfügbaren Linien, Formen und Schriftarten anzuzeigen. Ein Flußdiagrammprogramm könnte dem Anwender die verfügbaren Flußdiagramm-Elemente in einem Auswahlmenü anzeigen.

Da der Ressourcen-Compiler keine benutzerdefinierten Menübefehle unterstützt, müssen Sie die Menübefehle dynamisch erstellen. Dies erfolgt durch den Aufruf einer der Routinen zur Menümodifikation, die wir im vorherigen Kapitel besprochen haben. Falls ein benutzerdefinierter Menübefehl bereits bei der ersten Darstellung eines Fensters in einem Menü erscheinen soll, muß der Menübefehl als Antwort auf die **WM_CREATE**-Nachricht hinzugefügt werden. Zum Zeitpunkt der Menüerstellung (z.B. in ihrem Fensterobjektkonstruktor) können Sie einem Menü noch keine benutzerdefinierten Menübefehle hinzufügen, da das dazu nötige Windows-Fenster noch nicht erstellt wurde. Nachdem ein benutzerdefinierter Menübefehl in ein Menü eingefügt wurde, werden zwei Nachrichten an die Fensterprozedur gesandt, um den Menübefehl auszumessen und zu zeichnen: **WM_MEASUREITEM** und **WM_DRAWITEM**. Die **WM_MEASUREITEM**-Nachricht trifft bereits ein, bevor der Menübefehl dargestellt wird. Ihr Programm muß diese Nachricht beantworten, indem eine Datenstruktur erstellt wird, in der Höhe und Breite Ihres Menübefehls in Bildschirmpunkten angegeben sind. Die zweite Nachricht, **WM_DRAWITEM**, wird immer dann gesandt, wenn der Menübefehl neu gezeichnet werden soll. Dieser Vorgang ist immer dann erforderlich, wenn ein Menü auf dem Bildschirm neu aufgebaut wird oder wenn ein Menübefehl hell unterlegt werden soll, damit der Anwender bei Durchlaufen der Menübefehle einen visuellen Hinweis darauf erhält, wo er sich gerade befindet.

Bevor wir die Handhabung dieser zwei Nachrichten näher betrachten, möchten wir erwähnen, daß diese beiden Nachrichten auch für andere Arten benutzerdefinierter Objekte versendet werden: Schaltflächen, einzeilige Listenfelder (Comboxen) und Listenfelder. Daraus geht hervor, daß nicht alle Funktionen für benutzerdefinierte Objekte für die Behandlung von benutzerdefinierten Menübefehlen geeignet sind. Manche Funktionen für benutzerdefinierte Objekte können hier vollständig ignoriert werden. Wir wollen jetzt alle Elemente und Mechanismen näher untersuchen, die zum Umgang mit benutzerdefinierten Menü-Objekten erforderlich sind.

Die WM_MEASUREITEM-Nachricht

Ein benutzerdefinierter Menübefehl kann beliebig groß sein. Mit der **WM_MEASURE-ITEM**-Nachricht können Sie dem Menüsystem mitteilen, wieviel Platz Sie zur Darstellung eines Menübefehls benötigen. Die Einheiten hierfür werden für gewöhnlich in Pixeln angegeben. Falls Sie jedoch zur Darstellung GDI-Routinen verwenden, können Sie das GDI-System zur Koordinatenzuordnung verwenden.

Wenn Sie die Größe des Bereiches berechnen, den Sie für einen benutzerdefinierten Menübefehl benötigen, müssen Sie den Raum für einen Rahmen um den Menübefehl herum mit einbeziehen. Dabei sollten Sie genügend Abstand zwischen den einzelnen Menübefehlen berücksichtigen. Darüber hinaus sollte genügend Platz für ein Häkchen auf der linken Seite Ihres Menüs freibleiben. Die Standardbreite- und Höhe eines Häkchens können Sie durch Aufruf der **GetMenuCheckMarkDimensions**-Routine erfahren. Auch wenn Sie kein Häkchen für Ihren benutzerdefinierten Menübefehl verwenden, sollten Sie auf diese Weise vorgehen. Die Breite eines Häkchens entspricht dem linken Standardrand der Menübefehle. Durch Berücksichtigung dieses Wertes erhält der benutzerdefinierte Menübefehl im Vergleich zu anderen Menübefehlen ein konsistentes Erscheinungsbild .

Um die höhere Auflösung zukünftiger Geräte ausnutzen zu können, sollten Sie eine feste Codierung der Größen für benutzerdefinierte Menübefehle vermeiden. Stattdessen sollten Sie die Darstellungsweise *relativ* zu den Systemobjekten wählen, da diese automatisch an die Auflösung der verschiedenen Geräte angepaßt werden. Symbole sind eine Art von Systemobjekten, die als Referenz für benutzerdefinierte Menübefeh-le dienen können. Die Abmessungen der Symbole hängen vom Gerätetreiber der jeweiligen Systemausgabe ab. Zur Bestimmung der Abmessungen eines Symbols ru-fen Sie die **GetSystemMetrics**-Routine auf. Falls Ihre Menübefehle die gleichen Maße haben sollen wie ein Symbol, können Sie wie folgt vorgehen:

```
DWORD dwCheckMark;
int cxWidth, cyHeight;
cxWidth = GetSystemMetrics (SM_CXICON); /* Breite */
cyHeight = GetSystemMetrics (SM_CYICON); /* Höhe */
/* Anpassung des Häkchens */
dwCheckMark = GetMenuCheckMarkDimensions();
cxWidth += LOWORD (dwCheckMark);
cyHeight = max (HIWORD(dwCheckMark), cyHeight);
```

Mit **cxWidth** bestimmen wir einen Wert für die Breite des Häkchens und aktualisieren zudem **cyHeight**, um sicherzustellen, daß auch die Höhe des Häkchens berücksichtigt wird.

Alternativ können Sie auch die Größe Ihres benutzerdefinierten Menübefehls nach den Abmessungen der Systemschriftart richten. Wenn wir in Kapitel 14 Dialogfenster besprechen, werden Sie sehen, daß der Dialogfeld-Manager diese Methode zum Be-reitstellen geräteunabhängiger **Koordinaten für Dialogfelder** einsetzt. Zur Berech-nung der Abmessungen eines benutzerdefinierten Menübefehls, der die doppelte Größe der Systemschriftart und eine Breite von 15 Zeichen aufweist, können Sie wie folgt angeben:

```
DWORD dwCheckMark;
HDC hdc
int cxWidth, cyHeight;
TEXTMETRIC tm;
hdc = GetDC (hwnd);
GetTextMetrics (hdc, &tm);
ReleaseDC (hwnd, hdc);
cxWidth = tm.tmMaxCharWidth * 15;
cyHeight = tm.tmHeight * 2;
/* Anpassung des Häkchens */
dwCheckMark = GetMenuCheckMarkDimensions();
cxWidth += LOWORD(dwCheckMark);
cyHeight = max (HIWORD(dwCheckMark), cyHeight);
```

Die bereits in Kapitel 10 besprochene **GetTextMetrics**-Routine ermittelt die Abmes-sungen der Schriftart, die momentan in einem DC installiert ist. Sind keine speziellen Fensterklassenausführungen vorhanden (siehe Kapitel 13), so liefert **GetDC** einen DC zurück, der die Systemschriftart enthält. Wie im vorherigen Beispiel enthält auch dieser Programmtext in den Gesamtabmessungen des benutzerdefinierten Menübe-fehls die Abmessungen eines Menühäkchens. Welche Methode Sie auch wählen, für jeden benutzerdefinierten Menübefehl wird eine **WM_MEASUREITEM**-Nachricht versandt. Wenn sie eintrifft, enthält der **lParam**-Parameter einen Long-Zeiger auf eine Struktur der Art **MEASUREITEMSTRUCT**. Diese Struktur ist in WINDOWS.H wie folgt definiert:

```
typedef struct tagMEASUREITEMSTRUCT

{

WORD CtlType;    /* ODT_MENU */

WORD CtlID;      /* Für Menüs ignorieren */

WORD itemID;

WORD itemWidth;  /* Breite zurückliefern */

WORD itemHeight; /* Höhe zurückliefern */

DWORD itemData;

} MEASUREITEMSTRUCT;
```

Wenn Sie eine **WM_MEASUREITEM**-Nachricht erhalten, werden die zwei Felder **itemWidth** und **itemHeight** zur Rücklieferung der Breite und Höhe Ihres benutzerdefinierten Menübefehls verwendet. Die anderen Felder in dieser Datenstruktur helfen Ihnen bei der Identifizierung eines bestimmten benutzerdefinierten Punktes, da für jeden benutzerdefinierten Menübefehl eine **WM_MEASUREITEM**-Nachricht übergeben wird. Bei der Arbeit mit benutzerdefinierten Menübefehlen kann das **CtlID**-Feld ignoriert werden, da es ausschließlich der Kontrolle benutzerdefinierter Dialogfelder dient.

Das **CtlType**-Feld beschreibt den Typ eines benutzerdefinierten Menübefehls. Für Menüs wird dieses Feld auf **ODT_MENU** gesetzt. Das Vorhandensein dieses Feldes bedeutet, daß der gleiche Programmcode benutzerdefinierte Objekte sowohl in Menüs und Listenfeldern als auch in linearen Listenfeldern unterstützen kann.

ItemID ist der Befehlsergebniscode für einen Menübefehl. Dies ist der Wert, der im **wParam**-Parameter einer **WM_COMMAND**-Nachricht enthalten ist. Wie wir gleich sehen werden, wird dieser Wert gesetzt, wenn ein Menübefehl erstellt wird.

Das **itemData**-Feld stellt eine Alternative zur Identifizierung eines benutzerdefinierten Menübefehls dar. Es handelt sich hier um ein 32-Bit-Feld, das Sie beim Anlegen eines benutzerdefinierten Menübefehls bereitstellen. Wenn Sie ein benutzerdefiniertes Popup-Menü erstellen (im Gegensatz zu einem normalen Menübefehl), bietet dieses Feld die einzige Möglichkeit, verschiedene Popup-Menüs zu unterscheiden, da Popup-Menüs keinen Befehlsergebniscode besitzen. Falls Sie einen benutzerdefinierten Punkt durch den folgenden **AppendMenu**-Aufruf erstellen,

```
AppendMenu (hmenu,MF_OWNERDRAW,38,(LPSTR)200);
```

erzeugt dies einen Menübefehl mit einem **itemID**-Wert von 38 und einem **itemData**-Wert von 200. Der letzte Parameter wird als **LPSTR** ausgegeben, weil dieses Format vom Prototyp dieser Routine vorgegeben ist. Andernfalls würde der Compiler eine unnötige Warnung ausgeben. Falls die Variablen **cxHeight** und **cyHeight** die gewünschten Abmessungen dieses Menübefehls erhalten, können wir die **WM_MEA-SUREITEM**-Nachricht wie folgt beantworten:

```
case WM_MEASUREITEM:
{
LPMEASUREITEMSTRUCT lpmi;
lpmi = (LPMEASUREITEMSTRUCT)lParam;
if (lpmi->itemID == 38)
    {
    lpmi->itemWidth = cxWidth;
    lpmi->itemHeight = cyHeight;
    }
```

Ein weiterer Ansatz enthält die Überprüfung von itemData nach dem bestimmten benutzerdefinierten Menübefehl:

```
case WM_MEASUREITEM:
{
LPMEASUREITEMSTRUCT lpmi;
lpmi = (LPMEASUREITEMSTRUCT)lParam;
if (lpmi->itemData == 200)
    {
    lpmi->itemWidth = cxWidth;
    lpmi->itemHeight = cyHeight; }
    }
```

Ein Programm erhält für jeden benutzerdefinierten Menübefehl nur eine **WM_MEA-SUREITEM**-Nachricht. Danach "erinnert" sich das Menüsystem an die Abmessungen des Menübefehls und sendet eine **WM_DRAWITEM**-Nachricht, sobald ein Menübefehl dargestellt werden soll.

Die WM_DRAWITEM-Nachricht

Eine **WM_DRAWITEM**-Nachricht wird an Ihre Fensterprozedur gesendet, sobald ein Popup-Menü geöffnet wird, das einen benutzerdefinierten Menübefehl beinhaltet. Wenn ein Anwender das Menü durchläuft, wird diese Nachricht gesendet, damit das Menü hell unterlegt werden kann. Wie Sie gleich sehen werden, beinhaltet die **WM_DRAWITEM**-Nachricht Flags, die die Auswirkungen auf das Menüsystem erkennen lassen.

Wenn die **WM_DRAWITEM**-Nachricht gesendet wird, enthält der Parameter der Fensterprozedur **lParam** einen Long-Zeiger auf eine Struktur vom Typ **DRAWITEM-STRUCT**, die in **WINDOWS.H** wie folgt definiert ist:

```
typedef struct tagDRAWITEMSTRUCT
{
WORD   CtlType;        /* ODT_MENU */
WORD   CtlID;          /* Für Menüs ignorieren */
WORD   itemID;
WORD   itemAction;     /* Für Menüs ignorieren */
WORD   itemState;      /* Ausgewählt, grau dargestellt, angewählt */
HWND   hwndItem;       /* Handle auf ein Popup-Menü */
HDC    hDC;
RECT   rcItem;         /* Gebundenes Rechteck */
DWORD  itemData;
} DRAWITEMSTRUCT;
```

Vier Punkte in dieser Datenstruktur sind identisch mit Punkten der Datenstruktur, die mit der **WM_MEASUREITEM**-Nachricht gesendet wird: **CtlType**,CtlID,**itemID** und **itemData**.

Das **CtlType**-Feld beschreibt den Typ des benutzerdefinierten Menübefehls. Es wird für Menüs auf **ODT_MENU** gesetzt.

Das **ctlID**-Feld kann für benutzerdefinierte Menübefehle ignoriert werden, da es nur für die Steuerelemente benutzerdefinierter Dialogfelder verwendet wird.

ItemID ist der Befehlsergebniscode eines Menübefehls, der im **wParam**-Parameter einer **WM_COMMAND**-Nachricht an eine Fensterprozedur gesandt wird.

Das **itemData**-Feld bietet eine Alternative bei der Bezeichnung eines benutzerdefinierten Menübefehls und ist zudem der einzige Weg, ein benutzerdefiniertes Popup-Menü von einem anderen zu unterscheiden.

Das **itemAction**-Feld beschreibt die Aktion, die das Menüsystem von Ihnen erwartet. Da die Menübefehle so dargestellt werden, daß sie ihren Zustand wiederspiegeln, können Sie dieses Feld normalerweise ignorieren.

Das **itemState**-Feld beschreibt den aktuellen Zustand des Menübefehls, wie folgende Tabelle zeigt:

Wert	Menübefehlzustand
ODS_CHECKED	Häkchen soll im Menü erscheinen.
ODS_DISABLED	Menü muß deaktiviert dargestellt werden.
ODS_FOCUS	Ignorieren, wird nicht für Menüs verwendet.
ODS_GRAYED	Menü wird grau dargestellt.
ODS_SELECTED	Menü wird "ausgewählt" dargestellt.

Das wichtigste Flag ist **ODS_SELECTED**. Wenn dieses Bit gesetzt ist, besagt dies, daß der Menübefehl hell unterlegt werden soll. Ein hell unterlegter Menübefehl wird in einer anderen Farbe dargestellt als ein normaler Menübefehl, um dem Anwender die Hervorhebung auch anzuzeigen, während er das Menü durchläuft. Sie sollten hell unterlegte Menübefehle unter Verwendung zweier unterschiedlicher Systemfarben darstellen. Zur Abfrage der RGB-Werte der erforderlichen Systemfarben sollten Sie die **GetSysColor**-Routine aufrufen. Hier finden Sie die Farbindizes, die Sie für die helle Unterlegung von Menüs verwenden sollten:

Wert	Beschreibung
COLOR_HIGHLIGHT	Hintergrundfarbe des hell unterlegten Objektes.
COLOR_HIGHLIGHTTEXT	Vordergrundfarbe des hell unterlegten Objektes.

Falls Sie den Zustand eines benutzerdefinierten Menübefehls auf *markiert* setzen oder einen Menübefehl *grau* darstellen möchten, muß Ihre Beantwortung der **WM_DRAWITEM**-Nachricht dies berücksichtigen. Sie müssen den Wert des **itemState**-Feldes prüfen und die Art der Darstellung Ihres Menübefehls dem gewünschten Effekt entsprechend ändern. So können Sie beispielsweise eine graue Schattierung verwenden, um anzuzeigen, daß ein Menübefehl deaktiviert ist. Sie können ein Häkchen unter Verwendung einer Bitmap darstellen, die im Bildschirmtreiber implementiert ist. Auf folgende Weise erhalten Sie ein Handle auf eine Bitmap und leiten damit den Zeichenvorgang ein:

```
hbm = LoadBitmap (NULL, MAKEINTRESOURCE(OBM_CHECK));
hdcBitmap = CreateCompatibleDC (hDC);
hbmOld = SelectObject (hdcBitmap, hbm);
dwDimensions = GetMenuCheckMarkDimensions();
cxWidth = LOWORD (dwDimensions);
cyHeight = HIWORD (dwDimensions);

BitBlt (ps.hdc, 0, 0, cxWidth, cyHeight,
hdcBitmap, 0, 0, SRCCOPY);
```

347

```
SelectObject (hdcBitmap, hbmOld);
DeleteDC (hdcBitmap);
```

Trotz seines Namens ist das **hwndItem**-Feld kein Fenster-Handle, sondern das Handle eines Popup-Menüs für das Menü, das den benutzerdefinierten Menübefehl beinhaltet. Sein Name ist aus seiner Verwendung für benutzerdefinierte Dialogfeldsteuerelemente abgeleitet, wobei **hwndItem** ein Fenster-Handle enthält. Wenn ein Programm eine **WM_DRAWITEM**-Nachricht erhält, könnte es das Popup-Menü-Handle verwenden, um eine Menüabfrageroutine aufzurufen, die beispielsweise die Anzahl der Menübefehle des aktuellen Menüs oder den Zustand anderer Menübefehle feststellt.

Das **hDC**-Feld ist ein Handle auf einen Gerätekontext zum Zeichnen im Menü. Achten Sie übrigens darauf, den DC wieder in seinen ursprünglichen Zustand zu versetzen! Andernfalls könnten im Menüsystem Probleme beim Zeichnen der anderen Teile Ihres Menüs entstehen.

Das **rcItem**-Feld definiert ein Rechteck, in dem Sie einen Menübefehl darstellen können. Sie sollten die Rechteckbegrenzungen nicht überschreiten, da sonst andere Menübefehle überschrieben werden könnten.

Die benutzerdefinierten Menübefehle, die durch diese Nachrichten und Datenstrukturen unterstützt werden, verleihen einem Programm eine beträchtliche Flexibilität bei der Entscheidungsfindung, wie ein Menübefehl erscheinen soll. Wir wollen jetzt ein Beispielprogramm betrachten, das den Einsatz dieser Nachrichten und Datenstrukturen aufzeigt.

Ein Beispielprogramm: OWNDRAW

Unser Beispielprogramm OWNDRAW zeigt, wie benutzerdefinierte Menübefehle zur Darstellung eines Menüs mit verschiedenen Schriftarten verwendet werden können. Das Menü von OWNDRAW wird in Abbildung 12.1 veranschaulicht. Dem Anwender wird nicht nur der *Name* der Schriftart angezeigt, sondern auch ihr *Erscheinungsbild*. Diese Vorgehensweise wäre z.B. sehr nützlich für ein Programm, in dem der Anwender zwischen verschiedenen Schriftarten auswählen kann. Achten Sie darauf, daß in einem Bildschirm-Menü *nur Bildschirmschriftarten* dargestellt werden können. Bei der Anzeige der verschiedenen Druckerschriftarten müssen Sie sich also in einigen Fällen auf die Anzeige des Namens der Schriftart beschränken. Ab der Windows-Version 3.1 stehen Ihnen auch sogenannte True-Type-Schriften zur Verfügung. Haben Sie derartige Schriften in Ihr Windows-System aufgenommen, so bestehen kaum noch Unterschiede zwischen Bildschirm- und Druckerschriftarten.

Es folgt der Quelltext von OWNDRAW. Grundlage dieses Programms ist das STANMENU-Programm. Hier wurden die Punkte hinzugefügt, die wir für unsere benutzerdefinierten Menübefehle benötigen.

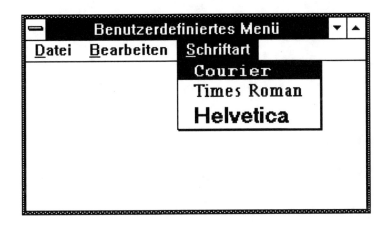

Abbildung 12.1: Ein benutzerdefiniertes Menü veranschaulicht drei Schriftarten

MAKEFILE.MAK

```
.AUTODEPEND

#   Compilerdefinitionen
INC=C:\BORLANDC\OWL\INCLUDE;C:\BORLANDC\CLASSLIB\INCLUDE;C:\BOR-
LANDC\INCLUDE
CC = bcc -c -D_CLASSDLL -H -ml -WS -w -I$(INC)

#   Implizite Regeln
.c.obj:
  $(CC) {$< }

.cpp.obj:
  $(CC) {$< }

#   Explizite Regeln
OwnDraw.exe: OwnDraw.res OwnDraw.def OwnDraw.obj
    tlink /c/C/n/P-/Twe/x @OwnDraw.LNK
    RC OwnDraw.res OwnDraw.exe

#   Einzelne Dateiabhängigkeiten
OwnDraw.obj: OwnDraw.cpp

OwnDraw.res: OwnDraw.rc OwnDraw.cur OwnDraw.ico
    RC -R -FO OwnDraw.res OwnDraw.RC
```

OWNDRAW.LNK

```
c:\borlandc\lib\c0wl.obj+
```

```
OwnDraw.obj
OwnDraw,OwnDraw
\borlandc\owl\lib\owl.lib+
crtll.lib+
cwinl.lib+
import.lib+
mathl.lib+
cl.lib
OwnDraw.def
```

OWNDRAW.CPP

```
/*-----------------------------------------------------------------*\
| OWNDRAW.CPP - Beispiel für ein benutzerdefiniertes Menü.          |
\*-----------------------------------------------------------------*/
#include <owl.h>
#include "OwnDraw.H"

#define max(a,b)              (((a) > (b)) ? (a) : (b))
#define COMMANDMSG(arg) (arg.WParam)

/*-----------------------------------------------------------------*\
|                        Klassendeklarationen.                      |
\*-----------------------------------------------------------------*/
class TOwnDrawApplication : public TApplication
  {
  public:
    TOwnDrawApplication (LPSTR lpszName, HANDLE hInstance,
                         HANDLE hPrevInstance, LPSTR lpszCmdLine,
                         int nCmdShow);
    virtual void InitMainWindow ();
  };

class TOwnDrawWindow : public TWindow
  {
  public:
    TOwnDrawWindow (PTWindowsObject pwParent, LPSTR lpszTitle,
                PTModule pmModule);
    ~TOwnDrawWindow();
    virtual LPSTR GetClassName ();
    virtual void GetWindowClass (WNDCLASS&);
    virtual void WMCommand(TMessage& Msg)= [WM_COMMAND];
    virtual void WMCreate(TMessage& Msg)= [WM_CREATE];
    virtual void WMDrawItem(TMessage& Msg)= [WM_DRAWITEM];
    virtual void WMMeasureItem (TMessage& Msg)= [WM_MEASUREITEM];
  private:
    HFONT hfontTmsRmn;
    HFONT hfontHelv;
    HFONT hfontCour;
```

```
    COLORREF  crHighlight;
    COLORREF  crHighlightText;
  };
/*------------------------------------------------------------*\
|                   Hauptfunktion:  WinMain.                  |
\*------------------------------------------------------------*/
int PASCAL WinMain (HANDLE hInstance, HANDLE hPrevInstance,
                    LPSTR lpszCmdLine, int nCmdShow)
    {
    TOwnDrawApplication OwnDraw ("OwnDraw", hInstance,
                                 hPrevInstance, lpszCmdLine,
                                 nCmdShow);
    OwnDraw.Run();
    return OwnDraw.Status;
    }
/*------------------------------------------------------------*\
|              Komponente der Application-Klasse.             |
\*------------------------------------------------------------*/
TOwnDrawApplication::TOwnDrawApplication (LPSTR lpszName,
                    HANDLE hInstance, HANDLE hPrevInstance,
                    LPSTR lpszCmdLine, int nCmdShow)
                  :TApplication (lpszName, hInstance,
                    hPrevInstance, lpszCmdLine, nCmdShow)
    {
    /*  Die anwendungsspezifische Initialisierung erfolgt hier. */
    }
/*------------------------------------------------------------*\
|              Komponente der Application-Klasse.             |
\*------------------------------------------------------------*/
void TOwnDrawApplication::InitMainWindow ()
    {
    MainWindow = new TOwnDrawWindow (NULL, "Owner Menu",
                                     NULL);
    }
/*------------------------------------------------------------*\
|               TOwnDrawWindow-Komponentenfunktion.           |
\*------------------------------------------------------------*/
TOwnDrawWindow::TOwnDrawWindow (PTWindowsObject pwParent,
                    LPSTR lpszTitle, PTModule pmModule)
                  :TWindow (pwParent, lpszTitle, pmModule)
    {
    HDC        hdc;
    LOGFONT    lf;
    TEXTMETRIC tm;
```

```
    /*
     *   Drei logische Schriftarten mit unterschiedlichen
     *   Größen erzeugen.
     */
    memset (&lf, 0, sizeof (LOGFONT));

    hdc = CreateDC ("DISPLAY", 0, 0, 0);
    GetTextMetrics (hdc, &tm);
    DeleteDC (hdc);


    // Schriftart 1:  Courier Fett.
    lf.lfWeight = 700;
    lstrcpy ((LPSTR)&lf.lfFaceName[0], "Courier");
    lf.lfHeight = tm.tmHeight;
    hfontCour = CreateFontIndirect (&lf);

    // Schriftart 2:  Times Roman
    lstrcpy ((LPSTR)&lf.lfFaceName[0], "Tms Rmn");
    lf.lfHeight = tm.tmHeight + tm.tmHeight/4;
    hfontTmsRmn = CreateFontIndirect (&lf);

    // Schriftart 3:  Helv
    lstrcpy ((LPSTR)&lf.lfFaceName[0], "Helv");
    lf.lfHeight = tm.tmHeight + tm.tmHeight/2;
    hfontHelv = CreateFontIndirect (&lf);

    /*
     *   Ermitteln der Systemfarben für die Zeichenelemente
     *   unseres Eigentümers.
     */
    crHighlight = GetSysColor (COLOR_HIGHLIGHT);
    crHighlightText = GetSysColor (COLOR_HIGHLIGHTTEXT);
    }
/*-------------------------------------------------------------------*\
|                   TOwnDrawWindow-Komponentenfunktion.               |
\*-------------------------------------------------------------------*/
TOwnDrawWindow::~TOwnDrawWindow()
    {
    DeleteObject (hfontTmsRmn);
    DeleteObject (hfontHelv);
    DeleteObject (hfontCour);
    }
/*-------------------------------------------------------------------*\
|                   TOwnDrawWindow-Komponentenfunktion.               |
\*-------------------------------------------------------------------*/
LPSTR TOwnDrawWindow::GetClassName ()
    {
    return "OwnDraw:MAIN";
```

352

```
        }
/*----------------------------------------------------------------*\
|                  TOwnDrawWindow-Komponentenfunktion.             |
\*----------------------------------------------------------------*/
void TOwnDrawWindow::GetWindowClass (WNDCLASS& wc)
        {
        TWindow::GetWindowClass (wc);
        wc.hIcon=LoadIcon (wc.hInstance, "snapshot");
        wc.hCursor=LoadCursor (wc.hInstance, "hand");
        wc.lpszMenuName  = "#1";
        }
/*----------------------------------------------------------------*\
|                  TOwnDrawWindow-Komponentenfunktion.             |
\*----------------------------------------------------------------*/
void TOwnDrawWindow::WMCommand(TMessage& Msg)
        {
        char buffer[80];

        if (COMMANDMSG(Msg) == IDM_FILE_EXIT)
            SendMessage (HWindow, WM_SYSCOMMAND, SC_CLOSE, 0L);
        else
            {
            wsprintf (buffer, "Command = %d", COMMANDMSG(Msg));
            MessageBox (HWindow, buffer, "WM_COMMAND", MB_OK);
            }
        }
/*----------------------------------------------------------------*\
|                  TOwnDrawWindow-Komponentenfunktion.             |
\*----------------------------------------------------------------*/
void TOwnDrawWindow::WMCreate(TMessage& Msg)
        {
        HMENU       hmenu;
        HMENU       hmenuPopup;

        /*
         * Erzeugung eines Menüs mit drei benutzerdefinierten Zeichen-
punkten.
         */
        hmenu = GetMenu (Msg.Receiver);
        hmenuPopup = CreatePopupMenu();
        AppendMenu (hmenu, MF_POPUP, hmenuPopup, "&Schriftart");

        AppendMenu (hmenuPopup,
                    MF_OWNERDRAW,
                    IDM_FONT_COURIER,
                    MAKEINTRESOURCE(IDM_FONT_COURIER));
        AppendMenu (hmenuPopup,
```

```
                    MF_OWNERDRAW,
                    IDM_FONT_TMSRMN,
                    MAKEINTRESOURCE(IDM_FONT_TMSRMN));
        AppendMenu (hmenuPopup,
                    MF_OWNERDRAW,
                    IDM_FONT_HELV,
                    MAKEINTRESOURCE(IDM_FONT_HELV));
    }

/*-----------------------------------------------------------------*\
 |                TOwnDrawWindow-Komponentenfunktion.             |
 \*-----------------------------------------------------------------*/
void TOwnDrawWindow::WMDrawItem(TMessage& Msg)
    {
    char buff[80];
    COLORREF crFore;
    COLORREF crBack;
    DWORD dwCheckMark;
    HFONT hfontOld;
    HFONT hfont;
    int fSwapColors;
    int xText,yText;
    int cxCheck;
    LPDRAWITEMSTRUCT lpdi;

    lpdi = (LPDRAWITEMSTRUCT)Msg.LParam;

    switch (lpdi->itemID)
        {
        case IDM_FONT_COURIER:
            lstrcpy (buff, "Courier");
            hfont = hfontCour;
            break;
        case IDM_FONT_TMSRMN:
            lstrcpy (buff, "Times Roman");
            hfont = hfontTmsRmn;
            break;
        case IDM_FONT_HELV:
            lstrcpy (buff, "Helvetica");
            hfont = hfontHelv;
            break;
        }
    hfontOld = SelectObject (lpdi->hDC, hfont);

    /*
     *  Wenn der gegenwärtige Menübefehl hervorgehoben werden soll,
     *  werden die richtigen Systemfarben installiert.
     */
    if (lpdi->itemState & ODS_SELECTED)
```

354

```
        {
        crFore = SetTextColor (lpdi->hDC,
                               crHighlightText);
        crBack = SetBkColor (lpdi->hDC,
                             crHighlight);
        fSwapColors= TRUE;
        }
    else
        fSwapColors= FALSE;

    /*
     *  Breite des Häkchens ermitteln.
     */
    dwCheckMark = GetMenuCheckMarkDimensions();
    cxCheck = LOWORD (dwCheckMark);
    xText = lpdi->rcItem.left + cxCheck;
    yText = lpdi->rcItem.top;


    /*
     *  Ausgabe einer Textzeile.
     */
    ExtTextOut (lpdi->hDC, xText, yText,
                ETO_OPAQUE,
                &lpdi->rcItem,
                buff,
                lstrlen(buff),
                NULL);

    /*
     *  DC wiederherstellen, bevor wir es zurückschicken.
     */
    SelectObject (lpdi->hDC, hfontOld); // Wiederherstellen der
Schriftart.
    if (fSwapColors)
        {
        SetTextColor (lpdi->hDC, crFore); // Wiederherstellen der
Farben.
        SetBkColor (lpdi->hDC, crBack);
        }
    }
/*-------------------------------------------------------------*\
|                TOwnDrawWindow-Komponentenfunktion.            |
\*-------------------------------------------------------------*/
void TOwnDrawWindow::WMMeasureItem (TMessage& Msg)
    {
    char  buff[80];
    DWORD dwSize;
    DWORD dwCheckMark;
```

```
HDC    hdc;
HFONT  hfont;
int    cxWidth, cyHeight;
int    cxCheck, cyCheck;
LPMEASUREITEMSTRUCT lpmi;

lpmi = (LPMEASUREITEMSTRUCT)Msg.LParam;
switch (lpmi->itemID)
    {
    case IDM_FONT_COURIER:
        lstrcpy (buff, "Courier");
        hfont = hfontCour;
        break;
    case IDM_FONT_TMSRMN:
        lstrcpy (buff, "Times Roman");
        hfont = hfontTmsRmn;
        break;
    case IDM_FONT_HELV:
        lstrcpy (buff, "Helvetica");
        hfont = hfontHelv;
        break;
    }

/*  Größe der Zeichenkette suchen.                    */
hdc = GetDC (HWindow);
SelectObject (hdc, hfont);
dwSize = GetTextExtent (hdc, buff, lstrlen(buff));
ReleaseDC (HWindow, hdc);

/*  Beginne mit den Größenangaben der Zeichenkette. */
cxWidth  = LOWORD(dwSize);
cyHeight = HIWORD(dwSize);

/*  Einfügen der Größenangaben des Häkchens.          */
dwCheckMark = GetMenuCheckMarkDimensions();
cxCheck = LOWORD (dwCheckMark);
cyCheck = HIWORD (dwCheckMark);

lpmi->itemWidth  = cxWidth + cxCheck;
lpmi->itemHeight = max (cyHeight, cyCheck);
}
```

OWNDRAW.H

```
/*-------------------------------------------------------------------*\
|  Owndraw.H - Definitionsdatei für Owndraw.cpp                       |
\*-------------------------------------------------------------------*/

#define IDM_FILE_NEW      100
```

```
#define IDM_FILE_OPEN      101
#define IDM_FILE_SAVE      102
#define IDM_FILE_SAVEAS    103
#define IDM_FILE_PRINT     104
#define IDM_FILE_EXIT      105

#define IDM_EDIT_UNDO      200
#define IDM_EDIT_CUT       201
#define IDM_EDIT_COPY      202
#define IDM_EDIT_PASTE     203
#define IDM_EDIT_CLEAR     204
#define IDM_EDIT_DELETE    205

#define IDM_FONT_TMSRMN    300
#define IDM_FONT_HELV      301
#define IDM_FONT_COURIER   302
```

OWNDRAW.RC

```
#include "OwnDraw.H"

snapshot icon OwnDraw.ico

hand cursor OwnDraw.cur

1 MENU
    {
    POPUP "&Datei"
        {
        MENUITEM "&Neu",                    IDM_FILE_NEW
        MENUITEM "Ö&ffnen...",              IDM_FILE_OPEN
        MENUITEM "&Speichern",              IDM_FILE_SAVE
        MENUITEM "Speichern &unter...",  IDM_FILE_SAVEAS
        MENUITEM SEPARATOR
        MENUITEM "&Drucken",                IDM_FILE_PRINT
        MENUITEM SEPARATOR
        MENUITEM "&Beenden",                IDM_FILE_EXIT
        }
    POPUP "&Bearbeiten"
        {
        MENUITEM "&Rückgängig\tAlt+Rücktaste",      IDM_EDIT_UNDO
        MENUITEM SEPARATOR
        MENUITEM "&Ausschneiden\tUmschalt+Entf",    IDM_EDIT_CUT
        MENUITEM "&Kopieren\tStrg+Einfg",           IDM_EDIT_COPY
        MENUITEM "&Einfügen\tUmschalt+Einfg",       IDM_EDIT_PASTE
        MENUITEM SEPARATOR
        MENUITEM "E&ntfernen",                      IDM_EDIT_CLEAR
        MENUITEM "&Löschen",                        IDM_EDIT_DELETE
        }
    }
```

357

OWNDRAW.DEF

```
NAME OWNDRAW

EXETYPE WINDOWS

DESCRIPTION 'OwnDraw - Benutzerdefinierte Menüs'

CODE MOVEABLE DISCARDABLE
DATA MOVEABLE MULTIPLE

HEAPSIZE   512
STACKSIZE 5120
```

Wie die anderen Programme, die wir bis jetzt kennengelernt haben hat dieses Programm zwei Objekte: ein Anwendungsobjekt und ein Fensterobjekt. Wir verwenden das OWL-Anwendungsobjekt unverändert. Es nimmt alle angeforderten Initialisierungen für uns vor und verwaltet unsere Nachrichtenschleife.

Wie erwartet, initialisiert der Objektkonstruktor des Fensters die vielfältigen Datenkomponenten des Fensterobjektes. Dies beinhaltet die Erstellung dreier GDI-Schriftarten und die Ermittlung der Farbinformationen, die das Fensterobjekt zur Darstellung seiner benutzerdefinierten Menübefehle verwenden wird. In einer realen Anwendung würde wahrscheinlich ein benutzerdefiniertes Menüobjekt erstellt werden. Zum besseren Verständnis des Programms haben wir in dieser Hinsicht einiges vereinfacht. Schließlich ist es das erklärte Ziel dieses Buches, die Arbeitsweise von Windows zu verdeutlichen.

Als Antwort auf die **WM_CREATE**-Nachricht erstellt OWNDRAW drei benutzerdefinierte Menübefehle und verbindet sie mit dem Fenster. Sie können kein Menü mit einem Fenster innerhalb des Fensterobjektkonstruktors verbinden, solange das MS Windows-Fenster nicht existiert. So sind Sie zur Initialisierung eines benutzerdefinierten Menübefehls auf die **WM_CREATE**-Nachricht angewiesen. Dies gilt für jedes Objekt, das Sie mit einem Fenster verbinden möchten.

Sind die Informationen über die Maße erst einmal verfügbar, beginnt die Fensterprozedur mit dem Empfang der **WM_DRAWITEM**-Nachrichten. Da wir kein Interesse an deaktivierten oder an grau dargestellten Punkten haben, überprüft OWNDRAW diese Flags auch nicht. Ebenfalls überprüfen wir nicht, ob der Menübefehl ein Häkchen anzeigen soll oder nicht. Falls wir ein Häkchen zeigen wollen, müssen wir es selbst unter Beantwortung der **WM_DRAWITEM**-Nachricht darstellen. Das bedeutet, daß wir den *gesamten* Menübefehl zeichnen müssen, falls wir einen Teil eines Menübefehls darstellen wollen.

Tastatur-Mnemoniks werden in benutzerdefinierten Menübefehlen nicht unterstützt. Im allgemeinen ist dies auch sinnvoll, da ein grafisches Objekt kaum mit einem

Tastendruck assoziiert werden kann. Jedenfalls stellt das Vorhandensein von Text innerhalb dieser Menübefehle ein Paradoxon dar. Obwohl unser benutzerdefinierter Punkt selbstverständlich einen Mnemonik-Tastendruck für ein grafisches Objekt verwenden könnte, unterstützt Windows dieses nicht. Falls Sie diese Möglichkeit trotzdem unbedingt einsetzen wollen, gibt es eine andere Möglichkeit: die Simulation eines Mnemoniks durch einen benutzerdefinierten Menübefehl. Hierzu wird der Mnemonik-Buchstabe im Schriftart-Namen unterstrichen. Anschließend prüfen Sie in Beantwortung der **WM_MENUCHAR**-Nachricht das Auftreten der Mnemonik-Buchstaben. Als Rückgabewert erhalten Sie entweder einen Fehler oder eine Menüauswahl. Die **WM_MENUCHAR**-Nachricht wird übergeben, wenn der Anwender eine Taste drückt, die keiner Mnemonik-Taste oder Schnelltaste entspricht. Wenn die Standard-Fensterprozedur diese Nachricht erhält, verschickt sie einen Rückgabewert, der das Menüsystem zur Ausgabe eines Signaltones veranlaßt. Der Benutzer wird dadurch auf den sinnlosen Tastendruck aufmerksam gemacht. Die Verarbeitung dieser Meldung durch das Programm ermöglicht aber den Erhalt des benötigten Rückgabewertes, so daß das Menüsystem den Tastendruck als ein reguläres Mnemonik behandelt.

Da unser Fensterobjekt in seinem Konstruktor drei Schriftarten erstellt, muß es diese im Destruktor wieder löschen. Trotzdem sind Schriftarten GDI-Zeichenobjekte, die Speicher auf dem lokalen Heap des GDI belegen. Wenn Sie ein Windows-Datenobjekt in einem Konstruktor erstellt haben, müssen Sie sicherstellen, daß das Objekt nach seiner Verwendung im Destruktor wieder zerstört wird. Der folgende Programmtext im Fensterobjektklassendestruktor von OWNDRAW löscht die Schriftarten:

```
DeleteObject (hfontTmsRmn);

DeleteObject (hfontHelv);

DeleteObject (hfontCour);
```

Benutzerdefinierte Menübefehle bieten einem Programm die bestmögliche Steuerung und Flexibilität der Darstellung von Menübefehlen. Aufgrund externer Ereignisse kann sich ein Menübefehl von einem Moment auf den anderen verändern. Aber vielleicht benötigen Sie diese immense Flexibilität bei der Einbindung grafischer Objekte in das Menü gar nicht. Es steht noch eine zweite Möglichkeit zur Verfügung, die in mancher Hinsicht einfacher zu implementieren ist als die benutzerdefinierten Menübefehle. Hierzu ist die Erstellung einer GDI-Bitmap erforderlich. Die Bitmap kann einem Menübefehl zugeordnet und dabei automatisch von dem Menüsystem dargestellt werden, ohne daß Sie etwas dazu tun müßten. Sehen wir uns nun an, wie Bitmaps an Menübefehle gebunden werden können.

Bitmaps in Menüs einsetzen

In Kapitel 6 wurde die GDI vorgestellt. An dieser Stelle wurde auch besprochen, wie Bitmaps sinnvoll zur Speicherung grafischer Objekte eingesetzt werden können. Wurde ein grafisches Objekt in einer Bitmap erstellt, kann es alternativ zu einem normalerweise dargestellten Text in ein Menü einbezogen werden. Bitmaps stellen eine einfache Methode zur Integration grafischer Objekte in Menüs dar:

```
HDC hdcScreen;

HDC hdcBitmap;

HBITMAP hbm;

HBITMAP hbmOld;

hdcScreen = GetDC (hwnd);

hdcBitmap = CreateCompatibleDC (hdcScreen);

hbm = CreateCompatibleBitmap (hdc, cxWidth, cyHeight);

ReleaseDC (hwnd, hdcScreen);

hbmOld = SelectObject (hdcBitmap, hbm);
```

Die Verwendung einer Bitmap erfordert zwei Objekte, die erstellt und miteinander verbunden werden müssen: eine Bitmap und ein Gerätekontext. Zur Erstellung einer Bitmap muß zunächst die Größe des rechteckigen Ausgabeobjektes angegeben werden. Das GDI belegt daraufhin den erforderlichen Speicherplatz. Wir benötigen einen Gerätekontext, da jede GDI-Zeichenroutine in ihrem ersten Parameter ein Handle auf einen DC besitzt. Ohne diese spezielle "Mitgliedskarte" wird die Bitmap nicht in den privaten Club aufgenommen, dem alle GDI-Geräte angehören. Mit dem DC wird eine Bitmap ein vollwertiger Bestandteil des GDI, mit allen zugehörigen Zeichenfähigkeiten..

Am schnellsten und einfachsten erstellt man ein DC, indem man das GDI durch den Aufruf von **CreateCompatibleDC** veranlaßt, einen existierenden DC zu kopieren. Diese Routine verwendet einen einzelnen Parameter, ein Handle auf einen existierenden DC. Da unsere Bitmap auf den Bildschirm kopiert werden soll, versenden wir einen Bildschirm-DC, den wir durch den **GetDC**-Aufruf erhalten haben. Um eine Bitmap zu erstellen, die zum Bildschirm kompatibel ist, rufen wir die verwandte **CreateCompatibleBitmap**-Routine auf. Diese Routine verwendet gleichfalls ein DC-Handle als Parameter zusammen mit einem Wert für die Breite und Höhe der Zeichenoberfläche, die wir erstellen.

Was jetzt noch fehlt, ist eine Möglichkeit, die Bitmap und den DC zu verbinden. Die Routine, die wir hierfür verwenden, ist uns bereits bekannt:

```
hbmOld = SelectObject (hdcBitmap, hbm);
```

Sie erinnern sich sicherlich, daß wir diese Routine zur Installation von Stiften, Pinseln und Schriftarten in DCs verwendet haben. Hier sehen Sie nun eine weitere Verwendungsmöglichkeit: die Verbindung einer Bitmap mit einem Gerätekontext. Wurde diese Verbindung vorgenommen, können wir sämtliche GDI-Zeichenroutinen verwenden, um in unserer Bitmap zu zeichnen. Beispielsweise können wir eine Ellipse in einer Bitmap durch den folgenden Aufruf zeichnen:

```
Ellipse (hdcBitmap, x1, y1, x2, y2);
```

Wir können auch beliebige andere GDI-Zeichenroutinen aufrufen.

Wenn Sie mit dem Zeichnen in der Bitmap fertig sind, plazieren Sie die Bitmap in einem Menü durch den Aufruf einer der folgenden Routinen: **AppendMenu**, **InsertMenu** oder **ModifyMenu**. Mit folgendem Aufruf von **AppendMenu** wird die Bitmap am Ende eines Popup-Menüs eingefügt und dem neuen Menübefehl den Befehlsergebniscode 23 zugewiesen:

```
HMENU hmenu;
HMENU hmenuPopup;

hmenu = GetMenu (hwnd);
hmenuPopup = GetSubMenu (hmenu, 1);

AppendMenu (hmenuPopup, MF_BITMAP, 23, MAKEINTRESOURCE(hbm));
```

Wurde die Bitmap in dem Menü installiert, wird unser DC nicht mehr benötigt. Deshalb zerstören wir den DC. Aber vorher müssen wir noch das Bitmap-Handle vom DC entfernen. Als wir das Bitmap-Handle in unseren DC installierten, lieferte **SelectObject** einen Wert zurück, den wir in **hbmOld** gespeichert haben. Dieser Wert dient als Platzhalter für eine Bitmap. Bevor wir den DC zerstören können, müssen wir erst die Verbindung zwischen dem DC und der Bitmap lösen. Dies wird durch den erneuten Aufruf von **SelectObject** vollzogen:

```
SelectObject (hdcBitmap, hbmOld);
```

Hiernach können wir den DC zerstören. Dies geschieht durch den Aufruf von:

```
DeleteDC (hdcBitmap);
```

Abbildung 12.2 zeigt ein Menü, das durch Zuordnen von fünf Bitmaps an fünf unterschiedliche Menübefehle erstellt wurde. Dieses Menü wurde durch unser nächstes Beispielprogramm, BITMENU, erstellt.

MAKEFILE.MAK

```
.AUTODEPEND

#   Compilerdefinitionen
```

```
INC=C:\BORLANDC\OWL\INCLUDE;C:\BORLANDC\CLASSLIB\INCLUDE;C:\BOR-
LANDC\INCLUDE
CC = bcc -c -D_CLASSDLL -H -ml -WS -w -I$(INC)

#    Implizite Regeln
.c.obj:
  $(CC) {$< }

.cpp.obj:
  $(CC) {$< }

#    Explizite Regeln
BitMenu.exe: BitMenu.res BitMenu.def BitMenu.obj
    tlinkx /c/C/n/P-/Twe/x @BitMenu.LNK
    RC BitMenu.res BitMenu.exe

#    Einzelne Dateiabhängigkeiten
BitMenu.obj: BitMenu.cpp

BitMenu.res: BitMenu.rc BitMenu.cur BitMenu.ico
    RC -R -FO BitMenu.res BitMenu.RC
```

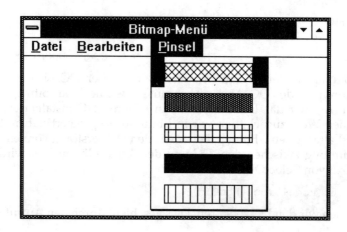

Abbildung 12.2: Das Menü enthält Bitmaps mit GDI-Pinseldarstellungen

BITMENU.LNK

```
c:\borlandc\lib\c0wl.obj+
BitMenu.obj
BitMenu,BitMenu
\borlandc\owl\lib\owl.lib+
crtll.lib+
```

```
cwl.lib+
import.lib+
mathl.lib+
cl.lib
BitMenu.def
```

BITMENU.CPP

```cpp
/*-------------------------------------------------------------------*\
|  BITMENU.CPP: Veranschaulichung der Erzeugung von Bitmaps         |
|              in einem Menü.                                        |
\*-------------------------------------------------------------------*/
#include <owl.h>
#include "Bitmenu.H"

#define COMMANDMSG(arg) (arg.WParam)

/*--------------------------------------------------------------*\
|                         Konstanten.                          |
\*--------------------------------------------------------------*/
const int COUNT = 5;

/*--------------------------------------------------------------*\
|                     Klassendeklarationen.                    |
\*--------------------------------------------------------------*/
class TBitmenuApplication : public TApplication
  {
  public:
    TBitmenuApplication (LPSTR lpszName, HANDLE hInstance,
                         HANDLE hPrevInstance, LPSTR lpszCmdLine,
                         int nCmdShow);
    virtual void InitMainWindow ();
  };

class TBitmenuWindow : public TWindow
  {
  public:
    TBitmenuWindow (PTWindowsObject pwParent, LPSTR lpszTitle,
                    PTModule pmModule);
    ~TBitmenuWindow();
    virtual LPSTR GetClassName ();
    virtual void  GetWindowClass (WNDCLASS&);
    virtual void  WMCommand(TMessage& Msg) = [WM_COMMAND];
    virtual void  WMCreate(TMessage& Msg) = [WM_CREATE];
  private:
    HBITMAP hbm[COUNT];
    HBRUSH  hbr[COUNT];
```

```
    int     cxBitmapWidth;
    int     cyBitmapHeight;
  };
/*-----------------------------------------------------------------*\
|                   Hauptfunktion:  WinMain.                        |
\*-----------------------------------------------------------------*/
int PASCAL WinMain (HANDLE hInstance, HANDLE hPrevInstance,
                    LPSTR lpszCmdLine, int nCmdShow)
    {
    TBitmenuApplication Bitmenu ("Bitmenu", hInstance,
                                 hPrevInstance, lpszCmdLine,
                                 nCmdShow);
    Bitmenu.Run ();
    return Bitmenu.Status;
    }

/*-----------------------------------------------------------------*\
|                 Komponente der Application-Klasse.                |
\*-----------------------------------------------------------------*/
TBitmenuApplication::TBitmenuApplication (LPSTR lpszName,
                  HANDLE hInstance, HANDLE hPrevInstance,
                  LPSTR lpszCmdLine, int nCmdShow)
                  :TApplication (lpszName, hInstance,
                  hPrevInstance, lpszCmdLine, nCmdShow)
    {
    /* Die besondere Initialisierung der Anwendung erfolgt hier.  */
    }

/*-----------------------------------------------------------------*\
|                 Komponente der Application-Klasse.                |
\*-----------------------------------------------------------------*/
void TBitmenuApplication::InitMainWindow ()
    {
    MainWindow = new TBitmenuWindow (NULL, "Bitmap-Menü", NULL);
    }

/*-----------------------------------------------------------------*\
|                 TBitmenuWindow-Komponentenfunktion.               |
\*-----------------------------------------------------------------*/
TBitmenuWindow::TBitmenuWindow (PTWindowsObject pwParent,
                  LPSTR lpszTitle, PTModule pmModule)
                  :TWindow (pwParent, lpszTitle, pmModule)
    {
    COLORREF crBackground;
    HBITMAP  hbmOld;
    HBRUSH   hbrBackground;
    HBRUSH   hbrOld;
    HDC      hdcScreen;
    HDC      hdcBitmap;
```

```
    int     i;
    // Berechnung der Daten für Bitmap-Größe.
    cxBitmapWidth  = GetSystemMetrics (SM_CXICON) * 3;
    cyBitmapHeight = GetSystemMetrics (SM_CYICON);
    // Erzeugung des Hintergrundpinsels zur Initialisierung der Bit-
map.
    crBackground = GetSysColor (COLOR_MENU);
    hbrBackground = CreateSolidBrush (crBackground);
    // Erzeugung der benötigten GDI-Objekte: DC und Bitmap.
    hdcScreen = CreateDC ("DISPLAY", 0, 0, 0);
    hdcBitmap = CreateCompatibleDC (hdcScreen);
    hbrOld = SelectObject (hdcBitmap, hbrBackground);
        for (i=0;i<COUNT;i++)
        {
        hbm[i] = CreateCompatibleBitmap (hdcScreen, cxBitmapWidth,
                                         cyBitmapHeight);
        if (i==0)
            hbmOld = SelectObject (hdcBitmap, hbm[0]);
        else
            SelectObject (hdcBitmap, hbm[i]);
        PatBlt (hdcBitmap, 0, 0, cxBitmapWidth, cyBitmapHeight,
            PATCOPY);
        }
    // Löschen aller erzeugten GDI-Objekte.
    SelectObject (hdcBitmap, hbmOld);
    SelectObject (hdcBitmap, hbrOld);
    DeleteDC (hdcBitmap);

    DeleteDC (hdcScreen);
    DeleteObject (hbrBackground);

    // Zu verwendende Pinsel erzeugen.
    hbr[0] = CreateHatchBrush (HS_DIAGCROSS , RGB(0, 0, 0));
    hbr[1] = CreateSolidBrush (RGB (64, 64, 64));
    hbr[2] = CreateHatchBrush (HS_CROSS , RGB(0, 0, 0));
    hbr[3] = CreateSolidBrush (RGB (0, 0, 0));
    hbr[4] = CreateHatchBrush (HS_VERTICAL , RGB(0, 0, 0));
    }
/*------------------------------------------------------------*\
|                TBitmenuWindow-Komponentenfunktion.           |
\*------------------------------------------------------------*/
TBitmenuWindow::~TBitmenuWindow()
    {
    int i;

    for (i=0;i<COUNT;i++)
        {
```

```
        DeleteObject (hbr[i]);
        DeleteObject (hbm[i]);
        }
    }
/*-------------------------------------------------------------*\
|              TBitmenuWindow-Komponentenfunktion.              |
\*-------------------------------------------------------------*/
LPSTR TBitmenuWindow::GetClassName ()
    {
    return "Bitmenu:MAIN";
    }
/*-------------------------------------------------------------*\
|              TBitmenuWindow-Komponentenfunktion.              |
\*-------------------------------------------------------------*/
void TBitmenuWindow::GetWindowClass (WNDCLASS& wc)
    {
    TWindow::GetWindowClass (wc);
    wc.hIcon=LoadIcon (wc.hInstance, "snapshot");
    wc.hCursor=LoadCursor (wc.hInstance, "hand");
    wc.lpszMenuName="#1";
    }
/*-------------------------------------------------------------*\
|              TBitmenuWindow-Komponentenfunktion.              |
\*-------------------------------------------------------------*/
void TBitmenuWindow::WMCommand(TMessage& Msg)
    {
    char buffer[80];

    if (COMMANDMSG(Msg) == IDM_FILE_EXIT)
        SendMessage (HWindow, WM_SYSCOMMAND, SC_CLOSE, 0L);
    else
        {
        wsprintf (buffer, "Kommando = %d", COMMANDMSG(Msg));
        MessageBox (HWindow, buffer, "WM_COMMAND", MB_OK);
        }
    }
/*-------------------------------------------------------------*\
|              TBitmenuWindow-Komponentenfunktion.              |
\*-------------------------------------------------------------*/
void TBitmenuWindow::WMCreate(TMessage& Msg)
    {
    HBITMAP   hbmOld;
    HBRUSH    hbrOld;
    HDC       hdcScreen;
    HDC       hdcBitmap;
    HMENU     hmenu;
```

```
HMENU       hmenuPopup;
int         i;
int         cyOffset;

cyOffset = cyBitmapHeight - cyBitmapHeight/5;

// Erzeugung der benötigten GDI-Objekte: Ein Bitmap-DC
hdcScreen = GetDC (HWindow);
hdcBitmap = CreateCompatibleDC (hdcScreen);
ReleaseDC (HWindow, hdcScreen);

// Erzeugen eines leeren Popup-Menüs
// und dies der Menüleiste zuordnen.
hmenuPopup =CreatePopupMenu();
hmenu = GetMenu (Msg.Receiver);
AppendMenu (hmenu, MF_POPUP, hmenuPopup, "&Pinsel");

// Speichern der originalen GDI-Objekte.
hbrOld = SelectObject (hdcBitmap, hbr[0]);
hbmOld = SelectObject (hdcBitmap, hbm[0]);

/* Einfügen eines Pinsels in den DC, den DC einer Bitmap zuord-
nen
   * und dann ein Rechteck in die Bitmap zeichnen. Abschließend
   * wird ein neuer Menübefehl erzeugt, der die Bitmap verwendet.
   */
for (i=0;i<COUNT;i++)
    {
    SelectObject (hdcBitmap, hbr[i]);
    SelectObject (hdcBitmap, hbm[i]);
    Rectangle (hdcBitmap,
               0,
               cyOffset,
               cxBitmapWidth,
               cyBitmapHeight-cyOffset);
    AppendMenu (hmenuPopup, MF_BITMAP, IDM_MENU_FREE+i,
               MAKEINTRESOURCE(hbm[i]));
    }

// Löschen des Bitmap-DC.
SelectObject (hdcBitmap, hbrOld);
SelectObject (hdcBitmap, hbmOld);
DeleteDC (hdcBitmap);
}
```

BITMENU.H

```
/*-----------------------------------------------------------*\
| Bitmenu.H - Definitionsdatei für Bitmenu.cpp                |
\*-----------------------------------------------------------*/
```

367

```
#define IDM_FILE_NEW         100
#define IDM_FILE_OPEN        101
#define IDM_FILE_SAVE        102
#define IDM_FILE_SAVEAS      103
#define IDM_FILE_PRINT       104
#define IDM_FILE_EXIT        105

#define IDM_EDIT_UNDO        200
#define IDM_EDIT_CUT         201
#define IDM_EDIT_COPY        202
#define IDM_EDIT_PASTE       203
#define IDM_EDIT_CLEAR       204
#define IDM_EDIT_DELETE      205

#define IDM_MENU_FREE        300
```

BITMENU.RC

```
#include "Bitmenu.H"

snapshot icon BitMenu.ico

hand cursor BitMenu.cur

1 MENU
    {
    POPUP "&Datei"
        {
        MENUITEM "&Neu",                  IDM_FILE_NEW
        MENUITEM "Ö&ffnen...",            IDM_FILE_OPEN
        MENUITEM "&Speichern",            IDM_FILE_SAVE
        MENUITEM "Speichern &unter...", IDM_FILE_SAVEAS
        MENUITEM SEPARATOR
        MENUITEM "&Drucken",              IDM_FILE_PRINT
        MENUITEM SEPARATOR
        MENUITEM "&Beenden",              IDM_FILE_EXIT
        }
    POPUP "&Bearbeiten"
        {
        MENUITEM "&Rückgängig\tAlt+Rücktaste",        IDM_EDIT_UNDO
        MENUITEM SEPARATOR
        MENUITEM "&Ausschneiden\tUmschalt+Entf",     IDM_EDIT_CUT
        MENUITEM "&Kopieren\tStrg+Einfg",            IDM_EDIT_COPY
        MENUITEM "&Einfügen\tUmschalt+Einfg",        IDM_EDIT_PASTE
        MENUITEM SEPARATOR
        MENUITEM "E&ntfernen",                       IDM_EDIT_CLEAR
        MENUITEM "&Löschen",                         IDM_EDIT_DELETE

        }
```

```
}
```

BITMENU.DEF

```
NAME BITMENU

EXETYPE WINDOWS

DESCRIPTION 'BitMenü - Bitmap in einem Menü'

CODE MOVEABLE DISCARDABLE
DATA MOVEABLE MULTIPLE

HEAPSIZE  512
STACKSIZE 5120
```

Der Großteil der Verarbeitung in BITMENU verteilt sich auf zwei der Objektkomponentenfunktionen des Fensters: Den Konstruktor und die **WMCreate**-Funktion für die Beantwortung der **WM_CREATE**-Nachricht. Wie bei benutzerdefinierten Menübefehlen wäre es eigentlich geschickter, ein separates "Bitmap-Menü-Objekt" zu erstellen. Auf diese Weise bliebe die Komplexität der Menüs vor dem Fensterobjekt verborgen. Im Interesse eine besseren Übersichtlichkeit haben wir in unserem Beispielprogramm diese beiden Elemente jedoch nicht getrennt.

In seinem Konstruktor beginnt das BITMENU-Fensterobjekt mit dem Aufruf von **GetSystemMetrics**. Mit dieser Funktion werden die Größenangaben des Symbols für den entsprechenden Bildschirmtreiber definiert. Diese Werte werden zur Berechnung der Größe der Bitmap verwendet. Wie wir bereits zuvor erläutert haben, empfiehlt es sich, festcodierte Größenangaben zu vermeiden, da diese unerwartete Ergebnisse auf hochauflösenden Bildschirmen hervorrufen können. BITMENU erstellt Bitmaps, deren Größe relativ zu den Systemsymbolen gesetzt wird.

```
cxBitmapWidth = GetSystemMetrics (SM_CXICON) * 3;

cyBitmapHeight = GetSystemMetrics (SM_CYICON);
```

Während der Erzeugung einer Hauptspeicher-Bitmap ordnet das GDI der Zeichenoberfläche keine bestimmte Hintergrundfarbe zu. Bevor wir also in der Bitmap zeichnen können, müssen wir die Oberfläche zur Vermeidung zufälliger Farben zunächst löschen. BITMENU verwendet hierzu die Routine **GetSysColor**. In der gleichen Weise werden auch im OWNDRAW-Programm die Menüfarben eingestellt. **GetSysColor** erstellt einen deckenden Pinsel, mit dem der Bitmap-Hintergrund gelöscht wird:

```
crBackground = GetSysColor (COLOR_MENU);

hbrBackground = CreateSolidBrush (crBackground);
```

Wie Sie sich vielleicht an unsere Diskussion über das OWNDRAW-Programm erinnern, kann das GDI zum Zeichnen einer Bitmap nur dann aufgerufen werden, wenn ein DC erstellt und mit der Bitmap verbunden wurde. Wir erzeugen einen Bildschirm-DC mit dem Aufruf **CreateDC**. Anschließend kopieren wir den DC mit **CreateCompatibleDC**. In diese DC-Kopie installieren wir im nächsten Schritt die Hintergrundfarbe. Jetzt ist der kopierte DC bereit für die Initialisierung der Bitmap:

```
hdcScreen = CreateDC ("DISPLAY", 0, 0, 0);

hdcBitmap = CreateCompatibleDC (hdcScreen);

hbrOld = SelectObject (hdcBitmap, hbrBackground);
```

Jetzt erzeugt der Fensterobjektkonstruktor die Bitmap und initialisiert sie mit der entsprechenden Hintergrundfarbe (**hbrBackground**). Nachdem alle Bitmaps erstellt wurden, malt **PatBlt** die Farben auf jede Bitmap.

```
for (i=0;i<COUNT;i++)

{

hbm[i] = CreateCompatibleBitmap (hdcScreen, cxWidth, cyHeight);

if (i==0)

    hbmOld = SelectObject (hdcBitmap, hbm[0]);

else

    SelectObject (hdcBitmap, hbm[i]);

PatBlt (hdcBitmap, 0, 0, cxWidth, cyHeight, PATCOPY);

}
```

In diesem Programmtext finden Sie einen wichtigen Hinweis zum GDI: Bevor Sie einen DC wieder löschen, müssen Sie ihn zunächst in seinen ursprünglichen Zustand zurückversetzen. Bevor ein GDI-Objekt zerstört wird, muß dessen Verknüpfung mit anderen Objekten aufgelöst werden. Aus diesem Grunde speichert **hbmOld** das Handle der ersten Bitmap *außerhalb* des DC. Bevor der DC zerstört wird, übertragen wir die Bitmap in den DC zurück. Nachdem die Bitmaps initialisiert wurden, können wir alle von uns erstellten GDI-Objekte löschen:

```
SelectObject (hdcBitmap, hbmOld);

SelectObject (hdcBitmap, hbrOld);

DeleteDC (hdcBitmap);

DeleteDC (hdcScreen);

DeleteObject (hbrBackground);
```

Zuletzt erstellt der Konstruktor mehrere Pinsel für die unterschiedlichen Bitmap-Muster:

```
hbr[0] = CreateHatchBrush (HS_DIAGCROSS, RGB(0, 0, 0));

hbr[1] = CreateSolidBrush (RGB(64, 64, 64));

hbr[2] = CreateHatchBrush (HS_CROSS, RGB(0, 0, 0));

hbr[3] = CreateSolidBrush (RGB(0, 0, 0));

hbr[4] = CreateHatchBrush (HS_VERTICAL, RGB(0, 0, 0));
```

Nach Beendigung dieser Aktion hat der Konstruktor alle Datenkomponenten im BIT-MENU-Fensterobjekt initialisiert. Sie liegen jetzt quasi in Warteposition. Die **WM_CREATE**-Nachricht dient hierbei als "Startflagge" zur Installation eines kompletten Popup-Menüs mit mehreren Bitmaps. Zunächst wird ein DC für die Bitmaps erstellt:

```
hdcScreen = GetDC (HWindow);

hdcBitmap = CreateCompatibleDC (hdcScreen);

ReleaseDC (HWindow, hdcScreen);
```

Dann wird ein leeres Popup-Menü erstellt und mit dem übergeordneten Menü verbunden:

```
hmenuPopup = CreatePopupMenu();

hmenu = GetMenu (hwnd);

AppendMenu (hmenu, MF_POPUP, hmenuPopup, "&Brushes");
```

Wie bereits zuvor sichern wir uns eine Kopie des ursprünglichen GDI-Objekts in unserem DC, damit wir den DC später ohne Schwierigkeiten löschen können:

```
hbrOld = SelectObject (hdcBitmap, hbr[0]);

hbmOld = SelectObject (hdcBitmap, hbm[0]);
```

Als nächstes verknüpfen wir jede einzelne Bitmap durch **SelectObject** mit ihrem entsprechenden DC. Anschließend wird **SelectObject** ein zweites Mal aufgerufen, um die Hintergrundfarben mit der DC zu verbinden. Ist dies erledigt, zeichnen wir in die Bitmap, indem wir die **Rectangle**-Routine aufrufen. Wie Sie sich vielleicht erinnern, zeichnet diese Routine ein Rechteck und verwendet hierbei den momentan installierten Stift für den Rahmen und den momentan installierten Pinsel für den Innenbereich des Rechteckes. Jetzt ist die Bitmap fertiggestellt. Durch den Aufruf von **AppendMenu** kann sie dem Menü hinzugefügt werden:

```
for (i=0;i<COUNT;i++)

{

SelectObject (hdcBitmap, hbr[i]);

SelectObject (hdcBitmap, hbm[i]);
```

```
Rectangle (hdcBitmap, 0, cyOffset, cxWidth, cyHeight-cyOffset);

AppendMenu (hmenuPopup, MF_BITMAP, IDM_FIRST+i, MAKEINTRE-
SOURCE(hbm[i]));

}
```

Wurde die Bitmap erstellt und einem Menü zugewiesen, müssen wir die erstellten GDI-Objekte wieder löschen. Das einzige Objekt, das wir dabei beachten müssen, ist der Bitmap-DC. Zuerst müssen die Verbindungen zwischen den Pinseln und den erstellten Bitmaps durchtrennt werden. Nur so kann ein DC zerstört werden, ohne daß man riskiert, daß Objekte ohne Zugehörigkeit im System zurückbleiben:

```
SelectObject (hdcBitmap, GetStockObject(BLACK_BRUSH));

SelectObject (hdcBitmap, hbmOld);

DeleteObject (hbrBackground);
```

Jetzt verbleiben zwei Sätze von GDI-Objekten im Hauptspeicher: die Bitmaps und die Pinsel. Unser Fensterobjekt behält diese Objekte für sein ganzes Leben bei. Die Bitmaps können nicht zerstört werden, solange nicht das dazugehörige Menü zerstört wird. Die Pinsel dagegen werden beibehalten, da das Programm sie später zum Zeichnen der Objekte einsetzen soll, die vom Anwender aus den Bitmap-Menübefehlen ausgewählt wurden.

Folgende Objekte werden schließlich vom Fensterobjektdestruktor gelöscht:

```
for (i=0;i<COUNT;i++)

{

DeleteObject (hbr[i]);

DeleteObject (hbm[i]);

}
```

Bitmaps in Menüs und benutzerdefinierte Menübefehle sind nur zwei Möglichkeiten der Einbeziehung grafischer Objekte in Ihre Menüs. Wir werden nun die dritte Möglichkeit betrachten: das benutzerdefinierte Häkchen.

Eigene Menühäkchen erstellen

Im vorherigen Kapitel erwähnten wir, daß Häkchen für den Anwender optische Hinweise in Menüs darstellen. Obwohl das Standardhäkchen sich in vielen Situationen als nützlich erweist, kann es sinnvoll sein, unterschiedliche Symbole in den Menüs zu verwenden. Sie können GDI-Routinen zur Erstellung und Installation eigener Menühäkchen aufrufen. In diesem Fall erlaubt Ihnen das Menüsystem, *zwei* verschiedene Bitmaps mit jedem Menübefehl zu verbinden. Eine Bitmap wird angezeigt, wenn der Menübefehl *angewählt* wurde; die andere Bitmap erscheint, wenn der Menübefehl *nicht angewählt* wurde.

Die Erstellung einer Häkchen-Bitmap beginnt mit der Erstellung einer normalen GDI-Bitmap. Wir haben diese Vorgehensweise bereits im Zusammenhang mit dem BITMENU-Programm ausführlich besprochen. Sie müssen eine Bitmap sowie einen DC erstellen und anschließend beide miteinander verbinden. Jetzt können die GDI-Routinen zur Darstellung beliebiger Figuren verwendet werden, mit denen sich die verschiedenen Zustände eines Menübefehls anzeigen lassen. Sie sollten hier daraufachten, daß Ihre Zeichnungen klein genug sind, damit sie in den Raum passen, den das Menüsystem für Häkchen reserviert hat.

Zum Ermitteln des benötigten Platzbedarfs rufen Sie **GetMenuCheckMarkDimensions** auf. Diese Routine benötigt keine Parameter. Sie liefert lediglich einen **DWORD**-Wert (vorzeichenloser Long-Wert) zurück, in dem die angeforderten Abmessungen einer Häkchen-Bitmap enthalten sind. Folgende Zeilen zeigen Ihnen, wie Sie die Abmessungen aus diesem Rückgabewert extrahieren:

```
DWORD dwCheck;
int cxWidth, cyHeight;

dwCheck = GetMenuCheckMarkDimensions ();
cxWidth = LOWORD (dwCheck);
cyHeight = HIWORD (dwCheck);
```

Unter Verwendung der Größenangaben, die Sie durch diese Routine erhalten, können Sie Bitmap-Paare angewählter und nicht angewälter Objekte zeichnen. Die Bitmaps können bestimmten Menübefehlen zugeordnet werden. Da Bitmaps gemeinsam genutzte GDI-Objekte sind, können Sie ein Bitmap-Paar erstellen und es in vielen unterschiedlichen Menübefehlen verwenden. Um eine Bitmap einem Menübefehl zuzuordnen, rufen Sie die **SetMenuItemBitmaps**-Routine auf, die wie folgt definiert ist:

```
BOOL SetMenuItemBitmaps (hMenu, nPosition, wFlags, hbmUnchecked,
hbmChecked)
```

- *hMenu* ist ein Menü-Handle.

- *nPosition* kennzeichnet den Menübefehl, dem das Bitmap-Paar zugeordnet werden soll. Falls der nächste Parameter, **wFlags**, auf **MF_BYCOMMAND** gesetzt ist, dann ist **nPosition** ein Befehlsrückgabecode. Ist er auf **MF_BYPOSITION** gesetzt, dann ist **nPosition** die relative Position des Menübefehls in den durch **hMenu** bezeichneten Menüs.

- *wFlags* ist entweder **MF_BYCOMMAND** oder **MF_BYPOSITION**.

- *hbmUnchecked* ist ein Handle einer GDI-Bitmap, die angezeigt werden soll, wenn das Menü nicht angewählt ist.

- *hbmChecked* ist ein Handle einer GDI-Bitmap, die angezeigt werden soll, wenn das Menü angewählt ist.

Wurden die Häkchen-Bitmaps einem Menübefehl zugeordnet, so werden sie automatisch verwendet, ohne daß es zusätzlichen Aufwand für Ihr Programm bedeutet. Alles, was Sie an dieser Stelle zu tun haben, ist **CheckMenuItem** aufzurufen, um den angewählten Zustand entweder auf **MF_CHECKED** oder auf **MF_UNCHECKED** zu setzen.

Falls Sie zu irgendeinem Zeitpunkt ein angepaßtes Häkchen entfernen wollen, dann rufen Sie **SetMenuItemBitmaps** mit einem NULL-Wert im Bitmap-Handle-Parameter für die zu entfernende Bitmap auf. Abbildung 12.3 zeigt zwei Sätze angepaßter Häkchen, die durch CHEKMENU, unser Beispielprogramm, erstellt wurden.

Das Programm CHEKMENU erstellt zwei Paare angepaßter Menühäkchen. Ein Paar verwendet ein viereckiges Feld. Ein X symbolisiert hier den angewählten Zustand und ein leeres Feld steht für den nicht angewählten Zustand. Das zweite Paar besteht aus einem runden Feld. Für den angewählten Zustand zeigt es einen zentrierten, ausgefüllten Kreis. Während des nicht angewählten Zustands bleibt das Feld leer. Sind diese beiden Häkchen-Bitmap-Paare erstellt, so können wir sie für alle Menübefehle in unserem Menü verwenden. Wenn Sie sich die Abbildung 12.3 ansehen, fällt Ihnen vielleicht auf, daß CHEKMENU das gleiche Standardmenü verwendet, das wir auch im vorherigem Kapitel erstellt haben.

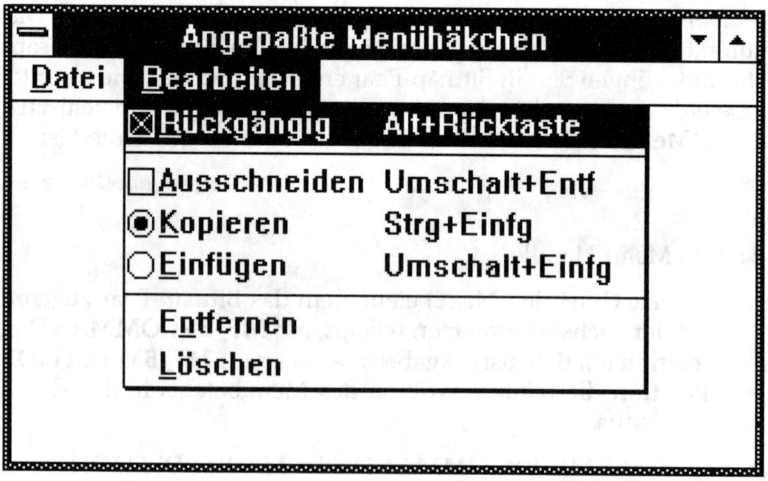

Abbildung 12.3: Zwei Paare angepaßter Menühäkchen

MAKEFILE.MAK

```
.AUTODEPEND

#    Compilerdefinitionen
INC=C:\BORLANDC\OWL\INCLUDE;C:\BORLANDC\CLASSLIB\INCLUDE;C:\BOR-
LANDC\INCLUDE
CC = bcc -c -D_CLASSDLL -H -ml -WS -w -I$(INC)

#    Implizite Regeln
.c.obj:
  $(CC) {$< }

.cpp.obj:
  $(CC) {$< }

#    Explizite Regeln
ChekMenu.exe: ChekMenu.res ChekMenu.def ChekMenu.obj
    tlink /c/C/n/P-/Twe/x @ChekMenu.LNK
    RC ChekMenu.res ChekMenu.exe

#    Einzelne Dateiabhängigkeiten
ChekMenu.obj: ChekMenu.cpp

ChekMenu.res: ChekMenu.rc ChekMenu.cur ChekMenu.ico
    RC -R -FO ChekMenu.res ChekMenu.RC
```

CHEKMENU.LNK

```
c:\borlandc\lib\c0wl.obj+
ChekMenu.obj
ChekMenu,ChekMenu
\borlandc\owl\lib\owl.lib+
crtll.lib+
cwl.lib+
import.lib+
mathl.lib+
cl.lib
ChekMenu.def
```

CHEKMENU.CPP

```
/*-------------------------------------------------------------*\
| CHEKMENU.CPP - Veranschaulichung angepaßter Menühäkchen.     |
\*-------------------------------------------------------------*/
#include <owl.h>
#include "Chekmenu.h"

#define COMMANDMSG(arg) (arg.WParam)
```

```
/*------------------------------------------------------------*\
|                         Konstanten.                          |
\*------------------------------------------------------------*/
const int COUNT = 4;

/*------------------------------------------------------------*\
|                     Klassendeklarationen.                    |
\*------------------------------------------------------------*/
class TChekMenuApplication : public TApplication
  {
  public:
    TChekMenuApplication (LPSTR lpszName, HANDLE hInstance,
                          HANDLE hPrevInstance,
                          LPSTR lpszCmdLine, int nCmdShow);
    virtual void InitMainWindow ();
  };

class TChekMenuWindow : public TWindow
  {
  public:
    TChekMenuWindow (PTWindowsObject pwParent, LPSTR lpszTitle,
                     PTModule pmModule);
    ~TChekMenuWindow();
    virtual LPSTR GetClassName ();
    virtual void  GetWindowClass (WNDCLASS&);
    virtual void  WMCommand(TMessage& Msg) = [WM_COMMAND];
    virtual void  WMCreate(TMessage& Msg) = [WM_CREATE];
  private:
    HANDLE hbmCheck[COUNT];
  };

/*------------------------------------------------------------*\
|                   Hauptfunktion:  WinMain.                   |
\*------------------------------------------------------------*/
int PASCAL WinMain (HANDLE hInstance,   HANDLE hPrevInstance,
                LPSTR  lpszCmdLine, int    nCmdShow)
    {
    TChekMenuApplication ChekMenu ("ChekMenu", hInstance,
                                   hPrevInstance, lpszCmdLine,
                                   nCmdShow);
    ChekMenu.Run();
    return ChekMenu.Status;
    }

/*------------------------------------------------------------*\
|                 Komponente der Application-Klasse.           |
\*------------------------------------------------------------*/
TChekMenuApplication::TChekMenuApplication (LPSTR lpszName,
                    HANDLE hInstance, HANDLE hPrevInstance,
                    LPSTR lpszCmdLine, int nCmdShow)
```

```
                    :TApplication (lpszName, hInstance,
                        hPrevInstance, lpszCmdLine, nCmdShow)
    {
    /*  Die anwendungsspezifische Initialisierung erfolgt hier.  */
    }
/*----------------------------------------------------------------*\
|                   Komponente der Application-Klasse.            |
\*----------------------------------------------------------------*/
void TChekMenuApplication::InitMainWindow ()
    {
    MainWindow = new TChekMenuWindow (NULL,
                                "Angepaßte Menühäkchen",
                                NULL);

    }
/*----------------------------------------------------------------*\
|                   TChekMenuWindow-Komponentenfunktion.          |
\*----------------------------------------------------------------*/
TChekMenuWindow::TChekMenuWindow (PTWindowsObject pwParent,
            LPSTR lpszTitle, PTModule pmModule)
          :TWindow (pwParent, lpszTitle, pmModule)
        {
    COLORREF  crBackground;
    DWORD     dwCheck;
    HBRUSH    hbrBackground;
    HBRUSH    hbrOld;
    HBITMAP   hbmOld;
    HDC       hdcScreen;
    HDC       hdcBitmap;
    int       xMin, xMax;
    int       yMin, yMax;
    int       cxCheckWidth;
    int       cyCheckHeight;
    int       cxFourth;
    int       cyFourth;
    int       cxMargin;
    int       i;

    //  Ermitteln der Abmessungen des Häkchens.
    dwCheck      = GetMenuCheckMarkDimensions();
    cyCheckHeight = HIWORD (dwCheck);
    cxCheckWidth  = LOWORD (dwCheck);

    //  Berechnen eines Rahmens, basierend auf der Randbreite.
    cxMargin = GetSystemMetrics (SM_CXBORDER);
    xMin = cxMargin;
    xMax = cxCheckWidth - cxMargin;
    yMin = cxMargin;
    yMax = cyCheckHeight - cxMargin;
```

377

```
cxFourth = cxCheckWidth/4;
cyFourth = cyCheckHeight/4;

//  Erzeugung des Hintergrundpinsels zur Bitmap-Initialisierung.
crBackground = GetSysColor (COLOR_MENU);
hbrBackground = CreateSolidBrush (crBackground);

//  Erzeugen eines DC und einiger Bitmap.
hdcScreen = CreateDC ("DISPLAY", 0, 0, 0);
hdcBitmap = CreateCompatibleDC (hdcScreen);
hbrOld = SelectObject (hdcBitmap, hbrBackground);

for (i=0;i<COUNT;i++)
    {
    hbmCheck[i] = CreateCompatibleBitmap (hdcScreen,
                cxCheckWidth, cyCheckHeight);
    if (i == 0)
        hbmOld = SelectObject (hdcBitmap, hbmCheck[i]);
    else
        SelectObject (hdcBitmap, hbmCheck[i]);
    PatBlt (hdcBitmap, 0, 0, cxCheckWidth, cyCheckHeight,
        PATCOPY);
    }

//  Zeichnen des ersten nicht ausgewählten Menübefehls.
SelectObject (hdcBitmap, hbmCheck[0]);
Rectangle (hdcBitmap, xMin, yMin,
                xMax, yMax);

//  Zeichnen des ersten ausgewählten Menübefehls.
SelectObject (hdcBitmap, hbmCheck[1]);
Rectangle (hdcBitmap, xMin, yMin,
                xMax, yMax);

MoveTo (hdcBitmap, xMin, yMin);
LineTo (hdcBitmap, xMax, yMax);
MoveTo (hdcBitmap, xMin, yMax-1);
LineTo (hdcBitmap, xMax-1, yMin);

//  Zeichnen des zweiten nicht ausgewählten Menübefehls.
SelectObject (hdcBitmap, hbmCheck[2]);
Ellipse (hdcBitmap, xMin, yMin,
                xMax, yMax);

//  Zeichnen des zweiten ausgewählten Menübefehls.
SelectObject (hdcBitmap, hbmCheck[3]);
Ellipse (hdcBitmap, xMin, yMin,
                xMax, yMax);
SelectObject (hdcBitmap, GetStockObject (BLACK_BRUSH));

Ellipse (hdcBitmap, xMin+cxFourth, yMin+cyFourth,
                xMax-cxFourth, yMax-cyFourth);
```

```
    // Löschen der GDI-Objekte, die wir erzeugt haben.
    SelectObject (hdcBitmap, hbrOld);
    SelectObject (hdcBitmap, hbmOld);
    DeleteDC (hdcBitmap);
    DeleteObject (hbrBackground);

    DeleteDC (hdcScreen);
    }
/*--------------------------------------------------------------*\
|                 TChekMenuWindow-Komponentenfunktion.           |
\*--------------------------------------------------------------*/
TChekMenuWindow::~TChekMenuWindow()
    {
    int i;

    for (i=0;i<COUNT;i++)
        DeleteObject (hbmCheck[i]);
    }
/*--------------------------------------------------------------*\
|                 TChekMenuWindow-Komponentenfunktion.           |
\*--------------------------------------------------------------*/
LPSTR TChekMenuWindow::GetClassName ()
    {
    return "ChekMenu:MAIN";
    }
/*--------------------------------------------------------------*\
|                 TChekMenuWindow-Komponentenfunktion.           |
\*--------------------------------------------------------------*/
void TChekMenuWindow::GetWindowClass (WNDCLASS& wc)
    {
    TWindow::GetWindowClass (wc);
    wc.hIcon=LoadIcon (wc.hInstance, "snapshot");
    wc.hCursor=LoadCursor (wc.hInstance, "hand");
    wc.lpszMenuName="#1";
    }
/*--------------------------------------------------------------*\
|                 TChekMenuWindow-Komponentenfunktion.           |
\*--------------------------------------------------------------*/
void TChekMenuWindow::WMCommand(TMessage& Msg)
    {
    char buffer[80];

    if (COMMANDMSG(Msg) == IDM_FILE_EXIT)
        SendMessage (HWindow, WM_SYSCOMMAND, SC_CLOSE, 0L);
    else
        {
        wsprintf (buffer, "Kommando = %d", COMMANDMSG(Msg));
```

```
                  MessageBox (HWindow, buffer, "WM_COMMAND", MB_OK);
                  }
       }
/*----------------------------------------------------------------*\
|                  TChekMenuWindow-Komponentenfunktion.            |
\*----------------------------------------------------------------*/
void TChekMenuWindow::WMCreate(TMessage& Msg)
       {
       HMENU    hmenu;

       // Ermitteln des Handle auf das übergeordnete Menü.
       hmenu = GetMenu (Msg.Receiver);

       // Zuordnen der Häkchen für vier Menübefehle.

       // (1) Bearbeiten-Rückgängig und auf "angwählt" setzen.
       SetMenuItemBitmaps (hmenu, IDM_EDIT_UNDO, MF_BYCOMMAND,
                   hbmCheck[0], hbmCheck[1]);
       CheckMenuItem (hmenu, IDM_EDIT_UNDO,
                   MF_BYCOMMAND | MF_CHECKED);

       // (2) Bearbeiten-Ausschneiden und auf "nicht angewählt" lassen.
       SetMenuItemBitmaps (hmenu, IDM_EDIT_CUT, MF_BYCOMMAND,
                   hbmCheck[0], hbmCheck[1]);

       // (3) Bearbeiten-Kopieren und auf "angewählt" setzen.
       SetMenuItemBitmaps (hmenu, IDM_EDIT_COPY, MF_BYCOMMAND,
                   hbmCheck[2], hbmCheck[3]);
       CheckMenuItem (hmenu, IDM_EDIT_COPY,
                   MF_BYCOMMAND | MF_CHECKED);

       // (4) Bearbeiten-Einfügen und auf "nicht angewählt" belassen.
       SetMenuItemBitmaps (hmenu, IDM_EDIT_PASTE, MF_BYCOMMAND,
                   hbmCheck[2], hbmCheck[3]);
       }
```

CHEKMENU.H

```
/*----------------------------------------------------------------*\
| Chekmenu.H - Definitionsdatei für Chekmenu.cpp                   |
\*----------------------------------------------------------------*/


#define IDM_FILE_NEW       100
#define IDM_FILE_OPEN      101
#define IDM_FILE_SAVE      102
#define IDM_FILE_SAVEAS    103
#define IDM_FILE_PRINT     104
#define IDM_FILE_EXIT      105
```

```
#define IDM_EDIT_UNDO      200
#define IDM_EDIT_CUT       201
#define IDM_EDIT_COPY      202
#define IDM_EDIT_PASTE     203
#define IDM_EDIT_CLEAR     204
#define IDM_EDIT_DELETE    205
```

CHEKMENU.RC

```
#include "Chekmenu.H"

snapshot icon ChekMenu.ico

hand cursor ChekMenu.cur

1 MENU
    {
    POPUP "&Datei"
        {
        MENUITEM "&Neu",                IDM_FILE_NEW
        MENUITEM "Ö&ffnen...",          IDM_FILE_OPEN
        MENUITEM "&Speichern",          IDM_FILE_SAVE
        MENUITEM "Speichern &unter...", IDM_FILE_SAVEAS
        MENUITEM SEPARATOR
        MENUITEM "&Drucken",            IDM_FILE_PRINT
        MENUITEM SEPARATOR
        MENUITEM "&Beenden",            IDM_FILE_EXIT
        }
    POPUP "&Bearbeiten"
        {
        MENUITEM "&Rückgängig\tAlt+Rücktaste",      IDM_EDIT_UNDO
        MENUITEM SEPARATOR
        MENUITEM "&Ausschneiden\tUmschalt+Entf",   IDM_EDIT_CUT
        MENUITEM "&Kopieren\tStrg+Einfg",          IDM_EDIT_COPY
        MENUITEM "&Einfügen\tUmschalt+Einfg",      IDM_EDIT_PASTE
        MENUITEM SEPARATOR
        MENUITEM "E&ntfernen",                     IDM_EDIT_CLEAR
        MENUITEM "&Löschen",                       IDM_EDIT_DELETE
        }
    }
```

CHEKMENU.DEF

```
NAME CHEKMENU

EXETYPE WINDOWS

DESCRIPTION 'ChekMenu - Angepaßte Menühäkchen'

CODE MOVEABLE DISCARDABLE
```

```
DATA MOVEABLE MULTIPLE

HEAPSIZE   512
STACKSIZE 5120
```

CHEKMENU verschafft dem Fensterobjekt die Funktionalität von Menüs. Wie bereits bei den anderen Programmen dieses Kapitels diente uns CHEKMENU eher der Veranschaulichung der Überlegungen zur Windows-API, als der Demonstration objektorientierten Designs.

Die Initialisierung und Erstellung von Häkchen im Menü wurde in zwei Teile unterteilt: Im Fensterobjektkonstruktor wurden Bitmaps für den angewählten und nicht angewählten Zustand erstellt. In Beantwortung der **WM_CREATE**-Nachricht wurden diese Bitmaps dem Menü zugeordnet. Zur Veranschaulichung wurden einige Menübefehle im angewählten und einige im nicht angewählten Zustand dargestellt.

Der Fensterobjektkonstruktor beginnt zunächst mit der Ermittlung der zu erwartenden Größe eines Häkchens:

```
// Ermitteln der Abmessungen des Häkchens.

dwCheck = GetMenuCheckMarkDimensions();

cyHeight = HIWORD (dwCheck);

cxWidth = LOWORD (dwCheck);
```

Aufgrund dieser Informationen berechnet CHEKMENU einen Rahmen, der unser Häkchen einschließt. Dies ist notwendig, da der Bereich, den wir erhalten haben, den linken Rand eines Menüs berührt. Durch die Konstruktion eines Rahmens wird vermieden, daß das Menü gedrängt erscheint. Wir berechnen den Rahmen durch den Aufruf von **GetSystemMetrics**. Mit Hilfe des **SM_CXBORDER**-Parameters können wir die Breite eines dünnen Fensterrahmens ermitteln, den wir als Rahmen für das Häkchen verwenden wollen:

```
/* Errechnen eines Rahmens, basierend auf der Randbreite. */

cxMargin = GetSystemMetrics (SM_CXBORDER);

xMin = cx Margin;

xMax = cxWidth - cxMargin;

yMin = cxMargin;

yMax = cyHeight -cxMargin;

cxFourth = cxWidth/4;

cyFourth = cyHeight/4;
```

Da wir eine Bitmap erstellen werden, initialisieren wir den Bitmap-Hintergrund. Wir rufen **GetSysColor** auf, um die Hintergrundfarbe des Menüs zu erhalten und verwenden dann diese Farbe, um einen Pinsel zu erstellen:

```
/* Erstellen des Hintergrundpinsels, um die Bitmap zu initialisieren
*/

crBackground = GetSysColor (COLOR_MENU);

hbrBackground = CreateSolidBrush (crBackground);
```

Wie wir schon im BITMENU-Programm gesehen haben, benötigen wir zum Zeichnen einer Bitmap einen DC. Hier sehen Sie, wie CHEKMENU einen DC und einen Satz Bitmaps erstellt und den Hintergrundpinsel dazu verwendet, die Bitmaps mit der Hintergrundfarbe des Menüs zu initialisieren:

```
/* Erstellen eines DC und eines Satzes von Bitmaps */

hdcScreen = GetDC (hwnd);

hdcBitmap = CreateCompatibleDC (hdcScreen);

hbrOld = SelectObject (hdcBitmap, hbrBackground);

for (i=0;i<COUNT,i++)

{

   hbmCheck[i] = CreateCompatibleBitmap (hdcScreen,cxWidth, cyHeight);

   if (i==0)

      hbmOld = SelectObject (hdcBitmap, hbmCheck[0]);

   else

      SelectObject (hdcBitmap, hbmCheck[i]);

   PatBlt (hdcBitmap, 0, 0, cxWidth, cyHeight, PATCOPY);

}

ReleaseDC (hwnd, hdcScreen);
```

Das Zeichnen der vier Häkchenobjekte ist so einfach wie der Aufruf von ein paar GDI-Routinen. Selbstverständlich teilen sich unsere vier Bitmaps einen DC. Somit wird zur Verbindung jeder einzelnen Bitmap der Aufruf der **SelectObject**-Routine erforderlich:

```
// Ersten nicht angewählten Menübefehl zeichnen.
SelectObject (hdcBitmap, hbmCheck[0]);
Rectangle (hdcBitmap, xMin, yMin, xMax, yMax);
// Ersten angewählten Menübefehl zeichnen.
SelectObject (hdcBitmap, hbmCheck[1]);
Rectangle (hdcBitmap, xMin, yMin, xMax, yMax);
MoveTo (hdcBitmap, xMin, yMin);
```

```
LineTo (hdcBitmap, xMax, yMax);
MoveTo (hdcBitmap, xMin, yMax-1);
LineTo (hdcBitmap, xMax-1, yMin);

// Zweiten nicht angewählten Menübefehl zeichnen.
SelectObject (hdcBitmap, hbmCheck[2]);
Ellipse (hdcBitmap, xMin, yMin, xMax, yMax);

// Zweiten angewählten Menübefehl zeichnen.
SelectObject (hdcBitmap, hbmCheck[3]);
Ellipse (hdcBitmap, xMin, yMin, xMax, yMax);
SelectObject (hdcBitmap, GetStockObject (BLACK_BRUSH));
Ellipse (hdcBitmap, xMin+cxFourth, yMin+cyFourth, xMax-cxFourth,
yMax-cyFourth);
```

Der Konstruktor schließt mit der Zerstörung aller GDI-Objekte ab, die auf diesem Weg erstellt wurden. Folgender Code stellt sicher, daß alle Verbindungen zu jedem GDI-Objekt entfernt werden:

```
// Die erstellten GDI-Objekte löschen.
SelectObject (hdcBitmap, hbrOld);
SelectObject (hdcBitmap, hbmOld);
DeleteDC (hdcBitmap);
DeleteObject (hbrBackground);
DeleteDC (hdcScreen);
```

Die Menühäkchen werden unserem Fensterobjektmenü als Antwort auf die **WM_CREATE**-Nachricht zugeordnet. Zuerst benötigen wir aber ein Handle auf das übergeordnete Menü unseres Fensters:

```
// Handle auf übergeordnetes Menü ermitteln.
hmenu = GetMenu (Msg.Receiver);
```

Dann erfolgen vier Aufrufe von **SetMenuItemBitmaps**:

```
// Häkchen den vier Menübefehlen zuordnen.
// (1) Bearbeiten-Rückgängig und auf angewählt setzen.
SetMenuBitmaps (hmenu, IDM_EDIT_UNDO, MF_BYCOMMAND, hbmCheck[0],
hbmCheck[1]);
CheckMenuItem (hmenu, IDM_EDIT_UNDO, MF_BYCOMMAND | MF_CHECKED);

// (2) Bearbeiten-Ausschneiden und auf nicht angewählt lassen.
SetMenuItemBitmaps (hmenu, IDM_EDIT_CUT, MF_BYCOMMAND, hbmCheck[0],
hbmCheck[1]);

// (3) Bearbeiten-Kopieren und auf angewählt setzen.
SetMenuItemBitmaps (hmenu, IDM_EDIT_COPY, MF_BYCOMMAND,
hbmCheck[2], hbmCheck[3]);
CheckMenuItem (hmenu, IDM_EDIT_COPY, MF_BYCOMMAND | MF_CHECKED);
```

384

```
// (4) Bearbeiten-Einfügen und auf nicht angewählt lassen.
SetMenuItemBitmaps (hmenu, IDM_EDIT_PASTE, MF_BYCOMMAND,
hbmCheck[2], hbmCheck[3]);
```

Das ist alles, was zu tun ist. Jetzt können wir die Menübefehle angewählt oder nicht angewählt darstellen. Das Menüsystem wählt dabei die richtige Bitmap automatisch aus.

Wir müssen noch einen weiteren Punkt beachten. Da wir GDI-Bitmaps erstellt haben, müssen wir sicherstellen, daß diese nach ihrer Verwendung wieder gelöscht werden. Da wir sie im Fensterobjektkonstruktor erstellt haben, ist es sinnvoll, sie im Fensterobjektdestruktor zu zerstören. Dies wird in CHEKMENU wie folgt vollzogen:

```
TChekMenuWindow::~TChekMenuWindow()

{

int i;

for (i=0;i<COUNT;i++);

DeleteObject (hbmCheck[i]);

}
```

Die Erstellung von angepaßten Häkchen ist recht einfach, obwohl sie Kenntnisse der Erstellung und Manipulation von GDI-Bitmaps erfordert. Wurde eine Bitmap erstellt und einem DC zugeordnet, so erfordert das Zeichnen in der Bitmap den Aufruf verschiedener GDI-Zeichenroutinen: PatBlt löscht den Hintergrund, **Rectangle**, **Ellipse**, **MoveTo** und **LineTo** zeichnen die aktuellen Häkchenobjekte. Wie wir in unserem Beispielprogramm veranschaulicht haben, ist es wichtig, die erstellten GDI-Zeichenobjekte wieder zu löschen.

Unser nächstes Kapitel behandelt ein Thema, das wir schon in Kapitel 2 angeschnitten haben, als wir unser erstes, minimales Fensterprogramm eingeführt haben. Es geht um die Erstellung von Fenstern. Auch wenn es für die meisten Programme ausreicht, wenn sie mit nur einem einzigen Fenster ausgestattet sind, kann es vorkommen, daß in einem Programm mehrere Fenster vonnöten sind. Krämpeln wir die Ärmel hoch. Untersuchen wir, welche Möglichkeiten sich uns für die Arbeit mit Fenstern bieten.

Kapitel 13

Fenstertechnik

Bis jetzt hatte jedes Programm in diesem Buch nur ein einziges übergeordnetes Fenster (Top-Level-Fenster), also ein Fenster auf oberster Ebene. Dieser Ansatz kann für alle Windows-Programme verwenden werden. Manchmal ist es aber für ein Programm sinnvoller, wenn mehr als nur ein einziges Fenster zur Verfügung steht. Beispielsweise erstellen Programme, die den MDI-Standard (**Multiple Document Interface**) einsetzen, für jedes neue Dokument ein neues Fenster. Programme, die mit Dialogfeldern ausgestattet sind, verwenden ebenfalls mehrere Fenster, da Dialogfelder ihrerseits Fenster sind. Dies gilt auch für Schaltflächen, Listenfelder und andere Steuerelemente innerhalb von Dialogfeldern. Wir werden Dialogfelder eingehend in Kapitel 14 beschreiben.

Ein Programm könnte mehrere Fenster erstellen, um ein einzelnes Fenster in mehrere Arbeitsbereiche zu unterteilen. Beispielsweise finden Sie in vielen Programmen sogenannte Bildlaufleisten. Eine Bildlaufleiste ist ein Fenster innerhalb eines anderen Fensters. Hier kann der Anwender steuern, welcher Teil der Daten sichtbar sein soll. Stellen Sie sich ein Terminalemulationsprogramm vor, das ein kleines Textfenster dazu verwenden könnte, Informationen über den Kommunikationszustand anzuzeigen. Andere Anwendungen, zum Beispiel Textverarbeitungsprogramme, könnten die Rand- und Tabulatoreinstellungen eines Dokumentes innerhalb eines kleinen Fensters anzeigen, das sich neben einem größerem Dokumentfenster befinden könnte. Es gibt hier so viele Möglichkeiten, wie es unterschiedliche Arten von Anwendungen gibt.

Wir wollen Ihnen hier den effizienten Einsatz mehrerer gleichzeitig geöffneter Fenster erklären. Dabei werden wir eingehend alle Details besprechen, die beim Einbau von Windows-Fenstern in Programme zu beachten sind. Wir beginnen mit der Betrachtung des Zwei-Stufen-Prozesses zur Erstellung eines Fensters: Fensterklassenerfassung und Fenstererstellung. Im nächsten Abschnitt besprechen wir, welche Größe ein übergeordnetes Fenster haben sollte. Abschließend richten wir ein untergeordnetes Fensters als "Statusfenster" einer Anwendung ein. Unter anderem wird dieses Fenster Details anzeigen, die dem Anwender helfen, sich durch die Menüs eines Programmes zu bewegen. Weiterhin werden wir, um dem Konzept dieses Buches treu zu bleiben, Ihnen Beispiele aufzeigen, die als Hilfe bei der Arbeit an Ihren eigenen Programmprojekten dienen können.

Der Vorgang der Fenstererstellung

In Kapitel 2 haben wir ein minimales Windows-Programm vorgestellt. Dabei erwähnten wir, daß die Fenstererstellung ein Zwei-Stufen-Prozeß ist. Wir haben Sie mit den beiden Routinen vertraut gemacht, die den Ablauf dieser zwei Stufen steuern, **RegisterClass** und **CreateWindow**. Bis jetzt haben wir von einer detaillierten Beschreibung dieser Vorgänge abgesehen. Wie Sie sehen werden, ist der Prozeß der Fenstererstellung recht kompliziert und gibt Ihnen einige Auswahlmöglichkeiten über Form, Größe, Stil und Verhalten eines Fensters. Zum Zeitpunkt unserer ersten Beschreibung der Fenstererstellung haben wir Ihnen viel Kopfzerbrechen erspart, indem wir uns auf das Allernötigste beschränkt haben. Die Anzahl der Felder in der **WNDCLASS**-Datenstruktur und die Anzahl der Parameter in **CreateWindow** bieten eine weitaus größere Fülle von Möglichkeiten zur Behandlung von Fenstern, als wir Ihnen bisher gesagt haben. Wir haben Ihnen somit wesentliche Kenntnisse vorenthalten. Das soll sich jetzt ändern. Beginnen wir mit der Untersuchung des ersten großen Teilbereichs im Prozess der Fenstererstellung. Hier dreht sich alles um eine einzige Datenstruktur: die Fensterklasse.

Fensterklassen

So wie eine C++ Klasse eine Schablone zur Erstellung von Exemplaren unterschiedlicher Objekte darstellt, ist eine Fensterklasse eine Schablone zur Erstellung von Fenstern. Während allerdings eine C++ Klasse mehrere Komponentenfunktionen besitzen kann, beinhaltet eine Fensterklasse nur *eine* Funktion: die Fensterprozedur. Die Struktur des OWL-Anwendungsgerüstes erlaubt Ihnen die Definition von Nachrichtbeantwortungsfunktionen, mit deren Hilfe Sie den Fluß der Nachrichten eines Fensters umleiten können. Trotz dieser komfortablen OWL-Möglichkeiten sollten Sie in jedem Falle verstehen lernen, wie das Windows-System selbst mit seinen Fenstern umgeht.

Betrachten wir also den Prozeß der Fenstererstellung näher. Untersuchen wir, welche Datenkomponenten mit einer Fensterklasse verbunden sind. Hier sehen Sie, wie ein Nicht-OWL-Programm die Erfassung einer Fensterklasse behandeln würde:

```
WNDCLASS wc;
    wc.lpszClassName = "MIN:MAIN";
    wc.hInstance     = hInstance;
    wc.lpfnWndProc   = MinWndProc;
    wc.hCursor       = LoadCursor (hInstance, "hand");
    wc.hIcon         = LoadIcon (hInstance, "snapshot");
    wc.lpszMenuName  = NULL;
    wc.hbrBackground = COLOR_WINDOW+1;
    wc.style         = NULL;
    wc.cbClsExtra    = 0;
```

```
wc.cbWndExtra     = 0;
RegisterClass (&wndclass);
```

Das **lpszClassName**-Feld definiert eine ASCII-Textzeichenkette für den Klassennamen. Da es in früheren Versionen von Windows Probleme bei der Erstellung von Namen gab, die identisch mit existierenden Klassennamen waren, sind in Windows 3.0 und in den nachfolgenden Versionen alle Fensterklassen von vornherein als **private Klassen** definiert. Eine private Fensterklasse erlaubt nur einem einzigen Programm zur selben Zeit den Zugriff. Dies bedeutet, daß Sie beliebige Namen verwenden und sichergehen können, daß diese nicht mit den Klassennamen anderer Programme in Widerspruch stehen. Vermeiden Sie allerdings bei Ihrer Namensgebung die Namen der vordefinierten Klassen der Dialogfelder: **button, combobox, edit, listbox, scroll bar** und **static**. Weiterhin sollten Sie auch nicht eine Klasse namens **mdclient** erstellen, da Sie dadurch die MDI-Unterstützung von Windows behindern könnten.

Das **hInstance**-Feld teilt Windows mit, von welchem Programm die Fensterklasse erstellt wurde. Der Hauptgrund hierfür liegt in der internen Zugehörigkeit. Nachdem jede Instanz eines Programms beendet wurde, entfernt Windows die Registrierung der von diesem Programm erstellten Klassen.

Das **lpfnWndProc**-Feld identifiziert die Funktion, durch die die Nachrichten für das Fenster dieser Klasse versandt werden. Eine Fensterprozedur kann mehrere Fenster unterstützen, da jedes Fenster sein eigenes, unverwechselbares Fenster-Handle besitzt. Wird eine Nachricht an eine Fensterprozedur geliefert, so teilt das Fenster-Handle der Fensterprozedur mit, *welches* Fenster diese Nachricht versendet. Falls unterschiedliche Fenster in verschiedener Weise gehandhabt werden sollen, bestimmt das Fenster-Handle auch, welche Verfahrensweise gewählt wird.

Das **hCursor**-Feld ist ein Handle auf einen Cursor (Mauszeiger), der von allen Komponenten einer Klasse geteilt wird. Die Standard-Fensterprozedur verwendet dieses zur Installation des korrekten Cursors, sobald sie eine **WM_SETCURSOR**-Nachricht erhält. Falls ein Fenster einen *privaten* Cursor besitzen soll, der vom Klassencursor verschieden sein soll, müssen Sie diese Nachricht verschicken. Falls Sie weitere Informationen benötigen, sollten Sie sich Kapitel 16 ansehen, das Themen zur Maus, zum Verkehr der Mausnachrichten und zu angepaßten Cursors beinhaltet.

Das **hIcon**-Feld ist ein Handle auf ein Symbol, das angezeigt wird, wenn ein Fenster der Klasse zum Symbol verkleinert wird. Nicht alle Arten von Fenstern verwenden ein Symbol. Symbole werden nur für übergeordnete Fenster (Fenster, die keine Vorfahren haben) und für Dokumentenfenster in Programmen angezeigt, die den MDI-Standard nutzen. Die typische Definition eines Symbol-Handle zum Laden eines Symbols wird wie folgt ausgeführt:

```
wc.hIcon = LoadIcon (hInstance, "snapshot");
```

Ein Programm kann ein Symbol auch durch die Definition eines NULL-Symbols zeichnen:

```
wc.hIcon = NULL;
```

Wurde ein derartiges Fenster zum Symbol verkleinert, so erscheint es als kleines, leeres Fenster. Das Erstellen einer Zeichnung für ein Symbol ist erstaunlich einfach: Sie behandeln die **WM_PAINT**-Nachricht so, als ob das Fenster *nicht* verkleinert wäre. Der einzige Unterschied ist, daß Sie in einem sehr kleinen Bereich zeichnen müssen. Hier folgt nun der Teil eines Beispielprogramms, der das Symbol bei einem zum Symbol verkleinerten Fenster darstellt:

```
void TSample::Paint(HDC hdc, PAINTSTRUCT& ps)
     {
     char ach[40];
     HBRUSH hbr;
     POINT apt[4];
     RECT r;
     TEXTMETRIC tm;
  if (IsIconic (hwnd))
        {
        GetTextMetrics (hdc, &tm);
        GetClientRect (hwnd, &r);
        r.bottom -= tm.tmHeight/2;
          /* Ein Rechteck zeichnen */
        Rectangle (hdc, 0, 0, r.right, r.bottom);
          /* Eine Ellipse zeichnen */
        hbr = GetStockObject (GRAY_BRUSH);
        SelectObject (hdc, hbr);
        Ellipse (hdc, 0, 0, r.right, r.bottom;
          /* Ein Dreieck zeichnen */
        hbr = GetStockObject (BLACK_BRUSH);
        SelectObject (hdc, hbr);
        apt[0].x = r.right/2; apt[0].y =0;
        apt[1].x = 0;          apt[1].y = r.bottom;
        apt[2].x = r.right;    apt[2].y = r.bottom;
        apt[3].x = r.right/2; apt[3].y = 0;
        Polygon (hdc, apt, 4);
        }
     }
```

Abbildung 13.1 zeigt Ihnen das Symbol, das durch diesen Programmtext erstellt wurde. Unser Symbol wird hier quasi "aus dem Nichts heraus" erzeugt, indem ein Rechteck, eine Ellipse und ein Dreieck gezeichnet werden.

Bei einem Fenster, das von einer Fensterklasse mit einem NULL-Symbol erstellt wurde, ist ein weiterer Aspekt zu beachten. Es handelt sich um die Wahl des anzuzeigenden Symbols, wenn der Anwender das verkleinerte Programm verschiebt.

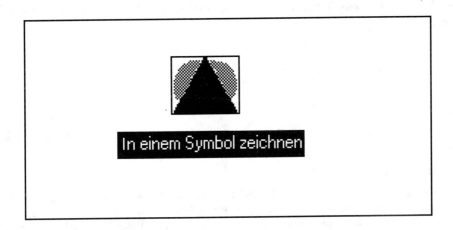

Abbildung 13.1: In einem NULL-Symbol zeichnen

Verschiebt der Anwender ein Programm, das durch ein Symbol gekennzeichnet ist, nimmt der Mauszeiger die Form des Symbols an. Besitzt ein Programm hingegen kein Symbol, verbleiben zwei Wahlmöglichkeiten: das System kann das Standard-Symbol anzeigen, oder es kann ein Symbol in Beantwortung der **WM_QUERYDRAGICON**-Nachricht bereitstellen. Hier sehen Sie beispielhaft, wie ein Programm ohne Symbol auf diese Nachricht reagieren könnte:

```
void TSample::WMQueryDragIcon(HDC hdc, PAINTSTRUCT& ps)
{
HANDLE hIcon;
hIcon = LoadIcon (hInstance, "DRAGICON");
return (MAKELONG(hIcon, 0));
}
...
```

Ein übergeordnetes Fenster ohne Symbol erhält andere Meldungen als ein Fenster, das mit einem Symbol ausgestattet ist. Wie unser Programmtext andeutet, wird ein übergeordnetes Fenster ohne Symbol eine **WM_PAINT**-Nachricht erhalten, sobald sein Symbol dargestellt werden müßte. Übergeordnete Fenster *mit* einem Symbol erhalten stattdessen eine **WM_PAINTICON**-Nachricht. Die Standard-Fensterprozedur beantwortet diese Nachricht durch die Anzeige des Symbols der Fensterklasse. Ein Programm, das über ein Klassensymbol verfügt und ein benutzerdefiniertes Symbol darstellen will, kann auf die **WM_PAINTICON**-Nachricht antworten und ein Symbol "aus dem Nichts" erstellen.

Das **lpszMenuName**-Feld identifiziert das Klassenmenü über dessen Namen. Wie wir in Kapitel 11 besprochen haben, in dem wir die Menüs eingeführt haben, kann dieser

Wert eine von drei möglichen Formen annehmen. Eine Menüressource ist wie folgt definiert:

```
15 MENU
{
POPUP "Datei"
{
MENUITEM "Neu", IDM_NEW
...
```

Der Menüname kann durch eine Zeichenkette dargestellt werden, die mit dem #-Zeichen beginnt.

```
wc.lpszMenuName = "#15";
```

Alternativ kann das **MAKEINTRESOURCE**-Makro verwendet werden, um einen ganzzahligen Wert anstelle eines Long-Zeigers auf eine Zeichenkette einzufügen. Hier folgt ein Beispiel, das die Verwendung des **MAKEINTRESOURCE**-Makro veranschaulicht:

```
wc.lpszMenuName = MAKEINTRESOURCE (15);
```

Eine dritte Möglichkeit, die allerdings weniger attraktiv ist, da sie mehr Hauptspeicher verbraucht und langsamer ist, beinhaltet die Verwendung einer normalen Zeichenkette:

```
MyMenu MENU
{POPUP "Datei"
{
MENUITEM "Neu", IDM_NEW
.
.
.
```

Zum Laden dieses Menü in den Hauptspeicher stellen Sie den Namen des Menüs in der **WNDCLASS**-Datenstruktur bereit:

```
wc.lpszMenuName = "Mein Menü";
```

Der Nachteil dieses Ansatzes ist, daß eine Zeichenkette mehr Platz belegt als ein ganzzahliger Wert. Das bedeutet, daß hier mehr Hauptspeicher belegt wird. Wenn ein Menü aktiviert werden soll, ermöglicht ein ganzzahliger Name ein schnelleres Laden als ein Zeichenkettenname, da ein ganzzahliger Wertevergleich schneller vor sich geht als ein Zeichenkettenvergleich. Unter dem Gesichtspunkt der Effizienz und der Hauptspeicherbelegung sind also ganzzahlige Werte günstiger.

Das **hbrBackground**-Feld ist ein Handle auf einen Pinsel, der zum Füllen des Hintergrundes verwendet wird, bevor mit dem Zeichnen begonnen wird. Die Standard-Fensterprozedur füllt den Hintergrund in Beantwortung der **WM_ERASEBACK-GROUND**-Nachricht. Dieser Name hört sich für diese Nachricht etwas seltsam an, da der Hintergrund tatsächlich *angemalt* und nicht gelöscht wird. Wie dem auch sei: alles, was sich vorher in dem Fenster befunden hat, wird entfernt. Man erhält eine saubere Oberfläche und kann anschließend darauf zeichnen. Zwei Arten von Werten können in diesem Feld plaziert werden: ein Pinsel-Handle und ein Index auf eine Systemfarbe. Hier sehen Sie, wie ein schwarzer Musterpinsel für den Hintergrund verwendet wird:

```
wc.hbrBackground = GetStockObject (BLACK_BRUSH);
```

Eine bessere Alternative bietet allerdings die Verwendung einer "magischen Zahl" für die Hintergrundfarbe, wie Sie hier sehen können:

```
wc.hbrBackground = COLOR_WINDOW+1;
```

Findet die Standard-Fensterprozedur diesen Wert vor, verwendet sie die Standard-Hintergrundfarbe, die der Anwender über das Steuerfeld definiert hat.

Das **cbClsExtra**-Feld beschreibt die Anzahl der Bytes, die am Ende der Klassendefinition als ein reservierter Datenbereich hinzugefügt werden. Diese Bytes sind auch als Extraklassenbytes (class extra bytes) bekannt. Dieser Datenbereich kann von einem Programm für beliebige Zwecke genutzt werden. Windows stellt jedoch keinen Zeiger auf diesen Datenbereich zur Verfügung. Statt dessen müssen Sie diese Werte unter Verwendung der **SetClassWord**- und **SetClassLong**-Routinen setzen. Der Zugriff erfolgt entsprechend unter Verwendung der **GetClassWord**- und **GetClassLong**- Routinen. Falls die Extraklassenbytes nicht verwendet werden, sollten Sie sicherstellen, daß **cbClsExtra** mit Null initialisiert wird. Wenn Sie dieses Feld *nicht* explizit mit Null initialisieren, ist es möglich, daß eine (unter Umständen sehr hohe) Zufallszahl als Anzahl der zu belegenden Bytes übergeben wird. Durch Initialisierung mit Null vermeiden Sie die zufällige Verschwendung von Hauptspeicher.

Das **cbWndExtra**-Feld definiert, wie auch das **cbClsExtra**-Feld, einen reservierten Datenbereich, der Ihren Anwendungen zur privaten Verwendung zugänglich ist. Diese Bytes werden als **Extra-Bytes des Fensters** (window extra bytes) bezeichnet. Im Gegensatz zu den Extra-Bytes der Klasse, die sich alle Fenster einer Klasse teilen, sind Extra-Bytes des Fensters für die private Nutzung jedes einzelnen Fensters reserviert. Sie ermöglichen, daß jedes Fenster sein eigenes "Bankkonto" besitzen kann, auf dem die Bytes "liegen", die es verwenden möchte. Dies ähnelt einem Schweizer Nummernkonto. Zum Lesen des Wertes der Extra-Bytes des Fensters ruft ein Programm entweder **GetWindowWord** oder **GetWindowLong** auf. Diese Routinen behandeln ein Fenster-Handle als einen Parameter zur exakten Identifizierung der Bytes, auf die zugegriffen wird. Zum Schreiben von Werten in die Extra-Bytes des Fensters muß ein Programm die **SetWindowWord**- oder **SetWindowLong**-Routine aufrufen. Diese Routinen benötigen auch ein Fenster-Handle, das dem Fensterverwalter anzeigt, auf wessen "Bankkonto" Sie etwas deponieren wollen.

Das **style**-Feld ist ein 16-Bit-Feld, das einen Satz von Flags beinhaltet, die die verschiedenen Merkmale einer Fensterklasse beschreiben. Es handelt sich hier insgesamt um

13 Ausführungsflags. Abbildung 13.2 veranschaulicht dies. Betrachten wir jetzt die einzelnen Ausführungsbits der Fensterklasse etwas genauer:

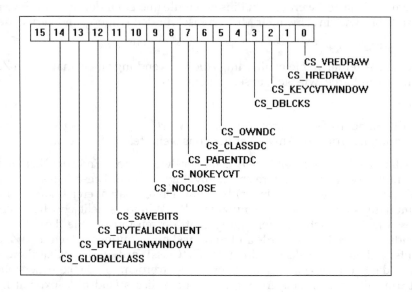

Abbildung 13.2: Die dreizehn WNDCLASS-Ausführungsbits

Ausführungsbits für die Fensterklasse

Eine Anzahl der Leistungsmerkmale der Fenstererstellung kann durch die Klassenausführungsbits ausgewählt werden. Wir wollen jetzt alle Bitflags untersuchen, um zu verstehen, an welcher Stelle sie in einem Windows-Programm nützlich sein können.

Die **CS_VREDRAW**- und **CS_HREDRAW**-Ausführungen zeigen an, ob das Fenster vollständig erneuert werden soll, wenn der Anwender die Fenstergröße entweder in die vertikale (**CS_VREDRAW**) oder in die horizontale (**CS_HREDRAW**) Richtung verändert hat. Sie bestimmen also, ob ein Aufruf wie der nachstehende erfolgt, wenn sich die Fenstergröße verändert:

```
InvalidateRect (hwnd, NULL, TRUE);
```

Wie Sie sich sicher erinnern werden, wird die **InvalidateRect**-Routine zur Markierung eines beschädigten Fensterteiles verwendet, was bedeutet, daß eine **WM_PAINT**-Nachricht erfolgt, damit das Fenster repariert wird. Ein NULL-Wert im zweiten Parameter erklärt das *gesamte* Fenster als beschädigt. Der TRUE-Wert im letzten Parameter deutet an, daß der beschädigte Bereich (in diesem Fall das gesamte Fenster) gelöscht werden soll, bevor er erneuert wird.

Zwei Ausführungsbits werden in WINDOWS.H beschrieben, die nicht in dieser Dokumentation erwähnt werden: **CS_KEYCVTWINDOW** und **CS_NOKEYCVT**. Diese scheinen Überbleibsel aus der Kanji-Unterstützung für japanische Windows-Versionen zu sein. Microsoft hat allerdings eine separate Windows-Version für den japanischen Markt erstellt, die eine eigene, spezielle Version des Windows-Softwareentwicklungssatzes benötigt. Darum müssen Sie, obwohl diese Ausführungsbits darauf hinweisen, daß die Kanji-Unterstützung in Windows implementiert ist, den speziellen Softwareentwicklungssatz erwerben, um Windows-Programme für den japanischen Markt zu entwickeln.

Falls ein Fenster eine Doppelklick-Nachricht (**WM_LBUTTONDBCLK, WM_MBUTTONDBCLK** oder **WM_RBUTTONDBCLK**) empfangen soll, wird das **CS_DBCLKS**-Ausführungsbit verwendet. Wie wir in Kapitel 16 zeigen werden, in dem wir die Mauseingabe besprechen, veranlaßt dieses spezielle Ausführungsbit das Setzen eines Zeitgebers, wenn ein erster Maustastendruck empfangen wurde. Eine Doppelklick-Nachricht wird nur erzeugt, wenn ein zweiter Maustastendruck empfangen wurde, *bevor* der Zeitgeber abgelaufen ist. Das Vorhandensein dieses Ausführungsbit hilft dem Fensterverwalter bei der Entscheidung, wann der Zeitgeber als Beantwortung einer Maustastendrucknachricht gestartet wird.

Zwei Ausführungsbits erlauben einem Fenster den Besitz eines privaten Gerätekontextes (DC): **CS_OWNDC** und **CS_CLASSDC**. Bei der Einführung des Gerätekontextes in Kapitel 6 haben wir erwähnt, daß sich die meisten Programme einen DC vom DC-Speicher des Systems borgen. Wegen des Overheads, der beim Ausborgen und Zurückgeben gelesen werden muß (verursacht Zeitverschwendung), ziehen einige Programme ihre eigenen DCs vor. In der gleichen Weise, wie Bücher aus der Bibliothek einen größeren Aufwand erfordern als Bücher, die Sie selbst besitzen, erfordern auch geborgte DC einen größeren Aufwand. Selbstverständlich verbrauchen private DCs mehr Hauptspeicher.

Wieviel Platz *belegt* ein DC? Obwohl es unter den Windows-Programmierern schon seit einigen Jahren hieß, daß ein DC 800 Byte belegt, werden tatsächlich nur 200 Byte auf dem lokalen Heap des GDI belegt. Obwohl dies nicht besonders viel erscheint, muß die Belegung eines privaten DC gegenüber der Tatsache abgewogen werden, daß der Platz des lokalen GDI-Heap eine geteilte Ressource ist, die von allen Programmen beansprucht wird. Darum sollten Sie die Belegung eines privaten DC vermeiden, solange Sie ihn nicht dringend benötigen.

Wann ist nun der Einsatz eines privaten DC gerechtfertigt? Im allgemeinen laufen Programme, die viel zeichnen, und Programme, die mit dem Anwender in Wechselbeziehung stehen, *während* sie zeichnen, etwas schneller mit einem privaten DC. Ein Textverarbeitungsprogramm beispielsweise, das Text anzeigt, während der Anwender tippt, könnte einen Schub in der Ablaufgeschwindigkeit erhalten, wenn es seinen eigenen, privaten DC erhält. Oder ein Zeichenprogramm, das mit dem Anwender in

Wechselbeziehung steht, könnte durch einen privaten DC einen kleinen Anstieg in der Ablaufgeschwindigkeit verzeichnen. Im allgemeinen arbeiten Programme, die auf viele Tastaturereignisse und Mausoperationen reagieren müssen, schneller mit einem privaten DC als mit einem geteilten System-DC.

Das **CS_OWNDC**-Ausführungsbit verteilt an *jedes Fenster* in einer Klasse einen privaten DC. Diese Art von DC ist die speicheraufwendigste, liefert aber die schnellste Antwort. Sie ist die speicheraufwendigste, da für jedes Fenster ein DC in einer Klasse belegt wird. Sie ist die schnellste, da beim Ausborgen und Zurückgeben des DC kein Overhead geladen werden muß. Wie im folgenden Programmtext veranschaulicht wird, kann ein Fenster, das von einer Klasse mit dem **CS_OWNDC**-Ausführungsbit erstellt wurde, ein DC-Handle durch die **WM_CREATE**-Nachricht erhalten und dieses bei Bedarf verwenden, um für eine andere Nachricht etwas darzustellen:

```
class TSample : TWindow
    {
    ...
    HDC hdc;
    ...
    }
void TSample::WMCreate (TMessage& Msg)
    {
    hdc = GetDC (hwnd);
    }
void TSample::WMLButtonDown (TMessage& Msg)
    {
    TextOut (hdc, ...);
    ...
    }
void TSample::WMChar (TMessage& Msg)
    {
    TextOut (hdc, ...);
    ...
    }
```

Die Fensterprozedur fordert nur dann einen DC an, wenn eine **WM_CREATE** oder eine **WM_PAINT**-Nachricht empfangen wird. Das heißt, daß die uns bereits bekannte **BeginPaint/EndPaint**-Sandwichkonstruktion eingesetzt wird. Diese Methode steht im Gegensatz zu Programmen, die einen System-DC verwenden. Wie im folgendem Programmtext gezeigt wird, müssen solche Programme für jede Nachricht einen DC ausborgen und zurückgeben:

```
class TSample : TWindow
    {
    ...
    }
void TSample::WMLButtonDown (TMessage& Msg)
```

```
{
hdc = GetDC (hwnd);
TextOut (hdc, ...);
...
ReleaseDC (hwnd, hdc);
}
void TSample::WMChar (TMessage& Msg)
{
hdc = GetDC (hwnd);
TextOut (hdc, ...);
...ReleaseDC (hwnd, hdc);
}
```

Hieraus ersehen Sie den Vorteil eines privaten DC: Programme müssen sich nicht zu jedem Zeitpunkt, an dem sie etwas darstellen wollen, einen DC ausborgen. Ein zweiter Vorteil ist, daß ein Programm die Zeichenattribute eines DC einmal initialisieren muß und sich danach nicht mehr darum zu kümmern braucht. Im Gegensatz hierzu steht die Verwendung von Sytem-DCs in Programmen. Sobald ein System-DC ausgeliehen wird, werden seine Zeichenattribute auf ihren ursprünglichen, voreingestellten Zustand zurückgesetzt. Programme, die einen System-DC verwenden, müssen die Zeichenattribute vor jeder einzelnen Darstellung erneut initialisieren.

Programme mit einem privaten DC müssen den **BeginPaint/EndPaint**-Block als Antwort auf eine **WM_PAINT**-Nachricht verwenden. Dies liegt darin begründet, daß die **WM_PAINT**-Nachricht nur durch diese Routinen beantwortet werden kann. **BeginPaint** ist schlau genug, zu erkennen, wann ein Fenster einen privaten DC besitzt, und liefert das richtige DC-Handle innerhalb der **PAINTSTRUCT**-Struktur zurück. Der einzige Unterschied ist, daß der DC einen Clipping-Bereich installiert hat, um die Darstellung auf den beschädigten Teil des Fensters zu begrenzen.

Die **CS_CLASSDC**-Ausführung stellt einen DC bereit, der einem privaten DC mit der Ausnahme gleichkommt, daß er von einer *gesamten* Klasse von Fenstern *geteilt* und nicht von einem einzelnen Fenster besetzt wird. Wie beim privaten DC werden auch beim Klassen-DC die Zeichenattribute nicht jedesmal zurückgesetzt, wenn ein DC zurückgegeben wird. Dies bringt eine geringe Verbesserung der Ablaufgeschwindigkeit gegenüber einem normalen System-DC, in dem die Zeichenattribute zurückgesetzt *werden*. Ein Klassen-DC besitzt also einige der Vorzüge eines privaten DC, abgesehen davon, daß er von verschiedenen Fenstern derselben Klasse genutzt wird. Da er von mehreren Fenstern genutzt werden kann, muß ein Klassen-DC wie ein System-DC behandelt werden. Mit anderen Worten, er muß unter Verwendung von **GetDC** oder **BeginPaint** bei Bedarf ausgeliehen werden, und er muß bei nicht vorhandenem Bedarf unter Verwendung von **ReleaseDC** oder **EndPaint** zurückgegeben werden.

Die **CS_PARENTDC**-Ausführung kann ebenfalls die Ablaufgeschwindigkeit erhöhen, wenn in einem Fenster gezeichnet wird. Im Gegensatz zum privaten und zum Klassen-DC veranlaßt ein Vorfahren-DC nicht die Belegung eines neuen DC im System.

Statt dessen empfängt ein Fenster mit diesem Ausführungsbit einen normalen DC aus dem DC-Speicher des Systems.

Der Unterschied liegt in der Art, in der das Clipping in einem DC gesetzt wird. Im Gegensatz zu einem normalen DC, in dem das Clipping entweder auf den sichtbaren Teil des Arbeitsbereiches (durch **GetDC**) oder auf den beschädigten Teil eines Fensters (durch **BeginPaint**) gesetzt wird, wird das Clipping in einem Vorfahren-DC auf die Begrenzung des Vorfahrenfensters gesetzt. Abbildung 13.3 vergleicht das Clipping, das in einem normalen System-DC gesetzt ist, mit dem Clipping eines Vorfahren-DC. Mit dem Vorfahren-DC kann das nachfolgende Fenster überall im Arbeitsbereich seines Vorfahrenfensters zeichnen. Falls Sie Kinder haben, kommt Ihnen dieser Zustand vielleicht bekannt vor. Selbst wenn Ihre Kinder ihr eigenes Zimmer haben, sind sie selbstverständlich nicht zu schüchtern, um auch in den anderen Räumen Ihres Hauses herumzulaufen.

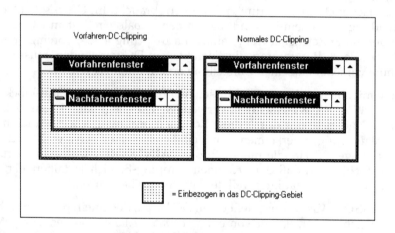

Abbildung 13.3: Clipping-Vergleich zwischen dem Systemspeicher-DC und einem Vorfahren-DC

Sie werden sich wahrscheinlich fragen, warum in aller Welt jemand einem Nachfolgerfenster erlaubt, in dem Arbeitsbereich seines Vorfahrenfensters zu zeichnen. Dies dient der Optimierung der Ablaufgeschwindigkeit und hilft in Situationen, in denen ein Nachfolgerfenster in seinem sehr kleinen Bereich zeichnet und dabei vielleicht zufälligerweise über seine Grenzen hinaus zeichnet (Kinder bleiben halt Kinder).

Das Ausführungsbit des Vorfahren-DC wird für die vordefinierten Klassen gesetzt, die die Dialogfeldelemente für Windows erstellen. Wie Sie in Kapitel 14 sehen werden, in dem wir die Dialogfelder unter die Lupe nehmen, erhalten die Dialogfeldelemente ihre Größe und Position unter Verwendung einer speziellen Art von Koordinaten, den **Dialogfeldkoordinaten**. Da diese Koordinaten etwas unpräzise sein können, stellt das

Ausführungsbit des Vorfahren-DC den Dialogfeldelementen genug Raum zum Manövrieren zur Verfügung. Falls Sie eigene, spezielle Dialogfeldelemente erstellen, möchten Sie vielleicht auch für diese das **CS_PARENTDC**-Ausführungsbit verwenden.

Das **CS_PARENTDC**-Ausführungsbit ist nicht zu der **WS_CLIPCHILDREN**-Ausführung kompatibel, die wir besprechen, wenn wir die **CreateWindow**-Ausführungsbits betrachten. Hat das Vorfahrenfenster das Fensterausführungsbit gesetzt, so kann das Nachfolgefenster nicht in das Vorfahrenfenster zeichnen.

Die **CS_NOCLOSE**-Klassenausführung entfernt den *Schließen*-Menübefehl aus dem Systemmenü. Sie verwenden sie für Fenster, die ein Systemmenü besitzen, das nicht vom Anwender geschlossen werden soll. Sicherlich ist eine weitere Möglichkeit die Verwendung der verschiedenen Routinen zur Menüveränderung (wie wir in Kapitel 11 besprochen haben). Sie liefern die gleichen Ergebnisse bei der Modifikation des Systemmenüs. Dieses Ausführungsbit unterstützt eine einfachere Vorgehensweise, um das gleiche Ergebnis zu erreichen, wobei vorausgesetzt wird, daß dieses Verhalten für alle Fenster in der Fensterklasse gilt.

Das **CS_SAVEBITS**-Ausführungsbit ist ein Bit zur Steigerung der Ablaufgeschwindigkeit, das Sie für Fenster setzen, die nur für kurze Zeit auf dem Bildschirm erscheinen sollen. Diese Ausführung veranlaßt den Fensterverwalter, einen Schnappschuß von dem Bildschirmausschnitt zu machen, der vom Fenster bei seiner Darstellung überschrieben wird. Sie erinnern sich vielleicht, daß dies den Menüs eine hohe Ausführungsgeschwindigkeit verleiht. Nachdem ein Menü verschwunden ist, erhält ein Fenster niemals eine **WM_PAINT**-Nachricht, um den Bereich zu erneuern, den das Menü belegt hatte. Menüs sind sehr zuvorkommend: Sie beschädigen kein Fenster auf dem Bildschirm.

Die Save-Bits-Ausführung veranlaßt jedes Fenster einer Klasse zur gleichen Verhaltensweise. Dies geschieht ebenso mit der Klasse der Fenster, die zur Erstellung von Dialogfeldern verwendet wird. In den meisten Fällen, in denen ein Dialogfeld in Ihrem Fenster auftaucht, kann es auch wieder schnell und einfach verschwinden, ohne daß Ihrem Fenster eine **WM_PAINT**-Nachricht gesendet werden muß. Aber manchmal geschehen Dinge, die die Save-Bits-Ausführung vereiteln. Falls beispielsweise das Dialogfeld verschoben wird, kann der Bitmap-Schnappschuß des Bereiches, der hinter dem Dialogfeld liegt, nicht mehr zur Wiederherstellung des Bereiches verwendet werden, nachdem das Dialogfeld entfernt wurde. Oder falls hinter dem Dialogfeld gezeichnet wird, ist der Bitmap-Schnappschuß genauso nutzlos und eignet sich nicht mehr zur Wiederherstellung des Bereiches, der vom Dialogfeld verdeckt wurde. In beiden Fällen wird eine **WM_PAINT**-Nachricht erzeugt, um den Schaden zu beheben, der durch das Schließen des Dialogfeldes (oder durch das andere Fenster) verursacht wurde.

Zwei Klassenausführungsbits werden verwendet, um festzulegen, wie ein Fenster auf dem Bildschirm zu positionieren ist: **CS_BYTEALIGNWINDOW** und **CS_BYTE-**

ALIGNCLIENT. Diese Ausführungsbits beeinflussen weder die Höhe eines Fensters noch seine Positionierung auf der Y-Achse. Sie beeinflussen die *Breite* eines Fensters und seine Positionierung auf der X-Achse. Wie man aus dem Namen schließen kann, wird das Fenster oder dessen Arbeitsbereich an seiner Byte-Grenze ausgerichtet. Dies ermöglicht bei einigen Operationen eine Verbesserung der Ablaufgeschwindigkeit. Betroffen sind z.B. Operationen zum Verschieben des Fensters, zum Darstellen von Menübefehlen und zum Zeichnen in einem Fenster.

Die an einem Byte ausgerichtete Darstellung ist auf bestimmten Gerätearten schneller: bei Monochrom- und Farbbildschirmen, die mehrere Ebenen zur Farbdarstellung verwenden. Der einzige Gerätetyp, der nicht davon profitiert, daß die Darstellung an den Bytes ausgerichtet ist, ist der Farbbildschirm, der zur Datenspeicherung ein gepacktes Bildpunktformat verwendet. Da die meisten Gerätetypen entweder monochrom oder farbig mit mehreren Ebenen (einschließlich EGA, VGA und 8514) sind, ermöglicht die an einem Byte ausgerichtete Darstellung einem Programm nahezu immer eine leichte Verbesserung der Ablaufgeschwindigkeit.

Die **CS_GLOBALCLASS**-Klassenausführung wird für Fensterklassen verwendet, die von verschiedenen Programmen geteilt werden. Falls Sie beispielsweise ein benutzerdefiniertes Dialogfeldsteuerelement erstellen, ist es wünschenswert, die Fensterklasse Ihrer Dialogfeldelemente als globale Klasse zu registrieren. Dies ermöglicht die gemeinsame Nutzung einer einzelnen Fensterklasse von mehreren Programmen. Beispielsweise können Sie Ihr angepaßtes Dialogfeldelement dazu verwenden, ein Tabellenkalkulationsprogramm, eine Textverarbeitung und sogar ein Datenbankprogramm zu erstellen.

Wurde eine Fensterklasse erst einmal registriert, können Sie beliebig viele Kopien des Fensters erstellen. Es gibt zwei Windows-Bibliotheksroutinen, die dies für Sie erledigen.

Ein Fenster erstellen

Im allgemeinen erzeugt ein OWL-Programm ein Fenster, indem es ein Fensterobjekt erstellt. In jedem Programm dieses Buches erstellt die Komponentenfunktion eines Anwenderobjektes, **InitMainWindow**, ein Fensterobjekt (und ein Windows-Fenster) durch die folgende Anweisung:

```
MainWindow = new TMinWindow (Null,"Minimum",NULL);
```

Damit Sie ein Windows-Fenster richtig einsetzen können, müssen Sie alle Leistungsmerkmale verstehen, die in den Routinen zur Fenstererstellung enthalten sind.

Lassen Sie uns aber erst einen kurzen Blick auf die **TWindowAttr**-Struktur werfen. Jeder Nachkomme von **TWindow** hat eine Datenkomponente dieses Typs namens **Attr**. Sie steuert den Prozeß der Windows-Fenstererstellung durch die Veränderung von Werten dieser Datenstruktur. Diese Änderungen müssen im Fensterobjektkonstruktor vorgenommen werden, damit sie auf den Prozeß der Fenstererstellung Einfluß nehmen können. Hier sehen Sie **TWindowAttr**, wie es in WINDOWS.H definiert ist:

```
struct _CLASSTYPE TWindowAttr
{
DWORD Style;
DWORD ExStyle;
int X, Y, W, H;
LPSTR Menu; // Menüname
int Id; // Kennzeichnung des Nachfolgers
LPSTR Param;
};
```

Diese Parameter werden an **CreateWindowEx**, eine der Windows-Fensterroutinen, übergeben. Untersuchen wir jetzt beide Routinen zur Fenstererstellung.

Zwei Window-Bibliotheksroutinen erstellen ein Fenster: **CreateWindow** und **Create-WindowEx**. Das "Ex" am Ende der zweiten Routine steht für "Extended" (erweitert). Die Extended-Routine kann alles, was die erste Routine auch kann, und noch ein bißchen mehr. Die **CreateWindowEx**-Routine wurde erstellt, weil Windows in der **CreateWindow**-Routine nicht genügend Ausführungsbits zur Verfügung hatte. Aus diesem Grund wollen wir uns zunächst die Parameter dieser Routinen ansehen. Anschließend betrachten wir die verfügbaren Ausführungsbits, sowohl die normalen, als auch die erweiterten.

CreateWindow ist wie folgt definiert:

```
CreateWindow (lpClassName, lpWindowName, dwStyle, X, Y, nWidth,
nHeight, hWndParent, hMenu, hInstance, lpParam.
```

Der Parameter der erweiterten Ausführungsbits steht an erster Stelle in **CreateWindowEx**, das wie folgt definiert ist:

```
CreateWindowEx (dwExStyle, lpClassName, lpWindowName, dwStyle, X, Y,
nWidth, nHeight, hWndParent, hMenu, hInstance, lpParam.
```

Der Wert von **dwExStyle** ist ein vorzeichenloser Long-Wert (**DWORD**) des erweiterten Ausführungsbits zur Verwendung mit der **CreateWindowEx**-Routine. Wir werden die normalen und erweiterten Ausführungsbits in Kürze besprechen.

Der **lpClassName**-Parameter ist ein Long-Zeiger auf eine Zeichenkette für den Klassennamen. Es handelt sich hierbei entweder um den Klassennamen, den Sie unter Verwendung der **RegisterClass**-Routine definiert haben, oder es ist der Name einer öffentlichen Fensterklasse, die von jemand anderem erstellt wurde. Beispielsweise stellt Windows die folgenden öffentlichen Fensterklassen zur Verfügung: **button**, **combobox**, **edit**, **listbox**, **scroll bar** und **static**. Wir werden jede dieser Klassen in Kapitel 14 näher betrachten, wenn wir die Dialogfelder besprechen. Für die Fensterklasse ist keine **TWindowAttr**-Datenkomponente vorhanden. Der Grund hierfür ist, daß der Name der Fensterklasse von der **GetClassName**-Komponentenfunktion bereitgestellt wird, die Sie überschreiben müssen, um die Fensterklasse für Ihr Fensterobjekt zu definieren.

Der **lpWindowName**-Parameter ist ein Long-Zeiger auf eine Zeichenkette für den Fenstertext. Falls das Fenster eine Titelleiste (auch Überschriftenleiste genannt) besitzt, wird der Fenstertext hier angezeigt. Ist ein Fenster im zum Symbol verkleinerten Zustand, dann wird der Fenstertext als Kennung für das Symbol angezeigt.

Der **dwStyle**-Parameter ist ein vorzeichenloser Long-Wert (**DWORD**), der einen Satz Flags beinhaltet, die die Form, Größe und das Verhalten des Fensters definieren, das Sie erstellen wollen. Wir besprechen die Ausführungsbits zusammen mit den erweiterten Ausführungsbits.

Die **X**- und **Y**-Parameter bezeichnen die x- und y-Koordinaten der oberen, linken Ecke des Fensters. Für übergeordnete Fenster, also Fenster, die keine Vorfahren haben, ist diese Position relativ zur oberen, linken Ecke des Bildschirms angegeben, auch als **Bildschirmkoordinaten** bekannt. Für nachfolgende Fenster ist diese relativ zur oberen, linken Ecke des Arbeitsbereiches des Vorfahrenfensters angegeben, auch als **Arbeitsbereichkoordinaten** bekannt.

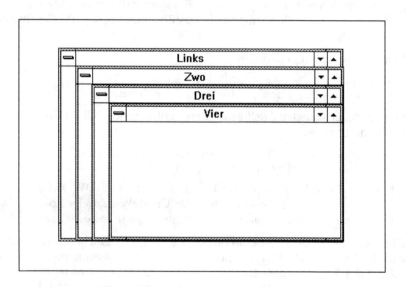

Abbildung 13.4: Überlappungseffekt des CW_USEDEFAULT-Flags

Der Fensterverwalter berechnet die Position eines übergeordneten Fensters, wenn der Wert der x-Koordinate auf **CW_USEDEFAULT** gesetzt wird. Wird diese Option verwendet, wird jedem übergeordneten Fenster eine Ursprungsposition zugewiesen, sodaß sich eine kaskadenförmige Überlagerung der Fenster ergibt. Abbildung 13.4 zeigt den Überlappungseffekt, der durch dieses Flag erzeugt wird.

Die **nWidth**- und **nHeigth**-Felder ermöglichen Ihnen die Definition der Breite und Höhe eines Fensters. Für übergeordnete Fenster können Sie **nWidth** auf **CW_USEDE-FAULT** setzen. In diesem Fall setzt der Fensterverwalter die Größe Ihres Fensters automatisch. Dieses Merkmal ist allerdings nicht für nachfolgende Fenster verfügbar. Sie müssen deren Größe selbst berechnen.

Wenn Sie die Größe eines Fensters berechnen, egal ob es ein nachfolgendes oder ein übergeordnetes Fenster ist, müssen Sie daran denken, daß **CreateWindow** und **Create-WindowEx** die Größe des *gesamten* Fensters erwarten und nicht nur die des Arbeits-bereiches. Viele Programmierer machen den Fehler, daß sie die Größe des Arbeitsbereiches berechnen und diese Abmessungen verwenden. Darüber hinaus ist noch ein weiterer Arbeitsschritt notwendig: Sie müssen die Größe der verschiedenen Objekte hinzufügen, die nicht im Arbeitsbereich liegen. Wenn wir im weiteren Verlauf dieses Kapitels die Fenstermaße besprechen, beschreiben wir zwei verschiedene Wege, die Größe des aktuellen Fensters zu berechnen, damit ein Arbeitsbereich der gewünschten Größe zur Verfügung steht.

Der **hwndParent**-Parameter bezeichnet das Fenster, das als Vorfahrenfenster des neu erstellten Fensters angesehen wird. Fenster, die keinen Vorfahren besitzen, können diesem Feld einen **NULL**-Wert übergeben, wodurch das Fenster ein Nachfolger der Windows-Arbeitsoberfläche (des Desktop-Fensters) wird. Nachfolger des Desktop-Fensters sind erwartungsgemäß übergeordnete Fenster und werden im Task-Listen-fenster angezeigt, das nach Betätigen der [Strg]+[Esc]-Tastenkombination erscheint.

Wenn wir die Fensterausführungsbits besprechen, werden Sie sehen, daß es drei verschiedene Arten von Fenstern gibt: überlappende, Popup- und nachfolgende Fen-ster. Wenn Sie ein nachfolgendes Fenster erstellen (manchmal auch Child genannt), *muß* es ein Vorfahrenfenster (manchmal auch Parent genannt) besitzen. Dies stimmt mit unserer Denkweise über menschliche Vorfahren und Nachfolger weitgehend überein. Das Wohlbefinden von Kindern hängt von Ihren Eltern ab. Die beiden anderen Fenstertypen benötigen kein Vorfahrenfenster.

Der **hMenu**-Parameter bezeichnet das Menü, das mit einem Fenster verbunden werden soll. Wir haben bereits gesehen, daß ein Menüname im **lpszMenuName**-Feld bereitge-stellt werden kann, wenn die Fensterklasse registriert wird. Zur Verwendung eines Menüs, das vom Klassenmenü verschieden ist, können wir in diesem Feld ein Menü-Handle festlegen. Wie wir in Kapitel 11 besprochen haben, in dem wir die Menüs eingeführt haben, erhalten wir mit **LoadMenu** ein Menü-Handle, wenn ein Menü in der Ressourcendatei eines Programms definiert wurde:

```
HANDLE hMenu;

hMenu = LoadMenu (hInstance, "MENUNAME");
```

Die OWL-Bibliotheken rufen **LoadMenu** automatisch auf, weil Sie einen Menünamen (und nicht ein Handle) bereitstellen, wenn Sie eine Fensterklasse registrieren *und* wenn Sie die Struktur des **Attr**-Fensters erstellen.

Der **hInstance**-Parameter ist ein Handle auf ein Exemplar (auch Instanz genannt). Zuvor stellten wir fest, daß dieses Handle das momentan ablaufende Exemplar bezeichnet. Wenn wir in Kapitel 19 das dynamische Binden besprechen, werden Sie sehen, daß das Instanz-Handle ein Hauptspeicher-Handle ist, das das Standard-Datensegment eines Programms bezeichnet. Das Vorhandensein dieses Wertes in der Parameterliste veranschaulicht unter anderem, daß die Fensterprozedur in der Lage ist, auf ihr Datensegment richtig zuzugreifen.

Obwohl dies bei der Erstellung eines Fensters ein seltsamer Aspekt sein mag, sollten Sie doch daran denken, daß eine Fensterprozedur immer eine Rückruffunktion (call back function) hat. Darunter versteht man eine Unterroutine, die ausschließlich von Windows verwendet wird. Der Teil von Windows, der diese Unterroutine aufruft (Windows-USER-Modul), besitzt sein eigenes Datensegment. Erfolgt ein Aufruf innerhalb der Fensterprozedur, so läuft dieser durch ein "Tor", das den Wert von **hInstance** verwendet, um den Wert unseres Datensegments im AX-Register der CPU zu speichern. Wie wir in Kapitel 19 näher besprechen werden, arbeiten der Compiler, der Linker und der Loader von Windows so zusammen, daß dieser Wert im DS-Register (data segment register) der CPU erscheint.

Dieser Vorgang ist für den Programmierer unbedeutend, da er automatisch abläuft. Ihre Fensterprozedur kann auf die statischen Daten Ihres Programms zugreifen, ohne daß Sie Programmcode dafür schreiben müssen. Es ist nur erforderlich, daß Sie die Compilerschalter richtig einstellen und daß Sie Ihre Fensterprozedur im EXPORTS-Teil der Modul-Definitionsdatei (.DEF) auflisten. Der Rest wird für Sie durch das dynamische Binden erledigt.

Der **lpParam**-Parameter ist ein optionaler Vier-Byte-Long-Wert, den Sie zur Übergabe von privaten Daten an Ihre Fensterprozedur zusammen mit der **WM_CREATE**-Nachricht verwenden können. Falls Sie diese Ungarische Namensgebung übersetzen wollen, so soll dieses Feld einen Long-Zeiger enthalten, der auf einen privaten Parameterblock zeigt. Müssen Sie jedoch nur zwei Bytes an privaten Daten übergeben, brauchen Sie dieses Feld nicht als Long-Zeiger zu verwenden, sondern können einfach die zwei Bytes im Zeigerfeld übergeben.

Im folgenden sehen Sie ein Beispiel für die Übergabe eines Parameterblocks. Wir beginnen mit der Belegung eines Datenblocks und übergeben einen Zeiger auf diesen Block im letzten Parameter von **CreateWindow**:

```
LPSTR lp;
RECT rPrivate;
```

```
rPrivate.left = 10; rPrivate.top = 20;
rPrivate = 200; rPrivate.bottom = 100;
lp = (LPSTR)&rPrivate;
hwnd = CreateWindow ("MIN:MAIN",      /* Klassenname.    */
            "Minimum",                /* Titel.          */
            WS_OVERLAPPEDWINDOW,      /* Ausführungsbit  */
            CW_USEDEFAULT,            /* x- vorgegeben.  */
            0,                        /* y- vorgegeben.  */
            CW_USEDEFAULT,            /* cx- vorgegeben. */
            0,                        /* cy- vorgegeben. */
            NULL,                     /* Kein Vorfahre.  */
            NULL,                     /* Klassenmenü.    */
            hInstance,                /* Ersteller.      */
            lp);                      /* Parameter.      */
```

In diesem Beispiel ist unser Datenblock einfach nur eine **RECT**-Struktur, die zwei (*x,y*)- Paare enthält, die für unsere Fensterprozedur von Interesse sind. Ein Zeiger auf diese Struktur ist im **lpParam**-Parameter enthalten, der als letzter Parameter von **CreateWindow** fungiert.

Wenn Sie mit der OWL arbeiten, übergeben Sie den Datenblock durch seine Definition in der **Param**-Komponente der **TWindowAttr**-Datenstruktur wie folgt:

```
Attr.Param = lp
```

Der Zeiger auf unseren Datenblock wird während der Bearbeitung der **WM_CRE-ATE**-Nachricht übernommen. Der **lParam**-Parameter unserer Fensterprozedur enthält einen Zeiger auf eine Datenstruktur. Dies ist in WINDOWS.H durch **CREA-TESTRUCT** wie folgt definiert:

```
typedef struct tagCREATESTRUCT
    {
    LPSTR      lpCreateParams;
    HANDLE     hInstance;
    HANDLE     hMenu;
    HWND       hwndParent;
    int        cy;
    int        cx;
    int        y;
    int        x;
    LONG       style;
    LPSTR      lpszName;
    LPSTR      lpszClass;
    DWORD      dwExStyle;
    } CREATESTRUCT;
```

Der erste Punkt in dieser Struktur, **lpCreateParams**, ist der Wert, den wir als letzten Parameter an **CreateWindow** übergeben haben. Hier sehen Sie einen Weg zur Erstellung eines Zeigers auf unsere Rechteckdaten:

```
void TSample::WMCreate (TMessage& Msg)
    {
    int xTop;
    LPCREATESTRUCT lpcs;
    LPRECT lpr;

    lpcs = (LPCREATESTRUCT)Msg.LParam;
    lpr = (LPRECT)lpcs->lpCreateParams;

    xTop = lpr->top; /* =20 */
    ...
```

Falls Sie einen Zeiger auf einen Datenblock übergeben, sollten Sie eine lokale Kopie des Datenblocks für Ihre Fensterprozedur erstellen, da dieser Zeiger vielleicht nach der Verarbeitung der **WM_CREATE**-Nachricht nicht mehr gültig ist. Wie wir in Kapitel 17 besprechen werden, in dem wir die Hauptspeicherprobleme beschreiben, können Zeiger ungültig werden, wenn Windows im Real-Modus arbeitet, da sich die Adressen von Datenobjekten verschieben können. Der Zeiger kann auch durch die Freigabe des Hauptspeichers ungültig werden, wenn das aufrufende Programm den Hauptspeicherplatz zur Lagerung des Datenobjekts freigibt.

Bis zu diesem Augenblick haben wir alle Parameter von **CreateWindow** und **CreateWindowEx** besprochen. Um Ihnen einen Gesamtüberblick über das Leistungsangebot dieser Routinen zu verschaffen, müssen wir die verschiedenen Ausführungsbits, die in den **dwExStyle**- und **dwStyle**-Parametern übergeben werden, näher untersuchen.

Ausführungsbits für die Fenstererstellung

Es gibt fünf Kategorien von Ausführungsbits, um die Fenstererstellung für **CreateWindow** und **CreateWindowEx** zu steuern: der Typ des Fensters, der Fensterrahmen, die Komponenten des Nichtarbeitsbereiches, der Anfangszustand des Fensters und die Leistungsbits. Sie sind in Tabelle 13.1 zusammengefaßt.

Tabelle 13.1: *Zusammenfassung der CreateWindow und CreateWindowEx-Ausführungsbits.*

Kategorie	Ausführungsbit	Beschreibung
Fensterart (3)	WS_OVERLAPPED	Erstellen eines überlappenden Fensters zur Verwendung als übergeordnetes Fenster. Überlappende Fenster besitzen immer eine Überschrift, ob Sie die WS_CAPTION-Ausführung festlegen oder nicht. Sie besitzen auch immer einen Rand. Ein WS_BORDER-Rand wird verwendet, falls kein anderer Rand nachgefragt wurde.
	WS_POPUP	Erstellt ein Popup-Fenster zur Verwendung als ein Dialogfeld oder ein sekundäres Fenster.
	WS_CHILD	Erstellt ein nachfolgendes Fenster zur Unterteilung des Bereiches von überlappenden, Popup- und anderen nachfolgenden Fenstern in kleinere Funktionsbereiche.
Fensterrahmen (4)	WS_BORDER	Fenster erhält einen dünnen Rahmen. Dies ist der Standard-Rahmen, wenn eine Titelleiste angefordert wurde (mit der WS_CAPTION-Ausführung).
	WS_DLGFRAME	Fenster erhält einen dicken, durchgehenden Rahmen. In älteren Versionen von Windows war dies der Standard für Dialogfelder. Die WS_EX_DLGMODALFRAME-Ausführung wird statt dessen ab Windows 3.0 verwendet.
	WS_THICKFRAME	Fenster erhält einen dicken Rahmen. Das Vorhandensein dieses Rahmens zeigt an, daß ein Fenster in der Größe verändert werden kann. WS_CAPTION muß bei dieser Auswahl ebenfalls angegeben werden.
	WS_EX_DLG-MODALFRAME	Fenster erhält einen erweiterten Dialograhmen, um ein Systemmenü und eine Titelleiste einzubeziehen, falls dies angefordert wurde. Dies ist die Standardausführung für Dialogfelder.

Kategorie	Ausführungsbit	Beschreibung
Nichtarbeits-bereichkompo-nenten (6)	WS_CAPTION	Fenster besitzt eine Überschrift, auch als Titelleiste bekannt. Eine Überschrift wird immer von einem Rand begleitet, wobei der WS_BORDER-Rahmen voreingestellt ist.
	WS_HSCROLL	Das Fenster wird mit horizontaler Bildlaufleiste erstellt. Bildlaufleisten, die unter Verwendung dieses Ausführungsbits erstellt wurden, befinden sich immer am unteren Rand des Fensters. Um die Bildlaufleiste an einer anderen Stelle eines Fenster zu plazieren, müssen Sie ein Bildlaufleistenelement erstellen.
	WS_MAXIMIZE-BOX	Das Fenster besitzt ein Vollbildfeld. Die WS_CAPTION-Ausführung muß hierbei ebenfalls angegeben werden.
	WS_MINIMIZE-BOX	Das Fenster besitzt ein Symbolisierungsfeld. Die WS_CAPTION-Ausführung muß hierbei ebenfalls angegeben werden.
	WS_SYSMENU	Das Fenster besitzt ein Systemmenü. Die WS_CAPTION-Ausführung muß hierbei ebenfalls angegeben werden.
	WS_VSCROLL	Das Fenster besitzt eine vertikale Bildlaufleiste. Bildlaufleisten, die unter Verwendung dieses Ausführungsbits erstellt wurden, befinden sich immer an der rechten Außenseite des Fensters. Um eine Bildlaufleiste an einer anderen Stelle zu positionieren, müssen Sie ein Bildlaufleistenelement erstellen.
Ausgangs-zustand (5)	WS_DISABLED	Das Fenster ist ursprünglich deaktiviert. Das bedeutet, daß die Maus- und Tastatureingabe nicht an das Fenster übergeben werden. Falls der Anwender ein deaktiviertes Fenster anklicken will, wird ein Warnton erzeugt.
	WS_ICONIC	Das Fenster ist ursprünglich zum Symbol verkleinert. Das bedeutet, daß das Fenster geschlossen ist und nur sein Symbol angezeigt wird.

Kategorie	Ausführungsbit	Beschreibung
	WS_MAXIMIZE	Das Fenster ist ursprünglich als Vollbild dargestellt. Für übergeordnete Fenster bedeutet dies, daß sie den ganzen Bildschirm belegen. Für nachfolgende Fenster bedeutet dies, daß sie den gesamten Arbeitsbereich ihres Vorfahren belegen.
	WS_MINIMIZE	Das Fenster ist ursprünglich zum Symbol verkleinert. Dieses Ausführungsbit verhält sich genauso wie WS_ICONIC.
	WS_VISIBLE	Das Fenster ist ursprünglich sichtbar. Dies ist ein sehr wichtiges Ausführungsbit, da ohne ihn kein Fenster erscheinen würde.
Leistungsbit(3)	WS_CLIP-CHILDREN	Das Clipping in der Software ist sehr langwierig, deshalb verwendet ein Vorfahrenfenster normalerweise kein Clipping, das das Überschreiben seines nachfolgenden Fensters vermeiden würde. Falls Sie dies doch verhindern wollen, müssen Sie diese Ausführung verwenden.
	WS_CLIP-SIBLING	Das Clipping in der Software ist sehr langwierig, deshalb nehmen die Geschwisterfenster (Fenster mit den gleichen Vorfahren) keine Rücksicht darauf, ob sie sich gegenseitig überschreiben. Dieses Ausführungsbit verhindert das gegenseitige Überschreiben, das einige Windows-Programmierer "Geschwister-Rivalität" nennen.

Kategorie	Ausführungsbit	Beschreibung
	WS_EX_NO-PARENTNOTIFY	Standardmäßig sendet ein nachfolgendes Fenster in Form einer WM_PARENTNOTIFY-Nachricht einige Benachrichtigungen an seinen Vorfahren. Benachrichtigungen werden versendet, wenn der Nachfolger erstellt wird, Maustastendrucknachrichten empfängt und zerstört wird. Dieses Ausführungsbit hindert ein nachfolgendes Fenster an der übermäßigen Versendung von Nachrichten an seine Vorfahren. Dieser verringerte Nachrichtenverkehr verbessert die Ablaufgeschwindigkeit. Dialogfeldelemente werden beispielsweise immer mit dieser Ausführung erstellt.

Fensterart

Der beste Weg, die drei Fensterarten zu beschreiben, erfolgt anhand einer Beschreibung ihrer Verwendung. Das **WS_OVERLAPPED**-Fenster beispielsweise dient als übergeordnetes Fenster (Hauptfenster). Ein Fenster, das mit der **WS_POPUP**-Ausführung erstellt wurde, hat einiges mit einem überlappenden Fenster gemeinsam. Diese Ausführung ist für Dialogfelder und andere, sekundäre, "frei bewegliche" Fenster außerhalb eines Hauptfensters des Programms vorgesehen. **WS_CHILD**-Fenster werden zur Einteilung der Verwendung von überlappenden, Popup- und anderen nachfolgenden Fenstern in Funktionsbereiche verwendet. Ein Beispiel für die Verwendung eines nachfolgenden Fensters ist ein Dialogfeldelement (Schaltfläche, Listenfeld, usw.) in einem Dialogfeld.

Wenn Sie ein Fenster mit der **WS_OVERLAPPED**-Ausführung erstellen, bietet Ihnen der Fensterverwalter eine gewisse Hilfestellung bei der Sicherstellung, daß das Fenster einem Minimalstandard entspricht, der für übergeordnete Fenster erforderlich ist. Zum einen stellt er sicher, daß Ihr Fenster eine Titelleiste und einen Rahmen erhält. (Sie müssen aber trotzdem die **WS_CAPTION**-Ausführung festlegen, falls Sie ein Systemmenü oder andere Elemente der Titelleiste erstellen wollen.) Da überlappende Fenster erwartungsgemäß als übergeordnete Fenster dienen, wird der Fensterverwalter automatisch die Größe und Position eines überlappenden Fensters unter Verwendung des **CW_USEDEFAULT**-Flags bestimmen. Die Position eines überlappenden Fensters wird in Bildschirmkoordinaten angegeben. Dies bedeutet, daß ein überlappendes Fenster, selbst wenn es ein Vorfahrenfenster besitzt, unabhängig von diesem Vorfahrenfenster positioniert wird.

Ein Fenster, das mit der **WS_POPUP**-Ausführung erstellt wurde, ist ein Popup-Fenster. In vielerlei Hinsicht verhält sich ein Popup-Fenster wie ein überlappendes Fenster. Es kann sich an beliebiger Stelle des Bildschirms befinden und es wird in Bildschirmkoordinaten positioniert. Wozu benötigt man eigentlich zwei verschiedene Ausführungen? Dies beruht eigentlich auf einem "Unfall" in der Geschichte von Windows.

Die Version 1.x von Windows verwendete *nebeneinander angeordnete Fenster* als Hauptprogrammfenster. Popup-Fenster waren damals die einzige Art von überlappenden Fenstern, die erstellt werden konnten, und wurden für Dialogfelder verwendet. Ab der Windows-Version 2.x wurden die nebeneinander angeordneten Hauptfensterausführungen durch die überlappenden Fenster ersetzt. Seit damals sind die Unterschiede zwischen überlappenden und Popup-Fenstern eigentlich nur noch kosmetischer Art, da sich beide exakt gleich verhalten.

In der Version 3.0 wurden die Unterschiede zwischen den beiden Fensterarten nochmals verringert. Beispielsweise besitzen ab Windows 3.0 die Dialogfelder Titelleisten. Worin liegt also der Unterschied zwischen den beiden Typen? Dies ist wohl größtenteils eine Frage des Einsatzgebietes. Wie wir schon vorher erwähnten, sind überlappende Fenster für Hauptprogrammfenster, Popup-Fenster für Dialogfelder vorgesehen. Falls in einer zukünftigen Version von Windows Unterschiede zwischen diesen beiden Verwendungsarten auftauchen, wird ein Programm, das diesen Konventionen folgt, vermutlich keine Probleme haben.

Ein Fenster, das mit der **WS_CHILD**-Ausführung erstellt wurde, ist ein nachfolgendes Fenster. Nachfolgende Fenster werden verwendet, um andere überlappende, Popup- oder nachfolgende Fenster in kleinere Funktionsbereiche zu unterteilen. Ein nachfolgendes Fenster *muß* ein Vorfahrenfenster besitzen. Zum Zeitpunkt der Fenstererstellung ist das Vorfahrenfenster das Fenster, dessen Handle als **hwndParent**-Parameter den **CreateWindow**- und **CreateWindowEx**-Routinen übergeben wird. Ein nachfolgendes Fenster ist nur sichtbar, wenn es innerhalb des Arbeitsbereiches seines Vorfahrenfensters positioniert wird. Wird es entweder durch ein Programm oder durch eine Aktion des Anwenders nach außerhalb des Arbeitsbereiches verschoben, so ist jeder Teil unsichtbar, der außerhalb des Arbeitsbereiches des Vorfahrenfensters liegt.

Fensterrahmen

Abbildung 13.5 veranschaulicht die vier Rahmenarten, die uns zur Verfügung stehen. Beachten Sie, daß unter diesen verschiedenen Rahmenausführungen nur die **WS_DLGFRAME**-Ausführung ohne eine Überschrift verwendet werden kann. Dies ist eine ältere Ausführung, die durch den **WS_EX_DLGMODALFRAME**-Rahmen für Dialogfelder ersetzt wurde. Diese Rahmenart ist aber weiterhin vorhanden, um die Kompatibilität mit Programmen zu gewährleisten, die für ältere Windows-Versionen erstellt wurden.

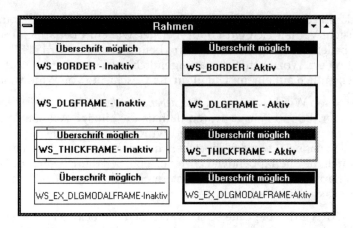

Abbildung 13.5: Die vier Rahmenarten im inaktiven und aktiven Zustand

Wie schon erwähnt, müssen **WS_OVERLAPPED**-Fenster einen Rahmen besitzen. Ist kein Rahmen festgelegt worden, wird automatisch der dünne **WS_BORDER**-Rahmen für das Fenster erstellt. Die anderen Fensterarten erfordern keinen Rahmen. Dies ist z.B. dann sinnvoll, wenn Sie ein nachfolgendes Fenster zur unsichtbaren Unterteilung eines größeren Fensters verwenden wollen. Dagegen ist es kaum sinnvoll, ein Popup-Fenster ohne Rahmen zu erzeugen. Es kann bei der Verschiebung von Fenstern auf dem Bildschirm schnell "verlorengehen".

Der Rahmen und die Titelleiste eines Fensters verändern ihre Farbe, um dem Anwender einen Unterschied zwischen einem aktiven und einem inaktiven Fenster anzuzeigen, wie es in Abbildung 13.5 veranschaulicht wird. Die Rahmen der übergeordneten Fenster werden automatisch vom System verändert, das eine **WM_NCACTIVATE**-Nachricht aussendet, um einem Fenster mitzuteilen, daß seine erneuerte Darstellung des Nichtarbeitsbereiches den aktiven oder inaktiven Zustand wiedergeben soll. Diese Nachricht wird allerdings nicht für nachfolgende Fenster versendet. Falls Sie den Rahmen und die Titelleiste eines nachfolgenden Fensters verändern möchten, um einen aktiven Zustand anzuzeigen, können Sie die folgende Programmzeile zur Übersendung Ihrer Nachricht verwenden:

```
SendMessage (hwndChild, WM_NCACTIVATE, TRUE, 0L);
```

Die Anzeige eines inaktiven Zustandes bedarf derselben Nachricht, allerdings mit einer 0 oder einem FALSE-Wert für den **wParam**-Parameter:

```
SendMessage (hwndChild, WM_NCACTIVATE, FALSE, 0L);
```

Komponenten im Nichtarbeitsbereich

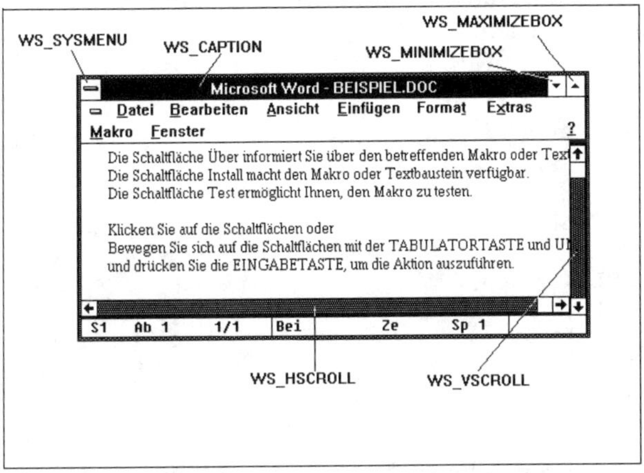

Abbildung 13.6: Die Komponenten des Nichtarbeitsbereiches eines Fensters

Abb 13.6 stellt ein Fenster mit allen Nichtarbeitsbereichkomponenten dar. Dabei sind die verschiedenen Ausführungsflags als Kennzeichnung der jeweiligen Komponente angegeben. Mit Ausnahme der beiden Bildlaufleisten wird jede Komponente des Nichtarbeitsbereiches von der Standard-Fensterprozedur verwaltet. Dies bedeutet selbstverständlich, daß eine Fensterprozedur die verschiedenen Nachrichten des Nichtarbeitsbereiches an die Fensterprozedur für diese Komponente übergeben muß, damit diese einwandfrei arbeitet. Dies dürfte für Sie inzwischen nichts Neues sein, da Sie ja mit der Tatsache vertraut sind, daß Nachrichten, die Sie nicht selbst bearbeiten, immer an die vorgegebene Fensterprozedur gesandt werden.

Die einzige Ausnahme bilden hier die Bildlaufleisten. Diese versenden Nachrichten, die dem Fenster mitteilen, wie der Anwender mit den Bildlaufleisten in Wechselbeziehung steht. Zwei verschiedene Nachrichten werden von den unterschiedlichen Bildlaufleisten verschickt: horizontale Bildlaufleisten verschicken eine **WM_HSCROLL**-Nachricht und vertikale Bildlaufleisten senden eine **WM_VSCROLL**-Nachricht.

Ausgangszustand

Von den vier Ausführungsbits, die den Anfangszustand eines Fensters setzen, ist das **WS_VISIBLE**-Ausführungsbit wohl das wichtigste. Ohne dieses Ausführungsbit wird ein Fenster zur Erstellungszeit nicht erscheinen. Sicherlich kann ein Fenster auch unsichtbar erstellt werden und später durch den Aufruf durch Routinen wie z.B. **ShowWindow** sichtbar gemacht werden. Allerdings ist es meistens einfacher für Sie, das Fenster zum Erstellungszeitpunkt sichtbar zu machen. Eine Ausnahme bildet die

Art, in der übergeordnete Fenster normalerweise in der **WinMain**-Funktion eines Programms behandelt werden. Jedes OWL-Programm erstellt ein unsichtbares, übergeordnetes Fenster und ruft dann **ShowWindow** auf, um es mit Aufruf der beiden folgenden Routinen sichtbar zu machen:

```
hwnd = CreateWindow ("MIN:MAIN",   /* Klassenname.   */
            "Minimum",                /* Titel.            */
            WS_OVERLAPPEDWINDOW,      /* Ausführungsbit  */
            CW_USEDEFAULT,            /* x- vorgegeben.   */
            0,                        /* y- vorgegeben.   */
            CW_USEDEFAULT,            /* cx- vorgegeben.  */
            0,                        /* cy- vorgegeben.  */
            NULL,                     /* Kein Vorfahre.   */
            NULL,                     /* Klassenmenü.     */
            hInstance,                /* Ersteller.       */
            NULL                      */ Parameter.       */
            ) ;
ShowWindow (hwnd, cmdShow);
```

Wie wir bereits zuvor besprochen haben, ist der **cmdShow**-Parameter der Wert, der als letzter in der **WinMain**-Funktion übergeben wird. Er teilt einem Programm mit, wie sein übergeordnetes Fenster zu Anfang erscheinen soll.

Die **WS_MINIMIZE**- und **WS_MAXIMIZE**-Ausführungsbit beschreiben, ob ein Fenster entweder anfangs zum Symbol verkleinert oder als Vollbild dargestellt werden soll. Dies ist normalerweise auf das übergeordnete Fenster eines Programms beschränkt, da der Anwender in einer Anwendung ein einziges übergeordnetes Fenster erwartet. Sicherlich ändert das MDI (Multiple Document Interface) etwas an dieser Tatsache, da ein Dokumentenfenster zum Symbol verkleinert werden kann und dann im Arbeitsbereich seines Vorfahrenfensters verbleibt. Der Programm-Manager ist ein gutes Beispiel dafür, wie Fenster, die keine übergeordneten Fenster eines Programms sind, entweder im Symbol-oder Vollbild-Zustand verwaltet werden können. In älteren Windows-Programmen wird häufig anstatt der **WS_MINIMIZE**-Ausführung die **WS_ICONIC**-Ausführung eingesetzt. Falls Sie WINDOWS.H überprüfen, werden Sie bemerken, daß diese beiden Flags identische Werte besitzen und somit untereinander austauschbar sind.

Das **WS_DISABLED**-Ausführungsbit erlaubt Ihnen die Erstellung eines Fensters, das zwar sichtbar ist, das aber für den Anwender nicht verfügbar ist. Der Anwender steht hier quasi vor einer verschlossenen Tür, die zudem "Besetzt" anzeigt. Sämtliche vordefinierte Dialogfeldelemente erhalten ein graues Erscheinungsbild, wenn sie deaktiviert werden. Auf diese Weise wird dem Anwender nicht nur der Zugang zu diesem Fenster versperrt, sondern er erhält vom Fenster zusätzlich den visuellen Hinweis, der ihm diesen Aspekt verdeutlicht. Sie können diesen Ansatz verwenden, wenn Sie Fenster sichtbar machen wollen, diese aber nicht für den Zugriff offenstehen sollen.

Die Darstellung der zwei Schaltflächen in Abbildung 13.7 veranschaulicht dem Anwender, daß eines der beiden Fenster nicht verfügbar ist.

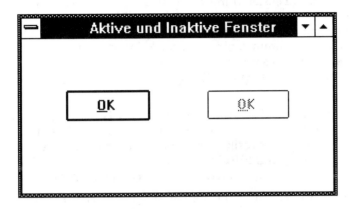

Abbildung 13.7: Eine deaktivierte Schaltfläche stellt ihren Text in Grau dar

Leistungsbits

Bei der Besprechung der verschiedenen Ausführungsbits, die für Fensterklassen zur Verfügung stehen, haben wir einige als Leistungsbits (performance bits) bezeichnet. In den meisten Fällen ermöglicht jedes dieser Leistungsbits bei bestimmten Operationen einen Anstieg der Geschwindigkeit.

Von den drei Flags, die wir als Leistungsbit bezeichnen, erhöht nur eines von ihnen tatsächlich die Leistung des Systems. Die anderen beiden verlangsamen eigentlich die Vorgänge. Für den Programmierer bedeuten die ersten beiden Flags, daß weniger Programmieraufwand für den korrekten Ablauf seines Programms erforderlich ist. Aus diesem Grund ist es gerechtfertigt, diese Flags Leistungsbits zu nennen, obwohl es vielleicht besser wäre, den Ausdruck "leistungsbezogene" Ausführungsbits zu verwenden.

Die beiden ersten Ausführungen, **WS_CLICHILDREN** und **WS_CLIPSIBLING**, steuern die Clipping-Größe, die im DC gesetzt ist, wenn in einem Fenster gezeichnet wird. In Kapitel 6, in dem wir erstmals die Rolle des Clippings besprochen haben, wurde erwähnt, daß Clipping die Fenstertechnik überhaupt erst ermöglicht. Ohne Clipping könnte ein Programm aus Versehen das Fenster eines anderen Programms überschreiben. Zwischen zwei Fenstern, die nicht demselben Programm angehören, wird das Clipping automatisch bereitgestellt.

Zwischen Fenstern, die zum gleichen Programm gehören, wird das Clipping nicht so streng gehalten. Genaugenommen existiert kein automatischer Mechanismus, der ein

415

Vorfahrenfenster von der Überschreibung eines nachfolgenden Fensters (**WS_CHILD**) abhält. Auch zwischen nachfolgenden Fenstern gibt es kein automatisches Clipping, das ein nachfolgendes Fenster vom Überschreiben eines anderen abhält. Der Hauptgrund für das *Ausschalten* des Clipping in solchen Situationen besteht in der Leistung. Wenn ein Programm ein Fenster an eine bestimmte Stelle setzt, nimmt der Fensterverwalter an, daß das Programm dafür sorgt, daß keine anderen Fenster die Operationen dieses Fensters stören. Dies funktioniert ausgezeichnet und vermeidet die Überbelastung, die auftreten würde, wenn ein Fenster mehr als nur einige wenige nachfolgende Fenster hätte.

Probleme tauchen auf, sobald der Anwender in der Lage ist, die Fenster zu verschieben. In diesem Fall hat ein Programm weniger Kontrolle über die Plazierung eines nachfolgenden Fensters. Besteht das Risiko, daß der Anwender zwei Fenster einander überlagern läßt, sollte das **WS_CLIPSIBLINGS**-Ausführungsbit verwendet werden, um das gegenseitige Überschreiben der untergeordneten Fenster zu verhindern.

Das andere Ausführungsbit für das Clipping, **WS_CLIPCHILDREN**, wird verwendet, um zu vermeiden, daß ein Vorfahrenfenster ein nachfolgendes Fenster überschreibt. Dies ist erforderlich, (a) wenn ein Anwender ein nachfolgendes Fenster aufnehmen und es dann verschieben kann und (b) wenn das Vorfahrenfenster in seinen eigenen Arbeitsbereich zeichnet. Durch dieses Ausführungsbit wird der Fensterverwalter gezwungen, etwas mehr Arbeit in das Clipping zu investieren, wodurch das Vorfahrenfenster die Begrenzungen seiner nachfolgenden Fenster respektieren wird.

Das letzte Leistungsbit ist **WS_EX_NOPARENTNOTIFY**. Dieses Leistungsbit reduziert die Anzahl der Nachrichten, die ein nachfolgendes Fenster an seinen Vorfahren sendet. Standardmäßig sendet ein nachfolgendes Fenster seinem Vorfahren eine Nachricht, wenn es erstellt wird, Maustastendrucknachrichten empfängt und zerstört wird. Durch **WS_EX_NOPARENTNOTIFY** wird verhindert, daß die Nachricht **WM_PARENTNOTIFY** vom nachfolgenden Fenster übergeben wird, wenn es erstellt oder zerstört wird. Nachrichten über Maustastenbetätigungen werden aber weiterhin versendet. Obwohl diese Methode der Eliminierung zweier Nachrichten ziemlich aufwendig erscheint, lohnt sich der Einsatz, wenn sehr viele Fenster gleichzeitig erstellt oder zerstört werden. Dies ist beispielsweise bei der Dialogfeldsteuerung der Fall.

Verbundene Fensterausführungen

Die letzten drei Ausführungen, die wir betrachten, sind Werte, die in WINDOWS.H zu Ihrer Bequemlichkeit definiert wurden: **WS_OVERLAPPEDWINDOW**, WS_POPUP-WINDOW und **WS_CHILDWINDOW**. Diese verbundenen Ausführungen sind wie folgt definiert:

```
#define WS_OVERLAPPEDWINDOW
(WS_OVERLAPPED | WS_CAPTION| WS_SYSMENU| WS_THICKFRAME| WS_MINIMIZE-
BOX| WS_MAXIMIZEBOX)
```

```
#define WS_POPUPWINDOW
(WS_POPUP | WS_BORDER | WS_SYSMENU)
#define WS_CHILDWINDOW
(WS_CHILD)
```

Diese Werte sind aus Gründen der Bequemlichkeit verfügbar, um die Auswahl der am meisten verwendeten Ausführungsbits zu vereinfachen.

Überlegungen zu übergeordneten Fenstern

Das übergeordnete Fenster eines Programms ist das Haupttor, durch das der Anwender auf das Programm zugreifen kann. Wird es zum erstenmal geöffnet, bietet es einen ersten Eindruck von dem, was der Anwender von Ihrem Programm erwarten kann. Aus diesem Grund sollten Programmierer stets darauf achten, daß dieser Anfangseindruck positiv ausfällt. Bis jetzt scheint dies aber aber bei vielen aktuellen Programmen noch nicht der Fall zu sein. Wir sind nicht an schillernden Grafiken, pfiffigen Logos oder heißen Animationen interessiert. Es geht uns um einen wesentlich einfacheren Aspekt: den ersten Eindruck eines Programms. Hier ist die anfängliche Position und Größe des Hauptfensters entscheidend.

Nur wenige Programme verwenden das **CW_USEDEFAULT**-Flag und überlassen somit dem Fensterverwalter die Steuerung der Größe und Position des Hauptfensters eines Programms. Falls Sie häufig mit Windows-Programmen arbeiten, werden Sie schnell feststellen, daß dieses Verhalten sehr ärgerlich sein kann. Obwohl Windows gewissenhaft die Positionierung jedes neuen, übergeordneten Fensters nachverfolgt, erscheint das Ergebnis dem Anwender häufig als chaotisch. Der Prozeß des Programmbeginns kann dem Anwender leicht unkontrolliert erscheinen, da viele Programme an scheinbar zufälliger Position starten. Der Effekt der Fensterüberlappung stellt für den Anwender eine Mehrarbeit dar, denn er muß zunächst die Position eines neu gestarteten Programms verändern, damit es sich an der von ihm gewünschten Position befindet.

Zur Beseitigung dieses Problems werden wir Ihnen verschiedene Lösungen vorstellen. Eine Lösung beinhaltet die Erstellung des übergeordneten Fensters an immer derselben Position mit einer festgelegten Größe. Beispielweise kann ein Programm sein übergeordnetes Fenster an der Position (10,10) erstellen und es 320 Bildpunkte breit und 240 Bildpunkte hoch darstellen. Das Problem mit derart festgelegten Werten ist, daß die Ergebnisse von der Bildschirmart abhängen, die der Anwender benutzt. Beispielsweise würde ein Fenster dieser Größe die Hälfte eines CGA-Bildschirms belegen, der 640x200 Bildpunkte mißt. Auf einem 8514-Bildschirm, der 1024x768 Bildpunkte mißt, würde dieses Fenster nur ein Zwölftel des Bildschirms belegen.

Abbildung 13.8: Ein übergeordnetes Fenster, das seine Größe selbst definiert.

Als Alternative könnte ein Programm die **GetSystemMetrics**-Routine aufrufen, um die Ausmaße des Bildschirms zu ermitteln. Anschließend könnte dann die entsprechende Größe des übergeordneten Fensters bestimmt werden. Unser nächstes Beispielprogramm, OWNSIZE, vollzieht diesen Vorgang. Es erstellt ein übergeordnetes Fenster, das die gleiche Breite wie der Bildschirm besitzt. Es macht das Fenster fast so groß wie den Bildschirm, läßt aber genug Platz am unteren Rand des Bildschirms frei, damit Programmsymbole, die dort plaziert sind, noch sichtbar bleiben. Abbildung 13.8 zeigt unser übergeordnetes Fenster des Programms nach seiner erstmaligen Erstellung.

Hier folgt der Quelltext für OWNSIZE:

MAKEFILE.MAK

```
.AUTODEPEND

#    Compilerdefinitionen
INC=C:\BORLANDC\OWL\INCLUDE;C:\BORLANDC\CLASSLIB\INCLUDE;C:\BOR-
LANDC\INCLUDE
CC = bcc -c -D_CLASSDLL -H -ml -WS -w -I$(INC)

#    Implizite Regeln
.c.obj:
  $(CC) {$< }

.cpp.obj:
  $(CC) {$< }
```

```
#    Explizite Regeln
OwnSize.exe: OwnSize.res OwnSize.def OwnSize.obj
    tlink /c/C/n/P-/Twe/x @OwnSize.LNK
    RC OwnSize.res OwnSize.exe

#    Einzelne Dateiabhängigkeiten
OwnSize.obj: OwnSize.cpp

OwnSize.res: OwnSize.rc OwnSize.cur OwnSize.ico
    RC -R -FO OwnSize.res OwnSize.RC
```

OWNSIZE.LNK

```
c:\borlandc\lib\c0wl.obj+
OwnSize.obj
OwnSize,OwnSize
\borlandc\owl\lib\owl.lib+
crtll.lib+
cwl.lib+
import.lib+
mathl.lib+
cl.lib
OwnSize.def
```

OWNSIZE.CPP

```
/*------------------------------------------------------------*\
| OwnSize.CPP  - Veranschaulicht Fenstererstellung unter       |
|                Verwendung metrischer Werte des Systems        |
|                und einer Profildatei.                         |
\*------------------------------------------------------------*/
#include <owl.h>

/*------------------------------------------------------------*\
|                       Konstanten.                             |
\*------------------------------------------------------------*/
const int REOPEN_NORMAL  = 0;
const int REOPEN_ZOOM    = 1;
const int REOPEN_DEFAULT = 2;

/*------------------------------------------------------------*\
|                     Statische Daten.                          |
\*------------------------------------------------------------*/
char achPr[]   = "OWNSIZE";      /*  Schlüsselname der Profildatei.*/

char achFile[] = "OWNSIZE.INI"; /*  Profildateiname.      */

/*------------------------------------------------------------*\
|                   Klassendeklarationen.                       |
```

```
\*----------------------------------------------------------------*/
class TOwnSizeApplication : public TApplication
   {
   public:
     TOwnSizeApplication (LPSTR lpszName, HANDLE hInstance,
                          HANDLE hPrevInstance, LPSTR lpszCmdLine,
                          int nCmdShow);
     virtual void InitMainWindow ();
   };

class TOwnSizeWindow : public TWindow
   {
   public:
     TOwnSizeWindow (PTWindowsObject pwParent, LPSTR lpszTitle,
                     PTModule pmModule);
     virtual LPSTR GetClassName ();
     virtual void  GetWindowClass (WNDCLASS&);
     virtual void  WMDestroy(TMessage& Msg) = [WM_DESTROY];
   };

/*----------------------------------------------------------------*\
|                    Hauptfunktion:  WinMain.                       |
\*----------------------------------------------------------------*/
int PASCAL WinMain (HANDLE hInstance,   HANDLE hPrevInstance,
                    LPSTR  lpszCmdLine, int     nCmdShow)
   {
   TOwnSizeApplication OwnSize ("OwnSize", hInstance,
                                hPrevInstance, lpszCmdLine,
                                nCmdShow);
   OwnSize.Run();
   return OwnSize.Status;
   }

/*----------------------------------------------------------------*\
|                    Komponente der Application-Klasse.             |
\*----------------------------------------------------------------*/
TOwnSizeApplication::TOwnSizeApplication (LPSTR lpszName,
                      HANDLE hInstance, HANDLE hPrevInstance,
                      LPSTR lpszCmdLine, int nCmdShow)
                    :TApplication (lpszName, hInstance,
                      hPrevInstance, lpszCmdLine, nCmdShow)
   {
   /* Die anwendungsspezifische Initialisierung erfolgt hier. */
   }

/*----------------------------------------------------------------*\
|                    Komponente der Application-Klasse.             |
\*----------------------------------------------------------------*/
void TOwnSizeApplication::InitMainWindow ()
   {
```

420

```
    MainWindow = new TOwnSizeWindow (NULL,
        "Benutzerdefinierte Größe: Selbstanpassendes Fenster", NULL);

    }

/*------------------------------------------------------------*\
|                 TOwnSizeWindow-Komponentenfunktion.          |
\*------------------------------------------------------------*/
TOwnSizeWindow::TOwnSizeWindow (PTWindowsObject pwParent,
                LPSTR lpszTitle, PTModule pmModule)
              :TWindow (pwParent, lpszTitle, pmModule)
    {
    int iReopen;
    int x, y, cx, cy;

    if (!GetApplication()->hPrevInstance)
        {
        /*
         * Für die erste Instanz werden die Position und die Größe
         * auf die des zuletzt verwendeten Fensters gesetzt.
         */

        x = GetPrivateProfileInt (achPr, "x", 0, achFile);
        y = GetPrivateProfileInt (achPr, "y", 0, achFile);

        cx = GetSystemMetrics (SM_CXSCREEN);
        cx = GetPrivateProfileInt (achPr, "cx", cx, achFile);
        cy = GetSystemMetrics (SM_CYSCREEN) -
             GetSystemMetrics (SM_CYICON)   -
            (GetSystemMetrics (SM_CYCAPTION) * 2);
        cy = GetPrivateProfileInt (achPr, "cy", cy, achFile);

        iReopen = GetPrivateProfileInt (achPr, "Reopen", 0, achFile);

        if (iReopen == REOPEN_ZOOM)
            GetApplication()->nCmdShow = SW_SHOWMAXIMIZED;
        if (iReopen == REOPEN_DEFAULT)
            {
            x  = CW_USEDEFAULT;
            cx = CW_USEDEFAULT;
            }
        }
    else
        {
        /*  Bei anderen Instanzen werden vorgegebene     */
        /*  Positionen und Größen verwendet.             */
        x = cx = CW_USEDEFAULT;
        y = cy = 0;
        }
```

```
    Attr.X = x;
    Attr.Y = y;
    Attr.W = cx;
    Attr.H = cy;
    }
/*------------------------------------------------------------------*\
 |                  TOwnSizeWindow-Komponentenfunktion.             |
\*------------------------------------------------------------------*/
LPSTR TOwnSizeWindow::GetClassName ()
    {
    return "OwnSize:MAIN";
    }

/*------------------------------------------------------------------*\
 |                  TOwnSizeWindow-Komponentenfunktion.             |
\*------------------------------------------------------------------*/
void TOwnSizeWindow::GetWindowClass (WNDCLASS& wc)
    {
    TWindow::GetWindowClass (wc);
    wc.hIcon=LoadIcon (wc.hInstance, "snapshot");
    wc.hCursor=LoadCursor (wc.hInstance, "hand");
    }

/*------------------------------------------------------------------*\
 |                  TOwnSizeWindow-Komponentenfunktion.             |
\*------------------------------------------------------------------*/
void TOwnSizeWindow::WMDestroy(TMessage& Msg)
    {
    char ach[80];
    int  iReopen;

    //  Erneuern der Positionsangaben des Fensters.

    wsprintf (ach, "%d",Attr.X);
    WritePrivateProfileString (achPr, "x", ach, achFile);

    wsprintf (ach, "%d",Attr.Y);
    WritePrivateProfileString (achPr, "y", ach, achFile);

    wsprintf (ach, "%u",Attr.W);
    WritePrivateProfileString (achPr, "cx", ach, achFile);

    wsprintf (ach, "%d",Attr.H);
    WritePrivateProfileString (achPr, "cy", ach, achFile);

    /*
     * Die Flags für die Wiederherstellung verkleinerter
     * oder zum Symbol verkleinerter Fenster.
     */
    iReopen = REOPEN_NORMAL;
```

```
if (IsZoomed (HWindow))   iReopen = REOPEN_ZOOM;
if (IsIconic (HWindow))   iReopen = REOPEN_DEFAULT;

wsprintf (ach, "%d", iReopen);
WritePrivateProfileString (achPr, "Reopen", ach, achFile);

TWindow::WMDestroy(Msg);
}
```

OWNSIZE.RC

```
snapshot icon OwnSize.ico

hand cursor OwnSize.cur
```

OWNSIZE.DEF

```
NAME OWNSIZE

EXETYPE WINDOWS

DESCRIPTION 'Selbstanpassendes Fenster und Profildatei'

CODE MOVEABLE DISCARDABLE
DATA MOVEABLE MULTIPLE

HEAPSIZE   512
STACKSIZE 5120
```

OWNSIZE veranschaulicht zwei Programmiertechniken, die für Sie von Interesse sind. Zuerst verwendet es die **GetSystemMetrics**-Routine, um die Größe seines übergeordneten Fensters beim Programmstart zu ermitteln. Wenn OWNSIZE beendet wird, schreibt es die Größe seines übergeordneten Fensters in eine private **Profildatei**. Darunter versteht man eine ASCII-Textdatei, die ein Programm zur Speicherung von Werten verwenden kann. OWNSIZE verwendet eine Profildatei, um die Position und Abmessung seines Fensters zu speichern, damit es beim nächsten Start des Programms mit der gleichen Größe dargestellt wird. Außerdem setzt das Profil ein Flag, falls das Fenster vergrößert wurde, damit es beim nächsten Programmstart auch vergrößert dargestellt wird. Die Profildatei bietet einem Programm auf diese Weise eine gewisse Kontinuität des ersten Erscheinungsbildes.

Die Anfangsbreite des Fensters in OWNSIZE wird in bezug auf die Breite des Bildschirms gesetzt. Um die Breite des Bildschirms zu ermitteln, ruft der Fensterobjektkonstruktor die **GetSystemMetrics**-Routine mit dem **SM_CXSCREEN**-Parameter auf:

```
cx = GetSystemMetrics (SM_CXSCREEN);
```

Die Anfangshöhe des Fensters in OWNSIZE wird so gesetzt, daß die vorhandenen Symbole am unteren Rand des Bildschirms sichtbar bleiben, wenn das Fenster geöffnet ist. Um den erforderlichen Wert zu berechnen, rufen wir die **GetSystemMetrics**-Routine dreimal auf. Der erste Aufruf ermittelt die Bildschirmhöhe, der zweite die Höhe eines Symbols und der dritte die Höhe einer Überschrift, da jedem Symbol eine Überschrift zugeordnet ist. Hier sehen Sie den Programmtext, der diese Berechnungen vollzieht:

```
cy = GetSystemMetrics (SM_CYSCREEN) -
     GetSystemMetrics (SM_CYICON)   -
     (GetSystemMetrics (SM_CAPTION) * 2);
```

Die Höhe der Überschrift wird mit zwei multipliziert, um sicherzustellen, daß genügend Platz vorhanden ist.

GetSystemMetrics stellt Informationen zu den Maßen einiger weniger Objekte bereit, aus denen die Benutzerschnittstelle von Windows besteht. Dies betrifft die Größen von Cursor, Symbolen, Menüs und Überschriften sowie die Breite der verschiedenen Rahmen. Untersuchen wir jetzt einige der unterschiedlichen Maße, die diese Routine verwalten kann.

Systemabmessungen

Tabelle 13.2 beinhaltet alle Systemabmessungen, die in Windows definiert sind. Hier sind auch die symbolischen Werte angegeben, die als Index für den Zugriff auf die Maße dienen. Um Ihnen einen besseren Überblick über den Einsatzbereich der Werte zu verschaffen, zeigen die Abbildung 13.9 bis 13.11 die gleichen Informationen in bildlicher Darstellung.

Tabelle 13.2: *Systemabmessungen von Windows*

Typ	*Index*	*Beschreibung*
Bildschirm-maße (4)	SM_CXSCREEN	Bildschirmbreite in Bildpunkten angegeben.
	SM_CYSCREEN	Bildschirmhöhe in Bildpunkten angegeben.
	SM_CXFULLSCREEN	Bildschirmbreite in Bildpunkten angegeben.
	SM_CYFULLSCREEN	Bildschirmhöhe in Bildpunkten angegeben, abzüglich der Höhe einer Fensterüberschrift.
Rahmengrößen (6)	SM_CXBORDER	Breite eines mit der WS_BORDER-Ausführung erstellten Rahmens.
	SM_CYBORDER	Höhe eines mit der WS_BORDER-Ausführung erstellten Rahmens.

Typ	Index	Beschreibung
	SM_CXFRAME	Breite eines mit dem WS_THICKFRAME-Ausführungsbit erstellten Rahmens.
	SM_CYFRAME	Höhe eines mit dem WS_THICKFRAME-Ausführungsbit erstellten Rahmens.
	SM_CXDLGFRAME	Breite eines entweder mit der WS_EXDLGMODALFRAME- oder der WS_DLGFRAME-Rahmenausführung erstellten Rahmens.
	SM_CYDLGFRAME	Höhe eines entweder mit WS_EXDLGMODALFRAME- oder WS_DLGFRAME erstellten Rahmens.
Bildlaufleisten-maße (6)	SM_CXVSCROLL	Breite der Pfeil-Bitmap in einer vertikalen Bildlaufleiste.
	SM_CYHSCROLL	Höhe der Pfeil-Bitmap in einer horizontalen Bildlaufleiste.
	SM_CYVSCROLL	Höhe der Pfeil-Bitmap in einer vertikalen Bildlaufleiste.
	SM_CXHSCROLL	Breite der Pfeil-Bitmap in einer horizontalen Bildlaufleiste.
	SM_CYVTHUMB	Höhe eines Schiebers in einer vertikalen Bildlaufleiste.
	SM_CXHTHUMB	Breite eines Schiebers in einer horizontalen Bildlaufleiste.
Fensterkom-ponenten (8)	SM_CYCAPTION	Höhe einer Titelleiste.
	SM_CYMENU	Höhe eines einzeiligen Menübefehls.
	SM_CXICON	Breite eines Symbols.
	SM_CYICON	Höhe eines Symbols.
	SM_CXCURSOR	Breite eines Cursors.
	SM_CYCURSOR	Höhe eines Cursors.
	SM_CXSIZE	Breite des Systemmenüs, der zum Symbol verkleinerten und zum Vollbild vergrößerten Symbole.

425

Typ	Index	Beschreibung
	SM_CYSIZE	Höhe des Systemmenüs, der zum Symbol verkleinerten und zum Vollbild vergrößerten Symbole.
Fensternach-verfolgung (4)	SM_CXMIN	Minimale Breite eines Fensters.
	SM_CYMIN	Minimale Höhe eines Fensters.
	SM_CXMINTRACK	Minimale "Tracking"-Breite eines Fensters.
	SM_CYMINTRACK	Minimale "Tracking"-Höhe eines Fensters.
Verschiedene Flags (4)	SM_DEBUG	Ungleich Null, falls die Debug-Version von Windows installiert ist.
	SM_SWAPBUTTON	Ungleich Null, falls die linke und rechte Maustaste vertauscht sind.
	SM_MOUSEPRESENT	Ungleich Null, falls eine Maus angeschlossen ist.
	SM_CMETRICS	Anzahl der Systemmaßwerte.

OWNSIZE erstellt anfänglich sein übergeordnetes Fenster unter Verwendung der Werte von **GetSystemMetrics** mit einer annehmbaren Größe und vermeidet dabei den Überlappungseffekt, der den Anwender vermutlich nur verwirren würde. Wird OWNSIZE beendet, so speichert es seine letzte Größe und Position auf der Festplatte. Dies geschieht unter Beantwortung der **WM_CREATE**-Nachricht:

```
void TOwnSizeWindow::WMDestroy (TMessage& Msg)
{
char ach [80];
int iReopen;

// Erneuern der Fensterpositionsinformationen.

wsprintf (ach, "%d", Attr.X);
WritePrivateProfileString (achPr, "x", ach, achFile);

wsprintf (ach, "%d", Attr.Y);
WritePrivateProfileString (achPr, "y", ach, achFile);

wsprintf (ach, "%u", Attr.W);
WritePrivateProfileString (achPr, "cx", ach, achFile);

wsprintf (ach, "%d", Attr.H);
WritePrivateProfileString (achPr, "cy", ach, achFile);
```

```
/*
 * Schreiben der Flags für erneutes Öffnen symbolisierter/vergrößer-
 ter Fenster.
 */
iReopen = REOPEN_NORMAL;
if (IsZoomed (HWindow)) iReopen = REOPEN_ZOOM;
if (IsIconic (HWindow)) iReopen = REOPEN_DEFAULT;

wsprintf (ach, "%d", iReopen);
WritePrivateProfileString (achPr, "Reopen", ach, achFile);

TWindow::WMDestroy (Msg);
}
```

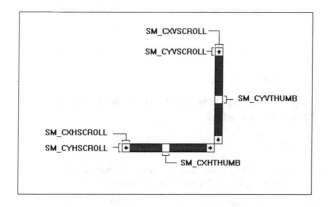

Abbildund 13.9: Systemabmessungen der Rahmengröße

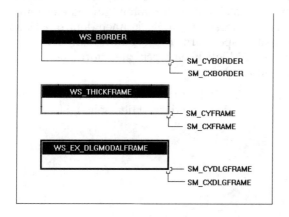

Abbildung 13.10: Systemabmessungen der Bildlaufleisten

427

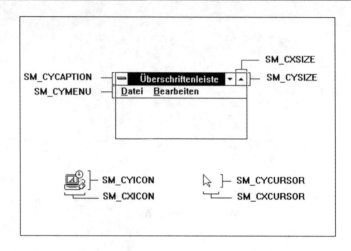

Abbildung 13.11: Systemabmessungen der Fensterkomponenten

Hierzu werden einige Routinen verwendet, die Bestandteil der Windows-Unterstützung für private Profildateien sind.

Private Profildateien

Die Zusammenarbeit eines Programms mit dem Anwender kann verbessert werden, indem sich das Programm an die Vorlieben "erinnert", die der Anwender in seinen Einstellungen zum Ausdruck gebracht hat. Dies könnte bedeuten, daß es sich an die ausgewählten Menüoptionen erinnert oder an die bevorzugte Farbe für negative Zahlen oder an die Position des übergeordneten Programmfensters. Windows beinhaltet einige Routinen, die die Erstellung von privaten Profildateien (auch als private Initialisierungsdateien bekannt) unterstützen. Sie können derartige Daten natürlich auch in Ihrem eigenen Format abspeichern. Die Windows-Unterstützung der Profildateien stellt jedoch eine einfache Möglichkeit bereit, die Informationen über diese Anwender-Vorlieben zu lesen und zu speichern.

Eine Profildatei ist eine ASCII-Textdatei, also können Sie diese unter Verwendung jedes beliebigen Texteditors verändern. Hier sehen Sie nun die Profildatei, die OWNSIZE erstellt hat:

```
[OWNSIZE]
x = 0
y = 0
cx = 640
cy = 408
Reopen = 0
```

Wie Sie aus diesem Beispiel entnehmen können, haben Profildateien das folgende Format:

```
[Anwendungsname]
Schlüsselname1 = Wert1
Schlüsselname2 = Wert2
Schlüsselname3 = Wert3
```

OWNSIZE enthält vier numerische Werte, die mit der Position und den Abmessungen des Fensters zum Zeitpunkt des letzten Einsatzes von OWNSIZE übereinstimmen. Diese werden mit den Schlüsselnamen **x**, **y**, **cx** und **cy** bezeichnet. Ein fünfter numerischer Wert, der mit dem Schlüsselnamen **Reopen** verbunden ist, wird verwendet, wenn ein Fenster entweder zum Vollbild vergrößert oder zum Symbol verkleinert (maximiert oder minimiert) wurde. In diesem Fall erfolgt eine spezielle Behandlung durch das Programm.

Windows stellt sechs Routinen bereit, die zum Lesen und Schreiben von Profildateien verwendet werden können. Drei dieser Routinen dienen zum Lesen und Schreiben von **WIN.INI**, einer Profildatei, die von Windows und älteren Windows-Programmen verwendet wird: **GetProfileInt**, **GetProfileString** und **WriteProfileString**. Die anderen drei unterstützen private Initialisierungsdateien: **GetPrivateProfileInt**, **GetPrivateProfileString** und **WritePrivateProfileString**.

OWNDRAW schreibt in seine eigene private Profildatei namens OWNDRAW.INI unter Verwendung des **WritePrivateProfileString**-Aufrufes, der wie folgt definiert ist:

```
WritePrivateProfileString (lpApplication, lpKey, lpString, lpFile)
```

- *lpApplication* ist ein Long-Zeiger auf den Anwendernamen. Dies ist der Name, der in eckigen Klammern in der Profildatei angegeben wird, um eine Gruppe von Schlüsselname/Werte-Paaren zu bezeichnen.

- *lpKey* ist ein Long-Zeiger auf den Namen der Datenkennung. Dies ist eine Zeichenkette, auf deren linker Seite ein Gleichheitszeichen im Schlüsselname/Werte-Paar auftritt.

- *lpString* ist ein Long-Zeiger auf die Zeichenkette, die auf der rechten Seite des Gleichheitszeichens im Schlüsselname/Werte-Paar plaziert wird.

- *lpFile* ist ein Long-Zeiger auf eine Zeichenkette für den Dateinamen, der als Profildatei verwendet werden soll. Wird kein Verzeichnis angegeben, wird die Profildatei ins Windows-Verzeichnis geschrieben.

Mit diesen Zeilen schreibt OWNSIZE die x-Position des Fensters:

```
wsprintf (ach, "%d", Attr.X);
WritePrivateProfileString (achPr, "x", ach, achFile);
```

Beim Start von OWNDRAW wird **GetPrivateProfileInt** aufgerufen, um die verschiedenen numerischen Werte einzulesen, die es für die Anfangsgröße und Anfangsposition seines Fensters verwendet. Diese Routine erlaubt es einem Programm, einen Standardwert einzusetzen, falls der angeforderte ganzzahlige Wert nicht verfügbar ist. **GetPrivateProfileInt** ist wie folgt definiert:

```
WORD GetPrivateProfileInt (lpApp, lpKey, nDefault, lpFile)
```

- *lpApplication* ist ein Long-Zeiger auf den Anwendernamen. Dies ist der Name, der in eckigen Klammern in der Profildatei angegeben wird, um eine Gruppe von Schlüsselname/Werte-Paaren zu bezeichnen.

- *lpKey* ist der Long-Zeiger auf den Namen der Datenkennung. Dies ist eine Zeichenkette, auf deren linker Seite ein Gleichheitszeichen im Schlüsselname/Werte-Paar auftritt.

- *nDefault* ist der Wert, der verwendet wird, falls der Schlüsselname nicht in der Initialisierungsdatei verfügbar ist oder die Initialisierungsdatei nicht existiert.

- *lpFile* ist ein Long-Zeiger auf eine Zeichenkette für den Dateinamen, der als Profildatei verwendet werden soll. Wird kein Verzeichnis angegeben, wird die Profildatei ins Windows-Verzeichnis geschrieben.

Der Rückgabewert ist ein vorzeichenloser Ganzzahlenwert, der den Wert in der Profildatei darstellt. Falls der Profildateieintrag nicht gefunden wird, wird dieser Standardwert eingesetzt. Hier sehen Sie nun, wie OWNDRAW die (x,y)-Position aus der privaten Profildatei erhält:

```
x = GetPrivateProfileInt (achPr, "x", 0, achFile);
y = GetPrivateProfileInt (achPr, "y", 0, achFile);
```

Das nächste Thema, das wir besprechen, ist die Verwendung nachfolgender Fenster in einem übergeordnetem Fenster eines Programms.

Ein nachfolgendes Fenster erstellen

In unserer Besprechung der **CreateWindow**- und **CreateWindowEx**-Routinen haben wir erwähnt, daß es drei Fensterarten gibt: überlappende, Popup-, und nachfolgende Fenster. Sämtliche Fenster, die wir bis jetzt erstellt haben, waren überlappende Fenster. Im nächsten Kapitel werden einige Popup- und nachfolgende Fenster bei der Erstellung von Dialogfeldern angelegt. Sehen wir uns deshalb an, was zur Erstellung eines nachfolgenden Fensters innerhalb des Arbeitsbereiches eines Programmhauptfensters erforderlich ist.

Der OWL-Anwendungsrahmen macht es Ihnen leicht, ein nachfolgendes Fenster zu erstellen. Sie definieren lediglich eine neue Fensterklasse als Erben von **TWindow**. Wie bei allen Fenstern, die wir in diesem Buch erstellt haben, wollen wir zwei Komponentenfunktionen überschreiben, um die Informationen der Fensterklasse zu definieren:

GetClassName und **GetWindowClass**. Zur Feineinstellung des erstellten Fensters sollten Sie die **Attr**-Struktur in Ihrem Fensterobjektkonstruktor einfügen. Weiterhin erstellen Sie für jede bedeutsame Fensternachricht eine Funktion zur Nachrichtbeantwortung. Sie brauchen eigentlich nur ein Fensterobjekt zu erstellen - und schon haben Sie ein Fenster. Das nächste Beispielprogramm, das wir betrachten werden, ist STATLINE. Es erstellt ein nachfolgendes Fenster, in dem zu jedem vom Anwender angewählten Menübefehl eine entsprechende Statusinformation angezeigt wird.

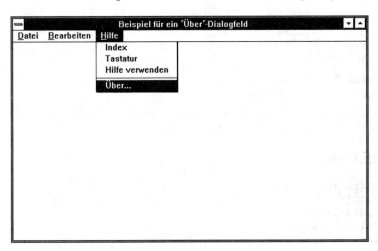

Abbildung 13.12: STATLINE verwendet ein nachfolgendes Fenster zur Anzeige von Menüstatusinformationen

STATLINE: Menüstatusinformationen

Im Kapitel 11, in dem wir den Nachrichtenverkehr im Zusammenhang mit Menüs besprochen haben, erwähnten wir, daß die **WM_MENUSELECT**-Nachricht gesendet wird, wenn der Anwender das Menü durchläuft. STATLINE beantwortet diese Nachricht durch die Anzeige zusätzlicher Informationen zu jedem Menübefehl in einem nachfolgenden Fenster, das sich am unteren Ende des übergeordneten Fensters befindet. Abbildung 13.12 zeigt STATLINE und das nachfolgende Fenster, das Menüstatusinformationen anzeigt.

Hier folgt der Quelltext von STATLINE:

MAKEFILE.MAK

```
.AUTODEPEND

#   Compilerdefinitionen
INC=C:\BORLANDC\OWL\INCLUDE;C:\BORLANDC\CLASSLIB\INCLUDE;C:\BOR-
```

```
LANDC\INCLUDE
CC = bcc -c -D_CLASSDLL -H -ml -WS -w -I$(INC)

#    Implizite Regeln
.c.obj:
 $(CC) {$< }

.cpp.obj:
 $(CC) {$< }

#    Explizite Regeln
StatLine.exe: StatLine.res StatLine.def StatLine.obj
    tlink /c/C/n/P-/Twe/x @StatLine.LNK
    RC StatLine.res StatLine.exe

#    Einzelne Dateiabhängigkeiten
StatLine.obj: StatLine.cpp

StatLine.res: StatLine.rc StatLine.cur StatLine.ico
    RC -R -FO StatLine.res StatLine.RC
```

STATLINE.LNK

```
c:\borlandc\lib\c0wl.obj+
StatLine.obj
StatLine,StatLine
\borlandc\owl\lib\owl.lib+
crtll.lib+
cwl.lib+
import.lib+
mathl.lib+
cl.lib
StatLine.def
```

STATLINE.CPP

```
/*------------------------------------------------------------*\
| STATLINE.CPP  Veranschaulicht die Erzeugung einer          |
|               Statuszeile in einem nachfolgenden Fenster.   |
\*------------------------------------------------------------*/
#include <owl.h>
#include "statline.h"

#define SIZEMSGW(arg)  (LOWORD(arg.LParam))
#define SIZEMSGH(arg)  (HIWORD(arg.LParam))
#define MENUSELECTMSGID(arg)  (arg.WParam)
#define MENUSELECTMSGFLAG(arg)  (LOWORD(arg.LParam))

/*------------------------------------------------------------*\
|                      Konstanten.                            |
```

```
\*--------------------------------------------------------------*/
const int COUNT = 23;
/*--------------------------------------------------------------*\
|                    Klassendeklarationen.                      |
\*--------------------------------------------------------------*/
class TStatLineApplication : public TApplication
  {
  public:
    TStatLineApplication (LPSTR lpszName, HANDLE hInstance,
                          HANDLE hPrevInstance, LPSTR lpszCmdLine,
                          int nCmdShow);
    virtual void InitMainWindow ();
  };

class TStatLineWindow : public TWindow
  {
  public:
    TStatLineWindow (PTWindowsObject pwParent, LPSTR lpszTitle,
                     PTModule pmModule);
    virtual LPSTR GetClassName ();
    virtual void  GetWindowClass (WNDCLASS&);
    virtual void  WMCreate(TMessage& Msg) = [WM_CREATE];
    virtual void  WMMenuSelect(TMessage& Msg) = [WM_MENUSELECT];
    virtual void  WMSize(TMessage& Msg) = [WM_SIZE];
  private:
    PTWindowsObject StatusWindow;
    int             cyChildHeight;
  };

class TStatusWindow : public TWindow
  {
  public:
    TStatusWindow(PTWindowsObject AParent, LPSTR ATitle);
    virtual LPSTR GetClassName();
    virtual void  GetWindowClass(WNDCLASS&);
    virtual void  WMCreate(TMessage& Msg) = [WM_CREATE];
    virtual void  WMMenuSelect(TMessage& Msg) = [WM_MENUSELECT];
  private:
    HMENU hmenuEdit;
    HMENU hmenuFile;
    HMENU hmenuSys;
  };

/*--------------------------------------------------------------*\
|                    Hauptfunktion:  WinMain.                   |
\*--------------------------------------------------------------*/
int PASCAL WinMain (HANDLE hInstance,   HANDLE hPrevInstance,
                    LPSTR  lpszCmdLine, int    nCmdShow)
    {
```

433

```
     TStatLineApplication StatLine ("StatLine", hInstance,
                        hPrevInstance, lpszCmdLine, nCmdShow);
     StatLine.Run();
     return StatLine.Status;
     }

/*------------------------------------------------------------------*\
|                 Komponente der Application-Klasse.                 |
\*------------------------------------------------------------------*/
TStatLineApplication::TStatLineApplication (LPSTR lpszName,
                   HANDLE hInstance, HANDLE hPrevInstance,
                   LPSTR lpszCmdLine, int nCmdShow)
                :TApplication (lpszName, hInstance,
                   hPrevInstance, lpszCmdLine, nCmdShow)
     {
     /*  Die besondere Initialisierung der Anwendung erfolgt hier.  */
     }

/*------------------------------------------------------------------*\
|                 Komponente der Application-Klasse.                 |
\*------------------------------------------------------------------*/
void TStatLineApplication::InitMainWindow ()
     {
     MainWindow = new TStatLineWindow (NULL, "Statuszeile", NULL);
     }

/*------------------------------------------------------------------*\
|                 TStatLineWindow-Komponentenfunktion.               |
\*------------------------------------------------------------------*/
TStatLineWindow::TStatLineWindow (PTWindowsObject pwParent,
           LPSTR lpszTitle, PTModule pmModule)
        :TWindow (pwParent, lpszTitle, pmModule)
     {
     /*  Die fensterspezifische Initialisierung erfolgt hier.  */
     }

/*------------------------------------------------------------------*\
|                 TStatLineWindow-Komponentenfunktion.               |
\*------------------------------------------------------------------*/
LPSTR TStatLineWindow::GetClassName ()
     {
     return "StatLine:MAIN";
     }

/*------------------------------------------------------------------*\
|                 TStatLineWindow-Komponentenfunktion.               |
\*------------------------------------------------------------------*/
void TStatLineWindow::GetWindowClass (WNDCLASS& wc)
     {
     TWindow::GetWindowClass (wc);
```

```
    wc.hIcon=LoadIcon (wc.hInstance, "snapshot");
    wc.hCursor=LoadCursor (wc.hInstance, "hand");
    wc.lpszMenuName="#1";
    }
/*------------------------------------------------------------*\
|                  TStatLineWindow-Komponentenfunktion.        |
\*------------------------------------------------------------*/
void TStatLineWindow::WMCreate(TMessage& Msg)
    {
    HDC hdc;
    int cyBorder;
    TEXTMETRIC tm;

    StatusWindow = GetApplication()->MakeWindow(new
                   TStatusWindow (this, NULL) );
    hdc = GetDC (Msg.Receiver);
    GetTextMetrics (hdc, &tm);
    ReleaseDC (Msg.Receiver, hdc);

    cyBorder = GetSystemMetrics (SM_CYBORDER);

    cyChildHeight = tm.tmHeight + cyBorder * 2;
    }
/*------------------------------------------------------------*\
|                  TStatLineWindow-Komponentenfunktion.        |
\*------------------------------------------------------------*/
void TStatLineWindow::WMMenuSelect(TMessage& Msg)
    {
    SendMessage (StatusWindow->HWindow, Msg.Message, Msg.WParam,
                 Msg.LParam);
    }
/*------------------------------------------------------------*\
|                  TStatLineWindow-Komponentenfunktion.        |
\*------------------------------------------------------------*/
void TStatLineWindow::WMSize(TMessage& Msg)
    {
    int cxWidth;
    int cyHeight;
    int xChild;
    int yChild;

    cxWidth  = SIZEMSGW(Msg);
    cyHeight = SIZEMSGH(Msg);

    xChild = 0;
    yChild = cyHeight - cyChildHeight + 1;

    MoveWindow (StatusWindow->HWindow,
                xChild,
```

```
                    yChild,
                    cxWidth,
                    cyChildHeight,
                    TRUE);
    }
/*-------------------------------------------------------------------*\
|                  TStatusWindow-Komponentenfunktion.                 |
\*-------------------------------------------------------------------*/
TStatusWindow::TStatusWindow( PTWindowsObject AParent,
             LPSTR ATitle) : TWindow (AParent, ATitle)
    {
    Attr.Style = WS_CHILD | WS_BORDER | WS_VISIBLE;
    Attr.X = 0;
    Attr.Y = 0;
    Attr.W = 0;
    Attr.H = 0;
    }
/*-------------------------------------------------------------------*\
|                  TStatusWindow-Komponentenfunktion.                 |
\*-------------------------------------------------------------------*/
LPSTR TStatusWindow::GetClassName()
    {
    return "STATLINE:CHILD";
    }
/*-------------------------------------------------------------------*\
|                  TStatusWindow-Komponentenfunktion.                 |
\*-------------------------------------------------------------------*/
void TStatusWindow::GetWindowClass(WNDCLASS& wc)
    {
    TWindow::GetWindowClass(wc);
    wc.hCursor=LoadCursor (wc.hInstance, "hand");
    }
/*-------------------------------------------------------------------*\
|                  TStatusWindow-Komponentenfunktion.                 |
\*-------------------------------------------------------------------*/
void TStatusWindow::WMCreate(TMessage& Msg)
    {
    HMENU hmenu;
    HWND  hwndParent;

    hwndParent = GetParent (Msg.Receiver);
    hmenu = GetMenu (hwndParent);

    hmenuFile = GetSubMenu (hmenu, 0);
    hmenuEdit = GetSubMenu (hmenu, 1);
```

```
    hmenuSys  = GetSystemMenu (hwndParent, 0);
    }
/*---------------------------------------------------------------*\
|                 TStatusWindow-Komponentenfunktion.            |
\*---------------------------------------------------------------*/
void TStatusWindow::WMMenuSelect(TMessage& Msg)
    {
    static STATUSDATA sd[COUNT] =
    {{ 0xffff, "" },
      { IDM_SYS, "Verschieben, Verändern oder schließen Anwendungs-
                       fenster "},
      { IDM_FILE,"Erzeugen, Öffnen, Speichern, Drucken oder
                       Beenden"},
      { IDM_EDIT,"Rückgängig, Ausschneiden, Kopieren, Einfügen
                       und Löschen"},

      { IDM_NEW,      "Neues Objekt erzeugen"},
      { IDM_OPEN,     "Bestehendes Objekt öffnen"},
      { IDM_SAVE,     "Bestehendes Objekt speichern"},
      { IDM_SAVEAS,   "Aktuelles Objekt unter neuem Namen speichern"},
      { IDM_PRINT,    "Aktuelles Objekt drucken"},
      { IDM_EXIT,     "Verläßt Statline"},

      { IDM_UNDO,     "Letzte Aktion rückgängig machen"},
      { IDM_CUT,      "Ausgewählten Bereich ausschneiden und in die
                       Zwischenablage übertragen"},
      { IDM_COPY,     "Ausgewählten Bereich in die Zwischenablage
                       kopieren"},
      { IDM_PASTE,    "Ausgewählten Bereich aus der Zwischenablage
                        einfügen"},
      { IDM_CLEAR,    "Gegenwärtig ausgewähltes Objekt löschen"},
      { IDM_DELETE,   "Gegenwärtig ausgewähltes Objekt löschen"},

      { SC_SIZE,      "Verändert Fenstergröße"},
      { SC_MOVE,      "Verändert Fensterposition"},
      { SC_MINIMIZE,  "Verkleinert Fenster in ein Symbol"},
      { SC_MAXIMIZE,  "Vergrößert aktives Fenster zum Vollbild"},
      { SC_CLOSE,     "Verläßt Statline"},
      { SC_RESTORE,   "Stellt Fenster in normaler Größe wieder her"},
      { SC_TASKLIST,  "Wechselt zur Task-Liste"}
        };
    HDC  hdc;
    int  isd;
    int  i;
    RECT rClient;
    WORD wFlag;
    WORD wId;
```

```
    wFlag = MENUSELECTMSGFLAG(Msg);
    wId   = MENUSELECTMSGID(Msg);

    isd=0;
    if (wFlag == 0xffff)
        isd=0;
    else if (wFlag & MF_POPUP)
        {
        if (hmenuSys == wId)
            isd = 1;
        if (hmenuFile == wId)
            isd = 2;
        if (hmenuEdit == wId)
            isd = 3;
        }
    else
        {
        for (i=0;i<COUNT;i++)
            {
            if (wId == sd[i].wCode)
                {
                isd = i;
                break;
                }
            }
        }

    GetClientRect (HWindow, &rClient);

    hdc = GetDC (HWindow);
    ExtTextOut (hdc,
                0,                      /* X.                          */
                0,                      /* Y.                          */
                ETO_OPAQUE,             /* Undurchsichtiges Rechteck. */
                &rClient,               /* Rechteck.                   */
                sd[isd].achMsg,         /* Zeichenkette.               */
                lstrlen(sd[isd].achMsg), /* Länge.                     */
                NULL);
    ReleaseDC (HWindow, hdc);
    }
```

STATLINE.H

```
/*-----------------------------------------------------------------*\
|    Statline.h  -- Definitionsdatei für Statline.C.               |
\*-----------------------------------------------------------------*/

#define IDM_NEW     1
#define IDM_OPEN    2
```

```
#define IDM_SAVE      3
#define IDM_SAVEAS    4
#define IDM_PRINT     5
#define IDM_EXIT      6

#define IDM_UNDO      7
#define IDM_CUT       8
#define IDM_COPY      9
#define IDM_PASTE    10
#define IDM_CLEAR    11
#define IDM_DELETE   12

#define IDM_SYS      13
#define IDM_FILE     14
#define IDM_EDIT     15

typedef struct tagSTATUSDATA
    {
    WORD wCode;
    char achMsg[80];
    } STATUSDATA;
```

STATLINE.RC

```
#include "statline.h"

snapshot icon StatLine.ico

hand cursor StatLine.cur

1 MENU
    {
    POPUP "&Datei"
        {
        MENUITEM "&Neu",                   IDM_NEW
        MENUITEM "Ö&ffnen...",             IDM_OPEN
        MENUITEM "&Speichern",             IDM_SAVE
        MENUITEM "Speichern &unter...",  IDM_SAVEAS
        MENUITEM SEPARATOR
        MENUITEM "&Drucken",               IDM_PRINT
        MENUITEM SEPARATOR
        MENUITEM "&Beenden",               IDM_EXIT
        }
    POPUP "&Bearbeiten"
        {
        MENUITEM "&Rückgängig\tAlt+Rücktaste",      IDM_UNDO
        MENUITEM SEPARATOR
        MENUITEM "&Ausschneiden\tUmschalt+Entf",   IDM_CUT
        MENUITEM "&Kopieren\tStrg+Einfg",          IDM_COPY
        MENUITEM "&Einfügen\tUmschalt+Einfg",      IDM_PASTE
```

439

```
          MENUITEM SEPARATOR
          MENUITEM "&Entfernen",                    IDM_CLEAR
          MENUITEM "&Löschen",                      IDM_DELETE
          }
    }
```

STATLINE.DEF

```
NAME STATLINE

EXETYPE WINDOWS

DESCRIPTION 'Statuszeilenfenster'

CODE MOVEABLE DISCARDABLE
DATA MOVEABLE MULTIPLE

HEAPSIZE   512
STACKSIZE 5120
```

Die Erstellung des nachfolgenden Fensters in STATLINE beginnt mit den zwei definierenden Komponentenfunktionen, die eine Rolle in der Registrierung der Fensterklasse spielen: **GetClassName** und **GetWindowClass**. Aus der Sicht von Windows sieht der Prozeß der Klassenregistrierung folgendermaßen aus:

```
ws.lpszClassName = "STATLINE:CHILD";
wc.hInstance     = hInstance;
wc.lpfnWndProc   = StdWndProc;
wc.hCursor       = LoadCursor (hInstance, "hand");
wc.hIcon         = NULL;
wc.lpszMenuName  = NULL;
wc.hbrBackground = COLOR_WINDOW +1;
wc.style         = NULL;
wc.cbClsExtra    = 0;
wc.cbWndExtra    = 0;

RegisterClass (&wc);
```

Selbstverständlich ist dies mit der OWL viel einfacher zu bewerkstelligen, da wir die normalen Standardwerte erben und den Rest auffüllen.

Ein Fenster wird automatisch erstellt, wenn wir das Fensterobjekt erstellen. Im Falle des Statuszeilenfensters bedeutet dies:

```
StatusWindow = GetApplication()->MakeWindow (new TStatusWindow
(this, NULL));
```

Diese Zeile stammt aus der Beantwortungsfunktion der **WMCreate**-Nachricht des Hauptfensters von STATLINE. Einige Dinge bedürfen hier einer Erklärung.

440

Zunächst wird das Statusfenster als ein Nachfolger unseres Hauptfensters der Anwendung erstellt. Es wird zur Unterteilung des Bildschirmbereiches des Hauptfensters verwendet. Obwohl es vielleicht sinnvoll wäre, können wir das Statusfenster nicht im Hauptfensterkonstruktor erstellen. Der Grund hierfür ist, daß wir das Vorfahrenfenster bezeichnen müssen, wenn wir ein nachfolgendes Fenster erstellen.

Der Aufruf von **MakeWindow** (eine TModule-Komponentenfunktion) ist erforderlich, um das Windows-Fenster zusammen mit dem Fensterobjekt zu erstellen. Sie konnten diese Routine im Programmcode nicht entdecken, weil die OWL diese Funktion automatisch aufruft, wenn ein Hauptfenster einer Anwendung erstellt werden soll. Unter anderem ruft diese Funktion eine Komponentenfunktion eines Fensterobjektes **Create** auf und übergibt eine Fehlernachricht, falls ein Fenster nicht erstellt werden kann.

Der Objektkonstruktor des Statusfensters setzt die Parameter für die Fenstererstellung wie folgt:

```
Attr.Style = WS_CHILD | WS_BORDER | WS_VISIBLE;
Attr.X = 0;
Attr.Y = 0;
Attr.W = 0;
Attr.H = 0;
```

Die OWL-Bibliothek verwendet diese Parameter, wenn sie das Windows-Fenster durch den folgenden Aufruf erstellt:

```
CreateWindow ("STATLINE:CHILD", /* Klassenname.   */
        NULL,                    /* Titel.         */
        WS_CHILD |               /* Ausführungsbit */
        WS_BORDER |
        WS_VISIBLE,
        0, 0, 0, 0,              /* Größe/Position. */
        hwndMainWindow,          /* Vorfahre.       */
        NULL,                    /* Klassenmenü     */
        hInstance,               /* Ersteller.      */
        NULL);                   /* Parameter       */
```

Jedes nachfolgende Fenster muß ein Vorfahrenfenster besitzen. Ein nachfolgendes Fenster muß einen Vorfahren besitzen, weil es innerhalb der Bildpunkte eines anderen Fensters leben muß. Der Vorfahre des Statusfensters wurde durch den ersten Parameter seines Konstruktors definiert. Die OWL wandelt den Zeiger auf das Hauptfensterobjekt in das Handle eines Windows-Fensters um, das von der **CreateWindow**-Funktion erwartet wird.

Die Anfangsgröße und die Position unseres Fensters kommt Ihnen wahrscheinlich ungewöhnlich vor. Wir haben für die vier Parameter, die die Fenstergröße definieren, einen Null-Wert eingesetzt: **x**, **y**, **cx** und **cy**. Wir haben ein Fenster ohne Angaben von

Größe und Position ausgewählt, weil wir die Berechnung der Größe und der Position unseres nachfolgenden Fensters erst ausführen wollen, wenn wir die Größe des Vorfahrenfensters kennen. Dadurch stellen wir sicher, daß das nachfolgende Fenster den untersten Teil des Vorfahrenfensters belegt.

In Beantwortung der **WM_SIZE**-Nachricht verschiebt das Vorfahrenfenster das Statusfenster an das untere Ende des Fensters. Dieser Ansatz stellt nicht das optimale Objektdesign dar. Genaugenommen sollte das Statusfensterobjekt auf seine Größenzuordnung selbst achten. Leider gibt es keinen einfache Methode, nach der das nachfolgende Fenster erfahren kann, wann sein Vorfahre die Größe ändert. Dies ist der Grund für das hier gewählte Verfahren. Eine kleine Verbesserung wäre die Versendung einer anwendungsdefinierten Nachricht an das nachfolgende Fenster, sobald das Vorfahrenfenster eine **WM_SIZE**-Nachricht empfängt. Danach wäre das nachfolgende Fenster in der Lage, sich "wie ein Erwachsener zu verhalten" und könnte somit auf sich selbst aufpassen.

In Beantwortung der Größennachricht verändert das Vorfahrenfensterobjekt die Größe des Statusfensters auf folgende Weise:

```
void TStatLineWindow::WMSize (TMessage& Msg)
    {
    int cxWidth;
    int cyHeight;
    int xChild;
    int yChild;

    cxWidth = SIZEMSGW (Msg);
    cyHeight = SIZEMSGH (Msg);

    xChild = 0;
    yChild = cyHeight - cyChildHeight + 1;

    MoveWindow (StatusWindow->HWindow,
            xChild,
            yChild,
            cxWidth,
            cyChildHeight,
            TRUE);
    }
```

Die **MoveWindow**-Routine verändert die Position des nachfolgenden Fensters, um die neue Größe des Vorfahrenfensters wiederzugeben. Die **MoveWindow**-Routine ist wie folgt definiert:

```
MoveWindow (hWnd, X, Y, cxWidth, cyHeigth, bRepaint)
```

- **hwnd** bezeichnet das zu verschiebende Fenster.

- **X** und **Y** sind die neuen Positionsangaben des Fensters.

- **cxWidth** und **cyHeight** sind die neue Breite und Höhe des Fensters.

- **bRepaint** ist ein Boolesches Flag. Ist es auf TRUE gesetzt, verursacht es die komplette Neudarstellung des Fensters an seiner neuen Position. Ist es auf FALSE gesetzt, verhindert es die Neudarstellung.

Wenn sich die Größe des Arbeitsbereiches eines Fensters verändert, wird dem Fenster eine **WM_SIZE**-Nachricht gesendet, um es über die Veränderung in Kenntnis zu setzen.

Während der Anwender ein Programmenü durchläuft, werden Nachrichten an das Fenster gesendet, das dieses Menü beinhaltet (im Falle von STATLINE das übergeordnete Fenster). Wenn die Prozedur des übergeordneten Fensters die **WM_MENUSE-LECT**-Nachricht empfängt, ist dies für sie ein Hinweis für das Durchlaufen des Menüs durch den Anwender. Sie übergibt die Nachricht an die Fensterprozedur des nachfolgenden Fensters. Dies erfolgt durch den Aufruf der **SendMessage**-Routine:

```
void TStatLineWindow::WMMenuSelect (TMessage& Msg)
{
SendMessage (StatusWindow->HWindow, Msg.Message,
 Msg.WParam, Msg.LParam);
}
```

SendMessage liefert eine Nachricht an eine Fensterprozedur, als ob es die Fensterprozedur des nachfolgenden Fensters direkt aufrufen würde. **SendMessage** sollte anstelle eines direkten Aufrufs verwendet werden, da der Mechanismus des dynamischen Bindens bei Windows keinen direkten Aufruf einer Fensterprozedur oder irgendeiner anderen exportierten Prozedur erlaubt.

In Beantwortung der **WM_MENUSELECT**-Nachricht prüft die Prozedur des nachfolgenden Fensters, welche Art von Menüauswahl erfolgt ist:

```
void TStatLineWindow::WMMenuSelect (TMessage& Msg)
    {
    static STATUSDATA sd [COUNT] = {
    { 0xffff, ""},
    { IDM_SYS, "Verschieben, Verändern oder Schließen
                Anwendungsfenster "},
    { IDM_FILE, "Erstellen, Öffnen, Speichern, Drucken oder
                Beenden"},
    { IDM_EDIT, "Rückgängig, Ausschneiden, Kopieren, Einfügen und
                Löschen"},
    { IDM_NEW,    "Neuen Punkt erzeugen"},
    { IDM_OPEN,   "Bestehendes Objekt öffnen"},
    { IDM_SAVE,   "Bestehendes Objekt speichern"},
    { IDM_SAVEAS, "Aktuelles Objekt unter neuem Namen speichern"},
    { IDM_PRINT,  "Aktuelles Objekt drucken"},
```

```
    { IDM_EXIT,    "Verläßt Statline"},
    { IDM_UNDO,    "Letzte Aktion rückgängig machen"},
    { IDM_CUT,     "Ausgewählten Bereich ausschneiden in die
                   Zwischenablage übertragen"},
    { IDM_COPY,    "Ausgewählten Bereich in die Zwischenablage
                   kopieren"},
    { IDM_PASTE,   "Ausgewählten Bereich aus der Zwischenablage
                   einfügen"},
    { IDM_CLEAR,   "Gegenwärtig ausgewähltes Objekt löschen"},
    { IDM_DELETE,  "Gegenwärtig ausgewähltes Objekt löschen"},
    { SC_SIZE,     "Verändert Fenstergröße"},
    { SC_MOVE,     "Verändert Fensterposition"},
    { SC_MINIMIZE,"Verkleinert Fenster in ein Symbol"},
    { SC_MAXIMIZE,"Vergrößert aktives Fenster zum Vollbild"},
    { SC_CLOSE,    "Verläßt Statline"},
    { SC_RESTORE, "Stellt Fenster in normaler Größe wieder her"},
    { SC_TASKLIST,"Wechselt zur Task-Liste"},
     };
    HDC hdc;
    int isd;
    int i;
    RECT rClient;
    WORD wFlag;
    WORD wId;
wFlag = MENUSELECTMSGFLAG (Msg);
wId = MENUSELECTMSGID (Msg);
    isd = 0;
    if (wFlag == 0xffff)
        isd = 0;
    else if (wFlag & MF_POPUP)
        {
        if (hmenuSys == wId)
            isd = 1;
        if (hmenuFile == wId)
            isd = 2;
        if (hmenuEdit == wId)
            isd = 3;
        }
    else
        {
        for (i=0;i<COUNT;i++)
            {
         if (wId == sd[i].wCode)
                {
                isd = i;
                break;
}
            }
```

444

```
       }
GetClientRect (HWindow, &rClient);
hdc = GetDC (HWindow);
ExtTextOut (hdc,
            0,                 /* X.                    */
            0,                 /* Y.                    */
            ETO_OPAQUE,        /* Unsichtbares Rechteck */
            &rClient,          /* Rechteck              */
            sd[isd].achMsg),   /* Zeichenkette          */
            lstrlen (sd[isd].achMsg, /* Länge            */
            NULL);
ReleaseDC (HWindow, hdc);
       }
```

Die **WM_MENUSELECT**-Nachricht gibt Ihnen Auskunft über drei Ereignisarten: das Durchlaufen eines regulären Menübefehls, das Durchlaufen des obersten Teiles eines Popup-Menüs und die Beendigung eines Menüdurchlaufs. Um den Unterschied zwischen diesen drei Ereignissen zu erkennen, müssen Sie das niederwertige Wort des **lParam**-Parameters betrachten. Ist dieses gleich 0xFFFF, so wurde das Durchlaufen beendet. Ist das **MF_POPUP**-Bit gesetzt, so ist der Wert im **wParam**-Parameter ein Fenster-Handle eines Popup-Menüs. Andernfalls ist **wParam** der Befehlsergebniscode des Menübefehls, den der Anwender momentan angewählt hat.

Nachdem STATLINE exakt festgestellt hat, welches Menü momentan durchlaufen wird, ruft es die **ExtTextOut**-Routine auf, um die Beschreibung des Menübefehls anzuzeigen. Eines der positiven Merkmale dieser Routine ist die Verfügbarkeit des **ETO_OPAQUE**-Flag, die **ExtTextOut** dazu veranlaßt, ein deckendes Rechteck zu zeichnen, um alles zu löschen, was vorher im Hintergrund dargestellt wurde.

Die beiden Beispielprogramme dieses Kapitels, OWNSIZE und STATLINE, stellen eine Schablone bereit, die Sie zur Feineinstellung der Behandlung von Fenstern in Ihren eigenen Programmprojekten verwenden können. Dies ist aber nur der Beginn der Beschreibung der Vorzüge von Windows-Fenstern. Im nächsten Kapitel werden wir einen Bestandteil der Benutzerschnittstelle betrachten, der von der Konzeption her oberhalb der Fensterebene angesiedelt ist. Es handelt sich dabei um Dialogfelder.

Kapitel 14

Dialogfelder

Dialogfelder, auch Dialogboxen genannt, sind Fenster, die eine standardisierte Möglichkeit zur Anforderung zusätzlicher Anwender-Informationen darstellen und normalerweise der Vervollständigung eines Befehls dienen. So kann der Anwender z.B. aus einem Popup-Menü *Datei* den Menübefehl *Öffnen...* auswählen. Die drei Punkte *(...)* am Ende des Menütextes weisen darauf hin, daß ein Dialogfeld erscheinen wird. Haben Sie den Menübefehl *Öffnen...* aktiviert, erscheint ein Dialogfeld, in dem Sie auswählen können, *welche* Datei geöffnet werden soll. Sie können jetzt entweder den Namen einer Datei eingeben oder eine Datei aus einer Liste auswählen. Abbildung 14.1 zeigt ein Datei-Öffnen-Standarddialogfeld.

Ein Dialogfeld ist ein Fenster, das wiederum nachfolgende Fenster beinhaltet. Im Zusammenhang mit Dialogfeldern werden diese nachfolgenden Fenster **Dialogfeldkontrollen** oder auch Dialogboxkontrollen (dialog box control) genannt. Windows stellt sechs Fensterklassen zur Unterstützung verschiedener Dialogfeldkontrollen zur Verfügung. Dialogfeldkontrollen können unter Verwendung der Fensterklassen **button**, combobox, **edit**, **listbox**, **scroll bar** und **static** erstellt werden. Falls Ihnen diese vordefinierten Fensterklassen zur Einrichtung spezieller Kontrollelemente nicht ausreichen sollten, können Sie benutzerdefinierte Dialogfeldkontrollen erstellen. Der Vorgang ist ähnlich einfach wie die Erstellung einer neuen Fensterklasse.

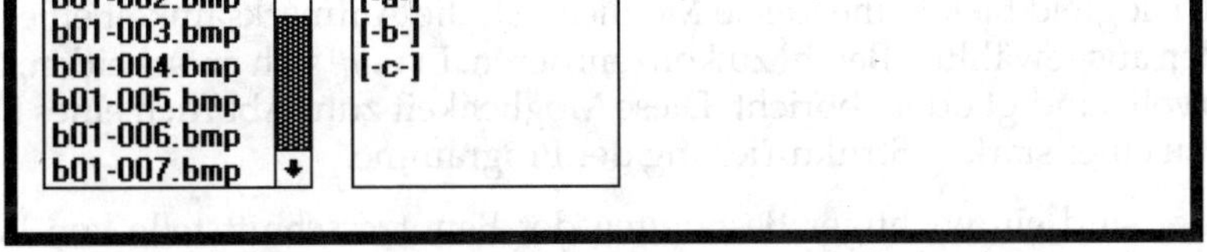

Abbildung 14.1: Ein Datei-Öffnen-Standarddialogfeld

Es gibt zwei Arten von Dialogfeldern: *modale* und *nicht-modale* Dialogfelder. Ein **modales Dialogfeld** verhindert die Interaktion des Anwenders mit anderen Fenstern in einem Programm, d.h. der Anwender muß auf dieses Dialogfeld in jedem Fall reagieren, wenn er in anderen Fenstern weiterarbeiten will. **Systemmodale Dialogfelder** sind ein spezieller Typ eines modalen Dialogfeldes, das die Interaktion des Anwenders mit allen Fenstern des Systems verhindert. Ein **nicht-modales** Dialogfeld dagegen beeinflußt die Interaktion mit anderen Fenstern nicht. Der Anwender kann nach Erscheinen des nicht-modalen Dialogfeldes immer noch jedes beliebige Fenster auswählen, mit dem er arbeiten will.

Der interne Unterschied zwischen den beiden hat mit der Art und Weise zu tun, in der der Nachrichtenfluß gesteuert wird. Ein modales Dialogfeld schneidet den Fluß von Maus- und Tastaturnachrichten zu seinen Vorfahren- und Geschwisterfenstern ab, indem es sein Vorfahrenfenster **deaktiviert**. Falls der Anwender versucht, das deaktivierte Vorfahrenfenster anzusprechen, indem er den Mauszeiger innerhalb des Arbeitsbereiches seines Menüs oder in irgendeinem anderen Teil des Nichtarbeitsbereiches betätigt, so antwortet das System mit einem Warnton. Eine zweite Möglichkeit der Steuerung des Nachrichtenflusses durch modale Dialogfelder besteht darin, daß jedes Dialogfeld seine eigene Schleife zur Nachrichtenbearbeitung besitzt. Anstatt die Standardschleife **PeekMessage** der OWL zu verwenden, richtet sich das Dialogfeld eine eigene ein. Das bedeutet, daß Schnelltasten, die vom Aufruf von **TranslateAccelerator** in der Nachrichtenschleife abhängen, deaktiviert werden, wenn ein modales Dialogfeld vorhanden ist.

Ein nicht-modales Dialogfeld hingegen verändert den Nachrichtenfluß innerhalb eines Programms nicht. Wurde ein nicht-modales Dialogfeld geöffnet, so kann der Anwender dennoch nach Belieben mit allen anderen Fenstern oder Schnelltasten eines Programmes arbeiten. Nicht-modale Dialogfelder verhalten sich wie Fenster, die ein Programm durch den Aufruf von **CreateWindow** erstellen kann. Tatsächlich werden nicht-modale *und* modale Dialogfelder auf diese Weise erstellt. Wie wir bereits besprochen haben, nehmen die Routinen zur Dialogfelderstellung eine Reihe von Aufrufen von **CreateWindow** für Sie vor.

Auf den ersten Blick erscheinen die nicht-modalen Dialogfelder reizvoller als die modalen Dialogfelder, da sie dem Anwender größere Freiheiten hinsichtlich der Interaktion mit dem System bieten. Dennoch sind die meisten Dialogfelder modal. Ein modales Dialogfeld bietet eine ideale Möglichkeit, die Aufmerksamkeit eines Anwenders auf den ausgewählten Befehl zu konzentrieren. Er *muß* sich entscheiden, ob er den Befehl vervollständigt oder abbricht. Diese Möglichkeit zum Abbruch eines Dialogfeldes führt zu einer starken Strukturierung der Programme.

Dialogfelder sind ein wichtiger Bestandteil der Benutzerschnittstelle von Windows. Windows bietet hier eine Anzahl von Standarddialogfeldelementen, deren Beherrschung vom Anwender schnell zu erlernen ist. Der Erfolg Ihrer Dialogfeldprogrammierung hängt im hohen Maße davon ab, wie gut Sie diese Konventionen beherrschen. Wir beginnen mit der Betrachtung einiger Konventionen, die für Dialogfelder und ihre Elemente aufgestellt wurden.

Normen für die Benutzerschnittstelle Dialogfeld

Grundsätzlich gilt für die Interaktion mit Dialogfeldern, daß der Anwender das Dialogfeld jederzeit ohne negative Auswirkungen abbrechen kann. Aus diesem Grunde sollte jedes Dialogfeld eine Schaltfläche mit der Bezeichnung *Abbrechen* enthalten. Der Anwender betätigt diese Schaltfläche mit der Maus, oder er verwendet den gleichbedeutenden [Esc]-Tastendruck, um ein unerwünschtes Dialogfeld zurückzuweisen.

Ein Dialogfeld besitzt noch weitere Schaltflächen, die dem Anwender die Auswahl verschiedener Aktionsarten ermöglichen. Eine mit *OK* gekennzeichnete Schaltfläche erlaubt es dem Anwender, auf standardisierte Weise anzuzeigen, daß alle Daten in das Dialogfeld eingegeben wurden und daß das Programm die angeforderte Aktion ausführen soll, für die das Dialogfeld angezeigt wurde. In der gleichen Weise, wie ein Dialogfeld durch eine Maus- oder Tastaturaktion abgebrochen werden kann, kann der Anwender auch die OK-Schaltfläche mit der Maus betätigen oder die [Tab]-Taste verwenden, um den Cursor zu positionieren und dann die [Eingabe]-Taste drücken, um die OK-Schaltfläche zu betätigen. In der Minimalausführung eines Dialogfeldes erwartet der Anwender zumindest zwei Schaltflächen: eine, um die Veränderungen zu akzeptieren und eine andere, um sie zurückzuweisen.

Es gibt weitere Arten von Schaltflächen, die ein Programmierer erstellen kann. Dazu gehört auch eine Schaltfläche, die einen Text anzeigt, dem ein Auslassungssymbol (...) folgt. Diese Schaltfläche ruft ein weiteres Dialogfeld auf, genauso wie sein Gegenstück in einem Menü dies tut. Eine Variante dieser Art ist eine Schaltfläche mit zwei aufeinanderfolgenden Größer-als-Zeichen (>) hinter dem Schaltflächentext. Wird eine solche Schaltfläche betätigt, so wird das Dialogfeld erweitert und enthüllt weitere bis dato verborgene Dialogfeldelemente. Abbildung 14.2 zeigt vier Arten von Schaltflächen: OK, Abbrechen, Auslassung (...) und Größer-als-Zeichen (>).

Schaltflächen weisen auf die Aktionen hin, die ein Anwender von einem Dialogfeld anfordern kann. Wird ein Dialogfeld geöffnet, so ist eine Schaltfläche vormarkiert. Das bedeutet, daß sie aktiviert wird, sobald der Anwender die [Eingabe]-Taste betätigt. Diese Standard-Schaltfläche hat einen dickeren Rahmen als die anderen Schaltflächen, so daß der Anwender sie auf den ersten Blick erkennt. Betätigt der Anwender die [Tab]-Taste, um zwischen den Dialogfeldelementen zu wechseln, so wird jeweils die Schaltfläche mit dem Cursor zur vorgegebenen Schaltfläche.

Optionsschaltflächen und **Steuerfelder** sind zwei weitere Arten von Schaltflächen. Optionsschaltflächen erscheinen immer in Gruppen. Eine Gruppe von Optionsschaltflächen ist wie eine Frage in einem Auswahltest: Mindestens eine Antwort muß richtig sein. Ein Steuerfeld ist wie ein Ein-/Ausschalter: Ist es angewählt, so ist die Funktion eingeschaltet. Ist es dagegen nicht angewählt, so ist die Funktion ausgeschaltet. Abbildung 14.3 veranschaulicht ein Dialogfeld mit Optionsschaltflächen und Steuerfeldern.

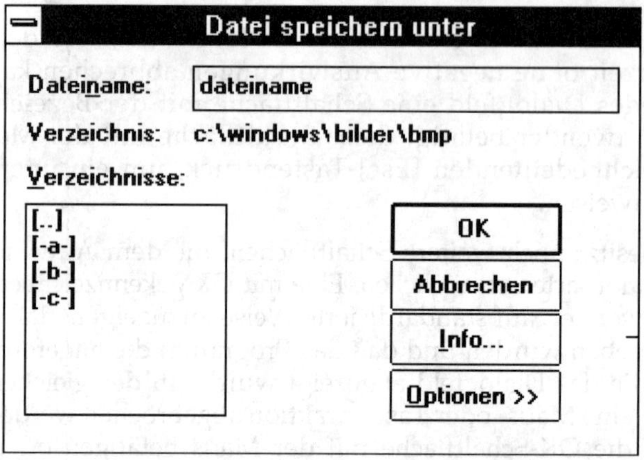

Abbildung 14.2: Vier Schaltflächenarten aus dem Speichern-unter-Dialogfeld des Paintbrush-Programms

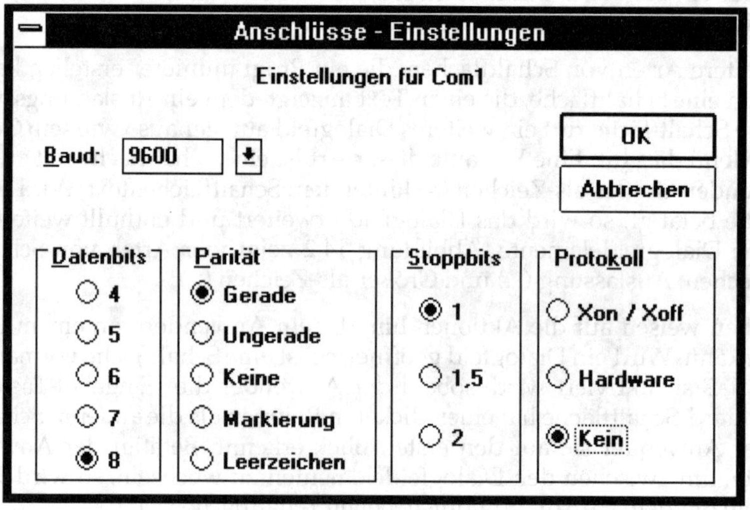

Abbildung 14.3: Optionsschaltflächen und Steuerfelder

Ein **Textfeld** erlaubt dem Anwender die Eingabe und anschließende Bearbeitung von Text. Man bezeichnet Textfelder auch als Editierkontrollen. Es existieren verschiedene Ausführungen von Textfeldern wie z.B. das einzeilige und mehrzeilige Textfeld, die automatische Umwandlung in Groß- oder Kleinbuchstaben und die Zeichenmaskierung zum Verbergen des Textes bei der Eingabe von Paßwörtern. Wie die meisten Standardbestandteile der Benutzerschnittstelle von Windows können die Textfelder mit der Maus oder der Tastatur bedient werden. Beide Geräte können zur Zeichenauswahl, zur Auswahl eines Zeichenbereiches oder zur Verschiebung der Einfügemarke verwendet werden. Ein mehrzeiliges Textfeld kann mit einer Bildlaufleiste ausgestattet werden, falls der Text nicht in den verfügbaren Bereich des Textfeldes paßt. Abbildung 14.4 zeigt ein typisches Textfeld.

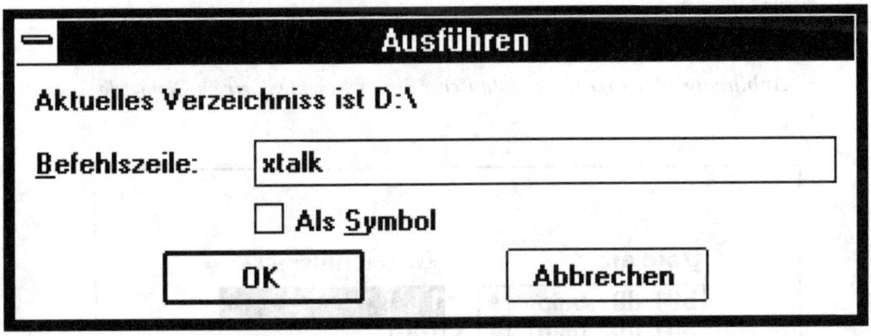

Abbildung 14.4: Ein Textfeld des Datei-Managers

Die **static**-Fensterklasse erstellt Steuerlemente, die zur Anzeige von Symbolen, Beschriftungen und leeren oder gefüllten Rechtecken verwendet werden. Abbildung 14.5 zeigt eine Gruppe von statischen Steuerelementen in einem Dialogfeld.

Ein **Listenfeld** zeigt dem Anwender den Satz der verfügbaren Auswahlmöglichkeiten. Die verbreiteste Art von Listenfeldern beinhaltet Text. Es können allerdings auch graphische Objekte in einem Listenfeld dargestellt werden, wenn die Auswahlmöglichkeiten besser durch ein Bild dargestellt werden als durch Text. Listenfelder können mit Bildlaufleisten ausgestattet sein, die notwendig sind, wenn die Punkte einer Liste nicht alle gleichzeitig angezeigt werden können. Abbildung 14.6 zeigt ein solches Listenfeld.

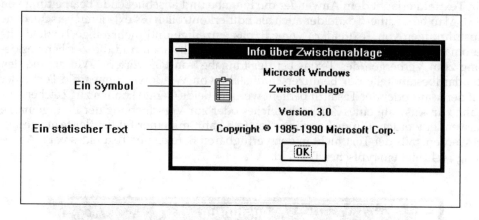

Abbildung 14.5: Eine Gruppe statischer Steuerelemente in einem Dialogfeld

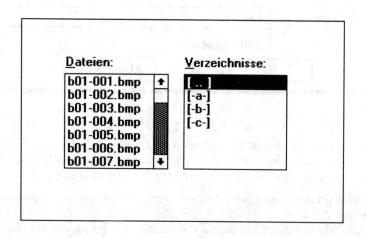

Abbildung 14.6: Zwei Listenfelder: mit und ohne Bildlaufleiste

Ein **Kombofeld** (auch als einzeiliges Listenfeld oder Combobox bekannt) verbindet ein Listenfeld entweder mit einem Textfeld oder einem statischen Textfeld. Ein Kombofeld kann sein Listenfeld verbergen, bis der Anwender ein Pfeilsymbol anklickt, um das Listenfeld aufzurufen. Ein Kombofeld kann wie ein normales Listenfeld eine Bildlaufleiste besitzen und entweder Text oder graphische Objekte darstellen. Aus der Sicht des Anwenders verhält sich ein Kombofeld exakt wie ein Listenfeld, das mit einem statischen oder normalen Textfeld verbunden ist. Aus der Sicht der Programmierung ist ein Kombofeld leichter zu handhaben. Abbildung 14.7 veranschaulicht ein Beispiel eines Kombofeldes.

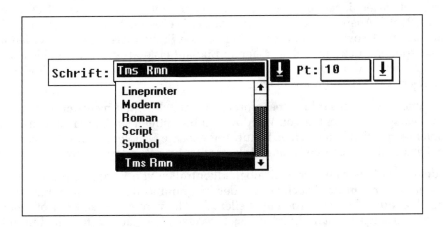

Abbildung 14.7: Zwei Kombofelder: Das eine zeigt, das andere verbirgt ein Listenfeld

Abbildung 14.8: Vertikale und horizontale Bildlaufleisten

453

Eine **Bildlaufleiste** ist die graphische Darstellung dreier voneinander abhängiger Werte: ein Minimum, ein Maximum und ein momentan aktueller Wert, der zwischen den beiden liegt. Sie werden sich vielleicht erinnern, daß eine Bildlaufleiste in einem normalen Fenster installiert ist, das entweder mit dem **WS_HSCROLL** oder **WS_VSCROLL**-Ausführungsbit erstellt wurde. Weiterhin haben wir erwähnt, daß Listenfelder und Textfelder mit einer eingebauten Bildlaufleiste erstellt werden können. Sie können auch eine alleinstehende Bildlaufleiste als ein Dialogfeldsteuerelement anfordern. Abbildung 14.8 veranschaulicht die vertikale und die horizontale Bildlaufleiste des Programm-Managers.

Programme, die spezielle Eingabeanforderungen stellen, die nicht mit den vordefinierten Dialogfeldelementen von Windows zu bewältigen sind, können ihre eigenen Dialogfeldkontrollen bereitstellen. Benutzerangepaßte Dialogfeldkontrollen können in einem Dialogfeld neben den Dialogfeldkontrollen von Windows verwendet werden.

Nachdem wir die vordefinierten Dialogfeldkontrollen von Windows besprochen haben, können wir nun untersuchen, wie der Programmcode zur Unterstützung eines Dialogfeldes aussieht. Sie werden feststellen, daß die vordefinierten Kontrollelemente die meiste Arbeit selbstständig erledigen. Sie versenden Nachrichten, die Ihrem Programm den Status der Benutzereingabe mitteilen. Wir beginnen mit der Betrachtung der Erstellung modaler Dialogfelder, da diese sehr häufig eingesetzt werden. Danach werden wir die nicht-modalen Dialogfelder betrachten.

Modale Dialogfelder

Die Erstellung von modalen oder nicht-modalen Dialogfeldern erfordert eine Kombination von drei Bestandteilen: einer Dialogfeldschablone, dem Programmtext zur Erstellung des Dialogfeldes und dem Programmtext zur Wartung des Dialogfeldes. Jeder dieser Bestandteile hat auf den Prozeß der Dialogfelderstellung unterschiedliche Auswirkungen. Deshalb werden wir alle drei Aspekte einzeln behandeln.

Eine Dialogfeldschablone

Eine Dialogfeldschablone ist ein Datenobjekt, das die Größe eines Dialogfeldes, die Art der Steuerelemente im Dialogfeld sowie die Größe und Position jedes Dialogfeldelementes definiert. Die häufigste Form einer Dialogfeldschablone ist jene, die mit einem grafischen Editor erstellt wird, wie beispielsweise mit dem grafischen Editor des Resource Workshops. Der Dialogfeldeditor erstellt eine Schablone auf die folgende Art:

```
IDD_ABOUT DIALOG LOADONCALL MOVEABLE DISCARDABLE
            20, 24, 180, 84
STYLE WS_DLGFRAME | WS_POPUP
BEGIN
```

```
CONTROL "Beispiel eines Über-Dialogfeldes", IDD_TEXT1, "static",
        SS_CENTER | WS_CHILD, 47, 13, 84, 8
CONTROL "Windows 3.1 Programmiertechniken"
        IDD_TEXT2, "static", SS_CENTER | WS_CHILD,
        0, 30, 180, 8
CONTROL "von Peter Norton und Paul Yao", IDD_TEXT3, "static",
        SS_CENTER | WS_CHILD,
        0, 42, 180, 8
CONTROL "Ok", IDD_OK, "button",
        BS_DEFPUSHBUTTON | WS_TABSTOP | WS_CHILD,
        70, 64, 40, 16
CONTROL "snapshot", IDD_ICON, "static",
        SS_ICON | WS_CHILD, 18, 8, 16, 16
END
```

Die **DIALOG**-Anweisung ist nicht vergleichbar mit dem Ressource-Schlüsselwort **MENU** zur Definition eines Menüs. Die Syntax der **DIALOG**-Anweisung lautet wie folgt:

```
dialogID DIALOG [load option] [memory option] x,y,cx,cy
```

- *dialogID* bezeichnet die Ressource des Dialogfeldes.

- *[load option]* ist entweder **PRELOAD** oder **LOADONCALL**. **PRELOAD** veranlaßt das Laden eines Dialoges in den Hauptspeicher, bevor das Programm startet. **LOADONCALL** veranlaßt das Laden eines Dialoges nur dann, wenn er benötigt wird.

- *[memory option]* ist entweder **FIXED, MOVEABLE** oder **DISCARDABLE**. Es beschreibt das Verhalten des Objektes, nachdem es geladen wurde. In Kapitel 18 werden diese Optionen näher beschrieben.

- *x* und *y* sind die Positionen des Dialogfensters. Sie werden in Dialogfeldkoordinaten angegeben, relativ zum Arbeitsbereich des Dialogfeldes des Vorfahrenfensters.

- *cx* und *cy* sind die Breite und Höhe der Steuerelemente, in Dialogfeldkoordinaten angegeben.

Jede **CONTROL**- Anweisung in der Dialogfelddefinition definiert ein unterschiedliches Dialogfeldelement. Die allgemeine Syntax der **CONTROL**-Anweisung lautet:

```
CONTROL <text>, nID, <class>, styles, <class>, <style>s, x, y, cx, cy
```

- *<text>* ist eine Zeichenkette in Anführungsstrichen, die später als Fenstertext des erstellten Fensters dient.

- *nID* ist ein ganzzahliger Wert, der das Dialogelementfenster eindeutig definiert.

- *<class>* ist der Name der Fensterklasse, aus der das Dialogfeldelement erstellt wird.

- **<styles>** ist ein Satz allgemeiner Fensterklassenausführungen und steuerelement-spezifischer Ausführungen, die über den Oder-Operator miteinander verknüpft sind.

- *x* und *y* sind die Position des Steuerelementes im Dialogfeldfenster, angegeben in Dialogfeldkoordinaten.

- *cx* und *cy* sind die Breite und Höhe des Steuerelementes, angegeben in Dialogfeld-koordinaten.

Sie haben vielleicht bemerkt, daß die Position und Größe des Dialogfeldes sowie die Position und Größe aller Dialogfeldkontrollen in einem mit **Dialogfeldkoordinaten** benannten Koordinatensystem festgelegt sind. Dieses Koordinatensystem macht die Definition eines Dialogfeldes geräteunabhängig, da die Einheiten relativ zur Größe der Systemschriftart definiert sind. In Dialogfeldkoordinaten entsprechen die Einheiten in *x*-Richtung circa 1/4 der durchschnittlichen Breite der Systemschriftart. In *y*-Richtung entsprechen sie 1/8 der Höhe der Systemschriftart. **GetDialogBoxUnits** stellt die notwendigen Basiseinheiten bereit, die zur Umwandlung von Dialogfeldeinheiten in Bildpunkte verwendet werden können. Dies kann unter Verwendung des folgenden Programmtextes erfolgen:

```
int xBase, yBase;
int xDlg, yDlg;
int xPixel, yPixel;
LONG lBase;

lBase = GetDialogBoxUnits ();
xBase = LOWORD (lBase);
yBase = HIWORD (lBase);
xPixel = (xDlg * xBase)/4;
yPixel = (yDlg * yBase)/8;
```

Die **STYLE**-Anweisung in der **DIALOG**-Anweisung listet die Fensterausführungen auf, die bei der Erstellung Bestandteil des Dialogfeldfensters sind. Sie haben sicher schon entdeckt, daß die Dialogfeldschablone lediglich eine komfortable Möglichkeit zur Auflistung der Parameter für die **CreateWindow**-Routine darstellt. Einer der Prozesse, die von den Dialogfeldroutinen ausgeführt werden, dient der Bestimmung der Dialogfeldschablone und erfolgt durch entsprechende Aufrufe von **CreateWindow**.

Falls Sie all diese Details zur Definition der Dialogfeldschablone als verwirrend emp-finden, wird es Sie sicher interessieren, daß es noch einen einfacheren Weg gibt. Neben der relativ mühsamen Erstellung einer Dialogfeldschablone von Hand stellt Borland in seinem Resource Workshop den Dialogfeldeditor zur Verfügung.

Der Dialogfeldeditor des Resource Workshop

In den Anfangszeiten von Windows mußten die Windows-Programmierer die Dialogfeldschablonen noch manuell erstellen. Zum Entwurf eines guten Dialogfeldes mußte man damals zunächst viele Arbeitsstunden mit Bleistift und Millimeterpapier am Zeichenbrett verbringen. Glücklicherweise gehört diese mühselige Vorgensweise schon lange der Vergangenheit an. Heutige Windows-Programmierer profitieren von den Vorzügen eines grafischen Hilfsmittels, das Ihnen das Zeichnen von Dialogfeldern und das Erstellen von Dialogfeldschablonen aus dem gezeichneten Bild erlaubt.

Abbildung 14.9 zeigt den Dialogfeldeditor des Resource Workshops, der das Objekt der Dialogfelddefinition anzeigt, das wir vorhin betrachtet haben. Mit dem Editor können Sie den Dialog so lange bearbeiten, bis er Ihren Vorstellungen entspricht. Er unterstützt sämtliche vordefinierten Arten von Dialogfeldelementen sowie angepaßte Steuerelemente, die in einer dynamischen Linkbibliothek vorliegen. Der Editor besitzt einige komfortable Merkmale.

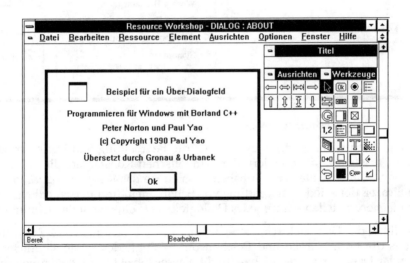

Abbildung 14.9: Der Dialogfeldeditor

Zur Feineinstellung eines bestimmten Dialogfeldelementes wählen Sie das *Element:Eigenschaften...*-Menü oder klicken das Element zweimal mit der Maus an. Hierdurch erscheint ein Dialogfeld, das dem Anwender eine Veränderung aller Elemente des bearbeiteten Dialogfeldes erlaubt: sie können sowohl den Text eines Elementes verändern, als auch seinen ID-Wert oder die Ausführungsbits, die Erscheinungsbild und Verhalten des Elementes steuern. Da jede Klasse ihre eigenen, privaten Ausführungs-

457

bits besitzt, können Sie für jede Klasse eines Dialogfeldelementes unterschiedliche Dialogfelder definieren. Abbildung 14.10 veranschaulicht das Dialogfeld in dem Sie die verschiedenen Ausführungen der statischen Dialogfeldelemente wählen.

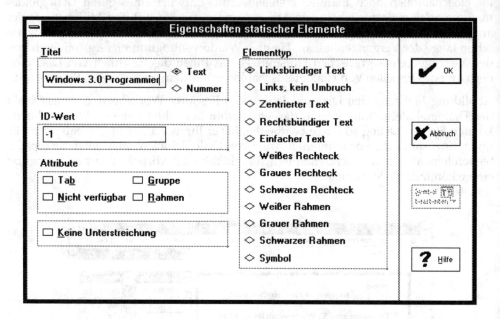

Abbildung 14.10: Anpassung einer statischen Dialogfeldkontrolle

Der Dialogfeldeditor ermöglicht Ihnen auch die Bearbeitung von Definitionsdateien (.H). Zum Ansehen und Verändern der symbolischen Konstanten, die Sie für Kennzahlen von Steuerelementen erstellt haben, wählen Sie das *Ressource:Bezeichner...*-Menü. Um den Prozeß der Wiederverwendung von Schablonen für unterschiedliche Projekte zu vereinfachen, erstellen wir für jedes Dialogfeld stets eine separate Definitionsdatei.

Die Erstellung der Dialogfeldschablone beinhaltet die Erstellung eines Ressourcenobjektes, das die Form, Größe und Position des Dialogfeldes sowie sämtlicher darin enthaltender Dialogfeldelemente beschreibt. Dieses Objekt wird zusammen mit dem Symbol, der Ressource und den Menüdefinitionen, die Bestandteil Ihres Anwendungsprogrammes sind, in der Ressourcendatei Ihres Programmes plaziert. Wurde die Ressourcendatei erstellt, so benötigen Sie als nächsten Bestandteil zur Erstellung eines Dialogfeldes den dazugehörigen Programmtext, der die Dialogfelderstellung auslöst.

Die Erstellung eines modalen Dialogfeldes

Die Erstellung eines modalen Dialogfeldes erfolgt in zwei Stufen. Zuerst erstellen Sie ein OWL-Dialogobjekt. Anschließend erstellen Sie unter Verwendung dieses Dialogobjektes ein Windows-Dialogfeld. Das OWL-Dialogobjekt pflegt die Statusinformationen für den Dialog, das Windows-Dialogfeld handhabt die Interaktion mit dem Anwender.

Die OWL beinhaltet die Dialogfeldklasse **TDialog**. Diese kann als Grundlage für die Dialolgfeldklassen dienen, die Sie in Ihren Anwendungen erstellen. Für einfache Dialogfelder (in der Art unseres zuerst erstellten) brauchen Sie keine neue Klasse zu definieren. Lassen Sie einfach alles von **TDialog** erledigen. Für umfangreichere Dialogfelder können Sie die Klassen von **TDialog** ableiten.

TDialog ist wiederum von **TWindowsObject** abgeleitet. Wie Sie sich vielleicht an unsere Besprechung in Kapitel 5 erinnern, ist **TWindowsObject** eine Basisklasse für **TWindow**. Diese Klasse ist eine Basisklasse für das Hauptfensterobjekt in jeder Anwendung dieses Buches.

TDialog besitzt nur einige wenige Datenkomponenten:

Typ	Name	Beschreibung
	Public:	
`TDialogAttr`	`Attr`	Struktur für Attribute eines Dialogfeldes.
`BOOL`	`IsModal`	Flag, das gesetzt wird, falls das Dialogfeld modal ist.

Selbstverständlich besitzt **TDialog** auch die Komponenten, die es von **TWindowsObject** erbt. Die **TDialogAttr**-Struktur ist in **DIALOG.H**, einer OWL-Definitionsdatei, definiert:

```
struct _CLASSTYPE TDialogAttr {
LPSTR Name;
DWORD Param;
};
```

Der Name bezieht sich auf die Ressource-Kennzahl (ID) für die Dialogfeldschablone. **Param** stellt eine Möglichkeit bereit, Initialisierungsdaten an ein Dialogfeld zu übergeben. Sie können diesem Feld einen von **TDialog** abgeleiteten Wert im Klassenkonstruktor zuweisen.

TDialog beinhaltet 29 Komponentenfunktionen: Siebzehn sind public, elf sind protected und eine ist private. Hier folgt eine Liste der häufig aufgerufenen und überschriebenen Komponentenfunktionen:

Die häufig aufgerufenen Komponentenfunktionen:

Funktionsname	Beschreibung
`TDialog()`	Konstruktor.
`~TDialog()`	Destruktor.
`Execute()`	Erstellt ein modales Dialogfeld für MS Windows aus einer Ressourcenschablone. Normalerweise rufen Sie eher eine Komponentenfunktion des Anwendungsobjektes, **Exec-Dialog()**, auf.
`Create()`	Erstellt ein *nicht-modales* Dialogfeld von MS Windows aus einer Ressourcenschablone. Normalerweise rufen Sie eher eine Komponentenfunktion des Anwendungsobjektes, **MakeWindow()**, auf.
`CloseWindow()`	Schließt ein Dialogfeld.
`GetItemHandle()`	Ermittelt ein MS Windows-Handle für ein Dialogfeldelement.
`SendDlgItemMsg()`	Sendet eine Nachricht an ein Dialogfeldelement von MS Windows.

Die häufig überschriebenen Komponentenfunktionen:

Funktionsname	Beschreibung
`WMInitDialog()`	Beantwortet die **WM_INITDIALOG**-Nachricht. Rufen Sie die überschriebene Funktion auf, da auch sie einige Initialisierungsaufgaben übernimmt.
`Ok()`	Überschreiben, um die **WM_COMMAND**-Benachrichtigungscodes einer OK-Schaltfläche zu behandeln.
`Cancel()`	Überschreiben, um die **WM_COMMAND**-Benachrichtigung einer Abbrechen-Schaltfläche zu behandeln.

Um ein Dialogfeldobjekt zu erstellen, verwenden Sie das Schlüsselwort **new**. Dies ist der sicherste Ansatz, da er sowohl für modale als auch für nicht-modale Dialogfelder funktioniert. Wurde ein Dialogfeldobjekt erstellt, rufen Sie eine der beiden **TApplication**-Komponentenfunktionen auf, um das Windows-Dialogfeld zu erstellen: **ExecDialog** (für ein modales Dialogfeld) oder **MakeWindow** (für ein nicht-modales Dialogfeld).

Die **ExecDialog**-Funktion des Anwendungsobjektes ruft die **Execute**-Komponentenfunktion von **TDialog** auf. Diese Funktion erstellt das Windows-Dialogfeld selbsttätig durch den Aufruf des **DialogBoxParam** API. Folgende Beschreibung gibt nähere Hinweise zu dieser Routine:

Die DialogBoxParam-Routine

Vier Routinen von Windows erstellen ein modales Dialogfeld: **DialogBox**, **DialogBoxIndirect**, **DialogBoxIndirectParam** und **DialogBoxParam**. Das OWL-Dialogfeldobjekt, **TDialog**, ruft die letztgenannte Routine zur Erstellung eines Windows-Dialogfeldes auf. **DialogBoxParam** ist wie folgt definiert:

```
int DialogBox (hInstance, lpszTemplate, hwndParent, lpDialogProc,
               dwParam);
```

- *hInstance* ist das Instanz-Handle des Programms oder der dynamischen Linkbibliothek, die die Dialogfelddefinitionen beinhaltet. Das Anwendungsobjekt stellt hiervon eine Kopie für Sie bereit.

- *lpszTemplate* ist ein far-Zeiger auf eine Zeichenkette für den Namen der Dialogfelddefinition, wie er in der Dialogfeldschablone definiert ist. Alternativ kann dies ein ganzzahliger Wert sein, der in dem **MAKEINTRESOURCE**-Makro umgewandelt wird, wenn ein ganzzahliger Wert anstelle einer Zeichenkette zur Bezeichnung der Dialogfeldschablone verwendet wird. **TDialog** erhält die Kennzahl der Ressource von Ihrem Dialogfeldkonstruktor.

- *hwndParent* ist ein Handle auf das Vorfahrenfenster des Dialogfeldes. Das Vorfahrenfenster eines modalen Dialogfeldes wird deaktiviert, wenn das Dialogfeld angezeigt wird. Sie bezeichnen den Vorfahren eines Dialogfeldes durch den Konstruktor von **TDialog**.

- *lpDialogProc* ist ein far-Zeiger auf einen Programmtextteil, der das Dialogfeld verwaltet, während es angezeigt wird. Dies ist eine Funktion, die als Dialogfeldprozedur bezeichnet wird. Die Adresse, die in diesem Parameter übergeben wird, ist nicht die aktuelle Adresse der Routine, sondern der Instanz-Thunk, der von der *MakeProcInstance*-Routine für die Dialogfeldprozedur erstellt wurde. Dieser Mechanismus wird in Kapitel 19 näher erläutert.

- *dwParam* ist ein DWORD- (vorzeichenloser Long-) Wert für einen Parameter, der zur Erstellungszeit an das Dialogfeld übergeben wird. Dieser Wert wird von der **Attr**-Datenkomponente der **TDialog**-Klasse kopiert.

Der erste und dritte Parameter sind relativ leicht verständlich, da wir Instanz-Handle und Fenster-Handle bereits kennengelernt haben. Lassen Sie uns den zweiten und vierten Parameter näher betrachten.

Der zweite Parameter für **DialogBox** ist als ein **LPSTR**-Wert definiert. Das bedeutet, daß er einen far-Zeiger auf eine Zeichenkette beinhalten kann. Der zweite Parameter bezeichnet die Dialogfeldschablone aus der Definition der Ressourcendatei. Dies kann eine reguläre Zeichenkette für Dialogfeldschablonen sein, die wie folgt definiert sind:

```
DialogBoxParam (hInst, "MYDIALOG", hwndParent, lpproc, 0L);
```

Als Alternative kann ein ganzzahliger Wert zur Definition einer Dialogfeldschablone verwendet werden. Ist dies der Fall, so kann ein Programm das **MAKEINTRESOURCE**-Makro verwenden, um den ganzzahligen Wert in eine Zeichenkettenposition umzuwandeln:

```
DialogBoxParam (hInst, MAKEINTRESOURCE (15), hwndParent, lpproc, 0L);
```

Statt des **MAKEINTRESOURCE**-Makros kann zur Definition einer Dialogfeldschablone durch einen numerischen Bezeichner auch das Nummernzeichen "#" verwendet werden:

```
DialogBoxParam (hInst, "#15", hwndParent, lpproc, 0L);
```

Der vierte Parameter von **DialogBoxParam** bezeichnet eine Funktion, die das Dialogfeld verwaltet, während es geöffnet ist. Diese als **Dialogfeldprozedur** bekannte Prozedur erstellt Nachrichten für ein Dialogfeld in derselben Weise, in der eine Fensterprozedur Nachrichten für ein Windows-Fenster erstellt. Die OWL unterstützt eine Dialogfeldprozedur und versendet Nachrichten an eine Funktion zur **Nachrichtenbeantwortung** eines OWL-Programms. Wie Sie sich vielleicht aus unserer Besprechung in Kapitel 5 erinnern, sind dies Komponentenfunktionen einer von **TWindowsObject** hergeleiteten Klasse. Jede Funktion zur Nachrichtenbeantwortung behandelt eine Nachricht oder eine bestimmte Art einer **WM_COMMAND**-Nachricht.

Ein Nicht-OWL-Dialogfeld erfordert zur Behandlung von Windows-Nachrichten, die an das Dialogfeld gesandt wurden, die Erstellung einer **Dialogfeldprozedur**. OWL-Programme dagegen bearbeiten Dialogfeldnachrichten von Windows mit Hilfe von Nachrichtenbeantwortungsfunktionen. Wie Sie sich vielleicht aus unserer Beschreibung der Fensterobjektklassen in Kapitel 5 erinnern werden, bearbeitet jede dieser Klassenkomponentenfunktionen eine Windows-Nachricht *oder* eine bestimmte Art einer **WM_COMMAND**-Nachricht.

Da diese Komponentenfunktionen eine Schlüsselrolle bei der Verwaltung von Dialogfeldern spielen, wollen wir sie jetzt näher betrachten.

Das Dialogfeld verwalten

Obwohl ein Dialogfeld ein normales Windows-Fenster ist, unterscheiden sich einige Dialogfeld-Nachrichten von denen normaler Fenster. Zwei Nachrichten sind für ein Dialogfeld von Interesse: **WM_INITDIALOG** und **WM_COMMAND**. Zur Bearbeitung dieser Nachrichten erstellen Sie zwei Komponentenfunktionen in einer Dialogfeldklasse: **WMInitDialog** und **WMCommand**. Wie bereits bei den Menübefehlen können Sie auch hier für jeden Typ einer **WM_COMMAND**-Nachricht eine eigene Funktion zur Nachrichtenbeantwortung erstellen. Als Alternative hierzu können Sie entsprechende Funktionen in den Steuerelementobjekten des Nachfolgers erstellen, die diese Nachrichten behandeln.

Die **WM_INITDIALOG**-Nachricht wird an die Dialogfeldprozedur gesendet, nachdem alle Fenster der Dialogfeldelemente erstellt wurden, aber noch *bevor* sie sichtbar gemacht werden. In Beantwortung dieser Nachricht initialisiert eine Dialogfeldprozedur jedes der Dialogfeldelemente mit dem richtigen Anfangszustand. Beispielsweise könnte sie ein Listenfeld mit den Punkten füllen, die dem Anwender angezeigt werden sollen. Oder sie könnte den Status von Optionsschaltflächen oder Schaltflächen eines Steuerfeldes so setzen, daß diese die momentanen Einstellungen wiedergeben. Existiert ein Textfeld in dem Dialogfeld, könnte die Dialogfeldprozedur während der Initialisierung eine Zeichenkette hinzufügen.

Nachdem die Dialogfeldelemente auf Ihre Anfangseinstellungen gesetzt wurden, sind sie in der Lage, selbstständig zu arbeiten. Sie können auf Anwendereingaben reagieren, die momentanen Einstellungen verändern und darauf achten, nicht mit den anderen Dialogfeldelementen in Konflikt zu geraten. Bei ihrem Einsatz senden sie **WM_COMMAND**-Nachrichten an die Dialogfeldprozedur, um sie von jeder Aktion des Anwenders zu benachrichtigen. In gewisser Hinsicht kann man Dialogfeldelemente mit Kindern in einem Ferienlager vergleichen, die ihren Eltern einen Brief über die Tagesaktivitäten schreiben:

> Liebes Mama- und liebes Papafenster,
>
> das Ferienlager ist toll. Heute waren wir wandern und haben Volleyball gespielt. Dann haben wir vom Anwender den Eingabefokus gekriegt. Dann hat der Anwender ein paar Mal auf die Maustaste gedrückt. Das war sehr lustig.
>
> Liebe Grüße, Euer Kindfenster.

Die **WM_COMMAND**-Benachrichtigungsmeldungen erlauben der Dialogfeldprozedur, die Veränderungen in einem Dialogfeldelement zu beantworten. In gewisser Hinsicht ist die von einem Dialogfeldelement versendete **WM_COMMAND**-Nachricht vergleichbar mit der **WM_COMMAND**-Nachricht, die von einem Menübefehl versendet wird, wenn der Anwender eine Menüauswahl vollzogen hat. Der **wParam**-Parameter beinhaltet den Wert des Bezeichners, der dem Steuerelement in ihrer Ressourcendateidefinition zugewiesen wurde. Der **lParam**-Parameter beinhaltet andere Informationen: Das höherwertige Wort beinhaltet einen **Benachrichtigungscode** und das niederwertige Wort das Fenster-Handle des Steuerelementes. Abbildung 14.11 zeigt die Inhalte der Parameter der **WM_COMMAND**-Nachricht grafisch auf.

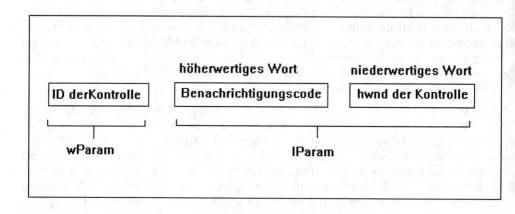

Abbildung 14.11: Die Parameter in einer WM_COMMAND-Benachrichtigungsmeldung

Symbolische Konstanten werden jedem Benachrichtigungscode eines Steuerelementes zugewiesen. Bei einigen Steuerelementen werden nur wenige Benachrichtigungscodes zugewiesen. Dies ist bei Schaltflächen der Fall, die nur zwei Benachrichtigungscodes besitzen: **BN_CLICKED** und **BN_DOUBLECLICKED**. Diese Benachrichtigungscodes teilen mit, daß eine Schaltfläche mit der Maus einfach oder doppelt angeklickt wurde. Benachrichtigungen für Kombofelder (oder einzeilige Listenfelder) beginnen mit **CBN_**, wie in **CBN_DBLCLK, CBN_DROPDOWN, CBN_EDITCHANGE** usw. Benachrichtigungen für Textfelder beginnen mit **EN_** (**EN_CHANGE, EN_HSCROLL** usw.). Benachrichtigungen für Listenfelder beginnen mit **LBN_** (**LBN_DBLCLK, LBN_KILLFOKUS** usw.). Für nähere Hinweise lesen Sie die Dokumentation zur Windows API.

Neben den Nachrichten, die eine Dialogfeldprozedur empfängt, sendet sie nur Nachrichten *von* Ihrem Dialogfeldobjekt *an* die abhängigen Steuerelemente. Das Versenden von Nachrichten stellt den primären Mechanismus dar, durch den Ihr Dialogfeldobjekt mit seinen Steuerelementen kommuniziert. Zum Zeitpunkt der Initialisierung (**WM_INITDIALOG**) setzt ein Dialogfeldobjekt den Anfangszustand der Steuerelemente durch die Versendung von Nachrichten. Empfängt das Dialogfeldobjekt Benachrichtigungsmeldungen, so kann sie weitere Nachrichten zur Feineinstellung der Steuerelemente vornehmen, die auf dem Inhalt der Benachrichtigungen beruhen.

Ein letzter Punkt, der einer Erläuterung bedarf, ist das Beenden eines Dialogfeldes. Für modale und nicht-modale Dialogfelder übernimmt die **CloseWindow**-Komponentenfunktion von **TDialog** diese Arbeit automatisch. Falls Sie jemals einen Programmtext in C entwickelt haben, der ein Dialogfeld unterstützt, werden Sie sich vielleicht daran erinnern, daß modale und nicht-modale Dialogfelder jeweils eine spezielle Behandlung erfordern. Eine der Feinheiten von OWL-Bibliotheken ist, daß sie die Unterschiede zwischen diesen beiden Typen vor Ihnen verbergen, indem sie einer einzigen Funktion erlauben, sämtliche diesbezügliche Arbeit selbsttätig zu erledigen.

Nachdem wir die Grundlagen der Dialogfelderstellung untersucht haben, wollen wir nun ein einfaches Dialogfeld betrachten. Dieses Dialogfeld ist derart einfach, daß wir es ohne die Erstellung unserer eigenen Dialogfeldklasse erzeugen können. Statt dessen greifen wir auf die in der OWL eingebaute Dialogfeldklasse zurück: auf **TDialog**.

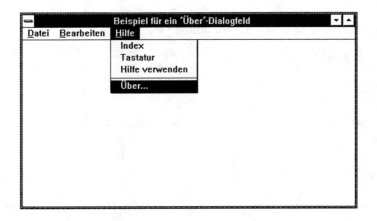

Abbildung 14.12: Ein Hilfe-Standardmenü

Ein einfaches Dialogfeld: ABOUT

Unser erstes und einfachstes Dialogfeld ist ein "Über"-Dialogfeld. Dieses Dialogfeld wird angezeigt, um dem Anwender Informationen *über* das Programm anzuzeigen: über seinen Ersteller, seine Versionsnummer und das Urheberrecht. Ein Über-Dialogfeld wird normalerweise von einem Programm in Beantwortung einer Menüauswahl des Hilfe-Standardmenüs angezeigt, wie dies in Abbildung 14.12 dargestellt wird. Das Über-Dialogfeld, das unser Programm anzeigt, ist in Abbildung 14.13 gezeigt.

465

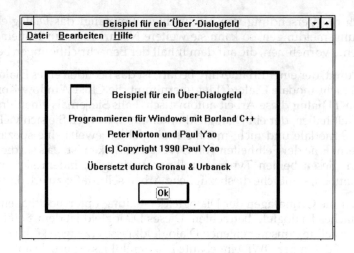

Abbildung14.13: Ein Über-Dialogfeld

Hier ist der Quelltext zu unserem Programm:

MAKEFILE.MAK

```
.AUTODEPEND

#    Compilerdefinitionen
INC=C:\BORLANDC\OWL\INCLUDE;C:\BORLANDC\CLASSLIB\INCLUDE;C:\BOR-
LANDC\INCLUDE
CC = bcc -c -D_CLASSDLL -H -ml -WS -w -I$(INC)

#    Implizite Regeln
.c.obj:
  $(CC) {$< }

.cpp.obj:
  $(CC) {$< }

#    Explizite Regeln
About.exe: About.res About.def About.obj
    tlink /c/C/n/P-/Twe/x @About.LNK
    RC About.res About.exe

#    Einzelne Dateiabhängigkeiten
About.obj: About.cpp

About.res: About.rc About.cur About.ico
    RC -R -FO About.res About.RC
```

ABOUT.LNK

```
c:\borlandc\lib\cOwl.obj+
About.obj
About,About
\borlandc\owl\lib\owl.lib+
crtll.lib+
cwl.lib+
import.lib+
mathl.lib+
cl.lib
About.def
```

ABOUT.CPP

```
/*------------------------------------------------------------------*\
| ABOUT.CPP  - Beispiel eines "Über"-Dialogfeldes                    |
\*------------------------------------------------------------------*/
#include <owl.h>
#include "About.h"
#include "Aboutdlg.h"

#define COMMANDMSG(arg) (arg.WParam)

/*------------------------------------------------------------------*\
|                      Klassendeklarationen.                         |
\*------------------------------------------------------------------*/
class TAboutApplication : public TApplication
  {
  public:
    TAboutApplication (LPSTR lpszName, HANDLE hInstance,
                       HANDLE hPrevInstance, LPSTR lpszCmdLine,
                       int nCmdShow);
    virtual void InitMainWindow ();
  };

class TAboutWindow : public TWindow
  {
  public:
    TAboutWindow (PTWindowsObject pwParent, LPSTR lpszTitle,
                  PTModule pmModule);
    virtual LPSTR GetClassName ();
    virtual void  GetWindowClass (WNDCLASS&);
    virtual void  WMCommand(TMessage& Msg) = [WM_COMMAND];
  };

/*------------------------------------------------------------------*\
|                      Hauptfunktion:  WinMain.                      |
```

```
\*---------------------------------------------------------------*/
int PASCAL WinMain (HANDLE hInstance,   HANDLE hPrevInstance,
                    LPSTR  lpszCmdLine, int    nCmdShow)
    {
    TAboutApplication About ("About", hInstance, hPrevInstance,
                             lpszCmdLine, nCmdShow);
    About.Run ();
    return About.Status;
    }

/*---------------------------------------------------------------*\
|                     Komponente der Application-Klasse.          |
\*---------------------------------------------------------------*/
TAboutApplication::TAboutApplication (LPSTR lpszName,
                  HANDLE hInstance, HANDLE hPrevInstance,
                  LPSTR lpszCmdLine, int nCmdShow)
                :TApplication (lpszName, hInstance,
                    hPrevInstance, lpszCmdLine, nCmdShow)
    {
    /* Die anwendungsspezifische Initialisierung erfolgt hier.  */
    }

/*---------------------------------------------------------------*\
|                     Komponente der Application-Klasse.          |
\*---------------------------------------------------------------*/
void TAboutApplication::InitMainWindow ()
    {
    MainWindow = new TAboutWindow (NULL, "Beispiel für ein Über-
                                   Dialogfeld", NULL);
    }

/*---------------------------------------------------------------*\
|                     TAboutWindow-Komponentenfunktion.           |
\*---------------------------------------------------------------*/
TAboutWindow::TAboutWindow (PTWindowsObject pwParent,
                LPSTR lpszTitle, PTModule pmModule)
            :TWindow (pwParent, lpszTitle, pmModule)
    {
    /*  Die fensterspezifische Initialisierung erfolgt hier.  */
    }

/*---------------------------------------------------------------*\
|                     TAboutWindow-Komponentenfunktion.           |
\*---------------------------------------------------------------*/
LPSTR TAboutWindow::GetClassName ()
    {
    return "About:MAIN";
    }
```

```
/*----------------------------------------------------------*\
|                 TAboutWindow-Komponentenfunktion.          |
\*----------------------------------------------------------*/
void TAboutWindow::GetWindowClass (WNDCLASS& wc)
    {
    TWindow::GetWindowClass (wc);
    wc.hIcon=LoadIcon (wc.hInstance, "snapshot");
    wc.hCursor=LoadCursor (wc.hInstance, "hand");
    wc.lpszMenuName="#1";
    }

/*----------------------------------------------------------*\
|                 TAboutWindow-Komponentenfunktion.          |
\*----------------------------------------------------------*/
void TAboutWindow::WMCommand(TMessage& Msg)
    {
    switch (COMMANDMSG(Msg))
        {
        case IDM_FILE_EXIT:
            SendMessage (HWindow, WM_SYSCOMMAND, SC_CLOSE, 0L);
            break;
        case IDM_HELP_ABOUT:
            TDialog *PAbout;

            PAbout = new TDialog( this, "ABOUT" );
            GetApplication()->ExecDialog(PAbout);
            break;
        default:
    MessageBox (HWindow, "Merkmal nicht implementiert",
                "Über", MB_OK);
}
    }
```

ABOUT.H

```
/*----------------------------------------------------------*\
|  About.h  - Definitionsdatei für About.cpp.                |
\*----------------------------------------------------------*/

#define IDM_FILE_NEW      100
#define IDM_FILE_OPEN     101
#define IDM_FILE_SAVE     102
#define IDM_FILE_SAVEAS   103
#define IDM_FILE_PRINT    104
#define IDM_FILE_EXIT     105

#define IDM_EDIT_UNDO     200
#define IDM_EDIT_CUT      201
#define IDM_EDIT_COPY     202
```

```
#define IDM_EDIT_PASTE      203
#define IDM_EDIT_CLEAR      204
#define IDM_EDIT_DELETE     205

#define IDM_HELP_INDEX      300
#define IDM_HELP_KEYS       301
#define IDM_HELP_USING      302
#define IDM_HELP_ABOUT      303
```

ABOUTDLG.H

```
#define IDD_TEXT1    100
#define IDD_TEXT2    101
#define IDD_TEXT3    102
#define IDD_TEXT4    103
#define IDD_ICON     104

#define IDD_ABOUT    10
```

ABOUT.RC

```
#include <Windows.h>
#include "About.h"
#include "Aboutdlg.h"

snapshot icon About.ico

hand cursor About.cur

#include "About.Dlg"

1 MENU
    {
    POPUP "&Datei"
        {
        MENUITEM "&Neu",                 IDM_FILE_NEW
        MENUITEM "Ö&ffnen...",           IDM_FILE_OPEN
        MENUITEM "&Speichern",           IDM_FILE_SAVE
        MENUITEM "Speichern &unter...",  IDM_FILE_SAVEAS
        MENUITEM SEPARATOR
        MENUITEM "&Drucken",             IDM_FILE_PRINT
        MENUITEM SEPARATOR
        MENUITEM "&Beenden",             IDM_FILE_EXIT
        }
    POPUP "&Bearbeiten"
        {
        MENUITEM "&Rückgängig\tAlt+Rücktaste",    IDM_EDIT_UNDO
        MENUITEM SEPARATOR
        MENUITEM "&Ausschneiden\tUmschalt+Entf",  IDM_EDIT_CUT
        MENUITEM "&Kopieren\tStrg+Einfg",         IDM_EDIT_COPY
```

```
        MENUITEM "&Einfügen\tUmschalt+Einfg",     IDM_EDIT_PASTE
        MENUITEM SEPARATOR
        MENUITEM "&Entfernen",                     IDM_EDIT_CLEAR
        MENUITEM "&Löschen",                       IDM_EDIT_DELETE
        }
    POPUP "&Hilfe"
        {
        MENUITEM "Index",                          IDM_HELP_INDEX
        MENUITEM "Tastatur",                       IDM_HELP_KEYS
        MENUITEM "Hilfe verwenden",                IDM_HELP_USING
        MENUITEM SEPARATOR
        MENUITEM "Über...",                        IDM_HELP_ABOUT
        }
    }
```

ABOUT.DLG

```
ABOUT DIALOG LOADONCALL MOVEABLE DISCARDABLE
            20, 24, 180, 84
STYLE WS_DLGFRAME | WS_POPUP | WS_VISIBLE
BEGIN
    CONTROL "Beispiel für ein Über-Dialogfeld", 100, "static",
            SS_CENTER | WS_CHILD, 47, 13, 84, 8
    CONTROL "Windows 3.1 Programmiertechniken",
            101, "static", SS_CENTER | WS_CHILD, 0, 30, 180, 8
    CONTROL "von Peter Norton und Paul Yao", 102, "static",
            SS_CENTER | WS_CHILD, 0, 42, 180, 8
    CONTROL "(c) Copyright 1990 Paul Yao", 103, "static",
            SS_CENTER | WS_CHILD, 0, 51, 180, 8
    CONTROL "Ok", IDOK, "button",
            BS_DEFPUSHBUTTON | WS_TABSTOP | WS_CHILD,
            70, 64, 40, 16
    CONTROL "snapshot", IDD_ICON, "static", SS_ICON | WS_CHILD,
            18, 8, 16, 16
END
```

ABOUT.DEF

```
NAME ABOUT

EXETYPE WINDOWS

DESCRIPTION 'Ein Über...-Dialogfeld'

CODE MOVEABLE DISCARDABLE
DATA MOVEABLE MULTIPLE

HEAPSIZE  512
STACKSIZE 5120
```

Bei der Betrachtung des Quelltextes von ABOUT ist Ihnen vielleicht aufgefallen, daß sich die Dialogfeldschablone nicht in der Ressourcendatei befindet, sondern in einer separaten Datei. Die Ressourcendatei enthält eine **#include**-Anweisung, die die Dialogfeldschablone ABOUT.DLG in die Ressourcendatei lädt, wenn diese kompiliert wird. ABOUT besitzt weiterhin eine separate Definitionsdatei für seine symbolischen Konstanten: ABOUTDLG.H. Wie wir bereits erwähnten, vereinfacht dies die Verwendung der Schablone in anderen Windows-Programmen.

Das Über-Dialogfeld wird angezeigt, wenn der Anwender den *Über...*-Punkt des Hilfe-Menüs anwählt. Beachten Sie, daß dies die Standardmethode ist, ein Über-Dialogfeld aufzurufen. Wird dieser Punkt ausgewählt, wird eine **WM_COMMAND**-Nachricht mit der **IDM_HELP_ABOUT**-Befehlskennzahl versendet. Als Beantwortung erstellen die folgenden Programmzeilen ein Dialogfeld:

```
TDialog *PAbout;

PAbout = new TDialog (this, "ABOUT");
GetApplication()->ExecDialog (PAbout);
```

Wie wir bereits erwähnten, erfolgt die Erstellung eines modalen Dialogfeldes in zwei Schritten: zunächst wird ein *OWL*-Dialogfeldobjekt erstellt, danach erstellen wir ein *Windows*-Dialogfeldobjekt. Das Standard-Dialogfeldobjekt nimmt Ihnen eine Menge Arbeit ab. Für die meisten Dialogfelder jedoch müssen Sie eine Klasse von **TDialog** ableiten, damit Sie die benötigte Funktionalität erlangen. Im nächsten Abschnitt werden wir ein derartiges Dialogfeld betrachten und die Erstellung von nicht-modalen Dialogfeldern untersuchen.

Nicht-modale Dialogfelder

Die drei Elemente, die zur Erstellung eines nicht-modalen Dialogfeldes benötigt werden, sind die gleichen, die für die Erstellung eines modalen Dialogfeldes benötigt werden: eine Dialogschablone, Programmcode zur Erstellung des Dialoges und Programmcode zur Verwaltung des Dialoges, nachdem er erstellt wurde. Aus der Sicht von Windows sind modale und nicht-modale Dialogfelder zwar sehr ähnlich, aber dennoch in einigen Punkten verschieden. Zur Vereinfachung der Programmiervorgänge verbergen die OWL-Bibliotheken diese Unterschiede vor Ihnen.

Eine Dialogfeldschablone

Die Dialogfeldschablone für ein nicht-modales Dialogfeld ist nahezu identisch mit der Schablone, die Sie für ein modales Dialogfeld verwenden. Um das Verhalten des Dialogfeldes entsprechend abzuändern, müssen aber die Dialogfeld-Bitklassen abgeändert werden. Dies kann mit dem Resource Workshop erfolgen. Wählen Sie hier das Dialogfeld *Fenstereigenschaften* (siehe Abb. 14.14). Sie können auf dieses Dialogfeld durch Auswahl des Dialogfeldrahmens zugreifen. Anschließend wählen Sie den Menü-befehl *Element:Eigenschaften* oder klicken den Dialogfeldrahmen zweimal an.

Bei einem nicht-modalen Dialogfeld sollten Sie sicherstellen, daß das Kontrollfeld als *anfänglich sichtbar* markiert ist. Dadurch wird der Dialogfeldschablone das **WS_VISIBLE**-Bit hinzugefügt. Modale Dialogfelder benötigen das **WS_VISIBLE**-Bit nicht, da sie automatisch sichtbar gemacht werden. Dies hat einen tieferen Sinn: andernfalls näm-lich würde ein modales Dialogfeld seinen Vorfahren deaktivieren und dann im Ver-borgenen bleiben. Ein nicht-modales Dialogfeld würde dagegen ohne dieses Ausführungsbit einfach nicht erscheinen. Sie erhielten keinerlei Nachricht über das, was passiert ist.

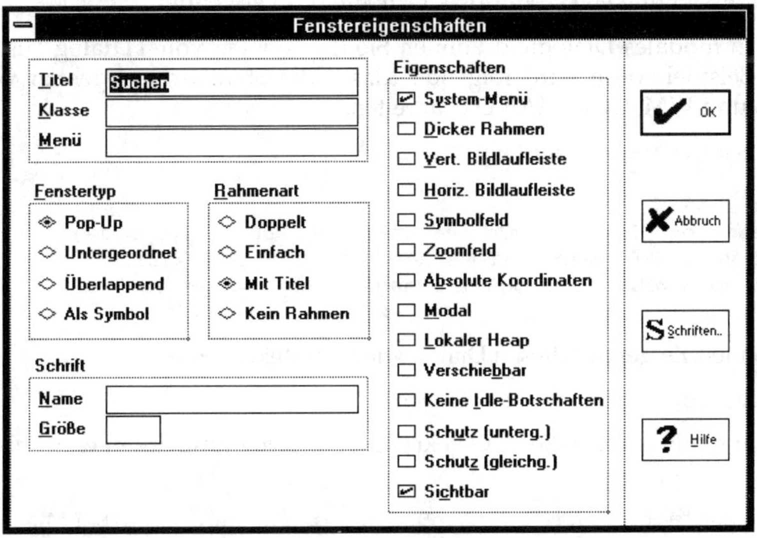

Abbildung 14.14: Das "Fenstereigenschaften"-Dialogfeld des Resource Workshops

Ein weiteres nützliches Ausführungsbit ist **WS_CAPTION**. Es kann mit der Options-schaltfläche *Titel* in der Gruppe *Rahmenart* eingestellt werden. Dadurch erhält der Anwender die Möglichkeit, ein nicht-modales Dialogfeld mit Hilfe der Maus zu ver-schieben. Um die Verschiebung eines nicht-modalen Dialogfeldes über die Tastatur zu ermöglichen, muß **WS_SYSMENU** installiert werden. Hierzu wird das Kontrollfeld *Systemmenü* aktiviert.

Das Dialogfeld *Fenstereigenschaften* in Abbildung 14.14 erlaubt auch eine Änderung der Schriftart, indem es einer Dialogschablone eine **FONT**-Anweisung hinzufügt. Die ausgewählte Schriftart wird dann in allen Steuerelementen des Dialogs verwendet. Um sich den Maßen der ausgewählten Schriftart anzupassen, verändern das Dia-

473

logfeld und jedes seiner Steuerelemente ihre Größe. In unserem Programmbeispiel wurde auf den Einsatz verschiedener Schriften jedoch verzichtet.

Für die Dialogfeldschablone besteht der einzige Unterschied zwischen einem modalen und nicht-modalen Dialogfeld in den Ausführungsbits. Betrachten wir die Unterschiede bei der Erstellung eines modalen und eines nicht-modalen Dialogfeldes etwas genauer.

Ein nicht-modales Dialogfeld erstellen

Die Erstellung eines nicht-modalen Dialogfeldes erfolgt wie die Erstellung eines modalen Dialogfeldes: zuerst wird ein Dialogfeldobjekt erstellt und dann wird dieses Objekt zur Erstellung eines Windows-Dialogfeldes verwendet.

Wie für ein modales Dialogfeld können Sie die Klassen von **TDialog** aus der OWL ableiten. Beispielsweise wird folgende Klasse die Standardnachrichten **WM_INIT-DIALOG** und **WM_COMMAND** bearbeiten:

```
class TSampleDialog:public TDialog
{
public:
TSampleDialog (PTWindowsObject ptParent, LPSTR lpszName);
virtual void WMCommand  (TMessage & Msg) = [WM_COMMAND]
virtual void WMInitDialog (TMessage & Msg) = [WM_INITDIALOG];
};
```

Falls wir einen Zeiger auf diesen Dialog wie folgt deklarieren

```
TSampleDialog * ptModelessDialog;
```

können wir ein Exemplar dieses Objekts unter Verwendung des **new**-Schlüsselwortes erstellen:

```
ptModelessDialog = new TSampleDialog (ptParent, "DLGTEMP");
```

Um ein *nicht-modales* Windows-Dialogfenster zu erstellen, setzen wir die Routine **MakeWindow** ein:

```
GetApplication()->MakeWindow (ptModelessDialog);
```

MakeWindow ruft die **Create**-Komponentenfunktion von **TDialog** auf. Diese Routine ruft die **CreateDialogParam**-Routine von Windows auf. Diese Routine wiederum erstellt ein nicht-modales Dialogfeld aus einer Ressourcendefinition eines Dialogfeldes. Folgende Beschreibung gibt Ihnen nähere Hinweise:

Die CreateDialogParam-Routine

Vier Windows-Routinen erstellen ein nicht-modales Dialogfeld: **CreateDialog**, **Create-DialogIndirect**, **CreateDialogIndirectParam** und **CreateDialogParam**. Die OWL verwendet den letzten Parameter zur Erstellung eines nicht-modalen Dialogfeldes. Diese Routine ist wie folgt definiert:

```
int CreateDialog (hInstance, lpszTemplate, hwndParent, lpDialogProc,
dwParam);
```

- *hInstance* ist das Instanz-Handle des Programms oder der DLL, die die Dialogfelddefinition beinhaltet.

- *lpszTemplate* ist ein far-Zeiger auf eine Zeichenkette für den Namen der Dialogfelddefinition, der in der Dialogfeldschablone definiert ist. Alternativ kann dies ein ganzzahliger Wert sein, der in dem **MAKEINTRESOURCE**-Makro umgewandelt wird, wenn ein ganzzahliger Wert anstelle einer Zeichenkette zur Bezeichnung der Dialogfeldschablone verwendet wird.

- *hwndParent* ist ein Handle auf das Vorfahrenfenster eines modalen Dialogfeldes. Das Vorfahrenfenster eines modalen Dialogfeldes wird deaktiviert, wenn das Dialogfeld angezeigt wird.

- *lpDialogProc* ist ein far-Zeiger auf einen Programmteil, der das Dialogfeld verwaltet, während es angezeigt wird. Dies ist eine Funktion, die als Dialogfeldprozedur bezeichnet wird. Die Adresse, die in diesem Parameter übergeben wird, ist nicht die aktuelle Adresse der Routine, sondern der Instanz-Thunk, der von der **MakeProcInstance**-Routine für die Dialogfeldprozedur erstellt wurde. Weitere Hinweise zu Thunks lesen Sie in Kapitel 19.

- *dwParam* ist ein **DWORD**- (vorzeichenloser Long-) Wert für einen (optionalen) Parameter, der zur Erstellungszeit an das Dialogfeld übergeben wird. Dieser Wert wird von der **Attr**-Datenkomponente der **TDialog**-Klasse kopiert.

Die Parameter von **CreateDialog** sind identisch mit denen von **DialogBox** (wie schon zuvor besprochen). Obwohl Sie sicherlich niemals ein Dialogfeld erstellen, das gleichzeitig modal und nicht-modal ist, würden die Gemeinsamkeiten der Dialogfeld-Typen dies grundsätzlich ermöglichen. Ein Grund für diese Gemeinsamkeiten ist, daß **DialogBox** zum Aufbau des aktuellen Dialogfelds die Routine **CreateDialog** aufruft. Der Unterschied zwischen den beiden Funktionen ist, daß **DialogBox** seinen Vorfahren deaktiviert und seine eigene Nachrichtenschleife besitzt, während **CreateDialog** nur zurückkehrt, wenn ein Dialogfeld aufgebaut wurde.

Wie Sie sehen ist die Erstellung eines nicht-modalen Dialogfeldes der Erstellung eines modalen Dialogfeldes sehr ähnlich. Das nicht-modale Dialogfeld unterscheidet sich dadurch, daß sein Vorfahrenfenster aktiviert wird. Es kann, anders ausgedrückt, Maus- und Tastatureingaben empfangen. Dies hat zur Folge, daß Sie die Erstellung einer *zweiten* (oder mehrfachen) Kopie eines nicht-modalen Dialoges verhindern müssen. Da der Vorfahre aktiviert ist, könnte der Anwender nämlich auf Befehle zugreifen, die ein zweites Dialogfeld anfordern (dies ist kein Problem für *modale* Dialoge, da ihre

Vorfahrenfenster und die dazugehörigen Menüs deaktiviert sind). Wie Sie im Beispielprogramm FIND noch sehen werden, brauchen Sie zur Verhinderung dieses Vorgangs einfach nur ein Flag zu setzen. Bevor wir uns diesem Beispielprogramm widmen, wollen wir uns einige Aspekte der Nachrichtenerstellungen nicht-modaler Dialogfelder ansehen.

Ein nicht-modales Dialogfeld verwalten

Ein nicht-modales Dialogfeld befaßt sich - genau wie ein modales Dialogfeld - hauptsächlich mit zwei Nachrichten: **WM_INITDIALOG** für die Initialisierung und **WM_COMMAND** zur Behandlung von Benachrichtigungscodes der Dialogelemente. Zur Beantwortung dieser Nachrichten erstellen Sie die Funktionen **WMInitDialog** und **WMCommand**, deren Funktionsindex Sie die geeigneten Werte zuweisen.

Spezifisch für nicht-modale Dialogfelder ist die Möglichkeit der Tastatureingabe. Mit Hilfe der [Tab]-, [Eingabe]- und Pfeiltasten kann der Anwender zwischen den verschiedenen Kontollelementen eines Dialogfeldes auswählen. In einem *modalen* Dialogfeld mit seiner privaten Nachrichtenschleife werden derartige Tastatureingaben automatisch behandelt. Ein *nicht-modales* Dialogfeld erfordert dagegen eine spezielle Behandlung: die Nachrichtenschleife muß verändert werden, damit die **IsDialogMessage**-Routine aufgerufen werden kann. Glücklicherweise wird dies vom OWLAnwendungsobjekt automatisch erledigt. In Kapitel 4 haben wir dieses Thema im Zusammenhang mit der Nachrichtenschleife besprochen.

Die Tastaturschnittstelle zu einem *modalen* Dialogfeld besteht aus der Unterstützung verschiedener Tasten: [Tab], [Eingabe], [Esc] und Pfeiltasten. Diese Tasten erlauben dem Anwender den Wechsel zwischen den Steuerelementen und die Zurückweisung des Dialogfeldes. Sie sind für modale Dialogfelder verfügbar, weil ein modales Dialogfeld seine eigene Nachrichtenschleife besitzt. Um diese Tasten in einem *nicht-modalen* Dialogfeld zu verwenden, müssen Sie die Nachrichtenschleife Ihres Programmes verändern und einen Aufruf von IsDialogMessage einzufügen. Diese Routine ist wie folgt definiert:

```
BOOL IsDialogMessage (hDlg, lpMsg)
```

- *hDlg* ist ein Handle zu einem nicht-modalen Dialogfeld.

- *lpMsg* ist ein far-Zeiger auf eine Struktur vom Typ MSG.

IsDialogMessage liefert **TRUE** zurück, wenn die Nachricht für ein Dialogfeld oder ein Dialogfeldelement bestimmt ist. In diesem Falle erledigt **IsDialogMessage** die notwendigen Aufrufe von **TranslateMessage** und **DispatchMessage**. **IsDialogMessage** liefert **FALSE** zurück, wenn die Nachricht nicht für das Dialogfeld oder das (bereits bearbeitete) Steuerelement im Dialogfeld bestimmt ist. In diesem Falle kann die Nachrichtenschleife die Nachricht auf die übliche Weise behandeln.

Es folgt das Beispiel einer Nachrichtenschleife, die hinsichtlich des Aufrufs von **IsDia-logMessage** zur Bearbeitung der Tastaturschnittstelle für ein nicht-modales Dialogfeld abgeändert wurde:

```
while (GetMessage(&msg, 0, 0, 0))
{
if (hwndFindDialog)
if (IsDialogMessage(hwndFindDialog, &msg))
continue;
TranslateMessage (&msg);
DispatchMessage (&msg);
}
```

Beachten Sie, daß **IsDialogMessage** nur aufgerufen wird, wenn der Wert von **hwndFindDialog** ungleich Null ist. In dieser Variablen wird entweder das Fenster-Handle eines nicht-modalen Dialogfeldes gespeichert oder Null, wenn das nicht-modale Dialogfeld geschlossen ist.

Zum Beenden eines nicht-modalen Dialogs rufen Sie die **CloseWindow**-Komponentenfunktion von **TDialog** auf. Diese Routine schließt auch modale Dialoge. Windows erfordert eine weitere Routine, die aufgerufen wird, um jede Art von Dialog zu schließen. Auch hier vereinfacht die OWL die Fensterprogrammierungsschnittstelle.

Das folgende Programm führt zwei neue Konzepte ein. Wir werden ein nicht-modales Dialogfeld erstellen, indem wir eine Dialogfeldklasse von der OWL-Basisklasse **TDialog** ableiten. Ab der Windows-Version 3.1 ist dieses von uns erstellte Dialogfeld bereits in den allgemeinen Dialogfeldern enthalten. Egal, ob Sie eine Version besitzen, die dieses Dialogfeld enthält oder nicht, sind wir der Ansicht, daß das folgende Programm FIND dennoch ein sinnvolles Beispiel ist.

Ein nicht-modales Dialogfeld: FIND

Das nicht-modale Dialogfeld, das wir erstellen werden, ist einem nicht-modalen Dialogfeld nachempfunden, das im mit Windows ausgelieferten Programm WRITE verwendet wird. Es erstellt ein nicht-modales Dialogfeld, wenn der Anwender den Menübefehl *Bearbeiten:Suchen...* anwählt. Für weitere Zeichenkettensuchfunktionen kann dieses Dialogfeld geöffnet bleiben. Der Anwender kann die Arbeit mit dem Textverarbeitungsdokument fortsetzen und das FIND-Dialogfeld ignorieren. Er kann das Dialogfeld auch verschieben oder es vollständig schließen. Abbildung 14.15 veranschaulicht das Dialogfeld, das unser Programm erstellt.

Hier folgt ein Programmtext für unser Programm des nicht-modalen Dialogfeldes:

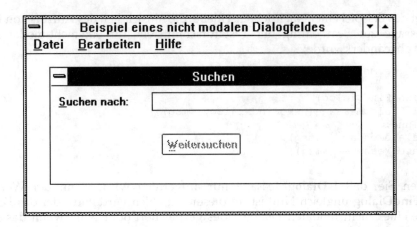

Abbildung 14.15: Ein nicht-modales Dialogfeld

MAKEFILE.MAK

```
.AUTODEPEND

#    Compilerdefinitionen
INC=C:\BORLANDC\OWL\INCLUDE;C:\BORLANDC\CLASSLIB\INCLUDE;C:\BOR-
LANDC\INCLUDE
CC = bcc -c -D_CLASSDLL -H -ml -WS -w -I$(INC)

#    Implizite Regeln
.c.obj:
  $(CC) {$< }

.cpp.obj:
  $(CC) {$< }

#  Explizite Regeln
Find.exe: Find.res Find.def Find.obj
    tlink /c/C/n/P-/Twe/x @Find.LNK
    RC Find.res Find.exe

#    Einzelne Dateiabhängigkeiten
Find.obj: Find.cpp

Find.res: Find.rc Find.cur Find.ico
    RC -R -FO Find.res Find.RC
```

FIND.LNK

```
c:\borlandc\lib\c0wl.obj+
Find.obj
```

478

```
Find,Find
\borlandc\owl\lib\owl.lib+
crtll.lib+
cwl.lib+
import.lib+
mathl.lib+
cl.lib
Find.def
```

FIND.CPP

```
/*----------------------------------------------------------------*\
| FIND.CPP  - Beispiel eines nicht modalen Dialogfeldes.          |
\*----------------------------------------------------------------*/
#include <owl.h>
#include "Find.h"
#include "Finddlg.h"

#define COMMANDMSG(arg) (arg.WParam)

/*----------------------------------------------------------------*\
|                          Konstanten.                            |
\*----------------------------------------------------------------*/
const int FINDBUFSIZE = 80;

/*----------------------------------------------------------------*\
|                    Klassendeklarationen.                        |
\*----------------------------------------------------------------*/
class TFindApplication : public TApplication
  {
  public:
    TFindApplication (LPSTR lpszName, HANDLE hInstance,
                      HANDLE hPrevInstance, LPSTR lpszCmdLine,
                      int nCmdShow);
    virtual void InitMainWindow ();
  };

class TFindDialog : public TDialog
  {
  public:
    LPSTR lpBuffer;
    WORD  cbBuffer;

    TFindDialog(PTWindowsObject ptParent, LPSTR lpszName,
                LPSTR lpFindData, WORD cbBufSize);

    virtual void Find(TMessage& Msg) = [ID_FIRST + IDD_FIND];
    virtual void Edit(TMessage& Msg) = [ID_FIRST + IDD_EDIT];
    virtual void WMCommand(TMessage& Msg) = [WM_COMMAND];
```

479

```
      virtual void WMInitDialog(TMessage& Msg) = [WM_INITDIALOG];
   };

class TFindWindow : public TWindow
   {
   public:
     char achFindText[FINDBUFSIZE];
     TDialog * ptFindDialog;

     TFindWindow (PTWindowsObject pwParent, LPSTR lpszTitle,
                  PTModule pmModule);
     virtual LPSTR GetClassName ();
     virtual void  GetWindowClass (WNDCLASS&);
     virtual void  WMCommand(TMessage& Msg) = [WM_COMMAND];
   };

/*-------------------------------------------------------------------*\
|                    Hauptfunktion:  WinMain.                         |
\*-------------------------------------------------------------------*/
int PASCAL WinMain (HANDLE hInstance,   HANDLE hPrevInstance,
                    LPSTR  lpszCmdLine, int     nCmdShow)
   {
   TFindApplication Find ("Suchen", hInstance, hPrevInstance,
                          lpszCmdLine, nCmdShow);
   Find.Run();
   return Find.Status;
   }

/*-------------------------------------------------------------------*\
|                  Komponente der Application-Klasse.                 |
\*-------------------------------------------------------------------*/
TFindApplication::TFindApplication (LPSTR lpszName,
                  HANDLE hInstance, HANDLE hPrevInstance,
                  LPSTR lpszCmdLine, int nCmdShow)
            :TApplication (lpszName, hInstance,
                  hPrevInstance, lpszCmdLine, nCmdShow)
   {
   /*  Die besondere Initialisierung der Anwendung erfolgt hier.  */
   }

/*-------------------------------------------------------------------*\
|                  Komponente der Application-Klasse.                 |
\*-------------------------------------------------------------------*/
void TFindApplication::InitMainWindow ()
   {
   MainWindow = new TFindWindow (NULL,
                  "Beispiel eines nicht modalen Dialogfeldes",
                                 NULL);
   }
```

```
/*-----------------------------------------------------------------*\
|                  TFindWindow-Komponentenfunktion.                 |
\*-----------------------------------------------------------------*/
TFindWindow::TFindWindow (PTWindowsObject pwParent,
            LPSTR lpszTitle, PTModule pmModule)
         :TWindow (pwParent, lpszTitle, pmModule)
    {
    ptFindDialog = (TFindDialog *)0L;
    }
/*-----------------------------------------------------------------*\
|                  TFindWindow-Komponentenfunktion.                 |
\*-----------------------------------------------------------------*/
LPSTR TFindWindow::GetClassName ()
    {
    return "Find:MAIN";
    }
/*-----------------------------------------------------------------*\
|                  TFindWindow-Komponentenfunktion.                 |
\*-----------------------------------------------------------------*/
void TFindWindow::GetWindowClass (WNDCLASS& wc)
    {
    TWindow::GetWindowClass (wc);
    wc.hIcon=LoadIcon (wc.hInstance, "snapshot");
    wc.hCursor=LoadCursor (wc.hInstance, "hand");
    wc.lpszMenuName="#1";
    }
/*-----------------------------------------------------------------*\
|                  TFindWindow-Komponentenfunktion.                 |
\*-----------------------------------------------------------------*/
void TFindWindow::WMCommand(TMessage& Msg)
    {
    switch (COMMANDMSG(Msg))
        {
        case IDM_FILE_EXIT:
            SendMessage (HWindow, WM_SYSCOMMAND, SC_CLOSE, 0L);
            break;

        case IDM_EDIT_FIND:
            /*
             *   Aktivieren, falls schon vorhanden.
             */
            if (ptFindDialog && IsWindow(ptFindDialog->HWindow))
                {
                SetActiveWindow (ptFindDialog->HWindow);
                }
            else
                {
```

```
                    ptFindDialog = new TFindDialog( this, "FIND",
                                    achFindText,FINDBUFSIZE);
                    GetApplication()->MakeWindow(ptFindDialog);
                    }
              break;
          case IDM_FIND_NOW:
              MessageBox (Msg.Receiver, achFindText,
                         "Suchabfrage erhalten", MB_OK);
              break;

          default:
              MessageBox (HWindow, "Merkmal nicht implementiert",
                         GetApplication()->Name, MB_OK);
          }
      }
/*-----------------------------------------------------------*\
|                TFindDialog-Komponentenfunktion.             |
\*-----------------------------------------------------------*/
TFindDialog::TFindDialog(PTWindowsObject ptParent, LPSTR lpszName,
                  LPSTR lpFindData, WORD cbBufSize)
          :TDialog(ptParent, lpszName)
    {
    lpBuffer = lpFindData;
    cbBuffer = cbBufSize;
    }
/*-----------------------------------------------------------*\
|                TFindDialog-Komponentenfunktion.             |
\*-----------------------------------------------------------*/
void TFindDialog::WMCommand(TMessage& Msg)
    {
    switch (Msg.WParam)
        {
        case IDD_FIND:
            {
            HWND hwndParent;

            // Kopieren der Daten in den Such-Puffer des Vorfahren.
            GetDlgItemText (HWindow, IDD_EDIT, lpBuffer, cbBuffer);

            // Den Vorfahren von der Suchanfrage benachrichtigen.
            hwndParent = GetParent (Msg.Receiver);


            SendMessage (hwndParent, WM_COMMAND, IDM_FIND_NOW, 0L);
            }
            break;

        case IDD_EDIT:
            {
```

```
            HWND hCtl;
            int  cc;
            WORD wNotifyCode;

            wNotifyCode = HIWORD (Msg.LParam);
            hCtl = LOWORD (Msg.LParam);
            if (wNotifyCode == EN_CHANGE)
                {
                cc = (int)SendMessage (hCtl,
                                       WM_GETTEXTLENGTH,
                                       0, 0L);

                hCtl = GetDlgItem (Msg.Receiver, IDD_FIND);
                EnableWindow (hCtl, cc);
                }
            }
        break;
      }
   }
/*------------------------------------------------------------*\
 |                TFindDialog-Komponentenfunktion.            |
\*------------------------------------------------------------*/
void TFindDialog::WMInitDialog(TMessage& Msg)
    {
    HWND hCtl;

    hCtl = GetItemHandle (IDD_FIND);
    EnableWindow (hCtl, FALSE);
    }
/*------------------------------------------------------------*\
 |                TFindDialog-Komponentenfunktion.            |
\*------------------------------------------------------------*/
void TFindDialog::Find(TMessage& Msg)
    {
    }
/*------------------------------------------------------------*\
 |                TFindDialog-Komponentenfunktion.            |
\*------------------------------------------------------------*/
void TFindDialog::Edit(TMessage& Msg)
    {
    HWND hCtl;
    int  cc;
    WORD wNotifyCode;

    wNotifyCode = HIWORD (Msg.LParam);
    hCtl = LOWORD (Msg.WParam);
    if (wNotifyCode == EN_CHANGE)
        {
```

```
            cc = (int)SendMessage (hCtl, WM_GETTEXTLENGTH, 0, 0L);
            hCtl = GetItemHandle (IDD_FIND);
            EnableWindow (hCtl, cc);
            }
      }
```

FIND.H

```
/*-------------------------------------------------------------*\
|  Find.h  - Definitionsdatei für Find.cpp.                     |
\*-------------------------------------------------------------*/
#define IDM_FILE_NEW       100
#define IDM_FILE_OPEN      101
#define IDM_FILE_SAVE      102
#define IDM_FILE_SAVEAS    103
#define IDM_FILE_PRINT     104
#define IDM_FILE_EXIT      105

#define IDM_EDIT_UNDO      200
#define IDM_EDIT_CUT       201
#define IDM_EDIT_COPY      202
#define IDM_EDIT_PASTE     203
#define IDM_EDIT_CLEAR     204
#define IDM_EDIT_DELETE    205
#define IDM_EDIT_FIND      206

#define IDM_HELP_INDEX     300
#define IDM_HELP_KEYS      301
#define IDM_HELP_USING     302
#define IDM_HELP_ABOUT     303

#define IDM_FIND_NOW       400
#define IDM_FIND_DELETE    401
```

FINDDLG.H

```
#define IDD_EDIT     101
#define IDD_FIND     102
```

FIND.RC

```
#include <Windows.h>
#include "Find.h"
#include "Finddlg.h"

snapshot icon Find.ico

hand cursor Find.cur
```

```
#include "Find.Dlg"

1 MENU
    {
    POPUP "&Datei"
        {
        MENUITEM "&Neu",                    IDM_FILE_NEW
        MENUITEM "&Öffnen...",              IDM_FILE_OPEN
        MENUITEM "&Speichern",              IDM_FILE_SAVE
        MENUITEM "Speichern &unter...",     IDM_FILE_SAVEAS
        MENUITEM SEPARATOR
        MENUITEM "&Drucken",                IDM_FILE_PRINT
        MENUITEM SEPARATOR
        MENUITEM "&Beenden",                IDM_FILE_EXIT
        }
    POPUP "&Bearbeiten"
        {
        MENUITEM "&Rückgängig\tAlt+Rücktaste",    IDM_EDIT_UNDO
        MENUITEM SEPARATOR
        MENUITEM "&Ausschneiden\tUmschalt+Entf",  IDM_EDIT_CUT
        MENUITEM "&Kopieren\tStrg+Einfg",         IDM_EDIT_COPY
        MENUITEM "&Einfügen\tUmschalt+Einfg",     IDM_EDIT_PASTE
        MENUITEM SEPARATOR
        MENUITEM "E&ntfernen",                    IDM_EDIT_CLEAR
        MENUITEM "&Löschen",                      IDM_EDIT_DELETE
        MENUITEM SEPARATOR
        MENUITEM "&Suchen...",                    IDM_EDIT_FIND
        }
    POPUP "&Hilfe"
        {
        MENUITEM "Index",                   IDM_HELP_INDEX
        MENUITEM "Tastatur",                IDM_HELP_KEYS
        MENUITEM "Hilfe verwenden",         IDM_HELP_USING
        MENUITEM SEPARATOR
        MENUITEM "Über...",                 IDM_HELP_ABOUT
        }
    }
```

FIND.DLG

```
FIND DIALOG LOADONCALL MOVEABLE DISCARDABLE
            9, 27, 216, 47
CAPTION "Suchen"
STYLE WS_BORDER | WS_CAPTION | WS_DLGFRAME | WS_SYSMENU |
    WS_VISIBLE | WS_POPUP
BEGIN
    CONTROL "&Suchen:", -1, "static",
            SS_LEFT | WS_CHILD, 9, 7, 39, 10
```

```
CONTROL "", IDD_EDIT, "bearbeiten",
        ES_LEFT | WS_BORDER | WS_TABSTOP | WS_CHILD,
        52, 6, 146, 12
CONTROL "&Weitersuchen", IDD_FIND, "button",
        BS_DEFPUSHBUTTON | WS_TABSTOP | WS_CHILD,
        83, 26, 61, 14
END
```

FIND.DEF

```
NAME FIND

EXETYPE WINDOWS

DESCRIPTION 'Nicht-modales Dialogfeld'

CODE MOVEABLE DISCARDABLE
DATA MOVEABLE MULTIPLE

HEAPSIZE   512
STACKSIZE 5120
```

Das nicht-modale FIND-Dialogfeld wird angezeigt, nachdem der Anwender den Men-übefehl *Bearbeiten:Suchen...* angewählt hat, wie es in Abbildung 14.16 veranschaulicht wird. Dadurch wird eine **WM_COMMAND**-Nachricht an das Hauptfensterobjekt gesendet, die einen **IDM_FIND**-Wert im **wParam**-Parameter beinhaltet.

Abbildung 14.16: "Suchen"-Menübefehl löst Erstellung des nicht-modalen Dialogfeldes aus

Der Nachrichtenversender von OWL liefert diese Nachricht zur **WMCommand**-Nachrichtenbeantwortungsfunktion von FIND, wo sie endet und den folgenden Programmcode aktiviert:

```
/*
 * Falls bereits vorhanden, dann aktivieren.
 */
if (ptFindDialog && IsWindow(ptFindDialog->HWindow))
    {
    SetActiveWindow (ptFindDialog->HWindow);
    }
else
    {
    ptFindDialog  = new TFindDialog(this, "FIND", achFindText,
                                    FIND BUFSIZE);
    GetApplication()->MakeWindow(ptFindDialog);
    }
```

Die globale Variable, **ptFindDialog***,* dient als Flag, das uns anzeigt, ob unser nicht-modaler Dialog erstellt wurde. Wurde er erstellt, aktivieren wir das bestehende Fenster. Wurde er nicht erstellt, so wird ein neues, nicht-modales Dialogfeld erzeugt.

Die *Suchen*-Schaltfläche im nicht-modalen Dialogfeld ist anfänglich in Grau dargestellt, um dem Anwender anzuzeigen, daß sie nicht ausgewählt werden kann. Die Schaltfläche wird nicht von unserem Dialogfeld selbst in Grau dargestellt, sondern das Dialogfeld ruft zu ihrer Deaktivierung **EnableWindow** auf. Wurde die Schaltfläche deaktiviert, so stellt sie ihren Text in Grau dar, um dem Anwender mitzuteilen, daß sie momentan nicht verfügbar ist. **EnableWindow** ist wie folgt definiert:

```
BOOL EnableWindow (hwnd, bEnable)
```

• *hwnd* ist ein Handle des Fensters, das aktiviert oder deaktiviert werden soll.

• *bEnable* ist **TRUE** (ungleich Null), um ein Fenster zu aktivieren und **FALSE** (Null), um es zu deaktivieren.

Das Dialogfeldobjekt aktiviert die Schaltfläche nur dann, wenn sich Zeichen im Textfeld befinden.

Die einfachste Möglichkeit zum Aufspüren von Zeichen in einem Textfeld besteht darin, einfach auf die Benachrichtigungsmeldung **EN_CHANGE** des Textfeldes zu warten. Wie wir schon vorher erwähnten, treffen Benachrichtigungen als **WM_COMMAND**-Nachrichten ein, die den Benachrichtigungscode im höherwertigem Wort von **lParam** speichern. Diese Benachrichtigung wird bei jedem Hinzufügen oder Löschen von Zeichen eines Textfeldes versendet.

Um zu ermitteln, ob ein Textfeld Zeichen beinhaltet, senden Sie ihm eine **WM_GET-TEXTLENGTH**-Nachricht. Sie liefert die Anzahl der Zeichen zurück. Wir können diesen Wert als Parameter für **EnableWindow** verwenden, wie es hier gezeigt wird:

```
wNotifyCode = HIWORD (Msg.LParam);
hCtl = LOWORD (Msg.WParam);
if (wNotifyCode == EN_CHANGE)
  {
  cc = (int) SendMessage (hCtl, WM_GETTEXTLENGTH, 0, 0L);
  hCtl = GetItemHandle (IDD_FIND);
  EnableWindow (hCtl, cc);
  }
```

Nur wenn sich Zeichen im Textfeld befinden, wird die Schaltfläche *Suchen* aktiviert und der Anwender kann die Schaltfläche betätigen. Wurde sie betätigt, sendet sie eine Nachricht an das Dialogfeldobjekt: eine **WM_COMMAND**-Nachricht mit der Kennzahl (ID) der Schaltfläche im **wParam**-Parameter und einem **BN_CLICKED**-Benachrichtigungscode im höherwertigen Wort vom **lParam**. Hierdurch wird der folgende Programmtext ausgeführt:

```
HWND hwndParent;
  // Daten in den Suchpuffer des Vorfahren kopieren.
GetDlgItemText (HWindow, IDD_EDIT, lpBuffer, cbBuffer);
  // Vorfahren benachrichtigen, daß Suchabfrage erfolgt ist.
hwndParent = GetParent (Msg.Receiver);
SendMessage (hwndParent, WM_COMMAND, IDM_FIND_NOW, 0L);
```

Somit wird dem Vorfahrenfenster eine Nachricht gesendet, die ihm mitteilt, daß der Anwender erwartet, Text vorzufinden.

Beachten Sie, daß das Vorfahrenfenster eigentlich einen internen Befehl erhält: **IDM_FIND_NOW**. Aus der Sicht der Vorfahrenfenster ist es ihm nicht bekannt, ob die Nachricht von einer Menüauswahl, einer Schnelltaste oder einem Dialogfeld stammt. Dieser Befehlscode wurde auf Grund der folgenden Definition eingeführt und in unseren Programmen verwendet:

```
# define IDM_FIND_NOW 400
```

Dieses nicht-modale Dialogfeld hat uns gezeigt, wie zwei Dialogfeldelemente miteinander in Verbindung gebracht werden können: Die Schaltfläche wird Grau dargestellt, wenn das Textfeld leer ist und sie wird aktiviert, wenn das Textfeld Zeicheninformationen besitzt. Unser nächstes Programmbeispiel, eine Gruppe von Dialogfeldern zur Dateiverwaltung, zeigt Ihnen, wie Sie die Vorzüge von Funktionen nutzen können, die in den OWL-Bibliotheken implementiert sind.

Datei-öffnen- und Speichern-unter-Dialogfelder

Jedes Programm, das Dateien liest und auf Datenträger schreibt, benötigt Dialogfelder, in denen der Anwender Dateien öffnen und speichern kann.

In der OWL sind zwei solche Dialogfelder eingebaut: eines, um eine Datei zum Öffnen auszuwählen und eines, um den Namen und das Verzeichnis einer Datei zum Speichern auszuwählen.

Abbildung 14.17 zeigt die Dialogfelder, die von unserem FILEDLG-Programm erstellt werden.

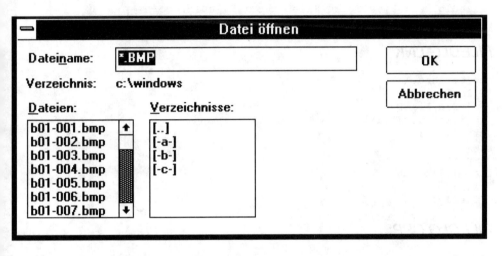

Abbildung 14.17: Durch FILEDLG-Programm erstelltes Dialogfeld

Es folgt der Quelltext:

MAKEFILE.MAK

```
.AUTODEPEND

#    Compilerdefinitionen
INC=C:\BORLANDC\OWL\INCLUDE;C:\BORLANDC\CLASSLIB\INCLUDE;C:\BOR-
LANDC\INCLUDE
CC = bcc -c -D_CLASSDLL -H -ml -WS -w -I$(INC)
```

```
#    Implizite Regeln
.c.obj:
  $(CC) {$< }

.cpp.obj:
  $(CC) {$< }

#    Explizite Regeln
FileDlg.exe: FileDlg.res FileDlg.def FileDlg.obj
    tlink /c/C/n/P-/Twe/x @FileDlg.LNK
    RC FileDlg.res FileDlg.exe

#    Einzelne Dateiabhängigkeiten
FileDlg.obj: FileDlg.cpp

FileDlg.res: FileDlg.rc FileDlg.cur FileDlg.ico
    RC -R -FO FileDlg.res FileDlg.RC
```

FILEDLG.LNK

```
c:\borlandc\lib\c0wl.obj+
FileDlg.obj
FileDlg,FileDlg
\borlandc\owl\lib\owl.lib+
crtll.lib+
cwl.lib+
import.lib+
mathl.lib+
cl.lib
FileDlg.def
```

FILEDLG.CPP

```
/*----------------------------------------------------------------*\
| FILEDLG.CPP 'Datei.Öffnen...' und 'Datei.Speichern unter...'|
|                    Dialogelemente.                            |
\*----------------------------------------------------------------*/
#include <owl.h>
#include <string.h>
#include "FileDlg.h"
#include <filedial.h>


/*----------------------------------------------------------------*\
|                         Konstanten.                            |
\*----------------------------------------------------------------*/
const int MAXFILENAME = 80;

/*----------------------------------------------------------------*\
|                    Klassendeklarationen.                       |
```

```
\*------------------------------------------------------------*/
class TFileDlgApplication : public TApplication
  {
  public:
    TFileDlgApplication (LPSTR lpszName, HANDLE hInstance,
                      HANDLE hPrevInstance, LPSTR lpszCmdLine,
                      int nCmdShow);
    virtual void InitMainWindow ();
  };

class TFileDlgWindow : public TWindow
  {
  public:
    TFileDlgWindow (PTWindowsObject pwParent, LPSTR lpszTitle,
                 PTModule pmModule);
    virtual LPSTR GetClassName ();
    virtual void  GetWindowClass (WNDCLASS&);
    virtual void  CMFileOpen(TMessage& Msg) =
                            [CM_FIRST + IDM_FILE_OPEN];
    virtual void  CMSaveAs(TMessage& Msg) =
                            [CM_FIRST + IDM_FILE_SAVEAS];
  };
/*------------------------------------------------------------*\
|                  Hauptfunktion:  WinMain.                   |
\*------------------------------------------------------------*/
int PASCAL WinMain (HANDLE hInstance,   HANDLE hPrevInstance,
                 LPSTR  lpszCmdLine, int    nCmdShow)
    {
    TFileDlgApplication FileDlg ("FileDlg", hInstance,
                        hPrevInstance, lpszCmdLine,
                        nCmdShow);
    FileDlg.Run();
    return FileDlg.Status;
    }
/*------------------------------------------------------------*\
|             Komponente der Application-Klasse.              |
\*------------------------------------------------------------*/
TFileDlgApplication::TFileDlgApplication (LPSTR lpszName,
                 HANDLE hInstance, HANDLE hPrevInstance,
                 LPSTR lpszCmdLine, int nCmdShow)
                :TApplication (lpszName, hInstance,
                 hPrevInstance, lpszCmdLine, nCmdShow)
    {
    /* Die anwendungsspezifische Initialisierung erfolgt hier. */
    }
/*------------------------------------------------------------*\
|             Komponente der Application-Klasse.              |
```

491

```
\*-----------------------------------------------------------*/
void TFileDlgApplication::InitMainWindow ()
    {
    MainWindow = new TFileDlgWindow (NULL,
                             "Öffnen/Speichern-Dialogfelder",
                             NULL);
    }

/*-----------------------------------------------------------*\
|               TFileDlgWindow-Komponentenfunktion.           |
\*-----------------------------------------------------------*/
TFileDlgWindow::TFileDlgWindow (PTWindowsObject pwParent,
            LPSTR lpszTitle, PTModule pmModule)
        :TWindow (pwParent, lpszTitle, pmModule)
    {
    /* Die fensterspezifische Initialisierung erfolgt hier.  */
    }

/*-----------------------------------------------------------*\
|               TFileDlgWindow-Komponentenfunktion.           |
\*-----------------------------------------------------------*/
LPSTR TFileDlgWindow::GetClassName ()
    {
    return "FileDlg:MAIN";
    }

/*-----------------------------------------------------------*\
|               TFileDlgWindow-Komponentenfunktion.           |
\*-----------------------------------------------------------*/
void TFileDlgWindow::GetWindowClass (WNDCLASS& wc)
    {
    TWindow::GetWindowClass (wc);
    wc.hIcon=LoadIcon (wc.hInstance, "snapshot");
    wc.hCursor=LoadCursor (wc.hInstance, "hand");
    wc.lpszMenuName = "#1";
    }
/*-----------------------------------------------------------*\
|               TFileDlgWindow-Komponentenfunktion.           |
\*-----------------------------------------------------------*/
void TFileDlgWindow::CMFileOpen(TMessage& Msg)
    {
    char        achFile[MAXFILENAME];
    int         iRetVal;
    TFileDialog * ptFileOpen;

    // Errichten der Platzhalter und Dateipfadangaben.
    _fstrcpy (achFile, "*.*");
```

492

```
     // Erzeugen eines Dialogobjektes
     ptFileOpen = new TFileDialog(this, SD_FILEOPEN, achFile,
                                  NULL);

     // Anzeigen des Datei.Öffnen-Dialoges
     iRetVal = GetApplication()->ExecDialog (ptFileOpen);

     // Was hat der Anwender gemacht?
     if (iRetVal == IDOK)
         {
         MessageBox (Msg.Receiver,achFile,"Anwender betätigte OK",
                 MB_OK);
         }
     else
         {
         MessageBox (Msg.Receiver,achFile,"Anwender hatabgebrochen",
                 MB_OK);
         }
     }
/*-------------------------------------------------------------*\
|                 TFileDlgWindow-Komponentenfunktion.           |
\*-------------------------------------------------------------*/
void TFileDlgWindow::CMSaveAs(TMessage& Msg)
     {
     char       achFile[MAXFILENAME];
     int        iRetVal;
     TFileDialog * ptFileSaveAs;

       // Vorgegebenen Dateinamen einrichten
     _fstrcpy (achFile, "WORK.DAT");
       // Erzeugen eines Dialogobjektes
     ptFileSaveAs = new TFileDialog(this, SD_FILESAVE, achFile,
                                  NULL);
       // Anzeigen des Datei.SpeichernUnter-Dialoges
     iRetVal = GetApplication()->ExecDialog (ptFileSaveAs);
       // Was hat der Anwender gemacht?
     if (iRetVal == IDOK)
       {
      MessageBox (Msg.Receiver,achFile,"Anwender betätigte OK",MB_OK);
       }
     else
         {
         MessageBox (Msg.Receiver, achFile, "Anwender hat abgebrochen",
                 MB_OK);
         }
     }
```

493

FILEDLG.H

```
/*------------------------------------------------------------*\
 | FILEDLG.H    Definitionsdatei für FILEDLG.CPP.            |
 \*------------------------------------------------------------*/
#define IDM_FILE_NEW        100
#define IDM_FILE_OPEN       101
#define IDM_FILE_SAVE       102
#define IDM_FILE_SAVEAS     103
#define IDM_FILE_PRINT      104
#define IDM_FILE_EXIT       105


#define IDM_EDIT_UNDO       200
#define IDM_EDIT_CUT        201
#define IDM_EDIT_COPY       202
#define IDM_EDIT_PASTE      203
#define IDM_EDIT_CLEAR      204
#define IDM_EDIT_DELETE     205
```

FILEDLG.RC

```
#include <Windows.h>
#include <Owlrc.h>

#include "FileDlg.h"

snapshot icon FileDlg.ico

hand cursor FileDlg.cur

rcinclude filedial.dlg

1 MENU
    {
    POPUP "&Datei"
        {
        MENUITEM "&Neu",                    IDM_FILE_NEW
        MENUITEM "Ö&ffnen...",              IDM_FILE_OPEN
        MENUITEM "&Speichern",              IDM_FILE_SAVE
        MENUITEM "Speichern &unter...",  IDM_FILE_SAVEAS
        MENUITEM SEPARATOR
        MENUITEM "&Drucken",                IDM_FILE_PRINT
        MENUITEM SEPARATOR
        MENUITEM "&Beenden",                IDM_FILE_EXIT
        }
    POPUP "&Bearbeiten"
        {
        MENUITEM "&Rückgängig\tAlt+Rücktaste",    IDM_EDIT_UNDO
```

```
      MENUITEM SEPARATOR
      MENUITEM "&Ausschneiden\tUmschalt+Entf",   IDM_EDIT_CUT
      MENUITEM "&Kopieren\tStrg+Einfg",          IDM_EDIT_COPY
      MENUITEM "&Einfügen\tUmschalt+Einfg",      IDM_EDIT_PASTE
      MENUITEM SEPARATOR
      MENUITEM "E&ntfernen",                     IDM_EDIT_CLEAR
      MENUITEM "&Löschen",                       IDM_EDIT_DELETE
      }
   }
```

FILEDLG.DEF

```
NAME FILEDLG

EXETYPE WINDOWS

DESCRIPTION 'Datei Öffnen/Speichern-Dialogfelder'

CODE MOVEABLE DISCARDABLE
DATA MOVEABLE MULTIPLE

HEAPSIZE  512
STACKSIZE 5120
```

Die beiden Dialogfelder dieses Programms, *Dateiöffnen* und *Dateispeichern unter*, erfordern dank der OWL-Unterstützung einen minimalen Programmieraufwand. Da diese Dialogfelder in nahezu allen Programmen benötigt werden, verdient dieses Programmierbeispiel eine nähere Beschreibung. Man beginnt mit der Angabe der Definitionsdateien der OWL zum Dateidialog in den C++ Quelldateien:

```
# include <filedial.h>
```

Unter anderem beinhaltet diese Datei die Klassendeklaration für die **TFileDialog**-Klasse. Diese Klasse unterstützt *beide* Arten von Dialogfeldern. Unser Programm verwendet diese Klasse ohne weitere Abänderungen.

Obwohl dies für Dialogfelder nicht direkt relevant ist, definiert die Hauptfensterklasse unseres Beispielprogramms zwei Nachrichtenbeantwortungsfunktionen, um die zwei Möglichkeiten der Menüauswahl zu verarbeiten, die in diesem Programm von Interesse sind:

```
virtual void CMFileOpen (TMessage & Msg) =
                     [CM_FIRST + IDM_FILE_OPEN];

virtual void CMSaveAs (TMessage & Msg) =
                     [CM_FIRST + IDM_FILE_SAVEAS];
```

Vermutlich besitzt ein OWL-Programm eine derartige Beantwortungsfunktion für jeden Menübefehl. Um die Sache zu vereinfachen, kann eine Fensterklasse eine **DefCommandProc**-Komponentenfunktion beinhalten. Diese verarbeitet eine

495

WM_COMMAND-Nachricht, die keine reservierte Nachrichtenbeantwortungsfunktion besitzt.

Die **TFileDialog**-Klasse besitzt zwei Konstruktoren: eine normale Version und eine Leistungsversion. Wir werden nur die normale Version besprechen. Sie ist wie folgt definiert:

```
TFileDialog (PTWindowsObject AParent, int ResourceId, LPSTR AFile-
Path, PTModule, AModule)
```

- *AParent* zeigt auf ein Fensterobjekt, das der Vorfahre des Datei-Dialogfeldes ist. Dieses bezeichnet das Windows-Fenster, das deaktiviert ist, solange der Datei-Dialog geöffnet ist.

- *ResourceId* bezeichnet den Typ des zu erstellenden Dialogfeldes. Er kann entweder **SD_FILESAVE** für den **Dateispeichern unter**...-Dialog, oder **SD_FILEOPEN** für den **Dateiöffnen**...-Dialog sein.

- *AFilePath* ist ein Textpuffer. Er stellt den anfänglichen Dateibezeichner bereit (wie beispielsweise *.* oder *.TXT). Weiterhin liefert er den Rückgabewert des Dialogfeldes.

- *AModule* zeigt auf ein aktuelles Modulobjekt. Ist dieser Wert Null, so wird das Standard-Modul verwendet. Zur Erstellung dieser Dialoge führen Sie die beiden Schritte aus, die Sie auch für Ihre eigenen Dialogklassen ausgeführt haben: Erstellen Sie ein Dialogfeldobjekt und dann ein Windows-Dialogfeld. Dieser Programmtext erstellt den **Dateiöffnen**...-Dialog:

```
// Ein Dialogfeld erstellen:
ptFileOpen = new TFileDialog(this, SD_FILEOPEN, achFile, NULL);
// Datei.Öffnen-Dialog anzeigen:
iRetVal = GetApplication()->ExecDialog (ptFileOpen);
```

Der Rückgabewert **iRetVal** wird von der Dialogfeldprozedur bereitgestellt, um dem Aufrufenden die Ergebnisse mitzuteilen. Dieser Wert ist **TRUE**, falls der Anwender die *OK*-Schaltfläche betätigt und **FALSE**, falls er die *Abbrechen*-Schaltfläche betätigt.

Zu guter Letzt bedarf die Dialogfeldschablone einer Erläuterung. Unsere Anwendung braucht keine Ressourcendefinition bereitzustellen (obwohl sie dies könnte). Statt dessen liefert diese Zeile

```
rcinclude filedial.dlg
```

die von der **TDialog**-Klasse erwarteten Dialogfelddefinitionen. Falls Sie sich dazu entschließen, diese Datei zu verändern, so müssen Sie nur die Ressource aus der OWL-Definitionsdatei in Ihre eigene Ressourcendatei kopieren.

In diesem Kapitel wurden Ihnen verschiedene funktionierende Beispiele für Dialogfelder vorgestellt. Diese Programme sollten eine ausreichende Grundlage für die Erstellung

Ihrer eigenen, anwendungsspezifischen Dialogfelder sein. Darüber hinaus können Ihnen die zahlreichen OWL-Beispielprogramme zu den Dialogfeldern nützliche Hilfestellungen bei der Erstellung und Steuerung eigener Dialogfelder geben.

Eines der positiven Merkmale von Dialogfeldern und Dialogfeldelementen ist, daß sie mit Anwender-Eingaben erstellt werden, die programmtechnisch auf unterster Ebene angesiedelt sind. Manchmal benötigt Ihre Anwendung dennoch den direkten Zugriff auf die Tastatur- oder Mauseingabe. Dies ist ein Thema der folgenden Kapitel dieses Buches.

Teil 5
Nachrichtengesteuerte Eingabe

Kapitel 15

Tastatureingabe

In den vorangegangenen Kapiteln haben wir untersucht, wie in Windows-Programmen die grafische Ausgabe erfolgt. Die hierfür verfügbaren Einrichtungen sind programmtechnisch auf einer hohen Ebene angesiedelt. Komplizierte Darstellungen können mit einem minimalen Aufwand ausgeführt werden. Dies wird insbesondere deutlich, wenn man sich vorstellt, wieviel Programmtext erforderlich wäre, wenn man die gleichen Ergebnisse ohne die Hilfe des GDI erreichen wollte.

In diesem und dem folgenden Kapitel werden wir untersuchen, wie Windows mit *Eingaben* umgeht. Im Gegensatz zu der auf hoher Ebene angesiedelten Ausgabe des GDI ist die Form, in der die Eingabe eintrifft, auf sehr niedriger Ebene angesiedelt. Die Tastatureingabe trifft in Form einzelner Tastaturbetätigungsnachrichten ein. Für jede betätigte Taste werden dabei zwei oder drei Nachrichten erzeugt. Die Mausaktionen werden als Nachrichtenfluß empfangen, wobei die Aktionen dieses Zeigegerätes schrittweise übergeben werden.

In diesem Kapitel wollen wir uns detailliert mit den Möglichkeiten der Tastatureingabe auseinandersetzen. Im nächsten Kapitel werden dann Themen zur Mauseingabe behandelt.

Wie ein Windows-Programm Tastatureingaben erhält

Abbildung 15.1 veranschaulicht sämtliche Bestandteile, die eine Rolle bei der Behandlung der Tastatureingabe spielen. Die schwarzen Linien stellen den Datenfluß dar.

Wir beginnen unsere Untersuchungen der Tastatureingabe mit der Verfolgung des Datenflusses von der Tastatur aus. Der Datenfluß durchläuft in einem typischen Windows-Programm verschiedene Softwareschichten. Jedes Windows-Programm besitzt eine **GetMessage-** (oder **PeekMessage-**) Schleife, die für die Verwaltung sämtlicher Tastaturnachrichten in einem Programm verantwortlich ist. Diese Beschreibung ist allerdings stark vereinfacht. Wenn unbearbeitete Tastaturnachrichten in einem Windows-Programm eingetroffen sind, so muß eine Bibliotheksroutine von Windows aufgerufen werden, um die Nachrichten so zu bearbeiten, daß eine verwertbare Zeicheneingabe entsteht. Wir haben bereits in Kapitel 4 im Zusammenhang mit einem Anwendungsobjekt eines OWL-Programms die Routine **TranslateMessage** eingeführt. Diese Routine ist ein Standardbestandteil einer Nachrichtenschleife in jedem

Windows-Programm. Obwohl Windows eine Vielzahl von Nachrichten zur Beschreibung der Tastaturaktivitäten bereitstellt, werden Sie feststellen, daß Sie in Ihren Programmen normalerweise mit einigen wenigen Nachrichten auskommen werden. Die Tastatureingabe beginnt in der Hardware der Tastatur, somit werden wir ebenfalls mit der Tastatur beginnen.

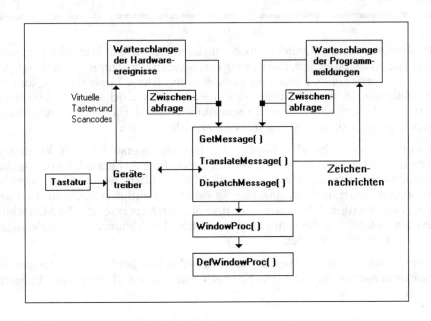

Abbildung 15.1: Der Fluß der Tastaturdaten

Die Tastatur

Windows läuft auf IBM-kompatiblen Personalcomputern, wodurch die Bandbreite der möglichen Tastaturtypen sehr begrenzt ist. Dennoch hat sich seit der Einführung des ersten IBM-PC im Jahre 1981 die Tastatur verändert. Der erste IBM-PC besaß eine 83-Tasten-Tastatur. Mit Erscheinen der Rechner vom Typ PC/AT führte IBM eine neue Tastatur ein, bei der einige Tasten verschoben wurden und die [S-Abf]-Taste hinzugefügt wurde. Diese Tastatur bestand somit aus 84 Tasten. Zu den heute aktuellen Rechnern vom Typ PS/2 wird abermals eine neue Tastatur eingesetzt: die erweiterte Tastatur. Sie besitzt im Original 101 Tasten. Europäische Tastaturen sind zusätzlich mit einer [AltGr]-Taste ausgestattet, sodaß sie insgesamt 102 Tasten besitzen. Dieser PS/2-Tastatur wurden gegenüber der alten PC/AT-Tastatur zwei Funktionstasten neu hinzugefügt. Sie meisten neuen Tasten sind hier allerdings nur Duplikate von Tasten, die bereits zuvor auf der Tastatur vorhanden waren. Mit einigen wenigen

Variationen haben alle Hersteller IBM-kompatibler Rechner dieses PS/2-Tastatur-Layout übernommen.

Trotz aller Abänderungen haben sich die Grundoperationen aller Tastaturen nicht verändert. Immer wenn Sie eine Taste drücken oder loslassen, erstellt die Tastatur-Hardware einen ein oder zwei Byte breiten **Scancode**, der die Taste eindeutig bezeichnet. Jede Taste erzeugt zwei verschiedene Scancodes, abhängig davon, ob die Taste gedrückt oder losgelassen wird. Wenn Sie eine Taste drücken, liegt der Wert für den Scancode zwischen 01H und 58H (für IBM-kompatible Tastaturen). Lassen Sie die Taste wieder los, ist der Wert des Scancodes um 80H höher. Beispielsweise erzeugt die Tastatur einen Scancode mit dem Wert 2CH, wenn Sie die "Z"-Taste drücken. Wird sie wieder losgelassen, erzeugt die Tastatur einen Scancode von ACH (2CH + 80H).

Für die Tastatur sind die beiden Scancodes im Zusammenhang mit einer Taste die einzigen bedeutsamen Informationen. Die Bedeutung des Scancodes wird von der Software ausgewertet, die die Tastatureingabe empfängt. In unserem Fall wird der Tastaturgerätetreiber von Windows angesprochen. Betrachten Sie die beiden Scancodes aus unserem eben genannten Beispiel: 2CH und ACH. Wird dem Tastaturtreiber mitgeteilt, daß eine US-Englische-Tastatur vorhanden ist, so werden diese Scancodes als Buchstabe "Z" interpretiert. Wird dem Tastaturtreiber mitgeteilt, daß eine deutsche Tastatur vorhanden ist, so werden die gleichen Scancodes als Buchstabe "Y" interpretiert. Aus diesem Beispiel wird ersichtlich, wie eine internationale Unterstützung der Tastatur bereitgestellt werden kann. Der Tastaturtreiber benötigt nur die richtigen Scancodes, die in entsprechenden Übersetzungstabellen in virtuelle Tastencodes umgewandelt werden. Die virtuellen Tastencodes werden ihrerseits wieder in ASCII-Codes umgewandelt.

Bei der Betätigung und dem Loslassen der Tasten werden Scancodes über das Tastaturkabel an den Steuerschaltkreis der Systemplatine des Rechners gesendet. Bemerkt der Steuerschaltkreis das Vorhandensein einer Tastatureingabe, erzeugt er den Hardwareinterrupt 09H. Unter DOS verursacht dieser Interrupt einen Aufruf des Tastatur-Handlers des ROM-BIOS. Ist Windows aktiv, so wird dieser Aufruf durch einen anderen Mechanismus ersetzt, der den speziellen Anforderungen von Windows an die Behandlung der Tastatureingabe gerecht wird. Dieser Mechanismus ist ein Bestandteil des Tastaturtreibers von Windows, den wir als nächstes betrachten wollen.

Der Tastaturtreiber für Windows

Beim Start von Windows installiert der Tastaturtreiber einen Interrupt-Handler, der die Scancodes der Tastatur entgegennimmt. Dieser Interrupt-Handler wird jedesmal aufgerufen, wenn eine Taste gedrückt oder losgelassen wird. Er liest die Werte der Scancodes vom Tastaturport und vergleicht sie mit **virtuellen Tastenwerten**, die die **virtuelle Tastatur von Windows** darstellen.

Die virtuelle Tastatur definiert einen standardisierten Tastensatz für alle Tastaturen, die sich derzeit auf dem Markt befinden. Darüber hinaus werden noch einige Tasten definiert, die bis heute auf keiner bestehenden Tastatur vorkommen. Auf diese Weise werden künftige Erweiterungen möglich gemacht. Tabelle 15.1 veranschaulicht sämtliche Tasten der virtuellen Tastatur sowie die symbolischen Namen, die in WINDOWS.H definiert sind.

Tabelle 15.1: *Die virtuellen Tasten von Windows*

(hex)	(dez)	Symbolischer Name	Betätigte Taste (US-Englische 101/102-Tastatur)
1	1	VK_LBUTTON	
2	2	VK_RBUTTON	
3	3	VK_CANCEL	Strg+Pause
4	4	VK_MBUTTON	
8	8	VK_BACK	Rücktaste
9	9	VK_TAB	Tabulator
C	12	VK_CLEAR	5 auf Zehnerblock mit Num Lock aus
D	13	VK_RETURN	Eingabe
10	16	VK_SHIFT	Umschalt
11	17	VK_CONTROL	Strg
12	18	VK_MENU	Alt
13	19	VK_PAUSE	Pause (oder Strg+Num Lock)
14	20	VK_CAPITAL	Caps Lock
1B	27	VK_ESCAPE	Esc
20	32	VK_SPACE	Leertaste
21	33	VK_PRIOR	Bild nach oben
22	34	VK_NEXT	Bild nach unten
23	35	VK_END	Ende
24	36	VK_HOME	Pos1
25	37	VK_LEFT	Pfeiltaste links
26	38	VK_UP	Pfeiltaste oben
27	39	VK_RIGHT	Pfeiltaste rechts
28	40	VK_DOWN	Pfeiltaste unten

(hex)	(dez)	Symbolischer Name	Betätigte Taste (US-Englische 101/102-Tastatur)
29	41	VK_SELECT	unbenutzt
2A	42	VK_PRINT	unbenutzt
2B	43	VK_EXECUTE	unbenutzt
2C	44	VK_SNAPSHOT	Bildschirm drucken
2D	45	VK_INSERT	Einfg
2E	46	VK_DELETE	Entf
2F	47	VK_HELP	unbenutzt
30-39	48-57	VK_0 bis VK_9	0 bis 9 über den Buchstabentasten
41-5A	65-90	VK_A bis VK_Z	A bis Z
60	96	VK_NUMPAD0	0 auf Zehnerblock mit Num Lock an
61	97	VK_NUMPAD1	1 auf Zehnerblock mit Num Lock an
62	98	VK_NUMPAD2	2 auf Zehnerblock mit Num Lock an
63	99	VK_NUMPAD3	3 auf Zehnerblock mit Num Lock an
64	100	VK_NUMPAD4	4 auf Zehnerblock mit Num Lock an
65	101	VK_NUMPAD5	5 auf Zehnerblock mit Num Lock an
66	102	VK_NUMPAD6	6 auf Zehnerblock mit Num Lock an
67	103	VK_NUMPAD7	7 auf Zehnerblock mit Num Lock an
68	104	VK_NUMPAD8	8 auf Zehnerblock mit Num Lock an
69	105	VK_NUMPAD9	9 auf Zehnerblock mit Num Lock an
6A	106	VK_MULTIPLY	* auf dem Zehnerblock
6B	107	VK_ADD	+ auf dem Zehnerblock
6C	108	VK_SEPARATOR	unbenutzt
6D	109	VK_SUBTRACT	- auf dem Zehnerblock
6E	110	VK_DECIMAL	. auf dem Zehnerblock
6F	111	VK_DIVIDE	/ auf dem Zehnerblock
70	112	VK_F1	F1-Funktionstaste
71	113	VK_F2	F2-Funktionstaste
72	114	VK_F3	F3-Funktionstaste
73	115	VK_F4	F4-Funktionstaste

(hex)	(dez)	Symbolischer Name	Betätigte Taste (US-Englische 101/102-Tastatur)
74	116	VK_F5	F5-Funktionstaste
75	117	VK_F6	F6-Funktionstaste
76	118	VK_F7	F7-Funktionstaste
77	119	VK_F8	F8-Funktionstaste
78	120	VK_F9	F9-Funktionstaste
79	121	VK_F10	F10-Funktionstaste
7A	122	VK_F11	F11-Funktionstaste
7B	123	VK_F12	F12-Funktionstaste
7C	124	VK_F13	
7D	125	VK_F14	
7E	126	VK_F15	
7F	127	VK_F16	
90	144	VK_NUMLOCK	Num Lock
91	145		Scroll Lock
Die folgenden Codes beziehen sich nur auf die US-Tastaturen.			
BA	186		Doppelpunkt/Semikolon
BB	187		Plus/Gleich
BC	188		Kleiner als/Komma
BD	189		Unterstrich/Gänsefuß
BE	190		Größer als/Punkt
BF	191		Fragezeichen/Schrägstrich
C0	192		Tilde (~)
DB	219		linke geschweifte Klammer/ linke eckige Klammer
DC	220		Minuszeichen/Gegenschrägstrich
DD	221		rechte geschweifte Klammer/ rechte eckige Klammer
DE	222		einfaches/doppeltes Anführungszeichen

Nachdem die Informationen der Scancodes vom Tastaturtreiber in virtuelle Tastencodes übersetzt wurden, wird Windows aufgerufen. Windows speichert die Scancodes und die virtuellen Tastencodes in einem speziellen Puffer, der **Hardware-Ereignisschlange**. Wir haben die Aufgabe dieses Puffers bereits kurz in Kapitel 4 bei der Erläuterung von Nachrichtenschleifen angesprochen. Im folgenden wollen wir aufzeigen, welchen Einfluß der Puffer auf die Tastatureingabe hat.

Die Hardware-Ereignisschlange

Für die Tastatureingabe ist die Hardware-Ereignisschlange lediglich ein Type-Ahead-Puffer - ein Zwischenspeicher. Er kann bis zu 120 Hardware-Ereignisse fassen. Dies entspricht 60 Zeichen, da pro Tastendruck zwei Ereignisse erzeugt werden: einer, wenn eine Taste betätigt wird, und ein zweiter, wenn sie wieder losgelassen wird. Selbst für die schnellsten Schreiber sollten 60 im Puffer vorgespeicherte Zeichen genügen, damit ein Datenverlust verhindert wird.

Ein Type-Ahead-Puffer ist auf Grund der Art und Weise nötig, in der Windows-Programme die Tastatureingaben übernehmen. Wie Sie sich vielleicht erinnern, handelt es sich bei Windows um ein nicht-preemptives Multitaskingsystem. Das bedeutet, daß ein Programm nicht vom Betriebssystem unterbrochen wird, damit ein anderes Programm aktiviert wird. Statt dessen unterbrechen sich die Programme gegenseitig. Diese "höfliche" Form des Multitasking funktioniert, da sie in den Mechanismus zur Nachrichtenversendung von Windows mit eingebaut ist. Sämtliche Eingaben an ein Programm, auch die Tastatureingaben, werden in Form von Nachrichten überbracht. Da Windows die Programme zur Übergabe der Tastaturinformationen nicht unterbricht, müssen diese Tastaturinformationen irgendwo zwischengelagert werden, wenn das entsprechende Programm gerade nicht aktiv ist. Dieser Ort ist die Hardware-Ereignisschlange. Ohne diese Ereignisschlange würde ein schneller Schreiber die Fähigkeit eines Programms zur Übernahme von Tastatureingaben überlasten.

Die Inhalte der Hardware-Ereignisschlange werden einem Windows-Programm schrittweise in Form von zwei Nachrichten übergeben: **WM_KEYDOWN** und **WM_KEYUP**. Diese Nachrichten entsprechen den beiden Scancodes *Taste gedrückt* und *Taste gelöst*. Abbildung 15.1 veranschaulicht, daß ein Programm diese beiden Nachrichten von der Hardware-Ereignisschlange durch den Aufruf von **GetMessage** erhält.

Die eigentliche Bedeutung von Tastaturnachrichten liegt in den Werten, die in einem ganzzahligen 2-Byte-Wert und einem ganzzahligen 4-Byte-Wert gespeichert sind. Sie werden als **wParam** und **lParam**-Parameter einer Fensterprozedur bezeichnet. Das Format dieser beiden Felder ist für beide Nachrichten gleich.

wParam beinhaltet den virtuellen Tastencode der Taste, die betätigt oder losgelassen wurde. Der Tastaturtreiber erzeugt diesen Wert aus dem Scancode, den er von der Tastatur-Hardware empfangen hat. Dies ist bei weitem das wichtigste Feld, das Windows mit diesen beiden Nachrichten bereitstellt. Der virtuelle Tastencode zeigt, wie der Tastaturtreiber ein Tastaturereignis im Umfeld von Windows betrachtet und dabei den Typ der momentan angeschlossenen Tastatur berücksichtigt.

Der lParam-Parameter ist in sechs Felder unterteilt, wie es in Abbildung 15.2 veranschaulicht wird. Wir wollen jetzt ein Feld nach dem anderen näher betrachten.

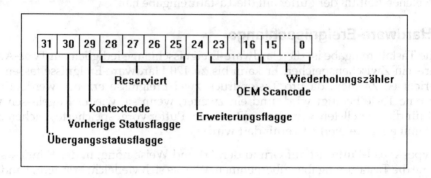

Abbildung 15.2: Sechs Felder von lPARAM für Tastaturbetätigungsnachrichten

- *Repeat Count* (Wiederholungszähler). Dies ist die in der Hardware der Tastatur eingebaute Möglichkeit der automatischen Wiederholung eines einzelnen Zeichens, falls eine Taste gedrückt bleibt. Dieses Merkmal wird von IBM *Typematic* genannt. Damit solche Tastenbetätigungen nicht die Hardware-Ereignisschlange zum Überlaufen bringen, verringert Windows den Wiederholungszähler, falls ein neues Tastaturereignis mit dem an letzter Stelle befindlichen Tastaturereignis in der Hardware-Ereignisschlange identisch ist. Das bedeutet, daß Windows verschiedene **WM_KEYDOWN**-Nachrichten zu einer einzelnen Nachricht zusammenfaßt. Ist der Wiederholungszähler größer als 1, so bedeutet dies, daß die Tastaturereignisse schneller eintreffen, als Ihr Programm sie verarbeiten kann. In solchen Fällen kann ein Programm jede **WM_KEYDOWN**-Nachricht abhängig vom Wiederholungswert wie mehrere Nachrichten interpretieren.

- *OEM Scancode.* Dieses Feld beinhaltet den Wert des Scancodes, der von der Tastatur übergeben wurde. Für die meisten Programme ist der virtuelle Tastencode nützlicher, da er den geräteunabhängigen Code für ein Tastaturereignis darstellt. Da der Scancode ein hardwareabhängiger Wert ist, sollten Sie es in den meisten Fällen vermeiden, dieses Feld zu verwenden. Manchmal ist es jedoch notwendig, die Scancode-Informationen zu verwenden, um beispielsweise den Unterschied zwischen der linken Umschalt-Taste und der rechten Umschalt-Taste zu verdeutlichen. Für bestimmte Tasten verwendet der Tastaturtreiber den Scancode der Hardware, um die **WM_KEYDOWN**-Nachricht in eine **WM_CHAR**-Nachricht umzuwandeln. Dies gilt beispielsweise für Tasten des Zehnerblocks.

- *Extend Flag* (Erweiterungsflag). Dieses Feld ist eigentlich eine Erweiterung des OEM-Scancodes. Es teilt einem Programm mit, daß die betätigte Taste eine von den doppelt vorhandenen Tasten der erweiterten Tastatur von IBM ist. Wie der Scancode ist auch der Wert dieses Feldes geräteabhängig. Deshalb sollten Sie bei der Verwendung dieses Feldes besondere Vorsicht walten lassen.

- *Context Code* (Kontextcode). Dieses Flag ist 1, falls die [Alt]-Taste gedrückt ist. Andernfalls hat es einen Wert von 0.

- *Previous State Flag* (vorheriges Statusflag). Dieses Flag unterstützt die Erkennung von Nachrichten, die durch Typematic-Aktionen erzeugt wurden. Es besitzt einen Wert von 1, falls der vorherige Zustand der Taste *gedrückt* war und einen Wert von 0, falls der vorherige Zustand der Taste *nicht gedrückt* war.

- *Transition State Flag* (Übergangsstatusflag). Dieses Flag ist 1, falls die Taste losgelassen wurde und 0, falls die Taste gedrückt ist. Es ist für die **WM_KEYUP**-Nachricht immer 1 und 0 für die **WM_KEYDOWN**-Nachricht.

Aus diesen Nachrichten erhält ein Programm die unbearbeiteten Scancodes sowie die halbfertigen virtuellen Tastencodes. Wie Sie gleich sehen werden, treffen die nützlichen Tastaturcodes als vollständig bearbeitete Zeichennachrichten ein. Es gibt aber einige Tastaturereignisse, die nicht als Zeichennachrichten verfügbar sind, da sie keine Zeichen, sondern Tastaturbefehle darstellen.

Tabelle 15.2 zeigt eine Liste dieser Tastaturereignisse, die nur mit den **WM_KEY-DOWN**- und **WM_KEYUP**-Nachrichten ermittelt werden können. Danach besprechen wir die **WM_CHAR**-Nachricht, die ASCII-Zeicheninformationen bereitstellt. Die Tasten in dieser Tabelle erzeugen keine ASCII-Zeichen. Somit erzeugen sie auch keine **WM_CHAR**-Nachrichten. Falls Sie deshalb an der Ermittlung von Tastaturereignissen interessiert sind, die durch diese Tasten erzeugt wurden, sollten Sie auf die **WM_KEY-DOWN**-Nachrichten achten.

Tabelle 15.2 *Tastaturereignisse, die nur über* **WM_KEYDOWN** *und* **WM_KEYUP** *verfügbar sind*

Tastenereignis	*Beschreibung*
F1-F9, F11-F16	Funktionstasten. Die F10-Funktionstaste ist für die Verwendung von Windows als Hot-Key für die Menüauswahl reserviert.

Tastenereignis	*Beschreibung*
Umschalt, Strg, Alt	Umschalttasten. Die Alt-Taste ist eine reservierte Systemtaste und erzeugt keine **WM_KEYDOWN**- oder **WM_KEYUP**-Nachricht, solange nicht die Strg-Taste gedrückt ist. Normalerweise erzeugt sie nur **WM_SYSKEYDOWN**- und **WM_SYSKEYUP**-Nachrichten.
Caps Lock, NumLock, Rollen	Umschalttasten
Druck	Reservierte Taste für das Kopieren des Bildschirmes in die Zwischenabfrage(Taste Druck alleine) oder für das Kopieren des aktiven Fensters in die Zwischenabfrage (Alt+Druck). Windows schluckt die **WM_KEYDOWN**-Nachricht und hinterläßt die **WM_KEYUP**-Nachricht.
Pause	Pausetaste
Einfügen, Entfernen, Pos1, Ende, Bild nach oben, Bild nach unten	Tasten zur Textbearbeitung. Obwohl es zwei von jeder dieser Tasten auf der 101/102-Tastatur gibt, besitzt jedes Paar nur einen virtuellen Tastencode. Sie können mit dem Erweiterungsflag unterschieden werden.
Hoch, Links, Unten, Rechts	Richtungstasten. Obwohl es acht Tasten in dieser Gruppe gibt, haben die doppelt vorhandenen Tasten, wie auch die Textbearbeitungstasten, keinen eigenen virtuellen Tastencode. Sie können mit dem Erweiterungsflag unterschieden werden.

Zur Ermittlung einer dieser Tasten in einem Windows-Programm vergleichen Sie den Wert von **wParam** mit den virtuellen Tastenwerten, die in Tabelle 15.1 gezeigt werden. Hier folgt als Beispiel ein Programmtext, der prüft, ob die F1-Funktionstaste gedrückt wurde:

```
void TKeyInputWindow::WMKeyDown (TMessage& Msg)
    {
    if (Msg.WParam == VK_F1)
        {
        /* F1-Taste niedergehalten. */
        ...
        }
    }
```

Zur Programmierung von Funktionstasten ist es oftmals einfacher, Schnelltasten zu definieren.

Obwohl es sehr arbeitsaufwendig wäre, besteht die Möglichkeit, sämtliche Tastatureingaben, die Sie benötigen, durch die Verwendung der **WM_KEYDOWN**- und

WM_KEYUP-Nachrichten zu empfangen. Beachten Sie, daß Sie zur Unterscheidung zwischen Groß- und Kleinschreibung den Zustand der Umschalt-Taste in Zusammenhang mit der Ermittlung der Tastenbetätigungsnachricht kennen müssen. Es besteht allerdings kein Grund für diesen Aufwand, da Windows ein eingebautes Hilfsmittel besitzt, das diese Arbeit für Sie erledigt. Die Routine, die diese Dienste bereitstellt, ist ein Standardbestandteil jeder Nachrichtenschleife: **TranslateMessage**.

Die GetMessage-Schleife

Die minimale Standardnachrichtenschleife sieht folgendermaßen aus:

```
while (GetMessage (&msg, 0, 0, 0))
    {
    TranslateMessage (&msg);
    DispatchMessage (&msg);
    }
```

GetMessage liest Nachrichten von zwei Stellen: der Hardware-Ereignisschlange und der privaten Nachrichtenschlange eines Programms. Für jede Nachricht wird die **TranslateMessage**-Routine aufgerufen, die mit Ausnahme von **WM_KEYDOWN** und **WM_SYSKEYDOWN** sämtliche Nachrichten ignoriert.

WM_SYSKEYDOWN ist eine von drei **Systemtastennachrichten**. Die anderen beiden sind **WM_SYSKEYUP** und **WM_SYSCHAR**. Das Verhalten dieser Nachrichten ist parallel zum Verhalten der drei normalen Tastaturnachrichten. Die Systemtastaturnachrichten werden aber primär als Teil der Tastaturschnittstelle zu Menüs verwendet. Wir werden eine weitere Anwendungsmöglichkeit dieser Nachrichten betrachten, wenn wir in Kürze die Fensterprozeduren besprechen.

Die Rolle der **TranslateMessage**-Funktion ist einfach. Sie übernimmt die Daten der virtuellen Tasten von der **WM_KEYDOWN**- (oder **WM_SYSKEYDOWN**-) Nachricht und ruft dann den Tastaturtreiber auf, um die virtuellen Tastencodes in ASCII-Code zu übersetzen. Für Tasten, die kein ASCII-Äquivalent besitzen, erfolgt keine Umwandlung. Für die restlichen Tasten wird eine **WM_CHAR**- (oder **WM_SYSCHAR**-) Nachricht erzeugt und in der privaten Nachrichtenschlange plaziert.

Die Reihenfolge der Nachrichten, die beispielsweise in Beantwortung der Betätigung der "w"-Taste erstellt werden, sieht wie folgt aus:

Taste	*wParam-Inhalt*
WM_KEYDOWN	Virtuelle Taste W
WM_CHAR	ASCII-Code w
WM_KEYUP	Virtuelle Taste W

Wird ein Großbuchstabe gedrückt, werden noch weitere Nachrichten erzeugt. Hier folgt der Nachrichtenverkehr, der entsteht, wenn der Anwender die "W"-Taste betätigt:

Taste	wParam-Inhalt
WM_KEYDOWN	Virtuelle Taste VK_SHIFT
WM_KEYDOWN	Virtuelle Taste W
WM_CHAR	ASCII-Code W
WM_KEYUP	Virtuelle Taste W
WM_KEYUP	Virtuelle Taste VK_SHIFT

Auf einigen nicht-englischen Tastaturen (z.B. der deutschen Tastatur) werden spezielle Tastenkombinationen verwendet, um diakritische Zeichen über Vokalen zu erstellen. Um beispielsweise die Worte *München* und *Schloß* auf einer deutschen Tastatur zu schreiben, benötigen Sie zwei spezielle Tastenkombinationen, da es die Tasten "ß" und "ü" auf den ursprünglichen amerikanischen Tastaturen nicht gibt.

Diese speziellen Tasten werden **Tottasten** oder Totbuchstaben genannt, da sie nicht der Erzeugung von Zeichen dienen, sondern zur Veränderung des darauf folgenden Tastaturereignisses eingesetzt werden. In Beantwortung einer **WM_KEYDOWN**- (oder **WM_SYSKEYDOWN**-) Nachricht für diese Tasten erzeugt **TranslateMessage** eine **WM_DEADCHAR**- (oder **WM_SYSDEADCHAR**-) Nachricht. Sie können diese Nachrichten ohne Risiko ignorieren, da Windows die richtige Zeichennachricht aus dem darauf folgenden Tastaturereignis erstellen wird.

Falls Sie mit dieser Tottastenverarbeitung experimentieren wollen, können Sie unter Verwendung der Systemsteuerung unterschiedliche Tastaturübersetzungstabellen installieren. Wählen Sie dazu das Dialogfeld für die internationalen Einstellungen an und wählen Sie dann das Land aus, mit dessen Tastatur-Layout Sie arbeiten wollen. Falls Sie sich für die französische Tastatur entschließen, werden Sie entdecken, daß die "A"- und "Q"-Taste sowie die "W"- und "Z"-Taste gegenüber der amerikanischen Tastatur vertauscht wurden. Die Tottaste für das Zirkumflex befindet sich an der Position der amerikanischen "["-Taste und die Tottaste für den Umlaut ist [Umschalt]+"[".

Die Reihenfolge der Nachrichten, die von einer französischen Tastatur erzeugt wird, um den Buchstaben "â" zu erstellen, sieht wie folgt aus:

Taste	wParam-Inhalt
WM_KEYDOWN	Scancode für eine gedrückte Zirkumflextaste
WM_DEADCHAR	Totzeichennachricht für Zirkumflextaste
WM_KEYUP	Scancode für Loslassen der Zirkumflextaste
WM_KEYDOWN	Scancode für eine gedrückte "a"-Taste
WM_CHAR	Zeichennachricht für "â"
WM_KEYUP	Scancode für Loslassen der "a"-Taste

Mit Ausnahme der in Tabelle 15.2 aufgeführten Tasten erfolgt die Tastatureigabe normalerweise durch die **WM_CHAR**-Nachricht, die von **TranslateMessage** erzeugt wird. Die folgende Übersetzung berücksichtigt den Zustand der verschiedenen Umschalt-Tasten, damit die Groß- und Kleinschreibung sowie die Zahlen und Interpunktionszeichen unterstützt werden können. Da der ASCII-Zeichensatz u.a. eine vollständige Liste aller akzentbehafteten Vokale enthält, unterstützt dieser Mechanismus auch internationale Tastaturen.

Nachdem **TranslateMessage** die **WM_CHAR**- (oder **WM_SYSCHAR**-) Nachricht erzeugt hat, gibt sie die Steuerung an die Nachrichtenschleife zurück. Danach übergibt die **DispatchMessage**-Routine die **WM_KEYDOWN**- oder **WM_SYSKEYDOWN**-Nachricht zur Bearbeitung an die Fensterprozedur.

Solange die Zeichennachricht sich in der Nachrichtenschlange eines Programms befindet, ist sie für das Programm nicht verfügbar. Erst wenn **GetMessage** aufgerufen wird, um eine Nachricht zu lesen, wird sie verfügbar. Zu diesem Zeitpunkt wird die **WM_CHAR**- (oder **WM_SYSCHAR**-) Nachricht eingelesen, an die **TranslateMessage**-Routine übergeben (die diese Nachricht ignoriert) und schließlich durch **DispatchMessage** an die Fensterprozedur gesendet. Obwohl die Nachricht über die betätigte Taste die Erstellung der Zeichennachricht verursacht, wurde zum Zeitpunkt, an dem die Fensterprozedur die Zeichennachricht empfängt, die Nachricht über die betätigte Taste bereits abgearbeitet.

Die Parameter der Fensterprozedur für die **WM_CHAR**-Nachricht entsprechen denen für die anderen Tastaturnachrichten, die wir bereits besprochen haben. Das **lParam**-Feld in einer Zeichennachricht beinhaltet die gleichen sechs Felder wie die **WM_KEYDOWN**- und **WM_KEYUP**-Nachrichten.

Die **WM_CHAR**-Nachricht unterscheidet sich von den anderen dahingehend, daß der **wParam**-Parameter den ASCII-Code des Zeichens beinhaltet, dessen Taste bestätigt wurde. Es ist Aufgabe der Fensterprozedur, diese Nachricht abzufangen und das erforderliche Zeichen zu lesen.

Um eine sichere Verarbeitung von Zeicheneingaben aufzubauen, sollten Sie einige **WM_CHAR**-Nachrichten herausfiltern, die für nicht-darstellbare Tastaturereignisse erstellt wurden. Dies schließt den Tabulator, die Rücktaste und die Eingabetaste mit ein. Zusammen mit den anderen, in Tabelle 15.2 aufgelisteten Tasten, erfordern folgende Tasten eine spezielle Bearbeitung getrennt von den normalen Zeichennachrichten:

Tastenereignis	ASCII-Wert		Beschreibung
	(hex)	**(dez)**	
Strg+A bis Strg+G	1-7	1-7	Nicht-druckbare Zeichen.
Rücktaste	8	8	Rücktaste (VK_BACK).
Strg+H	8	8	Rücktastenersatztaste (VK_BACK).
Tab	9	9	Tabulatortaste (VK_TAB).
Strg+I	9	9	Tabulatorersatztaste (VK_TAB).
Strg+J	A	10	Zeilenvorschub.
Strg+K bis Strg+L	B-C	11-12	Nicht-druckbare Zeichen.
Eingabe	D	13	Eingabetaste (VK_RETURN).
Strg+M	D	13	Eingabeersatztaste (VK_RETURN).
Strg+N bis Strg+Z	E-1A	15-26	Nicht-druckbare Zeichen.
Esc	1B	27	Escape-Taste (VK_ESCAPE).

Wurde eine Schnelltaste mit einer Strg+Buchstabe-Tastenkombination definiert, so wird keine **WM_CHAR**-Nachricht für dieses Tastaturereignis erzeugt. Wir haben die Schnelltasten bereits in Kapitel 11 untersucht.

Das Fensterobjekt

Wir haben den Weg verfolgt, auf dem die Tastaturdaten von der Hardware zu unserem Programm gelangen. Obwohl einige Bearbeitungsvorgänge in der Nachrichtenschleife erfolgen, wird doch der größte Teil der Verarbeitung in den Nachrichtbeantwortungsfunktionen des Fensterobjektes der OWL vorgenommen.

Tabelle 15.3 faßt sämtliche Tastaturnachrichten zusammen, die wir bis jetzt untersucht haben. Sie können die meisten dieser Nachrichten einfach ignorieren und sich auf zwei Nachrichten konzentrieren: **WM_CHAR** für sämtliche Zeicheneingaben und **WM_KEYDOWN** für sämtliche Funktionstasteneingaben, die kein Zeichen betreffen. In dem Beispielprogramm KEYINPUT erstellen wir ein Texteingabe- und Bearbeitungsfenster, wobei wir uns ausschließlich auf diese beiden Nachrichten beziehen werden.

Tabelle 15.3 *Zusammenfassung der Tastaturnachrichten*

WM_KEYDOWN	Taste gedrückt
WM_CHAR	Zeicheneingabe
WM_DEADCHAR	Totzeichen
WM_KEYUP	Taste losgelassen
WM_SYSKEYDOWN	Systemtaste gedrückt
WM_SYSCHAR	Systemzeicheneingabe
WM_SYSDEADCHAR	Systemtotzeichen
WM_SYSKEYUP	Systemtaste losgelassen

In bestimmten Situationen kann es wünschenswert sein, auch die Systemtastaturnachrichten zu verarbeiten. Das kann insbesondere dann der Fall sein, wenn das aktive Fenster zum Symbol verkleinert ist. Windows ersetzt die normalen Tastaturnachrichten durch Systemtastaturnachrichten (**WM_SYSKEYDOWN**, **WM_SYSKEYUP**, **WM_SYSCHAR**). Da die meisten Programme während der Symboldarstellung nicht an der Tastatureingabe interessiert sind, hilft dieses Übereinkommen bei der Vermeidung falscher Eingaben. Falls Sie in dieser Situation dennoch Tastaturnachrichten empfangen *wollen*, müssen Sie die Systemtastaturnachrichten bearbeiten.

Im allgemeinen werden die Systemtastaturnachrichten ignoriert. Sie werden von Windows in erster Linie für die interne Verwaltung verwendet. Da einige dieser Verwaltungsaufgaben in der Standard-Fensterprozedur erledigt werden, sollten Sie sicherstellen, daß diese Nachrichten - wie auch andere unverarbeitete Nachrichten - an die Standard-Fensterprozedur weitergegeben werden.

Die Standard-Fensterprozedur

Sämtliche Nachrichten, die nicht von einer Fensterprozedur verwendet werden, sollten an die Standard-Fensterprozedur weitergeleitet werden. Diese ignoriert alle normalen Tastaturnachrichten, deshalb können Fensterprozeduren, die keine Tastaturnachrichten verwenden, diese ohne Risiko weiterleiten.

Die Standard-Fensterprozedur spielt eine wichtige Rolle bei der Behandlung der Systemtastaturnachrichten. Sie werden normalerweise anstelle von normalen Tastaturnachrichten erzeugt, wenn die Alt-Taste gedrückt ist. Auf diese Weise werden die

Systemtastaturnachrichten von der Standard-Fensterprozedur für den Zugriff auf Menüs über die Tastatur eingesetzt.

Besitzt ein Fenster beispielsweise ein Systemmenüsymbol, so wird bei Bestätigung der Alt-Leertaste-Taste das Systemmenü erscheinen. Bei der Besprechung der Menüs in Kapitel 17 und 18 werden wir beschreiben, wie Sie Ihre eigenen Menü-Hot-Keys definieren können, mit denen Sie ein Pull-down-Menü aufrufen, wenn der Hot-Key zusammen mit der Alt-Taste gedrückt wird. Ein Menü-Hot-Key wird als **Mnemonik-Taste** bezeichnet, da es sich hier um einen Buchstaben aus dem Namen des Menüs handelt. Diese Tastenanschläge werden als Systemtastaturnachrichten behandelt.

Die Standard-Fensterprozedur sorgt auch dafür, daß bestimmte Tastaturkombinationen korrekt ausgeführt werden. Beispielsweise können sie eine Anwendung beenden, indem Sie Alt-F4-Taste drücken. Durch Betätigen der Ctrl-Esc-Taste dagegen rufen Sie die Task-Liste auf und können hier anschließend mit Alt-Tab das Programm auswählen, das aktiviert werden soll. Damit die System-Hot-Keys korrekt funktionieren können, muß die Standard-Fensterprozedur sämtliche Systemtastaturnachrichten erhalten.

Bei der Betrachtung des Weges der Tastaturereignisse haben wir bisher die Zwischenabfragen übersehen. Eine ausführliche Behandlung dieses Thema würde den Rahmen dieses Buches sprengen. Sie sollten aber zumindest wissen, daß Zwischenabfragen den Weg der Tastatureingabe beeinflußen.

Zwischenabfragen

Eine Zwischenabfrage (hook) ist ein Unterprogramm, das in dem Mechanismus zur Nachrichtenbehandlung von Windows installiert ist. Zwischenabfragen ermöglichen Ihnen die Anzeige und Verfolgung bestimmter Arten von Nachrichten. Abbildung 15.1 veranschaulicht die Beziehung von Zwischenabfragen zum Fluß von Tastaturdaten.

Windows besitzt insgesamt 7 verschiedene Zwischenabfragen. Wir werden unsere Beschreibung auf zwei von ihnen beschränken: Tastatur-Zwischenabfragen und Get-Message-Zwischenabfragen. Alle Zwischenabfragen sind auf einer systemweiten Basis installiert. Falls also eine Zwischenabfrage in einem Programm installiert wurde, beeinflußt dies jedes im System ablaufende Programm.

Die Tastatur-Zwischenabfragen werden in den Fluß der Tastaturnachrichten "eingeklinkt". Sie stellen eine Möglichkeit dar, sämtliche Tastatureingaben des Systems zu beobachten. Die Erstellung einer Tastatur-Zwischenabfrage unter Windows ist vergleichbar mit einer Abänderung des Tastaturinterruptes unter DOS. Sie ermöglicht Ihnen die vollständige Steuerung des Flusses von Tastaturnachrichten (**WM_KEYDOWN** und **WM_KEYUP**) im System.

Ein Einsatzbereich der Tastatur-Zwischenabfrage ist die Suche nach speziellen Hot-Keys. Sie könnten beispielsweise dem Anwender die Möglichkeit geben, Ihr Programm zu jedem beliebigen Zeitpunkt durch Bestätigung der [Alt]+[F12] Tastenkombination aufzurufen. Die Tastatur-Zwischenabfrage wird beim Programmstart installiert. Die Zwischenabfrage gibt alle Tastatureingaben weiter, bis der gewünschte Tastendruck entdeckt wurde. Jetzt teilt die Zwischenabfrage Windows mit, daß der Tastenanschlag für eigene Zwecke benötigt wird. Der Tastenanschlag wird daraufhin vom Rest des Systems ignoriert. Die Zwischenabfrage benachrichtigt daraufhin das Programm, daß der Hot-Key betätigt wurde. Nun liegt es beim Programm, dies auf sinnvolle Weise zu beantworten.

Die zweite Art von Zwischenabfragen, die die Tastatureingabe beeinflussen, ist die GetMessage-Zwischenabfrage. Diese Zwischenabfrage wird von der **GetMessage**-Routine für jede empfangene Nachricht aufgerufen, bevor sie die Nachricht an ein Programm übergibt. Die Zwischenabfrage kann die Nachricht beliebig modifizieren. Sämtliche Parameter - ja sogar die Werte einer Nachricht - können verändert werden.

Da eine GetMessage-Zwischenabfrage auf jede Nachricht zugreifen kann, die er von der **GetMessage**-Routine empfangen hat, kann sie für viele verschiedene Arten von Anwendungen verwendet werden. Beispielsweise könnte ein Hot-Key unter Verwendung einer GetMessage-Zwischenabfrage eingerichtet werden. Eine weitere Anwendung wäre z.B. die Bestimmung von Maustasten in einem bestehenden Fenster, damit der Anwender nicht auf irgendein anderes Fenster zugreifen kann, bevor nicht ein richtiges Paßwort eingegeben wurde. Die GetMessage-Zwischenabfrage kann für jede Nachricht verwendet werden, die **GetMessage** aussendet. Dies gilt für sämtliche Tastatur- und Mausnachrichten sowie für die **WM_PAINT**- und **WM_TIMER**-Nachrichten.

Ein Programmierbeispiel

Um die Art und Weise zu veranschaulichen, in der Programme Tastatureingaben erhalten, haben wir KEYINPUT geschrieben. Dieses Programm erstellt ein einfaches, einzeiliges Texteingabefenster. Abbildung 15.3 zeigt ein Beispiel für die Ausgabe, die durch dieses Programm erzeugt wird.

KEYINPUT zeigt, wie die **WM_CHAR**- und **WM_KEYDOWN**-Nachrichten verwendet werden können, um Zeicheneingaben zu empfangen und eine einfache Bearbeitung vorzunehmen. Die folgenden Richtungstasten für den Cursor werden erkannt: Pos1, Ende, linke Pfeiltaste und rechte Pfeiltaste. Zusätzlich können die Rücktaste und die Entfernen-Taste verwendet werden, um Zeichen zu löschen.

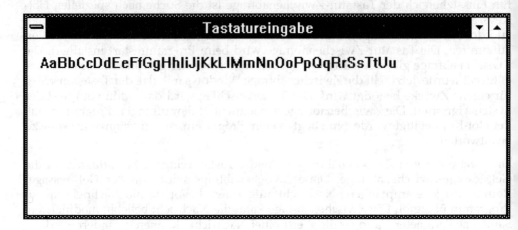

Abbildung 15.3: Die Ausgabe des KEYINPUT-Programms

MAKEFILE.MAK

```
.AUTODEPEND

#    Compilerdefinitionen
INC=C:\BORLANDC\OWL\INCLUDE;C:\BORLANDC\CLASSLIB\INCLUDE;C:\BOR-
LANDC\INCLUDE
CC = bcc -c -D_CLASSDLL -H -ml -WS -w -I$(INC)

#    Implizite Regeln
.c.obj:
  $(CC) {$< }

.cpp.obj:
  $(CC) {$< }

#    Explizite Regeln
KeyInput.exe: KeyInput.res KeyInput.def KeyInput.obj
    tlink /c/C/n/P-/Twe/x @KeyInput.LNK
    RC KeyInput.res KeyInput.exe

#    Einzelne Dateiabhängigkeiten
KeyInput.obj: KeyInput.cpp

KeyInput.res: KeyInput.rc KeyInput.cur KeyInput.ico
    RC -R -FO KeyInput.res KeyInput.RC
```

KEYINPUT.LNK

```
c:\borlandc\lib\c0wl.obj+
KeyInput.obj
KeyInput,KeyInput
\borlandc\owl\lib\owl.lib+
crtll.lib+
cwl.lib+
import.lib+
mathl.lib+
cl.lib
KeyInput.def
```

KEYINPUT.CPP

```
/*-----------------------------------------------------------*\
| KEYINPUT.CPP  - Beispiel für Texteingabeprogramm.          |
\*-----------------------------------------------------------*/
#include <owl.h>

#define CHARMSGASCII(arg) (arg.WParam)
#define KEYMSG_VK(arg) (arg.WParam)

/*-----------------------------------------------------------*\
|                     Konstanten.                            |
\*-----------------------------------------------------------*/
const int BUFSIZE = 40;

/*-----------------------------------------------------------*\
|                 Klassendeklarationen.                      |
\*-----------------------------------------------------------*/
class TKeyInputApplication : public TApplication
  {
  public:
    TKeyInputApplication (LPSTR lpszName, HANDLE hInstance,
                          HANDLE hPrevInstance,
                          LPSTR lpszCmdLine, int nCmdShow);
    virtual void InitMainWindow ();
  };

class TKeyInputWindow : public TWindow
  {
  public:
    TKeyInputWindow (PTWindowsObject pwParent, LPSTR lpszTitle,
               PTModule pmModule);
    virtual LPSTR GetClassName ();
    virtual void  GetWindowClass (WNDCLASS&);
    virtual void  WMChar(TMessage& Msg) = [WM_CHAR];
```

519

```
      virtual void  WMKeyDown(TMessage& Msg) = [WM_KEYDOWN];
      virtual void  WMPaint(TMessage& Msg);
    private:
      unsigned char achInput[BUFSIZE];
      unsigned int  cchInput;
      unsigned int  ichNext;
      unsigned int  yLineHeight;
      unsigned int  xLeftMargin;
    };
/*-------------------------------------------------------------------*\
|                  Hauptfunktion:  WinMain.                           |
\*-------------------------------------------------------------------*/
int PASCAL WinMain (HANDLE hInstance,    HANDLE hPrevInstance,
                    LPSTR  lpszCmdLine, int     nCmdShow)
    {
    TKeyInputApplication KeyInput ("KeyInput", hInstance,
                       hPrevInstance, lpszCmdLine, nCmdShow);
    KeyInput.Run();
    return KeyInput.Status;
    }
/*-------------------------------------------------------------------*\
|                  Komponente der Application-Klasse.                 |
\*-------------------------------------------------------------------*/
TKeyInputApplication::TKeyInputApplication (LPSTR lpszName,
                    HANDLE hInstance, HANDLE hPrevInstance,
                    LPSTR lpszCmdLine, int nCmdShow)
                   :TApplication (lpszName, hInstance,
                    hPrevInstance, lpszCmdLine, nCmdShow)
    {
    /* Die anwendungsspezifische Initialisierung erfolgt hier.  */
    }
/*-------------------------------------------------------------------*\
|                  Komponente der Application-Klasse.                 |
\*-------------------------------------------------------------------*/
void TKeyInputApplication::InitMainWindow ()
    {
    MainWindow = new TKeyInputWindow(NULL,"Tastatureingabe",NULL);
    }
/*-------------------------------------------------------------------*\
|                  TKeyInputWindow-Komponentenfunktion.               |
\*-------------------------------------------------------------------*/
TKeyInputWindow::TKeyInputWindow (PTWindowsObject pwParent,
             LPSTR lpszTitle, PTModule pmModule)
           :TWindow (pwParent, lpszTitle, pmModule)
```

```
    {
    HDC        hdc;
    TEXTMETRIC tm;

    hdc = CreateDC ("DISPLAY", 0, 0, 0);
    GetTextMetrics (hdc, &tm);

    yLineHeight = tm.tmHeight + tm.tmExternalLeading;
    xLeftMargin = tm.tmAveCharWidth;

    DeleteDC (hdc);
    achInput[0] = '\0';
    cchInput = 0;
    ichNext = 0;
    }
/*------------------------------------------------------------*\
|                  TKeyInputWindow-Komponentenfunktion.        |
\*------------------------------------------------------------*/
LPSTR TKeyInputWindow::GetClassName ()
    {
    return "KeyInput:MAIN";
    }
/*------------------------------------------------------------*\
|                  TKeyInputWindow-Komponentenfunktion.        |
\*------------------------------------------------------------*/
void TKeyInputWindow::GetWindowClass (WNDCLASS& wc)
    {
    TWindow::GetWindowClass (wc);
    wc.hIcon=LoadIcon (wc.hInstance, "snapshot");
    wc.hCursor=LoadCursor (wc.hInstance, "hand");
    }
/*------------------------------------------------------------*\
|                  TKeyInputWindow-Komponentenfunktion.        |
\*------------------------------------------------------------*/
void TKeyInputWindow::WMChar(TMessage& Msg)
    {
    DWORD dw;
    HDC   hdc;
    int   i;
    WORD  wVirtKey;

    // Ermitteln des virtuellen Tastenwertes
    wVirtKey = CHARMSGASCII(Msg);

    if (wVirtKey == VK_BACK)      //  Rücktaste.
        {
        if (ichNext == 0)
            MessageBeep(0);
```

```
        else                        // Entfernen eines Zeichens.
            {
            ichNext--;
            for (i=ichNext;i<cchInput;i++)
                achInput[i]=achInput[i+1];
            cchInput--;
            InvalidateRect (HWindow, NULL, TRUE);
            }
        return;
        }

    // Nachricht, falls Zeichen außerhalb des Bereiches
    // oder wenn der Puffer voll ist.
    if ((wVirtKey <= VK_ESCAPE) || (cchInput >= BUFSIZE))
        {
        MessageBeep(0);
        return;
        }

    // Platz schaffen für nächstes Zeichen.
    for (i=cchInput;i>ichNext;i--)
        achInput[i]=achInput[i-1];

    /* Zeichen in Puffer übertragen. */
    achInput[ichNext] = (unsigned char)wVirtKey;

    // Inkrementieren der Zeichen.
    cchInput++;

    // Ausgabe erneuern.
    hdc = GetDC(HWindow);
    dw = GetTextExtent (hdc, (LPSTR)&achInput[0], ichNext);
    TextOut (hdc,
             xLeftMargin+LOWORD(dw),
             yLineHeight,
             (LPSTR)&achInput[ichNext],
             cchInput - ichNext);
    ReleaseDC (HWindow, hdc);

    // Inkrementieren des Indexes auf das nächste Zeichen.
    ichNext++;

}
/*-----------------------------------------------------------------*\
|                 TKeyInputWindow-Komponentenfunktion.              |
\*-----------------------------------------------------------------*/
void TKeyInputWindow::WMKeyDown(TMessage& Msg)
    {
    switch (KEYMSG_VK(Msg))
        {
```

```
        case VK_DELETE:
            /*  Nachricht, falls Ende des Puffers.  */
            if (ichNext == cchInput)
                MessageBeep(0);
            else  /*  Entfernen eines Zeichens.  */
                {
                int i;
                for (i=ichNext;i<cchInput;i++)
                    achInput[i]=achInput[i+1];
                cchInput--;
                InvalidateRect (HWindow, NULL, TRUE);
                }
            break;
        case VK_END:
            ichNext = cchInput;
            break;
        case VK_HOME:
            ichNext = 0;
            break;
        case VK_LEFT:
            if (ichNext > 0) ichNext--;
            else MessageBeep(0);
            break;
        case VK_RIGHT:
            if (ichNext < cchInput) ichNext++;
            else MessageBeep(0);
            break;
        }
    }
/*-------------------------------------------------------------*\
|                TKeyInputWindow-Komponentenfunktion.           |
\*-------------------------------------------------------------*/
void TKeyInputWindow::WMPaint(TMessage& Msg)
    {
    PAINTSTRUCT ps;

    BeginPaint (Msg.Receiver, &ps);
    TextOut (ps.hdc, xLeftMargin, yLineHeight, (LPSTR)achInput,
            cchInput);
    EndPaint (Msg.Receiver, &ps);
    }
```

KEYINPUT.RC

```
snapshot icon KeyInput.ico

hand cursor KeyInput.cur
```

KEYINPUT.DEF

```
NAME KEYINPUT

EXETYPE WINDOWS

DESCRIPTION 'Tastatureingabe'

CODE MOVEABLE DISCARDABLE
DATA MOVEABLE MULTIPLE

HEAPSIZE   512
STACKSIZE 5120
```

Wie andere Beispielprogramme in diesem Buch wurde KEYINPUT als Erweiterung des minimalen Windows-Programms aus Kapitel 2 erstellt. KEYINPUT behandelt drei verschiedene Nachrichten: **WM_CHAR, WM_KEYDOWN** und **WM_PAINT.** Wie Sie vielleicht bemerkt haben, wurden die Funktionen in unserem Quelltext zunächst nach ihren Klassen und dann in alphabetischer Reihenfolge ihres Komponentenfunktionsnamens sortiert. Falls Sie dies nützlich finden, können Sie diese Vereinbarung in Ihren eigenen Programmen verwenden. Wenn die **WM_CAR**-Tastaturzeichennachricht eintrifft, speichert KEYINPUT diese Zeichen in einem Zeichenarray wie folgt:

```
unsigned char achInput [BUFSIZE];
```

Die Verwendung des vorzeichenlosen Zeichentyps ist empfehlenswert, da hierdurch das Arbeiten mit dem *erweiterten* ASCII-Zeichensatz möglich ist. Auf diese Weise werden Probleme vermieden, die bei vorzeichenbehafteten Zeichen auftreten können (hier wird das höherwertige Bit als Vorzeichenbit verwendet). Da der erweiterte ASCII-Zeichensatz von Windows diese höherwertigen Bits für die Zeichen zwischen 128 und 255 (80H bis FFH) verwendet, kann dies unerwartete Ergebnisse verursachen. Betrachten Sie die folgenden Programmtextzeilen:

```
unsigned char chUnsigned;
char chSigned;

chUnsigned = 'â'; /* Im erweiterten ASCII-Code von Windows      */
chSigned   = 'â'; /*      <131> = e2h.                          */

if (chSigned == 'â')
    {
    /* Dieser Ausdruck wird niemals wahr. */
    }

if (chUnsigned == 'â')
    {
    /* Dieser Ausdruck ist immer wahr.   */
    }
```

524

Das Problem entsteht durch die Art und Weise, wie der Compiler die numerischen Werte von Zeichen interpretiert. Zeichenwerte werden vor einem Vergleich in einen Zwei-Byte-Wert (Wort) umgewandelt. Bei diesem Vorgang wird das Vorzeichenbit erweitert, um den richtigen Wortwert bereitzustellen. Indem Sie vorzeichenlose **Char**-Vektoren verwenden, vermeiden Sie dieses Problem.

KEYINPUT besitzt zwei Variablen, die die Inhalte von **achInput** verfolgen: **cchInput** und **ichNext**. **cchInput** ist die Anzahl der Zeichen in dem Array. **ichNext** ist ein Index im Array und dient als Einfügepunkt bei der Eingabe neuer Zeichen. KEYINPUT erhöht und verringert diese beiden Felder, wenn Zeichen eingegeben und gelöscht werden.

Immer wenn Zeichen eingegeben werden, zeigt KEYINPUT die neu eingegebenen Buchstaben an. Werden andererseits Zeichen entfernt, erzeugt KEYINPUT eine **WM_PAINT**-Nachricht durch den Aufruf von **InvalidateRect**:

```
InvalidateRect (HWindow, NULL, TRUE);
```

Dadurch wird Windows mitgeteilt, daß das ganze Fenster beschädigt ist, zunächst vollständig entfernt und anschließend neu dargestellt werden muß. Dies ist eine ziemlich radikale Vorgehensweise, da bei jeder Tastatureingabe - ob Buchstaben oder Löschtaste - das gesamte Fenster neu dargestellt werden muß. Dadurch wird sichergestellt, daß die Inhalte des Fensters immer korrekt sind, da die **WM_PAINT**-Nachricht das Zeichenarray mit den darin befindlichen Änderungen liest.

Eine Möglichkeit, dieses Programm zu verbessern, besteht in der Verhinderung dieser exzessiven Darstellung. Das bedeutet, daß die Aufrufe von **InvalidateRect** durch Aktionen ersetzt werden, die lediglich ein einzelnes Zeichen in Beantwortung der betätigten Rücktaste löschen. Dies erfordert etwas mehr Arbeit, vermeidet aber das lästige Blinken, das entsteht, wenn Zeichen gelöscht werden.

Natürlich könnten noch weitere Verbesserungen an diesem Programm vorgenommen werden. Der vorhandene Code reicht jedoch aus, Ihnen die grundlegenden Gedanken über die Art und Weise zu vermitteln, in der die Tastatureingabe verarbeitet und angezeigt wird. In Kürze werden wir nochmals auf das Programm zurückkommen, um zu sehen, wie eine Einfügemarke verwendet werden kann, damit der aktuelle Einfügepunkt hervorgehoben wird. Zuvor werden wir jedoch einige Themen besprechen, die für die korrekte Handhabung von Zeichendaten von Bedeutung sind: Zeichensätze und landesspezifische Einstellungen.

Zeichensätze und internationale Unterstützung

Während die Tastaturdaten von der Tastatur zu Ihrem Programm reisen, werden sie einige Male umgewandelt: Tastaturdaten liegen zunächst als Scancode vor, der vom Gerätetreiber in virtuelle Tasteninformationen umgewandelt wird. Schließlich werden die virtuellen Tastencodes in ASCII-Zeichenwerte umgewandelt, damit Groß- und Kleinbuchstaben, Ziffern und Interpunktionszeichen dargestellt werden können.

Was ist ein Zeichensatz? Es handelt sich hier um eine Übereinkunft bzw. einen Standard. Ein weit verbreiteter Zeichensatz-Standard ist der sogenannte ANSI-Zeichensatz. Hier steht beispielsweise der Wert 41h (65 dezimal) für das große "A". Microsoft hat in Windows den ANSI-Zeichensatz eingeführt, damit die Daten, die von einem Windows-Programm erstellt wurden, auch von anderen Windows-Programmen gelesen werden können. Hierdurch ist eine korrekte Interpretation der Zeichen auf unterschiedlichen Rechner- und Druckertypen, auf Zusatzgeräten sowie in verschiedenen Ländern gewährleistet.

Windows verwendet den ANSI-Zeichensatz zur Interpretation von Textzeichen und stellt auf diese Weise einen Standard bereit, der die gemeinsame Nutzung von Dateien auf unterschiedlichen Windows-Rechnern ermöglicht. Der ANSI-Zeichensatz ist jedoch nicht der einzige Zeichensatz, den Sie kennen sollten. Zusätzlich zum ANSI-Zeichensatz besitzt jeder Windows-Rechner einen zweiten Zeichensatz, der auch unter DOS verwendet wird. IBM-kompatible Rechner, die für die Verwendung in den Vereinigten Staaten gebaut wurden, besitzen z.B. einen Zeichensatz, den IBM als "Code-Page 437" bezeichnet. Dieser Zeichensatz wird von DOS-Programmen bei der Erstellung von Datendateien eingesetzt. Ebenso wird er für die DOS-Dateinamen verwendet.

Für Groß- und Kleinbuchstaben, Zahlen und Interpunktionen ist dieser Zeichensatz identisch mit dem ANSI-Zeichensatz von Windows. Somit können Sie, falls Sie ein Windows-Programm schreiben, das in den Vereinigten Staaten verwendet werden soll, Datendateien zwischen DOS und Windows-Programmen ohne Schwierigkeiten beliebig austauschen und zusammenfügen. Dies gilt solange, wie Ihre Windows- und DOS-Programme darstellbare Zeichen im Bereich von 20h bis 7Eh (32 bis 126 dezimal) verwenden.

Damit Windows-Programme auch außerhalb der Vereinigten Staaten arbeiten, ist ein zusätzlicher Aufwand erforderlich. So werden für die Zeichensätze anderer Sprachen andere Code-Pages verwendet. Beispielsweise unterstützt die Code-Page 860 16 Zeichen mit Akzenten, die nicht in der Code-Page 437 verfügbar sind. Diese Code-Page ist für Rechner erforderlich, die in Portugal verkauft werden. Code-Page 863 besitzt 22 Zeichen, für die Anforderungen von Französisch-Kanada. Code-Page 865 beinhaltet 4 Zeichen, die die US-Code-Tabelle zur Erstellung von norwegischen Datendateien ändert.

Deshalb besitzt jeder Rechner, auf dem Windows läuft, mindestens zwei Zeichensätze: den Windows-ANSI-Zeichensatz (Code-Page 1004), der die vollständige Unterstützung von Zeichen mit Akzenten erlaubt, und den von Microsoft als OEM-Zeichensatz bezeichneten Zeichensatz. Diesen Zeichensatz verwendet auch DOS, um den sprachlichen Anforderungen unterschiedlicher Länder zu genügen.

Bei der Ausführung eines DOS-Programms in einem Fenster verwendet Windows eine dem OEM-Zeichensatz entsprechende Schriftart. Auf diese Weise wird eine abwärtsgerichtete Kompatibilität von Windows nach DOS gewährleistet. Falls Sie ein Windows-Programm schreiben, das eine von einem DOS-Programm erstellte Textdatei anzeigt, ist eine Blockschriftart verfügbar, die den OEM-Zeichensatz verwendet. Sie können auf diese Schriftart folgendermaßen zugreifen:

```
hfontOEM = GetStockObject (OEM_FIXED_FONT);
SelectObject (hdc, hfontOEM);
```

Umwandlung zwischen Zeichensätzen

Falls ein Windows-Programm Dateien einliest, die von DOS-Programmen geschrieben wurden, müssen diese Dateien vom OEM-Zeichensatz in den ANSI-Zeichensatz von Windows umgewandelt werden, damit sie auf allen Rechnern richtig arbeiten, die nicht aus den Vereinigten Staaten stammen. Umgekehrt sollte ein Windows-Programm, das Dateien schreibt, die von DOS-Programmen gelesen werden könnten, die Dateien vom ANSI-Zeichensatz in den OEM-Zeichensatz umwandeln. Dieser Zeichensatz wird im allgemeinen von allen DOS-Programmen erwartet. Einige Windows-Bibliotheksroutinen können diese Umwandlung für Sie vornehmen:

Routine	Beschreibung
AnsiToOem	Wandelt eine ANSI-Zeichenkette mit einem Null-Zeichen als Ende-Kennung in DOS-Zeichen um.
AnsiToOemBuf	Wandelt n ANSI-Zeichen in DOS-Zeichen um.
OemToAnsi	Wandelt DOS-Zeichen mit einem Null-Zeichen als Ende-Kennung in ANSI-Zeichen um.
OemToAnsiBuf	Wandelt n DOS-Zeichen in ANSI-Zeichen um.

Zusätzlich zu den Datendateien von DOS verwendet das DOS-Dateisystem selbst den OEM-Zeichensatz für Dateinamen. Falls Sie die **OpenFile**-Routine der Windows-Bibliothek verwenden, werden Ihre Dateinamen automatisch in den OEM-Zeichensatz umgewandelt, bevor DOS aufgerufen wird.

Umwandlung zwischen der Groß- und Kleinschreibung

Programmierer die ausschließlich mit Zeichen arbeiten, die in dem Bereich von 20h bis 7Eh (32 bis 126 dezimal) liegen, gebrauchen häufig Tricks bei der Umwandlung von Text in Groß- und Kleinschreibung. In diesem Bereich liegen die Groß- und Kleinbuchstaben um den Wert 20h (32) auseinander, wie folgende Tabelle zeigt:

ASCII					
Großbuchstabe	(hex)	(dez)	Kleinbuchstabe	(hex)	(dez)
A	41h	65	a	61h	97
B	42h	66	b	62h	98
C	43h	67	c	63h	99
.					
.					
Z	5ah	90	z	7ah	122

In diesem Bereich ist die Umwandlung in Großbuchstaben sehr einfach. Folgender Programmtext erledigt dies:

```
for (i=0; i<cc; i++)
    {
    if (ach[i] >= 'a' && ach[i] <= 'z')
        ach[i] -= 32;
    }
```

Beachten Sie aber einmal die folgenden Paare von groß- und kleingeschriebenen, mit Akzenten versehenen Zeichen:

ASCII					
Großbuchstabe	(hex)	(dez)	Kleinbuchstabe	(hex)	(dez)
Á	COh	192	á	EOh	224
Ç	C7h	199	ç	E7h	231
È	C8h	200	è	E8h	232
Ï	CFh	207	ï	EFh	239
Õ	D5h	213	õ	F5h	245
Û	DBh	219	û	FBh	251

Falls das Array in unserem vorherigen Beispiel einen kleingeschriebenen Buchstaben dieser Tabelle enthalten würde, wäre die Umwandlung nicht korrekt verlaufen. Falls Sie ein Programm schreiben, das außerhalb der Vereinigten Staaten verkauft werden soll, sollten Sie die folgenden Routinen der Windows-Bibliothek für die Umwandlung von Groß- und Kleinschrift verwenden:

Routine	Beschreibung
AnsiLower	Wandelt eine Zeichenkette mit Null-Endekennung in Kleinbuchstaben um.
AnsiLowerBuf	Wandelt n Zeichen in Kleinbuchstaben um.
AnsiUpper	Wandelt eine Zeichenkette mit Null-Endekennung in Großbuchstaben um.
AnsiUpperBuf	Wandelt n Zeichen in Großbuchstaben um.

Um eine Zeichenkette mit Null-Endekennung in Großbuchstaben umzuwandeln, können Sie einen Long-Zeiger an **AnsiUpper** übergeben, wie in

```
AnsiUpper (lpszConvert);
```

Unter Verwendung von **AnsiUpperBuff** können Sie angeben:

```
i=lstrlen (lpszConvert);
AnsiUpperBuf (lpszConvert, i);
```

Eine andere Gruppe von Routinen prüft, ob Zeicheninformationen entweder Groß- oder Kleinbuchstaben sind, ob sie alphabetische oder alphanumerische Zeichen sind:

Routine	Beschreibung
IsCharAlpha	Liefert TRUE zurück, falls das Zeichen alphabetisch ist.
IsCharAlphaNumeric	Liefert TRUE zurück, falls das Zeichen entweder alphabetisch ober numerisch ist.
IsCharLower	Liefert TRUE zurück, falls das Zeichen ein Kleinbuchstabe ist.
IsCharUpper	Liefert TRUE zurück, falls das Zeichen ein Großbuchstabe ist.

Sortierung von Zeichenketten

Zeichen mit Akzenten erfordern eine spezielle Behandlung bei der Umwandlung von Zeichenketten in Groß- oder Kleinbuchstaben. Das gleiche gilt für das Sortieren von Zeichenketten. Programme, die eine einfache, numerische Sortierung von Zeichenketten vornehmen, werden Worte mit Akzenten nicht einordnen können. Die folgende Sortierreihenfolge entsteht beispielsweise aus einer einfachen numerischen Sortierung:

```
cheese
```

```
chocolate
```

529

```
church

château
```

Das Problem besteht darin, daß der numerische Wert des Zeichens "â" E2h (226 dezimal) ist. Somit wird er in der Zeichenreihenfolge hinter das "e" (oder 65h oder 101 dezimal), "ö" (oder 6Fh oder 111 dezimal) und "u" (oder 75h oder 117 dezimal) einsortiert. Auch die **strcmp**-Routine der C-Laufzeitbibliothek arbeitet auf diese Weise. Deshalb sollte diese Routine vermieden werden, falls Ihr Programm auch außerhalb der Vereinigten Staaten korrekt arbeiten soll.

Um "château" an die Spitze der Liste zu setzen, wo es auch hingehört, müssen wir eine Routine der Windows-Bibliothek aufrufen, die einen Zeichenkettenvergleich während des Sortiervorgangs vornimmt. Zwei Routinen stehen hier zur Verfügung: **lstrcmpi** führt die Vergleiche *ohne*, **lstrcmp** führt sie *mit* Rücksicht auf die Groß-/Kleinschreibung durch.

Zeichenkettentabellen

Windows verfügt über ein Leistungsmerkmal, das die Nationalisierung eines Programms vereinfacht. Es handelt sich hier um Zeichenkettentabellen. Eine Zeichenkettentabelle erlaubt die Einbindung der Zeichenketten eines Programms an zentraler Stelle: in der Ressourcedatei. Wenn Ihr Programm den Zugriff auf eine Zeichenkette benötigt, führt es einen Windows-Aufruf unter Verwendung eines numerischen Indexes aus. Auf diese Weise werden sämtliche Nachrichten für den Anwender im Programm an einem Ort zentralisiert. Die Aufgabe eines Compilers wird vereinfacht, da es nur eine Datei gibt, die umgewandelt werden muß, um sämtliche Texte einer kompletten Anwendung zu kompilieren.

Zur Erstellung einer Zeichenkettentabelle werden Einträge in die .RC-Ressourcendatei wie folgt vergenommen:

```
#include "myinclude"

STRINGTABLE
    {
    FILENOTFOUND, "Datei nicht gefunden."
    HELPPROMPT, "Hilfe mit F1."
    RECALCMESSAGE, "Neuberechnung."
    }
```

Die Datei MYINCLUDE könnte folgende Definitionen beinhalten:

```
#define FILENOTFOUND  101
#define HELPPROMPT    102
#define RECALCMESSAGE 103
```

Diese stellen für jede Zeichenkette eine einmalige numerische Kennzahl (ID) bereit. Sobald eine Zeichenkette verwendet werden soll, wird die Windows-Bibliotheksroutine **LoadString** aufgerufen:

```
char acMessage [BUFSIZE];

LoadString (hInstance,      // Instanz-Handle
            FILENOTFOUND,   // Kennzahl der Zeichenkette
            acMessage,      // Zeichenpuffer
            BUFSIZE);       // Puffergröße
```

Die Zeichenkette kann dann z.B. unter Verwendung der **TextOut**-Routine dargestellt werden.

Neben der internationalen Unterstützung bieten die Zeichenkettentabellen noch weitere Vorzüge. Die Objekte in einer Zeichenkettentabelle können nur gelesen werden und werden von Windows als solche nur nach Bedarf geladen. Wenn sie nicht mehr benötigt werden, werden sie aus dem Hauptspeicher gelöscht. Der Vorteil der Zeichenkettentabellen liegt also auch in der effizienten Verwendung des Hauptspeichers.

Zeichen mit dem Zehnerblock eingeben

Es ist Ihnen sicher geläufig, daß Sie alle ASCII-Zeichen unter DOS direkt vom Zehnerblock ihrer Tastatur aus eingeben können. Windows unterstützt mit seinem Tastaturtreiber den gleichen Mechanismus. Sie können Zeichen entweder aus dem ANSI- oder OEM-Zeichensatz eingeben.

Zur Eingabe von Zeichen aus dem ANSI-Zeichensatz halten Sie die Alt-Taste bei eingeschalteter [Num Lock]-Taste gedrückt und geben eine Null gefolgt vom dezimalen ASCII-Zeichencode ein. Um beispielsweise den Buchstaben "A" einzugeben, halten Sie die Alt-Taste gedrückt und geben 0192 ein.

Die Eingabe von Zeichen aus dem OEM-Zeichensatz ist ebenso einfach, obwohl diese den entsprechenden ANSI-Zeichensatzwerten zugeordnet werden. Bei eingeschalteter Num Lock-Taste halten Sie die Alt-Taste gedrückt und geben den dezimalen OEM-Zeichencode ein. Um beispielsweise den Buchstaben "à" einzugeben, halten Sie die Alt-Taste gedrückt und geben 133 ein.

Themen zum Multitasking

Nachdem wir nun die Grundlagen der Behandlung der Tastatureingabe und die Verwendung verschiedener Zeichensätze untersucht haben, wollen wir noch einige weitere Aspekte zum effektiven Einsatz der Tastatur betrachten.

Windows ist ein Multitasking-System. Das bedeutet, daß ein Mechanismus vorhanden sein muß, der die gemeinsame Nutzung von Geräten (wie beispielsweise der Tastatur) ermöglicht. Zur Umleitung der Tastatureingaben unterstützt Windows zwei Konzepte: das aktive Fenster und den Fokus.

Wenn ein Programm ein Fenster erstellt, entscheidet das Programm, ob es sich um ein übergeordnetes Fenster oder den Nachfolger eines anderen übergeordneten Fensters ist. Die meisten Programme erzeugen nur ein einziges übergeordnetes Fenster. Dieses Fenster dient als primäres Mittel zur Kommunikation zwischen dem Anwender und dem Programm. Eine Eigenschaft übergeordneter Fenster ist ihr Erscheinen in der Task-Liste, die in Beantwortung der Strg+Esc-Tastenkombination angezeigt wird. Die Task-Liste ermöglicht dem Anwender die Auswahl des übergeordneten Fensters, das er aktivieren möchte. Abbildung 15.4 zeigt eine derartige Task-Liste.

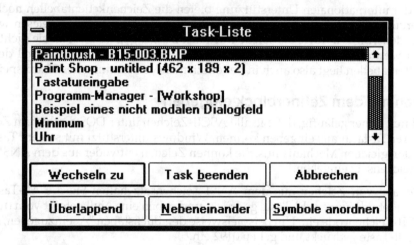

Abbildung 15.4: Die Task-Liste von Windows

Das aktive Fenster ist das übergeordnete Fenster, das der Anwender zum Arbeiten ausgewählt hat. Selbstverständlich gibt es außer der Auswahl aus der Task-Liste auch andere Möglichkeiten des Aktivierens von Fenstern. Beispielsweise könnte der Anwender das gewünschte Fenster mit der Maus anklicken oder er betätigt mehrmals die Alt+Tab-Tastenkombination, um zwischen den übergeordneten Fenstern hin und her zu schalten. Das aktive Fenster befindet sich immer oberhalb aller anderen über-geordneten Fenster im System. Dies ist sinnvoll, da dieses Fenster immer vollständig sichtbar sein sollte, wenn der Anwender damit arbeiten will.

Sobald ein übergeordnetes Fenster aktiviert wird, sendet Windows dem Fenster eine **WM_ACTIVATE**-Nachricht mit einem Wert im **wParam**-Parameter, der ungleich Null ist. Hierdurch wird dem Fenster mitgeteilt, daß der Benutzer ab sofort damit arbeiten möchte. Windows sendet auch eine **WM_NCACTIVATE**-Nachricht, die die Titelleiste dazu veranlaßt, ihre Farbe zu ändern, damit der Anwender einen sichtbaren Hinweis auf das aktive Fenster erhält. Wie auch andere Nachrichten des Nichtarbeitsbereiches wird diese von der Standard-Fensterprozedur behandelt.

In Beantwortung einer **WM_ACTIVATE**-Nachricht übergibt die vorgegebene Fensterprozedur dem aktiven Fenster den Fokus. Hier folgt der entsprechende Programmtext von **DefWindowProc**:

```
case WM_ACTIVATE:
    if (wParam)
        SetFocus (hWnd);
```

Der Fokus ist lediglich ein Indikator für Windows, der das Fenster kennzeichnet, das die Tastatureingabe erhält. Besitzt ein Fenster den Fokus, so verfügt es auch über die Tastatur. Einzig und allein dieses Fenster kann Tastaturnachrichten empfangen.

Erhält ein Fenster den Fokus, wird ihm dies von Windows durch die Versendung der Nachricht **WM_SETFOCUS** mitgeteilt. Doch vorher sendet Windows dem Fenster, das im Moment über die Tastatur verfügt, eine **WM_KILLFOCUS**-Nachricht. Durch diese beiden Nachrichten kann eine Fensterprozedur verfolgen, ob sie die Steuerung über die Tastatur besitzt oder nicht.

Warum sollte sich ein Fenster eigentlich darum kümmern, ob es über die Tastatur verfügen kann oder nicht? Wird es nicht trotzdem die richtigen Tastaturnachrichten erhalten? Die Antwort lautet: ja. Doch manchmal sollte die Fensterprozedur "wissen", ob sie den Fokus besitzt, damit spezielle Schritte ausgeführt werden können. Ein solcher Fall tritt ein, wenn wir z.B. eine Einfügemarke in einem Fenster einsetzen wollen. Dieses Thema wird als nächstes behandelt.

Einen Tastaturzeiger erstellen: Einfügemarken

Wenn ein Programm Tastatureingaben empfängt, ist es üblich, einen Tastaturzeiger anzuzeigen, um dem Anwender mitzuteilen, wo das nächste Zeichen eingefügt wird. In den meisten Umgebungen wird dieser Zeiger als Cursor bezeichnet. Da sich in Windows aber der Ausdruck *Cursor* auf den *Mauszeiger* bezieht, hat sich für einen *Tastaturzeiger* der Ausdruck *Einfügemarke* oder *Caret* (engl.) eingebürgert.

Eine Einfügemarke ist eine zumeist rechteckige, blinkende Bitmap, die dem Anwender verschiedene Informationen liefert. Zunächst teilt sie ihm mit, welches Fenster über die Tastatur verfügt - also den Fokus besitzt. Zweitens teilt sie dem Anwender die aktuelle Position mit, an der der Text (oder andere Objekte) als nächstes erscheinen wird.

Die wohl offensichtlichste Verwendung einer Einfügemarke liegt in der Markierung des aktuellen Punktes zur Texteingabe. Es gibt allerdings noch weitere Verwendungsarten. Beispielsweise kann eine Einfügemarke dazu verwendet werden, in einem Zeichenprogramm das aktuelle Objekt anzuzeigen. Weiterhin wird sie in Listenfeldern verwendet, um dem Anwender zu verdeutlichen, welches Listenelement durch die Tastatureingabe beeinflußt wird.

Windows besitzt vier Routinen für die Erstellung und Verwaltung der Tastatureinfügemarke:

Name der Routine	Beschreibung
CreateCaret	Erstellt eine Einfügemarke
SetCaretPos	Positioniert die Einfügemarke
ShowCaret	Macht eine Einfügemarke sichtbar
DestroyCaret	Zerstört eine Einfügemarke

Sie könnten vielleicht versucht sein, eine Einfügemarke bereits zu Beginn Ihres Programms zu erzeugen und diese bis zum Programmende beizubehalten. Leider liefert dies nicht die gewünschten Resultate. Der Grund hierfür liegt darin, daß Windows nicht in der Lage ist, eine Einfügemarke für das gesamte System zu verwalten. Deshalb kann ein Programm nur solange über eine Einfügemarke verfügen, wie der Fokus aktiviert ist. Aus diesem Grund sollten Sie eine Einfügemarke niemals auf folgende Weise erstellen:

```
/* Dies sollten Sie nicht machen! */
void TSampleWindow::WMCreate (TMessage& Msg)
    {
    CreateCaret (hwnd, 0, xWidth, yHeight);
    ...
    }

void TSampleWindow::WMDestroy (TMessage& Msg)
    {
    DestroyCaret ();
    ...
    }
```

Der geeignetere Weg zur Erstellung und Zerstörung einer Einfügemarke ist die Beantwortung der **WM_SETFOCUS**- und **WM_KILLFOCUS**-Nachrichten. Jedesmal, wenn Ihr Fenster den Tastaturfokus erhält, erstellt es eine Einfügemarke und jedesmal, wenn es den Tastaturfokus verliert, zerstört es seine Einfügemarke wieder. Vielleicht erscheint Ihnen dies als unverhältnismäßig viel Aufwand für eine kleine, blinkende Bitmap. Dieser Ansatz ist aber einfach notwendig, damit eine Einfügemarke in einem Windows-Programm richtig verwaltet werden kann.

```
/* Richtige Art und Weise zur Erstellung einer Einfügemarke */
void TSampleWindow::WMSetFocus (TMessage& Msg)
    {
    CreateCaret (hwnd, 0, xWidth, yHeight0);
    ...
    }

void TSampleWindow::WMKillFocus (TMessage& Msg)
    {
    DestroyCaret ();
    ...
    }
```

Die **CreateCaret**-Routine ist wie folgt definiert:

```
void CreateCaret (hWdn, hBitmap, nWidth, nHeight)
```

- *hWnd* ist ein Handle auf das Fenster, in dem die Einfügemarke positioniert wird.

- *hBitmap* ist ein Handle auf eine Bitmap. Dies kann eine 0, 1 oder ein richtiges Bitmap-Handle sein.

- *nWidth* ist die Breite der Einfügemarke.

- *nHeight* ist die Höhe der Einfügemarke.

Das zweite Feld, *hBitmap*, ist das Schlüsselfeld, das die Form und Farbe der Einfüge-marke festlegt. Ist es auf Null gesetzt, bildet die Bitmap ein schwarzes Viereck, das *nWidth* breit und *nHeight* hoch ist. Ist es auf Eins gesetzt, bildet die Bitmap ein graues Viereck, das *nWidth* breit und *nHeight* hoch ist. Wird dagegen eine GDI-Bitmap verwendet, nimmt die Einfügemarke die Form dieser Bitmap an.

Wenn wir eine Einfügemarke erstellen, wollen wir natürlich sicherstellen, daß sie groß genug ist, um sichtbar zu sein. Da wir die Einfügemarke zur Hervorhebung des Texteingabepunktes verwenden wollen, ist es sinnvoll, die Einfügemarke genauso groß zu machen wie den Text. Im folgenden Beispiel sehen Sie, wie eine schwarze Einfügemarke erstellt wird, die diesen Anforderungen entspricht:

```
...
void TSampleWindow::WMCreate (TMessage& Msg)
    {
    HDC hdc;
    TEXTMETRIC tm;

    hdc = GetDC (hwnd);
    GetTextMetrics (hdc, &tm);
    cyHeight = tm.tmHeight;
    ReleaseDC (hwnd, hdc);
    }
```

```
void TSampleWindow::WMSetFocus (TMessage& Msg)
    {
    CreateCaret (hwnd,
                 0,// vorgegebene schwarze Einfügemarke
                 0,// vorgegebene Breite
                 cyHeight);
    ...
    }
```

Hier sehen Sie, wie eine graue Einfügemarke in der gleichen Größe erstellt wird:

```
CreateCaret (hwnd,
             1,    // vorgegebene graue Einfügemarke
             0,    // vorgegebene Breite
             cyHeight);
```

Mit der Wahl der Breite *Null* veranlassen wir Windows, die Standardbreite selbständig zu wählen. In unserem Fall ist dies die Breite des Fensterrahmens.

Wir könnten ebenfalls eine Bitmap erstellen, in ihr unter Verwendung der GDI-Zeichenroutinen eine Figur zeichnen und sie dann als Einfügemarke verwenden. Wir werden im folgenden eine monochrome Bitmap erstellen. Der schwarze Anteil der Bitmap wird ignoriert, während der weiße Anteil der Bitmap aufblinkt. Der folgende Programmcode zeigt, wie eine Einfügemarke mit der Form eines I-Balkens erstellt wird. Beachten Sie, daß der größte Teil der Arbeit im Erstellen der Bitmap und dem anschließenden Zeichnen besteht:

```
void TSampleWindow::WMCreate (TMessage& Msg)
    {
    HBITMAP hbmOld;
    HDC hdc;
    HDC hdcBitmap;
    TEXTMETRIC tm;

    hdc = GetDC (hwnd);
    GetTextMetrics (hdc, &tm);
    yLineHeight = tm.tmHeight + tm.tmExteralLeading;
    ReleaseDC (hwnd, hdc);

    hdcBitmap = CreateCompatibleDC (hdc);
    hbm = CreateBitmap (xLeftMargin,
                        yLineHeight,
                        1, 1, NULL);
    hbmOld = SelectObject (hdcBitmap, hbm);

    /* Bitmap leeren */
    SelectObject (hdcBitmap, GetStockObject (BLACK_BRUSH));
    Rectangle (hdcBitmap, 0, 0, xLeftMargin, yLineHeight);
```

```
    /* Aktuelles Darstellen in Weiß */
    SelectObject (hdcBitmap, GetStockObject (WHITE_PEN));
    MoveTo (hdcBitmap, 0, 0);
    LineTo (hdcBitmap, xLeftMargin+1, 0);
    MoveTo (hdcBitmap, xLeftMargin/2, 0);
    LineTo (hdcBitmap, xLeftMargin/2, yLineHeight-1);
    MoveTo (hdcBitmap, 0, yLineHeight-1);
    LineTo (hdcBitmap, xLeftMargin+1, yLineHeight-1);
    SelectObject (hdcBitmap, hbmOld);
    DeleteDC (hdcBitmap);
    ...
    }
void TSampleWindow::WMDestroy (TMessage& Msg)
    {
    DeleteObject (hbm);
    }
void TSampleWindow::WMSetFocus (TMessage& Msg)
    {
    DestroyCaret ();
    }
void TSampleWindow::WMSetFocus (TMessage& Msg)
    {
    CreateCaret (hwnd,
                 hbm,        // hBitmap
                 0,          // xWidth
                 0);         // yWidth
    SetCaretPos (x, y);
    ShowCaret (hwnd);
    }
```

Selbstverständlich setzt dieser Programmtext voraus, daß ein Bitmap-Handle als statisches Objekt belegt wurde:

```
static HBITMAP hbm;
```

Betrachten wir nun ein Programm, das mit einer Einfügemarke arbeitet. Wir haben das KEYINPUT-Programm so verändert, daß eine Einfügemarke eingesetzt werden kann. Zusätzlich zur korrekten Erstellung und Entfernung der Einfügemarke kann die Einfügemarke auch in Beantwortung der Pfeiltasten der Tastatur verschoben werden. Hier folgt der Programmcode von CARET:

MAKEFILE.MAK

```
.AUTODEPEND

#   Compilerdefinitionen
INC=C:\BORLANDC\OWL\INCLUDE;C:\BORLANDC\CLASSLIB\INCLUDE;C:\BOR-
```

```
LANDC\INCLUDE
CC = bcc -c -D_CLASSDLL -H -ml -WS -w -I$(INC)

#    Implizite Regeln
.c.obj:
  $(CC) {$< }

.cpp.obj:
  $(CC) {$< }

#  Explizite Regeln
Caret.exe: Caret.res Caret.def Caret.obj
    tlink /c/C/n/P-/Twe/x @Caret.LNK
    RC Caret.res Caret.exe

#    Einzelne Dateiabhängigkeiten
Caret.obj: Caret.cpp

Caret.res: Caret.rc Caret.cur Caret.ico
    RC -R -FO Caret.res Caret.RC
```

CARET.LNK

```
c:\borlandc\lib\c0wl.obj+
Caret.obj
Caret,Caret
\borlandc\owl\lib\owl.lib+
crtll.lib+
cwl.lib+
import.lib+
mathl.lib+
cl.lib
Caret.def
```

CARET.CPP

```
/*-----------------------------------------------------------------*\
| CARET.CPP  - Veranschaulichung der Einfügemarke.                  |
\*-----------------------------------------------------------------*/
#include <owl.h>

#define CHARMSGASCII(arg) (arg.WParam)
#define KEYMSG_VK(arg) (arg.WParam)

/*-----------------------------------------------------------------*\
|                            Konstanten.                            |
\*-----------------------------------------------------------------*/
const int BUFSIZE = 40;
const int CARET_ACTIVE   = 0x01;
const int CARET_INACTIVE = 0x02;
```

```
/*----------------------------------------------------------*\
|                    Klassendeklarationen.                   |
\*----------------------------------------------------------*/
class TCaretApplication : public TApplication
  {
  public:
    TCaretApplication (LPSTR lpszName, HANDLE hInstance,
                       HANDLE hPrevInstance, LPSTR lpszCmdLine,
                       int nCmdShow);
    virtual void InitMainWindow ();
  };

class TCaret
  {
  public:
    TCaret(HWND hwndIn, HANDLE hFontIn);
    ~TCaret();
    virtual void   Hide();
    virtual void   Show();
    virtual int    GetAnchorX();
    virtual int    GetAnchorY();
    virtual int    GetCharPosition ();
    virtual HANDLE GetFontHandle();
    virtual int    GetState ();
    virtual LPSTR  GetStringPtr();
    virtual void   SetAnchor (int X, int Y);
    virtual void   SetCharPosition (int iChar);
    virtual void   SetFontHandle(HANDLE hFontIn);
    virtual void   SetState (int AFlag);
    virtual void   SetStringPtr(LPSTR lpstrIn);
  private:
    HANDLE  hFont;
    HDC     hdcInfo;
    HWND    hwnd;
    int     iCharPos;
    int     iFlag;
    int     cxCaretWidth;
    int     cyCaretHeight;
    POINT   ptPixelPos;
    POINT   ptAnchor;
    LPSTR   lpString;
  };

class TCaretWindow : public TWindow
  {
  public:
    TCaret * PCaret;
```

```
    TCaretWindow (PTWindowsObject pwParent, LPSTR lpszTitle,
                 PTModule pmModule);
    virtual LPSTR GetClassName ();
    virtual void  GetWindowClass (WNDCLASS&);
    virtual void  WMChar(TMessage& Msg) = [WM_CHAR];
    virtual void  WMCreate(TMessage& Msg) = [WM_CREATE];
    virtual void  WMDestroy(TMessage& Msg) = [WM_DESTROY];
    virtual void  WMKeyDown(TMessage& Msg) = [WM_KEYDOWN];
    virtual void  WMPaint(TMessage& Msg);
    virtual void  WMSetFocus(TMessage& Msg) = [WM_SETFOCUS];
    virtual void  WMKillFocus(TMessage& Msg) = [WM_KILLFOCUS];
  private:
    unsigned char achInput[BUFSIZE];
    unsigned int  cchInput;
    unsigned int  ichNext;
    unsigned int  yLineHeight;
    unsigned int  xLeftMargin;
  };

/*-----------------------------------------------------------------*\
|                    Hauptfunktion:  WinMain.                       |
\*-----------------------------------------------------------------*/
int PASCAL WinMain (HANDLE hInstance,   HANDLE hPrevInstance,
                 LPSTR  lpszCmdLine, int    nCmdShow)
    {
    TCaretApplication Caret ("Caret", hInstance, hPrevInstance,
                         lpszCmdLine, nCmdShow);
    Caret.Run();
    return Caret.Status;
    }

/*-----------------------------------------------------------------*\
|              Komponente der Application-Klasse.                   |
\*-----------------------------------------------------------------*/
TCaretApplication::TCaretApplication (LPSTR lpszName,
                 HANDLE hInstance, HANDLE hPrevInstance,
                 LPSTR lpszCmdLine, int nCmdShow)
                :TApplication (lpszName, hInstance,
                 hPrevInstance, lpszCmdLine, nCmdShow)
    {
    /* Die anwendungsspezifische Initialisierung erfolgt hier.  */
    }


/*-----------------------------------------------------------------*\
|              Komponente der Application-Klasse.                   |
\*-----------------------------------------------------------------*/
void TCaretApplication::InitMainWindow()
  {
```

540

```
MainWindow = new TCaretWindow (NULL,
             "Veranschaulichung der Einfügemarke ", NULL);
  }
/*-----------------------------------------------------------*\
|                  TCaretWindow-Komponentenfunktion.          |
\*-----------------------------------------------------------*/
TCaretWindow::TCaretWindow (PTWindowsObject pwParent,
                LPSTR lpszTitle, PTModule pmModule)
           :TWindow (pwParent, lpszTitle, pmModule)
    {
    HDC        hdc;
    TEXTMETRIC tm;

    hdc = CreateDC ("DISPLAY", 0, 0, 0);

    GetTextMetrics (hdc, &tm);
    yLineHeight = tm.tmHeight + tm.tmExternalLeading;
    xLeftMargin = tm.tmAveCharWidth;

    DeleteDC (hdc);

    cchInput = 0;
    ichNext  = 0;
    }
/*-----------------------------------------------------------*\
|                  TCaretWindow-Komponentenfunktion.          |
\*-----------------------------------------------------------*/
LPSTR TCaretWindow::GetClassName()
    {
    return "Caret:MAIN";
    }
/*-----------------------------------------------------------*\
|                  TCaretWindow-Komponentenfunktion.          |
\*-----------------------------------------------------------*/
void TCaretWindow::GetWindowClass (WNDCLASS& wc)
    {
    TWindow::GetWindowClass (wc);
    wc.hIcon=LoadIcon (wc.hInstance, "snapshot");
    wc.hCursor=LoadCursor (wc.hInstance, "hand");
    }
/*-----------------------------------------------------------*\
|                  TCaretWindow-Komponentenfunktion.          |
\*-----------------------------------------------------------*/
void TCaretWindow::WMChar(TMessage& Msg)
    {
    DWORD dw;
    HDC   hdc;
```

541

```
int    i;
WORD   wVirtKey;

// Ermitteln des virtuellen Schlüsselwertes
wVirtKey = CHARMSGASCII(Msg);

if (wVirtKey == VK_BACK)      //  Rücktaste.
    {
    if (ichNext == 0)
        MessageBeep(0);
    else                              //  Entfernen eines Zeichens.
        {
        ichNext--;
        PCaret->SetCharPosition(ichNext);

        for (i=ichNext;i<cchInput;i++)
            achInput[i]=achInput[i+1];
        cchInput--;
        InvalidateRect (HWindow, NULL, TRUE);
        }
    return;
    }

// Nachricht, falls Zeichen außerhalb des Bereiches
// oder wenn der Puffer voll ist.
if ((wVirtKey <= VK_ESCAPE) || (cchInput >= BUFSIZE))
    {
    MessageBeep(0);
    return;
    }

// Platz schaffen für das nächste Zeichen.
for (i=cchInput;i>ichNext;i--)
    achInput[i]=achInput[i-1];

/* Neues Zeichen in Puffer übertragen.  */
achInput[ichNext] = (unsigned char)wVirtKey;

// Inkrementieren der Zeichen.
cchInput++;

PCaret->Hide();

// Ausgabe erneuern.
hdc = GetDC(HWindow);
dw = GetTextExtent (hdc, (LPSTR)&achInput[0], ichNext);
TextOut (hdc,
         xLeftMargin+LOWORD(dw),
         yLineHeight,
         (LPSTR)&achInput[ichNext],
         cchInput - ichNext);
ReleaseDC (HWindow, hdc);
```

542

```
    PCaret->Show();

    // Inkrementieren des Indexes auf das nächste Zeichen.
    ichNext++;
    PCaret->SetCharPosition(ichNext);
    }
/*------------------------------------------------------------*\
|                  TCaretWindow-Komponentenfunktion.          |
\*------------------------------------------------------------*/
void TCaretWindow::WMCreate(TMessage& Msg)
    {
    HANDLE hFont;

    hFont = GetStockObject (SYSTEM_FONT);
    PCaret = new TCaret (Msg.Receiver, hFont);

    PCaret->SetAnchor (xLeftMargin, yLineHeight);
    PCaret->SetStringPtr ((LPSTR)&achInput[0]);
    }
/*------------------------------------------------------------*\
|                  TCaretWindow-Komponentenfunktion.          |
\*------------------------------------------------------------*/
void TCaretWindow::WMDestroy(TMessage& Msg)
    {
    delete PCaret;

    TWindow::WMDestroy(Msg);
    }
/*------------------------------------------------------------*\
|                  TCaretWindow-Komponentenfunktion.          |
\*------------------------------------------------------------*/
void TCaretWindow::WMKeyDown(TMessage& Msg)
    {
    BOOL fCaretMoved = FALSE;

    switch (KEYMSG_VK(Msg))
        {
        case VK_DELETE:
            /* Nachricht, falls Ende des Puffers erreicht ist. */
            if (ichNext == cchInput)
                MessageBeep(0);
            else /* Entfernen eines Zeichens. */
                {
                int i;
                for (i=ichNext;i<cchInput;i++)
                    achInput[i]=achInput[i+1];
                cchInput--;
                InvalidateRect (HWindow, NULL, TRUE);
```

```
                    }
                break;
        case VK_END:
            ichNext = cchInput;
            fCaretMoved = TRUE;
            break;
        case VK_HOME:
            ichNext = 0;
            fCaretMoved = TRUE;
            break;
        case VK_LEFT:
            if (ichNext > 0)
                {
                ichNext--;
                fCaretMoved = TRUE;
                }
            else
                MessageBeep(0);
            break;
        case VK_RIGHT:
            if (ichNext < cchInput)
                {
                ichNext++;
                fCaretMoved = TRUE;
                }
            else
                MessageBeep(0);
            break;
        }

    if (fCaretMoved)
        PCaret->SetCharPosition(ichNext);
    }
/*-----------------------------------------------------------------*\
|                   TCaretWindow-Komponentenfunktion.               |
\*-----------------------------------------------------------------*/
void TCaretWindow::WMPaint(TMessage& Msg)
    {
    PAINTSTRUCT ps;

    BeginPaint (Msg.Receiver, &ps);
    TextOut (ps.hdc, xLeftMargin, yLineHeight, (LPSTR)achInput,
            cchInput);
    EndPaint (Msg.Receiver, &ps);
    }
/*-----------------------------------------------------------------*\
|                   TCaretWindow-Komponentenfunktion.               |
\*-----------------------------------------------------------------*/
```

```
void TCaretWindow::WMSetFocus(TMessage& Msg)
    {
    PCaret->SetCharPosition(ichNext);
    PCaret->SetState(CARET_ACTIVE);
    }
/*-----------------------------------------------------------*\
|                  TCaretWindow-Komponentenfunktion.          |
\*-----------------------------------------------------------*/
void TCaretWindow::WMKillFocus(TMessage& Msg)
    {
    PCaret->SetState(CARET_INACTIVE);
    }
/*-----------------------------------------------------------*\
|                  TCaret-Komponentenfunktion.                |
\*-----------------------------------------------------------*/
TCaret::TCaret(HWND hwndIn, HANDLE hFontIn)
    {
    HANDLE    hfontOld;
    TEXTMETRIC tm;

    hdcInfo = CreateIC ("DISPLAY", 0, 0, 0);
    hfontOld = SelectObject (hdcInfo, hFontIn);
    GetTextMetrics (hdcInfo, &tm);
    SelectObject (hdcInfo, hfontOld);

    hwnd          = hwndIn;
    hFont         = hFontIn;
    iCharPos      = 0;
    iFlag         = CARET_INACTIVE;
    cxCaretWidth  = GetSystemMetrics (SM_CXBORDER);
    cyCaretHeight = tm.tmHeight;
    ptPixelPos.x  = 0;
    ptPixelPos.y  = 0;
    ptAnchor.x    = 0;
    ptAnchor.y    = 0;
    lpString      = (LPSTR)0L;
    }
/*-----------------------------------------------------------*\
|                  TCaret-Komponentenfunktion.                |
\*-----------------------------------------------------------*/
TCaret::~TCaret()
    {
    if (iFlag & CARET_ACTIVE)
        {
        HideCaret(hwnd);
        DestroyCaret();
        }
```

```
    DeleteDC (hdcInfo);
    }
/*----------------------------------------------------------*\
|                     TCaret-Komponentenfunktion.            |
\*----------------------------------------------------------*/
void TCaret::Hide()
    {
    HideCaret(hwnd);
    }
/*----------------------------------------------------------*\
|                     TCaret-Komponentenfunktion.            |
\*----------------------------------------------------------*/
void TCaret::Show()
    {
    ShowCaret(hwnd);
    }
/*----------------------------------------------------------*\
|                     TCaret-Komponentenfunktion.            |
\*----------------------------------------------------------*/
int    TCaret::GetAnchorX()
    {
    return ptAnchor.x;
    }
/*----------------------------------------------------------*\
|                     TCaret-Komponentenfunktion.            |
\*----------------------------------------------------------*/
int    TCaret::GetAnchorY()
    {
    return ptAnchor.y;
    }
/*----------------------------------------------------------*\
|                     TCaret-Komponentenfunktion.            |
\*----------------------------------------------------------*/
int    TCaret::GetCharPosition ()
    {
    return iCharPos;
    }
/*----------------------------------------------------------*\
|                     TCaret-Komponentenfunktion.            |
\*----------------------------------------------------------*/
HANDLE TCaret::GetFontHandle()
    {
    return hFont;
    }
```

```
/*------------------------------------------------------------------*\
|                   TCaret-Komponentenfunktion.                      |
\*------------------------------------------------------------------*/
int     TCaret::GetState ()
    {
    return iFlag;
    }

/*------------------------------------------------------------------*\
|                   TCaret-Komponentenfunktion.                      |
\*------------------------------------------------------------------*/
LPSTR   TCaret::GetStringPtr()
    {
    return lpString;
    }

/*------------------------------------------------------------------*\
|                   TCaret-Komponentenfunktion.                      |
\*------------------------------------------------------------------*/
void    TCaret::SetAnchor (int X, int Y)
    {
    ptAnchor.x = X;
    ptAnchor.y = Y;
    }

/*------------------------------------------------------------------*\
|                   TCaret-Komponentenfunktion.                      |
\*------------------------------------------------------------------*/
void    TCaret::SetCharPosition (int iChar)
    {
    DWORD  dwSize;
    HANDLE hFontOld;
    int    xWidth;

    iCharPos = iChar;

    // Berechnen der Breite der Zeichenkette.
    hFontOld = SelectObject (hdcInfo, hFont);
    dwSize = GetTextExtent (hdcInfo, lpString, iCharPos);
    xWidth = LOWORD(dwSize);
    SelectObject (hdcInfo, hFontOld);

    // Positionsangaben der Einfügemarke erneuern.
    ptPixelPos.x = ptAnchor.x + xWidth;
    ptPixelPos.y = ptAnchor.y;

    // Position der Einfügemarke erneuern, falls diese aktiv ist.
    if (iFlag & CARET_ACTIVE)
        {
        SetCaretPos (ptPixelPos.x, ptPixelPos.y);
```

547

```
          }
    }
/*-----------------------------------------------------------------*\
|                    TCaret-Komponentenfunktion.                    |
\*-----------------------------------------------------------------*/
void    TCaret::SetFontHandle(HANDLE hFontIn)
    {
    HANDLE      hfontOld;
    TEXTMETRIC tm;

    hfontOld = SelectObject (hdcInfo, hFontIn);
    GetTextMetrics (hdcInfo, &tm);
    SelectObject (hdcInfo, hfontOld);

    hFont        = hFontIn;
    cyCaretHeight = tm.tmHeight;
    }

/*-----------------------------------------------------------------*\
|                    TCaret-Komponentenfunktion.                    |
\*-----------------------------------------------------------------*/
void    TCaret::SetState (int AFlag)
    {
    if (iFlag == AFlag)
        return;

    if (AFlag & CARET_ACTIVE)
        {
        CreateCaret (hwnd, 0, cxCaretWidth, cyCaretHeight);
        SetCaretPos (ptPixelPos.x, ptPixelPos.y);
        ShowCaret (hwnd);
        }

    if (AFlag & CARET_INACTIVE)
        {
        DestroyCaret ();
        }

    iFlag = AFlag;
    }
```

```
/*--------------------------------------------------------------*\
|                  TCaret-Komponentenfunktion.                   |
\*--------------------------------------------------------------*/
void   TCaret::SetStringPtr(LPSTR lpstrIn)
    {
    lpString = lpstrIn;
    }
```

CARET.RC

```
snapshot icon Caret.ico

hand cursor Caret.cur
```

CARET.DEF

```
NAME CARET

EXETYPE WINDOWS

DESCRIPTION 'Caret - Tastaturzeiger'
CODE MOVEABLE DISCARDABLE
DATA MOVEABLE MULTIPLE

HEAPSIZE   512
STACKSIZE 5120
```

In diesem Programm haben wir die Einfügemarkenklasse **TCaret** erstellt, mit deren Hilfe Windows eine Einfügemarke verwalten kann. Mann könnte diese Klasse sicherlich verbessern. Sie bildet jedoch eine ausreichende Grundlage fürt den Aufbau einer Einfügemarkenklasse in einer realen Anwendung. Untersuchen wir jetzt die Datenkomponenten und Komponentenfunktionen von **TCaret**. Wir beginnen mit den Datenkomponenten:

Typ	Name	Beschreibung
HANDLE	hFont	Verwendete Schriftart für die Anzeige von Zeichenketten, verwendet zur Berechnung der Breiteninformationen der Zeichenkette.
HDC	hdcInfo	Ständiger Informationskontext (IC), wird zur Herleitung der Zeichen-/Schriftartbreiteninformationen verwendet.
HWND	hwnd	Fenster, in dem die Schriftart erscheint.
int	iCharPos	Position der Einfügemarke in Zeichenzellen.
int	iFlag	Aktives/inaktives Flag.

549

Typ	Name	Beschreibung
int	cxCaretWidth	Breite der Einfügemarke in Bildpunkten. Die Breite ist gleich der Rahmenbreite eines Fensters.
int	cyCaretHeight	Höhe der Einfügemarke in Bildpunkten. Die Höhe ist gleich der Höhe der aktuellen Schriftart.
POINT	ptPixelPos	Position (x,y) der Einfügemarke in Bildpunkten.
POINT	ptAnchor	Ankerpunkt (x,y) der Zeichenkette, von der die Einfügemarkenposition berechnet wird.
LPSTR	lpString	Zeigt auf die Zeichenkette, relativ zu der die Einfügemarke eingefügt wird.

Die **TCaret**-Klasse verwaltet die Bewegung einer Einfügemarke durch eine Zeichenkette. Dies geschieht durch die Kontrolle aller Informationen bezüglich der Einfügemarke: ein Windows-Handle auf das Textfenster, ein Zeiger auf die Zeichenkette, die verwendete Schriftart und die relative Position der Zeichenkette im Textfenster. Wurden diese Werte gesetzt, müssen Sie mit **iCharPos** lediglich noch die Zeichenposition der Einfügemarke angeben. Dies wird durch den Aufruf der **SetCharPosition**-Komponentenfunktion erreicht. Betrachten wir die weiteren Komponentenfunktionen:

Funktionsname	Beschreibung
TCaret	Konstruktor
~TCaret	Destruktor
Hide	Versteckt eine Einfügemarke. Um einen Konflikt mit der Ausgabe in einem Fenster zu vermeiden, müssen Sie die Einfügemarke verbergen, wenn Sie in einem Fenster zeichnen.
Show	Zeigt eine Einfügemarke an.
GetAnchorX	Liefert den x-Wert der Ankerposition der Zeichenkette zurück.
GetAnchorY	Liefert den y-Wert der Ankerposition der Zeichenkette zurück.
GetCharPosition	Liefert die Position des Zeichens zurück.
GetFontHandle	Liefert das Schriftart-Handle zurück.
GetState	Liefert den aktiven/inaktiven Zustand zurück.

Funktionsname	Beschreibung
GetStringPtr	Liefert einen Zeiger auf die aktuelle Zeichenkette zurück.
SetAnchor	Setzt die Ankerposition der Zeichenkette.
SetCharPosition	Setzt die Zeichenposition der Einfügemarke.
SetFontHandle	Setzt das Schriftart-Handle.
SetState	Setzt den aktiven/inaktiven Zustand.
SetStringPtr	Setzt den aktuellen Zeichenkettenzeiger.

Ein wichtiger Aspekt der Einfügemarken ist, daß sie verborgen werden müssen, solange Sie in einem Fenster zeichnen. Falls Sie während einer Nachricht (außer der **WM_PAINT**-Nachricht) etwas darstellen, müssen Sie die Einfügemarke verbergen, solange Sie etwas zeichnen. Dies ist notwendig, da die Darstellung einer Einfügemarke asynchron zu den Systemnachrichten erfolgt. Bevor Sie **GetDC** aufrufen, müssen Sie die Einfügemarke durch den Aufruf von **HideCaret** verbergen. Nachdem der DC durch den Aufruf von **ReleaseDC** wieder entfernt wurde, stellen Sie die Einfügemarke durch den Aufruf von **ShowCaret** wieder her. Ganau das geschieht durch die **Hide**- und **Show**-Komponentenfunktionen von **TCaret (TCaretWindow::WMChar**, um genau zu sein) im folgenden Teil unseres Beispielprogramms:

```
PCaret->Hide();

// Anzeige erneuern.
hdc = GetDC (HWindow);
dw = GetTextExtent (hdc, (LPSTR) &achInput [0], ichNext);
TextOut (hdc,
         xLeftMargin+LOWORD (dw),
         yLineHeight,
         (LPSTR) &achInput [ichNext],
         cchInput - ichNext);
ReleaseDC (HWindow, hdc);

PCaret->Show ();
```

Das einzig Wichtige, das über Einfügemarken gesagt werden sollte, ist, daß sie durch die Beantwortung der **WM_SETFOCUS**-Nachricht erstellt und in Beantwortung der **WM_KILLFOCUS**-Nachricht zerstört werden müssen. Mit **TCaret** werden beide Aktionen durch die **SetState**-Komponentenfunktionen ausgeführt. Wird die Einfügemarke mit dem **CARET_ACTIVE**-Flag aufgerufen, so wird die Einfügemarke erstellt und angezeigt. Wird die Einfügemarke mit dem **CARET_INACTIVE**-Flag aufgerufen, so wird die Einfügemarke zerstört. Falls ein Programm bei der Zerstörung einer Einfügemarke in Beantwortung der **WM_KILLFOCUS**-Nachricht versagt, wird der Fensterverwalter irritiert, da er nur eine einzige Einfügemarke zu jedem Zeitpunkt im System zuläßt. Falls Ihr Programm es nicht schafft, diese Regeln einzuhalten, werden Sie eine verwaiste Einfügemarke in einem Fenster erhalten. Es ist nicht schwer, dies zu vermeiden: erstellen und zerstören Sie Einfügemarken in Beantwortung der richtigen Nachrichten.

Damit ist unsere Betrachtung der Tastatureingabe und der Einfügemarken beendet. Sie wissen nun, daß die Tastatureingabe einen zweistufigen Umwandlungsprozeß durchläuft: vom Scancode in den virtuellen Tastencode und vom virtuellen Tastencode in den ASCII-Zeichencode. Dieser zweistufige Prozeß macht Windows zu einem internationalen Betriebssystem und ermöglicht es, daß alle Windows-Programme nahezu unverändert in aller Welt arbeiten können.

Im nächsten Kapitel werden wir ein anderes Windows-Eingabegerät betrachten: die Maus. Im Idealfall erlaubt ein Windows-Programm dem Anwender, zwischen der Maus und der Tastatur für die Operationen des Programms beliebig zu wechseln. Sehen wir uns an, wie das funktioniert.

Kapitel 16

Mauseingabe

Eine Maus ist ein Zeigegerät in der Größe eines Päckchens Spielkarten, das über ein Kabel mit dem Rechner verbunden ist. Die erste Maus wurde Mitte der 60er Jahre am Stanford Research Institute (SRI) entwickelt. Während der 70er Jahre spielte die Maus eine Schlüsselrolle in der Computerforschung des Palo Alto Research Centers (PARC) von XEROX. Die Computerwelt schenkte der Maus anfangs nur wenig Beachtung. Erst in den 80er Jahren konnte sich die Maus dank der immensen Popularität der Personalcomputer durchsetzen.

Die Maus ermöglicht dem Anwender, schnell auf verschiedene Objekte und Positionen auf den Bildschirm zu zeigen. Mit einer Flexibilität, die durch eine Tastatur niemals erreicht werden kann, lassen sich mit der Maus Objekte aufnehmen, verschieben und in vielseitiger Weise manipulieren. Ein Hauptvorteil der Maus gegenüber der Tastatur besteht darin, daß das Zeigen eine natürliche, menschliche Handlung ist, die wir schon in den jüngsten Jahren beherrschen. Die Bestätigung von Buchstabenkombinationen auf einer Tastatur ist sicherlich eine weniger natürliche Kommunikationsform.

Für Windows stellt die Maus ein sehr wichtiges Eingabegerät dar: mit ihr können Programme aufgerufen, Fenster verschoben, Menübefehle ausgewählt werden. In vielen Programmen können sogar die Datenobjekte unmittelbar manipuliert werden. Bei der Erstellung von Windows-Programmen sollten Sie sich stets die vielfältigen Möglichkeiten vor Augen halten, die durch den einfachen Vorgang des Zeigens ermöglicht werden.

Obwohl die Maus für Windows und Windows-Anwendungen eines der wesentlichsten Eingabegeräte ist, besitzt nicht unbedingt jeder Windows-Rechner eine Maus. Auch wenn ein Rechner mit einer Maus ausgestattet sein sollte, kann es vorkommen, daß ein Anwender die Maus nicht einsetzen will. Bereits in den frühen Zeiten der Windows-Entwicklung wurde dieser Gesichtspunkt von Entwicklern verschiedener populärer Softwarepakete zur Diskussion gestellt. Insbesondere die Entwickler der vielen DOS-Programme, die ausschließlich über die Tastatur bedient wurden, waren über die Eignung von Windows für ihre Programme sehr im Zweifel. Als Reaktion darauf veränderte Microsoft Windows dahingehend, daß alle verfügbaren Mausfunktionen auch durch die Tastatur ausgeführt werden können. Im Idealfall sollte der

Anwender zu jedem Zeitpunkt ohne jeglichen Arbeitsaufwand nach Belieben von einem Eingabegerät zum anderen wechseln können.

Dieser Ansatz wurde schließlich auch im Windows-Menüsystem weitgehend verwirklicht. Wenn Sie z.B. das Systemmenü aktivieren wollen, klicken Sie für gewöhnlich das Systemmenüsymbol mit der Maus an. Genausogut aber können Sie dasselbe Ergebnis durch Betätigen der [Alt]+[Leertaste] hervorrufen. Ist das Systemmenü erschienen, können Sie die einzelnen Befehle des Systemmenüs ganz nach Belieben entweder durch die Maus oder durch die Tastatur auswählen. Verwenden Sie die Maus, dann wählen Sie den gewünschten Menübefehl durch einen Maustastendruck an. Verwenden Sie die Tastatur, dann stehen Ihnen zwei Möglichkeiten zur Auswahl: mit den Pfeiltasten können Sie einen Menübefehl anwählen und anschließend mit der Eingabetaste bestätigen oder Sie drücken einfach eine Taste für den unterstrichenen Buchstaben in einem Menübefehlnamen. Nachdem Sie das Systemmenü aufgerufen haben, können Sie es natürlich auch wieder schließen. Auch für diesen Fall stehen Ihnen sowhohl ein Tastatur- als auch ein Mausbefehl zur Verfügung. Auf der Tastatur drücken Sie dazu die Esc-Taste. Bei Verwendung der Maus klicken Sie einfach eine beliebige Stelle außerhalb des Systemmenüs an. In beiden Fällen ist das Systemmenü verschwunden.

Diese Flexibilität von Windows erlaubt dem Anwender den wechselseitigen Gebrauch der beiden Geräte - je nach persönlicher Vorliebe. Wir empfehlen Ihnen, bei der Gestaltung der Benutzerschnittstellen Ihrer Windows-Programme einen vergleichbaren Ansatz zu wählen. Sicherlich erfordert eine robuste, flexible Schnittstelle ein sorgfältiges Durchdenken der einzelnen Möglichkeiten und Optionen. Die verbesserte Bedienungsfreundlichkeit Ihres Programms wird aber auch den Nutzen Ihres Programmes beträchtlich erhöhen.

Falls Sie noch nie eine Maus verwendet haben, zweifeln Sie vielleicht an der Brauchbarkeit dieses ziemlich einfachen Eingabegerätes. Hierzu gibt es eine Geschichte über einen Forscher am Xerox PARC, Larry Tesler, der in puncto Maus ebenfalls seine Zweifel hegte. Er führte ein Experiment durch, das beweisen sollte, daß die Maus kein sehr nützliches Eingabegerät ist. Er wählte sich willkürlich einige Leute von der Straße aus und lehrte sie, wie man einen Texteditor mit den Pfeiltasten der Tastatur bediente. Nach einer Stunde etwa führte er die Maus als Alternative zu den Zeigertasten ein. Nachdem sie mit der Maus ein wenig herumgespielt hatten, verwendeten die meisten Personen nur noch die Maus und ignorierten die - eigentlich vertrauteren - Pfeiltasten der Tastatur. In Teslers Experiment ging der Schuß nach hinten los: Obwohl er aufzeigen wollte, daß die Maus ein ungeeignetes Eingabegerät ist, mußte er feststellen, daß die meisten Anwender lieber mit der Maus arbeiten, als mit der Tastatur.

Vielleicht sind Sie, wie viele andere Programmierer auch, primär auf die Tastatureingabe eingeschworen. In diesem Fall sollten Sie sich die Zeit nehmen, mit der Maus herumzuspielen. Dies hilft Ihnen dabei, ein besserer Windows-Programmierer zu werden, da Sie die Vorteile der Mausbenutzung im praktischen Umgang am besten und schnellsten erkennen werden. In diesem Kapitel beschreiben wir alle wesentlichen Verwendungsmöglichkeiten der Maus unter Windows.

Der Nutzen der Maus

Wir beginnen unsere Besprechung der Maus aus der Sicht des Anwenders. Dabei wollen wir die folgende Frage beantworten: Wofür wird die Maus verwendet? Falls Sie bereits ein erfahrener Mausanwender sind, können Sie diese Seiten ruhig überspringen und an der Stelle weiterlesen, an der die Besprechung der eigentlichen Programmierthemen beginnt.

Damit die Maus bequem benutzt werden kann, sollte sie sich auf einer flachen Oberfläche befinden - beispielsweise auf einem Schreibtisch. Sie steuert die Bewegungen eines kleinen Symbols auf dem Bildschirm, das in Windows als **Zeiger** oder Cursor bezeichnet wird. Der Zeiger verändert manchmal seine Form, um dem Anwender mitzuteilen, daß die entsprechende Bildschirmposition eine bestimmte Bedeutung hat. Positionieren Sie die Maus z.B. auf den Rand eines Fensters mit breitem Rahmen, so verwandelt sich der Zeiger in einen Doppelpfeil. Diese Veränderung des Zeigers gibt Ihnen zu verstehen, daß jetzt die Größe des Fensters verändert werden kann.

Eine Maus kann eine oder mehr Tasten besitzen. Auch wenn die Bildschirmposition des Zeigers sehr wichtig ist, werden die eigentlichen Programmaktionen erst durch Betätigung der Maustasten ausgelöst. Unter Windows sind mehrere Einsatzmöglichkeiten der Maustasten üblich: das Anklicken, das doppelte Anklicken (Doppelklick), das Anklicken bei betätigter Umschalt-Taste und das Ziehen (Verschieben der Maus bei gedrückter Maustaste). Zur Einführung der grundlegenden Mausaktionen werden wir jetzt diese Verwendungsmöglichkeiten kurz besprechen. Anschließend werden einige der Techniken erörtert, die in diesem Kapitel behandelt werden. Eine vollständige Beschreibung aller Methoden der Mausinteraktion finden Sie in der IBM-Veröffentlichung *System Application Architecture, Common User Access: Advanced Interface Design Guide* (SC 26-4582-0). Hier sind die Benutzerschnittstellenstandards beschrieben, die für Windows-Programme aufgenommen wurden. Dieser Leitfaden wird zusammen mit dem Windows Software Development Kit (SDK) ausgeliefert. Sie sollten sich ein Exemplar dieses wichtigen Referenzhandbuches beschaffen.

Die erste Mausaktion, die wir beschreiben werden, ist das **Anklicken**. Das Anklicken besteht aus dem Drücken und anschließenden Loslassen einer Maustaste, ohne daß die Maus dabei verschoben wird. Ein Mausklick wird zur Auswahl von Objekten und Aktionen verwendet. So z.B. verursacht das Anklicken das Erscheinen von Menüs oder kann zur Aktivierung der Bildlaufleisten eingesetzt werden.

Das **doppelte Anklicken** besteht aus zwei kurz aufeinanderfolgenden Anklick-Operationen an der gleichen Position. Das in Windows voreingestellte Zeitintervall beträgt eine halbe Sekunde. Dieses kann aber unter Verwendung der Systemsteuerung verändert werden. Während das einfache Anklicken eine Auswahl vornimmt, bedeutet das doppelte Anklicken, daß die vorgegebene Aktion ausgeführt wird. Beispielsweise bedeutet das doppelte Anklicken des Systemmenüsymbols, daß dieses Fenster geschlossen wird. Das doppelte Anklicken des Programmsymbols im Programm-Manager bedeutet, daß dieses Programm ausgeführt wird. Im allgemeinen sollte ein doppeltes Anklicken die Aktion weiterführen, die durch das einfache Anklicken begonnen wurde.

Beim **Anklicken bei betätigter Umschalt-Taste** wird die Umschalt-Taste (Umschalt oder Strg) gedrückt, während eine Maustaste betätigt wird. Die Umschalttaste verändert die Mausbetätigung in gleicher Weise, wie eine Umschalttaste eine Tastaturbetätigung verändert. Beispielsweise liefert uns Umschalt-A den Großbuchstaben "A". Die Bedeutung von Umschalt + Anklicken oder Strg + Anklicken ist abhängig vom jeweiligen Programm. Im allgemeinen ist Umschalt + Anklicken eine Aufforderung zur Erweiterung einer Auswahl, die mit einem einfachen Anklicken begonnen wurde.

Das **Ziehen** ist eine zweiteilige Mausaktion, die mit dem Anklicken eines Objektes zur Auswahl beginnt. Anschließend folgt bei weiterhin gedrückter Maustaste die Bewegung der Maus, wodurch das ausgewählte Objekt ebenfalls verschoben wird. Hat das Objekt die gewünschte Position erreicht, wird die Maustaste losgelassen. Das Ziehen ist für Windows-Neulinge wahrscheinlich die schwierigste Operation, da hier die Maustastenbetätigung und die Mausbewegung kombiniert sind. Dennoch wird das Ziehen relativ häufig eingesetzt. In grafischen Programmen beispielsweise ermöglicht das Ziehen dem Anwender die direkte Manipulation von Objekten auf dem Bildschirm. In der Windows-Schnittstelle selbst ist das Ziehen eine wichtige Mausaktion: Das Ziehen wird zum Verschieben von Fenstern, zur Auswahl von Menübefehlen und zum Bedienen der Bildlaufleisten verwendet.

Dieser kurze Überblick über die möglichen Mausaktionen kann und soll kein Ersatz für die konkrete Arbeit mit der Benutzerschnittstelle von Windows sein. Eine Vertrautheit mit diesen Techniken erlangen Sie nur durch die tägliche Praxis. Ein häufiger Umgang mit Windows unterstützt Sie bei Ihrer Arbeit als Windows-Programmierer. Beginnen wir jetzt, einige der Themen zu durchleuchten, die Ihnen bei der Programmierung der Maus behilflich sind. In der gleichen Weise, in der wir den Pfad der Tastaturdaten von der Hardware bis in unsere Programme nachverfolgt haben, werden wir auch dem Pfad folgen, den die Mausdaten einschlagen. Auf diese Weise lernen wir, wie die Maus in einem Windows-Programm am sinnvollsten eingesetzt werden kann.

Wie ein Windows-Programm Mauseingaben erhält

Eine schamtische Übersicht über den Weg der Mausdaten vom Eingabegerät "Maus" bis in Ihr Programm sehen Sie in Abbildung 16.1. In vieler Hinsicht sind die Mausdaten einfacher als die Tastaturdaten, somit ist diese Abbildung auch vergleichsweise einfacher als das Diagramm, das wir im vorherigen Kapitel (Abb. 15.1) gesehen haben. Dennoch hat die Mauseingabe einige einzigartige Vorteile. Ein Verständnis dieser Vorteile ist die Grundlage für den sinnvollen Einsatz der Maus in Ihren Programmen.

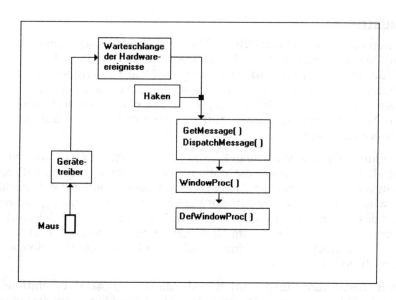

Abbildung 16.1: Der Fluß der Mausdaten

Die Maus

Obwohl es neben der Maus auch noch andere Zeigegeräte gibt (Track-Ball, Joystick, Touch-Screen und Digitalisiertablett), hat kein anderes eine solche Popularität erreicht wie sie. Mäuse werden derzeit nur von wenigen Unternehmen hergestellt (z.B. Hewlett-Packard, Logitech, Mircosoft und Mouse Systems). Zwischen den Mäusen, die diese Unternehmen bereitstellen, gibt es nicht viele Unterschiede. Einige haben zwei Tasten, andere haben drei. Einige übertragen die Veränderungen durch die Bewegung einer gummierten Stahlkugel, während andere optische Übertragungsmethoden verwenden. Es gibt auch geringfügige Unterschiede in der Art, in der die verschiedenen Mäuse an das Rechnersystem angeschlossen werden. Einige Mäuse verwenden eine serielle Schnittstelle, während andere an eine spezielle Busadapter-karte angeschlossen werden. Wieder andere werden über die Tastatur an das System angeschlossen.

Wenn eine Maus Ihre Position angibt, geschieht dies als Bewegung entlang der x- und y-Achsen. Wie bei den Tastaturaktivitäten werden auch Maustastenaktionen als "Taste oben"- und "Taste unten"-Aktionen gemeldet. Tritt eines dieser Ereignisse ein, wird ein Signal gesendet, das im Rechner verursacht, daß ein Hardwareinterrupt erzeugt wird. Die Behandlung des Interrupts ist die Aufgabe der Komponente, die wir als nächstes betrachten werden: des Gerätetreibers.

Der Maustreiber

Beim Starten von Windows lädt sich der Maustreiber selbst und beginnt mit der Suche nach einer Maus. Wenn Windows danach fragt, teilt der Gerätetreiber Windows mit, ob eine Maus im System vorhanden ist. Ist dies der Fall, ruft Windows den Gerätetreiber zur Bereitstellung einer Prozedur-Adresse auf, die bei Mausereignissen aufgerufen werden soll. Von jetzt an ist die Aufgabe des Gerätetreibers recht einfach: Immer wenn ein Mausereignis stattfindet, ruft der Treiber Windows auf, um über die Mausaktionen zu berichten.

Wird Windows über ein Mausereignis in Kenntnis gesetzt, ist eine der ersten Handlungen die Überprüfung, ob sich die Maus verschoben hat. Ist dies der Fall, ruft es den Bildschirmtreiber auf, damit der Mauszeiger auf dem Bildschirm entsprechend verschoben wird. Auf diese Weise tritt die Verschiebung des Mauszeigers immer zum Zeitpunkt des Interrupts ein und erfolgt in der Regel *vor* allen anderen Aktivitäten. Dies geschieht allerdings immer im Hintergrund. Sie brauchen sich also überhaupt keine Sorgen zu machen, daß dadurch vielleicht die korrekte Funktionsweise Ihrer Programme beeinträchtigt wird.

Genau wie Tastaturereignisse werden auch Mausereignisse nicht unmittelbar zum Zeitpunkt des Interrupts an die Programme geleitet. Die Störungen, die eine derartige Vorgehensweise an dem nicht-preemptiven Umschaltsystem von Windows verursachen würden, würden das Schreiben von Windows-Programmen erheblich erschweren. Statt dessen werden Mausereignisse in der gleichen Weise wie Tastaturereignisse behandelt und in die Hardware-Ereignisschlange von Windows aufgenommen.

Die Hardware-Ereignisschlange

Mausereignisse werden in die Hardware-Ereignisschlange aufgenommen, wo Sie auf Ihre Versendung an die Nachrichtenschleife eines Programms warten. Als wir in Kapitel 15 während unserer Besprechung der Tastatureingabe die Hardware-Ereignisschlange erläuterten, erwähnten wir, daß die Hardware-Ereignisschlange Platz für 120 Ereignisse bietet. Obwohl dies für die meisten Tastatureingaben ausreicht, könnte die Schlange überlaufen, wenn die Maus zu schnell über den Bildschirm bewegt wird.

Aus diesem Grund behandelt Windows die Mausbewegungen auf eine sehr spezielle Weise: Bevor ein neues Mausergebnis in die Hardware-Ereignisschlange gestellt wird, wird überprüft, ob das vorherige Hardewareereignis ebenfalls über eine Mausbewegung berichtet. Ist dies der Fall, wird das vorherige Ereignis mit den letzten Informationen über die Mausbewegungen überschrieben. Wenn der Anwender die Maus bewegt, ist der Zielpunkt wichtiger als jeder Punkt, der von der Maus durchquert wird.

Die Ereignisse in der Hardware-Ereignisschlange beziehen sich solange auf kein bestimmtes Programm, bis sie von der **GetMessage**-Routine in Anspruch genommen werden. Dies ist für den korrekten Ablauf des Systems notwendig. Eine Mausnachricht könnte z.B. ein Fenster zum Verschieben oder Schließen veranlassen. Dies würde die Art und Weise verändern, in der nachfolgende Mausnachrichten behandelt werden, da die Mauseingabe auf der Position des Mauszeigers beruht. Diese Entscheidung wird von dem nächsten Glied der Mausbehandlungskette vorgenommen: der **GetMessage**-Schleife.

Die GetMessage-Schleife

Jedes Programm besitzt eine **GetMessage**-Schleife, die für alle Nachrichten ein Tor darstellt, durch das sie in den Arbeitsablauf eines Programms gelangen. Wie schon zuvor besprochen, ermöglicht dieser Mechanismus der Nachrichtenweiterleitung auch das reibungslose Funktionieren des Multitaskingsystems von Windows.

Sobald ein Programm **GetMessage** aufruft, eröffnet es dem Windows-System auch die Möglichkeit zur Programmunterbrechung, wodurch ein anderes Programm in Aktion treten kann. Genau dies geschieht, wenn die **GetMessage**-Routine herausfindet, daß in der Hardware-Ereignisschlange ein Mausereignis für ein anderes Programm wartet. Es unterbricht das erste Programm und aktiviert das angemeldete, zweite Programm. Dieses zweite Programm kann durch seinen eigenen Aufruf von **GetMessage** genau zu der Stelle zurückkehren, an der seine Ausführung zuvor unterbrochen wurde. Nur wartet jetzt zusätzlich eine Mausnachricht auf ihre Verarbeitung.

Die **GetMessage**-Routine entscheidet, welches Programm eine Mausnachricht erhalten soll, indem sie herausfindet, welchem Programm das Fenster gehört, in dem sich der Mauszeiger befindet. Lassen wir die Multitasking-Themen zunächst beiseite. Konzentrieren wir uns statt dessen auf die Funktionsabläufe von **GetMessage**, sobald entschieden wurde, daß ein bestimmtes Programm eine Mausnachricht erhalten soll.

Nachdem die **GetMessage**-Routine ein Mausereignis für eines unserer Fenster gefunden hat, ist sie noch nicht bereit, eine Nachricht an unser Programm zu übergeben. Das Problem ist einfach: Es gibt zwei Arten von Mausnachrichten, abhängig von der Position des Zeigers: Arbeitsbereichs- und Nicharbeitsbereichsnachrichten. Tabelle 16.1 enthält eine Liste dieser beiden Arten. Die Unterscheidung der Bereiche ist wichtig, da das Windows-System *alle* Mausnachrichten - auch im Nichtarbeitsbereich eines

Fensters - beachtet. Unser Programm dagegen beachtet *ausschließlich* die Mausnachrichten innerhalb des Arbeitsbereiches seines Fensters.

Tabelle 16.1:

Arbeitsbereichsnachrichten	*Nichtarbeitsbereichsnachrichten*
WM_LBUTTONDOWN	WM_NCLBUTTONDOWN
WM_LBUTTONUP	WM_NCLBUTTONUP
WM_LBUTTONDBLCLK	WM_NCLBUTTONDBLCLK
WM_MBUTTONDOWN	WM_NCMBUTTONDOWN
WM_MBUTTONUP	WM_NCMBUTTONUP
WM_MBUTTONDBLCLK	WM_NCMBUTTONDBLCLK
WM_RBUTTONDOWN	WM_NCRBUTTONDOWN
WM_RBUTTONUP	WM_NCRBUTTONUP
WM_RBUTTONDBLCLK	WM_NCRBUTTONDBLCLK
WM_MOUSEMOVE	WM_NCMOUSEMOVE

Wie Sie der Tabelle 16.1 entnehmen können, kennt Windows Nachrichten für maximal drei Maustasten (buttons), die als linke, mittlere und rechte Taste bezeichnet werden. Da einige Mäuse nur zwei Tasten besitzen, wird die mittlere Taste in nur wenigen, speziellen Programmen eingesetzt (z.B. CAD-Programme). Windows selbst arbeitet ausschließlich mit der linken Maustaste und viele Programme folgen diesem Beispiel.

Falls Sie als Anwender die rechte Maustaste bevorzugen, können Sie in der Windows-Systemsteuerung die linke und rechte Maustaste vertauschen. Ist dies erfolgt, wandelt Windows automatisch alle Nachrichten der rechten Taste in Nachrichten der linken Taste um. Deshalb kann sich ein Programm, das nur eine Maustaste verwendet, getrost auf die Nachrichten der linken Taste beziehen und trotzdem Anwender zufriedenstellen, die die Verwendung der rechten Taste bevorzugen.

Zur Ermittlung der Position eines Mauszeigers in einem Fenster (d.h. zur Beantwortung der Frage, welcher Nachrichtentyp benötigt wird) sendet die **GetMessage**-Routine eine Nachricht an die Fensterprozedur: **WM_NCHITTEST**. Um zu verstehen, wie dies funktioniert, müssen wir den Windows-Mechanismus zur Weiterleitung von Nachrichten zurückverfolgen.

In Kapitel 4 haben wir zwei Arten von Nachrichtenverarbeitungen eingeführt: das Schub- und das Zugverarbeitungsmodell. Wir erläuterten dabei, daß die **GetMessage**-Routine beim Lesen der Informationen der Hardware-Ereignisse das Zugverarbeitungsmodell einsetzt. Zur Bestimmung der Position des Mauszeigers dagegen verläßt sich die **GetMessage**-Routine auf das Schubverarbeitungsmodell. Die **GetMessage**-Routine ruft also eine Fensterprozedur auf, als wäre sie ein Unterprogramm.

Hierbei wird eine Windows-Bibliotheksroutine eingesetzt, die wir bis jetzt noch nicht untersucht haben: **SendMessage**. Diese Routine umgeht die Nachrichtenschlange und liefert Nachrichten direkt an ein Windows-Objekt. In gewissem Sinne verhält sie sich, als würde sie direkt die Fensterprozedur eines Objektes von Windows aufrufen. Diese Routine arbeitet mit dem Schubverarbeitungsmodell, das wir erstmals in Kapitel 4 besprochen haben. Eine Fensterprozedur kann nicht direkt aufgerufen werden. Diesen Aufruf erledigt die **SendMessage**-Routine für uns. Sie rufen **SendMessage** wie folgt auf:

```
lRetVal = SendMessage (hwnd, msg, wValue, lValue);
```

Da dies eine Art Funktionsaufruf ist, erhalten wir einen Rückgabewert, den die Fensterprozedur ermittelt und an uns weiterleitet.

Der Rückgabewert ist sehr wichtig im Zusammenhang mit der **WM_NCHITTEST**-Nachricht, die **GetMessage** an unsere Fensterprozedur sendet. Diese Nachricht läßt die Fensterprozedur ermitteln, wo sich der Mauszeiger befindet. Die meisten Programme übergeben diese Nachricht an die Standard-Fensterprozedur, die die Position des Mauszeigers untersucht und einen **Trefferbestimmungscode** als Rückgabewert bereitstellt. Diese Trefferbestimmungscodes werden in Abbildung 16.2 gezeigt.

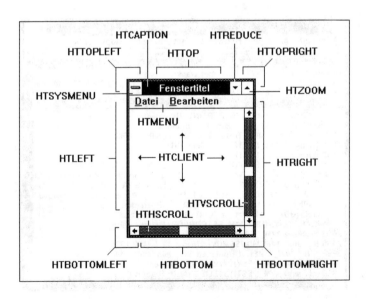

Abbildung 16.2: Die Trefferbestimmungscodes von Windows

561

Die meisten der Trefferbestimmungscodes beschreiben eine Position des Fensterrahmens (z.B. **HTTOP** und **HTTOPLEFT**). Andere kennzeichnen verschiedene Nichtarbeitsbereichobjekte, wie die Bildlaufleisten und Menüs. Einer der Trefferbestimmungscodes, **HTCLIENT**, bezieht sich auf den Arbeitsbereich des Fensters. **GetMessage** verwendet den Trefferbestimmungscode, um den Typ der zu erzeugenden Mausnachricht zu bestimmen. Wenn der Trefferbestimmungscode gleich **HTCLIENT** ist, wird eine Arbeitsbereichsnachricht erzeugt. Die restlichen Trefferbestimmungscodes verursachen die Erzeugung von Mausnachrichten des Nichtarbeitsbereiches.

Bevor die **GetMessage**-Routine eine Mausnachricht an unser Programm zurückliefert, erledigt sie noch etwas anderes: Sie sorgt dafür, daß die Form des Mauszeigers für die Position der Maus korrekt angezeigt wird. Um dies sicherzustellen, sendet sie noch eine weitere Nachricht an unsere Fensterprozedur: **WM_SETCURSOR**. Wie die **WM_NCHITTEST**-Nachricht ignorieren die meisten Programme diese Nachricht und überlassen die Nachrichtenbehandlung der Standard-Fensterprozedur. Der Trefferbestimmungscode wird der Nachricht als niederwertiges Wort des **lParam**-Parameters übergeben, so daß die Standard-Fensterprozedur weiß, wie sie die Zeigerform richtig setzen muß. Beispielsweise zeigt der **HTTOP**-Trefferbestimmungscode an, daß ein Doppelpfeil-Zeiger benötigt wird, um dem Anwender anzuzeigen, daß ein Fenster in seiner Größe verändert werden kann, während der **HTMENU**-Code den normalen Pfeilzeiger hervorruft.

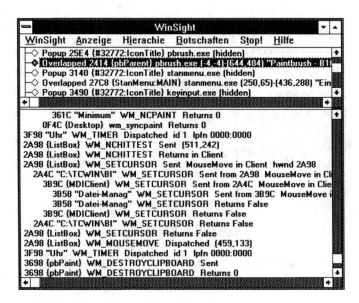

Abbildung 16.3: Winsight listet Mausnachrichten auf

Abbildung 16.3 zeigt ein Beispiel von Mausnachrichten in einem Winsight-Fenster. Es handelt sich hier um eine typische Folge von Mausnachrichten. Mit einer Ausnahme, die wir behandeln, wenn wir das *Abfangen der Maus* besprechen, gehen einer Maus-nachricht immer die **WM_NCHITTEST**- und **WM_SETCURSOR**-Nachrichten vor-aus. Der Grund sollte nun offensichtlich sein: Windows muß zuerst die Position des Mauszeigers suchen, um zu wissen, ob es eine Arbeitsbereichs- oder eine Nichtarbeits-bereichsnachricht erzeugen soll. Ist die Position bekannt, stellt Windows sicher, daß dies dem Anwender angezeigt wird, indem der Mauszeiger in der entsprechenden Form dargestellt wird.

Bei der Besprechung der Tastatureingabe haben wir erwähnt, daß Windows die Instal-lation von Nachrichtenzwischenabfragen (hooks) erlaubt, die zur Veränderung des Nachrichtenflusses verwendet werden können. Wir werden die Installation einer sol-chen Zwischenabfrage in diesem Buch nicht beschreiben. Sie sollten aber wissen, daß eine **WH_GETMESSAGE**-Zwischenabfrage den Fluß jeder Arbeitsbereichs- oder Nichtarbeitsbereichsnachricht verändern kann. Nachdem **GetMessage** eine Nachricht für unser Programm vorbereitet hat, ruft es die Zwischenabfrage auf, um festzustellen, ob irgendeine Veränderung vorgenommen werden muß, bevor die Nachricht selbst an ein Programm weitergegeben wird.

Nachdem eine Mausnachricht durch **GetMessage** an unser Programm übergeben wurde, wird die Nachricht durch die **DispatchMessage**-Routine an die richtige Fen-sterprozedur weitergeleitet. Vom Standpunkt unseres Programmes aus erfolgt jetzt die gesamte Bearbeitung der Fensterprozedur. Untersuchen wir jetzt als Nächstes, wie ein Fensterobjekt den Verkehr der Mausnachrichten regeln kann.

Die Maus und das Fensterobjekt

Von den 20 Mausnachrichten, die Windows kennt, handelt es sich bei 10 um Nichtar-beitsbereichsnachrichten. Sie können ohne Bedenken von einem Fensterobjekt igno-riert werden, da der Nichtarbeitsbereich eines Fensters einzig von Windows verwaltet wird. Unter den 10 verbleibenden Arbeitsbereichsnachrichten gibt es eine, die unse-rem Programm die Position der Maus in unserem Arbeitsbereich mitteilt: **WM_MOUSEMOVE**. Wir werden diese Nachricht in Kürze näher betrachten. Von den anderen neun Nachrichten sind drei für die linke Taste, drei für die mittlere Taste und drei für die rechte Taste vorgesehen. Da die Bearbeitung für jede Gruppe von Nachrichten auf gleiche Weise vonstatten geht und weil die meisten Programme die mittlere und rechte Taste ignorieren, werden wir unsere Aufmerksamkeit auf die linke Maustaste und ihre drei Nachrichten richten: **WM_LBUTTONDOWN**, **WM_LBUT-TONUP** und **WM_LBUTTONDBLCLK**.

Die WM_LBUTTONDOWN-Nachricht

Wenn der Anwender die linke Maustaste betätigt, während sich der Zeiger im Arbeitsbereich befindet, empfängt unser Fensterobjekt eine **WM_LBUTTONDOWN**-Nachricht. Neben der Mitteilung, daß eine Maustastenbetätigung in unserem Arbeitsbereich stattgefunden hat, teilen uns die **Msg.LParam**-Nachrichtenparameter Einzelheiten über die Nachricht mit. Übrigens sind die **WParam**- und **LParam**-Werte für alle Mausnachrichten des Arbeitsbereiches gleich.

Der **LParam**-Wert in einer Mausnachricht beinhaltet die Position des Mauszeigers in Arbeitsbereichkoordinaten. Sie haben die Arbeitsbereichkoordinaten bereits in Kapitel 6 kennengelernt. Dieses Koordinatensystem hat seinen Ursprung in der oberen, linken Ecke des Arbeitsbereiches mit einer Einheit, die einem Bildpunkt entspricht. Abbildung 16.4 veranschaulicht, wie Arbeitsbereichkoordinaten mit ihrer nach unten verlaufenden positiven y-Achse das kartesische Koordinatensystem quasi "auf den Kopf stellen".

Der x-Wert befindet sich im niederwertigen Wort von **LParam** und der y-Wert im höherwertigen Wort. Eine Möglichkeit, diese Werte zu trennen, besteht darin, den Vorteil der **Hi**- und **Lo**- Unionkomponenten von **LParam**, wie folgt, auszunutzen:

```
void TSampleWindow::WMLeftDown (TMessage& Msg)
    {
    xValue = Msg.LP.Lo;
    yValue = Msg.LP.Hi;
    ...
    }
```

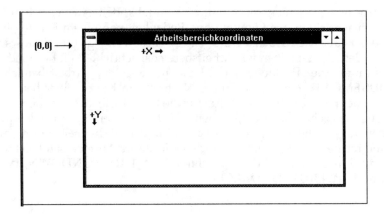

Abbildung 16.4: Arbeitsbereichkoordinaten

Wir ziehen die Verwendung von Makros vor, die das genaue Format der Nachrichten-parameter in sich bergen. Dies hilft uns beispielsweise bei der Übertragung unseres Programms auf das 32-Bit-API, mit dem Windows NT arbeiten wird. Hier folgen zwei Makros für Mausnachrichten:

```
#define MOUSEX (arg) (arg.LP.Lo)
#define MOUSEY (arg) (arg.LP.Hi)
```

Jetzt können wir die Informationen über die Mausposition auf folgende Weise entneh-men:

```
void TSampleWindow::WMLeftDown (TMessage& Msg)
    {
    xValue = MOUSEX (Msg);
    yValue = MOUSEY (Msg);
    ...
    }
```

Eine dritte Möglichkeit ist, die Positionsinformationen in eine Variable vom Typ **POINT** zu kopieren. **POINT** ist in WINDOWS.H wie folgt definiert:

```
typedef struct tagPOINT
    {
    int  x;
    int  y;
    } POINT;
```

Somit besitzt **POINT** einen Platz für ein Paar ganzzahliger Werte, x und y. Ein speziel-les Makro, **MAKEPOINT**, kann **LParam** in einen **POINT**-Wert umwandeln. Es wird folgendermaßen verwendet:

```
void TSampleWindow::WMLeftDown (TMessage& Msg)
    {
    POINT ptMouse;

    ptMouse = MAKEPOINT (Msg.LParam);
    ...
    }
```

Um festzustellen, auf welche Stelle des Arbeitsbereichs der Mauszeiger deutet, bezie-hen wir uns jetzt auf **pt.x** und **pt.y**.

Der **WParam**-Parameter einer Mausnachricht beinhaltet Flags, die den Zustand der Maustasten und den Zustand der Umschalt- und Strg-Tasten beschreiben. Abbildung 16.5 zeigt den Aufbau dieser Flags.

Falls die zugehörige Maustaste oder Tastaturtaste betätigt ist, beträgt der Wert eines Feldes 1 - andernfalls beträgt der Wert **0**. Um zu prüfen, ob ein bestimmtes Feld betätigt ist, können Sie den bitweisen AND-Operator & der Programmiersprache C verwenden. Folgendes Beispiel zeigt die Abfrage des Status der Umschalt-Taste in Beantwortung einer Nachricht über eine gedrückte linke Maustaste:

```
void TSampleWindow::WMLeftDown (TMessage& Msg)
    {
    if (Msg.WParam & MK_SHIFT)
        {
        /* Umschalt-Taste ist betätigt. */
        }
    ...
    }
```

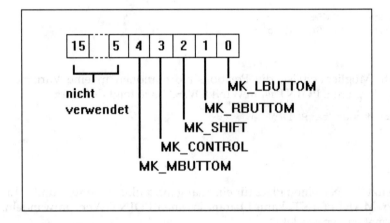

Abbildung 16.5: Fünf Felder von wParam für Mausnachrichten des Arbeitsbereiches.

Die WM_LBUTTONUP-Nachricht

Diese Nachricht signalisiert, daß die linke Maustaste losgelassen wurde. In vielerlei Hinsicht ähnelt diese Nachricht der **WM_KEYUP**-Tastaturnachricht. Windows-Programme beachten die **WM_KEYUP**-Nachricht kaum bei der Behandlung der Tastatureingabe. Die **WM_LBUTTONUP**-Nachricht ist hingegen wichtig. Falls Sie ein Programm schreiben, das die Maus beispielsweise zum Zeichnen verwendet, teilt Ihnen diese Nachricht mit, wann der Zeichenvorgang beendet ist. In einem fortgeschrittenen Zeichenprogramm für Rechtecke, das in diesem Kapitel an späterer Stelle beschrieben wird, zeigt diese Nachricht das Beenden eines Rechteckzeichenvorganges sowie das Ende einer Rechteckverschiebung an.

Die WM_LBUTTONBLCLK-Nachricht

Zu Beginn dieses Kapitels haben wir den Doppelklick als häufig eingesetzte Anwenderaktion vorgestellt. Ein Programm, das auf das doppelte Anklicken reagiert, sollte den Doppelklick stets als die Erweiterung des einfachen Anklickens betrachten. Der Grund liegt darin, daß immer zunächst eine Nachricht über das einfache Anklicken empfangen wird, bevor eine Nachricht über das doppelte Anklicken eintrifft.

Damit ein Fenster Nachrichten über das doppelte Anklicken empfangen kann, muß es mit einer speziellen Klassenausführung definiert worden sein: **CS_DBLCLKS**. Zur Implementierung dieser Ausführung fügen Sie die folgende Zeile in die **GetWindowClass**-Komponentenfunktion einer Fensterklasse ein:

```
...
wc.Style = CS_DBLCLKS;
...
```

Hat ein Fenster dieses Bit in seiner Ausführungsdefinition gesetzt, wird die Behandlung der Mausnachrichten verändert. Eine Nachricht über eine betätigte Taste veranlaßt jetzt den Start eines Zeitgebers. Hierbei wird ein (wenn auch kleiner) zusätzlicher Overhead in den Hauptspeicher geladen. Darum sollte dieses Ausführungsbit nicht in Programmen eingesetzt werden, die den Doppelklick nicht verwenden.

Falls eine zweite Nachricht über eine betätigte Taste innerhalb einer kurzen Zeitspanne (etwa eine halbe Sekunde) eintrifft, wird die vorige Maustastennachricht durch die Doppelklicknachricht ersetzt. Folgende Tabelle zeigt die Nachrichtenfolge für einen Doppelklick mit der linken Maustaste:

Nachricht	Kommentar
WM_LBUTTONDOWN	Erste Nachricht über betätigte Taste
WM_LBUTTONUP	
WM_LBUTTONDBLCLK	Ersetzt zweite Nachricht über betätigte Taste
WM_LBUTTONUP	

Die WM_MOUSEMOVE-Nachricht

Die vierte und letzte Nachricht, die wir betrachten werden, meldet die Bewegungen einer Maus. Wie wir früher schon erwähnten, besitzt Windows einen eingebauten Mechanismus, der verhindert, daß durch zuviele Mausbewegungsnachrichten in der Hardware-Ereignisschlange ein Überlauf stattfinden kann. Für Mausbewegungen bedeutet dies, daß nur ein Teil der Nachrichten über die Mausbewegung in der Hardware-

Ereignisschlange (quasi stichpunktartig) registriert wird. Diese stichpunktartige No-
tierung der vielen Zwischenpositionen einer Mausbahn reicht in den meisten Programmen zur Nachverfolgung des Mauszeigers völlig aus.

Im weiteren Verlauf dieses Kapitels werden wir einige Beispielprogramme betrachten,
die die Verwendung dieser einzelnen Mausnachrichten veranschaulichen. Doch vorher wollen wir die letzte Komponente betrachten, die eine wichtige Rolle bei der
Behandlung von Mausnachrichten spielt: die Standard-Fensterprozedur.

Die Standard-Fensterprozedur

Bei der ersten Einführung der Standard-Fensterprozedur erläuterten wir, daß in erster
Linie dieses zentrale Windows-Element für das einheitliche Verhalten aller
Wimndows-Programme verantwortlich ist. Bereits in ihrer minimalen Form stellt die
Standard-Fensterprozedur sämtliche grundlegenden Bearbeitungsvorgänge bereit, die
es ermöglichen, daß beliebige Anwenderaktionen in den unterschiedlichsten Windows-
Progammen nach stets gleichen Methoden ausgeführt werden können. So erfolgt der
Zugriff auf Menüs, Bildlaufleisten und Fenster immer auf gleiche Weise - egal, auf
welches Programm der Anwender zugreift. Diese Einheitlichkeit setzt selbstverständlich voraus, daß der Windows-Programierer auf "selbstgestrickte Extranachrichten"
verzichtet. Im Falle der Mausnachrichten ignoriert die Standard-Fensterprozedur die
Nachrichten des Arbeitsbereiches und beschränkt sich statt dessen auf die Nachrichten des Nichtarbeitsbereiches.

Die Standard-Fensterprozedur ist auch für die Bereitstellung einer allgemeinen Maus-
und Tastaturschnittstelle verantwortlich. Hierzu wird die Eingabe in eine Reihe von
Systembefehlen umgewandelt, die als **WM_SYSCOMMAND**-Nachrichten in Erscheinung treten. Schließlich behandelt die Standard-Fensterprozedur die **WM_NCHIT-
TEST**- und **WM_SETCURSOR**-Nachrichten, die fast jeder Mausnachricht "den Weg
ebnen".

Gelangt eine Mausnachricht zur Standard-Fensterprozedur, hat sie ihr Ziel erreicht.
Beginnend bei der Hardware der Maus verfolgt die Mauseingabe einen relativ direkten Weg in ein Programm. Dieser direkte Weg erlaubt auch dem Multitasking-Um-
schalter von Windows, die Nachrichtenversorgung an ein Programm zu unterbrechen
und sie an ein anderes Programm umzuleiten. Obendrein haben wir festgestellt, daß
rund die Hälfte der Mausnachrichten von uns ignoriert und auf diese Weise an die
Standard-Fensterprozedur weitergeleitet werden kann.

In den folgenden Abschnitten soll diese ganze "Maus-Theorie" durch einige praktische
Beispiele untermauert werden. Wir werden Ihnen in diesem Kapitel drei solcher
Beispiele vorführen. Das erste Programm, CARET2, zeigt die Art und Weise, wie die
Maus in einem Texteingabefenster zur Verschiebung einer Einfügemarke eingesetzt
werden kann. Unser zweites Programm, RECT2, ist eine Überarbeitung des Zeichen-
programms für Rechtecke, das wir in Kapitel 9 erstmals beschrieben haben. Hier

untersuchen wir die Anwendung von GDI-Rasteroperationen, mit deren Hilfe wir dehnbare Rechtecke und verschiebbare Objekte erstellen können. Unser letztes Programm, DYNACURS, erstellt einen Mauszeiger "aus dem Nichts". Es zeigt unter Verwendung des Mauszeigers die Mausposition an. In DYNACURS werden auch die Einsatzmöglichkeiten von **CreateCursor** aufgezeigt. **CreateCursor** ist eine Windows-Bibliotheksroutine, die mit Windows 3.0 neu eingeführt wurde.

Ein Beispiel für die Mauseingabe: CARET2

Im letzten Kapitel haben wir ein Programm zum Empfang von Tastatureingaben besprochen. Dieses Programm wurde dann mit einer Einfügemarke erweitert, damit der Anwender immer die aktuelle Position der Texteingabe erkennen konnte. Mit den Pfeiltasten der Tastatur konnte der Anwender hier die Einfügemarke an verschiedene Positionen im Text verschieben. Nun, da wir die Verwendung der Maus besprochen haben, ist es an der Zeit, unser Programm ein weiteres Mal zu erweitern: es erhält eine Möglichkeit zur Bewegung der Einfügemarke durch die Maus.

MAKEFILE.MAK

```
.AUTODEPEND

#    Compilerdefinitionen
INC=C:\BORLANDC\OWL\INCLUDE;C:\BORLANDC\CLASSLIB\INCLUDE;C:\BOR-
LANDC\INCLUDE
CC = bcc -c -D_CLASSDLL -H -ml -WS -w -I$(INC)

#    Implizite Regeln
.c.obj:
  $(CC) {$< }

.cpp.obj:
  $(CC) {$< }

#    Explizite Regeln
Caret2.exe: Caret2.res Caret2.def Caret2.obj
    tlink /c/C/n/P-/Twe/x @Caret2.LNK
    RC Caret2.res Caret2.exe

#    Einzelne Dateiabhängigkeiten
Caret2.obj: Caret2.cpp

Caret2.res: Caret2.rc Caret2.cur Caret2.ico
    RC -R -FO Caret2.res Caret2.RC
```

CARET2.LNK

```
c:\borlandc\lib\c0wl.obj+
Caret2.obj
Caret2,Caret2
\borlandc\owl\lib\owl.lib+
crtll.lib+
cwl.lib+
import.lib+
mathl.lib+
cl.lib
Caret2.def
```

CARET2.CPP

```
/*------------------------------------------------------------------*\
 | CARET2.CPP - Veranschaulicht die Einfügemarke                    |
 |              und verwendet Mauseingabedaten.                     |
\*------------------------------------------------------------------*/
#include <owl.h>

#define CHARMSGASCII(arg) (arg.WParam)
#define KEYMSG_VK(arg) (arg.WParam)
#define MOUSEX(arg) (arg.LP.Lo)
#define MOUSEY(arg) (arg.LP.Hi)

/*------------------------------------------------------------------*\
 |                         Konstanten.                              |
\*------------------------------------------------------------------*/
const int BUFSIZE = 40;
const int CARET_ACTIVE   = 0x01;
const int CARET_INACTIVE = 0x02;

/*------------------------------------------------------------------*\
 |                   Klassendeklarationen.                          |
\*------------------------------------------------------------------*/
class TCaretApplication : public TApplication
  {
  public:
    TCaretApplication (LPSTR lpszName, HANDLE hInstance,
                   HANDLE hPrevInstance, LPSTR lpszCmdLine,
                   int nCmdShow);
    virtual void InitMainWindow ();
  };

class TCaret
  {
  public:
```

```
    TCaret(HWND hwndIn, HANDLE hFontIn);
    ~TCaret();

    virtual void    Hide();
    virtual void    Show();

    virtual int     GetAnchorX();
    virtual int     GetAnchorY();
    virtual int     GetCharPosition ();
    virtual HANDLE  GetFontHandle();
    virtual int     GetState ();
    virtual LPSTR   GetStringPtr();

    virtual void    SetAnchor (int X, int Y);
    virtual void    SetCharPosition (int iChar);
    virtual void    SetFontHandle(HANDLE hFontIn);
    virtual void    SetState (int AFlag);
    virtual void    SetStringPtr(LPSTR lpstrIn);
  private:
    HANDLE  hFont;
    HDC     hdcInfo;
    HWND    hwnd;
    int     iCharPos;
    int     iFlag;
    int     cxCaretWidth;
    int     cyCaretHeight;
    POINT   ptPixelPos;
    POINT   ptAnchor;
    LPSTR   lpString;
};

class TCaretWindow : public TWindow
  {
  public:
    TCaret * PCaret;

    TCaretWindow (PTWindowsObject pwParent, LPSTR lpszTitle,
                  PTModule pmModule);
    virtual LPSTR GetClassName ();
    virtual void  GetWindowClass (WNDCLASS&);
    virtual void  WMChar(TMessage& Msg) = [WM_CHAR];
    virtual void  WMCreate(TMessage& Msg) = [WM_CREATE];
    virtual void  WMDestroy(TMessage& Msg) = [WM_DESTROY];
    virtual void  WMKeyDown(TMessage& Msg) = [WM_KEYDOWN];
    virtual void  WMLButtonDown(TMessage& Msg) = [WM_LBUTTONDOWN];
    virtual void  WMPaint(TMessage& Msg);
    virtual void  WMSetFocus(TMessage& Msg) = [WM_SETFOCUS];
    virtual void  WMKillFocus(TMessage& Msg) = [WM_KILLFOCUS];
  private:
    unsigned char achInput[BUFSIZE];
```

571

```
      unsigned int  cchInput;
      unsigned int  ichNext;
      unsigned int  yLineHeight;
      unsigned int  xLeftMargin;
      RECT          rHitArea;
   };

/*-------------------------------------------------------------------*\
|                   Hauptfunktion:  WinMain.                          |
\*-------------------------------------------------------------------*/
int PASCAL WinMain (HANDLE hInstance,   HANDLE hPrevInstance,
                    LPSTR  lpszCmdLine, int    nCmdShow)
    {
    TCaretApplication Caret ("Caret", hInstance,
                                    hPrevInstance, lpszCmdLine,
                                    nCmdShow);
    Caret.Run();
    return Caret.Status;
    }

/*-------------------------------------------------------------------*\
|               Komponente der Application-Klasse.                    |
\*-------------------------------------------------------------------*/
TCaretApplication::TCaretApplication (LPSTR lpszName,
                   HANDLE hInstance, HANDLE hPrevInstance,
                   LPSTR lpszCmdLine, int nCmdShow)
                   :TApplication (lpszName, hInstance,
                        hPrevInstance, lpszCmdLine, nCmdShow)
    {
    /* Die anwenderspezifische Initialisierung erfolgt hier.  */
    }

/*-------------------------------------------------------------------*\
|               Komponente der Application-Klasse.                    |
\*-------------------------------------------------------------------*/
void TCaretApplication::InitMainWindow ()
    {
    MainWindow = new TCaretWindow (NULL,
                    "Veranschaulichung der Einfügemarke 2", NULL);
    }

/*-------------------------------------------------------------------*\
|               TCaretWindow-Komponentenfunktion.                     |
\*-------------------------------------------------------------------*/
TCaretWindow::TCaretWindow (PTWindowsObject pwParent,
                LPSTR lpszTitle, PTModule pmModule)
             :TWindow (pwParent, lpszTitle, pmModule)
    {
    HDC        hdc;
    TEXTMETRIC tm;
```

```
    hdc = CreateDC ("DISPLAY", 0, 0, 0);

    GetTextMetrics (hdc, &tm);
    yLineHeight = tm.tmHeight + tm.tmExternalLeading;
    xLeftMargin = tm.tmAveCharWidth;

    DeleteDC (hdc);

    cchInput = 0;
    ichNext  = 0;
    }
/*-----------------------------------------------------------*\
|                   TCaretWindow-Komponentenfunktion.         |
\*-----------------------------------------------------------*/
LPSTR TCaretWindow::GetClassName ()
    {
    return "Caret:MAIN";
    }
/*-----------------------------------------------------------*\
|                   TCaretWindow-Komponentenfunktion.         |
\*-----------------------------------------------------------*/
void TCaretWindow::GetWindowClass (WNDCLASS& wc)
    {
    TWindow::GetWindowClass (wc);
    wc.hIcon=LoadIcon (wc.hInstance, "snapshot");
    wc.hCursor=LoadCursor (wc.hInstance, "hand");
    }
/*-----------------------------------------------------------*\
|                   TCaretWindow-Komponentenfunktion.         |
\*-----------------------------------------------------------*/
void TCaretWindow::WMChar (TMessage& Msg)
    {
    DWORD dw;
    HDC   hdc;
    int   i;
    WORD  wVirtKey;

    // Ermitteln des virtuellen Tastenwertes
    wVirtKey = CHARMSGASCII (Msg);

    if (wVirtKey == VK_BACK)              // Rücktaste.
        {
        if (ichNext == 0)
            MessageBeep(0);
        else                              // Entfernen eines Zeichens.
            {
            ichNext--;
            PCaret->SetCharPosition(ichNext);
```

```
            for (i=ichNext;i<cchInput;i++)
                achInput[i]=achInput[i+1];
            cchInput--;
            InvalidateRect (HWindow, NULL, TRUE);
            }
        return;
        }

    // Nachricht, falls Zeichen außerhalb des Bereiches
    // oder wenn der Puffer voll ist.
    if ((wVirtKey <= VK_ESCAPE) || (cchInput >= BUFSIZE))
        {
        MessageBeep(0);
return;
        }

    // Platz schaffen für das nächste Zeichen.
    for (i=cchInput;i>ichNext;i--)
        achInput[i]=achInput[i-1];

    /* Neues Zeichen in Puffer übertragen. */
    achInput[ichNext] = (unsigned char)wVirtKey;

    // Inkrementieren der Zeichen.
    cchInput++;

    PCaret->Hide();

    // Ausgabe erneuern.
    hdc = GetDC(HWindow);
    dw = GetTextExtent (hdc, (LPSTR)achInput, ichNext);
    TextOut (hdc,
             xLeftMargin+LOWORD(dw),
             yLineHeight,
             (LPSTR)&achInput[ichNext],
             cchInput - ichNext);
    ReleaseDC (HWindow, hdc);

    PCaret->Show();

    // Inkrementieren des Indizes auf das nächste Zeichen.
    ichNext++;
    PCaret->SetCharPosition(ichNext);
    }
/*------------------------------------------------------------------*\
|                   TCaretWindow-Komponentenfunktion.                |
\*------------------------------------------------------------------*/
void TCaretWindow::WMCreate(TMessage& Msg)
    {
    DWORD  dwSize;
```

```
    HANDLE hFont;
    HDC    hdc;

    hFont = GetStockObject (SYSTEM_FONT);
    PCaret = new TCaret (Msg.Receiver, hFont);

    PCaret->SetAnchor (xLeftMargin, yLineHeight);
    PCaret->SetStringPtr ((LPSTR)achInput);

    // Ermitteln der Größe des Systemzeichensatzes.
    hdc = GetDC (Msg.Receiver);
    dwSize = GetTextExtent (hdc, (LPSTR)"X", 1);
    ReleaseDC (Msg.Receiver, hdc);

    // Initialisierung des Trefferrechteckes.
    GetClientRect (Msg.Receiver, &rHitArea);
    rHitArea.top    = yLineHeight,
    rHitArea.bottom = rHitArea.top + HIWORD (dwSize);
    }
/*-------------------------------------------------------------*\
|                  TCaretWindow-Komponentenfunktion.            |
\*-------------------------------------------------------------*/
void TCaretWindow::WMDestroy(TMessage& Msg)
    {
    delete PCaret;

    TWindow::WMDestroy(Msg);
    }
/*-------------------------------------------------------------*\
|                  TCaretWindow-Komponentenfunktion.            |
\*-------------------------------------------------------------*/
void TCaretWindow::WMKeyDown(TMessage& Msg)
    {
    BOOL fCaretMoved = FALSE;

    switch (KEYMSG_VK(Msg))
        {
        case VK_DELETE:
            /* Nachricht, falls Ende des Puffers erreicht ist. */
            if (ichNext == cchInput)
                MessageBeep(0);
            else /* Entfernen eines Zeichens. */
                {
                int i;
                for (i=ichNext;i<cchInput;i++)
                    achInput[i]=achInput[i+1];
                cchInput--;
                InvalidateRect (HWindow, NULL, TRUE);
                }
```

```
                break;
        case VK_END:
            ichNext = cchInput;
            fCaretMoved = TRUE;
            break;
        case VK_HOME:
            ichNext = 0;
        fCaretMoved = TRUE;
            break;
        case VK_LEFT:
            if (ichNext > 0)
                {
                ichNext--;
                fCaretMoved = TRUE;
                }
            else
                MessageBeep(0);
            break;
        case VK_RIGHT:
            if (ichNext < cchInput)
                {
                ichNext++;
                fCaretMoved = TRUE;
                }
            else
                MessageBeep(0);
            break;
        }

    if (fCaretMoved)
        PCaret->SetCharPosition(ichNext);
    }
/*---------------------------------------------------------------*\
|                     TCaretWindow-Komponentenfunktion.           |
\*---------------------------------------------------------------*/
void TCaretWindow::WMLButtonDown(TMessage& Msg)
    {
    DWORD dwSize;
    HDC hdc;
    int i;
    int xTotWidth;
    int xPrevHalfWidth;
    int xNextHalfWidth;
    POINT pt;

    pt.x = MOUSEX(Msg);
    pt.y = MOUSEY(Msg);
```

```
    /*  Erster Test:  Ist es in unserem Trefferbereich?  */
    if (PtInRect(&rHitArea, pt))
        {
        hdc = GetDC (HWindow);
        xTotWidth = xLeftMargin;
        xPrevHalfWidth = xLeftMargin;

        ichNext = cchInput;    // Vorgabe = Ende der Zeichenkette.

        /*  Weiter: Schleife durch die Zeichen.  */
        for (i=0;i<cchInput;i++)
            {
            dwSize = GetTextExtent (hdc, (LPSTR)&achInput[i], 1);
            xNextHalfWidth = LOWORD(dwSize)/2;
            if ((xTotWidth - xPrevHalfWidth) <= pt.x &&
                (xTotWidth + xNextHalfWidth) >  pt.x)
                {
                /*  Ein Treffer!  Position der Einfügemarke setzen.*/
                ichNext = i;
                break;
                }
            xPrevHalfWidth = xNextHalfWidth;
            xTotWidth += LOWORD(dwSize);
            }
        ReleaseDC (HWindow, hdc);
        //  Mausbewegungen im Trefferrechteck bewegen Einfügemarke

        PCaret->SetCharPosition(ichNext);
        }
    }
/*-------------------------------------------------------------*\
|                  TCaretWindow-Komponentenfunktion.            |
\*-------------------------------------------------------------*/
void TCaretWindow::WMPaint(TMessage& Msg)
    {
    PAINTSTRUCT ps;

    BeginPaint (Msg.Receiver, &ps);
    TextOut (ps.hdc, xLeftMargin, yLineHeight, (LPSTR)achInput,
            cchInput);
    EndPaint (Msg.Receiver, &ps);
    }
/*-------------------------------------------------------------*\
|                  TCaretWindow-Komponentenfunktion.            |
\*-------------------------------------------------------------*/
void TCaretWindow::WMSetFocus(TMessage& Msg)
    {
```

```
    PCaret->SetCharPosition(ichNext);
    PCaret->SetState(CARET_ACTIVE);
    }
/*-----------------------------------------------------------------*\
 |                   TCaretWindow-Komponentenfunktion.             |
\*-----------------------------------------------------------------*/
void TCaretWindow::WMKillFocus(TMessage& Msg)
    {
    PCaret->SetState(CARET_INACTIVE);
    }
/*-----------------------------------------------------------------*\
 |                   TCaret-Komponentenfunktion.                   |
\*-----------------------------------------------------------------*/
TCaret::TCaret(HWND hwndIn, HANDLE hFontIn)
    {
    HANDLE      hfontOld;
    TEXTMETRIC tm;

    hdcInfo = CreateIC ("DISPLAY", 0, 0, 0);
    hfontOld = SelectObject (hdcInfo, hFontIn);
    GetTextMetrics (hdcInfo, &tm);
    SelectObject (hdcInfo, hfontOld);

    hwnd          = hwndIn;
    hFont         = hFontIn;
    iCharPos      = 0;
    iFlag         = CARET_INACTIVE;
    cxCaretWidth  = GetSystemMetrics (SM_CXBORDER);
    cyCaretHeight = tm.tmHeight;
    ptPixelPos.x  = 0;
    ptPixelPos.y  = 0;
    ptAnchor.x    = 0;
    ptAnchor.y    = 0;
    lpString      = (LPSTR)0L;
    }
/*-----------------------------------------------------------------*\
 |                   TCaret-Komponentenfunktion.                   |
\*-----------------------------------------------------------------*/
TCaret::~TCaret()
    {
    if (iFlag & CARET_ACTIVE)
        {
        HideCaret(hwnd);
        DestroyCaret();
        }
```

```
    DeleteDC (hdcInfo);
    }
/*------------------------------------------------------------*\
|                    TCaret-Komponentenfunktion.              |
\*------------------------------------------------------------*/
void TCaret::Hide()
    {
    HideCaret(hwnd);
    }
/*------------------------------------------------------------*\
|                    TCaret-Komponentenfunktion.              |
\*------------------------------------------------------------*/
void TCaret::Show()
    {
    ShowCaret(hwnd);
    }
/*------------------------------------------------------------*\
|                    TCaret-Komponentenfunktion.              |
\*------------------------------------------------------------*/
int    TCaret::GetAnchorX()
    {
    return ptAnchor.x;
    }
/*------------------------------------------------------------*\
|                    TCaret-Komponentenfunktion.              |
\*------------------------------------------------------------*/
int    TCaret::GetAnchorY()
    {
    return ptAnchor.y;
    }
/*------------------------------------------------------------*\
|                    TCaret-Komponentenfunktion.              |
\*------------------------------------------------------------*/
int    TCaret::GetCharPosition ()
    {
    return iCharPos;
    }
/*------------------------------------------------------------*\
|                    TCaret-Komponentenfunktion.              |
\*------------------------------------------------------------*/
HANDLE TCaret::GetFontHandle()
    {
    return hFont;
    }
```

```
/*-----------------------------------------------------------*\
|                     TCaret-Komponentenfunktion.            |
\*-----------------------------------------------------------*/
int    TCaret::GetState ()
    {
    return iFlag;
    }

/*-----------------------------------------------------------*\
|                     TCaret-Komponentenfunktion.            |
\*-----------------------------------------------------------*/
LPSTR  TCaret::GetStringPtr ()
    {
    return lpString;
    }

/*-----------------------------------------------------------*\
|                     TCaret-Komponentenfunktion.            |
\*-----------------------------------------------------------*/
void   TCaret::SetAnchor (int X, int Y)
    {
    ptAnchor.x = X;
    ptAnchor.y = Y;
    }

/*-----------------------------------------------------------*\
|                     TCaret-Komponentenfunktion.            |
\*-----------------------------------------------------------*/
void   TCaret::SetCharPosition (int iChar)
    {
    DWORD  dwSize;
    HANDLE hFontOld;
    int    xWidth;

    iCharPos = iChar;

    //  Breite der Zeichenkette berechnen.
    hFontOld = SelectObject (hdcInfo, hFont);
    dwSize = GetTextExtent (hdcInfo, lpString, iCharPos);
    xWidth = LOWORD(dwSize);
    SelectObject (hdcInfo, hFontOld);

    // Positionsangaben der Einfügemarke erneuern.
    ptPixelPos.x = ptAnchor.x + xWidth;
    ptPixelPos.y = ptAnchor.y;

    // Position der Einfügemarke erneuern, falls sie aktiviert ist.
    if (iFlag & CARET_ACTIVE)
        {
        SetCaretPos (ptPixelPos.x, ptPixelPos.y);
```

```
        }
    }
/*-----------------------------------------------------------*\
|                  TCaret-Komponentenfunktion.               |
\*-----------------------------------------------------------*/
void    TCaret::SetFontHandle(HANDLE hFontIn)
    {
    HANDLE      hfontOld;
    TEXTMETRIC tm;

    hfontOld = SelectObject (hdcInfo, hFontIn);
    GetTextMetrics (hdcInfo, &tm);
    SelectObject (hdcInfo, hfontOld);

    hFont        = hFontIn;
    cyCaretHeight = tm.tmHeight;
    }
/*-----------------------------------------------------------*\
|                  TCaret-Komponentenfunktion.               |
\*-----------------------------------------------------------*/
void    TCaret::SetState (int AFlag)
    {
    if (iFlag == AFlag)
        return;

    if (AFlag & CARET_ACTIVE)
        {
        CreateCaret (hwnd, 0, cxCaretWidth, cyCaretHeight);
        SetCaretPos (ptPixelPos.x, ptPixelPos.y);
        ShowCaret (hwnd);
        }

    if (AFlag & CARET_INACTIVE)
        {
        DestroyCaret ();
        }

    iFlag = AFlag;
    }
/*-----------------------------------------------------------*\
|                  TCaret-Komponentenfunktion.               |
\*-----------------------------------------------------------*/
void    TCaret::SetStringPtr(LPSTR lpstrIn)
    {
    lpString = lpstrIn;
    }
```

581

CARET2.RC

```
snapshot icon Caret2.ico
hand cursor Caret2.cur
```

CARET2.DEF

```
NAME CARET2

EXETYPE WINDOWS

DESCRIPTION 'Einfügemarken- und Mausveranschaulichung'

CODE MOVEABLE DISCARDABLE
DATA MOVEABLE MULTIPLE

HEAPSIZE   512
STACKSIZE 5120
```

Systemzeiger

Seit dem ersten Programm MIN aus Kapitel 2 hatte der Zeiger in all unseren Programmbeispielen stets die Form einer Hand. Da aber CARET2 die Maus zum Zeigen auf Text verwendet, wollen wir die Vorteile eines vordefinierten Systemzeigers nutzen, der für die Arbeit mit Text geeigneter ist: der I-Balkenzeiger. Dieser dünne, strichähnliche Zeiger besitzt die richtigen Maße für die Arbeit in den schmalen Zwischenräumen der Textzeichen. Abbildung 16.6 zeigt die elf vordefinierten Systemzeiger von Windows. In mancher Hinsicht ähneln diese Zeiger den Stammobjekten, die wir während unserer Besprechung der GDI-Programmierung untersucht haben. Um einen Systemzeiger einsetzen zu können, benötigen Sie ein Handle auf den Zeiger. Die **LoadCursor**-Routine erledigt diese Arbeit und ist wie folgt definiert:

```
HCURSOR LoadCursor (hInstance, lpCursorName)
```

- *hInstance* ist das Instanz-Handle des Moduls, das den Zeiger besitzt oder NULL für einen Systemzeiger.

- *lpCursorName* ist der Name des Zeigers in der Ressourcendatei. Für Systemzeiger ist dies einer der Bezeichner, die in Abbildung 16.6 gezeigt werden.

Die einfachste Möglichkeit, den Systemzeiger in ein Programm einzubeziehen, ist, den Zeiger als Teil der Klassendefinition während der Programminitialisierung zu behandeln. CARET2 greift auf den I-Balkenzeiger mit der folgenden Zeile in der GetWindowClass-Komponentenfunktion der Fensterklasse zu:

```
wc.hCursor = LoadCursor (NULL, IDC_IBEAM);
```

582

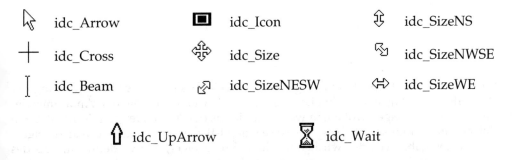

Abbildung 16.6: Die vordefinierten Systemzeiger von Windows

Stellen Sie sich einmal vor, unser Programm sei für eine Zeit mit irdgendeiner Aufgabe beschäftigt. Sie müssen also warten. Praktisch wäre hier ein Zeiger in Form einer kleinen Sanduhr, der dem Anwender mitteilt, daß die Operation eine gewisse Zeit benötigt. Der Sanduhr-Zeiger ist typisch für das Speichern von Dateien oder für das Ausführen anderer langwieriger Operationen unter Windows. Unter Verwendung der **SetCursor**-Routine kann der Zeiger sehr einfach verändert werden. **SetCursor** benötigt nur einen Parameter: ein Zeiger-Handle. Selbstverständlich benötigen wir zunächst ein Handle auf den Sanduhrzeiger. Nehmen wir an, daß eine statische Variable oder die Datenkomponente einer Fensterklasse existiert, die das Zeiger-Handle aufnehmen kann:

```
HCURSOR hcrWait;
```

Eine Möglichkeit, ein Handle auf einen häufig verwendeten Zeiger zu empfangen, ist die Beantwortung der **WM_CREATE**-Nachricht:

```
void TSampleWindow::WMCreate (TMessage& Msg)
    {
    hcrWait = LoadCursor (NULL, IDC_WAIT);
    ...
    }
```

Hier sehen Sie, wie der Zeiger verändert wird, wenn wir eine längere Operation ausführen:

```
{
int hcrOld;
```

```
hcrOld = SetCursor (hcrWait);
    .
    .
/* Langwierige Operation. */
    .
    .
SetCursor (hcrOld);
}
```

Eine weitere Möglichkeit, den Zeiger zu wechseln, besteht in der Beantwortung der
WM_SETCURSOR-Nachricht. Dies ist sinnvoll, wenn wir mit der Änderung der
Zeigergestalt anzeigen wollen, in welchem Modus der Anwender gerade arbeitet. Ein
Zeichenprogramm könnte beispielsweise einen I-Balken verwenden, um anzuzeigen,
daß Texteingabe erwartet wird, und einen Kreuzzeiger, der verdeutlicht, daß das
Zeichnen von Rechtecken erwartet wird. Nehmen wir einmal an, daß wir das Zeiger-
Handle in zwei Variablen gespeichert haben:

```
HCURSOR hcrIBeam;
HCURSOR hcrCross;
```

In Beantwortung der **WM_CREATE**-Nachricht erhalten wir ein Handle auf die zwei
Zeiger-Handles wie folgt:

```
void TSampleWindow::WMCreate (TMessage& Msg)
    {
    hcrIBeam = LoadCursor (NULL, IDC_IBEAM);
    hcrICross = LoadCursor (NULL, IDC_CROSS);
    ...
    }
```

In Beantwortung der WM_SETCURSOR-Nachricht würden wir den Zeiger wie folgt
setzen:

```
void TSampleWindow::WMSetCursor (TMessage& Msg)
    {
    if (Msg.LP.Lo) == HTCLIENT)
        {
        if (fType == TEXT)
            SetCursor (hcrIBeam);
        else
            SetCursor (hcrCross);
        }
    else
        DefWndProc (Msg);
    }
```

Bei der Verarbeitung der **WM_SETCURSOR**-Nachricht ist es wichtig, den Trefferbestimmungscode zu prüfen, der im niederwertigen Wort von **LParam** weitergeleitet wird.
Schließlich sind wir nur an den Mausnachrichten des Arbeitsbereiches interessiert.

584

Alle anderen Nachrichten sollten an die Standard-Fensterprozedur weitergeleitet werden.

Später in diesem Kapitel werden wir andere Alternativen der Veränderung eines Programmzeigers untersuchen, einschließlich der Erstellung von Zeigern "im Vorübergehen".

Trefferbestimmung

Neben der Verwendung des I-Balken-Systemzeigers ist der Hauptunterschied zwischen CARET2 und CARET die Art und Weise, in der die **WM_LBUTTONDOWN**-Nachricht behandelt wird. CARET ignoriert diese Nachricht, während CARET2 sie verwendet, um die Position des Mauszeigers zu ermitteln.

Die Verbindung der Mauseingabe mit Objekten, die auf dem Bildschirm dargestellt werden, nennt man **Trefferbestimmung** (hit-testing). Windows kennt zwei Bibliotheksroutinen zur Trefferbestimmung: **PtInRegion** und **PtInRect**. Beide Routinen teilen Ihnen mit, ob ein Punkt in einem bestimmten Bereich liegt. Die **PtInRect**-Routine erlaubt Ihnen die Definition eines Bereichs in Form eines einfachen Rechteckes, während **PtInRegion** kompliziertere Bereichsdefinitionen erlaubt. Wie Sie sich vielleicht aus unserer Besprechung des Clippings in Kapitel 10 erinnern, wird ein Bereich durch eine mehr oder weniger große Anzahl von Rechtecken definiert. Untersuchen wir **PtInRect**, die CARET2 eingesetzte Routine etwas näher.

Die **PtInRect**-Routine ist wie folgt definiert:

```
BOOL PtInRect (lpRect, Point)
```

- *lpRect* ist ein Long-Zeiger auf eine **RECT**-Datenstruktur, die das Rechteck beinhaltet, für das die Trefferbestimmung durchgeführt wird.

- *Point* ist eine Variable des Typs **POINT** - ein (x,y)-Wert.

Falls der Punkt innerhalb des Rechteckes liegt, ist der Rückgabewert **TRUE**, andernfalls wird **FALSE** zurückgeliefert.

CARET2 verwendet die **PtInRect**-Routine, um zu ermitteln, ob der Zeiger sich in einem Trefferrechteck befindet. Das Trefferrechteck wird definert, wenn der Text angezeigt wird. Dies erfolgt in Beantwortung der **WM_PAINT**-Nachricht. Es ist sinnvoll, den Trefferbereich während der **WM_PAINT**-Nachricht zu definieren, weil die Ausgabekoordinaten zur korrekten Behandlung der Ausgabeanforderungen erst errechnet werden müssen. Diese Werte müssen lediglich gespeichert werden, damit sie dann zur Prüfung der Mauseingabe eingesetzt werden können.

Die **PtInRect**-Routine wird nur zur vorläufigen Trefferbestimmung eingesetzt. Sie kontrolliert lediglich, ob der Zeiger irgendwo innerhalb eines imaginären Rechteckes plaziert ist, das den Text umgibt und bis an den rechten und linken Rand des Fensters reicht. Damit sind die Vorbereitungen zur korrekten Plazierung des Zeigers allerdings noch nicht abgeschlossen.

Da eine Einfügemarke immer *zwischen* zwei Zeichen plaziert werden sollte, richtet sich das Hauptaugenmerk auf die Bestimmung der Zeichenlücke, die dem Zeiger am nächsten liegt. Bei CARET2 gestaltet sich dies realtiv einfach, da die Position der Einfügemarke durch die Variable **ichNext** in Form von Zeichenzellen definert ist. CARET2 berechnet den Trefferbereich mit einer Abfrageschleife durch das Zeichenarray **achInput**.

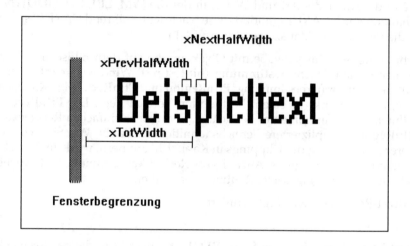

Abbildung 16.7: Trefferbestimmung für Zeichen in CARET2

Der Schlüssel zum Verständnis der Schleife zur Trefferbestimmung von Zeichen liegt in drei Variablen: **xTotWidth**, **xPrevHalfWidth** und **xNextHalfWidth**, die in Abbildung 16.7 gezeigt werden. Beachten Sie, daß wir hier nur an den *x*-Werten interessiert sind. Der Grund hierfür ist ganz einfach: Der **PtInRect**-Test hat bereits ermittelt, daß wir uns schon im richtigen *y*-Bereich befinden. Der Wert von **xTotWidth** beinhaltet die gesamte Breite des Textes, einschließlich des Randes. Das bedeutet, daß **xTotWidth** der Abstand vom linken Rand ist, der in Arbeitsbereichkoordinaten angegeben wird. Die **xPrevHalfWidth**-Variable beinhaltet einen Wert, der gleich der halben Breite des vorherigen Zeichens ist. **xNextHalfWidth** beinhaltet einen Wert gleich der halben Breite des folgenden Zeichens. Während wir das Zeichenarray durchlaufen, wird die Trefferbestimmung recht einfach: Wir prüfen, ob der Punkt zwischen dem Anfang des vorherigen Zeichens und dem Ende des folgenden Zeichens liegt, wie es hier gezeigt wird:

```
if ((xTotWidth - xPrevHalfWidth) <= pt.x &&
    (xTotWidth + xNextHalfWidth) >  pt.x)
    {
    /* Ein Treffer! Position der Einfügemarke setzen. */
    ichNext = i;
    break;
    }
```

Ist ein Treffer erfolgt, ist es einfach, die aktuelle Variable der Zeichenposition, **ichNext**, zu setzen, anschließend die Schleife zu verlassen und die Routine **SetCharPosition** der **TCaret**-Klasse zur Einfügemarkenverschiebung aufzurufen. Diese Routine wiederum ruft die Fensterroutine **SetCaretPos** auf, die schließlich die eigentliche Arbeit verrichtet.

CARET2 hat eine Reihe von Tatsachen verdeutlicht: die Verwendung vordefinierter Systemzeiger sowie einen Ansatz in der Kombination der Mauseingabe mit Text. Ein nicht unerheblicher Teil der Arbeit mit der Systemschriftart besteht darin, daß diese proportional ist. Die Trefferbestimmung ist bei einer Schriftart mit festgelegtem Abstand etwas einfacher. Windows stellt Ihnen aber auch für komplizierte Fälle sämtliche Werkzeuge bereit, die Sie zur Bewältigung der Trefferbestimmung benötigen.

Das Programm CARET2 ist sicherlich in vieler Hinsicht verbesserungswürdig. Beispielsweise wäre es wahrscheinlich effizienter, die Breite jeder Zeichenzelle im voraus zu berechnen. Wurde sie erst einmal gespeichert, erscheinen viele Dinge der Trefferbestimmung und der Einfügemarkenverschiebung einfacher. Diese Verbesserung würde sich aber wiederum negativ auf die Hauptspeicherbelegung auswirken.

Kommen wir nun zu unserem zweiten Beispielprogramm. Diesmal haben wir das Zeichenprogramm für Rechtecke aus Kapitel 14 erweitert.

Verschiebbare Objekte und dehnbare Rechtecke

Wenn der Mauszeiger über die Systemanzeige wandert, kann er jeden Punkt des Bildschirmes erreichen und beschädigt dabei niemals irgendein Objekt, über das er sich hinwegbewegt. In den meisten Fällen ist dies ein Ergebnis der Software. Ein gut geschriebener Gerätetreiber erzeugt den Eindruck, daß der Mauszeiger kein Bestandteil der restlichen Anzeige ist. In anderen Fällen ist ein solches Verhalten auf die Hardware zurückzuführen. Einige Grafikkarten besitzen die eingebaute Fähigkeit zur Unterstützung von Zeigern. Welchen Ansatz Sie auch wählen, das Ergebnis ist das gleiche: Der Zeiger beschädigt niemals irgendein Objekt auf dem Bildschirm.

Ein vergleichbarer Effekt wird erzeugt, wenn ein Fenster verschoben wird. Falls der Anwender die Titelleiste eines Fensters anklickt (oder den *Verschieben*-Punkt des Systemmenüs auswählt), teilt eine gestrichelte Umrandung dem Anwender während des Verschiebens die jeweils aktuelle Position des Fensters mit. Somit kann der Anwender die Ergebnisse der Verschiebung schon betrachten, bevor er die Verschiebung beendet hat.

Die gleiche Art von "fließenden Bildern" kann in einem Windows-Programm sehr nützlich sein. Solche Bilder können dazu verwendet werden, dem Anwender bei der Positionierung von Objekten in einem Fenster zu helfen. Da sie keine anderen Objekte in dem Fenster beschädigen, kann der Anwender alle Objekte auf verschiedene Weise verschieben und anordnen, bevor er sich für eine bestimmte Bildschirmgestaltung entscheidet.

Diese Effekte können unter Verwendung der **Raster-Operation-Codes (ROP)** des GDI erreicht werden. Das Thema "ROP-Codes" wurde erstmals in Kapitel 13 angeschnitten. Bis jetzt allerdings haben wir noch kein Beispielprogramm hierfür bereitgestellt, da ROP-Codes am einfachsten im Zusammenhang mit der Maus zu verstehen sind.

Wie Sie sich vielleicht erinnern werden, ist eine Rasteroperation ein Kombination einer oder mehrerer Booleschen Operationen, die zwischen einer Quelle (z.B. ein Stift oder Pinsel) und einem Ziel ausgeführt wird. Einige Rasteroperationen ignorieren die Quelle und verändern lediglich das Ziel. In Kürze werden wir das Beispielprogramm RECT2 betrachten, das den NOT-Operator verwendet, um den Effekt der verschiebbaren und dehnbaren Rechtecke zu erreichen.

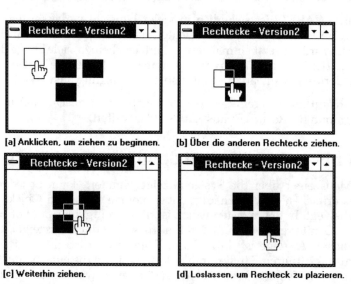

Abbildung 16.8: Ein verschiebbares Rechteck

Ein verschiebbares Rechteck kann (unter Verwendung der Maus) aufgenommen und an einer neuen Position plaziert werden. Obwohl unser Beispielprogramm Rechtecke verwendet, kann auf diese Weise prinzipiell jedes Objekt verschoben werden, das durch die GDI-Routinen zur Darstellung von Pixeln, Linien, oder gefüllten Bereichen erstellt wurde. Abbildung 16.8 gezeigt ein Beispiel eines Rechteckes, das in unserem Beispielprogramm verschoben wurde. Beachten Sie, daß die Außenlinie des Rechteckes immer sichtbar ist, egal welche Farbe der Hintergrund hat. Beim Verschieben werden auch keine anderen Rechtecke beschädigt. Diese beiden Vorzüge werden durch Rasteroperationen erreicht.

Ein dehnbares Rechteck wird ebenfalls unter Verwendung von Rasteroperationen dargestellt. Ein dehnbares Rechteck "zeigt Ihnen im voraus", wie es dargestellt wird. Durch diese Rückkopplung vermeidet das Zeichenprogramm für Rechtecke von vorneherein ungewollte Auswirkungen. Abbildung 16.9 zeigt, wie ein dehnbares Rechteck die Positionierung eines Rechtecks während des Zeichenvorgangs unterstützt. Im Teil (b) des Bildes können wir auf Anhieb erkennen, daß wir einen Fehler gemacht haben. Dieser Fehler läßt sich aber leicht beheben, bevor wir unser endgültiges Rechteck festlegen.

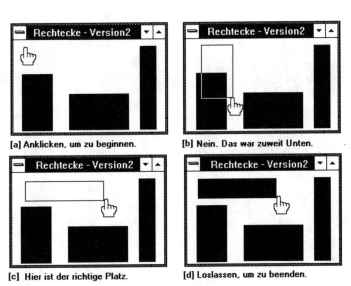

Abbildung 16.9: Ein dehnbares Rechteck

Wie unser erstes Zeichenprogramm für Rechtecke, stellt auch RECT2 Rechtecke in Beantwortung von Maustastenaktivitäten dar. Die erste Ecke eines Rechteckes wird durch Betätigen der Maustaste angewählt. Die zweite, gegenüberliegende Ecke wird durch das Freigeben der Maustaste angewählt. Während die Maus von der ersten bis zur zweiten Ecke verschoben wird, erscheint auf dem Bildschirm die dehnbare Umrandung des Rechtecks. Der Anwender weiß somit genau, wo das endgültige Rechteck plaziert wird, wenn er die Maustaste wieder losläßt. RECT2 wurde auch dahingehend erweitert, daß der Anwender auch die Möglichkeit erhält, Rechtecke zu verschieben. Die Aktion der Verschiebung unterscheidet sich von der Zeichenoperation, indem zusätzlich zum Maustastendruck die [Umschalt]-Taste gedrückt werden muß.

MAKEFILE.MAK

```
.AUTODEPEND

#   Compilerdefinitionen
INC=C:\BORLANDC\OWL\INCLUDE;C:\BORLANDC\CLASSLIB\INCLUDE;C:\BOR-
LANDC\INCLUDE
CC = bcc -c -D_CLASSDLL -H -ml -WS -w -I$(INC)

#   Implizite Regeln
.c.obj:
  $(CC) {$< }

.cpp.obj:
  $(CC) {$< }

#   Explizite Regeln
Rect2.exe: Rect2.res Rect2.def Rect2.obj
    tlink /c/C/n/P-/Twe/x @Rect2.LNK
    RC Rect2.res Rect2.exe

#   Einzelne Dateiabhängigkeiten
Rect2.obj: Rect2.cpp

Rect2.res: Rect2.rc Rect2.cur Rect2.ico
    RC -R -FO Rect2.res Rect2.RC
```

RECT2.LNK

```
c:\borlandc\lib\c0wl.obj+
Rect2.obj
Rect2,Rect2
\borlandc\owl\lib\owl.lib+
crtll.lib+
cwl.lib+
import.lib+
mathl.lib+
cl.lib
Rect2.def
```

RECT2.CPP

```
/*--------------------------------------------------------------*\
 | RECT2.CPP  - Zeichnet Rechtecke infolge von Mausbewegungen. |
 |              Es erscheint ein dehnbares Gummirechteck, wenn |
```

```
|                  ein Rechteck erzeugt wird.                       |
|                  [Umschalt] + Anklicken/Ziehen erlaubt es,        |
|                  die Rechtecke zu verschieben.                    |
\*-----------------------------------------------------------------*/
#include <owl.h>
#include "Rect2.H"

/*-----------------------------------------------------------------*\
|                   Hauptfunktion:  WinMain.                        |
\*-----------------------------------------------------------------*/
int PASCAL WinMain (HANDLE hInstance,   HANDLE hPrevInstance,
                    LPSTR  lpszCmdLine, int    nCmdShow)
    {
    TRectApplication Rect ("RECT2", hInstance, hPrevInstance,
                     lpszCmdLine, nCmdShow);
    Rect.Run();
    return Rect.Status;
    }
/*-----------------------------------------------------------------*\
|                   Komponente der Application-Klasse.              |
\*-----------------------------------------------------------------*/
TRectApplication::TRectApplication (LPSTR lpszName,
                  HANDLE hInstance, HANDLE hPrevInstance,
                  LPSTR lpszCmdLine, int nCmdShow)
                :TApplication (lpszName, hInstance,
                  hPrevInstance, lpszCmdLine, nCmdShow)
    {
    /* Die anwendungsspezifische Initialisierung erfolgt hier.  */
    }
/*-----------------------------------------------------------------*\
|                   Komponente der Application-Klasse.              |
\*-----------------------------------------------------------------*/
void TRectApplication::InitMainWindow ()
    {
    MainWindow = new TRectWindow (NULL, "Rechtecke - Version 2",
                          NULL);
    }
/*-----------------------------------------------------------------*\
|                   TRectWindow-Komponentenfunktion.               |
\*-----------------------------------------------------------------*/
TRectWindow::TRectWindow (PTWindowsObject pwParent,
             LPSTR lpszTitle, PTModule pmModule)
          :TWindow (pwParent, lpszTitle, pmModule)
    {
    bCapture = FALSE;
    fDrag = FALSE;
```

```
    PRectArray = new TRectArray();
    }
/*----------------------------------------------------------------*\
|                   TRectWindow-Komponentenfunktion.               |
\*----------------------------------------------------------------*/
LPSTR TRectWindow::GetClassName ()
    {
    return "Rect2:MAIN";
    }
/*----------------------------------------------------------------*\
|                   TRectWindow-Komponentenfunktion.               |
\*----------------------------------------------------------------*/
void TRectWindow::GetWindowClass (WNDCLASS& wc)
    {
    TWindow::GetWindowClass (wc);
    wc.hIcon=LoadIcon (wc.hInstance, "snapshot");
    wc.hCursor=LoadCursor (wc.hInstance, "hand");
    wc.lpszMenuName="#1";
    }
/*----------------------------------------------------------------*\
|                   TRectWindow-Komponentenfunktion.               |
\*----------------------------------------------------------------*/
void TRectWindow::WMCommand(TMessage& Msg)
    {
    WORD wCmd;

    wCmd = COMMANDMSG(Msg);

    switch (wCmd)
        {
        case IDM_PEN_BLACK:
        case IDM_PEN_WHITE:
        case IDM_PEN_DOTTED:
            PRectArray->setpen(wCmd - IDM_PEN_BLACK);
            break;

        case IDM_BRUSH_WHITE:
        case IDM_BRUSH_GRAY:
        case IDM_BRUSH_HATCHED:
            PRectArray->setbrush(wCmd - IDM_BRUSH_WHITE);
            break;
        }
    }
/*----------------------------------------------------------------*\
|                   TRectWindow-Komponentenfunktion.               |
\*----------------------------------------------------------------*/
void TRectWindow::WMLButtonDown(TMessage& Msg)
```

```
    {
    int   x;
    int   y;

    x = MOUSEX(Msg);
    y = MOUSEY(Msg);

    if (MK_SHIFT & Msg.WParam)
        {
        iDrag = PRectArray->hittest (x, y);
        if (iDrag == -1)
            return;

        rScratch.left    = PRectArray->getX1(iDrag);
        rScratch.top     = PRectArray->getY1(iDrag);
        rScratch.right   = PRectArray->getX2(iDrag);
        rScratch.bottom  = PRectArray->getY2(iDrag);

        InvalidateRect (HWindow, &rScratch, TRUE);
        UpdateWindow (HWindow);

        ptDrag.x = x;
        ptDrag.y = y;
        fDrag = TRUE;
        }
    else
        {
        rScratch.left    = rScratch.right  = x;
        rScratch.top     = rScratch.bottom = y;
        }

    PInvertRect = new TInvertRect(rScratch.left,
                                  rScratch.top,
                                  rScratch.right,
                                  rScratch.bottom);

    if (fDrag)
        {
        HDC hdc;
        hdc = GetDC (HWindow);
        PInvertRect->Invert(hdc);
        ReleaseDC (HWindow, hdc);
        }

    SetCapture (HWindow);
    bCapture = TRUE;
    }
/*----------------------------------------------------------------*\
|                 TRectWindow-Komponentenfunktion.                 |
\*----------------------------------------------------------------*/
void TRectWindow::WMMouseMove(TMessage& Msg)
```

593

```
    {
HDC  hdc;
int  x;
int  y;

    if (!bCapture)
        return;

    x = MOUSEX(Msg);
    y = MOUSEY(Msg);

    if (fDrag)
        {
        ptDrag.x -= x;    // Berechnen der relativen Bewegungen.
        ptDrag.y -= y;

        rScratch.left   -= ptDrag.x;
        rScratch.top    -= ptDrag.y;
        rScratch.right  -= ptDrag.x;
        rScratch.bottom -= ptDrag.y;

        ptDrag.x = x;     // Speichern des gezeichneten Rechteckes
        ptDrag.y = y;     // für die nächste Verwendung.


        }
    else
        {
        rScratch.right  = MOUSEX(Msg);
        rScratch.bottom = MOUSEY(Msg);
        }

    // Bewegen des Gummirechteckes.
    hdc = GetDC (HWindow);
    PInvertRect->Move (hdc, rScratch.left,  rScratch.top,
                            rScratch.right, rScratch.bottom);
    ReleaseDC (HWindow, hdc);
    }
/*--------------------------------------------------------------------*\
|                   TRectWindow-Komponentenfunktion.                   |
\*--------------------------------------------------------------------*/
void TRectWindow::WMLButtonUp(TMessage& Msg)
    {
    HDC hdc;
    int index;
    int x1, y1, x2, y2;

    if (!bCapture)
        return;
```

```
hdc = GetDC (HWindow);
PInvertRect->Invert(hdc);
ReleaseDC (HWindow, hdc);

delete PInvertRect;

if (fDrag)
    {
    index = PRectArray->update (iDrag, rScratch.left,
            rScratch.top, rScratch.right, rScratch.bottom);
    }
else
    {
    x1 = rScratch.left;
    y1 = rScratch.top;
    x2 = MOUSEX(Msg);
    y2 = MOUSEY(Msg);
    rScratch.left   = min (x1, x2);
    rScratch.top    = min (y1, y2);
    rScratch.right  = max (x1, x2);
    rScratch.bottom = max (y1, y2);

    index = PRectArray->append (rScratch.left, rScratch.top,
            rScratch.right, rScratch.bottom);
    }

if (index != -1)
    InvalidateRect (HWindow, &rScratch, FALSE);
else
    MessageBeep(0);

ReleaseCapture();
bCapture = FALSE;
fDrag = FALSE;
iDrag = -1;
    }
/*------------------------------------------------------------*\
|                  TRectWindow-Komponentenfunktion.           |
\*------------------------------------------------------------*/
void TRectWindow::WMPaint(TMessage& Msg)
    {
    int i;
    int cStop;
    PAINTSTRUCT ps;

    BeginPaint (Msg.Receiver, &ps);
    cStop = PRectArray->getcount();

    for (i = 0; i < cStop ; i++ )
        {
```

```
        if (i == iDrag)   // Nicht zeichnen, falls gezogen wird.
            continue;

        PRectArray->draw (ps.hdc, i, FALSE);
        }

    EndPaint (Msg.Receiver, &ps);
    }
/*-------------------------------------------------------------------*\
  |                   TInvertRect-Komponentenfunktion.               |
\*-------------------------------------------------------------------*/
TInvertRect::TInvertRect(int x1, int y1, int x2, int y2)
    {
    hbrNull = GetStockObject (NULL_BRUSH);

    rLocation.left   = x1;
    rLocation.top    = y1;
    rLocation.right  = x2;
    rLocation.bottom = y2;
    }

/*-------------------------------------------------------------------*\
  |                   TInvertRect-Komponentenfunktion.               |
\*-------------------------------------------------------------------*/
void TInvertRect::Move(HDC hdc, int x1, int y1, int x2, int y2)
    {
    Invert (hdc);

    rLocation.left   = x1;
    rLocation.top    = y1;
    rLocation.right  = x2;
    rLocation.bottom = y2;

    Invert (hdc);
    }

/*-------------------------------------------------------------------*\
  |                   TInvertRect-Komponentenfunktion.               |
\*-------------------------------------------------------------------*/
void TInvertRect::Invert (HDC hdc)
    {
    HANDLE hbrOld;
    int    ropOld;

    hbrOld = SelectObject (hdc, hbrNull);
    ropOld = SetROP2 (hdc, R2_NOT);

    Rectangle (hdc, rLocation.left,  rLocation.top,
                    rLocation.right, rLocation.bottom);
```

```
    SelectObject (hdc, hbrOld);
    SetROP2 (hdc, ropOld);
    }
/*----------------------------------------------------------------*\
|                    TRectArray -Komponentenfunktion.             |
\*----------------------------------------------------------------*/
TRectArray::TRectArray()
    {
    hBrush[0] = GetStockObject (WHITE_BRUSH);
    hBrush[1] = GetStockObject (GRAY_BRUSH);
    hBrush[2] = CreateHatchBrush (HS_DIAGCROSS, RGB (255, 0, 0));
    hPen[0] = GetStockObject (BLACK_PEN);
    hPen[1] = GetStockObject (WHITE_PEN);
    hPen[2] = CreatePen (PS_DOT, 1, RGB (0, 0, 0));

    iCurrentBrush = 0;  // Vorgegebener Pinsel.
    iCurrentPen = 0;    // Vorgegebener Stift.

    cRects = 0;
    }
/*----------------------------------------------------------------*\
|                    TRectArray-Komponentenfunktion.              |
\*----------------------------------------------------------------*/
TRectArray::~TRectArray()
    {
    DeleteObject (hBrush[2]);
    DeleteObject (hPen[2]);
    }
/*----------------------------------------------------------------*\
|                    TRectArray-Komponentenfunktion.              |
\*----------------------------------------------------------------*/
int TRectArray::append(int x1, int y1, int x2, int y2)
    {
    if (cRects >= MAXRECTANGLES)
        return -1;

    rdValues[cRects].iBrush   = iCurrentBrush;
    rdValues[cRects].iPen     = iCurrentPen;
    rdValues[cRects].r.left   = x1;
    rdValues[cRects].r.top    = y1;
    rdValues[cRects].r.right  = x2;
    rdValues[cRects].r.bottom = y2;

    return (cRects++);
    }
/*----------------------------------------------------------------*\
|                    TRectArray-Komponentenfunktion.              |
```

```
\*------------------------------------------------------------------*/
void TRectArray::draw(HDC hdc, int iRect, int fSaveDC)
    {
    HBRUSH hbrOld;
    HPEN hpenOld;
    int  iPen;
    int  iBrush;

    iPen   = rdValues[iRect].iPen;
    iBrush = rdValues[iRect].iBrush;

    hpenOld = SelectObject (hdc, hBrush[iBrush]);
    hbrOld = SelectObject (hdc, hPen[iPen]);

    Rectangle (hdc, rdValues[iRect].r.left,
                    rdValues[iRect].r.top,
                    rdValues[iRect].r.right,
                    rdValues[iRect].r.bottom);

    if (fSaveDC)
        {
        SelectObject (hdc, hpenOld);
        SelectObject (hdc, hbrOld);
        }
    }

/*------------------------------------------------------------------*\
|                    TRectArray-Komponentenfunktion.                 |
\*------------------------------------------------------------------*/
int TRectArray::getcount()
    { return cRects; }

/*------------------------------------------------------------------*\
|                    TRectArray-Komponentenfunktion.                 |
\*------------------------------------------------------------------*/
int TRectArray::getX1(int index)
    { return rdValues[index].r.left; }

/*------------------------------------------------------------------*\
|                    TRectArray-Komponentenfunktion.                 |
\*------------------------------------------------------------------*/
int TRectArray::getY1(int index)
    { return rdValues[index].r.top; }

/*------------------------------------------------------------------*\
|                    TRectArray-Komponentenfunktion.                 |
\*------------------------------------------------------------------*/
int TRectArray::getX2(int index)
    { return rdValues[index].r.right; }

/*------------------------------------------------------------------*\
|                    TRectArray-Komponentenfunktion.                 |
```

```
\*-------------------------------------------------------------*/
int TRectArray::getY2(int index)
    { return rdValues[index].r.bottom; }
/*-------------------------------------------------------------*\
|                   TRectArray-Komponentenfunktion.            |
\*-------------------------------------------------------------*/
int TRectArray::hittest(int x, int y)
    {
    int i;
    POINT ptHit;

    ptHit.x = x;
    ptHit.y = y;

    for (i=cRects-1; i>=0; i--)
        {
        if (PtInRect ((LPRECT)&rdValues[i].r, ptHit) )
            return i;
        }
    return -1;
    }
/*-------------------------------------------------------------*\
|                   TRectArray-Komponentenfunktion.            |
\*-------------------------------------------------------------*/
void TRectArray::setbrush(int index)   { iCurrentBrush = index; }
/*-------------------------------------------------------------*\
|                   TRectArray-Komponentenfunktion.            |
\*-------------------------------------------------------------*/
void TRectArray::setpen(int index) { iCurrentPen = index; }
/*-------------------------------------------------------------*\
|                   TRectArray-Komponentenfunktion.            |
\*-------------------------------------------------------------*/
int TRectArray::update(int index, int x1, int y1, int x2, int y2)
    {
    if (index > cRects)
        {
        index = -1;
        }
    else
        {
        rdValues[index].r.left   = x1;
        rdValues[index].r.top    = y1;
        rdValues[index].r.right  = x2;
        rdValues[index].r.bottom = y2;
        }
```

```
          return index;
          }
```

RECT2.H

```
/*-------------------------------------------------------------*\
|                 Definitionsdatei für Rect2.H.                 |
\*-------------------------------------------------------------*/

#define IDM_PEN_BLACK      100
#define IDM_PEN_WHITE      101
#define IDM_PEN_DOTTED     102

#define IDM_BRUSH_WHITE    200
#define IDM_BRUSH_GRAY     201
#define IDM_BRUSH_HATCHED  202

/*-------------------------------------------------------------*\
|                         Makros.                               |
\*-------------------------------------------------------------*/
#define MOUSEX(arg)  (arg.LP.Lo)
#define MOUSEY(arg)  (arg.LP.Hi)
#define COMMANDMSG(arg) (arg.WParam)
#define max(a,b)    (((a) > (b)) ? (a) : (b))
#define min(a,b)    (((a) < (b)) ? (a) : (b))

/*-------------------------------------------------------------*\
|                       Konstanten.                             |
\*-------------------------------------------------------------*/
const int MAXRECTANGLES = 50;
const int MARKERSIZE    =  3;
const int BRUSHCOUNT    =  3;
const int PENCOUNT      =  3;

/*-------------------------------------------------------------*\
|                    Klassendeklarationen.                      |
\*-------------------------------------------------------------*/
class TRectApplication : public TApplication
   {
   public:
     TRectApplication (LPSTR lpszName, HANDLE hInstance,
                       HANDLE hPrevInstance, LPSTR lpszCmdLine,
                       int nCmdShow);
     virtual void  InitMainWindow();
   };

class TInvertRect
   {
   public:
     TInvertRect (int x1, int y1, int x2, int y2);
```

```
      virtual void Move(HDC hdc, int x1, int y1, int x2, int y2);
      virtual void Invert (HDC hdc);

   private:
      HANDLE hbrNull;
      RECT    rLocation;
   };
typedef struct tagRECTDATA
   {
   BYTE    iBrush;
   BYTE    iPen;
   RECT    r;
   } RECTDATA;

class TRectArray
   {
   public:
      TRectArray();
      ~TRectArray();

      int    append(int x1, int y1, int x2, int y2);
      void   draw(HDC hdc, int index, int fSaveDC);
      int    getcount();
      int    getX1(int index);
      int    getY1(int index);
      int    getX2(int index);
      int    getY2(int index);
      int    hittest(int x, int y);
      void   setbrush(int index);
      void   setpen(int index);
      int    update(int index, int x1, int y1, int x2, int y2);
   private:
      HBRUSH     hBrush[BRUSHCOUNT];
      HBRUSH     iCurrentBrush;
      HPEN       hPen[PENCOUNT];
      HPEN       iCurrentPen;
      RECTDATA   rdValues[MAXRECTANGLES];
      int        cRects;
   };

class TRectWindow : public TWindow
   {
   public:
      TInvertRect * PInvertRect;
      TRectArray  * PRectArray;

      TRectWindow (PTWindowsObject pwParent, LPSTR lpszTitle,
                  PTModule pmModule);
      virtual LPSTR GetClassName();
```

```
    virtual void  GetWindowClass(WNDCLASS&);
    virtual void  WMCommand(TMessage& Msg) = [WM_COMMAND];
    virtual void  WMLButtonDown(TMessage& Msg) = [WM_LBUTTONDOWN];
    virtual void  WMLButtonUp(TMessage& Msg) = [WM_LBUTTONUP];
    virtual void  WMMouseMove(TMessage& Msg) = [WM_MOUSEMOVE];
    virtual void  WMPaint(TMessage& Msg) = [WM_PAINT];
  private:
    BOOL   bCapture;
    BOOL   fDrag;
    POINT  ptDrag;
    RECT   rScratch;
    int    iDrag;
    int    iMove;
};
```

RECT2.RC

```
#include "Rect2.H"

snapshot icon Rect2.ico

hand cursor Rect2.cur

1 MENU
    {
    POPUP "&Stift"
        {
        MENUITEM "&Schwarz",      IDM_PEN_BLACK
        MENUITEM "&Weiß",         IDM_PEN_WHITE
        MENUITEM "&Gepunktet",    IDM_PEN_DOTTED
        }
    POPUP "&Pinsel"
        {
        MENUITEM "&Weiß",         IDM_BRUSH_WHITE
        MENUITEM "&Grau",         IDM_BRUSH_GRAY
        MENUITEM "&Schraffiert",  IDM_BRUSH_HATCHED
        }
    }
```

RECT2.DEF

```
NAME RECT2

EXETYPE WINDOWS

DESCRIPTION 'Rechtecke/Maus-Veranschaulichungen'

CODE MOVEABLE DISCARDABLE
DATA MOVEABLE MULTIPLE
```

```
HEAPSIZE   512
STACKSIZE  5120
```

Ziehen und Dehnen

Jedes Programm, das irgendeine Verschiebung oder Dehnung vornimmt, muß mit drei Mausnachrichten umgehen: Taste gedrückt, Maus verschoben und Taste freigegeben. In Beantwortung der Nachricht über eine gedrückte Taste führt die Fensterprozedur jegliche Initialisierung aus, die für das Ziehen oder Dehnen notwendig ist. Die Nachricht über die Bewegung der Maus bedeutet, daß sich der Mauszeiger bewegt hat. Das verschobene oder gedehnte Objekt muß dementsprechend verändert dargestellt werden. Am einfachsten ist es, das Bild des Objektes an der alten Position zu löschen und eine Kopie des Objektes an der neuen Position zu erstellen. Die Nachricht über die freigegebene Taste bedeutet schließlich, daß keine weiteren Verschiebungen angefordert sind. Das Ziehen und Dehnen kann beendet werden - das Objekt ist damit in seiner neuen Form oder Position festgelegt.

Während des Bewegungsvorganges bieten die Rasteroperationen eine einfache Möglichkeit, die verschiebbaren/dehnbaren Rechtecke schnell darzustellen und zu löschen. Die Rasteroperation, die wir verwenden, ist mit der NOT-Operation **R2_NOT** verbunden. Ein sehr günstiges Merkmal dieser Rasteroperation ist, daß sie die Sichtbarkeit des gezeichneten Objekts weitgehend sicherstellt - gleich, welche Farbe der Hintergrund hat. Jeder angetroffene weiße Bildpunkt wird schwarz, und jeder angetroffene schwarze Bildpunkt wird weiß dargestellt werden. Bildpunkte, die eine andere Farbe als weiß und schwarz besitzen, werden in die logisch umgekehrte Farbe umgewandelt. So z.B. ergibt die Anwendung von **R2_NOT** auf die Farbe Blau auf einem VGA-Schirm mit 16 Farben ein Gelb (anstatt eigentlich Orange). Dies ist eine Einschränkung der Hardware und ein Kompromiß, der es möglich macht, daß auf diesem Gerät bestimmte Farben dargestellt werden können.

Trotz dieses ungewöhnlichen Verhaltens ist der zweite und wichtigste Vorteil der **R2_NOT**-Rasteroperation, daß mit ihr jede Darstellung umkehrbar ist. Verdeutlichen wir uns diesen Sachverhalt an einer monochromen Darstellung. Beim *erstmaligen* Zeichnen einer Figur (sagen wir ein Rechteck) wird jeder weiße Bildpunkt schwarz und jeder schwarze Bildpunkt weiß dargestellt. Beim *zweiten* Darstellen derselben Figur wird jeder weiße Bildpunkt schwarz und jeder schwarze Bildpunkt weiß dargestellt. Durch das zweite Zeichnen verschwindet die Figur also wieder vom Bildschirm. Zusammen sind die zwei Vorteile der **R2_NOT**-Rasteroperationen also ideal für die Darstellung verschiebbarer und dehnbarer Rechtecke.

In RECT2 wird die Aufgabe der Erstellung und Verwaltung der **R2_NOT**-Rechtecke von dem **TInvertRect**-Klassenobjekt wahrgenommen. Genauer gesagt, wählt die **Invert**-Komponentenfunktion den stabilen Null-Pinsel der DC, somit zeichnet sie nur die Umrisse des Rechtecks. Sie setzt die Rasteroperation auf **R2_NOT**, indem sie die

SetROP2-Routine aufruft und dann ein Rechteck zeichnet. Die Routine selbst weiß nicht (oder beachtet nicht), ob sie das erste Rechteck zeichnet, damit es erscheint, oder das zweite Rechteck, damit es verschwindet.

Ein zweites Thema, das durch das RECT2-Programm aufgeworfen wurde, ist das "Abfangen der Maus", das wir als nächstes besprechen werden.

Die Maus abfangen

Mausnachrichten werden immer an das Fenster gesendet, in dem sich der Mauszeiger gerade befindet. Auf diese Weise ist es dem Anwender freigestellt, den Zeiger auf das gewünschte Programm zu bewegen und es durch eine Maustastenbetätigung zu starten. Zeitweilig ist es jedoch sinnvoll, alle Mausnachrichten auf ein Fenster zu beschränken. Genauer gesagt: Es ist nützlich, wenn eine Operation begonnen wurde, die vor der Ausführung anderer Operationen erst abgeschlossen werden muß, damit das Programm weiterhin in einem stabilen Zustand verbleiben kann. Das Ziehen und Dehnen von Rechtecken sind zwei derartige Operationen.

In RECT2 wird das Programm dazu veranlaßt, ein neues Rechteck zu zeichnen oder ein existierendes Rechteck zu verschieben, wenn die **WM_LBUTTONDOWN**-Nachricht empfangen wird. Das Programm erwartet eine weitere Nachricht, eine **WM_LBUT-TONUP**-Nachricht, bevor alles wieder auf "normal" zurückgesetzt wird. Wird eine zweite **WM_LBUTTONDOWN**-Nachricht vor einer **WM_LBUTTONUP**-Nachricht empfangen, würde dies einige Verwirrung im Programm stiften und Unordnung im Fenster schaffen.

Um sicherzustellen, daß unser Fenster die erwartete Folge von Nachrichten erhält, fängt die Fensterprozedur die Maus ab. Dies erfolgt durch den Aufruf von **SetCapture**, das nur einen Parameter benötigt: ein Fenster-Handle. **SetCapture** wird in Beantwortung der **WM_LBUTTONDOWN**-Nachricht aufgerufen, um alle Mausnachrichten für unser Fenster zu reservieren, bis das Abfangen beendet wird.

Das Beenden des Abfangvorgangs wird durch den Aufruf von **ReleaseCapture** erreicht. RECT2 ruft **ReleaseCapture** in Beantwortung einer **WM_LBUTTONUP**-Nachricht auf, damit andere Programme wieder Mausnachrichten empfangen können.

In Kapitel 7 haben Sie das Windows-Sandwich kennengelernt. Der Grundgedanke der Sandwich-Konstruktion ist, daß die Verwendung einer Systemressource von zwei Aufrufen umgeben ist: Der erste Aufruf erlangt die Ressource, und der zweite Aufruf gibt die Ressource wieder frei. Dies ist bereits eine genaue Beschreibung der Art und Weise, in der das Abfangen der Maus behandelt wird. Folgende Tabelle vergleicht die Windows-Sandwich-Konstruktion mit dem Aufbau eines echten, eßbaren Sandwichs:

Das Windows-Sandwich	Auf das Abfangen der Maus angewendet
Obere Brotscheibe	**SetCapture** () wird zur **WM_LBUTTONDOWN**-Zeit aufgerufen.
Füllung	Mausereignisse während **WM_MOUSEMOVE**.
Untere Brotscheibe	**ReleaseCapture** () wird zur **WM_LBUTTONUP**-Zeit aufgerufen.

Zu guter Letzt müssen wir noch erwähnen, daß während des Abfangens der Maus die Trefferbestimmungs- und Zeigerpositionierungsnachrichten deaktiviert werden. Das bedeutet, daß die **WM_NCHITTEST**- oder **WM_SETCURSOR**-Nachrichten nicht empfangen werden, solange die Maus abgefangen wird. Die Trefferbestimmungsnachricht **WM_NCHITTEST** prüft, ob eine Arbeitsbereichs- oder eine Nichtarbeitsbereichsnachricht gesendet werden soll. Solange die Maus abgefangen wird, werden nur Arbeitsbereichsnachrichten gesendet. Die **WM_SETCURSOR**-Nachricht wird nicht gesendet, da Windows keine Veränderung des Zeigers erwartet, solange ein Fenster die gesamte Mauseingabe für sich selbst reserviert.

An diesem Punkt richten wir unsere Aufmerksamkeit auf das dritte Beispielprogramm dieses Kapitels. Es erstellt einen "Mauszeiger im Vorübergehen". Dies Fähigkeit ist erst ab der Windows-Version 3.0 verfügbar.

Dynamische Zeiger erstellen

In Kapitel 2, in dem wir das minimale Windows-Programm besprochen haben, haben wir einen Zeiger in Form einer Hand erstellt. Wie Sie sich vielleicht erinnern, haben wir zwei Werkzeuge verwendet: Das Paintbrush-Programm, das die Umrisse einer Hand zeichnete, und den Resource Workshop, den wir zur Feineinstellung der Bits im Zeiger verwendet haben. Sobald der Zeiger fertig erstellt war, wurde er in der Datei MIN.CUR gespeichert, auf die in der Ressourcendatei MIN.RC eine Referenz zu finden ist.

Obwohl ein statischer Zeiger wie dieser wohl den meisten Ihrer Anforderungen genügen wird, gibt es vielleicht doch Zeiten, in denen Sie einen dynamischen Zeiger erstellen müssen. Ein dynamischer Zeiger wird *während der Ausführungszeit* eines Windows-Programms erstellt - nicht *zur Entwicklungszeit* des Programms. Eine Möglichkeit zur Erstellung eines dynamischen Zeigers besteht in der Erstellung einer GDI-Bitmap. In diesem Fall werden GDI-Routinen zum Zeichnen der gewünschten Form eingesetzt. Dies ist der Ansatz, den wir verfolgen werden. Bei dieser einfachen Beschreibung haben wir allerdings nicht erwähnt, daß zur korrekten Erstellung eines dynamischen Zeigers einiger Aufwand betrieben werden muß.

Das DYNACURS-Programm

Unser Programm zur Erstellung dynamischer Zeiger gibt die aktuelle Mausposition auf dem Bildschirm wieder. Abbildung 16.10 veranschaulicht ein Beispiel der Ausgabe. Der "Hot-Spot" des Zeigers befindet sich in der oberen, linken Ecke des Zeigers, die durch einen Punkt markiert ist. Die obere Zahl gibt die *x*-Position des Zeigers an, die untere Zahl teilt die *y*-Position des Zeigers mit.

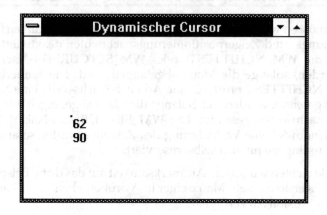

Abbildung 16.10: Der Zeiger in DYNACURS gibt die Mausposition wider

Bei der Programmausführung wird Ihnen sicherlich auffallen, daß der Zeiger zu blinken scheint. Das weist darauf hin, daß der dynamische Zeiger bei der Bewegung der Maus und der Veränderung des Zeigers nicht das weiche, fließende Erscheinungsbild aufweist, das wir mit einem normalen Zeiger verbinden. Dies liegt darin begründet, daß der Hintergrund, der Bereich "hinter" dem Zeiger, jedesmal instandgesetzt werden muß, wenn sich der Zeiger verändert. Zugegeben: bei dem Qualitätsstandard heutiger Anwendungen wäre dies in einem kommerziell vertriebenen Programm ärgerlich und unzumutbar. In unserem Demonstrationsprogramm zur Erstellung dynamischer Zeiger nehmen wir diesen Makel "billigend in Kauf".

MAKEFILE.MAK

```
.AUTODEPEND

#   Compilerdefinitionen
INC=C:\BORLANDC\OWL\INCLUDE;C:\BORLANDC\CLASSLIB\INCLUDE;C:\BOR-
LANDC\INCLUDE
CC = bcc -c -D_CLASSDLL -H -ml -WS -w -I$(INC)
```

```
#    Implizite Regeln
.c.obj:
  $(CC) {$< }

.cpp.obj:
  $(CC) {$< }

#    Explizite Regeln
DynaCurs.exe: DynaCurs.res DynaCurs.def DynaCurs.obj
    tlink /c/C/n/P-/Twe/x @DynaCurs.LNK
    RC DynaCurs.res DynaCurs.exe

#    Einzelne Dateiabhängigkeiten
DynaCurs.obj: DynaCurs.cpp

DynaCurs.res: DynaCurs.rc DynaCurs.cur DynaCurs.ico
    RC -R -FO DynaCurs.res DynaCurs.RC
```

DYNACURS.LNK

```
c:\borlandc\lib\c0wl.obj+
DynaCurs.obj
DynaCurs,DynaCurs
\borlandc\owl\lib\owl.lib+
crtll.lib+
cwl.lib+
import.lib+
mathl.lib+
cl.lib
DynaCurs.def
```

DYNACURS.CPP

```
/*----------------------------------------------------------------*\
| DYNACURS.CPP - Erzeugt im Vorbeigehen                            |
|                einen dynamischen Zeiger.                         |
\*----------------------------------------------------------------*/
#include <owl.h>

/*----------------------------------------------------------------*\
|                      Klassendeklarationen.                       |
\*----------------------------------------------------------------*/
class TDynaCursApplication : public TApplication
  {
  public:
    TDynaCursApplication (LPSTR lpszName, HANDLE hInstance,
                          HANDLE hPrevInstance,
                          LPSTR lpszCmdLine, int nCmdShow);
```

607

```
    virtual void InitMainWindow ();
  };

class TDynaCursWindow : public TWindow
  {
  public:
    TDynaCursWindow (PTWindowsObject pwParent, LPSTR lpszTitle,
                  PTModule pmModule);
    virtual LPSTR GetClassName ();
    virtual void  GetWindowClass (WNDCLASS&);
    virtual BOOL  Create();
    virtual void  Destroy();
    virtual void  WMSetCursor(TMessage& Msg) = [WM_SETCURSOR];

  private:
    HCURSOR hcrPrev;
    HBITMAP hbm;
    HBITMAP hbmOld;
    HBRUSH  hbrWhite;
    HBRUSH  hbrBlack;
    HDC     hdcBitmap;
    HANDLE  hmemAND;
    HANDLE  hmemXOR;
    LPSTR   lpAND;
    LPSTR   lpXOR;
    int     cbSize;
    int     cxCursor;
    int     cyCursor;
  };

/*------------------------------------------------------------------*\
|                    Hauptfunktion:  WinMain.                        |
\*------------------------------------------------------------------*/
int PASCAL WinMain (HANDLE hInstance,   HANDLE hPrevInstance,
                  LPSTR  lpszCmdLine, int    nCmdShow)
    {
    TDynaCursApplication DynaCurs ("DynaCurs", hInstance,
                  hPrevInstance, lpszCmdLine, nCmdShow);
    DynaCurs.Run ();
    return DynaCurs.Status;
    }

/*------------------------------------------------------------------*\
|                 Komponente der Application-Klasse.                 |
\*------------------------------------------------------------------*/
TDynaCursApplication::TDynaCursApplication (LPSTR lpszName,
                  HANDLE hInstance, HANDLE hPrevInstance,
                  LPSTR lpszCmdLine, int nCmdShow)
                  :TApplication (lpszName, hInstance,
                  hPrevInstance, lpszCmdLine, nCmdShow)
```

```
    {
    /*  Die anwenderspezifische Initialisierung erfolgt hier.  */
    }
/*-----------------------------------------------------------*\
|                  Komponente der Application-Klasse.         |
\*-----------------------------------------------------------*/
void TDynaCursApplication::InitMainWindow ()
    {
    MainWindow = new TDynaCursWindow (NULL, "Dynamischer Zeiger",
                                      NULL);
    }
/*-----------------------------------------------------------*\
|                  TDynaCursWindow-Komponentenfunktion.       |
\*-----------------------------------------------------------*/
TDynaCursWindow::TDynaCursWindow (PTWindowsObject pwParent,
                LPSTR lpszTitle, PTModule pmModule)
            :TWindow (pwParent, lpszTitle, pmModule)
    {
    hcrPrev = 0;
    }
/*-----------------------------------------------------------*\
|                  TDynaCursWindow-Komponentenfunktion.       |
\*-----------------------------------------------------------*/
LPSTR TDynaCursWindow::GetClassName ()
    {
    return "DynaCurs:MAIN";
    }
/*-----------------------------------------------------------*\
|                  TDynaCursWindow-Komponentenfunktion.       |
\*-----------------------------------------------------------*/
void TDynaCursWindow::GetWindowClass (WNDCLASS& wc)
    {
    TWindow::GetWindowClass (wc);
    wc.hIcon=LoadIcon (wc.hInstance, "snapshot");
    wc.hCursor=LoadCursor (wc.hInstance, "hand");
    }
/*-----------------------------------------------------------*\
|                  TDynaCursWindow-Komponentenfunktion.       |
\*-----------------------------------------------------------*/
BOOL TDynaCursWindow::Create()
    {
    BOOL bRetVal;
    HDC  hdc;

    bRetVal = TWindow::Create();
```

```
if (bRetVal)
    {
    /* Ermitteln der zu erwartenden Zeigergröße. */
    cxCursor = GetSystemMetrics (SM_CXCURSOR);
    cyCursor = GetSystemMetrics (SM_CYCURSOR);

    /* Einige zusammengewürfelte Objekte erstellen: */

            /* Eine Bitmap. */
    hbm = CreateBitmap (cxCursor,   // Breite
                        cyCursor,   // Höhe
                        1,          // Ebenen
                        1,          // Bit pro Bildpunkt
                        NULL);      // Anfangsdaten

            /* Ein DC für die Bitmap. */
    hdc = GetDC (HWindow);
    hdcBitmap = CreateCompatibleDC (hdc);
    ReleaseDC (HWindow, hdc);

            /* Verbinden der Bitmap mit dem DC. */
    hbmOld = SelectObject (hdcBitmap, hbm);

            /* Etwas Speicherplatz zusammenkratzen. */
    cbSize = (cxCursor/8) * cyCursor;
    hmemAND = GlobalAlloc (GMEM_MOVEABLE,   // Flags
                          (DWORD)cbSize); // Größe

    lpAND = GlobalLock (hmemAND);
    if (lpAND == NULL)
        {
        bRetVal = FALSE;
        goto Exit;
        }

    hmemXOR = GlobalAlloc (GMEM_MOVEABLE,   // Flags
                          (DWORD)cbSize); // Größe

    lpXOR = GlobalLock (hmemXOR);
    if (lpXOR == NULL)
        {
        bRetVal = FALSE;
        goto Exit;
        }

    /* Benötigte GDI-Objekte holen. */
    hbrWhite = GetStockObject (WHITE_BRUSH);
    hbrBlack = GetStockObject (BLACK_BRUSH);

    /* Fehlerprüfung. */
    if (hbm == NULL      || hdcBitmap == NULL ||
        hmemAND == NULL || hmemXOR == NULL    ||
```

```
            cxCursor%8 != NULL)
            {
            MessageBox (HWindow, "Es ist nicht möglich, den
                dynamischen","Cursor zu initialisieren", MB_OK);
            bRetVal = FALSE;
            }
        }
Exit:
    return bRetVal;
    }
/*-------------------------------------------------------------*\
|                 TDynaCursWindow-Komponentenfunktion.          |
\*-------------------------------------------------------------*/
void TDynaCursWindow::Destroy()
    {
    SelectObject (hdcBitmap, hbmOld);
    DeleteDC (hdcBitmap);
    DeleteObject (hbm);
    DestroyCursor(hcrPrev);

    GlobalUnlock (hmemAND);
    GlobalUnlock (hmemXOR);
    GlobalFree (hmemAND);
    GlobalFree (hmemXOR);
    }
/*-------------------------------------------------------------*\
|                 TDynaCursWindow-Komponentenfunktion.          |
\*-------------------------------------------------------------*/
void TDynaCursWindow::WMSetCursor(TMessage& Msg)
    {
    char    acLine1[8];
    char    acLine2[8];
    HCURSOR hcrTemp;
    int     cc1;
    int     cc2;
    POINT   pt;

    /* Nachrichten ignorieren, die nicht aus dem Arbeitsbereich
       stammen.*/
    if (Msg.LP.Lo != HTCLIENT)
        {
        DefWndProc(Msg);
        return;
        }

    /* AND-Maske setzen. */
    SelectObject (hdcBitmap, hbrWhite);
```

```
PatBlt (hdcBitmap, 0, 0, cxCursor, cyCursor,
        PATCOPY);

/* Hot-Spot hervorheben.  */
SetPixel (hdcBitmap, 0, 0, 0L);
SetPixel (hdcBitmap, 0, 1, 0L);
SetPixel (hdcBitmap, 1, 0, 0L);
SetPixel (hdcBitmap, 1, 1, 0L);

/*  Wo ist der Mauscursor?  */
GetCursorPos (&pt);
ScreenToClient (HWindow, &pt);

cc1 = wsprintf (acLine1,"%d", pt.x);
cc2 = wsprintf (acLine2,"%d", pt.y);

/*  Koordinaten in Bitmap übertragen.  */
TextOut (hdcBitmap, 3, 0, acLine1, cc1);
TextOut (hdcBitmap, 3, cyCursor/2, acLine2, cc2);

GetBitmapBits (hbm, (DWORD)cbSize, lpAND);

/* XOR-Maske setzen.  */
SelectObject (hdcBitmap, hbrBlack);
PatBlt (hdcBitmap, 0, 0, cxCursor, cyCursor,
        PATCOPY);

GetBitmapBits (hbm, (DWORD)cbSize, lpXOR);

/*  Im Vorübergehen einen Cursor erstellen.  */
hcrTemp = CreateCursor (
    GetApplication()->hInstance, // Handle-Beispiel
    0,          // X-Hot-Spot
    0,          // Y-Hot-Spot
    cxCursor,   // Breite
    cyCursor,   // Höhe
    lpAND,      // AND-Bitmaske
    lpXOR);     // XOR-Bitmaske

SetCursor (hcrTemp);  // Einen neuen Cursor auswählen.

/*  Den alten Cursor entfernen.  */
if (hcrPrev != NULL) DestroyCursor(hcrPrev);

hcrPrev = hcrTemp;
}
```

DYNACURS.RC

```
snapshot icon DynaCurs.ico

hand cursor DynaCurs.cur
```

DYNACURS.DEF

```
NAME DYNACURS

EXETYPE WINDOWS

DESCRIPTION 'Ein dynamischer Cursor'

CODE MOVEABLE DISCARDABLE
DATA MOVEABLE MULTIPLE

HEAPSIZE  512
STACKSIZE 5120
```

DYNACURS ist an drei Nachrichten interessiert: **WM_CREATE, WM_DESTROY** und **WM_SETCURSOR.** In Beantwortung der **WM_CREATE**-Nachricht werden verschiedene Objekte erstellt und initialisiert, die zur Unterstützung der Zeigererstellung benötigt werden. Dies schließt eine einfarbige Hauptspeicher-Bitmap, einen Gerätekontext auf die Bitmap und einen dynamisch belegten Hauptspeicherbereich mit ein. Die **WM_SETCURSOR**-Nachricht löst die Erstellung des dynamischen Zeigers aus. Hierzu zählen die Bestimmung der Mauszeigerposition, der Aufruf von GDI-Routinen zum Schreiben der Position in die Hauptspeicher-Bitmap und der Aufruf der **CreateCursor**-Routine zur Umwandlung dieser Daten in einen vollständigen Zeiger. In Beantwortung der dritten Nachricht, **WM DESTROY,** löscht DYNACURS die Objekte, die wir in Beantwortung der **WM_CREATE**-Nachricht erstellt haben und gibt sie frei. Um zu verstehen, warum diese Objekte benötigt werden, wollen wir jetzt einmal das Innenleben eines Zeigers untersuchen.

Wie arbeiten Zeiger?

Ein Zeiger ist ein Datenobjekt, das aus zwei Teilen besteht. Jeder Teil ist eine monochrome Bitmap, die mit den Bildpunkten der Bildschirmoberfläche verknüpft wird, um das Zeigerbild zu erstellen. Der erste Teil wird AND-Maske genannt. Dies besagt, daß die Bildpunkte dieser Bitmap unter Verwendung der logischen AND-Operation mit der Oberfläche kombiniert werden. Der zweite Teil des Zeigers wird XOR-Maske genannt. Das bedeutet, daß eine logische Operation, XOR, verwendet wird, um diese Bitmap mit der Bildschirmoberfläche zu kombinieren.

Wenn der Bildschirmtreiber einen Zeiger darstellt, beginnt er mit der Erzeugung einer Kopie der Bildpunkte, die sich bereits auf der Bildschirmoberfläche befinden. Dadurch wird sichergestellt, daß das alte Bild wiederhergestellt werden kann. Dies ist für die Erhaltung der Unversehrtheit der Bildschirmdarstellung sehr wichtig. Wurde die Kopie erstellt, wird die AND-Maske mit der Oberfläche verbunden, gefolgt von der XOR-Maske. Durch die Booleschen Operationen ermöglicht dieser zweistufige Prozeß vier unterschiedliche Auswirkungen: schwarz, weiß, durchsichtig und nicht-durchsichtig. Unter "durchsichtig" verstehen wir, daß der Zeiger transparent ist und er den Hintergrund durchscheinen läßt. Unter "nicht-durchsichtig" verstehen wir, daß die Bildpunkte auf dem Hintergrund umgekehrt dargestellt werden. Dies ist eine selten eingesetzte Kombination, aber sie kann einige interessante Auswirkungen verursachen. Beispielsweise könnte der nicht-durchsichtige Effekt bei einem Zeiger in Form eines Vergrößerungsglases verwendet werden, um den Anschein einer verschwommenen Linsenoberfläche zu erwecken. Tabelle 16.2 beinhaltet eine Wahrheitstabelle, die zeigt, wie Bildpunkte der AND- und der XOR-Maske verbunden werden, damit die vier Auswirkungen erzielt werden.

Tabelle 16.2:

AND-Maske	XOR-Maske	Zeiger
0 (Schwarz)	0 (Schwarz)	Schwarz
0 (Schwarz)	1 (Weiß)	Weiß
1 (Weiß)	0 (Schwarz)	Nicht-Durchsichtig
1 (Weiß)	1 (Weiß)	Durchsichtig

Zur Erstellung eines völlig schwarzen Zeigers müssen Sie beide Masken auf Schwarz setzen. Ein völlig weißer Zeiger ergibt sich aus einer völlig schwarzen AND-Maske und einer völlig weißen XOR-Maske. DYNACURS erstellt schwarzen Text auf einem transparenten (bildschirmfarbigen) Hintergrund durch die Kombination einer AND-Maske von schwarzem Text und einem weißen Hintergrund mit einer völlig schwarzen XOR-Maske.

Die Routine zur Erstellung eines dynamischen Zeigers heißt **CreateCursor**. Sie ist wie folgt definiert:

```
CreateCursor (hInstance, xHotSpot, yHotSpot, nWidth, hHeight,
              lpANDbitPlane, lpXORbitPlane);
```

- *hInstance* ist das Instanz-Handle, das wir an unser Programm als Parameter für **WinMain** übergeben haben. Wir erlangen eine Kopie eines Anwendungsobjektes mit diesem Wert durch die Angabe von

```
GetApplication()->hInstance
```

- *xHotSpot* ist die *x*-Koordinate für den Hot-Spot des Zeigers.

- *yHotSpot* ist die *y*-Koordinate für den Hot-Spot des Zeigers.

- *nWidth* ist die Breite des Zeigers in Bildpunkten. Falls die von uns bereitgestellte Größe nicht mit der Größe übereinstimmt, die der Bildschirmtreiber fordert, wird unser Zeiger gedehnt (oder gestaucht). Um sicherzustellen, daß eine Übereinstimmung vorliegt, wird Windows zur Bereitstellung der vom Bildschirmtreiber erwarteten Größe aufgefordert. Der folgende Aufruf stellt den richtigen Wert für die Breite bereit:

```
GetSystemMetrics (SM_CXCURSOR);
```

- *nHeight* ist die Höhe des Zeigers in Bildpunkten. Wir setzen diesen Wert zur Übereinstimmung mit der vom Bildschirmtreiber geforderten Größe durch den Aufruf der folgenden Routine:

```
GetSystemMetrics (SM_CYCURSOR);
```

- *lpANDbitPlane* ist ein **LPSTR** (**char far** *)-Zeiger auf die Bits, die die AND-Maske bilden.

- *lpXORbitPlane* ist ein **LPSTR** (**char far** *)-Zeiger auf die Bits, die die XOR-Maske bilden.

Hier folgt der Aufruf, den DYNACURS ausführt, um den dynamischen Zeiger zu erstellen:

```
hcr = CreateCursor (
      GetApplication () -> hInstance, // Instanz-Handle
      0,          // X-Hot-Spot
      0,          // Y-HotSpot
      cxCursor,   // Breite
      cyCursor,   // Höhe
      lpAND,      // AND-Bitmaske
      lpXOR);     // XOR-Bitmaske
```

Ein Großteil der Arbeit zur Erstellung eines angepaßten Zeiger beinhaltet die Erstellung der beiden Bitmasken. Voraussetzung zum Verständnis der Arbeitsweise von DYNACURS zum Erhalt dieser beiden Bitmasken ist das Verständnis der Konzepte der GDI-Bitmap und der dynamischen Hauptspeicherbelegung. Da diese beiden Themen in den folgenden Kapiteln ausführlich erläutert werden, wollen wir uns hier auf eine kurze Einführung beschränken.

Eine GDI-Bitmap erstellen

In unserer Einführung des GDI in Kapitel 6 haben wir eine Bitmap als eine Art Pseudogerät bezeichnet, das hauptsächlich zur Speicherung von Bildern verwendet wird. Wenn Sie sich eine Bitmap als eine Art Gerät vorstellen, wissen Sie bereits einen Großteil über ihre Verwendung. Darüber hinaus muß aber noch bekannt sein, wie Sie ein Handle auf einen DC erlangen, mit dem das Schreiben in eine Bitmap möglich ist. Die folgenden Aufrufe erreichen dies:

```
/* Einige zusammengewürfelte Objekte erstellen: */
```

```
        /* Eine Bitmap. */
hbm = CreateBitmap (cxCursor, // Breite
                    cyCursor, // Höhe
                    1,        // Ebenen
                    1,        // Bits pro Bildpunkt
                    NULL); // Anfangsdaten

        /* Ein DC für die Bitmap. */
hdc = GetDC (hwnd);
hdcBitmap = CreateCompatibleDC (hdc);
ReleaseDC (hwnd, hdc);

        /* Die Bitmap mit dem DC verbinden. */
hbmOld = SelectObject (hdcBitmap, hbm);
```

Die erste Routine, **CreateBitmap**, verlangt vom GDI, den Hauptspeicher zu belegen, der zur Speicherung der Bitwerte unserer Bitmap verwendet werden soll. Die Werte der Breite und Höhe, **cxCursor** und **cyCursor**, stammen von Windows selbst. Sie teilen uns über die **GetSystemMetrics**-Routine die Größe des Zeigers mit, die der aktuelle Bildschirmtreiber erwartet:

```
/* Ermitteln der erwarteten Größe des Zeigers. */
cxCursor = GetSystemMetrics (SM_CXCURSOR);
cyCursor = GetSystemMetrics (SM_CYCURSOR);
```

Zum Erzeugen eines Zeigers benötigen wir eine monochrome Bitmap, weshalb wir sowohl die Anzahl der Ebenen als auch die Anzahl der Bits pro Bildpunkt auf **1** setzen. Die **CreateBitmap**-Routine liefert ein Handle auf eine Bitmap vom Typ **HBITMAP** zurück, das wir in der Variablen **hbm** speichern.

Für sich selbst gesehen ist eine Bitmap nur ein Hauptspeicherblock. Wir müssen eine Verbindung zm Hauptspeicher erstellen sowie einen Satz von Zeichenwerkzeugen, die es uns ermöglichen, Ausgaben an die Bitmap auf gleiche Weise zu senden, wie wir auch Ausgaben an den Bildschirmtreiber senden. Hierzu benötigen wir einen Gerätekontext. Der einfachste Weg, einen DC zu erstellen, besteht darin, vom GDI eine Kopie eines existierenden DC zu verlangen. Dies wird durch die folgenden Aufrufe erreicht:

```
hdc = GetDC (hwnd);
hdcBimap = CreateCompatibleDC (hdc);
ReleaseDC (hwnd, hdc);
```

Wir leihen uns mit dem Funktionspaar **GetDC/ReleaseDC** einen DC und geben ihn anschließend wieder zurück. Durch den Aufruf von **CreateCompatibleDC** erstellen wir einen neuen DC. Der Wert, der von **CreateCompatibleDC** zurückgeliefert wird, ist ein Handle auf einen DC. Dieser besitzt aber noch keine Verbindung zu unserer Bitmap (oder irgendeinem Gerät für diesen Einsatz). Deshalb müssen wir durch den Aufruf von **SelectObject** eine Verbindung herstellen:

```
hbmOld = SelectObject (hdcBitmap, hbm);
```

Wie Sie sich vielleicht erinnern, verwenden wir die **SelectObjekt**-Routine zur Installation von Stiften, Pinseln und anderen Zeichenobjekten in einem DC. Aber die Bitmap ist mehr als nur ein Zeichenobjekt: sie ist eine ausgewachsene Zeichenoberfläche - oder, wie wir vorher erwähnten, ein *Pseudogerät*. Wurden die Bitmap und der DC miteinander verbunden, zeichnen wir in die Bitmap durch den Aufruf einer entsprechenden GDI-Routine und stellen das DC-Handle als Parameter bereit. Wenn die Bitmap mit dem DC verbunden ist, den **SelectObject** bereitstellt, speichern wir den Wert, der von **SelectObject** zurückgeliefert wird, damit wir später die Verbindung der Bitmap zu dem DC wieder lösen können. Zum Zeitpunkt des Löschens vereinfacht dies die Zerstörung der beiden Objekte.

Sie wissen nun, wie eine Bitmap erstellt wird. Untersuchen wir jetzt, wie DYNACURS die Bitmap einsetzt.

Die GDI-Bitmap einsetzen

Wenn DYNACURS eine **WM_SETCURSOR**-Nachricht erhält, zeichnet es in unserer Bitmap, um die gewünschten Bildpunktmuster für die AND- und XOR-Masken zu erstellen. Die Bits werden dann von der Bitmap in zwei dynamisch belegte Hauptspeicherbereiche kopiert, da **CreateCursor** eine Bitmap nicht direkt einliest, sondern die Bitmasken als Hauptspeicherblöcke liest. Diese Bitmasken werden über zwei Zeiger an **CreateCursor** übergeben und bilden die letzten beiden Parameter dieser Funktion.

Als erstes wird die AND-Maske initialisiert. Zuerst setzen wir sämtliche Bits unter Verwendung einer **PatBlt**-Routine auf weiß. Diese GDI-Routine füllt einen rechteckigen Bereich einer Bildschirmoberfläche unter Verwendung des aktuell gewählten Pinsels. Hier folgt der Programmtext, der dies für Sie erledigt:

```
SelectObject (hdcBitmap, hbrWhite);
PatBlt (hdcBitmap, 0, 0, cxCursor, cyCursor, PATCOPY);
```

Die Darstellung als 4-Bildpunkt-Hot-Spots beinhaltet vier Aufrufe von **SetPixel**:

```
SetPixel (hdcBitmap, 0, 0, 0L);
SetPixel (hdcBitmap, 0, 1, 0L);
SetPixel (hdcBitmap, 1, 0, 0L);
SetPixel (hdcBitmap, 1, 1, 0L);
```

DYNACURS ruft dann die **GetCursorPos**-Routine auf, die die Position des Mauszeigers ermittelt, die in **Bildschirmkoordinaten** angegeben wird. Wie auch die Arbeitsbereichkoordinaten werden die Bildschirmkoordinaten in Bildpunkteinheiten angegeben. Sie unterscheiden sich jedoch von den Arbeitsbereichkoordinaten darin, daß ihr Ursprung (0, 0) in der linken, oberen Ecke des *gesamten Bildschirmes* liegt, anstatt in der linken, oberen Ecke des *Arbeitsbereiches*. Zur Umwandlung der Koordinaten wird die **ScreenToClient**-Routine aufgerufen. Anschließend werden die Koordinaten von ganzzahligen Werten in eine Zeichenkette umgewandelt. Zu guter Letzt werden die beiden Zeilen in die Bitmap geschrieben:

```
GetCursorPos (&pt);
ScreenToClient (hwnd, &pt);

cc1 = wsprintf (acLine1, "%d", pt.x);
cc2 = wsprintf (acLine2, "%d", pt.y);

/* Die Koordinaten in die Bitmap schreiben */
TextOut (hdcBitmap, 3, 0, acLine1, cc1);
TextOut (hdcBitmap, 3, cyCursor/2, acLine2, cc2);
```

Zu diesem Zeitpunkt beinhaltet die Bitmap das Bild, das wir für die AND-Maske und den Zeiger verwenden wollen. Wir müssen das GDI jedoch beauftragen, eine Kopie dieser Bits in einem Schema anzufertigen, das von **CreateCursor** akzeptiert wird. Dies ist die Aufgabe der **GetBitmapBits**-Routine. **GetBitmapBits** ist wie folgt definiert:

```
DWORD GetBitmapBits (hBitmap, dwCount, lpBits)
```

- *hBitmap* ist ein Handle auf eine Bitmap.

- *dwCount* ist ein **DWORD**-Wert für die Größe des Speicherbereiches.

- *lpBits* ist ein **char far *** (**LPSTR**), der auf den Datenbereich zeigt, um die Bits zu speichern.

Die folgende Programmtextzeile aus DYNACURS kopiert die Bits aus der Bitmap in einen Block dynamisch belegten Hauptspeichers, der sich für die Übergabe an **CreateCursor** eignet:

```
GetBitmapBits (hbm, (DWORD) cbSize, lpAND);
```

Die Erstellung der XOR-Bitmaske erfolgt in gleicher Weise, gestaltet sich aber wesentlich einfacher. Die **PatBlt**-Routine wird aufgerufen, um jeden Bildpunkt in der Bitmap auf schwarz zu setzen. Ist dies geschehen, wird **GetBitmapBits** aufgerufen, um die Bits aus der Bitmap in einen Teil dynamisch belegten Hauptspeichers zu kopieren. Um die Arbeitsweise von DYNACURS vollständig zu verstehen, müssen wir die Belegung und Verwendung von dynamisch belegtem Hauptspeicher näher untersuchen.

Dynamische Speicherbelegung

Die Notwendigkeit von dynamisch belegtem Hauptspeicher ergibt sich daraus, daß es keine Möglichkeit gibt, die Größe des Hauptspeichers, der vielleicht für die Lagerung der Bits eines Zeigers erforderlich sein wird, im voraus zu wissen. Folgende Tabelle zeigt beispielsweise die Zeigergrößen und Hauptspeicheranforderungen einiger der heutzutage gängigen Grafikkarten:

Grafikkarte	Zeigergröße	Erforderlicher Hauptspeicher
CGA	32 X 16	64 Byte
EGA/VGA	32 X 32	128 Byte
8514/a	32 X 32	128 Byte

Eventuell gibt es morgen schon neue Grafikkarten, die größere Hauptspeicheranforderungen an die Speicherung der AND- und XOR-Masken erfordern. Wenn wir also sicherstellen wollen, daß das Programm auch auf künftigen Systemen einwandfrei arbeiten kann, wählen wir in jedem Fall die Methode der dynamischen Haupspeicherbelegung.

Falls Sie mit der Programmiersprache C gut vertraut sind, kennen Sie sicherlich die Funktion **malloc** zur dynamischen Hauptspeicherbelegung. Aus Gründen, die wir in Kapitel 18 eingehend besprechen werden, verwenden Windows-Programmierer diese Routine nicht. Sie setzen statt dessen zwei Routinenpaare zur Speicherbelegung, die in Windows implementiert sind. Im folgenden werden diese Routinen aufgezeigt, die auch in DYNACURS eingesetzt werden:

Routinenname	Beschreibung
GobalAlloc	Belegt einen Block (Segment) des Hauptspeichers.
GobalLock	Verankert den Speicher und stellt einen Far-Zeiger bereit.
GobalUnlock	Löst den Hauptspeicher, um seine Verschiebung zu ermöglichen.
GobalFree	Gibt einen Block des Hauptspeichers frei.

Zur Bestimmung der Größe des erforderlichen Hauptspeichers wird zunächst die Zeigergröße des verwendeten Bildschirmadapters abgefragt:

```
cxCursor GetSystemMetrics (SM_CXCURSOR);
cyCursor GetSystemMetrics (SM_CYCURSOR);
```

Da **cxCursor** die Breite in Bildpunkten und **cyCursor** die Höhe in Bildpunkten beinhaltet, können wir zum Speichern dieses Objektes die benötigte Gesamtgröße in Bytes ermitteln, indem wir **cxCursor** durch acht teilen und dann mit **cyCursor** multiplizieren:

```
cbSize = (cxCursor/8) * cyCursor;
```

Wir belegen zwei Hauptspeicherblöcke: einen für die AND-Maske und einen für die XOR-Maske unter Verwendung der **GlobalAlloc**-Routine, wie es hier gezeigt wird:

```
hmemAND = GlobalAlloc (GMEM_MOVEABLE,     // Flags
                       (DWORD) cbSize); // Größe

hmemXOR = GlobalAlloc (GMEM_MOVEABLE, // Flags
                       (DWORD) cbSize); // Größe
```

Das **GMEM_MOVEABLE**-Flag teilt Windows mit, daß das Objekt verschoben werden kann, solange wir es nicht verwenden. Dies ist notwendig, da Windows auch im Real-Modus der Intel-86er CPU-Familie eingesetzt werden kann. Dieser Modus stellt keinerlei Hardware-Unterstützung zur Verwaltung von Hauptspeicherplatz bereit. Deshalb müssen die Windows-Programme den Hauptspeicher so verwalten können, daß die Zusammenarbeit zwischen Windows und Windows-Programmen sowie zwischen den verschiedenen Windows-Programmen untereinander möglich ist. Das **GMEM_MOVEABLE**-Flag eröffnet einen geeigneten Kompromiß zwischen der Nützlichkeit und der Kooperationsbereitschaft. Wir werden die Verwendung dieser und anderer Flags vollständiger in Kapitel 18 untersuchen.

GlobalAlloc liefert ein Handle auf den Hauptspeicherblock zurück. Dies dient zur Identifizierung eines Hauptspeicherblockes. Hierbei wird uns allerdings nicht mitgeteilt, wo der verschiebbare Hauptspeicher abgelegt ist. Um dies herauszufinden, müssen wir den Speicherplatz unter Verwendung der **GlobalLock**-Routine erst festlegen. Diese Routine liefert einen Far-Zeiger auf den Hauptspeicherblock zurück, über den dann der Zugriff erfolgen kann. **GlobalLock** ist wie folgt definiert:

```
LPSTR GlobalLock (hMem)
```

- *hMem* ist ein Handle auf ein globales Hauptspeicherobjekt, das mit der **Global-Alloc**-Routine belegt wurde.

Im folgenden finden Sie die Programmtextzeilen aus DYNACURS, die den Hauptspeicher festlegen, damit darauf zugegriffen werden kann. Beachten Sie, daß wir den Rückgabewert prüfen, um sicherzustellen, daß wir einen gültigen Zeiger erhalten haben. Dieses Verfahren sollte Ihnen zur Gewohnheit werden, da ein NULL-Zeiger Probleme in Abhängigkeit vom Arbeitsmodus von Windows verursachen kann. Im Real-Modus verursacht dies eine Störung der Interrupt-Vektoren, die am unteren Ende des Hauptspeichers plaziert sind. Im Protected-Modus dagegen wird der Speicherschutz verletzt, womit der Abbruch Ihres Programms erfolgt. Keine dieser Alternativen ist annehmbar, und es geht schnell und einfach, diese Probleme zu vermeiden.

```
lpAND = GlobalLock (hmemAND);
if (lpAND == NULL) goto DefaultExit;

lpXOR = GlobalLock (hmemXOR);
if (lpXOR == NULL) goto DefaultExit;
```

Nachdem wir die Verwendung eines dynamisch belegten Hauptspeicherblocks beendet haben, geben wir die Hauptspeicherobjekte wieder durch den Aufruf von **GlobalUnlock** frei.

Der Hauptgrund für diese Vorgehensweise ist, daß sich unsere Programme auch dann korrekt verhalten sollen, wenn Windows im Real-Modus arbeitet:

```
GlobalUnlock (hmemAND);
GlobalUnlock (hmemXOR);
```

Das letzte Thema, das wir ansprechen wollen, betrifft die Freigabe unserer Hauptspeicherobjekte, wenn DYNACURS eine **WM_DESTROY**-Nachricht erhält. Dies ist Aufgabe der **GlobalFree**-Routine. Windows ist zwar in der Lage, unbenutzten Hauptspeicher zurückzufordern, wenn ein Programm beendet wird, aber es entspricht einem guten Programmierstil, den Hauptspeicher nach der Benutzung selbst zu löschen. Vielleicht wird später einmal jemand Ihren Programmtext als Teil eines größeren Programmprojekts verwenden und überprüft dabei vielleicht nicht, ob Sie sichergestellt haben, daß Sie den Hauptspeicher ordentlich gelöscht haben. Da GDI-Objekte nicht automatisch gelöscht werden, müssen Sie selbst sicherstellen, daß die GDI-Objekte, die Sie erstellt haben, gelöscht werden. Hier sehen Sie, wie DYNACURS den übriggebliebenen Zeiger und die erstellten GDI-Objekte wieder löscht und somit den Hauptspeicher "aufräumt":

```
void TDynaCursWindow::Destroy ()
    {
    SelectObject (hdcBitmap, hbmOld);
    DeleteDC (hdcBitmap);
    DeleteObject (hbm);
    DestroyCursor (hcr);

    GlobalUnlock (hmemAND);
    GlobalUnlock (hmemXOR);
    GobalFree (hmemAND);
    GlobalFree (hmemXOR);
    }
```

Obwohl die Erstellung eines dynamischen Zeigers einen großen Aufwand erfordert, ermöglicht sie doch die Erstellung eines angepaßten Zeigers zur Laufzeit. Sie möchten vielleicht einen Zeiger in Form eines Ziffernblattes erstellen oder in Form eines Zählers für einen Count-down bei längeren Operation. Sie können Anwendern sogar die Definition ihrer eigenen, privaten, angepaßten Zeiger ermöglichen. Darüber hinaus kann jeder Zeiger, den Sie erstellen, gleichfalls als Symbol verwendet werden, da die zwei Benutzerschnittstellenobjekte genau das gleiche Format besitzen.

Wir gehen jetzt ein paar Schritte zurück und betrachten einen Zeiger, der mit der **CreateCursor**-Routine erstellt wurde, die die Verwendung einer GDI-Bitmap oder des dynamisch belegten Hauptspeichers unnötig macht. Falls Sie das vorherige Beispiel als zu lang und unübersichtlich empfinden, hilft Ihnen der folgende Abschnitt, zu verstehen, was bei der Erstellung eines Zeigers im Vorübergehen genau passiert.

Ein einfacherer dynamischer Zeiger

Eine einfachere Möglichkeit der Erstellung eines dynamischen Zeigers besteht darin, die Gestaltung der AND- und XOR-Masken im voraus von Hand festzulegen und einen Zeiger auf diese Masken an die **CreateCursor**-Routine zu übergeben. Ein wesentlicher Nachteil dieser Methode liegt in der extremen Geräteabhängigkeit. Aber sie veranschaulicht auf einfache Weise die Erstellung eines dynamischen Zeigers. Das hilft vielleicht bei der Verdeutlichung der Vorgänge in unserem letzten, relativ komplizierten Beispiel. Abbildung 16.11 zeigt einen dynamischen Zeiger, der von uns die Form einer Rakete erhalten hat.

Abbildung 16.11: Ein anderer dynamischer Zeiger

Hier folgen die statischen Datendefinitionen, die Fensterklassendefinitionen der OWL und die Komponentenfunktionen der Fensterklasse der OWL, die diesen Zeiger erstellt haben:

```
static char acAND[] = {0xff, 0xff, 0xff, 0xff, // Scan 1
                       0xff, 0xfe, 0x3f, 0xff,  // Scan 2
                       0xff, 0xfc, 0x1f, 0xff,  // Scan 3
                       0xff, 0xfc, 0x9f, 0xff,  // Scan 4
                       0xff, 0xf8, 0x8f, 0xff,  // Scan 5
                       0xff, 0xf9, 0xcf, 0xff,  // Scan 6
                       0xff, 0xf1, 0xc7, 0xff,  // Scan 7
                       0xff, 0xf3, 0xe7, 0xff,  // Scan 8
                       0xff, 0xe3, 0xe3, 0xff,  // Scan 9
                       0xff, 0xe7, 0xf3, 0xff,  // Scan 10
                       0xff, 0xc0, 0x01, 0xff,  // Scan 11
                       0xff, 0xcf, 0xf9, 0xff,  // Scan 12
```

```
                          0xff, 0xca, 0x89, 0xff,  // Scan 13
                          0xff, 0xca, 0x89, 0xff,  // Scan 14
                          0xff, 0xca, 0xb9, 0xff,  // Scan 15
                          0xff, 0xca, 0x89, 0xff,  // Scan 16
                          0xff, 0xca, 0x89, 0xff,  // Scan 17
                          0xff, 0xca, 0xe9, 0xff,  // Scan 18
                          0xff, 0xc8, 0x89, 0xff,  // Scan 19
                          0xff, 0xc8, 0x89, 0xff,  // Scan 20
                          0xff, 0xcf, 0xf9, 0xff,  // Scan 21
                          0xff, 0xcf, 0xf9, 0xff,  // Scan 22
                          0xff, 0xcf, 0xf9, 0xff,  // Scan 23
                          0xff, 0xcf, 0xf9, 0xff,  // Scan 24
                          0xfe, 0x00, 0x00, 0x3f,  // Scan 25
                          0xfe, 0x00, 0x00, 0x3f,  // Scan 26
                          0xfe, 0x4f, 0xf9, 0x3f,  // Scan 27
                          0xfe, 0x4d, 0x59, 0x3f,  // Scan 28
                          0xfe, 0x0d, 0x58, 0x3f,  // Scan 29
                          0xfe, 0x0d, 0x58, 0x3f,  // Scan 30
                          0xff, 0xfd, 0x5f, 0xff,  // Scan 31
                          0xff, 0xf1, 0xc7, 0xff,  // Scan 32

static char acXOR[] = {0, 0, 0, 0, 0, 0, 0, 0,
                       0, 0, 0, 0, 0, 0, 0, 0,
                       0, 0, 0, 0, 0, 0, 0, 0,
                       0, 0, 0, 0, 0, 0, 0, 0,
                       0, 0, 0, 0, 0, 0, 0, 0,
0, 0, 0, 0, 0, 0, 0, 0,
                       0, 0, 0, 0, 0, 0, 0, 0,
                       0, 0, 0, 0, 0, 0, 0, 0,
0, 0, 0, 0, 0, 0, 0, 0,
                       0, 0, 0, 0, 0, 0, 0, 0,
                       0, 0, 0, 0, 0, 0, 0, 0,
0, 0, 0, 0, 0, 0, 0, 0,
                       0, 0, 0, 0, 0, 0, 0, 0,
                       0, 0, 0, 0, 0, 0, 0, 0,
                       0, 0, 0, 0, 0, 0, 0, 0,
                       0, 0, 0, 0, 0, 0, 0, 0};
class TDynaCur2Window : public TWindow
  {
  public:
    TDynaCur2Window (PTWindowsObject pwParent, LPSTR lpszTitle,
          PTModule pmModule);
    virtual LPSTR GetClassName ();
    virtual void  GetWindowClass (WNDCLASS&);
    virtual void  WMCreate (TMessage& Msg) = [WM_CREATE];
```

623

```
      virtual void  WMDestroy (TMessage& Msg) = [WM_DESTROY];
      virtual void  WMSetCursor (TMessage& Msg) = [WM_SETCURSOR];

  private:
    HCURSOR hcr;
  };

...

/*-----------------------------------------------------------------*\
|                TDynaCur2Window-Klassenkomponente                  |
\*-----------------------------------------------------------------*/
void TDynaCur2Window::WMCreate (TMessage& Msg)
    {
    hcr = CreateCursor (
          GetApplication () -> hInstance,  // Instanz-Handle
          0,            // X-Hot-Spot
          0,            // Y-Hot-Spot
          32,           // Breite
          32,           // Höhe
          acAND,        // AND-Bitmaske
          acXOR);       // XOR-Bitmaske
    }
/*-----------------------------------------------------------------*\
|                TDynaCur2Window-Klassenkomponente                  |
\*-----------------------------------------------------------------*/
void TDynaCur2Window::WMDestroy (TMessage& Msg)
    {
    DestroyCursor (hcr);
    }
/*-----------------------------------------------------------------*\
|                TDynaCur2Window-Klassenkomponente                  |
\*-----------------------------------------------------------------*/
void TDynaCur2Window::WMSetCursor (TMessage& Msg)
    {
    if (Msg.LP.Lo == HTCLIENT)
        SetCursor (hcr);
    else
        DefWndProc (Msg);
    }
```

Dieser einfache Weg der Erstellung eines dynamischen Zeigers wirft einige Probleme auf. Zum Ersten ist der Zeiger sehr geräteabhängig. Er arbeitet zwar einwandfrei mit EGA- und VGA-Bildschirmadaptern zusammen, die jeweils einen 32x32-Bit-Zeiger verwenden. Auf Geräten, die abweichende Zeigergrößen erwarten, ist jedoch kein korrektes Arbeiten gewährleistet. Obendrein ist dies auch kein "sehr dynamischer" Zeiger. Die Erstellung eines normalen statischen Zeigers ist deshalb vorteilhafter.

Dieser Ansatz sollte Ihnen lediglich auf einfache Weise die Funktionsweise dynamischer Zeiger erläutern.

Damit beenden wir unsere Untersuchungen der Vorgänge beim Empfang von Maus- und Tastaturnachrichten in Windows-Programmen. Im nächsten Kapitel werden wir uns mit Problemen der Hauptspeicherverwaltung und weiteren Überlegungen zum Betriebssystem eines Windows-Programms befassen.

Teil 6
Überlegungen zum Betriebssystem

Kapitel 17

Speicher, Teil I –

Speicherverwaltung des Systems

Für ein umfassendes Verständnis der Speicherverwaltung von Windows müssen Sie die Hardware kennen, auf der Windows eingesetzt wird: die Familie der Intel-86-Prozessoren. Zu dieser Prozessorfamilie gehören die Typen 8086, 8088, 80186, 80188, 80286, 80386-SX, 80386-DX, 486-SX, 80486-DX und 80586 (Pentium). Einer der Gründe für die Lauffähigkeit von Windows (und allen DOS-Programmen) auf all diesen Rechnern besteht darin, daß Intel bei der Konstruktion jedes neuen Prozessors für eine Abwärtskompatibilität zu den bisherigen Prozessoren gesorgt hat. Es wurden zwar neue Funktionen in die neuen Prozessoren eingebaut, aber es wurde immer auch eine Möglichkeit vorgesehen, daß Programme, die für ältere Prozessoren entwickelt wurden, auch auf dem neuen Prozessor lauffähig bleiben.

Windows wurde gleich von Anfang an für den Betrieb auf künftigen, leistungsfähigeren Prozessoren entwickelt. Die Speicherverwaltung von Windows 1.x wurde von Steve Wood, einem früheren Yale-Studenten, entworfen. Steve Wood begann seine Arbeit für Microsoft im Juni 1983. Er schuf die Grundlagen für die Windows-Speicherverwaltung. Sie war von Anfang an auf den Protected-Modus des Intel-80286-Prozessors ausgerichtet. Microsoft beabsichtigte damals die Entwicklung eines Nachfolgers für das Betriebssystem DOS und plante, Windows speziell für dieses neue Betriebssystem auszulegen. Heute wissen wir natürlich, daß dieses neue Betriebssystem Windows-NT heißt. Dieses Betriebssystem gibt Windows-Programmierern die Möglichkeit, 16-Bit- oder 32-Bit-Windows-Anwendungsprogramme zu erstellen.

Bei jeder Nachfolgeversion von Windows wurde das ursprüngliche Konzept der Speicherausnutzung weiterentwickelt und verbessert. Der Entwickler der Speicherverwaltung für Windows 2.x und 3.x, David Weise, war gleichzeitig maßgeblich an der Entwicklung von EMS 4.0 beteiligt (Expanded Memory Specification). Dadurch konnte er in Windows 2.x die EMS-Unterstützung implementieren und diese auch im Real-Modus von Windows 3.0 beibehalten. Die neueste Version von Windows zeichnet sich durch eine sehr flexible Speicherverwaltung aus, wodurch jeder Prozessor bis an die Grenzen seiner Leistungsfähigkeit ausgenutzt werden kann. Allerdings ist ab der Windows-Version 3.1 der Real-Modus für die allererste Generation der Intel-Prozessoren (8088 bzw. 8086) nicht mehr implementiert - ein Zugeständnis an den Fortschritt.

In diesem Kapitel besprechen wir die drei Betriebsarten, die Windows 3.0 verwendet, um die verschiedenen Möglichkeiten der Intel-86-Prozessorfamilie zur Speicherverwaltung auszunutzen. Des weiteren werden wir besprechen, wie die Speicherverwaltung aus Sicht von Windows - also aus Sicht des *Betriebssystems* - funktioniert. Im nächsten Kapitel werden wir dann genauer untersuchen, wie die Speicherverwaltung aus Sicht der *Programme* aussieht. Richten wir jedoch zunächst unser Hauptaugenmerk auf die Hardware - auf die Prozessoren.

Die Familie der Intel-86-Prozessoren

Wir werden im folgenden nur die drei Prozessoren betrachten, die zur Darstellung der drei Betriebsarten von Windows notwendig sind: der 8088, der 80286 und der 80386. Dies sind die meist verbreiteten Prozessoren. Sie repräsentieren die wichtigsten Stufen bei der Entwicklung dieser Prozessorfamilie.

Der physikalische Adreßraum

Eine wichtige Eigenschaft eines Prozessors ist die maximale Größe des Speicherbereichs, den er adressieren kann. Dies entspricht der Größe des Adreßraums. Man kann dazu die Anzahl der Adreßleitungen angeben, mit denen der Prozessor mit dem Speicher verbunden ist. Wenn man nun 2 hoch diese Zahl berechnet, erhält man die Größe des Adreßraumes. Der 8088 hat zum Beispiel 20 Adreßleitungen und kann somit einen Speicherbereich der Größe 2^{20} oder 1 Megabyte (1 048 576 Byte) adressieren. Der 80286 hat 24 Adreßleitungen und kann somit 2^{24} oder 16 Megabyte (16 777 216 Byte) RAM adressieren. Der 80386 schließlich hat 32 Adreßleitungen und kann damit bis zu 2^{32} oder 4 Gigabyte (4 294 967 296 Byte) Hauptspeicher adressieren.

Jedes einzelne Byte des Speichers hat eine eigene, eindeutige physikalische Adresse, die bei Null beginnt und sich für ein System mit n Byte Hauptspeicher bis n-1 fortsetzt. Der 8088 hat zum Beispiel einen Adreßbereich von 0 bis 1 048 575. In dieser Hinsicht unterscheiden sich die Intel-86-Prozessoren nicht von anderen Prozessoren. Die CPU verwendet die physikalische Adresse zur Steuerung der Einheit, die den Hauptspeicher adressiert. Die physikalischen Adressen entsprechen aber nicht den Adressen, die ein Programm verwendet. Anwendungsprogramme können immer nur über ein segmentiertes Adressierungsverfahren auf den Speicher zugreifen.

Segmentierter Speicher

Alle Mitglieder der Intel-86-Familie verwenden eine segmentierte Speicheradressierung. Wie wir bereits an früherer Stelle erwähnt haben, kann man diesen Vorgang mit der Angabe von Adressen in der wirklichen Welt vergleichen. Der Premierminister von England wohnt zum Beispiel in der Downing Street Nummer 10 und der Präsident der Vereinigten Staaten wohnt in der Pennsylvania Avenue Nummer 1600. Eine aus zwei Teilen bestehende logische Adresse ermöglicht es jedem Programm, seine Adreßbereiche in mehrere "Straßen" oder **Segmente** aufzuteilen. Jedes Segment kann bis zu 65535 "Häuser" oder *Bytes* enthalten. Dieser Ansatz erlaubt es dem Betriebssystem - wenn wir die Analogie noch ein bißchen weiterführen - jedem Programm einen eigenen Adreßraum in Form einer kleinen "Stadt" mit "Straßennamen" (Segmenten) und "Hausnummern" (Adressen) zuzuteilen.

Für Programmierer, die die Intel-86-Prozessorfamilie nicht kennen, kann die segmentierte Adressierung zunächst recht verwirrend sein. Sie bietet aber auch einige Vorteile, die durchaus erwähnenswert sind. Erfahrene DOS- und OS/2-Programmierer kennen das Konzept der segmentierten Adressierung bereits. Sie sollten aber trotzdem auf die Besonderheiten der Arbeitsweise von Windows in dieser Arbeitsumgebung achten.

Ein wichtiger Vorteil der segmentierten Adressierung besteht in der Aufwärtskompatibilität der Programme. Intel entschied sich ursprünglich für diese Art der Adressierung, damit die gesamte Software ohne weitere Maßnahmen sowohl auf Systemen mit dem 8-Bit-Prozessor *8080*, als auch auf Rechnern mit dem 16-Bit-Prozessor *8086* (der allererste Intel-PC-Prozessor) funktionsfähig war. Da man diese Adressierungsart auch in späteren Prozessorversionen beibehielt, konnte DOS auf allen Prozessoren der Intel-86-Familie eingesetzt werden, sofern sie im Real-Modus arbeiten konnten. Dies ist einer der Hauptgründe, warum alle DOS-Programme unter den verschiedenen auf der Intel-86-Familie basierenden Betriebssystemen (z.B. Windows, OS/2 und Unix) eingesetzt werden können. Darüber hinaus ermöglicht die Segment-Adressierung auch, daß alle Windows-Programme, die sich an diese Konventionen halten, unter allen Windows-Versionen (von den älteren bis hin zum Protected-Modus von Windows 3.x) lauffähig sind.

Aus Sicht der Programmentwicklung bietet die segmentierte Adressierung eine besondere Hilfestellung bei der Fehlersuche in einem Programm (debugging). Ein Programm kann in verschiedene Programm- und Datensegmente aufgeteilt werden, wodurch gewissermaßen "Trennwände" zwischen den verschiedenen Teilen einer Anwendung aufgestellt werden. Diese Trennwände verhindern, daß durch unkorrekte Speicherzugriffe in einem Teil der Anwendung die Daten eines anderen Teils zerstört werden. Dadurch sind Programme einfacher zu testen. Im Protected-Modus meldet der Prozessor sofort einen Fehler, wenn ein falscher Segmentzugriff vorgenommen wird oder wenn ein Programm versucht, außerhalb eines Speichersegments zu schreiben oder zu lesen.

Ein weiterer Vorteil segmentierter Programme besteht darin, daß diese dem Betriebssystem Auskunft über die **Arbeitsbereiche** eines Programms geben. Diese Hinweise ermöglichen eine Steigerung der Ausführungsgeschwindigkeit und verringen den Speicherverbrauch. Ein Arbeitsbereich ist ein Teil eines Programms, der eine oder mehrere Aufgaben für den Anwender ausführt. Da Windows über eine als dynamische Bindung (dynamic linking) bezeichnete Overlay-Verwaltung verfügt, muß ein Programmm immer nur teilweise in den Hauptspeicher geladen werden. (In Kapitel 19 finden Sie eine genaue Beschreibung des dynamischen Bindens.) Falls jeder Arbeitsbereich eines Programms aus einer exakt definierten Anzahl von Segmenten besteht, kann der Hauptspeicher optimal ausgelastet werden. Wenn nicht mehr genügend freier Speicher vorhanden ist, löscht Windows die letzten Programmsegmente aus dem aktuellen Arbeitsbereich. Deshalb benötigt ein Programm mit optimal definierten Arbeitsbereichen weniger Hauptspeicher als das gleiche Programm, wenn es nicht optimiert wurde. Windows-Programmierer nennen ein solches Programm "gut abgestimmt". Das nicht optimierte Programm wird langsamer, wenn der Hauptspeicher knapp wird, da Windows immer wieder die gleichen Programmsegmente von der Festplatte einlesen muß. Eine derartige Situation führt zu Plattenvernichtung (disk-thrashing).

Die logische Adresse

Während der Prozessor eine *physikalische Adresse* zum Lesen und Schreiben des physikalischen Speichers verwendet, arbeitet der Programmierer mit einer als *logische Adresse* bezeichneten hochsprachlichen Abstraktion. Damit der Prozessor auf Speicherbereiche im physikalischen Adreßraum zugreifen kann, muß er diese logische Adresse zunächst in eine physikalische Adresse umwandeln. Dieser Vorgang wird in Abbildung 17.1 dargestellt.

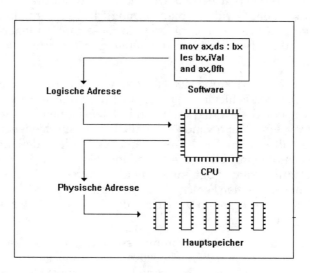

Abbildung 17.1: Die Umwandlung einer logischen Adresse in eine physische Adresse

632

Der dabei stattfindende Umwandlungsprozeß kann in Abhängigkeit von der Betriebsart des Prozessors mehr oder weniger kompliziert verlaufen. Im **Real-Modus** z.B. geschieht dies nur durch Bitverschiebungen und Additionen. In den verschiedenen Protected-Modi legt der Prozessor dagegen anhand einer Nachschlagetabelle fest, wie die logische Adresse in eine physikalische Adresse umgewandelt werden muß. Diese Nachschlagetabelle erlaubt es dem Betriebssystem, Speicherelemente zu verschieben, so daß die Fragmentierung des physikalischen Speichers minimiert werden kann. Das Betriebssystem kann sogar einen Teil seiner virtuellen Speicherverwaltung auf die Festplatte verlagern. Wenn Sie die Arbeitsweise der virtuellen Speicherverwaltung der OS/2 Version 1.x kennen, wissen Sie, daß dessen virtueller Speicherverwalter Segmente auf die Festplatte schreibt. Die modernen Prozessoren 80386 und 80486 verfügen sogar über spezielle Hardwareeinrichtungen, mit deren Hilfe der Speicher in 4KB große Seiten aufgeteilt werden kann. Dieser Paging-Mechanismus eignet sich besonders für eine sehr effiziente virtuelle Speicherverwaltung. Diese Technik wird auch vom Windows-Speicherverwalter im erweiterten 386-Modus zur virtuellen Speicherverwaltung eingesetzt.

In den nächsten Abschnitten werden wir alle in Windows eingesetzten Betriebsarten näher untersuchen. Sehen wir uns aber zunächst an, aus welchen Teilen eine logische Adresse besteht. Jeder Prozessor der Intel-86-Familie verwendet eine logische Adresse, die aus zwei Teilen besteht: einer **Segmentadresse** und einem **Offset**.

Die Segmentadresse gibt das Segment an, auf das wir zugreifen wollen. Die Segmentadresse ist ein 16-Bit-Wert, den man - um bei unserem oben erwähnten Vergleich mit einer Stadt zu bleiben - als "Straßennamen" betrachten kann. Bei der Umwandlung der logischen Adresse in eine physikalische gibt die Segmentadresse Antwort auf die Frage, in welchem Bereich des Rechners sich das Segment befindet. Die Antwort darauf kann sein: im physikalischen Adreßraum des Prozessors oder (bei einem Verwaltungssystem für virtuellen Speicher) ausgelagert auf der Festplatte.

Der zweite Teil der logischen Adresse, der Offset, beschreibt den Abstand vom Beginn des jeweiligen Segments. Wenn die Segmentadresse dem Straßennamen entspricht, entspricht der Offset der Hausnummer. Sie können sich ein Segment auch als Adressen-Array und den Offset als einen Array-Index vorstellen. Auf jeden Fall werden Segmentadresse und Offset stets gemeinsam verwendet, um ein bestimmtes Byte des Hauptspeichers zu adressieren.

Nach dieser kurzen Einführung in die Grundlagen der Speicheradressierung der Intel-86-Familie wollen wir nun betrachten, wie die Intel-86-Familie die verschiedenen Betriebsarten von Windows unterstützt: den *Real-Modus*, den *Standard*-Modus und den *erweiterten 386-Modus*. Den aktuellen Modus seines Systems kann der Anwender im Dialogfeld *"Über"* des Programm-Managers erfahren. Ein Programm kann den Modus durch Aufruf der Routine **GetWinFlags** erfahren. Falls die erforderliche Hardware vorhanden ist (386er), können Sie Windows auch von Hand in die verschiedenen Betriebsarten starten. Verwenden Sie dazu einen der folgenden Schalter in der Windows-Befehlszeile:

Modus	Windows-Befehlszeile	Kommentar
Real	C:> win /r	Jeder Intel-86-Prozessor mit 384KB Hauptspeicher
Standard	C:> win /2	Nur bei 80286 oder 80386 Prozessor mit 640KB plus 192KB Extended Memory und dem Treiber HIMEM.SYS
Erweiterter Modus für 386	C:> win /3	Nur bei 80386 Prozessor mit 640KB plus 512KB Extended Memory und dem Treiber HIMEM.SYS

Im Real-Modus arbeiten

Obwohl alle Prozessoren der Intel-86-Familie effizient im Real-Modus arbeiten kön-nen, wird dieser Modus normalerweise nur bei den älteren Mitgliedern dieser Familie, dem 8086 und dem 8088, eingesetzt. Diese Prozessoren haben 20 Adreßleitungen und können somit 1 Megabyte Speicher adressieren. Damit eine vollständige Kompatibili-tät gewährleistet ist, verwenden die anderen Prozessoren der Familie den gleichen Adreßraum, wenn sie den Real-Modus emulieren.

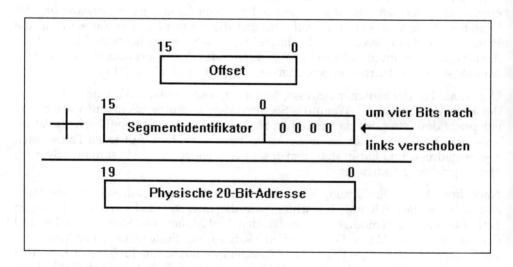

Abbildung 17.2: Adreßberechnung im Real-Modus

Der Real-Modus wurde so benannt, weil in diesem Modus die logische Adresse direkt einer *realen* physikalischen Adresse entspricht. Um eine logische Adresse in eine physikalische Adresse umzuwandeln, wird zunächst die 16 Bit breite Segmentadresse um vier Bits nach links verschoben. Auf diese Weise erhält man einen 20 Bit-Wert. Zu diesem Wert wird dann der 16 Bit-Offset addiert. Dies ist in Abbildung 17.2 dargestellt.

Die Segmentadresse wird um vier Bits nach links geschoben. Dies entspricht einer Multiplikation mit 16. Deshalb hat im Real-Modus das kleinste mögliche Segment die Länge 16 Byte. Intel nennt dies einen **Paragraphen.** Durch die spezielle Arbeitsweise von Windows im Real-Modus ergibt sich jedoch eine Aufteilung der Segmente in zwei Paragraphen - entsprechend 32 Byte. In Abbildung 17.3 wird eine andere Art der Darstellung für die Berechnung der physikalischen Adresse dargestellt.

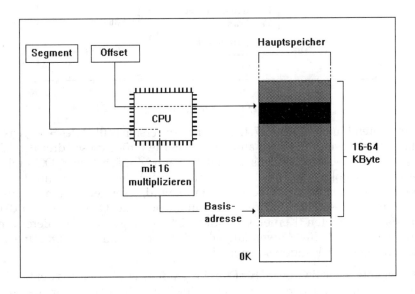

Abbildung 17.3: Eine andere Darstellungsweise der Adreßberechnung im Real-Modus

Der Adreßraum im Real-Modus

Da Windows eine Erweiterung des Betriebssystems DOS darstellt, beinhaltet es auch die DOS-Umgebung. Für den Speicher bedeutet dies, daß im Real-Modus nur 1 Megabyte Speicher adressiert werden kann. Dieser Speicher ist, wie Abbildung 17.4 zeigt, aufgeteilt.

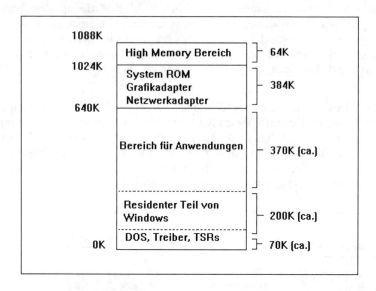

Abbildung 17.4: Der Adreßraum im Real-Modus

Die gestrichelten Linien in Abb. 17.4, mit denen die ersten 640KB des Speichers in drei Bereiche getrennt werden, sollen andeuten, daß die Größe dieser drei Bereiche sich innerhalb eines gewissen Bereichs verändern kann. Zunächst wird DOS mit seinen Gerätetreibern, gefolgt von speicherresidenten (TSR-) Programmen, an den Anfang des Speichers geladen. Wenn Windows gestartet wird, reserviert es mindestens 200KB für Gerätetreiber, residente Schriften, Programmcode und Daten, der von den Windows-Basiskomponenten (Kernel, User und GDI) benötigt wird. Der Bereich mit der Bezeichnung "Bereich für Anwendungen" wird für Windows-Programme und für nachladbare Teile von Windows verwendet.

Die oft erwähnte "640KB-Grenze" für DOS-Programme ergibt sich aus der Struktur des DOS-Adreßraumes. Der Bereich zwischen 640KB und 1024KB ist für Systemzwecke (Bildschirmkarten, ROM usw.) reserviert. Da dieser Speicherbereich von Hardware-Komponenten belegt ist, kann Windows diesen leider nicht verwenden. Dieser Speicherbereich kann im Real-Modus höchstens für die EMS-Unterstützung verwendet werden.

Auf 80286- und 80386- Prozessoren kann Windows jedoch die ersten 64KB oberhalb der 1-Megabyte-Adreßgrenze als **High Memory Area** (HMA) verwenden. Dazu muß ein XMS-Treiber (Extended Memory Specification), z.B. HIMEM.SYS, installiert sein. Dieser Speicherbereich liegt direkt am Anfang des Extended Memory, auf den normalerweise nur im Protected-Modus zugegriffen werden kann. Mit Hilfe von XMS-Treibern kann jedoch auch im Real-Modus auf diesen Speicher zugegriffen werden. Wenn HMA-Speicher vorhanden ist, kann dieser von Windows direkt verwendet werden.

Windows kann im Real-Modus den erweiterten Speicher, der dem HMA-Bereich folgt, auch noch auf andere Art verwenden. Der Festplattenbeschleuniger SMARTDRV kann zum Beispiel installiert werden, um die Festplattenzugriffe zu beschleunigen und der RAMDRIVE-Gerätetreiber kann ein virtuelles Laufwerk im Hauptspeicher anlegen, auf dem man schnelle, temporäre Dateien speichern kann. Freie Bereiche im Extended Memory können vom Windows-Speicherverwalter verwendet werden, um vorübergehend Programmteile aufzunehmen, die ansonsten gelöscht würden. Deshalb ist es im Real-Modus von Vorteil, ungefähr 256KB des Extended Memory nicht zu belegen und statt dessen Windows zur Verfügung zu stellen. Windows verwendet diesen Speicher zur Verbesserung seiner Leistung.

Im Real-Modus stehen für ein Windows-Programm normalerweise zwischen 300KB und 450KB Speicherplatz zur Verfügung. Die genaue Größe hängt von Umfang und Anzahl der DOS-Gerätetreiber und der Verfügbarkeit eines HMA-Bereichs ab. Dies scheint zwar ein sehr kleiner Speicherbereich zu sein, aber durch die Möglichkeit des dynamischen Bindens können auch Programme ausgeführt werden, die 10mal so groß (oder noch größer) sind. In derartigen Fällen kann die Ausführungsgeschwindigkeit allerdings so gering werden, daß die Anschaffung eines größeren Rechners, mit dem die fortgeschritteneren Betriebsarten von Windows ausgeführt werden können, in Erwägung gezogen werden sollte. Dennoch *kann* ein solches Programm auf jeden Fall ausgeführt werden.

Real-Modus und Windows

Alle Windows-Versionen vor 3.0 liefen ausschließlich im Real-Modus. Die Einschränkung auf den Real-Modus geschah aus marktstrategischen Gründen: Die meisten der installierten Computer enthielten den 8088- oder den 8086- Prozessor. Auf diesen Computern konnte nur der Real-Modus ausgeführt werden. Der Speicherverwalter wurde deshalb zunächst nur für den Real-Modus ausgelegt. Er wurde jedoch von Anfang an so entworfen, daß er später auf den Protected-Modus der neueren Prozessoren erweitert werden konnte. Dies ist einer der Gründe, warum Windows 3.0 in verschiedenen Betriebsarten ausgeführt werden kann.

Die Adressierung im Real-Modus ist schnell und effizient, da die logische Adresse unmittelbar in eine physikalische Adresse umgewandelt werden kann. Einem ambitionierten DOS-Programmierer erscheint sie wahrscheinlich als die einfachste Art der Adressierung. Sie ist es tatsächlich, solange man nicht versucht, ein Multitasking-Betriebssystem zu entwickeln.

Die Aufgabe eines Betriebssystems besteht in der Überwachung und Verteilung von Ressourcen, egal ob es sich dabei um Prozessorzeit, Festplattenbereiche oder Hauptspeicher handelt. Das Problem der Real-Modus-Adressierung besteht darin, daß sie es einem Betriebssystem sehr schwer macht, den Hauptspeicher zu verwalten. Es ist ganz einfach, einem Programm einen Speicherbereich zuzuweisen - das Betriebssystem schneidet einen Teil des Speichers ab und weist diesen Speicherbereich dem Programm zu - aber es muß große Sorgfalt darauf verwendet werden, *wie* einem Programm ein Speicherbereich zur Verfügung gestellt wird. Wenn im Real-Modus die Speicherzuweisung durch die Übergabe einer Adresse erfolgt, dann ist es für das Betriebssystem anschließend fast unmöglich, diesen Speicherbereich zu verschieben. Speicherbereiche verschieben ist jedoch genau das, was ein Betriebssystem tun muß, um die Probleme der Speicherfragmentierung zu vermeiden. Um dieses Problem zu lösen, verwendet Windows im Real-Modus eine Methode der Speicherzuweisung, die auf einem Handle-Konzept beruht.

Verschiebbarer Speicher

Wenn einem Programm ein Speicherbereich zugewiesen wird, erhält dieses Programm nicht die Adresse des Speicherbereichs, sondern vielmehr ein Handle, das diesen Speicherbereich bezeichnet. Wie wir es bereits bei der Besprechung des GDI kennengelernt haben, hat der Wert eines solchen Handles nur für das Subsystem Handle eine Bedeutung, das das Handle bereitstellt. Jedesmal wenn ein Programm auf eine bestimmte Speicheradresse zugreifen will, wird das entsprechende Speicher-Handle "vorgezeigt". Man kann sich diesen Vorgang vorstellen, wie das Vorzeigen einer Garderobenmarke in einem Restaurant oder Theater. Zum Zeitpunkt der Speicherplatzzuweisung stellt Windows einen Zeiger auf den entsprechenden Speicherbereich zur Verfügung und setzt das Segment an einen festen Platz. Solange das Programm nicht auf diesen Speicherbereich zugreifen will, kann der Speicherverwalter den Systemspeicher beliebig verschieben und zusammenfassen, um die Speicherfragmentierung zu vermindern. Um bei dem Vergleich mit der Garderobe zu bleiben: Ihr Hut und Mantel können in einen anderen Raum oder sogar auf einen anderen Flur gebracht werden, wenn die Hauptgarderobe voll ist - Hauptsache die Garderobenfrau findet Ihre Kleidung aufgrund Ihrer Garderobenummer jederzeit wieder.

Dieses auf Handles beruhende Prinzip des beweglichen Speichers hilft dem Windows-Speicherverwalter, den Verlust von Speicher durch Fragmentierung zu vermeiden. Dennoch kann es vorkommen, daß der zur Verfügung stehende freie Speicher zu klein geworden ist. Diese Situation nennt man auch "Speicherüberbelegung". In der Großrechnerwelt wird dieses Problem durch virtuellen Speicherverwaltungssysteme gelöst, indem ein Teil des Speichers auf die Festplatte ausgelagert wird. Dazu braucht man aber ein schnelles Speichermedium und - wenn möglich - eine hardwareunterstützte Speicherverwaltung. Als die erste Version von Windows geschrieben wurde, war auf den Rechnern, für die Windows entwickelt wurde, weder das eine, noch das andere verfügbar.

Die erste Windows-Version sollte auf einem 4,77 MHz-8088-System mit 256KB Hauptspeicher und zwei Diskettenlaufwerken lauffähig sein. Als Microsoft 1983 mit der

Entwicklung von Windows begann, waren Festplatten noch nicht sehr weit verbreitet und der 80286-PC/AT war noch nicht fertiggestellt. Wegen der geringen Verarbeitungsgeschwindigkeit der damaligen Zielrechner und der fehlenden Hardware-Unterstützung für die Speicherverwaltung waren die zwei Diskettenlaufwerke der Minimalkonfiguration einfach nicht schnell genug und hatten auch zu wenig Kapazität, um eine virtuelle Speicherverwaltung zu implementieren. Deshalb entwickelte Microsoft das Prinzip des dynamischen Bindens (dynamic linking). Dieses Prinzip wird manchmal auch scherzhaft als "virtuelle Speicherverwaltung für arme Leute" bezeichnet. Das dynamische Binden beruht auf der zweiten Speichervariante, die wir im folgenden besprechen werden, dem verwerfbaren Speicher (häufig auch als "überschreibbarer Speicher" bezeichnet).

Verwerfbarer Speicher

Zu Verbesserung der Speicherausnutzung kann der Speicherverwalter von Windows mehr tun, als nur Speicherbereiche hin- und herschieben. Wenn es nötig ist, kann er Objekte aus dem Speicher **verwerfen**. Ein verworfenes Objekt wird aus dem Speicher gelöscht und kann mit beliebigen anderen Objekten überschrieben werden. Die am einfachsten verwendbare Art von verwerfbaren Speicherobjekten besteht aus Programmcode. In den meisten Fällen wird Programmcode nicht verändert. Deshalb kann Programmcode, der nicht mehr benötigt wird, einfach gelöscht werden. Wenn der Programmcode wieder verwendet werden soll, kann er einfach wieder eingelesen werden.

Verwerfbarer Code, der bei Bedarf wieder eingelesen werden kann, bildet die Grundlage für den in Windows eingesetzten Mechanismus des dynamischen Bindens. Dies ist ein sehr flexibles Verfahren, das es erlaubt, jederzeit Teile von Programmtext, die gerade nicht benötigt werden, zu entfernen. In gewisser Weise hat dieses Prinzip viel mit der dynamischen Overlay-Verwaltung gemeinsam, die von vielen DOS-Programmen und sogar noch in einigen veralteten Großrechnersystemen eingesetzt wird. Der grundlegende Unterschied zwischen Overlays und dem in Windows verwendeten Prinzip des dynamischen Bindens besteht darin, daß das dynamische Binden transparent für den Programmierer ist. Overlays müssen dagegen mit großer Sorgfalt geplant werden, um Deadlocks zu vermeiden. Ein Deadlock ist eine Situation, in der das System beendet werden muß, weil das nächste Overlay, das für die Weiterarbeit benötigt wird, nicht eingelesen werden kann. Durch das dynamische Binden von Windows können solche Deadlocks nicht auftreten.

Außer Code wird für gewöhnlich noch eine weitere Objektart in verwerfbare Speicherbereiche geschrieben: **Ressourcen**. Für den Windows-Speichermananger ist eine Ressource ein Block von Read-Only-Daten. Wenn eine Ressource benötigt wird, wird sie normalerweise von der Platte in einen verwerfbaren Speicherbereich eingelesen. Wenn der Systemspeicher später knapp werden sollte, kann der Speicherverwalter die Ressourcen löschen, damit statt dessen andere Objekte eingelesen werden können.

639

Windows kennt eine große Anzahl von Ressourcen. Einige werden zur Unterstützung der Anwenderschnittstelle benutzt (z.B. Menü- und Dialogfeldschablonen, Symbole und Zeiger). Andere werden benutzt, um GDI-Objekte (z.B. Schriften und Bitmaps) zu speichern. Zusätzlich zu diesen können Programmierer eigene Ressourcen entwerfen, um darin eigene Read-Only-Daten zu speichern. Wie verwerfbarer Code können auch diese verwerfbaren Ressourcen-Objekte vom Speicherverwalter gelöscht werden, falls sie den Systemspeicher blockieren.

Bisher haben wir zwei Arten von Speicherbereichen kennengelernt, die unter Windows verwendet werden können: verschiebbaren Speicher und verwerfbaren Speicher. Diese beiden Speicherarten ermöglichen die Implementierung eines dynamischen Speicherverwaltungssystems auf der Grundlage der relativ unflexiblen Adressierungsart des Real-Modus. Windows unterstützt noch eine dritte Speicherart: den festen Speicher (fixed memory). Diese Speicherart sollten Anwendungsprogrammierer unbedingt vermeiden. Sie ist aber für die korrekte und effiziente Arbeitsweise einiger Teile des Systems sehr wichtig.

Fester Speicher

Beweglicher (moveable) und verwerfbarer (discardable) Speicher sind für die Multitasking-Eigenschaften von Windows erforderlich. Es gibt jedoch auch Situationen, in denen es notwendig ist, daß ein Speicherbereich an einer festen Stelle bestehen bleibt. Ein Interrupt-Handler muß zum Beispiel an einer festen Stelle im Speicher stehen, da er immer bereit sein muß, einen Interrupt zu verarbeiten. Aus diesem Grund erlaubt der Speicherverwalter von Windows die Einrichtung von Segmenten, die an einer festen Stelle im Speicher bestehen bleiben.

Die Verwendung von festem Speicher sollte natürlich *nur* in speziellen Fällen, wie zum Beispiel für einen Interrupthandler, erfolgen. Würde ein Windows-Programm festen Speicher zur normalen Verwendung anfordern, so würde es diese knappe Ressource schnell verbrauchen und das System dadurch entscheidend verlangsamen. Wenn wir im nächsten Kapitel über die dynamische Speicherbelegung sprechen, werden Sie sehen, daß ein Programm so viele feste Speichersegmente anfordern *kann*, wie es will. Dies sollten Sie aber nur tun, wenn die anderen Speicherarten Ihren Anforderungen wirklich nicht genügen.

EMS und Windows im Real-Modus

Die zweite wesentliche Neuerung der Windows-Version 2.x betrifft die Unterstützung von EMS-Speicher. Dies ist eine Speicherart, auf die nach der **Expanded Memory Specification** zugegriffen werden kann. EMS beschreibt eine Softwareschnittstelle für das Einblenden von Speicherbereichen in den normalen DOS-Speicher. Auf diese Weise kann der Speicherbereich für DOS-Programme über die übliche 640 KB-Grenze hinaus erheblich ausgeweitet werden. Da Windows als Betriebssystemerweiterung zu

DOS entwickelt wurde, kann Windows den EMS-Speicher verwenden. Windows-Programme können sogar direkt den EMS-Treiber aufrufen, um hier genau wie DOS-Programme Speicherseiten anzufordern. Windows-Programme brauchen jedoch keine speziellen Operationen ausführen, um von einem vorhandenen EMS-Speicher zu profitieren. Der Windows-Speicherverwalter benutzt den vorhandenen EMS-Speicher zur Ausweitung des vorhandenen Systemspeichers völlig selbständig.

EMS-Speicher kann den physikalischen Adreßraum nicht vergrößern. Statt dessen werden zusätzliche Speicherbereiche in die unbenutzten Bereiche des DOS-Adreßraums eingeblendet. Auf diese Art kann unter EMS bis zu 32 Megabyte zusätzlicher Speicher innerhalb des DOS-Adreßraums angesprochen werden. Auf den ersten Blick scheint das genug Speicher zu sein, um die Anforderungen *jedes* DOS- oder Windows-Programms zu erfüllen. Da aber niemals *gleichzeitig* auf den gesamten EMS-Speicher *zugegriffen* werden kann, bietet EMS nur eine begrenzte Lösung des Speicherproblems.

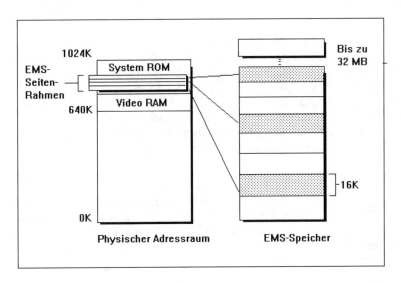

Abbildung 17.5: EMS ermöglicht im Real-Modus die Ausweitung des DOS-Adreßraums

In bestimmten Konfigurationen kann zum Beispiel auf den gesamten EMS-Speicher nur durch ein einziges 64KB großes Speicherfenster zugegriffen werden. Dieses Speicherfenster, das man **EMS-Seitenrahmen** nennt, besteht normalerweise aus 16KB großen Seiten. Das 64KB Speicherfenster besteht also aus vier 16KB großen Speicherseiten. Wenn ein Programm mehr als 64KB des EMS-Speichers auf einmal verwenden möchte, muß es sich entscheiden, welche EMS-Seiten es verwenden will und welche ignoriert werden müssen. Angesichts des relativ kleinen Speicherfensters kann EMS nicht als die endgültige Lösung zur Speicherverwaltung angesehen werden. Dennoch trägt EMS wesentlich dazu bei, die Begrenzung des Speichers im Real-Modus zu überwinden. In Abbildung 17.5 wird die Beziehung des Adreßraums im Real-Modus und der EMS-Speicherseiten dargestellt.

Die Verwaltung des EMS-Speichers unter Windows erfolgt für die Anwendungsprogramme transparent. Wenn ein Windows-Programm gestartet wird, erhält es einen eigenen EMS-Speicherbereich. Dieser Speicherbereich ist nur für dieses Programm reserviert und kann von anderen Programmen nicht gestört werden. Wenn der Multitasking-Manager von Windows ein anderes Programm aktiviert, sorgt er dafür, daß zuvor vom EMS-Treiber der richtige EMS-Speicherbereich in den EMS-Seitenrahmen geladen wird. Dies führt zu weniger Speicherkonkurrenz zwischen den verschiedenen Programmen, mehr freiem Speicher und insgesamt zu einer höheren Verarbeitungsgeschwindigkeit. Die verbesserte Verarbeitungsgeschwindigkeit resultiert aus der Tatsache, daß Situationen, in denen der Speicher zu klein wird und deshalb Programmteile gelöscht und anschließend wieder eingelesen werden müssen, weitestgehend vermieden werden.

Im Real-Modus verwendet Windows 3.x den EMS-Speicher für Programme genauso wie Windows 2.x. In den anderen Betriebsarten wird EMS-Speicher allerdings ignoriert. Der EMS-Speicher wird also weder im Standard-Modus noch im erweiterten 386-Modus für Windows-Programme verwendet. In diesen beiden Betriebsarten können Programme direkt auf das Extended Memory, der die Beschränkungen des EMS-Speichers nicht kennt, zugreifen. Auf das Extended Memory kann nämlich ohne Speicherbankumschaltung zugegriffen werden. Extended Memory hat zusätzlich den Vorteil, daß es eine virtuelle Speicherverwaltung im erweiterten 386-Modus unterstützt.

Unter Windows 2.x kann ein Programm Windows veranlassen, den EMS-Speicher freizugeben, um diesen selbst anfordern und verwalten zu können. Diese Möglichkeit steht unter Windows 3.x ebenfalls zur Verfügung. Für Windows-Programme, die diese Möglichkeit verwenden wollen, muß der Schalter -l gesetzt werden, wenn der Ressourcencompiler (RC.EXE) gestartet wird. Dadurch wird das entsprechende Flag in der ausführbaren Programmdatei gesetzt.

Die Unterstützung von EMS-Speicher kann auf verschiedene Arten erfolgen. Im Lieferumfang von Windows 3.x finden Sie den EMS-Treiber **EMM386.SYS** für Systeme mit einem 80386-Prozessor. Dieser Treiber wird jedoch für den erweiterten 386-Modus nicht benötigt, da dieser Modus bereits eine eingebaute EMS-Unterstützung für Windows- und DOS-Programme, die unter Windows laufen, enthält. Eine andere Art der Verwendung von EMS-Speicher besteht in der Verwendung einer echten EMS-Karte und eines EMS-Treibers ab Version 4.0. Darüber hinaus können die meisten auf dem Markt erhältlichen EMS-Software-Emulationen verwendet werden.

Windows-Programme können den EMS-Speicher nur verwenden, wenn sie im Real-Modus betrieben werden. Im Real-Modus kann durch Speicherbankumschaltung der zur Verfügung stehende Adreßraum vergrößert werden. Allerdings kann gleichzeitig immer nur auf eine Speicherbank zugegriffen werden. In den anderen Betriebsarten verwendet Windows das Extended Memory. Hier wird ein ebenso großer zusätzlichem Adreßraum zur Verfügung gestellt, *ohne* daß dazu eine Speicherbankumschaltung betrieben werden muß. Aus diesem Grund wird EMS-Speicher in den beiden Protected-Modi von Windows 3.x ignoriert. Es steht jedoch außer Frage, daß die Unterstützung von EMS-Speicher seit Windows 2.x ein entscheidender Fortschritt war und daß sie sehr hilfreich ist, falls man Windows im Real-Modus betreiben will.

EMS ist auch noch in einer weiteren Hinsicht von Bedeutung. Mit der Verwendung von EMS-Speicher wurde in Windows das erste Mal jedem Programm ein eigener privater Adreßraum zugeordnet. Ein privater Adreßraum ist nützlich, um Anwendungen vor dem fehlerhaften Verhalten anderer Anwendungen zu schützen, da auf einen privaten Adreßraum nur der Besitzer dieses Adreßraums zugreifen kann. Im Protected-Modus von Windows 3.x, den wir im folgenden besprechen wollen, wurde auch begonnen, das Konzept eines privaten Adreßraums mit Hilfe der vorhandenen Speicherschutzmechanismen zu implementieren. Zukünftige Versionen von Windows werden das Konzept des privaten Adreßraums weiterentwickeln, um Programme vor den Problemen zu schützen, die durch Adressierungsfehler entstehen können. Zur Zeit verwendet Windows im Standard- und im erweiterten 386-Modus die Speicherschutzmechanismem der 80286- und der höheren Prozessoren. Betrachten wir diese beiden Betriebsarten und ihre Arbeitsweise jetzt etwas genauer.

Standard- und erweiterter Modus

Wie wir bereits erwähnt haben, wurde die Speicherverwaltung von Windows von Anfang an mit Blick auf den Protected-Modus der Intel-86-Familie entworfen, damit Windows eines Tages in dieser Betriebsart lauffähig sein konnte. Mit Windows 3.0 wurde diese Idee durch zwei Betriebsarten verwirklicht: dem Standard-Modus und dem erweitertern 386-Modus.

Im Standard-Modus kann Windows die Vorteile des Protected-Modus auf 80286- und 80386-Prozessoren nutzen. In dieser Betriebsart erhalten Windows-Programme einen physikalischen Adreßraum, der die 1-Megabyte-Grenze des Real-Modus durchbricht und bis zu 16 Megabyte groß sein kann. Im Gegensatz zur Speicherbankumschaltung für EMS-Speicher wird der zusätzliche Speicher im Protected-Modus als **Extended Memory** eingesetzt. Dieser Speicher ist eine direkt adressierbare Erweiterung des Adreßraums des Real-Modus. Hierzu gehört die Unterstützung von Speicherzugriffsregeln, die helfen, die Integrität der einzelnen Programme, der Daten dieser Programme und des Systems selbst zu gewährleisten.

Der erweiterte 386-Modus bietet alle Vorteile des Standard-Modus und darüber hinaus einen noch größeren Adreßraum. Wenn Sie diese Betriebsart verwenden, sollten Sie sich nicht wundern, wenn der Programm-Manager Ihnen einen größeren freien Adreßraum meldet, als Sie überhaupt an Speicher in Ihrem Rechner haben. Während der Entwicklung von Windows schrieb jemand aufgrund dieses Problems eine Beschwerde und erhielt daraufhin folgende Antwort: *"Willkommen in der Welt des virtuellen Speichers!"*

Der virtuelle Speicher im erweiterten 386-Modus wird durch das 80386-Steuerprogramm WIN386.EXE bereitgestellt. Dieses Programm greift dabei auf die Seitenadressierungshardware zu, die in jedem 80386-Prozessor eingebaut ist. In dieser Betriebsart kann der Adreßraum bis zu vier mal so groß werden wie der tatsächlich vorhandene, physikalische Speicher. Dies gilt natürlich nur, wenn genügend Platz auf der Festplatte vorhanden ist, auf dem die ausgelagerten Speicherseiten gespeichert werden können.

Der Protected-Modus

Der Begriff **Protected-Modus** bezieht sich auf einen Zustand des Prozessors, in welchem bestimmte Regeln bei der Speicheradressierung erzwungen werden. Diese Regeln minimieren das Risiko, daß ein Programm - egal ob absichtlich oder zufällig - einen Speicherbereich überschreibt, der ihm nicht gehört. Ein Programm, daß diese Regeln verletzt, erhält eine harte Strafe: Es wird beendet.

Im Real-Modus würde ein solches Verhalten bei weitem nicht so hart bestraft. Es ist zum Beispiel für ein DOS-Programm nicht ungewöhnlich, in DOS-Datenbereiche zu schreiben, eigene Interruptprozeduren zu installieren und sich auch ansonsten ganz häuslich im gesamten Hauptspeicher einzurichten. Da DOS ein Einzeltask-System ist, sind solche Freiheiten erlaubt, weil dadurch nicht die Arbeitsweise anderer Programme gestört werden kann.

Programme unter Windows könnten im Real-Modus eigentlich auf jeden Teil des Systemspeichers zugreifen. Da Windows ein Multitasking-System ist, sollte dies jedoch auf jeden Fall vermieden werden. Programme sollten keinerlei Aktionen durchführen, die Auswirkungen auf andere, gleichzeitig laufende Programme haben könnten. Derartige Aktionen können dazu führen, daß ein Programm nicht im Protected-Modus unter Windows ausgeführt werden kann.

Dennoch kann es durchaus einmal vorkommen, daß ein Programm, das sich ansonsten "normal" verhält, versehentlich einen Speicherbereich überschreibt, der einem anderen Programm gehört, oder sogar einen Speicherbereich, den Windows selbst verwendet. Ohne den Speicherschutz des Protected-Modus könnte ein solches Verhalten zur Zerstörung von Daten oder sogar zum Systemabsturz führen. Der Protected-Modus verbessert die Systemintegrität durch die eingebauten Speicherschutzmechanismen.

Speicheradressierung im Protected-Modus

Wenn ein Programm den Speicher im Protected-Modus adressiert, verwendet es dazu, genau wie im Real-Modus, eine zweiteilige Segmentadresse, bestehend aus Segmentnummer und Offset. Im Protected-Modus besteht die Konvertierung von einer logischen in eine physikalische Adresse nicht einfach nur aus einer Verschiebung und einer Addition. Statt dessen werden dazu spezielle Tabellen, sogenannte **Deskriptortabellen**, verwendet. Diese Deskriptortabellen werden vom Betriebssystem erstellt und verwaltet. Der Protected Modus kennt zwei Arten von Deskriptortabellen: **globale Deskriptortabellen** (GDT) und **lokale Deskriptortabellen** (LDT). (Eine dritte Art von Deskriptortabellen - die Interrupt-Deskriptortabelle (IDT) - wird verwendet, um Interruptvektoren zu speichern. Diese werden hier jedoch nicht weiter beschrieben.)

Der Protected-Modus wurde von Intel mit einer großen Flexibilität ausgestattet. Dadurch können die Deskriptortabellen unter verschiedenen Betriebssystemen auf verschiedene Art und Weise verwendet werden. Im allgemeinen enthält eine Deskriptortabelle ein Array aus Segmentinformationssätzen. Diese nennt man **Segmentdeskriptoren**. Im Protected-Modus nennt man den Teil einer Adresse, den wir bisher "Segmentbezeichner" genannt haben, einen **Segmentselektor**. Ein Segmentselektor ist ein Index auf die Deskriptoren, aus denen die Deskriptortabelle besteht. Er kennzeichnet den Segmentdeskriptor, der die notwendigen Informationen zum Zugriff auf das Segment enthält. Ein Segmentdeskriptor enthält folgende Daten:

Segmentdeskriptorfeld	Größe beim 80286	Größe beim 80386
Segmentposition (aka Basis-Adresse)	3 Byte	4 Byte
Segmentgröße (aka Segmentgrenze)	2 Byte	2 1/2 Byte
Flags	1 Byte	1 1/2 Byte
Nicht benutzt	2 Byte	0 Byte
	8 Byte	8 Byte

Wenn ein Programm einen Speicherbereich adressiert, lädt der Prozessor den Segmentdeskriptor in ein spezielles Register, das zur Berechnung der physikalischen Adresse des Segments verwendet wird. Zur Adressierung des gewünschten Speicherbereichs wird der Offset zu dieser Basisadresse addiert. Dieses Verfahren ist in Abbildung 17.6 dargestellt.

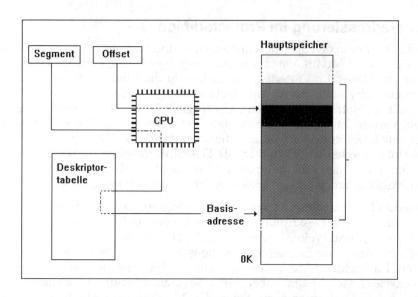

Abbildung 17.6: Die Segmentnummer ist ein Index in der Deskriptortabelle

Es werden nur 13 der 16 Bit eines Segmentwertes als Index für eine Deskriptortabelle verwendet. Die anderen drei Bit enthalten - wie in Abbildung 17.7 dargestellt - zwei weitere Felder, die eine große Bedeutung für den Adressierungs- und Speicherschutz-mechanismus des Protected-Modus haben. Bit 2 ist ein Flag, das angibt, welche Deskriptortabelle verwendet werden soll. Dieses Feld ermöglicht es einem Betriebssystem, den Adreßraum eines Programms mit Hilfe zweier Deskriptortabellen darzustellen: einer GDT und einer LDT. Die GDT enthält dabei alle Speicherbereiche, die system-übergreifend verwendet werden. Die LDT enthält dagegen den privaten Adreßraum des Programms.

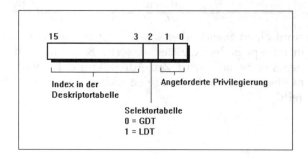

Abbildung 17.7: Struktur eines Selektors für den Protected-Modus.

646

Bit 0 und 1 beschreiben die **geforderte Zugriffsebene** (RPL = requested privilege level). Diese Bits werden vom Betriebssystem zur Impementierung eines Speicherschutzschemas mit vier Zugriffsebenen (0 bis 3) verwendet. Hierbei ist 0 die höchste Zugriffsebene. Diese ist für Betriebssystemprogramme reserviert. Im Standard-Modus hat die DOS-Protected-Modus-Schnittstelle (DPMI) die höchste Zugriffsebene, die Ring 0 genannt wird.

Das DPMI-Programm ist in DOSX.EXE (im Standard-Modus) und in WIN386.EXE (im erweiterten 386-Modus) enthalten. Das DMPI ermöglicht den Zugriff auf den Speicherbereich oberhalb von 640KB. Den Speicherbereich zwischen 640KB und 1024KB nennt man **Upper-Memory-Blocks (UMBs)**. Die 64KB zwischen 1024KB und 1088KB nennt man die **High-Memory-Area (HMA)**. Und der Speicher oberhalb der 1088KB-Grenze hat den Namen **Extended-Memory-Blocks (EMBs)**. Im erweiterten 386-Modus läuft das 80386 Steuerprogramm in der Zugriffsebene 0 ab.

In dieser Architektur wird der Speicherschutz auf folgende Art gewährleistet: Ein Speicherzugriffsfehler führt zu einer Ausnahme - also einem Prozessorinterrupt. In Windows bewirkt dies, daß das ausgeführte Programm beendet wird und eine Fehlermeldung (Abbildung 17.8) ausgegeben wird. Wenn Sie eine ältere Windows-Version (vor Windows 3.0) laufen lassen, werden Sie das Wort "Trayf" - jiddisch für "nicht koscher" - in der Fehlermeldung entdecken. Eine treffende Beschreibung für einen Speicherzugriffsfehler.

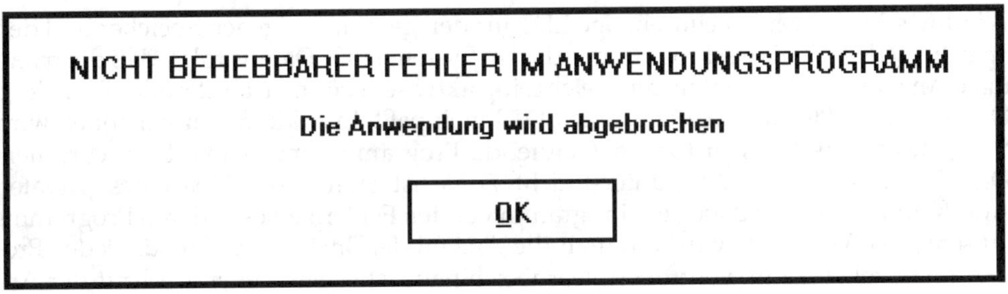

Abbildung 17.8: Meldung eines fatalen Fehlers

Diese Fehlermeldung kann durch verschiedene Fehler ausgelöst werden. Wenn ein Programm zum Beispiel versucht, mit einem ungültigen Segmentselektor auf einen Speicherbereich zuzugreifen, fängt der Prozessor diesen Fehler ab und meldet ihn an das Betriebssystem. Oder, wenn ein Programm versucht, auf einen Speicherbereich hinter dem Ende eines Segments zuzugreifen - der Offsetwert ist größer als die Segmentgrenze -, wird durch die Speicherverwaltungshardware verhindert, daß das Programm auf Speicher zugreift, der ihm nicht gehört. Das Betriebssystem wird in diesem

Fall davon unterrichtet, daß ein Programm die Regeln zum korrekten Zugriff auf Speicherbereiche verletzt hat.

Wenn ein solcher Fehler auftritt und ein Debugger (wie zum Beispiel der Turbo Debugger) vorhanden ist, gibt Windows keine Fehlermeldung aus, sondern übergibt statt dessen die Steuerung an den Debugger. Der Debugger zeigt Ihnen daraufhin, an welcher Stelle der Fehler aufgetreten ist. Wenn dies eine Stelle innerhalb Ihres Programms ist, werden Sie sehen, welche Zeile des Quelltextes den Fehler ausgelöst hat. Wenn es nicht innerhalb Ihres Programms war - wenn der Fehler z.B. in einem Gerätetreiber oder in einer der Windows-Bibliotheken aufgetreten ist -, zeigt der Debugger Ihnen den Maschinenbefehl, der den Fehler ausgelöst hat.

Windows und der Protected-Modus

In Windows 3.x werden alle Windows-Programme und alle Windows-Bibliotheksroutinen in Ring 1, also mit der Priorität 1, ausgeführt. Dies wird sich in einer zukünftigen Windows-Version ändern. In dieser werden Windows-Programme und Windows-Bibliotheksroutinen mit der niedrigsten Priorität in Ring 3 ausgeführt werden. Dies ermöglicht es späteren Windows-Versionen, die höherpriviligierten Ebenen für andere Betriebssystemkomponenten zu verwenden. Wenn Windows-Programme in Ring 3 ablaufen, bedeutet dies, daß sie in der gleichen Ebene laufen, wie Programme unter dem Presentation-Manager von OS/2. Dies wird ohne Zweifel dazu beitragen, die möglichen Kompatibilitätsprobleme zwischen Windows und OS/2 zu überwinden und dazu führen, daß Windows-Programme binärkompatibel zu OS/2 sind.

Windows 3.x verwendet eine einzige LDT für den gesamten eigenen Speicher und den Speicher jedes Windows-Programms, das im System läuft. Daraus folgt, daß die maximale Anzahl von Segmenten, die gleichzeitig aktiv sein können, bei 2^{13} oder 8192 liegt. Dies ist die größte Anzahl, die in eine LDT hineinpaßt. In zukünftigen Versionen wird Windows wahrscheinlich für jedes laufende Programm eine eigene LDT vorsehen. Dies hat viele Vorteile. Es unterstreicht zunächst einmal die Idee eines privaten Adreßraums und hilft dabei, ein Programm vor den Fehlern eines anderen Programms zu schützen. Weiterhin wird dadurch die Anzahl der Speicherobjekte, die jedes Programm erstellen kann, vergrößert. Darüber hinaus ist es ein weiterer Schritt der Angleichung der Umgebung eines Windows-Programms an die Umgebung von OS/2. Diese Maßnahmen sind notwendig, um zu gewährleisten, daß zukünftige Windows-Programme auch unter dem OS/2 Presentation-Manager lauffähig sind.

Bei der Besprechung der Speicherverwaltung im Real-Modus haben wir festgestellt, daß es drei verschiedene Arten von Speicherobjekten gibt: beweglichen Speicher, verwerfbaren Speicher und festen Speicher. Ein Betriebssystem benötigt alle drei Arten von Speicherbereichen, um eine effiziente Speicherverwaltung durchführen zu können. Deshalb implementiert Windows im Real-Modus diese drei Arten von Speicherbereichen mittels Software, da keine Hardware vorhanden ist, um sie zu unterstützen.

Im Protected-Modus geschieht dies effizienter, da Windows dabei Unterstützung von der Speicherverwaltungshardware des Rechners erhält. Da die Programme nicht wie im Real-Modus auf physikalische Adressen zugreifen müssen, kann der Speicherverwalter den Speicher jederzeit umorganisieren, wenn dies nötig sein sollte. Er muß dabei nur darauf achten, die Deskriptortabelle zu verändern, um die neue Adresse eines Speicherobjekts darin einzutragen. Aus Sicht eines Programms erscheint ein Objekt immer an der gleichen logischen Adresse, selbst wenn es im physikalischen Speicher verschoben wurde. Dies liegt daran, daß die logische Adresse immer auf einen Eintrag der Deskriptortabelle und nicht auf eine physikalische Adresse zeigt. Unter Windows im Protected-Modus verhalten sich verwerfbare Speicherobjekte genau wie im Real-Modus. Das Löschen von Speicherobjekten ist auch im Protected-Modus eine sehr effiziente Möglichkeit, mehr Speicher zur Verfügung zu stellen, wenn dieser benötigt wird.

Feste Speicherobjekte bilden die dritte Art der unter Windows unterstützten Speicherobjekte. Sie werden im wesentlichen genau wie im Real-Modus behandelt. Sie können jedoch genau wie bewegliche Speicherobjekte im Speicher verschoben werden. Auch wenn ein festes Objekt immer die gleiche logische Adresse behält, kann Windows dieses Objekt im physikalischen Adreßraum verschieben. Es gibt natürlich auch Vorgänge, die es erfordern, daß feste Objekte nicht im physikalischen Speicher verschoben werden, zum Beispiel ein Interrupthandler in der DLL eines Gerätetreibers. Für derartige Fälle ermöglicht Windows Segmenten sowohl eine feste logische als auch eine feste physikalische Adresse.

32 Bit-Adressierung

Wenn die Intel-80386- und höhere Prozessoren im Protected-Modus betrieben werden, können zur Segmentadressierung 32 Bit-Register verwendet werden. Diese Segmente können bis zu einem Megabyte oder sogar bis zu vier Gigabyte groß sein (je nach der verwendeten Adressierungsgröße). Im erweiterten 386-Modus verwendet der KERNEL-Speicherverwalter von Windows selbst die 32 Bit-Adressierung. Objekte, die normalerweise ein eigenes Segment erhalten würden, werden in dieser Betriebsart in größere Bereiche zusammengefaßt. Die Verarbeitungsgeschwindigkeit wird also erhöht, weil nicht mehr so viele verschiedene Segmente angesprochen werden müssen.

Die Unterstützung virtuellen Speichers unter Windows

Alles, was wir bisher über den Protected-Modus gesagt haben, gilt gleichermaßen für den Standard-Modus und für den erweiterten 386-Modus. Es gibt jedoch eine Möglichkeit, die nur im erweiterten 386-Modus vorhanden ist: virtueller Speicher.

Die Unterstützung von virtuellem Speicher beruht auf dem bereits besprochenen Adressierungsschema des Protected-Modus. Anders gesagt: zur Berechnung der Basisadresse eines Segments wird der Segmentwert einer Adresse als Index in einer Segmenttabelle interpretiert. Zu dieser Basisadresse wird der Offset addiert. Auf diese Weise läßt sich die genaue Lage des zu bearbeitenden Bytes bestimmen.

Der Unterschied zwischen dem normalen Protected-Modus und dem Protected-Modus im Umgang mit virtuellem Speicher liegt in der Art, wie diese Basis- plus Offset-Adresse interpretiert wird. Im normalen Protected-Modus wird dies als physikalische Adresse interpretiert. Im erweiterten 386-Modus wird jedoch statt dessen die Seitenadressierungshardware des 80386-Prozessors eingeschaltet, um diese Adresse als virtuelle Adresse zu interpretieren. Abbildung 17.9 stellt dar, wie diese Umsetzung durchgeführt wird.

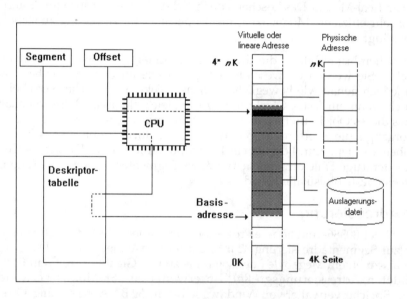

Abbildung 17.9: Virtuelle Speicheradressierung

Die Abbildung zeigt, wie Segment- und Offsetwert in eine Adresse innerhalb des virtuellen Adreßraums umgewandelt werden. Dieser Adreßraum ist in 4KB große Seiten aufgeteilt. Jede dieser Seiten liegt entweder im physikalischen Speicher oder in einer Auslagerungsdatei auf der Festplatte. Wenn auf einen Speicherbereich zugegriffen werden soll, der zu Zeit auf der Festplatte ausgelagert ist, wird ein Seitenfehler ausgelöst. Dies ist ein interner Prozessorinterrupt. In einem solchen Fall liest der virtuelle Speicherverwalter die entsprechende Seite von der Festplatte wieder ein, damit der Zugriff auf den gewünschten Programmtext oder die gewünschten Daten ermöglicht werden kann. Anschließend wird der Befehl, der den Seitenfehler ausgelöst hat, nochmals aufgerufen, so daß die Seitenadressierung insgesamt transparent für die Software ist.

Der virtuelle Speicherverwalter packt die Segmente so dicht wie möglich in den virtuellen Adreßraum. Anders gesagt: Beginn und Ende eines Segments müssen nicht unbedingt mit der Begrenzung einer Seite übereinstimmen. Abbildung 17.9 veranschaulicht dies. Das Ergebnis dieser Strategie ist, daß der virtuelle Speicherverwalter kein einziges Byte des Speichers verschwendet. Die Seitenadressierunghardware verhält sich wie üblich. Deshalb kann es durchaus sein, daß ein Teil eines Segments auf der Festplatte ausgelagert ist, während ein anderer Teil dieses Segments im physikalischen Speicher steht. Wie Sie vielleicht vermuten, müssen die Teile, die sich im physikalischen Speicher befinden, keine besondere Beziehung untereinander haben. Folglich kann der virtuelle Speicherverwalter eine Speicherseite an jede beliebige Stelle des physikalischen Speichers verlagern.

Auch bei virtuellem Speicher kann Windows Segmente verwerfen, wenn der verfügbare Speicher knapp wird. In Windows 3.x wird jedoch nur dann Speicher verworfen, wenn der Windows-Speicherverwalter den virtuellen Adreßraum ausgefüllt hat. Deshalb ist die aktuelle Version des erweiterten 386-Modus in dieser Hinsicht leider etwas ineffizient: Verwerfbarer Programmtext und Ressourcen werden *ausgelagert* und nicht *verworfen*.

Der Grund liegt darin, daß im erweiterten 386-Modus zwei verschiedene Speicherverwalter verwendet werden: der globale Heap-Verwalter für den Protected-Modus von Windows und der virtuelle Speicherverwalter des 80386-Steuerprogramms. Der globale Heap-Verwalter belegt Segmente im Windows-Adreßraum. Das 80386-Steuerprogramm unterstützt den virtuellen Speicher, die EMS-Emulation und die Verwaltung der virtuellen 8086-Maschinen für DOS-Programme.

Wenn der globale Heap-Verwalter Hauptspeicher benötigt, so ruft er das 80386-Steuerprogramm auf. Der Windows-Speicherverwalter verwirft nur dann Speicherobjekte, wenn das 80386-Steuerprogramm nicht mehr genug virtuellen Speicher zur Verfügung stellen kann. In einer zukünftigen Windows-Version werden die beiden Speicherverwalter besser zusammenarbeiten und damit effizienter sein. In dieser zukünftigen Version wird der Windows-Speicherverwalter den virtuellen Speicherverwalter anweisen, verwerfbare Speicherobjekte zu löschen, anstatt sie auszulagern.

Wie Windows das zu verwerfende Segment bestimmt

In allen Betriebsarten kann Windows Code- und Datensegmente, die als *verwerfbar* gekennzeichnet sind, löschen, wenn der freie Speicher knapp wird. Wenn Sie wissen, wie Windows das zu verwerfende Segment auswählt, werden Sie verstehen, wie sich Windows verhält, wenn der Speicher knapp wird. Dadurch wiederum werden Sie in der Lage sein, Programme zu schreiben, die selbst bei knappem Speicher noch effizient arbeiten können (z.B. weil viele Programme gleichzeitig laufen oder weil Windows im Real-Modus arbeitet).

Windows verwirft Segmente aufgrund der Reihenfolge ihrer Einsätze. Wenn ein Segment verworfen werden soll, wird dasjenige ausgewählt, das sich am längsten im Speicher befindet, ohne benutzt worden zu sein. Um entscheiden zu können, welches Segment am längsten nicht mehr benutzt wurde, erstellt Windows eine Tabelle für alle verwerfbaren Segmente. Diese Tabelle hat den Namen **LRU** (least recently used). Zu jedem verwerfbaren Code- und Datensegment findet sich in der LRU-Liste ein Eintrag.

Gesteuert von einem Timer-Interrupt überprüft Windows viermal pro Sekunde das Zugriffsflag für jedes der Segmente aus der LRU-Liste. Wenn auf das Segment seit der letzten Überprüfung zugegriffen wurde, wird das Segment an das Ende der LRU-Liste verschoben. Es wird also an die Position für das am häufigsten benutzte Segment in der Tabelle gesetzt. Anschließend wird das Zugriffsflag gelöscht, damit es beim nächsten Zugriff auf dieses Segment erneut gesetzt werden kann.

Ein Nachteil dieses Verfahrens ist, daß es nicht exakt arbeitet. Es wird nicht unterschieden, ob auf ein Segment 30mal oder nur einmal zugegriffen wurde. Da es aber sehr schnell arbeitet, wurde dieses Verfahren dennoch ausgewählt.

Die Zugriffsflags für verwerfbare Speicherobjekte werden an unteschiedlichen Stellen gespeichert - je nachdem, ob das System im Real-Modus oder im Protected-Modus arbeitet. Im Real-Modus unterstützt der Speicherverwalter von Windows eine Datenstruktur mit dem Namen **Modul-Datenbank** für jedes Programm und jede dynamische Link-Bibliothek (wir werden diese Datenstruktur später in diesem Kapitel noch genauer beschreiben). Die Zugriffsflags werden in einem Byte-Array in der Modul-Datenbank gespeichert. Für jedes verwerfbare Codesegment wird dabei ein Byte verwendet.

Im Protected-Modus der Intel-86-Familie wird das Zugriffsflag von der Hardware unterstützt. Dieses Zugriffsflag ist ein 1 Bit großes Feld des Segmentdeskriptors in den Segmenttabellen (in der LDT). Die Speicherverwaltungshardware setzt dieses Bit automatisch, wenn auf ein Segment zugegriffen wurde. Wenn alle verwerfbaren Segmente untersucht werden, überprüft Windows dieses Bit zur Aktualisierung der LRU-Liste.

Datensegmente werden etwas anders behandelt, die grundlegende Idee ist jedoch die gleiche. Windows unterstützt kein Zugriffsflag für Datensegmente. Statt dessen wird die LRU-Liste automatisch durch das Sperren und Öffnen des Zugriffs auf verwerfbare Datenobjekte aktualisiert. Ein Segment muß immer gesperrt werden, bevor darauf zugegriffen werden kann. Wenn die Sperrung wieder aufgehoben wird, wird das Segment automatisch an das Ende der LRU-Liste verschoben und damit als zuletzt benutzes Segment gekennzeichnet.

Vielleicht werden Sie einmal an einem Programm arbeiten, das mit dem geschilderten Verfahren nicht zufriedenstellend läuft. Stellen Sie sich zum Beispiel ein Datenbankprogramm vor, das eine kreisförmig verkettete Liste von Datensegmenten abarbeitet. Wenn das Programm nacheinander auf diese Segmente zugreift, wird das nächste Segment, auf das das Programm zugreifen will, immer das am längsten nicht mehr benutzte und deshalb vielleicht schon wieder gelöscht sein. Für solche Fälle gibt es Windows-Bibliotheksroutinen, die Sie verwenden können, um die LRU-Liste direkt zu verändern: **GlobalLRUNewest** kennzeichnet ein Segment als das zuletzt benutzte, und **GlobalLRUOldest** kennzeichnet ein Segment als das am längsten nicht mehr verwendete und somit als das Segment, das am ehesten verworfen wird.

Für Windows-Programme im Protected-Modus ist der LRU-Mechanismus vollkommen transparent. Wenn Sie im Real-Modus dem SYMDEB-Debugger starten, können Sie vielleicht einen Maschinenbefehl finden, der zur Aktualisierung der LRU-Liste hinzugefügt wurde. Dieser Befehl ist in einem Block aus dynamischem Link-Code, der **thunk** genannt wird, eingebettet. Dies wird in Kapitel 19 genauer besprochen.

```
SAR  CS:[xxxx], 1
```

Der *shift-arithmetic-right*-Befehl setzt das Zugriffsbyte eines verwerfbaren Codesegments. Segmente, die fest oder nicht vorhanden sind, haben einen Wert von FFh. Segmente, auf die seit dem letzten LRU-Timerinterrupt nicht zugegriffen wurde, haben einen Wert von 01h. Der Befehl läßt den FFh-Wert unverändert und ändert den Wert 01h in 00h. Die Bytes, die durch diesen Befehl verändert werden, werden von Windows bei der Aktualisierung der LRU-Liste ausgewertet.

Nachdem wir gesehen haben, wie Windows den Speicher verwaltet, wollen wir uns die Datenobjekte ansehen, die Windows selbst benötigt. In diesem Kapitel werden wir uns auf die Datenobjekte beschränken, die der Windows-KERNEL selbst benötigt. Im nächsten Kapitel, in dem wir die Speicherbenutzung der Anwendungen untersuchen, werden wir sehen, welche Speicherobjekte die anderen beiden Hauptkomponenten von Windows benutzen: USER.EXE und GDI.EXE.

Der private Speichereinsatz des KERNEL

Wenn die drei Hauptkomponenten von Windows ihre Arbeit für Windows-Programme verrichten, benötigen sie dafür Speicher. Normalerweise braucht ein Windows-Programmierer nicht zu wissen, wie dieser Speicher verwendet wird. Für das nähere Verständnis der Funktionsweise von Windows kann dies jedoch recht aufschlußreich sein. Außerdem gibt es verschiedene Systemgrenzen, die Sie nur verstehen können, wenn Sie wissen, wie Windows den Speicher verwendet.

Wir wollen zunächst den Speicher betrachten, den der Windows-KERNEL benötigt. Der KERNEL ist der Teil von Windows, der für die Speicherverwaltung, das dynamische Binden und andere Funktionen, die üblicherweise von einem Betriebssystem ausgeführt werden, verantwortlich ist. Im nächsten Kapitel werden wir den Speicher untersuchen, der von den anderen beiden Windowskomponenten belegt wird: USER und GDI.

Datenobjekte des KERNEL

Der KERNEL ist verantwortlich für das dynamische Binden, die Speicherverwaltung und die Zusammenarbeit mit DOS, wenn DOS-Systemfunktionen von Windows-Programmen aufgerufen werden. Es gibt zwar verteilt in den Systemen des KERNEL viele kleine Datenstrukturen, wir begrenzen unsere Betrachtung aber auf die drei wichtigsten: den Burgermaster, die Task-Datenbank und die Modul-Datenbank. Im Protected-Modus wird der Burgermaster nicht benötigt, weil seine Aufgaben von den Deskriptor-Tabellen des Protected-Modus und von anderen internen Datenstrukturen übernommen werden.

Der Burgermaster

Der Burgermaster hat seinen Namen von einem Fast-Food-Restaurant, das sich direkt gegenüber dem Gebäude befindet, in dem Windows ursprüglich entwickelt wurde. In jenen Tagen waren zwei Telefonnummern in das selbstwählende Telefon bei Microsoft einprogrammiert. Eine dieser Nummern war der Lieferservice von Burgermaster. (Die andere war die Nummer eines Sportclubs, in dem die Angestellten von Microsoft automatisch Mitglied wurden.) Das Datenobjekt erhielt seinen Namen in Anerkennung für das Restaurant, da die Programmierer des Entwicklungsteams fast täglich ihr Mittagessen bei Burgermaster einnahmen.

Der Burgermaster ist die wichtigste Tabelle zur Verwaltung von verschiebbaren und verwerfbaren Speicherobjekten in Windows. Anders gesagt: Der Burgermaster speichert, genau wie die Deskriptortabellen im Protected-Modus, die physikalischen Adressen der verschiebbaren Speicherobjekte. Wenn ein Programm die Adresse eines solchen Segments benötigt, führt es einen Aufruf einer der zahlreichen Windows-Bibliotheksroutinen durch, die diese Adresse aus der Burgermaster-Tabelle lesen.

Die Task-Datenbank

Für jedes Vorkommen eines beliebigen Programms in Windows wird eine Task-Datenbank oder TDB erstellt. Wenn zum Beispiel eine einzige Kopie des Programms CLOCK läuft, gibt es nur eine TDB. Eine TDB liegt immer in einem festen Segment und enthält alle Zeiger und andere Datenobjekte, die ein Exemplar eines Programms eindeutig kennzeichnen. Die folgende, nicht vollständige Liste enthält einige Elemente, die in einer TDB gespeichert werden:

TDB-Feld	Kommentar
Vektor aus **Make ProcInstance**-thunks	Erstellt von der *MakeProcInstance*-Routine für Dialogfeldprozeduren und andere "Rückruf"-Prozeduren, aber *nicht* für Windows-Prozeduren.
Aktuelles MS-DOS Festplattenverzeichnis	Bei einer Taskumschaltung speichert Windows hier das aktuelle Laufwerk und das Verzeichnis des aktiven Programms.
EMS-Zuordnungsdaten	Nur im Real-Modus.
Nachrichtenwarteschlange für Anwendungen	Enthält private Nachrichten, die an ein Programm gesendet wurden (durch Aufruf der **PostMessage**-Routine).
Handle für die Modul-Datenbank	Ein Speicherobjekt, das ein Verzeichnis aller Module der .EXE- oder .DLL-Datei enthält.
Private Interruptvektorentabelle	Enthält die privaten Interrupts, die ein Programm installiert hat. Es kann nur eine kleine Menge installiert werden. Dazu gehören die Interrupts 0, 2, 4, 6 und 7. Diese dienen zur Fehlerbehandlung bei arithmetischen Funktionen. Können durch Aufruf des Interrupts 21h (DOS-Service) mit Funktionsnummer 25h verändert werden.
Zeiger auf die DOS-Programm-Datenbank	Wird auch als DOS-Programmsegment-Präfix (PSP) bezeichnet. Windows speichert für jedes laufende Windows-Programm eine Kopie dieser Datenstruktur. Ein Programm kann die Adresse dieser Datenstruktur durch Aufruf der Funktion **GetCurrentPDB** berechnen.
Speicherbereich zur Taskumschaltung	Zum Abspeichern der Prozessor-Register zwischen den Taskumschaltungen.

Diese Liste ist nicht vollständig und auch nicht in der richtigen Reihenfolge der ursprünglichen TDB angeordnet. Der Inhalt der TDB ist nicht dokumentiert. Dies bedeutet, daß sich dieser Inhalt in einer zukünftigen Windows-Version ändern kann. Wir haben ihn aber hier dargestellt, um Ihnen zu zeigen, welche Art von Daten Windows für jede Kopie eines Programms abspeichert. Sie können aus dieser Liste zum Beispiel ersehen, daß Windows für jedes Programm das aktuelle Laufwerk und Verzeichnis abspeichert. Ein Programm kann dies also beliebig verändern, ohne andere Programme damit zu beeinflussen. Wenn Sie sich vielleicht schon einmal gefragt haben, wo eigentlich die privaten Nachrichten einer Anwendung gespeichert werden, wissen Sie jetzt, daß dies in der TDB geschieht. Beachten Sie, daß die TDB auch eine private Interruptvektoren-Tabelle hat. Wenn Sie die Interrupts bearbeiten wollen, die durch Fehler bei arithmetischen Funktionen ausgelößt werden, können Sie einen eigenen Interrupthandler installieren. Der Interruptvektor 0 wird zum Beispiel verwendet, wenn versucht wird, durch Null zu dividieren. Programme, die einen solchen Interrupt nicht selbst bearbeiten, werden beendet, sobald dieser Fehler auftritt.

Windows erstellt für jedes Exemplar eines laufenden Programms eine eigene TDB. Wenn das betreffende dann wieder beendet wird, wird auch die TDB aus dem Speicher entfernt. Sie sollten deshalb immer darauf achten, daß Ihre Windows-Programme alle ordnungsgemäß beendet werden. Wie? Ganz einfach! Verwenden Sie ein beliebiges Programm zur Speicherbetrachtung und überprüfen Sie, daß nach dem Programmabbruch kein Datenobjekt mit dem Namen "Task Database" im Speicher bestehen bleibt. Wenn Sie ein derartiges Datenobjekt finden, wissen Sie, daß Ihr Programm nicht ordnungsgemäß beendet wurde.

Die Modul-Datenbank

In der TDB gibt es einen Eintrag, der auf ein anderes vom KERNEL verwendetes Datenobjekt zeigt: die Modul-Datenbank. Die Modul-Datenbank enthält eine verkürzte Form des Headers einer .EXE-Datei, manchmal auch EXE-Header genannt. Zum Lesen dieses Headers können Sie das Hilfsprogramm EXEHDR.EXE verwenden.

Windows verwendet die Modul-Datenbank immer, wenn es etwas aus einer ausführbaren Datei lesen muß. Dazu gehören Programmcode, Ressourcen und Daten. Wenn wir im Kapitel 19 das dynamische Binden besprechen, werden Sie sehen, daß Windows kleine Codefragmente (genannt **Thunks**) verwendet, damit das dynamische Binden korrekt ausgeführt werden kann. Im Real-Modus ermöglichen Thunks, daß Programmteile mit einem Minimum an Aufwand verworfen und verschoben werden können. Die Modul-Datenbank enthält im Prinzip ein Verzeichnis von Segmenten, die aus einer ausführbaren Datei geladen werden können.

Nicht nur Programme, sondern auch Bibliotheken zum dynamischen Binden enthalten Modul-Datenbanken. Wenn Sie ein Programm zur Speicherbetrachtung laufen lassen, werden Sie feststellen, daß auch jedes der Objekte KERNEL, USER und GDI eine Modul-Datenbank hat. Sogar für Schriftarten gibt es Modul-Datenbanken. Schriften sind einfach nur Bibliotheken zum dynamischen Binden, die keinen Code enthalten.

In diesem Kapitel haben wir gesehen, wie Windows die Speicherfunktionen der Familie der Intel-86-Prozessoren nutzt. Im nächsten Kapitel werden wir sehen, wie die Speicherverwaltung sich aus der Sicht eines Anwendungsprogramms darstellt. Dabei werden wir alle Speicherarten besprechen, die einem Windows-Programm zur Verfügung stehen.

Kapitel 18

Speicher, Teil II –
Speicherbenutzung der Anwendungen

Wenn ein Programmierer darüber nachdenkt, wie er die Daten eines Windows-Programms im Speicher ablegen soll, kann dies verglichen werden mit einem Reisenden, der überlegt, was er einpacken soll. Die erste Frage ist dabei: "Welche Verpackung soll ich verwenden?" Für ein Wochenende reicht vielleicht ein kleiner Koffer. Für eine zweiwöchige Reise müssen es wahrscheinlich schon mehrere Koffer sein. Aus der Sicht eines Programms muß die Frage lauten: "Welche Art von Behältern kann ein Windows-Programm zur Speicherung der Daten verwenden?"

Beim Entwurf des Verfahrens, das Ihr Programm bei der Benutzung des Speichers verwenden soll, müssen Sie eine ganze Menge grundlegender Regeln beachten. Dazu gehören Belegung, Sichtbarkeit, Lebenszeit und Speicheraufwand. Wir werden im folgenden alle Speicherarten untersuchen, die ein OWL-Windows-Programm einsetzen kann. Dabei werden wir die genannten Regeln beachten und deren Wichtigkeit untersuchen. In Tabelle 18.1 sind die Regeln für die verschiedenen Speicherarten zusammengefaßt, die eine Windows-Anwendung verwenden kann.

Tabelle 18.1: *Eine Zusammenfassung der Speicherbenutzung für Anwendungen*

Speicherart	*Belegung*	*Sichtbarkeit*	*Lebenszeit*	*Zusätzlicher Aufwand*
Statische Variablen	C++ Compiler	In einem Programm	Programm	Keiner
Automatische Variablen	C++ Compiler	In einer Funktion	Funktion	Keiner
Lokaler Heap	Aufrufe von LocalAlloc	In einem Programm	Programm	4 oder 6 Byte
Globaler Heap	Aufrufe von GlobalAlloc	Programm/System	Programm/System	24 Byte
Ressourcen	Ressourcen-Verwalter	Programm/System	Besitzer	24 Byte

Speicherart	Belegung	Sichtbarkeit	Lebenszeit	Zusätzlicher Aufwand
GDI-Objekte	GDI-Routinen	System	System	Verschieden
USER-Objekte	USER-Routinen	System	Besitzer	Verschieden

Die Regeln für die **Speicherbelegung** sind u.a. davon abhängig, *wer* einen bestimmten Hauptspeicheranteil belegt. Der Compiler belegt bereits einen Teil des Speichers für Sie. Dasselbe gilt auch für statische und automatische Variablen. In anderen Fällen müssen Sie den Speicher explizit selbst belegen. Wenn Sie zum Beispiel einen Speicherbereich mit Hilfe eines der Windows-Pakete zur dynamischen Speicherbelegung verwenden wollen, müssen Sie die Funktion **LocalAlloc** oder **GlobalAlloc** explizit aufrufen. In anderen Fällen erfolgt die Belegung von Speicher als Nebeneffekt bei der Erzeugung verschiedener Arten von Systemobjekten. Wenn Sie zum Beispiel einen Gerätekontext (DC) in dem GDI erstellen, werden die Objekte im lokalen Heap des GDI abgelegt.

Die Regel der **Sichtbarkeit** (oder Transparenz) bezieht sich auf die Frage, wer den betreffenden Speicherbereich sehen kann. Einige Objekte, zum Beispiel automatische Variablen innerhalb einer Funktion, haben nur eine sehr eingeschränkte Sichtbarkeit. Andere sind im gesamten System sichtbar, zum Beispiel GDI-Zeichenobjekte und bestimmte Objekte, die auf dem globalen Heap abgelegt werden. Derartige Objekte können von mehreren Programmen gleichzeitig verwendet werden. Vergessen Sie nicht, solche Objekte zu löschen, wenn diese nicht mehr benötigt werden. Windows löscht diese Objekte nicht automatisch.

Die Regel für die **Lebenszeit** beschreibt, wie Speicher wieder freigegeben wird. Für manche Objekte wird der Speicher automatisch wieder freigegeben, wenn das Programm beendet wird. Dies gilt für statische und automatische Variablen und für Objekte, die auf dem lokalen Heap gespeichert werden. Andere Objekte müssen ausdrücklich gelöscht werden, damit der belegte Speicher wieder für andere Verwendungszwecke freigegeben werden kann. Es gilt im allgemeinen als guter Programmierstil, Speicherbereiche, die nicht mehr benötigt werden, wieder "von Hand" freizugeben, egal, ob dieses sowieso automatisch geschieht oder nicht.

Die letzte Regel über den **Speicheraufwand** beschreibt, welcher zusätzliche Speicherverbrauch bei der Belegung eines Speicherbereiches entsteht. Diese Regel ist besonders wichtig, wenn Sie entscheiden, ob Sie für dynamische Speicherbereiche den lokalen oder den globalen Heap verwenden wollen. Jedes globale Datenobjekt belegt zum Beispiel *mindestens* 24 Byte zusätzlich. Wenn Sie also beispielsweise vorhaben, viele hundert sehr kleine (12-Byte) Objekte zu erzeugen, sollten Sie diese nicht unbedingt als globale Speicherobjekte definieren.

Im folgenden wollen wir die einzelnen zu Verfügung stehenden Speicherarten betrachten. Anschließend werden wir die Regeln besprechen, unter denen Speicherobjekte auf dem globalen Heap abgelegt werden. Der globale Heap ist die flexibelste und nützlichste Art der dynamischen Speicherbelegung. Wir werden sehen, wie Codestrukturen die Speicherverwendung beeinflussen. Des weiteren werden wir die Verwendung des lokalen Heap und privater Ressourcen kennenlernen. Außerdem werden Sie einige Tricks kennenlernen, mit deren Hilfe es möglich ist, dynamische Speicherbelegungen im lokalen Heap eines dynamisch belegten Segments vorzunehmen. Dazu werden wir Ihnen viele Beispielprogramme vorstellen, so daß Sie sich alle zum richtigen Einsatz der verschiedenen Speicherarten notwendigen Befehle im einzelnen ansehen können.

Überblick über die Speicherbenutzung von Anwendungen

Im letzten Kapitel haben wir das segmentierte Adressierungsschema der Intel-86-Prozessoren beschrieben. Da Windows zwangsläufig auf dieser Architektur aufbaut, sollten Windows-Programmierer immer daran denken, daß das Segment die Basis-Speichereinheit darstellt. Aus diesem Grund richten wir uns bei der Besprechung des Speichers in diesem Kapitel nach den verschiedenen Segmenten. Wir beginnen mit dem Standard-Datensegment, das drei verschiedene Arten von Speicherobjekten enthalten kann: statische Variablen, automatische Variablen und den lokalen Heap.

Das Standard-Datensegment

Windows zeigt das beste Ausführungsverhalten bei Programmen, die nur ein *einziges* Datensegment haben. Für den Microsoft-Compiler sollten Sie deshalb das kleine oder mittlere Speichermodell verwenden, weil die anderen Speichermodelle automatisch zwei (oder sogar mehr) Datensegmente anlegen. Mit dem Borland C++ Compiler können Sie jedes der Speichermodelle verwenden. Sie können sogar das große Speichermodell verwenden (wie wir es für alle Programme in diesem Buch getan haben), solange Sie nicht allzu viele statische Datenobjekte anlegen. Wenn Sie dies tun, müssen Compiler und Linker zusätzliche Datensegmente anlegen. Die Verwendung eines einzigen Datensegments ist deswegen am sinnvollsten, weil es der Methode der dynamischen Bindung in Windows entgegenkommt. In Kapitel 19 werden wir die dynamische Bindung detailliert beschreiben. Windows kann beim Aufruf einer Funktion im Anwenderprogramm durch eine Windows-Bibliotheksroutine auf das Datensegmentregister zugreifen. Dieser Rückrufmechanismus (Call-Back-Mechanismus) wird für Fensterprozeduren eingesetzt und ist deshalb sehr wichtig für die Arbeitsweise von Windows. Windows speichert intern für jedes Programm nur *einen* Datensegmentwert.

Bei Programmen, die mehr als ein Datensegment einsetzen müssen, läßt sich dies natürlich durch den Einsatz der Compilermodelle *compact*, *large* oder *huge* bewerkstel-

659

ligen. Allerdings unterliegen derartige Programme verschiedenen Einschränkungen. Zum ersten erlaubt Windows nur die Ausführung jeweils einer Programminstanz. Wenn Ihnen ein einziges Datensegment für Ihre Anwendung zu klein erscheint, können Sie auf verschiedene Alternativen (die alle detailliert in diesem Kapitel beschrieben werden) zurückgreifen: erstens können Sie head-only-Datenobjekte in einer privaten Ressource speichern, zweitens können Sie die dynamische Speicherbelegung einsetzen und auf diese Weise die meisten Speicheranforderungen Ihres Programms erfüllen.

Jede Windows-Anwendung hat ein Standard-Datensegment. In vieler Hinsicht entspricht das Standard-Datensegment eines Programms einem Segment im globalen Heap: Das Windows-Ladeprogramm belegt das Segment vom globalen Heap unter der Verwendung der Routine **GlobalAlloc**. Wie jedes andere Segment auch kann dieses Segment verschoben und vergrößert werden.

Das Standard-Datensegment ist in gewisser Hinsicht einzigartig. So setzt z.B. Windows automatisch den richtigen Wert in das DS- (Datensegment-) Register, wenn eine Nachricht an das Programm weitergegeben wird. Dies bedeutet, daß die wichtigsten Daten aller Anwendungen stets verfügbar sind. In Kapitel 19, wenn wir die codespezifischen Aspekte der dynamischen Bindung untersuchen, werden wir das Setzen des DS-Registers besprechen. Das Standard-Datensegment enthält außerdem den Stapelspeicher einer Anwendung und einen lokalen Heap, der für die dynamische Speicherbelegung verwendet werden kann.

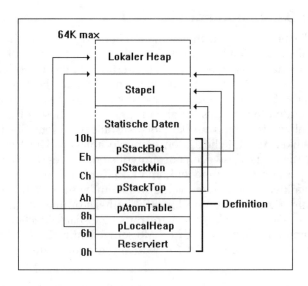

Abbildung 18.1: Ein typisches lokales Datensegment eines Programms

660

Das Datensegment eines Programms läßt sich in fünf Teile untergliedern: einen Header, einen static-Bereich, einen Stack, einen lokalen Heap und eine optionale Atom-Tabelle. Abbildung 18.1 zeigt das typische Datensegment eines Programms, bei dem alle Teile gekennzeichnet sind. Interessant dürfte in diesem Zusammenhang sein, daß ein Datensegment einer dynamischen Linkbibliothek (DLL) genau die gleichen Elemente enthalten kann. DLLs verfügen aber normalerweise über keinen eigenen Stack, sondern verwenden den Stack des Programms, das die Bibliotheksroutine aufgerufen hat. Abbildung 18.2 zeigt ein typisches DLL-Datensegment. Wir wollen jetzt nacheinander alle Elemente eines typischen Programm-Datensegments untersuchen. Wir beginnen mit dem Segment-Header.

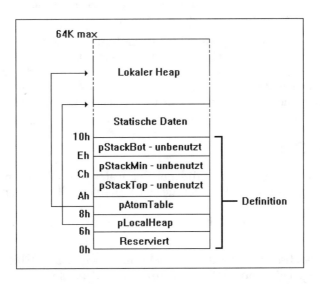

Abbildung 18.2: Ein typisches dynamisches Datensegment einer Link-Bibliothek

Der Header eines Standard-Datensegments

Der Header ist ein 16 Byte großer Bereich, der Zeiger enthält, die vom KERNEL zur Verwaltung des lokalen Datensegments verwendet werden. Ein Windows-Programm sollte diesen Bereich nicht verändern, da er automatisch zur Kompilier-/Linkzeit erstellt und zur Laufzeit vom KERNEL verwaltet wird. Wenn ein lokaler Heap auf einem dynamisch belegten Segment eingerichtet wird, müssen jedoch die ersten 16 Byte zur Verwendung durch den KERNEL reserviert bleiben. Später in diesem Kapitel werden wir aufzeigen, wie dies vorzunehmen ist. Hier soll unser eigentliches Interesse der Verwaltung eines lokalen Datensegments in Windows gelten.

Der Zeiger auf den lokalen Heap (**pLocalHeap**) ist mit Abstand der wichtigste der fünf Zeiger des Segment-Headers. Er wird von den lokalen Verwaltungsroutinen zur Ermittlung des lokalen Heap verwendet, damit dieser die anderen Datenobjekte des Datensegments nicht stören kann. Ihr Windows-Programm sollte den lokalen Heap niemals direkt verändern, sondern statt dessen immer eine der verschiedenen lokalen Heapverwaltungsroutinen aufrufen - ein weiterer Punkt, den wir später in diesem Kapitel besprechen werden.

Drei der Zeiger definieren den Stapel: **pStackBot**, **pStackMin** und **pStackTop**. Wenn die Debug-Version von Windows installiert ist, werden diese drei Zeiger zum Testen des Stapelüberlaufs eingesetzt. Sie sollten Ihre Windows-Programme auf jeden Fall zunächst mit dieser speziellen Version testen, da dies Ihnen helfen kann, Fehler zu finden, die ansonsten unentdeckt bleiben würden.

Der fünfte und letzte Zeiger (**pAtomTable**) zeigt auf eine Atom-Tabelle, sofern das Programm eine erstellt hat. Atom-Tabellen werden auf dem lokalen Heap erstellt und werden von den verschiedenen Atomverwaltungsroutinen bearbeitet. Beachten Sie, daß der **Segment-Header** keinen Zeiger auf den statischen Datenbereich hat. Es ist Aufgabe des Compilers, den statischen Datenbereich zu definieren und den richtigen Code für dessen Verwendung zu erzeugen.

Der statische Datenbereich

Der statische Datenbereich enthält die globalen Daten eines Programms. Dazu gehören alle außerhalb einer Funktion definierten Variablen, alle mit dem Schlüsselwort **static** definierten Variablen, alle statischen Zeichenketten und die statischen Daten, die von den verschiedenen Laufzeit-Bibliotheksroutinen zu deren Verwendung definiert wurden.

Im folgenden Codefragment werden vier der fünf verschiedenen Objekte im statischen Datenbereich abgelegt. Können Sie die statischen Datenobjekte benennen?

```
char *pch = "Zeichenkette";
int i;

int PASCAL WinMain (HANDLE hInstance, HANDLE hPrevInstance,
                    LPSTR lpszCmdLine, int hCmdShow)
   {
   static int iCount;
   long  lValue;
   ...
```

Wie Sie vielleicht vermuten, werden die beiden Variablen, die außerhalb der Funktion definiert wurden (**pch** und **i**), im statischen Datenbereich gespeichert. Dies gilt auch für die Variable **iCount**, die mit dem Schlüsselwort **static** definiert wurde. Der Gültigkeitsbereich von **iCount** wird durch diese Definition auf die **WndProc**-Funktion eingeschränkt, weil **iCount** innerhalb dieser Funktion steht. Anders gesagt: auf **iCount** kann nur *innerhalb* dieser Funktion zugegriffen werden. Als statisches Objekt hat sie jedoch eine so lange Lebenszeit wie das Programm selbst, was bedeutet, daß sie im statischen Datenbereich abgespeichert wird.

Das vierte Datenobjekt, das im statischen Datenbereich gespeichert wird, ist der String **"Zeichenkette."** Da Zeichenketten u.U. ziemlich groß werden können, können Sie die Größe des statischen Datenbereiches verringern, indem Sie alle Zeichenketten in einer Ressourcendatei speichern. Wenn eine Zeichenkette benötigt wird, kann sie geladen und verwendet werden. Wenn sie nicht mehr benötigt werden, können Zeichenketten-Ressourcen aus dem Speicher verworfen werden. Auf diese Weise kann der zur Verfügung stehende freie Systemspeicher vergrößert werden.

Der statische Datenbereich wird auch zur Speicherung statisch belegter **Instanzen** verwendet. Genauso, wie Sie einen normalen C-Datentyp als statisches Datenobjekt definieren können, kann auch eine Instanz einer C++ Klasse definiert werden. Diese Instanz wird beim Programmstart durch Aufruf ihres Konstruktors initialisiert. Eine solche Instanz muß außerhalb der Grenzen aller Funktionen definiert werden. Das folgende Beispiel zeigt, wie eine Instanz von **TWindow** als statische Instanz definiert wird:

```
TWindow  SomeWindow;

int PASCAL WinMain (HANDLE hInstance, HANDLE hPrevInstance,
                LPSTR lpszCmdLine, int hCmdShow)
  {
SomeWindow.Attr.X = 10;
  ...
```

Dieses Beispiel macht vielleicht für diese spezielle Klasse keinen Sinn, aber es zeigt, wie eine C++ Instanz im statischen Datenbereich belegt werden kann.

Der Stapel

Der Stapel (Stack) ist ein dynamischer Datenbereich, der für das Programm einer Hochsprache (z.B. C oder C++) verwaltet wird. Stapel sind so wichtig für Programme, daß die Intel-Prozessoren über mehrere Register verfügen, die ausschließlich zur Verwaltung eines Stapels verwendet werden. Dazu gehören das SS-Register (auch Stapelsegment- oder stack segment-Register), das BP-Register (auch Basiszeiger- oder base pointer-Register) und das SP-Register (auch Stapelzeiger- oder stack pointer-Register). Wie Sie sehen, ist die Verwaltung des Stapels sogar in der Hardware der Prozessoren implementiert. Wenn ein Funktionsaufruf stattfindet, schreibt der Prozessor automatisch die Rücksprungadresse auf den Stapel. Wenn der Funktionsaufruf beendet ist, wird diese Rücksprungadresse automatisch wieder vom Stapel eingelesen und das Programm wird ab dieser Adresse fortgeführt.

Der Compiler speichert drei Dinge auf dem Stapel: lokale Variablen, Aufrufparameter von Funktionen und Rücksprungadressen. Wie Sie sich vielleicht erinnern, wird durch den **STACKSIZE**-Befehl in der Modul-Definitionsdatei (.DEF) die Größe des zu reservierenden Stapels festgelegt. Die Mindestgröße beträgt dabei 5KB. Damit Sie in Ihren Programmen die richtige Größe des Stack festlegen können, wollen Sie sicher wissen, wie ein Programm den Stack verwendet.

Variablen, die innerhalb einer Funktion ohne das Schlüsselwort **static** deklariert werden, sind lokale Variablen. Dies gilt zum Beispiel für die Variable **lValue** aus dem vorherigen Codefragment. Der Speicher für lokale Variablen wird beim Aufruf einer Funktion belegt und am Ende der Funktion wieder freigegeben. Wenn Sie ein Programm schreiben, das viele lokale Variablen enthält, müssen Sie zur Reservierung des zusätzlich benötigten Speichers vielleicht einen größeren **STACKSIZE**-Wert verwenden. Auch für Programme, die viele rekursive Aufrufe enthalten, sollte der Stapel vergrößert werden, da die lokalen Variablen für *jeden* Aufruf einer Funktion gespeichert werden.

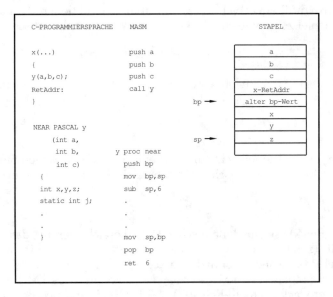

Die oben dargestellte Übersicht zeigt das Verhältnis der drei wichtigsten Stapelobjekte untereinander: Argumente, Rücksprungadressen und lokale Variable. Außerdem werden die entsprechenden C-Aufrufe und die daraus entstehenden Assemblerbefehle zur Verwaltung des Stapels dargestellt. Der **push**-Befehl schreibt Argumente für aufgerufene Funktionen auf den Stapel. Der **call**-Befehl schreibt eine Rücksprungadresse auf den Stapel und übergibt die Steuerung an die aufgerufene Funktion. Innerhalb der aufgerufenen Funk-

tion erstellt der Compiler den Code, um den Basiszeiger (BP) und den Stapel-
zeiger (SP) so einzustellen, daß sie auf die übergebenen Argumente und die lokalen Variablen auf dem **Stapelrahmen** (stack frame) zeigen. Beachten Sie, daß
die Variable **j**, die mit dem Schlüsselwort **static** definiert wurde, nicht auf dem
Stapel abgelegt wird. Statt dessen wird ein statisches Datenobjekt im statischen Datenbereich erzeugt.

Das BP- oder Basiszeiger-Register wird so eingestellt, daß Argumente und lokale Variablen an einer festgelegten Stelle angesprochen werden können.
Wenn Sie einen Debugger wie z.B. den Turbo Debugger einsetzen, können Sie
sehen, daß die Maschinensprachreferenzen auf Argumente als positive Offset-
Werte relativ zum BP-Register erscheinen. Der folgende Assemblerbefehl bezieht sich auf das dritte in unserem Beispiel übergebene Argument:

```
MOV AX, [BP+04]
```

Lokale Variablen werden mit negativem Wert relativ zum BP adressiert. Das
folgende Beispiel zeigt, wie auf die dritte lokale Variable zugegriffen werden
kann:

```
MOV AX, [BP-06]
```

Wenn die **PASCAL**-Aufrufkonvention gewählt wurde, wird der Stapel von
der aufgerufenen Funktion gelöscht. Dies geschieht gleichzeitig mit der Abarbeitung des **return**-Befehls. Deshalb erzeugt diese Aufrufkonvention schnelleren und kürzeren Code:

```
RET 6
```

Machen Sie sich keine Sorgen, wenn Ihnen all dies etwas seltsam und kompliziert vorkommt. Glücklicherweise müssen eigentlich nur Assemblerprogram-
mierer und Compilerbauer die Einzelheiten der Stapelverwaltung kennen. Der
Compiler nimmt Ihnen die ganze Arbeit ab, so daß Sie sich darum nicht kümmern müssen. Das einzige, was Sie wissen sollten, ist, welche Objekte auf dem
Stapel abgelegt werden, damit Sie die Größe des Stapels richtig einstellen können, wenn Sie ein Windows-Programm schreiben, das entweder viele lokale
Variablen oder viele ineinander geschachtelte rekursive Aufrufe verwendet.

Sie können auch Instanzen von C++ Klassen auf dem Stapel ablegen. Tatsächlich hat
sogar jedes OWL-Programm in diesem Buch eine **WinMain**-Funktion wie die folgende:

```
int PASCAL WinMain (HANDLE hInstance, HANDLE hPrevInstance,
                    LPSTR lpszCmdLine, int nCmdShow)
  {
  TMinApplication Min ("MIN", hInstance, hPrevInstance,
                       lpszCmdLine, nCmdShow);
  Min.Run ();
  return Min.Status;
  }
```

In diesem Beispiel zeigt **Min** auf ein Exemplar von **TMinApplication**, das auf dem Stapel abgelegt wird. Der große Vorteil eines solchen Stapel-Datenobjekts liegt darin, daß es nur solange bestehen bleibt, wie der Funktionsaufruf dauert. Wenn die Funktion beendet wird, wird dieses Exemplar gemeinsam mit anderen Stapeldaten gelöscht.

Debug-Version von Windows und Stapelprüfung

Normalerweise bleibt ein Überlauf des Stapels völlig unbemerkt oder er führt zu ganz merkwürdigen, nicht nachvollziehbaren Programmfehlern. Wenn Sie dieses Problem vermeiden wollen, müssen Sie Ihr Programm unter speziellen Bedingungen testen, da die Überprüfung des Stapels normalerweise unter Windows ausgeschaltet ist. Eine Prüfung kann folgendermaßen vor sich gehen: Zuerst müssen Sie Ihr Programm mit *eingeschalteter* Stapelüberprüfung neu kompilieren. Setzen Sie dazu den Schalter **-N**. Weiterhin müssen Sie eine spezielle Windows-Version in Ihrem System installiert haben. Diese Version nennt man die **Debug-Version** von Windows. Die Debug-Version von Windows können Sie erzeugen, indem Sie mehrere verschiedene DLL-Bibliotheksdateien aus dem Windows-Programmentwicklerpaket in das System-Verzeichnis (\windows\system) kopieren. Diese DLL-Dateien enthalten besondere Fehlererkennungsroutinen. Schließlich müssen Sie noch einen zusätzlichen Bildschirm an Ihren Rechner anschließen. Dieser ermöglicht es Ihnen, Debug-Informationen zu erhalten und den Debugger (z.B. den Turbo Debugger) zu bedienen, ohne daß deswegen die grafische Bildschirmdarstellung des bearbeiteten Programms in Mitleidenschaft gezogen wird.

Der lokale Heap

Der lokale Heap ist eine der beiden Möglichkeiten, mit denen der Programmierer dynamische Speicherbelegungen durchführen kann. Die andere Möglichkeit ist der globale Heap. Der lokale Heap wird immer innerhalb eines Datensegments gespeichert. Für jedes Programm wird automatisch ein lokaler Heap im Standard-Datensegment angelegt. Ein Programm kann außerdem weitere Datensegmente anfordern, in denen ein lokaler Heap angelegt werden kann. Wir werden später in diesem Kapitel beschreiben, wie dies funktioniert.

Ohne Ihr Zutun verfügt jedes Programm über einen lokalen Heap, der sich am Ende des Standard-Datensegments befindet. Die anfängliche Größe des Heaps ist abhängig von dem Wert, der in der Modul-Definitionsdatei (.DEF) durch die **HEAPSIZE**-Anweisung definiert wurde. Der Heap kann aber über diese Größe hinaus anwachsen. In diesem Fall vergrößert sich auch das Segment, in dem der lokale Heap abgelegt ist. Der lokale Heap kann sich solange ausweiten, bis das Segment die maximal mögliche Größe von 64KB erreicht hat.

Zur Anforderung von Hauptspeicher für den lokalen Heap können Programme eine der zwölf Heap-Verwaltungsroutinen einsetzen. Sie können diese Routinen leicht erkennen, weil sie alle mit dem Wort "Local" beginnen. So ist z.B. **LocalAlloc** der Name der Routine, die einen Speicherbereich auf dem lokalen Heap belegt, während **Local-Free** diesen Speicher wieder freigibt. Tabelle 18.2 enthält eine vollständige Liste der Verwaltungsfunktionen für lokale Heaps. Wir werden später in diesem Kapitel die Verwaltung des lokalen Heaps genauer untersuchen und dabei alle Funktionen, die mit * gekennzeichnet sind, besprechen.

Tabelle 18.2: *Verwaltungsfunktionen für lokale Heaps*

Funktion	Kommentar
LocalAlloc *	Belegt Speicher auf dem lokalen Heap.
LocalCompact	Reorganisiert einen lokalen Heap.
LocalDiscard	Löscht ein nicht gesperrtes, verwerfbares Objekt.
LocalFlags	Stellt Informationen über ein entsprechendes Speicherobjekt zur Verfügung.
LocalFree *	Gibt ein lokales Speicherobjekt frei.
LocalHandle	Stellt ein Handle für ein, an einer bestimmten Speicheradresse liegendes, lokales Speicherobjekt zur Verfügung.
LocalInit *	Initialisiert einen lokalen Heap.
LocalLock *	Erhöht den Sperrzähler eines lokalen Speicherobjekts und liefert dessen Adresse.
LocalReAlloc *	Ändert die Größe eines lokalen Speicherobjekts.
LocalShrink	Reorganisiert einen lokalen Heap und verkleinert ihn (wenn möglich) auf seine ursprüngliche Größe. Wenn die Funktion erfolgreich ist, wird das Datensegment, das den Heap enthält, ebenfalls verkleinert, so daß der Speicher wieder für den globalen Heap verwendet werden kann.
LocalSize	Liefert die derzeitige Größe eines lokalen Speicherobjekts.
LocalUnlock *	Verringert den Sperrzähler eines lokalen Speicherobjekts.

Im vorangegangenen Kapitel haben wir gesehen, wie die drei verschiedenen Segment-typen (verschiebbar, verwerfbar und fest) im globalen Heap angelegt werden können. Der lokale Heap unterstützt ebenfalls diese drei Segmenttypen. Es können verschieb-bare Objekte angelegt werden, damit die Speicherfragmentierung gering gehalten wird. Ebenso können verwerfbare Objekte verwendet werden, damit der lokale Speicherverwalter die Möglichkeit erhält, nicht mehr benötigte Objekte zu löschen, wenn der Speicher knapp wird. Im Vergleich dazu erlauben die Standardroutinen der C-Laufzeitbibliothek nur die Einrichtung fester Objekte und unterstützen keine verschiebbaren oder verwerfbaren Objekte. Aus diesem Grund bietet der lokale Speicherverwalter bessere Möglichkeiten bei der Belegung und Verwaltung eines Heap, als die **malloc**-Routine der C-Laufzeitbibliothek.

Der lokale Heap-Verwalter verwendet für die Belegung eines lokalen Speicherobjekts ein **Speicher-Handle**, damit verschiebbare und verwerfbare Speicherobjekte unterstützt werden können. Speicher-Handles sind - genau wie Handles, die wir im Zusammenhang mit GDI-Objekten kennengelernt haben - im Prinzip lediglich Bezeichner, die zum Zugriff auf die tatsächlichen Objekte eingesetzt werden. Wenn ein Speicher-Handle an die Funktion **LocalLock** übergeben wird, wird dadurch ein Zeiger bereitgestellt. Wie wir später noch sehen werden, wird deshalb folgender Code benötigt, damit auf ein lokales Speicherobjekt zugegriffen werden kann:

```
HANDLE   hMem;
PSTR   pstr;
  /* Belegen eines 15 Byte großen beweglichen Objektes. */
hMem = LocalAlloc (LMEM_MOVEABLE, 15);
  /* Das Objekt sperren, einen Zeiger erhalten. */
pstr = LocalLock (hMem);
lstrcpy (pstr, "Hallo Welt");
  /* Das Objekt freigeben. */
LocalUnlock (hMem);
```

Wenn Sie ein OWL-Programm mit dem kleinen oder mittleren Speichermodell erstellen, werden dynamische Exemplare auf dem lokalen Heap angelegt. Wenn Sie ein Exemplar mit dem Schlüsselwort **new** erstellen, wird von den OWL-Bibliotheksroutinen des kleinen und mittleren Speichermodells die **malloc**-Routine aufgerufen. Dieser Aufruf wird in mehrere Aufrufe der verschiedenen Routinen zur Belegung von Speicher auf dem lokalen Heap umgewandelt. Im kompakten und im großen Speichermodell dagegen werden dynamische Exemplare als Teil des im OWL eingebauten Teilsegment-Belegungsschemas ausgeführt.

Wir werden später in diesem Kapitel ein komplettes Beispiel eines Programms präsentieren, das Belegungen auf dem lokalen Heap vornimmt. Führen wir unsere Untersuchungen der Möglichkeiten zur Speicherverwaltung eines Programms mit dem letzten Objekt des Standard-Datensegments fort: mit der Atomtabelle.

Atomtabellen

Ein Programm kann eine optionale Atomtabelle in seinem lokalen Datensegment erstellen. Eine Atomtabelle bietet die Möglichkeit, Zeichenketten mit variabler Länge zu speichern und zu lesen. Wenn ein Atom erzeugt wird, wird ein Handle erstellt, das die Zeichenkette eindeutig bezeichnet. Mit der Länge von zwei Bytes ist ein Handle ein kleiner Wert mit fester Größe, der leicht und bequem in eine Datenstruktur fester Länge mit sehr kleinem Speicherverschnitt gespeichert werden kann. Atomtabellen sind sehr effizient, da mehrfache Anforderungen jeweils den gleichen Atomwert erzeugen. Das USER-Modul verwendet Atome zur Abspeicherung von Windows-Klassennamen, Zwischenablage-Formaten und anwendungsspezifischen Nachrichten. Sie werden Atomtabellen wahrscheinlich zur möglichst effizienten Verarbeitung unterschiedlich langer Zeichenketten verwenden.

Zusätzlich zu privaten Atomtabellen, die in lokalen Datensegmenten gespeichert sind, bietet Windows eine globale Atomtabelle. Das Windows-Protokoll zum dynamischen Datenaustausch (DDE) setzt die globale Atomtabelle zum Austausch der ASCII-Namen von Daten-Objekten zwischen den Programmen ein. Da der DDE zur Weiterleitung von Datenanforderungen Nachrichten verwendet, eigenen sich Atome zur Speicherung des Datenelementnamens auf sehr kleinem Speicherplatz.

Dynamisch belegte Segmente

Dynamisch belegte Segmente sind die flexibelste Form des Schreib-Lese-Speichers, die eine Anwendung einsetzen kann. Bis an die Obergrenze des Systemspeichers können Sie beliebig viele dynamische Segmente belegen, wobei jedes Segment bis zu 64kB groß sein kann. Sie können sogar Segmente verwenden, die größer als 64kB sind - eine Besprechung der dazu nötigen Vorgehensweisen würde allerdings den Rahmen dieses Buches sprengen.

Wieviele Segmente *kann* ein Programm dynamisch belegen? Dies wird von drei Faktoren beeinflußt: dem zur Verfügung stehenden Systemspeicher, der Größe der Handle-Tabelle und der Windows-Betriebsart (Real-Modus, Standard-Modus oder erweiterter 386-Modus). Der maximale Adreßraum im Real-Modus beträgt 1 Megabyte, im Standard-Modus sind es 16 Megabyte und im erweiterten 386-Modus sind es 64 Megabyte. In allen drei Betriebsarten beträgt die maximale Größe der Handle-Tabelle 8192 Einträge. Dies bedeutet, daß maximal 8192 Segmente erzeugt werden können. Im Standard-Modus werden jedoch für jedes Segment zwei Tabelleneinträge verwendet, so daß dort im ganzen System höchsten 4096 Segmente verwendet werden können. In zukünftigen Windows-Versionen wird der Standard-Modus wahrscheinlich so verbessert, daß 8192 Segmente verwendet werden können. Außerdem werden in zukünftigen Windows-Versionen die Grenzen des Protected-Modus wahrscheinlich *pro Task* und nicht mehr für das ganze System gelten. In Windows 3.0 und 3.1 gelten diese Grenzen jedoch für das ganze System.

Zur Verwaltung und Belegung von dynamischen Segmenten können Programme die Windows-Verwaltungsroutinen für den globalen Heap verwenden. Es gibt 21 solcher Routinen, die alle mit dem Wort "Global" beginnen. Die Funktion **GlobalAlloc** belegt zum Beispiel ein dynamisches Segment, während **GlobalFree** ein Segment wieder freigibt. Tatsächlich verwendet sogar der Windows-KERNEL selbst diese Routinen zur Verwaltung von Objekten auf Systemebene (z.B. Codesegmente). Diese Routinen bilden die "unterste Ebene" bei der Speicherbelegung im Windows-API.

Es gibt drei grundlegende Arten von Segmenten: feste, verschiebbare und verwerfbare. Feste Segmente werden eigentlich nur für Gerätetreiber verwendet, die erfordern, daß ein Speicherobjekt immer an einer festen Stelle steht. Dies ist darin begründet, daß feste Segmente den Speicherverwalter daran hindern, den Speicher zu komprimieren. Deshalb verwenden die meisten Programme zur Speicherung von Daten verschiebbare Segmente. Aus Sicht des Speicherverwalters ist das "beliebteste" Objekt ein verwerfbares Objekt. Bei einem derartigen Objekt kann der Speicherverwalter selbst entscheiden, ob es verschoben oder verworfen werden soll, wenn der Systemspeicher knapp wird. Codesegmente und Ressourcen sind normalerweise verwerfbare Segmente. Ein Programm kann natürlich auch Daten in einem verwerfbaren Segment speichern und auf diese Weise eine Art virtuelle Speicherverwaltung im Real-Modus oder Standard-Modus zu implementieren.

Der globale Speicherverwalter stellt genau wie der lokale Speicherverwalter ein Handle zur Verfügung, wenn ein Speicherbereich belegt wird. Durch die Verwendung eines Handle anstelle eines Zeigers ist es möglich, verschiebbare und verwerfbare Segmente zu verschieben und zu löschen. Wenn ein Programm auf diesen Speicherbereich zugreifen will, muß es zunächst die spezielle Routine **GlobalLock** aufrufen, die das Objekt an einen festen Platz setzt und einen Zeiger darauf zurückgibt. Wenn das Programm diesen Speicherbereich nicht mehr benötigt, ruft es zur Freigabe des Objekts die Funktion **GlobalUnlock** auf. Das folgende Codefragment zeigt, wie ein Segment aus dem globalen Heap zur Speicherung einer Zeichenkette belegt werden kann:

```
HANDLEhMem;
LPSTR   lpstr;
   /* Belegen eines 15 Byte großen, beweglichen Objektes. */
hMem = GlobalAlloc (GMEM_MOVEABLE, 15L);
   /* Das Objekt sperren, einen Zeiger erhalten. */
lpstr = GlobalLock (hMem);
lstrcpy (lpstr, "Hallo Welt");
   /* Das Objekt freigeben. */
GlobalUnlock (hMem);
```

Wenn Sie dieses Codefragment mit demjenigen vergleichen, das wir bei der Besprechung der lokalen Heap-Verwaltungsroutinen kennengelernt haben, werden Sie feststellen, daß die beiden Routinengruppen zur dynamischen Speicherbelegung sich ziemlich ähnlich sind. Dies ist kein Zufall. Beide Routinengruppen wurden gleichzeitig entwickelt, damit auf verschiedenen Ebenen ähnliche Funktionen zur Verfügung stehen: die Funktionen der einen Gruppe verwalten den systemweiten globalen Heap, während die der anderen Gruppe den privaten lokalen Heap verwalten, den jedes Programm standardmäßig erhält.

Bemerkung zur Anwendung von Windows 3.1

Das Verschließen und erneuerte Freigeben von Segmenten wird nur in im Real-Modus benötigt. Ab der Windows-Version 3.1 wird der Real-Modus in Windows nicht mehr unterstützt. Dadurch wird die dynamische Belegung von Segmenten sehr vereinfacht. Sie können ein Segment sofort verschließen, nachdem es belegt wurde, und Sie brauchen es nicht freizugeben, bevor Sie nicht das ganze Segment löschen wollen. Das Beispielprogramm **SEGALLOC**, das Sie später in diesem Kapitel kennenlernen werden, zeigt Ihnen, wie diese Art der Belegung durchgeführt wird.

Wir werden Ihnen später in diesem Kapitel ein komplettes Programm vorstellen, das Ihnen die Verwendung der globalen Heap-Verwaltungsroutinen demonstriert. Betrachten wir aber zunächst einen weiteren Bereich, in dem C++ Programme ihre Daten ablegen können: Ressourcen.

Ressourcen

Ressourcen sind eine wichtige Form eines Speicherobjekts, deren Vorteile für die Speicherverwaltung oft übersehen werden. Eine Ressource ist ein Read-only-Datenobjekt, das vom Ressourcen-Compiler in die .EXE-Datei eines Programms eingefügt werden kann. Wenn die Daten benötigt werden, liest der Ressourcenverwalter sie von der Festplatte ein und legt sie in einem verwerfbaren Speicherobjekt ab. Wenn der Speicherverwalter glaubt, den Speicher für einen anderen Zweck verwenden zu müssen, können Ressourcen normalerweise einfach aus dem Systemspeicher verworfen werden. Genau wie Segmente können Ressourcen fest, verschiebbar oder verwerfbar sein. Da verwerfbare Ressourcen am flexibelsten sind, sind sie am weitesten verbreitet.

Tabelle 18.3 enthält eine Liste der verschiedenen Ressourcenarten, die Windows unterstützt, zusammen mit der Nummer des Kapitels, in dem diese Ressource beschrieben wird. Wie Sie an dieser Tabelle erkennen können, spielen Ressourcen eine wichtige Rolle bei der Zusammenstellung verschiedener Datenobjekte. Ressourcen werden für Benutzerschnittstellenobjekte, GDI-Objekte und Objekte zur Einsparung von Speicherplatz, wie zum Beispiel Zeichenkettentabellen und für benutzerdefinierte Ressourcen verwendet.

Tabelle 18.3: *Vordefinierte Ressourcen in Windows*

Ressourcentyp	*Beschrieben in*
Schnelltastentabelle	Kapitel 11
Bitmaps	

Ressourcentyp	Beschrieben in
Zeiger	Kapitel 17
benutzerdefinierte Ressourcen	Kapitel 18
Dialogfeldschablonen	Kapitel 14
Schriften	Kapitel 10
Symbole (Icons)	
Menüschablonen	Kapitel 11
Zeichenkettentabellen	Kapitel 18

Aus der Sicht des Hauptspeichers wird jede Ressource in einem eigenen Segment abgespeichert. Anders gesagt: Ein Programm mit einer Schnelltastentabelle, zwei Menüschablonen und vier Dialogfeldschablonen hat damit insgesamt sieben verschiedene Segmente nur für Ressourcen belegt. Der Vorteil der Speicherung jeder Ressource in einem eigenen Segment besteht darin, daß dadurch jede Ressource vollkommen unabhängig von den anderen geladen und verworfen werden kann.

Das GDI-Datensegment

Erstellt ein Programm ein GDI-Objekt, wird der nötige Speicherplatz dazu aus dem GDI-Datensegment belegt. Der Speicher wird, genauer gesagt, auf dem lokalen Heap der GDI belegt. Ohne Zweifel werden solche Objekte in Programmen benötigt. Sie sollten es aber vermeiden, zu viele solche Objekte anzulegen, und diese Objekte immer wieder löschen, wenn sie nicht mehr benötigt werden. Wenn dies nicht geschieht, kann es passieren, daß auf dem GDI-Heap nicht mehr genügend Platz vorhanden ist, damit andere Programme fehlerfrei ausgeführt werden können. In einer zukünftigen Version wird Windows GDI-Objekte automatisch löschen, wenn die zugehörige Anwendung beendet wird. Bis dahin sollten Sie jedoch nur möglichst wenige dieser Objekte erzeugen.

Tabelle 18.4 enthält eine Liste aller GDI-Objekte und der Größe, die diese Objekte auf dem GDI-Datensegment belegen. Diese Größen können sich ändern. Sie werden hier aber trotzdem angegeben, damit Sie einen Eindruck davon bekommen, wie sehr jedes dieser Objekte den Systemspeicher belastet. Es gibt zwei GDI-Objekte, die jeweils in einem eigenen Segment abgespeichert werden: Schriften und Bitmaps. Das Objekt im lokalen Heap enthält dabei nur einen Zeiger auf das größere Objekt.

Tabelle 18.4: *Speicherverbrauch im lokalen Heap des GDI*
für verschiedene GDI-Zeichenobjekte

Objekt	Größe
Pinsel	32 Byte
Bitmap	28-32 Byte
Schrift	40-44 Byte
Stift	28 Byte
Bereich	28 Byte bis zu mehreren Kilobyte
Palette	28 Byte

Es existiert ein weiterer Datenbereich, der durch Aktionen eines Programms gefüllt werden kann und deshalb sorgfältig überwacht werden sollte: das USER-Datensegment.

Das USER-Datensegment

Das USER-Modul von Windows unterstützt die Objekte der Benutzerschnittstelle. Dazu zählen Fenster, Menüs, Dialogfelder und Schnelltastentabellen. USER-Objekte werden im Gegensatz zu GDI-Objekten nicht von mehreren Programmen benutzt. Deshalb kann USER diese Objekte automatisch löschen, wenn ein Windows-Programm beendet wird. Der kluge Windows-Programmierer, der sorgsam mit dem Speicher umgeht, wird diese Objekte natürlich trotzdem selbst löschen, wenn sie nicht mehr benötigt werden.

Einige wenige Benutzerschnittstellen-Objekte werden auch als Ressourcen gespeichert und liegen daher in einem eigenen Segment. Dazu gehören Zeiger, Symbole, Dialogfeldschablonen und Menüschablonen. Die anderen Objekte belegen Platz im USER-Heap. Dazu zählen auch die in Tabelle 18.5 dargestellten Objekte. Die genaue Größe der einzelnen Objekte ist weniger wichtig (da sie sich von Version zu Version verändern kann) als die Tatsache, daß diese Objekte einen Speicherbereich belegen, der (zumindest bis zur Windows-Version 3.1) sehr knapp bemessen ist. Wenn Sie zum Beispiel 10 Fensterklassen definieren und von jeder Klasse 100 Fenster erstellen, belegen Sie damit bereits über 7500 Byte des USER-Heap. Da der USER-Heap auch von anderen Programmen wie zum Beispiel dem Programm-Manager, dem Datei-Manager und anderen verwendet wird, müssen Sie sorgfältig darauf achten, nicht zu viele Objekte zu erzeugen, da sonst der Heap vielleicht nicht ausreicht.

Tabelle 18.5: *Ungefähre Größe verschiedener USER-Datenobjekte*

Objekt	Größe
Menüs	20 Byte pro Menü + 20 Byte pro Menüoption
Fensterklasse	40-50 Byte
Fenster	60-70 Byte

Wenn Sie einmal gar nicht so viele Objekte erstellt haben sollten und der USER-Heap trotzdem übergelaufen ist, sollten Sie zwei oft übersehene Arten von Speicherbereichen nicht vergessen: zusätzlichen Klassenbereich und zusätzlichen Fensterbereich. Dies sind kleine Datenbereiche innerhalb des USER-Datensegments, die keinem speziellen Fenster oder keiner speziellen Fensterklasse zugeordnet sind. Ein Programm kann diese Speicherbereiche zum Beispiel für Flags oder sogar für Speicher-Handles verwenden. Auf diese Bereiche kann mit Hilfe des Fenster-Handles zugegriffen werden. Die folgende Liste enthält alle Routinen mit Zugriff auf die zusätzlichen Fenster- und Klassenbereiche:

Zusätzlicher Klassenbereich	Zusätzlicher Fensterbereich
`SetClassWord`	`SetWindowWord`
`SetClassLong`	`SetWindowLong`
`GetClassWord`	`GetWindowWord`
`GetClassLong`	`GetWindowLong`

Der Vorteil dieser zusätzlichen Datenbereiche besteht darin, daß Sie zum Beispiel den Kopf einer verketteten Liste in einem Bereich abspeichern können, der nicht direkt an ein Fenster geknüpft ist. Sie können dort auch ein Speicher-Handle anlegen, um jedem Fenster einen eigenen privaten Datenbereich zu geben. Die offensichtlichste Verwendungsmöglichkeit für diesen Speicherbereich besteht in der Implementierung von selbstdefinierten Dialogfeldsteuerelementen. Er ist aber ebenso nützlich für Anwendungen, die eine Mehrdokumentenschnittstelle (MDI) unterstützen.

Nach dieser kurzen Beschreibung der verschiedenen Speicherarten, die für Windows-Anwendungen zu Verfügung stehen, haben Sie schon ein einigermaßen vollständiges Bild von der Art der Entscheidungen, die Sie beim Erstellen Ihrer Programme in puncto Speicherverwaltung treffen müssen. Es ist jetzt an der Zeit, die Implementations-Details der einzelnen Speicherarten zu betrachten. Darüber hinaus finden Sie in diesem Kapitel fünf komplette Programmbeispiele, die hoffentlich alle Fragen beantworten, die Sie zum Einsatz der verschiedenen Speicherarten noch haben können. Die folgende Liste enthält eine kurze Beschreibung aller folgenden Beispielprogramme:

- *SEGALLOC*. Dieses Beispielprogramm zeigt die Verwendung des globalen Heap. Die dazugehörige Programmbeschreibung enthält weitere Einzelheiten zu den vielen Routinen zur Verwaltung des globalen Heap.

- *MIN2*. Wir werden uns dieses kleine Windows-Programm noch ein zweitesmal ansehen, um daran die Codestruktur und Speicherverwendung zu besprechen. Dieses Programm zeigt, wie ein Windows-Programm in mehrere Codesegmente unterteilt werden kann, um die Speicherverwendung zu optimieren.

- *LOCALMEM*. Dieses Programm zeigt, wie die Routinen zur Verwaltung des lokalen Heap verwendet werden können, um Objekte auf dem Standard-Datensegment des Programms zu belegen. Zusätzlich wird noch die Verwendung von Zeichenkettentabellen veranschaulicht.

- *SUBSEG*. Dieses Programm zeigt, daß die Routinen zur Verwaltung des lokalen Heap für ein dynamisch belegtes Segment verwendet werden können. Dieses Programm verwendet sowohl Verwaltungsroutinen für den globalen als auch für den lokalen Heap.

- *CUSTRES*. Dieses Programm veranschaulicht die Erzeugung selbstdefinierter Ressourcen. Hier wird eine Sinustafel als Ressource gespeichert, die der Berechnung von Sinus- und Cosinuswerten dient. Diese Werte werden zum Zeichnen eines Kreises eingesetzt.

Beginnen wir mit einem Blick auf die Verwendung der globalen Heap-Verwaltungsroutinen.

Belegung von globalen Heaps

Wenn ein Programm Speicher auf dem globalen Windows-Heap belegt, wird dabei ein Segment belegt. Segmente können fest, verschiebbar oder verwerfbar belegt werden - je nachdem, was für das Programm erforderlich ist. Windows-Programmierer sollten immer die Worte von John Pollock im Gedächnis behalten. Er arbeitete am ersten Windows-KERNEL mit und war für viele Windows-Programmierer der erste Windows-Lehrer. Er lehrte seine Programmierer, dynamisch belegte Segmente "so *wenig* wie möglich, so *klein* wie möglich und so *verwerfbar* wie möglich" zu machen.

So wenig wie möglich

Sie sollten so *wenig* Segmente wie möglich verwenden, da jedes Segment einen gewissen zusätzlichen Aufwand bedeutet. Segmente sind "teuer". Jedes Segment bedeutet einen zusätzlichen Speicherverbrauch von 24 Byte: einen 16 Byte großen, unsichtbaren

Header, der alle Segmente miteinander verbindet und einen 8 Byte großen Eintrag in der Haupt-Segmenttabelle. Im Real-Modus heißt diese Segmenttabelle Burgermaster. Im Protected-Modus entspricht die Segmenttabelle der lokalen Deskriptortabelle (LDT). Dies ist in Kapitel 17 genau beschrieben.

Wegen des großen zusätzlichen Speicherverbrauchs werden Sie wahrscheinlich versuchen, die Anzahl der von Ihnen verwendeten Segmente zu minimieren. Durch den zusätzlichen Speicherverbrauch von 24 Byte benötigt ein Segment, das ein 24 Byte großes Datenobjekt speichern soll, also in Wirklichkeit 48 Byte. Dies ist ein hoher Aufpreis. Stellen Sie sich vor, Sie sollten auf alles, was Sie kaufen, einen Aufpreis von 100% an Steuern zahlen. Da die Kosten jedoch fest sind, können Sie die "Speicherverbrauchssteuern" vermindern, indem Sie meherere Objekte in einem Segment speichern. Wenn Sie zum Beispiel 2400 Byte an Daten in einem Segment speichern, haben Sie die "Steuern" effektiv auf 1 % gesenkt. Wenn Sie darüber nachdenken, wie Sie dynamisch belegte Segmente am besten nutzen können, sollten Sie auch in Erwägung ziehen, anstelle verketteter Segmentlisten Datensatz-Felder (Arrays) einzusetzen. Dies ermöglicht eine optimale Nutzung des Hauptspeichers.

Eine zweite Regel, die sich auf die zusätzlichen "Kosten" pro Segment bezieht, betrifft die **Feinkörnigkeit** (granularity). Dies bezieht sich auf die tatsächliche Größe des Speicherbereichs, den Windows benötigt, wenn Sie ein Segment belegen. Dynamisch belegte Segmente haben eine Feinkörnigkeit von 32 Byte - oder in Real-Modus-Begriffen ausgedrückt, zwei Paragraphen. Wie Sie bereits wissen, ist das kleinste Segment im Real-Modus 16 Byte groß. Dies nennt man einen Paragraphen. Der Protected-Modus läßt zwar kleinere Segmente zu, diese werden aber von Windows nicht unterstützt. Im Real- und im Standard-Modus werden immer 16 Byte eines Objekts als Definitionsdatei verwendet. Wenn Sie in einer dieser beiden Betriebsarten ein Segment anlegen wollen, das zwischen 1 und 16 Byte groß ist, werden dafür immer 32 Byte angelegt. Die folgende Tabelle zeigt, wie eine 32-Byte-Feinkörnigkeit die *tatsächliche* Größe im Vergleich zur geforderten Größe beeinflußt:

Geforderte Größe	Tatsächliche Größe	Definitionsdatei (Header)	Tatsächlicher Datenbereich
1-16 Byte	32 Byte	16 Byte	16 Byte
17-48 Byte	64 Byte	16 Byte	48 Byte
49-80 Byte	96 Byte	16 Byte	80 Byte
81-112 Byte	128 Byte	16 Byte	112 Byte

Beachten Sie, daß die Größe des tatsächlichen Datenbereichs in ungeraden Paragraphen-Schritten steigt, so daß der Platzbedarf immer ein ungerades Vielfaches (1, 3, 5, 7, usw.) von 16 Byte ist.

676

Im erweiterten 386-Modus wird ebenfalls eine 32-Byte-Feinkörnigkeit verwendet. Hier unterscheidet sich die Implementation jedoch nur geringfügig, weil in dieser Betriebsart die erweiterten Fähigkeiten des Intel-80386-Prozessors genutzt werden können. Die Feinkörnigkeit ist ein ganzzahliges Vielfaches von Paragraphen. Dies zeigt die folgende Tabelle:

Geforderte Größe	Tatsächliche Größe	Definitionsdatei (Header)	Tatsächlicher Datenbereich
1-32 Byte	32 Byte	16 Byte (verborgen)	32 Byte
33-64 Byte	64 Byte	16 Byte (verborgen)	64 Byte
65-96 Byte	96 Byte	16 Byte (verborgen)	96 Byte
97-128 Byte	128 Byte	16 Byte (verborgen)	128 Byte

Der erweiterte 386-Modus wird - genau wie der Standard-Modus - im Protected-Modus ausgeführt. Deshalb führt ein Zugriff hinter die Grenzen eines Segments zum Programmabbruch mit einem UAE-Fehler. Da der erweiterte 386-Modus jedoch eine andere Ausrichtung als der Standard-Modus aufweist, kann es vorkommen, daß ein Fehler, der in einem der beiden Protected-Modi einen UAE-Fehler erzeugt, im anderen Protected-Modus diesen Fehler nicht erzeugt. Sie sollten die Personen, die Ihre Programme testen, dazu bringen, in beiden Betriebsarten einen kompletten Test durchzuführen. Ein kleiner Unterschied kann dazu führen, daß ein Programm sich in einer Umgebung stabil verhält und dennoch in der anderen Umgebung abstürzt.

So klein wie möglich

Machen Sie Ihre Segmente so klein wie möglich. Windows ist ein Multitasking-Betriebssystem, d.h. alle von Ihnen belegten Speicherbereiche sind für andere Windows-Programme nicht mehr verfügbar. Dies bedeutet vor allem im Real-Modus mit seinem kleinen 1 Megabyte-Adreßraum eine große Einschränkung. Sie sollten aber auch in den anderen Betriebsarten nur soviel Speicher belegen, wie Sie wirklich benötigen. DOS ist ein Monotasking-Betriebssystem. Viele DOS-Programme belegen deshalb gleich zu Beginn erst einmal den gesamten Systemspeicher. Wenn ein Windows-Programm dies versuchen würde, hätte dies zur Folge, daß kein anderes Programm mehr aufgerufen werden könnte.

Wenn Sie also von DOS oder einer anderen Programmierumgebung nach Windows wechseln, denken Sie daran, daß der Speicher aufgeteilt werden muß und manchmal nur wenig davon zur Verfügung steht. Belegen Sie nur den Speicher, den Sie benötigen, und zwar erst dann, *wenn* Sie ihn benötigen. Wenn Sie einen Speicherbereich nicht mehr benötigen, geben Sie ihn wieder frei, damit er von anderen Windows-Programmen verwendet werden kann.

So verwerfbar wie möglich

Im letzten Kapitel sprachen wir über die drei Arten von Speicherobjekten: feste, verschiebbare und verwerfbare. Feste Speicherobjekte sind für den Speicherverwalter die unflexibelsten Speicherobjekte und damit auch am unzweckmäßigsten. Verwerfbare Speicherobjekte sind am günstigsten. Programmierer, die zum ersten Mal in Windows programmieren, sehen die Dinge manchmal genau anders herum: Feste Speicherobjekte scheinen die einfachsten, verwerfbare die schwierigsten und verschiebbare nur wenig einfacher zu sein. Dies ist verständlich, denn welcher Programmierer arbeitet schon gerne mit Daten, die ständig im Speicher umherwandern oder sogar ganz verschwinden?

Die Ermahnung von John Pollock, den Speicher so verwerfbar wie möglich zu machen, bezieht sich auf die Tatsache, daß der Speicher als knappe Ressource behandelt werden sollte. Programme, die einen mittleren Bedarf an Speicher haben, speichern ihre Daten normalerweise in verschiebbaren Segmenten. Verschiebbare Segmente geben dem Speicherverwalter die Möglichkeit, Speicherbereiche zu verschieben und dadurch die Fragmentierung zu minimieren.

Programme mit großem oder unbegrenztem Speicherbedarf, wie zum Beispiel Textverarbeitungs- oder Tabellenkalkulationsprogramme, benötigen ein eigenes Verfahren des Austauschs der Daten zwischen Hauptspeicher und Festplatte. Trotz allem kann sogar in einem virtuellen Speicherverwaltungssystem der Speicher zur Neige gehen. Wenn Windows im Standard-Modus und Real-Modus über keinen freien virtuellen Speicherplatz mehr verfügt, treten bei derartigen Programmen sehr schnell Hauptspeicherprobleme auf. Programme können verwerfbare Speicherobjekte verwenden, um Objekte, die bei Bedarf verworfen werden können, zu kennzeichnen. Wenn genügend Speicher vorhanden ist, brauchen verwerfbare Objekte nicht verworfen zu werden. Wenn der Speicher jedoch knapp wird, kann der Speicherverwalter seine Option ausführen und verwerfbare Objekte löschen.

API für den globalen Heap

In Tabelle 18.6 sind alle Verwaltungsroutinen für den globalen Heap aufgelistet. Diese Tabelle zeigt Ihnen, wie zwölf dieser Routinen jeweils paarweise angewandt werden müssen, um eine Sandwich-Konstruktion, wie wir sie in Kapitel 7 dargestellt haben, zu erzeugen. Die anderen neun Routinen bearbeiten entweder ein bestimmtes globales Speicherobjekt oder den gesamten globalen Heap.

Tabelle 18.6

Obere Scheibe	Untere Scheibe	Beschreibung
GlobalAlloc	GlobalFree	Belegt ein Segment auf dem globalen Heap.
GlobalCompact		Reorganisiert den globalen Heap, um einen möglichst großen Block freien Speichers zu erhalten.
GlobalDiscard		Löscht ein unverschlossenes, verwerfbares Segment aus dem Speicher.
GlobalDosAlloc	GlobalDosFree	Belegt einen Speicherbereich innerhalb des DOS-Adreßraums (unterhalb der 1Megabyte-Grenze), damit ein Windows-Programm Datenbereiche oder einen Gerätetreiber mit einem DOS-Programm gemeinsam benutzen kann.
GlobalFix	GlobalUnfix	Schützt ein Objekt davor, innerhalb des Adreß-raums verschoben zu werden. Beachten Sie, daß dieses Objekt trotzdem auf die Festplatte ausgelagert werden kann. Davor kann nur die GlobalPageLockRoutine schützen.
GlobalFlags		Liest die Flags, die einem globalen Speicher-objekt zugeordnet sind.
GlobalHandle		Liefert das globale Handle für eine angegebene Segmentadresse.
GlobalLock	GlobalUnlock	Liefert die Adresse eines globalen Speicher-objekts. Im Real Modus wird zusätzlich der Sperrzähler um eins erhöht, um zu verhindern, daß das Objekt im physikalischen Speicher verschoben werden kann. In allen Betriebsarten verhindert diese Routine, daß ein verwerfbares Objekt verworfen wird.
GlobalLRUNewest		Ändert die Position des Segments in der LRU-Tabelle so, daß dieses Segment mit der *geringsten* Wahrscheinlichkeit verworfen wird.
GlobalLRUOldest		Ändert die Position des Segments in der LRU-Tabelle so, daß dieses Segment mit der *größten* Wahrscheinlichkeit als nächstes verworfen wird.

Obere Scheibe	Untere Scheibe	Beschreibung
GlobalNotify		Definiert eine Rückrufprozedur, die der globale Heap-Verwalter aufrufen soll, *bevor* ein Segment verworfen wird. Mit Hilfe dieser Routine kann ein Programm eine virtuelle Speicherverwaltung implementieren, die in allen Betriebsarten von Windows gleichermaßen funktioniert.
GlobalPageLock	GlobalPage-Unlock	Sperrt die Position eines Segments im linearen Adreßraum und verhindert, daß diese virtuelle Speicherseite auf die Festplatte ausgelagert wird. Diese Routine bietet den größtmöglichen Schutz gegen alle möglichen Bewegungen eines Segments. Dies ist für verschiedene Arten von Gerätetreibern notwendig. Sie sollten diese Funktion möglichst wenig verwenden, da die Verarbeitungsgeschwindigkeit des gesamten Systems durch zu viele gesperrte Segmente stark herabgesetzt werden kann.
GlobalReAlloc		Verändert die Größe eines Segments auf dem globalen Heap. Mit dieser Routine kann die Größe von gesperrten und von ungesperrten Segmenten verändert werden. Für gesperrte Segmente muß jedoch ein spezielles Flag gesetzt werden, wenn Sie erlauben wollen, daß dieses Segment verschoben werden darf, um einen Speicherbereich der gewünschten Größe zu erhalten.
GlobalSize		Berechnet die Größe eines Segments auf dem globalen Heap.
GlobalWire	GlobalUnwire	Im Real Modus kann mit dieser Routine ein Segment, das für längere Zeit verschlossen bleiben soll, an eine möglichst tiefe Speicherposition verschoben werden. Hierdurch wird eine starke Fragmentierung des Speichers vermieden, die auftreten könnte, wenn verschiebbare und verwerfbare Speicherobjekte für längere Zeit an einer festen Position im Speicher bleiben, als es für die Verarbeitung einer einzelnen Nachricht nötig wäre.

In den meisten Fällen werden nur die folgenden fünf Routinen von einem Programm benötigt: **GlobalAlloc**, **GlobalReAlloc**, **GlobalLock**, **GlobalUnlock** und **GlobalFree**. Wir werden diese Routinen im folgenden genauer beschreiben. Damit stehen Ihnen genug Informationen zum Einsatz dieser Routinen in Ihren eigenen Windows-Programmen zur Verfügung.

GlobalAlloc

Die **GlobalAlloc**-Routine belegt einen Speicherbereich auf dem globalen Heap. Sie ist folgendermaßen definiert:

```
HANDLE GlobalAlloc (wFlags, dwBytes)
```

- *wFlags* ist eine Kombination eines oder mehrerer Speicherbelegungsflags. Diese werden weiter unter beschrieben.

- *dwBytes* ist ein vorzeichenloser Long-Wert, der die Anzahl der zu belegenden Bytes angibt.

GlobalAlloc gibt als Funktionswert ein Handle für das belegte Segment zurück. Achten Sie darauf, den Rückgabewert dieser Funktion *immer* abzufragen, da es keine Garantie für eine erfolgreiche Belegung des Speicherbereichs gibt. Wenn eine Speicheranforderung nicht erfüllt werden kann, gibt **GlobalAlloc** ein NULL-Handle als Funktionswert zurück.

Der Wert für **wFlags** kann aus einer Kombination von neun verschiedenen Flags bestehen, je nachdem, welche Speicherart Sie belegen wollen (fest, verschiebbar oder verwerfbar), ob der Speicherbereich gemeinsam benutzt werden soll oder nicht und ob andere Bedingungen vorliegen. Die folgende Tabelle enthält alle neun Flags:

Beschreibung	*Flag*
Festes Speicherobjekt	GMEM_FIXED
Verschiebbares Speicherobjekt	GMEM_MOVEABLE
Verwerfbares Speicherobjekt	GMEM_DISCARDABLE | GMEM_MOVEABLE
Mit Null initialisieren	GMEM_ZEROINIT
Segment wird gemeinsam benutzt	GMEM_DDESHARE
Nicht verdichten	GMEM_NOCOMPACT
Nicht verwerfen	GMEM_NODISCARD

Beschreibung	Flag
Kennzeichnen eines verwerfbaren Segments, damit eine bestimmte Routine aufgerufen wird, *bevor* das Segment verworfen wird	`GMEM_NOTIFY`
Nicht in den EMS-Speicher verschieben	`GMEM_NOT_BANKED`

Die ersten vier Gruppen enthalten die wichtigsten und am meisten verwendeten Flags. Wahrscheinlich werden Sie zunächst entscheiden, ob ein Segment fest, verschiebbar oder verwerfbar angelegt werden soll. Anschließend entscheiden Sie, ob der Datenbereich mit Nullen überschrieben werden soll oder nicht. Damit sind Sie eigentlich schon fertig. Die anderen Flags dienen speziellen Verwendungszwecken, auf die wir im folgenden eingehen wollen, damit Sie eine Vorstellung davon bekommen, wann eines dieser Flags nützlich für Sie sein könnte.

Der zweite Parameter (**dwBytes**) enthält die Anzahl der zu belegenden Bytes. Da dies ein vorzeichenloser Long-Wert ist, werden Sie eine Typenumwandlung vornehmen müssen, falls die Objektgröße mit normalen Integerwerten berechnet wurde. Das folgende Beispiel zeigt, wie Sie ein 200 Byte großes verschiebbares Segment belegen können:

```
hmem = GlobalAlloc (GMEM_MOVEABLE, (DWORD) 200);
```

Diese Routine erwartet zur Definition der Größe des Speicherobjekts einen vorzeichenlosen Long-Wert, da mit ihrer Hilfe Speicherobjekte angelegt werden können, die größer als 64 KB sind. Da ein Segment nicht größer als 64 KB sein kann, werden für Objekte, die größer als 64 KB sind, mehrere Segmente belegt, damit die Speicheranforderungen erfüllt werden können. Wenn Sie Objekte erzeugen wollen, die größer als 64 KB sind, müssen Sie einige spezielle **Segmentberechnungen** anstellen, damit die Segmentgrenzen richtig eingestellt werden.

Eine Möglichkeit der Segmentberechnung für Objekte größer als 64 KB besteht darin, sich auf die eingebauten Funktionen einiger Compiler zu verlassen. Zeiger auf derartige Objekte nennt man **Huge**-Zeiger. Diese Methode hat allerdings den Nachteil, daß selbst für die einfachsten Zeigeroperationen viele zusätzliche Befehle ausgeführt werden müssen. Eine wesentlich effizientere Möglichkeit besteht in der Verwendung des von Windows unterstützten **_AHINCR**-Symbols. Dieses Symbol können Sie einer Segmentadresse hinzufügen, wenn eine Segmentgrenze überschritten wurde. Eine noch einfachere Methode besteht in der Vermeidung von Objekten, die größer als 64 KB sind.

Die übrigen Flags werden nur in besonderen Fällen benötigt. Das **GMEM_DDESHARE**-Flag markiert zum Beispiel ein Segment, das von verschiedenen Programmen gleichzeitig verwendet werden kann. Die Buchstaben "DDE" im Namen des Flags stehen für **Dynamic Data Exchange** (Dynamischer Datenaustausch). Dies ist ein in das Nachrichtenübergabesystem von Windows eingebautes Verfahren zum Austausch von Daten zwischen verschiedenen Anwendungen. Diese Flags sollten Sie verwenden, wenn Sie Daten über DDE oder mit Hilfe der Zwischenablage austauschen wollen. Programme sollten eigentlich immer eines dieser Verfahren zum Datenauszutausch einsetzen und nicht einfach nur gemeinsame Speicher-Handle verwenden. Der Grund hierfür ist, daß verschiedene Windows-Konfigurationen an der Idee des privaten Adreßraums orientiert sind. In künftigen Versionen wird dies auch bei allen Implementationen im Protected-Modus von Windows der Fall sein. Zur Zeit gilt dies aber nur, wenn ein EMS-Speicher verwendet wird. Jeder Datenaustausch *muß* auf dem Client-Server-Modell aufgebaut sein. Dies bedeutet, daß immer ein Programm Daten *schreibt*, während ein zweites Programm die Daten *liest* und zur eigenen Verwendung kopiert. Es können niemals zwei Programme gemeinsam auf ein dynamisch belegtes Segment zugreifen, wenn beide Programme Lese- und Schreibberechtigung haben.

Das Flag **GMEM_NOCOMPACT** sagt dem Speicherverwalter, daß er im Falle Speicheranforderung keine Speicherbereiche verschieben soll. Das Flag **GMEM_NODISCARD** hat die gleiche Bedeutung und legt zusätzlich noch fest, daß bei der Erfüllung einer Speicheranforderung auch kein Segment verworfen werden darf. Diese beiden Flags sind nützlich, wenn ein Programm vermeiden möchte, den globalen Heap durcheinanderzubringen. Für ein Programm, das sich in puncto Verarbeitungsgeschwindigkeit sehr kritisch verhält, kann eine Verschiebung von Speicherbereichen bereits zuviel Aufwand bedeuten. Diese Flags teilen dem Speicherverwalter mit, daß der Speicher *nur* belegt werden soll, wenn dies schnell mit Hilfe eines bestehenden freien Blocks erfolgen kann.

Das Flag **GMEM_NOTIFY** wird für verwerfbare Segmente verwendet und teilt dem Speicherverwalter mit, daß er eine bestimmte Funktion aufrufen soll, bevor er das Segment verwirft. Wenn ein Segment verworfen werden muß, ruft der Speicherverwalter die als Rückruffunktion angemeldete Funktion auf. Sie können diese Funktion mit Hilfe der **GlobalNotify**-Routine anmelden. Sie können auf diese Art eine virtuelle Speicherverwaltung implementieren, die in allen Windows-Betriebsarten funktioniert.

Das letzte Flag, **GMEM_NOT_BANKED**, wird hauptsächlich im Real-Modus für optimierende Gerätetreiber benötigt, wenn EMS-Speicher vorhanden ist. EMS war eine sehr wichtige Erweiterung für Windows 2.x. Da aber ab Windows 3.1 der Real-Modus nicht mehr unterstützt wird, können Sie dieses Flag ignorieren, wenn Sie mit dieser Windows-Version arbeiten.

GlobalLock

Die Routine **GlobalLock** liefert die Adresse eines globalen Segments und erhöht den Sperrzähler für bestimmte Segmentarten. Sie ist folgendermaßen definiert:

```
LPSTR GlobalLock (hMem)
```

- *hMem* ist ein Speicher-Handle für ein Segment, das mit **GlobalAlloc** belegt wurde.

Diese Routine wird von Programmen zum Erhalt der Adresse eines verschiebbaren oder verwerfbaren Segments aufgerufen. Für verwerfbare Segmente wird zusätzlich der Verschlußzähler erhöht, damit das Löschen dieser Segmente verhindert wird. Die Verwendung von verschiebbaren oder verwerfbaren Segmenten erfordert zwei Verarbeitungsschritte. Der erste Schritt besteht darin, den Speicher erst einmal zu belegen. Der zweite Schritt besteht im Aufruf der Routine **GlobalLock**. Man erhält dadurch einen Zeiger, mit dessen Hilfe auf den Speicherbereich zugegriffen werden kann. Das folgende Beispiel zeigt Ihnen, wie ein verschiebbares Segment zur Aufnahme eines 274 Byte großen Objektes erzeugt, belegt und gesperrt wird:

```
HANDLE   hMem;
LPSTR    lp;

hMem = GlobalAlloc (GMEM_MOVEABLE, (DWORD) 274);
if (!hMem)
  goto ErrorExit1;

lp = GlobalLock (hMem);
if (!lp)
  goto ErrorExit2;
```

Beachten Sie die beiden Fehlertests in diesem Codefragment. Der erste Test überprüft, ob die Speicherbelegung erfolgreich war. Der zweite Test prüft, ob das Segment gesperrt werden konnte. Vielen Programmierern ist es lästig, dieses jedesmal nachzuprüfen, wenn sie ein Segment sperren. Es bedeutet zwar einen kleinen, zusätzlichen Aufwand, schützt aber ein Programm vor unliebsamen Überraschungen: Wenn z.B. ein Programm versucht, einen Nullzeiger zu verwenden, wird zunächst ein genereller Speicherschutzfehler ausgelöst - manchmal auch GP-Fehler genannt (GP = General Protection). Anschließend wird Windows das Programm mit der Meldung ähnlich wie "Unerwarteter Fehler in einer Anwendung" abbrechen.

Die folgende Liste soll Ihnen verdeutlichen, warum es nötig ist, die Anwendung mit dieser Fehlermeldung zu beenden. Folgende Umstände können dazu führen, daß die Routine **GlobalLock** ein Segment nicht sperren kann:

- Ein verwerfbares Segment wurde verworfen.

- Ein Zwischenablage- oder DDE-Objekt kann nicht in den lokalen Adreßbereich kopiert werden. Derzeit kann dies nur auftreten, wenn Windows im Real-Modus mit EMS-Speicher ausgeführt wird. In zukünftigen Windows-Versionen kann dies aber durchaus auch im Protected-Modus auftreten.

- Ein Speicher-Handle ist ungültig. Dies kann auftreten, wenn ein Objekt bereits freigegeben wurde, oder wenn der Speicherbereich, in dem das Programm das Speicher-Handle gespeichert hat, überschrieben wurde.

Auf den ersten Blick scheint es, als ob **GlobalLock** nur in extremen Situationen scheitert. Sie fragen sich vielleicht, ob Sie den Test auf einen Fehler für verschiebbare Segmente, die nicht im Zusammenhang mit der Zwischenablage und dem DDE verwendet werden, weglassen können. Leider kann der dritte beschriebene Fall immer auftreten. Ein Speicher-Handle kann überschrieben werden, was meistens dazu führt, daß **GlobalLock** scheitert. Deshalb ist es immer notwendig, den Rückgabewert von **GlobalLock** zu überprüfen.

Wenn ein Programm ein festes Objekt belegt, ist ein Aufruf von **GlobalLock** nicht notwendig, da das Handle eines festen Objekts immer der Segmentadresse des belegten Speicherbereichs entspricht. Das folgende Beispiel zeigt Ihnen, wie ein fester Speicherblock belegt wird und wie das Speicher-Handle in einen Zeiger umgewandelt werden kann:

```
HANDLE hMem;
LPSTR lp;

hMem = GlobalAlloc (GMEM_FIXED, (DWORD) 200);
lp = (LPSTR) MAKELONG (0, hMem);
```

Das **MAKELONG**-Makro schreibt Doppelwort-Werte (zwei Byte) in einen Long-Wert (vier Byte), der in einen Zeiger umgewandelt werden kann. Damit Ihre Programme in allen Windows-Betriebsarten gleich gut funktionieren, sollten Sie natürlich versuchen, keine festen Speicherobjekte anzulegen. Dieses Beispiel zeigt Ihnen, was Sie im Zusammenhang mit lokalem Heap ohne Probleme machen *können*.

GlobalReAlloc

Die Routine **GlobalReAlloc** verändert die Größe von Speicherobjekten auf dem globalen Heap. Sie ist folgendermaßen definiert:

```
HANDLE GlobalReAlloc (hMem, dwBytes, wFlags)
```

- *hMem* ist ein Speicher-Handle, das von **GlobalAlloc** zurückgegeben wurde.

- *dwBytes* ist ein vorzeichenloser Long-Wert, der die Anzahl der zu belegenden Byte angibt. **dwBytes** kann auch den Wert Null haben, wenn das Flag

GMEM_MODIFY benutzt wird, um die Speicherdisposition des Objektes zu verändern.

- **wFlags** beinhaltet eines oder mehrere Flags. Wenn nur die Größe des Objekts verändert werden soll, beträgt der Wert von **wFlags** Null.

Die Routine **GlobalReAlloc** kann für zwei verschiedene Operationen verwendet werden. Sie kann die Größe oder die Speicherdisposition eines globalen Speicherobjektes verändern. Es können die gleichen Flags wie für die Routine **GlobalAlloc** verwendet werden. Zusätzlich kann das Flag **GMEM_MODIFY** benutzt werden. Dieses Flag wird gesetzt, wenn die Speicherdisposition des Objekts im Speicher verändert werden soll, wenn zum Beispiel ein verschiebbares Objekt verwerfbar oder ein verwerfbares Objekt verschiebbar werden soll. Davon abgesehen, kann die Routine **GlobalReAlloc** im Prinzip als eine Erweiterung der Routine **GlobalAlloc** betrachtet werden. Das folgende Beispiel zeigt ihre Verwendung:

```
/* Ein Objekt verschiebbar machen. */
GlobalReAlloc (hMem, 0, GMEM_MODIFY | GMEM_MOVEABLE);

/* Die Größe eines Objektes verändern. */
GlobalReAlloc (hMem, (DWORD) 1843, 0);

/* Die Größe eines Objektes verändern und den neuen Bereich mit
Nullen auffüllen. */
GlobalReAlloc (hMem, (DWORD) dwSize, GMEM_ZEROINIT);
```

GlobalUnlock

Die Routine **GlobalUnlock** verkleinert den Sperrzähler für verschiedene Segmentarten. Sie ist folgendermaßen definiert:

```
BOOL GlobalUnlock (hMem)
```

- *hMem* ist ein Speicher-Handle, das von **GlobalAlloc** zurückgegeben wurde.

Normalerweise rufen Sie **GlobalUnlock** immer, wenn Sie **GlobalLock** verwenden, als zweiten Teil einer mehrschichtigen Konstruktion auf. Das folgende Beispiel zeigt Ihnen eine typische Verwendung als Antwort auf eine **WM_LBUTTONDOWN**-Nachricht zum Lesen der Position der Maus aus **LParam**:

```
long far PASCAL WndProc (...)
  {
  LPPOINT lp;
  switch (msg)
    {
    case WM_LBUTTONDOWN:
      lp = (LPPOINT) GlobalLock (hmem);
      *lp [cp] = MAKEPOINT (lParam);
```

```
GlobalUnlock (hmem);
...
```

Dieses Codefragment soll Ihnen vor allem zeigen, daß es wichtig ist, ein Speichersegment so kurzzeitig wie möglich zu fixieren. Ansonsten riskieren Sie eine starke Zerstückelung des globalen Heap und verschwenden dabei auch noch Speicher. Dies wird die Verarbeitungsgeschwindigkeit Ihres Programms und aller anderen Programme, die zur Zeit in Ihrem System laufen, negativ beeinflussen. Kurz gesagt: Segmente sollten nur für kurze Zeit gesperrt werden.

GlobalFree

Die Routine **GlobalFree** gibt ein ungesperrtes globales Speicherobjekt, das mit der **GlobalAlloc**-Routine belegt wurde, wieder frei. Sie ist folgendermaßen definiert:

```
HANDLE GlobalFree (hMem)
```

- *hMem* ist ein globales Speicher-Handle, das durch Aufruf von **GlobalAlloc** belegt wurde.

GlobalFree gibt das Segment mit allen intern erzeugten Datenstrukturen, die sich auf das angegebenen Speicher-Handle beziehen, wieder frei. Wenn ein Programm beendet wird, gibt Windows automatisch alle Speichersegmente des Programms frei. Sie sollten aber trotzdem jedes Objekt explizit wieder freigeben, wenn Sie es nicht mehr benötigen.

Nach dieser gründlichen Einführung in die globalen Heap-Verwaltungsroutinen sind wir fast so weit, uns einige Beispielprogramme anzusehen. Zuvor wollen wir uns aber noch einem weiteren Thema zuwenden, das Ihnen einen weiteren Einblick in die Art der Speicherverwaltung von Windows geben soll. Auch wenn Sie diese Routinen vielleicht niemals in ihren Windows-Programmen verwenden werden, kann es Ihnen vielleicht doch helfen, die Speicherverwaltung von Windows zu verstehen, wenn Sie wissen, wo diese Routinen sinnvoll angewandt werden können. Gemeint sind hier verschiedene Gruppen von Routinen, die angewandt werden, um ein globales Segment zu sperren, zu verdrahten, zu fixieren oder auf eine andere Art dazu zu bringen, an einer festen Stelle im Speicher zu verbleiben.

Gesperrte, verdrahtete, fixierte und seitengesperrte Segmente

In unserer Darstellung der globalen Heap-Verwaltungsroutinen haben wir **Global-Lock** als die Routine angegeben, die von Programmen verwendet wird, um ein Speicher-Handle zu **dereferenzieren** und somit einen Zeiger zu erhalten. Unter Dereferenzieren verstehen wir einfach die Umwandlung in einen Zeiger. **GlobalLock** hat noch eine zweite Aufgabe: Wenn erforderlich, verhindert **GlobalLock**, daß Objekte verschoben werden. Die genaue Funktionsweise ist von der Betriebsart abhängig. Dies liegt an den Unterschieden zwischen Real-Modus und Protected-Modus. Im Protected-Modus verhindert **GlobalLock** zum Beispiel *nicht*, daß ein verschiebbares Objekt verschoben oder sogar auf die Festplatte ausgelagert wird. Im Real-Modus, der keine Hardware-Speicherverwaltung unterstützt, *verhindert* **GlobalLock**, daß solche Objekte verschoben werden. **GlobalLock** verhindert in allen Betriebsarten, daß verwerfbare Objekte verworfen werden. Windows bietet zusätzlich zum Sperren drei weitere Möglichkeiten der Beeinflussung der Bewegungen eines Speichersegments. Ein Segment kann verdrahtet, fixiert oder seitengesperrt werden. Wir wollen diese Möglichkeiten jetzt im einzelnen untersuchen.

Verdrahtete Segmente

Wenn ein Programm ein Segment auf dem globalen Heap belegen will, durchsucht Windows zunächst die Liste der freien Speicherbereiche. Diese Liste besteht aus einer Gruppe von doppelverketteten Listen, die von beiden Seiten durchsucht werden können. Wenn ein festes oder verschiebbares Objekt angelegt werden soll, beginnt der Speicherverwalter seine Suche immer am unteren Speicherende der Liste. Für ein verwerfbares Objekt beginnt die Suche am oberen Speicherende. Dies führt dazu, daß, wie in Abbildung 18.3 dargestellt, feste und verschiebbare Objekte im unteren Speicherbereich und verwerfbare Objekte im oberen Speicherbereich gruppiert werden.

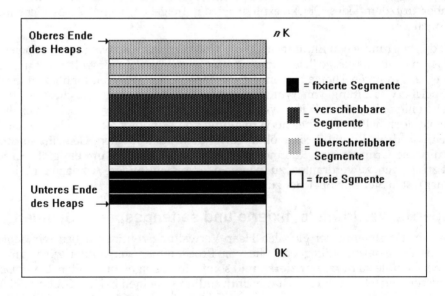

Abbildung 18.3: Die Belegung des globalen Heap

Wenn ein festes Objekt erzeugt werden soll, versucht der globale Speicherverwalter außerdem, dieses feste Objekt so tief wie möglich in den Speicher zu plazieren. Dazu müssen unter Umständen viele verschiebbare Objekte bewegt werden. Dies beeinflußt die Belegung des globalen Heap sogar noch stärker, so daß im Idealfall alle festen Objekte tiefer als alle verschiebbaren Objekte positioniert werden. Wenn die festen Objekte unten im Speicher, die verschiebbaren in der Mitte und die verwerfbaren oben im Speicher liegen, kann die Fragmentierung zwischen den verschiebbaren Objekten minimiert werden. Wenn der Speicher knapp wird, kann Windows mehrere verwerfbare Objekte gleichzeitig löschen und auf diese Weise den Speicher für andere Zwecke freimachen.

In den meisten Fällen werden Programme verschiebbare oder verwerfbare Objekte erzeugen. Auf jeden Fall ist es einfach, ein verschiebbares Objekt in ein verwerfbares umzuwandeln oder umgekehrt. Allerdings kann keines dieser Objekte in ein festes Speicherobjekt verwandelt werden. Dies wäre aus der Sicht des globalen Heap-Verwalters auch nicht ratsam: wenn ein Programm ein verschiebbares oder verwerfbares Segment in ein festes Segment umwandeln könnte, würde dies zu einer "Speicher-Sandbank" führen. Anders gesagt: Es würde ein Block in der Mitte des Speichers entstehen, der verhindert, daß der globale Heap-Verwalter Objekte im gesamten Speicher verschieben kann.

Es kann jedoch Situationen geben, in denen eine Anwendung einen Speicherbereich für eine längere Zeit als üblich sperren möchte. Dies kann mit Hilfe der Routinen **GlobalWire/GlobalUnwire** geschehen. Die Routine **GlobalWire** *verschiebt* zunächst ein verschiebbares oder verwerfbares Objekt an eine sehr niedrige Position im Speicher. Dies ermöglicht eine Fixierung der Objekte, ohne daß eine starke Speicherfragmentierung auftritt, wie dies bei Verwendung von **GlobalLock** der Fall wäre. Wenn ein verdrahtetes Objekt nicht mehr länger fixiert sein muß, kann die Routine **Global-Unwire** verwendet werden, um das Segment wieder in den Bereich der verschiebbaren und verwerfbaren Segmente einzufügen.

Fixierte Segmente

In den beiden Protected-Modus-Betriebsarten kann ein globales Speicherobjekt, das gesperrt wurde, dennoch weiterhin im Speicher verschoben und sogar auf die Festplatte ausgelagert werden (es wird jedoch nicht verworfen.) Wir wir bereits in den vorherigen Kapiteln beschrieben haben, ist die Verschiebung durch die Hardware-Speicherverwaltung des Protected-Modus möglich. Die LDT-Tabelle ermöglicht es zum Beispiel, daß ein Speichersegment ohne Änderung der logischen Adresse im physikalischen Speicher verschoben werden kann.

Verschiedene Gerätetreiber arbeiten jedoch nicht mit logischen Adressen, sondern verwenden statt dessen die physikalische Adresse. Aus diesem Grund gehören die Routinen **GlobalFix** und **GlobalUnfix** zu den globalen Heap-Verwaltungsroutinen.

Die Routine **GlobalFix** zwingt ein Segment dazu, immer an der gleichen physikalischen Adresse zu verharren. Genauso wie Segmente nicht für einen längeren Zeitraum gesperrt werden sollten, sollte man auch keine Segmente für längere Zeit fixieren. Dies kann nämlich zur Zerstückelung des physikalischen Adreßraums führen und die Effizienz der gesamten Speicherverwaltung reduzieren. Für Gerätetreiber und andere Verwendungszwecke, die eine feste physikalische Adresse erfordern, muß die Routine **GlobalFix** natürlich verwendet werden. Die Routine **GlobalUnfix** macht die Wirkung von **GlobalFix** wieder rückgängig.

Seitengesperrte Segmente

Die Routine **GlobalFix** kann zwar verhindern, daß ein Objekt im physikalischen Adreßraum verschoben wird, aber das Objekt kann trotzdem noch auf die Festplatte ausgelagert werden. Dies liegt daran, daß zwei Speicherverwalter gleichzeitig aktiv sind: Einer verwaltet den linearen, virtuellen Adreßraum und der andere stellt diesen Adreßraum bereit, indem er Speicherblöcke, die als Speicherseiten (page locked) bezeichnet werden, auf die Festplatte schiebt. Wenn auf eine Seite zugegriffen werden soll, die nicht im Speicher ist, wird ein Seitenfehler erzeugt. Dieser Seitenfehler veranlaßt den virtuellen Speicherverwalter zum Einlesen der entsprechenden Seite in den Speicher.

Mit **GlobalFix** kann verhindert werden, daß ein Objekt im virtuellen Adreßraum verschoben wird. Es gibt jedoch Fälle, in denen dies nicht ausreichend ist. Für zeitkritische Programme, wie zum Beispiel Gerätetreiber, kann es notwendig sein, bestimmte Segmente auszuwählen und als **seitengesperrt** zu kennzeichnen. Ein seitengesperrtes Segment ist das am sichersten fixierte Segment, das Windows 3.x zu Verfügung stellen kann. Derartige Segmente können nicht im virtuellen Adreßraum verschoben werden, so daß ihre physikalische Adresse immer gleich bleibt. Außerdem können solche Segmente auch nicht auf die Festplatte ausgelagert werden, so daß die Reaktionszeit zum Zugriff auf diesen Speicherbereich immer so kurz wie möglich ist. Auch wenn Sie vielleicht nie einen Gerätetreiber schreiben werden, der seitengesperrte Segmente benötigt, ist es doch gut zu wissen, daß Windows zeitkritische Operationen wie für Tastatur- oder Maustreiber-Programme so unterstützen kann, daß diese so schnell wie möglich ausgeführt werden können.

Einige Programmierer haben sich von früheren Windows-Versionen her angewöhnt, den Sperrzähler eines Segments zu verwenden, um festzustellen, ob das Segment entsperrt werden muß oder nicht. In Windows 3.x haben sich jedoch auf Grund der erweiterten Speicherverwaltungsmöglichkeiten einige Dinge geändert. Wenn Sie gerade erst mit der Windows-Programmierung beginnen oder wenn Sie ein neues Projekt beginnen, brauchen Sie sich um diese Eigenart nicht zu kümmern. Wenn Sie aber ältere Windows-Programme überarbeiten wollen, sollten Sie auf Programmcode achten, der sich auf den Sperrzähler bezieht.

Hinweis: Verwenden Sie nicht den Sperrzähler, um festzustellen, ob **GlobalAlloc** ein Segment gesperrt hat. In beiden Protected-Modus-Betriebsarten verändert **Global-Alloc** den Sperrzähler eines verschiebbaren Segments nicht.

Nachdem Sie dies jetzt alles kennengelernt haben, wird es Zeit, ein Windows-Beispielprogramm zu betrachten, das Speicherbereiche auf dem globalen Heap belegt.

Ein Beispielprogramm: SEGALLOC

Dieses Beispielprogramm belegt drei verschiedene Segmente auf dem globalen Heap und zeigt Informationen zu jedem dieser Segmente. Abbildung 18.4 zeigt die Ausgaben des Programms SEGALLOC. Wie Sie daraus ersehen können, erzeugt SEGALLOC ein fixiertes, ein verschiebbares und ein verwerfbares Segment. Zusätzlich werden die Größe des angeforderten Speicherbereichs in Byte, die tatsächliche Größe des erzeugten Objekts, das Speicher-Handle und die Segmentadresse ausgegeben.

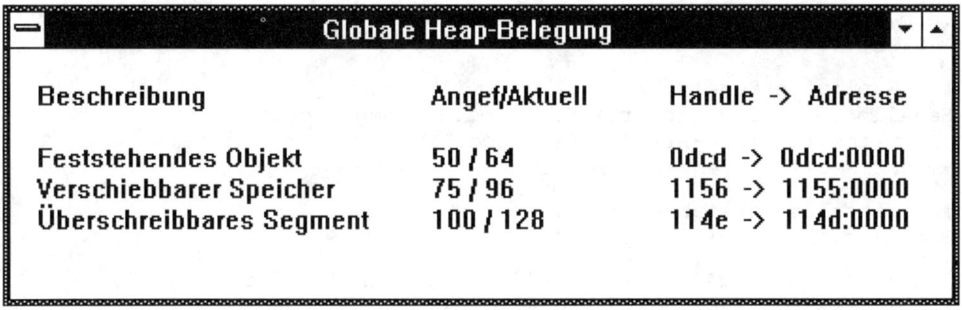

Globale Heap-Belegung		
Beschreibung	**Angef/Aktuell**	**Handle -> Adresse**
Feststehendes Objekt	50 / 64	0dcd -> 0dcd:0000
Verschiebbarer Speicher	75 / 96	1156 -> 1155:0000
Überschreibbares Segment	100 / 128	114e -> 114d:0000

Abbildung 18.4: Das Programm SEGALLOC gibt Informationen über die belegten Segmente aus

Wenn Sie das Handle und die Adresse des festen Speicherobjekts miteinander vergleichen, werden Sie feststellen, daß das Handle die Segmentadresse *ist*. Dies gilt für alle festen Segmente in allen Windows-Betriebsarten. Beachten Sie, daß der Offset-Anteil aller Adressen gleich 0 ist. Wenn Sie ein Segment auf dem globalen Heap-Speicher belegen, können Sie Ihre eigenen Daten gleich an den Anfang des Segments schreiben. Dies gilt für alle Segment- und Betriebsarten.

Wenn Sie Handle und Adresse des verschiebbaren und des verwerfbaren Segments vergleichen, werden Sie vielleicht eine Gemeinsamkeit feststellen. Es scheint, als ob die folgende Formel verwendet werden kann, um die Adresse eines Segments zu berechnen:

```
segment_adress = handle - 1;/* Dies ist falsch! */
```

691

Diese Formel funktioniert für Windows 3.x im Protected-Modus. Sie sollten diese Formel jedoch nicht anwenden und sich auf keinen Fall darauf verlassen, daß dies auch in zukünftigen Versionen von Windows funktioniert. Microsoft wird Windows auch in Zukunft immer weiter entwickeln. Wenn Sie sich also auf diese Besonderheit der jetzigen Windows-Version verlassen, kann es sein, daß Ihre Programme in zukünftigen Windows-Versionen nicht mehr funktionieren.

MAKEFILE.MAK

```
.AUTODEPEND

#    Compilerdefinitionen
INC=C:\BORLANDC\OWL\INCLUDE;C:\BORLANDC\CLASSLIB\INCLUDE;C:\BOR-
LANDC\INCLUDE
CC = bcc -c -D_CLASSDLL -H -ml -WS -w -I$(INC)

#    Implizite Regeln
.c.obj:
  $(CC) {$< }

.cpp.obj:
  $(CC) {$< }

#    Explizite Regeln
SegAlloc.exe: SegAlloc.res SegAlloc.def SegAlloc.obj
    tlink /c/C/n/P-/Twe/x @SegAlloc.LNK
    RC SegAlloc.res SegAlloc.exe

#    Einzelne Dateiabhängigkeiten
SegAlloc.obj: SegAlloc.cpp

SegAlloc.res: SegAlloc.rc SegAlloc.cur SegAlloc.ico
    RC -R -FO SegAlloc.res SegAlloc.RC
```

SEGALLOC.LNK

```
c:\borlandc\lib\c0wl.obj+
SegAlloc.obj
SegAlloc,SegAlloc
\borlandc\owl\lib\owl.lib+
crtll.lib+
cwl.lib+
import.lib+
mathl.lib+
cl.lib
SegAlloc.def
```

SEGALLOC.CPP

```
/*----------------------------------------------------------*\
| SEGALLOC.CPP  - Beispielprogramm zeigt die globale Belegung |
|                 des Heap in Windows.                        |
\*----------------------------------------------------------*/
#include <owl.h>
#include "SegAlloc.h"

/*----------------------------------------------------------*\
|                    Klassendeklarationen.                    |
\*----------------------------------------------------------*/
class TSegAllocApplication : public TApplication
  {
  public:
    TSegAllocApplication(LPSTR lpszName, HANDLE hInstance,
                      HANDLE hPrevInstance, LPSTR lpszCmdLine,
                      int nCmdShow);
    virtual void InitMainWindow ();
  };

class TSegAllocWindow : public TWindow
  {
  public:
    PSTR Label1;
    PSTR Label2;
    PSTR Label3;

    int cb1;   // Länge der Überschriften.
    int cb2;
    int cb3;

    HANDLE hSegment[COUNT];
    SEGDATA sdInit[COUNT];

    TEXTMETRIC tmSys;
    LPSEGDATA lpSegData[COUNT];

    TSegAllocWindow (PTWindowsObject pwParent, LPSTR lpszTitle,
                  PTModule pmModule);
    virtual BOOL  Create();
    virtual void  Destroy();
    virtual LPSTR GetClassName ();
    virtual void  GetWindowClass (WNDCLASS&);
    virtual void  Paint (HDC hdc, PAINTSTRUCT& ps);
  };
/*----------------------------------------------------------*\
|                    Hauptfunktion:  WinMain.                 |
```

```
\*-----------------------------------------------------------------*/
int PASCAL WinMain (HANDLE hInstance,   HANDLE hPrevInstance,
                    LPSTR  lpszCmdLine, int    nCmdShow)
    {
    TSegAllocApplication SegAlloc ("SegAlloc", hInstance,
                       hPrevInstance, lpszCmdLine, nCmdShow);
    SegAlloc.Run ();
    return SegAlloc.Status;
    }
/*-----------------------------------------------------------------*\
|                 Komponente der Application-Klasse.               |
\*-----------------------------------------------------------------*/
TSegAllocApplication::TSegAllocApplication (LPSTR lpszName,
                       HANDLE hInstance, HANDLE hPrevInstance,
                       LPSTR lpszCmdLine, int nCmdShow)
                     :TApplication (lpszName, hInstance,
                       hPrevInstance, lpszCmdLine, nCmdShow)
    {
    /* Die anwendungsspezifische Initialisierung erfolgt hier. */
    }
/*-----------------------------------------------------------------*\
|                 Komponente der Application-Klasse.               |
\*-----------------------------------------------------------------*/
void TSegAllocApplication::InitMainWindow ()
    {
    MainWindow = new TSegAllocWindow (NULL,
                                "Globale Heap-Belegung",
                                NULL);
    }
/*-----------------------------------------------------------------*\
|                 TSegAllocWindow-Komponentenfunktion.             |
\*-----------------------------------------------------------------*/
TSegAllocWindow::TSegAllocWindow (PTWindowsObject pwParent,
                LPSTR lpszTitle, PTModule pmModule)
              :TWindow (pwParent, lpszTitle, pmModule)
    {
    Label1 = "Beschreibung";
    Label2 = "Angef/Aktuell";
    Label3 = "Handle  -> Adresse";

    cb1 = lstrlen(Label1);
    cb2 = lstrlen(Label2);
    cb3 = lstrlen(Label3);

    lstrcpy (sdInit[0].achDesc, "Feststehendes Objekt");
    sdInit[0].dwAlloc  = 50;
    sdInit[0].wFlags   = GMEM_FIXED;
```

694

```
      lstrcpy (sdInit[1].achDesc, "Verschiebbarer Speicher");
      sdInit[1].dwAlloc  = 75;
      sdInit[1].wFlags   = GMEM_MOVEABLE | GMEM_ZEROINIT;

      lstrcpy (sdInit[2].achDesc, "Überschreibbares Segment");
      sdInit[2].dwAlloc  = 100;
      sdInit[2].wFlags   = GMEM_DISCARDABLE | GMEM_MOVEABLE;
      }
/*-------------------------------------------------------------*\
 |                  TSegAllocWindow-Komponentenfunktion.       |
\*-------------------------------------------------------------*/
BOOL TSegAllocWindow::Create()
    {
    BOOL bRetVal;
    HDC  hdc;
    int  i;

    bRetVal = TWindow::Create();

    if (bRetVal)
        {
        for (i=0;i<count;i++)
            {
            hSegment[i] = GlobalAlloc(sdInit[i].wFlags,
                                      sdInit[i].dwAlloc);

            lpSegData[i] = (LPSEGDATA)GlobalLock (hSegment[i]);
            if (!lpSegData[i])
                {
                MessageBox (NULL,"Zu wenig Speicher",
                            GetApplication()->Name, MB_OK);
                bRetVal = FALSE;
                goto Exit;
                }

            lstrcpy (lpSegData[i]->achDesc, sdInit[i].achDesc);
            lpSegData[i]->dwAlloc = sdInit[i].dwAlloc;
            lpSegData[i]->dwActual = GlobalSize (hSegment[i]);
            lpSegData[i]->wFlags = sdInit[i].wFlags;
            } /* [für] */

        hdc = GetDC (HWindow);
        GetTextMetrics (hdc, &tmSys);
        ReleaseDC (HWindow, hdc);
        }
Exit:
    return bRetVal;
    }
```

```
/*----------------------------------------------------------*\
|                 TSegAllocWindow-Komponentenfunktion.         |
\*----------------------------------------------------------*/
void TSegAllocWindow::Destroy()
    {
    int i;

    for (i=0;i<count;i++)
        {
        GlobalUnlock (hSegment[i]);
        GlobalFree (hSegment[i]);
        }
    }
/*----------------------------------------------------------*\
|                 TSegAllocWindow-Komponentenfunktion.         |
\*----------------------------------------------------------*/
LPSTR TSegAllocWindow::GetClassName ()
    {
    return "SegAlloc:MAIN";
    }
/*----------------------------------------------------------*\
|                 TSegAllocWindow-Komponentenfunktion.         |
\*----------------------------------------------------------*/
void TSegAllocWindow::GetWindowClass (WNDCLASS& wc)
    {
    TWindow::GetWindowClass (wc);
    wc.hIcon=LoadIcon (wc.hInstance, "snapshot");
    wc.hCursor=LoadCursor (wc.hInstance, "hand");
    }
/*----------------------------------------------------------*\
|                 TSegAllocWindow-Komponentenfunktion.         |
\*----------------------------------------------------------*/
void TSegAllocWindow::Paint (HDC hdc, PAINTSTRUCT& ps)
    {
    char buff[30];
    int  cb;
    int  i;
    int  xText1;
    int  xText2;
    int  xText3;
    int  yText;

    /* Variablen zur Textpositionierung berechnen.        */
    xText1 = tmSys.tmAveCharWidth * 2;
    xText2 = xText1 + (STRSIZE * tmSys.tmAveCharWidth);
    xText3 = xText2 + ((cb2+5) * tmSys.tmAveCharWidth);
    yText = tmSys.tmHeight;
```

```
/*  Überschriften ausgeben.                                    */
TextOut (hdc, xText1, yText, Label1, cb1);
TextOut (hdc, xText2, yText, Label2, cb2);
TextOut (hdc, xText3, yText, Label3, cb3);

yText += tmSys.tmHeight * 2;

for (i=0;i<count;i++)
    {
    /*  Beschreibung ausgeben.                                  */
    TextOut (hdc, xText1, yText, lpSegData[i]->achDesc,
             lstrlen(lpSegData[i]->achDesc));

    /*  Belegte Größe gegenüber der aktuellen Größe ausgeben.  */
    cb = wsprintf (buff, "%ld / %ld", lpSegData[i]->dwAlloc,
                                      lpSegData[i]->dwActual);
    TextOut (hdc, xText2, yText, buff, cb);

    /*  Handle und aktuelle Adresse ausgeben.                   */
    cb = wsprintf (buff, "%04x -> %04x:%04x", hSegment[i],
             HIWORD(lpSegData[i]), LOWORD(lpSegData[i]));
    TextOut (hdc, xText3, yText, buff, cb);

    /*  Zur nächsten Zeile vorgehen.                            */
    yText += tmSys.tmHeight + tmSys.tmExternalLeading;
    }
}
```

SEGALLOC.H

```
/*-------------------------------------------------------------*\
| SEGALLOC.H  - Definitionsdatei für SegAlloc.cpp.              |
\*-------------------------------------------------------------*/

/*-------------------------------------------------------------*\
|                         Konstanten.                           |
\*-------------------------------------------------------------*/
const int STRSIZE = 30;
const int COUNT   = 3;

/*-------------------------------------------------------------*\
|                       Typdefinitionen.                        |
\*-------------------------------------------------------------*/
typedef struct tagSEGDATA
    {
    char  achDesc[STRSIZE];   /*  Beschreibung der Daten.   */
    DWORD dwAlloc;            /*  Nachgefragte Anzahl.       */
    DWORD dwActual;          /*  Tatsächlich belegt.        */
    WORD  wFlags;            /*  Belegungsflaggen.          */
    } SEGDATA;
```

697

```
typedef SEGDATA FAR *LPSEGDATA;
```

SEGALLOC.RC

```
snapshot icon SegAlloc.ico
hand cursor SegAlloc.cur
```

SEGALLOC.DEF

```
NAME SEGALLOC

EXETYPE WINDOWS

DESCRIPTION 'Segmentbelegung'

CODE MOVEABLE DISCARDABLE
DATA MOVEABLE MULTIPLE

HEAPSIZE   512
STACKSIZE 5120
```

Der wahrscheinlich wichtigste Teil dieses Programms betrifft die Prüfungen, die durchgeführt werden, wenn ein globales Speicherobjekt abgelegt und gesperrt wird. Es ist wichtig, den Rückgabewert der verschiedenen Belegungs- und Sperrungsroutinen zu überprüfen, weil es keine Garantie dafür gibt, daß der angeforderte Speicher auch wirklich bereitgestellt werden kann. Selbst, wenn Sie den angeforderten Speicher erhalten haben, müssen Sie die Möglichkeit ausschließen, daß ein Speicher-Handle ungültig werden kann. In großen Programmen, die aus vielen verschiedenen Teilen bestehen, kann es immer wieder einmal vorkommen, daß ein Speicher-Handle überschrieben oder versehentlich wieder freigegeben wird.

Ein weiterer wichtiger Aspekt der Speicherbelegung auf dem globalen Heap bezieht sich auf das Sperren von Speicherbereichen. Windows-Programme halten normalerweise alle dynamischen Speicherobjekte unversperrt, damit sie im Real-Modus gut funktionieren. Der Grund dafür ist einfach: Da keine Hardware-Unterstützung der Speicherverwaltung vorhanden ist, muß die Speicherverwaltung in der Software erfolgen. Windows-Programmierer, die mit den Versionen 1.x und 2.x gearbeitet haben, mußten immer ein "Windows-Sandwich" erstellen, um auf ein globales Speicherobjekt zugreifen zu können.

Ab Windows Version 3.1 wird jedoch der Real-Modus nicht mehr unterstützt. Statt dessen verwendet Windows den Protected-Modus des Prozessors. Dies bedeutet, daß Windows auf eine *Hardware*-Speicherverwaltung zurückgreifen kann. Aus diesem Grund können Sie globale Speicherobjekte sofort sperren, nachdem Sie sie belegt haben, und sie so lange versperrt halten, bis Sie den Speicherbereich wieder freigeben müssen. Bevor Sie ein globales Speicherobjekt freigeben können, müssen Sie es zuerst wieder entsperren.

Das nächste Beispielprogramm zeigt den Zusammenhang zwischen der Struktur eines Programms und einer guten Speicherverwendung. Die Empfehlung, daß ein Programm aus vielen kleinen Codesegmenten bestehen sollte, widerspricht den Vorstellungen vieler DOS-Programmierer. DOS ist ein Monotasking-Betriebssystem ohne Unterstützung dynamischer Overlays. Deshalb können DOS-Programmierer es sich leisten, gigantische Programme mit großen Codesegmenten zu erstellen. Um unter Windows effizient arbeiten zu können, wird jedoch ein anderer Ansatz benötigt.

Aufbau des Codes und Speicherbenutzung

Die meisten Themen dieses Kapitels beziehen sich auf die Daten, die von einem Programm verwendet werden. Der Speicherbedarf des Programmcodes ist aber ein mindestens ebenso wichtiges Thema. Mit Hilfe der dynamischen Bindung kann Windows ein Programm abarbeiten und dabei immer nur einen Teil des Programms gleichzeitig in den Speicher laden. Die dynamische Bindung bietet Ihnen alle Vorteile eines optimierten Overlay-Verwalters, ohne daß Sie die einzelnen Overlays deswegen genau entwerfen müssen.

Es ist zwar nicht *notwendig*, die verschiedenen Overlay-Gruppen, aus denen ein Programm besteht, allzu sorgfältig zusammenzustellen, aber ein gewisser Aufwand ist schon erforderlich, damit auch in einer knappen Speichersituation eine möglichst gute Verarbeitungsgeschwindigkeit gewährleistet ist. Wenn viele verschiedene Programme gleichzeitig aktiv sind, kann sogar im Protected-Modus - selbst beim Vorhandensein mehrerer Megabytes Speicher - eine knappe Speichersituation auftreten. Wir werden Ihnen zwei grundsätzliche Empfehlungen vorstellen, die Ihnen helfen sollen, Programme zu schreiben, die auch in einer knappen Speichersituation gut funktionieren. Eine dieser Empfehlungen ist sehr einfach, während die andere einen etwas größeren Aufwand benötigt. Die Methode, die Sie wählen, wird von der Größe des Programms und von der Notwendigkeit abhängen, daß das Programm auch in knappen Speichersituationen gut funktioniert.

Die einfache Methode besteht darin, Ihr Programm in viele, kleine (ungefähr 4KB) Codesegmente aufzuteilen. Dies erreichen Sie, indem Sie Ihren Code in verschiedene Quelldateien schreiben. Außerdem müssen Sie noch einige Einträge in der Modul-Definitionsdatei (.DEF) Ihres Programms vornehmen. Dies ist notwendig, weil der Linker (TLINK.EXE) sonst versucht, kleine Codesegmente in größere Codesegmente zusammenzufassen. Glücklicherweise können Sie aber Ihre Anwendung umstrukturieren und Ihre eigenen **PRELOAD**-Segmente definieren, damit der Windows-Lader sicher sein kann, die Segmente zu laden, die mindestens benötigt werden, damit der Start Ihres Programms schnell genug ausgeführt werden kann.

Die zweite Möglichkeit der Verbesserung der Arbeitsgeschwindigkeit Ihres Programms in knappen Speichersituationen besteht in der Verwendung eines Hilfsprogramms zur Feinabstimmung der Auslagerung. Es gibt eine Reihe solcher Programme. Unter anderem vertreibt die Firma MicroQuill aus Seattle ein derartiges Programm. Diese Hilfsprogramme helfen Ihnen, die aktuellen **Arbeitsmengen** Ihres Programms zu bestimmen. Eine Arbeitsmenge ist eine Gruppe von Codesegmenten, die zur Ausführung einer bestimmten Aufgabe oder einer Anzahl von Aufgaben benötigt werden. Ein Hilfsprogramm zur Feinabstimmung der Auslagerung zeigt Ihnen die aktuellen Speicheraktivitäten Ihres Programms an, so daß Sie den Code der einzelnen Codesegmente so einstellen können, daß eine Zerstückelung vermieden wird. Zerstückelung ergibt sich aus der Notwendigkeit, viele verschiedene Segmente immer wieder von der Festplatte einlesen zu müssen, damit eine bestimmte Aufgabe erfüllt werden kann.

Ein segmentiertes Programmbeispiel

Wir wollen mit einem einfachen Beispiel für ein segmentiertes Programm beginnen. Dies ist allerdings kein wirklich "realistisches Beispiel", weil wir dazu einfach nur unser minimales Windows-Programm (MIN) in drei Segmente aufteilen wollen. Unsere Erfahrung hat jedoch gezeigt, daß einige der Probleme bei der Segmentierung einer Anwendung mit der richtigen Benutzung der Entwicklungswerkzeuge zu tun haben. Dieses Beispiel wird Ihnen deshalb zeigen, wie Sie diese Probleme überwinden und ein Programm erfolgreich in mehrere Codesegmente aufteilen können.

Wir werden dieses Programm MIN2 nennen. Sie können natürlich auch "Sohn von MIN" dazu sagen, wenn Sie möchten. MIN2 besteht aus zwei Quelltextdateien: MIN2.CPP und MIN2INIT.CPP. Hier ist der Programmtext:

MAKEFILE.MAK

```
.AUTODEPEND

#   Compilerdefinitionen
INC=C:\BORLANDC\OWL\INCLUDE;C:\BORLANDC\CLASSLIB\INCLUDE;C:\BOR-
LANDC\INCLUDE
CC = bcc -c -D_CLASSDLL -H -ml -WS -w -I$(INC)

#   Implizite Regeln
.c.obj:
  $(CC) {$< }

.cpp.obj:
  $(CC) {$< }

#   Explizite Regeln
Min2.exe: Min2.res Min2.def Min2.obj Min2Init.obj
    tlink /c/C/n/P-/Twe/x @Min2.LNK
    RC -k Min2.res Min2.exe
```

```
#    Einzelne Dateiabhängigkeiten
Min2.obj: Min2.cpp

Min2Init.obj: Min2Init.cpp

Min2.res: Min2.rc Min2.cur Min2.ico
     RC -R -FO Min2.res Min2.RC
```

MIN2.LNK

```
c:\borlandc\lib\c0wl.obj+
Min2.obj+
Min2Init.obj
Min2,Min2
\borlandc\owl\lib\owl.lib+
crtll.lib+
cwl.lib+
import.lib+
mathl.lib+
cl.lib
Min2.def
```

MIN2.CPP

```
/*---------------------------------------------------------------*\
 | MIN2.CPP - Minimales Windows-Programm, das die Prinzipien     |
 |           der Programmsegmentierung veranschaulicht.          |
 \*---------------------------------------------------------------*/
#include <owl.h>
#include "Min2.H"

/*---------------------------------------------------------------*\
 |                    Hauptfunktion:  WinMain.                    |
 \*---------------------------------------------------------------*/
int PASCAL WinMain (HANDLE hInstance, HANDLE hPrevInstance,
                    LPSTR lpszCmdLine, int nCmdShow)
     {
     TMin2Application Min2 ("Min2", hInstance, hPrevInstance,
                     lpszCmdLine, nCmdShow);
     Min2.Run();
     return Min2.Status;
     }

/*---------------------------------------------------------------*\
 |                    TMin2Window-Komponentenfunktion.           |
 \*---------------------------------------------------------------*/
void TMin2Window::Paint (HDC hdc, PAINTSTRUCT& ps)
     {
```

701

```
     int   x, y;
     RECT  r;

     GetClientRect (HWindow, &r);
     SetTextAlign (ps.hdc, TA_CENTER | TA_BASELINE);
     x = r.right / 2;
     y = r.bottom /2;

     TextOut (hdc, x, y, "Segmentierte Anwendung.", 22);
     }
```

MIN2INIT.CPP

```
/*-----------------------------------------------------------------*\
| MIN2INIT.CPP Programmtext zur Initialisierung von MIN2.EXE. |
\*-----------------------------------------------------------------*/
#include <owl.h>
#include "Min2.H"

/*-----------------------------------------------------------------*\
|                    Komponente der Application-Klasse.             |
\*-----------------------------------------------------------------*/
TMin2Application::TMin2Application (LPSTR lpszName,
                HANDLE hInstance, HANDLE hPrevInstance,
                LPSTR lpszCmdLine, int nCmdShow)
             :TApplication (lpszName, hInstance,
                hPrevInstance, lpszCmdLine, nCmdShow)
   {
   /* Die anwendungsspezifische Initialisierung erfolgt hier. */
   }

/*-----------------------------------------------------------------*\
|                    Komponente der Application-Klasse.             |
\*-----------------------------------------------------------------*/
void TMin2Application::InitMainWindow ()
   {
   MainWindow = new TMin2Window (NULL, "Minimum", NULL);
   }

/*-----------------------------------------------------------------*\
|                    TMin2Window-Komponentenfunktion.              |
\*-----------------------------------------------------------------*/
TMin2Window::TMin2Window (PTWindowsObject pwParent,
            LPSTR lpszTitle, PTModule pmModule)
          :TWindow (pwParent, lpszTitle, pmModule)
   {
   /*  Die fensterspezifische Initialisierung erfolgt hier.  */
   }
```

```
/*----------------------------------------------------------*\
|                    TMin2Window-Komponentenfunktion.          |
\*----------------------------------------------------------*/
LPSTR TMin2Window::GetClassName ()
    {
    return "Min2:MAIN";
    }

/*----------------------------------------------------------*\
|                    TMin2Window-Komponentenfunktion.          |
\*----------------------------------------------------------*/
void TMin2Window::GetWindowClass (WNDCLASS& wc)
    {
    TWindow::GetWindowClass (wc);
    wc.hIcon=LoadIcon (wc.hInstance, "snapshot");
    wc.hCursor=LoadCursor (wc.hInstance, "hand");
    wc.style = CS_HREDRAW | CS_VREDRAW;
    }
```

MIN2.RC

```
snapshot icon Min2.ico

hand cursor Min2.cur
```

MIN2.DEF

```
NAME MIN2

EXETYPE WINDOWS

DESCRIPTION 'Segmentierter Programmtext'

CODE MOVEABLE
DATA MOVEABLE MULTIPLE

HEAPSIZE    512
STACKSIZE   5120

SEGMENTS
    MIN2_TEXT       MOVEABLE
    MIN2INIT_TEXT   MOVEABLE DISCARDABLE
    _TEXT           MOVEABLE
    DLLREF_TEXT     MOVEABLE
```

Dieses Programm hat zwar nur zwei Quelltextdateien, besteht aber trotzdem aus vier Codesegmenten. Die ersten beiden Codesegmente **MIN2_TEXT** und **MIN2INIT_TEXT** werden aus dem Code in den Dateien MIN.CPP bzw. MIN2INIT.CPP erzeugt. Das dritte Codesegment **_TEXT** enthält den Startcode für MIN und andere Hilfsroutinen, die automatisch bei der Erstellung des Programms dazugelinkt werden. Das vierte

Codesegment **DLLREF_TEXT** ist vorhanden, weil MIN die dynamische OWL-Linkbibliothek (OWL.DLL) verwendet.

In der Modul-Definitionsdatei wird jedes Segment nach dem Schlüsselwort SEGMENTS aufgelistet. Diese Methode ermöglicht es Ihnen, verschiedene Speicherattribute für die verschiedenen Segmente anzugeben: **PRELOAD, MOVEABLE, DISCARDABLE, FIXED** und **LOADONCALL**.

Jedes Schlüsselwort weist einem Segment ein Speicherattribut zu. Falls Sie mit der Windows-Version 3.0 arbeiten, sollten Sie darauf achten, das Schlüsselwort **FIXED** zu vermeiden. Windows 3.0 hat einen Fehler, der dazu führt, daß solche Segmente fixiert und seitengesperrt werden. Für Gerätetreiber kann dieses Schlüsselwort zwar verwendet werden, Sie sollten es jedoch wegen der Konsequenzen für den globalen Heap-Verwalter nicht in Anwendungsprogrammen verwenden.

Der nächste Schritt besteht natürlich darin, MIN2 zu optimieren. Dazu muß ein Optimierungsprogramm verwendet werden. Dies würde uns helfen zu erkennen, wann Segmente geladen und verworfen werden. In den beiden Segmenten des Programms MIN2 gibt es allerdings nur wenige Routinen. Bei einem größeren Programm würde der Optimierer dabei helfen, das Programm zu überarbeiten, damit eine bessere Verarbeitungsgeschwindigkeit in knappen Speichersituationen erreicht werden kann.

Die Ergebnisse eines solchen Optimierers können einem manchmal etwas paradox erscheinen. Es kann zum Beispiel notwendig sein, Routinen, die an verschiedenen Stellen des Programms verwendet werden, mehrfach zu definieren, damit der Speicher am besten ausgenutzt werden kann. Anstatt die Hilfsroutinen eines Programms an zentraler Stelle zusammenzufassen, kann es sinnvoll sein, von jeder Hilfsroutine mehrere Kopien anzufertigen, um in jedem Codesegment, das eine dieser Hilfsroutinen aufruft, eine lokale Kopie der Routine anzulegen. Eine weitere Alternative besteht darin, jede Funktion in ein eigenes Codesegment zu setzen. Der Nachteil dabei ist jedoch, das far-Aufrufe einen etwas größeren Aufwand erfordern als near-Aufrufe.

Nach dieser Einführung zur Auswirkung der Codestruktur auf den Speicherbedarf einer Anwendung werden Sie den Programmcode sicherlich mit anderen Augen sehen: die Codestruktur *kann* die Verarbeitungsgeschwindigkeit eines Windows-Programms beeinflussen - genauso, wie die auch Datenstruktur eines Programms dies tut. Es ist an der Zeit, unser nächstes Beispielprogramm zu betrachten. Dieses Programm zeigt die Verwendung des lokalen Heap, der für jedes Programm automatisch als Teil des Standard-Datensegments angelegt wird.

Belegung des lokalen Heap

Werfen wir jetzt einen Blick auf die Belegung des lokalen Heaps von Windows. In Tabelle 18.7 sind alle Routinen zur Verwaltung des lokalen Heaps aufgelistet. Wir werden besonders die folgenden sechs Routinen betrachten: **LocalInit, LocalAlloc, LocalReAlloc, LocalLock, LocalUnlock und LocalFree.**

Tabelle 18.7

Routine	*Kommentar*
LocalAlloc	Belegt Speicher auf dem lokalen Heap.
LocalCompact	Reorganisiert den lokalen Heap.
LocalDiscard	Löscht ein nicht gesperrtes, verwerfbares Objekt.
LocalFlags	Liefert Informationen über ein bestimmtes Speicherobjekt.
LocalFree	Gibt ein lokales Speicherobjekt frei.
LocalHandle	Gibt das Handle eines lokalen Speicherobjekts aufgrund der Adresse zurück.
LocalInit	Initialisiert den lokalen Heap.
LocalLock	Erhöht den Sperrzähler eines lokalen Speicherobjekts und gibt die Adresse des Objekts zurück.
LocalReAlloc	Ändert die Größe eines lokalen Speicherobjekts.
LocalShrink	Reorganisiert den lokalen Heap und verkleinert ihn dabei (wenn möglich) auf seine ursprüngliche Größe. Wenn diese Routine erfolgreich ist, wird die Größe des Datensegments, welches den lokalen Heap enthält, verkleinert und der freiwerdende Speicher kann wieder für den globalen Heap verwendet werden.
LocalSize	Gibt die aktuelle Größe des lokalen Speicherobjekts zurück.
LocalUnlock	Verringert den Sperrzähler eines lokalen Speicherobjekts.

LocalInit

Die Routine **LocalInit** initialisiert den lokalen Heap. **LocalInit** hat drei Parameter:

```
BOOL LocalInit (wSegment, pStart, pEnd)
```

- *wSegment* enthält die Segmentadresse des zu initialisierenden Heap. Wenn dieser Parameter den Wert Null hat, wird das Datensegment, auf welches das DS-Register zeigt, initialisiert.

- *pStart* enthält den Offset des Heaps innerhalb des Segments.

- *pEnd* enthält den Offset für das Ende des Heaps innerhalb des Segments. Wenn **pStart** den Wert Null hat, dann enthält **pEnd** die Größe des Segments und der Heap wird am *Ende* des angegebenen Segments erstellt.

LocalInit installiert die notwendigen Datenstrukturen, die vorhanden sein müssen, um die Speicherbelegung auf einem lokalen Heap innerhalb eines Segments zu ermöglichen. Das Standard-Datensegment eines Windows-Programms muß nicht explizit initialisiert werden, da **LocalInit** für dieses Segment automatisch ausgeführt wird. Sie *können* jedoch **LocalInit** aufrufen, um einen lokalen Heap in einem anderen Segment zu installieren. Wie wir später in diesem Kapitel beschreiben werden, bietet dies Ihnen die Möglichkeit, so viele lokale Heaps anzulegen, wie Sie möchten.

Im Gegensatz zu Anwendungsprogrammen müssen dynamische Linkbibliotheken **LocalInit** zum Erhalt eines lokalen Heaps explizit aufrufen. In Kapitel 19, in dem wir die Erstellung dynamischer Linkbibliotheken beschreiben, werden wir dies aufzeigen.

LocalAlloc

Die Routine **LocalAlloc** belegt Speicher auf dem lokalen Heap. Sie ist folgendermaßen definiert:

```
HANDLE LocalAlloc (wFlags, wBytes)
```

- *wFlags* ist eine Kombination aus einer oder mehreren lokalen Speicherbelegungs-flags, die weiter unten besprochen werden.

- *wBytes* ist ein vorzeichenloser Ganzzahlwert, der die Größe des zu erzeugenden Objekts angibt.

LocalAlloc gibt als Funktionswert ein Handle für das belegte Objekt zurück. Achten Sie darauf, daß Sie diesen Rückgabewert wirklich *immer* überprüfen, denn es gibt keine Garantie dafür, daß der angeforderte Speicher auch bereitgestellt werden kann. Wenn die Speicheranforderung nicht erfüllt werden kann, wird ein NULL-Handle zurückgegeben.

Der Wert von **wFlags** kann eine Kombination aus fünf Flags sein. Dies ist abhängig von der Art des Speicherobjekts, das Sie belegen wollen (fest, verschiebbar, verwerf-bar). Ferner spielt es eine Rolle, ob Sie es vermeiden wollen, den Heap durcheinander zu bringen, und ob Sie das Objekt mit Nullen vorbelegen wollen. Die folgende Tabelle zeigt Ihre Auswahlmöglichkeiten:

Beschreibung	*Flag*
Festes Speicherobjekt	LMEM_FIXED
Verschiebbares Speicherobjekt	LMEM_MOVEABLE
Verwerfbares Speicherobjekt	LMEM_MOVEABLE | LMEM_DISCARDABLE
Nicht verdichten oder löschen	LMEM_NOCOMPACT
Mit Nullen initialisieren	LMEM_ZEROINIT

Wie Sie in der Tabelle sehen können, sollten Sie zur Belegung eines verwerfbaren Objekte *beide* Flags - verschiebbar und verwerfbar - setzen. Dies ist sinnvoll, weil ein verwerfbares Objekt immer auch verschiebbar sein muß. Das Flag **LMEM_NOCOMPACT** teilt dem lokalen Heap-Verwalter mit, daß Ihre Speicheranforderung auch auf andere Weise erfüllt werden kann und daß zur Erfüllung der Speicheranforderung keine Speicherbereiche verschoben oder gelöscht werden sollen. Wenn Sie mehr als ein Flag verwenden wollen, können Sie diese mit dem OR-Operator "|" verknüpfen. Das folgende Beispiel zeigt Ihnen, wie Sie ein fünf Byte großes verschiebbares Objekt erzeugen und mit Nullen vorbelegen können:

```
hMem = LocalAlloc (LMEM_MOVEABLE | LMEM_ZEROINIT, 5)
```

Achten Sie darauf, auf keinen Fall das Flag **LMEM_NODISCARD** zu verwenden. Dieses Flag wird zwar in der Microsoft-Dokumentation erwähnt, es scheint aber nicht den dort beschriebenen Effekt zu haben. Die Dokumentation sagt aus, daß dieses Flag das Löschen verhindert. Nach unseren Erfahrungen zeigt es aber überhaupt keine Wirkung.

LocalAlloc gibt ein Speicher-Handle zurück. Für verschiebbare und verwerfbare Speicherobjekte können Sie die später beschriebene Routine **LocalLock** zum Erhalt eines Zeigers darauf verwenden. Für feste Objekte ist das Handle selbst bereits ein Zeiger. Auf diese Art kann **LocalAlloc** auf gleiche Weise wie die C-Laufzeitbibliotheksfunktion **malloc** verwendet werden. Das folgende Beispiel zeigt, wie ein festes Speicherobjekt belegt werden kann:

```
char * pch;
pch = (char *) LocalAlloc (LMEM_FIXED|LMEM_ZEROINIT, 15);
lpstrcpy (pch, "Hallo Welt");
```

Zur Verdeutlichung wird in diesem Programmbeispiel der normale C++ Typ **char *** anstelle des Windows-Typs **PSTR** verwendet. Sie haben vielleicht schon bemerkt, daß der Umwandlungsoperator auf den Rückgabewert von **LocalAlloc** angewandt wird. Dies hält den Compiler davon ab, wegen der Zuweisung eines **HANDLE**-Werts (vorzeichenlose Ganzzahl) an einen Zeiger eine Fehlermeldung auszugeben. Wir wissen ja, daß dies so richtig ist. Die Umwandlung weist den Compiler an, daß er seine Fehlermeldung "doch bitte für echte Probleme" aufheben möge.

LocalLock

Die Routine **LocalLock** erhöht den Sperrzähler eines lokalen Speicherobjekts und gibt dessen Adresse zurück:

```
PSTR LocalLock (hMem)
```

- *hMem* ist ein Handle für ein Speicherobjekt, das von **LocalAlloc** zurückgegeben wurde.

LocalLock wird von Programmen zur Bestimmung der Adresse eines verschiebbaren oder verwerfbaren Objekts aufgerufen. Gleichzeitig sorgt die Routine dafür, daß das Objekt nicht mehr verschoben oder gelöscht wird, so daß diese Adresse bis zum Aufruf der Routine **LocalUnlock** gültig bleibt. Es ist im allgemeinen von Vorteil, alle Objekte unverschlossen zu halten, bis sie wirklich benötigt werden. Dies gibt dem lokalen Heap-Verwalter die Möglichkeit, zur Optimierung der Benutzung des lokalen Heaps entsprechende Speicherbereiche zu verschieben.

LocalLock gibt entsprechend dem Prototyp in WINDOWS.H einen Zeiger auf eine Zeichenkette zurück. Dies bedeutet jedoch nicht, daß nur Zeichenketten in ein Speicherobjekt geschrieben werden können. Sie können den Rückgabewert von **LocalLock** in jeden anderen Typ umwandeln und auf diese einfache Art auf dynamische Datenbereiche eines beliebigen Typs zugreifen. Das folgende Beispiel zeigt, wie Sie ganz einfach ein Array aus Ganzzahlen in einem lokalen Speicherobjekt speichern können:

```
int * pi;
pi = (int near * ) LocalLock (hmem);
if (pi)
    {
    pi[0] = 1;
    pi[1] = 2;
    LocalUnlock (hmem);
    }
else
    {
    /* Fehler. */
    }
```

Es ist sehr wichtig, den Rückgabewert von **LocalLock** zu überprüfen, wie wir es in diesem Beispiel getan haben. Ein Null-Zeiger bedeutet, daß die Routine nicht erfolgreich war. Dies kann aus verschiedenen Gründen vorkommen. Wenn Sie zum Beispiel versuchen, ein verwerfbares Objekt zu verschließen, kann es sein, daß dieses Objekt bereits gelöscht wurde. Es kann auch vorkommen, daß versehentlich das Speicher-Handle überschrieben wurde. Was auch der Grund war: Sie wollen zum Beschreiben des Speichers sicher keinen Null-Zeiger verwenden. Sie würden dann nämlich die Speicherbereiche am Anfang des Segments überschreiben. Dies ist der Datenbereich, der für das Verwalten des Segments reserviert ist.

LocalReAlloc

Die Routine **LocalReAlloc** verändert die Größe eines lokalen Speicherobjekts. Sie ist folgendermaßen definiert:

```
HANDLE LocalReAlloc (hMem, wBytes, wFlags)
```

- *hMem* ist ein Speicher-Handle, das von **LocalAlloc** zurückgegeben wurde.

- *wBytes* ist die neue Größe des Objekts. Wenn Sie ein Objekt verkleinern, werden die Daten am Ende des Objekts abgeschnitten (und gelöscht). Wenn Sie ein Objekt vergrößern, bleiben die Daten erhalten.

- *wFlags* ist eine Kombination aus einem oder mehreren lokalen Speicherbelegungsflags.

LocalReAlloc gibt ein **HANDLE** zurück, das einen von drei Werten annehmen kann. Wenn die Neubelegung nicht durchgeführt werden kann, ist der Rückgabewert gleich **NULL**. Für verschiebbare und verwerfbare Objekte wird, wenn die Routine erfolgreich ausgeführt wurde, das gleiche Handle zurückgegeben, das als Parameter übergeben wurde. Für feste Objekte kann das gleiche Handle oder auch ein neues Handle zurückgegeben werden, falls das Objekt bei der Erfüllung einer Speicheranforderung verschoben werden mußte.

Sie werden dies verstehen, wenn Sie sich daran erinnern, daß - wie wir bereits an früherer Stelle erwähnt haben - das Handle eines festen Objekts in Wirklichkeit ein Zeiger auf das eigentliche Objekt ist. Wenn das Objekt zur Erfüllung einer Speicheranforderung verschoben werden muß, folgt daraus, daß der Wert des Zeigers natürlich auch verändert werden muß. Um zu verhindern, daß der lokale Heap-Verwalter ein festes Objekt einfach verschiebt, wird ein festes Objekt nur dann verschoben, wenn das Flag **LMEM_MOVEABLE** beim Aufruf von **LocalReAlloc** gesetzt wird. Das folgende Beispiel zeigt, wie ein festes Speicherobjekt vergrößert wird, wobei das Objekt verschoben werden darf:

```
/* Vergrößern Sie ein festes Objekt und lassen Sie es verschieben. */
hNew = LocalReAlloc (hOld,
                cbSize,          /* Neue Größe. */
                LMEM_MOVEABLE);  /* Bereit zur Verschiebung. */
if (!hNew)
   {
   /* Fehler.*/
   }
```

```
else
  hOld = hNew;
```

Das Flag **LMEM_MOVEABLE** hat noch eine zusätzliche Bedeutung. Es erlaubt, daß ein *gesperrtes*, verschiebbares oder verwerfbares Objekt verschoben wird, falls dies zur Erfüllung einer Speicheranforderung nötig sein sollte. Normalerweise werden Sie die Größe eines verschiebbaren oder verwerfbaren Speicherobjekts nur verändern, wenn es nicht verschlossen ist. In diesem Fall kann der Speicherverwalter das Objekt selbständig verschieben. Wenn Sie jedoch ein verschlossenes Objekt vergrößern möchten, müssen Sie für den Fall, daß das Objekt verschoben werden muß, das Flag **LMEM_MOVEABLE** mit angeben.

Wenn Sie nur die *Größe* eines lokalen Speicherobjekts verändern wollen und *nicht* seine Speicherdisposition (fixiert, verschiebbar oder verwerfbar), können Sie das Flag **wFlags** auf 0 setzen. Oder Sie verwenden das Flag **LMEM_ZEROINIT**, um ein größeres Objekt anzufordern und den zusätzlich belegten Speicherbereich mit Nullen zu initialisieren. Das folgende Beispiel zeigt, wie man durch Setzen von **wFlags** auf Null erreichen kann, daß nur die Größe eines Objekts und nicht seine Speicherdisposition verändert wird:

```
h = LocalReAlloc (hMem,
         28,   /* Neue Größe.*/
         0);   /* Flags ignorieren. */
```

Zur Veränderung der Speicherdisposition eines Objekts können Sie das Flag **LMEM_MODIFY** verwenden. Die Disposition eines festen Speicherobjekts kann nicht verändert werden. Sie *können* jedoch ein verschiebbares Objekt verwerfbar machen oder ein verwerfbares Objekt verschiebbar. Das folgende Beispiel zeigt, wie ein verschiebbares Objekt verwerfbar gemacht wird:

```
LocalReAlloc (hMem,
         0,   /* Die Größe ignorieren. */
         LMEM_MODIFY |   /* Nur Flags verändern. */
         LMEM_MOVEABLE |
         LMEM_DISCARDABLE);
```

und wie ein verwerfbares Objekt verschiebbar wird:

```
LocalReAlloc (hMem,
         0,   /* Die Größe ignorieren. */
         LMEM_MODIFY |   /* Nur Flags verändern. */
         LMEM_DISCARDABLE);
```

Wenn Sie die Speicherdisposition eines Objekts verändern, wird die angegebene Größe ingnoriert. Obwohl wir als neue Größe eine 0 angegeben haben, hat das **LMEM_MODIFY**-Flag den Vorrang. Sie können also ruhig den Wert 0 bei Aufruf der Funktion **LocalReAlloc** verwenden und brauchen deshalb die aktuelle Größe des Objekts nicht zu kennen.

LocalUnlock

Die Routine **LocalUnlock** verringert den Sperrzähler eines lokalen Speicherobjekts:

```
BOOL LocalUnlock (hMem)
```

- *hMem* ist ein lokales Speicher-Handle, das von **LocalAlloc** zurückgegeben wurde.

Die Routine **LocalUnlock** bildet die zweite Hälfte eines Windows-Sandwich. Sie sollten Speicherobjekte so kurz wie möglich verschließen, um dem lokalen Heap-Verwalter die größtmögliche Freiheit zur Verwaltung des lokalen Heap zu geben. Um zum Beispiel Zeichenwerte abzuspeichern, die ein Programm mit einer **WM_CHAR**-Nachricht erhält, können Sie folgendermaßen vorgehen:

```
WndProc (...)
  {
  switch (msg)
    {
    case WM_CHAR:
    pch = LocalLock (hmem);
    pch [iNextChar] = (unsigned char) wParam;
    LocalUnlock (hmem);
    break;
    ...
```

Auf diese Art bleibt das Speicherobjekt, das durch das Handle **hMem** gekennzeichnet wird, nur während des Kopiervorgangs eines Zeichens gesperrt.

LocalFree

Die Routine **LocalFree** gibt ein lokales Speicherobjekt wieder frei:

```
HANDLE LocalFree (hMem)
```

- **hMem** ist ein Speicher-Handle, das von **LocalAlloc** zurückgegeben wurde.

Immer, wenn ein dynamisches Speicherobjekt erzeugt wird, belegt es Speicher, der dann nicht mehr für andere Zwecke verwendet werden kann. Deshalb sollten Sie sorgfältig darauf achten, Speicherbereiche, die nicht mehr benötigt werden, wieder freizugeben. Dies geschieht mit der Routine **LocalFree**.

Natürlich kennt Windows einige eingebaute Sicherungen, die verhindern sollen, daß Speicherbereiche für immer verschwinden. Wenn zum Beispiel ein Programm beendet wird, werden alle dynamischen Datenbereiche des Programms automatisch wieder freigegeben. Damit vermeiden Sie, daß der globale Heap sich immer mehr mit nutzlosen Speicherbereichen anfüllt, weil Programme "vergessen" haben, diese zu löschen. Trotzdem sollten Windows-Programmierer immer darauf achten, Speicherbereiche, die nicht mehr benötigt werden, freizugeben.

Ein Programmierbeispiel für Heap-Belegung: LOCALMEM

Nun wollen wir ein Windows-Beispielprogramm betrachten, das die grundlegenden Techniken zur Verwaltung des lokalen Speichers zeigen soll. Dieses Programm zeigt die Verwendung zweier verschiedener Arten von Anwendungsspeicher: lokaler Heap und Zeichenketten-Ressourcen. Das Programm liest eine Liste von Städten ein und speichert sie als Zeichenketten-Ressourcen, die als verschiebbare Speicherobjekte auf dem lokalen Heap abgelegt werden. Abbildung 18.5 zeigt den Ablauf des Programms.

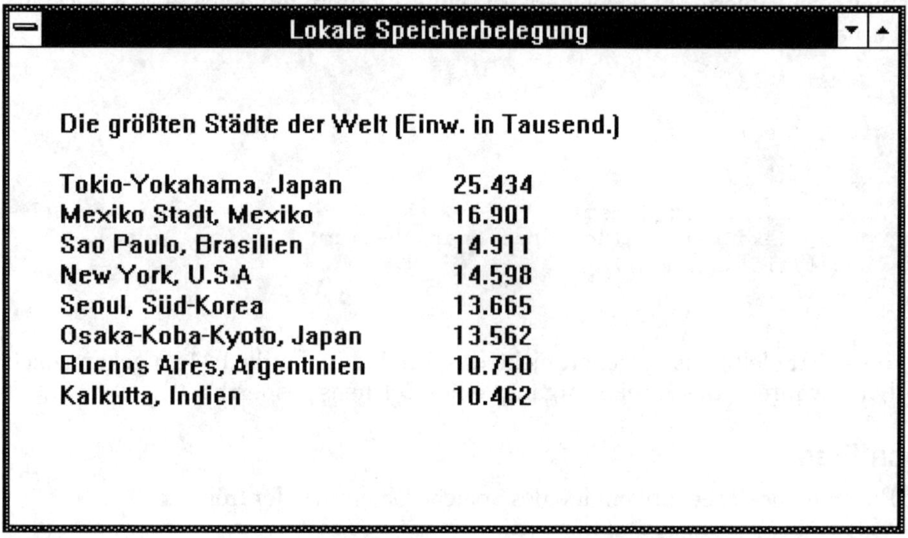

Abbildung 18.5: Beispielprogramm für die lokale Heap-Belegung.

MAKEFILE.MAK

```
.AUTODEPEND

#   Compilerdefinitionen
INC=C:\BORLANDC\OWL\INCLUDE;C:\BORLANDC\CLASSLIB\INCLUDE;C:\BOR-
LANDC\INCLUDE
CC = bcc -c -D_CLASSDLL -H -ml -WS -w -I$(INC)

#   Implizite Regeln
.c.obj:
  $(CC) {$< }
```

```
.cpp.obj:
  $(CC) {$< }

#    Explizite Regeln
LocalMem.exe: LocalMem.res LocalMem.def LocalMem.obj
    tlink /c/C/n/P-/Twe/x @LocalMem.LNK
    RC LocalMem.res LocalMem.exe

#    Einzelne Dateiabhängigkeiten
LocalMem.obj: LocalMem.cpp

LocalMem.res: LocalMem.rc LocalMem.cur LocalMem.ico
    RC -R -FO LocalMem.res LocalMem.RC
```

LOCALMEM.LNK

```
c:\borlandc\lib\c0wl.obj+
LocalMem.obj
LocalMem,LocalMem
\borlandc\owl\lib\owl.lib+
crtll.lib+
cwl.lib+
import.lib+
mathl.lib+
cl.lib
LocalMem.def
```

LOCALMEM.CPP

```
/*------------------------------------------------------------*\
 | LOCALMEM.CPP  - Veranschaulicht lokale Speicherbelegung    |
 |                 und die Verwendung einer Zeichenkettentabelle. |
 \*------------------------------------------------------------*/
#include <owl.h>
#include "LocalMem.h"

/*------------------------------------------------------------*\
 |                   Klassendeklarationen.                    |
 \*------------------------------------------------------------*/
class TLocalMemApplication : public TApplication
  {
  public:
    PSTR        pchTitle;

    TLocalMemApplication (LPSTR lpszName, HANDLE hInstance,
                          HANDLE hPrevInstance, LPSTR lpszCmdLine,
                          int nCmdShow);
    virtual void InitMainWindow ();
  };
```

```
class TLocalMemWindow : public TWindow
   {
   public:
     HANDLE     hInst;
     HANDLE     ahCities;
     PSTR       pchNoMem;
     TEXTMETRIC tmSys;

     TLocalMemWindow (PTWindowsObject pwParent, LPSTR lpszTitle,
                 PTModule pmModule);
     virtual BOOL  Create();
     virtual LPSTR GetClassName ();
     virtual void  GetWindowClass (WNDCLASS&);
     virtual void  Paint (HDC hdc, PAINTSTRUCT& ps);
   };
/*----------------------------------------------------------------*\
|                  Hauptfunktion:  WinMain.                        |
\*----------------------------------------------------------------*/
int PASCAL WinMain (HANDLE hInstance, HANDLE hPrevInstance,
                 LPSTR lpszCmdLine, int nCmdShow)
   {
   TLocalMemApplication LocalMem ("LocalMem", hInstance,
                     hPrevInstance, lpszCmdLine, nCmdShow);
   LocalMem.Run();
   return LocalMem.Status;
   }

/*----------------------------------------------------------------*\
|              Komponente der Application-Klasse.                  |
\*----------------------------------------------------------------*/
TLocalMemApplication::TLocalMemApplication (LPSTR lpszName,
                     HANDLE hInstance, HANDLE hPrevInstance,
                     LPSTR lpszCmdLine, int nCmdShow)
                 :TApplication (lpszName, hInstance,
                     hPrevInstance, lpszCmdLine, nCmdShow)
   {
   int ccSize;

 /* Anwendungsüberschrift aus der Zeichenkettentabelle laden.  */
   pchTitle = (PSTR)LocalAlloc (LMEM_FIXED, MAXSTRLEN);
   if (!pchTitle)
       {
       Status = 1;  // Fehler?  Programm verlassen.
       return;
       }

   ccSize = LoadString (hInstance, IDS_TITLE, pchTitle,
                     MAXSTRLEN);
```

```
      LocalReAlloc ((HANDLE)pchTitle, ccSize+1, 0);
      }
/*------------------------------------------------------------*\
|                  Komponente der Application-Klasse.          |
\*------------------------------------------------------------*/
void TLocalMemApplication::InitMainWindow ()
      {
      MainWindow = new TLocalMemWindow (NULL,
                                  "Lokale Speicherbelegung",
                                  NULL);
      }
/*------------------------------------------------------------*\
|                  TLocalMemWindow-Komponentenfunktion.        |
\*------------------------------------------------------------*/
TLocalMemWindow::TLocalMemWindow (PTWindowsObject pwParent,
                  LPSTR lpszTitle, PTModule pmModule)
              :TWindow (pwParent, lpszTitle, pmModule)
      {
      int ccSize;

/* "Zu wenig Speicher"-Meldung aus der Zeichenkettentabelle laden.*/
      pchNoMem = (PSTR)LocalAlloc (LMEM_FIXED, MAXSTRLEN);
      if (!pchNoMem)
            {
            Status = 1;  // Fehler?  Programm verlassen.
            return;
            }

      ccSize = LoadString (GetApplication()->hInstance, IDS_NOMEM,
                        pchNoMem, MAXSTRLEN);
      LocalReAlloc ((HANDLE)pchNoMem, ccSize+1, 0);
      }
/*------------------------------------------------------------*\
|                  TLocalMemWindow-Komponentenfunktion.        |
\*------------------------------------------------------------*/
BOOL TLocalMemWindow::Create()
      {
      BOOL    bRetVal;
      HDC     hdc;
      int     i;
      int     cbSize;
      PHANDLE pah;
      PSTR    pstr;

      bRetVal = TWindow::Create();

      if (bRetVal)
            {
```

715

```
        /*  Belegen und Sperren des Speichers für ein Handle-Feld.*/
        ahCities = LocalAlloc (LHND, sizeof(HANDLE) * CITYCOUNT);
        pah = (PHANDLE)LocalLock (ahCities);

        /*  Fehlerüberprüfung: falls Sperrung erfolglos,          */
        /*                      beenden.                          */
        if (!pah)
            {
            bRetVal = FALSE;
            goto ErrExit1;
            }

        /* Schleife zum Lesen der Städtenamen.          */
        for (i=0; i<CITYCOUNT ;i++)
            {
            /*  Belegen und Sperren des Speichers.    */
            pah[i] = LocalAlloc (LMEM_MOVEABLE, MAXSTRLEN);
            pstr = LocalLock (pah[i]);

            /*  Falls Sperrung erfolglos, beenden.    */
            if (!pstr)
                {
                bRetVal = FALSE;
                goto ErrExit2;
                }

        /*  Zeichenkette in dynamisches Speicherobjekt kopieren.*/

            cbSize = LoadString (GetApplication()->hInstance,
                            i+IDS_CITY, pstr, MAXSTRLEN);

            /* Freigeben und Anpassen des Speichers auf */
            /* die exakte Größe der Zeichenkette. */
            LocalUnlock (pah[i]);
            LocalReAlloc (pah[i], cbSize+1, 0);

            } /* [für i] */

        LocalUnlock (ahCities);

        hdc = GetDC (HWindow);
        GetTextMetrics (hdc, &tmSys);  /*  Für später speichern.*/
        ReleaseDC (HWindow, hdc);
        }
    return bRetVal;   /*  Alles geklappt. Erfolg melden.     */

ErrExit2:
                    /*  Zu wenig Speicher. Alles freigeben.*/
    for (i--;i>=0;i--)
        LocalFree (pah[i]);
    LocalUnlock (ahCities);
    LocalFree(ahCities);
```

```
ErrExit1:
    return bRetVal;  /*  Abbruch - Mißerfolg melden.  */

    }

/*------------------------------------------------------------*\
|                 TLocalMemWindow-Komponentenfunktion.         |
\*------------------------------------------------------------*/
LPSTR TLocalMemWindow::GetClassName ()
    {
    return "LocalMem:MAIN";
    }

/*------------------------------------------------------------*\
|                 TLocalMemWindow-Komponentenfunktion.         |
\*------------------------------------------------------------*/
void TLocalMemWindow::GetWindowClass (WNDCLASS& wc)
    {
    TWindow::GetWindowClass (wc);
    wc.hIcon=LoadIcon (wc.hInstance, "snapshot");
    wc.hCursor=LoadCursor (wc.hInstance, "hand");
    }

/*------------------------------------------------------------*\
|                 TLocalMemWindow-Komponentenfunktion.         |
\*------------------------------------------------------------*/
void TLocalMemWindow::Paint (HDC hdc, PAINTSTRUCT& ps)
    {
    int     i;
    int     xText;
    int     yText;
    int     xTabPosition;
    PHANDLE pah;
    PSTR    pstr;
    RECT    r;

    /*  Werte initialisieren, um Textzeilen zu schreiben.     */
    xText = tmSys.tmAveCharWidth * 4;
    yText = tmSys.tmHeight * 2;
    GetClientRect (HWindow, &r);
    xTabPosition = r.right/2;

    /*  Sperren des Handle-Feldes.  Falls erfolglos, beenden.  */
    pah = (PHANDLE)LocalLock (ahCities);
    if (!pah)
        goto ErrExit;

    for (i=0;i<CITYCOUNT;i++)
        {
        pstr = LocalLock (pah[i]);
        if (pstr)
```

```
            {
            TabbedTextOut (hdc,
                           xText,
                           yText,
                           pstr,
                           lstrlen(pstr),
                           1,
                           &xTabPosition,
                           0);
            LocalUnlock (pah[i]);
            }

        /*  Inkrementieren für die folgende Zeile.   */
        yText += tmSys.tmHeight + tmSys.tmExternalLeading;
        }
    LocalUnlock (ahCities);

ErrExit:
    return;
    }
```

LOCALMEM.H

```
/*-----------------------------------------------------------------*\
 |  LOCALMEM.H                                                      |
 |  Symbolische Konstanten für die Verwendung durch LOCALMEM.      |
 \*-----------------------------------------------------------------*/

#define IDS_TITLE   1
#define IDS_NOMEM   2
#define IDS_CITY    3
#define MAXSTRLEN 80
#define CITYCOUNT 10
```

LOCALMEM.RC

```
#include "LocalMem.h"

snapshot icon LocalMem.ico

hand cursor LocalMem.cur

stringtable
    {
    IDS_TITLE, "Lokale Speicherbelegung"
    IDS_NOMEM, "Programm kann nicht initialisiert werden - Zu wenig
               Speicher"
    IDS_CITY   "Die größten Städte der Welt (Einw. in Tausend.)"
    IDS_CITY+1, " ";
    IDS_CITY+2, "Tokio-Yokohama, Japan\t25.434"
```

718

```
IDS_CITY+3, "Mexiko Stadt, Mexiko\t16.901"
IDS_CITY+4, "Sao Paolo, Brasilien\t14.911"
IDS_CITY+5, "New York, U.S.A\t14.598"
IDS_CITY+6, "Seoul, Süd-Korea\t13.665"
IDS_CITY+7, "Osaka-Koba-Kyoto, Japan\t13.562"
IDS_CITY+8, "Buenos Aires, Argentinien\t10.750"
IDS_CITY+9, "Kalkutta, Indien\t10.462"
    }
```

LOCALMEM.DEF

```
NAME LOCALMEM

EXETYPE WINDOWS

DESCRIPTION 'Lokale Heap-Belegung'

CODE MOVEABLE DISCARDABLE
DATA MOVEABLE MULTIPLE

HEAPSIZE   512
STACKSIZE 5120
```

Die Verarbeitung in LOCALMEM erfolgt hauptsächlich aufgrund der Nachrichten **WM_CREATE** und **WM_PAINT**. **WM_CREATE** veranlaßt, daß ein Speicherbereich belegt und die Zeichenketten-Tabelle eingelesen wird. Dies wird dann dargestellt, wenn die **WM_PAINT**-Nachricht empfangen wird.

Wenn es eine Regel für die lokale Speicherverwaltung gibt, die wichtiger ist als alle anderen, dann ist es die der *Fehlerüberprüfung*. Damit ein Windows-Programm robust und fehlerfrei ist, muß es unbedingt richtig reagieren, falls eine Speicheranforderung nicht erfüllt werden kann. Die Aussage ist ganz einfach: nicht jede Speicheranforderung kann erfüllt werden. Wenn eine Speicheranforderung nicht erfüllt wird, muß das Programm darauf vorbereitet sein und geeignete Maßnahmen ergreifen, damit Datenverluste vermieden werden.

Deshalb wird in LOCALMEM nach jeder Speicheranforderung überprüft, ob ein gültiges Speicher-Handle zurückgegeben wurde. Dies zeigt das folgende Beispiel:

```
/* Anwendungsüberschrift aus der Zeichenkettentabelle laden. */
pchTitle = (PSTR) LocalAlloc (LMEM_FIXED, MAXSTRLEN);
if (!pchTitle)
   {
   Status = 1;   // Fehlgeschlagen? Programm beenden.
   return;
   }
```

Da ein festes Speicherobjekt belegt werden soll, ist das Handle ein Zeiger auf eine Zeichenkette. Als WINDOWS.H-Definition ausgedrückt, entspricht **PSTR** dem Typ

char near *. Wenn **LocalAlloc** nicht erfolgreich war, gibt es einen Null-Wert zurück. Im obigen Beispiel wird in diesem Fall das Fehlerflag des Objekts gesetzt und die Verarbeitung beendet.

Wenn die oben dargestellten Codezeilen erfolgreich ausgeführt wurden, wird die Routine **LoadString** aufgerufen, damit eine Zeichenkette aus der Zeichenketten-Ressource in den belegten Speicherbereich kopiert wird. Anschließend wird das Objekt so verkleinert, daß es genau die Anzahl von Zeichen aufnehmen kann, die **LoadString** kopiert hat.

```
cSize = LoadString (hInst, IDS_TITLE, pchTitle, MAXSTRLEN);
LocalReAlloc ((HANDLE) pchTitle, ccSize+1, 0);
```

Die Routine **LoadString** ist folgendermaßen definiert:

```
LoadString (hInstance, wID, lpBuffer, nBufferMax)
```

- *hInstance* ist ein Instanz-Handle.

- *wID* ist ein ganzzahliger Bezeichner für die zu lesende Zeichenkette.

- *lpBuffer* ist ein Long-Zeiger auf einen Zeichenketten-Puffer.

- *nBufferMax* enthält die maximal für **lpBuffer** zu kopierende Anzahl von Zeichen.

Später in diesem Kapitel werden wir einige der Speicherimplementationen zur Verwendung von Ressourcen besprechen. Diese bieten einen hohen Grad an Flexibilität zur Verschiebung von Read-only-Daten aus dem Datensegment eines Programms auf die Festplatte. Genau wie die Zeichenketten aus einer Zeichenketten-Ressource, werden Ressourcen erst in den Speicher geladen, wenn sie benötigt werden, und sofort wieder gelöscht, wenn sie nicht mehr benötigt werden. Ressourcen sind eine besondere Art von Datenbehälter, die Sie als Teil des gesamten Speicherverwaltungsbildes von Windows betrachten sollten. Kehren wir jedoch zunächst noch einmal zu LOCAL-MEM zurück.

Ein anderer Ansatz, den Sie zur Fehlerüberprüfung verwenden können, besteht darin, nur den Rückgabewert von **LocalLock** und *nicht* den von **LocalAlloc** zu überprüfen, wenn beide gemeinsam verwendet werden. Dies zeigt das folgende Beispiel:

```
/* Belegen und Sperren von Speicher. */
pah [i] = LocalAlloc (LMEM_MOVEABLE, MAXSTRLEN);
pstr = LocalLock (pah [i]);

/* Beenden, falls das Sperren fehlschlägt. */
if (!pstr)
   {
   bRetVal = FALSE;
   goto ErrExit2;
   }
```

Hierbei wird nur ein einziger Test für *beide* Routinen durchgeführt. Viele Programmierer versuchen, Fehlerüberprüfungen zu vermeiden. Dies ist aber unklug. Aus Sicht der Programmiersprache C++ ist nämlich auch ein "ungültiger" Zeiger durchaus verwendbar: Er zeigt auf den Anfang des Datensegments. Dort steht aber leider der Segment-Header. Ein einfacher Schreibbefehl für das richtige Byte in diesem Bereich kann deswegen das ansonsten stabile Programm zum Absturz bringen.

Ein Programm kann mehrere lokale Heaps verwenden. Diese Möglichkeit wird von Windows-Programmierern oft übersehen. Der wichtigste Grund dafür ist wahrscheinlich das Fehlen eines gut dokumentierten Ansatzes. Außerdem müssen dazu ein paar Assemblerbefehle geschrieben werden. Der Borland C++ Compiler unterstützt eingebettete Assemblerbefehle. Wir werden diese Technik im folgenden verwenden, um zu zeigen, wie ein Programm viele verschiedene lokale Heaps verwenden kann. Jeder Heap wird dabei in einem eigenen dynamisch belegten Segment gespeichert und kann solange wachsen, bis er die Größe des gesamten Segments annimmt.

Belegung eines lokalen Heaps in einem dynamisch belegten Segment

Wie Sie wissen, kennt Windows zwei Verfahren zur dynamischen Speicherbelegung: Lokale Speicherbelegung und globale Speicherbelegung. Jedes Windows-Programm erhält standardmäßig einen lokalen Heap. Dieser Heap wird von **InitApp** erzeugt. Diese Routine ist nicht dokumentiert, jedoch ist sie ein Teil der standardmäßigen (aber unsichtbaren) Startsequenz, mit der jedes Programm beginnt. Der Vorteil des lokalen Heaps besteht darin, daß der zusätzliche Speicherbedarf für Objekte sehr klein ist und daß durch die Ausrichtung in 4-Byte-Schritten nur wenig Speicher verschwendet wird. Das einzige Problem des standardmäßig eingerichteten lokalen Heaps ist, daß er für viele Verwendungszwecke einfach zu klein ist. Je nach der Größe des Stapelspeichers und der lokalen Daten beträgt die Größe des lokalen Heaps höchstens 30-50 KB.

Das Problem der Größe kann durch die Verwendung des globalen Heaps gelöst werden. Der globale Heap besteht aus dem gesamten Adreßraum des Systems. Für Systeme mit einem 80386-Prozessor bedeutet dies: aus dem physikalischen Speicher *plus* der Festplattenkapazität. Der zusätzliche Speicherbedarf eines Objekts auf dem globalen Heap ist aber leider sehr groß. Außerdem ist die Feinkörnigkeit der Segmente mit 32 Byte zu hoch, um sie für sehr kleine Objekte zu verwenden. Deshalb sollten eigentlich nur große Objekte oder aus kleineren Objekten zusammengesetzte Felder (Arrays) in Segmenten des globalen Heaps gespeichert werden.

Damit sich die Vorteile des lokalen Heaps auch für den globalen Heap verwenden lassen, gibt es die Möglichkeit, einen lokalen Heap in einem dynamisch belegten globalen Segment anzulegen. Auf diesem Heap können dann kleine Objekte erzeugt werden, die sich das Segment effizient mit anderen vom lokalen Heap-Verwalter verwalteten Objekten teilen können. Um dies zu erreichen, müssen Sie ein wenig in Assembler programmieren, aber das Ergebnis ist diesen Aufwand wert.

Als erstes müssen Sie daran denken, daß die ersten 16 Byte des Segments reserviert sind. Der lokale Heap-Verwalter verwendet diesen Speicherbereich für seine eigenen Zwecke. Wenn Sie diesen Bereich für Ihre eigenen Zwecke verwenden, riskieren Sie ein Überschreiben der Zeiger für den lokalen Heap. Egal, was Sie tun, achten Sie immer darauf, die ersten 16 Byte eines Segments mit Null initialisiert sind.

Als zweites müssen Sie den lokalen Heap initialisieren. Dies kann leicht mit der Routine **LocalInit** geschehen. Das folgende Beispiel zeigt, wie ein lokaler Heap in einem dynamisch belegten Segment erstellt werden kann:

```
HANDLE hMem;
int pStart, pEnd;
LPSTR lp;
WORD wSeg;
hMem = GlobalAlloc (GMEM_MOVEABLE|GMEM_ZEROINIT, 4096L);
if (!hMem)
  goto ErrorOut;
lp = GlobalLock (hMem);
wSeg = HIWORD (lp);
pStart = 16;
pEnd = (int) GlobalSize (hMem) -1;
LocalInit (wSeg, pStart, pEnd);
GlobalUnlock (hMem);
GlobalUnlock (hMem);
```

Beachten Sie, daß die Routine **GlobalUnlock** zweimal aufgerufen werden muß. Das erste Mal, um als zweiter Teil der Sandwich-Konstruktion der Wirkung von **Global-Lock** entgegenzuwirken. Das zweite Mal, weil **LocalInit** das Segment gesperrt läßt. Ohne den zweiten Aufruf, würde das Datensegment gesperrt im Speicher verharren. Dies würde verhindern, daß das Segment wachsen kann und zu einer "Speichersandbank" im globalen Heap führen.

Der Rückgabewert von **GlobalAlloc** sollte wie jedesmal überprüft werden, damit sichergestellt wird, daß der angeforderte Speicher verfügbar ist. Auch wenn wir ein Segment der Größe 4096 Byte angefordert haben, rufen wir zur Bestimmung der genauen Größe des Segments **GlobalSize** auf. Dies ist notwendig, weil die Ausrichtung der Segmentengrenzen sich in den verschiedenen Betriebsarten unterscheidet. **pStart** wird auf den Wert 16 gesetzt, damit der Platz für den Header freigehalten bleibt. **pEnd** wird auf den Offsetwert des letzten Bytes innerhalb des Segments gesetzt, was der Segmentgröße minus eins entspricht.

Eine etwas kürzere Möglichkeit besteht darin, **pStart** auf Null und **pEnd** auf die tatsächliche *Größe* des lokalen Heap zu setzen. Dies zeigt der folgende Programmtext:

```
pEnd = (int) GlobalSize (hMem) -16;
LocalInit (wSeg, 0, pEnd);
```

Beachten Sie, daß wir in diesem Fall *16* von der Größe des Segments abgezogen haben und nicht *eins*. Der Grund dafür ist, daß wir die ersten 16 Byte für den Segment-Header freilassen müssen.

Für den Zugriff auf den lokalen Heap werden ein paar Assemblerbefehle benötigt. Wir machen es uns einfach und betten den Assemblercode einfach in das C-Programm ein. Wenn Ihr Compiler dies nicht unterstützt, müssen Sie alleinstehende Assemblerroutinen schreiben. Jede beliebige Routine zur Verwaltung des lokalen Heaps kann aufgerufen werden. Es muß lediglich vor und nach jedem Aufruf der Inhalt des DS-Registers verändert werden. Das DS-Register muß immer die Adresse des zu bearbeitenden lokalen Heap enthalten:

```
LPSTR lp;
HANDLE hmem;
WORD wHeapDS;    /* Muß eine Variable des Stapelspeichers sein. */
lp = GlobalLock (hmem);   /* Wo lokaler Heap existiert. */
wHeapDS = HIWORD (lp);
_asm{
  push  DS
  mov   AX, wHeapDS
  mov   DS, AX
  }
hmem = LocalAlloc (LMEM_MOVEABLE, 16);
_asm{
  pop  DS
  }
GlobalUnlock (hmem);
```

Das Beispiel sieht vielleicht etwas kompliziert und bizarr aus. Dieser Ansatz ermöglicht es jedoch einem Windows-Programm, die Vorteile beider Speicherverwaltungspakete zu benutzen und dabei einige der Nachteile zu umgehen.

Natürlich müssen Sie jetzt - wie jedesmal, wenn Sie ein Speicherobjekt verwenden wollen - zwei Sperrungsroutinen aufrufen: eine für das Segment und eine für das lokale Heap-Objekt. Wahrscheinlich werden Sie die Sperre auf beiden Ebenen wieder aufheben wollen, damit eine zu starke Fragmentierung der Datenbereiche verhindert wird. Es gibt dazu natürlich auch andere Möglichkeiten. Ein Programm kann zum Beispiel alle lokalen Heap-Objekte als *feste* Objekte definieren, so daß das Sperren des lokalen Objekts nicht mehr notwendig ist. Zur effizienteren Nutzung ist es wahrscheinlich sinnvoll, eine kleine Unterprogrammbibliothek zu erstellen, die die Speicheranforderung auf beiden Ebenen unterstützt. Dazu könnte man zum Beispiel ein 32-Bit-Handle einführen, wobei die eine Hälfte als lokaler und die zweite Hälfte als globaler Speicher-Handle fungiert. Genau diese Methode verwenden wir in unserem Beispielprogramm. Man könnte auch ein Paket aus Unterroutinen erstellen, die ein eigenes 16-Bit-Handleformat verwenden, damit das richtige Segment und das richtige lokale Speicherobjekt bestimmt werden kann. Wie sie sehen, haben Sie viele Möglichkeiten zur Auswahl. Wir hoffen, daß diese kurze Einführung Ihnen genug Informationen geliefert hat, damit Sie die passende Methode selbst auswählen können.

Wenn es Ihnen wie den meisten Programmierern geht, dann sind all diese theoretischen Erklärungen und die kleinen Programmschnipsel für Sie lange nicht so interessant, wie ein voll ausgewachsenes, arbeitsfähiges Programm, das die Theorie in die Praxis umsetzt. Deshalb wollen wir Ihnen nun ohne viele Worte das nächste Beispielprogramm SUBSEG vorführen.

Ein Programmierbeispiel für die Belegung des lokalen/ globalen Heap: SUBSEG

Das Programm SUBSEG zeigt die Teilsegment-Belegung innerhalb eines dynamisch belegten Segments. Wir haben das Wort "Teilsegment-Belegung" aus der OS/2-Welt übernommen, da es das verwendete Verfahren eher beschreibt als der Begriff "lokale Belegung". Damit Sie aus diesem Beispiel den größtmöglichen Nutzen ziehen können, haben wir eine Gruppe von Teilsegment-Belegungsroutinen geschrieben, die dem Format der normalen Windows-Speicherbelegungsroutinen entsprechen. Wir haben zum Beispiel eine Routine mit dem Namen **SubAlloc** mit den gleichen Aufrufparametern wie für **LocalAlloc** geschrieben. Vier weitere Routinen enthalten die Basisfunktionen, die es Ihnen ermöglichen, eine komplette Bibliothek zur Teilsegment-Belegung zu erstellen. Es gibt noch eine zusätzliche Routine mit dem Namen **SubInitialize**, die ein Segment auf dem globalen Heap belegt und dort einen lokalen Heap anlegt.

SUBSEG ist abgeleitet von SEGALLOC, dem Segmentbelegungs-Beispiel, das wir Ihnen an früherer Stelle in diesem Kapitel bereits aufgezeigt haben. SUBSEG gibt Informationen über die erstellten Datenobjekte aus. Um Sie davon zu überzeugen, daß dieses Programm richtig funktioniert, werden die Informationen direkt aus den Datenobjekten selbst gewonnen.

Wenn Sie dieses Programm mit SEGALLOC vergleichen, werden Sie vielleicht feststellen, daß der zusätzliche Speicherbedarf der Objekte viel geringer ist. Dies liegt daran, daß Segmente auf dem globalen Heap in 32-Byte-Schritten ausgerichtet werden, während Objekte auf dem lokalen Heap eine 4-Byte-Ausrichtung haben. Der Speicherverlust durch "Runden" ist also für lokale Heaps viel geringer.

MAKEFILE.MAK

```
.AUTODEPEND

#   Compilerdefinitionen
INC=C:\BORLANDC\OWL\INCLUDE;C:\BORLANDC\CLASSLIB\INCLUDE;C:\BOR-
```

```
LANDC\INCLUDE
CC = bcc -c -D_CLASSDLL -H -ml -WS -w -I$(INC)

#    Implizite Regeln
.c.obj:
  $(CC) {$< }

.cpp.obj:
  $(CC) {$< }

#    Explizite Regeln
SubSeg.exe: SubSeg.res SubSeg.def SubSeg.obj SubMem.obj
    tlink /c/C/n/P-/Twe/x @SubSeg.LNK
    RC SubSeg.res SubSeg.exe

#    Einzelne Dateiabhängigkeiten
SubSeg.obj: SubSeg.cpp

SubMem.obj: SubMem.c

SubSeg.res: SubSeg.rc SubSeg.cur SubSeg.ico
    RC -R -FO SubSeg.res SubSeg.RC
```

SUBSEG.LNK

```
c:\borlandc\lib\c0wl.obj+
SubSeg.obj+
SubMem.obj
SubSeg,SubSeg
\borlandc\owl\lib\owl.lib+
crtll.lib+
cwl.lib+
import.lib+
mathl.lib+
cl.lib
SubSeg.def
```

SUBSEG.CPP

```
/*-------------------------------------------------------------*\
| SUBSEG.CPP - Demo von Teilsegmentbelegungen                   |
|              in Win3.                                         |
\*-------------------------------------------------------------*/
#include <owl.h>
#include "Subseg.h"
#include "SubMem.h"

/*-------------------------------------------------------------*\
|                    Klassendeklarationen.                      |
\*-------------------------------------------------------------*/
```

```
class TSubSegApplication : public TApplication
  {
  public:
    TSubSegApplication (LPSTR lpszName, HANDLE hInstance,
                        HANDLE hPrevInstance, LPSTR lpszCmdLine,
                        int nCmdShow);
    virtual void InitMainWindow ();
  };

class TSubSegWindow : public TWindow
  {
  public:
    PSTR Label1;
    PSTR Label2;
    PSTR Label3;

    int cb1;  // Überschriftenlänge.
    int cb2;
    int cb3;

    HANDLE32 hSegment[COUNT];
    SEGDATA sdInit[COUNT];

    TEXTMETRIC tmSys;
    LPSEGDATA lpSegData[COUNT];

    TSubSegWindow (PTWindowsObject pwParent, LPSTR lpszTitle,
              PTModule pmModule);
    virtual BOOL  Create();
    virtual void  Destroy();
    virtual LPSTR GetClassName ();
    virtual void  GetWindowClass (WNDCLASS&);
    virtual void  Paint (HDC hdc, PAINTSTRUCT& ps);
  };

/*-----------------------------------------------------------*\
|                  Hauptfunktion:  WinMain.                   |
\*-----------------------------------------------------------*/
int PASCAL WinMain (HANDLE hInstance, HANDLE hPrevInstance,
                    LPSTR lpszCmdLine, int nCmdShow)
    {
    TSubSegApplication SubSeg ("SubSeg", hInstance,
                               hPrevInstance, lpszCmdLine,
                               nCmdShow);
    SubSeg.Run ();
    return SubSeg.Status;
    }

/*-----------------------------------------------------------*\
|                  Komponente der Application-Klasse.         |
\*-----------------------------------------------------------*/
```

```
TSubSegApplication::TSubSegApplication (LPSTR lpszName,
                    HANDLE hInstance, HANDLE hPrevInstance,
                    LPSTR lpszCmdLine, int nCmdShow)
                   :TApplication (lpszName, hInstance,
                    hPrevInstance, lpszCmdLine, nCmdShow)
    {
    SubInitialize();
    }
/*---------------------------------------------------------------*\
|                 Komponente der Application-Klasse.              |
\*---------------------------------------------------------------*/
void TSubSegApplication::InitMainWindow ()
    {
    MainWindow = new TSubSegWindow (NULL,
                            "Teilsegment Belegung", NULL);
    }
/*---------------------------------------------------------------*\
|                 TSubSegWindow-Komponentenfunktion.             |
\*---------------------------------------------------------------*/
TSubSegWindow::TSubSegWindow (PTWindowsObject pwParent,
              LPSTR lpszTitle, PTModule pmModule)
          :TWindow (pwParent, lpszTitle, pmModule)
    {
    Label1 = "Beschreibung";
    Label2 = "Angef/Aktuell";
    Label3 = "Handle  ->  Adresse";

    cb1 = lstrlen(Label1);
    cb2 = lstrlen(Label2);
    cb3 = lstrlen(Label3);

    lstrcpy (sdInit[0].achDesc, "Feststehendes Objekt");
    sdInit[0].dwAlloc  = 50;
    sdInit[0].wFlags   = GMEM_FIXED;

    lstrcpy (sdInit[1].achDesc, "Verschiebbarer Speicher");
    sdInit[1].dwAlloc  = 75;
    sdInit[1].wFlags   = GMEM_MOVEABLE | GMEM_ZEROINIT;

    lstrcpy (sdInit[2].achDesc, "Überschreibbares Segment");
    sdInit[2].dwAlloc  = 100;
    sdInit[2].wFlags   = GMEM_DISCARDABLE | GMEM_MOVEABLE;
    }
/*---------------------------------------------------------------*\
|                 TSubSegWindow-Komponentenfunktion.             |
\*---------------------------------------------------------------*/
BOOL TSubSegWindow::Create()
    {
```

727

```
        BOOL bRetVal;
        HDC  hdc;
        int  i;

        bRetVal = TWindow::Create();

        if (bRetVal)
            {
            for (i=0;i<COUNT;i++)
                {
                hSegment[i] = SubAlloc(sdInit[i].wFlags,
                                       (WORD)sdInit[i].dwAlloc);

                lpSegData[i] = (LPSEGDATA)SubLock (hSegment[i]);
                if (!lpSegData[i])
                    {
                    MessageBox (NULL,"Zu wenig Speicher",
                                GetApplication()->Name, MB_OK);
                    bRetVal = FALSE;
                    goto Exit;
                    }

                lstrcpy (lpSegData[i]->achDesc, sdInit[i].achDesc);
                lpSegData[i]->dwAlloc = sdInit[i].dwAlloc;
                lpSegData[i]->dwActual = SubSize (hSegment[i]);
                lpSegData[i]->wFlags = sdInit[i].wFlags;
                } /* [für] */

            hdc = GetDC (HWindow);
            GetTextMetrics (hdc, &tmSys);
            ReleaseDC (HWindow, hdc);
            }
Exit:
    return bRetVal;
    }

/*----------------------------------------------------------------*\
|                  TSubSegWindow-Komponentenfunktion.              |
\*----------------------------------------------------------------*/
void TSubSegWindow::Destroy()
    {
    int i;

    for (i-0;i<COUNT;i++)
        {
        SubUnlock (hSegment[i]);
        SubFree   (hSegment[i]);
        }
    }
```

```
/*-----------------------------------------------------------*\
|                   TSubSegWindow-Komponentenfunktion.        |
\*-----------------------------------------------------------*/
LPSTR TSubSegWindow::GetClassName ()
    {
    return "SubSeg:MAIN";
    }

/*-----------------------------------------------------------*\
|                   TSubSegWindow-Komponentenfunktion.        |
\*-----------------------------------------------------------*/
void TSubSegWindow::GetWindowClass (WNDCLASS& wc)
    {
    TWindow::GetWindowClass (wc);
    wc.hIcon=LoadIcon (wc.hInstance, "snapshot");
    wc.hCursor=LoadCursor (wc.hInstance, "hand");
    }

/*-----------------------------------------------------------*\
|                   TSubSegWindow-Komponentenfunktion.        |
\*-----------------------------------------------------------*/
void TSubSegWindow::Paint (HDC hdc, PAINTSTRUCT& ps)
    {
    char buff[30];
    int  cb;
    int  i;
    int  xText1;
    int  xText2;
    int  xText3;
    int  yText;

    /*  Variablen zur Textpositionierung berechnen.          */
    xText1 = tmSys.tmAveCharWidth * 2;
    xText2 = xText1 + (STRSIZE * tmSys.tmAveCharWidth);
    xText3 = xText2 + ((cb2+5) * tmSys.tmAveCharWidth);
    yText = tmSys.tmHeight;

    /*  Überschriften ausgeben.                              */
    TextOut (hdc, xText1, yText, Label1, cb1);
    TextOut (hdc, xText2, yText, Label2, cb2);
    TextOut (hdc, xText3, yText, Label3, cb3);

    yText += tmSys.tmHeight * 2;

    for (i=0;i<COUNT;i++)
        {
        /*  Beschreibung ausgeben.                           */
        TextOut (hdc, xText1, yText, lpSegData[i]->achDesc,
                lstrlen(lpSegData[i]->achDesc));
```

729

```
            /* Belegte Größe gegenüber der aktuellen Größe ausgeben. */
            cb = wsprintf (buff, "%ld / %ld", lpSegData[i]->dwAlloc,
                                              lpSegData[i]->dwActual);
            TextOut (hdc, xText2, yText, buff, cb);

            /* Handle und aktuelle Adresse ausgeben.             */
            cb = wsprintf (buff, "%04x:%04x  ->  %04x:%04x",
                HIWORD(hSegment[i]), LOWORD(hSegment[i]),
                HIWORD(lpSegData[i]), LOWORD(lpSegData[i]));
            TextOut (hdc, xText3, yText, buff, cb);

            /* Zur nächsten Zeile vorgehen.                      */
            yText += tmSys.tmHeight + tmSys.tmExternalLeading;
            }
    }
```

SUBSEG.H

```
/*---------------------------------------------------------------*\
| SUBSEG.H  - Definitionsdatei für SubSeg.cpp.                    |
\*---------------------------------------------------------------*/

/*---------------------------------------------------------------*\
|                         Konstanten.                             |
\*---------------------------------------------------------------*/
const int STRSIZE = 30;
const int COUNT   = 3;

/*---------------------------------------------------------------*\
|                       Typdefinitionen.                          |
\*---------------------------------------------------------------*/
typedef struct tagSEGDATA
    {
    char  achDesc[STRSIZE]; /* Beschreibung der Daten. */
    DWORD dwAlloc;          /* Angeforderte Anzahl.    */
    DWORD dwActual;         /* Tatsächlich belegt.     */
    WORD  wFlags;           /* Belegungsflaggen    .   */
    } SEGDATA;

typedef SEGDATA FAR *LPSEGDATA;
```

SUBMEM.C

```
/*---------------------------------------------------------------*\
| SUBMEM.C  - Teilsegmentbelegungsroutinen, zur Erzeugung         |
|             lokaler Heap in dynamisch belegten Segmenten.       |
\*---------------------------------------------------------------*/
#include <Windows.H>
```

```
typedef DWORD HANDLE32;

/*----------------------------------------------------------*\
|                 Beschreibung statischer Daten.             |
\*----------------------------------------------------------*/
HANDLE hSegment;

/*----------------------------------------------------------*\
|  SubInitialize - Wird zuerst aufgerufen, um ein Segment vom |
|                  globalen Heap zu belegen.                 |
\*----------------------------------------------------------*/
BOOL    FAR PASCAL SubInitialize(VOID)
    {
    BOOL  bRetVal;
    LPSTR lp;
    WORD  wSeg;
    WORD  wSize;

    hSegment = GlobalAlloc (GMEM_MOVEABLE | GMEM_ZEROINIT,
                            4096);
    if (!hSegment)
       return FALSE;

    lp = GlobalLock (hSegment);
    if (!lp)
       return FALSE;

    wSeg = HIWORD (lp);
    wSize = (WORD)GlobalSize (hSegment) - 16;

    bRetVal = LocalInit (wSeg, 0, wSize);

    GlobalUnlock (hSegment);
    GlobalUnlock (hSegment);        /* LocalInit Globalsperrung */
                                    /* rückgängig machen. */

    return bRetVal;
    }


/*----------------------------------------------------------*\
| SubAlloc - Belegen eines Teilsegmentes.                    |
|                                                            |
| Eingabe: wFlags = Lokale Heap-Belegungsflags.              |
|          wBytes = Anzahl der Byte die zu belegen sind.     |
|                                                            |
| Rückgabe:  Ein 4-Byte-"Handle", bestehend aus:             |
|            HIWORD = Handle zum globalen Segment.           |
|            LOWORD = Handle zum lokalen Objekt.             |
\*----------------------------------------------------------*/
HANDLE32 FAR PASCAL SubAlloc(WORD wFlags, WORD wBytes)
    {
```

731

```
    HANDLE hMem;
    LPSTR  lp;
    WORD   wSeg;

    lp = GlobalLock (hSegment);
    if (!lp)
        return 0L;

    wSeg = HIWORD (lp);

    _asm { push    ds
           mov     ax, wSeg
           mov     ds, ax    }

    hMem = LocalAlloc (wFlags, wBytes);

    _asm { pop     ds }

    GlobalUnlock (hSegment);

    if (!hMem)
        return 0L;
    else
        return MAKELONG (hMem, hSegment);
    }
/*-------------------------------------------------------------------*\
 |  SubFree - Freigeben eines Teilsegmentes.                         |
 |                                                                   |
 |  Eingabe:   Ein 4-Byte-"Handle", bestehend aus:                   |
 |             HIWORD = Handle zum globalen Segment.                 |
 |             LOWORD = Handle zum lokalen Objekt.                   |
 |                                                                   |
 |  Rückgabe: Das ursprüngliche Handle, falls erfolgreich. Sonst     |
 |             Rückgabe von NULL.                                    |
\*-------------------------------------------------------------------*/
HANDLE32 FAR PASCAL SubFree(HANDLE32 hSubMem)
    {
    HANDLE hSeg;
    HANDLE hMem;
    LPSTR  lp;
    WORD   wSeg;

    hSeg = HIWORD (hSubMem);
    hMem = LOWORD (hSubMem);

    lp = GlobalLock (hSeg);
    if (!lp)
        return 0L;

    wSeg = HIWORD (lp);
```

```
_asm { push    ds
        mov     ax, wSeg
        mov     ds, ax  }

hMem = LocalFree (hMem);

_asm { pop     ds }

GlobalUnlock (hSeg);

if (!hMem)
    return 0L;
else
    return MAKELONG (hMem, hSeg);
}
/*-------------------------------------------------------------*\
|  SubLock - Sperrt ein Teilsegment und das Segment, in dem     |
|            es existiert.                                       |
|                                                               |
|  Eingabe:  Ein 4-Byte-"Handle", bestehend aus:                |
|            HIWORD = Handle zum globalen Segment.              |
|            LOWORD = Handle zum lokalen Objekt.               |
|                                                               |
|  Rückgabe: Ein Far-Zeiger auf das Objekt.                    |
\*-------------------------------------------------------------*/
LPSTR    FAR PASCAL SubLock(HANDLE32 hSubMem)
    {
    HANDLE hSeg;
    HANDLE hMem;
    LPSTR lp;
    PSTR  p;
    WORD  wSeg;

    hSeg = HIWORD (hSubMem);
    hMem = LOWORD (hSubMem);

    lp = GlobalLock (hSeg);
    if (!lp)
        return 0L;

    wSeg = HIWORD (lp);

    _asm { push    ds
            mov     ax, wSeg
            mov     ds, ax  }

    p = LocalLock (hMem);

    _asm { pop     ds }
```

```
    /*  Keine Übereinstimmung mit GlobalUnlock - Segment für den */
    /*  Aufrufenden zur Verwendung gesperrt lassen. */
    /*  Wir heben die Sperrung in SubUnlock zweimal auf.   */

    if (!p)
        return (LPSTR)0;
    else
        return (LPSTR)MAKELONG (p, wSeg);
    }

/*----------------------------------------------------------------*\
  | SubSize - Gibt die Größe eines Teilsegmentes zurück.           |
  |                                                                |
  | Eingabe:  Ein 4-Byte-"Handle", bestehend aus:                 |
  |           HIWORD = Handle zum globalen Segment.               |
  |           LOWORD = Handle zum lokalen Objekt.                 |
  |                                                                |
  | Rückgabes: Ein WORD-Wert mit der Größe des Teilsegmentes,     |
  |            oder 0, falls der Handle ungültig ist.             |
\*----------------------------------------------------------------*/
WORD    FAR PASCAL SubSize(HANDLE32 hSubMem)
    {
    HANDLE hSeg;
    HANDLE hMem;
    LPSTR lp;
    WORD  wSeg;
    WORD  wSize;

    hSeg = HIWORD (hSubMem);
    hMem = LOWORD (hSubMem);

    lp = GlobalLock (hSeg);
    if (!lp)
        return 0;

    wSeg = HIWORD (lp);

    _asm { push    ds
           mov     ax, wSeg
           mov     ds, ax    }

    wSize = LocalSize (hMem);

    _asm { pop     ds }

    GlobalUnlock (hSeg);

    return wSize;
    }

/*----------------------------------------------------------------*\
  | SubUnlock - Sperrung für ein Teilsegment, und das Segment     |
```

```
|            in dem es existiert, aufheben.            |
| Eingabe:  Ein 4-Byte-"Handle", bestehend aus:       |
|           HIWORD = Handle zum globalen Segment.      |
|           LOWORD = Handle zum lokalen Objekt.        |
|                                                      |
| Rückgabe: Der LocalUnlock-Rückgabewert, der 0 ist, falls |
|           der Verweiszähler des Blocks auf 0 verringert  |
|           wurde, sonst ist er nicht 0.               |
\*------------------------------------------------------*/
BOOL     FAR PASCAL SubUnlock(HANDLE32 hSubMem)
    {
    BOOL    bRetVal;
    HANDLE  hSeg;
    HANDLE  hMem;
    LPSTR   lp;
    WORD    wSeg;

    hSeg = HIWORD (hSubMem);
    hMem = LOWORD (hSubMem);

    lp = GlobalLock (hSeg);
    if (!lp)
        return 0L;

    wSeg = HIWORD (lp);

    _asm { push    ds
           mov     ax, wSeg
           mov     ds, ax   }

    bRetVal = LocalUnlock (hMem);

    _asm { pop     ds }

    GlobalUnlock (hSeg);
    GlobalUnlock (hSeg);

    return bRetVal;
    }
```

SUBMEM.H

```
/*------------------------------------------------------*\
| SUBMEM.H - Definitionsdatei für SUBMEM.C              |
\*------------------------------------------------------*/

typedef DWORD HANDLE32;


/*------------------------------------------------------*\
|                 Funktionsprototypen.                  |
\*------------------------------------------------------*/
```

```
extern "C" BOOL     FAR PASCAL SubInitialize(VOID);
extern "C" HANDLE32 FAR PASCAL SubAlloc(WORD, WORD);
extern "C" HANDLE32 FAR PASCAL SubFree(HANDLE32);
extern "C" LPSTR    FAR PASCAL SubLock(HANDLE32);
extern "C" WORD     FAR PASCAL SubSize(HANDLE32);
extern "C" BOOL     FAR PASCAL SubUnlock(HANDLE32);
```

SUBSEG.RC

```
snapshot icon SubSeg.ico

hand cursor SubSeg.cur
```

SUBSEG.DEF

```
NAME SUBSEG

EXETYPE WINDOWS

DESCRIPTION 'Teilsegmentbelegung'

CODE MOVEABLE DISCARDABLE
DATA MOVEABLE MULTIPLE

HEAPSIZE  512
STACKSIZE 5120
```

Das erste, was Sie an diesem Programm vielleicht bemerken werden, ist, daß es sich fast nicht vom Programm SEGALLOC, von dem es abgeleitet wurde, unterscheidet. Dies ist beabsichtigt. Wir haben die neuen Belegungsroutinen so entworfen, daß sie genau den lokalen und globalen Heap-Verwaltungsroutinen entsprechen. Deshalb übernimmt **SubAlloc** die Rolle von **GlobalAlloc** bzw. **LocalAlloc** und **SubLock** übernehmen die Rolle von **GlobalLock** bzw. **LocalLock**. Wenn Sie den Code der Teilsegmentroutinen betrachten, werden Sie jedoch feststellen, daß Aufrufe für *beide* lokale und globale Heap-Verwaltungsroutinen erfolgen.

Das von **SubAlloc** zurückgegebene Handle weist eine wichtige Besonderheit auf: anstelle eines normalen 16-Bit-Handle wird hier ein 32-Bit-Handle zurückgegeben. Dieses Handle birgt allerdings zwei verschiedene Handles in sich: Das obere Wort enthält das Handle des Segments und das untere Wort enthält das Handle des lokalen Heap-Objekts. Dadurch können die Routinen zur Unterstützung mehrerer lokaler Heaps in mehreren Segmenten entsprechend erweitert werden. Die einzige Voraussetzung ist, daß **LocalInit** zur Initialisierung der Segmente aufgerufen werden muß. Das Beispielprogramm verwendet aus Gründen der Einfachheit nur ein Segment.

Eine weitere Einschränkung des Programms besteht darin, daß das Segment, welches den lokalen Heap enthält, niemals freigegeben wird. Auch wenn dies für ein kleines Beispielprogramm noch erträglich ist, ist es dennoch ein klarer Fall von "Mach, was ich sage, und nicht, was ich tue". Achten Sie also bitte darauf, jedes von Ihnen erzeugte Speicherobjekt wieder freizugeben und jedes gesperrte Speicherobjekt wieder zu entsperren. Machen Sie alles rückgängig, was auch immer rückgängig gemacht werden muß, damit jede von Ihnen verwendete Ressource wieder freigegeben wird.

Betrachten wir jetzt das nächste und letzte Beispielprogramm. Dieses Programm erstellt eine eigene Ressource.

Eigene Ressourcen

Windows unterstützt viele verschiedene Arten von Ressourcen. Sie können sogar eigene Ressourcen erstellen. Dadurch können Sie ohne großen Aufwand die Vorteile der eingebauten Ressourcen-Speicherverwaltung ausnutzen. Die besten Kandidaten für eigene Ressourcen sind Datenobjekte, die sich nicht verändern. Wir wollen Ihnen ein Beispiel einer Ressource zeigen, die zum zu Berechnen von Sinus- und Cosinuswerten verwendet wird. Diese Tabelle ermöglicht die Berechnung eines ganzzahligen Sinuswertes, der lediglich ein mit 10.000 multiplizierter Sinuswert ist. Der Vorteil einer Nachschlagetabelle besteht darin, daß ihre Benutzung schneller ist als die direkte Berechnung des Wertes. Außerdem erhalten Sie eine höhere Gesamtverarbeitungsgeschwindigkeit, wenn Sie Berechnungen auf ganzzahlige Werte beschränken. Dies liegt daran, daß die älteren Mitglieder der Intel-86-Prozessorfamilie (80386 und früher) keine eingebaute Gleitkommaarithmetik haben. Es ist vielleicht interessant zu wissen, daß diese Tatsache Microsoft so sehr beeinflußt hat, daß in Windows *überhaupt keine* Gleitkommarithmetik vorkommt.

Wir werden zwei Routinen schreiben, die für einen in Grad angegebenen Winkel den Sinus und den Cosinus berechnen werden. Im Prinzip müßte man für zwei Funktionen und 360 verschiedene Winkel genau 720 Werte in der Nachschlagetabelle speichern. Wir werden jedoch die Symmetrie dieser Tabelle ausnutzen und mit Hilfe einiger Tricks, wie Falten und Drehen, das gleiche Ergebnis mit einer Tabelle aus 90 Sinuswerten berechnen. Lesen Sie einfach weiter, um zu verstehen, wie dies funktioniert!

Als erstes müssen wir die Nachschlagetabelle erstellen. Es gibt dafür viele Möglichkeiten. Die einfachste besteht darin, ein kleines C-Programm zu schreiben, das die Werte berechnet und in eine ASCII-Textdatei schreibt. Warum eine ASCII-Textdatei? Wir werden Ihnen jetzt einen Trick zeigen, der es ermöglicht, komplizierte binäre Datenobjekte aus einfachen ASCII-Textdateien zu erzeugen. Die einzigen Werkzeuge, die Sie dazu benötigen, sind der Macro-Assembler (MASM), der Linker und ein spezielles Konvertierungsprogramm mit dem Namen EXE2BIN.EXE, das mit DOS ausgeliefert wird. Das folgende Programm haben wir verwendet, um die Tabelle der Sinuswerte zu erstellen:

MAKEFILE.MAK

```
#
#   Datei für Sinustabelle erstellen.
#
#   Erzeugen einer Sinustabelle mit:
#      make sinedata.bin
#

sine.exe: sine.c
    bcc sine.c

sinedata.asm: sine.exe
    sine

sinedata.bin: sinedata.asm
    tasm sinedata.asm
    tlink sinedata.obj
    exe2bin sinedata.exe
    copy sinedata.bin ..\custres\sinedata.bin
```

SINE.C

```
/*-------------------------------------------------------------------*\
 |   SINE.C - Erzeugt eine .ASM Programmdatei, die Sinuswerte        |
 |           von 0 bis 90 Grad enthält. Diese Datei ist dazu         |
 |           geeignet, eine angepaßte Windows-Ressource              |
 |           zu erzeugen.                                            |
 \*-------------------------------------------------------------------*/

#include "stdio.h"
#include "math.h"

char achFileHeader[] =
    ";\n"
    "; Sinus/Cosinus Wertetabelle\n"
    ";\n"
    ";\n"
    "; Tabelle mit Sinuswerten von 0 bis 90 Grad\n"
    ";\n"
    "SINDATA segment public\n";

char achFileFooter[] =
    "\n"
    "SINDATA ends\n"
    "END\n";


main()
```

```
{
double  dbPI  = 3.1415926536;
double  dbRad;
FILE    * fp;
int     iAngle;
int     iSin;

if (!(fp = fopen("sinedata.asm", "w")))
    {
    printf("Sinedata.asm kann nicht erzeugt werden.\n");
    exit(1);
    }

fprintf (fp, achFileHeader);
fprintf (fp, "DW ");

for (iAngle = 0; iAngle <= 90; iAngle++)
    {
    dbRad = (((double)iAngle) * dbPI) / 180.0;
    iSin = sin(dbRad) * 10000.0 + 0.5;
    fprintf(fp, " %5d", iSin);

    if (iAngle % 8 == 7)
        fprintf (fp, "\nDW ");
    else if (iAngle != 90)
        fprintf (fp, ",");
    }

fprintf(fp, achFileFooter);

fclose(fp);

return (0);
}
```

Dieses Programm erstellt als Ausgabedatei eine MASM-Quellprogrammdatei. Diese Datei enthält die Datendefinitionen für das Datensegment. Zum Bearbeiten dieser Daten werden wir aber keinen MASM-Code schreiben. Statt dessen lassen wir die Datendefinitionen von MASM in ein binäres Format umwandeln. Die folgende Datei mit dem Namen SINEDATA.ASM wird als MASM-Datei erzeugt:

```
; Sinus/Cosinus Wertetabelle
;
;
; Tabelle mit Sinuswerten von 0 bis 90 Grad
;
SINDATA segment public
DW      0,    175,    349,    523,    698,    872,   1045,   1219
DW   1392,   1564,   1736,   1908,   2079,   2250,   2419,   2588
DW   2756,   2924,   3090,   3256,   3420,   3584,   3746,   3907
DW   4067,   4226,   4384,   4540,   4695,   4848,   5000,   5150
```

```
DW    5299,  5446,  5592,  5736,  5878,  6018,  6157,  6293
DW    6428,  6561,  6691,  6820,  6947,  7071,  7193,  7314
DW    7431,  7547,  7660,  7771,  7880,  7986,  8090,  8192
DW    8290,  8387,  8480,  8572,  8660,  8746,  8829,  8910
DW    8988,  9063,  9135,  9205,  9272,  9336,  9397,  9455
DW    9511,  9563,  9613,  9659,  9703,  9744,  9781,  9816
DW    9848,  9877,  9903,  9925,  9945,  9962,  9976,  9986
DW    9994,  9998, 10000
SINDATA ends
END
```

Nachdem diese Datei vom Macro-Assembler und vom Linker bearbeitet wurde, ist das Ergebnis eine fast schon unter DOS ausführbare .EXE-Datei, die jedoch keinen Code, sondern nur ein Datensegment enthält. Zum Umwandeln dieser Daten in ein rein binäres Format müssen Sie nun das Programm EXE2BIN ausführen. Dieses Programm wird normalerweise zur Umwandlung von .EXE-Dateien in .COM-Dateien verwendet. .COM-Dateien sind einfache Speicherabbildungen, die ohne irgendwelche Änderungen geladen und ausgeführt werden können. Dies ist genau, was wir wollen - ein rein binäres Objekt. Mit **EXE2BIN** können wir eine derartige Binärdatei erzeugen und unsere Sinustafel-Ressource erstellen lassen.

Um zu testen, daß die Sinus- und Cosinus-Funktionen korrekte Werte liefern, verbindet unser Beispielprogramm CUSTRES 359 Punkte miteinander und zeichnet auf diese Weise einen Kreis mit einem Radius von 100 Bildpunkten. Unser Programm ist zwar etwas langsamer als die GDI-Routine **Ellipse**, es zeigt aber sehr schön, daß die erzeugten Sinus- und Cosinuswerte für den Bereich von 0 bis 360 Grad zumindest richtig *aussehen*.

Es folgt der Code des Programms mit eigenen Ressourcen (CUSTRES.EXE), in dem die Sinustafel verwendet wird, um Sinus- und Cosinuswerte zu berechnen und einen Kreis zu zeichnen.

MAKEFILE.MAK

```
.AUTODEPEND

#    Compilerdefinitionen
INC=C:\BORLANDC\OWL\INCLUDE;C:\BORLANDC\CLASSLIB\INCLUDE;C:\BOR-
LANDC\INCLUDE
CC = bcc -c -D_CLASSDLL -H -ml -WS -w -I$(INC)

#    Implizite Regeln
.c.obj:
  $(CC) {$< }

.cpp.obj:
  $(CC) {$< }
```

```
#   Explizite Regeln
CustRes.exe: CustRes.res CustRes.def CustRes.obj
    tlink /c/C/n/P-/Twe/x @CustRes.LNK
    RC CustRes.res CustRes.exe

#   Einzelne Dateiabhängigkeiten
CustRes.obj: CustRes.cpp

CustRes.res: CustRes.rc CustRes.cur CustRes.ico
    RC -R -FO CustRes.res CustRes.RC
```

CUSTRES.LNK

```
c:\borlandc\lib\c0wl.obj+
CustRes.obj
CustRes,CustRes
\borlandc\owl\lib\owl.lib+
crtll.lib+
cwl.lib+
import.lib+
mathl.lib+
cl.lib
CustRes.def
```

CUSTRES.CPP

```
/*-------------------------------------------------------------*\
| CUSTRES.CPP - Erzeugung einer angepaßten Ressource in       |
|               Windows. Dieses Programm erzeugt eine         |
|               Ressource, die eine Sinustabelle beinhaltet.  |
|               Diese Tabelle wird zur Berechnung von Sinus   |
|               und Cosinus für alle Gradwerte verwendet, die |
|               eingegeben werden.                            |
\*-------------------------------------------------------------*/
#include <owl.h>
#include "CustRes.h"

/*-------------------------------------------------------------*\
|                    Globale Variablen.                       |
\*-------------------------------------------------------------*/
HANDLE hresSineData;

/*-------------------------------------------------------------*\
|                  Klassendeklarationen.                      |
\*-------------------------------------------------------------*/
class TCustResApplication : public TApplication
   {
   public:
     TCustResApplication (LPSTR lpszName, HANDLE hInstance,
```

```
                             HANDLE hPrevInstance, LPSTR lpszCmdLine,
                             int nCmdShow);
     ~TCustResApplication ();
     virtual void InitMainWindow ();
   };

class TCustResWindow : public TWindow
   {
   public:
     TCustResWindow (PTWindowsObject pwParent, LPSTR lpszTitle,
                     PTModule pmModule);
     virtual LPSTR GetClassName ();
     virtual void  GetWindowClass (WNDCLASS&);
     virtual void  Paint (HDC hdc, PAINTSTRUCT& ps);
   };

/*----------------------------------------------------------------*\
|                   Hauptfunktion:  WinMain.                        |
\*----------------------------------------------------------------*/
int PASCAL WinMain (HANDLE hInstance,   HANDLE hPrevInstance,
                    LPSTR  lpszCmdLine, int    nCmdShow)
   {
   TCustResApplication CustRes ("CustRes", hInstance,
                       hPrevInstance, lpszCmdLine, nCmdShow);
   CustRes.Run();
   return CustRes.Status;
   }

/*----------------------------------------------------------------*\
|                 Komponente der Application-Klasse.               |
\*----------------------------------------------------------------*/
TCustResApplication::TCustResApplication (LPSTR lpszName,
                     HANDLE hInstance, HANDLE hPrevInstance,
                     LPSTR lpszCmdLine, int nCmdShow)
                    :TApplication (lpszName, hInstance,
                     hPrevInstance, lpszCmdLine, nCmdShow)
   {
   HANDLE hRes;

   hRes = FindResource (hInstance,
          MAKEINTRESOURCE(SINE),    /* Name. */
          MAKEINTRESOURCE(TABLE));  /* Typ. */
   hresSineData = LoadResource (hInstance, hRes);
   }

/*----------------------------------------------------------------*\
|                 Komponente der Application-Klasse.               |
\*----------------------------------------------------------------*/
TCustResApplication::~TCustResApplication ()
   {
```

```
      FreeResource (hresSineData);
      }
/*---------------------------------------------------------------*\
|               Komponente der Application-Klasse.            |
\*---------------------------------------------------------------*/
void TCustResApplication::InitMainWindow ()
      {
      MainWindow = new TCustResWindow (NULL,
                      "Angepaßte Ressource - Sinus & Cosinus",
                                  NULL);
      }
/*---------------------------------------------------------------*\
|               TCustResWindow-Komponentenfunktion.           |
\*---------------------------------------------------------------*/
TCustResWindow::TCustResWindow (PTWindowsObject pwParent,
                  LPSTR lpszTitle, PTModule pmModule)
              :TWindow (pwParent, lpszTitle, pmModule)
      {
      /* Die fensterspezifische Initialisierung erfolgt hier. */
      }
/*---------------------------------------------------------------*\
|               TCustResWindow-Komponentenfunktion.           |
\*---------------------------------------------------------------*/
LPSTR TCustResWindow::GetClassName ()
      {
      return "CustRes:MAIN";
      }
/*---------------------------------------------------------------*\
|               TCustResWindow-Komponentenfunktion.           |
\*---------------------------------------------------------------*/
void TCustResWindow::GetWindowClass (WNDCLASS& wc)
      {
      TWindow::GetWindowClass (wc);
      wc.hIcon=LoadIcon (wc.hInstance, "snapshot");
      wc.hCursor=LoadCursor (wc.hInstance, "hand");
      }
/*---------------------------------------------------------------*\
|               TCustResWindow-Komponentenfunktion.           |
\*---------------------------------------------------------------*/
void TCustResWindow::Paint (HDC hdc, PAINTSTRUCT& ps)
      {
      int i;
      int x, y;
      RECT r;
```

```
    GetClientRect (HWindow, &r);
    SetViewportOrg (hdc, r.right/2, r.bottom/2);

    x = intCos (0)/100;
    y = intSine (0)/100;
    MoveTo (hdc, x, y);

    for (i=0;i<=360;i++)
        {
        x = intCos (i)/100;
        y = intSine (i)/100;
        LineTo (hdc, x, y);
        }
    }

/*--------------------------------------------------------------*\
|               Ganzzahlige Sinusroutine:  intSine.              |
|                                                                |
|   Berechnet einen ganzzahligen Sinuswert in Zehntausendstel    |
|        eines jeden angegebenen Winkels in Grad vermittels      |
|        eines Wertes aus einer angepassten Sinus-Ressource.     |
\*--------------------------------------------------------------*/
int FAR PASCAL intSine (int iValue)
    {
    int iSign;

    int FAR * fpSine;

    fpSine = (int FAR *)LockResource (hresSineData);
    if (fpSine == NULL)
        return (0);

    while (iValue < 0)    iValue +=360;
    while (iValue > 360) iValue -=360;

    iSign = 1;

    if (iValue > 90 && iValue <= 180)
        {
        iValue = 180 - iValue;
        }
    else if (iValue > 180 && iValue <= 270)
        {
        iSign = -1;
        iValue = iValue - 180;
        }
    else if (iValue > 270 && iValue <= 360)
        {
        iSign = -1;
        iValue = 360 - iValue;
        }
```

```
    /*  Zeiger auf zutreffenden Tabelleneintrag einstellen.  */
    fpSine += iValue;

    iSign = *fpSine * iSign;
    UnlockResource (hresSineData);

    return (iSign);
    }
/*-----------------------------------------------------------------*\
|             Ganzzahlige Cosinusroutine:  intCos                   |
|                                                                   |
|         Berechnet einen ganzzahligen Cosinuswert in 10000stel     |
|         eines jeden angegebenen Winkels in Grad vermittels        |
|         eines Wertes aus einer angepassten Sinus-Ressource        |
\*-----------------------------------------------------------------*/
int FAR PASCAL intCos (int iValue)
    {
    return (intSine (iValue-90));
    }
```

CUSTRES.H

```
/*-----------------------------------------------------------------*\
|  CUSTRES.H - Definitionsdatei für CustRes.c                       |
\*-----------------------------------------------------------------*/

#define TABLE  100    /*  Angepaßter Wert des Ressourcetypes.   */
#define SINE   100    /*  Kennzahl (ID) der angepaßten Resource.*/


int FAR PASCAL intSine (int iValue);
int FAR PASCAL intCos (int iValue);
```

CUSTRES.RC

```
#include "CustRes.h"

snapshot icon CustRes.ico

hand cursor CustRes.cur

SINE TABLE sinedata.bin DISCARDABLE
```

CUSTRES.DEF

```
NAME CUSTRES

EXETYPE WINDOWS
```

```
DESCRIPTION 'Eine angepaßte Ressource'

CODE MOVEABLE DISCARDABLE
DATA MOVEABLE MULTIPLE

HEAPSIZE   512
STACKSIZE  5120
```

CUSTRES erledigt seine Arbeit an insgesamt drei Stellen: im Konstruktor des Anwendungs-Objekts, als Antwort auf **WM_PAINT** und im Destruktor des Anwendungs-Objekts. Die Sinus- und Cosinuswerte werden in zwei Routinen berechnet: **intSin** und **intCos**. Die zweite Funktion wendet dazu folgenden Trick an: Da der Cosinuswert immer im Abstand von 90 Grad zum Sinuswert liegt, subtrahiert die **intCos**-Funktion immer 90 Grad vom aktuellen Winkel und ruft dann die **intSin**-Funktion auf - ein kleiner trigonometrischer Kunstgriff.

Zur Verwendung einer eigenen Ressource müssen Sie die folgenden drei Routinen aufrufen: **FindResource**, **LoadResource** und **LockResource**. Die ersten beiden Routinen werden im Konstruktor des Anwendungs-Objekts aufgerufen. Das Ergebnis ist ein Speicher-Handle, das in **hresSinDat** gespeichert wird. Die Routine **FindResource** durchsucht die Modul-Datenbank nach einem Zeiger auf eine Ressource. Die Modul-Datenbank ist, wie wir bereits erwähnt haben, nur ein einfaches, verkürztes Speicherabbild des Modul-Dateiheaders. **FindResource** hat drei Parameter:

```
FindResource (hInstance, lpName, lpType)
```

- *hInstance* ist ein Instanz-Handle

- *lpName* ist ein Long-Zeiger auf eine Zeichenkette, die den Namen der Ressource enthält.

- *lpType* ist ein Long-Zeiger auf eine Zeichenkette, die den Typ der Ressource enthält.

Die Tatsache, daß **lpName** und **lpType** Zeiger auf Zeichenketten sind, führt natürlich zu einem nicht sehr effizienten Zugriff auf die Ressource. Der Grund dafür ist einfach: Der Vergleich von Zeichenketten dauert wesentlich länger als der Vergleich von Zahlen. Deshalb verwenden wir das Makro **MAKEINTRESOURCE** zur Definition von Zahlen, die wir anstelle der Zeichenketten verwenden können. Die folgenden Zahlen werden dafür in CUSTRES definiert:

```
#define TABLE 100 /* Angepaßter Ressourcentyp. */
#define SINE 100 /* Kennzahl (ID) der Sinustabelle. */
```

Beim Aufruf von **FindResource** werden sie folgendermaßen verwendet:

```
hRes = FindResource (hInst,
  MAKEINTRESOURCE (SIN), /* Name. */
  MAKEINTRESOURCE (TABLE), /* Typ. */
```

746

Das Makro **MAKEINTRESOURCE** erzeugt einen Pseudozeiger mit einer Null für den Segmentbezeichner und dem Ganzzahlwert für den Offset. Dieser Zeiger wird in den Typ **LPSTR** umgewandelt (die Routine ist ja derart definiert), damit der Compiler keine Fehlermeldung erzeugt. Die **FindResource**-Routine behandelt diesen Wert nicht als Zeiger (dies würde zu einem fatalen Fehler führen), sondern sie verwendet zum Erlangen der Ressourcen-Definition den zwei Byte großen Ganzzahlwert. Dieser kann gefunden werden, weil die Ressourcendatei CUSTRES.RC die folgende Zeile enthält:

```
SIN TABLE sinedata.bin DISCARDABLE
```

Dies bewirkt, daß die Daten der Ressourcedatei, SINEDATA.BIN, zur Kompilier-/Linkzeit komplett in CUSTRES.EXE kopiert werden. CUSTRES ist deshalb ein selbständig ablauffähiges Programm und benötigt zur Laufzeit keine externen Ressourcedateien.

Nachdem die Routine **FindResource** die Ressourcendatei gefunden hat, die uns interessiert, stellt sie eine Kennung der Ressource zur Verfügung. Dies ist ein Handle, das die Routine **LoadResource** benötigt, damit sie sinnvoll arbeiten kann. **LoadResource** ist die nächste aufgerufene Routine. Sie ist folgendermaßen definiert:

```
LoadResource (hInstance, hresInfo)
```

- *hInstance* ist das Instanzhandle.

- *hresInfo* ist das von FindResource zurückgegebene Handle.

Trotz ihres Namens führt **LoadResource** *nicht* dazu, daß eine Ressource in den Speicher geladen wird. Statt dessen wird nur ein Speicherobjekt der Größe Null auf dem globalen Heap erzeugt. Hierdurch wird eigentlich gar kein Speicher belegt, sondern lediglich ein globales Speicher-Handle zur weiteren Verwendung erzeugt. **LoadResource** gibt dieses Speicher-Handle als Funktionswert zurück und CUSTRES speichert diesen Rückgabewert in der Variablen **hresSinData**.

Die Routine, die tatsächlich dafür sorgt, daß eine Ressource in den Speicher geladen wird, ist **LockResource**. CUSTRES ruft diese Routine aber erst auf, wenn die Daten der Sinustabelle wirklich benötigt werden. Durch die Verschiebung des Ladens eines solchen Speicherobjekts auf einen späteren Zeitpunkt hilft CUSTRES bei der Minimierung seines Speicherverbrauchs. Die Routine **LockResource** bewirkt mehrere Dinge: Sie lädt die Ressource in den Speicher, sperrt sie an dieser Stelle und gibt einen Zeiger auf die Daten zurück. **LockResource** ist folgendermaßen definiert:

```
LPSTR LockResource (hResData)
```

- **hResData** ist das von **LoadResource** zurückgegebene Handle.

LockResource gibt als Funktionswert einen Long-Zeiger auf eine Zeichenkette zurück. Wenn Sie jedoch keine Zeichen in der Ressource speichern wollen, ist es ganz einfach, die gewünschte Zeichenkette zu definieren und das Ergebnis von **LockResource** in den richtigen Typ umzuwandeln.

Das folgende Beispiel zeigt, wie CUSTRES einen Zeiger auf Ganzzahlwerte erzeugt.

```
int FAR * fpSin;
fpSin = (int FAR *) LockResource (hresSinData);
if (fpSin == NULL)
    return (0);
```

Wie wir bereits an früherer Stelle erwähnt haben, verhindert die explizite Typenumwandlung für Routinen wie **LockResource**, daß der Compiler eine Fehlermeldung wegen einer falschen Typenzuordnung ausgibt. Wir wissen, daß dies keine falsche Typenzuordnung ist. Wir teilen dies dem Compiler mit, indem wir den Umwandlungsoperator verwenden. Beachten Sie auch, wie wir für den Fall, daß die Ressource nicht in den Speicher geladen werden konnte, den Rückgabewert von **LockResource** überprüfen.

Die **LockResource**-Routine muß immer im Zusammenhang mit der **UnlockResource**-Routine gesehen werden, die benötigt wird, um ein *Windows-Sandwich* zu erzeugen. Wir haben diese Programmkonstruktion schon früher als eine Möglichkeit für das Anlegen einer gemeinsam nutzbaren Ressource besprochen. In diesem Fall ist die Ressource ein Speicherbereich. Aufrufe der Routine **LockResource** müssen immer gemeinsam mit Aufrufen von **UnlockResource** auftreten. Die erstgenannte Routine lädt die Ressource und fixiert sie im Speicher, während die zweite Routine die Fixierung wieder aufhebt, damit der Speicherverwalter die Möglichkeit erhält, die Ressource zu verschieben oder - wenn nötig - zu verwerfen. Die **intSin**-Funktion in CUSTRES verwendet beide Routinen zum Einklammern der Sinusdaten. Auf diese Art entsteht ein Windows-Sandwich, das sicherstellt, daß die Ressource gesperrt wird, wenn sie benötigt wird, und wieder entsperrt wird, wenn dies nicht mehr der Fall ist. Die **UnlockResource**-Funktion ist folgendermaßen definiert:

```
BOOL UnlockResource (hResData)
```

• **hResData** ist das von **LoadResource** zurückgegebene Handle.

Die letzte wichtige Routine zur Verwaltung eigener Ressourcen ist **FreeResource**. Diese Routine gibt alle Speicherbereiche, die von unserer eigenen Ressource belegt wurden, wieder frei. **FreeResource** ist folgendermaßen definiert:

```
FreeResource (hResData)
```

• **hResData** ist das von **LoadResource** zurückgegebene Handle

Diese Routine wird im Destruktor der Anwendungsklasse zum Löschen des Sinusdatenspeichers aufgerufen. In unserem Programm brauchen wir **FreeResource** nicht unbedingt aufzurufen, weil die Ressource am Ende unserers Programms automatisch freigegeben wird. Wie wir aber bereits öfter in diesem Buch erwähnt haben, entspricht das explizite Löschen einem guten Programmierstil und erlaubt ein späteres Einbinden Ihrer Routine in andere, größere Anwendungssysteme.

Wie Sie unseren Ausführungen entnehmen können, bietet Windows viele Möglichkeiten, wie ein Programm Speicherbereiche für Code und Daten verwenden kann. Eine Kenntnis der verschiedenen Verfahrensweisen hilft Ihnen, Ihre Programme auf alle Windows-Modi optimal abzustimmen und auf zukünftige Windows-Versionen auszurichten.

Kapitel 19

Dynamisches Binden

In all seinen Betriebsarten - Real-Modus, Standard-Modus und erweiterter 386-Modus - setzt Windows die dynamische Bindung (dynamic linking) ein, auch dynamische Verknüpfung genannt. Der Prozeß der dynamischen Bindung erfolgt in mehreren Schritten. Zum einen handelt es sich hierbei um eine Methode der Speicherverwaltung, die es ermöglicht, bei Bedarf Programmcode von der Festplatte einzulesen. Zudem gestattet die dynamische Bindung ein Löschen der Codeteile aus dem Speicher, damit dieser Speicher wieder für andere Verwendungszwecke zur Verfügung steht. Im Protected-Modus verwendet Windows für die dynamische Bindung die hardwaremäßig eingebauten Speicherverwaltungsfunktionen der Intel-86-Prozessorfamilie zum Auslösen des Ladevorgangs. Sogar im Real-Modus bietet Windows ohne jede Hardware-Unterstützung die dynamische Bindung - und zwar fast so effizient wie im Protected-Modus - als reine Softwarelösung an.

Zum zweiten bietet die dynamische Bindung die Möglichkeit, Unterprogramm-Bibliotheken erst zur *Laufzeit* mit einem Programm zu verbinden. Dies ist das genaue Gegenteil des statischen Bindens, bei dem die Routinen einer Unterprogramm-Bibliothek bereits bei der *Erstellung* eines Programms in dessen ausführbare Datei eingefügt werden. Wenn ein Programm zum Beispiel die C-Laufzeitbibliotheksfunktion **memset** verwendet, wird eine Kopie dieser Routine in die .EXE-Datei des Programms aufgenommen. Dies nennt man **statisches Binden** oder auch **Linken**. Damit ein auf diese Weise erstelltes Programm mit einer neuen Version der **memset**-Routine (vielleicht einer kleineren, schnelleren oder verbesserten Version) versehen werden kann, muß die gesamte Programmdatei neu kompiliert und gelinkt werden werden. Eine statisch eingebundene Routine erlaubt also keine automatische Aktualisierung, wenn Bibliotheksfunktionen verbessert werden. Die dynamische Bindung ermöglicht jedoch genau dies, da die Funktionen einer dynamischen Linkbibliothek nicht bei der Erstellung der ausführbaren .EXE-Datei eines Programms gelinkt, sondern unmittelbar zur Laufzeit in das Programm eingebunden werden.

Drittens bietet die dynamische Bindung einen effizienten Mechanismus, Programmcode und Daten in mehreren Anwendungen gemeinsam zu nutzen. Zum Beispiel könnte eine einzige Kopie des Programmcodes der Unterroutinen in der Windows-Grafikbibliothek (GDI.EXE) gemeinsam von allen Windows-Programmen verwendet werden. Wenn Ihr Programm beispielsweise gleichzeitig mit Aldus PageMaker ausgeführt wird, verwenden beide Programme zusammen nur eine Kopie der **TextOut-**

Routine. Dies führt natürlich zu einem wesentlich geringeren Speicherverbrauch. Ein Beispiel für gemeinsam verwendete *Daten* sehen Sie jedesmal, wenn Textausgaben auf dem Bildschirm erscheinen. GDI-Schriften sind als dynamische Linkbibliotheken implementiert. Deshalb können sie von beliebig vielen Programmen gemeinsam verwendet werden. Auch wenn viele Programme eine einzige Schrift verwenden, existiert dennoch nur eine Kopie dieser Schrift im Hauptspeicher.

Der offensichtlichste Prozeß der dynamischen Bindung findet zwischen Windows-Programmen und den dynamischen Haupt-Linkbibliotheken von Windows statt: KERNEL.EXE (oder KRNL286.EXE (für den Standard-Modus) oder KRNL386.EXE (für den erweiterten 386-Modus), USER.EXE und GDI.EXE. Wenn ein Windows-Programm gestartet wurde, verläßt es sich darauf, daß durch die dynamische Bindung die richtigen Verbindungen zu den verschiedenen Windows-Bibliotheksfunktionen hergestellt werden. Dynamische Bindungen werden auch zwischen den drei wichtigsten dynamischen Linkbibliotheken und den Windows-Gerätetreibern erstellt. Wenn zum Beispiel das GDI auf einen Drucker zugreift, wird eine dynamische Bindung zum Drucker-Gerätetreiber hergestellt. Die dynamische Bindung vereinfacht es, verschiedene Teile von Windows wie Schriften, Gerätetreiber oder sogar die Hauptbibliotheken zu verbessern oder auszutauschen.

Der Mechanismus der dynamischen Bindung

Nehmen wir uns etwas Zeit und betreiben wir ein wenig "Schräubchenkunde" in Sachen dynamische Bindung unter Windows. Sie brauchen normalerweise nicht wissen, wie die dynamische Bindung funktioniert, da sie automatisch abläuft. Dennoch gibt es mehrere Gründe, warum es dennoch ratsam ist, diesen Mechanismus zu verstehen. Zunächst einmal werden Sie kaum glauben, daß Sie Programme erstellen können, die größer sind als der gesamte Adreßraum Ihres Computers. Selbst wenn Sie sich mit diesem Gedanken angefreundet haben, vermuten Sie sicher, daß derartige Programme ineffizient sind oder unerwünschte Nebeneffekte haben. Sicher wollen Sie wissen, wie Sie Ihre eigenen dynamischen Linkbibliotheken erstellen können. Wenn Sie den Mechanismus der dynamischen Bindung verstehen, hilft Ihnen das bei der Entscheidung, wann dynamische Linkbibliotheken eingesetzt werden sollten. Vielleicht möchten Sie aber auch einfach wissen, wie alles funktioniert. Unabhängig von Ihren Beweggründen sind wir in einem sicher: Sie werden entdecken, daß die dynamische Bindung in allen Betriebsarten eine schnelle, effiziente und sehr elegante Methode ist, mit der viele Probleme bei der Verwaltung des dynamischen Ladens und Bindens von Programmcode gelöst werden können.

Der Erfinder der dynamischen Bindung von Windows war Steve Wood. Er kam 1983 als graduierter Student der Yale Universität zu Microsoft. Er hatte zuvor an Projekten zur Systemprogrammierung von DEC-20 Rechnern mitgearbeitet. Für eines dieser Projekte mußte ein Mechanismus zur gemeinsamen Benutzung von Bibliotheksfunktionen zwischen verschiedenen Prozessen entwickelt werden. Dies wurde erreicht, indem der Adreßraum der verschiedenen Prozesse in den gleichen physischen Adreßraum abgebildet wurde. Durch die Nutzung von gemeinsamen Codeteilen ergab sich gleichzeitig auch ein verminderter Speicherverbrauch.

Dies klingt fast schon nach dynamischer Bindung. Der Unterschied liegt aber darin, daß die dynamische Bindung für Windows von Steve und den anderen Mitgliedern des ersten KERNEL-Teams zunächst für einen Prozessor mit minimalen Möglichkeiten entwickelt wurde. Die Zielmaschine der ersten Windows-Version bestand nämlich nur aus folgenden Komponenten: einem Intel-8088-Prozessor, zwei Diskettenlaufwerken und 256KB Hauptspeicher (RAM). Die dynamische Bindung durfte also nur einen minimalen zusätzlichen Aufwand bedeuten und mußte als reine Softwarelösung realisiert werden. Auf allen anderen Rechnersystemen der damaligen Zeit wurde dieses Problem nahezu ausschließlich mit spezieller Hardware gelöst.

Im Hinblick auf minimalen Speicherverbrauch bestand die Lösung darin, so viele Teile des Systems wie möglich in verwerfbare Codesegmente zu packen. Denn wenn Programmcode anstatt im Hauptspeicher auf dem Laufwerk gespeichert wird, steht damit logischerweise im Hauptspeicher mehr Platz zur Ausführung von Anwendungen zur Verfügung. Es galt herauszufinden, wie ein Codesegment in den Speicher geladen werden kann. Dabei wurde sehr schnell deutlich, daß eine große Zahl von Hilfsprogrammen entwickelt werden mußte, damit die dynamische Bindung realisiert werden konnte.

Es mußte zum Beispiel ein neuer Linker entwickelt werden, der das für die dynamische Bindung notwendige neue .EXE-Format unterstützte. Außerdem mußte ein neuer Lader entwickelt werden, weil ja notwendigerweise nicht mehr alle Segmente eines Programms geladen werden müssen, damit ein Programm ausgeführt werden kann. Schließlich mußte auch ein neuer Compiler entwickelt werden, der die Verbindung der Programme zu den dynamischen Linkbibliotheken herstellen kann. Das erste Windows-Entwicklerteam erkannte sehr schnell, daß eines der Probleme bei der Verwendung neuer Hilfsprogramme darin bestand, herauszufinden, ob ein Fehler durch die Hilfsprogramme selbst oder aber durch den jeweiligen Programmcode erzeugt wurde.

Der Programmlader der ersten Windows-Version bildete die Grundlage der Entwicklung aller weiterer Lader. Zur Beschreibung der Funktion dieses Laders müssen wir uns zunächst ansehen, wie Codesegmente dynamisch geladen und Routinen für verwerfbare, verschiebbare und feste Codesegmente dazugebunden werden. Wir werden mit dem schwierigsten Fall beginnen: dem verwerfbaren Code.

Dynamische Bindung und verwerfbare Codesegmente

Wenn Sie einen Mechanismus zur dynamischen Bindung, wie er in Windows enthalten ist, erstellen wollen, besteht das größte Problem bei der Behandlung verwerfbarer Codesegmente darin, daß Sie nie wissen, ob ein Codesegment im Speicher vorhanden ist oder nicht. Im Real-Modus, also ohne die Hardware-Speicherverwaltung des Protected-Modus, erstellt Windows für jede far-Routine eines Programms oder einer dynamischen Linkbibliothek einen kleinen Codezusatz. Einen derartigen Codezusatz nennt man **Lader-Thunk** (loader thunk) oder **Aufruf-Thunk** (call thunk). Sie befinden sich in der Modul-Datenbank. Der Real-Modus wird zwar von Windows 3.1 nicht mehr unterstützt, es hilft Ihnen aber, die Funktion der Hardware im Protected-Modus zu verstehen, wenn Sie wissen, wie die dynamische Bindung im Real-Modus funktioniert.

Stellen Sie sich einmal vor, ein Programm verwendet die GDI-Routine **Rectangle**, die sich, wie wir einmal annehmen wollen, in einem verwerfbaren Codesegment befindet. Wir wollen dieses Programm DRAWRECT nennen. Bevor dieses Programm gestartet wird, hat Windows bereits eine Modul-Datenbank für das GDI erstellt. Innerhalb dieser Modul-Datenbank gibt es für jede GDI-Routine einschließlich **Rectangle** einen Aufruf-Thunk. Im Real-Modus kann ein Aufruf-Thunk für Routinen eines verwerfbaren Segments einen von zwei Zuständen annehmen: eine Unterbrechung für den Lader oder einen Sprung zu einer Routine im Speicher.

Wenn DRAWRECT zum ersten mal aufgerufen wird, beginnt der Windows-Lader mit dem Ladeprozeß, indem er eine Modul-Datenbank für DRAWRECT erstellt. Diese Modul-Datenbank wird zum Auslösen von Aufrufen in DRAWRECT *hinein* benötigt und ist für uns deshalb im Zusammenhang mit der Bindung von DRAWRECT an die GDI-Routine **Rectangle** nicht weiter interessant. Jedoch wird die Modul-Datenbank von DRAWRECT benötigt, damit der Einsprungpunkt von DRAWRECT gefunden werden kann. Nachdem alle PRELOAD-Segmente von DRAWRECT geladen wurden, wird die Ablaufsteuerung an diesen Einsprungpunkt übergeben.

Die dynamische Bindung von DRAWRECT an die GDI-Routine **Rectangle** findet erst statt, wenn ein Codesegment geladen wird, in dem **Rectangle** wirklich aufgerufen wird. Am Ende eines solchen Codesegments befindet sich eine **Lagetabelle** (auch Relokalisationstabelle (relocation table) genannt), die die nötigen Informationen enthält, damit die erste Hälfte einer dynamischen Bindung erstellt werden kann.

Es gibt im wesentlichen zwei Arten von Einträgen in dieser Tabelle: interne Verweise und externe Verweise. Die internen Verweise definieren far-Aufrufe von Routinen innerhalb von DRAWRECT. Ein Teil der dynamischen Bindung beschäftigt sich mit der Herstellung von Verbindungen zwischen einem neu geladenen Codesegment und anderen Codesegmenten desselben Programms oder derselben dynamischen Linkbibliothek.

Externe Verweise beschreiben Aufrufe von dynamischen Bibliotheksfunktionen, wie zum Beispiel der GDI-Routine **Rectangle**. Wenn das Codesegment von DRAWRECT in den Speicher geladen wird, wird der Aufruf der **Rectangle**-Routine auf die Adresse des Aliasnamens dieser Routine festgesetzt - also auf den Aufruf-Thunk in der Modul-Datenbank von GDI.

Wenn der Windows-Lader alle Aktualisierungen erstellt hat, die in der Lagetabelle des Segments beschrieben werden, wird der durch die Lagetabelle belegte Speicher wieder freigegeben. Wenn die Lage-Informationen wieder benötigt werden, können sie zusammen mit dem Codesegment von der Festplatte eingelesen werden.

Wenn ein Codesegment in den Speicher geladen wird, wird der Code dieses Segments für jeden Aufruf einer Routine verändert. Dies gilt für alle far-Aufrufe sowohl von internen als auch von externen Routinen. Das bedeutet einfach, daß der Code des neu geladenen Segments so verändert wird, daß jeder far-Aufruf auf eine *sinnvolle Komponente* zeigt. In den Windows-Programmen, die Sie selbst schreiben, werden Sie wahrscheinlich versuchen, Ihre Codesegmente klein zu halten und möglichst wenig far-Aufrufe zu verwenden. Das verringert den zusätzlichen Aufwand, den das Laden eines Codesegments in den Speicher bedeutet.

In unserem Beispielprogramm wurde das DRAWRECT-Codesegment vorbereitet, Aufrufe in die GDI-Modul-Datenbank vorzunehmen. Ein weiterer interessanter Aspekt der dynamischen Bindung besteht darin, daß das Codesegment, das die eigentliche **Rectangle**-Routine enthält, nicht im Speicher vorhanden sein muß. Wenn das Codesegment nicht vorhanden ist, bewirkt der Code im Aufruf-Thunk von **Rectangle**, wie Sie gleich sehen können, daß das Codesegment, das **Rectangle** enthält, automatisch geladen wird.

Der nächste Schritt im Prozeß der dynamischen Bindung findet statt, wenn die Routine **Rectangle** tatsächlich von DRAWRECT aufgerufen wird. Natürlich wird dazu zunächst der Aufruf-Thunk der Modul-Datenbank aufgerufen. Wie wir bereits erwähnt haben, ist der Aufruf-Thunk ein kleines Codeanhängsel, das einen von zwei Zuständen annehmen kann - je nachdem, ob Rectangle verfügbar ist oder nicht. Zur Beschreibung der Funktionsweise des Aufruf-Thunk wollen wir einmal annehmen, daß die Routine nicht verfügbar ist. Vergleichen wir sie dabei mit einem Angestellten, der gerade zum Mittagessen gegangen ist. In diesem Fall besteht der Aufruf-Thunk aus einem Code, der ungefähr folgendermaßen aussieht:

```
; -->> "Zum Mittagessen ausgegangen"
SAR CS: [00B4h], 1 ; Zugriffsflags erneuern
INT 3Fh ; Aufruf an den Windows-Lader
DB seg ; Nummer des Codesegmentes
DW off ; Offset zur Rectangleroutine
```

Wenn DRAWRECT diesen Programmteil aufruft, wird ein Software-Interrupt ausgelöst (Interrupt 3F), durch den der Windows-Lader aufgerufen wird. Der Windows-Lader liest die nächsten drei Byte an Informationen. Diese enthalten die Segmentnummer (von 1 bis 255) und den Offset des Codesegments (von 0 bis 65535). Da nur ein einziges Byte für die Segmentnummer vorhanden ist, können maximal 255 Segmente in einer .EXE oder .DLL-Datei vorhanden sein (Segment 0 ist für Rückgabe-Thunks reserviert, die später besprochen werden). Diese Begrenzung gilt auch für das interne Format einer .EXE-Datei. Deshalb können Sie keine .EXE-Datei erzeugen, die mehr als 255 Segmente enthält. Sie können natürlich eine dynamische Linkbibliothek erstellen, die es einem Programm ermöglicht, diese Begrenzung mühelos zu überschreiten.

Nachdem der Windows-Lader die notwendigen Codesegmente von der Festplatte eingelesen hat, verändert er die Modul-Datenbank, so daß der Aufruf-Thunk für die **Rectangle**-Routine die folgenden Maschinenbefehle in Assemblersprache enthält:

```
; -->> "Geschäft geöffnet"
SAR CS: [004Bh], 1 ; Zugriffsflags erneuern
JMP Rectangle
```

Es wird nicht nur der Aufruf-Thunk der **Rectangle**-Routine verändert, sondern auch die Aufruf-Thunks für alle *anderen* Routinen, die sich im gleichen Codesegment befinden. Wenn **Rectangle** darüber hinaus far-Aufrufe in andere Codesegmente enthält, werden diese Aufrufe zusammen mit allen anderen far-Aufrufen *aus* dem **Rectangle**-Codesegment vorbereitet. Dies bedeutet, daß sowohl der Code für innere als auch für äußere Aufrufe verändert wird. Nachdem das Codesegment in den Speicher geladen und die Modul-Datenbank verändert wurde, ist der dynamische Linkprozeß beendet. Die **Rectangle**-Routine kann ihre Parameter vom Stapelspeicher lesen und mit der Verarbeitung beginnen.

Alle Aufrufe der Routine **Rectangle** werden in Aufrufe des **Rectangle**-Aliasnamens in der Modul-Datenbank umgewandelt. Die Modul-Datenbank dient somit als eine Art Umschalttafel für diese Routine. Beachten Sie, daß das **Rectangle**-Segment jederzeit vom Windows-Speicherverwalter verschoben werden kann, ohne daß alle Programmcode-Segmente, die **Rectangle** aufrufen, verändert werden müssen. Statt dessen muß nur der Aufruf-Thunk von **Rectangle** (und der Aufruf-Thunk aller anderen Routinen, die sich im gleichen Codesegment befinden) verändert werden. Das Codesegment kann sogar jederzeit aus dem Speicher gelöscht werden. In diesem Fall muß der dynamische Linker den Aufruf-Thunk nur mit einem INT 3F-Befehl überschreiben, mit dessen Aufruf der Windows-Lader zum erneuten Laden des Codesegments in den Speicher aktiviert wird. Diese Aufbereitungen kosten natürlich etwas Zeit. Die dynamische Bindung ermöglicht jedoch auf diese Weise, ein Codesegment aus dem Speicher zu löschen und später wieder zu laden. Dies bringt eine ungeheure Flexibilität für die Speicherverwendung.

Dynamische Bindung und feste Codesegmente

Nachdem Sie jetzt verstanden haben, wie die dynamische Bindung zu einem verwerfbaren Codesegment erzeugt wird, werden Sie leicht feststellen können, daß dynamische Bindungen zu festen Codesegmenten noch viel einfacher zu handhaben sind. Dynamische Bindungen zu festen Codesegmenten werden nicht über einen Aufruf-Thunk geleitet, sondern sie verbinden den Aufrufer direkt mit der aufgerufenen Routine. Ein Grund dafür besteht darin, daß feste Codesegmente stets als im voraus zu ladende Segmente behandelt werden. Sie stehen deshalb immer an einer festen Stelle im Speicher und werden nicht verschoben.

Stellen Sie sich ein Programm vor, das die GDI-Routine **TextOut** aufruft, wobei wir einmal davon ausgehen wollen, daß diese Routine sich in einem festen Codesegment befindet. Wir werden dieses Beispielprogramm, das **TextOut** aufruft, DOTEXT nennen. Wenn das GDI zunächst in den Speicher geladen wird, erstellt der Windows-Lader wie zuvor eine Modul-Datenbank für das GDI. Anschließend liest er alle festen Codesegmente in den Speicher ein.

Da das feste Codesegment bereits vor dem ersten Start von GDI geladen wird, benötigt es niemals einen Lader-Thunk. Trotzdem enthält die Modul-Datenbank die Adresse aller far-Routinen, damit sie leichter gefunden werden können. Der Lader benötigt diese Informationen, wenn DOTEXT in den Speicher geladen wird. Zu diesem Zeitpunkt wird eine dynamische Bindung erzeugt, die DOTEXT direkt mit **TextOut** verbindet. Im Gegensatz zur Verbindung zu einem verschiebbaren oder verwerfbaren Segment erfolgt die Verbindung zu einem festen Codesegment immer direkt vom Aufrufer zur aufgerufenen Routine.

Im Protected-Modus kann die Speicherverwaltungshardware Speicherobjekte verschieben, ohne die logische Adresse zu verändern. Deshalb werden im Protected-Modus alle dynamischen Bindungen so behandelt, wie wir es gerade beschrieben haben. Anders gesagt: Alle dynamischen Bindungen werden im Protected-Modus so behandelt, als ob es nur feste Codesegmente gäbe. Far-Aufrufe werden vom Windows-Lader so überschrieben, daß der Aufrufer direkt mit der aufgerufenen Routine verbunden ist. Dies gilt sowohl für verschiebbare als auch für verwerfbare Segmente.

Im Protected-Modus gibt es keine Aufruf-Thunks in der Modul-Datenbank. Sie fragen sich deshalb vielleicht, wie verwerfbare Segmente wieder geladen werden. Im Real-Modus wurde das Laden eines Codesegments, wie Sie sich erinnern, durch den Lader-Thunk in der Modul-Datenbank veranlaßt:

```
SAR CS: [00B4h], 1 ; Zugriffsflags erneuern
INT 3Fh ; Aufruf an den Windows-Lader
DB seg ; Nummer des Codesegmentes
DW off ; Offset zur Rectangle-Routine
```

Wenn im Protected-Modus ein nicht vorhandenes Codesegment aufgerufen wird, löst dies einen Segmentfehler aus. Wie Sie vielleicht noch aus unserer Diskussion des Protected-Modus in Kapitel 17 wissen, enthält jeder Segmentbezeichner einen Index in eine Protected-Modus-Deskriptortabelle. Diese Tabelle enthält unter anderem ein Flag, das angibt, ob ein Segment im Speicher vorhanden ist oder nicht. Wenn es nicht vorhanden ist, unterrichtet der Segmentfehler (dies ist ein einfacher Software-Interrupt) den Speicherverwalter, daß er das fehlende Segment nachladen soll. Der Windows-Speicherverwalter lädt daraufhin das Segment in den Speicher und sorgt anschließend dafür, daß der Befehl, der den Segmentfehler ausgelöst hat, nochmals ausgeführt wird. Auf diese Art kann die Speicherverwaltungshardware des Protected-Modus völlig transparent für die Anwendungssoftware eingesetzt werden.

Weitere Überlegungen zur dynamischen Bindung im Real-Modus

Im Protected-Modus wird der Mechanismus zur dynamischen Bindung durch die Speicherverwaltungshardware der verschiedenen Intel-Prozessoren stark vereinfacht. Segmente können im physikalischen Speicher verschoben werden, ohne die von den Programmen verwendeten logischen Adressen zu beeinflußen. Gelöschte Codesegmente können automatisch wieder eingelesen werden, wenn ein "*Segment nicht vorhanden*"-Interrupt ausgelöst wird.

Im Real-Modus muß Windows eine ganze Reihe von Tricks anwenden, damit die gleiche Flexibilität, die der Protected-Modus von alleine bietet, erreicht werden kann. Zwei dieser Tricks sind "**den Stapel ausbessern**" (stack patching) und die Verwendung von **Rückgabe-Thunks**. Wir werden diese beiden Mechanismen im folgenden etwas genauer beschreiben, damit Sie einen Eindruck bekommen, was Windows im Real-Modus alles für Sie tut.

Den Stapel ausbessern

"Den Stapel ausbessern" bedeutet, den Stapelspeicher eines Programms zu durchlaufen und alle Verweise auf Codesegmente, die verschoben wurden, zu aktualisieren. An früherer Stelle haben wir festgestellt, daß nur der Verweis auf die Routine in der Modul-Datenbank aktualisiert werden muß, wenn eine Codesegment verschoben wird. Dies ist auch in den meisten Fällen richtig. Wenn die Adresse einer Routine jedoch als Rücksprungadresse auf dem Stapelspeicher liegt, muß natürlich auch diese Rücksprungadresse aktualisiert werden.

Für jeden Aufruf einer Funktion innerhalb einer dynamischen Linkbibliothek oder innerhalb eines normalen Programms wird eine Rücksprungadresse auf den Stapelspeicher geschrieben. Diese Adresse zeigt auf den nächsten Maschinenbefehl, der ausgeführt werden soll, wenn die Funktion beendet ist. Wenn der Stapelspeicher die Adresse eines verschobenen Codesegments enthält, muß Windows den Stapelspeicher durchsuchen und die Rücksprungadresse verändern, damit nach dem Funktionsaufruf die aufrufende Funktion richtig gefunden werden kann. Windows durchsucht und verändert den Stapelspeicher für alle zur Zeit im System aktiven Programme mit all ihren Exemplaren.

Da Windows Stapelspeicher aktualisieren kann, können beliebige Codesegmente jederzeit verschoben werden. Dies erlaubt es, daß der Real-Modus unter Windows die gleiche Flexibilität erhält, wie der Protected-Modus, was wegen der Speicherbeschränkungen des Real-Modus von besonderer Bedeutung ist.

Rückgabe-Thunks

Genauso wie der Vorgang des "Stapelausbesserns" ein *Verschieben* von Codesegmenten erlaubt, erlauben Rückgabe-Thunks ein *Löschen* der Codesegmente. Bei unserer Besprechung der dynamischen Bindung haben wir erwähnt, daß Codesegmente jederzeit gelöscht werden können, wenn nur die Modul-Datenbank aktualisiert wird, damit der Windows-Lader beim nächsten Aufruf einer Funktion des Segments aufgerufen werden kann. Wir erwähnten, daß eine kleine Codeerweiterung, genannt Aufruf-Thunk, zum erneuten Laden verwerfbarer Codesegmente eingesetzt wird.

Wenn Windows ein Codesegment löscht, auf das eine Rücksprungadresse innerhalb des Stapelspeichers zeigt, wird der Stapelspeicher ebenfalls verändert. Dazu müssen die Stapelspeicher aller Programme nach einem Verweis auf das gelöschte Codesegment durchsucht werden. Da ein gelöschtes Codesegment keine Adresse hat, kann der Verweis auf dieses Codesegment nicht mit der Adresse des gelöschten Segments überschrieben werden. Statt dessen wird die Rücksprungadresse mit der Adresse einer kleinen Codeerweiterung - genannt **Rückgabe-Thunk** - überschrieben. Bis auf den Umstand, daß nach dem Laden des entsprechenden Codesegments die Programmausführung zu einer Rücksprunganweisung und nicht zu einem Funktionsaufruf weitergeleitet wird, entspricht ein Rückgabe-Thunk einem Aufruf-Thunk. Nachdem das Segment geladen wurde, wird die Programmausführung an der Adresse fortgesetzt, die auf dem Stapelspeicher stand, bevor das Segment gelöscht wurde. Es folgt ein Beispiel für einen Rückgabe-Thunk:

```
INT 3Fh ; Aufruf an den Windows-Lader
DB 0 ; Null-Segment = Thunk zurückgeben
DW   ; seg:IP in 20 Bit gepackt
DB   ; Handle zum Datensegment, das in 12 Bit gepackt ist
```

Ein Rückgabe-Thunk gleicht im Prinzip einem Lader-Thunk - bis auf den Umstand, daß hier die ungültige Segmentnummer Null übergeben wird. Diese signalisiert dem **INT 3F**-Ladeprogramm, daß es sich hierbei um einen Rückgabe-Thunk handelt. In diesem Fall weiß der Lader, daß die nächsten drei Bytes alle benötigten Daten enthalten, wobei diese jedoch gepackt sein müssen. Zum einen werden die Segmentnummer und der Offset innerhalb des Codesegments in 20 Bit zusammengepackt. Dies ist möglich, weil die Segmentnummer eine Zahl zwischen 0 und 255 ist und deshalb nur ein Byte beansprucht. Es bleiben also 16 Bit für den Offset übrig. Im Rückgabe-Thunk wird ein Handle auf das Datensegment gespeichert, weil das Datensegment vielleicht verschoben wurde, während mit dem Speicher "jongliert" wurde. Wenn der Rückgabe-Thunk ausgeführt wird, wird das Datensegment überschrieben, damit es auf die neue Position des Datensegments zeigen kann. Dies alles ermöglicht es Windows, auch in einer Situation mit sehr knappem Hauptspeicher zu überleben, weil *jedes* Codesegment im gesamten System (außer dem gerade ausgeführten) gelöscht werden kann, falls mehr Speicher benötigt wird.

Bis jetzt haben wir die dynamische Bindung nur in Bezug auf *Programmcode* besprochen. Wir haben beschrieben, wie Programmcode in allen Betriebsarten von Windows geladen, verschoben und gelöscht werden kann. Windows nutzt die Fähigkeiten des Protected-Modus, wenn sie verfügbar sind. Windows kann aber auch mit den Regeln und Einschränkungen des Real-Modus auskommen, ohne daß die gesamten Systemmöglichkeiten darunter leiden. Wir werden im folgenden die Auswirkungen der dynamischen Bindung auf Daten untersuchen. Windows ermöglicht es jedem Programm und jeder dynamischen Linkbibliothek, ein vorgegebenes Datensegment zu erzeugen, und bietet verschiedene Mechanismen, um sicherzustellen, daß jedes Programm und jede dynamische Linkbibliothek immer auf das eigene Standard-Datensegment zugreifen kann.

Dynamische Bindung und Modul-Datensegmente

Wenn Sie eine Stand-Alone-Anwendung schreiben, können Sie bei den meisten Betriebssystemen Funktionen aus verschiedenen statischen Funktionsbibliotheken verwenden. Wenn Sie dies tun, werden die Bibliotheksfunktionen automatisch in Ihren Code eingebunden. Sie können danach fast nicht mehr feststellen, welche Maschinenbefehle von *Ihrem* Programmcode erzeugt wurden und welche zu den Bibliotheksfunktionen gehören. Falls eine statische Bibliotheksfunktion zum Zugriff auf Statusinformationen globale Variablen benötigt, werden diese Variablen einfach zu den globalen Variablen Ihres Programms dazugepackt.

Wenn Sie dynamische Linkbibliotheken verwenden, ist die Trennung zwischen Ihrem Programm und dem Code der Bibliotheksfunktion deutlicher. Dynamische Linkbibliotheken haben beispielsweise ihre eigenen ausführbaren Dateien. So ist z.B. GDI.EXE eine dynamische Linkbibliothek, die alle GDI-Routinen enthält. Diese Datei existiert unabhängig von den Programmen, die die Bibliotheksfunktionen aufrufen. Dynamische Linkbibliotheken haben ein eigenes Datensegment, das es erlaubt, globale Variablen getrennt von den Datenbereichen der aufrufenden Programme zu speichern. Sie können sich davon selbst überzeugen, indem Sie ein Hilfsprogramm zur Speicherbetrachtung laufen lassen. Das Microsoft SDK-Hilfsprogramm HEAPWALK z.B. ermöglicht Ihnen das Finden eines Segments einer dynamischen Linkbibliothek.

Eine Windows-Bibliothek stellt Windows-Programmen verschiedene Funktionen zur Verfügung. Diese Funktionen sind eine Eintrittsmöglichkeit zu den Fähigkeiten und Funktionen der dynamischen Linkbibliotheken. Solche Funktionen erhalten ein spezielles Flag, damit die DLL auf das richtige Datensegment zugreifen kann. Dieses Flag kennzeichnet eine Funktion als **exportiert.** Windows verändert die ersten drei Bytes jeder exportierten Bibliotheksfunktion, damit das richtige Datensegment eingestellt werden kann. Hierbei werden folgende Befehle verwendet:

```
MOV AX, DGROUP ; Datensegmentadresse ermitteln
PUSH DS ; Das DS des Aufrufenden sichern
MOV DS, AX ; Installieren in das DS-Register
```

Wenn das Datensegment einer Bibliothek verschoben wird, verändert Windows den Wert von **DGROUP** für alle exportierten Routinen dieser Bibliothek. Dies bewirkt, daß das Datensegment-Register richtig eingestellt wird, wenn ein Programm eine der exportierten Bibliotheksfunktionen aufruft. Die folgenden Maschinenbefehle werden verwendet, um das Datensegment für eine exportierte far-Routine in einer dynamischen Linkbibliothek richtig einzustellen:

```
MOV AX, DGROUP ; Datensegmentadresse ermitteln
INC BP
PUSH BP
MOV BP, SP
PUSH DS ; Das DS des Aufrufenden sichern
MOV DS, AX
```

An früherer Stelle, als wir einige Tricks beschrieben, die Windows im Real-Modus anwenden muß, sagten wir, daß der Stapelspeicher durchsucht und verändert werden muß, wenn ein Codesegment verschoben oder gelöscht wird. Die Befehle **PUSH BP** und **MOV BP, SP** werden vom Compiler verwendet, um den alten **BP**-Wert zu sichern und ihn zur Verwendung durch die aktuelle Funktion zu initialisieren. Dies führt zu einer verketteten Liste von Stapelspeicherrahmen, die es erleichtert, den Stapelspeicher zu durchsuchen. Der Befehl **INC BP** wird nur für far-Aufrufe verwendet und hilft, bei der Durchsuchung des Stapelspeichers zwischen near- und far-Aufrufen zu unterscheiden.

Von Zeit zu Zeit kommt es vor, daß eine Windows-Bibliotheksfunktion eine Routine innerhalb eines Windows-Programms aufruft. Solche Routinen nennt man **Rückruffunktionen.** Wir haben in diesem Buch bisher schon zwei Arten von Rückruffunktionen besprochen: Fensterprozeduren und Dialogfeldprozeduren. Darüber hinaus gibt es noch **Aufzählungsprozeduren** und **Unterklassenprozeduren.** Genau wie bei Fensterprozeduren und bei den speziellen "Eintritts"-Funktionen einer dynamischen Linkbibliothek, muß bei Rückruffunktionen darauf geachtet werden, daß das Datensegment-Register richtig eingestellt wird. Eine Methode dazu besteht darin, eine Funktion zu exportieren. Dazu muß die zu exportierende Funktion in der Modul-Definitionsdatei (.DEF) des Programms aufgelistet werden. Das folgende Beispiel zeigt, wie eine Fensterprozedur in einem C-Programm exportiert werden kann:

```
EXPORTS
  MinWindowProc
```

Sie können statt dessen auch die Compileranweisung **_exports** verwenden:

```
LONG FAR PASCAL _exports MinWindowProc
  (HWND hwnd, WORD wMsg,
  WORD wParam, LONG lParam)
```

Eine dritte Möglichkeit, die nur für den Turbo C++ Compiler gilt, besteht in der Verwendung eines **Smart Export**. Diese Technik wurde von Michael Geary entdeckt. Michael Geary ist ein erfahrener Windows-Programmierer und hat bei der Entwicklung der Windows-Versionen des Adobe Type Manager und an SQL-Windows von Gupta Technology mitgewirkt. Ein Smart Export macht sich die Tatsache zunutze, daß Windows bei einer Taskumschaltung immer sicherstellt, daß das Stapelspeicher-Segmentregister (SS) den richtigen Wert enthält. Da der Stapelspeicher einer Anwendung sich fast immer im Standard-Datensegment der Anwendung befindet, braucht eigentlich nur der Wert des SS-Registers in das DS-Register kopiert zu werden. Wenn dies bei jedem far-Aufruf geschieht, brauchen Sie weder Funktionen exportieren noch die Routine **MakeProcInstance** verwenden. (Die Routine MakeProcInstance wird später in diesem Kapitel noch beschrieben.) Der folgende Code wird für einen Smart Export benötigt:

```
MOV   AX, SS ; Den Stapelspeicher nach AX kopieren
INC   BP
PUSH  BP
MOV   BP, SP
PUSH  DS     ; Das DS des Aufrufenden sichern
MOV   DS, AX
```

Ohne einen Smart Export müssen alle Rückruffunktionen eines Programms exportiert werden. Wenn Sie den Smart Export nicht verwenden, schreibt der Compiler die folgenden Befehle an den Anfang jeder weiten Funktion:

```
PUSH DS     ; Den DS-Wert ins
POP AX      ; AX-Register stellen.
NOP         ; Halter plazieren
INC BP      ; Vorbereitung für das Durchlaufen des Stapelspeichers
PUSH BP     ; Vorbereitung für das Durchlaufen des Stapelspeichers
MOV BP, SP ; Den normalen Stapelspeicherrahmen setzen
PUSH DS     ; Das DS des Aufrufenden sichern
MOV DS, AX ; Unser eigenes DS installieren
```

Auf den ersten Blick sieht es so aus, als ob hier viele Anweisungen ausgeführt werden, die eigentlich nichts bewirken. Tatsächlich aber sorgt dieser etwas kompliziert aussehende Code dafür, daß für jeden weiten Aufruf das Datensegmentregister des Aufrufers auf den Stapelspeicher geschrieben wird. Warum? Dies ermöglicht es Windows, die Adresse der verschobenen *Datensegmente* gleichzeitig mit den Adressen der Codesegmente auf dem Stapelspeicher zu überschreiben. Immer wenn ein beliebiges Code- oder Datensegment verschoben wird, kann Windows ohne Probleme die richtige, neue Adresse auf den Stapelspeicher schreiben. Windows überschreibt die Befehle **PUSH DS** und **POP AX** mit drei **NOP**-Befehlen (keine Operation):

```
NOP
NOP
NOP
INC BP     ; Vorbereitung für das Durchlaufen des Stapelspeichers
PUSH BP    ; Vorbereitung für das Durchlaufen des Stapelspeichers
MOV BP, SP ; Den normalen Stapelspeicherrahmen setzen
PUSH DS    ; Das DS des Aufrufenden sichern
MOV DS, AX ; Unser eigenes DS installieren
```

Dies ermöglicht, daß eine exportierte Funktion den Wert ihres Datensegments im AX-Register erhält. Aber wie kommt der Datensegmentwert in das AX-Register? Dies ist abhängig von der Art der Rückruffunktion: Windows-Funktionen verwenden dazu einen anderen Mechanismus als andere Funktionen.

Eine Windows-Funktion erhält ihren Datensegmentwert als Teil der Nachrichtenübertragung von Windows. Wenn Sie zum Erstellen eines Fensters die Routine **CreateWindow** (oder **CreateWindowEx**) aufrufen, übergeben Sie dabei ein Instanz-Handle, mit dem das zu dem Fenster gehörende Datensegment bezeichnet wird. Die Nachrichtenübertragung von Windows verwendet diesen Wert zur Einstellung des korrekten AX-Werts für Fensterprozeduren.

Alle anderen Rückruffunktionen müssen einen anderen Mechanismus verwenden, der Ihnen leider etwas Arbeit abverlangt, aber sicherstellt, daß die Adresse des Datensegments richtig in das AX-Register geschrieben wird. Diesen Mechanismus nennt man **Exemplar-Thunk**.

Der Exemplar-Thunk

Die dynamische Bindung ermöglicht es, daß der Code von verschiedenen **Modul**en - ausführbare Programme und dynamische Linkbibliotheken - effizient zur Laufzeit zusammengebunden werden kann. Jedes Modul kann dabei ein eigenes Datensegment verwenden. Dies ermöglicht den Programmen und den dynamischen Linkbibliotheken, globale Variablen abzuspeichern, die sie zu ihrer Verarbeitung benötigen. Jedesmal, wenn eine Modulgrenze überschritten wird, muß eine Korrektur des *Datensegments* (DS) vorgenommen werden. Wir haben bereits beschrieben, wie dies für dynamische Linkbibliotheken und für Windows-Funktionen in Anwendungen geschieht. Die dritte Art der Datensegment-Korrektur muß vom Windows-Programm selbst vorgenommen werden.

Die folgende Liste zeigt alle Rückrufprozeduren, die unter Windows verwendet werden können. Wie Sie sehen können, erfüllen Rückrufe viele verschiedene Zwecke in Windows. Ein Rückruf ermöglicht Windows auf sehr effiziente Art, Informationen an ein Windows-Programm weiterzugeben.

Rückruffunktion	*Beschreibung*
Dialogfeldprozedur	Initialisieren und Verwalten eines Dialogfeldes.
Aufzählungsprozedur	Wenn ein Programm eine Abfrage über verschiedene Arten von Objekten an Windows stellen will, wird eine Aufzählungsprozedur verwendet. Windows ruft diese Prozedur einmal für jedes Objekt auf. Es können zum Beispiel Fenster, Schriften, GDI-Zeichenobjekte und Zwischenablageformate aufgezählt werden.
Zwischenabfrage	Ermöglicht einem Programm, den Nachrichtenaustausch des Systems zu überwachen und zu verändern. Eine Tastaturzwischenabfrage wird zum Beispiel verwendet, wenn ein Programm auf einen Hot-Key reagieren soll, auch wenn es gar nicht aktiv ist.
Speicherverwerfungs-mitteilungsprozedur	**GlobalNotify** ermöglicht es einem Programm, eine Rückrufprozedur zu bestimmen, die aufgerufen werden soll, bevor der Windows-Speicherverwalter ein Speicherobjekt verwirft.
Unterklassenprozedur	Bietet die Möglichkeit, den Nachrichtenaustausch für ein bestimmtes Fenster zu überwachen und zu verändern.
Timer	Eine Timer-Prozedur ist für ein Programm eine Möglichkeit Zeitinformationen anders zu erhalten, als mit einer **WM_TIMER**-Nachricht.

Ein Exemplar-Thunk wird nur benötigt, wenn sich die Rückrufprozedur in einem Windows-Programm befindet. Für Rückrufprozeduren, die in dynamischen Linkbibliotheken implementiert sind, wird ein Exemplar-Thunk nicht benötigt. Wenn Sie Smart Exports verwenden, brauchen Sie überhaupt keinen Exemplar-Thunk. Ein Exemplar-Thunk besteht aus ganz wenigen Befehlen, wie das folgende Beispiel zeigt:

```
MOV   AX, DSvalue
JMP   DialogBoxProc
```

Wenn die Routine **DialogBoxProc** sich in einem festen Codesegment befände, würde der Sprung unmittelbar zum Programmcode erfolgen.

Ein weiterer Fall sollte noch kurz untersucht werden, da er die Komplexität der Verarbeitung im Real-Modus verdeutlichen kann. Wir haben an früherer Stelle erwähnt, daß im Real-Modus alle Aufrufe in verschiebbare und verwerfbare Codesegmente immer durch die Modul-Datenbank ausgeführt werden. Wenn Sie einen Exemplar-Thunk hinzufügen, erhalten Sie folgende Situation: zunächst wird der Exemplar-Thunk aufgerufen, um den Datensegmentwert in das AX-Register zu schreiben. Anschließend wird der Programmfluß an den Aufruf-Thunk übergeben, um ein nichtvorhandenes Segment zu laden oder - falls es verfügbar ist - eine Sprungoperation durchzuführen.

Beachten Sie, daß der Aufruf sowohl durch die Task-Datenbank als auch durch die Modul-Datenbank des Programms geleitet wird. In der Task-Datenbank schreibt der Exemplar-Thunk den Wert des Programm-Datensegments in das AX-Register. Wenn das Datensegment verschoben wird, durchsucht der Speicherverwalter alle aktiven Thunks in der Task-Datenbank, um sicherzustellen, daß diese Thunks weiterhin aktuell bleiben. Aus der Task-Datenbank wird ein Sprung zum Lader-Thunk, den wir bereits beschrieben haben, in die Modul-Datenbank durchgeführt. Dies ist notwendig, damit ein Codesegment im Real-Modus verschoben und verworfen werden kann. Zuletzt wird endlich unsere Rückrufprozedur ausgeführt. Wie wir in den schon gezeigten Codeteilen gesehen haben, kopiert die Rückrufprozedur jetzt natürlich den Wert des AX-Registers in das DS-Register, um auf das Datensegment zugreifen zu können.

Die in Kapitel 14 bei der Besprechung von Dialogfeldern bereits vorgestellte Routine **MakeProcInstance** wird von Programmen zum Erstellen eines Exemplar-Thunks verwendet. Diese Routine hat als Aufrufparameter unter anderem die Adresse einer Prozedur. Im Real-Modus ist dies für Funktionen, die sich in einem verschiebbaren oder verwerfbaren Segment befinden, die Adresse eines Aufruf-Thunks in der Modul-Datenbank. Sie gibt als Funktionswert einen Exemplar-Thunk zurück, der für Windows-Bibliotheksfunktionen, die die Adresse einer Rückrufprozedur benötigen, als Adresse einer far-Prozedur verwendet werden kann.

Vor dem Nachhausegehen aufräumen

Wir haben drei verschiedene Arten von Einträgen kennengelernt, die für far-Funktion verwendet werden können: exportierte Bibliothekseinträge, nicht exportierte Programmeinträge und exportierte Programmeinträge. Die erste Art zeigt, wie der Windows-Lader die Datensegmente für dynamische Linkbibliotheken einstellt. Die zweite Art ist einfach das, was der C-Compiler erzeugt, damit die anderen beiden Einträge richtig funktionieren. Und die dritte Art wird für Rückruffunktionen wie Fensterprozeduren und Dialogprozeduren benötigt.

Auch wenn es drei verschiedene Einträge für far-Funktionen gibt, räumen alle far-Funktionen in Windows den Stapelspeicher auf die gleiche Art mit den folgenden Befehlen auf:

```
MOV   SP, BP   ; Wiederherstellen des Aufrufer-Stapelspeicherrahmens
POP   DS       ; DS des Aufrufenden wiederherstellen
POP   BP       ; Die verkettete Liste zum Durchsuchen des
               ; Stapelspeichers löschen
DEC   BP       ; Umkehren des geraden/ungeraden Far-Aufruf-Bit
RETF  0002     ; Far-Rücksprung
```

Anders ausgedrückt: der Datensegmentwert des Aufrufers, nämlich das DS-Register, wird wiederhergestellt. Während es sich auf dem Stapelspeicher befand, wurde es vielleicht sogar vom Speicherverwalter verändert, sodaß es im Datensegment eine neue Stellung einnimmt. Der Wert zum Durchsuchen der stapelbezogenen verketteten Liste wird durch die POP BP-Anweisung entfernt und das BP-Register, das beim Durchsuchen des Stapelspeichers als Flag zur Unterscheidung von nahen und far-Aufrufen verwendet wurde, wird verringert. Zuletzt wird ein Rücksprung zum Aufrufer (oder im Real-Modus, wenn das aufrufende Codesegment gelöscht wurde, zu einem Rückgabe-Thunk) ausgeführt.

Die dynamische Bindung ist eine robuste und flexible Methode, die es ermöglicht, daß bereits die frühen Windows-Versionen mit ihrem Real-Modus mit einer aktzeptablen Ausführungsgeschwindigkeit ausgeführt werden konnten. Sie wird auch in der neusten Windows-Version sowohl im Real-Modus als auch im Protected-Modus weiter verwendet. Außerdem ist die dynamische Bindung ein wesentlicher Bestandteil der Architektur des Betriebssystems OS/2 und des Betriebssystems Windows-NT.

Wie Sie gesehen haben, hat die dynamische Bindung sowohl auf Code- als auch auf Datensegmente Auswirkungen. Für Codesegmente ermöglicht die dynamische Bindung, daß Programme während der Laufzeit mit Bibliotheksfunktionen gelinkt werden können - und nicht bereits zur Kompilierzeit. Sie ermöglicht außerdem, daß Windows-Programme, die für ältere Windows-Versionen geschrieben wurden, (fast) ohne Aufwand auch unter Windows 3.x ausgeführt werden können. Auch in Zukunft wird die dynamische Bindung es ermöglichen, daß heute geschriebene Programme ohne wesentliche Veränderung in zukünftigen Windows-Versionen laufen können. Die Auswirkungen auf Datensegmente sind fast ebenso transparent, wie die Auswirkungen auf den Programmcode. Vor der Einführung von Smart Exports mußten Windows-Programmierer Ihre Rückrufprozeduren mit **MakeProcInstance** exportieren. Durch die Verwendung von Smart Exports brauchen für Datensegmente bei der dynamischen Bindung keine besonderen Vorkehrungen mehr getroffen werden.

Anhang

Anhang A

Eine Bewertung der Nachrichten

Die acht Nachrichtenarten

Typ	*Beschreibung*
Hardware	Maus- und Tastatureingaben.
Fensterverwaltung	Mitteilung, Aufforderung zur Aktion, Abfrage.
Benutzerschnittstelle	Menü, Mauszeiger, Bildlaufleiste, Dialogfelder, MDI.
Beendigungsnachrichten	Beenden einer Anwendung oder des Systems.
Private Nachrichten	Dialogfeldelemente: Textfeld, Schaltfläche, Listenfeld, einzeiliges Listenfeld.
Systemressourcenmitteilung	Farbwechsel, Schriften, Spooler, Gerätebetriebsarten.
Nachrichten zur gemeinsamen Datennutzung	Zwischenablage und dynamischer Datenaustausch (DDE).
Interne Systemnachrichten	Nichtdokumentierte Nachrichten.

Hardware-Nachrichten

Mausnachrichten: im Arbeitsbereich eines Fensters	
WM_LBUTTONDBLCLK	Doppelklick mit linker Maustaste.
WM_LBUTTONDOWN	Linke Maustaste gedrückt.
WM_LBUTTONUP	Linke Maustaste losgelassen.
WM_MBUTTONDBLCLK	Doppelklick mit mittlerer Maustaste.
WM_MBUTTONDOWN	Mittlere Maustaste gedrückt.
WM_MBUTTONUP	Mittlere Maustaste losgelassen.
WM_MOUSEMOVE	Maus wurde bewegt.

Mausnachrichten: im Arbeitsbereich eines Fensters	
WM_RBUTTONDBLCLK	Doppelklick mit rechter Maustaste.
WM_RBUTTONDOWN	Rechte Maustaste gedrückt.
WM_RBUTTONUP	Rechte Maustaste losgelassen.
Mausnachrichten: außerhalb des Arbeitsbereiches eines Fensters	
WM_NCLBUTTONDBLCLK	Doppelklick mit linker Maustaste.
WM_NCLBUTTONDOWN	Linke Maustaste gedrückt.
WM_NCLBUTTONUP	Linke Maustaste losgelassen.
WM_NCMBUTTONDBLCLK	Doppelklick mit mittlerer Maustaste.
WM_NCMBUTTONDOWN	Mittlere Maustaste gedrückt.
WM_NCMBUTTONUP	Mittlere Maustaste losgelassen.
WM_NCMOUSEMOVE	Maus wurde bewegt.
WM_NCRBUTTONDBLCLK	Doppelklick mit rechter Maustaste.
WM_NCRBUTTONDOWN	Rechte Maustaste gedrückt.
WM_NCRBUTTONUP	Rechte Maustaste losgelassen.
Tastaturnachrichten	
WM_CHAR	Eingelesenes Zeichen.
WM_DEADCHAR	Totes Zeichen (Umlaut, Akzent usw.).
WM_KEYDOWN	Taste wurde gedrückt.
WM_KEYUP	Taste wurde losgelassen.
WM_SYSCHAR	Systemzeichen wurde eingegeben.
WM_SYSDEADCHAR	Totes Systemzeichen.
WM_SYSKEYDOWN	Systemtaste wurde gedrückt.
WM_SYSKEYUP	Systemtaste wurde losgelassen.
Zeitnachrichten	
WM_TIMER	Zeit ist abgelaufen.

Fensterverwaltungsnachrichten

Fensternachrichten: Mitteilung	
WM_ACTIVATE	Fenster ist aktiv.
WM_ACTIVATEAPP	Anwendung ist aktiv.
WM_CREATE	Fenster wurde erzeugt.
WM_DESTROY	Fenster wurde gelöscht.
WM_ENABLE	Eingaben wurden für das Fenster zugelassen.
WM_KILLFOCUS	Fenster hat die Steuerung über Tastatur verloren.
WM_MOUSEACTIVATE	Benachrichtigung eines Fensters, daß es aufgrund eines Mausklicks aktiviert wird.
WM_MOVE	Fenster wurde verschoben.
WM_PARENTNOTIFY	Ein Nachfolgerfenster wurde erstellt, gelöscht oder hat eine Mausnachricht empfangen.
WM_SETFOCUS	Fenster hat die Steuerung über Tastatur erhalten.
WM_SIZE	Die Größe des Fensters wurde verändert.
Fensternachrichten: Aufforderung zu einer Aktion	
WM_CLOSE	Fenster schließen (löschen).
WM_ERASEBKGND	Hintergrund löschen.
WM_ICONERASEBKGND	Hintergrund eines Symbolfensters löschen.
WM_NCACTIVATE	Titelzeile ändern, um den Fensterzustand zu zeigen.
WM_NCCREATE	Erzeuge Daten außerhalb des Nichtarbeitsbereiches.
WM_NCDESTROY	Lösche Daten außerhalb des Nichtarbeitsbereiches.
WM_NCPAINT	Bereich außerhalb des Arbeitsbereiches neu darstellen.
WM_PAINT	Arbeitsbereich neu darstellen.
WM_PAINTICON	Arbeitsbereich eines Symbolfensters neu darstellen.
WM_SETREDRAW	Neudarstellung eines Fensters verhindern.
WM_SETTEXT	Text eines Fensters verändern.
WM_SHOWWINDOW	Sichtbarkeit eines Fensters verändern.

Fensternachrichten: Abfragen	
WM_GETMINMAXINFO	Was ist die minimale/maximale Größe des Fensters?
WM_GETTEXT	Was ist der Fenstertext?
WM_GETTEXTLENGHT	Wie lang ist der Fenstertext?
WM_NCCALCSIZE	Wie groß sollte der Arbeitsbereich sein?
WM_QUERYDRAGICON	Für Fenster, die keinen Klassenzeiger haben: Hast Du einen Zeiger, der als Dein Symbol verwendet werden kann, wenn Du auf dem Bildschirm verschoben wirst?
WM_QUERYNEWPALETTE	Hast Du eine neue Palette?
WM_QUERYOPEN	Kann das Symbolfenster geöffnet werden?

Benutzerschnittstellennachrichten

Menünachrichten	
WM_COMMAND	Menübefehl wurde ausgewählt.
WM_INITMENU	Initialisiere ein Menüleisten-Menü.
WM_INITMENEPOPUP	Initialisiere ein Popup-Menü.
WM_MENUCHAR	Tastaturkürzel zur Auswahl des Menüs.
WM_MENUSELECT	Benutzer blättert durch Menüs.
Systembefehle: Systemmenü, Schaltflächen zur Verkleinerung und Vergrößerung, Titelzeile, usw.	
WM_SYSCOMMAND	Ein Systembefehl wurde ausgewählt.
Mauszeigernachrichten	
WM_NCHITEST	Frage: Wo ist die Maus auf dem Bildschirm?
WM_SETCURSOR	Auftrag: Bringe den Zeiger in die richtige Form.
Bildlaufleistennachrichten	
WM_HSCROLL	Horizontale Bildlaufleiste wurde angeklickt.
WM_VSCROLL	Vertikale Bildlaufleiste wurde angeklickt.

Dialogfeld- und Dialogfeldelementnachrichten	
WM_CHARTOITEM	Nachricht, die von einem Listenfeld an sein Vorfahrenfenster als Antwort auf eine **WM_CHAR**-Nachricht gesendet wird. Diese Nachricht wird nur in der Listenausführung gesendet. Unter anderem erlaubt es benutzerdefinierten Listenfeldern, eine Tastaturschnittstelle zu besitzen.
WM_COMMAND	Steuere die Kommunikation mit dem Dialogfeld.
WM_COMPAREITEM	Wird an den Vorfahren eines benutzerdefinierten Dialogfeldelementes gesendet und fordert, zwei Elemente zu vergleichen, um sie zu sortieren.
WM_CTLCOLOR	Steueranfrage: Welche Farben sollen gesetzt werden?
WM_DELETEITEM	Mitteilung an ein benutzerdefiniertes Listenfeld oder ein einzeiliges benutzerdefiniertes Listenfeld, daß ein Element gelöscht wurde.
WM_DRAWITEM	Aufforderung an den Vorfahren eines benutzerdefinierten Steuerelements oder eines benutzerdefinierten Menüs zu zeichnen.
WM_GETDLGCODE	Steuerabfrage: Willst Du Tastatureingaben?
WM_GETFONT	Steuerabfrage: Welche Schrift verwendest Du?
WM_INITDIALOG	Einen Dialog initialisieren.
WM_MEASUREITEM	Aufforderung an den Vorfahren eines benutzer-definierten Steuerelements oder eines benutzerdefinierten Elements, die Größe des zu zeichnenden Elements anzugeben.
WM_NEXTDLGCTL	Eine Nachricht, die von einem Dialogfeldsteuerelement gesendet wird, um die richtige Verarbeitung der Tabulator- und der Eingabetaste für Steuerelemente, die Tastatureingaben selbst verarbeiten, zu gewährleisten.
WM_SETFONT	Aufforderung an ein Steuerelement: Verwende diese Schrift.

Menünachrichten	
WM_VKEYTOITEM	Eine Nachricht, die von einem Listenfeld an sein Vorfahrenfenster als Antwort auf eine **WM_KEYDOWN**-Nachricht gesendet wird. Diese Nachricht wird nur von Listenfeldern gesendet, die das **LBS_WANTKEYBOARDINPUT**-Ausführungsbit gesetzt haben.
Nachrichten der Mehrdokumentenschnittstelle (MDI)	
WM_CHILDACTIVATE	Informiert ein Vorfahrenfenster, daß einer seiner Nachfolger aktiv ist.
WM_MDIACTIVATE	Informiert ein MDI-Nachfolgerfenster, daß es entweder aktiviert oder inaktiviert wird.
WM_MDICASCADE	Aufforderung, die offenen MDI-Nachfolgerfenster treppenartig hintereinander anzuordnen.
WM_MDICREATE	Aufforderung an ein MDI-Arbeitsfenster, ein MDI-Nachfolgefenster zu erzeugen.
WM_MDIDESTROY	Aufforderung an ein MDI-Arbeitsfenster, ein MDI-Nachfolgefenster zu löschen.
WM_MDIGETACTIVE	Ein MDI-Arbeitsfenster wird nach dem derzeit aktiven Nachfolgefenster gefragt.
WM_MDICONARRANGE	Aufforderung, die zum Symbol verkleinerten MDI-Nachfolgefenster übersichtlich anzuordnen.
WM_MDIMAXIMIZE	Aufforderung, das MDI-Nachfolgefenster zu vergrößern oder zum Vollbild zu vergrößern, so daß es den ganzen Arbeitsbereich des Vorfahrenfensters einnimmt.
WM_MDINEXT	Aufforderung, das nächste MDI-Nachfolgefenster zu aktivieren.
WM_MDIRRESTORE	Aufforderung, ein MDI-Nachfolgefenster in seinen ursprünglichen Zustand zurückzubringen - zum Symbol verkleinert, normal oder vergrößert.
WM_MDISETMENU	Zugriff auf das Menü eines MDI-Rahmenfensters.
WM_MDITILE	Die geöffneten MDI-Nachfolgefenster sollen dachziegelartig innerhalb des MDI-Vorfahrenfensters angeordnet werden.

Beendigungsnachrichten

Beenden von Anwendungen oder des Systems	
WM_QUIT	Ein Programm soll beendet werden.
WM_QUERYENDSESSION	Frage: Bereit zur Beendigung des Systems?
WM_ENDSESSION	Mitteilung der Ergebnisse der Abfrage zur Systembeendigung.

Private Nachrichten

Steuernachrichten für Schaltflächen	
BM_GETCHECK	Abfrage
BM_GETSTATE	Der Status einer Schaltfläche wird abgefragt.
BM_SETCHECK	Betätigt eine Optionsschaltfläche oder ein Steuerfeld.
BM_SETSTATE	Verändert die Hervorhebung einer Optionsschaltfläche oder eines Steuerfelds.
BM_SETSTYLE	Verändert das Aussehen einer bestehenden Schaltfläche.
Steuernachrichten für einzeilige Listenfelder	
CB_ADDSTRING	Hinzufügen einer Zeichenkette zum Listenfeld eines einzeiligen Listenfeldes.
CB_DELETESTRING	Löschen einer Zeichenkette aus dem Listenfeld eines einzeiligen Listenfeldes.
CB_DIR	Hinzufügen einer Liste aller Dateien des aktuellen Verzeichnisses zum Listenfeld eines einzeiligen Listenfeldes.
CB_FINDSTRING	Durchsucht das Listenfeld eines einzeiligen Listenfeldes nach einer Zeichenkette.
CB_GETCOUNT	Abfrage der Anzahl der Objekte eines Listenfelds eines einzeiligen Listenfeldes.

CB_GETCURSEL	Abfrage nach dem Index des zur Zeit ausgewählten Elements des Listenfelds eines einzeiligen Listenfeldes.
CB_GETEDITSEL	Abfrage nach dem ausgewählten Text im Textfeld eines einzeiligen Listenfeldes.
CB_GETITEMDATA	Abfrage nach dem Elementbezeichner des Listenfelds eines einzeiligen Listenfeldes.
CB_GETLBTEXT	Abfrage nach der Zeichenkette im Listenfeld eines einzeiligen Listenfeldes.
CB_GETLBTEXTLEN	Abfrage nach der Länge der Zeichenkette im Listenfeld eines einzeiligen Listenfeldes.
CB_INSERTSTRING	Einfügen einer Zeichenkette in das Listenfeld eines einzeiligen Listenfeldes.
CB_LIMITTEXT	Setzt die maximale Anzahl von Zeichen, die in das Eingabefeld eines einzeiligen Listenfeldes eingegeben werden können.
CB_RESETCONVERT	Löscht alle Einträge aus dem Listenfeld eines einzeiligen Listenfeldes.
CB_SELECTSTRING	Erzeugt eine Auswahl im Listenfeld eines einzeiligen Listenfeldes.
CB_SETCURSEL	Schreibt die aktuelle Auswahl in das Listenfeld eines einzeiligen Listenfeldes und schreibt den Text in das Text- oder statische Textfeld.
CB_SETEDITSEL	Wählt einen Zeichenbereich für das Textfeld eines einzeiligen Listenfeldes.
CB_SETITEMDATA	Setzt den Wert eines Elementes eines einzeiligen Listenfeldes.
CB_SHOWDROPDOWN	Zeigt oder verbirgt die Auswahlliste eines einzeiligen Listenfeldes.
CB_SETCURSEL	Setzt die aktuelle Auswahl im Listenfeld eines einzeiligen Listenfeldes und schreibt den Text in das Text- oder statische Textfeld.
CB_SETEDITSEL	Wählt einen Zeichenbereich für das Textfeld eines einzeiligen Listenfeldes.
CB_SETITEMDATA	Setzt den Wert eines Elementes in einem einzeiligen Listenfeldes.

CB_SHOWDROPDOWN	Zeigt oder versteckt die Auswahlliste eines einzeiligen Listenfeldes.
Steuernachrichten für Dialogfelder	
DM_GETDEFID	Abfrage nach der Kennzahl der Standardschaltfläche eines Dialogfelds.
DM_SETDEFID	Setzt die Standardschaltfläche eines Dialogfelds.
Steuernachrichten für Textfelder	
EM_CANUNDO	Fragt ein Textfeld, ob es die vorherige Änderung rückgängig machen kann.
EM_EMPTYUNDOBUFFER	Weist ein Textfeld an, seinen Undo-Puffer zu leeren.
EM_FMTLINES	Sagt einem Textfeld, wie es Zeilenendezeichen behandeln soll.
EM_GETHANDLE	Fragt ein mit gesetztem DS_LOCALEDIT-Flag erstelltes Textfeld nach dem Handle für das auf dem lokalen Heap erzeugten Objekt.
EM_GETLINE	Liest eine Textzeile aus einem Textfeld.
EM_GETLINECOUNT	Abfrage nach der Anzahl von Textzeilen in einem Textfeld.
EM_GETMODIFY	Fragt ein Textfeld, ob der Benutzer Text eingegeben oder verändert hat.
EM_GETRECT	Fragt ein Textfeld nach seinem Darstellungsrechteck. Dies ist entweder sein Arbeitsbereich oder ein Teil davon, der mit der EM_SETRECT-Nachricht ausgewählt wurde.
EM_GETSEL	Abfrage nach den Zeichen, die in der aktuellen Auswahl enthalten sind.
EM_LIMITTEXT	Begrenzt die Anzahl von Zeichen, die eingegeben werden können.
EM_LINEFROMCHAR	Sucht nach der ersten Zeile, die ein bestimmtes Zeichen enthält.
EM_LINEINDEX	Abfrage nach der Anzahl von Zeilen, die in einem mehrzeiligen Textfeld überstrichen wurden.

EM_LINELENGTH	Abfrage nach der Länge einer Zeile in einem Textfeld.
EM_LINESCROLL	Bewegt sich durch ein mehrzeiliges Textfeld.
EM_REPLACESEL	Überschreibt die aktuelle Auswahl mit einem neuen Text.
EM_SETHANDLE	Diese Nachricht sagt einem Textfeld, das mit gesetzter DS_LOCALEDIT-Flag erstellt wurde, daß es ein neues lokales Speicherobjekt für seine Daten verwenden soll.
EM_SETMODIFY	Setzt das Veränderungsflag eines Textfeldes.
EM_SETPASSWORDCHAR	Bestimmt das Zeichen, das in einem Textfeld, das mit gesetzter ES_PASSWORD-Flag erstellt wurde, ausgegeben werden soll, wenn ein Paßwort eingegeben wird.
EM_SETRECT	Setzt das Darstellungsrechteck für ein mehrzeiliges Textfeld und veranlaßt, daß das Textfeld sofort neu dargestellt wird.
EM_SETRECTNP	Setzt das Darstellungsrechteck für ein mehrzeiliges Textfeld und verschiebt die Darstellung auf einen späteren Zeitpunkt.
EM_SETSEL	Definiert einen Bereich aus Zeichen, der als ausgewählt dargestellt werden soll.
EM_SETTABSTOPS	Setzt einen Tabulatorstop in einem mehrzeiligen Textfeld.
EM_SETWORDBREAK	Definiert eine Rückrufprozedur, die aufgerufen werden soll, um Worttrennungen in einem mehrzeiligen Textfeld zu verarbeiten.
EM_UNDO	Sagt einem Textfeld, daß es die letzte Bearbeitung rückgängig machen soll.
Steuernachrichten für Listenfelder	
LB_ADDSTRING	Einfügen einer Zeichenkette in ein Listenfeld.
LB_DELETESTRING	Löschen einer Zeichenkette aus einem Listenfeld.
LB_DIR	Schreibt eine Liste der Dateien aus dem aktuellen Verzeichnis in ein Listenfeld.
LB_FINDSTRING	Sucht eine Zeichenkette in einem Listenfeld.

LB_GETCOUNT	Abfrage nach der Anzahl von Elementen in einem Listenfeld.
LB_GETCURSEL	Abfrage nach dem Index des zur Zeit ausgewählten Elements in einem Listenfeld.
LB_GETHORIZONTALEXTENT	Abfrage nach der Anzahl von Bildpunkten, um die ein Listenfeld mit horizontaler Bildlaufleiste verschoben werden kann.
LB_GETITEMDATA	Abfrage nach dem Elementbezeichner eines Listenfelds.
LB_GETITEMRECT	Abfrage nach den Abmessungen des Rechtecks, das ein Element eines Listenfeldes einrahmt.
LB_GETSEL	Abfrage nach dem Auswahlzustand eines bestimmten Elements eines Listenfeldes.
LB_GETSELCOUNT	Abfrage nach der gesamten Anzahl von Elementen, die in einem Listenfeld ausgewählt wurden.
LB_GETSELITEMS	Abfrage nach den Indizes der ausgewählten Elemente eines Listenfelds.
LB_GETTEXT	Fragt nach dem Text eines Listenfelds.
LB_GETTEXTLEN	Fragt nach der Länge des Textes eines Listenfeldes.
LB_GETTOPINDEX	Abfrage nach dem Index des gerade am Anfang des Listenfelds dargestellten Elements.
LB_INSERTSTRING	Hinzufügen einer Zeichenkette zu einem Listenfeld.
LB_RESETCONTENT	Löschen aller Elemente aus einem Listenfeld.
LB_SELECTSTRING	Auswahl eines Elements in einem Listenfeld.
LB_SELECTITEMRANGE	Auswahl eines Bereichs von Elementen in einem Listenfeld mit mehrfacher Auswahl.
LB_SETCOLUMNWIDTH	Setzt die Spaltenbreite für ein mehrspaltiges Listenfeld.
LB_SETCURSEL	Setzt die aktuelle Auswahl in einem Listenfeld.
LB_SETHORIZONTALEXTENT	Setzt den horizontalen Bildlaufbereich für ein Listenfeld.
LB_SETITEMDATA	Ersetzt ein benutzerdefiniertes Element in einem Listenfeld.

LB_SETSEL	Hervorheben einer Zeichenkette in einem Listenfeld mit mehrfacher Auswahl.
LB_SETTABSTOPS	Setzt den Tabulatorstop in einem Listenfeld, das mit gesetzter LBS_USETABSTOPS-Flag erstellt wurde.
LB_SETTOPINDEX	Durchblättert ein Listenfeld, um ein bestimmtes Element an den Anfang des Listenfelds zu setzen.
Private Systemnachrichten	
WM_CANCELMODE	Anforderung an das System, eine Betriebsart abzubrechen, wie zum Beispiel das Abfangen der Maus.
WM_ENTERIDLE	Benachrichtigung, daß das System im Wartezustand ist, weil der Benutzer ein Menü oder ein Dialogfeld bearbeitet.

Systemressourcenmitteilungen

WM_COMPACTING	Benachrichtigung, daß der Systemspeicher knapp ist und daß der Speicherverwalter versucht, einige Speicherbereiche wieder freizugeben.
WM_DEVMODECHANGE	Die Druckereinstellung wurde verändert.
WM_FONTCHANGE	Die im System installierten Schriften wurden verändert.
WM_PALETTECHANGE	Die Hardware-Farbpalette hat sich geändert.
WM_SPOOLERSTATUS	Ein Auftrag wurde aus der Druckerwarteschlange gelöscht.
WM_SYSCOLORCHANGE	Eine oder mehrere Systemfarben wurden verändert.
WM_TIMECHANGE	Die Systemzeit hat sich geändert.
WM_WININICHANGE	Die Profildatei **WIN.INI** wurde verändert.

Zwischenablage-Nachrichten	
WM_ASKCBFORMATNAME	Fragt nach dem Namen eines Zwischenablageformats.
WM_CHANGECBCHAIN	Benachrichtigung, daß die Ansichtenkette verändert wurde.
WM_DESTROYCLIPBOARD	Der Inhalt der Zwischenablage wurde gelöscht.
WM_DRAWCLIPBOARD	Der Inhalt der Zwischenablage wurde verändert.
WM_HSCROLLCLIPBOARD	Horizontaler Bildlauf eines benutzerdefinierten Objektes der Zwischenablage.
WM_PAINTCLIPBOARD	Aufforderung, ein benutzerdefiniertes Objekt der Zwischenablage zu zeichnen.
WM_RENDERALLFORMATS	Aufforderung, die Daten aller versprochenen Zwischenablageformate bereitzustellen.
WM_RENDERFORMAT	Aufforderung, die Daten für ein einzelnes versprochenes Zwischenablageformat bereitzustellen.
WM_SIZECLIPBOARD	Benachrichtigung an den Besitzer eines benutzerdefinierten Objektes der Zwischenablage, daß die Größe des Betrachtungsfensters der Zwischenablage verändert wurde.
WM_VSCROLLCLIPBOARD	Vertikaler Bildlauf eines benutzerdefinierten Objektes der Zwischenablage.
Nachrichten zum dynamischen Datenaustausch (DDE)	
WM_DDE_ACK	Bestätigung.
WM_DDE_ADVICE	Aufforderung eines DDE-Nutzers, eine ständige Datenverbindung einzurichten.
WM_DDE_DATA	Sende ein Datenobjekt von einem DDE-Server an einen DDE-Nutzer.
WM_DDE_EXECUTE	Aufforderung an einen DDE-Server, eine Reihe von Befehlen auszuführen.
WM_DDE_INITIATE	**Log-on** für einen DDE-Server.
WM_DDE_POKE	Aufforderung eines Benutzers an einen Server, ein bestimmtes Datenobjekt zu aktualisieren.

WM_DDE_REQUEST	Einmalige Anforderung eines DDE-Benutzers für eine Teilinformation.
WM_DDE_TERMINATE	**Log-off** für einen DDE-Server.
WM_DDE_UNADVISE	Beenden einer ständigen Datenverbindung, die durch eine **WM_DDE_ADVICE**-Nachricht eingerichtet wurde.

Anhang B

Die Standard-Fensterprozedur

Als Hilfe für Sie folgt nun die Programmliste der Standard-Fensterprozedur, die im Software-Entwicklungspaket von Windows (SDK) enthalten ist. Die neueste Version dieser Prozedur finden Sie auf den Disketten für die Beispielprogramme, die Microsoft als Teil der SDK mit ausliefert. Das Programm DefWindowProc verarbeitet die folgenden Nachrichten:

WM_NCACTIVATE	WM_ERASEBKGND
WM_NCHITTEST	WM_QUERYOPEN
WM_NCCALCSIZE	WM_QUERYENDSESSION
WM_NCLBUTTONDOWN	WM_SYSCOMMAND
WM_NCMOUSEMOVE	WM_SYSKEYDOWN
WM_NCLBUTTONUP	WM_KEYUP
WM_NCLBUTTONDBLCLK	WM_SYSKEYUP
WM_CANCELMODE	WM_SYSCHAR
WM_NCCREATE	WM_CHARTOITEM
WM_NCDESTROY	WM_VKEYTOITEM
WM_NCPAINT	WM_ACTIVATE
WM_SETTEXT	WM_SETREDRAW
WM_GETTEXT	WM_SHOWWINDOW
WM_GETTEXTLENGTH	WM_CTLCOLOR
WM_CLOSE	WM_SETCURSOR
WM_PAINT	WM_MOUSEACTIVATE
WM_PAINTICON	WM_DRAWITEM
WM_ICONERASEBKGNE	

```
/*-----------------------------------------------------------------*/
/*                                                                 */
/* DefWindowProc () -                                              */
/*                                                                 */
/*-----------------------------------------------------------------*/

LONG FAR PASCAL DefWindowProc (hwnd, message, wParam, lParam)

register HWND hwnd;
         WORD message;

register WORD wParam;
         LONG lParam;

{
int          i;
HDC          hdc;
PAINTSTRUCT ps;
HICON        hIcon;
RECT         rc;
HANDLE       hCurs;
HBRUSH       hbr;
HWND         hwndT;

if (!CheckHwnd (hwnd))
     return ((DWORD) FALSE);

switch (message)
 {
 case WM_NCACTIVATE:
  if (wParam != 0)
      SetWF (hwnd, WFFRAMEON);
  else
      ClrWF (hwnd, WFFRAMEON);

  if (TestWF (hwnd, WFVISIBLE) && !TestWF (hwnd, WFNONCPAINT))
      {
      hdc = GetWindowDC (hwnd);
      DrawCaption (hwnd, hdc, TRUE, TestWF (hwnd, WFFRAMEON));
      InternalReleaseDC (hdc);
      if (TestWF (hwnd, WFMINIMIZED));
          RedrawIconTitle (hwnd);
      }
  return (TRUE);

 case WM_NCHITTEST:
      return (FindNCHit (hwnd, lParam));

 case WM_NCCALCSIZE:
      CalcClientRect (hwnd, (LPRECT) lParam);
      break;
```

784

```
case WM_NCLBUTTONDOWN:
{
  WORD cmd;
  RECT rcWindow;
  RECT rcCapt;
  RECT rcInvert;
  RECT rcWindowSave;

  cmd = 0;

  switch (wParam)
    {
    case HTZOOM:
    case HTREDUCE:
      GetWindowRect (hwnd, (LPRECT) & rcWindow);
      CopyRect ((LPRECT) & rcWindowSave, (LPRECT) & rcWindow);

    if (TestWF (hwnd, WFSIZEBOX))
      InflateRect ((LPRECT) & rcWindow,
                   -cxSzBorderPlus1, -cySzBorderPlus1);
    else
      InflateRect ((LPRECT) & rcWindow,
                   -cxBorder, cyBorder);

    rcCapt.right = rcWindow.right + cxBorder;
    rcCapt.left  = rcWindow.right - oemInfo.bmReduce.cx-
                   cxBorder;

    if (wParam == HTREDUCE)
        cmd = SC_MINIMIZE;
    else if (TestWF (hwnd, WFMAXIMIZED))
        cmd = SC_RESTORE;
    else
        cmd = SC_MAXIMIZE;

    if (wParam == HTREDUCE && TestWF (hwnd, WFMAXBOX))
        OffsetRect ((LPRECT) & rcCapt, -oemInfo.bmReduce.cx, 0);

    rcCapt.top    = rcWindow.top;
    rcCapt.bottom = rcCapt.top + cyCaption;

    CopyRect ((LPRECT) & rcInvert, (LPRECT) & rcCapt);
    InflateRect ((LPRECT) & rcInvert, -cxBorder, -cyBorder);

    rcInvert.right += cxBorder;
    rcInvert.left  += cxBorder;

      /* In Fensterkoordinaten umwandeln */
    OffsetRect ((LPRECT) & rcInvert,
                -(rcWindowSave.left + cxBorder),
                -(rcWindowSave.top +cyBorder));
```

```
    /* Auf die BUTTONUP-Nachricht warten und darauf achten, ob
     * sich der Zeiger in dem Symbol- oder Vollbildfeld befindet.
     *
     * ANMERKUNG: rcInvert wird in Fensterkoordinaten angegeben,
     * rcCapt wird in Bildschirmkoordinaten angegeben.
     */
    if (!DepressTitleButton (hwnd, rcCapt, rcInvert, wParam))
        cmd = 0;

    break;

  default:
    if (wParam >= HTSIZEFIRST && wParam <= HTSIZELAST)
        /* HT in einen MV-Befehl umwandeln. */
        cmd = SC_SIZE + (wParam - HTSIZEFIRST + MVSIZEFIRST);
  }

if (cmd != 0)
  {
    /* Nicht für Befehle im Systemmenü vornehmen,
     * falls der Menübefehl deaktiviert ist.
     */
    if (TestWF (hwnd, WFSYSMENU))
      {
        /* Nicht die alten Nachfolgerfenster der Anwendung prüfen */
        if (LOWORD (GetExpWinVer (hwnd -> hInstance)) >= VER
                               || !TestwndChild (hwnd))
          {
          SetSysMenu (hwnd);
          if (GetMenuState (GetSysMenuHandle (hwnd),
                cmd & 0FFF0, MF_BYCOMMAND)
                & (MF_DISABLED | MF_GRAYED))
             break;
          }
      }
    SendMessage (hwnd, WM_SYSCOMMAND, cmd, lParam);
    break;
  }
  /*** Durchfallen ***/
}

case WM_NCMOUSEMOVE:
case WM_NCLBUTTONUP:
case WM_NCLBUTTONDBLCLK:
  HandleNCMouseGuys (hwnd, message, wParam, lParam);
  break;

case WM_CANCELMODE:
  if (hwndCapture == hwnd && pfnSB != NULL)
  EndScroll (hwnd, TRUE);
```

786

```
   if (fMenu && hwndMenu == hwnd)
       EndMenu ();

/* Ist das Abfangen noch gesetzt, wird es an dieser Stelle gelöst.
 * Es können später andere End-Funktionen eingefügt werden. */
   if (hwnd == hwndCapture)
       ReleaseCapture ();
   break;

case WM_NCCREATE:
   if (TestWF (hwnd, (WFHSCROLL | WFVSCROLL)))
       if (InitPwSB (hwnd) == NULL)
           return ((LONG) FALSE);

   return ((LONG) DefSetText (hwnd,
           ((LPCREATESTRUCT) lParam) -> lpszName));

case WM_NCDESTROY:
    if (hwnd->hName)
        hwnd->hName = TextFree(hwnd->hName)
    break;

case WM_NCPAINT
   /* Die Darstellung des Menüs erzwingen. */
   SetWF (hwnd, WFMENUDRAW);
   DrawWindowFrame (hwnd, (HRGN) wParam);
   ClrWF (hwnd, WFMENUDRAW);
   break;

case WM_SETTEXT:
   DefSetText (hwnd, (LPSTR) lParam);
   if (TestWF (hwnd, WFVISIBLE))
     {
     if (TestWF (hwnd, WFMINIMIZED))
       {
       ShowIconTitle (hwnd, FALSE);
       ShowIconTitle (hwnd, TRUE);
       }
   else if (TestWF (hwnd, WFBORDERMASK) ==
                  (BYTE) LOBYTE (WFCAPTION))
     {
     hdc = GetWindowDC (hwnd);
     DrawCaption (hwnd,
       hdc,
       FALSE,
       TestWF (hwnd, WFFRAMEON));
     InternalReleaseDC (hdc);
     }
   }
   break;
```

```
case WM_GETTEXT:
  if (wParam)
    {
    if (hwnd -> hName)
       return (DWORD) TextCopy (hwnd -> hName,
                                (LPSTR) lParam,
                                wParam);

    /* Ansonsten wird der Textpuffer mit Null verlassen,
     * solange kein Text vorhanden ist.
     */
    ((LPSTR) lParam) [0] = NULL;
    }
  return (0L);

case WM_GETTEXTLENGTH:
  if (hwnd -> hName)
     return (lstrlen (TextPointer (hwnd -> hName)));
   /* Ansonsten */
  return (0L);

case WM_CLOSE:
  DestroyWindow (hwnd);
  break;

case WM_PAINT:
  BeginPaint (hwnd, (LPPAINTSTRUCT) &ps);
  EndPaint (hwnd, (LPPAINTSTRUCT) &ps);
  break;

case WM_PAINTICON:
  */ Das Symbol durch den Fenster-DC zeichnen, falls die Anwendung
   *  eigenen DC verwendet. Wird der eigene DC verwendet, ist der
   *  verwendete Darstellungsmodus vielleicht nicht MM_TEXT.
   */
  BeginPaint (hwnd, (LPPAINTSTRUCT) &ps);
  if (TestCF (hwnd, CFOWNDC) || TestCF (hwnd, CFCLASSDC))
  {
  /* Falls ein eigener DC vorhanden ist, sollte die Beendigung des
   * Zeichnens jetzt ausgeführt werden, damit die Erasebackground-/
   * Validate-Bereiche richtig dargestellt werden. Somit erhalten
   * wir einen sauberen Fenster-DC, in dem das Symbol gezeichnet
   * werden kann.
   */
    InternalEndPaint (hwnd, (LPPAINTSTRUCT) &ps, TRUE);
    hdc = GetWindowDC (hwnd);
  }
  else
  {
    hdc = ps.hdc;
```

```
  }
/* wParam ist TRUE, um ein Symbol zu zeichnen und FALSE,
 * um das Zeichnen zu ignorieren.
 */
if (wParam)
  {
    hIcon = (HICON) (PCLS) (hwnd -> pcls) -> hIcon;
    GetClientRect (hwnd, (LPRECT) &rc);

    rc.left = (rc.right - rgwSysMet [SM_CXICON]) >> 1;
    rc.top = (rc.bottom -rgwSysMet [SM_CYICON]) >> 1;

    DrawIcon (hdc, rc.left, rc.top, hIcon);
  }
/* Den erneuerten Bereich löschen. */
if (TestCF (hwnd, CFOWNDC) || TestCF (hwnd, CFCLASSDC))
  {
      InternalReleaseDC (hdc);
   /* ValidateRect (hwnd, NULL); */
  }
  else
      InternalEndPaint (hwnd, (LPPAINTSTRUCT) &ps, TRUE);
break;

case WM_ICONERASEBKGND:
/* Das Symbol über den Fenster-DC löschen,
 * falls die Anwendung einen eigenen DC verwendet.
 * Wird ein eigener DC verwendet, ist der Darstellungsmodus
 * vielleicht nicht MM_TEXT.
 */
  if (TestCF (hwnd, CFOWNDC) || TestCF (hwnd, CFCLASSDC))
    hdc = GetWindowDC (hwnd);
  else
    hdc = (HDC) wParam;

if (TestWF (hwnd, WFCHILD)) /* Für Nachfolgersymbole der MDI */
  {
    if ((hbr = GetBackBrush (hwnd -> hwndParent)) == NULL)
      {
        /* Kein Pinsel. Basta. */
        goto AbortIconEraseBkGnd;
      }
    else
        goto ICantBelieveIUsedAGoToStatement;
  }

if (hbmWallpaper)
  {
  /* Da Desktop-Bitmap mit einer WM_PAINT-Nachricht erstellt wurden
  /* (und nicht mit erasebkgnd), müssen wir die Paint-Prozedur mit
```

```
 * unserem DC aufrufen.
 */
   PaintDesktop (hdc);
   /* Sendmessage (hwndDesktop, WM_ERASEBKGND, hdc, 0L); */
 }
else
 {
    hbr = sysClrObjects.hbrDesktop;
ICantBelieveIUsedAGoToStatement:
    FillWindow (hwnd->hwndParent, hwnd, hdc, hbr);
 }

AbortIconEraseBkGnd:
  if (TestCF (hwnd, CFOWNDC) || TestCF (hwnd, CFCLASSDC))
     InternalReleaseDC (hdc);

  return ((LONG) TRUE);

case WM_ERASEBKGND:
  if ((hbr = GetBackBrush (hwnd)) != NULL)
    {
     FillWindow (hwnd, hwnd, (HDC) wParam, hbr);
     return ((LONG) TRUE);
    }
  break;

case WM_QUERYOPEN:
case WM_QUERYENDSESSION:
  return ((LONG) TRUE);

case WM_SYSCOMMAND:
  SysCommand (hwnd, wParam, lParam);
  break;

case WM_KEYDOWN:
  if (wParam == VK_F10)
     fF10Status = TRUE;
  break;

case WM_SYSKEYDOWN:
  /* Ist die Alt-Taste gedrückt? */
  if (HIWORD (lParam) & SYS_ALTERNATE)
    {
    /* fMenuStatus umschalten, falls dies keine anhaltende
     * KEYDOWN-Nachricht ist. Nur wenn der Status der vorherigen
     * Taste Null war, ist dies die erste KEYDOWN-Nachricht.
     * Somit schalten wir den Menüzustand um.
     */
  if ((HIWORD) lParam) & SYS_PREVKEYSTATE) ==0)
    {
    /* Wir müssen hwndActive nicht sperren, da es diese Taste
```

```
   *  ausführt.
   */
   if ((sParam == VK_MENU) && (!fMenuStatus))
     fMenuStatus = TRUE;
   else
     fMenuStatus = FALSE;
   }
   fF10Status = FALSE;
   DWP_ProcessVirtKey (wParam);
 }
else
 {
 if (wParam == VK_F10)
    fF10Status = TRUE;
 else
    {
    if (wParam == VK_ESCAPE)
       {
       if (GetKeyState (VK_SHIFT) < 0)
          SendMessage (hwnd,
                       WM_SYSCOMMAND,
                       SC_KEYMENU,
                       (DWORD) MENUSYSMENU);
       }
    }
 }
 break;

case WM_KEYUP:
case WM_SYSKEYUP:
 /* Drücken und Loslassen der F10- oder Alt-Taste.
  * Senden Sie diese Nachricht nur an übergeordnete Fenster, da sonst
  * das  MDI verwirrt wird. Die Art, in der DefMDIChildProc() die
  * Nachricht ausgesendet hat, war untauglich, falls ein Nachfolge-
  * fenster des MDI-Nachfolgers den Fokus besitzt.
  */
 if ((wParam == VK_MENU && (fMenuStatus == TRUE)) ||
     (wParam == VK_F10 && fF10Status))
    SendMessage (GetTopLevelWindow (hwnd),
                 WM_SYSCOMMAND,
                 SC_KEYMENU,
                 (DWORD) 0);
 fF10Status = fMenuStatus = FALSE;
 break;

case WM_SYSCHAR:
 /* Falls die Sys-Taste gedrückt ist und wir ein Zeichen haben... */
 fMenuStatus = FALSE;
 if ((HIWORD) lParam) & SYS_ALTERNATE) && wParam)
```

791

```
    {
    if (wParam == VK_TAB || wParam == VK_ESCAPE)
      break;

    /* Alt-Leertaste nur an übergeordnete Fenster senden. */
    if ((wParam == MENUSYSMENU) && (testwndChild (hwnd)))
      SendMessage (hwnd->hwndParent,
                   message,
                   wParam,
                   lParam);
    else
      SendMessage (hwnd,
                   WM_SYSCOMMAND,
                   SC_KEYMENU,
                   (DWORD) wParam);
    }
  else
   /* Strg-Esc erzeugt eine WM_SYSCHAR-Nachricht.
    * Es sollte kein Warnton erzeugt werden.
    */
   if (wParam != VK_ESCAPE)
      MessageBeep (0);
  break;

case WM_CHARTOITEM:
case WM_VKEYTOITEM:
  /* Die vorgegebene Ausführung für Tastenbetätigungen in
   * benutzerdefinierten Listenfeldern ausführen.
   */
  return (-1);

case WM_ACTIVATE:
  if (wParam)
    SetFocus (hwnd);
  break;

case WM_SETREDRAW:
  DWP_SetRedraw (hwnd, wParam);
  break;

case WM_SHOWWINDOW:
  /* Ein Deskriptor, der ungleich Null ist, bedeutet
   * ein verborgenes oder angezeigtes Popup-Fenster. */
  */ Wir sollten prüfen, ob es ein Popup- oder ein
   * von jemandem besetztes Fenster ist.
   */
  if (LOWORD (lParam) != 0 &&
     (testwndPopup (hwnd) || hwnd->hwndOwner))
    {
    /* IF NOT (angezeigt, nicht sichtbar und nicht als verborgen ge-
```

```
     * setzt) AND NOT (verborgen und nicht sichtbar)
     */
     if (!(wParam !=0 && !TestWF (hwnd, WFVISIBLE) &&
          !TestWF (hwnd, WFHIDDENPOPUP)) &&
          !(wParam == 0 && !TestWF(hwnd, WFVISIBLE))))
          {
          /* Sind wir alle da? */
          if (wParam)
               /* Ja, dann lösche das verborgene Popup-Flag. */
               ClrWF (hwnd, WFHIDDENPOPUP);
          else
               /* Nein, dann setze das verborgene Popup-Flag. */
               SetWF (hwnd, WFHIDDENPOPUP);
          ShowWindow (hwnd,
                    (wParam ? SHOW_OPENNOACTIVATE : HIDE_WINDOW));
          }
     }
 break;

case WM_CTLCOLOR:
   if (HIWORD (lParam) != CTLCOLOR_SCROLLBAR)
     {
     SetBkColor ((HDC) wParam, sysColors.clrWindow);
     SetTextColor ((HDC) wParam, sysColors.clrWindowText);
     hbr = sysClrObjects.hbrWindow;
     }
   else
     {
     SetBkColor ((HDC) wParam, 0x00ffffff);
     SetTextColor ((HDC) wParam, (LONG) 0x00000000);
     hbr = sysClrObjects.hbrScrollbar;
     UnrealizeObject (hbr);
     }
   return ((DWORD) hbr);

case WM_SETCURSOR:
   /* wParam == hwnd, über dem sich der Zeiger befindet
    * lParamL == Code des Trefferbestimmungsbereich (Ergebnis von
    * WM_NCHITTEST)
    * lParamH == Nummer der Mausnachricht
    */
   if (HIWORD (lParam) != 0 &&
       LOWORD (lParam) >= HTSIZEFIRST &&
       LOWORD (lParam) <= HTSIZELAST)
     {
     SetCursor (rghCursor [LOWORD (lParam)
              -HTSIZEFIRST + MVSIZEFIRST]);
     break;
     }
```

```
if ((hwndT = GetChildParent (hwnd) != NULL &&
    (BOOL) SendMessage (hwndT,
                        WM_SETCURSOR,
                        wParam,
                        lParam))
  return ((LONG) TRUE);
if (HIWORD (lParam) == 0)
    {
    hCurs = hCursNormal;
    SetCursor (hCurs);
    }
else
    {
    switch (LOWORD (lParam))
      {
      case HTCLIENT:
          if (((HWND) wParam)->pcls->hCursor != NULL)
          SetCursor (((HWND) wParam)->pcls->hCursor);
          break;

      case HTERROR:
          switch (HIWORD (lParam))
            {
            case WM_LBUTTONDOWN:
              if ((hwndT = DWP_GetEnabledPopup (hwnd)) != NULL)
                {
                if (hwndT != hwndDesktop->hwndChild)
                  {
                  SetWindowPos (hwnd, NULL,
                                0, 0, 0, 0,
                                SWP_NOMOVE |
                                SWP_NOSIZE ||
                                SWP_NOACTIVATE);
                  SetActiveWindow (hwndT);
                  break;
                  }
                }

              /*** Durchfallen ***/

            case WM_RBUTTONDOWN:
            case WM_MBUTTONDOWN:
              MessageBeep (0);
              break;
            }

  /*** Durchfallen ***/
```

```
            default:
               SetCursor (hCursNormal);
            }
     }
     return ((LONG) FALSE);

   case WM_MOUSEACTIVATE:
      if ((hwndT = GetChildParent (hwnd)) != NULL &&
          (i = (int) SendMessage (hwndT,
                                  WM_MOUSEACTIVATE,
                                  wParam,
                                  lParam)) != 0)
         return ((LONG) i);

    /* Verschieben, die Größe verändern oder zum Symbol verkleinern?
     * NACHDEM wir die Aktion vollzogen haben, wird es aktiviert.
     */

    if (LOWORD (lParam) == HTCAPTION)
       return ((LONG) MA_NOACTIVATE);
    else
       return ((LONG) MA_ACTIVATE);

   case WM_DRAWITEM:
      if (((LPDRAWITEMSTRUCT) lParam)->CtlType == ODT_LISTBOX)
            LBDefaultListboxDrawItem ((LPDRAWITEMSTRUCT) lParam);
         break;
   }
 return (0L);
}
```

Anhang C

Glossar

_AHINCR

Ist ein globales Symbol, das ein Anwendungsprogramm verwenden kann, um den Segmentselektor zur Adressierung von Speicherobjekten zu erhöhen, die mehr als ein Segment belegen.

32-Bit-Adressierung

Dies bezieht sich auf die Fähigkeit des Intel-80386 und der neueren Prozessoren, 32 Bit große Offsetwerte zur Speicheradressierung zu verwenden. Hierdurch können bis zu ein Megabyte große Segmente erzeugt werden. Im erweiterten 386-Modus verwendet Windows intern diese Adressierungsart, stellt sie aber den Anwendungsprogrammen nicht direkt zur Verfügung. Microsoft unterstützt die 32-Bit-Adressierung jedoch mit der im Windows Software Development Kit enthaltenen dynamischen Linkbibliothek WINMEM32.

Abfangen

Siehe "Maus abfangen"

Aktives Fenster

Das aktive Fenster ist das oberste zur aktiven Anwendung gehörende Fenster. Die aktive Anwendung ist die Anwendung mit der höchsten vom Benutzer vergebenen Priorität. Wenn der Benutzer mit der Maus ein beliebiges Fenster der Anwendung anklickt, aus der Task-Liste von Windows das oberste Fenster einer Anwendung auswählt, oder eine Anwendung mit Tastaturschnelltasten auswählt, dann wird die Anwendung aktiv. Die Überschrift und der Rahmen der aktiven Anwendung erhalten dabei eine andere Farbe, die dem Benutzer ihren Zustand anzeigt. Außerdem werden die Fenster der aktiven Anwendung über die Fenster der anderen Anwendungen plaziert.

ANSI

American National Standards Institute (Amerikanisches Institut für Normen)

ANSI-Zeichensatz

Ein Standard, der beschreibt, wie Zeichen oder Bilder als numerische Zeichencodes gespeichert werden. Entsprechend dem ANSI-Standard sind die Werte 0 bis 31 (1Fh) für Steuerzeichen reserviert. Die Werte 32 (20h) bis 127 (7Fh) definieren einen Bereich, in dem Hersteller ihren eigenen Zeichenbereich darstellen können. Die Familie der IBM-PCs definiert einen Satz von Codeseiten, die den oberen Bereich für Blockgrafikzeichen, griechische Buchstaben und mit Akzenten versehene Zeichen verwenden. Windows definiert sogar einen noch vollständigeren Satz dieser Zeichen, die es auf einfache Art erlauben, Windows-Programme für Länder zu schreiben, in denen nicht Englisch gesprochen wird.

Arbeitsbereichskoordinaten

Beschreiben ein Koordinatensystem, das seinen Ursprung (0,0) in der oberen linken Ecke eines Fensters hat. Arbeitsbereichskoordinaten werden in Bildpunkten gemessen.

ASCII

American Standard Code for Information Interchange (Amerikanischer Normzeichenvorrat für den Informationsaustausch)

Aufruf-Thunk

Ein Aufruf-Thunk ist ein kleines Stück Programmcode, das von Windows im Real-Modus als Brücke zu Far-Funktionen in einem verschiebbaren oder verwerfbaren Codesegment verwendet wird.

Ausgeschaltetes Fenster

Ein ausgeschaltetes Fenster ist ein Fenster, das keine Maus- und Tastatureingaben erhalten kann. Das Vorfahrenfenster eines modalen Dialogfelds ist zum Beispiel ausgeschaltet.

Auslagerungs-Kernel

Der Auslagerungs-Kernel ist eine spezielle Version des Windows-Kernels, der nur im Real-Modus verwendet werden kann. Er liefert Informationen über das Laden und

Löschen von Segmenten eines Programms. Man kann den Auslagerungskernel verwenden, um die Segment-Arbeitsbereiche eines Programms optimal einzustellen, damit das Programm möglichst wenig Hauptspeicher verbraucht.

BitBlt

Eine Abkürzung für "BIT-boundary BLock Transfer" (an der Bit-Grenze ausgerichtete Blockübertragung). Die GDI-Funktion kopiert rechteckige Bit-Blöcke von einer Bildschirmposition an eine andere. Die offensichtlichste Verwendung für BitBlt besteht in der Verschiebung von Fenstern auf dem Bildschirm. BitBlt wird aber auch verwendet, um Menüs schnell ein- oder auszublenden. Anwendungsprogramme verwenden normalerweise die BitBlt-Funktion, um als Bitmaps gespeichert Bilder auf einem Ausgabegerät, wie einem Bildschirm oder Drucker, auszugeben. Ein Programm kann auch ein Bild von einem Bildschirm in eine Bitmap kopieren.

Bitmap

Eine Bitmap ist eines der beiden Pseudogeräte, die das GDI zum Speichern von Bilder verwendet (das andere Pseudogerät ist eine Metadatei). Bitmaps verwenden RAM zur Speicherung von rechteckigen Bildern. Bitmaps werden erstellt, indem man das GDI anweist, einen RAM-Bereich zur Speicherung des Bildes zu erstellen. Nachdem eine Bitmap erstellt wurde, bietet es eine unsichtbare Zeichenoberfläche, auf der Programme mit allen zur Verfügung stehenden GDI-Zeichenroutinen zeichnen können. Bitmaps sind außerdem eine Art Ressource, die es einem Programm erlauben, eine grafische Abbildung in einer ausführbaren Datei zu speichern. Die dritte Art von Bitmaps sind geräteunabhängige Bitmaps (DIB). Sie bieten eine geräteunabhängige Methode, um Farbinformationen zu speichern.

CDECL-Aufrufkonventionen

Die CDECL-Aufrufkonventionen beschreiben, wie Parameter auf dem Stapelspeicher an eine Unterroutine übergeben werden (von links nach rechts) und bestimmen außerdem, daß die aufrufende Routine die Parameter wieder vom Stapelspeicher löschen muß. Die CDECL-Aufrufkonventionen ermöglichen es, Routinen mit variabler Parameteranzahl zu definieren. Dies hat allerdings den Nachteil, daß der erzeugte Code etwas größer und langsamer ist als bei PASCAL-Aufrufkonventionen.

Clipping

Clipping beschreibt das Verhalten der GDI-Zeichenroutinen in der Art, wie sie die definierten Sichtbarkeitsgrenzen beachten. Clipping wird mit Hilfe von geschlossenen

Bereichen definiert: innerhalb des Clipping-Bereichs ist das Zeichnen erlaubt, außerhalb nicht.

Clipping-Bereich

Ein Clipping-Bereich (Arbeitsbereich) beschreibt einen geschlossenen Bereich, der für Clipping verwendet wird. Innerhalb des Clipping-Bereichs ist das Zeichnen erlaubt, außerhalb nicht. Clipping-Bereiche werden in Windows immer als Rechtecke oder Gruppe von Rechtecken beschrieben.

Codeseite

Eine Codeseite beschreibt einen Zeichensatz. Die Codeseite legt die Abbildungen fest, die verwendet werden, um bestimmte Zeichen darzustellen. Die Codeseite 437 enthält zum Beispiel den Standardzeichensatz für die amerikanische Version des IBM-PC.

Common User Access (CUA)

Bezieht sich auf das Element der IBM-System-Anwendungs-Architektur (SAA), das den für die Benutzerschnittstelle von Anwendungs- und System-Software entwickelten Standard beschreibt.

Cursor

Ein Cursor (Zeiger oder auch Mauszeiger) ist eine Bitmap, die durch die Bewegungen einer Maus auf dem Bildschirm verschoben wird. Im Gegensatz zu den meisten Betriebssystemen wird in Windows nicht die Tastatur-Einfügemarke (Caret), sondern der Mauszeiger als Cursor bezeichnet.

Datei-Manager

Eines der Desktop-Werkzeuge, die Microsoft zusammen mit Windows 3.x ausliefert.

Desktop

Der Begriff Desktop bezieht sich in Windows auf das Fenster, das den ganzen Bildschirm einnimmt und sich hinter allen anderen Fenstern des Systems befindet.

Dialogfeld

Ein Dialogfeld (Dialogbox) ist ein Fenster, das weitere Fenster enthält, die man normalerweise Dialogfeldsteuerelemente nennt. Ein Dialogfeld wird in der Regel verwendet, um zusätzliche Informationen vom Anwender einzulesen, die zur Befehlsausführung benötigt werden.

DC

Abkürzung für **D**evice **C**ontext. Siehe *Gerätekontext*.

Dialogfeld-Editor

Der Dialogfeld-Editor ist ein grafisches Entwurfswerkzeug, mit dessen Hilfe das Erscheinungsbild eines Dialogfelds und die Art der einzelnen Dialogfeldelemente entworfen werden können. Microsoft liefert den Dialogfeld-Editor als Teil des Software-Entwicklungspakets (SDK).

Dialogfeldkoordinaten

Dialogfeldkoordinaten bieten ein geräteunabhängiges Verfahren zur Bestimmung des Erscheinungsbildes des Dialogfelds und der Art der darin enthaltenen Dialogfeldelemente. Dialogfeldeinheiten beziehen sich auf die Systemschrift oder eine andere Schrift, die für das Dialogfeld bestimmt wurde.

Dialogfeldsteuerelement

Eine Dialogfeldsteuerelement ist ein Fenster, das sich innerhalb eines Dialogfelds befindet und eine Reihe von Dienstleistungen anbietet. Zu den Fensterklassen, die für Dialogfeldelemente definiert sind, gehören Schaltflächen, einzeilige Listenfelder, Textfelder, Listenfelder, Bildlaufleisten und statische Textfelder.

DIP

Abkürzung für **D**evice **I**ndependent **B**itmaps. Siehe *geräteunabhängige Bitmaps*.

Dynamische Bindung

Dynamische Bindung (man sagt auch "dynamisches Linken" oder "dynamische Verknüpfung") bedeutet, daß Codeteile und Daten von verschiedenen Modulen - Anwendungsprogrammen und dynamischen Linkbibliotheken - erst zur Laufzeit miteinander verbunden werden.

Dynamische Linkbibliothek

Eine dynamische Linkbibliothek ist eine Datei, die Codeteile oder Daten enthält, die von verschiedenen Anwendungsprogrammen gemeinsam zur Laufzeit verwendet werden können. Die Speicherkomponenten, aus denen Windows selbst besteht, sind zum Beispiel eine Sammlung dynamischer Linkbibliotheken und enthalten KERNEL.EXE, USER.EXE, GDI.EXE und eine Anzahl von Gerätetreibern. Schriften sind ein Beispiel für dynamische Linkbibliotheken, die keinen Code enthalten. Sie enthalten nur Daten, die von verschiedenen Programmen gemeinsam verwendet werden sollen.

Dynamischer Datenaustausch (DDE)

Ein Mechanismus zum Datenaustausch, der auf der Basis des Windows-Nachrichten-austausches aufgebaut ist. Eine DDE-Wechselbeziehung nennt man eine Konversation. Es gibt immer zwei Teilnehmer an einer DDE-Konversation: den Client und den Server. Es gibt verschiedene Arten von DDE-Konversationen: permanenter Datenaustausch, einmaliger Datenaustausch, Befehlsausführung und Zurückschreiben von Daten in die Datenbank des Servers.

Einfügemarke

Eine Einfügemarke (Caret) ist ein Objekt der Benutzerschnittstelle, das als Tastaturzeiger dient. Eine Einfügemarke ist eine blinkende Bitmap, die dem Benutzer eines Fensters zeigt, ob es den Tastaturfokus besitzt. Außerdem zeigt es (ähnlich wie der Mauszeiger) die aktuelle Position innerhalb des Fensters.

Ereignisgesteuert

Ereignisgesteuerte Software ist so strukturiert, daß externe Ereignisse verarbeitet werden können, die nicht unbedingt in einer festen Reihenfolge auftreten müssen. In früheren Zeiten wurde die Ereignissteuerung in erster Linie zur Interruptsteuerung im Programmcode eines Betriebssystems oder eines Gerätetreibers eingesetzt. Durch die Entwicklung der Personal Computer mit ihrer interaktiven Software wurde dies auch ein Thema für Programmierer von Anwendungsprogrammen. So z.B. bieten Grafische Benutzeroberflächen (GUIs) Möglichkeiten zur Entwicklung von ereignisgesteuerter Software.

Exemplar

Ein Exemplar (Instanz) eines Programms ist eine Kopie des Programms im Speicher. Windows erlaubt es, mehrere Kopien eines Programms gleichzeitig laufen zu lassen. Jedes Exemplar hat ein eigenes privates Datensegment, verwendet aber Code- und Ressourcensegmente gemeinsam mit allen anderen Exemplaren des Programms.

Exemplar-Thunk

Ein Exemplar-Thunk (Instanz-Thunk) ist ein kleines Programmstück, das in der Task-Datenbank (TDB) eines Programms erzeugt wird, um bei der Organisation des Datensegments einer exportierten Rückruffunktion zu helfen. Ein Instanz-Thunk wird von **MakeProcInstance** erstellt und von **FreeProcInstance** wieder freigegeben. Außer Fensterprozeduren benötigt jede Rückrufprozedur einen Instanz-Thunk. Dies gilt auch für Dialogfeldprozeduren, Aufzählungsprozeduren, Benachrichtigungsprozeduren und verschiedene Unterklassenprozeduren. Für keine dieser Prozeduren wird ein Instanz-Thunk benötigt, wenn sie sich im Codesegment einer dynamischen Bindebibliothek befindet.

Expanded Memory (EMS)

Die Festlegung des Expansionsspeichers (Expanded Memory Specification) beschreibt ein Protokoll, das 1984 erstmalig von Lotus, Intel und Microsoft (LIM) vorgestellt wurde, um die Speicherbeschränkung durch die 640-KB-Speichergrenze des Real-Modus zu überwinden. Windows 1.x verwendete EMS-Speicher, um DOS-Anwendungen, die zu einem bestimmten Zeitpunkt nicht aktiv waren, zwischenzuspeichern. Windows 2.x hatte eine erweiterte EMS-Unterstützung für Windows-Anwendungen, die den Adreßraum aller Anwendungen erweiterte, ohne daß der Anwendungsprogrammierer dazu etwas tun mußte. In Windows 3.x wurde die Unterstützung von EMS-Speicher beibehalten, wenn auch Windows selbst den EMS-Speicher nur im Real-Modus verwendete. In den anderen Betriebsarten kann ein Windows-Programm zwar EMS-Speicher verwenden, Windows selbst verwendet hier jedoch keinen EMS-Speicher, weil der Erweiterungsspeicher eine größere Flexibilität bietet.

Extended Memory (XMS)

Extended Memory bezieht sich auf den Hauptspeicher, der für gewöhnlich nicht im Real-Modus, sondern nur im Protected Modus eingesetzt werden kann. Extended Memory erweitert den Adreßraum eines Prozessors über die 1 MB-Grenze des Real-Modus hinaus bis zu 16 MB mit einem 80286-Prozessor und bis zu etwa 4 GB mit einem 80386-Prozessor. Im Gegensatz zu EMS kann dieser Adreßraum zur Ausführung von Programmen voll genutzt werden. Die Festlegung des Erweiterungsspeichers beschreibt eine Schnittstelle zum Zugriff auf den Speicher oberhalb der 640-KB-Grenze. Dazu gehören die Blöcke im oberen Speicher (UMBs) zwischen 640 und 1024-KB, der obere Speicherbereich (HMA) von 1024 bis 1088-KB, sowie die Blöcke des Erweiterungsspeichers (EMB) oberhalb der 1088-KB-Grenze.

Feinkörnigkeit

Für die Speicherverwaltung bezieht sich Feinkörnigkeit auf die Speichergrößen der Abschnitte, mit denen Speicherbereiche tatsächlich belegt werden. Der globale Heap-Verwalter verwendet eine Feinkörnigkeit von 32 Byte, der lokale Heap-Verwalter eine Feinkörnigkeit von 4 Byte.

Fensterabmessung

Die Fensterabmessung ist ein DC-Attribut, das ein Paar von X- und Y-Werten zur Verfügung stellt, um das Verhältnis der GDI-Mapping-Modi **ISOTROPIC** und **ANISOTROPIC** zu definieren.

Fensterklasse

Eine Fensterklasse ist eine Schablone zur Erstellung eines Fensters. Fensterklassen werden durch Aufruf der Routine **RegisterClass** erzeugt. Dabei wird ein Zeiger auf eine **WNDCLASS**-Struktur übergeben, die alle Informationen zur Definition der Klasse enthält.

Fensterprozedur

Eine Funktion für eine Fensterklasse, die alle Nachrichten für die Fenster dieser Klasse verarbeitet.

Fensterursprung

Der Fensterursprung ist ein DC-Attribut. Er beschreibt eine Umwandlung, die für den realen Koordinatenraum stattfinden muß, bevor die Skalierungstransformation einer der GDI-Mapping-Modi ausgeführt werden kann.

Fester Speicher

Ein festes zugeordnetes Speicherobjekt ist ein Objekt, dessen logische Adresse sich nicht ändert. Im Protected-Modus kann sich jedoch trotzdem die physikalische Adresse eines festen Speicherbereichs verändern, solange der Speicher nicht mit der **Global-Fix**-Routine festgesetzt wurde. Im erweiterten 386-Modus kann ein festes Speicherobjekt sogar auf die Festplatte ausgelagert werden, solange es nicht mit der Routine **GlobalPageLock** seitenverschlossen wurde.

Fokus

Siehe Tastatur-Fokus.

Funktionsprototyp

Funktionsprototypen geben dem C-Compiler die Möglichkeit, einige automatische Fehlererkennungen durchzuführen. Dies sind zum Beispiel Tests auf die richtige Verwendung von Rückgabewerten oder den richtigen Typ und die richtige Anzahl von Parametern. Das folgende Beispiel zeigt einen Funktionsprototyp aus Window.h:

```
BOOL FAR PASCAL TextOut (HDC, int, int, LPSTR, int);
```

GDI

Abkürzung für Graphic Device Interface. Siehe *grafische Geräteschnittstelle*

Geräte-Leistungs-Flags

Bezieht sich auf eine Anzahl von Flags, die von einem Bildschirm- oder Druckertreiber des GDI zur Beschreibung der physikalischen Fähigkeiten des Gerätes zur Verfügung gestellt werden. Das GDI verwendet diese Flags, um festzustellen, ob an das Gerät ein komplexer Darstellungsauftrag gesendet werden kann, oder ob der Auftrag mit Software simuliert werden muß, damit an das Gerät eine Folge von einfachen Darstellungsaufträgen gesendet wird.

Gerätekontext (DC)

Eine Datenstruktur, die vom GDI erzeugt und verwaltet wird, um geräteunabhängige Zeichenoperationen auf Bildschirmen, Druckern, Metadateien und Bitmaps ausführen zu können. Ein Gerätekontext beinhaltet drei Elemente: 1.) eine Werkzeugkiste mit einer Anzahl von Zeichenattributen oder Zeichenwerkzeugen; 2.) eine Verbindung zu einem bestimmten Gerät; 3.) die Berechtigung eines Programms zur Darstellung auf einem Gerät.

Geräteunabhängige Bitmap (DIB)

Eine geräteunabhängige Bitmap (Device Independent Bitmap) bietet ein Standardformat zur Speicherung von Bitmap-Farbinformationen. DIBs gibt es in vier Formaten: 1 Bit pro Bildpunkt (monochrom), 4 Bit pro Bildpunkt (16 Farben), 8 Bit pro Bildpunkt (256 Farben) und 24 Bit pro Bildpunkt (16 Millionen Farben).

Globale Deskriptor-Tabelle (GDT)

Eine globale Deskriptor-Tabelle ist einer von zwei Datenbereichen, die vom Intel-80286 und den höheren Prozessoren im Protected-Modus verwendet werden. Eine globale Deskriptor-Tabelle ermöglicht es der CPU, Segmentbezeichnerwerte (auch Segmentselektoren genannt) in physikalische Segmentadressen umzuwandeln. Intel hat die GDT entworfen, um gemeinsame Datenbereiche für verschiedene Prozesse zu ermöglichen. Windows verwendet jedoch für seine Speicherverwaltung keine GDT sondern die lokale Deskriptor-Tabelle (LDT).

Globaler Heap

Der globale Heap bezeichnet den gesamten Speicher, der für Windows selbst, für Anwendungen und andere Komponenten wie Gerätetreiber zur Verfügung steht.

Globales Speicherobjekt

Ein globales Speicherobjekt ist ein Objekt, das auf dem globalen Heap angelegt wurde. Aus Sicht der Intel-Speicherarchitektur ist ein globales Speicherobjekt immer ein Segment.

Grafische Benutzerschnittstelle (GUI)

Bezeichnet eine Art Betriebssystem oder eine Betriebssystemumgebung, in der Ausgaben auf einem mit Bitmaps arbeitenden grafischen Bildschirm ausgegeben werden. Eine weitere Besonderheit von GUI-Systemen besteht darin, daß sie ereignisgesteuert arbeiten. Dies bedeutet, daß ein neues Programmiermodell neben dem traditionellen sequenziell orientierten Programmiermodell, das ursprünglich für Stapelverarbeitungssysteme entwickelt wurde, notwendig wird. Microsoft Windows ist ein Beispiel für ein GUI-System. Andere Beispiele sind das System des Apple Macintosh, der OS/2 Presentation-Manager, der gemeinsam von IBM und Microsoft entwickelt wurde, und GEM von Digital Research. Die vielen verschiedenen X-Windows-Systeme sollten in diesem Zusammenhang ebenfalls erwähnt werden. Dazu gehören z.B. Motif von Open System Foundation, Open Look von Sun Microsystems und DEC-Windows von Digital Equipment Corporation.

Grafische Geräteschnittstelle (GDI)

Das GDI ist die geräteunabhängige Bibliothek für die Ausgabe von Windows-Grafiken.

GUI (Graphical User Interface)

Abkürzung (Graphical User Interface) für grafische Benutzerschnittstelle.

Handle

Ein Handle ist ein 16 Bit großer, vorzeichenloser Ganzzahlwert, der ein Objekt eindeutig kennzeichnet. In den meisten Fällen ist die Bedeutung eines Handles nur der Bibliothek der Routine bekannt, die das Handle erzeugt hat. Ein Programm kann ein Objekt verändern, indem das Handle an eine Unterroutinen-Bibliothek übergeben wird, die dann das Objekt außerhalb des Programms bearbeiten kann.

Hardware-Ereignisschlange

Ein von Windows verwalteter Puffer, der Tastatur- und Mausereignisse aufnimmt, die darauf warten, von einem Anwendungsprogramm verarbeitet zu werden.

Hintergrundfarbe

Die Hintergrundfarbe ist ein DC-Attribut, das zur Textausgabe, für benannte (nicht feste) Linien und für schraffierte Flächen verwendet wird. Sie wird von der Einstellung des Hintergrundmodus - einem anderen DC-Attribut - beeinflußt.

Hintergrundmodus

Der Hintergrundmodus ist ein Umschalter, der steuert, ob die Hintergrundfarbe verwendet wird oder nicht. Wenn der Hintergrundmodus auf **OPAQUE** eingestellt wird, ist die Hintergrundfarbe eingeschaltet. Wenn der Hintergrundmodus auf **TRANSPARENT** eingestellt wird, ist die Hintergrundfarbe ausgeschaltet.

Huge-Speicherobjekt

Ein Huge-Speicherobjekt (huge = groß, riesig) ist ein Speicherobjekt des globalen Heaps, das größer als 6 KB ist. Windows verwendet für Speicherobjekte vom Typ **huge** zwei oder mehr Segmente. Um auf das zweite und die weiteren Segmente zugreifen zu können, wird eine Huge-Zeigerarithmetik benötigt. Dazu müssen sowohl der Segmentanteil als auch der Offset einer Adresse aktualisiert werden. Der Segmentanteil wird modifiziert, indem der Segmentwert mit dem **_AHINCR**-Wert verknüpft wird. Dieser Wert wird zur Segmentadresse addiert, um auf das nächste Segment der Segmentkette des Huge-Speicherobjekts zugreifen zu können.

Import-Bibliothek

Eine Import-Bibliothek informiert den Linker über die exportierten Eingänge einer dynamischen Bindebibliothek. Eine Import-Bibliothek ermöglicht es dem Linker, den verschiebbaren Datensatz in der EXE-Datei des Programms zu erstellen, damit der Windows-Mechanismus der dynamischen Bindung die nötigen Aktualisierungen des Programmcodes des Aufrufers zur Laufzeit vornehmen kann.

Interrupt-Deskriptortabelle (IDT)

Eine Interrupt-Deskriptortabelle ist eine Nachschlagetabelle, die von den höherwertigen Intel-86 Prozessoren (ab 80286) im Protected-Modus verwendet wird, um einen Interruptvektor zu speichern.

KERNEL

Der KERNEL ist einer der drei Hauptkomponenten von Windows und ist verantwortlich für Speicherverwaltung, dynamische Bindung, Ressourcen, Atomtabellen, Modulverwaltung und Schnittstellen zu DOS und anderen Dienstleistungen des Betriebssystems, die einem Windows-Programm zur Verfügung stehen.

Klasse

Siehe Windows-Klasse.

Klassen-Datenbank

Dies bezieht sich auf die Sammlung von Windows-Klassen, die mit **RegisterClass** im System registriert wurden.

Koordinatentransformation

Eine Koordinatentransformation bezieht sich auf die Art, in der die Koordinaten einer Zeichnung in einer grafischen Ausgabeumgebung interpretiert werden. Die drei grundlegenden Arten der Koordinaten-Transformation sind: Translation, Skalierung und Rotation. In Windows können für GDI-Koordinaten nur die Translation und die Skalierung vorgenommen werden.

Load-On-Call-Segment

Ein Load-On-Call-Segment ist ein Code- oder Ressourcensegment, das erst in den Speicher geladen wird, wenn es wirklich benötigt wird.

Logische Schrift

Eine logische Schrift ist eine Beschreibung einer Schrift, die der GDI-Schriftartenver-walter verwendet, um eine Schrift für einen auszugebenden Text auszuwählen.

Logischer Stift

Ein logischer Stift beschreibt die Farbe, Größe und den Stil der Zeilen, die ein Pro-gramm anfordert.

Logisches Zeichenobjekt

Ein logisches Zeichenobjekt ist eine GDI-Beschreibung für einen Stift, einen Pinsel, eine Schrift oder eine Farbe. Dies bietet eine geräteunabhängige Möglichkeit der Be-schreibung der in einem DC installierten Zeichenattribute.

Lokale Deskriptortabelle (LDT)

Eine lokale Deskriptortabelle ist einer der beiden Datenbereiche, die vom 80286 und den höheren Prozessoren im Protected-Modus verwendet werden. Eine lokale Des-kriptortabelle ermöglicht es der CPU, Segmentnamenswerte (die auch Segmentselek-toren genannt werden) in physikalische Segmentadressen umzuwandeln. Intel hat die LDT entworfen, um einen Prozess mit einem privaten Adreßraum ausstatten zu kön-nen. In Windows 3.x wird nur eine einzige LDT für alle Anwendungsprogramme gemeinsam verwendet. Zukünftige Windows-Versionen werden jedoch für jedes Anwendungsprogramm eine eigene LDT unterstützen.

Lokaler Heap

Dies bezeichnet den Heap, der im Standard-Datensegment eines Moduls erzeugt wird. Die automatische Startsequenz initialisiert automatisch den Heap-Speicher einer An-wendung durch den Aufruf der **LocalInit**-Routine. Dynamische Linkbibliotheken, die einen lokalen Heap verwenden, müssen die **LocalInit**-Routine explizit selbst aufrufen.

Mapping-Modus

Eine Mapping-Modus ist ein DC-Zeichenattribut, das beschreibt, wie die an eine GDI-Zeichenroutine übergebenen Zeichenkoordinaten interpretiert werden sollen. In der vorgegebenen Mapping-Modus **MM_TEXT** werden die Koordinaten zum Beispiel als Bildpunkte interpretiert. Die anderen Mapping-Modi können zur Angabe von Koordinaten in Bruchteilen von Zoll, Zentimetern oder anderen Maßeinheiten eingesetzt werden.

Marke

Eine Marke (Marker) ist ein einfaches grafisches Symbol, das sich garantiert immer im Zentrum der angegebenen Position befindet. Das GDI implementiert zwar selbst keine Marken, es ist aber ganz einfach, mit der Hilfe der GDI-Zeichenroutinen eine Gruppe von Unterroutinen der Marken zu definieren. Siehe dazu Kapitel 7.

Maus abfangen

Normalerweise werden Mausnachrichten an das Fenster übergeben, das sich unterhalb des Mauszeigers befindet. Ein Programm kann jedoch den Datenfluß der Mausnachrichten auf ein einziges Fenster beschränken, indem die Maus abgefangen wird. Dies geschieht durch Aufruf von **SetCapture**. Um die Mausnachrichten wieder freizugeben, muß ein Programm **ReleaseCapture** aufrufen.

Mauszeiger

Ein Mauszeiger (Cursor) ist eine Bitmap, die auf die Bewegungen der Maus reagiert (siehe auch Zeiger).

Mehrdokumentenschnittstelle (MDI)

Beschreibt eine Benutzerschnittstelle, bei der für jede neue Datei oder jedes neue Dokument, das in einem Programm geöffnet wird, ein neues Fenster verwendet wird.

Metadatei

Eine Metadatei ist ein Pseudogerät, das das GDI erzeugen kann, um grafische Abbildungen zu speichern. Eine GDI-Metadatei ist eine Datenstruktur, die eine Liste aller aufgerufenen GDI-Routinen mit allen Parametern enthält. Anhand dieser Aufrufe kann das Bild rekonstruiert werden.

Modul

Ein Modul ist ein spezieller Objekttyp in Windows. Ein Modul beschreibt die Art, in der Code und Daten auf der Festplatte angeordnet sind. Windows kennt zwei Arten von Modulen: Ausführbare Anwendungsprogrammdateien (.EXE) und dynamische Linkbibliotheken. Dynamische Linkbibliotheken können die Erweiterung .EXE, .DRV, .DLL oder .FON haben, um nur einige zu nennen.

Modul-Datenbank

Eine Modul-Datenbank ist ein speicherresidentes Abbild des Dateiheaders eines Anwendungsprogramms oder einer dynamischen Linkbibliothek. Der Windows-Lader verwendet die Modul-Datenbank, um Code und Ressourcen bei Bedarf von der Festplatte einzulesen.

Modul-Definitionsdatei

Eine ASCII-Textdatei, die Programmdefinitionen und Informationen zur Speicherverwendung enthält. Eine Modul-Definitionsdatei hat normalerweise die Erweiterung .DEF. Bei der Programmerstellung wird die Modul-Definitionsdatei dem Linker als ein Teil der Erstellung einer .EXE- oder .DLL-Datei übergeben.

Nachricht

Eine Nachricht (message) ist ein 16 Bit großer, vorzeichenloser Wert, der eine Fensterprozedur darüber informiert, daß ein für dieses Fenster relevantes Ereignis stattgefunden hat. Die vordefinierten Fensternachrichten sind in Windows.H als symbolische Konstanten aufgelistet. Sie beginnen alle mit **WM_**. Die Nachricht **WM_CREATE** wird zum Beispiel an eine Fensterprozedur gesendet, wenn ein Fenster dieser Klasse erzeugt wurde.

Nachrichtenwarteschlange einer Anwendung

Wenn ein Windows-Programm läuft, belegt Windows einen Puffer, um die Nachrichten zu speichern, die (mit der **PostMessage**-Routine) an ein Programm gesendet werden. Die Nachrichten bleiben solange in der Warteschlange, bis ein Programm die Routine **GetMessage** oder **PeekMessage** aufruft. Eine Nachrichtenwarteschlange kann standardmäßig acht Nachrichten aufnehmen. Programme, die eine längere Nachrichtenwarteschlange benötigen, können dies mit der Routine **SetMessageQueue** einrichten.

Nicht-präemptives Multitasking

Beschreibt die Art, in der ein Multitasking-System die Prozessorzeit auf verschiedene laufende Programme aufteilt. In einem nicht-präemptiven Multitasking-System werden Programme durch das Betriebssystem nicht unterbrochen.

Oberer Speicherbereich (HMA)

Der obere Speicherbereich bezeichnet die ersten 64 KB, die sich direkt oberhalb der 1 MB-Grenze des Adreßraums eines 80286- oder 80386- Prozessors befinden. Intel hat diesen Bereich als die ersten 64 KB des Erweiterungsspeichers entworfen, der im Real-Modus nicht adressiert werden kann. Ein XMS-Treiber (eXtended Memory Spezification) wie HIMEM.SYS kann einen 80286 oder höheren Prozessor jedoch dazu bringen, Zugriffe auf diesen Datenbereich zu erlauben.

OEM-Zeichensatz

Beschreibt den im Compiler verwendeten Zeichensatz. Für IBM-kompatible Computer, die für den Vertrieb in den USA gebaut wurden, ist dies die Codeseite 437.

Paintbrush

Eines der Desktop-Werkzeuge von Windows.

Palette (PAL)

Eine Palette bietet zwei Hilfen: Sie beschreibt die Farben, die in einer geräteunabhängigen Bitmap (DIB) gespeichert sind und sie erlaubt einem Programm, Änderungen der physikalischen Farbpalette von Anzeigegeräten anzufordern, die Paletten unterstützen.

Paragraph

Im Real-Modus ist ein Paragraph für die Intel-86-Prozessoren die kleinste Speichereinheit, die belegt werden kann. Ein Paragraph ist 16 Byte groß. Der Windows-Speicherverwalter belegt Segmente in Schritten von zwei Paragraphen. Dies bedeutet, daß die Feinkörnigkeit des globalen Speicherverwalters 32 Byte beträgt.

PASCAL-Aufrufkonventionen

Die **PASCAL**-Aufrufkonventionen beschreiben die Art, in der Parameter auf dem Stapelspeicher an eine Unterroutine übergeben werden (von links nach rechts). Außerdem wird festgelegt, daß die Parameter auf dem Stapelspeicher von der aufgerufenen Routine gelöscht werden. Routinen, die als **PASCAL** definiert werden, müssen eine feste Anzahl von Parametern haben. Hierdurch kann jedoch ein kleinerer und schnellerer Code erzeugt werden, als bei der alternativen **CDECL**-Aufrufkonvention.

Pinsel

Ein Pinsel ist ein GDI-Zeichengerät, mit dem Flächen gefüllt werden können. Es gibt drei Arten von Pinseln: feste, gemusterte und schraffierte. Jeder DC enthält einen Pinsel, der verwendet wird, um Flächen zu füllen, wenn eine der Routinen für gefüllte Figuren (**Rectangle, Ellipse, Polygon**, usw.) aufgerufen wird. Eine andere Funktion, die den Pinsel verwendet, ist die **BitBlt**-Routine. Sie versendet den Pinsel in der Ziel-DC, um den Effekt der **BitBlt**-Operation zu verändern.

Präemptives Multitasking

Beschreibt die Art, in der ein Multitasking-System die Prozessorzeit auf verschiedene laufende Programme aufteilt. In einem präemptiven Multitasking-System wird ein Programm durch das Betriebssystem unterbrochen, damit ein anderes Programm laufen kann.

PRELOAD-Segmente

Ein Code- oder Ressourcensegment, das als PRELOAD-Segment (im Vorgriff zu ladendes Segment) gekennzeichnet ist, wird in den Speicher geladen, bevor ein Programm gestartet wird.

Private Fensterklasse

Eine private Fensterklasse kann im Gegensatz zu globalen Fensterklassen, die von jedem Programm im System verwendet werden können immer nur von einem einzigen Programm verwendet werden.

Profiler

Siehe Swap-Kernel.

Programm-Manager

Bezeichnet das Hauptprogramm von Windows 3.x.

Programmsegment-Präfix (PSP)

Siehe Prozeßdatenbank.

Protected-Modus

Der Protected-Modus bezeichnet eine Betriebsart der Intel-80286- und der späteren Prozessoren. Charakteristisch für den Protected-Modus ist, daß ein Adressierungsschema verwendet wird, das Programme vor nicht erlaubten Zugriffen auf Speicherbereiche, die ihm nicht gehören, bewahrt. Auf dem 80286 kann im Protected-Modus ein physikalischer Adreßraum von 16 MB verwendet werden. Die 80386-und 80486-Prozessoren ermöglichen den Zugriff auf einen Adreßraum von 4 GB.

Prozeßdatenbank (PDB)

Eine Datenstruktur, die von Windows erstellt wird, um auf DOS bezogene Daten für einen Prozess zu speichern. Windows schreibt zusätzlich noch eigene Elemente in diese Datenstruktur.

Raster-Operation

Eine Raster-Operation ist eine logische Operation oder Kombination von logischen Operationen, die beschreibt, wie zwei oder mehr Eingaben kombiniert werden, um ein bestimmtes Ergebnis zu erhalten. Eine spezielle Raster-Operation ist der **ROP2**-Code. Dies ist ein DC-Attribut, das beschreibt, wie Bildpunkte, Linien und Bereiche mit einer gegebenen Oberfläche kombiniert werden sollen. Eine andere Art von Raster-Operationen, die manchmal **ROP3**-Codes genannt werden, wird als Parameter an die **BitBlt**- und die **PatBlt**-Funktionen übergeben. Sie beschreiben, wie eine Ausgangs-Bitmap, eine Ziel-Bitmap und ein Pinsel kombiniert werden.

Real-Modus

Der Real-Modus ist eine Betriebsart der Intel-86-Prozessorfamilie. Charakteristisch für den Real-Modus ist ein Adreßraum von 1 MB Größe. Alle Programme können auf die *realen* physikalischen Adressen des Speichers zugreifen, was den Namen dieser Betriebsart erklärt.

Ressource

Eine Ressource ist ein Read-only-Datenobjekt, das bei der Erstellung eines Programms in die ausführbare Programmdatei eingebunden wird. Aus Sicht der Speicherverwaltung kann eine Ressource jederzeit gelöscht und wieder eingelesen werden, wenn dies nötig sein sollte. Aus Sicht der Windows-Benutzerschnittstelle werden mit Ressourcen Dialogfelder, Menüs, Zeiger, Symbole und Bitmaps definiert, um nur einige zu nennen.

Rückgabe-Thunk

Ein Rückgabe-Thunk ist ein kleines Stück eines Programmcodes, das von Windows im Real-Modus als Brücke zu einem Funktionsrücksprung verwendet wird, wenn das Codesegment, das die aufrufende Routine enthält, aus dem Speicher gelöscht wurde.

Rückruffunktion

Eine Rückruffunktion bietet eine Möglichkeit für Windows, mit einem Programm zu kommunizieren, indem direkt eine Unterroutine des Programms aufgerufen wird.

Scancode

Siehe Tastatur-Scancode.

Scanner

Ein grafischer Scanner liest eine grafische Abbildung auf Papier ein und konvertiert sie in ein grafisches Format, aus dem eine GDI-Bitmap erstellt werden kann.

Schnelltaste

Siehe Tastenkürzel.

Schrift

Siehe logische Schrift.

Schubverarbeitungsmodell

Bezeichnet eine Art der Wechselbeziehung zwischen dem Betriebssystem und der Anwendungssoftware. Das Schubverarbeitungsmodell versetzt das Betriebssystem in die aktive Rolle, in der es Unterroutinen aus der Anwendungssoftware aufrufen muß, um die notwendigen Arbeiten zu erledigen. Die meisten der nicht auf die Hardware bezogenen Nachrichten werden in Windows in der Art einer Schubverarbeitung verarbeitet. Wenn ein Programm zum Beispiel die Routine **CreateWindow** aufruft, um ein Fenster zu erzeugen, wird eine **WM_CREATE**-Nachricht an die Fensterprozedur des neu erzeugten Fensters übertragen. Alle Nachrichten, die mit der **SendMessage**-Routine an eine Fensterprozedur übertragen werden, werden in der Art einer Schubverarbeitung übergeben. Hierbei wird die **GetMessage**-Zugverarbeitungsroutine übergangen und die Fensterprozedur direkt aufgerufen.

Segmentierte Adressierung

Die Intel-86-Prozessorfamilie verwendet zur Speicheradressierung ein segmentiertes Adressierungsschema. Bei der segmentierten Adressierung besteht eine Speicheradresse aus zwei Teilen: einem Segmentbezeichner und einem Offset.

Segmentselektor

Im Protected-Modus der Prozessoren der Intel-86-Familie wird ein Segmentbezeichner auch als Segmentselektor benannt. Der Segmentselektor besteht aus einem Index einer Tabelle aus Deskriptoren in der LDT (lokale Deskriptor-Tabelle) oder der GDT (globale Deskriptor-Tabelle). In dieser Tabelle steht die physikalische Adresse des Speichersegments.

Speicherseitensperrung

Speicherseitensperrung bezeichnet einen Prozeß, mit dem Speicherbereiche im erweiterten 386-Modus davor geschützt werden, auf die Festplatte ausgelagert zu werden. Dies geschieht durch Aufruf der **GlobalPageLock**-Routine und wird hauptsächlich für zeitkritische Gerätetreiber verwendet, die im Speicher verbleiben müssen.

Seitenverhältnis

Das Seitenverhältnis beschreibt das Verhältnis zwischen Höhe und Breite eines Bildpunktes. Man kann das Seitenverhältnis auch als relative "Rechteckigkeit" der Bildschirmpunkte beschreiben. Ein CGA-Bildschirm hat ein Seitenverhältnis von 2 zu 1, ein EGA-Bildschirm hat ein Seitenverhältnis von 1.33 zu 1 und ein VGA-Bildschirm hat ein Seitenverhältnis von 1 zu 1.

Software Development Kit (SDK)

Das Software Development Kit für Windows ist ein Produkt, das Microsoft zur Unterstützung von Softwareentwicklern bei der Erstellung von Windows-Programmen anbietet.

Software Migration Kit (SMK)

Das Software Migration Kit ist ein Produkt, das Microsoft zur Unterstützung von Softwareentwicklern bei der Portierung von Windows-Programmen nach OS/2 (Version 1.2 oder später) anbietet.

Speichermodell des Compilers

Bezieht sich auf die Standardeinstellungen, die der Compiler für die Adressierung von Code und Daten festlegt.

Standard-Fensterprozedur

Eine Windows-Bibliotheksfunktion, die Nachrichten des Nichtarbeitsbereiches, Systembefehle, Systemtastaturkürzel und andere Nachrichten verarbeitet, die Fensterprozeduren nicht verarbeiten.

Standard-Modus

Der Standard-Modus ist eine Betriebsart von Windows, in der die Adressierung des Protected-Modus aktiviert ist, damit Windows-Programme die Vorteile der Intel-Prozessorfamilie, die auf dem 80286-Prozessor und den höheren Prozessoren beruhen, nutzen kann.

Stapelausbesserung

Die Stapelausbesserung bezeichnet den Prozeß, mit dem der Windows-Kernel im Real-Modus Adressen von Codesegmenten, die verschoben oder gelöscht wurden, auf dem Stapelspeicher aktualisiert.

Stift

Ein Stift ist ein DC-Attribut, das die Farbe, die Ausführung und die Dicke von Linien beschreibt. Siehe auch logischer Stift.

Symbol (Icon)

Ein grafisches Symbol, das den Anwender an die Existenz eines Programms, einer Datei oder eines Datenobjekts erinnert, das zwar im Moment geschlossen ist, aber für weitere Zugriffe zur Verfügung steht.

System-Anwendungs-Architektur (SAA)

Eine von IBM entwickelte Sammlung von Normen, die es erlaubt, eine konsistente Software zu entwickeln, die auf einem PC, einem Minicomputer und einem Großrechner gleichermaßen bedient werden kann. Bei einer Anwendungssoftware sind davon die Benutzerschnittstelle und die Anwendungsprogrammschnittstelle (API) betroffen.

Die Vorgaben für die Benutzerschnittstelle werden in einem Standard beschrieben, der ein Teil von SAA ist und Common User Access (CUA) genannt wird.

Task-Datenbank (TDB)

Eine Task-Datenbank ist ein Speicherobjekt, das der Windows-Scheduler erstellt, um die Dinge zu verwalten, die zu einer Task gehören. Dazu gehören das Datei-Handle, das aktuelle MS-DOS-Laufwerk und Verzeichnis, Informationen über die privaten Interrupts einer Task und ein Zeiger auf die DOS-Programm-Datenbank, die manchmal auch Programmsegment-Präfix (PSP) genannt wird.

Tastatur-Scancode

Ein Tastatur-Scancode ist ein numerischer Wert, den die Tastatur-Hardware an den Rechner sendet, um diesem mitzuteilen, daß eine Taste gedrückt, losgelassen oder festgehalten wurde. Anwendungsprogramme verarbeiten keine direkten Scancodes, da diese einen hardwareabhängigen Tastencode darstellen. In Windows werden Scancodes zweimal übersetzt, bis sie in einem Programm als ASCII-Zeichen erscheinen. Die erste Übersetzung geschieht vom Scancode in einen virtuellen Tastencode. Die zweite Übersetzung erfolgt vom virtuellen Tastencode in ein ASCII-Zeichen.

Tastenkürzel

Tastenkürzel (auch Schnelltasten genannt) bieten die Möglichkeit, Tastenkombinationen zu definieren, die als Befehle interpretiert werden. Schnelltasten simulieren Nachrichten der Menüauswahl, um die Verarbeitung zu minimieren, die nötig wäre, um Befehlstasten für ein Programm zu unterstützen.

Tastaturfokus

Der Tastaturfokus kennzeichnet für Windows das Fenster, das die nächste Tastatureingabe erhalten soll. Wenn ein Programm den Tastaturfokus erhält, wird ihm dies mit einer **WM_SETFOCUS**-Nachricht mitgeteilt. Wenn es den Tastaturfokus verliert, erhält es eine **WM_KILLFOCUS**-Nachricht.

Textausrichtung

Die Textausrichtung ist ein DC-Attribut, das die Position einer Textzeile relativ zu einem Steuerpunkt beschreibt.

Textfarbe

Die Textfarbe ist ein DC-Attribut, das festlegt, welche Farbe zur Ausgabe von Texten verwendet werden soll.

Thunk

Ein Thunk ist ein kleines Programmstück, das (im Real-Modus von Windows) als dynamische Programmcodeverbindung verwendet wird.

Treffertestcode

Bezeichnet einen Code, der von der Standard-Fensterprozedur als Antwort auf die **WM_NCHITTEST**-Nachricht zurückgegeben wird. Diese Nachricht bezeichnet den Bereich des Fensters, in dem sich die Maus befindet. Treffertestcodes werden verwendet, damit der Fensterverwalter den richtigen Mauszeiger installieren kann.

Typenumwandlung

Bezieht sich auf die Fähigkeit des C-Compilers, einen Datentyp in einen anderen umzuwandeln. Im folgenden Beispiel wird einer Variable **i** des Typs **int** der Wert einer langen Variablen **lValue** zugewiesen:

```
long lValue;
int i;
lValue = 1245;
i = (int) lValue
```

Die explizte Typenumwandlung überschreibt die Standardkonvertierung, die der Compiler sonst vornehmen würde. Hierdurch wird die Warnung vermieden, die der Compiler sonst oft in solchen Situationen erzeugt. Trotzdem können Windows-Programmierer verschiedene Arten von Typenumwandlungen weglassen, die für ältere C-Compiler nötig waren. Das folgende Beispiel für eine Antwort auf die **WM_PAINT**-Nachricht zeigt eine veraltete aber trotzdem häufig verwendete Konstruktion:

```
PAINTSTRUCT ps;
BeginPaint (hwnd, (LPPAINTSTRUCT) &ps);
.
.
.
EndPaint (hwnd, LPPAINTSTRUCT) &ps);
```

In diesem Fall ist das zwar nicht sehr tragisch, aber die explizte Typenumwandlung wird eigentlich gar nicht benötigt und kann verschiedene Arten von Problemen in sich bergen. Wenn der Programmierer im obenstehenden Beispiel das "&" vergessen hätte, könnte der Compiler dies wegen der expliziten Typenumwandlung nicht feststellen:

```
PAINTSTRUCT ps;
  BeginPaint (hwnd, (LPPAINTSTRUCT) ps);
```

UAE

Abkürzung für **U**nexpected **A**pplication **E**rror. Siehe *unerwarteter Fehler in einer Anwendung*.

Übergeordnetes Fenster

Ein übergeordnetes Fenster ist ein überlappendes Fenster (WS_POPUP) oder ein Popup-Fenster (WS_POPUP), das keine Vorfahren hat. In der Windows Task-Liste werden alle übergeordneten Fenster aufgelistet. Die Windows Task-Liste erscheint, wenn Sie die Tastenkombination Ctrl-Esc drücken.

Unerwarteter Fehler in einer Anwendung (UAE)

Dies ist ein Fehler, der dazu führt, daß eine Anwendung beendet werden muß. Gründe für unerwartete Fehler in einer Anwendung sind u.a. generelle Speicherschutzfehler, unerwartete Seitenfehler und unerwartete Interrupts.

Ungarische Namensgebung

Die ungarische Namensgebung ist eine Übereinkunft zur Benennung von Namen für Variablen und Funktionen, die es ermöglicht, auf einfache Art kurze, aber eindeutige Namen zu erzeugen.

Verschiebbarer Speicher

Verschiebbare Speicherobjekte sind ein Überbleibsel des Real-Modus von Windows. Im Real-Modus kann ein verschiebbares Speicherobjekt nur verschoben werden, wenn es von einem Programm nicht gesperrt wurde. Im Protected-Modus können Segmente jederzeit verschoben werden, da die physikalische Adresse für die Anwendungsprogramme nicht sichtbar ist. Die Speicherverwaltung konvertiert im Protected-Modus logische Adressen - mit denen Anwendungsprogramme auf den Speicher zugreifen - mit Hilfe einer Deskriptortabelle in physikalische Adressen. Der Windows-Speicherverwalter kann Objekte im physikalischen Speicher verschieben, ohne daß sich die logische Adresse dieser Objekte verändert. Dies bedeutet, daß im Protected-Modus die Verschiebung von Speicher völlig transparent für die Anwendungssoftware stattfindet.

Verwerfbarer Speicher

Ein verwerfbares Speicherobjekt ist ein Objekt, das, wenn es nicht gesperrt ist, vom Speicherverwalter aus dem Speicher gelöscht werden kann, um mehr Systemspeicher zur Verfügung zu stellen. Windows verwendet einen "zuletzt am wenigsten benutzt" - Algorithmus, um das nächste zu löschende Segment zu bestimmen.

Viewport-Ausdehnung

Die Viewport-Ausdehnung ist ein DC-Attribut, das ein Paar von X- und Y-Werten zur Verfügung stellt, um das Verhältnis der GDI-Mapping-Modi **ISOTROP** und **AN-ISOTROP** zu definieren.

Viewport-Ursprung

Der Viewport-Ursprung ist ein DC-Attribut, das beschreibt, welche Koordinatentransformation für die Skalierung der verschiedenen GDI-Mapping-Modi vorgenommen werden soll.

Virtueller Tastencode

Eine virtueller Tastencode ist ein Wert, der Informationen über Tastatureingaben als reine Tastatureingabe darstellt. Eine reine Tastatureingabe unterscheidet zum Beispiel nicht zwischen Klein- und Großbuchstaben. Außerdem wird auch der Zustand der Umschalttasten wie zum Beispiel Ctrl, Umschalt und Alt nicht berücksichtigt. Für virtuelle Tastencodes werden auch die verschiedenen Tastatur-Umschalttasten wie NumLock, CapsLock oder ScrollLock nicht berücksichtigt. Virtuelle Tastencodes bilden einen Zwischenschritt bei der Umwandlung von Scancode-Informationen in ASCII-Zeichen. Scancodes sind hardwareabhängige Tastatureingaben, während ASCII-Zeichen hardwareunabhängige Darstellungen von ASCII-Zeichen sind.

Windows-Debugversion

Die Debugversion von Windows besteht aus speziellen Kopien der dynamischen Bindebibliotheken KERNEL.EXE (KRNL286.EXE, KENL386.EXE), USER.EXE und GDI.EXE.

Windows-Sandwich

Eine Windows-Sandwich ist eine Codekonstruktion, die aus drei Teilen besteht. Der Vergleich mit einem "echten" Sandwich verdeutlicht den Sachverhalt am besten: zwei

Hälften eines Brotes und eine Füllung dazwischen. Die obere Brotscheibe belegt eine Systemressource, die Füllung verwendet diese Ressource und die untere Brotscheibe gibt die Ressource wieder frei.

Zeichenattribut

Ein Zeichenattribut ist eine Einstellung oder ein Zeichenobjekt innerhalb eines Geräte-kontextes, das das Aussehen der von den verschiedenen GDI-Routinen erzeugten Ausgaben verändern kann. Beispiele für Zeichenattribute sind: Stifte, Pinsel, Schriften, Mapping-Modi und Textfarben.

Ziegelartig (nebeneinander) angeordnete Fenster

Nebeneinander angeordnete Fenster sind Fenster, die so angeordnet sind, daß sie sich nicht überlappen. Man könnte diese Anordnung auch als "ziegelartig" bezeichnen. Windows 1.x bietet eine eingebaute Unterstützung für die automatische ziegelartige Anordnung von Fenstern. Diese Funktion wird von Version 2.0 und den späteren Versionen nicht mehr unterstützt.

Zugverarbeitungsmodell

Bezeichnet eine Art der Wechselbeziehung zwischen dem Betriebssystem und der Anwendungssoftware. Das Zugverarbeitungsmodell versetzt die Anwendungssoft-ware in die aktive Rolle, in der sie das System nach vorhandenen Eingaben abfragen muß. Dies ist die traditionelle Art, in der wechselseitige Anwendungssoftware ge-schrieben wurde. Windows behandelt Maus- und Tastatureingaben auf diese Weise. Auch Nachrichten, die an eine Fensterprozedur mit der **PostMessage**-Routine gesen-det werden, werden mit Hilfe der **GetMessage**- und der **PeekMessage**-Routinen in einer Zugverarbeitung entwickelt. Siehe auch Schubverarbeitungsmodell.

Zwischenabfrage

Eine Zwischenabfrage (hook) ist eine Unterroutine, die vom Windows-Mechanismus zum Nachrichtenaustausch aufgerufen wird, um den Nachrichtenverkehr des Sy-stems überwachen und verändern zu können. Zwischenabfragen werden systemüber-greifend installiert. Deshalb sollten sie sehr sorgfältig programmiert werden, damit sie die normale Verarbeitung der anderen Programme nicht verändern und das System nicht verlangsamen.

Anhang D

Inhalt eines Gerätekontextes

Zeichen-attribute	Standardwert	Linien	Gefüllte Bereiche	Text	Raster	Kommentar
Hintergrund-farbe	Weiß	x	x	x		Stift mit Stil, schraffierter Pinsel
Hintergrund-modus	OPAQUE	x	x	x		Ein-/Aus-Schalter
Pinsel-Handle	Weißer Pinsel		x		x	gefüllte Bereiche
Pinsel-ursprung	(0,0)		x		x	schraffierter und gerasterter Pinsel
Clippingbe-reich-Handle	Ganze Oberfläche	x	x	x	x	
Farbpaletten-Handle	Vorgegebene Palette	x	x	x		
Aktuelle Stiftposition	(0,0)	x				Für die LineTo-Routine
Zeichenart	R2_COPYPEN	x	x			Boolesche Mischung
Schrift-Handle	Systemschrift			x		
Abstand zwischen den Zeichen	0			x		
Mapping-Modus	MM_TEXT	x	x	x	x	Eine Einheit = 1 Bildpunkt
Stift-Handle	Schwarzer Stift	x	x			
Polygon-Füllungsart	Abwechselnd		x			Für die Polygon-Routine

Zeichen- attribute	Standardwert	Linien	Gefüllte Bereiche	Text	Raster	Kommentar
Dehnungsart	Schwarz auf Weiß				x	Für die StretchBlt-Routine
Textausrich-tung	Links & Oben			x		
Textfarbe	Schwarz			x		
Viewport-Ausdehnung	(1,1)	x	x	x	x	Koordinaten-abbildung
Viewport-Ur-sprung	(0,0)	x	x	x	x	Koordinaten-abbildung
Fensteraus-dehnung	(1,1)	x	x	x	x	Koordinaten-abbildung
Fenster-ursprung	(0,0)	x	x	x	x	Koordinaten-abbildung

Anhang E

Die virtuellen Tastaturcodes von Windows

(hex)	(dez)	Symbolischer Name	Gedrückte Taste (amerikanische-101/102-Tastatur)
1	1	VK_LBUTTON	Linke Taste der Maus
2	2	VK_RBUTTON	Rechte Taste der Maus
3	3	VK_CANCEL	Strg-Pause
4	4	VK_MBUTTON	Mittlere Taste der Maus (so vorhanden)
8	8	VK_BACK	Rücktaste
9	9	VK_TAB	Tab
C	12	VK_CLEAR	5 auf dem Zehnerblock (ohne NumLock)
D	13	VK_RETURN	Eingabetaste
10	16	VK_SHIFT	Umschalttaste
11	17	VK_CONTROL	Strg
12	18	VK_MENU	Alt
13	19	VK_PAUSE	Pause (oder Strg-NumLock)
14	20	VK_CAPITAL	CapsLock
1B	27	VK_ESCAPE	Esc
20	32	VK_SPACE	Leertaste
21	33	VK_PRIOR	Bild-Oben
22	34	VK_NEXT	Bild-Unten
23	35	VK_END	Ende
24	36	VK_HOME	Pos1
25	37	VK_LEFT	Linke Pfeiltaste
26	38	VK_UP	Pfeiltaste nach oben
27	39	VK_RIGHT	Rechte Pfeiltaste
28	40	VK_DOWN	Pfeiltaste nach unten

(hex)	(dez)	Symbolischer Name	Gedrückte Taste (amerikanische-101/102-Tastatur)
29	41	VK_SELECT	*nicht benutzt*
2A	42	VK_PRINT	*nicht benutzt*
2B	43	VK_EXECUTE	*nicht benutzt*
2C	44	VK_SNAPSHOT	Bildschirm drucken
2D	45	VK_INSERT	Einfg
2E	46	VK_DELETE	Entf
2F	47	VK_HELP	*nicht benutzt*
30-39	48-57	VK_0 bis VK_9	0 bis 9, oberhalb der Buchstabentasten
41-5A	65-90	VK_A bis VK_Z	A bis Z
60	96	VK_NUMPAD0	0 auf dem Zehnerblock (evtl. NumLock)
61	97	VK_NUMPAD1	1 auf dem Zehnerblock (evtl. NumLock)
62	98	VK_NUMPAD2	2 auf dem Zehnerblock (evtl. NumLock)
63	99	VK_NUMPAD3	3 auf dem Zehnerblock (evtl. NumLock)
64	100	VK_NUMPAD4	4 auf dem Zehnerblock (evtl. NumLock)
65	101	VK_NUMPAD5	5 auf dem Zehnerblock (evtl. NumLock)
66	102	VK_NUMPAD6	6 auf dem Zehnerblock (evtl. NumLock)
67	103	VK_NUMPAD7	7 auf dem Zehnerblock (evtl. NumLock)
68	104	VK_NUMPAD8	8 auf dem Zehnerblock (evtl. NumLock)
69	105	VK_NUMPAD9	9 auf dem Zehnerblock (evtl. NumLock)
6A	106	VK_MULTIPLY	* auf dem Zehnerblock
6B	107	VK_ADD	+ auf dem Zehnerblock
6C	108	VK_SEPARATOR	*nicht benutzt*
6D	109	VK_SUBTRACT	- auf dem Zehnerblock
6E	110	VK_DECIMAL	. auf dem Zehnerblock (evtl. NumLock)
6F	111	VK_DIVIDE	/ auf dem Zehnerblock
70	112	VK_F1	F1-Funktionstaste
71	113	VK_F2	F2-Funktionstaste
72	114	VK_F3	F3-Funktionstaste
73	115	VK_F4	F4-Funktionstaste

(hex)	(dez)	Symbolischer Name	Gedrückte Taste (amerikanische-101/102-Tastatur)
74	116	VK_F5	F5-Funktionstaste
75	117	VK_F6	F6-Funktionstaste
76	118	VK_F7	F7-Funktionstaste
77	119	VK_F8	F8-Funktionstaste
78	120	VK_F9	F9-Funktionstaste
79	121	VK_F10	F10-Funktionstaste
7A	122	VK_F11	F11-Funktionstaste
7B	123	VK_F12	F12-Funktionstaste
7C	124	VK_F13	
7D	125	VK_F14	
7E	126	VK_F15	
7F	127	VK_F16	
90	144	VK_NUMLOCK	NumLock
91	145		ScrollLock
Die folgenden Codes gelten nur für US-Tastaturen			
BA	186		Punkt/Semikolon
BB	187		Plus/gleich
BC	188		kleiner als/Komma
BD	189		Unterstrich/Bindestrich
BE	190		größer als/Punkt
BF	191		Fragezeichen/Schrägstrich
C0	192		Tilde/Accent aigu
DB	219		linke Mengenklammer/linke eckige Klammer
DC	220		horizontaler Balken/Rückstrich
DD	221		rechte Mengenklammer/ rechte eckige Klammer
DE	222		Doppelte Anführungszeichen /einfache Anführungszeichen

Anhang F

Einrichtung des IDE (Integrated Development Environment)

Zu jedem Programmbeispiel aus diesem Buch existert eine eigene **Make-Datei**. Wenn Sie zur Erstellung von Programmen das MAKE-Programm einsetzen, dann ist dies normalerweise völlig ausreichend. Viele Programmierer ziehen es aber vor, mit der integrierten Borland-Entwicklungsumgebung (IDE) zu arbeiten. Borland bietet in seinem C++ Entwicklungspaket sowohl eine auf DOS als auch eine auf Windows basierende Version der IDE an. Der folgende Anhang zeigt die Einstellungen, die vorgenommen werden müssen, damit Sie ein Windows-/OWL-Programm problemlos erstellen können. Die gesamte IDE-Entwicklungsumgebung präsentiert sich Ihnen auch in der deutschen Version in englischer Sprache. Für einen C-Programmierer dürfte dies allerdings kein Handicap sein.

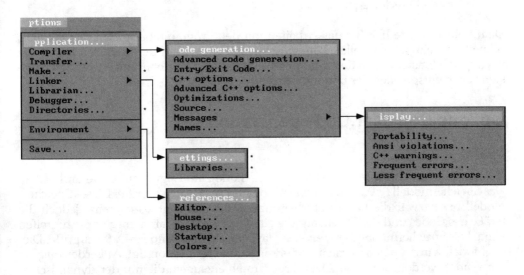

Abbildung F.1: Das Menü "Options" der auf Windows basierenden IDE

Beide IDE-Versionen - sowohl die DOS- als auch die Windows-Version - haben eine weitgehend ähnliche Benutzeroberfläche. In diesem Anhang beschreiben wir die Menüs und Dialogfelder der Windows-IDE. Es sollte Ihnen jedoch nicht schwer fallen, aufgrund dieser Beschreibung die entsprechenden Menüs und Dialogfelder auch in der DOS-IDE zu finden.

Zur Einstellung der IDE müssen verschiedene Menübefehle des Menüs *Options* aktiviert und verändert werden. Abbildung F.1 zeigt dieses Menü zusammen mit den daraus abgeleiteten Untermenüs. Von den insgesamt 24 anwählbaren Menüoptionen enthalten sieben Einstellungen, die wichtig für die korrekte Erstellung eines C++ Windows-/OWL-Programms sind. In der Abbildung wurden diese für uns wichtigen Optionen durch Sternchen "**" gekennzeichnet. Hier folgt eine Liste dieser Menüoptionen:

Menüoptionen, die wichtige Dialogfelder zur Einstellung der IDE aufrufen:

> Options.Compiler.Code generation...
> Options.Compiler.Advanced Code generation...
> Options.Compiler.Entry/Exit Code...
> Options.Make...
> Options.Linker.Settings...
> Options.Linker.Librarys...
> Options.Directories...

Damit Sie sich Ihre IDE für das Arbeiten mit den Programmbeispielen dieses Buchs schnell und einfach einstellen können, beschreiben wir auf den nächsten Seiten die wichtigsten Einstellungen der einzelnen Dialogfelder. Die Abbildungen auf den nächsten Seiten entsprechen der Borland C++ Version 3.0.

Options.Compiler.Code generation...

Model

Die Option *Model* beschreibt die Standardmethode zum Zugriff auf Code und Daten. Das Speichermodell *Small* erzeugt *near*-Code und *near*-Datenzugriffe. Dieses Speichermodell bietet zwar die beste Verarbeitungsgeschwindigkeit, es begrenzt jedoch die Größe des Codes und der Daten, auf die ein einzelnes Programm insgesamt zugreifen kann. Das Speichermodell *Large* erzeugt dagegen *far*-Code und *far*-Datenzugriffe. Dieses Modell wird von den meisten DOS-Programmierern bevorzugt. Außerdem *muß* es verwendet werden, wenn Sie OWL-Programme erzeugen, die mit der dynamischen Linkbibliothek OWL.DLL zusammenarbeiten können.

Allerdings gibt es hier einige Einschränkungen, an die Sie denken sollten. Wenn Sie zum Beispiel so viele statische Daten erzeugen, daß diese nicht mehr in ein Datensegment passen, wird Ihr ausführbares Programm mehr als ein Datensegment enthalten. Wenn ein Windows-Programm mehr als ein Datensegment enthält, kann aber nur eine Kopie dieses Programms gleichzeitig unter Windows gestartet werden. Wenn Sie versuchen, eine zweite Kopie dieses Programms zu starten, erhalten Sie eine Fehlermeldung.

Assume SS Equals DS

Auf dieser Schaltfläche können Sie einstellen, wie der Compiler die beiden CPU-Register SS (Stapelspeicherregister) und DS (Datensegmentregister) behandeln soll. Wenn Sie eine Windows-Anwendung erstellen, sollte SS immer gleich DS sein. Wenn Sie jedoch eine dynamische Windows-Link-Library erstellen, muß SS immer ungleich DS sein.

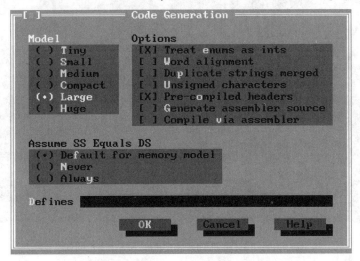

Abbildung F.2: Dialogfeld Compiler-Code Generation

Options: Pre-compiled Header

Sie brauchen diese Option nicht einzuschalten, aber sie minimiert die Kompilierzeit.

Options.Compiler.Advanced code generation...

Von den vier Optionen, die wir im folgenden besprechen werden, muß nur die erste gesetzt werden. Die anderen drei sind nützlich zum Testen und für den C++ Class Browser.

Generate underbars

Sie müssen diese Option einschalten, damit Sie auf die C-Laufzeit-Bibliotheksfunktio-
nen zugreifen können (wie **memcpy**, usw.). Andernfalls kann der Linker die Referen-
zen zu diesen Routinen nicht auflösen.

Line numbers debug info

Diese Option bewirkt, daß der Compiler die Zeilennummer des Quellprogramms in
die .OBJ- und in die .MAP-Symboldateien aufnimmt. Dies ermöglicht einem symbolischen Windows-Debugger die Anzeige des Programm-Quellcodes.

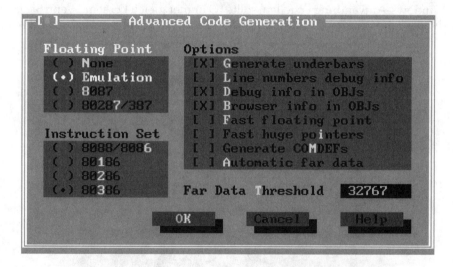

Abbildung F.3: Das Dialogfeld "Advanced code generation"

Debug-Info in OBJs

Diese Option bewirkt, daß ein kompletter Satz von Debug-Informationen in die .OBJ-
Datei geschrieben wird. Dies ist notwendig, wenn Sie den Turbo-Debugger für Win-
dows verwenden und auf die Namen der lokalen und globalen Variablen sowie die
Funktionsnamen in Ihrem Programm zugreifen wollen.

Browser info in OBJs

Diese Option ermöglicht es dem C++ Class Browser, auf die Klassen Ihres Programms
zuzugreifen.

Options.Compiler.Entry/Exitcode...

Prolog/Epilog Code Generation

Am Anfang jeder Funktion befindet sich ein kurzer Programmcode, den man als **Prolog** bezeichnet. Die wichtigste Aufgabe des Prologs ist die Einrichtung des Stapelspeichers, damit eine Funktion auf die Parameter zugreifen und die lokalen (automatischen) Variablen abspeichern kann (siehe Kapitel 17). Ein Windows-Programm kann von einer Windows-Bibliotheksfunktion aufgerufen werden. Derartige "Tür"-Funktionen werden speziell behandelt, um sicherzustellen, daß das Datensegmentregister (DS) richtig eingestellt ist (siehe Kapitel 19). Solche Funktionen werden normalerweise **exportiert**. Das bedeutet, daß der Windows-Lader den Prolog verändert, wenn das Codesegment in den Speicher geladen wird. Die Notwendigkeit von "Tür"-Funktionen kann in einem Windows-Programm auf drei Arten behandelt werden:

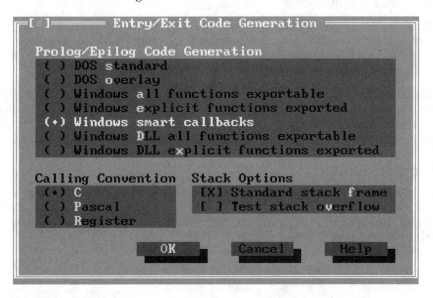

Abbildung F.4: Das Dialogfeld Compiler-Entry/Exitcode Generation

- **Windows: all functions exportable.** Wenn alle Funktionen exportiert werden, verändert der Windows-Lader jede Funktion, damit sichergestellt ist, daß sie von außerhalb aufgerufen werden kann. Leider ist dies die am wenigsten effiziente Methode zur Lösung des Problems.

- **Windows: explicit functions exported.** Diese Einstellung beeinflußt nur die Funktionen, die das Schlüsselwort **_export** haben. Dies ist die günstigste Einstellung, da sie am effizientesten ist. Sie erfordert jedoch, daß Sie für jede Rückruffunktion, die Sie an Windows übergeben wollen, das Schlüsselwort **_export** verwenden. Wenn Sie OWL zur Erstellung von Fenster- oder Dialogobjekten verwenden, erübrigt sich eine Verwendung dieses Schlüsselworts, da die OWL-Bibliotheken dies für Sie erledigen.

- **Windows: smart callbacks.** Diese Einstellung bietet einen guten Kompromiß zwischen den beiden zuvor genannten Einstellungen. Hierbei wird die Tatsache genutzt, daß in einer Windows-Anwendung das Stapelspeichersegment normalerweise dem Datensegment entspricht. Für alle weiteren Funktionen wird deshalb ein Prolog erstellt, der dafür sorgt, daß das Stapelspeichersegmentregister (SS) in das Datensegmentregister (DS) kopiert wird.

Wenn Sie eine dynamische Linkbibliothek erstellen, müssen Sie eine der folgenden Einstellungen auswählen.

- **Windows DLL: all functions exportable.** Dies ist zwar nicht die effizienteste Methode, sie ermöglicht aber, daß jede Funktion einer DLL von einer Anwendung aufgerufen werden kann. Der Grund hierfür ist, daß jede Funktion der DLL den dafür notwendigen Prolog erhält.

- **Windows DLL: explicit functions exported.** Diese Einstellung verlangt, daß Sie für jede Funktion, die von einer Anwendung aufgerufen werden soll, das Schlüsselwort **_export** verwenden. Hierdurch wird am Anfang der Funktion ein Prolog erzeugt, der das Datensegmentregister (DS) auf das Datensegment der DLL setzt.

Calling Convention

Dieser Schalter beeinflußt die Art, in der ein Funktionsaufruf standardmäßig verarbeitet wird. Die sicherste Einstellung besteht in der Verwendung der C-Aufrufkonventionen, da Routinen, welche die Pascal-Aufrufkonventionen verwenden, normalerweise das Schlüsselwort **pascal** haben.

Options.Make...

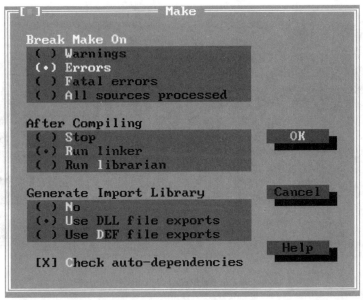

Abbildung F.5: Das Dialogfeld "Make"

Check auto-dependencies

Sie sollten diese Option wählen, um MAKE zu veranlassen, die Abhängigkeitsinformationen aus den Definitionsdateien (.h) einzulesen.

Options.Linker.Settings...

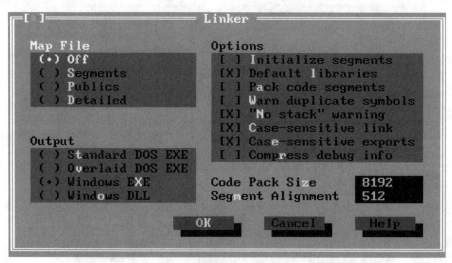

Abbildung F.6: Das Dialogfeld "Linker-Settings"

Map File

Achten Sie darauf, die richtige Option für die Ausgabedatei zu markieren. Der einzige Unterschied zwischen einer Windows-Anwendung (.EXE) und einer dynamischen Linkbliothek (.DLL) besteht tatsächlich nur aus einem einzigen Bit. Dieses Bit muß jedoch richtig eingestellt sein, damit man das erwartete Ergebnis erhält.

Options: Case sensitive link

Da C und C++ zwischen Groß- und Kleinschreibung unterscheiden, ist es wichtig, diese Option auch für den Linker einzuschalten.

Options: Compress debug info

Wenn Sie einen Debugger (z.B. den Turbo-Debugger für Windows) einsetzen wollen, müssen Sie diese Option einschalten.

Options.Linker.Libraries

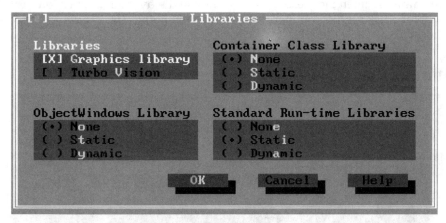

Abbildung F.7: Das Dialogfeld Linker-Libraries

ObjectWindows Library

Sie können OWL-Bibliotheken auf drei verschiedene Arten einbinden:

- **None**: Wenn dieser Schalter gesetzt ist, müssen Sie den Namen der OWL-Bibliothek explizit in Ihrer IDE-Projektliste angeben.

- **Static**: Dieser Schalter bewirkt, daß die OWL-Funktionen in die ausführbare Programmdatei (.EXE) eingebunden werden. Dazu müssen die verschiedenen statischen OWL-Linkbibliotheken vorhanden sein. Die Datei OWLWL.LIB enthält zum Beispiel die statische OWL-Bindebibliothek für das große Speichermodell.

- **Dynamic**: Dieser Schalter bewirkt, daß auf die OWL-Funktionen in der dynamischen OWL-Bindebibliothek (OWL.DLL) zugegriffen wird. Dazu muß die dynamische OWL-Linkbibliothek (OWL.LIB) beim Linken vorhanden sein.

Standard Run-time Libraries

Sie können die C/C++ Standardlaufzeitbibliothek auf drei verschiedene Arten einbinden:

- **None**: Wählen Sie diese Option, wenn Sie die Namen der C-Laufzeitbibliotheken explizit in der IDE-Projektliste angeben wollen.

- **Static**: Wählen Sie diese Option, wenn Sie möchten, daß die Routinen der C-Laufzeitbibliothek in die ausführbare Programmdatei eingebunden werden.

- **Dynamic:** Wählen Sie diese Option, wenn Sie die dynamische Version der Lauf-
  zeitbibliothek für die Routinen der C-Laufzeitbibliothek (BCRTL.DLL) verwenden
  möchten.

Options.Directories

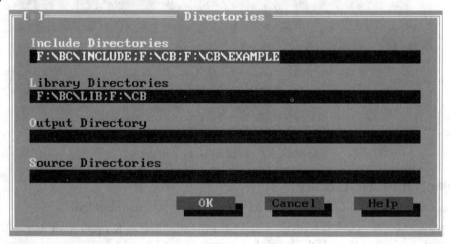

Abbildung F.8: Das Dialogfeld "Directories"

Include Directories (Verzeichnisse für Definitionsdateien)

Geben Sie hier die Verzeichnisse an, in denen die vom Compiler benötigten Definitionsdateien stehen.

Library Directories

Geben Sie hier die Verzeichnisse an, in denen sich die Linkbibliotheken befinden.

Output Directories

Geben Sie hier das Verzeichnis an, in welches die ausführbare Datei nach erfolgrei-
chem Kompilier-/Link-Vorgang geschrieben werden soll.

Anhang G

Das MAGNIFY-Programm

Das MAGNIFY-Programm wurde bereits an verschiedenen Stellen dieses Buches eingesetzt. Es vereinfacht die Betrachtung kleiner Einzelheiten auf dem Bildschirm - ähnlich wie ein Vergrößerungsglas es ermöglicht, kleine Einzelheiten eines Gegenstandes zu betrachten. Sie können den Grad der Vergrößerung mit einer Bildlaufleiste einstellen.

Es folgt der Programmcode von MAGNIFY:

MAKEFILE.MAK

```
.AUTODEPEND

#   Compilerdefinitionen
INC=C:\BORLANDC\OWL\INCLUDE;C:\BORLANDC\CLASSLIB\INCLUDE;C:\BOR-
LANDC\INCLUDE
CC = bccx -c -D_CLASSDLL -H -ml -WS -w -I$(INC)

#   Implizite Regeln
.c.obj:
  $(CC) {$< }

.cpp.obj:
  $(CC) {$< }

#   Explizite Regeln
Magnify.exe: Magnify.res Magnify.def Magnify.obj
    tlinkx /c/C/n/P-/Twe/x @Magnify.LNK
    RC Magnify.res Magnify.exe

#   Einzelne Dateiabhängigkeiten
Magnify.obj: Magnify.cpp

Magnify.res: Magnify.rc Magnify.cur Magnify.ico
    RC -R -FO Magnify.res Magnify.RC
```

MAKEFILE.LNK

```
c:\borlandc\lib\c0wl.obj+
Magnify.obj
Magnify,Magnify
\borlandc\owl\lib\owl.lib+
crtll.lib+
cwl.lib+
import.lib+
mathl.lib+
cl.lib
Magnify.def
```

MAGNIFY.CPP

```
/*------------------------------------------------------------*\
|  MAGNIFY  -  Dehnen eines Bereiches des Bildschirms.         |
\*------------------------------------------------------------*/
#include <owl.h>
#define min(a,b) ((a<b)?a:b)
#define max(a,b) ((a<b)?b:a)

/*------------------------------------------------------------*\
|                         Konstanten.                          |
\*------------------------------------------------------------*/
const int LINESIZE = 1;
const int PAGESIZE = 10;
const int SCROLLMIN = 10;
const int SCROLLMAX = 200;



/*------------------------------------------------------------*\
|                    Klassendeklarationen.                     |
\*------------------------------------------------------------*/
class TMagnifyApplication : public TApplication
  {
  public:
    TMagnifyApplication (LPSTR lpszName, HANDLE hInstance,
                         HANDLE hPrevInstance,
                         LPSTR lpszCmdLine, int nCmdShow);
    virtual void InitMainWindow ();
  };
```

```
class TNotRect
  {
  public:
    TNotRect (int X1, int Y1, int X2, int Y2);
    void Hide (HDC hdc);
    void Show (HDC hdc);
    void Move (HDC hdc, int X1, int Y1, int X2, int Y2);
  private:
    BOOL bVisible;
    RECT rCurrent;

    void Invert(HDC hdc);
  };

class TMagnifyWindow : public TWindow
  {
  public:
    TMagnifyWindow (PTWindowsObject pwParent, LPSTR lpszTitle,
                    PTModule pmModule);
    ~TMagnifyWindow ();
    virtual LPSTR GetClassName ();
    virtual void  GetWindowClass (WNDCLASS&);

    virtual void WMCreate (TMessage& Msg)= [WM_CREATE];
    virtual void WMLButtonDown (TMessage& Msg)= [WM_LBUTTONDOWN];
    virtual void WMMouseMove (TMessage& Msg)= [WM_MOUSEMOVE];
    virtual void WMLButtonUp (TMessage& Msg)= [WM_LBUTTONUP];
    virtual void WMVScroll (TMessage& Msg)= [WM_VSCROLL];
    virtual void WMPaint (TMessage& Msg)= [WM_PAINT];
    virtual void WMSize (TMessage& Msg)= [WM_SIZE];

  protected:
    BOOL bCapture;
    HDC hdcScreen;
    HDC hdcWindow;
    int nStretch;
    POINT ptAnchor;
    POINT ptLast;
    RECT rClient;   // Größe des abhängigen Fensters.
    RECT rSource;   // Bildpunkte des Quellrechtecks
                    //(Bildschirmkoordinaten).
    TNotRect * pnrTrack;

    void ClientToSource(LPRECT lpIn, LPRECT lpOut);
  };
```

```
/*-------------------------------------------------------------*\
|                  Hauptfunktion:  WinMain.                     |
\*-------------------------------------------------------------*/
int PASCAL WinMain (HANDLE hInstance,   HANDLE hPrevInstance,
                 LPSTR  lpszCmdLine, int    nCmdShow)
    {
    TMagnifyApplication Magnify ("Magnify", hInstance,
                   hPrevInstance, lpszCmdLine, nCmdShow);
    Magnify.Run ();
    return Magnify.Status;
    }


/*-------------------------------------------------------------*\
|               Komponente der Application-Klasse.              |
\*-------------------------------------------------------------*/
TMagnifyApplication::TMagnifyApplication (LPSTR lpszName,
                  HANDLE hInstance, HANDLE hPrevInstance,
                  LPSTR lpszCmdLine, int nCmdShow)
               :TApplication (lpszName, hInstance,
                  hPrevInstance, lpszCmdLine, nCmdShow)
    {
    /*  Die anwendungsspezifische Initialisierung erfolgt hier.  */
    }


/*-------------------------------------------------------------*\
|               Komponente der Application-Klasse.              |
\*-------------------------------------------------------------*/
void TMagnifyApplication::InitMainWindow ()
    {
    MainWindow = new TMagnifyWindow (NULL, "Vergrößerung", NULL);
    }


/*-------------------------------------------------------------*\
|               TMagnifyWindow-Komponentenfunktion.             |
\*-------------------------------------------------------------*/
TMagnifyWindow::TMagnifyWindow (PTWindowsObject pwParent,
                 LPSTR lpszTitle, PTModule pmModule)
              :TWindow (pwParent, lpszTitle, pmModule)
    {
    hdcWindow = 0;
    bCapture  - FALSE;
    hdcScreen = CreateDC ("DISPLAY", 0, 0, 0);

    ptAnchor.x = 0; ptAnchor.y = 0;
    ptLast.x = 0; ptLast.y = 0;
    rClient.left   = 0;
    rClient.top    = 0;
```

```
    rSource.left    = 0;
    rSource.top     = 0;
    rSource.right   = 1;
    rSource.bottom  = 1;

    pnrTrack = 0;

    // Abändern der Fensterattribute für eine Bildlaufleiste.
    Attr.Style |= WS_VSCROLL;
    }

/*-----------------------------------------------------------*\
|                   TMagnifyWindow-Komponentenfunktion.       |
\*-----------------------------------------------------------*/
TMagnifyWindow::~TMagnifyWindow ()
    {
    DeleteDC (hdcScreen);
    }

/*-----------------------------------------------------------*\
|                   TMagnifyWindow-Komponentenfunktion.       |
\*-----------------------------------------------------------*/
LPSTR TMagnifyWindow::GetClassName ()
    {
    return "Magnify:MAIN";
    }

/*-----------------------------------------------------------*\
|                   TMagnifyWindow-Komponentenfunktion.       |
\*-----------------------------------------------------------*/
void TMagnifyWindow::GetWindowClass (WNDCLASS& wc)
    {
    TWindow::GetWindowClass (wc);
    wc.hIcon=LoadIcon (wc.hInstance, "snapshot");
    wc.hCursor=LoadCursor (wc.hInstance, "hand");
    wc.style = CS_HREDRAW | CS_VREDRAW;
    }

/*-----------------------------------------------------------*\
|                   TMagnifyWindow-Komponentenfunktion.       |
\*-----------------------------------------------------------*/
void TMagnifyWindow::WMCreate (TMessage& Msg)
    {
    nStretch = SCROLLMIN;
    SetScrollRange (Msg.Receiver, SB_VERT, SCROLLMIN, SCROLLMAX,
                    FALSE);
    }
```

```
/*-----------------------------------------------------------------*\
|                    TMagnifyWindow-Komponentenfunktion.           |
\*-----------------------------------------------------------------*/
void TMagnifyWindow::WMLButtonDown (TMessage& Msg)
    {
    bCapture = TRUE;
    SetCapture (Msg.Receiver);

    hdcWindow = GetDC (Msg.Receiver);

    GetClientRect (Msg.Receiver, &rClient);
    ptAnchor = MAKEPOINT (Msg.LParam);

    // Ändern der Rechtecksgröße für den Dehnfaktor.
    ClientToSource (&rClient, &rSource);

    // Anpassen für die Positionierung des Mauszeigers.
    OffsetRect (&rSource, ptAnchor.x - (rClient.right/2),
                          ptAnchor.y - (rClient.bottom/2));

    // Anp. des geschrumpften Rechteckes an Bildschirmkoordinaten.
    ClientToScreen (Msg.Receiver,(LPPOINT)&rSource.left);
    ClientToScreen (Msg.Receiver,(LPPOINT)&rSource.right);
    pnrTrack = new TNotRect (rSource.left,  rSource.top,
                             rSource.right, rSource.bottom);
    pnrTrack->Show (hdcScreen);
    }

/*-----------------------------------------------------------------*\
|                    TMagnifyWindow-Komponentenfunktion.           |
\*-----------------------------------------------------------------*/
void TMagnifyWindow::WMLButtonUp (TMessage& Msg)
    {
    if (!bCapture)
        return;

    bCapture = FALSE;
    ReleaseCapture();

    ReleaseDC (Msg.Receiver, hdcWindow);

    ptLast = MAKEPOINT (Msg.LParam);
    ClientToScreen (Msg.Receiver, &ptLast);

    pnrTrack->Hide (hdcScreen);

    delete pnrTrack;
```

```
        pnrTrack = 0;
        }

/*-------------------------------------------------------------*\
|                   TMagnifyWindow-Komponentenfunktion.         |
\*-------------------------------------------------------------*/
void TMagnifyWindow::WMMouseMove (TMessage& Msg)
    {
    POINT ptScreen;

    if (!bCapture)
        return;

    // Berechnen der absoluten Bildschirmkoordinaten.
    ptScreen = MAKEPOINT (Msg.LParam);
    ClientToScreen (Msg.Receiver, &ptScreen);

    // Übergeben der Mauspositon an das Quellrechtecke.
    CopyRect (&rSource, &rClient);
    rSource.left   = ptScreen.x - ptAnchor.x;
    rSource.top    = ptScreen.y - ptAnchor.y;
    rSource.right  = ptScreen.x + (rClient.right - ptAnchor.x);
    rSource.bottom = ptScreen.y + (rClient.bottom - ptAnchor.y);

    // Die Rechteckgröße dem Dehnungsfaktor anpassen.
    ClientToSource (&rClient, &rSource);

    // Anpassen an die Größe des Rechteckes.
    rSource.left   -= rClient.right/2;
    rSource.top    -= rClient.bottom/2;
    rSource.right  -= rClient.right/2;
    rSource.bottom -= rClient.bottom/2;

    // Anpassen an die Position des Mauszeigers.
    OffsetRect (&rSource, ptScreen.x, ptScreen.y);

    pnrTrack->Hide (hdcScreen);

    StretchBlt(hdcWindow, 0, 0, rClient.right, rClient.bottom,
            hdcScreen, rSource.left, rSource.top,
            rSource.right - rSource.left + 1,
            rSource.bottom - rSource.top + 1, SRCCOPY);

    pnrTrack->Show (hdcScreen);
    pnrTrack->Move (hdcScreen, rSource.left,  rSource.top,
                              rSource.right, rSource.bottom);
    }
```

```
/*-------------------------------------------------------------*\
|                 TMagnifyWindow-Komponentenfunktion.          |
\*-------------------------------------------------------------*/
void TMagnifyWindow::WMPaint (TMessage& Msg)
    {
    PAINTSTRUCT ps;

    BeginPaint (Msg.Receiver, &ps);

    StretchBlt(ps.hdc, 0, 0, rClient.right, rClient.bottom,
            hdcScreen, rSource.left, rSource.top,
            rSource.right - rSource.left + 1,
            rSource.bottom - rSource.top + 1, SRCCOPY);

    EndPaint (Msg.Receiver, &ps);
    }


/*-------------------------------------------------------------*\
|                 TMagnifyWindow-Komponentenfunktion.          |
\*-------------------------------------------------------------*/
void TMagnifyWindow::WMSize (TMessage& Msg)
    {
    rClient.right  = Msg.LP.Lo;
    rClient.bottom = Msg.LP.Hi;
    }


/*-------------------------------------------------------------*\
|                 TMagnifyWindow-Komponentenfunktion.          |
\*-------------------------------------------------------------*/
void TMagnifyWindow::WMVScroll (TMessage& Msg)
    {
    BOOL fScroll;

    fScroll = FALSE;
    switch (Msg.WParam)
        {
        case SB_LINEUP:
            nStretch -= LINESIZE;
            fScroll = TRUE;
            break;
        case SB_LINEDOWN:
            nStretch += LINESIZE;
            fScroll = TRUE;
            break;
        case SB_PAGEUP:
            nStretch -= PAGESIZE;
            fScroll = TRUE;
```

```
              break;
        case SB_PAGEDOWN:
            nStretch += PAGESIZE;
            fScroll = TRUE;
            break;
        case SB_THUMBTRACK:
            nStretch = Msg.LP.Lo;
            fScroll = TRUE;

            if (pnrTrack == 0)
                {
                // NOT-Rechteck erstellen.
                pnrTrack = new TNotRect (rSource.left-1,
                                         rSource.top-1,
                                         rSource.right+1,
                                         rSource.bottom+1);
                pnrTrack->Show (hdcScreen);

                }
            break;
        case SB_ENDSCROLL:
            // Verbergen des Rechteckes, falls wir gezeichnet haben.
            if (pnrTrack)
                {
                pnrTrack->Hide (hdcScreen);
                delete pnrTrack;
                pnrTrack = 0;
                }
            break;
        }
    if (fScroll)
        {
        nStretch = min (SCROLLMAX, nStretch);
        nStretch = max (SCROLLMIN, nStretch);

        // Erneuern der Bildlaufleiste.
        SetScrollPos (Msg.Receiver, SB_VERT, nStretch, TRUE);

        // Erneute Berechnung des Dehnfaktors.
        ClientToSource (&rClient, &rSource);

        // Anpassen an die letzte Position des Mauszeigers.
        OffsetRect (&rSource, ptLast.x - (rClient.right/2),
                              ptLast.y - (rClient.bottom/2));

        // Zur neuen Position bewegen, falls wir zeichnen.
        if (pnrTrack)
            {
```

847

```
                    pnrTrack->Move (hdcScreen, rSource.left-1,
                                    rSource.top-1,
                                    rSource.right+1,
                                    rSource.bottom+1);
          }

     InvalidateRect (Msg.Receiver, NULL, FALSE);
     }
   }

/*------------------------------------------------------------*\
|                  TMagnifyWindow-Komponentenfunktion.         |
\*------------------------------------------------------------*/
void TMagnifyWindow::ClientToSource(LPRECT lpIn, LPRECT lpOut)
   {
   int  xCenter, yCenter;
   int  xDelta,  yDelta;
   RECT rIn;

   rIn = *lpIn;
   xCenter = rIn.right / 2;
   yCenter = rIn.bottom / 2;

   xDelta = (10 * xCenter ) / nStretch;
   yDelta = (10 * yCenter ) / nStretch;

   rIn.left   = xCenter - xDelta;
   rIn.top    = yCenter - yDelta;
   rIn.right  = xCenter + xDelta;
   rIn.bottom = yCenter + yDelta;

   *lpOut = rIn;
   }

/*------------------------------------------------------------*\
|                  TNotRect-Komponentenfunktion.               |
\*------------------------------------------------------------*/
TNotRect::TNotRect(int X1, int Y1, int X2, int Y2)
   {
   bVisible = FALSE;
   rCurrent.left   = X1;
   rCurrent.top    = Y1;
   rCurrent.right  = X2;
   rCurrent.bottom = Y2;
   }
```

```
/*------------------------------------------------------------*\
|                   TNotRect-Komponentenfunktion.              |
\*------------------------------------------------------------*/
void TNotRect::Hide(HDC hdc)
    {
    if (hdc == 0 || !bVisible)
        return;

    Invert (hdc);
    bVisible = FALSE;
    }
/*------------------------------------------------------------*\
|                   TNotRect-Komponentenfunktion.              |
\*------------------------------------------------------------*/
void TNotRect::Show (HDC hdc)
    {
    if (hdc == 0 || bVisible)
        return;

    Invert (hdc);
    bVisible = TRUE;
    }

/*------------------------------------------------------------*\
|                   TNotRect-Komponentenfunktion.              |
\*------------------------------------------------------------*/
void TNotRect::Move (HDC hdc, int X1, int Y1, int X2, int Y2)
    {
    if (hdc == 0 || !bVisible)
        return;

    Invert (hdc);   // Entfernen des vorherigen Rechteckes.

    rCurrent.left   = X1;
    rCurrent.top    = Y1;
    rCurrent.right  = X2;
    rCurrent.bottom = Y2;

    Invert (hdc);   // Zeichnen eines neuen Rechteckes.
    }

/*------------------------------------------------------------*\
|                   TNotRect-Komponentenfunktion.              |
\*------------------------------------------------------------*/
void TNotRect::Invert(HDC hdc)
    {
    int ropOld;
```

849

```
ropOld = SetROP2(hdc, R2_NOT);

MoveTo (hdc, rCurrent.left,  rCurrent.top);
LineTo (hdc, rCurrent.right, rCurrent.top);
LineTo (hdc, rCurrent.right, rCurrent.bottom);
LineTo (hdc, rCurrent.left,  rCurrent.bottom);
LineTo (hdc, rCurrent.left,  rCurrent.top);

SetROP2 (hdc, ropOld);
}
```

MAGNIFY.RC

```
snapshot icon Magnify.ico

hand cursor Magnify.cur
```

MAGNIFY.DEF

```
NAME MAGNIFY

EXETYPE WINDOWS

DESCRIPTION 'Bereiche des Bildschirmes dehnen.'

CODE MOVEABLE DISCARDABLE
DATA MOVEABLE MULTIPLE

HEAPSIZE  512
STACKSIZE 5120
```

Index

!

#define-Anweisung 61
#include-Anweisung 472
-c-Schalter 43
-D-Schalter 43
-h-Schalter 43
-I-Schalter 44
-ml-Schalter 44
-w-Schalter 44
-ws-Schalter 44
.AUTODEPEND-Anweisung 41
/c-Schalter 46
/n-Schalter 47
/P-Schalter 47
/Twe-Schalter 47
/x-Schalter 47
32 Bit-Adressierung 649
386-Modus, erweiterter 644
   dynamisch belegte Segmente 669
   Feinkörnigkeit 677
   virtuelle Speicherunterstützung 649
80386-Steuerprogramm 651
_AHINCR-Symbol 682
_TEXT-Codesegment 703

A

Abfragenachrichten 125
Abfrageroutinen 318
ABOUT-Programm 465
ABOUT.CPP 467
ABOUT.DEF 471
ABOUT.DLG 471
ABOUT.H 469
ABOUT.LNK 467
ABOUT.RC 470
ABOUTDLG.H 470
"Abbrechen"-Schaltfläche 449
Abreiß-Menüs 25, 323
Abstand zwischen Zeichen 265
ACCEL.CPP 335
ACCEL.DEF 338
ACCEL.LNK 335
ACCEL.RC 337
ACCELERATORS-Schlüsselwort 327

Adreßraum, physikalischer 630
Aktives Fenster 532
Aktives OWL-Fensterobjekt 76
Aktuelle Position 180
Allen, Paul 5
Alternate-Modus 225
AND-Maske 613, 617
Anfänglich sichtbares Kontrollfeld 473
Angepaßte Menühäkchen erstellen 372
Angepaßte Ressourcen 737
Angepaßte Ressourcen, Programm 740
Angepaßte Zeiger, Erstellung 606
Anklicken 555
Anklicken mit Umschalt-Taste 556
Anpassen von Dialogfeldern 457
ANSI-Zeichensatz 526
   Zehnerblock 531
AnsiUpper 529
AnsiUpperBuff 529
Anwendungen, Speicherbedarf 657
   Überblick 659
Anwendungsobjekt 69
AppendMenu 305, 361
   benutzerdefinierte Menüs 344
   Bitmap einem Menü hinzuzufügen 371
Apple Macintosh 3
APPLICAT.H 75
Arbeitsbereich, Mausnachrichten 123
Arbeitsbereiche 631
Arbeitsbereichkoordinaten 142, 402
Arbeitsbereichsnachrichten 560
Arbeitsmengen 700
Arc 192
Arc-Funktion 180
Arc-Routine 220
arRectangles 216
ASCII-Zeichen 326
AT-Bus VI
Atomtabellen 668
Attr-Datenkomponente 109, 400
Attr-Struktur 296
Attributbündel 191
Auflösung 267
Auflösung, Schriftarten 267
Aufruf-Thunk 754
Aufwand, Speicher 658
Aufwärtskompatibilität der Programme 631

Index

Ausführbare Programmdatei (.EXE)	46	Bitmap	139
Ausführbare Programme	48	Häkchen-	373
Ausführungsbit	105	in Menüs	360
Fenstererstellung	407	Erstellen von Musterpinseln	230
Ausgangszustand	408, 413	BITMENU-Programm	361
Ausgefüllte Flächen, Routinen	217	BITMENU.CPP	363
Ausgefüllte Formen, Koordinaten	207	BITMENU.DEF	369
Ausgefüllte Formen zeichnen	207	BITMENU.H	367
Auslagerung, Hilfsprogramm	700	BITMENU.LNK	362
Ausrufezeichen	285	BITMENU.RC	368
AX-Register	88, 763	BN_CLICKED-Benachrichtigungscode	464
		BN_CLICKED-Benachrichtigungsmeldung	488
		BN_DOUBLECLICKED	
B		Benachrichtigungscode	464
		Bogensegment-Funktion	221
Backslash	42	BP (Basiszeiger)-Register	665
base pointer register	663	Bravo-Texteditor	15
Basiszeiger-Register	663	BRUSHES.CPP	233
Bearbeiten-Popup-Menü	287	BRUSHES.DEF	237
Bearbeiten:Einfügen-Befehl	76	BRUSHES.LNK	232
Bearbeiten:Suchen...-Menübefehl	486	BRUSHES.RC	237
Beendigung von Programmen	115	Burgermaster	654, 676
Beendigungsnachrichten	129, 775	Button-Fensterklasse	401, 447
Befehlsnachrichten	119	Byte-ausgerichtete Darstellung	400
Befehlszeilencompiler (BCC.EXE)	37		
BeginPaint-Routine	152, 160, 165, 216		
BeginPaint/EndPaint-Programmierschichten	177	**C**	
Begrenzungen			
um Häkchen	382	C++ Compiler für Windows	V
zeichnen	225	call-Befehl	664
Belegungsroutinen, Rückgabewert	698	CanClose	116
Benachrichtigungscode	463	CARET-Programm	537
Benutzerangepaßte Dialogfeldkontrollen	454	CARET.CPP	538
Benutzerdefinierte Menübefehle	341	CARET.DEF	549
Benutzerdefiniertes Menü	306	CARET.LNK	538
Benutzerschnittstellennachrichten	126, 772	CARET.RC	549
Benutzerschnittstellenobjekte	3, VI, 21, 44	CARET2-Programm	569
Betriebssystem, Funktionen	638	I-Balkenzeiger	582
Bezugspunkt	242	PtInRect-Routine	585
Bibliotheken für dynamisches Binden	48, 72	CARET2.CPP	570
Bildlaufleisten	26, 387	CARET2.DEF	582
in Listenfeldern	454	CARET2.LNK	570
Bildlaufleisten, Nachrichten	413	CARET2.RC	582
Bildlaufleistenmaße	425	CARET_ACTIVE-Flag	551
Bildpunkte	155	CARET_INACTIVE-Flag	551
Bildpunktorientierte Ausgabe	239	cbClsExtra-Feld	104, 393
Bildpunktzentrierte Koordinaten	208	cbWndExtra-Feld	104, 393
Bildschirmkoordinaten	323, 402, 617	cchInput	525
Bildschirmmaße	424	ChangeMenu-Routine	313
Bildschirmorientierte Ausgabe	239	CHECKED-Option	293
		CheckMenuItem	318, 374
		CHEKMENU-Programm	374
		CHEKMENU.CPP	375

CHEKMENU.DEF   381
CHEKMENU.H   380
CHEKMENU.LNK   375
CHEKMENU.RC   381
Chord-Funktion   221
Chord-Routine   217
ClientToScreen-Routine   323
Clipping   21, 148
    Fenster-Manager   152
    in einem Vorfahren-DC   397
Clipping-Ausführungsbit   415
Clipping-Rechteck, festlegen   252
Clippingbereiche   151, 209
CloseWindow-Komponentenfunktion   465, 477
CM_FIRST   302, 333
CODE-Anweisung   49
Codesegmente in den Speicher laden   755
Codestruktur, Speicherbenutzung   699
COLOR_WINDOW+1   103
Combobox-Fensterklasse   401, 447
Common User Access (CUA)   7
Compiler   38
Compilerschalter   42
Context Code-Flag   509
CONTROL- Anweisung   455
Cosinuswerte, Routinen zur Berechnung   737
CPU, Intel-86   629
crColor-Parameter   260
Create-Komponentenfunktion   441, 474
CreateBitmap-Routine   231, 616
CreateBrushIndirect   227
CreateCaret-Routine   535
CreateCompatibleBitmap   360
CreateCompatibleDC   360, 370, 616
CreateCursor-Routine   614, 617
    AND- und XOR-Masken   622
    DYNACURS   613
CreateDC   370
CreateDialogParam-Routine   474
CreateDIBPatternBrush   227
CreateFont-Routine   270
CreateFontIndirect-Routine   270, 279
CreateHatchBrush   227
    Routine   228
CreateMenu-Routine   305
CreatePatternBrush-Routine   227 - 228
CreatePen   192
CreatePenIndirect   192
CreatePopup-Routine   305
CreateSolidBrush-Routine   228
CREATESTRUCT-Datenstruktur   405
CreateWindow-Ausführungsbits   407

CreateWindow-Routine   388, 401, 456
    Routinen zur Dialogfelderstellung   448
CreateWindowEx   108
    Ausführungsbits   407
    Routine   104, 401, 406
CS_BYTEALIGNCLIENT-Ausführungsbit   400
CS_BYTEALIGNWINDOW-Ausführungsbit   399
CS_CLASSDC-Ausführung   397
CS_CLASSDC-Ausführungsbit   395
CS_DBCLKS-Ausführungsbit   395
CS_DBCLKS-Klassenausführung   567
CS_GLOBALCLASS-Klassenausführung   400
CS_HREDRAW   159
CS_HREDRAW-Ausführung   394
CS_KEYCVTWINDOW-Ausführungsbit   395
CS_NOCLOSE-Klassenausführung   399
CS_NOKEYCVT-Ausführungsbit   395
CS_OWNDC-Ausführungsbit   395
CS_PARENTDC-Ausführung   397
CS_PARENTDC-Ausführungsbit   399
CS_SAVEBITS-Klassenausführung   399
CS_VREDRAW   159
CS_VREDRAW-Ausführung   394
CtlID   346
CtlID-Feld   344
CtlType   346
CtlType-Feld   344
Cursor   533
    privater   389
CUSTRES-Programm   675, 740
CUSTRES.CPP   741
CUSTRES.DEF   745
CUSTRES.H   745
CUSTRES.LNK   741
CUSTRES.RC   745
CW_USEDEFAULT-Flag   106, 417, 402

D

Dagwood-Sandwich   168
Datei öffnen-Dialogfeld   447
Datei-Manager   8
Datei-öffnen-Dialogfeld   489
Datei-Popup-Menü   287
Dateiöffnen...-Dialog   496
Datenkorrektur   763
Datennutzung, gemeinsame   751
Datennutzung, Nachrichten   780
Datensegment, Standard   659
Datentypdefinitionen   62

DC-Attribute
    ausgefüllte Formen   224
    für das Zeichnen von Linien   189
    für die Textdarstellung   259
Deaktiviertes Vorfahrenfenster   448
Debug-Version von Windows   666
Deckende Rechtecke, erstellen   253
Deckender Pinsel   228
DefCommandProc-Komponentenfunktion   495
Definitionsdateien   53, 60
DefWindowProc   97, 126
DefWndProc   97
Dehnbare Rechtecke   589
Dehnen   603
DeleteMenu-Routine   311
DeleteObject   279
Dereferenzieren eines Handle   687
Deskriptortabellen   645
DestroyMenu-Routine   311
DestroyWindow   117
Deutsche Tastatur   512
Device Independent Bitmap (DIB)   228
Diakritische Zeichen   269
DIALOG-Anweisung   455
DialogBox   475
DialogBoxIndirect-Routine   461
DialogBoxIndirectParam-Routine   461
DialogBoxParam-Routine   461
Dialogfeld, normierte Benutzerschnittstelle   449
Dialogfeldeditor   457
Dialogfelder   28, 447
    beenden   465
    modale   454
    nicht-modale   472
    Verwaltung   463
Dialogfeldkontrollen   447
Dialogfeldkoordinaten   343, 398, 456
Dialogfeldprozedur   461
Dialogfeldschablone   454
    für nicht modale Dialogfelder   472
Dialogfeldsteuerelemente   30
DISCARDABLE   292
DISCARDABLE-Bezeichnung   49
discardable-Speicherblock   45
Disk-trashing   632
DispatchMessage-Routine   87, 334, 513, 563
DLLREF_TEXT-Codesegment   704
Doppeldecker-Sandwich (Dagwood)   168
Doppelklick   555
Doppelklick-Nachrichten der Maus   395
Doppelkreuz (#)   42
Doppeltes Anklicken   555
Doppeltes Anklicken, Nachrichten über   567

DOS Protected Mode
    Interface (DPMI)   42
    Interface (DPMI)   647
DOTEXT-Programm   757
DRAWITEMSTRUCT   345
DrawMarker   177
DrawMenuBar   312, 317
DRAWRECT-Programm   754
DrawText   242, 256
DS (Datensegment)-Register   660, 762
DS-Register   766
"Durchsichtig"-Effekt   614
dwBytes-Parameter   682
dwExStyle   401
DWORD-Wert   269, 373, 401
dwStyle-Parameter   401
DYNACURS-Programm   606
    Routinen zur Speicherbelegung   618
DYNACURS.CPP   607
DYNACURS.DEF   613
DYNACURS.LNK   607
DYNACURS.RC   612
Dynamic Data Exchange (DDE)   683
Dynamic Dispatch Virtual Tables (DDVT)   96
Dynamisch belegte Segmente   669
    lokale Heap-Belegung   721
    so klein wie möglich   677
    so verwerfbar wie möglich   678
    so wenig wie möglich   675
Dynamische Bindebibliotheken (DLL)   752
    Modul-Datenbanken   656
Dynamische Bindung   632
Dynamische Linkbibliothek (DLL)   752
    Datensegment   661
Dynamische Speicherbelegung   618
    Routinen   66
Dynamische Zeiger
    eine einfache Art der Erstellung   605, 622
Dynamischer Datenaustausch (DDE)   683
    Nachrichten   131
    Protokoll   669
Dynamisches Binden   638, 699, 751
    feste Codesegmente   757
    Mechanismus   752 - 753
    Modul-Datensegmente   760 - 761
    verwerfbare Codesegmente   754 - 755

E

Edit-Fensterklasse   401, 447
Editierkontrolle   451

Einfügemarken	28, 533, 551
Hervorhebung	525
Einzeilige Listenfelder	452
Benachrichtigungsmeldungen	464
Element.Eigenschaften...-Menü	457
Ellipse-Funktion	221
Ellipse-Routine	217, 385, 740
EMM386.SYS	642
EMS-Seitenrahmen	641
EN_CHANGE-Benachrichtigungsmeldung	487
EnableMenuItem-Routine	318
EnableWindow	487
EndPaint-Routine	165, 216
Ereignisgesteuerte Programme	3, 14
Erweiterter Modus	643
Erweiterungsspeicher	643
ETO_CLIPPED	245, 252
ETO_OPAQUE-Flag	445
EXE-Header	656
EXE2BIN.EXE	737, 740
ExecDialog	461
EXEHDR.EXE-Hilfsprogramm	656
Exemplar-Thunk	763
Expanded Memory Specification (EMS)	7
Windows im Real-Modus	640
explizite Regeln	42
Exportierte Funktionen	761
Extend Flag-Feld	509
Extended Memory	636, 643
Extended-Memory-Blocks (EMBs)	647
Externe Verweise	755
Extra-Byte des Fensters	383
Routinen für den Zugriff	674
Extraklassenbyte	393
EXTTEXT.CPP	246
EXTTEXT.DEF	251
EXTTEXT.LNK	246
EXTTEXT.RC	250
ExtTextOut-Routine	242, 251, 445
ExtTxtClipping-Unterroutine	251
ExtTxtOpaqueRect-Unterroutine	251
ExtTxtSpacing-Unterroutine	251

F

Farben	
Text	260
Dithering	194
Fehlermeldung	648
Fehlersuche	
lokale Speicherverwaltung	720
Programm	631

Feinkörnigkeit	676
Fenster	22
Arten von	406, 410
erstellen	400
Größe und Position	442
verbinden mit	309
Fenster-Handle	59, 162
Fenster-Manager, Clipping	152
Fensterausführung, Dialogfeld	472
Fensterausführungen, verbundene	416
Fensterdatei	104
Fenstereigner, bezeichnender	107
Fenstererstellung	100
Ausführungbits	406
OWL	108
Vorgehensweise	388
Fensterklasse	23, 388
Ausführungsbits	394
Bildlaufleiste	402
Datei	101
Registrierungsprozeß	388
Fensterkomponenten, Systemabmessungen	425
Fensternachrichten	119
Fensternachverfolgung	426
Fensterobjekt	514
Maus	563
Fensterobjektklassen	91
Fensterobjektkonstruktor	370, 382
Fensterpositionierung	399
Fensterprozedur	23, 67, 91, 101, 289, 388, 404
Deklaration	109
Fensterrahmen	407, 411
Fenstertechnik	387
Fensterverwaltungsnachrichten	124, 771
Fenstervorfahre, definierender	106
fErase	162
Feste Codesegmente	
dynamisches Binden	757
Feste Segmente	670
Feste Speicherobjekte	648, 678
Fester Speicher	640
FILEDLG-Programm	489
FILEDLG.CPP	490
FILEDLG.DEF	495
FILEDLG.H	494
FILEDLG.LNK	490
FILEDLG.RC	494
FIND-Programm	477
FIND.CPP	479
FIND.DEF	486
FIND.DLG	485
FIND.H	484
FIND.LNK	478

Index

FIND.RC	484	GetClassName	100, 402
FINDDLG.H	484	Nachfolgefenster	431, 440
FindResource-Routine	746	GetClassWord-Routine	393
FIXED	292	GetClientRect-Routine	162, 258, 279
FIXED-Schlüsselwort	704	GetCursorPos	617
Fixierte Segmente	689	GetDC	153, 343, 397
"Fließende Bilder"	588	GetDC/ReleaseDC-Paar	616
Fokus	532	GetDialogBoxUnits	456
Fonts	240	GetMenu-Routine	314, 318
FreeResource-Routine	748		
Funktionsnamen	57	GetMenuCheckMarkDimensions	
Funktionsprototypen	64	Routine	322, 342, 373
		GetMenuState	321
		GetMessage	83, 85
G		Schleife	333, 501, 511
		Maus	559
Gates, Bill	5	Zwischenabfrage	517
GDI		GetPixel	177
Ausgabegeräte	138	GetPrivateProfileInt-Routine	429
Bitmap erstellen	615	GetPrivateProfileString-Routine	429
Datensegment	672	GetProfileInt-Routine	429
Grundschriftarten	240	GetProfileString-Routine	429
Löschen	384	GetROP2-Routine	204
Möglichkeiten	137	GetStockObject-Routine	192
Objekte löschen	371	für Pinsel	227
Verwendung	616	GetSubMenu-Routine	312
Zeichenobjekte	672	GetSysColor-Routine	347, 369
GDI.EXE-Datei	760	für die Hintergrundfarbe von Menüs	383
Geary, Michael	762	GetSystemMenu-Routine	318
Gedrehte Rechtecke	223	GetSystemMetrics-Routine	343, 369
Geforderte Zugriffsebene (RPL)	647	GDI-Bitmap	616
Gegenschrägstrich	42	OWNSIZE	426
Gemeinsame Nutzung von Daten		übergeordnete Fenster	418, 424
Nachrichten	131	zum Berechnen von Rahmen	382
Geräte	20	GetTextExtent-Routine	238, 256, 280
Gerätebits	138	Schriftarten	269
Gerätekontext (DC)	143	GetTextFace-Routine	279
Bitmaps	360	GetTextMetrics-Routine	238, 252, 343
Handle	59	Schriftarten	269
löschen	371	GetWindowClass	100, 108
privater	395	Nachfolgefenster	431, 440
Gerätetreiber	138	GetWindowDC	153
Gerätetreiber-Bibliotheken (DLL)	72	GetWindowLong-Routine	393
Geräteunabhängig		GetWindowWord-Routine	393
Bitmap (DIB)	227	GetWinFlags-Routine	633
Grafikbibliothek	139	Gitterschnittpunktkoordinaten	209, 253
Grafiken	20	GlobalAlloc-Routine	620, 669, 681
Stifte	191	Speicherbelegung	658
Geschlossene Formen	179	Standard-Datensegment	660
Gestaltete Linien	190	Globale Atomtabelle	669
GetApplicationObject	73	Globale Deskriptortabellen (GDT)	645
GetBitmapBits-Routine	618		
GetClassLong- Routine	393		

Globale Heap
  Belegung   675, 688
  Sperren   698
Globale Heap-Verwaltungsroutinen   670
  Tabellen   678
Globaler Speicherverwalter
  Verwendung Handles   671
GlobalFix/GlobalUnfix-Routinen   689
GlobalFree-Routine   621, 669, 681
  Nutzen   687
GlobalLock-Routine   620, 670, 681, 684
  Fehler   684
  in der LocalInit-Routine   722
  verschiebbare Objekte   687
GlobalLRUNewest-Routine   653
GlobalLRUOldest-Routine   653
GlobalReAlloc-Routine   681
  Nutzen   686
GlobalSize, in der LocalInit-Routine   722
GlobalUnlock-Routine   620, 670, 681
  in der LocalInit-Routine   722
  Nutzen   686
GlobalWire/GlobalUnwire-Routinen   689
GMEM_DDESHARE-Flag   682
GMEM_MODIFY-Flag   686
GMEM_MOVEABLE-Flag   620
GMEM_NOCOMPACT-Flag   683
GMEM_NODISCARD-Flag   683
GMEM_NOT_BANKED-Flag   683
GMEM_NOTIFY-Flag   683
Grafiken, an Fenstern orientierte   21
Grafiken, Menüs ausgestalten   341
Grafische Ausgabe   19
Grafische Benutzeroberfläche (GUI)   3
Grafische Geräteschnittstelle (GDI)   19
Graphics Device Interface (GDI)   VII, 137
  Programmierschnittstelle für die   140
  Routinen zur Bereichausfüllung   209
Graue Einfügemarken, erstellen   536
GRAYED-Option   293
GrayString   242
Grundschriftarten (GDI)   240

H

HAccTable   76
Häkchen   285
  für benutzerdefinierte Menübefehle   342
Häkchen-Bitmap erstellen   373
Handle   53, 59
  Datentypen   62
  Dereferenzierung   687

Gerätekontext (hdc)   143, 163
  Pinsel (hbr)   103
Hardware-Ereignisschlange   507
Hardware-Nachrichten   122, 769
Hardware-Speicherverwaltung   698
Hauptmenü   290
hBitmap-Feld   535
hBrBackground-Feld   103, 392
hCursor-Feld   389
HDC   11, 162, 167, 242
HDC-Datentypen   62
Heap-Belegungsprogramm   712
HEAPSIZE-Anweisung   50, 666
HEAPWALK-Hilfsprogramm   761
Hi-Unionkomponente   564
hIcon-Feld   102, 389
HideCaret   551
High Memory Area (HMA)   636, 647
HILFE-Option   295
HiliteMenuItem   318
hInstance-Feld   73, 102, 389
hInstance-Parameter   70, 404
Hintergrundfarbe, für Text   260
HIWORD-Makro   256, 269
hMem   66
hMenu-Parameter   310, 403
hMenuPopup   307
Höherpriviligierte Ebenen   648
Hook   516
Horizontale Bildlaufleiste   454
Hot-Key   516
hPrevInstance   75
  Parameter   70
HTCLIENT-Trefferbestimmungscode   562
HTMENU-Trefferbestimmungscode   562
HTTOP-Trefferbestimmungscode   562
Huge-Zeiger   682
HWindow   114
hwnd   86
HWND-Datentyp   11, 62
hWnd-Fenster-Handle   110, 310
hwndItem   348
hwndParent-Parameter   403, 411

I

I-Balkenzeiger   582
IBM Personal Computer   5
ichNext   525, 586
iCount   662
IDE37
IdleAction   89

Index

IDM_FIND_NOW	488
IDM_HELP_ABOUT-Befehlskennzahl	472
Implizite Regeln	42
INACTIVE-Option	294
INC BP-Befehl	761
Inhalt eines Gerätekontext	823
InitApp-Routine	721
InitApplication	77
Initialisierung, Nachrichten	289
InitInstance	79
InitMainWindow	79, 400
überschreiben	81
Inklusiv/Exklusiv-Algorithmus	179
InsertMenu-Routine	313, 361
Instanz-Handle	107
Instanzen	663
INT 3F-Befehl	756
INT 3F-Lader	759
intCos-Funktion	746
Integrated Development Environment bzw.	
Integrierte Entwicklungsumgebung (IDE)	37, 829
Intel-86-Prozessoren	629
Internationale Einstellungen, Dialogfeld	512
Interne Systemnachrichten	132
Interne Verweise	754
Interrupt-Deskriptortabelle (IDT)	645
Interrupt-Handle	640
Interruptvektorentabelle	655
intSin-Funktion	746
intSin-Routine	746
InvalidateRect-Routine	177, 394, 525
InvalideRect-Routine	165, 216
IsDialogMessage-Routine	476
itemAction-Feld	346
itemData	344
itemHeight	344
itemID	344
itemState	346
itemWidth	344

J

Japanische Windows-Version	395
Jobs, Steve	4

K

Kanji-Umwandlungsfenster	395
KBHandlerWnd	76
Kennzahl	53
vorgegebene Hintergrundfarbe	103

KERNEL	
Privater Speichereinsatz des	653
Routinen zur Speicherbelegung	670
vorgegebener Datensegment-Header	661
KERNEL-Datenobjekte	654
KERNEL-Speicherverwalter	649
KEYINPUT-Programm	517
KEYINPUT.CPP	519
KEYINPUT.DEF	524
KEYINPUT.LNK	519
KEYINPUT.RC	523
Klammerausdruck	
in Menünamen	28
Klammerausdruck (...)	285
Klassen-DC	397
Kleinstmögliches Windows-Programm	31
Knappe Speichersituationen	699
Kombofelder	452
Benachrichtigungsmeldungen	464

L

Lade-Option	292
Lader-Thunk	754, 757
Lagetabelle	754
Laufzeit	751
Lebenszeit des Speichers	658
Leistungsbit	409
Leistungsbits	415
lfFaceName-Feld	271
lfHeight-Feld	271
lfItalic-Feld	271
lfUnderline-Feld	271
lfWidth-Feld	271
LIBRARY-Schlüsselwort	48
LINES.CPP	184
LINES.DEF	189
LINES.LNK	184
LINES.RC	189
LineTo-Routine	180, 190, 385
Linien	
Grundfunktionen für das Zeichnen	180
zeichnen	179
Linker	38, 46
Modul-Definitionsdatei	48
TLINK.EXE	699
Listbox-Fensterklasse	401, 447
Listenfeld, Benachrichtigungsmeldungen	464
Listenfelder	451
LMEM_MODIFY-Flag	710
LMEM_MOVEABLE-Flag	709
LMEM_NOCOMPACT-Flag	707

LMEM_NODISCARD-Flag	707
LMEM_ZEROINIT-Flag	710
Lo-Unionkomponente	564
LoadAccelerators-Routine	332
LoadCursor-Routine	102, 582
LoadMenu-Routine	309, 403
LoadMenuIndirect	309
LOADONCALL	292
LoadResource-Routine	746 - 747
LoadString-Routine	531, 720
LocalAlloc	667
Fehlerüberprüfung	720
Speicherbelegung	658
LocalAlloc-Routine	
Nutzen	706
LocalFree-Routine	667
Nutzen	711
LocalInit-Routine	722, 736
Nutzen	705
LocalLock-Routine	668
Fehlerüberprüfung	720
Nutzen	708
LOCALMEM-Programm	675, 712
LOCALMEM.CPP	713
LOCALMEM.DEF	719
LOCALMEM.H	718
LOCALMEM.LNK	713
LOCALMEM.RC	718
LocalReAlloc-Routine, Nutzen	709
LocalUnlock-Routine	708
Nutzen	711
LockResource-Routine	746
LOGBRUSH	227
LOGFONT-Struktur	270, 279
Logische Adresse	632
Logische Schriftarten	
erstellen und verwenden	270
Logische Schriften	267
Logische Zeichenobjekte	143
Logischer Pinsel	232
Logischer Stift	191
LOGPEN-Struktur	193
Lokale Deskriptortabellen (LDT)	645, 676
Windows	648
Lokale Heap-Belegung	705
in einem dynamisch belegten Segment	721
Lokale Heap-Belegung, Routinen	705
Lokale Variablen	664
Lokaler Heap	50, 666
Verwaltungsroutinen	667
LOWORD-Makro	256, 269
lParam-Parameter	87, 110, 176, 216, 344, 445, 507
Mausnachrichten	564
Tastaturnachrichten	508
lpCmdLine	73
lpCreateParams	405
lpDx	245
lpfnWndProc-Feld	389
lpfnWndProcFeld	102
lpParam-Parameter	404
lpString	242, 245
lpszClassName-Feld	101, 389
lpszCmdLine	72
lpszMenuName-Feld	391, 403
lpWindowName-Parameter	402
LRU-Liste	652
lstrcmp-Routine	530
lstrlen	243

M

Macro-Assembler (MASM)	737
MAGNIFY-Hilfsprogramm	179
MAGNIFY-Programm	839
MAGNIFY.CPP	840
MAGNIFY.DEF	850
MAGNIFY.RC	850
MainWindow	75
Make-Datei	40
MAKE-Hilfsprogramm	40
MAKEFILE.LNK	840
MAKEFILE.MAK	32, 46
für ABOUT	466
für ACCEL	334
für BITMENU	361
für BRUSHES	232
für CARET	537
für CARET2	569
für CHECKMENU	375
für CUSTRES	740
für DYNACURS	606
für EXTTEXT	245
für FILEDLG	489
für FIND	478
für KEYINPUT	518
für LINES	184
für LOCALMEM	712
für MAGNIFY	839
für MARKER	171
für MIN2	700
für OWNDRAW	349
für OWNSIZE	418
für PENS	196
für PIXEL	156
für RECT	211

für RECT2	590	Mehrzeiliges Textfeld		451
für SEGALLOC	692	memset-Routine		751
für SINE	738	Menü-Hot-Key		516
für STANMENU	297	Menüabfrage, Routinen		303
für STATLINE	431	MENUBARBREAK		294
für SUBSEG	724	Menübefehl		284
für TXTLINES	272	Menübefehle, benutzerdefinierte		341
MAKEINTRESOURCE-Makro	332, 392, 461, 746	MENUBREAK		294
MAKELONG	307	Menüerstellung		305
MAKELONG-Makro	685	Routinen zur		303
MAKEPOINT-Makro	216, 565	Menüerstellungsflags		308
MakeProcInstance-Routine	762, 765	Menüflags, Kategorien		309
MakeWindow-Routine	74, 441, 474	Menühäkchen, angepaßte		372
malloc-Routine	619, 668, 707	MENUITEM-Anweisungen		292
Marker, erstellen	169	MENUITEMTEMPLATE		309
MARKER.CPP	172	MENUITEMTEMPLATEHEADER		309
MARKER.DEF	175	Menüleisten-Menü		25
MARKER.LNK	171	Menünachrichten		126, 287
MARKER.RC	175	Menünachverfolgung, Routinen		303
MASM-Quellprogrammdatei	739	Menüoperation		288
Maus		Menüprogrammierung		289
Abfangen	604	Menüs		25
aktive Fenster	532	Bitmap in		360
auf Menüs zugreifen	287	Zugriff auf		287
Entwicklung der	553	Menüschablone		290
Fensterobjekt	563	Menüstatusinformationen, Nachfolgefenster		431
Nutzen der	555	Menüunterstützung, Routinen		303
Maus-Tastaturschnittstelle	568	Menüveränderung		313
Mausbewegungen, Nachrichten	569, 603	Routinen		303
Mauseingabe	553	Menüzerstörung		311
für ein Windows-Programm	557	Routinen		303
Beispielprogramm	569	MessageLoop		83, 86
Trefferbestimmung	585	Metadateien		139
Mausklick	555	MF_BITMAP		307
Mausnachrichten	123, 769	MF_BYCOMMAND		311, 321, 373
Doppelklick	395	MF_BYPOSITION		312, 321, 373
Ziehen, dehnen	603	MF_CHECKED		374
Makros	565	MF_OWNERDRAW		307
Mauspositionen, erhalten	176	MF_POPUP-Bit		445
Maustasten	555, 560	MF_UNCHECKED		374
Rechtecke zeichnen	589	Microsoft Windows		3
Maustreiber	558	Geschichte		4
Mauszeiger	558	Herausforderung der Programmierung		12
Form	562	MIN.CPP		32
Mauszeigernachrichten	126	MIN.CUR		32
MCA-Bus	VI	MIN.DEF		32, 37
MDA-Karte	VI	MIN.EXE, kompilieren und linken		39
MEASUREITEMSTRUCT	344	MIN.ICO		32
Mehrdokumentenschnittstelle (MDI)		MIN.LNK		32
zusätzliche Byte	674	MIN.LNK, Linker-Befehlszeilendatei		33, 47
Mehrdokumentenschnittstelle, Nachrichten	128	MIN.RC		32, 37
Mehrere Fenster, erstellen	387	MIN2-Programm		675, 700
Mehrschichtige Konstruktion	686	MIN2.CPP		701

MIN2.DEF	703
MIN2.LNK	701
MIN2.RC	703
MIN2_TEXT-Codesegment	703
MIN2INIT.CPP	702
MIN2INIT_TEXT-Codesegment	703
Mitteilungsnachrichten	124
MM_TEXT-Skalierungsmodus	141, 269
Mnemonik	285, 293
Mnemonik-Taste	516
Modale Dialogfelder	448, 454
erstellen	459
Tastaturschnittstelle	476
Modale Schleifen	85
Modaler Dialog	97
Modi	14
Prüfen	633
ModifyMenu-Routine	313, 361
Modul-Datenbank	652, 656
Modul-Datensegmente	
dynamisches Binden	760
Modul-Definitionsdatei (.DEF)	38, 48, 404
exportierte Funktionen	762
HEAPSIZE	666
Module	48, 763
Modulnamen	70
MOV BP, SP-Befehl	761
MOVEABLE-Anweisung	49, 292
MoveTo-Routine	180, 190, 385
MoveWindow-Routine	442
MS Windows, Fenstererstellung	100
msg	110
Multiple Document Interface	98, 119, 126, 387
Standard	310
MULTIPLE-Deklaration	49
Multitasking	18
nicht-preemptives	507
Themen	531
Zeitscheiben	82
Musterpinsel	229

N

Nachfolgefenster	397, 403, 411
Clipping	415
erstellen	430
Nachfolgefenster, Rahmen	412
Nachfrage nach Aktionsnachrichten	124
Nachrichten	16, 67, 86
Arten von	118, 769
Bedeutung	16
Funktionen zur Abarbeitung	92

hardwarebezogene	39
Programmablaufplanung	18
Nachrichtenbasiertes Rechenzeitvergabesystem	18
Nachrichtenbeantwortung, Funktion	95, 111, 462
Nachrichtenbetreuer	57
Nachrichtengesteuerte Programmierung	12
Nachrichtengesteuertes Betriebssystem	17, 23
Nachrichtennamen	119
Nachrichtenschleifen	
OWL	88
Standard	85, 87
Nachrichtenverarbeitung, Arten	560
Nachrichtenweiterleitung, Mechanismus	560
Nachverfolgung	323
NAME-Schlüsselwort	48
Namensgebungen	
OWL	58
Ungarische	54
nBkMode	261
nCmdShow	72, 75, 108
nCount	242, 245
near-Schlüsselwort	111
new-Schlüsselwort	474
nHeigth-Feld	403
"Nicht Durchsichtig"-Effekt	614
Nicht-modale Dialogfelder	448, 472
erstellen	474
verwalten	476
Nicht-modaler Dialog	97
Nicht-modales Dialogfeldprogramm	477
Nicht-präemptives Rechenzeitvergabesystem	18
Nicht-präemptives System	82
Nichtarbeitsbereich	
Komponenten	408, 413
Mausnachrichten	123
Nachrichten	560
Normen für Benutzerschnittstellen	284
NOTIZBLOCK	149
nPosition	373
Null-Handle	59, 681
NULL-Symbol, zeichnen in einem	390
Null-Zeiger	709
Nullpinsel	227
Numerische Sortierungen	529
nWidth-Feld	403

O

ObjectWindows Library (OWL) von Borland	III
Objekte verschieben	202

ODS_SELECTED   347
ODT_MENU   344
OEM Scancode   508
OEM-Zeichensatz   527
   Zehnerblock und der   531
Offene Formen   179
Öffentliche Fensterklassen   401
Öffentliche Funktionen   67
Offset   633
OK-Schaltfläche   449
OpenFile-Routine der Windows-Bibliothek   527
Optimierungsprogramm   704
Optionen   284
Optionen.Compiler.Codegeneration   830
Optionen.Directories   838
Optionen.Linker.Libraries   837
Options.Compiler.Advanced code generation   831
Options.Compiler.Entry/Exitcode   833
Options.Linker.Settings   836
Options.Make   835
Optionsschaltflächen   449
OR-Operator   707
OS/2 Presentation Manager   3, 10, 648
Overlay-Verwaltung   639
OWL
   Benennung   58
   Bibliothek zur dynamischen Bindung 72
   Bibliotheken   38, 465
   Dialogfeldprozedur   462
   Dialogobjekt, erstellen   459
   Fensterobjektklassen   91
   Funktionen zur Nachrichtenbehandlung 111
   Konventionen für die Programmierung   53
   Nachrichtenschleife   88
   Windows-Programm   VI
OWL.H-Datei   59
OWNDRAW-Programm   348
OWNDRAW.CPP   350
OWNDRAW.DEF   358
OWNDRAW.H   356
OWNDRAW.INI   429
OWNDRAW.LNK   349
OWNDRAW.RC   357
OWNSIZE-Programm   418
   Profildatei erstellen   428
OWNSIZE.CPP   419
OWNSIZE.DEF   423
OWNSIZE.LNK   419
OWNSIZE.RC   423

P

Paint-Komponentenfunktion   216, 238
Paintbrush-Programm   23, 45
PAINTSTRUCT-Struktur   161
PALETTEINDEX-Makro   165
PALETTERGB-Makro   165
Palo Alto Research Center (PARC)   4, 553
Paragraph, definieren   635
PatBlt-Routine   370, 385, 617
pAtomTable   662
PeekMessage   83, 89
PeekMessage-Schleife   448, 501
PENS-Programm   195
PENS.CPP   197
PENS.DEF   201
PENS.LNK   196
PENS.RC   201
Pfeil   285
Physikalische Schriften   267
Physikalischer Adreßraum   630
Pie-Funktion   222
Pie-Routine   217
Pinsel   208, 226
   Erstellen und Einsetzen   227
   Erstellung   232
   Farbe   259
   für Bitmap-Muster   382
   Rechteckfunktion   222
PIXEL-Programm   155, 160
PIXEL.CPP   156
PIXEL.DEF   159
PIXEL.LNK   156
PIXEL.RC   159
Plattform des Programmierers   37
pLocalHeap   662
POINT   565
POINT-Datenstruktur   63, 193
POINT-Datentyp   176
Pollock, John   675, 678
Polygon-Routine   209, 217
Polygonfüllmodus   225
Polyline-Routine   180, 192, 209, 217
PolyPolygon-Routine   209, 217
POP BP-Anweisung   766
POPUP-Anweisungen   292
Popup-Menüs   25, 285, 290
Posix   10
PostQuitMessage   117
Präemptive Rechenzeitvergabe   18

Präfixe
    in der Windows-Programmierung   56
    Ungarische   55
Preemptives Multitasking   82
PRELOAD   292
preload-Ressource   45
PRELOAD-Segmente, definieren   699
Previous State-Flag   509
Private Daten, Übergabe   404
Private Klassen   389
Private Nachrichten   129, 775
Private Zeiger   389
Privater Gerätekontext   395
Privater Speicher, KERNEL   653

Profildateien   423
    private   428
Programm-Manager   8, 23, 414
Programmablaufplanung   18
Programmbeendigung   115
Programmsicherheit   310
Protected-Modus   633, 643
    Speicheradressierung   645
    Windows   648
Protected-Modus
    globaler Heap-Verwalter   651
    Selektor   646
Prototypen   64
Prozessoren, Intel-86   629
PS_INSIDEFRAME   194, 225
Pseudogeräte   20, 139, 615
Pseudozeiger, erstellen   747
pStackBot   662
pStackMin   662
pStackTop   662
pt   87
ptFindDialog   487
PtInRect-Routine   585
PtInRegion-Routine   585
Pull-down-Menü   290
Punktoperator   113
PUSH BP-Befehl   761
push-Befehl   664

R

R2_BLACK-Modus   204
R2_COPYPEN   225
R2_NOP-Modus   204
R2_NOT-Modus   204
R2_NOT-Rasteroperation   603
R2_WHITE-Modus   204

Rahmen
    um Häkchen   382
Rahmengröße, Systemabmessungen   424
RAMDRIVE-Gerätetreiber   637
Raster-Operation-Codes (ROP)   588
Rastermischfarben   194, 227
Rasteroperation   202
Rasterschnittstellen   209
rcItem-Feld   348
rcPaint   162
Real-Modus   633
    Windows 3.0   629
    Adreßberechnung   634
    Adreßraum   636
    dynamisches Binden   758
    dynamisch belegte Segmente   670
    Expanded Memory Specification (EMS)   640
    Operationen   634
    Windows und der   637
Realisieren eines Stiftes   191
Receiver-Feld   114
Rechteck-Programm (RECT)   210
Rechtecke, dehnbare   587
Rechteckfunktion   222
RECT-Struktur   163, 405
RECT.CPP   211
RECT.DEF   215
RECT.LNK   211
RECT.RC   215
RECT2, R2_NOT-Operation   603
RECT2-Programm   589
RECT2.CPP   590
RECT2.DEF   602
RECT2.H   600
RECT2.LNK   590
RECT2.RC   602
Rectangle-Funktion   222
Rectangle-Routine   19, 217, 371, 385, 754
Referenzparameter   113
RegisterClass-Routine   101, 109, 388
ReleaseCapture   604
ReleaseDC   397
RemoveMenu-Routine   313
Repeat Count-Merkmal   508
Requested privilege level (RPL)   647
Resource Toolkit   45
Resource Workshop   39, 45
    Bitmap   230
    Dialogfeldeditor   457
    Dialogfeld der Fensterausführung   472
    Menüschablonen   291
    Schnelltasteneditor des   327
Resource Workshop-Hilfsprogramm   27

Ressource.Bezeichner...-Menü 458
Ressourcen
    Arten von 671
    verwerfbarer Speicher 639
    vordefinierte 44
Ressourcen-Compiler 39
Ressourcendatei 44
return-Befehl 665
RGB-Makro 163
RGB-Tripel 202
ROP 202
RoundRect-Routine 217, 223
RTMessage 114
Rückgabe-Thunk 758
Rückruffunktionen 761

S

Sandwich-Konstruktionen 166, 604
Save-Bit-Ausführung 399
Scancodes 325, 503
Scanner 139
Schaltflächen, in Dialogfeldern 447
Schattierung 164
Schnellexporte 44
Schnelltasten 283, 325
    Übersetzung 333
Schnelltastenbefehl (WM_COMMAND)
    Nachrichten 96
Schnelltastenbelegung 283
Schnelltastenkombinationen 329
Schraffurpinsel 229
Schrift 259
Schriftart 240, 259
    vorgegebene 266
Schriftaufzählung 267
Schriftgestalter 267
Schriftmaße 241
Schubverarbeitungsmodell 84, 561
Schwarze Einfügemarken, erstellen 535
Schwarzer Musterpinsel 393
ScreenToClient 617
Scroll bar-Fensterklasse 401, 447
SEGALLOC-Programm 675, 691
SEGALLOC.CPP 693
SEGALLOC.DEF 698
SEGALLOC.H 697
SEGALLOC.LNK 692
SEGALLOC.RC 698
Segmentadresse 633
Segmentberechnungen 682
Segmentdeskriptoren 645

Segmente 631
    fixierte 689
    seitengesperrte 690
    verdrahtete 688
Segmentfehler 758
Segmentierter Speicher 630
Segmentiertes Programm 700
SEGMENTS-Anweisung 49
Segmentselektor 645
Seitengesperrte Segmente 690
SelectObject
    Pinsel an DC anbinden 370
SelectObject-Routine 192, 361, 383
    für Pinsel 227
    Schriftarten 266
SendMessage-Routine 443, 561
Sequenzgesteuertes Programm 13, 17
Serienpinsel 227
Serienstifte 191
SetBkColor-Routine 190, 253, 261
SetBkMode-Routine 190, 261
SetCapture 604
SetCharPosition-Komponentenfunktion 550
SetCharPosition-Routine 587
SetClassLong-Routine 393
SetClassWord-Routine 393
SetCursor-Routine 583
SetMenu 309
SetMenuBitmaps-Routine 318
SetMenuItemBitmaps-Routine 373, 384
SetPixel-Routine 163, 169, 204, 617
SetPolyFillMode-Routine 226
SetROP2-Routine 204, 604
SetState-Komponentenfunktion 551
SetTextAlign-Routine 263, 280
SetTextColor-Routine 260
SetWindowLong-Routine 393
SetWindowText 105
SetWindowWord-Routine 393
Shift-arithmetic-right-Befehl 653
ShowCaret 551
ShowWindow-Routine 79, 108, 413
Sichtbarkeit, Speicher 658
Simonyi, Charles 54
SINE.C 738
SINEDATA.ASM 739
Sinuswerte, Ressource zur Berechnung 737
Skalierungsmodus 141
SM_CXBORDER-Parameter 382
SM_CXSCREEN-Parameter 423
Smart Export 762
SMARTDRV-Festplattenbeschleuniger 637
Software Development Kit 395

Softwareentwicklungssatz	395
Softwaresimulationen	20
SP-Register	663
Spalten, ausrichten	254
Speicher	
als knappe Ressource	678
dynamisch belegt	618
fester	640
segmentierter	630
verschiebbarer	638
verwerfbarer	639
Speicher-Handle	638, 668
Speicher-Option	292
Speicheradressierung, im Protected-Modus	645
Speicherbelegung	658
Speicherbelegungsprogramm	691
Speicherbenutzung, Codestruktur	699
Speicherbetrachtung, Hilfsprogramm	761
Speicherblöcke ("Seiten")	690
Speicherdisposition verändern	710
Speichermodell	44
Speichern-unter-Dialogfeld	489
Speicherobjekte	648
Speicherschutz	647
Speicherüberbelegung	638
Speicherverwalter	649
Rectangle	756
Spooling	148
SS-Register	663
Smart Export	762
Stack patching	758
stack pointer-Register	663
stack segment register	663
STACKSIZE-Anweisung	49, 664
Standard Nachrichtenschleife	85
Standard-Datensegment	659
Standard-DatenSegment-Header	661
Standard-Fensterprozedur	39, 515, 783
Mausnachrichten	568
Standard-Modus	643
dynamisch belegte Segmente	670
Standard-Nachrichtenbehandlung	118
Standard-Schriftarten	266
STANMENU-Programm	296
STANMENU.CPP	297
STANMENU.DEF	301
STANMENU.LNK	297
STANMENU.RC	296, 300
Stapel	663
ausbessern	758
Objekte	665
Stapelprüfung	666
Stapelrahmen	665

Stapelsegment-Register	663
Stapelzeiger-Register	663
Star 8010-Workstation	4
Static-Fensterklasse	401, 447, 451
static-Schlüsselwort	662, 665
Statische Bindung	751
Statische Funktionsbibliotheken	760
Statische Schaltelemente	451
Statischer Datenbereich	662
STATLINE-Programm	431
STATLINE.CPP	432
STATLINE.DEF	440
STATLINE.H	438
STATLINE.LNK	432
STATLINE.RC	439
Statusfenster	441
einer Anwendung	387
StdWndProc	112
Steuerfelder	449
Stifte	191
Rahmen	224
Rechteckfunktion	222
strcmp-Routine	530
STYLE-Anweisung (in DIALOG-Anweisung)	456
Style-Feld	104, 393
SubAlloc-Routine	724, 736
SubInitialize-Funktion	724
SubLock-Routine	736
SUBMEM.C	730
SUBMEM.H	735
SUBSEG-Programm	675, 724
SUBSEG.CPP	725
SUBSEG.DEF	736
SUBSEG.H	730
SUBSEG.LNK	725
SUBSEG.RC	736
Suchen-Schaltfläche	487
switch-Anweisungen	96
Symbole	23, 45
für benutzerdefinierte Menübefehle	343
Symbolische Konstanten	61, 96
System-Menü-Kontrollfeld	473
Systemabmessungen	424
Systembefehle	25, 115, 126
Systemmenü	38, 285
Maus	554
Systemmodale Dialogfelder	448
Systemressourcenmitteilungen	780
Nachrichten	130
Systems Application Architecture (SAA)	7
Systemschrift	268
Systemspeicherverwaltung	630
Systemsteuerung, Maustasten	560

Systemtastaturnachrichten 515
   ausführen 515
Systemtastennachrichten 511
Systemzeiger 582

T

TabbedTextOut 242, 254
TAccelApplication 338
TApplication-Klasse 75
TApplication::InitInstance 79
TApplication::MessageLoop 80
TApplication::Run 77
Task-Datenbank (TDB) 654
Task-Liste 8, 532
Task-Listenfenster 403
Tastatur-Mnemoniks
   benutzerdefinierte Menübefehle 358
Tastaturdaten, Umwandlung von 525
Tastatureingabe 501
Tastaturen 502
   auf Menüs zugreifen durch 289
   nicht-englische 512
Tastaturnachrichten 122, 770
   Zusammenfassung 515
Taste freigegeben-Nachricht 603
Taste gedrückt-Nachricht 603
TCaret-Klasse 549
TCaret-Komponentenfunktionen 551
TDB (Task-Datenbank)-Felder 655
TDialog 97, 459, 472, 477
TDialog-Klasse 92
TDialogAttr-Struktur 459
Tear-Off-Menüs 323
Teilsegmentbelegung 724
temID 346
Tesler, Larry 554
Text, darstellen 239
Textausrichtung 262
   Standard- 263
Textdarstellung, DC-Attribute 259
Textdarstellung, Grundfunktionen 242
Texteditor, Menüschablonen 291
Textfarbe 260
Textfeld, Benachrichtigungsmeldungen 464
TEXTMETRIC-Datenstruktur 269, 280
TextOut-Routine 143, 238, 242, 531
   DOTEXT-Programm 757
   Gemeinsame Nutzung 752
TFileDialog-Klasse 495
Thunk 653, 656, 754
time 87

TInvertRect-Klassenobjekt 603
Titel-Optionsschaltfläche 473
TMessage 112
tmExternalLeading-Feld 270
TMHEIGHT-Feld 269
TMinApplication 69, 666
TMinApplication-Klasse 81
tmInternalLeading-Feld 269
TMinWindow 69, 91
TMinWindow-Klasse 99
TModule-Klasse 72
TModule-Komponentenfunktionen 73
TModule::MakeWindow 79, 99
TObjectWindow 39
Tottasten 512
TPixelWindow 96
TrackPopupMenu-Routine 323
Transition State-Flag 509
TranslateAccelerator-Routine 332, 338, 448
TranslateMessage-Routine 87, 511
   Tastatureingabe 501
Trefferbestimmung 585
Trefferbestimmungscode 561
Trefferbestimmungsnachrichten
   Maus abfangen 604
Trennzeichen 285
Turbo Debugger 648, 665
TWindow 39, 92, 97
   Belegung einer Instanz 663
   Nachfolgefenster und 430
TWindow-Klasse 92, 97
TWindow-Komponentenfunktionen 98
TWindowAttr 401
TWindowAttr-Struktur 400
TWindowsObject 91, 459
   Datenkomponenten 92
   Komponentenfunktionen 94
   Show 79
TXTLINES.CPP 273
TXTLINES.DEF 279
TXTLINES.LNK 273
TXTLINES.RC 279
Type-Ahead-Puffer 507
Typematic 508
Typenumwandlung 53
   Zeiger 65

U

UAE-Fehler 677
Über-Dialogfeld 633
Übergebener Zeiger 113

Übergeordnete Fenster   391
   Task-Liste   532
Übergeordnete Fenster, Überlegungen   417
Überlappende Fenster   410
UHR   149, 161
Umwandlung, Groß- und Kleinschreibung   527
Umwandlungsroutinen   527
Ungarische Namensgebung   38, 53
Unerwarteter Fehler in einer Anwendung   684
Ungültiger Bereich (Rechteck)   160
Ungültige Zeiger   721
UnlockResource-Routine   748
Unterstrichene Buchstaben, in Menüs   285
Upper-Memory-Blocks (UMBs)   647
USER-Datensegment   673
USER-Heap, Größe   673
USER-Modul   669
USER-Schnittstellenobjekte   673

V

ValidateRect-Routine   165
Verbindung mit einem Fenster, Menüroutinen   303
Verbundene Fensterausführungen   416
Verdrahtete Segmente   688
Verschachtelte Menüs   284
Verschiebbare Objekte   587
Verschiebbare Rechtecke   587
Verschiebbarer Speicher   638
Vertikale Bildlaufleiste   454
Verwerfbare Codesegmente
   dynamisches Binden   754
   wiederladen der   757
Verwerfbare Segmente   670
Verwerfbarer Speicher   639
   Windows-Prozeß zur Auswahl   652
VGA-Grundschriftarten   241
Virtuelle Schnelltasten   328
Virtuelle Speicheradressierung   651
Virtuelle Tastaturcodes   325, 503, 825
Virtueller Speicher, im 386-Erweiterten-Modus 643
Virtueller Speicher, Unterstützung   649
Virtueller Speicherverwalter   651
VisiOn   5
Vollpinsel   228
Vordefinierte Dialogfeldklassen   389
Vordefinierte Ressourcen   44
Vordefinierte Systemzeiger   582
Vordergrundfarben, für Text   261
Vorfahren-DC   398
   Ausführungsbit   398
Vorfahrenfenster, deaktiviertes   448

Vorgegebene Flags, in GetMenuState   320
Vorzeichenlose Ganzzahl   62
Vorzeichenloser Zeichentyp   524

W

Warteschlange für Anwendungsnachrichten   83
Warteschlange Hardware-Ereignisse   83, 121, 507
   Maus   558
Weise, David   629
wFlags   373
   in GlobalAlloc   681
   in LocalAlloc   706
WH_GETMESSAGE-Zwischenabfrage   563
WIN.INI-Profildatei   429
WinCreateWindow   10
Winding-Modus   225
WINDOES.H   61
Windows
   Protected-Modus   648
   Real-Modus   637
   Rückrufprozeduren   764
Windows NT (New Technology)   10
Windows, virtuelle Tastaturcodes   825
Windows, vordefinierte Systemzeiger   582
Windows-Bibliotheksroutinen
   Trefferbestimmung   585
Windows-Definitionsdatei   61
Windows-Dialogfeldnachrichten   462
Windows-Erstellungsprozeß   400
Windows-Fenster   441
Windows-Konventionen (Programmierung)   53
Windows-Lader   756
Windows-NT (New Technology)   629
Windows-Programme
   Internationale Unterstützung   526
   Mauseingabe   557
   Tastatureingabe   501
Windows-Programmierschichten   166
Windows-Sandwich   166, 604, 698, 748
Windows-Speicherverwalter   638
   Rectangle   756
Windows-Systemsteuerung, Schriftarten   240
Windows-Task-Liste   532
Windows-Tastaturtreiber   503
Windows-Unterstützung
   virtuellen Speicher   649
Windows-USER-Modul   404
Windows-Virtuelle Tasten   503
Windows/OWL-Programm, erstellen   829
WinMain-Funktion   39, 81, 414, 665
WinMain-Prozedurdeklaration   69

WinSight   17, 119
    Mausnachrichten   563
WM_ACTIVATE-Nachricht   532
WM_char-Nachricht   87, 153, 509, 711
    Zeicheneingabe   517
WM_COMMAND-Nachricht   96, 289, 301, 333
    in Dialogfeldern   463
    nicht modale Dialogfelder   476
WM_CREATE   201
WM_CREATE-Nachricht   358
    DYNACURS   613
    für benutzerdefinierte Menübefehle   341
    LOCALMEM   719
    OWNSIZE   426
WM_DEADCHAR   512
WM_DESTROY   201, 279
WM_DESTROY-Nachricht
    DYNACURS   613, 621
WM_DRAWITEM-Nachricht   342, 358
WM_ERASEBACKGROUND-Nachricht   392
WM_FONTCHANGE-Nachricht   130
WM_GETTEXTLENGTH-Nachricht   488
WM_HSCROLL   413
WM_INITDIALOG-Nachricht   463
    nicht-modale Dialogfelder   476
WM_INITMENUPOPUP-Nachricht   324
WM_KEYDOWN-Nachricht   507
    Tastaturereignisse ermitteln   509
    Zeicheneingabe   517
WM_KEYUP-Nachricht   507, 566
    Tastaturereignisse, ermittelt   509
WM_KILLFOCUS-Nachricht   533
    Einfügemarken   534, 551
WM_LBUTTONBLCLK-Nachricht, Maus   567
WM_LBUTTONDBLCLK-Mausnachricht   563
WM_LBUTTONDOWN-Mausnachricht   563
WM_LBUTTONDOWN-Nachricht   176, 210, 302
    im RECT2-Programm   604
WM_LBUTTONUP-Mausnachricht   563
WM_LBUTTONUP-Nachricht   16, 210, 216
    Maus   566
WM_LBUTTONUP-Nachrichtim RECT2-Pro-
gramm   604
WM_MEASUREITEM-Nachricht   342
WM_MENUCHAR-Nachricht   359
WM_MENUSELECT-Nachricht   290, 443
WM_MOUSEMOVE-Nachricht   123, 563, 567
WM_MOVE-Nachricht   125
WM_NCACTIVATE-Nachricht   412, 533
WM_NCHITTEST-Nachricht   560, 605
    Mausnachrichten   568

WM_PAINT-Nachricht   126, 152, 216, 279, 302, 399
    CUSTRES   746
    für zum Symbol verkleinerte Fenster   390
    LOCALMEM   719
    Trefferbestimmung   585
WM_PAINTICON-Nachricht   391
WM_PARENTNOTIFY-Nachricht   416
WM_QUERYDRAGICON-Nachricht   391
WM_Queryendsession   116
WM_QUIT-Nachricht   85, 89, 115
WM_SETCURSOR-Nachricht   389, 562, 605
    DYNACURS   613
    Mausnachrichten   568
    Zeigerveränderungen   584
WM_SETFOCUS-Nachricht   533
    Einfügemarken   534, 551
WM_SIZE-Nachricht   442
WM_SYSCHAR-Nachricht   511
WM_SYSCOLORCHANGE-Nachricht   130
WM_SYSCOMMAND-Nachrichten
    Maus-/Tastaturschnittstelle   568
WM_SYSDEADCHAR   512
WM_SYSKEYDOWN-Nachricht   511
WM_TIMECHANGE-Nachricht   130
WM_VSCROLL   413
WMClose   116
WNDCLASS   296
WNDCLASS-Datenstruktur   392
WNDCLASS-Parameter   289
WNDCLASS-Struktur   101
Wood, Steve   629, 752
wOptions   245
Wörter umbrechen   256
wParam-Parameter   87, 110, 301, 329, 445, 507
    Mausnachrichten   565
WritePrivateProfileString-Routine   429
WriteProfileString-Routine   429
WS_BORDER-Rahmen   412
WS_CAPTION   473
WS_CHILD-Fenster   410
WS_CHILDWINDOW   416
WS_CLICHILDREN-Ausführungsbit   415
WS_CLIPCHILDREN-Ausführung   399
WS_CLIPSIBLING-Ausführungsbit   415
WS_DISABLED-Ausführungsbit   414
WS_EX_DLGMODALFRAME-Rahmen   411
WS_EX_NOPARENTNOTIFY-Leistungsbit   416
WS_HSCROLL-Ausführungsbit   454
WS_ICONIC-Ausführung   414
WS_MAXIMIZE-Ausführungsbit   414
WS_MINIMIZE-Ausführungsbit   414
WS_OVERLAPPED-Fenster   410
WS_OVERLAPPEDWINDOW   106, 416

WS_POPUP-Fenster   410
WS_POPUPWINDOW   416
WS_VISIBLE-Ausführungsbit   413
WS_VSCROLL-Ausführungsbit   454
wsprintf-Routine   280

X

xIndex-Variable   280
XMS -Treiber   636
xNextHalfWidth   586
XOR-Maske   613
xPrevHalfWidth   586
xTotWidth   586

Z

Zahl
    für die Hintergrundfarbe   393
Zehnerblock, Zeichen eingeben   531
Zeichen, Trefferbestimmungsschleife   586
Zeichenabstand   251, 265
    zusätzlicher   265
Zeichenabstandswert, festlegen   251
Zeicheneigenschaften   146
Zeichengröße, definieren   269
Zeichenketten
    Atomtabellen   668
    sortieren von   529
Zeichenkettentabellen   530

Zeichenkoordinaten   141
Zeichenmodi   178, 190, 202
Zeichensätze   525
    Umwandlung zwischen   527
Zeichnen
    von ausgefüllten Formen   207
    von Linien   179
    von Text   239
Zeiger   28, 45, 533
    ändern   582
    Arbeitsweise   613
    Maus   555
    Operation   613
    Typenumwandlung   65
    Veränderung der   583
Zeigersetzende Nachrichten
    Maus abfangen   605
Zeilenorientierte Ausgabe   239
Zeitgebernachricht   123
Zeitscheibe   18, 39
    Multitasking   82
Ziehen   556, 603
Zugverarbeitungsmodell   84, 560
Zusätzliche Klassenbyte
    Routinen für den Zugriff auf   674
Zwischenabfragen   516
Zwischenablage
    Operationen der   334
    Nachrichten   131

Norton/Yao
Borland C++
Programmierung
unter Windows
ca. 900 S., gebunden
mit Diskette! DM 98,-
ISBN 3-86033-119-1

Taylor, Alan G.
Objekt Vision
Programmier-
Handbuch
441 S., gebunden
DM 69,-
ISBN 3-86033-138-8

Swan, Tom
Turbo Pascal
Programmierung
unter Windows
1028 S., gebunden
mit Diskette! DM 98,-
ISBN 3-86033-121-3

Wolfram's

Wolfram's Verlag, Hopfenstr. 4, 85395 Attenkirchen, Tel.: 08168-861, -862, Fax: 08168-865

Harbison/Steele
C - Ein Referenzhandbuch
500 S., kartoniert
DM 69,-
ISBN 3-925328-37-8

Wolfram's

Wolfram's Verlag, Hopfenstr. 4, W-8053-Attenkirchen, Tel.: 08168-861,-862, Fax: 08168-865

Gerd Kebschull
**Programmieren mit Turbo
C++ für DOS**
500 S., gebunden
mit Diskette! DM 69,-
ISBN 3-86033-169-8

Wolfram's

Wolfram's Verlag, Hopfenstr. 4, W-8053-Attenkirchen, Tel.: 08168-861,-862, Fax: 08168-865

Andrew S. Tanenbaum
Computer Netzwerke
802 S., kartoniert
DM 88,-
ISBN 3-925328-79-3

**Jetzt auch als gebundene
Ausgabe erhältlich:**
DM 128,-
ISBN 3-86033-142-6

Wolfram's

Wolfram's Verlag, Hopfenstr. 4, 85395 Attenkirchen, Tel.: 08168-861, -862, Fax: 08168-865